V&R

Forschungen zur
Kirchen- und Dogmengeschichte

Herausgegeben von
Adolf Martin Ritter und Thomas Kaufmann

Band 79

Vandenhoeck & Ruprecht
in Göttingen

ERNST FEIL

RELIGIO

Dritter Band

Die Geschichte
eines neuzeitlichen Grundbegriffs
im 17. und frühen 18. Jahrhundert

Vandenhoeck & Ruprecht
in Göttingen

Religio. Band I:
Die Geschichte eines neuzeitlichen Grundbegriffs
vom Frühchristentum bis zur Reformation
(Forschungen zur Kirchen- und Dogmengeschichte, Band 36). 1986
Religio. Band II:
Die Geschichte eines neuzeitlichen Grundbegriffs
zwischen Reformation und Rationalismus (ca. 1540–1620)
(Forschungen zur Kirchen- und Dogmengeschichte, Band 70). 1997

Die Deutsche Bibliothek – CIP-Einheitsaufnahme

Feil, Ernst:
Religio / Ernst Feil. –
Göttingen: Vandenhoeck und Ruprecht
Bd. 3. Die Geschichte eines neuzeitlichen Grundbegriffs
im 17. und frühen 18. Jahrhundert. - 2001
(Forschungen zur Kirchen- und Dogmengeschichte; 79).
ISBN 3-525-55187-8

Gedruckt mit Unterstützung der Deutschen Forschungsgemeinschaft
auf alterungsbeständigen Papier

© 2001 Vandenhoeck & Ruprecht in Göttingen
http://www.vandenhoeck-ruprecht.de
Printed in Germany. – Das Werk einschließlich aller seiner Teile
ist urheberrechtlich geschützt. Jede Verwertung außerhalb
der engen Grenzen des Urheberrechtsgesetzes ist ohne
Zustimmung des Verlages unzulässig und strafbar.
Das gilt insbesondere für Vervielfältigungen, Übersetzungen,
Mikroverfilmungen und die Einspeicherung und Verarbeitung
in elektronischen Systemen.
Gesetzt aus Garamond auf CCS Textline Herkules PRO
Satz und Druck: Gulde-Druck GmbH, Tübingen
Bindearbeiten: Hubert & Co., Göttingen

Inhalt

Vorwort 9

Einführung 12

Im Gefolge der Reformation 17

1. *Wege der Schultheologie zur „religio revelata"* 17
   Zur Position katholischer Gegenspieler 17
   Robert Bellarmin (1542–1621) 17
   Francisco de Lugo (1580–1652) 19
   Juan de Lugo (1583–1660) 19

   Altprotestantische Schultheologie 20
   Georg Calixt (1586–1656) 21
   Johannes Coccejus (1603–1669) 28
   Abraham Calov (1612–1686) 33
   Johannes Musaeus (1613–1681) 44
   Johannes Hoornbeek (1617–1666) 46
   Johann Andreas Quenstedt (1617–1688) 57
   Philipp van Limborch (1633–1712) 62
   Theophil Spizel (1639–1691) 67
   Johann Wilhelm Baier (1647–1695) 69
   David Hollaz (1648–1713) 70
   Immanuel Proeleus 76
   Hermann Alexander Roëll (1653–1718) 79

   Ergänzender Überblick zur Schultheologie 86
   Andrè Rivet (1572–1651) – Gerardus Joannes Vossius (1577–1649) –
   Simon Episcopius (1583–1643) – Nicolaus Hunnius (1585–1643) –
   Stephanus Curcellaeus (1586–1659) – Gisbert Voetius (1589–1676) –
   Johannes Olearius (1611–1684) – Johann Friedrich König (1619–1664) –
   Georg Horn (1620–1670) – François Turretini (1623–1687) –
   Bernhard Hagemann – Christian Kortholt (1633–1694) –
   August Pfeiffer (1640–1698) – Christoph Franck (1642–1707) –
   Samuel Strimes (1648–1730) – Otto von Bielefeldt –
   Abraham Heinrich Grosse
   Zusammenfassung 100

2. *Juristische Beiträge auf dem Weg zur „pax religionis" im Gemeinwesen* 102
   Paulus Buis (1570–1617) 103

Henricus Andreas Cranius (um 1575–1626) 103
Dokumente zum „Religionsfriede" 1552–1576 109
Theodor (Dietrich) Reinkingk (1590–1664) 111
Hermann Conring (1606–1681) 118
Daniel Clasen (1622–1678) 128
Samuel Pufendorf (1632–1694) 133
Christian Thomasius (1655–1728) 147
Das „Instrumentum Pacis" von Osnabrück und Münster 1648 151
Zusammenfassung 153

Initiativen zur Begründung des Erkennens und Handelns 154

3. Philosophische Positionen im Übergang zur Neuzeit 154
Francis Bacon (1561–1626) 154
Tommaso Campanella (1568–1639) 170
Edward Lord Herbert von Cherbury (1582–1648) 189
Hugo Grotius (1583–1645) 206
Thomas Hobbes (1588–1679) 226
Marin Mersenne (1588–1648) 254
Pierre Gassendi (1592–1655) 256
René Descartes (1596–1650) 260
Zusammenfassung 262

Impulse reformatorischer Alternativen 264

4. Positionen des Sozinianismus 264
Fausto Sozzini (1539–1604) 264
Andrzeij Wiszowaty (1608–1678) 268
Zusammenfassung 276

5. Anfänge des Pietismus 276
Impulse aus der mystischen Tradition seit dem Hochmittelalter 276
Johannes Tauler (1300–1361) – Thomas von Kempen (1379/80–1471) 277

Wegbereiter 279
Johannes Arndt (1555–1621) 279
Lewis Bayly (1556–1631) 281
Johann Gerhard (1582–1637) 283
Johann Schmidt (1594–1658) 284

Außenseiter – Ein Exkurs 284
Jacob Böhme (1575–1624) 285
Johannes Scheffler/Angelus Silesius (1624–1677) 285
Johann Amos Comenius (1592–1670) 286

Der frühe Pietismus 288
Philipp Jacob Spener (1635–1705) 288
August Hermann Francke (1663–1727) 300
Zusammenfassung 308

6. *Radikalpietistische Wege zur Heterodoxie* 309
   Pierre Poiret (1646–1719) 309
   Johann Wilhelm Petersen (1649–1721) 318
   Gottfried Arnold (1666–1714) 320
   Zusammenfassung 327

Regionale Entwicklungen 328

7. *Theologische Entwicklungen in Frankreich* 328
   Blaise Pascal (1623–1662) 328
   Jacques-Bénigne Bossuet (1627–1704) 336
   Pierre Daniel Huet (1630–1721) 338
   Jeanne-Marie Guyon du Chesnoy (1648–1717) 344
   François de Salignac de la Mothe Fénelon (1651–1715) 346

   Ergänzende Hinweise: 351
   Isaac La Peyrère (ca. 1600–1676) – François Bernier (ca. 1625–1688) – Jacques Abbadie (1656–1727)
   Zusammenfassung 354

8. *Theologische Entwicklungen in England* 354
   William Chillingworth (1602–1644) 355
   Thomas Browne (1605–1682) 357
   John Wilkins (1614–1672) 361
   Ralph Cudworth (1617–1688) 365
   John Spencer (1630–1693) 369
   John Tillotson (1630–1694) 374
   Edward Stillingfleet (1635–1699) 383
   Joseph Glanvill (1636–1680) 392
   Henry Scougal (1650–1678) 394
   Charles Blount (1654–1693) 397
   John Toland (1670–1722) 405
   Zusammenfassung 409

Am Beginn der Aufklärung 410

9. *Loslösung der „religio" von Konfessionen* 410
   Uriel da Costa (1582–1640) 410
   Benedictus de Spinoza (1632–1677) 416
   Zusammenfassung 430

10. *Philosophische Positionen* 431
    Arnold Geulincx (1624–1669) 431
    John Locke (1632–1704) 434
    Nicolas de Malebranche (1638–1715) 445
    Pierre Bayle (1647–1706) 450
    Gottfried Wilhelm Leibniz (1646–1716) 463
    Zusammenfassung 470

Zusammenfassung: Rückblick und Ausblick 472

Literaturverzeichnis 482

Namenregister 498

Sachregister 505

Vorwort

Dankbar bin ich, nun den dritten Band meines Projektes zur „Religio" vorlegen zu können. Er umfaßt die Begriffs- und Problemgeschichte von „religio" von etwa 1600 an, als neben der Weiterführung bisheriger theologischer Konzeptionen neue Versuche zur Begründung wahrer Erkenntnis und richtigen Handelns unternommen worden sind. Fortgeführt wird der Band bis kurz nach 1700. Es steht zu hoffen, daß diese Begrenzung, die freilich einen durch den Umfang erforderlichen Notbehelf darstellt, dennoch eine gewisse sachliche Plausibilität besitzt. Wie sich nämlich im nachhinein die wie immer problematische Unterteilung zwischen „Religio I" und „Religio II" als nicht unbegründet erwiesen hat, so scheint auch die nunmehrige Unterteilung hinreichend vertretbar. Denn nach einer Phase zu Beginn des 17. Jahrhunderts, die von einer nachhaltigen Zuwendung zur „ratio" geprägt ist, findet sich nach vielfältigen Auseinandersetzungen um die Wahrheit im Verlauf dieses Jahrhunderts an der Wende zum folgenden eine verstärkte Prüfung dessen, was die Vernunft zu leisten vermag. Welchen Stellenwert die „religio" in diesen Versuchen und Auseinandersetzungen zugewiesen erhält, stellt das Thema dieses Bandes dar.

Dieser Teil kann in einem recht kurzen Abstand auf den vorherigen (1997) folgen, während zuvor der Abstand zum ersten Band (1986) sehr viel länger war. Der Grund hierfür liegt an dem einfachen Tatbestand, daß beträchtliche Abschnitte dieses Teils schon 1997 vorlagen, die aber damals noch nicht veröffentlicht wurden. So enthält dieser Band vor allem Texte, die seit 1989 entstanden sind. Die Kapitel über Edward Lord Herbert von Cherbury und Hugo Grotius, mit denen ich 1980 gleichsam probeweise begonnen hatte, wurden auf der Basis der damaligen Materialien neu geschrieben.

Mein Vorsatz, die Rechenschaft über die vorgenommenen Recherchen kürzer zu fassen, ließ sich nicht erfüllen. Jedesmal nämlich, wenn ich der Meinung war, nun lasse sich ein Abschnitt rasch und knapp erledigen, erwies sich eine gründlichere Erarbeitung als notwendig. So blieb mir keine Wahl als eine sorgfältige Darlegung der Ergebnisse. Auch jetzt noch muß ich damit rechnen, in der schier unübersehbaren Fülle der Materialien wichtige Stellen außer acht gelassen und vielleicht aufschlußreiche Werke der Autoren zu Unrecht übergangen zu haben, ganz abgesehen davon, daß mancher Leser den einen oder anderen ihm wichtigen Autor ganz vermißt.

Die Reaktionen auf mein Projekt sind vor allem seitens der Theologien spärlich geblieben. Während das Stichwort „Religion" in einem wichtigen evangelisch-theologischen Lexikon von 1997 allem Anschein nach anonymisiert Ergebnisse des ersten Teils enthält, ist in einem gleichfalls wissenschaftlich ambitionierten Lexikon auf katholischer Seite noch nicht einmal die Diskontinuität zwischen der antiken, christlich rezipierten „religio" und der neuzeitlichen primär protestantischen „Religion" verzeichnet. In dieser Situation hat mich sehr gefreut, daß einige junge Wissenschaftler der nun schon übernächsten Generation mich in meinem Vorhaben nachhaltig bestärkt haben.

Eine besondere Zustimmung erfuhr ich von Jacob Neusner, St. Petersburg/Florida; als er nach einer gemeinsamen Tagung in Berlin 1996 mein Konzept kennenlernte, wie ich es in der Zeitschrift „Ethik und Sozialwissenschaften" 1995 veröffentlicht habe, schlug er eine Buchausgabe meiner dortigen Texte mitsamt den 24 Kritiken in amerikanischer Übersetzung vor, die noch vor diesem Band erscheinen wird. Damit hat er zugleich die Anregung zu einer deutschen Publikation gegeben, die ebenfalls Anfang 2000 vorliegen wird.

Auch für das Zustandekommen dieses Bandes habe ich vielfältigen Dank zu sagen. Beginnen möchte ich mit Dr. Arndt Ruprecht, der mit der Anregung zur Teilung der Materialien zum 16. und 17. Jahrhundert und der separaten Veröffentlichung des vorausgegangenen Bandes die Arbeit an diesem Projekt immens intensiviert hat. Sehr ermuntert haben mich einige Kollegen; nennen möchte ich hier Prof. Dr. Walter Sparn, mit dem ich mich vor allem über die Gliederung austauschen konnte, und Prof. Dr. Dr. h.c. Hans Maier, der mein Projekt mehrfach unterstützt hat.

Mein besonderer Dank gilt denen, ohne deren tatkräftige Unterstützung auch dieser Band nicht zustande gekommen wäre. Stellvertretend für alle, die seit Beginn des Projekts durch ihre Recherchen meine Arbeit vorbereitet und abschließend die einzelnen Texte überprüft und alle Belege noch einmal verglichen haben, möchte ich aufgrund ihrer langjährigen Mitarbeit Priv.-Doz. Dr. Dr. Raimund Lachner, Dr. Michael Rieger, Dr. Petra Ritter-Müller, Dr. Hubert Filser und Dipl.-theol. Christian Schaller nennen. In der Erarbeitung dieses Teils habe ich Materialien auswerten können, die schon in den achtziger Jahren erarbeitet worden sind. So wurde ich ständig an sie alle erinnert. Die sorgfältige Eingabe der Texte in den Computer haben Bärbel Gabi und in ihrer Nachfolge Edith Korinek sowie Sunhild Wolf vorgenommen. Der genauen Erstellung der Register hat sich Raimund Lachner unterzogen. Je länger die Arbeit währt und je intensiver sie wird, um so weniger erscheint mir all diese Hilfe als pure Selbstverständlichkeit. Schließlich widmen sie mir kostbare Lebenszeit und keineswegs immer erfreuliche, zu Erfolgen führende Mühe mit meinem Projekt.

Auch für nachhaltige finanzielle Unterstützung habe ich sehr zu danken. Zu nennen ist hier zunächst wie schon im vorigen Band die Förderung durch die Deutsche Forschungsgemeinschaft 1989–1993 sowie durch eine auf Vermittlung des ehemaligen Generalsekretärs des Stifterverbandes für die Deutsche Wissenschaft Dr. Horst Niemeyer tätige Stiftung 1994–1995. In außerordentlicher Weise hat sodann Bernd Aust von der Universitätsverwaltung ausgeholfen, wenn immer Engpässe auftraten. Entschieden intensiviert wurde die Arbeit an den späten Passagen dieses sowie an beträchtlichen Teilen des nächsten Bandes durch die Bewilligung einer ganzen Mitarbeiterstelle für zwei Jahre 1996–1998 seitens der Deutschen Forschungsgemeinschaft. Nachdem ihr damaliger Präsident Wolfgang Frühwald den Theologen ins Stammbuch geschrieben hatte, sie stellten so wenige Anträge, hat er mich auch persönlich zu meinem Antrag ermuntert, der dann in vollem Umfang bewilligt wurde. Die unerwartete Kürzung des turnusmäßigen Fortsetzungsantrages um die Hälfte hat mein Projekt ernsthaft gefährdet. Nach einer Überbrückung durch die Universität wurde die Lücke inzwischen durch die Adolf Messer Stiftung, Frankfurt/Main, ausgefüllt, wofür sich der Vorsitzende des Kuratoriums Dr. Gerhard Rüschen tatkräftig eingesetzt hat. Und daß die Arbeit nach dem Auslaufen der Förderung seitens der Deutschen Forschungsgemeinschaft im bisherigen Umfang weitergehen konnte, hat Prof. Dr. Helmut Reihlen von der Stiftung Bonhoeffer-Lehrstuhl im Stifterverband für die Deutsche Wissenschaft möglich machen können. So sehe ich mich erst recht in die Pflicht genomen, das Vorhaben in dem erforderlichen Umfang und der gebotenen Genauigkeit bis in die Zeit um 1830 zu Ende zu führen. Ich möchte allen, ohne deren Hilfe dieses Projekt nicht realisierbar gewesen wäre, von Herzen danken.

Dankbar bin ich schließlich für einen Druckkostenzuschuß, den die Deutsche Forschungsgemeinschaft zur Veröffentlichung beigesteuert hat.

Wirksam geholfen haben mir auch Dr. Günter Heischmann, Werner Blasenbrey und Günther Unger von der Bayerischen Staatsbibliothek sowie Dr. Wolfgang Müller von der Münchener Universitätsbibliothek. Von den Schätzen beider Bibliotheken konnte ich ausgiebigen und doch nicht annähernd erschöpfenden Gebrauch machen; ich bin mir bewußt, daß es nur wenige Orte in Deutschland und darüber hinaus gibt, an denen sich ein Projekt wie das hier vorgelegte realisieren läßt.

Schließlich möchte ich den Herausgebern der Reihe sowie allen Beteiligten des Verlags meinen Dank sagen.

Begleitet haben mich wiederum manche durch ihre stete persönliche Verbundenheit. Von denen, die schon im Vorwort zur „Religio II" genannt sind, möchte ich an dieser Stelle erneut Ilona Riedel-Spangenberger und Karl Homann erwähnen, die mich 1997 mit einer von ihnen herausgegebenen Festschrift „Welt-Heuristik des Glaubens", bei deren Überreichung Hans Maier einen Vortrag über „Politische Religionen" gehalten hat, in meinem Unternehmen sehr bestärkt haben.

Da ich zwischenzeitlich schon beträchtliche Teile des vierten und letzten Bandes zur „Religio" verfassen konnte, bin ich einigermaßen zuversichtlich, daß mir auch der baldige Abschluß des Projekts gelingt. Je rascher die Jahre dahingehen, umso mehr begleitet mich die conditio humana sub conditione Jacobea.

Gilching bei München, im August 1999   *Ernst Feil*

Einführung

Nach der Einführung zur „Religio II" genügen hier zusammenfassende Hinweise für jene, die den vorausgegangenen Band nicht einsehen können.

Das gesamte Projekt dient der Klärung, welche Autoren und welche Gründe, soweit sich diese entdecken lassen, dazu geführt haben, daß die klassisch-römische und durch das Mittelalter, die Reformationszeit und das 16. Jahrhundert hindurch im wesentlichen konstant gebliebene Bedeutung der „religio" im Verlauf der Neuzeit einer Neukonzeption dieses Terminus gewichen ist.

Erst nach dieser Neuformulierung läßt sich fragen nach Relationen zwischen „ratio", „fides" und „religio". Wo immer vorher im Zusammenhang mit der „religio" von der „sapientia" die Rede war, nämlich schon bei Laktanz und dann erst recht bei Augustinus, galt es nicht, die „religio" als solche zu verändern, sondern nur, diese Tugend auf den allein wahren Gott zu beziehen, wozu natürlich die Erkenntnis benötigt wurde, welcher Gott dieses ist.

Zusammenfassung der bisherigen Untersuchungen

Als bisheriges Ergebnis der voraufgegangenen Untersuchungen läßt sich kurz zusammenfassen: Bis nach 1600 lassen sich keinerlei Indizien feststellen, die eine neuzeitliche Konzeption der „Religion" anzeigen. In Geltung bleibt der klassische Begriff. Diesem zufolge bedeutet „religio" die Sorgfalt, genauer die scheue Sorgfalt für alle Vollzüge, die die Menschen aufgrund der Gerechtigkeit Gott als einem Höhergestellten schulden. Und wenn im 16. Jahrhundert ein Oberbegriff gesucht wird, der die verschiedenen Überzeugungen umfaßt, so behält vor allem Geronimo Cardano die im Hochmittelalter nicht zuletzt von Roger Bacon entwickelte Terminologie bei, nämlich die verschiedenen, meist vier Überzeugungen – Heiden, Juden, Christen und Mahumetaner (wie letztere zeitgenössisch genannt wurden) – als „leges" oder „sectae" im Sinne von Gefolgschaften zu bezeichnen, abgeleitet von „sequi"; er bezeichnet sie also konsequent nicht als ‚religiones'. Denn von diesen vier Überzeugungen praktizieren aus ihrer Sicht faktisch allein die Christen selbst „religio", die anderen aber schlicht „superstitio". So gilt auch bislang, sofern dazu Stellung genommen wird, „religio" grundsätzlich als Tugend und näherhin als Untertugend der Kardinaltugend der Gerechtigkeit. Sie ist als solche nicht heilsbedeutsam, gehört sie doch nicht zu den theologischen oder göttlichen, nämlich heilsrelevanten Tugenden Glaube, Hoffnung und Liebe. Finden sich im Humanismus des 15. Jahrhunderts erste Auflockerungen, insofern etwa Giovanni Pico della Mirandola neben „leges" und „sectae" auch „religiones" sagen kann, so ist dieser Sprachgebrauch im 16. Jahrhundert eher rückläufig.

Wenn gegen Ende dieses 16. Jahrhunderts dann erstmalig die Formulierung „religio naturalis" auftritt, die als Indiz neuzeitlicher, nämlich philosophischer Konzeption gilt, so bleibt größte Vorsicht geboten. Denn sofern sich dieser Terminus im „Colloquium Heptaplomeres" findet, das Jean Bodin zugeschrieben wird, so bedeutet er hier strikt jene historische Phase, die vor der ersten Offenbarung Gottes liegt, ob diese nun bei Noah oder bei Abraham erfolgt ist. „Religio naturalis" besagt hier noch keineswegs jene philosophische „religio", die allen anderen Gestalten und Zeiten voraus beim Menschen schlechthin zu finden ist, die dieser mit seiner natürlichen „ratio" finden kann. Erst recht meint er keine anthropologische Gegebenheit, die der Mensch von Anfang an hat, ob sie eine „notio communis" oder eine „idea innata" darstellt. Es finden sich hier nämlich keine Überlegungen, woher diese „religio" kommt, auch nicht, ob sie etwa auf eine Reminiszenz des Menschen an die Verbindung mit Gott im Paradies zurückgeht, die dann im Verlauf der Geschichte immer wieder verdunkelt und durch Gottes Offenbarung speziell an Noah, Abraham und Mose erneuert wurde. Endgültig offenbart aber wurde die rechte Weise der Gottesverehrung in Jesus Christus.

Zu Aufgabe und Methode der Untersuchung

Das Verständnis der „religio" speziell im 17. Jahrhundert zu klären, erfordert natürlich umfangreiche Recherchen. Sie beginnen mit der weiteren Entwicklung der Schultheologie und der ihr nahen Jurisprudenz und gehen weiter mit den frühneuzeitlichen Fundierungsversuchen von Francis Bacon bis hin zu René Descartes. Besondere Aufmerksamkeit gilt weiteren Belegen und Interpretationen der „religio naturalis". Die bisherigen Befunde haben gezeigt, wie vorsichtig man mit einem Verständnis dieses Terminus sein muß, wenn man denn überhaupt auf ihn stößt.

Die Akzentuierung der „ratio" zu Beginn dieses 17. Jahrhunderts verlangt selbstverständlich, besondere Sorgfalt darauf zu richten, ob sich Verbindungen zwischen ihr und der „religio" ergeben. Die zu dieser Zeit auftretenden Überlegungen zum Verhältnis von „ratio" und „fides" können auch in diesem Band nicht im einzelnen berücksichtigt werden. Es hat sich ja, wie schon früher notiert, deutlich gezeigt, daß die gegenseitigen Relationsbestimmungen auch dieser beiden Termini zuzüglich zu ihrer Verbindung mit der „religio" von einem einzelnen nicht mehr erforscht werden können. Ich muß mich darauf beschränken, am Leitfaden der „religio" auch deren Relation zu „ratio" und „fides" zu berücksichtigen. Jedenfalls darf ich in meinem Zusammenhang davon ausgehen, daß es neue Bemühungen gibt, aufgrund der „ratio" zur Sicherheit in Erkennen und Handeln zu kommen, und daß von hierher für den Beginn dieses Jahrhunderts von „Rationalismus" gesprochen werden kann. Daß dieses Setzen auf Rationalität auch für das 17. Jahrhundert maßgeblich ist, gilt zu Recht als allgemein akzeptierte Annahme.

Besonders interessant wird hingegen sein, welche Innovationen sich für mein Thema aus Gegenbewegungen und hier besonders aus dem Pietismus ergeben.

Wie zuvor gibt es auch für den jetzt erarbeiteten Zeitraum keine umfassenden Untersuchungen, die mein Thema konsequent behandeln. Zuweilen habe ich wichtige Hilfestellungen erhalten, so in der instruktiven Arbeit von Henning Graf Reventlow „Bibelautorität und Geist der Moderne" (1980) oder in dem von Martin Brecht edierten Band „Der Pietismus vom siebzehnten bis zum frühen achtzehnten Jahrhundert" (1993).

Abgesehen davon, daß es eine Gesamtdarstellung nicht gibt, wird in Arbeiten, die mein Thema mindestens partiell berühren, ganz allgemein nicht präzise genug das Verständnis der „religio" oder „Religion" beachtet, das jeweils vorliegt. Etwa die „praxis pietatis" im Pietismus sollte man nicht „gelebte Religion" nennen[1]. Auch sind „bella sacra" noch keine „Religionskriege"[2].

So bleibt auch jetzt keine andere Möglichkeit, als die jeweiligen Autoren ausnahmslos in ihren Originaltexten zu Rate zu ziehen. Natürlich muß eine Auswahl vorgenommen werden. Mehr noch als im 16. ist die Literatur des 17. Jahrhunderts ins Unermeßliche gewachsen. Auch können nicht immer von den Autoren sämtliche Werke berücksichtigt werden. So besteht nach wie vor die Gefahr, wie ich hier unterstreichen möchte, daß mir wichtige Autoren entgangen sind oder aber daß ich zentrale Aussagen zu meinem Thema bei ihnen nicht gefunden habe.

In diesem Band werden auch Autoren dokumentiert, bei denen die Nachforschungen unergiebig bleiben, wenn es sich um bedeutsame Autoren handelt, von denen ein Beitrag erwartet werden kann, oder aber um solche, bei denen ein Zusammenhang mit der Thematik vermutet werden darf. Die Dokumentation solcher Nachforschungen zeigt selbstverständlich auch, daß die betreffenden Autoren nicht einfach übersehen worden sind.

Wiederum gilt es, sich auch solchen Autoren zuzuwenden, die nicht in allen Philosophie- bzw., soweit es sie gibt, Theologiegeschichten zu finden sind. Es dürfte nämlich von erheblicherem Interesse sein zu wissen, ob und gegebenenfalls in welchem Maße die Thematik auf Seitenwegen gefördert worden ist.

---

[1] So in dem instruktiven Teil von Volker Drehsen, Neuzeitliche Konstitutionsbedingungen der Praktischen Theologie. Aspekte der theologischen Wende zur sozialkulturellen Lebenswelt der christlichen Religion, Gütersloh 1988, I, 78f.

[2] Vgl. die unzutreffende Übersetzung in: Theophil Lessing, De Religionum Tolerantia. Über die Duldung der Religionen, hg. von Günter Gawlick und Wolfgang Milde (= Kleine Schriften zur Aufklärung 2), Wolfenbüttel-Göttingen 1991, cap. III th. 11, S. 10 u. 60.

Zur Textgestaltung

Die Textgestaltung erfolgt ebenso wie beim vorhergehenden Band. Die Texte sind also, soweit es irgend möglich ist, in der Schreibweise des Originals wiedergegeben. Nicht immer durchhalten ließ sich diese Absicht bei den verschiedensten Möglichkeiten des Klein-, Groß- oder Fettdrucks u.a.m. Im allgemeinen sind solche Abweichungen von der originalen Gestaltung kurz notiert. Zitiert werden die jeweils benutzten Ausgaben, bei neuen Editionen also die jeweilige Präsentation der Texte.

Abweichend werden lediglich die durchweg in Versalien gesetzten Titel möglichst in die normale zeitgenössische Schreibweise übertragen, weil dadurch die Lesbarkeit erheblich erleichtert wird, sowie bei mehrbändigen Werken statt des Genitivs, etwa „Theologiae Practicae Pars prima" der Nominativ „Theologia practica" bevorzugt. Die Angabe der Erscheinungsjahre wurde belassen, sofern nicht die alte Schreibweise der römischen Zahlen für tausend und fünfhundert durch die neuere „M" und „D" ersetzt werden mußte. Nicht entschließen konnte ich mich, bei der Paraphrasierung englischer Texte mit der jeweiligen Verwendung etwa von „the religion" im Deutschen das Neutrum statt des im Lateinischen bzw. Deutschen üblichen Genus zu übernehmen. Schließlich sind Sprachgewohnheiten der jeweiligen Autoren beibehalten, etwa in der Bezeichnung „Mohammedaner", wenn wir heute andere Bezeichnungen vorziehen.

Im Text werden die originalen Termini und kurzen Redewendungen jeweils im Nominativ zitiert und mit doppelten Anführungszeichen kenntlich gemacht; fehlen sie, sind sie in einfache Anführungszeichen gesetzt.

Wiederum enthalten die Anmerkungen wichtige Originaltexte im Wortlaut, damit sich der Leser einen verläßlichen eigenen Eindruck verschaffen kann zumal bei Werken, die in den meisten Fachbibliotheken nicht vorhanden sind.

Die Stellenangaben in den Anmerkungen berücksichtigen in der Regel auch die Unterteilungen der jeweiligen Texte, damit der Leser die Belege in anderen ihm möglicherweise zugänglichen Ausgaben besser auffinden kann.

Zur Gliederung

Die für die folgenden Untersuchungen zu wählende Aufteilung weist zwangsläufig Grenzen auf. Nach einiger Überlegung und Beratung schien es angemessen, mit Darlegungen zur Schulphilosophie und zur Jurisprudenz zu beginnen, da sie an den vorherigen Band anschließen. Es folgt ein Abschnitt zu Philosophen der ersten Jahrzehnte des 17. Jahrhunderts, als es um neue Fundierungsversuche ging. Es schließen sich an Abschnitte zu Autoren, die jeweils eine gewisse Nähe zueinander haben. Sodann gibt es zwei Teile zu den regionalen Entwicklungen in England und Frankreich. Beschlossen wird der Band durch die Behandlung von Philosophen gegen Ende des 16. und zu Beginn des 17. Jahrhunderts. Die besondere Schwierigkeit ergibt sich dadurch, daß natürlich auch

Philosophen des dritten oder des letzten Abschnitts Engländer oder Franzosen sind und somit diesen Sprachgebieten hätten zugeordnet werden können. Da jedoch der Versuch erfolglos blieb, die hier zusammengestellten englischen und französischen Autoren auf andere Abschnitte zu verteilen, schien es am besten, diese Gliederung zu belassen. Durch die Beifügung der jeweiligen Jahreszahlen schon im Inhaltsverzeichnis kann sich der Leser einen Einblick darüber verschaffen, welche Autoren in den gleichen Zeitabschnitt gehören.

Wie zum vorhergehenden, so ergeben sich auch zum folgenden Band zeitliche Überschneidungen. Um aber einen Autor im ganzen darstellen zu können, mußte ich mich entscheiden, welchem Zeitraum er zugeordnet werden sollte. So finden sich manche Autoren erst im folgenden Teil, auch wenn ihre Wirksamkeit bereits zugleich mit den hier behandelten Autoren begonnen hat.

Falls sich wichtige Korrekturen und Ergänzungen als nötig erweisen, werden sie gleichfalls im nächsten Band verzeichnet.

Im Gefolge der Reformation

1. Wege der Schultheologie zur „religio revelata"

Zur Position katholischer Gegenspieler

Ehe im folgenden die Einstellung zur „religio" im Bereich evangelischer Theologie aufgearbeitet werden soll, scheint es angezeigt, wenigstens kurz auf katholische Positionen hinzuweisen. Für die Zeit bis etwa 1620 geschah dies bereits in dem Abschnitt über die spanische Spätscholastik. Selbst wenn diese mit ihrer Orientierung auf die Probleme, die sich durch die Entdeckung Amerikas ergaben, einen besonderen Akzent trägt, behält sie freilich weiterhin ihre spezifische Bedeutung. Hinzukommen jedoch kontroverstheologische Auseinandersetzungen, wie sie nach dem Konzil von Trient geführt wurden.

Besonders profiliert hat sich in diesen Auseinandersetzungen auf katholischer Seite Robert Bellarmin (1542–1621)[1], der fast gleichzeitig mit Francisco de Suárez (1548–1619) lebte. Dieser italienische Kardinal hat seinerseits ständig kontroverstheologische Abhandlungen vorgelegt. In ihnen erscheint nirgends die „religio" als spezielles Thema. Und wenn er in der ersten der fünfzehn „Controversiae generales", die jeweils in z.T. mehreren umfangreichen Büchern erörtert werden, „De Verbo Dei scripto et non scripto"[2] handelt, sagt er „controversiae Fidei" und nicht ‚religionis'[3].

Im Rahmen zweier Themen allerdings, bei denen man es auch erwartet hätte, spricht Bellarmin nachdrücklich von „religio". Einmal verwendet er diesen Terminus bei der Apologie des Mönchtums und dokumentiert damit, daß und wie

---

[1] Robertus Bellarminus war seit 1560 Jesuit, seit 1570 Professor der Theologie in Löwen, wo er die ersten umfangreichen kontroverstheologischen Schriften verfaßte; von 1576 an setzte er seine Tätigkeit in Rom fort, war später Provinzial in Neapel, bis er 1592 endgültig nach Rom zurückkehrte. 1599 wurde er Kardinal. Unter seinen Schriften sowohl zu innerkirchlichen Auseinandersetzungen als auch zur Kontroverstheologie ragt die Schrift gegen Jakob I. von England heraus. Auch in der Auseinandersetzung mit Galileo Galilei spielte Bellarmin eine Rolle, insofern er einen Vermittlungsvorschlag vertrat, den aber Galilei nicht akzeptierte. Innerkirchlich wirkte er vor allem durch seinen kleinen und seinen großen Katechismus.

[2] So der Titel der ersten Kontroverse laut Inhaltsverzeichnis: Operum Roberti Bellarmini Pars Prima de Controversiis Fidei, in: ders., Opera Omnia, ex editione Veneta, pluribus tum additis tum correctis, iterum edidit Justinus Fèvre, I–XII, Paris 1870–1874, ND Frankfurt a.M. 1965, I 63. – Diese in München allein zugängliche Ausgabe wird zitiert mit Angabe des einzelnen Werks und seinen Unterteilungen sowie nach einem Semikolon mit Angabe des Bandes in römischer und der Seite in arabischer Ziffer.

[3] Robertus Bellarminus, Prima controversia generalis. De Verbo Dei, lib. III cap. 1; I 167a.

sehr dieser Terminus noch die Orden bezeichnet. Bellarmin will Wesen, Aufteilung und Entstehung der „Religiones" darlegen, die es selbstverständlich in der Mehrzahl gibt[4]; hierbei fügt er eine spezielle Definition der „Religio" als „status" an, der sich um die christliche Vollkommenheit gemäß den drei Gelübden müht; unter Verweis auf Schrift und Tradition interpretiert er dabei die „religio" als „vinculum", welches den Menschen vollkommen macht[5].

Zum anderen geht Bellarmin auf die „religio" dort ein, wo er die Aufgaben des Magistrats, näherhin das „officium magistratus politici in causa religionis" behandelt; eine solche Verpflichtung besteht nämlich, obwohl die Leitung der Kirche nach dem Auftrag Christi dem Petrus und den Bischöfen, nicht aber dem Tiberius zukommt[6]. Bellarmin wendet sich gegen jenen Minimalismus, nach dem Könige in ihrem Gemeinwesen nur für den öffentlichen Frieden, nicht aber für die „religio" zu sorgen hätten und den einzelnen jegliche Meinung überlassen könnten, wenn sie nur den öffentlichen Frieden nicht gefährdeten[7]. Er lehnt den Irrtum der „Ethnici" ab, man könnte alle „religiones" zulassen – auch hier findet sich der Plural –, und weist die Auskunft des Philosophen Themistius zurück, die dieser dem Kaiser Valens gab, Gott habe an der Verschiedenheit der „sectae" Gefallen, sofern er nur auf vielfältige Weise verehrt werde[8]. Unter den Argumenten gegen solche Auffassungen findet sich auch dieses, daß bei den Juden die „vera religio" blühte und ihre Könige deswegen die „libertas religionis" nicht zulassen konnten; wenn dem aber so ist, könnten die christlichen Könige um so weniger so verfahren[9].

Über diese beiden Themen hinaus findet sich in den Werken Bellarmins noch ein Abschnitt, in dem er detaillierter von der „religio" spricht[10], nämlich anläßlich der zwölf „Conciones", den katholischen Menschen in seinem Glauben zu bestärken. Auf die ersten beiden dieser Ansprachen über das Glaubenslicht und das Alter der Kirche läßt er als dritte die hier in Frage kommende über die Festigkeit unserer „religio" folgen, denen sich die weiteren über

---

[4] So in: Controversiarum de membris Ecclesiae, lib. 2: De Monachis, cap. 1; II 505a.

[5] Ebd. cap. 2; 506a, unter Verweis auf 1 Joh 4 und Kol 3 sowie auf Chrysostomus: „Quantum ad rem attinet, Religio, ut hic a nobis accipitur, sic definiri potest: Religio status est hominum ad perfectionem Christianam per paupertatis, continentiae, et obedientiae vota tendentium." – Vgl. auch cap. 4f „De confirmatione Religionum" und „De origine Religionum"; 509a–514a, sowie cap. 36 „Licere filiis ingredi Religionem parentibus invitis"; 605a–607b. Nur diese Belege sind im Gesamtregister angegeben, XII 605.

[6] Ebd. lib. III: De Laicis sive Saecularibus, cap. 17; III 32bf, hier gegen Brentius.

[7] Ebd. cap. 18; 32a–35b.

[8] Ebd. 33b.

[9] Ebd. 35af; Bellarmin konstatiert hier: „libertas credendi perniciosa est illis ipsis ...; nam libertas credendi nihil est aliud, quam libertas errandi, et errandi in re omnium periculosissima; nam fides vera non est nisi una, Ephes. IV *Una fides*, ergo libertas ab ista una fide recedendi, est libertas in errorum baratrum ruendi. Sicut ergo salubriter non permittitur ovibus libertas vagandi per montes, et salubriter non liberatur gubernaculo, nec sinitur libere a quolibet vento circumferri navis; ita quoque salubriter non conceditur populis libertas credendi, posteaquam uni verae fidei se adjunxerunt."

[10] Die Ausführungen VII 443ff über die Mönche stammen nicht von Bellarmin und bleiben hier außer Betracht.

die „Catholica doctrina" anschließen[11]. Es läßt sich nicht ersehen, warum Bellarmin hier „religio" so nachhaltig verwendet. Jedenfalls liegt ihm an der Betonung, daß die „Catholica atque orthodoxa nostra Religio" die älteste darstellt[12], wie er schon zuvor gezeigt hatte[13]; er kann aber in diesem Zusammenhang sehr wohl auch „nostra lex" sagen[14]. Gegenüber der eigenen „vera et Catholica religio" sieht er bei allen anderen und damit auch bei den Juden nur „sectae" gegeben[15]. Bellarmin will wohl umfassend argumentieren, stellt er doch verschiedentlich „fides et religio"[16] nebeneinander, die er auch feierlich „fides vetus, sacrosanctaque Religio" nennt[17]. Und diese „Religio sancta" breitete sich in alle Gebiete aus[18].

Alles in allem versteht sich „religio" für Bellarmin so sehr von selbst, daß er sie nirgends definieren muß. Sämtliche Argumente stellen keine konfessionsspezifischen Aussagen dar, wenn man einmal davon absieht, daß natürlich die Bedeutung der „religio" im Sinne von „Orden" im evangelischen Bereich nur noch als historische Reminiszenz erscheint.

Eine Überprüfung der Schriften der Brüder Francisco de Lugo (1580–1652) und Juan de Lugo (1583–1660) bestätigte den Befund bei Bellarmin.

Francisco de Lugo handelt in seiner ausführlichen „Theologia Scholastica" einleitend über die „sacra Doctrina", ohne daß sich hier Überlegungen zur ‚religio' finden[19].

Demgegenüber erörtert Juan de Lugo in seinen ausführlichen „Disputationes de Iustitia et Iure" des näheren sämtliche Fragen, die mit der „Religio" im Sinne von „Orden" zusammenhängen[20]. Somit behält auch er die bei Bellarmin präsente katholische Tradition bei.

---

[11] Robertus Bellarminus, Conciones Duodecim continentes Argumenta totidem ad hominem catholicum in sua fide confirmandum et haereticum a perfidia sua convertendum; IX 513–583; die Concio 3 lautet: De multitudine credentium, et firmitate nostrae religionis, 525–529.
[12] Ebd. 525a.
[13] Ebd. 520–524.
[14] Ebd. 520b.
[15] Ebd. 521b.
[16] Ebd. 520a, 522a, 568a.
[17] Ebd. 525a.
[18] Ebd. 526bf.
[19] Franciscus de Lugo, Theologia Scholastica in I. p. D. Thomae, Lugduni MDCXLVII, lib. I q. 1. Seine Verwurzelung in der Tradition zeigt die Aufnahme des Varro-Textes über die dreigeteilte Theologie lib. 1 disp. 1 cap. 3; 21a. In der folgenden disp. 2; 21bff „De obiecto Theologiae" geht Lugo gleichfalls der „religio", von der er, 25a, spricht, nicht des näheren nach. Auch in der folgenden disp. 4; 40a–46a „De locis Theologicis" findet sich nichts über ‚religio'.
[20] Ioannes de Lugo, Disputationes de Iustitia et Iure, I–II, Lugduni MDCXLVI, vgl. ebd. I disp. 3 sect. 4 nr. 74; 56a; ferner sect. 9 nr. 189; 86b, sect. 10 nr. 216; 93b, disp. 9 sect. 3 nr. 27ff; 243aff, sowie schließlich disp. 21 sect. 6 nr. 61–90; 621a–628a.

Altprotestantische Schultheologie

Die im vorausgegangenen Band dokumentierten Beiträge zur Schultheologie haben ergeben, daß die „religio" nicht früher als im Übergang zum 17. Jahrhundert nachhaltigere Aufmerksamkeit findet, nämlich bei Leonhard Hütter (1563–1616) und bei Johann Gerhard (1582–1637). Von hierher ergibt sich die Frage, ob man nicht diese beiden Autoren an den Anfang der folgenden Untersuchungen hätte stellen sollen. Doch wenn Hütter in seinen postum 1619 erschienenen „Loci Communes Theologici" sowie Gerhard in den 1610 erschienenen „Loci Theologici" die „religio" des näheren erörtern, geschieht dies nicht im Kontext der theologischen Grundlegung; angesprochen wird sie vielmehr bei der Erörterung der Beziehungen der Lutheraner besonders zu den Reformierten und den Katholiken, so bei Hütter, sowie speziell bei der Begründung der Kompetenz des Magistrats hinsichtlich öffentlich relevanter Einstellungen und Vollzüge, wozu nach Ansicht beider Autoren eben auch eine Zuständigkeit für „cultus" und „religio" gehört. Dabei verwendet Gerhard noch in seinen eigenen grundlegenden Aussagen eher „pietas". Damit ergibt sich ein deutlicher Befund, daß „religio" dort zur Sprache kommt, wo es um öffentliche Belange geht, nämlich, welche Kompetenz der Magistrat den Bürgern gegenüber wahrzunehmen hat, die ihrerseits einer „fides" anhängen, einen „cultus" ausüben und damit eine „religio" praktizieren. Da aber „cultus" und „religio" nicht einfach sich auf den privaten Bereich beschränken (lassen), besitzt der Magistrat über sie eine Kompetenz, nachdem der „ecclesia" öffentliche Kompetenz eben nicht zukommt. Daß aber in diesen Zusammenhängen nachhaltig von „religio" die Rede ist, zeigt einmal, daß die Problematik zu Beginn des 17. Jahrhunderts drängender geworden ist; sonst hätten die Autoren des 16. Jahrhunderts schon längst sich mit diesem Thema auch theologisch befassen müssen. Zum anderen aber zeichnet sich ab, daß in Erörterungen zu öffentlich relevanten Bereichen eben „religio" eine geeignete Kategorie ist. Das gilt selbst unter der Voraussetzung, daß generell ein Gewissenszwang abgelehnt wird, daß sich also auch über die „religio", soweit sie eine aus der persönlichen Einstellung kommende Praxis meint, nicht gebieten läßt. Doch darf eben daraus keine Unstimmigkeit in einem Gemeinwesen und erst recht nicht dessen Gefährdung entstehen.

Beide Autoren dokumentieren aber auch, daß die „religio" noch kein theologisches Thema darstellt. Deswegen wurden sie mit einem gewissen Kompromiß an den Schluß der früheren Untersuchungen gestellt.[1]

---

[1] Manche Autoren, die im folgenden nicht berücksichtigt werden konnten, sind behandelt bei Walter Sparn, Wiederkehr der Metaphysik (= Calwer Theologische Monographien 4), Stuttgart 1976. Diese Arbeit zeigt, wie wünschenswert eine umfassendere Behandlung ist.

Georg Calixt

In die Phase der Entfaltung der Orthodoxie gehört Georg Calixt (1586–1656)[2]. In seinem Bemühen, eine Einigung der zerspaltenen Christenheit zu erreichen, wurde heftig kritisiert, er betreibe „Religionsmengerei"[3]. Um so mehr darf man gespannt sein, welchen Beitrag er zu unserem Thema geleistet hat.

In seinen Erwartungen wird der Leser freilich enttäuscht, wenn er die frühen Disputationen über die „Christiana Religio" in die Hand nimmt. Diese beginnen nämlich gleich ohne weitere Vorbereitung mit der Erörterung „De Deo uno et trino"[4]. Schon die Wahl der Überschrift begründet Calixt also nicht. Er glaubt sich offensichtlich so sehr in der Tradition, daß er sich eine Reflexion darüber sparen kann[5].

Nimmt man die spätere „Epitome Theologiae" zur Hand[6], differenziert sich das Bild. Denn diese Darstellung der Glaubenslehre beginnt nicht schon mit einem kurzen Hinweis auf das Ziel des Menschen und der anschließenden ausführlichen Gotteslehre, sondern enthält eigene „Prolegomena" über die Theologie. Als solche im strikten Sinn verfolgt diese die Aufgabe, (den Glauben) zu entfalten, zu prüfen und zu verteidigen[7]. Hierzu gehören nicht nur Sprachkenntnisse, Historie oder auch Physik[8], sondern mehr noch Metaphysik[9]. Insgesamt spricht Calixt alle Wissensgebiete seiner Zeit an, vor allem die Geschichte, die zum Bereich des Politischen gehört, und zwar die der Antike ebenso wie die christliche Geschichte[10]. Calixt stellt also die „Scientiae", die verschiedenen „Li-

---

[2] Nach Studien in Helmstedt, die Georg Calixt zum Aristoteliker machten, war er seit 1614 Professor in Helmstedt. Lebenslang um die Einheit der Christenheit bemüht, geriet er in zahlreiche Kontroversen, so seitens der Orthodoxie mit Calov sowie seitens des Pietismus mit Spener. Vgl. Johannes Wallmann, Der Theologiebegriff bei Johann Gerhard und Georg Calixt (= Beiträge zur Historischen Theologie 30), Tübingen 1961; Peter Engel, Die eine Wahrheit in der gespaltenen Christenheit. Untersuchungen zur Theologie Georg Calixts (= Göttinger theologische Arbeiten 4), Göttingen 1976.

[3] So Franz Lau, Calixt, Georg, in: RGG³ I, 1586f.

[4] Georg Calixt, De praecipuis Christianae Religionis capitibus disputationes XV, Anno MDCXI, MDCXIII, MDCLIIX, ed. Fridericus Ulricus G.F. Calixt, Helmestadii o.J.

[5] Vgl. etwa zur „religio" den Abschnitt „De cultu Sanctorum", ebd., Disputatio XIV Thesis XX, 371, mit Verweis auf die einschlägige Behandlung von Thomas von Aquin, STh II–II 81,3.

[6] Georg Calixt, Epitome Theologiae, Goslariae 1619, in: ders., Dogmatische Schriften, hg. von Inge Mager (= Werke in Auswahl 2), Göttingen 1982. – Nach der Einleitung der Herausgeberin zu diesem Band, ebd. 30ff, handelt es sich um eine 1616 gehaltene Vorlesung, die von Schülern ohne Zustimmung von Calixt ediert und später von ihm mehrfach neu aufgelegt wurde.
Diese Ausgabe enthält einen leicht angeglichenen Text, was etwa die gebräuchliche Schreibung von u und v oder die von i statt j betrifft. Zudem enthält sie zahlreiche willkommene Nachweise sowie sparsame textkritische Hinweise. Im folgenden wird sie zunächst mit Angabe der Originalpaginierung und dann nach einem Semikolon mit der Paginierung dieser Ausgabe zitiert.

[7] Ebd. Prolegomena [A], III; 66.

[8] Ebd. VIIIf; 70ff. – Xf, 73ff mit Folgerungen für Naturwunder, wie z.B. das Überschreiten des Jordan.

[9] Ebd. XII–XVI; 76–80.

[10] Ebd. XVII–XXII; 81–88.

terae et disciplinae"[11] dar, die nach seiner Meinung für die Theologie erforderlich sind.

Vor dieser Aufzählung der verschiedenen Wissensbereiche erwähnt Calixt in den Prolegomena kurz einen weiteren Begriff von Theologie, demzufolge sie in dem besteht, was von Gott gelehrt und geoffenbart ist, die also faktisch identisch ist mit dem Inhalt der „fides"; diese bezeichnet Calixt mit der Tradition ebenso als erworbenen wie als eingegossenen Habitus[12]. Im Zusammenhang mit ersterer sagt er, die Theologie sei also ein erworbener Habitus aufgrund der allgemeinen Motive und Argumente, die in die „religio Christiana" einführen und zu ihr bewegen[13].

Die kritische Edition der Werke enthält dankenswerterweise auch die Prolegomena der „Epitome", die Calixt zwei Jahre zuvor verfaßt hat.[14] Hier pointiert er schärfer, wenn er zu Beginn die Theologie nicht als „habitus fidei", sondern als „habitus intellectus", und zwar als grundlegenden, erworbenen, praktischen Habitus bezeichnet, der die Glaubensartikel aus den Prinzipien und Grundlagen ableitet, entfaltet, bestätigt und gegen Gegner verteidigt[15]. Er unterstreicht, daß die Theologie nicht eine theoretische, sondern eine praktische ist[16]. Nur kurz verweist er dann auf die „fides" als das innere und auf die ewige Seligkeit als das äußere Ziel der Theologie[17] und wendet sich ebenso knapp der Notwendigkeit der Logik zu, ehe er wiederum nur mit wenigen Sätzen auf die Kirche verweist. Dann nennt er die zwei Teile der Theologie, einen ersten allgemeinen über das Ziel des Menschen und über Gott, die Schöpfung besonders des Menschen und dessen Fall sowie einen zweiten über die Prinzipien und Mittel, zum ewigen Heil zu kommen, etwa Gnade, Menschwerdung, Glaube, Gesetz und Evangelium, Sakramente, sowie Folgerungen aus dieser Gnade und Rechtfertigung. In den „Prolegomena" wendet er sich auch den Prinzipien zu, aus denen all dies hervorgeht[18].

Nach den Ausführungen dieser Prolegomena zur Theologie und vor den im weiteren folgenden Überlegungen zur Schrift hat Calixt einen Abschnitt über die „religio Christiana" formuliert. Als Prinzip dieser „religio" fungiert die Schrift[19]. Die Kirche aber legt die Schrift vor, damit jemand zu deren Erkenntnis

---

[11] Ebd. XXII; 89.
[12] Ebd. III; 65.
[13] Ebd.
[14] So aufgrund der Bezeichnungen A und B im Inhaltsverzeichnis, 59; zu deren Aufschlüsselung vgl. die Einleitung der Herausgeberin, 32f; vgl. 55, vgl. aber auch den Hinweis 56 auf den Variantenapparat der Herausgeberin. Laut brieflicher Mitteilung der Herausgeberin vom 4.6. 1997 stammen die Prolegomena [A], 61–90, aus der Vorlesung von 1618 und die Prolegomena [B], 90–133, aus der Erstfassung von 1616. – Für diese Mitteilung und die notwendige Überprüfung vom 19.7. 1999 möchte ich der Herausgeberin sehr herzlich danken.
[15] Ebd. Prolegomena [B] 1; 91.
[16] Ebd. 2f; 92f.
[17] Ebd. 4; 94.
[18] Ebd. 6f; 96f.
[19] Ebd. 16; 106.

und dann zum Glauben kommt, der auch durch Wunder und Märtyrer bezeugt wird, die allesamt die Seele zur „religio Christiana" führen; dabei konstatiert Calixt, daß die „religio", wenn sie durch Wunder bekräftigt ist und Menschen für sie ihr Leben hingeben, nicht nichtig sein kann[20]. Dieser Argumentation kann seiner Meinung nach nicht ernsthaft widersprochen werden. Gegen einen Ungläubigen führt er nämlich an, mit dem, der Gott, den einen, wahren, gerechten und guten, sowie die unsterbliche Seele und ein Weiterleben nach dem Tode leugnet, sei überhaupt nicht zu reden, da er die Grundlage der Theologie schlicht in Abrede stellte; zu überzeugen vermag kein theologisches, sondern nur ein philosophisches Argument, das aus der Natur der Dinge genommen ist, nämlich der Hinweis auf die Notwendigkeit, das Woher der Wirklichkeit zu erklären; (nur) von hierher kann die Lehre der eigenen „religio" und die falsche Position ihrer Leugner demonstriert werden[21]. Sofern man annimmt, daß Gott gemäß der unendlichen Güte für das edelste Geschöpf, den Menschen, Sorge trägt, muß man auch davon ausgehen, daß dieser Sorge nicht Rechnung getragen werden kann, ohne daß göttlich geoffenbart ist, wie man den Weg zum ewigen Leben gehen kann[22]. Calixt empfiehlt sodann, die „omnium gentium religiones" anzuschauen, was zu der Erkenntnis führt, daß dort nur Lächerliches und Absurdes zu finden ist; ein Blick auf das Volk der Juden zeigt, daß dieses als das älteste zugleich die Schriften des Mose besitzt, die an Alter alles aus der griechischen Geschichte überragen[23]; Calixt folgert in nicht unproblematischen Argumenten einmal, daß entweder die „religio Christiana" die wahre „religio" ist oder aber es überhaupt keine wahre gibt und daß die Annahme falsch ist, es gebe auf dem Erdkreis überhaupt keine „vera religio"; daraus zieht er den folglich wiederum problematischen Schluß, die „Christiana religio" sei die „vera religio"[24]. Den Obersatz erhärtet Calixt durch den Erweis der Falschheit und Absurdität aller anderen außer der „religio Christiana"; ihnen gegenüber begann die „Christiana ... religio" mit der „religio" des Volkes der Hebräer und d.h. mit dem Menschen selbst[25]. Wie aber unsere „religio" mit dem Menschen schlechthin begann, so blieb sie bis in die Gegenwart hinein unverdorben[26]. All diese Thesen stützt Ca-

---

[20] Ebd. 14; 104.
[21] Ebd. 14f; 104f: „Inde ubi res fuerit cum eo, qui ista iam concedat, huic primo velim ostendi vanitatem suae religionis et falsitates superstitium, in quibus versatur, quodque non recta via ad immortale animae bonum grassetur."
[22] Ebd.
[23] Ebd. 16; 106.
[24] „Aut religio Christiana, cuius sacra Scriptura principium est, vera est religio, aut nulla est in orbe vera religio. Sed falsum est nullam esse in orbe veram religionem, (cuius rei paulo ante e providentia divina fidem fecimus). Ergo verum est Christianam religionem esse veram religionem."
[25] Ebd. 106f: „Certe Moses primus Scriptorum, quorum opera nostram religionem cognitam habemus, ipsis Diis Graecorum antiquior est. Qua de re vide Eusebium in prooemio Chronici: ‚Reperi', inquit, ‚Hebraeorum progenitorem Israelem Inacho, quem primum Argis regnasse Graeci prodiderunt, σύγχρονον fuisse, Semiramidis vero temporibus Abraham vixisse, Mosen autem (ut verum quidem fatear) infra horum tempora exstitisse, antiquiorem tamen omnibus priscae Graecorum memoriae, Homero, inquam, Hesiodo ipsisque Troianis ...'"
[26] Ebd. 17; 107.

lixt durch Hinweise auf die Geschichte, zunächst die der Griechen, sodann die im alten Ägypten[27]. Auch die „religio", die die römischen Herrscher mit Gewalt zu erhalten und zu fördern suchten, hatte keine Macht[28]. Alle Götter, alle Götzen der Völker sind zu den Füßen Gottes und Christi niedergefallen[29]. Daraus zieht er wiederholend die Folgerung, daß nur die „Christiana religio" die „religio vera" sein kann, oder es gibt überhaupt keine wahre; wenn aber nur der christlichen „religio" zukommt, was der „vera religio" zukommt, dann muß sie auch wahr sein[30].

So gewagt diese Argumentationen dieser Fassung der Einführung in die „Epitome" auch erscheinen, so zeigen sie jedoch die Bedeutung, welche die „religio" für Calixt nunmehr gewonnen hat, wenn er ihr in dieser Fassung der Grundlegung seiner „Epitome" solche Aufmerksamkeit widmet.

Das Bild verändert sich noch einmal eindrucksvoll im „Apparatus", d.h. einer ausdrücklich so genannten „Introductio"[31]. Hier bietet Calixt eine aufschlußreiche Weiterführung des Ansatzes, den er in der „Epitome" formuliert hatte. Er beginnt den „Apparatus" mit einer näheren Bestimmung der Theologie sowie mit Ausführungen zu den Hilfswissenschaften, angefangen von den Sprachen bis hin zur Physik und Metaphysik sowie schließlich zur Ethik und Geschichte, er schließt dann eine ausdrückliche Beurteilung der Kirchenväter über deren Nutzen an und läßt Erörterungen etwa über die Notwendigkeit der Philologie und Philosophie folgen. Ehe er sich dann umfangreichen historischen Darlegungen zuwendet, die den Rest des Buches ausmachen, hat er nun einen höchst bemerkenswerten Abschnitt über die „religio" eingefügt[32].

Zu Beginn dieser Darlegungen über die „diversae Religiones" auf dem Erdkreis einst und jetzt führt Calixt die Bestimmung Ciceros von der „religio" als der Erkenntnis eines höheren Wesens sowie der Sorge und Verehrung an, die sich bei allen Völkern findet[33]. Für diese Überlegungen wählt Calixt also den unbestimmt gelassenen Plural „Religiones". Nach der Erinnerung an Cicero fügt

---

[27] Ebd. 17ff; 107ff.
[28] Ebd. 19; 109.
[29] Ebd.
[30] Ebd. 19f; 109f: „*Si nulli nisi Christianae religioni ea conveniunt, quae verae religioni convenire oportet, tum aut Christiana religio vera est religio aut nulla est in orbe vera religio. Sed nulli nisi Christianae religioni ea conveniunt, quae verae religioni convenire oportet*, scilicet ab absurditatibus immunem esse, cum ipso homine coepisse et denique divina providentia ab interitu vindicari, id quod hactenus ostensum fuit. *Ergo aut religio Christiana vera est religio aut nulla in orbe est vera religio*, quod erat demonstrandum."
[31] Georg Calixt, Apparatus sive introductio in studium et disciplinam Sanctae Theologiae. Vna cum fragmento Historiae Ecclesiae occidentalis Opera postuma, ed. Fridricus Ulricus Calixtus, Helmestadii 1656, in: ders., Einleitung in die Theologie, hg. von Inge Mager (= Werke in Auswahl 1), Göttingen 1978, VII; 52 sowie XV; 58. Zur Entstehungszeit 1628–1656 vgl. ebd. 7. – Hier wie im folgenden werden zunächst die Seitenzahl der Originalausgabe und nach einem Semikolon die Seitenzahl der benutzten Edition angegeben.
[32] Ebd. 59–90; 119–157; auch der anschließende Abschnitt über das Christentum gehört noch dazu, 91–111; 157–183.
[33] Ebd. 59; 119.

er hinzu, daß die „religio" den Menschen Gott unterwirft, und zwar besonders seine Seele und näherhin seinen Geist und seinen Willen[34]. Wie wir aber aus der Offenbarung und der Schrift lernen, hat Gott sich den Menschen nicht nur entsprechend seiner menschlichen Natur unterworfen, sondern ihn auf übernatürliche Weise ausgestattet[35]. Ging der Mensch dieser Auszeichnung durch die Sünde verlustig, so wollte Gott gleichwohl in Glaube und Hoffnung erwartet werden; diese Einstellung wurde durch Riten und Zeremonien unterstützt, die jedoch nur vorläufig waren, bis dann der Erlöser kam und neue Riten verkündet wurden, die Menschen zur „pietas et sanctitas" zu führen[36]. In diesem kurzen heilsgeschichtlichen Aufriß verwendet Calixt ‚religio' nicht, sondern zieht „pietas" vor. Erst in der folgenden Erwähnung der Schriften des Alten und Neuen Testaments, in denen alles enthalten ist, was Gott zum Heil des Menschengeschlechts angesichts seiner Gefährdung, in die Irre zu gehen, unternommen hat, verweist Calixt auf die „religio", die beide Testamente anerkennt; deren Aussagen über den kommenden und gekommenen Erlöser rät Calixt, Glauben zu schenken. Denn diese „religio" ist, wie er in einem uns wenig überzeugenden Schluß feststellt, allein die „vera religio", die aufgrund des Glaubens an Christus „Christiana" heißt[37]. Aufgrund der menschlichen Schlechtigkeit wurde jedoch diese erste und älteste und auch deswegen allein wahre „religio" durch Spaltung so sehr beeinträchtigt, daß viele die Offenbarung und Gottes Wort verloren haben[38]. Es existiert daher nur noch die „ratio", die übrig geblieben ist und nun nahelegt, daß es allein einen Gott gibt und daß die Seele unsterblich ist. Von hierher resultiert eine Gotteserkenntnis und -verehrung, die für die Seele unerläßlich erscheint; der so geübte „cultus" aber besteht vornehmlich in Opfer, Weisheit, Gerechtigkeit und in den Tugenden[39].

In diesen Argumentationen bindet Calixt „natura" und „recta ratio" eng zusammen: Gott muß vom Menschen anerkannt und verehrt werden; das ist der Natur gemäß, das gebietet die Vernunft und ist folglich von Gott bestimmt[40]. So kann Calixt hier von „Religio rationis sive naturae" sprechen, sofern dies erlaubt

---

[34] Ebd.: „Certum autem est religionem Deo hominem subicere, inprimis quod in homine praecipuum est et homini hoc, quod est, esse tribuit, nempe animam rationalem eiusque facultates, intellectum et voluntatem".

[35] Ebd. 60; 120.

[36] Ebd. 60f; 120f.

[37] Ebd. 61f; 121f, das Zitat 62; 122: „Quae religio utrosque (sc. libros Scripturae) agnoscit et quae in utrisque docentur amplectitur, atque adeo in Filium Dei, mundi Servatorem, qui in prioribus venturus, in alteris venisse describitur, credere iubet, sola vera religio est et a fide in Christum Christiana hodie dicitur".

[38] Ebd.: „Nisi per humanam improbitatem pleraque perperam sese haberent, haec religio, ut omnium prima et antiquissima et sola vera est, ita quoque unica inter mortales obtineret et ab omnibus passim agnosceretur. Sed quemadmodum quod alias res multas attinet, ita quoque quod religionem, a melioribus et recte sentientibus divortium factum et in partes itum adeo, ut multi revelationem sive Dei verbum prorsus amiserint".

[39] Ebd. 62f; 122f.

[40] Ebd. 67; 128, vgl. 66; 127; vgl. auch 68; 129 die Nebenordnung von „lex naturae" und „recta ratio".

ist, wie er eigens hinzusetzt[41], sowie von „naturalis illa Theologia et religio secundum naturam et rectam rationem"[42]. Stellt die durch sie veranlaßte Gotteserkenntnis und -verehrung auch die Spitze menschlicher Weisheit dar, so kommt sie faktisch jedoch nicht vor[43]. Jene „Religio rationis sive naturae"[44] bzw. jene „naturalis ... Theologia et religio" sieht Calixt nämlich nirgendwo gegeben[45], sondern allenthalben findet er nur „impietas et absurditas"[46], „superstitio"[47], „idololatria"[48] und „religiones falsae"[49]. Er formuliert also nachlässig, wenn er neben „superstitio Muhammedana"[50] auch „religio Mahumetana" sagt[51]. Daß sich nirgends sonst eine wahre „religio" zeigt, erhärtet Calixt an allen nur möglichen Völkern, wofür er eine Vielzahl ihm zugänglicher Beschreibungen benutzt hat[52]. Die Annahme einer „Religio ... naturae" erweist sich somit letztlich als fiktiv, nachdem sie sich bei keiner Spezies der „religio", wie er wiederum einschränkend sagt, hat verifizieren lassen[53]. Folglich kann auch nicht im Ernst von einem Genus „religio" gesprochen werden, unter dem sich eine Reihe verschiedener Arten subsumieren ließen. Eine gewisse Ausnahme stellt nur die „Israelitica" dar[54], wenn Calixt auch ihr im Grunde nicht die Qualifikation zubilligen

---

[41] Ebd. 67; 128; vgl. auch 70; 131 „Religio iuxta merum et solum dictamen naturae".
[42] Ebd. 69; 130.
[43] Ebd. 67; 128.
[44] Ebd. 68; 128f: „Cum tamen gradus sint poenarum, fieri potest ista vivendi ratione, non quidem ut nullam, sed ut mitiorem poenam incurrant. Nemo enim dixerit aequali supplicio Socratem et Cambysem, Senecam et Neronem vel afficiendos esse vel affectum iri. Quin si componatur haec Religio rationis sive naturae, si ita eam appellare libeat, cum reliquis ethnicis, manifestae impietatis et absurditatis convinci non poterit, quemadmodum ceterae possunt".
[45] Ebd. 69f; 130f: „Ergo, inquies, nemo in naturali illa Theologia et religione secundum naturam et rectam rationem instituta acquievit, sed omnes ab eo, quod cognoverant, etiam illi, qui cognitissimum habuerunt, sese abduci passi sunt et ad idolatriam defecerunt? Ita est profecto. Tanta imbecillitas hominum, tanta vafricies et malitia improborum geniorum, sive daemonia vel diabolos velis appellare, gloriam uni Deo debitam variis molitionibus in se nequiter derivantium, ut nec hodie esse et ne olim quidem fuisse existimem, qui religionem iuxta naturae praescriptum prorsus intaminatam conservarint et non vel torrente popularis consuetudinis abrepti vel metu vulgi Deos suos contemni aegerrime ferentis victi idololatriae succubuerint".
[46] Ebd. 68; 129; „impietas" kehrt nachfolgend gelegentlich wieder.
[47] Ebd. 77; 139.
[48] Ebd. 69; 130.
[49] Ebd. 90; 157.
[50] S.o. Anm. 45.
[51] AaO. 87; 152, vgl. 85; 150.
[52] Vgl. bes. ebd. 71–91; 132–157.
[53] Ebd. 70f; 131; die Einleitung zu dieser Überprüfung lautet, 131f: „Interim cum species, ut ita dicam, religionis, quae in orbe sint, nunc inquiramus, praeter Christianam unicam illam vere piam et sanctam alia esto, quae si forte non sit, tamen esse possit Religio iuxta merum et solum dictamen naturae, alia vero, quae a priore degenerarit religio vel impietas potius idolatrica, quae veritate iniuste et violenter oppressa ‚mutat', ut Apostolum loqui supra diximus, ‚gloriam incorruptibilis Dei in efformatam imaginem corruptibilis hominis et volucrium et quadrupedum et reptilium'. Haec omnes gentes sola Israelitica excepta, cui tamen etiam ipsi non insolens exorbitare pervaserat, haec omnia mundi regna et imperia infecerat."
[54] Vgl. neben dem in der vorigen Anmerkung zitierten Text auch 74ff; 136ff.

kann, sie sei eine wahre. So kann er typisierend feststellen, er habe „de Religione naturali et de Idololatrica" gehandelt[55], von denen die erste nicht existiert, wenn man von der christlichen absieht, während sich letztere überall findet. Allen steht somit allein jene „[religio] christiana ... vere pia et sancta" gegenüber[56]. Ihrem Stand im Erdkreis hat Calixt sich dann in einem weiteren Abschnitt zugewandt[57]. In ihm spielt allerdings der Terminus „religio" keine Rolle; eigentlich nur einleitend nennt er die „religio vera, nempe Christiana"[58] und abschließend noch einmal die „Christiana religio"[59]. Zwischen diesen Bemerkungen spricht er in aller Regel vor allem vom Gegensatz zwischen „Christiani" und „Muhammedani"[60] oder aber neutral in bislang ungewohnter Weise und Häufigkeit von „Muhammedismus" und „Christianismus"[61]. An einer Stelle jedoch verwendet er ausdrücklich im Hinblick auf ein Kloster im Libanon die „religio", die hier glücklicher blüht und reiner gepflegt wird[62]. Diese für ihn völlig unproblematische und selbstverständliche Verwendung wirft ein helles Licht auf die grundsätzliche Bedeutung des Terminus, kommt doch gerade bei Mönchen in herausragender Weise zum Ausdruck, was „religio" besagt, nämlich Sorgfalt für die Verehrung Gottes.

Mit den Aussagen in der „Epitome" bietet Calixt ein aufschlußreiches Bild. Denn er hat die „religio" in grundlegende theologische Überlegungen einbezogen. Völlig klar faßt er „religio" im Sinne der Tradition klassischer Latinität, spezifiziert höchstens dadurch, daß Gott den Menschen oder der Mensch selbst sich unterwirft. Calixt nimmt selbstverständlich die Qualifikation der Kirchenväter auf, daß nur die christliche als einzige zugleich die „religio vera" zu sein vermag. Eben damit aber ändert sich nicht die Bedeutung der „religio". Als Wahrheitskriterium gilt auch bei ihm einmal das Alter, sodann der empirische Befund, daß sich nirgends sonst eine „religio" findet, die als wahre anerkannt werden kann. Darüber hinaus führt er bei der Wahrung der tradierten Bedeutung die Konzeption der „religio" im Modus der Negativität, nämlich der Irrealität weiter zu einer faktisch eben inexistenten „Religio secundum naturam et rectam rationem", die er überdies, was so bisher noch nirgends nachgewiesen werden konnte, identifiziert mit der „naturalis illa Theologia". Auch formuliert er über bisheriges hinaus die Identität der „Religio rationis sive naturae", die

---

[55] Ebd. 74; 135.
[56] Vgl. den Text o. Anm. 51.
[57] So in der abschließenden Bemerkung aaO. 110; 181f. Vgl. den ganzen Abschnitt 90–111; 157–183.
[58] Ebd. 90; 157.
[59] Ebd. 110; 182, vgl. aber 98; 166; überleitend findet sich 101; 169 „religio et ritus" (dabei „ritus" im Plural).
[60] Vgl. beide Termini zusammen ebd. 90; 157; so im folgenden verschiedentlich wieder, nicht selten auch einzeln.
[61] Vgl. beide Termini zusammen ebd. 94f; 162, vgl. auch 90; 157, 170; 176 u.ö., verschiedentlich auch einzeln.
[62] Ebd. 105; 173f: „Ascendentibus autem montem Libanum medio itinere occurrit monasterium Deiparae virginis, in quo religio felicius viget et purius colitur."

dem Menschen seit der Schöpfung zu eigen ist und auch durch den Sündenfall nicht prinzipiell – und d.h. freilich faktisch – aufgehoben wird. Aus diesem Sachverhalt, der eher einer katholisch-scholastischen Tradition entstammt, gewinnt Calixt die Möglichkeit, eine solche „religio naturae" zu formulieren, die er übrigens nur einmal expressis verbis „Religio naturalis" nennt[63]. Den hypothetischen Charakter dieser „Religio" macht er damit deutlich, daß er bei der ersten entscheidenden Formulierung eigens hinzufügt, „wenn sie so zu nennen erlaubt ist", an der zweiten Stelle nur negativ von ihr spricht, und an der Stelle, wo er von einer „Species ... religionis" spricht, wieder die Relativierung „ut ita dicam" einfügt[64]. Calixt dürfte sich nicht darüber im klaren gewesen sein, daß er mit dieser theoretischen Annahme, wenn man so will, Geschichte gemacht hat, insofern später eben diese „religio naturalis" die wesentliche geworden ist.

Der eingangs erwähnte Vorwurf der „Religionsmengerei" mag erhoben worden sein. Von den hier wiedergegebenen Überlegungen, die Calixt zur „religio" angestellt hat, läßt er sich im Hinblick auf die „religio" allerdings nirgends erhärten. Sofern man ihn also für begründet halten mag, kann man sich jedenfalls nicht auf das Verständnis der „religio" stützen, wie es sich in den Schriften von Calixt vorfindet.

JOHANNES COCCEJUS

Mit Johannes Coccejus (1603–1669) wenden wir uns einem reformierten Theologen zu[1]. Er gilt als besonderer Förderer einer theologischen Berücksichtigung des Bundes, den Gott mit dem Menschen geschlossen hat[2]. Dieses Bundes wegen sucht er die intensive Verbindung von Altem und Neuem Testament herauszustellen, womit er in einen Gegensatz zu anderen Autoren wie etwa Hugo Grotius geriet.

---

[63] Ebd. 74; 135.
[64] S.o. die Anm. 42f, 51 zitierten Angaben und Texte.

[1] Johannes Coccejus war seit 1630 Professor in Bremen, seit 1636 dort als Hebraist und wechselte in demselben Jahr als Theologe nach Franeker und von da 1650 nach Leiden. Er sah sich in zahlreiche Kontroversen u.a. mit dem frühen Vertreter reformierter Orthodoxie und des entsprechenden Pietismus Gisbert Voetius (1589–1676) verwickelt. Besonders bekämpfte er Katholiken und Sozinianer.
[2] Vgl. dazu statt vieler Hinweise Johannes Coccejus, Summa Doctrinae de Foedere et Testamenti Dei, in: ders., Opera Omnia theologica. Exegetica. Didactica. Polemica. Philologica, I–VII, VI, Francofurti ad Moenum MDCXXCIX. – Am Ende des Vorworts dieser „Summa" findet sich die Datierung vom 25.3. 1660. – Im folgenden werden die Zitate zunächst mit Angabe der jeweiligen Unterteilung, wie sie in der betreffenden Abhandlung vorliegt, d.h. meist mit Angabe des Kapitels und des Paragraphen sowie nach einem Semikolon mit der Angabe des Bandes in römischer Ziffer sowie der Seitenangabe der benutzten Ausgabe zitiert. Dabei ist zu berücksichtigen, daß innerhalb der Bände VI und VII die einzelnen Abhandlungen jeweils neu paginiert sind. In unmittelbar aufeinanderfolgenden Anmerkungen werden die gleichbleibenden Angaben insbesondere des Bandes nicht wiederholt.

Dem Thema „religio" hat Coccejus keine spezifische Abhandlung gewidmet, wohl aber überschrieb er seine „Explicatio Catecheseos Heydelbergensis" vor Beginn des eigentlichen Textes mit „Catechesis Religionis Christianae"[3]. Wenn er auch hier nicht durchgängig die „religio" behandelt, so nimmt er doch einleitend eine genauere Bestimmung vor. Von „Religionis Catechesis" spricht er, wie er eigens sagt, weil es sich um die Summe der Lehre gemäß der „pietas" handelt[4]. Damit hat er eine Relation hergestellt, die uns gar nicht sehr plausibel klingen mag. Für ihn bedeutet sie allem Anschein nach, daß die „religio", die sich auf manifeste Vollzüge bezieht, in der „pietas" als der persönlichen Einstellung wurzelt.

In seinem „Catechismus Heydelbergensis" setzt Coccejus einleitend die „Religio" mit der „ἐυσέβεια" und folglich mit dem „bonus cultus" und der Ehrung des Höchsten gleich; sie kann auch Gottesfurcht genannt werden[5]. Sie ist, wie er in fünf Punkten sagt, in einer demütigen, zerknirschten, nach Gott verlangenden und in ihrer Gottsuche furchtsamen und eifrigen Seele vorhanden, die sich um ein immerwährendes Beobachten und Gehorchen Gott gegenüber bemüht[6]. Mit der inhaltlichen Bestimmung der „religio" einmal als „timor Dei" und zum anderen als „cultus" bzw. „honor Dei"[7] nimmt Coccejus Bestimmungen auf, wie sie seit der Antike als Charakteristika der „religio" gelten. Sie hat es direkt und primär mit der Ehrung Gottes, nicht mit Gott selbst zu tun.

In seinen „Aphorismi" beginnt Coccejus wiederum mit einer Bestimmung von „religio" und „pietas", wobei er zunächst beide faktisch identifiziert und mit ihnen die „fides" in Beziehung setzt, die er als Annahme der „doctrina" bezeichnet[8]. Anschließend bevorzugt er allerdings „pietas", wenn er gerade für sie noch einmal ausdrücklich die Offenbarung Gottes für unerläßlich erklärt[9]. Dann aber schließt er eine wichtige Aussage an, daß es nämlich keine „communis pietas" gibt, durch die die Menschen in verschiedenen „religiones" gerettet werden können[10]. Hier unterscheidet er nämlich beide, wenn er in bislang unbekannter Weise eine einzige und somit allgemeine „pietas" ablehnt und zugleich

---

[3] Johannes Coccejus, Explicatio Catecheseos Heydelbergensis, §1; VI 2.
[4] Ebd. §2; 2b.
[5] Ebd. mit einem Hinweis auf Jes 29,13.
[6] Ebd. §3; ebd.
[7] Ebd. §6; ebd.: *Christianam Religionem* vocat cultum et conversationem ad honorem Dei directam, convenientem Christianis: hoc est illis, qui profitentur se credere in Jesum Christum, sedentem ad dextram Patris." – Die Zuordnung des „directam" läßt sich nicht sicher erweisen, näher liegt der Bezug auf „conservationem".
[8] Johannes Coccejus, Aphorismi per universam Theologiam breviores, disp. 1 §1; VI, 3a: „Theologia est doctrina secundum veram pietatem, haec est apta et conveniens instillandae pietati sive verae religioni ad consolationem certam in hac vita et salutem aeternam in posterum, revelata in scriptis Veteris et Novi Testamenti." Im folgenden §2 heißt es dann: „Cujus doctrinae acceptio *fides* dicitur." Vgl. auch ders., Aphorismi per universam Theologiam prolixiores, disp. 1 §1; VI 21a.
[9] J. Coccejus, Aphorismi ... breviores, aaO. §5; aaO. 2a: „Sine cognitione veritatis in verbo Dei revelatae nulla est pietas."
[10] Ebd. §6; ebd.: „Non datur communis pietas, per quam omnes homines possint servari cum discrepantia religionum."

von einer Vielzahl von „religiones" ausgeht, deren Pluralität auf der Hand liegt[11]. Doch darf diese Differenzierung wiederum nicht exklusiv genommen werden; Coccejus kann nämlich sehr wohl auch davon sprechen, daß es keine „religio aut pietas communis" gibt, durch die alle Menschen gerettet werden können[12].

Besonders aufschlußreich erscheint die ausführlichste theologische Arbeit „Summa Theologiae". Denn auch sie beginnt mit grundlegenden Aussagen. In ihnen bezeichnet Coccejus zunächst die Nennung des Namens Gottes als „tota religio"[13]. Wenig später aber kennzeichnet er die Theologie als „doctrina secundum pietatem"[14], eine Kennzeichnung, die er in seinen „Aphorismi" für die „religio" vorgenommen hatte. Auch in seiner „Summa Theologiae" vermittelt er den Eindruck, daß die „pietas" eine eher persönliche Einstellung bezeichnet. Eine Stütze dürfte diese Annahme finden in der Aussage, daß ihretwegen sowie der Liebe zur Wahrheit wegen Verfolgungen erlitten werden, durch die Gott verherrlicht wird[15]. Sie besteht im rechten Denken und Sprechen von Gott sowie im Dienst am Nächsten, ihn auf den rechten Weg zu Gott zu führen[16]. Auch stellt Coccejus sie in einen engen Zusammenhang mit der „fides"; und wenn nach biblischer Auskunft die Lehre der Wahrheit gemäß der „pietas" erfolgt, so bedeutet dies nach Coccejus, daß die Lehre der Wahrheit zur „pietas" zu führen vermag[17]. Wiederum bestimmt Coccejus sie als „cognitio Dei"[18] bzw. als „timor Dei, agnitio Dei"[19] sowie als unverzüglichen Willen zur Ehre Gottes[20].

Alles in allem ergeben die bisher vorgestellten Texte zumal in ihren überprüften Kontexten einen nicht unerheblichen Vorsprung der „pietas". So nahe die einzelnen Bestimmungen für sie wie für die „religio" beieinanderliegen mögen, wenn sie nicht überhaupt als identisch erscheinen, so sagt Coccejus doch gerade angesichts dieses Tatbestandes häufig „pietas", wo es nach dem seinerzeitigen

---

[11] Einen gewissen Vorrang der „pietas" zeigt die einleitende „Disputatio", in: Johannes Coccejus, Aphorismi contra Socinianos, disp. 1 § 27; VII 1b, wenn das Wort Gottes nicht in der Weise als „medium pietatis" dient, wie die Sozinianer dies meinen. Auch hier sagt Coccejus nicht ‚religio'.

[12] Ebd. disp. 1 § 8, VII 1a: „Non est religio aut pietas communis, per quam omnes homines, quicquid de Deo sentiant, servari possint."

[13] Johannes Coccejus, Summa Theologiae ex Scripturis repetita, cap. 1 § 1; VI, 3a. – Im Vorwort dieser „Summa" findet sich die Datierung vom 13.7.1662.

[14] Ebd. § 8; 4a; vgl. cap. 88 § 1; 298a.

[15] Ebd. cap. 80 § 6 u. 8; 280bf.

[16] Johannes Coccejus, In Epistolam I ad Timotheum, cap. 5 § 47; V 287b: „*Pietas* consistit in rectis cogitationibus de Deo, in bonis et utilibus sermonibus, comparatis, ad gloriam Dei et aedificationem proximi, ut justitiae nobiscum particeps fiat, et in via justitiae procedat ... Nam ea sunt sacrificia, quibus Deus colitur. Hebr. 13,16."

[17] J. Coccejus, Summa Theologiae, cap. 88 § 1; VI 298a.

[18] Ebd. § 15; 299b.

[19] Ebd. § 25; 302a.

[20] Ebd. § 26; 302b: „... pietas, quae est certa ac firma et promta voluntas Deo honorem, amorem, timorem, cultumque et ministerium debitum, ut ipso digni inveniamur, exhibendi". Dieses ganze Kapitel „De Operum bonorum necessitate et consecutione ex fide" spricht durchgängig von „pietas", nicht aber von ‚religio'.

Sprachgebrauch ebenso gut, wenn nicht sogar besser ‚religio' heißen könnte und sollte.

Von „religio" spricht Coccejus dagegen besonders dann, wenn es um lebens- und gemeinschaftsfördernde Funktionen der Einstellung des Menschen zu Gott bzw. zu den Vollzügen geht, die ihm gewidmet werden. Diese stabilisierende Funktion schätzt Coccejus außerordentlich hoch ein. Während er nämlich einen Atheisten für unzuverlässig hält, da er Gott nicht als Rächer fürchtet[21], achtet er die „religio" und sogar noch die „superstitio" für unverzichtbar für den Erhalt der Sitten und der weltlichen Ordnung sowie für die Weckung menschlicher Hoffnung, und dies auch dann, wenn letztere beim Götzendienst vergeblich ist[22]. Die Bedeutung dieser Aussage kann man erst ermessen, wenn man den diametralen Unterschied zwischen „religio et pietas" und „superstitio" berücksichtigt, den Coccejus in aller Deutlichkeit zum Ausdruck gebracht hat; während erstere nämlich zur Festigung und zum Verzicht seiner selbst mahnt, führt letztere zur Verachtung Gottes und zur Selbstgerechtigkeit[23]. Entsprechend verpflichtet er den Magistrat, für die rechte Lehre und die Förderung der Kirche Sorge zu tragen und im Gewissen über die „veritas religionis" zu urteilen; wenn aber der Magistrat die „vera religio" haßt, müssen die Menschen nach Kräften Wahrheit lehren und die Kirche zusammenhalten[24].

Coccejus kann sich einen Bestand des Gemeinwesens bis in Einzelheiten hinein nicht denken ohne „religio et invocatio divini nominis", wie er sich das Gelingen im privaten Bereich nicht ohne „pietas" vorstellen kann[25]. Für den Magistrat folgt daraus, daß dieser, falls er bezüglich der „religio" selbst irrt, die nicht irrenden Untergebenen nicht belasten darf, daß er Sorge für die reine Verkündigung und die friedliche Sammlung der Kirche tragen muß und daß er bei Abwei-

---

[21] Ebd. cap. 8 § 20f; 36a, hier mit einem Hinweis auf Lukrez, der die Befreiung von der „religio" gefeiert hat.

[22] Ebd. § 22; 36a: „Quod est incentivum hujus charitatis? nempe ut spectet homines, soluta religione, fide, societate, se mutuo devorantes? Saltem religio, imo superstitio, honestatem aliquam morum et ordinem in mundo servat. Saltem spem facit, utut vanam; sine qua dulcis non est haec vita, quam adimere mortalibus est desperatione, malo gravissimo, eos implere. Quid vero est pudorem tollere, et laudis cupidinem; nisi vitam hominum bestiarum vita inferiorem efficere?" Vgl. auch § 120; 42bf.

[23] Johannes Coccejus, Ad Genesim, cap. 5 § 38; I 75b: „Unde patet discrimen maximum inter veram religionem et pietatem et superstitionem. Vera enim pietas ex fide in spe gloriae Dei quaerit βεβαίωσιν in προκοπῇ et abnegatione sui: superstitio extenuat legem Dei, et Deum contemnit, et opera multa facit ad ostentationem secundum ἐντάλματα καὶ διδασκαλίας ἐν (irrtümlich ὂν) ἐθελοθρησκείᾳ ut suam justitiam stabiliat, πρὸς πλησμονὴν σαρκός. Col. 2:23." Auch hier geht das Zitat nur mit „pietas" weiter.

[24] Johannes Coccejus, Aphorismi ... breviores, disp. 30 § 14f; VI, 19b: „Tenetur igitur ipse (sc. magistratus) in conscientia de veritate religionis judicare ... Si Magistratus veram religionem oderit, tenetur tamen homo Dei et veritatem docere et Ecclesiam colligere, donec vi impediatur."

[25] Johannes Coccejus, Ad Genesim, cap. 1 § 153; I 24b: „Taceo, quod nec societates Civiles, nec exercitus, nec foedera, nec pacta, nec magistratus, nec judicia, nec testimonia, sine professione religionis et invocatione divini nominis Dei consistere possint. Omitto, quod inter maritos et uxores, parentes et liberos, dominos et servos nullus honor, nulla fides sine probitate et numinis reverentia intercedat: Certe sine pietate et probitate nulla potest esse amicitia vera et laudabilis".

chungen von der (wahren) „religio" eine gewisse Toleranz üben soll, die dort ihre Grenze hat, wo es um Blasphemien oder um Spaltung des Gemeinwesens geht[26].

Die Toleranz fördert Coccejus bis zu den genannten Grenzen denn auch nachhaltig. Auch jene, die irgendeine andere „religio" vertreten, sollen ein Bürgerrecht erhalten[27]. Coccejus empfiehlt, Gastfreundschaft zu üben, Fremde zu ehren und zu tolerieren und auch die nicht zu verfolgen, die wir nicht als Brüder empfangen können, sofern die „falsa religio" nicht gepredigt[28] und d. h. missionarisch vertreten wird. Gegenüber der eigenen „unica vera religio" bezeichnet er andere, wenn auch nur sehr selten, als „secta", unterschieden nach denen, die sich außerhalb des christlichen Bereichs, so Juden und Türken, und innerhalb dieses Bereichs befinden, so die „Romanenses"[29]. Dabei hängt für ihn diese Bezeichnung offenkundig noch mit der ursprünglichen Bedeutung Gefolgsleute bzw. folgen zusammen, nach der „secta" eine Gruppierung darstellt, die sich an eine Gründerperson anschließt[30].

Im Rückblick auf diese Aussagen ergibt sich, daß Coccejus noch einen frühen Sprachgebrauch bietet, daß er „religio" in überlieferten Bahnen verwendet, und zwar vor allem dann, wenn es sich um Manifestationen in einem Gemeinwesen handelt. Daher erscheint der Terminus insbesondere in Aussagen über den Magistrat. Häufiger und bevorzugt spricht er von „pietas", nämlich immer dort, wo die persönliche Einstellung im Vordergrund steht. Ohne Frage hält er an der

---

[26] Johannes Coccejus, Commentarii in prophetiam Jesaiae, cap. 14 § 167; II 959bf: „Quae sit potestas magistratus circa religionem? Conclusio 1. Omnis magistratus errans in religione et non errantes ulla ratione gravans, gravissime peccat. Conclusio 2. Magistratus debet procurare, ut Verbum Dei pure praedicetur et Ecclesia pacifice congregetur. Conclusio 3. Magistratus non debet pati blasphemias, nec fovere seductionem, si habeat subditos in potestate. Sed si populus de religione dissentiat, et creet magistratum cum potestate limitata, non debere magistratus ultra positos sibi limites praesumere. Nam quum miserit Deus discipulos et fideles suos ut oves in medio luporum, non omnino et simpliciter incumbit magistratui, facere, ut oves Christi habitent in medio luporum."
[27] Johannes Coccejus, In Epistolam S. Petri I, cap. 2 § 148; V 750bf.
[28] Ebd. § 149; 751a, vgl. ders., Aphorismi per universam theologiam prolixiores, disp. 47 § 14; VI 47b (in der Ausgabe MDCLXXIII differiert die Seitenangabe: 43b): Magistratus „Tenetur veram religionem et cognoscere et defendere."
[29] Johannes Coccejus, De Ultimis Mosis Considerationes. Ad Deuteronomii capita sex postrema, § 2; I 205a.
[30] Johannes Coccejus, Apocalypsis, cap. 2 § 4; V 902; hier geht es um die Frage nach den Nicolaiten, ob sie eine „secta" sind oder nicht, wozu Coccejus bemerkt, daß gewöhnlich ein „auctor sectae certae in vulgus cognitae" bekannt ist, hier Nicolaus, so daß dessen „sectatores Nicolaitas fuisse nominatos ..."; Coccejus führt dann weiter aus: „Nicolaitae igitur sunt, qui tales Nicolaos, hoc est principes populi sequuntur. Horum facta odisse (ut nihil nisi certum dicamus) significat odisse sectationem auctoritatis humanae, retinere principium fidei (cum bestia orta est ex mari et alia ex terra) non recipere ipsius χάραγμα, neque imitari illius facta in persecutione Sanctorum."
Noch deutlicher fällt die Aussage des Anm. 29 zitierten Textes aus: „Sola itaque et unica verae religionis antiquitas est haec, Verbis Mosis et factis Dei secundum ipsius verba comprobari. Unde incumbit necessitas Ecclesiae fidem suam ex Mose comprobandi. Quo testimonio omnes sectas, sive extra Christianum nomen sint, ut Judaei, sive illud quomodocunque praeferant, ut Turcae, qui ei adjungunt nomen Muhammedis; sive Romanenses, qui ei adjungunt nomen Papae sive haeretici, qui personam, officia, beneficia, regnum Christi, quacunque ratione, abnegant, destitui necesse est."

einen „vera religio" fest, die er denn auch gelegentlich als „Christiana religio" bezeichnet[31]. Demgegenüber verwendet er den Plural „religiones" nicht als Oberbegriff für verschiedene Überzeugungen, die mindestens aufgrund ihrer Faktizität gleichberechtigt nebeneinanderstehen; wo der Plural nachweisbar ist, befindet er sich in einer Negation; danach kann man nämlich nicht der Meinung sein, in verschiedenen „religiones" bei einer einzigen gemeinsamen „communis pietas" gerettet zu werden. Hervorzuheben bleibt, daß Coccejus diese wahre „religio" für geoffenbart hält, und dies im Alten und im Neuen Testament.

Abraham Calov

Bereits in einem der frühen theologischen Werke, seiner „Isagoge ad SS. Theologiam", hat Abraham Calov (1612–1686)[1] das Thema „Religio" eigens berücksichtigt[2]. Allerdings erweist sich diese Schrift als nicht aufschlußreich; denn in der Grundlegung über die Bedeutung der Theologie, bezieht er sich nicht des näheren auf die „religio"[3]. Lediglich in einem kurzen Hinweis auf die griechischen und lateinischen Bezeichnungen erwähnt er „θεοσοφία" und „θεογνωσία" sowie die lateinischen Entsprechungen „fides" und „religio" als Beispiele dafür, was beide Sprachen mit „Theologia" bezeichnen[4]. Doch geht es Calov vornehmlich um die „fides"[5].

Dieses Bild ändert sich zunächst nicht, wenn Calov sich im folgenden der „religio" zuwendet. Bei der näheren Bestimmung der Theologie findet sich auch die Unterscheidung in die wahre und die falsche Theologie; letztere kann, wie Ca-

---

[31] Johannes Coccejus, Ad Corinthios II cap. 1 § 14; IV 751a, 12 § 63; 858a; ders., Judaicarum Responsionum et quaestionum cap. 23; VII 76; ders., Examen Apologiae equitis poloni; VII 143.

[1] Abraham Calov studierte zuerst Philosophie und dann Theologie; er war beeinflußt von dem streng lutherischen orthodoxen Theologen Johannes Behm (1578–1648) und Coelestin Myslenta (1588–1653) sowie von Johann Quistorp d.Ä. (1584–1648). Seit 1637 war er wieder in Königsberg, seit 1640 Professor, seit 1643 als Pastor und Rektor des Akademischen Gymnasiums in Danzig, 1650 Professor in Wittenberg, 1652 Generalsuperintendent; er wandte sich von früh an gegen Georg Calixt, später gegen Philipp Spener. Im ‚Religionsgespräch' von Thorn (1645) wandte er sich gegen die Pläne von Heinrich Nicolai, der eine ‚Religionsvereinigung' aller vier Parteien wollte. Auch auf dem Kasseler ‚Religionsgespräch' (1661) brachen wieder heftige Auseinandersetzungen aus, in die Calov überhaupt ein Leben lang involviert blieb; vgl. hierzu Johannes Wallmann, Calov, Abraham, in: TRE VII, 563–568.

[2] Abraham Calov, Isagoges ad SS. Theologiam Libri Duo, De Natura Theologiae, Et Methodo Studii Theologici, pie, dextre, ac feliciter tractandi, Cum examine Methodi Calixtinae, Witebergae MDCLII.

[3] Schon in der „Epistola dedicatoria" seiner „Isagoge" spricht Calov gelegentlich von „pietas", a5v, c6r, c7r (unpaginiert), von „religio" demgegenüber seltener, vgl. a8v.

[4] A. Calov, Isagoge 1,7; 11. – Hier wie im folgenden werden zuerst das Kapitel und dann der Paragraph sowie nach einem Semikolon die Seitenangabe der benutzten Ausgabe zitiert. – Die Kursivierungen wurden beibehalten.
Der Terminus „θεογνωσία" findet sich auch S. 11f, 17, bes. 80.

[5] Ebd. 1,12; 19.

lov mit Verweis auf Franciscus Junius (1545–1602) feststellt, „vulgaris" oder „Philosophica" heißen[6]. Doch insofern auch die Philosophie eine gewisse wahre Gotteserkenntnis beinhaltet, besteht Anlaß zur Vorsicht, die sich auf die von Varro formulierte mythische, physische und ethische Theologie bezieht[7]. Aber gerade hier fehlt, wie schon bei Varro, ‚religio'. Sie findet sich auch nicht in den umfangreichen Darlegungen zur „Naturalis Theologia"[8] und d.h. zur „Theologia naturalis ante et post lapsum"[9], die deutlich auch zu den „notiones communes" gehört[10].

Auf diesem Hintergrund fällt besonders auf, daß Calov in diesem umfangreichen Buch über das Verständnis der Theologie schließlich auf das Objekt der Theologie eingeht und dabei als das „generale Objectum" die „religio" benennt[11]. Zuvor hatte er den Menschen als „objectum speciale" herausgestellt, insofern dieser zum Heil geführt werden muß[12]. So widmet Calov gegen Ende des Buches ein ausführliches Kapitel der „religio". Zunächst erwähnt er die verschiedenen klassischen Etymologien, die des Gellius von „reliquendo", die Ciceros von „relegendo", die Augustins von „religentes" und die von Augustin und Laktanz übereinstimmend vertretene von „religare". Diese letztere spezifiziert Calov so, daß Gott sich den Menschen durch die „pietas" (!) wie durch ein „vinculum" verbindet, was ihm als angemessene Etymologie erscheint[13]. Er

---

[6] Ebd. 2, 1; 22f.
[7] Hier wird eine eigenwilligere, nicht die bei Augustinus zitierte Terminologie als die Varros verwandt, nämlich eine „μυθική, φυσική et ἠθική: fabularis, natur[al]is et civilis", ebd. 2,1; 24f.
[8] Ebd. 4; 69–100. – Diese „Naturalis Theologia" ist nicht heilswirksam, führt also nicht zum ewigen Heil, vgl. 4,4; 87ff.
[9] So die Randbemerkung ebd. 4,1; 70.
[10] Ebd. 4,3; 76; vgl. dazu schon die Tradition, etwa Herbert von Cherbury, bei dem dieser Status der „religio" zugebilligt wird.
[11] So ebd. 11,4; 299f.
[12] Ebd. 11,3; 290–299.
[13] Ebd. 12,1; 301ff: „Variae occurrunt nominis rationes, praecipue autem qvatuor. (1.) *Masurius Sabinus* in *Comment: de Indigenis* referente *A. Gellio lib. 4, Noct. Att: c.9. a relinqvendo* dictum putat. *Religiosum*, inqvit, *est, qvod propter sanctitatem aliqvam remotum ac sepositum a nobis est, verbum a relinqvendo ductum tanqvam Ceremoniae a carendo.* Sic etiam *religiosum* dici innuit *Macrob. lib. 3. Saturnal: c.3* et in eandem sententiam adducit *Servium Sulpitium.* Hoc pacto *templa ac delubra religiosa* dicta censentur, *qvod ob sanctitatem reverenda ac reformidanda potius sint, qvam invulganda; dies* autem *religiosi, qvod ex contraria causa propter ominis diritatem relinqvendi.* (2.) *Cicero lib. 2. de natura Deorum, et Zwingl. lib. de vera et falsa religione, et alii a relegendo* derivant; *qvi tota die,* inqvit *Cicero, precabantur et immolabant, ut sibi sui liberi superstites essent, superstitiosi sunt* appellati, *qvod nomen patuit postea latius; qvi autem omnia, qvae ad cultum Deorum pertinerent, diligenter retractarent, et tanqvam relegerent dicti sunt religiosi a relegendo, ut eligentes ab eligendo, et ex intelligendo intelligentes.* (3.) *August. lib.10. de Civ. Dei c.4 ab eligendo,* a qvibusdam innuit, deductum, *qvod iterum eligamus Deum per religionem; Ipse,* inqvit, *est fons nostrae beatitudinis, ipse est omnis appetitionis finis. Hunc eligentes vel potius religentes (amiseramus enim negligentes, hunc ergo religentes, unde et religio dicta perhibetur) ad eum dilectione tendimus, ut perveniendo qviescamus, ideo beati, qvia illo sine perfecti.* (4.) Idem *August: lib. de vera religione c.55. et Hieron: in c.9. Amos, ut et Ambros. lib. de virginibus, nec non Lactantius Institutionibus divinis lib. 4. c.18 a religando* derivari dixere, *qvod DEUS hominem sibi religaverit, et pietate qvasi vinculo constrinxerit* dicente *Lactantio; qvod religione qvasi in fascem Domini vincti et religati simus,* uti *Hieron:* ait *libr: cit:* Qvae

grenzt dann eine uneigentliche und mißbräuchliche[14] von einer eigentlichen, aber ungenauen Bestimmung der „religio" ab; letztere dient der Bezeichnung des „cultus DEI", durch den Gott unmittelbar verehrt wird, der „pietas", die gemäß der ersten Tafel des mosaischen Gesetzes zum „cultus DEI" gehört[15], sowie jener Pflichten der zweiten Tafel, durch die wir Gott indirekt verehren[16]. Demgegenüber beschreibt Calov als adäquate Bestimmung, daß „religio" alles umfaßt, was zur „pietas" Gott gegenüber oder zur Liebe gegenüber den Nächsten geschieht, kurz, alles, was in der Theologie behandelt wird, und zwar im Hinblick auf Handeln und Glauben[17].

Mit dieser Bestimmung überschreitet Calov in gewissem Sinne den Rahmen jener Tradition, die die „religio" im Bereich der moralischen und d. h. dem Menschen von Natur aus eigenen und ihn verpflichtenden Tugenden als Beachtung dessen definiert, was sich auf Gott bezieht, parallel zur „misericordia", die sich auf die Nächsten bezieht. Daß Calov gleichwohl die Tradition gut kennt, zeigt sich allenthalben in diesem Kapitel. Merkwürdigerweise nimmt er diese Veränderung stillschweigend vor. Daß er scholastisch exakt zwischen Handlungen unterscheidet, denen Heilsbedeutsamkeit zukommt oder nicht zukommt, hat er deutlich gemacht bei der Unterscheidung der Gotteserkenntnis, nach der jene, die nicht aus der Offenbarung stammt, als solche nicht zum Heile führt. Diese präzise Unterscheidung im Hinblick auf die „religio" scheint er außer acht gelassen zu haben.

Mit der Universalisierung der „religio", die alle „agenda" und „credenda" umfaßt, holt er die eingangs ausgewählte Etymologie ein, nach der er die „religio" eindeutig als jene herausgehoben hatte, wodurch wir an Gott gebunden

---

Etymologia, ut praecipuis *Latinorum Patrum*, nec non *Gellio l.c.* probata, ita *rei naturae* non minus, qvam ipsi voci videtur convenientissima, qvum et *formam et finem* religionis concinne innuat."

[14] Solcher besteht in der – seltenen – klassischen Gleichsetzung mit „nefas" bzw. „superstitio", ebd. 12,2; 303ff; zu letzterer zählt Calov auch den Ordensstand mit den drei Geboten, 305f!

[15] Ebd. 307f: „*Proprie* accipitur tum *inadaeqvate* tum *adaeqvate*. Inadaeqvate pro *cultu DEI* et qvidem 1. πρώτως et *praecipue*, qvo *immediate DEUS colitur* seu pro *pietate*, qvae ad cultum DEI, secundum *primam* legis tabulam spectat, et θρησκείας vel *religionis* voce freqventer designari solet, unde *religiosa adoratio et invocatio* proprie dicitur cultus ille, qvi soli DEO debetur vi tabulae primae. Quod tum ex *usu vocis*, tum *ex etymo* constat. Qvum enim religio dicatur, qvod Deo religemur, ideoqve proprie ille cultus, qvo *immediate* DEUM proseqvimur, religio appellabitur." Hierfür verweist Calov auf eine umfassende klassische Tradition, auf Schriftbelege sowie christliche Gewährsleute, etwa Thomas von Aquin, Bellarmin und Laktanz.

[16] Diese zweite und noch einmal unpräzisere, inadäquatere Verwendung von „religio" bezieht sich also auf Pflichten, durch die nur mittelbar Gott allein die Ehre erwiesen wird, die also nur gewissermaßen einen „cultus Dei" gemäß der zweiten Tafel darstellen, die sich auf Pflichten bezieht, von denen Calov ausdrücklich sagt: „ex *vera et sincera religione ac pietate* erga DEUM proficisci debeant", 309. Hier werden bezeichnenderweise beide Termini nebengeordnet!

[17] Ebd. 310: „*Adaeqvate* vox religionis *omnia* illa complectitur, qvae vel ad *pietatem erga DEUM, vel charitatem erga proximum* faciunt, imo comprehendit omnia, qvae in Theologia traduntur, sive *agenda* sint, sive *credenda*, nec sapientiae contradistinguitur, sed eandem includit." Diese Aussage erläutert Calov mit einem Hinweis auf Apg 26,5 über die „Judaica religio", die von der pharisäischen Häresie unterschieden wird, sowie auf Jak 1,26 mit der Aussage über die Vergeblichkeit der „religio".

werden („religemur")[18]. Diese „religio" gibt es somit vor dem Sündenfall, da der Mensch hier als Ebenbild Gottes, als welches er geschaffen ist, zugleich mit Gott verbunden ist („religatus"); sie existiert aber auch nach dem Fall, wenn der Mensch, der Gottebenbildlichkeit beraubt, zu Gott zurückgeführt werden, von neuem zum ewigen Heil zurückgebunden werden muß („religandus est")[19].

Von seiner Konzeption her unterscheidet Calov die „religio vera", durch die wir von Christus allein zum Heil geführt werden, und die „falsa religio", irgendeinen abgöttischen „cultus" oder häretische Meinungen über die göttlichen Dinge, wozu er die „religio pagana, Mahometana, Papistica, Calvinistica etc." rechnet; diese können zusammen nur äquivok „religio" genannt werden, da nämlich „religio" keine Genusbezeichnung für eine „vera" und eine „falsa" sein kann[20]. Lediglich verwundern können die nebeneinander genannten Beispiele für eine „religio falsa".

Positiv bezeichnet Calov als „religio Christiana" die Weise, in der der gottferne Mensch zu Gott und damit zum ewigen Heil geführt wird[21]. Entsprechend führt er allein diese auf Gott als Urheber zurück, da wir nur aufgrund der göttlichen Offenbarung Kenntnis vom Willen Gottes bezüglich seiner Verehrung und der Weise, zu ihm zu kommen, besitzen[22]. Der Unterschied zwischen „Religio Christiana" und „religio pagana, Turcica, Judaea, Haeretica" liegt also darin, daß die letzteren nicht Gott als Urheber haben und somit den Menschen nicht zu ihm zu führen vermögen[23].

Den besonderen Rang der „religio Christiana" erweist Calov sodann anhand ihrer „Attributa"[24], unter denen uns besonders das der „Antiquitas" interessiert; diese[25] wirft noch einmal Licht auf das Verständnis der „religio" und läßt zugleich eine gewisse Bevorzugung des Alten Testaments in Erscheinung treten.

---

[18] Ebd. 12,1; 301.
[19] Ebd. 12,3; 311.
[20] Ebd. 312. Calov fügt hier Kol 2,18 über die (falsche) Verehrung der Engel an und weist in längeren Argumentationen die von verschiedenen Autoren vertretene *„Angelorum religio seu cultus et adoratio"* zurück, 311–315, 314.
[21] Ebd. 12,5; 315: „Est autem religio Christiana ratio a Deo praescripta, qva homo a Deo alienus ad Deum perducitur, ut eo aeternum, fruatur."
[22] Ebd. 316: „Veteribus definitur *via ad salutem*. Sed haec descriptio paulo restrictior et propria Christianae est religioni, qvam Theoremate expressimus. In qua (1) *Genus* occurrit notandum. Vix autem commodius suppetit, qvam qvod hic assignavimus, ratio: qvum illud nomen *generale* sit et complecti possit omnia, qvae ad fidem vel cultum DEI spectant. (2) *Differentia* specifica: qvae tum ab *Autore* desumta est, DEO, a qvo praescripta vel tradita est in verbo ejus; cum *divinae* sit *revelationis*, non *humanae inventionis Matth*: XI.27. I Cor: II.11 uti potest solus Dei voluntatem suam de se colendo patefacere, cultusque sui normam praescribere ac modum ad se perveniendi constituere; tum ab *objecto homine a Deo alieno propter peccatum*, qva *ad Deum perducendus est*; tum denique *a fine*, aeterna Dei fruitione et *salute*. Qvae omnia, qvum e definitione ac causis Theologiae pateant, hic perseqvi operosius, minime opus est."
[23] Ebd.
[24] Ebd. 12,6; 317 mit folgenden Attributen: „necessitas, antiqvitas, unitas, veritas, sanctitas, ἐνέργεια, et in tranqvillanda conscientia efficacitas, ac denqve invincibilitas"; ausgeführt werden diese Attribute 317–319.
[25] Ebd. 317f.

Calov argumentiert, daß nach dem Fall durch göttliche Offenbarung bereits eine Wiederherstellung des Menschengeschlechtes ihren Anfang nimmt, die bei den Patriarchen ihre Wiederholung findet; von hierher sind die Stammeltern und ihre Nachkommen sowie die Patriarchen befähigt, Gott zu verehren, und sind auch tatsächlich zu Gott gelangt. Daß hieraus gleichwohl keine grundsätzlich positive Bewertung des Judentums resultiert, macht Calov deutlich in seiner Zuweisung sowohl der „pagana..., tum Mahometana, tum Judaica" zu jenen „falsae religiones", die sich „extra Ecclesiam" befinden[26]; die Juden genießen also keinen Vorrang, weil sie trotz einer gewissen Kenntnis des Messias doch aufs höchste irren, insofern sie Jesus als Messias leugnen; hier wendet Calov sich ausdrücklich gegen Calixt, der die „Judaei moderni" gegen die „Mahometani" vom Vorwurf des Götzendienstes freigesprochen hat[27]. Ebenso wendet sich Calov hier gegen die „Pontificii" und „Calviniani haeretici", womit er gegen die „falsae religiones" vorgeht, die sich „intra Ecclesiam" gebildet haben[28]. Interessant sind die Listen, die Calov anführt, mit einer großen Zahl von Häresien und einer relativ kurzen von Atheismen[29]. Vor allem letztere zeigen, wie schnell man mit Verurteilungen bei der Hand war, wenn Calov den „hodiernus Syncretismus Calixtinus" nennt, der sich auf dem Weg zum Atheismus befindet und deswegen schon ihm zugeordnet wird.

Gleichsam als Zusammenfassung können die Ausführungen dienen, die Calov in seiner späten „Theologia positiva" vorgelegt hat. Dieser Darstellung der einzelnen theologischen Inhalte, angefangen von der Gottslehre bis hin zu den Letzten Dingen, hat er „Prolegomena" vorangestellt, in denen er sich ausdrücklich auf die „Religio" bezieht. Er erläutert sie im Rahmen einer kurzen Charakterisierung der Natur der Theologie noch vor Hinweisen auf die Offenbarung, die Schrift und die Glaubensartikel. Er bestimmt dabei die „religio" wie schon in der „Isagoge" als Objekt der Theologie, und zwar nicht als Objectum Primarium, welches Gott darstellt, sondern als Objekt der Theologie, welches die geoffenbarten Mittel zum Heil enthält[30]. Hier unter den „Media" kehrt auch die überlieferte, vor allem in der Hochscholastik beibehaltene Bestimmung der „religio" wieder, daß sie sich nicht direkt auf Gott bezieht, sondern auf das, was auf

---

[26] Ebd. 12,8; 321ff.
[27] So ebd. 322 mit einem Hinweis auf Calixt, Concordia ecclesiae, 1,2,3.
[28] Ebd. 321 und 322.
[29] Ebd. 323 mit der Angabe folgender Häresien: „Arianismus, et Pelagianismus: e recentioribus famosiores sunt Papismus, Zwinglio-Calvinismus, Socinianismus, Arminianismus, Anabaptismus, Weigelianismus: qvibus accessere Antinomorum, Synergistarum, Majoristarum, Flacianorum, ut et Modernorum Novatorum veteres errores, non absqve schismate Ecclesiae, incrustantium opiniones erroneae".
Als Atheismus wird dann genannt als anfanghafter der „Samaritanismus", zeitgenössisch der „Syncretismus Calixtinus", als vollendeter der „Puccianismus" und als absolut vollendeter der „Epicureismus".
[30] Abraham Calov, Theologia positiva, Per Definitiones, Causas, Affectiones, et Distinctiones, Locos theologicos universos, succincte, justoqve ordine proponens, Ceu Compendium Systematis Theologici, Wittebergae MDCXXCII, Prolegomena 1,2; 5f.

Gott als Ziel gerichtet ist[31]. So kann Calov die „Religio Christiana" als die von Gott vorgeschriebene Weise bezeichnen, durch die der Gott fremde Mensch aufgrund der „fides" an Christus zum ewigen Heil gelangt[32]. Die „religio" erweist sich folglich als „Christiana" aufgrund ihres Ursprungs, nämlich der Offenbarung durch Christus, wie ihres Inhalts, nämlich gleichfalls Christus[33]. Noch genauer kann Calov sie beschreiben als „Religio Christiana Lutherana", freilich nur der Unterscheidung wegen, wobei dieser Name nicht „magisteriale", sondern „ministeriale", nämlich nach dem Dienst Luthers zu verstehen ist, durch den die „vera Religio" aus päpstlicher Dunkelheit wieder zum Licht geführt worden ist[34]. Insgesamt unterstreicht Calov, daß sie nur durch die Offenbarung konstituiert wird und somit nicht mehr naturgegeben zum Menschen gehört. Dem entspricht, daß Calov hier die auszeichnenden Attribute für sie – die älteste, einzige, wahrste ... – wiederholt und die Symbola als Ausdruck dieser „religio" anführt[35].

Als wesentlich muß die Bestimmung in der „Isagoge" hier noch einmal notiert werden, daß nämlich zwischen der „Religio Christiana" und den „falsae religiones" eine solche Differenz besteht, daß der Terminus „religio" im letzteren Fall nur noch äquivok verwandt wird. Eine schärfere Trennungslinie läßt sich in scholastischer Terminologie schwerlich ziehen, wenn denn einmal der Begriff „falsa religio" altüberliefert ist.

In seinem wenig später publizierten umfangreichen „Systema locorum theologicorum" hat Calov in den Prolegomena nach einem ersten Kapitel über die Natur der Theologie in einem zweiten ausführlichen Kapitel wiederum über die „Religio" als Objekt der Theologie gehandelt[36]. Auch hier spielt die Bestimmung der „Religio" als „Religio vera" eine wichtige Rolle, die sich in ihrer Notwendigkeit, ihrem Alter, ihrer Einheit, Wahrheit, Heiligkeit, Wirksamkeit und

---

[31] Vgl. Thomas von Aquin, STh II–II 81,1 u. bes. 5, hier nämlich mit der Präzisierung „quae sunt ad finem".

[32] A. Calov, Theologia positiva, cap. 2, thes. 1; 8: „REligio Christiana est ratio a DEO praescripta, qva homo a DEO alienus, ad DEum, per fidem in Christum, DEum et hominem, perduciter, ut coaeternum fruatur."

[33] Ebd. § 17; 9: „*Christiana* autem *Religio dicitur tum ratione principii, qvia a Christo revelata ... Tum ratione objecti praecipui, qvod est Christus.*"

[34] Ebd. § 18; 10.

[35] Ebd. thes. 2; 10: „REligio Christiana, ut antiqvissima, ita unica, verissima, sanctissima, ad tranqvillandam conscientiam efficacissima, vereque invincibilis est." Zu den Symbola vgl. ebd. thes. 3; 12–18.

[36] Abraham Calovus, Systema Locorum Theologicorum, e Sacra potissimum Scriptura, et Antiquitate, nec non adversariorum confessione, Doctrinam, Praxin, et Controversiarum Fidei, Cum Veterum tum imprimis recentiorum pertractationem luculentam exhibens, Witebergae MDCLV, I 91–267; die leitende Bestimmung lautet, 91: „REligio Christiana est ratio a Deo praescripta, qua homo a Deo alienus ad Deum, per fidem in Christum Deum et hominem, perducitur, ut eo aeternum fruatur." In der folgenden Unterteilung erscheint nur die in „vera et falsa", 92, und nicht die in ‚naturalis', und ‚revelata'. – Im folgenden werden in arabischen Ziffern jeweils die Seiten dieses ersten Bandes angegeben.

Unüberwindlichkeit ausdrückt[37]. Ist bereits die „Religio" von Adam bis zu Abraham keine andere als diejenige Christi[38] und nur sie die wahre, so können die der „Religio Christiana" entgegengesetzten nur „falsae Religiones" sein[39], die „Pagana"[40] wie die „Mahometana" und „Judaica"[41]. Hier finden auch die verschiedenen Häresien wieder ihren Ort[42].

Sodann konstatiert Calov die Unzulänglichkeit der „naturalis religio" zum Heil, von der er nur hier spricht[43]. Anschließend verneint er, daß es eine „religio" bei den Heiden[44] gibt, und weist dies auch für die „religio Mahumetana" nach[45]. Des näheren fragt er nach der Wahrheit der „Judaica religio"[46]; denn hier differenziert er zwischen der alten, die er mit der christlichen identifiziert, und der neuen, die sich im Talmud niedergeschlagen hat und nicht die wahre sein kann[47]. Danach weist er die substantielle Identität der in vier Zeiträume aufgeteilten „Religio Adamitica, Abrahamitica, et Mosaica" mit der „Christiana" nach[48] und leitet daraus ab, daß es außerhalb und jenseits des Glaubens an Christus kein Heil gibt[49].

Die Disputation von Abraham Calov als Praeses und Georg Reiser als Respondens

Unter dem Namen Calovs muß nun eine Disputation erörtert werden[50]. Dabei kann nicht völlig geklärt werden, ob diese von Calov selbst oder aber von dem als Respondens genannten Georg Reiser verfaßt ist. Vielleicht kommt hier eher

---

[37] Ebd. 93–100; als „Attributa Religionis Christianae" nennt Calov „Necessitas", „Antiquitas", „Unitas", „Veritas", „Sanctitas", „Ἐνέργεια et efficacitas", „Invincibilitas".

[38] Ebd. 94.

[39] Sie heißen auch „ἀθρησκεία seu irreligiositas", so ebd. 103.

[40] Ebd. mit der ‚theologia tripertita', ohne diese und ihren Gewährsmann expressis verbis zu nennen. Die Dreiteilung wird hier direkt auf die „Religio" bezogen. – Calov nennt nur die Adjektive, ohne ausdrückliche Hinzufügung von ‚Religio'.

[41] Ebd. 105ff.

[42] Ebd. 107–125.

[43] Ebd. 128; dieser Terminus findet sich nur einmal im Text nach einem Zitat von Episcopius, der ein natural gegebenes Heil zulassen will, was Calov in der Weise kommentiert, er werde diesen Irrtum an späterer Stelle aus der Schrift widerlegen, und fügt dann an: „hic *insufficientem* solum ejusmodi religionem adversus tales, qui revelatione nulla opus esse, solaque religione ejusmodi naturale se acquiescere velle dixerint, docendum."

[44] Ebd. 129–137.

[45] Ebd. 137–140.

[46] Ebd. 141–152.

[47] So ebd. 141 und öfter in diesem Abschnitt.

[48] Ebd. 160, vgl. die Vierteilung schon vorher 94, detailliert 164–171.

[49] Ebd. 181. Die folgenden langen Auseinandersetzungen, ob Mohammedaner und Juden Götzendiener sind, wie die Sozinianer u.a. einzuschätzen sind, sodann über die Symbola u.a.m., 189–267, können hier auf sich beruhen bleiben.

[50] Curcellaei Religio Triplex ad Unius fidei Catholicae Simplicitatem, Praeside ... A. Calovio Respondente Georgio Reisero, Wittebergae 1678. – Diese Disputation ist Philipp Jacob Spener, Samuel Pomarius, Antonius Reiserus und Theophilus Spizelius gewidmet.

letzterer in Frage, da Calov sich in einem allem Anschein nach selbständigen Abschnitt mit einer Laudatio an Reiser wendet[51].

Aufschlußreich an dieser Disputation erscheint zunächst, daß vor der Erörterung der einzelnen Thesen auf den „Rex Cosaraeorum" verwiesen wird; dieser hat eifrig nach der „unica vera religio" geforscht und über seine „Fides" im Buch „Cosri" berichtet, in jener „fidei qualitas" bzw. jener „Religio" zu bleiben, in der man lebt, oder sich jene „Religio" zu formen, durch die man zu Demut, Lob, Ruhm und zur Lenkung seiner Sitten angeregt wird[52].

In den folgenden ziemlich komplizierten und ungewohnten Aussagen wendet sich der Autor angesichts der Aufspaltung in viele „Religiones" gegen verschiedene Lösungsversuche. In diesem Zusammenhang spricht er von der Auffassung einer „larva", mit der das Problem dieser Unübersichtlichkeit bewältigt werden soll, sowie von einer „religio opportuna"; kritisch erwähnt er eine „Pantomimica Religio" sowie eine „Philosophica Religio"[53]. Im folgenden konstatiert er, daß wir kein Licht in diese Dunkelheiten zu bringen brauchen, und wendet sich den Schwierigkeiten zwischen den verschiedenen innerchristlichen Gruppen zu. Hierbei kommt er auch auf sein eigentliches Thema zu sprechen, nämlich auf die Zeiträume, die durch die Natur, durch Mose und Christus konstituiert sind[54]. Mit den „primae ... Religiones", die offensichtlich der Phase der Natur zugerechnet werden, lehnt er noch einmal die „Religio Philosophica" ab[55]. Danach erörtert er die Bedeutsamkeit der Kontroverse, ob die „Religio Sal-

---

[51] Ebd. K 4rf. Vielleicht unterstützt diese Annahme die verschiedentliche Zitation Calovs im Text, vgl. F 4r, I 4r.

[52] Ebd. A 1r: *„In hac fidei qvalitate ubi fueris, perinde tibi esto, in qvacunqve Religione fueris, in qvibuscunqve actionibus, in qvocunqve populo aut natione fueris, vel tibi ipsi forma Religionem, qva exciteris ad humilitatem, ad laudem et gloriam et ad regendos mores tuos etc."*

[53] Ebd. A 1rf; im Anschluß an das Zitat der vorangegangenen Anmerkung heißt es: „Egregiam vero, qvam hic laudat Religionis histrioniam, qvae unicam larvam omni faciei adaptat, et pro Scenae forte mox virginem, mox pellicem, mox meretricem referat. Lecta haec nuper mihi, praesentis in tot Religionum divortia scisci memoriam vellicabant seculi, Genium, ut in plerisqve, ita maxime in Religione mire prodigiosum prae se ferentis, a qvo vota de optione uniqve ex tam multis eligendae fidei rogare, in unamve colligere si detur, caeteras promiscue omnes Petalismo proscribi, ostracismo damnari ac ad servandum bovem relegari, inito foliorum oleae aut testarum comperiretur numero, sola hac, vel simili Philosophico Pantomimica Religione probata, cujus summam ingeniosissima Britanniae Musa hisce complexa est brevibus:

Vertumnum celebrant Romani, Protea Graji:
Qvae non jam tellus numen utrumqve colit.

Primos vero inter suffragiis praesto essent suis, qvibus nullam esse Religionem aut Deum expedit, sed pro DEO, nixum propriis viribus ingenium, pro religione opportuna temporum servitus est; cumqve alioqvin, qvicqvid aliis pietatem sapit, superstitionis, aut sanctae simplicitatis nomine deridiculo habeant, soli tamen Philosophicae Religioni sapientiae ac divinitatis tribuent laudem et amplexabuntur cupidissime, qva scilicet non sit ulla se decentior, Viros sc. solos, qvid aera lupinis differant judicare valentes, reliqvis vero fungos, vel bovina in capitibus cerebra gerentibus. Qvam vero probe horum hominum studiis cum hujus πανθρησκείας institutis conveniat, prolixius hic diducere nec libet, nec licet."

[54] Ebd. A 2r.

[55] Ebd.

vifica" in die „Naturalis, Mosaica et Christiana" geteilt werden kann[56]. In diesem Zusammenhang bestimmt er die „Religio" als „collectio" aller Dinge, die sich auf den „cultus divinus" beziehen, und d.h. sowohl auf die „credenda" wie auf die „facienda"[57]. Der Autor rechnet somit zum „Dei cultus" ausdrücklich auch und an erster Stelle die Erkenntnis, die er als „Theoretica Religio" bezeichnet[58]. Danach spezifiziert er die Frage nach der „Religio Naturalis" dahingehend, ob sie direkt und unmittelbar zum Heil führt, d.h. ob die Seele des Menschen allein aus ihren natürlichen Kräften alle Konklusionen der „theoretica et pura fides" ebenso wie die der „practica" ziehen kann[59]. Sodann engt er diese „Religio" ein auf diejenige, die nach dem Fall Adams besteht, in der das natürliche Licht der Vernunft eingeschränkt ist und nur noch eine entsprechende Gotteserkenntnis vorliegt[60]. Von hierher versteht sich dann die erste These, daß die „Religio salvifica" vom Fall Adams bis zum Ende der Welt eine wahre ist und sein wird[61]. Sie wird bewiesen mit der Argumentation, daß alle Menschen nach dem Fall auf ein und dieselbe Weise erlöst worden sind und folglich auch nur eine „Religio" bei allen existiert[62]. Daß es angesichts der verschiedenen Formen doch nur diese eine „Religio" gibt, verdeutlicht der Autor durch die Unterscheidung, daß die „Religio salvifica" in der Substanz eine ist und folglich kein essentieller, sondern nur ein akzidenteller Unterschied zwischen den verschiedenen Ausprägungen besteht[63]. Daraus folgt, daß die „Religio Naturalis" nicht zum Heil zu führen vermag[64]. Hier präzisiert der Autor noch einmal den Sprachgebrauch der „Religio naturalis" als der nach dem Fall übriggebliebenen „Religio"[65] im Unterschied zur „Revelata"[66].

---

[56] Ebd. v: *„An Religio Salvifica in Naturalem Mosaicam et Christianam ut Species orthodoxe distingvi possit."*
[57] Ebd.: „collectio ... omnium earum rerum, qvae ad cultum divinum qvoqvo modo pertinere videntur", nämlich 1. „de credendis" und 2. „de faciendis".
[58] Ebd.
[59] Ebd. A 3r.
[60] Ebd. A 3rf.
[61] Ebd. A 4r: „Religio salvifica a lapsu Adami ad interitum usqve mundi fuit, est, eritque saltem UNICA." Diese These wird bewiesen durch den Nachweis, daß die wahre „Religio" nur „una" sein kann, alle „pluralitas" zurückgewiesen werden muß, so daß die „Religio" von den ältesten Menschen bis heute nur „unica" sein kann.
[62] Ebd. C 2r.
[63] Ebd. C 3r.
[64] Ebd.
[65] Ebd. C 3rf: *„Non modo notitia DEI et attributorum ejus, sed et principiorum practicorum sive congenita nobis, sive per discursivam ex congenitis elicita sint ἀκρίβειαν, atque adeo omne, qvicqvid sub cultus sive Religionis naturalis nomine venire potest, ut per se solum existit, etiam in summa perfectione, qvae post lapsum homini naturaliter contingere potest, aptum est, hominem ex statu irae in statum gratiae apud Deum transferre, et per conseqvens salvare".*
[66] Vgl. zur gesamten Terminologie ebd. C 2rf:
„Ἀντίθεσις
Hanc aliqvot suorum opp. locis expresse ponit Curcellaeus ut p.I.p. 185.194.219 etc. Nos ex primo horum verba ejus formalia de triplicitate Religionis clare sonantia afferemus. Lib.I.Inst.c.I. agit de Religione *in genere* eamqve mox *in* Veram et Falsam distingvit. *Illam rursus dicit esse duplicem, Na-*

Damit gehört diese Antithese zum Kernbestand der ganzen Disputation. Die „Religio Naturalis" erscheint keineswegs als neutral, verbunden mit einem mindestens nicht negativen Verständnis der Vernunft, sondern als die in einem historischen Zeitraum ohne Offenbarung mögliche „Religio" des Menschen, der durch die Sünde eine schwerwiegende Zerstörung erlitten hat, folglich Gott nur sehr unvollkommen erkennt und ihn mehr flieht als liebt[67]. Durch eine aus den Prinzipien der „natura" abgeleiteten „Religio" können die Heiden somit nicht gerettet werden[68]. Die Gegenthese, daß die Heiden, die das Evangelium nicht hören konnten, durch die Offenbarung des natürlichen Lichts Gott ehren, dem ihr „cultus" gefällt, und so das Heil gewinnen können[69], lehnt der Autor ausdrücklich ab, u.a. mit der Argumentation, daß etwa bei Melchisedech „pietas, cultus ac timor Dei" nur in Christus gegründet sein können und sich von hierher die „naturalis ... religio" nicht erhärten läßt[70].

Gleichwohl formuliert der Autor die These, daß die „Religio Adamitica, Abrahamitica, Mosaica" mit der „Christiana" in ihrer Substanz übereinstimmt[71]. Gegenüber der „Religio Patriarchalis aut Mosaica" führt Christus somit keine „nova Religio" ein[72]; die Differenz besteht folglich wie beim (großen und kleinen) Katechismus darin, daß es verschiedene Stufen, nicht aber verschiedene Lehren gibt[73]. Die Schwierigkeit des Römerbriefs, daß den Heiden das Gesetz ins Herz geschrieben ist, löst der Autor durch die Unterscheidung zwischen solchen aus der „natura" abgeleiteten Regeln und ihrer Erfüllung aus der Kraft dieser „natura"[74]. Der Autor hält somit strikt daran fest, daß es keine grundlegende Verschiedenheit gibt zwischen „Christiana Religio" und der „Mosaica et Natu-

---

turalem *nempe et Revelatam. Illa, qvae solis naturae principiis in Deo cognoscendo et colendo nititur, Haec, qva nititur patefactione divina, vel in omnibus, ut Mosaica et Christiana, vel saltem aliqva ex parte, ut Vetus illa, qvae a principio mundi usqve ad Mosen viguit. Qvam non obstantibus hisce Revelationibus tamen Naturalem a maxima sui parte vocari debere dicit p. 185.*
OBJECTIONES
Possent huc referri omnes, qvae pro unaqvaqve harum trium Religionum specie adstruenda faciunt, stante enim triplicitate cadit unitas, cadente stat; ast, qvia commodius singulae singulis reservantur, hic nihil praeterea tangendum fuerit, nisi fundamentum, qvod hujus Religionum triplia aedificio partium specifica differentia reponit. Ita enim non modo p. 185. inquit: *In omni Religione potissimum attendi debet ad praecepta et ad promissiones, iisqve annexa praemia et poenas ..."*

[67] Ebd. C 3v: „Argumentum I. ab extrema naturae corruptione: *Cujuscunqve Religionis principium per lapsum primorum hominum tam horrendam, profundam, intimam atqve verbis inexplicabilem ... passa (sic!) est corruptionem, ut pauca saltem, eaqve imperfecte et langvide de DEO cognoscat, et contra DEUM potius aversetur et fugiat, qvam amet, illa neqve per se, neqve cum revelatione concurrens, hominem ad salutem perducere potest."*
[68] Ebd. E 1r. Ihnen bleibt, da sie keine Offenbarung haben, nur die Möglichkeit, „cultum suum ad Rationis normam conformare", was von Adam bis zu Mose ca. 2450 Jahre der Fall war, vgl. G 1v.
[69] Ebd. E 2r.
[70] Ebd. F 2r.
[71] Ebd. F 4r.
[72] Ebd. v.
[73] Ebd. G 1v.
[74] Ebd. G 2r.

ralis"[75]. Abschließend stellt er dann fest, daß die Lehre von der „triplex Religio" heterodox ist[76].

Der Rückblick auf diesen Abschnitt zeigt zunächst, daß die Aussagen Calovs und die der Disputation über die „religio" doch recht verschieden sind.

Freilich ist schon bei Calov eine eingehende und differenzierte Behandlung unseres Themas festzustellen. Strikt hält er an der alleinigen Berechtigung der christlichen „religio" fest, dergegenüber er alle anderen inklusive der „religio Iudaica" und der nur einmal genannten „religio naturalis" als illegitim zurückweist. Folglich muß er die alttestamentliche Tradition von der jüdischen unterscheiden, um erstere für die Christen reklamieren und bei ihnen die gleiche „religio" annehmen zu können, wie sie von den Anfängen an vorliegt. Diese Differenzierung benötigt er, weil das Alter ein nicht unwichtiges Kriterium für die „vera religio" darstellt.

Gemäß seiner Konzeption verwischt Calov dann die Grenzen zwischen der „religio", wie sie von Anfang an existiert, und jener in Jesus Christus und d.h. durch eine Offenbarung gegebenen „religio" der Christen. Auch tritt somit nicht mehr in Erscheinung, daß er die Tradition verlassen hat, derzufolge die „religio" als solche nicht heilsbedeutsam ist.

Über diese Position gehen die Ausführungen der Disputation hinaus, die somit eher Georg Reiser zuzuschreiben sein dürfte. Deren Autor jedenfalls führt Termini ein, die wir so in dieser Nachdrücklichkeit bislang noch nicht auffinden konnten: Einmal nennt er eine „Religio", die in den Bereich der Pantomime und d.h. der Scharlatanerie gehört. Er lehnt eine „Philosophica religio" ab und formuliert somit immerhin gleichsam im Negativ deren Möglichkeit. Vor allem aber widmet er der „Religio Naturalis" seine Aufmerksamkeit und setzt ihr eine „Revelata" gegenüber. Dies dürfte ein früher Beleg für eine solche Antithese sein. Insofern stellt eben diese Disputation eine sehr weitreichende Differenzierung der Terminologie und damit auch der Sache der „religio" dar.

Nicht minder weitreichend ist – freilich wiederum im Modus der Negation – die Vorstellung einer „triplex Religio", nämlich einer „religio" in dreifacher Weise, der christlichen, der mosaischen und der natürlichen.

Bleibt somit die Position des Autors im Rahmen der bisherigen Weiterführungen inklusive der Heilsbedeutsamkeit der einen wahren „religio", so sind die Gegner zahlreicher geworden, gegen die diese Position verteidigt werden muß.

---

[75] Ebd. I 3v.
[76] Ebd. K 2v: „THESIS QVARTA
Sententia de triplici Religione est heterodoxa
Qvod enim non modo fundamentum in Scriptura nullam habeat, sed etiam doctrinae revelatae e diametro repugnet, ex hactenus adductis fatis puto constare posse. Corollarii vicem hoc argumentum addimus. *Qvaecunqve sententia plena est pestilentissimorum contra ipsum salutis fundamentum impengentium errorum illa heterodoxa, si non haereticae etiam ob defendentium pertinaciam proxima est, adeoqve a nullo sincero Theologo approbanda, aut pro tolerabili saltem habenda. Atqvi sententia de triplici Religione est talis.*"

Johannes Musaeus

In den postum herausgegebenen Vorlesungen von Johannes Musaeus (1613–1681)[1] über die Konkordienformel war an sich vom Gegenstand her keine detailliertere Beschäftigung mit unserem Thema zu erwarten. Tatsächlich widmet Musaeus ihm keine eigene Behandlung. Selbstverständliche Formulierungen über die Schrift als „norma ac regula ... religionis Christianae" stehen denn auch hinter denen eines „unanimis catholicae seu Christianae fidei consensus" zurück[2]. Es geht um grundlegende Artikel der „fides Christiana"[3], der „doctrina fidei"[4] oder der „dogmata fidei"[5]. Angesichts der „religionis dissidia"[6] weiß Musaeus freilich sehr wohl um die „vera religio"[7]. Und wenn er gelegentlich „universa religio" sagt[8], so läßt er den Sinn dieses Ausdrucks erst in der Gegenüberstellung von „tum religio universa, tum Christiana religio in specie" in Erscheinung treten[9], ohne jedoch auf diese Spezifikation des näheren einzugehen. Nicht von ungefähr spricht er noch am häufigsten von „religio" im Artikel über die kirchlichen Zeremonien[10].

Näheren Aufschluß gibt die Auseinandersetzung mit Edward Lord Herbert von Cherbury[11]. Gegen ihn lehnt Musaeus die These von der Suffizienz des na-

---

[1] Johannes Musaeus war nach Studien in Erfurt und Jena seit 1643 in Jena Professor der Geschichte und seit 1646 der Theologie. Als Vertreter lutherischer Orthodoxie wandte er sich gegen Edward Lord Herbert von Cherbury, die Arminianer und manche andere sowie schließlich gegen Georg Calixt. In der Auseinandersetzung mit Abraham Calov erwies er sich aber als offener Lutheraner und vertrat damit eine Richtung, wie sie in Jena gängig war.

[2] Johannes Musaeus, Praelectiones in Epitomen Formulae Concordiae. Opus multorum votis hactenus expetitum, nunc e collatis inter se pluribus Manuscriptis, editum ... ab Haeredibus Musaeanis, Jenae 1701: De Compendiaria Regula ac norma, ad quam omnia dogmata sunt erigenda, thes. 7; 18. Vgl. auch art. 10 cap. 1 thes. 1; 323 „religionis norma" bzw. „religionis negotium". – Mit diesen „Praelectiones" hat Musaeus keine in der Anlage originale Gliederung vorgenommen; die gleiche Reihenfolge der Themen findet sich etwa bei Salomo Gesner, Disputationes XVII. pro Sanctissimo Libro Christianae Concordiae, VVitebergae 1595. Hier findet sich bereits „universa Religio", disp. 2 nr. 16; 34; im Zusammenhang ist vom kleinen und großen Katechismus Luthers die Rede. In der disp. 15 über die „Adiaphora", d.h. über den Dissensus bezüglich der Zeremonien, 535ff, spricht Gesner nur ganz unspezifisch von „Christiana religio", etwa nr. 6; 536.

[3] J. Musaeus, Praelectiones, De Compendiaria Regula, thes. 10; 22; vgl. Art. 2 cap. 1 thes. 8; 99.

[4] Ebd. thes. 11; 23.

[5] Ebd. thes. 4; 16.

[6] Ebd. Art. 10 cap. 1 thes. 1; 323; vgl. auch Art. 7 cap. 1 thes. 2; 239.

[7] Ebd. Art. 10 cap. 1 thes. 1; 326.

[8] Ebd.

[9] Ebd. Art. 11 cap. 1 thes. 1; 343.

[10] Ebd. Art. 10; 323–340.

[11] Johannes Musaeus, Examen Cherburianismi Sive De Luminis Naturae Insufficientia Ad Salutem, Meletema, Contra Edoardum Herbertum de Cherbury, Baronem Anglum, Witebergae 1708.

türlichen Lichts (der Vernunft) und damit der natürlichen Theologie zum Heil nachdrücklich ab[12]. Eigens widerspricht er den fünf Notae, mit denen Herbert von Cherbury die „religio" charakterisiert hat. Dabei berücksichtigt er dessen Wortlaut, daß es ein höchstes *„Numen"* gibt, daß dieses verehrt werden muß und daß die Tugend, verbunden mit der *„pietas"*, den vorrangigen Teil des göttlichen *„cultus"* darstellt[13]. In dieser dritten Nota mit seinem Gewährsmann „pietas" zu sagen, versteht sich nicht von selbst, dienen diese Notae doch zur Charakterisierung der „religio".

Die eingangs genannten Zwistigkeiten über die „Christiana religio"[14] erörtert Musaeus wiederum nicht von ungefähr anhand einer Beschäftigung mit der „Theologia naturalis"[15]. Es bleibt also die Ausnahme, wenn er etwa von der Schrift als genuiner Norm für „religio et cultus" spricht oder sich gegen die Rückführung jeglicher „religio" auf das natürliche Licht wendet mit der Begründung, daß man so noch mehr von der Sorge für die „religio" ab- und einem Atheismus nahekommt[16]. Lediglich in der Zitation Herbert von Cherburys von einem *„Religionum ... consensus"* hinsichtlich der Schuld gegen Gott[17] nimmt Musaeus die Terminologie auf; sachlich lehnt er dabei einen solchen Consensus ab und stellt demgegenüber fest, daß die Sünden allein durch die Genugtuung Christi getilgt werden können; dies lehrt die „Religio Christiana", die die „unica et sola vera religio" darstellt, im Unterschied zu den „Religiones Gentilium", die nur „falsae" sein können[18]. Es bleibt somit dabei, daß die mit den fünf Artikeln

---

Die mir nicht zugängliche Schrift von Johannes Musaeus, Dissertatio de luminis naturae et ei innixae theologia naturalis, 1667, enthält im Titel solche Anklänge an das hier zitierte „Examen", daß es sich möglicherweise um den gleichen Text mit verschiedener Überschrift handelt. Vgl. den ähnlichen, bei Christof Gestrich, Deismus, in: TRE VIII, 392–406, 397, zit. Titel: De luminis naturae et ei innixae theologiae naturalis insufficientia ad salutem dissertatio contra Edoardum Herbert de Cherbury, Baronem Anglum, Jena 1668.

[12] Vgl. J. Musaeus, Examen, etwa nr. 8; 6f.

[13] Ebd. nr. 3; 4, als fünf Notae des Herbert von Cherbury gibt Musaeus an: „COMMUNES CIRCA RELIGIONEM NOTITIAE":
„*I. Esse supremum aliquod Numen.*
II. Supremum istud Numen debere coli.
III. Virtutem cum pietate conjunctam, praecipuam partem cultus divini habitam esse, et semper fuisse.
IV. Horrorem scelerum hominum animis semper insedisse; adeoque illos non latuisse, vitia et scelera quacunque expiari debere ex poenitentia.
V. Esse praemium vel paenam post hanc vitam." – Im Zitat derselben Stelle nach Herbert von Cherbury, De Religione Gentilium, bei Musaeus nr. 5; 5, vgl. nr. 13; 8, wird auch die dritte Nota ohne ‚pietas' angegeben.

[14] Ebd. nr. 1; 3.

[15] Vgl. bes. die nähere Bestimmung ebd. nr. 8; 6.

[16] Ebd. nr. 6; 5: „genuina perfectaque religionis et cultus norma ac regula, Scriptura Sacra"; „religio omnis, (inveniuntur enim hi articuli in religione omni)"; „etiam religionis opinionem curamque abjiciant, et in Atheismum prolabantur".

[17] Ebd. nr. 55; 28f, vgl. 62f; 32f. Musaeus kennzeichnet Zitate nicht durch Anführungszeichen, sondern Kursivierung, welche wir übernehmen.

[18] Ebd. nr. 63; 33.

des Herbert von Cherbury beschriebene „religio" nicht zum Heil genügt[19]. Zu diesem führt nur, wie Musaeus unterstreicht, die Genugtuung Christi und die „*fides*" an Christus, durch den wir allein Heiligung und wahre „pietas" erlangen. Das Heil hängt, wie es nicht anders heißen kann, an der „*fides*". Wir erreichen es also nicht durch ein „naturale rationis dictamen" und die Kräfte der Natur, sondern nur aus der göttlichen und übernatürlichen Offenbarung, die höher ist als jegliche menschliche „ratio"[20]. Die „fides" verleiht die Kraft, „pie sancteque" zu leben; es geht somit um einen neuen Gehorsam und um „pietas", wie Musaeus wiederum und keineswegs zufällig sagt[21].

Bemerkenswerterweise behandelt Musaeus vorrangig die „theologia naturalis", spricht aber gleichwohl nirgends von ‚religio naturalis'. Man hätte meinen können, dieser Terminus habe inzwischen eine solche Verbreitung erfahren, daß Musaeus ihn selbstverständlich und häufiger aufgenommen hätte.

Neben dieser Dissertatio von Johannes Musaeus mit ihrer nicht eben sehr pointierten Behandlung der „Religio" findet sich eine weitere, die von Johannes Musaeus als Praeses und Wolfgangus Gangius als Respondenten gehalten worden ist[22]. Ohne Rücksicht auf die Frage nach dem Autor dieser Dissertatio[23] soll hier nur kurz auf ihre These hingewiesen werden: Im Gefolge der Unterscheidung von „*Theologia Naturalis*" und „*Theologia Revelata*" dient die These dem Nachweis, daß erstere zur Verehrung Gottes und zum ewigen Heil nicht ausreicht[24]. Als Basis dieser Argumentation dient, völlig korrekt, die berühmte dreigeteilte Theologie nach Varro[25]. Insgesamt fehlt auch hier jegliche Beschäftigung mit der ‚religio'.

JOHANNES HOORNBEEK

Mit Johannes Hoornbeek (1617–1666)[1] findet ein Vertreter der reformierten Orthodoxie Beachtung, der ein vor allem apologetisches und praktisch-theologisches Schrifttum hinterlassen hat.

---

[19] Vgl. das Resümee nr. 95; 53.
[20] Ebd. nr. 108; 59f.
[21] So im Schluß nr. 112; 62.
[22] Introductio in Theologiam de Distinctione Theologiae in Naturalem et Revelatam deque Natura Theologiae Revelatae Anno MDCLXIV ... Praeside Johanne Musaeo, ... Respondente Wolfgango Gangio, Sveco, examini publico submissa, nunc vero recusa, Jenae MDCLXXIX.
[23] Wer der Verfasser ist, läßt sich oft erst durch höchst detaillierte Analysen erweisen; solche Dissertationstexte können vom Praeses oder aber vom Respondens verfaßt sein. – Für diesen Hinweis danke ich Prof. Dr. Martin Onnasch, Greifswald.
[24] Ebd. 38.
[25] Ebd. 4.

[1] Johannes Hoornbeek war nach dem Studium der Theologie in den Niederlanden zunächst 1639–1643 Pfarrer im Rheinland. Dann promovierte er bei Gisbert Voetius und war seit 1644 Professor in Utrecht und seit 1654 in Leiden. Sein besonderes Augenmerk galt der Praxis pietatis und der Theologia practica.

Sehen wir uns zunächst Hoornbeeks sehr ausführliche Auseinandersetzung mit dem Sozinianismus an, so handelt er in einem ersten grundlegenden Teil über „Sacra Scriptura et Religio"[2]. Danach erörtert er die Gottes- und Schöpfungslehre[3] sowie die Christologie, den Bund, die Gebote und die Genugtuung Christi sowie schließlich die Rechtfertigung[4].

Hoornbeek widmet das uns besonders interessierende erste Buch des ersten Teiles, das alle Ausführungen einleitet und fundiert, erwartungsgemäß zunächst der Heiligen Schrift und schließt dann Überlegungen über den menschlichen Verstand als Richter in theologischen Kontroversen sowie über die natürliche Gotteserkenntnis vor allem aus der Schöpfung an. Erst dann läßt er ein eigenes Kapitel über die „religio" folgen und beendet dieses erste Buch mit einer Reflexion, ob die zum Heil notwendigen „articuli fundamentales" sehr wenige sein können, wie die Sozinianer meinen.

Für den uns interessierenden Sprachgebrauch erweist sich insbesondere der von Hoornbeek vorangestellte „Apparatus ad Controversias" als aufschlußreich. Hier spricht er nämlich sehr häufig von der „Christiana religio"[5], aber auch von „Christiana fides"[6]. Er verwendet verschiedene Doppelformulierungen wie „religio et fides"[7], „pietas, fidesque"[8] sowie „religio et pietas"[9]. Überraschenderweise findet sich auch „religio et secta"[10]. Einmal heißt es „fides naturalis"[11] und einmal sogar „religiositas"[12].

Diese Terminologie findet im grundlegenden ersten Buch des ersten Teils keine inhaltlich belangvolle Beachtung. Dies erklärt sich aus der besonderen Aufmerksamkeit für die Heilige Schrift[13]. Wohl nimmt Hoornbeek die Thematik

---

[2] Johannes Hoornbeeck, Socinianismus confutatus, Tomus I, Ultrajecti MDCL; Tomus Secundus, Amstelodami MDCLXII, hier Tomus I lib. 1; I 1–261. (Erst der zweite Teil verwendet die übliche Schreibweise Hoornbeek) – Hier und im folgenden werden zunächst, soweit jeweils erforderlich, der Tomus (im Inhaltsverzeichnis auch als „Pars" bezeichnet) in römischer, das Buch mit der Sigle lib., das Kapitel mit der Sigle cap. und der Abschnitt mit der Sigle sect. jeweils in arabischer Ziffer angegeben sowie nach einem Semikolon der Tomus in römischer und die Seite in arabischer Ziffer angegeben. Im folgenden sind die Kursivierungen Wiedergabe der im Original kursiv gesetzten Passagen.

[3] Ebd. lib. 2f; I 262–643.

[4] Ebd. Tomus II.

[5] Vgl. – in der ersten, gesonderten Paginierung des „Apparatus" – Tomus I etwa 13, 46, 51–53, 58 im Zitat, 63f. usw.

[6] Ebd. 24, 50, vgl. 76 „fides Christi".

[7] Ebd. etwa 85.

[8] Ebd.

[9] Ebd. 103.

[10] Ebd. 72, vgl. 80 „sectae, vel religiones". „Secta" erscheint also auch neutral gebraucht, vgl. zur Unterscheidung von „haeresis" und „secta" und zu einem möglichen positiven Gebrauch von „secta" etwa bei Tertullian ebd. 5f.

[11] Ebd. 52.

[12] Ebd. 34.

[13] Vgl. ebd. I lib. 1 cap. 1 sect. 2; 33, hier in einem Zitat von Fausto Sozzini; vgl. cap. 4 sect. 1; 73, in einem Zitat aus der Confessio Helvetica; vgl. sect. 3; 80 *vera religio et cultus divinus*".

der „Christiana religio" als der „vera" auf[14]. In einer sehr seltenen Formulierung sagt er sogar „religio *omnis* et *supernaturalis*", und dies im Zusammenhang mit der Überlegung, daß eine natürliche Erkenntnis Gottes aus der Natur nicht genügen kann[15]. Des näheren geht Hoornbeek dann auf unser Thema ein im Zusammenhang mit der Bestreitung der natürlichen Gotteserkenntnis durch die Sozinianer[16]. Er erwähnt freilich auch, daß manche Sozinianer diese Reduktion nicht durchgehalten und eben doch eine solche natürliche Gotteserkenntnis angenommen haben[17]. In diesem Kontext spricht Hoornbeek das Thema der „Religio naturalis" an. Denn auch diese bestreiten die Sozinianer[18]. Gegen sie hält Hoornbeek entschieden an der „Religio naturalis" fest[19]. Dafür kann er sich auf einen Selbstwiderspruch der Sozinianer berufen[20]. Hier übernimmt er die Historisierung in die *„prima illa religio"* vor Abraham, die allerdings von großer Dunkelheit umhüllt und sehr unvollkommen gewesen ist[21]. Die damaligen *„homines religiosi"* haben diese frühe „religio", wie Hoornbeek als Vermutung angibt, weniger aus Gesetzen erhalten, die Gott gegeben hat, sondern eher aus dem Urteil der *„recta ratio"*, aus der sie ihr Leben und ihre Sitten zusammengestellt haben; daraus folgt die Annahme einer „Religio etiam naturalis"[22]. Nicht, daß alle „Religio" auch „naturalis" ist, wohl aber etwas an ihr, wie für Hoornbeek aus der Natur hervorgeht, nämlich die Existenz Gottes und die Notwendigkeit seiner Verehrung[23].

---

[14] Vgl. (ohne Angabe der einzelnen Abschnitte) ebd. 33 im Zitat, u.ö.; weiterhin findet sich „Christiana religio", vgl. 4, 9, 14f, 23, 36f, verschiedentlich in Zitaten u.ö.; es findet sich auch „Euangelica Religio" 13 im Zitat.
[15] Ebd. cap. 4 sect. 3; 81.
[16] So bes. ebd. cap. 7 [,1] sect. 1; 132.
[17] Ebd. sect. 2; 144.
[18] Ebd. sect. 3; 149.
[19] Ebd., mit einem ausführlichen Zitat vom Johannes Volkelius (†1618).
[20] Ebd. 150 (irrtümlich 152) unter Verweis auf Johannes Crellius (1590–1631), vgl. zu diesem ebd. Apparatus 1 (zu Beginn des Tomus I).
[21] Ebd. 149.
[22] Ebd.
[23] Ebd. 150 (irrtümlich 152); vgl. ebd. 149 das hierfür angefügte Zitat aus Johannes Volkelius, De Religione Sociniana, lib. II cap. 8; seine einschlägige Passage nach der Feststellung, daß Gott den Menschen „naturaliter" gewisse Gesetze eingeschrieben hat, und dies von Schöpfungs wegen, lautet: *„Haec autem potißimum in religionis praescriptione constituta est, cui cum promißio praemiorum conjunctissima sit, commodum fuerit simul ista ponderare. Intelligendum autem est, Deum pro temporum diversitate, diversas sui colendi vias hominum generi ostendisse. Et post: ut igitur de prima illa religione, quae Abrahami memoriam antegreßa est, priori loco agamus, animadvertendum est, eam, si ad sequentia tempora respectus habeatur, magna obscuritate involutam, valdeque imperfectam fuisse. Etenim quantum conjicere licet, eorum temporum homines religiosi non tam ex fixis statisque legibus, seu generalibus praeceptis, aperte a Deo propositis, quam ex rectae rationis judicio, quod singularibus Dei mandatis, ad certas personas certaque negotia pertinentibus, non raro instruebatur firmabaturque, vitam ac mores suos composuerunt. Itaque in eorum temporum, quae diluvium anteceßerunt, historia a Mose descripta, nullum reperies generale Dei praeceptum hominibus propositum."* Es schließt sich nach der Formulierung einer „Religio", die „naturalis" ist, ein weiteres Zitat von Volkelius an, daß Gott in die Natur des Menschen die Fundamente gelegt und ihm „ratio, voluntas, et appetitus" gegeben hat, so daß der Mensch seine „probitas" entfalten kann. Auffällig ist auch

Ein weiteres Mal geht Hoornbeek auf die „religio" in den beiden abschließenden Kapiteln dieses ersten Buches ein, in denen er fragt, ob die „religio" aus zwei Teilen besteht[24] und ob zu ihr nur sehr wenige „articuli fundamentales" gehören[25]. Mit beträchtlichem Aufwand beschäftigt er sich hier mit den Opponenten und setzt ihnen die von seinesgleichen geteilte Überzeugung entgegen, daß die „Religio" aus den göttlichen Geboten und Verheißungen besteht[26]. Er wendet sich also nicht direkt dem Verständnis von „Religio" zu, doch ergeben sich wichtige Hinweise. Zunächst zitiert er nämlich deren Definition bei Sozzini und bei den Remonstranten; ersterem zufolge stellt die „Religio" einen von Gott gewiesenen Weg zum Heil dar, während letztere sie als „cultus divinus" auffassen, an Gott und an Jesus Christus zu glauben und das ewige Heil zu erlangen[27]. In diesen nicht für die Sozinianer spezifischen Bestimmungen, wie Hoornbeek eigens hervorhebt, erscheint also nicht mehr einfach der „cultus" als solcher in das Zentrum gerückt, sondern der Weg zum Heil. Hierfür dient der „cultus Christi" gemäß den uns gegebenen Geboten, wie sie im Neuen Testament enthalten sind und wie sie eine Wohltat der „Christiana religio" vor der „religio Veteris Testamenti" darstellt[28].

Jede „religio", freilich nicht die „imperfecta" aus der Natur, so formuliert Hoornbeek, hat die beiden Teile *praecepta* et *promißa*"[29]. Freilich gehört dazu die „cognitio in religione"[30]. Und wenn die Sozinianer diesbezüglich gleicher Ansicht sind, so besteht ein wesentlicher Unterschied in ihrer Auffassung, daß sie meinen, alle „sententiae" aller tolerieren zu können[31], während Hoornbeek

---

hier wieder die Dreiteilung der geistigen Potenzen des Menschen, wie sie dann später Schleiermacher für unser Thema systematisiert hat.

[24] Vgl. ebd. cap. 8: „*Num Religio duabus modo contineatur partibus, praeceptis divinis, et promissis? annon etiam notitia credendorum partem faciat?*"; 174–187.

[25] Ebd. cap. 9: „*Num articuli ad salutem fundamentales, sint paucissimi? iique, quos Sociniani pro talibus habent? ut, de Deo solum, quod sit unus, aeternus, perfecte justus, perfecte sapiens, perfecte potens?*"; 187–261.

[26] So ebd. das ganze cap. 8.

[27] Ebd. 175; die Definition führt Hoornbeek als „Controversia, de *Religione*; sed de vera, de omni" ein und fährt dann fort: „Religionem definit Socinus in Catechesi, *est via divinitus proposita et patefacta perveniendi ad inmortalitatem, seu vitam aeternam*. A Smalcio, in Cathechesi Racoviensi, prima quaestione, quod sit *via a Deo hominibus ostensa et manifestata, aeternam vitam adipiscendi*. Eadem est quoque prima quaestio in Catechesi Remonstrantium, et sic respondetur: Christiana religio est *cultus divinus, quo non tantum credimus in Deum remuneratorem illorum qui ipsum quaerunt; et in Jesum Christum unigenitum ejus filium, quem misit; verum etiam eum colimus, et servimus, juxta praecepta nobis data, potißimum spe post mortem, aeternam et immortalem in caelo vitam adipiscendi.*"

[28] So ebd. Hier weist Hoornbeek auch darauf hin, die „Religio Christiana" werde nicht so nachlässig definiert, daß jede „secta, haeresisque" diese Bestimmung übernehmen könnte, wozu er dann noch eigens die „Mahumedani" nennt.

[29] Ebd. und im folgenden immer wieder.

[30] Ebd. 176.

[31] Ebd.

eine präzise „cognitio" meint[32], nämlich die *„cognitio* veritatis"[33], wie sie die Heilige Schrift lehrt[34].

In diesem Zusammenhang nennt Hoornbeek auch als „virtutes Religionis praecipuae" Hoffnung, Liebe und besonders Glaube[35]. Während schon mit den „promissa" die Hoffnung verbunden ist[36], so nennt Hoornbeek nun alle drei theologischen Tugenden und setzt dabei „fides" mit „veritas", „spes" mit „promissa" sowie „charitas" mit „praecepta" in Beziehung[37].

Die „cognitio", die Hoornbeek als notwendig herausstellt „ad Religionem et salutem", wie er öfter nebeneinander sagt[38] –, meint sehr wohl eine „cognitio" der göttlichen Natur, aber auch des göttlichen Willens; deswegen kann sie auch als „practica" bezeichnet werden[39]. Nicht zufällig spricht Hoornbeek auch von *„praxis pietatis* ad salutem"[40]. Die weiteren Ausführungen über die „capita" der „Religio", die „praecipua magis" sind und deswegen „fundamentalia" genannt werden[41], nämlich über die „dogmata fundamentales Religionis"[42], brauchen hier nicht näher behandelt zu werden. Es geht in ihnen um die Zurückweisung sozinianischer Vorstellungen, daß nur minimale Glaubensinhalte erforderlich sind statt der christlichen Überzeugungen von Gott und Jesus Christus, wie sie die Schrift lehrt[43]. Es genügt also nicht die Gotteserkenntnis nach der Auffassung der Sozinianer, derzufolge Gott existiert und der die ihm zukommenden Eigenschaften besitzt, ewig, vollkommen gerecht, vollkommen weise und allmächtig zu sein[44]. Eigens stellt Hoornbeek heraus, daß die zum Heil notwendigen „principia fidei" nicht dem Namen, sondern der Sache nach anzunehmen sind; denn nicht in den „nomina", sondern in den „res" liegen „salus, vel religio"[45]. Am Ende der langen Ausführungen weist er resümierend auf die fundamentalen, zum Heil notwendigen „articuli Religionis" als sein eigentliches An-

---

[32] Vgl. ebd. 177 und im folgenden.
[33] Ebd. 177, 179 u.ö.
[34] Ebd. 179.
[35] Ebd.
[36] Ebd. 177, 179.
[37] Ebd.
[38] Ebd. 182, cap. 9; 188, 201, 208, vgl. 190; auch 209, wo *„salus", „religio"* und *„ecclesia"* nebeneinander stehen; vgl. auch den Hinweis zur Erkenntnis der Wahrheit, 182: „Quod tanti in Religione momenti est, ut *loco universi cultus* saepe veniat, Religionis partem esse, et quidem principaliorem, necesse est; sed talis est cognitio veritatis in Sacris", so nach Jer 31, 34, und anderen biblischen Verweisen, bes. Mt 13,11, über die Erkenntnis der „mysteria" des Himmelreichs. Es läßt sich nirgends der nähere Sinn von „universus cultus" genauer ersehen.
[39] Ebd. cap. 8; 182.
[40] Ebd.
[41] Ebd. cap. 9 sect. 1; 188.
[42] Ebd. 208.
[43] Ebd. 214; die christlichen Vorstellungen gipfeln in der Annahme Christi als *„verus et naturalis Dei filius"*, 215.
[44] Ebd.
[45] Ebd.

liegen hin; doch meint er mit „Religio", wie er eigens hinzufügt, nicht die „naturalis", sondern die „Christiana perfectissima"[46].

Schließlich geht Hoornbeek an einer dritten Stelle des näheren auf die „religio" ein, die er in eine „quadruplex" unterteilt: Als erste nennt er die *naturalis* von Adam bis Abraham, die nur „naturalis" gewesen ist[47]. Als „secunda religio" führt er diejenige an, die mit den ersten Verheißungen an Abraham geschah; dabei handelt es sich um zwei Arten von Verheißung, nämlich die *„communis"*, die sich auf Gnade und Hilfe sowie auf zeitliche und ewige Wohltaten bezieht, und die „propria", nämlich die Verheißung des gelobten Landes und die Vermehrung seines Volkes und besondere Segnung seines Samens, nämlich Christus[48]. Als dritte bezeichnet Hoornbeek die „Mosaica" und als vierte die „Christi"[49]. Zur „religio naturalis" führt er aber des weiteren aus, daß zu ihrer Zeit die Menschen zwar grundsätzlich nach der Vorschrift der „recta ratio" gelebt haben, womit aber nicht gesagt ist, es sei ihnen nichts geoffenbart, was aus der Natur allein erkannt werden kann und eine „revelatio supernaturalis" nichts als dieses enthielte[50]. Vielmehr nimmt er eine „natura religionis verae" an, derzufolge schon zu Anfang der „cultus" Gottes nicht „mere naturalis" war; vielmehr führt er die Genealogie bis auf Adam zurück, ein Zeichen für eine von Anfang an wirksame Verheißung[51]. Wie die ersten Opfer zeigen, muß für sie schon eine göttliche Offenbarung vorliegen, so daß die „vera pietas" sich bereits zu Beginn von der „naturalis Ethica" unterschied[52].

Insgesamt legt Hoornbeek eine Reihenfolge vor von der „religio hominum *primaeva"* zu den übrigen „religiones" des Alten Testaments, von denen er namentlich die *„Abrahamica* et *Mosaica"* nennt; insgesamt also kennt er eine Reihenfolge der Väter, für die er Adam, Noah, Abraham, Mose und Christus einzeln aufführt[53].

---

[46] Ebd. sect. 3; 261.
[47] So ebd. Tomus II Lib. I, cap. 1 sect. 1; II 293: „Quadruplicem faciunt religionem, primam ab *Adamo*, ad Abrahamum, quam *naturalem*, et tantum naturalem fuisse, volunt. Episcopius, Inst. lib. I. cap. 8. Atque haec religio, naturalis plane religio est, quae rectam solam rationem pro regula ac mensura habet; cujus actus primus est, discrimen recti a pravo." Anschließend führt Hoornbeek das Zitat noch weiter mit dem Hinweis auf die erste Zeit der Welt, als noch keine „lex" erlassen war und die Menschen ihr Leben durch die Vorschrift der „ratio" gestalteten.
[48] Ebd.
[49] Ebd. 294. Diese Ausführungen werden vorwiegend mit Zitaten von Episcopius und dann mit Verweis auf Volkelius entwickelt.
[50] Ebd. 295, vgl. 294, hier mit der Formulierung der zuvor genannten „religiones".
[51] Ebd. 298.
[52] Ebd. 297.
[53] Ebd. 289. – Über die erwähnten Belege hinaus wird „Religio" noch einmal in der Inhaltsangabe zu Pars (= Tomus) I lib. 2 cap. 2; I 285, erwähnt, doch führt Hoornbeek dazu nur etwas „pietas" aus, 317; vgl. lib. 3 cap. 5; 612 einen Hinweis auf die „Religio" als „mysterium supernaturale", vgl. die Darlegung, 635f.
Außer der zuvor angesprochenen Passage in Pars (= Tomus) II lib. 2 cap. 1 sect. 1; II 283–296, spricht Hoornbeek sonst eher über „cultus divinus", lib. 1 cap. 1 sect. 2; 191–204; bei der Erörterung über die Pflichten der Magistrate und den Eid, lib. 2 cap. 2.1; 406–412, 452f, 463f, 452f, fehlt ‚religio'. Vgl. auch die entprechenden Passagen über den „cultus" Gottes, ebd. cap. 2, 2; 428.

Überraschenderweise hat Hoornbeek diese Ausführungen zur „religio" noch einmal differenziert. In seinen wiederum sehr umfangreichen Darlegungen zu den „Controversiae Religionis"[54] bringt er nämlich zu Beginn eine ausführliche Definition der „Religio"[55]. Auch hier unterscheidet er einen engen und einen weiten Sinn dieses Terminus. Im strikten Sinn meint „religio" nämlich den „cultus Dei specificus" gemäß der ersten Tafel der „lex" und ist direkt und eigentlich auf Gott allein bezogen im Sinn der „pietas" bzw. „εὐσέβεια"[56]. Im weiten Sinn meint „religio" jede Pflicht der Tugend und Rechtschaffenheit sowohl Gott als auch den Menschen gegenüber gemäß beider Tafeln des Dekalogs[57]. Hoornbeek fügt die entsprechende Unterscheidung von Akten der „religio" hinzu, nach der zu ihr im strikten Sinn eigene und unmittelbare oder eigens gesetzte Akte zur Hinordnung des Menschen auf Gott gehören, während letztere in befohlenen Akten besteht, die durch die anderen Tugenden vermittelt werden und so letztlich auf „cultus ac reverentia Dei" hingeordnet sind[58].

Mit dieser Definition variiert Hoornbeek die traditionelle Auskunft insofern, als er die Unterscheidung direkt – indirekt nun in die „religio" selbst einbezieht und eine direkte, unmittelbare Verehrung Gottes im Sinn des „cultus" neben eine indirekte, mittelbare Verehrung im Sinn des Gott wohlgefälligen, tugendhaften Handelns verwendet. Daher hat er diese Unterscheidung nicht mehr zur Verfügung für die Bestimmung der „religio" im klassischen Sinn, insofern diese sich direkt auf den „cultus" und folglich nur mittelbar auf Gott selbst bezieht,

---

[54] Johannes Hoornbeek, Summa Controversiarum Religionis; cum Infidelibus, Haereticis, Schismaticis: Id Est, Gentilibus, Judaeis, Muhammedanis; Papistis, Anabaptistis, Enthusiastis et Libertinis, Socinianis; Remonstrantibus, Lutheranis, Brouvvnistis, Graecis, Editio nova, Colbergae MDCLXXVI. – Mit den im Untertitel genannten Namen hat Hoornbeek zugleich die Gliederung dieses Bandes angegeben.

[55] Ebd. Dissertatio de Controversiis, 7.

[56] Ebd.

[57] Ebd.

[58] Ebd. 7f; der wichtige Text lautet: „*Religio, vel stricte* sumitur, pro cultu Dei specifico, qvi prima legis tabula injungitur, et solum DEUM habet pro objecto immediato, ac proprio, qvae aliter pietas ἐυσέβεια dicitur; vel *late*, pro omni virtutis probitatisqve officio, sive Deum proxime, sive homines concernat, a DEO nobis in lege, seu utrisqve Decalogi tabulis, imperato. Uti elogium justi in Sacris, qvando homini tribuitur; vel qvomodo in Scholis dicitur justitia universalis; pari latitudine accipitur etiam religio. Certe in Epistola Jacobi, cap. I. vers. ult. et penult. religionis dicitur esse lingvam suam bene cohibere, viduas et orphanos invisere, qvae praecepta alias referuntur ad secundam tabulam. Eodemqve tendit distinctio Scholasticorum de religionis actibus, in proprios et immediatos seu *elicitos*, per qvos homo ordinatur ad solum Deum; qvod convenit cum religione, priori et stricta acceptatione: et in actibus ejus *imperatos*, qvos producit mediantibus aliis virtutibus: omnes tamen ultimo in cultum ac reverentiam Dei ordinantur, qvi elicitive sunt suarum virtutum. v. g. visitare orphanos viduasqve, actus elicitus a misericordia; et immaculatum se custodire a mundo, actus temperantiae: sed imperantur a religione, a qva habent, ut omnia haec religione fiant; qvod convenit cum religionis acceptione nostra secunda, latiori. Vide *Thomam II. II. qvaest. LXXXI (irrtümlich IXXXI) art. 1*. Qva ratione Religio commode definiri vel describi potest, ex Clementis Alexandrini Paedagogia, Paedag. lib. I cap. 7. παιδαγωγία ... (= ἐστὶν?) ἡ ἐυσέβεια, *qvae est doctrina divini cultus, et eruditio ad adseqvendam veritatis agnitionem, et recta institutio, vitaeqve agendae ratio, qvae in coelum deducit.*"

während sich die theologischen Tugenden Glaube, Hoffnung und Liebe allein auf Gott richten. Immerhin aber bleibt der „cultus" zentral für die Definition der „religio".

Seine genaue Kenntnis der Tradition zeigt Hoornbeek sodann in den Angaben zur Etymologie sowohl von „θρησκεία", die sich von „Thrax" herleiten soll, als auch von „religio", wie sie sich besonders bei Cicero und bei Laktanz findet[59].

In einer weiteren Abweichung von der zuvor referierten Definition spricht Hoornbeek nun nicht mehr von einer „quadruplex", sondern nur noch von einer „triplex", die er als „vera" und d.h. als die von Gott herkommende ansieht; er bezeichnet sie als „Naturalis", „Mosaica" und „Christiana"[60]. Unter der ersten, die uns besonders interessiert, versteht er diejenige, die aus den „principia" und dem „jus naturale" stammt[61]. Dabei bleibt unklar, was er mit den „principia" meint, den Anfang der Welt oder die Prinzipien der Wirklichkeit. Jedenfalls hält er sie für die allen Menschen eigene und erste „religio". Überdies stellte er diese dreifache in einer Steigerung der jeweils nächsten zur vorausgegangenen, derzufolge die christliche die „consummatissima" darstellt[62].

Anschließend charakterisiert Hoornbeek diese dreifache „religio" noch ein-

---

[59] Ebd. 8; im unmittelbaren Anschluß an den zuvor zitierten Text lauten diese Angaben: „Religionem Graeci θρησκείαν, Hebraei עבודה dicunt, qvod *servitutem* sonat: atqve religionem omnem falsam, et nominatim idololatriam iidem appellant עבודה זכה contracte עזיי, de qvo extat integer codex in Talmunde. Graeci θρησκεία et θρῆσκος (sic!), qvod utrumqve occurrit Jac. I. versibus indicatis, a θρᾴζ, θρὴζ Thrax (unde et θρασκείας ventus,) qvia apud Thraces scilicet Orpheus primus Deorum cultum introduxerit, derivant: in Sacris N. Testamenti in genere pro religione venit, sive de vera Jac. I. 26. 27. sive de falsa sermo sit, uti Pharisaismum suum Apostolus, Act. XXVI. 5. vocat τὴν ἀκριβεστάτην αἵρεσιν τῆν ἡμετέρας θρησκείας. Et Coloss. II. 18. θρησκεία τῶν ἀγγέλων. *Religionis* vocem alii a *relegendo* derivant, uti *Cicero*; et ex eo Isiodorus, *qvi omnia, qva ad cultum Deorum pertinerent, diligenter pertractarent, et qvasi relegerent, sunt dicti religiosi a relegendo*. Alii a reeligendo, ut dicat, nos Deum reëligere atqve redamare: qvi potius in verbo lusus videtur, qvam ejus derivatio. Cum Lactantio malimus a religando vocem trahere, libr. IV. de vera sap. cap. XXVIII. ubi et Ciceronis illam sententiam rejicit: *diximus nomen religionis a vinculo pietatis esse deductum, qvod hominem sibi Deus religaverit, et pietate constrinxerit: qvia servire nos ei, ut domino, et obseqvi, ut patri necesse est, melius ergo id nomen Lucretius interpretatus est, qvi ait, religionum se nodos exolvere*. Qvo et Augustinus respexit, dicens: *religet nos religio uni omnipotenti Deo*. lib. de vera relig. cap. IV. atque paulo ante: *ad unum Deum tendentes, et ei uni religantes animas nostras, unde religio dicta creditur*."

[60] Ebd.

[61] Ebd.

[62] Ebd. 8f; der Text, der sich an das vorige Zitat anschließt, lautet: „Omnis vera religio, et qvae a DEO, triplex unqvam fuit, *Naturalis*, ex principiis et jure naturali: *Mosaica*, in Veteri Testamento; *Christiana*, in Novo: illa omnium hominum fuit, et prima; ista Judaeorum; haec nunc est Christianorum: nisi qvod ante Mosaicam Dei populus praeter naturalem etiam *institutam* habuerit, cum Mosaica postmodum subsecuta convenientem, qvaeqve utrobiqve et legem, et Evangelium varie docuit; atqve ita alia post aliam successit religio, vel diversus Deum colendi modus, priore plenior, ad salutem una semper eademqve, usqve ad postremam hanc nostram Christianam consummatissimam: non qvod legi, aut doctrinae morum sub antiqvo etiam Testamento qvidpiam defuerit, sed qvod τῷ τρόπῳ religionis, alia perfectior atqve abundantior oeconomia fuerit surrogata, *superducto Evangelio expunctore totius retro vetustatis*, inqvit Tertullianus, lib. de Oratione."

mal durch die gegen sie gerichteten Irrtümer; gegen die erste sündigen die „*Gentiles*", gegen die zweite die „*Judaei*" und gegen die dritte – wohl anders als erwartet – die „*Muhammedani*"[63]. Hier verfehlen sich also die Christen nicht. Aber direkt anschließend nennt er diejenigen von ihnen, die sich verfehlen, unter den Rubriken „*Haeretici*", die nämlich die „religio ... Christiana" vehement verletzten, und die „*Schismatici*", die sich als Gegner der „religio" in ihrem Verstoß gegen die „una ... Ecclesia" erweisen[64].

Nur im Hinblick auf diese dreifache „religio" spricht Hoornbeek auch von drei „genera" von Gegnern der „Religio", nämlich von den „*Infideles*", die völlig außerhalb jeder „religio et Ecclesia Christiana" sind, von den „*Haeretici*", die sich unter der „religio Christiana" gleichsam bedeckt halten, sowie schließlich von den „*Schismatici*, die unter derselben „Ecclesia" dasselbe tun."[65].

Es überrascht, daß diese ausführliche Bestimmung der „religio" in den weiteren Ausführungen dieses Bandes nicht zum Tragen kommt. In ihnen verwendet Hoornbeek diesen Terminus zur Bezeichnung jeweiliger Weisen der Gottesverehrung. Dabei läßt er selbstverständlich keinen Zweifel an der Überlegenheit der eigenen „religio" für „praxis et salus" und bezeichnet sie als die sicherere gegenüber dem „Papismus"[66]. Gleichwohl kann er „religio" auch für andere und speziell hier für den „Muhammedanismus" verwenden[67].

Notiert zu werden verdient die terminologische Vielfalt, mit der Hoornbeek über die „Muhammedani"[68] spricht. Es findet sich nämlich „Religio Muhammedanica" bzw. „religio Turcica"[69], aber auch die bislang ungewohnte Formulierung „religio Muslimica"[70]; ebenso gibt es „secta Muhammedica"[71], auch „Mahometaea secta" im Zitat sowie in einer wiederum überraschenden Formulierung „secta Islimica"[72]. Darüber hinaus verwendet Hoornbeek „lex Mahometi-

---

[63] Ebd. 9.
[64] Ebd.
[65] Ebd. 9f: „Religionis ergo trium generum homines inimici sunt, vel qvi extra omnem religionem et Ecclesiam Christianam sunt, *Infideles*; vel qvi sub eadem religione Christiana se qvasi obtegunt, *Haeretici*; vel qvi etiam sub eadem fere Ecclesia, *Schismatici*. Quum enim a nostra parte se teneat et religio, et Ecclesia, apud quam religio est, adversarii tum religionis, tum Ecclesiae, vel extra utramque degunt, et nihil sibi cum utraque commune volunt, quales sunt primae classis infideles; vel religionem eandem impugnant, nihil cum eadem commune habentes Ecclesia, Haeretici; vel quasi fere ejusdem Ecclesiae, et huic tamen, illiqve in nonnullis adversi, Schismatici." Im weiteren nimmt Hoornbeek noch ausführlicher zu „*Haeresis*" und „*Schisma*" Stellung. Dabei charakterisiert er den Unterschied dahingehend, daß die Schismatiker anders als die Häretiker nicht den „fundamentalis religionis articulus" aufgeben wollen, 10; vgl. 11 die entsprechende Aussage, daß es um die „fundamentales fidei articuli" geht.
[66] Ebd. 192.
[67] Diesen Terminus vgl. etwa 190.
[68] So etwa ebd. 9.
[69] Etwa ebd. 82.
[70] Ebd. 146; vgl. hier auch „Muslimi"; vgl. auch 110, wo es „religio Muslimica" (nicht „Mussimica") heißen muß.
[71] Ebd. 71; vgl. 90.
[72] Ebd. 117; vgl. 118 „Islamismus".

ca"[73] oder „Muhammedica ... fides"[74]. Doch handelt es sich hier insgesamt um die „pessima religio"[75]. „Religio", „secta", „lex" oder „fides" können also als Äquivalente sogar im außerchristlichen Bereich verwandt werden. Außerdem enthält der Text Namen für die „Muhammedani", die bislang unbekannt sind.

Der Plural „tres Religiones" findet sich übrigens auch innerchristlich zur Bezeichnung der „Papistica, Lutherana, et Reformata"[76]. Es kommt sogar die Bezeichnung „religionis Colloquium" vor für das Gespräch unter Maximilian, Herzog von Bayern, im Jahr 1601[77]. So früh dürfte dieser Terminus bislang noch nicht aufgewiesen sein.

Überblickt man die beiden hier vorgestellten Abhandlungen, so lassen sie auch im Hinblick auf die „religio" ein besonderes Interesse an der Praxis deutlich hervortreten. Insgesamt aber mag Hoornbeek sich nicht auf ein präzises Verständnis der „religio" festlegen lassen. Nicht nur wechselt er zwischen vier und drei Phasen, er hält sich auch nicht kontinuierlich an seine bisherigen Bestimmungen. Dabei kennt er sehr wohl noch hinlänglich die tradierte Bedeutung von „religio", wenn er sie mit „cultus" in Verbindung bringt. Aber in seinem Bemühen, auch die allgemeinen Pflichten auf Gott zu beziehen, wofür er die Unterscheidung direkt – indirekt verwendet, läßt er die alte direkte Beziehung der „religio" auf die Vollzüge zur Gottesverehrung und eben nicht auf Gott selbst zurücktreten. Bekannt sind ihm nicht nur die antiken und patristischen Bestimmungen, die er auch in der Aufnahme der Etymologie dokumentiert[78], sondern auch die einschlägige Quaestio der Summa theologica bei Thomas von Aquin.

Hoornbeek geht über diese Konzeption denn auch insofern nachhaltig hinaus, als er einen weiten Begriff verwenden will, der ihm ebenso die Verbindung der „religio" mit den theologischen Tugenden Glaube, Hoffnung und Liebe wie die Integration aller Tugenden in sie ermöglicht. Hierher gehört denn auch die Betonung der beiden Teile der „religio", nämlich der „praecepta" und „promissa".

Nun hat Hoornbeek diese Bestimmung in anderem Zusammenhang noch einmal erweitert durch die beiden Grundaspekte, daß nämlich die „religio" zugleich *„cognitio"* und *„praxis"* ist[79]. Ihre Praxis aber präzisiert er so, daß in ihr „Alia *credenda"*, *„facienda"* und *„spiranda"* sind[80]. Diese Dreiteilung bezieht er

---

[73] Ebd. 81 in einem Buchtitel.
[74] Ebd. 179.
[75] Ebd. 93.
[76] Ebd. 567f.
[77] Ebd. 273.
[78] Johannes Hoornbeek, Theologia Practica, Pars prior, Editio secunda, Ultrajecti MDCLXXXIX; Pars Altera, Editio secunda, Ultrajecti MDCLXXXIX (Die erste Auflage von I erfolgte 1683, von II 1689), Lib. IX cap. 6; Tom. II 203: „Res autem est haec, ut nos Deo adstringat et religet"; es folgt dann die Etymologie nach Cicero, Laktanz und Augustinus sowie 204 die Bemerkung: „Naturam ergo religionis ita describimus, ut sit virtus, qua Deo deferimus honorem ipsi debitum." Mit dieser Bestimmung wird präzise die ursprüngliche Bedeutung wiedergegeben.
[79] Ebd. Lib. I cap. 2; I 31.
[80] Ebd. 37.

auch auf die „religio" als ganze, insofern er dem Glauben die „*doctrina*", der Liebe die „*praecepta*" und der Hoffnung die „*promissiones*" zuordnet[81]. An anderer Stelle nennt er als Dreiteilung der „Christiana religio" „miseria, redemtio, ac gratitudo"[82].

Grundsätzlich verwendet Hoornbeek „religio" auch über den christlichen Bereich hinaus für alle nur denkbaren Völker durch die Geschichte und die damals bekannten Erdteile hindurch, angefangen von derjenigen der antiken Ägypter über die der Afrikaner, der Amerikaner und hier etwa der Bewohner von Florida oder Mexiko sowie der Japaner, Inder oder Siamesen[83]. Freilich handelt es sich bei diesen schließlich nur um „superstitio"[84], die er auch als „arrogans et insana superstitio" bezeichnen kann[85].

Hoornbeek weiß selbstverständlich darum, daß die „religio" vorgetäuscht werden kann. Aber er spricht in diesem Zusammenhang nur von einer „externa professio" der „religio"[86]. Die Differenzierung „internus" und „externus" bleibt freilich auf den „cultus" beschränkt. Doch konstatiert Hoornbeek die Notwendigkeit der Verbindung beider miteinander[87]. Nirgends findet sich ein Hinweis auf die Differenzierung der „religio" selbst in ‚religio interna' und ‚religio externa'.

Überraschenderweise ordnet Hoornbeek der „religio" die „pietas" unter, indem er sie als Pflicht der „religio" bestimmt[88]. Zugleich sagt er von ihr, daß sie keine „virtus aliqua *naturalis*, vel actionibus nostris *acquisita*" darstellt[89]. In Par-

---

[81] Johannes Hoornbeek, תשובח יהודה sive, pro Convincendis, et Convertendis Judaeis, Lugduni Batavorum MDCLV, Lib. III cap. 3; 261: „Religio autem in tribus consistit, *doctrina* veritatis *credendae*; tum *praeceptis*, in vita *observandis*; denique *promissionibus* bonorum, quae *speramus*. Illic veritas; ibi honestas; hic utilitas spectatur: atque religio, quae ista omnia eminentissime tradit perfectissimeque, ὁμολογουμένως divina est, et omni modo accipienda. Christiana certe ita illa tractat docetque, ut illa nec scire alibi vel aliunde, quam hinc queas, neque cogitare aut desiderare, supra quam illa docet, rectum quid et salutare possis."

[82] Johannes Hoornbeek, Theologia practica, Lib. I cap. 2; I 41.

[83] Johannes Hoornbeek, De Conversione Indorum et Gentilium, Amstelodami MDCLXIX, vgl. das Stichwortregister s. v. religio gentilium bzw. religiones gentilium.

[84] Vgl. ebd. passim, vgl. ferner die systematische Darlegung bei in J. Hoornbeek, Theologia practica, Lib. IX cap. 11; II 233–239, sowie die vorausgegangenen und die folgenden Kapitel über „Impietas", „Idololatria" „Magia" und „Tentatio Dei".

[85] Vgl. J. Hoornbeek, De Conversione Indorum, 185.

[86] J. Hoornbeek, Pro Convincendis, 21: *„Christianae religionis externa fucataque professio"* (fuco bedeutet (rot) färben, schminken, fälschen).

[87] J. Hoornbeek, Theologia practica, Lib. IX cap. 6; II 207: „cultum Dei exposcit *internum* et *externum*, non alterutrum, non externum absque interno, quod est hypocritarum; non internum, qui externum contemnat aut nolit: nam quamvis aliquando internus praestetur absque externo, numquam tamen separatur ab eo, neque eum disjungit animus, sed tempus: utrumque autem vult religio, Deum glorificari corpore et spiritu, quae ejus sunt ambo. I Cor. VI. 20." Im folgenden konstatiert er dann noch, daß das „religionis officium" „simul internum et externum" ist.

[88] Ebd. cap. 8; II 213–220; als Definition der „pietas" formuliert Hoornbeek, 213: „Stricte autem accipitur vox pro virtute religionis prima, et primae tabulae, ad Deum relata, et ab aliis virtutibus distincta."

[89] Ebd.

allele zur „religio" nimmt er aber auch für die „pietas" eine weite Bedeutung an, derzufolge alle Tugenden mit diesem Terminus bezeichnet werden[90].

Zu nennen bleibt schließlich eine merkwürdige Verwendung, in der „religio" am ehesten als profane Bezeichnung zu verstehen sein dürfte. Hoornbeek sagt nämlich im Zusammenhang mit der „professio Mosaicae religionis", es sei seinerzeit „religio", die Kinder solcher Eltern nicht zu taufen, die gegen die Kirche eingestellt sind[91]. Hier dürfte Hoornbeek eine Bestimmung zum Ausdruck bringen wollen, die sorgfältig zu beachten ist, ohne daß sie schon selbst „religio" darstellt. Sonst könnte er nicht in diesem Zusammenhang mit einem Dativ operieren.

Im Vergleich zu früheren Autoren bleibt zu vermerken, daß Hoornbeek sehr wohl von der „quadruplex ... religio" spricht, diese aber anders bestimmt als Campanella, der diese Bezeichnung nämlich systematisch interpretiert nach den verschiedenen Ausstattungen der Gott ehrenden Wirklichkeit, angefangen von der materiellen über die animalische, rationale bis hin zur supernaturalen Verehrung. Faktisch übernimmt Hoornbeek dagegen das Schema von Juan Luis Vives, der eine entsprechende temporale Aufgliederung vorsah von Adam über Noah und Abraham[92]. Damit nimmt Hoornbeek ebenfalls die Chronologie des „Colloquium Heptaplomeres" auf[93], wie in ähnlicher Weise Pierre Charron seinerseits „Cinq religions" formuliert hat, wenn er den auch bei Hoornbeek genannten vier Weisen als fünfte diejenige der Mohammedaner hinzufügt[94]. Nur hat trotz immer wieder vorkommender Zitationen Hoornbeek in diesem Zusammenhang keine Gewährsleute genannt. Er unterscheidet sich von anderen insofern, als er auch für die erste Stufe, die „naturalis", so etwas wie eine Offenbarung annimmt. Damit ist der Anteil der „ratio", auf den im „Colloquium Heptaplomeres" Bezug genommen wird, gemindert.

Johann Andreas Quenstedt

Seine Darlegung der gesamten Glaubenslehre beginnt auch Johann Andreas Quenstedt (1617–1688)[1] mit einem ersten Kapitel über die Theologie im allge-

---

[90] Ebd: „Pietatis vox *late* sumitur pro omni et quocunque bono officio religionis, erga quoscunque, suo modo, praestito, in Deum non tantum, sed et homines, et patriam, ipsaque adeo animalia. Quo sensu nomenclatura ejus convenit cum notione justitiae, in genere et universaliter acceptae: vel cum clementia."

[91] Johannes Hoornbeek, De Independentismo, Epistola. Cum Independentium, seu Congregationalium in Anglia, nuper edita confessione, Ultrajecti MDCLXI, 331: „nobis quidem religio est".

[92] Vgl. E. Feil, Religio II, 37–42.

[93] Vgl. ebd. 310f.

[94] Vgl. ebd. 321–324.

[1] Johann Andreas Quenstedt, ein Neffe Johann Gerhards, studierte in Helmstedt vor allem bei Georg Calixt und Konrad Hornejus (1590–1649). Seit 1644 war er in Wittenberg zunächst in der Philosophischen Fakultät, seit 1649 als Professor, seit 1649 auch als Professor der Theologie. Ganz der Orthodoxie zugehörig, schuf er mit seiner „Theologia Didactico-Polemica" eine maßgebliche Zusammenstellung der Theologie der Hochorthodoxie.

meinen. Bei der Worterklärung von „θεολογία" im Sinn von „θεογνωσία"[2] nennt er als eine Unterabteilung der „Theologia falsa" die „Theologia syncretistica", unter der er die Vermischung der verschiedenen „religiones" versteht[3]. Eine solche falsche Theologie kann nach ihm nur eine „Mataeologia" sein; als Beispiele für sie hebt er die „Mataeologia *Muhammedana* seu *Turcica*" hervor[4]. Als systematische Theologie bezeichnet er die aus dem Wort Gottes erbaute Lehre, durch welche die Menschen in der „fides vera" und der „vita pia" zum ewigen Leben erzogen werden; als habituell sieht er jenen von Gott gegebenen Habitus des Geistes an, den „habitus ... de vera religione collatus", der dem Menschen durch den Heiligen Geist über die „vera religio" gegeben ist, um ihn zum Heil gelangen zu lassen[5]. Quenstedt unterteilt die Theologie in „Naturalis" und in „supernaturalis seu revelata"[6]. Doch finden sich von hierher keine Auswirkungen auf die „religio". Als nicht nur theoretische, sondern auch als praktische bezieht er die Theologie auf die Praxis der „fides" sowie der „pietas"[7].

Im folgenden benennt Quenstedt als Objekt der Theologie generell die „religio" und bestimmt sie näherhin als Weise der Verehrung des wahren Gottes, durch die der Mensch im Glauben an Christus zum Heil geführt wird[8]. Als Etymologie wählt er unter Verweis auf Laktanz die Rückbindung, die er als „vinculum pietatis" umschreibt[9], wobei es schon auffällig ist, daß er auch hier „pietas" verwendet. Die „religio" unterscheidet er in uneigentliche bzw. mißbräuchliche und eigentliche; zu ersterer rechnet er als „falsa religio" z.B. die „Ethnica, Turcica, Judaica", womit er jene drei benennt, die in langer Tradition mit den Christen als die vier großen Überzeugungen nebeneinandergestellt werden; demgegenüber aber hebt er diese drei von der „Christiana" als der einzigen „vera" ab[10]. Die „religio" bezeichnet er, hier wieder konsequent zur Tradition, als rechte Weise, Gott zu ehren[11], und bezieht sie somit nicht direkt auf Gott. Er unterscheidet

---

[2] Johannes Andreas Quenstedt, Theologia Didactico-Polemica, sive Systema Theologicum (1685), Lipsiae 1715, I c. 1 sect. 1; I 1; vgl. ebd.; 9; sowie ebd.; 27. – Hier wie im folgenden wird zunächst der Teil in römischer, dann das Kapitel und die Sektion mit der Sigle sect. in arabischen Ziffern sowie nach einem Semikolon zunächst in römischer Ziffer der Band und dann die Spalte in arabischer Ziffer angegeben.

[3] Ebd. 4: „Theologia *Syncretistica* est religionum et cultuum confusio, vel diversarum religionum commixtio, a ratione carnali intempestivo pacis studio orta, statuens, fraternam, eamque spiritualem communionem in Christo cum Papistis et Calvinistis esse ineundam et colendam, etiamsi illi errores suos adhuc retineant, defendant et propugnent, veritatem vero coelestem reprobent, insectentur et oppugnent."

[4] Ebd.
[5] Ebd. 16.
[6] Ebd. 10, und weiter im folgenden dieser sect. 1 und 2.
[7] Ebd. sect. 2; 23, gerade hier fehlt wiederum ‚religio'.
[8] Ebd. c. 2 sect. 1; 28: „Religio Christiana est ratio colendi verum Deum in Verbo praescripta, qua homo, a Deo per peccatum avulsus, ad Deum per fidem in Christum Deum et hominem, perducitur, ut Deo reduniatur, eoque aeternum fruatur."
[9] Ebd.
[10] Ebd.
[11] Ebd.: „Proprie significat *veram rationem Deum colendi*".

sich jedoch von dieser Tradition dadurch, daß er sie, wie zuvor zum Ausdruck gebracht, in den unmittelbaren Heilszusammenhang stellt, statt sie unter den moralischen Tugenden zu belassen.

Als rechte Weise der Verehrung umfaßt die „religio" den „cultus divinus immediatus", nämlich die „pietas"[12], an zweiter Stelle aber auch jene Pflichten, durch die Gott mittelbar verehrt wird, nämlich die Pflichten gegen den Nächsten[13]. Als Urheber bzw. causa principalis der „Religio" nennt Quenstedt Gott, als Form die Übereinstimmung des „cultus" mit Gottes Willen[14]. Man sieht, wie detailliert Quenstedt nach scholastischer Methode vorgeht. Für unseren Zusammenhang bleibt nur noch zu vermerken, daß er dreizehn Kriterien der wahren „Religio" herausstellt, die deren Rang belegen sollen[15]. Ihr setzt er den „Atheismus" bzw. die „irreligiositas" sowie die „falsae religiones" außerhalb und Götzendienst und Haeretizismen innerhalb der Kirche entgegen[16].

Als wesentliche Bestimmung der „Religio" hebt Quenstedt sodann hervor, daß in der Substanz nur ein und dieselbe „Religio" im Alten und Neuen Testament existiert[17]. Aus der Tradition wiederholt er auch die Annahme, daß zur „vera religio et fides" niemand weder außerhalb noch innerhalb der Kirche gezwungen werden kann[18]. Dabei bringt er allerdings einige Argumente, die nicht einfach gängig sind. Er unterscheidet beispielsweise zwischen den „media externa" und der „religio" selbst; nur zu den ersteren vermag der Magistrat zu zwingen, nicht zur „religio et fides", da der Sitz der „religio" sich in den Seelen der Menschen befindet[19]. Die „Religio" bezieht sich also mehr auf den inneren Affekt des Herzens als auf die manifeste Handlung[20]. Nichts ist so freiwillig wie die „Religio", nichts widerstreitet so sehr der „fides" wie der Zwang[21]. Schließlich läßt sich auch der Wille nicht mit äußeren Mitteln zwingen[22].

Mit dieser Passage, die Quenstedt anschließend mit Belegen aus der Vätertradition untermauert, führt er über den bisherigen Stand hinaus, wenn er mehr als zuvor den inneren Aspekt hervorhebt, der die „Religio" erst eigentlich „religio"

---

[12] Ebd.: „Religio Christiana ... notat ... *praecipue* cultum divinum immediatum, scil. εὐσέβειαν seu *pietatem*, quae ad cultum Dei, secundum primam legis tabulam, spectat".

[13] Ebd. 28f. – Als Synonyme bei den Griechen führt Quenstedt an „θρησκεία", „εὐσέβεια", „λογικὴ λατρεία" und „θεοπρέπεια".

[14] Ebd. 29.

[15] Ebd.: „*Affectiones* Religionis sunt 1. *divina sublimitas*, 2. *unitas*, 3. *veritas*, 4. *perfectionis singularitas*, 5. *sanctitas*, 6. *necessitas*, 7. *utilitas*, 8. *antiquitas*, 9. *invincibilitas*, 10. *perpetuitas*, 11. *spontaneitas*, 12. *sortis varietas*, 13. ἐνέργεια et efficacitas."

[16] Ebd. 32.

[17] Ebd. sect. 2; 33. Im folgenden führt Quenstedt eine Auseinandersetzung mit den verschiedensten Häresien, er unterläßt jedoch jeglichen Hinweis auf die Juden.

[18] Ebd. 38.

[19] Ebd.; hierbei findet sich auch die Differenz, ob ein Magistrat zur falschen oder zur wahren „religio" zwingt; im letzteren Fall sündigt er weniger!

[20] Ebd. 39, zur Unterstützung seiner These durch das „Dei jus": „Religio potius interiorem mentis et cordis affectum, quam exteriorem gestum respicit."

[21] Ebd.

[22] Ebd. 39f.

sein läßt. Dabei stellt er wiederholt „fides" und „religio" nebeneinander und erreicht damit eine Parallelität, die nicht schon aus der Tradition des Altertums und des Mittelalters stammt und die auch nicht mit der eingangs vorgenommenen Bestimmung harmoniert[23].

Wenn Quenstedt anschließend noch die Frage erörtert, ob der christliche Magistrat mehrere „Religiones" im Gemeinwesen tolerieren kann und muß, so ist er sich der Problematik dieser pluralen Bezeichnung sehr wohl bewußt[24]. Er verwendet sie auch nur hier im Zusammenhang mit einem Thema, dem er sich viel später ausführlich widmet, nämlich am Ende seiner umfangreichen Darlegungen, wo traditionsgemäß vom Magistrat die Rede ist. An dieser frühen Stelle formuliert Quenstedt nur ein eindeutiges Plädoyer für die einzige wahre „religio", da es kein festeres Band der Eintracht gibt, als wenn die Bürger in dieser einen wahren übereinstimmen[25]. Von den einzelnen Aussagen bleibt nur noch zu erwähnen, daß der Magistrat eine gewisse Toleranz bei Personen üben soll, die privat von der wahren „religio" abweichen, soweit sie dem Gemeinwesen damit keinen Schaden zufügen[26].

Damit ergibt sich die Überleitung zur Erörterung der Aufgaben des Magistrats am Ende der Abhandlung. Hier kommt Quenstedt zum zweiten Mal ausführlich auf die Frage der Gottesverehrung zu sprechen. Wenn er mit seinen Vorgängern als ersten und unmittelbaren Zweck des Magistrats die Ehre Gottes ansetzt, so obliegt diesem nicht der eigentliche „cultus", der „internus cultus", sondern die äußere Ordnung und der öffentliche Friede, ohne den die Kirche nicht wirken kann[27]. Der Magistrat verliert diese Aufgabe nicht, auch wenn es sich um einen ungläubigen und tyrannischen handelt[28]. Somit kann auch ein Christ dessen Aufgabe wahrnehmen „salva pietate" und ohne Schädigung seines Gewissens[29]. Verwendet Quenstedt bei dieser personenbezogenen Aussage „pietas"[30], so spricht er von „religio" bei den mittelbaren Zielen des Magistrats, nämlich, die öffentliche und freie Übung des „Cultus divinus" zu gewährlei-

---

[23] Am Schluß dieses Abschnitts führt Quenstedt als Literatur eine Fülle verschiedener Autoren an, unter ihnen Johann Gerhard, Gerhard Dannhauer, Abraham Calov, Hugo Grotius und Gisbert Voetius. – Die zuletzt beschriebene Differenzierung findet sich bei der in meiner Arbeit untersuchten Literatur nicht in der bei Quenstedt vorgenommenen Weise.

[24] Ebd. 42. Die Frage lautet: „An Magistratus Christianus plures (ut sic dicam) Religiones in Republica sua tolerare possit aut debeat?"

[25] Ebd. 43.

[26] Ebd.; zu unterscheiden ist: „Inter *Personarum privatim de religione vera diversum sentientium* tolerantiam, et *publici diversae religionis exercitii* concessionem; ex illa nullum oritur Reipublicae incommodum, haec autem illi perniciosa est, et non nisi urgente extrema necessitate, publici exercitii libertas, diversae religionis professoribus permittenda est a Magistratu". – Hier zeigt sich, daß die zuvor notierte Ausrichtung der „religio" auf einen „interior ... affectus" noch keine ‚religio interna' ergibt.

[27] Ebd. Pars IV c. 13 sect. 2 qu. 1; II 1541. – Von Pars III an ist neu paginiert.

[28] Ebd. qu. 2; ebd.

[29] Ebd. qu. 3; ebd. 1545.

[30] Vgl. ebd. 1561 als Aufgabe des Magistrats, dafür zu sorgen, daß die Untertanen „in pietate et honestate" leben können.

sten[31]. In diesem Zusammenhang weist er dem Magistrat die „cura Religionis" zu[32]. Da die „Religio" das Fundament des Staates darstellt[33], muß der christliche Magistrat, über den Quenstedt allein spricht, vor allem jene Häresien in Schranken halten, die das Fundament dieser „religio" bekämpfen; nur jene Bürger, die ihrer Häresie privatim folgen, kann er dulden[34]. Quenstedt unterstreicht hier, daß zur „religio"[35] bzw. zur „fides" niemand gezwungen werden kann[36]. Es bleibt jedoch zu berücksichtigen, daß auch die Häresie als Delikt des inneren Geistes nicht verhindert werden kann, daß sie aber als äußeres Delikt nicht zugelassen werden darf; Gott sieht den Sinn des Menschen innerlich, aber der Magistrat muß durch äußere Gewalt die äußeren Handlungen in Schranken zu halten suchen[37]. Hierzu trägt auch die Kirche bei, deren innere Aufgabe darin besteht, die „fides" in die menschlichen Herzen zu pflanzen, deren äußere aber darin, die öffentliche Ordnung zu erhalten, welche die Häresien stören[38].

Rückblickend auf dieses „Systema theologicum" bleibt bemerkenswert, daß Quenstedt zwar der „religio" in seiner Grundlegung eine wichtige Erörterung widmet, sich aber sonst faktisch nicht auf sie bezieht. Nur in Zusammenhängen, die den öffentlichen Bereich berühren, bevorzugt er diesen Terminus. Diese Beobachtung wiederholt sich bei der Behandlung der Ehe zwischen Personen verschiedener „religio"[39]. Sonst wechselt er verschiedentlich stillschweigend zur „pietas" über. Im übrigen verwendet er auch gern, wie der Abschnitt über den Magistrat zeigt, die Doppelformulierungen, so vor allem „cura Religionis et sacrorum"[40]. In anderen Abschnitten wie denen über die Zeremonialgesetze[41] oder über die guten Werke kommt er selten auf die „religio" zu sprechen. Und wenn er hier die „ἐυσέβεια" streift, beläßt er es bei dem griechischen Terminus[42], der ohnehin bevorzugt mit „pietas" wiedergegeben wird.

Eigens hervorzuheben bleibt, daß Quenstedt bei der Frage, ob ein Evangelischer an (götzendienerischen) Handlungen anderer teilnehmen darf, ein Zitat von Justus Natolius[43] bringt, in dem dieser „externa religio" und „fides" unter-

---

[31] Ebd. sect. 1; 1539; vorher, 1538, findet sich die Aussage: „*Religio* et ea, quae ad externum Ecclesiae Regimen spectant: Magistratus enim Christianus a cura religionis et sacrorum excludi non potest nec debet ..."
[32] Ebd. sect. 2 qu. 5; 1559.
[33] Ebd. 1561: „Religio est Societatis humanae fundamentum".
[34] Ebd. qu. 6; 1654.
[35] Ebd. 1567.
[36] Ebd. 1570.
[37] Ebd.
[38] Ebd. 1575.
[39] Ebd. c. 14 sect. 2 qu. 4; 1614.
[40] Ebd. c. 13 sect. 2 qu. 5; 1559, 1561; vgl. auch ebd. „religio ac Dei metus" sowie 1559 „religio sive custodia primae tabulae Decalogi".
[41] Ebd. Pars. IV c. 1 sect. 1; II 940ff; auch in den anschließenden Partien über die Opfer u.a. fehlt „religio" nahezu völlig, vgl. als Ausnahme ebd. sect. 2 qu. 3; 970; auch „pietas" fehlt fast völlig, vgl. die Ausnahmen ebd. und qu. 6; 993.
[42] Ebd. Pars. IV c. 9 sect. 1 qu. 1; II 1385. – In diesem Zusammenhang findet sich mehrfach „pietas", ebd. qu. 5; 1409, 1414, 1416; c. 11 sect. 1; 1441f.
[43] Die Lebensdaten konnten nicht ermittelt werden.

scheidet[44]. Doch kann nach Quenstedt außerhalb des eigenen evangelischen Bereichs nicht von „Religio", sondern nur etwa von „externa Papistarum superstitiosa et idololatrica Sacra" die Rede sein[45]. So lehnt er die Annahme ab, im Herzen dem einen Glauben anzuhängen und äußerlich einen anderen zu bekennen; er zitiert zustimmend die Aussage, daß die äußeren Handlungen ein Symbol der „religio" darstellen[46]. Damit dürfte sich erhärten lassen, daß die „religio" bei Quenstedt grundsätzlich eher manifeste Handlungen betrifft.

PHILIPP VAN LIMBORCH

Mit Philipp van Limborch (1633–1712)[1] begegnen wir einem Autor, der wie so viele vor ihm „religio" in einem Buchtitel verwendet[2]. Allerdings zeigt bereits ein kurzer Einblick in diese Apologie, die er mit einem gebildeten Juden führt[3], daß dieser Terminus nicht eben im Mittelpunkt der Überlegungen steht. Freilich stellt Limborch in der Vorrede als Thema eine freundschaftliche Untersuchung über die „religionis veritas" in Aussicht[4] und spricht in ihr immer wieder von „religio Christiana", während er im Hinblick auf seinen Kontrahenten „Judaismus"[5] verwendet, wobei die Juden natürlich für sich in Anspruch nehmen, daß ihre „cultus, religio, privilegia" als wahr und unbezweifelt Anerkennung finden, weil sie Gott zum Urheber haben[6]. Es dürfte nicht zufällig sein, daß Limborch hier konsequent ‚religio Judaica' vermeidet.

Entgegen dem Buchtitel beziehen sich das sehr kurze Schreiben des Juden[7]

---

[44] Ebd. c. 11 sect. 2 qu. 8; 1487.
[45] Ebd. 1484.
[46] Ebd. 1485: „Religio vera ignominia et pii tristitia afficiuntur. ‚Externi gestus atque ceremoniae sunt symbolum religionis', inquit D. Balduinus". Vgl. auch ebd. 1489 die Ablehnung der „simulatio in Religione".

[1] Philipp van Limborch, geboren in Amsterdam, war mütterlicherseits ein Großneffe von Simon Episcopius (1583–1643). Er studierte bei Gerardus Joannes Vossius (1577–1649) und später bei Gisbert Voetius (1589–1676), war 1657 dann Prediger der Remonstranten in Gouda, deren Theologie maßgeblich von Episcopius mitbestimmt worden war. Seit 1667 war er in Amsterdam Prediger und seit 1668 Professor. Er suchte eine vermittelnde Theologie zu entwickeln, die sich auf notwendige Dogmen beschränkte, weswegen er in den Verdacht des Sozinianismus geriet. Er stand in Verbindung mit englischen Theologen wie John Tillotson, John Spencer sowie Ralph Cudworth und vor allem mit John Locke. – Sein Hauptwerk „Theologia Christiana ad Praxin Pietatis ac Promotionem Pacis Christianae unica directa" (1686) war mir nicht zugänglich.
[2] Philippus a Limborch, De Veritate Religionis Christianae Amica Collatio cum erudito Judaeo, Goudae MDCLXXXVII.
[3] Vgl. dazu, ebd. 343, die Hinweise in der Einleitung Limborchs zu Uriel da Costa, Exemplar Humanae Vitae, namentlich wird dieser Jude nirgends genannt.
[4] Ph. a Limborch, De Veritate Religionis Christianae, Praefatio, *2r.
[5] Ebd.
[6] Ebd. v. – Auch der Beginn der Antwort auf das ausführliche dritte Schreiben des Juden, ebd. 150ff, spricht wiederum ausschließlich von „religio Christiana"; wohl heißt es 152 „utraque religio".
[7] Ebd. 1f.

und die Antwort Limborchs[8] auf die „fides in Messiam"[9]. Das zweite Schreiben des Juden[10] befaßt sich vornehmlich mit dem Gesetz, welches er nicht als ein natürliches, sondern als göttliches Gesetz bestimmt[11]. In diesem Rahmen spricht der Jude auch über das Zeremonialgesetz, für das er an der Einheit von „cultus internus" und „externus" festhält[12]. Aber auch hier sucht man vergeblich nach ‚religio'. Lediglich verweist der Jude darauf, daß die Gelehrten einschließlich der Kabbalisten bei der Erklärung der Schrift niemals den Literalsinn verließen und auch in der Mystik kein „novum in religione dogma" begründeten[13]. Die Antwort Limborchs hält sich wiederum im gleichen Rahmen[14].

Ein wenig ändert sich das Bild im dritten Schreiben des Juden[15]. Immerhin verwendet er hier „patria religio"[16] als Selbstbezeichnung oder „religio Christiana"[17], ohne aber den Terminus über den Bereich dieser beiden Überzeugungen hinaus auszudehnen. Daß ein Mitglied seines Volkes sich von seiner „religio" abgewandt und den „Mahometani", wie es durchweg heißt, zugewandt hat, bezeichnet er an dieser Stelle präzise als Zuwendung zur „Mahometica secta"[18]. Überhaupt braucht er „secta" verschiedentlich und dann im Grunde neutral[19], es sei denn, daß Spaltungen überhaupt nicht sein sollten[20]. Faktisch kann „secta" mit „doctrina" und hier vor allem mit „doctrina Christiana" wechseln[21]. Aber auch in einem erneuten ausführlicheren Abschnitt über die Einhaltung des Literalsinnes und die Vermeidung eines neuen „Religionis dogma" durch jüdische Gelehrte[22] ergibt sich ebensowenig ein anderes Bild wie bei den ausführlicheren Begründungen zum „cultus internus, et externus"[23]; es findet sich hier aber die keineswegs gängige Formulierung „interna pietas"[24]. Wo es um die verschiede-

---

[8] Ebd. 3–5.
[9] Ebd. 1.
[10] Ebd. 6–16.
[11] Ebd. 11.
[12] Ebd. 11f.
[13] Ebd. 14; darauf kommt der Jude in seinem dritten Schreiben zurück, 129f.
[14] Ebd. 17–48; vgl. nur, 30, die gelegentliche Nennung einer „religio carni non ingrata", ferner 44 „religio Christiana", dazu 45 „doctrina Christiana", sowie ebd., daß die „religio" von einem zum anderen Volk verbreitet wurde.
[15] Ebd. 49–148.
[16] Ebd. 89.
[17] Ebd. 67f, 77, 100 u.ö.
[18] Ebd. 89, vgl. 137. – Der Hinweis des Registers auf die „Mahomethana religio" mit der Seitenangabe 137 trifft nicht zu; hier heißt es „Mahometicus cultus".
[19] Vgl. neben dem Anm. 18 genannten Beleg etwa 134 „Judaismi Secta" sowie *Judaeorum secta* in einem Tacitus-Zitat, vgl. ferner 136.
[20] Vgl. 75: „Christianismus totus in varias sectas divisus, et fere totus a principio idololatricus"; vgl. 90.
[21] Ebd. 138: „falsa secta" und „vera doctrina". Dieser Beleg ist deswegen von spezifischer Bedeutung, weil die ungewöhnliche Präzisierung der „secta" als „falsa" zugleich zeigt, daß „secta" noch grundsätzlich neutral gebraucht wird. Später bedarf es der Bezeichnung „falsa" nicht mehr.
[22] Ebd. 129f.
[23] Ebd. 117–124.
[24] Ebd. 120.

nen Überzeugungen geht, nennt auch der Jude jeweils die einzelnen Gruppen „Judaei", „Christiani", „Mahometani" oder „ethnici" sowie neutral für die beiden ersteren „Judaismus" und „Christianismus"[25].

In seiner ebenso ausführlichen Erwiderung[26] nimmt Limborch die ihm vorgegebenen Themen auf. Bei der Behandlung der Wahrheit des Neuen Testaments reklamiert er eben diese, wie nicht anders zu erwarten, allein für die „religio Christiana", dergegenüber alle anderen nur „falsae" sein können; und im Vergleich der „Mahometica et Christiana religio" kann nicht den „Mahometani" die Qualifikation einer ‚religio vera' zugebilligt werden[27]. An dieser Stelle findet sich übrigens die ausdrückliche Parallelisierung von „doctrina seu religio", wobei es natürlich auch um den Wahrheitsanspruch der Lehre geht. In den Anfängen gab es auch noch eine größere Nähe der „religio Christiana" und des „Iudaicae religionis dogma"[28], während darüber hinaus eben nur von der „idololatria Ethnica" die Rede sein kann[29].

Eine aufschlußreiche Argumentation legt Limborch vor zur Widerlegung des Vorwurfs, daß vom Anbeginn der christlichen Kirche an entgegengesetzte Evangelien bestanden hätten; denn bei den Aposteln gab es noch keinen Dissens über die „fidei dogmata", und verschiedene „sectae" lassen sich erst nach dem Tod der Apostel nachweisen[30]. Sie stammen auch nicht aus der Schrift, sondern aus dem Laster der Menschen, sonst könnte die „religio nec Hebraea, nec Christiana" noch irgend eine andere wahr sein[31]. Stammte nämlich der Irrtum aus der Schrift, gäbe es überhaupt keine Wahrheit. Diesen Grundsatz konzediert Limborch auch den Juden; denn die „Ecclesia Israëlitica" war ursprünglich nicht durch verschiedene Meinungen in Mitleidenschaft gezogen, sondern erst seit dem Schisma des Jeroboam, in dessen Folge sich immer wieder „sectae religiosae" gebildet haben[32]. Demgegenüber haben die Christen im Evangelium eine klare Verheißung und „praecepta pietatis clara"[33]. Damit weist Limborch jüdische Vorstellungen einer Rückführung nach Kanaan und eine Wiederherstellung des „cultus ritualis" unter dem König-Messias ebenso ab wie jene anderen, daß alle Nationen diesem zu gehorchen, der einen „religio" anzuhängen und den

---

[25] Vgl. ebd. 136f u.o.
[26] Ebd. 149–340.
[27] Ebd. 169; im folgenden noch einmal „religio Mahometis", die sich mit Gewalt und Waffen durchgesetzt hat, vgl. ferner 170, hier mit einer Entgegensetzung zur „religio Christi".
[28] Ebd. 165f: „In initio cum religio Christiana nondum inter gentes invaluisset, certum est, a Magistratibus Ethnicis accusationes Iudaeorum minoris esse aestimatas, et religionem Christianam consideratam ut peculiare Iudaicae religionis dogma, cujus assertores sectam peculiarem inter Judaeos constituebant, quam ad se nihil pertinere Ethnici credidere."
[29] Ebd. 164; vgl. auch 168, wo es vom „Ethnicus" zugleich „idololatriae pertaesus et suae religionis diffidens" heißt.
[30] Ebd. 200. – Vgl. auch 230 zu den „*Sectae*" im „Christianismus".
[31] Ebd. 200.
[32] Ebd. 200f.
[33] Ebd. 201.

Gott Israels in Jerusalem zu ehren haben[34]. Limborch betont vielmehr, daß Christus einen vollkommeneren „cultus" als Mose vorgeschrieben hat[35] und daß auch für die Christen der „cultus externus" und „internus" zusammengehören. An dieser Stelle gibt er eine höchst bemerkenswerte Präzisierung des „cultus externus, seu ceremonialis" und „internus, seu Moralis"[36]. Limborch bezieht hier nicht die „religio", wohl aber den „cultus internus" – entgegen der Erwartung einer Beziehung des Herzens, der Gesinnung auf Gott – auf moralisches, mitmenschliches Handeln. Hier liegt eine entschiedene Ethisierung vor, die bekanntlich später Geschichte gemacht hat.

Der bisherige Befund erweitert sich in der Auseinandersetzung, die Limborch mit Uriel da Costa führt[37]. In der kurzen Einführung verteidigt Limborch auch hier die „religio Christiana" als die einzige Wahrheit[38]. Gegen da Costa allerdings gibt es eine gewisse Gemeinsamkeit mit den Juden, insofern Limborch die „omnis generatim religio revelata, tam Mosaica quam Christiana"[39] gegen die „Athei seu Deistae" in Schutz nimmt[40]. Dabei identifiziert er die „Deistae" nicht einfach mit den „Athei", doch unterscheiden sie sich nicht genügend, schon, weil erstere zum Atheismus neigen[41]. Aus dem Zusammenhang darf man schließen, daß Limborch in da Costa einen Vertreter der Deisten sieht, wenn er diese Konsequenz auch nicht ausdrücklich zieht. Entgegen der bisherigen – freundschaftlichen – Auseinandersetzung mit den Juden wird es nun ernster, insofern Juden und Christen sich gemeinsam von diesen Gegnern absetzen müssen; denn wenn auch die Juden die Wahrheit des Evangeliums und Jesus als Erlöser leugnen, so erkennen sie doch Gott als Schöpfer und das göttliche Gesetz des Mose als Regel ihres Lebens an[42]. So spricht Limborch hier mit Bedacht von „religio revelata ... Mosaica", da er selbst das mosaische Gesetz auch für eine Offenbarung hält, die die Christen mit den Juden teilen.

Der überraschende Terminus „religio revelata" besitzt dadurch besonderes Gewicht, daß Limborch ihn in den Titel seiner Widerlegung da Costas aufnimmt. Ihr korrespondiert allerdings nicht eine ‚religio naturalis', sondern die

---

[34] Ebd. 255.
[35] Vgl. die ausführliche Behandlung der einschlägigen Frage, ebd. 305–315.
[36] So in der Überschrift zum Quaesitum quartum cap. 2; 315–322.
[37] Limborch schreibt, 354, wohl seine Vorlage verändernd, Acosta, vgl. auch die im Kapitel über da Costa genannte Korrektur am Schluß seines bei Limborch erstmalig veröffentlichten autobiographischen Berichts „Exemplar Humanae Vitae".
[38] Ebd. 343.
[39] Ebd. 344; im folgenden, 345, heißt es über da Costa: „Scio enim non religionem solum Christianam, sed et Iudaicam, ab ipso impugnari".
[40] Ebd. 343f; hier heißt es zu den „Deistae": „Athei vero, seu Deistae (quos conjungo, non quia Atheum et Deistam idem significare credo, sed quoniam plerumque Deismus ab Atheismo vix differt, et qui Deistas se profitentur ordinarie Atheismum animo fovent) aut nullum agnoscunt Deum, aut illum in agens naturale et neccesarium convertunt, atque ita omnem funditus religionem tollunt". – Hier findet sich übrigens „Deismus"!
[41] Ebd. 343.
[42] Seine Erwiderung auf da Costa, ebd. 355–364, überschreibt Limborch: „Brevis Refutatio Argumentorum quibus Acosta omnem Religionem revelatam impugnat".

„naturae lex", auf die da Costa abgehoben hatte[43]. Dagegen stellt Limborch deren Kompatibilität mit der „revelata religio" fest[44]. Freilich läßt er ausdrücklich eine Weiterführung und Vervollkommnung dieser „lex naturae" zu, wie das Gebot der Feindesliebe zeigt[45]. Er stellt also gegen da Costa fest, alle Vorwürfe gegen die „religio a Deo revelata, ac praesertim Christiana" mit seinen Argumenten entkräftet zu haben; folglich geht es seiner Meinung nach nicht an, die „religio tam Christiana quam Judaica, seu potius Euangelium et Lex Mosis" abzuurteilen mit der Behauptung, sie seien Lehren gegen die „lex naturae"[46].

Im Zusammenhang mit der „revelata religio" fördert Limborch eine Akzentuierung der Geschichte; so betont er in dieser Widerlegung die „historiae Evangelicae veritas"[47], die auch schon in seiner ausführlichen Beantwortung auf das dritte Schreiben des Juden eine beträchtliche Rolle gespielt hatte, hier freilich aus den genannten Gründen und ohne die Erwähnung der ‚revelata religio'[48]. Limborch hebt also, ohne die Bedeutung der Vernunft zu schmälern oder über sie negativ zu reden, den Vorrang der Geschichte in einer ungewöhnlichen Weise hervor.

Insgesamt findet sich somit bei Limborch ein merkwürdiger Sprachgebrauch, insofern er „religio" nicht bevorzugt verwendet und, wenn er von ihr spricht, normalerweise „religio Christiana" sagt oder wenigstens meint. Doch in der Auseinandersetzung mit da Costa, der ausschließlich die „recta ratio" als Grund der „religio" angesehen und sie mit der „lex naturae" identifiziert hatte, formuliert Limborch die „religio revelata". Er nennt sie nicht ‚supernaturalis', wie er entsprechend auch keine ‚religio naturalis' erörtert. Zu behaupten, er kenne letztere nicht, stellt lediglich ein argumentum e silentio dar. Wohl aber läßt sich schließen, daß sie in seinen hier zu verhandelnden Überlegungen keine Rolle spielt. Daß er allerdings eine geoffenbarte „religio" annimmt, bedeutet für ihn keine Beeinträchtigung der „naturae lex". Einen Widerspruch zwischen ihr und der Offenbarung schließt Limborch denn auch aus[49].

---

[43] Ebd. 356 u.ö.
[44] Ebd.: „Nec ullum ex revelata religione praeceptum proferetur praeceptis legis naturae adversum."
[45] Ebd. 357.
[46] Ebd. 363.
[47] Ebd. 359.
[48] Vgl. die ausführlichere Bestätigung der „veritas historiae Novi Testamenti", 159–167.
[49] Ebd. 356.

THEOPHIL SPIZEL

In seiner Auseinandersetzung mit dem Atheismus trägt Theophil Spizel (1639–1691)[1] in spezifischer Weise zum Verständnis der „religio" bei[2]. Dieser lutherische Theologe bringt nämlich eine ganze Liste von Definitionen, die er bei Daniel Clasen (1622–1678) gefunden hat: „Religio" als *„Cultus Sacer"*, vom Magistrat zur Bewahrung des Gemeinwesens eingeführt, als „opinio" über Gott und dessen „cultus pius" mit dem Ziel, in den Seelen der Untergebenen zur Bewahrung der öffentlichen Ruhe beizutragen, bis hin zur schlechtesten Definition, nach der die „Religio Politica" eine Fiktion darstellt, die vom Klerus und mehr noch vom Magistrat zur Bewahrung des öffentlichen und privaten Guts verteidigt wird[3]. Diese Zitation erweist sich deswegen als so bedeutsam, weil hier der bei Campanella nachgewiesene und bei Clasen eingehend behandelte, aber nicht allenthalben gängige Terminus „Religio Politica" so dezidiert aufgenommen wird. Immerhin dient die „Religio" bei jenen, gegen die Clasen polemisiert, so sehr dem Gemeinwesen, daß ihre Qualifikation als „Politica" völlig angemessen erscheint. Denn auch die anderen, noch nicht eine Fiktion besagenden Definitionen unterstreichen mehr oder weniger die spezifisch politische Instrumentalisierung der „Religio". Von dieser Version setzt sich Spizel entschieden ab und kritisiert dabei vor allen anderen Machiavelli als ihren maßgeblichen Repräsentanten[4].

---

[1] Der Augsburger Theophil Spizel war nach Studien an verschiedenen Universitäten seit 1661 in seiner Heimatstadt als Diakon und seit 1682 als Pfarrer tätig. Darüber hinaus unterhielt er einen umfangreichen Briefverkehr und verfaßte wissenschaftliche Arbeiten vor allem gegen den Atheismus.

[2] Theophilus Spizelius, Scrutinium Atheismi Historico-Aetiologicum, Augustae Vindelicorum MDCLXIII.

[3] Ebd. 85f unter Verweis auf Daniel Clasenius, De Religione Politiae, Servestae MDCXXCI; einleitend nennt Spizel die „PROFANA ISTA atque Irreligiosa MACHIAVELLISTARUM seu PSEUDO-POLITICORUM RELIGIO", nach der die „Religio" ein „Instrumentum conservandi Statum Civilem" darstellt; von den verschiedenen Definitionen seien folgende zitiert, 86ff:
„*Religio est opinio de Deo ejusque cultu pia quadam ratione subditorum animis instillata, eo fine ut tranquillitas publica et Status Politicus conservetur."* – *„Religio Politica est fictus vel simulatus cultus divinus, qui mascule a Clericis ore, fortiter a Magistratu defenditur, ad hoc ut bonum publicum et privatum conservari, vel etiam augeri possit."* – *„Sicuti puros quietos reddimus pictis lapillis, crepundijs, et alijs ad fallendum speciosis rebus, de quibus tamen adulti aliter judicant: ita et populum deliniendum esse Religione, pijs ceremonijs, et alijs Sacris actionibus de quibus Politici longe rectius quid sentiendum sit judicare poterunt"*. – Es findet sich auch das Argument, es gebe ein *„Numen aliquod, quod omnia impleat, omnia videat, et intueatur, omnia delicta vindicet, et si non semper hac in vita post mortem tamen in delinquentes horrendis ac aeternis poenis saeviat, illos vero qui virtutem coluerunt strenue svavissimis gaudijs recreet"*.

Kritisch zitiert Spizel die Aussage von Stapletonus, 88f: *„Politici sunt, qui rei privatae et publicae curam Religioni anteponunt, adeoque Religionem ipsam nullo loco ducunt, atque huic tam perspicuae impietati politiae et prudentiae civilis honestissimam vestem imponunt, ut Politici dicantur, qui ATHEI sunt."*

Abschließend zitiert Spizel, daß ein Politiker zu seiner Zeit von vielen sehr schlecht beurteilt wird und so eingeschätzt wird, 90, *„eum ab omni pietate esse alienum, conscientiae expertem, qui nullo Numinis metu, nullave Religione moveatur"*.

[4] Ebd. 93: „Dolendum sane est quosdam e Pseudo-Politicorum filijs hactenus aperte contendisse, nullam aliam sive falsam sive veram a Principe probandam esse atque recipiendam Religionem, quam

Speziell beschäftigt sich Spizel mit der „Religionis Mutatio", die er als eine Ursache des Atheismus ansieht; hier verwendet er übrigens „Religio" parallel mit „Secta"[5]. Gerade weil es die unterschiedlichsten Unterteilungen auch innerhalb der drei verschiedenen christlichen Überzeugungen gibt, folgern die Anhänger Machiavellis, daß man die „Religio" nach Notwendigkeit wechseln kann[6]. Schließlich spezifiziert Spizel mehrfach im Zusammenhang mit dem Atheismus die „Religio", so daß wir erheblich mehr über sie erfahren, als die normale, selbstverständliche und folglich unkommentierte Verwendung erschließen läßt. So bestimmt er die Atheisten als solche, die keine „Religio" extern in einer sichtbaren Kirche bekennen[7] oder von der „vera Religio" abrücken, die den allmächtigen Gott ehrt und anbetet[8]. Er referiert, daß die „Religio" vor allem in der frommen und gerechten Lebensführung nach dem Wort Gottes besteht[9]. Der besonders unter politischen Aspekten geübten Wendigkeit, sich der jeweils angezeigten anzupassen, erteilt Spizel eine entschiedene Absage: Wer die „Religio" und das göttliche Wort nach dem leiblichen Wohl einschätzt, achtet schließlich gar nichts mehr; folglich werden Menschen aller „Religiones" bald gar keine mehr praktizieren, sondern den Atheismus fördern[10].

---

quae ad Rationem Status faciat, quod alias publica salus nunquam tranquilla sit futura. Ad quod eo melius atque facilius persvadendum supponunt quidem, summam esse Religionis in Republica necessitatem, adeo ut subditorum coetus sine Religione aliqua feliciter regi non possit, imo ipsam experientiam semper docuisse, homines facilius Religione metuque Dei, quam severa Legum vi gubernari, sic ipse Machiavellus Lib. II. cap. 22 ait"; es folgt dann das Zitat Machiavellis. Spizel kommentiert diese Aussage über die Stabilisierung der Macht der Herrscher und den Gehorsam des Volkes durch die „Religio" mit „proh scelus!". In einem späteren Zitat, 97, übernimmt Spizel wieder ablehnend die Termini *„Religio Turcica, vel Judaica vel Pagana"*, letztere auch unmittelbar anschließend als *„Gentilis"*.

[5] Ebd. 99: „Neutiquam vero praetereunda est Tertia ad Atheismum satisque hodie trita VIA Causaque Specialis, VARIA scilicet RELIGIONIS MUTATIO, seu transitus de Secta in Sectam", womit Spizel nicht nur die Wiedertäufer oder Enthusiasten, sondern ausdrücklich auch die verschiedenen „in vera Religione apud nos educatos, per varias Christianae Religionis sectas discurrentes" unter den Lutheranern, Calvinianern oder „Pontificii" meint. Auch im folgenden findet sich die Gleichsetzung „variae Religiones Sectaeque".

[6] Ebd. 100.

[7] Ebd. 46: „Si late accipiatur Vocabulum Athei, pro eo, qui nullam Religionem externe in Communione Ecclesiae alicujus visibilis profitetur".

[8] Ebd. 58f: Bücher oder Manuskripte über den „Atheismus" (so, nicht nur über die ‚Athei') werden verteilt, „ut mentes hominum a vera Religione quae Deum omnipotentem, providentem omnibus, vindicem justissimum, ejusque filium hominem propter homines factum colit et adorat, plane avertant".

[9] Ebd. 102: „quidam dicunt Religionem potissimum in eo consistere ut pie et dextre juxta Dei verbum vitam instituamus, diligenter oremus Christianique officium abunde impleamus"; da dies alles in der einen wie in der anderen „Religio" geschehen kann, heißt es, daß man nach einem Übertritt, sofern man die Tugend übt und die Schuld meidet, gerettet werden kann, 103. Diese Annahme läuft natürlich auf eine völlige Beliebigkeit hinaus.

[10] Ebd. 101: „Quin imo planum perspectumque satis est, amphibios istos, vel potius omnium Religionum Homines, brevi nullius evadere Religionis, sed detestandum illum in pectoris sui scrinio fovere Atheismum."

Johann Wilhelm Baier

Berücksichtigt werden soll auch Johann Wilhelm Baier (1647–1695)[1]. In seiner „Theologia Positiva"[2] beginnt er mit zwei grundlegenden Kapiteln über die Natur und Konstitution der Theologie sowie über die Heilige Schrift. Im ersten Kapitel geht er anläßlich einer Erörterung der „Theologia Naturalis"[3] auch auf die „Religio" ein; dies geschieht unter dem Stichwort „Media" zum Heil in der „Theologia naturalis", durch die Gott recht erkannt und verehrt wird[4]. Dabei ordnet Baier die „Religio" den Tugenden zu und verbindet sie gemäß der auf Laktanz zurückgeführten Tradition und in Abweichung von der scholastischen Schematisierung eng mit der „sapientia"[5]. Übergeordnet bleibt aber die „Theologia naturalis", in deren Rahmen die Frage nach dem Heil nicht weiter ausgeführt wird; dies gehört nämlich des näheren zu „Theologia revelata"[6].

Im übrigen kommt Baier wieder im Rahmen dieser Grundlegung auf die „Religio" zurück, nämlich bei der Behandlung der Schrift als Prinzip der Theologie; hier weist er auf die Zeugnisse der Völker des Erdkreises hin und stellt dabei „religio *pagana*" und „Christiana religio" gegenüber[7]. Während die Weisen unter den Heiden manche einfachere „Dogmata" kennen, haben die Juden das Alte Testament und können zum Glauben an den Messias gebracht werden; die „Muhammedana ... religio" stellt sich für Baier demgegenüber als „farragina ... ex diversis religionibus conflata" dar[8].

Darüber hinaus nimmt Baier noch einmal auf die „religio" in knapper Weise bezug bei seinem Hinweis auf die Kompetenz des Magistrats bezüglich der „res sacrae". Denn den Magistraten obliegt die Sorge für den „cultus Dei" und damit auch für das ewige Heil, wovon heidnische Magistrate nicht ausgenommen sind; denn die „religio" stellt das Wichtigste dar, in dem das Heil auch des Gemeinwe-

---

[1] Nach Studien in Altdorf und Jena war Johann Wilhelm Baier Professor der Theologie seit 1675 in Jena und seit 1694 in Halle. 1695 wurde er dann Oberhofprediger und Generalintendent von Weimar. In seiner Theologie versuchte er, Gedankengänge von Johannes Musaeus aufzunehmen, dessen Schwiegersohn er war. Er verfolgte somit eine ausgleichende Linie, wobei er sich von synkretistischen Bestrebungen ebenso absetzte wie von pietistischen Positionen.

[2] Johannes Guilielmus Bajerus, Compendium Theologiae Positivae. Adjectis Notis amplioribus, Qvibus Doctrina Orthodoxa ad Παιδειαν Academicam explicatur, Atqve ex Scriptura Sacra eique innixis Rationibus Theologicis confirmatur: allegatis subinde Scriptis Dictisque B. Johannis Musaei et plurium Theologorum orthodoxorum consentientium, Editio qvarta, Jenae MDCXCIIX.

[3] Ebd. Prolegomena cap. 1 § 3–13; 8–30. – Hier wie im folgenden werden zunächst die Prolegomena, dann die drei Teile in römischer Ziffer, sodann die Kapitel mit der Sigle cap. in arabischer sowie die Paragraphen mit der Sigle § wiederum in arabischer Ziffer sowie nach einem Semikolon die Seite der benutzten Ausgabe angegeben.

[4] Ebd. § 7; 16.

[5] Ebd. 17, unter ausdrücklichem Verweis auf Laktanz. Hier zitiert Baier auch dessen Etymologie der „*Religio*" als „vinculum pietatis".

[6] Vgl. ebd. § 16; 35, und die folgenden Ausführungen.

[7] Ebd. cap. 2 § 30; 110f.

[8] Ebd. Die muhammedanische „religio" als aus Mischfutter („farrago") zusammengesetzt darzustellen, bedeutet natürlich eine außerordentliche Abwertung.

sens besteht[9]. Mit dieser Berücksichtigung der „religio" im Rahmen der Grundlegung sowie anläßlich der Kompetenz des Magistrats hält sich Baier konsequent an die Gepflogenheiten jener Schultheologen, die gleichfalls nur hier diesem Terminus eine gewisse Beachtung widmen, ihn aber nicht für ihre theologische Konzeption heranziehen. Daß die „religio" mit der „sapientia" in Verbindung steht, ist gleichfalls traditionell. Zu vermerken ist lediglich ihre Bestimmung als „medium objectum" der Theologie. Insgesamt aber bleibt bestimmend die „Theologia naturalis"; sie dient gleichsam als Vorstufe der „Theologia revelata", die dann den eigentlichen Inhalt der Theologie darstellt[10].

David Hollaz

Bei David Hollaz (1648–1713), der als Verfasser der letzten orthodoxen Dogmatik gilt[1], finden wir wie schon bei Calov einen differenzierten Sachverhalt. Hollaz beginnt die Prolegomena mit einer ausführlichen Grundlegung der Theologie: Er erläutert nicht nur Terminus und verschiedene Unterteilungen, so besonders auch die von „Theologia vera" und „falsa"[2]; vielmehr fragt er nach dem

---

[9] Ebd. Pars III cap. 15 § 4; 1067.
 Die vorstehenden Belege verzeichnet auch der Index s.v. religio. Eine Durchsicht möglicher einschlägiger Passagen, in denen ‚religio' erwartet werden könnte, so in der Lehre über die Schöpfung, über den Glauben an Christus oder über die guten Werke, ergab keine weiteren Belege. Das gilt auch für die Unterscheidung von „cultus internus et externus", vgl. Pars III cap. 6 § 5; 773. Vgl. auch die Unterscheidung von „devotio cultus publici aut privati", cap. 7 § 9, 805.
 Nur noch nebenbei findet sich „religio", etwa in der Formulierung „cultus religiosus" cap. 7 § 7; 800, ferner im Rahmen der Lehre von der Kirche in der Formulierung „Syncretismus seu partium Religione dissidentium" cap 13 § 36; 1026f; schließlich bei der Konzession an die Magistrate, zum Schutz der „religio" Krieg führen zu dürfen, cap. 15 § 10f; 1075f.
 Überdies findet sich „Transactio Passaviensis et Pax Religiosa" cap. 14 § 12; 1059 (also nicht ‚Pax religionis').
 An anderen Stellen findet sich lediglich „pietas", vgl. Pars III cap. 6 § 15; 784, sowie bei der Erziehung der Kinder cap. 16 § 53; 1122.
[10] Als Präses fungiert hat Johann Wilhelm Baier in den Disputationen von Otto von Bielefeldt, s.u. Ergänzende Hinweise mit Anm. 102ff, Wolfgang Murrer ebd. mit Anm. 110, von Johann Oppenrieder, ebd. mit Anm. 112. Vgl. auch die in dem dortigen Zusammenhang genannte Dissertatio von Johann Wilhelm Baier, die aber zu unserem Thema keine weiteren Ausführungen enthält.

[1] Nach Studien alter Sprachen und der Theologie, letzterer vor allem bei Georg Kaspar Kirchmeyer (1635–1700), wurde David Hollaz 1670 Prediger, 1683 Konrektor und dann 1684 in Kolberg Rektor des Lyzeums, bis er 1692 Propst in Jakobshagen bei Stargard/Hinterpommern wurde. Die Dogmatik verfaßte er für seine Kolberger Schüler, vgl. Ernst Wolf, Hollaz (Hollatius), David, in: RGG³ III, 433f.
[2] Davidius Hollazius, Examen theologicum acroamaticum, Universam Theologiam thetico-polemicam complectens, Commodo Candidatorum Theologiae destinatum, Praesentis ope atque auspiciis Numinis Immortalis, Adhibita cura adque industria singulari, Ad normam Sacrae Scripturae concinnatum, lucidoque ordine digestum, Stargardiae MDCCVII, ND Darmstadt 1971, Prolegomenon I cap. 1 qu. 27; I 32ff. – Hier und im folgenden wird zunächst der jeweilige Abschnitt der Prolegomena bzw. das Buch in römischer Ziffer, das Kapitel mit der Sigle cap. und die Quaestio mit der Sigle qu. in arabischer Ziffer sowie nach einem Semikolon zunächst der Band in römischer Ziffer, so-

„Auctor" sowie nach dem „finis Theologiae" und antwortet mit der Unterscheidung zwischen dem „finis ultimus formalis", nämlich der „beatifica DEI visio et fruitio", und dem „finis intermedius internus" und „externus"; ersterer besteht in der Führung des Menschen zur „fides", letzterer ist eben diese „vera in CHRISTUM fides"[3]. Wenn es auch nicht als selbstverständlich gelten kann, die „fides" hier als „finis" der Theologie zu sehen, worauf aber hier nicht eingegangen zu werden braucht, so wundert es nicht, sie so nachhaltig in der Grundlegung der Theologie vorzufinden. Schließlich beruht die Rechtfertigung und das Heil auf ihr[4] und nicht auf der ‚religio'.

Auch unterscheidet sich Hollaz von manchen vorausgegangenen Darstellungen der Theologie, wenn er wieder nicht die ‚religio', sondern die Pflege der „pietas" als unerläßlich für den Theologen ansetzt[5]; diese beschreibt Hollaz als „pietas erga *Deum* et proximum"[6]. Die Theologie faßt er als praktische, spirituelle[7] und nicht nur scholastische, sondern auch mystische[8].

Im Gegensatz zur wahren Theologie bezeichnet Hollaz die „falsa" genauerhin als „Mataeologia", die er als „Mataeologia Ethnica, Turcica, Judaica, Samaritana, Haeretica, Schismatica, Syncretistica, Sceptica" angibt[9]. Auch hier zieht er also statt der sonst üblichen ‚religio' den Terminus „Theologia" vor, den er dann sofort auf den christlichen Bereich beschränkt. Dahinter steht die Überzeugung, daß es nur hier um den wahren Gott, seine Erkenntnis und Verehrung geht.

Nach dem ersten Kapitel über die Theologie wendet sich Hollaz im zweiten ihrem „Objectum generale" zu und bestimmt dieses als „Religio"[10]: Die „Religio Christiana" bezeichnet er als wahre Verehrung Gottes im Glauben an Christus und die reine Gottes- und Nächstenliebe, durch die der Sünder mit Gott versöhnt und auf ewig gerettet wird[11]. Der Unterscheidung von uneigentlicher,

---

weit erforderlich, und dann die Seitenzahl in arabischer Ziffer angegeben. – Die einzelnen Teile und Teil III in zwei Abteilungen sind jeweils neu paginiert.

[3] Ebd. qu. 14; 16f, qu. 17; 18.
[4] Ebd. 20, vgl. auch ebd. qu. 28; 35f mit der Unterscheidung von Theologie und Glaube.
[5] Vgl. ebd. qu. 12; 12, wo die Theologie unter Hinweis auf Tit 1,2 bestimmt wird als „Cognitio veritatis, qvae est secundum pietatem"; ebd. qu. 19; 22 lautet die Frage: „Estne Theologo pietas summo studio colenda?"
[6] Ebd. qu. 19; 22.
[7] Ebd. qu. 20; 23ff.
[8] Ebd. qu. 23; 26ff.
[9] Ebd. qu. 27; 32ff, auch hier wieder die Ablehnung der dreifachen Theologie, der „*mythica* poetarum, *civilis* Sacerdotum, et *physica* in scholis philosophorum". Im folgenden geht Hollaz dann auf jede genannte „Mataeologia" im einzelnen ein.
[10] Ebd. Prolegomenon II cap. 2 mit der Überschrift: „DE OBJECTO THEOLOGIAE GENERALI; CREDENDIS ET AGENDIS; RELIGIONIS CHRISTIANAE NOMINE COMPREHENSIS.
[11] Ebd. qu. 1; 37: „RELIGIO CHRISTIANA est ratio colendi DEUM vera in CHRISTUM Fide, et sincera in DEUM proximumqve charitate, ut peccator a DEO avulsus cum DEO reconciliatus et redunitus renovetur et aeternum salvetur." Im folgenden, qu. 2; 38, bringt Hollaz die Etymologien von „relegando" und „relegendo", zu denen er auf Laktanz, Isidor sowie Cicero und anschließend auf Augustinus hinweist und resümiert, daß die meisten Theologen die erstere vorziehen. Bei dem Hinweis auf die griechischen Termini „θρησκεία", „Εὐσέβεια" und „λατρεία" weist er besonders

falscher und eigentlicher, wahrer „Religio" geht Hollaz des näheren nach. Schon mit dieser Distinktion verdeutlicht er die Unvergleichbarkeit beider. Als wahre „Religio" und d.h. als wahre Weise der Gottesverehrung benennt er diejenige, die dem göttlichen Wort entspricht[12]. Auch hier kehrt die enge Verbindung zur „fides" wieder, die Hollaz als die Seele der „Religio" charakterisiert[13]. Die hierdurch begründete Heilswirksamkeit der „religio" reflektiert er nicht weiter.

Daß die wahre nur die „Religio Evangelica" als „Religio Lutherana" sein kann, begründet Hollaz mit der Widerlegung des Vorwurfs, sie sei neu; für ihn ist sie nicht neu, sondern erneuert[14]. Somit kann er die Frage, ob man in jeder „Religio" zum Heil kommen kann, nur negativ beantworten, gibt es für ihn doch nur eine einzige, die in Jesus Christus fundiert ist, so daß sich die Existenz mehrerer untereinander entgegengesetzter „Religiones" widersprechen würde[15]. Lediglich in einer solchen negativen Formulierung bringt Hollaz also den Plural. Denn es gibt schließlich auf dem einen Fundament nur die eine „pietas", wie er in einem überraschenden Wechsel der Termini auch sagen kann[16]. Diese Einheit der allein heilswirksamen „Ecclesia" bzw. „Religio"[17] läßt sich denn auch nicht in der Weise interpretieren, als gebe es die eine „Ecclesia Christiana Catholica" und folglich die eine „Religio Christiana, catholica et principalis", an deren (faktisch nicht existenten) Einheit dann partielle „sectae" partizipierten, von denen er die „Pontificia, Lutherana, Reformata, Sociniana etc." nennt[18].

Wenn Hollaz einen Anhänger der „Religio Pontificia" nicht vom Heil einfachhin ausschließen mag, so kann ein solcher nur durch die in ihr noch verbliebene Wahrheit gerettet werden; denn keine „Religio" kann so zerstört werden, daß in ihr nichts Gutes mehr enthalten wäre[19]. Der „Pontificius" wird also nicht als solcher, sondern als „Christianus" gerettet[20]. Auch für die Nichtchristen läßt

---

auf die „Εὐσέβεια" hin und erläutert unter Verweis auf 1 Tim 4,8: „Pietas (Religio) ad omnia utilis est", qu. 3; 38f. Hier setzt er also beide Termini gleich, bevorzugt dabei aber „pietas".

[12] Ebd. qu. 5; 39: „Vera Religio est, qvae verbo divino est conformis." Zuvor, qu. 4; 39, hat Hollaz die „Religio" in wahre und falsche unterteilt und dabei die wahre als jene bezeichnet, durch die wir im Glauben an Christus mit Gott vereinigt werden.

[13] Ebd. qu. 5; 40.

[14] Ebd. qu. 6; 41.

[15] Ebd. qu. 7; 42. – Jede falsche nennt Hollaz auch „Religio erronea, et haeretica", ebenfalls „pestifera", ebd.; 43.

[16] Ebd. 42.

[17] Ebd. 43; die „Indifferentistae" und „Libertini" meinen mit anderen, daß der Mensch in „omni religione salvari potest", soweit er nur ein heiligmäßiges Leben führt, so daß der Sünder also „ordinarie in Religione Christiana, extraordinarie in Religione Judaica, Mahometana et Ethnica" gerettet werden kann; „religio" erscheint für die anderen wieder nur in einer gegnerischen Behauptung.

[18] Ebd.

[19] Ebd. 44.

[20] Ebd. 44f; der Text lautet: „Si in Religione Pontificia dantur vera media salutis, non in unica Lutheranorum Religione aeterna salus qvaeritur et invenitur. Atqvi prius verum est, concedente Luthero Tom. IV et VI. Altenburg. Ergo et posterius. Responsio. Nulla Religio adeo corrupta est, ut non qvaedam dogmata vera, per se bona et salutaria in ea tradantur. Contra in Religione falsa multa erronea, noxia, spuria et peregrina continentur verbi gratia Docentur in Religione Pontificia traditiones humanae verbo divino difformes, Auctoritas Pontificis Romani infallibilis, merita sanctorum, et eo-

Hollaz einen gewissen Zugang zum Heil offen; dieser beruht darauf, daß es nach der Aussage der Apostelgeschichte (10,34f) in allen Völkern Menschen gibt, die Gott fürchten und Gerechtigkeit üben[21].

So sehr die „Religio Christiana" eine äußere Heiligkeit erfordert, so stellt diese doch nicht das erste Kennzeichen der „vera Religio" dar, da sie leicht geheuchelt sein kann; ihre Wahrheit beruht vielmehr, wie Hollaz noch einmal eigens unterstreicht, in der Konformität mit dem geoffenbarten Wort Gottes[22].

Diese „Religio, catholica et haud dubie vera" darf nach seiner ausdrücklichen Feststellung nicht „in idea universali" konzipiert werden, die nirgends „extra intellectum" existiert, sondern nur als eine, die in einer bestimmten Gemeinschaft von Menschen blüht, die die „vera Religio" pflegen; und diese Gemeinschaft heißt „Ecclesia" im Sinne der „vera Ecclesia visibilis"[23].

Mit diesen Aussagen zur „Religio" unterstreicht Hollaz über bisherige Überlegungen hinaus die Verbindung der „Religio" mit der Offenbarung und läßt somit den Aspekt der Tugend zurücktreten, die aufgrund einer natürlichen Gotteserkenntnis von allen Menschen geübt werden kann und muß[24]. Nachdrücklich stellt er die „Religio" in eine unlösbare Verbindung mit der „Fides", deren vorzügli-

---

rundem cultus religiosus, fiducia propriorum Operum, sacrificium Missaticum, Sacramentum Coenae sub una specie, qvibus dogmatibus falsis vera in *CHRISTUM* fides nec generatur, nec alitur, sed extingvitur. Qvod si Pontificius salvatur, ejusdem salus accepta referenda est non Religioni Pontificiae qvatenus tali, sed veritati in Papatu residuae. Fieri enim potest, ut Pontificius seductus, abjecta propriorum meritorum fiducia, unice confugiat ad meritum *CHRISTI*, et in eodem conqviescat; hic salvatur, non ut Pontificius, sed ut fidelis Christianus.

Instantia. At Pontificius ille Ecclesiam Lutheranorum non ingreditur. Responsio. Non ingreditur corpore qvidem, at animo amplectitur dogmata illa salutifera, qvae in Religione Lutheranorum habentur. Non adit eorum *externam societatem*, cum illis tamen facit, si spectes *internam animi consensionem.*"

[21] Ebd. 46.
[22] Ebd. 47. – Zuvor, 45, hatte Hollaz noch einmal betont: „Religionis Christianae fundamentum est Poenitentia et Fides in CHRISTUM".
[23] Ebd. 43f: „Sicut una est Ecclesia Christiana Catholica, ita una est Religio Christiana, catholica et principalis: cujus sectae particulares sunt Pontificia, Lutherana, Reformata, Sociniana etc. qvae licet participent de Ecclesia Catholica, particularibus tamen nae vis sunt contaminatae et non omni ex parte purae. Responsio I. Ecclesia Christiana Catholica est, qvae *est superaedificata super fundamento Apostolorum et Prophetarum, cujus est Angularis JESUS CHRISTUS, per qvem totum aedificium coagmentatum probe crescit in Templum sanctum in Domino.* Eph. II, 20. In qvacunqve Religione illa dogmata fidei et praecepta morum traduntur atqve inculcantur, qvae olim Prophetae in V.T. et Apostoli in N.T. tradiderunt, illa est Christiana, catholica et haud dubie vera, qvae non concipienda est in idea universali, nullibi extra intellectum existente, sed consideranda est, prout viget in certo coetu hominum, veram Religionem amplectentium, qvem credentium coetum vocamus Ecclesiam."
[24] Natürlich kennt Hollaz diese Vorstellung, wie sich bei der „malitia" zeigt, die „*Lumini naturali*, (qvod agnoscit unum DEUM esse colendum) adversa grassatur", ebd. qu. 10; 53. Aber sie kommt theologisch nicht zum Tragen. Vgl. dazu die ausführlichen Überlegungen zur „notitia DEI naturalis", Theologiae Pars I cap. 1 qu. 5; 291f, vgl. ferner den ganzen folgenden Abschnitt; die Theologie wird hier verschiedentlich „θεογνωσία" oder auch „θεογνωσία naturalis" genannt, vgl. ebd. sowie im folgenden 305, 307. Aus dieser natürlichen Erkenntnis Gottes resultiert lediglich, daß Gott zu verehren ist, 292, was Hollaz jedoch nicht des weiteren erörtert. Diese natürliche Gotteserkenntnis führt denn auch nicht zum Heil, ebd. qu. 8; 306.

chen Teil sie darstellt[25]. Deswegen kann sie auch nicht erzwungen werden, übrigens ebensowenig, wie der Wille des Menschen gezwungen werden kann[26].

Ein wesentlicher Grund für diese Konzeption der „Religio" liegt, wie die Argumentation erschließen läßt, darin, daß sie als „vera" nur bei den Lutheranern vorkommt. Außer ihnen kann nirgends im eigentlichen Sinn von „Religio" gesprochen werden.

Nach dem einleitenden Kapitel mit ausführlichen Reflexionen über die „Religio" hätte man vermuten können, daß Hollaz ihr auch im weiteren besondere Aufmerksamkeit widmet. Insgesamt aber behält sie eine der „pietas" gegenüber nachgeordnete Bedeutung. Im Zusammenhang mit der natürlichen Gotteserkenntnis verweist Hollaz nämlich auf die fünf Notae von Edward Lord Herbert von Cherbury, die dieser als Kennzeichen der „Religio" nennt[27]. Bei der dritten Nota und ihrer Wiederholung spricht Hollaz wie dieser von „pietas", die Gott geschuldet wird[28]. Auch bei der Behandlung der guten Werke erwähnt er sie an erster Stelle, während er von der ‚Religio' hier nicht spricht[29]. Schließlich nennt er bei der Erörterung der „λατρεία et δουλεία"[30] nirgends jene Tugend, der all diese Vollzüge zugeordnet sind.

Überraschend wenig spricht Hollaz auch im Abschnitt über den Magistrat von „Religio". Als dessen erstes und eigentliches Gut bzw. als dessen erste Tugend bestimmt er nämlich die „Pietas" gegenüber Gott[31]. Die Kompetenz des Magistrats bezieht sich, wie er bevorzugt sagt, auf die „res civiles et sacrae"[32]. In ihrem Rahmen obliegt ihm auch, die „Ecclesia et religio Christiana" durch die äußere Führung zu lenken, ohne eine innere Lenkung zu übernehmen[33]. Den

---

[25] Ebd. Prolegomenon II cap. 2 qu. 10; 52.
[26] Ebd.
[27] Bei Hollaz lautet diese Stelle, Pars I cap. 1 qu. 8; 306f: „Edoardus Herbert de Cherbury Baro Anglus putat ea, qvae hominibus ad salutem sunt necessaria, qvinqve articulis e communi providentia DEI petitis contineri. Nempe credendum est
I. Esse aliqvod supremum Numen.
II. Supremum illud Numen esse colendum.
III. Virtutem cum pietate conjunctam praecipuam esse partem cultus divini.
IV. Resipiscendum esse a peccatis.
V. Dari praemium et poenam tum in hac vita, tum post hanc vitam."
[28] In dieser ganzen Quaestio verwendet Hollaz nirgends ‚Religio', während doch insbesondere die fünf „Notae" sich eben auf diese beziehen.
[29] Ebd. Pars III sectio 2 cap. 8 qu. 24; II 358, vgl. qu. 27; 361; hier wird allenfalls in der folgenden qu. 28 die „oratio" als „actus religionis" bezeichnet, 361.
[30] Ebd. qu. 33; 364. Wohl ist hier wie auch im folgenden verschiedentlich von „religiose" bzw. „religiosus" die Rede. Dasselbe ergibt sich bei der Frage nach der Verehrung der Engel, ebd. Pars I cap. 4 qu. 18; I 576f.
[31] Ebd. Pars IV cap. 3 qu. 7; II 116.
[32] Ebd. qu. 10f; 123–126.
[33] Ebd. 123: „Circa res sacras occupatur Magistratus (a) solicite observando et exercendo, quae omnibus hominibus salvandis sunt credenda et agenda, [b] externa gubernatione Ecclesiam et religionem Christianam dirigendo, [c] internam vero sacrorum gubernationem sibi non vendicando, sed ministris Ecclesiae relinquendo, (d) et in externo sacrorum regimine sincerorum Ecclesiae Doctorum consilio utendo".

Einwand der „Pontificii" über die „cura religionis" beantwortet Hollaz durch die Unterscheidung einer *„gubernatio Religionis externa"* und einer *„oeconomia sacrorum interna"*[34]. Nur die erste billigt er dem Magistrat zu. Damit unterstreicht er, ohne weiter darüber Auskunft zu geben, die eindeutige Zugehörigkeit der „Religio" in den Bereich manifester Handlungen. Gerade hier hält er sie von dem entscheidenden inneren Handeln fern.

Als Ergebnis bleibt festzuhalten, daß Hollaz in seiner Grundlegung einen detaillierten Abschnitt über die „Religio" vorlegt, in dem er sie in einen unmittelbaren Zusammenhang mit der „fides" bringt, wie er sie überhaupt wesentlich von der Offenbarung abhängig macht. Folglich erkennt er auch nur eine „Religio" als „vera" an, und zwar nur die „Lutherana", dergegenüber es sonst also nirgends Haltungen und Handlungen gibt, die ernsthaft mit diesem Terminus bezeichnet werden können[35]. Somit kennt Hollaz im Grunde keine Verwendung von „Religio" als Oberbegriff für verschiedene Überzeugungen, keine ‚Religiones'. Vielmehr bedeutet „falsa Religio" zugleich „Irreligiositas", wenn nicht „Atheismus"[36]. Nur höchst selten findet sich bei ihm folglich neben *„religio Christiana"*, eine eben auch nicht häufig vorkommende Bezeichnung[37], die einer „Religio Israelitica"[38].

Bemerkenswert bleibt, daß Hollaz abgesehen von der höheren Bewertung in der Grundlegung jede nähere Reflexion der „Religio" und insbesondere eine Auseinandersetzung mit einer ‚Religio naturalis' unterläßt. Positiv hätte er letztere freilich nicht aufnehmen können, wie er sich entschieden gegen eine „Theologia naturalis"[39] wendet, die er in einer langen Tradition gegeben sieht. Sie kann aber eben nicht zum Heil führen. Von der Tradition unterscheidet sich Hollaz

---

[34] Ebd. 124.

[35] Ebd. Prolegomenon III cap. 3 qu. 29; I 166, wo sich eine merkwürdige Formulierung im Zusammenhang mit den Zehn Geboten auf den beiden Tafeln findet, daß nämlich die erste den Menschen zur wahren Gotteserkenntnis und zum „Sincerus cultus" Gottes führt, die zweite zu einem besonnenen und gerechten Leben gegenüber den Mitmenschen. Dann folgt die Bemerkung: „Ex utraqve parte (sc. Legis) Scriptura Prophetica et Apostolica sancta est; qvia praescribit homini exactissimam motuum animi internorum et externorum conformitatem cum Lege DEI; qvalem nullus Scripturae codex, qvo alicujus gentis Religio delineata, contineatur, praescribit." Diese Stelle läßt nicht eindeutig den Sinn der „gentis Religio" erkennen, weil die Tafeln des Gesetzes als Offenbarung an das Volk Israel und ihnen folgend an die Christen gegeben sind. Vom Wortlaut her wäre hier eine Offenbarung der Gesetzestafeln an die gesamte Menschheit möglich.

[36] Ebd. Prolegomenon II cap. 2 qu. 32; I 83.

[37] Vgl. ebd. qu. 25; 73: „Summa Religionis et Articulorum fidei continetur Symbolis antiqvioribus et recentioribus." Vgl. ebd. Prolegomenon I cap. 1 qu.16; 17, Prolegomenon II cap. 2 qu. 28ff; 82–84, Prolegomenon III cap. 3 qu. 4; 100, Pars IV cap. 3; II 123.

[38] Ebd. Prolegomenon II cap. 2 qu. 28; I 82, vgl. auch Prolegomenon III qu. 32; I 183 mit einem Zitat von Calixt „Judaica Religio".

[39] Vgl. sachlich ebd. Pars I cap. 1 qu. 5; I 292, vgl. „Theologia naturalis" qu. 7; 306. – Die Durchsicht von David Hollaz, Evangelische Gnaden-Ordnung, Nürnberg ³1833 (nach der Vorrede erstmals 1741 erschienen), sowie von dems., Scrutinium Veritatis, Complectens Pentadecada, Quaestionum Theologicarum illustrum, Quibus nonnullae mysticorum Hypotheses perqviruntur, et excutiuntur, Vitembergae MDCCXI, ergab keine weiteren Hinweise auf ‚religio'.

durch die Verbindung der „Religio" mit der „fides", die sich beide nur bei den Lutheranern in der allein angemessenen Weise finden.

Höchst aufschlußreich aber ist die Ablehnung einer „Religio" als „idea universalis". Hier findet sich also wiederum und wiederum im Modus der Ablehnung und d.h. gleichsam als Negativ jene Konzeption, die schon Melanchthon 1540 zurückgewiesen hat; ihr zufolge haben französische Humanisten, die sich bis jetzt nicht haben finden lassen, die These vertreten, daß der „streitt von der Religion" nur „Wortgezenck" sei, da „aller völcker zu allen zeitten ein religion gewesen (sey), allein die Namen sind geendert"[40]. Hollaz lehnt auf entsprechende Weise ab, daß es nur eine „Religio Christiana, catholica et principalis" gibt, die in „sectae particulares" und d.h. in Gefolgschaften realisiert ist. Damit hat er denkerisch jene Konzeption formuliert, die auf die Dauer maßgebliche Bedeutung gewonnen hat. Bislang sind freilich wiederum keine Autoren bekannt, die diese Thesen expressis verbis vertreten haben. Sollten sich solche Autoren nicht finden lassen, handelte es sich um den allem Anschein nach verschiedentlich auftretenden Fall, daß entscheidende heterodoxe Positionen zunächst im Rahmen orthodoxer Kritik formuliert sind, ehe sie dann tatsächlich vertreten werden.

Immanuel Proeleus

Nicht von ungefähr soll in dieser Reihe die Dissertation von Immanuel Proeleus[1] erörtert werden[2]; denn der Titel läßt schon auf einen wichtigen Beitrag zu unserem Thema schließen. Über eine kritische Auseinandersetzung mit Spinoza und Hobbes hinaus richtet er jedoch sein besonderes Augenmerk auf die Verfassung des Menschen selbst. Als wesentlich für ein glückliches Leben sieht Proeleus für den Körper die Gesundheit, für die Seele aber die Ruhe an[3]. Die Weise, diese *„animi Tranquillitas"* zu erreichen, nennt er „RELIGIO"[4]. Speziell will er jedoch nur der „Religio naturalis" nachgehen, die im Unterschied zur „revelata" sich allein auf die zeitliche Glückseligkeit bezieht[5]. Entsprechend definiert er sie als Wissen des Menschen im Naturstand um die rechte Verehrung Gottes mit

---

[40] Vgl. E. Feil, Religio, 244f unter Verweis auf Martin Luther, Briefe, 9, 24.

[1] Immanuel Proeleus war zuerst Magister der Weltweisheit in Leipzig, dann Hofmeister in Frankfurt/Oder und ging später zu den Täufern nach Amsterdam. Die Lebensdaten waren bis jetzt nicht feststellbar; bei Johann Heinrich Zedler, Großes Vollständiges Universal-Lexicon, XXIX, 758f, und bei Christian Gottlieb Jöcher, Allgemeines Gelehrten-Lexikon, 6. Ergänzungsband, 964f, findet sich nur die Angabe, daß er zwischen 1703 und 1719 publiziert hat.

[2] Immanuel Proeleus, Stolp. Pomer., Religio, hominis et boni Civis, Naturalis geometrice Demonstrata, Bened. Spinosae et. Th. Hobbesio opposita, Dissertatio 17. Januar. MDCCIII, Lipsiae.

[3] Ebd. §1; A 3r.

[4] Ebd. §3; ebd. v.

[5] Ebd. §5; ebd. – Im folgenden, §8; B2r, kommt Proeleus zwar nicht auf die *„Theologia Naturalis"*, die zur Metaphysik gehört, zu sprechen, sondern nur auf das *„Ius naturale"*, das er dann freilich nicht expressis verbis aufnimmt.

der Folge eines natürlich ruhigen Gewissens[6]. Und er bezieht die „Religio naturalis" auf den „bonus civis", nämlich auf jenen, der den heilsamen Geboten des Befehlenden freiwillig gehorcht und dadurch das Gemeinwohl fördert, wie diese für uns wenig selbstverständliche Bestimmung lautet[7]. Dann beweist der Autor die Existenz der „Religio" dadurch, daß es eine Ruhe der Seele gibt, die die „Religio" und nur sie allein lehrt; und aus dieser Ruhe schließt er, daß es die „religio" gibt[8], – ein freilich zirkuläres Argument –. Näherhin bestimmt er die „Religio" als „scientia" und als „donum coeleste"[9]. Sie nicht zu besitzen, bedeutet demnach, höchst erbärmlich und unglücklich zu leben, weswegen ihm der Atheismus und mehr noch der Götzendienst als ungeheure bzw. absurde Torheit gilt[10]. Aber nicht nur dies: Der Atheist wie der Götzendiener sündigen wahrhaft und eigentlich gegen das natürliche Gesetz, so daß der Atheismus nicht nur als dumm, sondern als ungerecht gegen Gott qualifiziert werden muß[11]. Hat der Mensch folglich alles zu beachten, was das (natürliche) Licht der Vernunft über die Gotteserkenntnis und -verehrung und d.h. über die „Religio Naturalis" lehrt[12], so lehrt diese – wie Proeleus wiederum in einer zirkulären Argumentation schließt –, daß wir die Existenz Gottes als des höchst Vollendeten, Mächtigen, Guten festhalten, der alles geschaffen hat und mit seiner Vorsehung lenkt[13]. Mitten zwischen diesen thetischen, aber gleichwohl von Proeleus in scholastischen Schlüssen jeweils für bewiesen gehaltenen Feststellungen findet sich auch jene, daß die „Religio vera" zugleich „exclusive", d.h. nur eine ist; als Begründung führt er an, daß die „Religio" eine „scientia" oder „ratio" darstellt, die Gott uns vorschreibt, Gott aber nur einer ist und folglich als Objekt der Erkenntnis diese als eine konstituiert[14]. Da Gott durch die „facultates" unserer Seele wahrgenommen werden kann, erfordert die „Religio naturalis per se" den möglichsten „cultus internus", Gottesfurcht, Gehorsam, Liebe, Ehre, Ver-

---

[6] Ebd. Def. 1; A 4r: „Religio naturalis est scientia, quae docet, quid Deus circa sui cognitionem et cultum ab hominibus in statu naturae exigat, ut ipsi sint grati, adeoque conscientiam naturaliter tranquillam habeant."
[7] Ebd. Def. 3; ebd.
[8] Ebd. Prop. 5; B 2v.
[9] Ebd. Prop. 6; ebd.
[10] Ebd. Prop. 7ff; B 3rf; daß der Götzendienst den Atheismus übertrifft, vgl. Prop. 9; B 4rf (unpaginiert).
[11] Ebd. Prop. 10; C 1r.
[12] Ebd. Prop. 11; C 1v.
[13] Ebd. Prop. 12–18; C 1v–C 3v.
[14] Ebd. Prop. 14; C 2rf; die Argumentation liest sich so: „Religio quoad essentiam suam est scientia aut ratio illa, quam Deus nobis praescribit, ut eum cognoscamus, colamus et tranquilla conscientia vivamus, (per Def. 1. et Prop. 6.) Deus vero est unicus, (per Coroll. s. Prop. 13.) Qui quoad essentiam suam unicam, non potest, nisi uno modo cognosci. Unum enim idemque objectum, verbi gratia arbor aedificium etc. uno semper eodemque modo, a recte videntibus cognoscitur. Ergo Religio vera quoad essentiam suam erit unica. Potest etiam sic demonstrari.
Religio est Scientia in suo genere nobilissima et divinissima, (per Prop. 6.) et habet Auctorem Deum perfectissimum, (per Defin. 1. prop. 13.) Jam in suo genere profectissimum et divinissimum non potest esse nisi unicum. Alias perfectioni suae, quae summa esse debet, aliquid decederet. Ergo Religio vera est unica. Quod Erat Demonstrandum."

trauen, Hoffen und Zur-Ruhe-Kommen, ohne daß ihr der „cultus externus" widerstreitet[15]. Wenn auch die „Religio Naturalis" aufs höchste Ruhe des Lebens gewährt, erstreckt sie sich doch nicht auf die ewige Ruhe[16], sondern leitet lediglich zur „Religio revelata"[17] hin, sie fügt darüber hinaus den bürgerlichen und natürlichen Gesetzen ein „firmamentum certissimum" hinzu[18], so daß sie die bürgerlichen Gesellschaften erhält[19], während der Atheismus sie auflöst[20]. Als „Religio" des guten Bürgers bewirkt sie, daß der Glaubende Gleichheit und Gerechtigkeit bewahrt und dem Befehlenden rascher gehorcht als der Gottlose und Götzendiener; denn sie verwirrt niemals die „Respublica" oder den „status civilis", sondern hilft dem guten Bürger, mit seinem Los zufrieden zu sein und Schicksalsschläge („fortuna") gleichmütig zu tragen sowie seine Affekte zu mäßigen, die irdische Gerechtigkeit wertzuschätzen und sich um Gleichheit und Mäßigung zu mühen[21].

Uns mag diese Argumentation simpel erscheinen, Proeleus lag daran, die eigene Gewissensruhe anzuempfehlen, und dies unter der Kategorie „Religio naturalis", und in der Folge zugleich die innere Ruhe des Gemeinwesens zu fördern. Um dieser Intention willen trennt er grundlegend die „Religio naturalis" von der „revelata". Es hilft nicht viel, daß er noch eine Erklärung über die äußerst enge Verbindung dieser „Religio Naturalis et Revelata" anfügt[22]. Jedenfalls aber verdeutlicht seine Argumentation, in welcher Weise nun eine „Religio naturalis" gesehen wird. Gegenüber bisherigen Argumentationen mag immerhin ein Vorteil sein, daß er die staatsbürgerlichen Aspekte der „Religio naturalis" zuordnet und somit nicht mehr die „Religio revelata" und d.h. die Sorgfalt, Gott zu verehren, im Dienst politischer Zwecke nivelliert. Selbstverständlich ist es ein Mißverständnis, wenn er in diesem Zusammenhang auf die Differenz von Natur und Gnade abhebt, als deren Fundament er die „Religio revelata" bezeichnet. Es verwundert nicht, daß er mit Überlegungen schließt, die „Religio revelata" könne mit nicht geringerer Sicherheit aufgewiesen bzw. bewiesen werden als die „naturalis", da sie doch geoffenbart und in der Schrift enthalten ist[23]. Inwiefern er mit dieser seiner Konzeption in einer „cultura rationis" die Position von Spinoza und Hobbes zu widerlegen hoffte, steht dahin. Bedeutsam erscheint Proeleus jedoch durch die nachhaltige Stützung der „Religio naturalis" für das Wohlergehen des einzelnen und nicht minder des Gemeinwesens sowie ihre Akzentuierung als „cultus internus".

---

[15] Ebd. Prop. 19ff; C 3vff.
[16] Ebd. Prop. 23; D 1rf: „Religio Naturalis ad hanc maxime vitam ejusque Tranquillitatem, non ad aeternam se extendit"; vgl. auch die Prop. 34; D 4v: „Religio Naturalis vera, et utilis, sed tamen infirma, et ad perfectam Beatitudinem obtinendam, insufficiens est."
[17] Ebd. Prop. 24; D 1v.
[18] Ebd. Prop. 25; D 2r.
[19] Ebd. Prop. 26; ebd.: „Religio conservat Societates civiles."
[20] Ebd. Prop. 27; D 2v: „Atheismus dissolvit Societates."
[21] Ebd. Prop. 29–35; D 3r–E 1v.
[22] Ebd. E 1v.
[23] Ebd. E 2r heißt es, wie bis heute üblich, „demonstrari".

Hermann Alexander Roëll

Für Hermann Alexander Roëll (1653–1718)[1] steht die „ratio" im Mittelpunkt des Interesses. Anlaß, sich mit ihm zu beschäftigen, ist seine Abhandlung über die „Religio Rationalis"[2]. In ihr bilden „ratio ac revelatio" die Norm seines Urteils[3]. Dabei kann es für Roëll keinen Gegensatz zwischen „Ratio" und „Religio rationalis" geben, als welche er die „Christiana" qualifiziert[4]. Unter diesen Voraussetzungen behandelt er die „Religio", die er grundlegend als einzigen Weg zu Gott definiert, so verschieden auch ihre Ausformungen sein mögen; offensichtlich haben nicht die Menschen sie gefunden, vielmehr hat die Natur sie gelehrt[5]. Freilich muß es sich um die „vera" handeln, die der vernünftigen Kreatur angemessen ist; diese muß sich also darum sorgen, welches der „cultus Dei verus et rationalis" ist[6]. Dabei nimmt Roëll die Bestimmung der „Religio" auf, wie sie sich bei Cicero findet, nämlich als Ehrung einer höheren „Natura", oder auch bei Hobbes, nämlich als Furcht vor unsichtbaren Kräften; doch hält er die verschiedenen Definitionen nicht für so wichtig wie die Sache selbst, nämlich den Eifer für die Achtung und Ehrung des höchsten Seins, d.h. Gottes[7]. Die hierfür nötige Erkenntnis Gottes hängt für Roëll an

---

[1] Hermann Alexander Roëll wurde geboren in der Grafschaft Berg in Westfalen. Nach dem Studium der reformierten Theologie war er an verschiedenen deutschen und niederländischen Fürstenhöfen und dann seit 1682 als Pfarrer und Professor in Deventer tätig. Von hier wechselte er 1686 nach Franeker und 1704 nach Utrecht. Durch seinen gemäßigten Rationalismus wurde er in beträchtliche Auseinandersetzungen verwickelt.

[2] Hermann Alexander Roëll, Dissertatio de Religione Rationali, Editio quinta, Herbornae Nassoviorum MDCCV. – Im folgenden werden zunächst mit der Sigle nr. die Nummer des Abschnittes und nach einem Semikolon die Seite jeweils in arabischer Ziffer angegeben. – Die damalige Schreibweise „Röell" wurde nicht übernommen.

[3] Ebd., Ad Lectorem. Praefatio sedundae Editioni praemissa, x 4 v.

[4] Ebd.

[5] Ebd. nr. 5; 5: „Religionem esse unicam ad Deum viam, una omnium, quorum etiam linguae differunt, vox est, ut, non homines hoc reperisse, sed ab ipsa natura didicisse, evidens est."

[6] Ebd. 6.; im Anschluß an das vorherige Zitat heißt dieser Abschnitt, 5f: „De Religione vero quam varii, quamque contrarii fuerint semper, sintque hodie hominum sensus et sermones, quis ignorat? Quis vero putet ad Deum nobis conciliandum perinde esse, qua cum ratione qua religione colamus? Ea demum sola salutaris esse religio potest, quae vera, ea vera in qua est gloriae et virtutum divinarum agnitio, amor, celebratio. Talem Deum agnoscere, amare, laudare, ac colere, qualis amore, honore, laude, ac cultu omni dignus est, vera proculdubio religio est. Haec ergo maxime meditatio, haec cura, tantum non una, creaturam decet rationalem, quomodo coli Deus, ut propritius sit, velit, quis sit cultus Dei verus et rationalis."

[7] Ebd. 10; 11f: „Ciceroni, Theologo sane inter primos, quos ea tempora ferebant, *Religio est, quae superioris cujusdam Naturae, quam Divinam vocant, cultum ceremoniamque adfert* potiori ratione, et saniori, ni fallor, sensu, quam *metus potentiarum invisibilium* Hobbesio. Sed vero non est operae pretium, multo labore, quomodo quisque, et quam bene aut male Religionem definiverit, indagare, cum res ipsa clamet, non aliud per eam intelligi, quam studium illud hominum, quo, pro sensu quisque suo mentis corporisque facultates in Entis Summi, quod Deum vocamus, contemplatione, amore, cultuque, ut eo fruatur propitio, tenet occupatas: ut quo cujusque de Deo sensus verior, quo verior erga Deum affectus, quo actiones operaque omnia sanctiora, atque ad divinae voluntatis normam magis composita, eo sit melior Religio. Certe, si quem ita Deus amarit, ut impertiverit

einer „idea" Gottes[8]. Was aber „Ratio" und „rationale", was „rationalis nobis Religio" ist, führt Roëll weniger auf ein „intelligere" als auf ein „sentire"[9] zurück, wobei „sentire" hier am ehesten ein (inneres) Wahrnehmen – und nicht schon ein ‚Gefühl' – bezeichnen dürfte. Die auf solche Weise zustande gekommene „Religio rationalis" hält er für „communis" bei allen Menschen, die wirklich Menschen sind und aus der „ratio naturalis" und aus den „notiones ac praenotiones" von Gott und seinen Werken, die den Menschen eingegeben sind, lernen und lehren können[10]. Die „Religio" besteht also in der Erkenntnis, Liebe und dem „cultus" Gottes[11]. Für sie ist der sichere Nachweis der Existenz Gottes unerläßlich[12]. Gott ist zu ehren wegen seiner Würde und Majestät; in seiner Macht und der entsprechenden Schwäche und der Bedürftigkeit des Menschen liegt die Quelle der „religio" und „pietas"[13].

Gott stellt daher auch die höchste und einzige Norm aller „Religio", „pietas" und aller Pflichten dar[14]. Da aber die „Ratio" Gottes die Norm darstellt, kann auch die *Religio rationalis* nichts anderes sein als der reine „amor, cultus, et veneratio" der „Ratio" im vollen Sinn, nämlich Gottes[15]. Daß es Völker gibt, die keinen „exiguus saltem divinitatis ac religionis sensus" haben, kann Roëll sich nicht recht vorstellen[16]. Zu sehr prägt ihn die Überzeugung, aufgrund der Vernunft Gott „clare et distincte" erkennen zu können[17].

ἐπίγνωσιν κατ' ὁσιότητα ἀληθείας τῆς κατ' εὐσέβειαν, ἐπ' ἐλπίδι ζωῆς αἰωνίου, quin is religiosus sit, nemo dubitaverit. Hoc ergo studium Religionem et cultum Latini, Graeci Λατρείαν, עבודה Hebraei, appositis ad rem vocabulis, appellarunt, cum Deo imperii tribuat honorem, homini obsequii tantum relinquat gloriam."

[8] Ebd. nr. 22; 20, nr. 26; 22, hier auch in der Randbemerkung „notiones communes"; vgl. dann nr. 33–40; 29–38.

[9] Ebd. nr. 29; 26; nach dem Hinweis, daß wir aber unser „arbitrium", „ipso sane sensu experiamur", heißt es: „ Aut male rationes subduxi, Auditores, aut nunc, quid Ratio, quid rationale, quidque, rationalis in nobis Religio sit, aut dici possit ac debeat, non tam intelligitis, quam sentitis." Roëll verweist anschließend auf Liebe, Hoffnung und geben auch auf die „rationalis Religio" hin, die auf diese Weise wahrgenommen werden. Daß die „sensus" in der Bedeutung der Sinneswahrnehmung des Menschen die Existenz Gottes lehren, vgl. nr. 52; 50f.

[10] Ebd. 27.

[11] Ebd. nr. 30; 27, vgl. nr. 107; 116.

[12] Ebd. nr. 59; 58f; daß die Menschen Gott ehren sollen, daß sie ihm „pietas" erweisen, hängt gemäß guter antik-römischer Tradition an der Sorge Gottes für die Menschen; folglich hat auch die „religio rationalis" hier ihren Grund, vgl. nr. 84; 88f.

[13] Ebd. nr. 110; 118.

[14] Ebd. nr. 115f; 125, 127; nr. 116; 126f, kommt Roëll wieder auf die „idea" Gottes zurück. – Verschiedentlich sagt Roëll „Religio" und „pietas" nebeneinander, vgl. auch nr. 125; 136f. Die Darlegungen über die Pflichten enthalten verschiedentlich den Terminus „pietas", vgl. bes. nr. 133; 146.

[15] Ebd. nr. 125; 136f; hier findet sich auch der Hinweis, daß die „Ratio" Gottes die Norm der „Religio ac pietas" darstellt.

[16] Ebd. nr. 151; 167; hier findet sich in einer Randbemerkung zu nr. 152;167, auch ein Hinweis auf den „Polytheismus" neben der „Idololatria".

[17] Vgl. etwa ebd. nr. 156; 173. Zur Notwendigkeit und Angemessenheit der Offenbarung vgl. etwa nr. 158; 175f; auch diese soll „clare et distincte" wahrgenommen werden, nr. 160; 179, vgl. auch nr. 169; 190.

Es versteht sich für Roëll von selbst, daß nur Menschen die Glückseligkeit erlangen können, die Gott lieben und ehren; die „Religio rationalis" versöhnt mit Gott, der Quelle alles Guten in einem heiligen Bund[18].

Auch in seinen Überlegungen zur „Theologia Naturalis"[19] spricht Roëll nachhaltig von der „religio". Ganz allgemein bestimmt er die „*Theologia*" als „*doctrina religionis*" und die „Religio" als rechten Gebrauch aller menschlichen Fähigkeiten Gott gegenüber und das Bemühen, ihn zu ehren, zu lieben und zu verehren[20]. Die „vera Religio" setzt er gleich mit „Dei cognitio, amor, et cultus"[21] und bestimmt sie als den einzigen Weg zur „vera felicitas"[22]. So wundert es nicht, wenn er die Verantwortlichen der „respublica" darauf hinweist, sie hätten für die „religio" in besonderer Weise Sorge zu tragen; denn diese besitzt für den einzelnen wie für das Gemeinwesen herausragende Bedeutung[23], da keine „societas" festen Bestand haben kann ohne sie[24].

Roëll macht deutlich, daß es schwerwiegende Meinungsverschiedenheiten hinsichtlich der „religio" gibt und daß diese zu Wirren in der „politica" führen können, verbunden mit einem Abgleiten in Atheismus oder eine Gleichstellung aller „religiones"[25]. Demgegenüber möchte er den sicheren Weg zur ewigen

---

[18] Ebd. 179; 201f. – Der Hinweis auf den „Cultus Dei publicus", vgl. nr. 146; 149, steht nicht im Zusammenhang mit der ‚religio'.

[19] Hermann Alexander Röell, Dissertationes Philosophicae de Theologia naturali II. De Ideis innatis una, Cl. Gerardi de Vries, Diatribe opposita, Francofurti et Lipsiae MDCCXXIX. – Im folgenden werden, soweit erforderlich, die einzelnen Dissertationen in römischer sowie die Abschnitte in arabischer und nach einem Semikolon die Seiten wiederum in arabischer Ziffer angegeben.

[20] So in der ersten in diesem Band enthaltenen Dissertatio Philosophica De Theologiae naturalis Dignitate, Utilitate, atque etiam Necessitate, nr. 27; 31: „*Theologiam*, ut in rem ipsam veniam, voco *doctrinam religionis. Religionem* vero rectam omnium hominis facultatum circa Deum occupationem et usum, atque adeo studium Deum cognoscendi, amandi, colendi, honorandi, denique eo fruendi, *Theologiam naturalem* ergo eam Religionis doctrinam, quam homo ex principiis naturalibus et naturae viribus addiscere atque adipisci potest." Nach der Bestimmung von „*natura*" und „*naturale*" heißt es, 31f.: „*Naturalem* itaque *religionem*, eam quam ex ingenitis ideis, tum sui ipsius et naturae suae, tum Dei et rerum aliarum, earumque debita contemplatione et secum invicem comparatione, atque ita lumine rationis naturali cognoscere potest." – Folglich bestimmt Roëll als „*Theologia ... naturalis*" die „religionis cognitio et doctrina", die aus den natürlichen Prinzipien gewonnen ist. Vgl. auch nr. 89; 11.

[21] Ebd. Dedicatio, x 5 v.

[22] Ebd. x 4 v.

[23] Ebd. x 3 rf: „Cum enim Religio sanctis homines legibus et cum Deo, et inter se, arctissime colliget; et ad pietatem erga Deum, obedientiam erga imperantes, amorem erga subditos, justitiam, aequitatem, benevolentiam, charitatem, omniaque omnino quae homo homini, pro suo quisque statu et conditione, praestare potest officia erga omnes obliget: evidens est, ab amore et cura Religionis non familiarum tantum, sed et integrorum Regnorum ac Rerumpublicarum, fortunas pendere, nihilque magis vel Magistratuum ac legum auctoritatem, vel subditorum jura, confirmare, quam reverentiam Dei, et jurisjurandi Religionem."

[24] Ebd. x 3 v.

[25] Ebd. [x 6 r]: „Quae dum intuentur et considerant homines profani, neque satis veram religionem a falsis distinguunt, fit, ut vel omnem religionem contemnant, et prolabantur in Atheismum; vel omnes religiones eodem loco habeant, putentque, perinde esse, qua ratione, quaque religione, Deus colatur."

Glückseligkeit herausstellen, der einzig in der „vera adeo et vera rationalis religio" besteht[26]. Dabei schätzt er die „Ratio" hoch ein, durch die allein sich der Mensch von den Tieren unterscheidet und sich als der „religio et fides" fähig erweist[27]. Bei aller Anerkennung der „mysteria", die der „ratio" ohne übernatürliche Offenbarung unzugänglich sind[28], sucht Roëll die Bedeutung gerade der natürlichen „Ratio" herauszustellen. Er sieht denn auch keinen Gegensatz zwischen „Ratio" und Offenbarung, die sich vielmehr freundschaftlich unterordnen müssen[29]. Er unterstreicht die Bedeutung der Lehre von Gott und der „Religio", die aus den Prinzipien der „Ratio" abgeleitet ist[30].

Insofern Roëll als Grundlage der Theologie allgemein und damit auch der „Theologia naturalis" die „religio" bzw. die „religio naturalis" bestimmt[31], erhält diese eine tragende Bedeutung. Ihr Rang resultiert daraus, daß die höchste Vollendung des Menschen in der Erkenntnis Gottes besteht; daher stellt sie den einzigen Weg zu Gott dar, was sich in der bei allen Völkern und zu allen Zeiten gepflegten Verehrung durch „pietas" und „veneratio" zeigt[32]. Folglich gehört die „*religio*" zum Völkerrecht[33]. Das besondere Problem liegt freilich in den tiefgreifenden Differenzen bei Gelehrten und Ungelehrten darüber, welches die „vera religio" ist[34]. Es kann nämlich nur eine wahre geben, da es doch auch nur den einen Gott gibt[35]. Diesen Gott zu ehren, der die „ratio prima ac summa" ist, stellt Roëll als wichtigste Aufgabe des Menschen mit seiner „natura rationalis" heraus[36]. Und der hierfür notwendigen Erkenntnis dient die „Theologia naturalis"[37]. Ihr Rang beruht darauf, daß sie Gott zum Urheber hat[38], was sich aus den „principia", den „insitae cum natura ideae" von Gott, dem Menschen und den anderen Dingen ergibt[39], die von Gott mit der Natur eingegeben, „inditae"[40], und schließlich auch „innatae" genannt werden[41].

---

[26] Ebd. [x 6 rf].
[27] Ebd. [x 7 r].
[28] Ebd.
[29] Ebd.
[30] Ebd. Praefatio b 3 r.
[31] Vgl. die o. zit. Stelle nr. 27f.; 31f.
[32] Ebd. nr. 34; 40.
[33] Ebd.; der Text lautet: „Ad Deum vero quis aliam unquam commentus est viam, quam religionem? Quae enim unquam gens, aut quod hominum genus fuit, quod Deum aliquem esse crediderit, et non pietate illum ac veneratione justa colendum esse putaverit? Aut quomodo humano generi informationem Dei ipsius dare potuit natura, ut non eadem quoque insculpserit mentibus, religiose colendum esse? *Est* igitur revera *erga Deum religio juris gentium.*"
[34] Ebd. nr. 35; 40f.
[35] Ebd. 41; die wahre „religio" wird hier definiert als diejenige, in der die „debita Dei, et virtutum, ac legum divinarum agnitio, amor, obsequium, ac celebratio" geübt werden.
[36] Ebd. nr. 36; 42.
[37] So besonders die folgenden Abschnitte nr. 37–40; 42ff.
[38] Ebd. nr. 41; 45.
[39] Ebd. nr. 42; 46.
[40] Ebd. nr. 42; 47.
[41] So nach einigen Argumentationen ebd. 48; es gibt also eine sorgfältige Differenzierung dieser „ideae" als „insitae", „inditae" und „innatae".

Die Annahme „DEUM ESSE" gehört zu jeder „Religio"[42]. An ihr zu zweifeln, erschüttert die Fundamente der „religio" und des Austauschs zwischen Gott und Menschen[43]. So stellt die „Religio naturalis" wenn nicht das einzige, so das gemeinsame und herausragende Band menschlicher „societates" dar[44]. Wegen ihrer grundlegenden Bedeutung erweist sich also die „Theologia naturalis" als notwendig auch für die anderen Wissensgebiete[45] und hier nicht zuletzt für die „Theologia supernaturalis"[46].

In der zweiten Dissertation über die „Theologia Naturalis" faßt Roëll zunächst die Aussagen der ersten über die „Religio" kurz zusammen[47] und hebt dabei besonders hervor, daß „Cultus et Religio" nicht nur Eifer, „STUDIUM", Gott zu ehren, sondern auch „OBLIGATIO" bedeuten[48]. Im weiteren Verlauf dieser Abhandlung stellt er knapp noch einmal Wahrheit und Willen Gottes als Norm der „religio" heraus[49] und entfaltet als „OFFICIA HOMINIS Religiosa", Gott mit dem Geist zu erkennen, mit dem Willen zu lieben, zu ehren und zu folgen, mit Leib und Gliedern zu jenen Zwecken zu leiten, zu denen sie von Gott gegeben sind[50]. Den Wert der „Religio" stellt er heraus durch den Schaden, den ihre Verachtung ergibt, nämlich den Verlust der ewigen Seligkeit[51].

In diesem Zusammenhang finden sich dann wichtige weiterführende Hinweise. Roëll verneint nämlich, daß die „Theologia naturalis" zum Heil genügt, und betont die Notwendigkeit der Offenbarung; nicht die „ratio", sondern die „Revelatio" stellt „principium et fundamentum Religionis salutaris, et spei salutaris" dar[52]. Dabei spricht er wiederum von der „Theologia supernaturalis"[53]. Aber nur an dieser Stelle wirkt sich dieser Sprachgebrauch auf die entsprechende Qualifizierung der „Religio" als „salutaris" aus, wobei Roëll sie eben nicht ‚religio supernaturalis' und nicht ‚religio revelata' nennt. Dies dürfte kein Zufall sein. Man darf folgern, daß auch die „religio naturalis" nicht zum Heil genügt.

Im Zusammenhang mit seinen Überlegungen zur „Theologia supernaturalis" bzw. zur „Theologia revelata"[54] nimmt er die antike Einteilung der *„Theologia*

---

[42] Ebd. nr. 91; 113.
[43] Ebd. nr. 65; 86, vgl. nr. 66; 89.
[44] Ebd. nr. 68; 91; hier, 92, mit dem Hinweis auf die ohne „Religio naturalis" fehlende Verbindlichkeit sowohl der „lex naturalis" wie der „lex revelata".
[45] Ebd. nr. 77; 103–107, mit der Nennung der „Philosophia", „Ethica" und „Politica".
[46] Ebd. 78; 107; bemerkenswerterweise wird zusammen mit ihr auch die „Jurisprudentia" genannt. Zur „Theologia supernaturalis" vgl. auch weitere Überlegungen, bes. 80; 111–113.
[47] Der genaue Titel lautet: Dissertatio Philosophica secunda, Theologiae Naturalis, et Principiorum ejus brevem delineationem exibens, nr. 9–11f; 143f.
[48] Nr. 21; 149f, hier mit der Präzisierung „STUDIUM ... Deum cognoscendi, amandi, colendi, honorandi, eoque fruendi"; diese Aussagen finden sich schon in Theologia naturalis I sowie noch einmal Theologia naturalis II nr. 12; 144.
[49] Ebd. nr. 21; 150.
[50] Ebd. 151; es folgen, 151f, Hinweise zum Verhalten gegen die Kreaturen.
[51] Ebd. nr. 24; 153.
[52] Ebd. nr. 26; 154.
[53] Ebd. 155.
[54] Die letztere Bezeichnung vgl. nr. 26; nr. 155.

gentilis" auf mit der Dreiteilung „μυθική, φυσική, καὶ πολιτική, *Fabulosa*, *Naturalis*, et *Politica* sive civilis"[55]. Unter diesen drei „genera Theologiae" interessiert ihn besonders die mittlere der Philosophen[56], die er unter Berufung auf Aristoteles „Φιλοσοφία Θεολογική Philosophia Theologica" nennt[57]. Damit gibt er das aristotelische Verständnis dieser „Theologia" präzise wieder, auch in der Bevorzugung vor den anderen als „τιμιωτάτη honorabilissima"[58]. Und wenn Roëll in diesen Ausführungen einmal „Religio ac Theologia vere naturalis"[59] nebenordnet, bleibt er hier bei der „Theologia" als einer der „ἐπιστῆμαι θεωρητικαί scienctiae speculativae" bzw. „SCIENTIAE THEORETICAE"[60]. Wenn er sie auch über das Erkennen hinaus auf den Willen und das Handeln bezieht[61], so rechnet er sie damit auch den „πρακτικαὶ PRACTICAE" zu[62]: Es erweist sich als aufschlußreich, hier „Theologia naturalis" als „Φιλοσοφία Θεολογική" wiederzusehen. „Naturalis" heißt hier somit wesentlich und von daher philosophisch; genau müßte die Terminologie allerdings ‚Theologia philosophica' heißen[63]. Später erläutert er dann, inwiefern diese „Theologia" als „*Naturalis*" bezeichnet wird, nämlich, weil der Mensch unter der Führung der Natur zu einem entsprechenden Wissen kommt, d.h. zu den *„principia naturalia Theologiae et Religionis in homine"*[64]. Doch wenn er in all diesen Überlegungen verschiedentlich „Theologia ac Religio" bzw. „Religio ac Theologia naturalis" nebenordnet, so wendet er doch die Dreiteilung der „Theologia" nicht ausdrücklich und spezifisch auf die „Religio" an. Es bleibt somit bei einer konsequenten Verwendung von „Theologia naturalis".

Da die „Theologia" bestimmte Handlungen vorschreibt, kann sie, wie Roëll hier wiederholt, als Wissenschaft und Lehre der „Religio" bezeichnet werden[65]. Interessant an dieser Aussage ist, daß hier die „Religio" nicht einfach als Funda-

---

[55] Ebd. nr. 29; 156, unter Verweis auf Scaevola, Cicero und deren Aufnahme bei Juan Luis Vives und Gerardus Joannes Vossius, sowie unter Verweis auf M. Varro und Augustinus. Roëll nennt also eine umfangreiche Ahnenreihe, deren Hauptgewährsmann der von Augustinus zitierte Varro ist.

[56] Ebd. nr. 32; 159; zuvor, nr. 30–32; 156–159, entfaltet er die „Theologia" der „*Poetae*" und der „*Legislatores*".

[57] Ebd. nr. 33; 159, vgl. 159–161.

[58] Ebd. 160. Deswegen war auch bei den Stoikern, vermutlich bei Panaitios die Reihenfolge anders, nämlich mythische, politische und physische, d.h. philosophische Theologie. Varro änderte die Reihenfolge, war doch für die Römer die politische Theologie die wichtigste und erhielt so den bedeutendsten Platz als letzte und höchste Art der Theologie.

[59] Ebd. nr. 32; 159; es legt sich nahe, das Adjektiv auf beide Substantive zu beziehen.

[60] Ebd. nr. 33; 159, vgl. auch nr. 34; 161f.

[61] Ebd. nr. 35f.; 162–165.

[62] Ebd. nr. 36; 165.

[63] So die Übersetzung des griechischen Terminus bei Marsilio Ficino, s. E. Feil, Religio I, 277f.

[64] A. Roëll, aaO. nr. 53; 180f; zum Verständnis der „natura" vgl. die anschließenden Darlegungen, nr. 54–61; 181–186; vgl. dann zu „NATURA HOMINIS" nr. 65; 188f mit anschließenden Überlegungen vor allem zum Erkennen und verschiedentlich wiederholten Bezugnahmen auf die „Theologia et Religio", etwa nr. 88; 199.

[65] Ebd. nr. 37; 165f: „Omnes autem actiones quas et in quantum moderatur Theologia, et quae fiunt ad ejus praescriptum, vocantur uno nomine *Religio*. Ut *Theologia* definiri possit *scientia ac doctrina Religionis*."

ment der „Theologia" erscheint, sondern von ihrer Moderation und von ihrer Vorschrift abhängig erscheint. Doch geht Roëll dieser zirkulären Bestimmung nicht weiter nach. Wohl aber nimmt er die klassisch-lateinische Etymologie der „*Religio*" in seltener Differenzierung auf, nämlich von „*relinquendo*", „*religendo*" und „*religando*", und bezieht sie auf den „cultus"[66]. Für diesen aber stellt er in besonderer Weise die rechte Erkenntnis, sodann den „affectus" der Seele und die körperlichen Handlungen als unerläßlich heraus[67]. Die genaue Kenntnis der Antike läßt er in der Zitation Ciceros erkennen, derzufolge „*Religio*" bedeutet, „*cura cerimoniaque*" einer höheren, nämlich göttlichen „*Natura*" entgegenzubringen, und dies wegen der „*justitia erga Deos*" oder des „*pius Deorum cultus*"[68]. Mit seltenem Nachdruck entfaltet Roëll also den Aspekt der „Justitia", der ja auch in der klassischen Tradition maßgeblich gewesen ist[69]. Er faßt aber die aus der Gerechtigkeit resultierenden Pflichten weit als solche zu den Göttern wie auch zu den Menschen[70], wobei er als das Fundament der Gerechtigkeit gegenüber den Menschen und aller Tugend die Gerechtigkeit gegenüber den Göttern herausstellt, womit er eben die „*Religio*" meint[71]. Er tut dies im Wissen um ein weites Verständnis der Grenzen der „*Religio*"[72]. Die genaue Bestimmung dieser Grenzen erfordert eine genaue Erkenntnis Gottes, seiner Wirklichkeit und seiner Wirksamkeit[73]. In diesem Zusammenhang bezeichnet er die „Religio" als ein Bild Gottes als des Urbilds[74].

Für die „Religio" ergibt sich hier noch eine ausdrückliche Betonung der not-

---

[66] Ebd. 166; Im Anschluß an das vorhergehende Zitat heißt der Text: „An *Religio* a *relinquendo* derivanda sit cum Sabino Jcto [Juriconsulto], eo quod quae Deo consecrantur et religiosa fiunt, a nobis relinquuntur et nostri juris esse desinunt: An a *relegendo* sive *religendo*, quemadmodum *legio* a *legendo*, cum Cicerone, eo quod sit quasi diligens rerum divinarum relectio ac meditatio, et qui omnia quae ad cultum Deorum pertinebant, diligenter retractarent, et tanquam relegerent dicti sint *religiosi*: An vero cum Augustino et Lactantio, a *religando*, quod per eam Deo et proximo ad omnia pietatis officia obligemur, imo Deo quasi colligemur et uniamur: parum interest, cum de signifiatione constet."

[67] Im Anschluß an das vorige Zitat heißt es, ebd.: „RELIGIONIS enim nomine Latinos antiquitus comprehendere solitos fuisse quicquid pertinebat ad Deorum cultum, mentis scilicet de Diis et natura Deorum opinionem ac sententiam, animi erga Deos affectum, corporis actiones, cerimonias sacraque omnia ad Deos colendos ac venerandos inventa atque instituta, nemo nisi bonarum litterarum expers ignorat."

[68] Wiederum anschließend heißt es, 166f: „Cicero, Theologiae et Religionis gentilis, si quis ejus temporis alius, peritissimus, *Religionem esse* dicit, *qua superioris cujusdam Natura, quam Divinam vocant, curam cerimoniamque afferat.* Et vel per *justitiam erga Deos*, vel *pium Deorum cultum* ubique describit ac definit."

[69] Vgl. nr. 38–41; 167–171; vgl. abschließend nr. 48; 178f.

[70] Ebd. nr. 38; 168. Die hier genannte Aussage „mentio *religionis, religionis jusjurandi, voti, testimonii, templi, loci, officii*" läßt nicht recht die jeweilige Zuordnung erkennen. Sicher haben nicht alle hier genannten Termini direkt mit den Göttern zu tun; wohl aber scheint Roëll sie in einem Gesamtrahmen mit diesen zu sehen, wie sich im Kontext abzeichnet.

[71] Ebd. nr. 39; 168f.

[72] Ebd. nr. 40; 169f.

[73] Ebd. nr. 41; 170f sowie die abschließenden Abschnitte nr. 42–44; 171–175.

[74] Ebd. nr. 42; 173: „Religio enim imago est ejus, quod cernitur in Deo tanquam exemplari."

wendigen Einbeziehung sowohl von „intellectus" und „voluntas" als auch von „mens" und „corpus"[75]. Aber nur im Hinblick auf den „cultus Dei" unterscheidet er zwischen „privatim"[76] bzw. „secreto" und „publice"[77]. Jedenfalls betont er nachhaltig die Notwendigkeit, Gott gegenüber *„pietas ac sanctitas"* auch in äußeren Handlungen des Menschen zum Ausdruck zu bringen[78].

Diese „Religio", zu der sowohl Liebe als auch Furcht Gottes gehört[79], umfaßt also alle Pflichten gegen Gott, uns selbst, die anderen Menschen und alle Dinge, sie zeigt das Ziel von allem und die Mittel zu diesem Ziel[80]. Sie besteht also in den beiden Teilen der „contemplatio et cognitio Dei" sowie in „amor, cultus, et obsequium", wobei Roëll wiederum die Unterscheidung *„Theoretica"* und *„practica"* aufnimmt[81]. Gott hebt er hervor als Ursache, Prinzip und Objekt dieser *„Theologia ac Religio"*[82], die der Mensch aus natürlichen Vermögen oder „ideae innatae" bzw. „notiones communes" erwerben kann[83]. In diesen abschließenden Bemerkungen zeigt Roëll also noch einmal sein herausragendes Interesse an diesen „Religionis et Theologiae principia"[84]. Dabei läßt er eine ungewöhnliche Verbundenheit mit der Tradition erkennen. Aufgrund der verbreiteten Beachtung, genauer, des verbreiteten Widerspruchs, den er gefunden hat, darf man davon ausgehen, daß diese seine Konzeption ebenfalls weithin bekannt geworden ist[85].

Ergänzender Überblick zur Schultheologie

Im Vorhergehenden ließen sich nur einige Autoren vorstellen, die meist einen gewissen Bekanntheitsgrad besitzen. Im folgenden soll noch kurz Rechenschaft gegeben werden über Nachforschungen, die nicht ausführlicher dokumentiert

---

[75] Vgl. nr. 45; 175, nr. 49f; 179.
[76] Ebd. nr. 46; 177.
[77] Ebd. nr. 45; 175f, vgl. nr. 47; 177f.
[78] Ebd. nr. 46; 176f. Diese beiden Termini finden sich erweitert um *„Devotio"* nr. 48; 178f.
[79] Ebd. nr. 38; 168, vgl. nr. 39; 169. – Mit der Betonung der Furcht Gottes nimmt Roëll bezug auf Thomas Hobbes.
[80] Ebd. 49; 179.
[81] Ebd. nr. 51; 180.
[82] Ebd. nr. 76; 193.
[83] So ebd. 89; 199f.
[84] Ebd. 90; 200.
[85] Die folgende Dissertatio tertia, continens Vindicias Primae, pro Ideis Innatis, contra clarissimum virum Gerardum de Vries, Professorem, Ultrajectinum, beschäftigt sich vor allem mit René Descartes, aber auch mit Benedictus de Spinoza hinsichtlich der „Religionis et pietatis fundamenta", vgl. nr. 10; 235, die er verteidigen will gegen seinen „Antagonista". Für das Thema „Religio" ergeben sich keine weiteren Hinweise; vgl. nur die abschließende Auseinandersetzung mit der Aussage seines Gegners „VERA PHILOSOPHIA OPTIMA RELIGIO", nr. 168; 886 sowie seine Bemerkung dazu nr. 169; 903, 904. Auch in der sich auf Roëll beziehenden Schrift Judicium Ecclesiasticum, Quo Opiniones quaedam C. Herm. Alex. Roëll Synodice damnatae sunt, Laudatum a Professoribus Theologie In Acadamia Lugd. Batavo., Lugduni Batavorum 1723, geht es trotz verschiedentlicher Bezugnahmen auf die „Religio" nicht um sie.

werden können. Sie betreffen neben einigen bekannteren Theologen, die man vielleicht gern genauer berücksichtigt gesehen hätte, speziell solche Autoren, die faktisch vergessen sind, deren Thesen aber deutlich machen, daß das Spektrum möglicher Positionen nicht auf eine einlinige und konsequente Entwicklung festgelegt werden darf.

In seinen exegetischen und apologetischen Schriften[1] hat André Rivet (1572–1651) nur ausnahmsweise unser Thema berührt. Einmal handelt er über den „cultus Religiosae adorationis"[2] und bestimmt hier die „virtus *Religionis*", die wir auf den einen und wahren Gott beziehen müssen; er sagt hier aber auch, daß ein „religiosus cultus" vielen Geschöpfen erwiesen wird[3], wogegen er sich freilich wehrt[4]. Er setzt sich gleichfalls von den „Pontificii" ab, die seines Erachtens auch der Kreatur einen „cultus" erweisen wollen[5]. Zum anderen aber beschäftigt er sich mit der Kompetenz des Magistrats „circa Religionem"[6], und dies wiederum gegen die „Pontificii", die die Kleriker exemt sein lassen[7]. Daß hier „religio" nicht mehr eigentlich als Tugend aufgefaßt wird, bleibt außerhalb dieser Überlegungen. „Religio" erscheint in diesem Zusammenhang freilich sehr wohl als „vera Religio"; der Magistrat aber muß die „verae Religionis ex verbo Dei cognitio" besitzen[8]. Die Ausführungen zeigen insgesamt, daß Rivet völlig im Rahmen der Tradition verbleibt.

Der gründliche Kenner der Antike Gerardus Joannes Vossius (1577–1649) läßt in seinem „Etymologicon" natürlich „Religio" nicht aus[9]. In seiner Darstellung der alten Kirche hebt er hervor, daß die „Christiana religio" im Gegensatz zur „religio paganica" keine „superstitio" darstellt[10]. Wo er aber in seiner Behandlung der gesamten Wissenschaft der Natur auf die Astrologie zu sprechen

---

[1] Andreas Rivetus, Opera Theologica, quae Latine edidit, I, Roterodami MDCLI; II, Roterodami MDCLII.
[2] Ebd. I 1235 b–1239 a.
[3] Ebd. 1235 b: „Sed quia hoc praecepto maxime asseritur virtus *Religionis,* quam ad unum solum et verum Deum referri debere contendimus, quod de omnibus ejusdem virtutis actibus, quos *elicitos* appellant, statuere necessarium credimus, qui convicti sunt se religiosum cultum multis creaturis tribuere, vel *religionem* laxius definiunt; vel si qui eam ad solum Deum coarctant, alias rimas quaerunt, quibus id tantum efficiunt, ut omnibus omnium idololatris, pateat via ad factorum suorum defensionem; et nullus plane sit cultus ita univocus, qui Deo tribuatur, quem non creaturae impune possint communicare, adhibitis distinctiunculis, pro ratione intentionis unius cujusque."
[4] Ebd. 1236 b.
[5] Ebd.
[6] Ebd. 1371 b – 1376 b.
[7] Ebd. 1371 b.
[8] Ebd. 1375 b.
[9] Gerardus Joannes Vossius, Etymologicon Linguae Latinae, Amstelodami MDCLXII, 430f.
[10] Gerardus Joannes Vossius, In Epistolam Plinii de Christianis, et Edicta Caesarum Romanorum adversus Christianos, Commentarius, Amstelodami MDCLIV, 19 und 66f. Der übrige Befund dieser Schrift hält sich auch mit der Formulierung einer „nova religio" im antiken Verständnis, vgl. 67, ferner 102; hier findet sich auch „Romana religio".

kommt, geht es ihm um die Frage, ob diese etwas zur „pietas" beiträgt[11]. Die tradierte These, daß nach Roger Bacon und Pierre d'Ailly Sterne für die Konstitution der verschiedenen Überzeugungen bedeutsam sind, hat er nicht mehr aufgenommen[12]. Diese hatte ja für das Mittelalter etwa bei Roger Bacon und für den Humanismus bis hin zu Geronimo Cardano beträchtliche Relevanz[13].

Seinen „Institutiones Theologicae" stellt der Arminianer Simon Episcopius (1583–1643) ein erstes kurzes Buch „De Theologia et Religione in genere" voran[14]. In diesem handelt er zunächst über die Theologie, über die natürlicherweise nur durch Vernunfterwägung zu erschließende Annahme der Existenz Gottes sowie über seine Offenbarungen. Danach wendet er sich der „Religio" zu; er unterteilt sie in „naturalis" und „revelata"[15]. Insgesamt bestimmt er sie ausdrücklich als Tugend[16] und unterscheidet „actiones internae" – nämlich Liebe, Furcht, Glaube, Hoffnung, Gehorsam – und „externae" – alle körperliche Handlungen[17] –, ohne den Hinweis zu unterlassen, daß beide zusammengehören.

Die „naturalis ... religio" beschreibt er des näheren durch ihre enge Bindung an die „recta ... ratio", in der sie ihre Regel und ihren Maßstab besitzt[18], so daß er sie auch als „rationalis ... Theologia" bestimmen kann[19]. Aus der Vernunft vermag der Mensch zu erschließen, daß er Gott lieben und grundlegende Gebote halten muß[20].

Ausdrücklich bezieht Episcopius freilich diese „religio", welche aus der „recta ... ratio" resultiert, auf die Zeit bis zur Sintflut, nämlich etwa 2000, genau 1657 Jahre[21]. Es handelt sich somit nicht um ein stets und gleichermaßen mit der Ver-

---

[11] Gerardus Joannes Vossius, De Vniversae Mathesios Natura et Constitutione Liber, Amstelaedami MDCLX, 121f.
[12] Ebd. 180, 182f, 215; bei der Frage nach dem Bezug zur Theologie, ob die Astrologie die menschlichen „eventus" voraussagen kann, 214ff, fehlt ‚religio'. – Vossius' Schrift Libri IV De Theologia Gentili et Physiologia Christiana, Sive de Origine ac Progressu Idololatriae, Amsterdam 1642, war mir leider nicht zugänglich. Eine Reihe kleinerer theologischer Schriften über Jesus Christus, die Evangelienharmonie, die drei Symbole und über die Taufe sowie einige philologische Schriften ergaben gleichfalls keinen weitergehenden Befund.
[13] S. dazu E. Feil, Religio 209, 279f; ders., Religio II, 55–66.
[14] Simon Episcopius, Institutiones Theologicae, Lib. I, in: M. Simon Episcopius, Opera Theologica, [I] Ed. 2, Londini MDCLXXVIII, I, 1–23b. – Daß es sich hierbei um einen ersten Band handelt, läßt sich erschließen aus der Praefatio von Stephanus Curcellaeus, in der dieser nur vom „volumen" spricht und am Ende, *** 4v, als Datierung 1649 angibt.
[15] Vgl. den Abschnitt ebd. 16b–23b.
[16] Ebd. 16b: „Religio itaque est virtus, qua creatura rationalis debitum Deo cultum, tanquam primo auctori et Domino suo, pro rationis suae capacitate exhibet."
[17] Ebd. 17a: „Externae sunt omnia ista opera, quae ministerio corporis fiunt, et locomotivam facultatem spectant."
[18] Ebd.
[19] Ebd. 18a.
[20] In diesem Zusammenhang lehnt Episcopius die Annahme ab, daß Gott sieben Gebote dem Adam und Noah gegeben habe, 18bf. Freilich stellt das Gebot, Gott zu lieben, ein Gebot der „lex naturae" dar, 21a.
[21] Ebd. 21b.

nunft erreichbares, sondern auf eine bestimmte Zeit beschränktes Gesetz. Die „religio naturalis" erweist sich nämlich hinsichtlich der inneren und äußeren Akte des Menschen als schwach, da dieser durch die Erbsünde versehrt ist[22]. Für die „religio" gab es zu Beginn keine Verderbnis im Hinblick auf Gott, keinen Götzendienst, da die Schöpfung noch nicht lange vorüber und folglich in Erinnerung war und da Gott am Beginn der Welt oft erschien[23]. Im Lauf der Zeit und nach der Sintflut nahm dann freilich die „impietas" zu, so daß Verderbnis sowie Götzendienst um sich griffen und die ganze „religio naturalis" schändlich verderbt wurde[24]. Als Grund für diese Verderbnis sieht Episcopius die Unsichtbarkeit Gottes und die Unfähigkeit des Menschen an, zu unterscheiden womit sie sich Gutes oder Schlechtes tun[25].

Episcopius schließt diese Grundlegung mit dem Hinweis auf die Notwendigkeit der göttlichen Offenbarung[26], so daß die „religio naturalis" keine eigene Bedeutung mehr besitzt, sondern lediglich als Folie, als Aufweis der Heilsbedürftigkeit des Menschen dient; es genügt nämlich nicht, nach der „norma solius rectae rationis" ohne die Schrift und ohne spezielle Verheißungen zu leben, es bedarf vielmehr der „perfectissima tandem revelatio"[27].

Bei dem Lutheraner Nicolaus Hunnius (1585–1643) bleibt ‚religio' selbst da ausgespart, wo er von Juden, Türken und Papisten spricht[28].

Der zur arminianischen Richtung gehörende Stephanus Curcellaeus (1586–1659) beginnt seine „Religionis Christianae Institutio" mit einem freilich außer-

---

[22] Ebd.
[23] Ebd. 22b.
[24] Ebd. 23a.
[25] Ebd. 23b.
[26] Ebd.
[27] Ebd. – Zur „Religio ... revelata" vgl. auch Simon Episcopius, Disputationum Theologicarum I thes. 1, in: Simon Episcopius, Opera Theologica, [II], Roterodami MDCLXV, Pars II, 444a. – Zur Datierung und Bezeichnung dieses als des zweiten Bandes vgl. die Widmung von Philipp van Limborch, der vom „volumen alterum" spricht und als Datierung am Ende 1665 angibt.
Im Zusammenhang mit dem „cultus Dei" vor Mose, vgl. S. Episcopius, Disputationum Theologicarum XI thes. 1; ebd. 449f. Beim „cultus Dei" spricht Episcopius gleichfalls, wenn auch nicht ausführlich, von „religio". Weitere Belege finden sich im Register [II], Pars II.
Daß bei Episcopius mit vorstehenden Hinweisen wohl die wesentlichsten Aussagen über die „religio", nicht aber alle wichtigen wiedergegeben sind, möchte ich eigens vermerken. Verschiedentlich verwendet er den Terminus auch im Titel von Abhandlungen, vgl. etwa: Confessio sive Declaratio Sententiae Pastorum, qui in foederato Belgio *Remonstrantes* vocantur, super praecipuis articulis Religionis Christianae, [II], Pars II, 75–94, sowie daran anschließend: Apologia pro Confessione sive Declaratione Sententiae eorum, Qui in Foederato Belgio vocantur REMONSTRANTES, super praecipuis Articulis Religionis Christianae. Contra Censuram Quatuor PROFESSORUM LEYDENSIUM, ebd. 95–283.
[28] Nicolaus Hunnius, Epitome Credendorum Oder Innhalt Der gantzen Christlichen Lehr / So viel einer davon in seinem Christenthum Zu seiner Seelen Seeligkeit zu wissen / und zu glauben bedürfftig, Franckfurt und Leipzig 1702, 9–11; auch bei der Behandlung der Zeremonien, 541ff, fehlt ‚religio'.

ordentlich knappen Abschnitt „De Religione in genere"[29]. In ihm hebt er Würde, Nutzen und Notwendigkeit der „Religio" hervor, erwähnt ihre Etymologie und unterscheidet sie in „*Vera*" und „*Falsa*"; zu letzterer rechnet er diejenige der „*Ethnici*", der „*Judaei*", der „*Mahumetistae*" und schließlich der „*Pseudo-Christiani*". Vor allem aber definiert er die „Religio" als „*Recta... ratio*", Gott zu erkennen und zu ehren[30]. Sodann unterteilt er sie in „*Naturalis*", die sich nur auf die Prinzipien der Natur stützt[31], und „*Revelata*", die ganz oder wenigstens zum Teil aus der Offenbarung stammt. Letztere unterscheidet er in „*Vetus*" und „*Nova*", nämlich einmal in die vor und nach der Sintflut, Abraham sowie dem Mose gegebene und zum anderen in die durch Christus gebrachte „Religio"[32].

Nach diesem einleitenden Kapitel wendet sich Curcellaeus erst der Existenz Gottes und dann ausführlich der Schrift zu, ehe er zum Schluß dieses ersten Buches noch einmal auf die Normen und den Richter über die „Controversiae Religionis" sowie auf den Gebrauch der Vernunft in der „Religio" eingeht[33]. Diese Normen kann nur die Schrift darstellen, nicht aber die Tradition oder die Glaubensbekenntnisse[34]; einen Richter über die „controversiae" hat Gott sonst nicht bestellt, weil er wollte, daß die „Religio ... Christiana" frei sei, so daß nur die „sana ratio" als Richter in Frage kommt[35]. Sie stellt somit ihr alleiniges Fundament dar[36]. Freilich kann diese gesunde Vernunft auch für die Offenbarung nicht entbehrt werden[37].

Trotz dieser Betonung der Vernunft bestimmt Curcellaeus die „Religio naturalis" strikt temporal, wie seine Unterteilung der „Religio" in „*Naturalis, Mosaïca et Christiana*" zeigt[38]. Zur ersten rechnet er die beiden Perioden vom Fall Adams bis zu Abraham und von Abraham bis zu Mose; auch weist er auf die sieben Gebote der Juden hin, die er als Mose und Noah gegebene ansieht[39]. Daß die „Religio naturalis", wie er in der einführenden Bestimmung gesagt hatte, auch

---

[29] Stephanus Curcellaeus, Opera Theologica, Quorum pars praecipua Institutio Religionis Christianae, Amstelodami MDCLXXV, Lib. I cap. 1; 1 f.

[30] Ebd.; 1b: „de Vera Religione agere instituimus, quae est *Recta Deum cognoscendi et colendi ratio*, seu *Verus de Deo sensus et rectus ejusdem cultus, sub certa spe remunerationis ab eo obtinendae*".

[31] Ebd.; 1b: „*Religio Naturalis est, quae solis naturae principiis in Deo cognoscendo et colendo nititur*. Talemque habuerunt maximam partem primi incolae mundi per annos 2450, aut circiter, usque ad legem per Mosem datam. Talem quoque habuerunt postea Ethnici, sed corruptam et imperfectam."

[32] Ebd.; 2a.

[33] Ebd. cap. 15–17; 31–39.

[34] Ebd.; 31 ff.

[35] Ebd.; 36b.

[36] Ebd.; 37a.

[37] Vgl. die Zusammenfassung, ebd.; 39b: „Ideoque *Religio Christiana*, prout nobis ab Apostolis est tradita, *Lac rationale* Petro dicitur, I *Epist*. 11,2, [muß heißen: 2,2] et *cultus*, ad quem Deo exhibendum nos hortatur, *rationalis* a Paulo vocatur Rom. XII.1."

[38] Vgl. dazu ebd. Lib. 4 cap. 11; 185 ff.

[39] Ebd.; 185b. – Im übrigen steht die „Religio" nicht weiter im Vordergrund; bei der Behandlung der Tugenden bevorzugt Curcellaeus die „Pietas", vgl. ebd. Lib. 7 cap. 19; 508b–521b, sowie cap. 22; 526b–531a.

Ergänzender Überblick

bei den Heiden noch vorkommt, wenn auch versehrt, läßt er in diesem Zusammenhang außer acht.

Zu vermerken bleibt lediglich, daß Curcellaeus in seinen Überlegungen über den Magistrat die „Religio ... Christiana" ausdrücklich als „tota spiritualis" charakterisiert und deswegen auch eine gewaltsame Förderung dieser „Religio" ablehnt[40]. Ausführlicher spricht er sie in diesem Zusammenhang aber nicht an.

Immerhin hat Curcellaeus die „Religio" und besonders die „Religio naturalis" durch die kurze einführende Erörterung betont, wenn er ihr auch in der weiteren Behandlung keine ausgedehnte Aufmerksamkeit widmet.

Wie nachhaltig die speziell in der katholischen Tradition aufrechterhaltene Konzeption der „religio" auch im evangelischen Bereich präsent geblieben ist, zeigt sich bei Gisbert Voetius (1589–1676). Dieser reformierte Theologe verwendet zwar „religio" einigermaßen freizügig auch für den Bereich des Islam[41], aber er bringt auch die komplette überlieferte Definition der „religio" einmal als moralische Tugend und zum anderen als Stand[42].

Besonderes Interesse weckt demgegenüber der Beitrag, den Johannes Olearius (1611–1684) zu unserem Thema beigesteuert hat. In der Aufnahme lutherischer Tradition, hierin seinem Vater Johannes Olearius (1546–1623) folgend, richtete er seine besondere Aufmerksamkeit auf die Moraltheologie und die Kasuistik. Seiner Moraltheologie stellt er ein Motto Justins des Märtyrers voran, das er ein wenig frei ins Lateinische übersetzt, daß nämlich unsere „religio" nicht in Worten, sondern in Taten besteht[43]. In den umfangreichen Tafeln, aus denen diese Abhandlung wesentlich besteht, dominiert zweifellos „Pietas"[44]. Doch unter dem Stichwort der Gottesfurcht werden dann umfassend „Religio" und speziell „Pietas" aufgeführt und dabei erstere als „cultus" ganz allgemein

---

[40] Ebd. Lib. 7 cap. 37; 589a, in einem Kapitel über die Strafen der Häretiker!
[41] Gisbertus Voetius, Politicae Ecclesiasticae Partis Primae Libri duo Priores, Amstelodami MDCLXIII; Libri duo Posteriores, Amstelodami MDCLXVI, vgl. hier Pars I Lib. IV tract. 1 cap. 2; 382: „*Prioris* exemplum praebet Imperium Turcicum, ubi praeter exercitia publicae religionis, Mahumedicae scilicet, ubivis locorum publice obtinent aut obtinere possunt exercitia religionis Judaicae, et Christianae, et quidem diversarum professionum Graecae scilicet, Nestorianae, Reformatae, etc."
[42] Ebd. Pars secunda. Quatuor Libris Adornata, Amstelodami MDCLXIX, Lib. IV tract. 4 cap. 2, 932: „Praecipuum Monachatus fundamentum est *religio*. Nomen religionis duobus modis accipitur apud *Azorium lib. 9. Inst. Moral. cap. 5.* in initio. *Uno* modo ut significat eam virtutem moris, qua justus, et debitus honor cultusve Deo tribuitur: *Altero* modo ut notat statum et vitae conditionem, multorum hominum speciali modo, et regula colentium Deum." – Die Arbeit von Gisbertus Voetius, Specimen Assertionum partim ambiguarum aut lubricatum, partim periculosarum, Ex tractatu nuperrime scripto pro Sodalitatibus B. Mariae inter Reformatos erigendis aut interpolandis, titulo, Defensio pietatis et sinceritatis etc., Ultraiecti MDCXLIII, ergab gleichfalls keinen weiterführenden Befund.
[43] Johannes Olearius, Doctrina Theologiae Moralis totius, in usum incipientium, certis paediae ac methodi limitibus circumscripta, et tabulis LXXII, Lipsiae MDCLXXXXIV: „Non in dictis, sed in factis res nostrae Religionis consistunt."
[44] Ebd. Tab. II, XI in Parallele zur Justitia, XVIIf und LXI.

und letztere als die spezielle Einstellung bezeichnet[45]. Damit erfolgt eine moraltheologische Zuordnung, die die „pietas" als Spezifikation der weitgefaßten „religio" bestimmt[46]. Insgesamt aber erhalten beide im ethischen Kontext ein besonderes Gewicht. Zugleich aber werden sie nachhaltig der Praxis zugeordnet. Beides hat in der Folge beträchtliche Wirksamkeit gefunden.

Ein Kapitel „De Religione Christiana" findet sich auch in der „Theologia Positiva" des Lutheraners Johann Friedrich König (1619–1664), die durchgängig aus kurzen Leitsätzen besteht[47]. Dabei bringt er sie ganz eng mit der „fides" in Verbindung[48]. Somit bietet auch er in seiner Grundlegung, die des weiteren über die Schrift und über die Glaubensartikel handelt, einen einleitenden Abschnitt über die „Religio". Bei der Behandlung des Magistrats formuliert er noch einen Leitsatz, nach dem die „religio" zu den realen Aufgaben des Magistrats gehört[49].

In diesem Zusammenhang soll auch der Leidener Historiker Georg Horn (1620–1670)[50] unser Interesse finden; denn er hat in einer vom üblichen Kanon abweichenden Fragestellung die Ursprünge der Amerikaner untersucht[51]. In unserem Zusammenhang ergibt sich zwar zunächst kein besonderer Befund, weil der Autor es nicht für wert hält, über die „Religio" viele Worte zu verlieren[52]. Doch dann wird es interessant, weil er die These zu belegen versucht, die „Religio Americanorum" stamme von den „Sini" ab[53]. Darüber hinaus stellt er Vergleiche etwa dahingehend an, daß der Titel „Papa" für den „summus sacerdos" auch bei den Mexikanern zu finden ist[54]. Horn entwickelt also nicht das Verständnis der „Religio" als solcher weiter, wohl aber trägt er bei zu deren Vergleich bei den verschiedensten Völkern, zumal auch bei denen, die über die Erd-

---

[45] Ebd. Tab. XX: Zur „Timor Dei": „1. *Generaliter*, pro tota Religione, seu toto Dei cultu, ...
2. *Specialiter, et integram* significat Pietatem, seu illam sanctitatis nostrae partem, quae proprie Deum respicit ...
3. *Specialissime*, pro illo Metu ..."
[46] Ebd. Tab. XIIX: „Pietas sumitur vel *Late*, et sic universam denotat religionem Christianam, utpote quae est doctrina secundum pietatem".
[47] Johannes Fridericus König, Theologia Positiva Acroamatica, Synoptice tractata, Ed. 14, Rostochii et Lipsiae MDCCXIX (die Widmung ist datiert von 1664), cap. 1 § 58–78; 7–10.
[48] Vgl. die Definition, ebd. § 72; 9: „*Religio Christiana est ratio colendi DEUM verum fide in Christum, et charitate erga Deum et proximum, secundum verbum scriptum, ut homo a Deo avulsus Deo reduniatur.*"
[49] Ebd. § 982; 272, wo er zur „Materia" bzw. zum „Objectum ... reale" der Aufgaben des Magistrats sagt: „*Reale* sunt tum Religio, et ea, quae ad externum Ecclesiae regimen spectant; tum subditorum bona et actiones."
[50] In der Geschichtswissenschaft findet Georg Horn eine gewisse Aufmerksamkeit deswegen, weil er um 1666 noch vor Christoph Cellarius (1638 – 1701) die Dreiteilung der Geschichte in Altertum, Mittelalter und Neuzeit vorgenommen hat.
[51] Georgius Hornius, De Originibus Americanis, Hagae Comitis MDCLII.
[52] Vgl. aber etwa Lib. I cap. 9; 54.
[53] Ebd. Lib. IV cap. 15; 276–281; im folgenden cap. 16; 281f, weist Horn auf die Übereinstimmung des „cultus" bei beiden hin.
[54] Ebd. Lib. IV cap. 15; 279.

teile verstreut sind. Freilich thematisiert er die Implikationen eines solchen Vergleichs nicht.

Seine „Institutio Theologiae elencticae" beginnt auch Franciscus Turretini (1623–1687) mit einem ersten Abschnitt „De Theologia", in dem er über die Theologie sowie über die *Theologia naturalis*" spricht. In diesem Zusammenhang wendet sich der um den Konsens der Schweizer Reformierten Kirche bemühte Theologe auch der „Religio" zu[55]. Unter *Theologia naturalis*" versteht er diejenige Theologie, die nach dem Fall Adams bleibt; er fragt, ob eine solche „facultas naturalis" allen Menschen gesunden Verstandes zu eigen bleibt, und sucht dafür Belege, so etwa die Röm 2,14f ausgesagte „Lex naturalis" oder auch die Existenz von „Religiones"[56]. Im Zusammenhang mit der Frage nach dem Genügen der „Theologia naturalis" zum Heil fragt er auch nach einer „Religio aliqua communis"[57]. Die These ungläubiger Pelagianer, jeder könne in seiner „Religio" gerettet werden, und mehr noch die These der „Libertini", jede „Religio" sei indifferent, lehnt er entschieden ab[58]. Demgegenüber hält er an der einen „Theologia sive vera Religio" fest, in der allein die Menschen nach dem Fall das Heil erlangen können, nämlich an derjenigen, die durch das Wort des Gesetzes und des Evangeliums bewahrt ist[59]. So beschreibt er die „Religio" auch als vom Heiligen Geist gegebene Tugend, durch die wir Gott „subjective" erkennen und verehren können[60]. Folglich lehnt er die Heilswirksamkeit einer „Religio communis" ab[61]. Ohne Christus gibt es eben kein Heil, und wenn etwa Melchisedek, Ijob oder der Hauptmann Cornelius zum Heil gefunden haben, so nur durch eine besondere Gnade und Offenbarung[62].

---

[55] Franciscus Turretinus, Institutio Theologiae elencticae, in qua Status Controversiae perspicue exponitur, Praecipua Orthodoxorum Argumenta proponuntur et vindicantur, et Fontes Solutionum aperiuntur, Pars Prior, Genevae MDCLXXIX, Loc. I; 1–57.
[56] Vgl. ebd. qu. 3; 6–9, speziell 8: „*Religionum* in Mundo *institutio*, Theologiam naturalem clarissime evincit."
[57] Ebd. qu. 4; 9, wo im Titel bereits die Parallelisierung der „Theologia naturalis" und der „Religio … communis" zum Ausdruck gebracht ist: „An Theologia naturalis sit sufficiens ad salutem, seu An Religio aliqua communis detur, per quam omnes promiscue salvari possint?"
[58] Ebd. mit der Aussage vom „dogma impium Pelagianorum, Vnumquemque in Religione sua bene institutum servari", welches die „Libertini, David-Iorristae" (Anhänger des gemäßigten Täufers und Apokalyptikers David Joris (1501/02–1556)) annehmen, die „quamlibet Religionem censent indifferentem".
[59] Ebd. 10; hier nennt er alle anderen „Religiones" „impiae … et idolatricae, vel falsae et erroneae".
[60] Ebd. 11; hier findet sich die Präzisierung: „*Religio* sumitur vel *habitualiter* et *subjective* pro virtute animis nostris a Deo per Spiritum Sanctum indita, qua Deum cognoscimus et colimus, vel *objective* pro norma cognoscendi et colendi Deum, ab ipso nobis in Verbo revelata". Nur über diese letztere handelt Turretini.
[61] Ebd., wobei er Röm 1,19f nennt; doch findet sich hier ‚religio' nicht.
[62] Ebd. 14.

Eine Überraschung bietet die Disputation von Bernhard Hagemann[63] insofern, als dieser faktisch unbekannte Theologe in einem für dieses Thema frühen Text von 1667 mit ungewohnter Ausführlichkeit von der „Religio mere naturalis" handelt und deren Ungenügen für das Leben nach dem Tode und d.h. für das ewige Heil herausstellt[64]. Die Bedeutung dieser Formulierung wird erst dann vollends klar, wenn man berücksichtigt, daß Hagemann unter diesem Stichwort seine Auseinandersetzung mit Edward Lord Herbert von Cherbury führt, während ungefähr gleichzeitig Johannes Musaeus die entsprechende Kontroverse unter dem Leitbegriff der „Theologia naturalis" vornimmt[65].

Wie andere einschlägige Arbeiten, so nennt auch Hagemann einleitend die fünf Artikel, mit denen Herbert von Cherbury die „Religio" der alten Völker charakterisiert[66], die Hagemann selbst sogleich als „superstitio" qualifiziert[67]. Er geht auch auf die Annahme ein, daß Menschen, die gut gelebt haben, im Tode Christus als geoffenbart erfahren und so ins Paradies kommen[68]. Doch lehnt er den Weg Herbert von Cherburys entschieden ab[69]. Der „Religio naturalis" setzt er die „Christiana supernaturaliter revelata religio" gegenüber[70], die er unter Berufung auf Georg Calixt für unerläßlich hält[71]. Mag er die „Religio supernaturalis revelata", die er verschiedentlich nennt[72], für hinlänglich bestimmt halten, so offensichtlich auch die „Religio naturalis". Dabei wüßte man gern, was er näherhin mit dem *interioris* pietatis studium" meint, welches er für unerläßlich zum Heile hält[73]. Denn die mit den fünf Artikeln Herbert von Cherburys bestimmte „recta ratio" vermag den Menschen lediglich unzureichend zur „pietas" gegen Gott und zur rechten Verhaltensweise gegenüber dem Nächsten auszurichten[74]. Es genügt Hagemann offensichtlich, die Unzulänglichkeit der „religio naturalis" durch die Widerlegung der Argumente Herbert von Cherburys,

---

[63] Die Biographie Bernhard Hagemanns konnte bislang nicht geklärt werden.

[64] Bernhardus Hageman, Disputatio Theologica De Insufficientia Religionis mere naturalis ad consequendam Vitam post hanc meliorem, et, necessitate Revelationum divinarum supernaturalium. Opposita Libro De Religione Gentilium, errorumque apud eos caußis, Authore Eduardo Barone Herbert, ... Praeside Gerhardo Titio, Helmaestadi MDCLXVII. – Das Ungenügen stellt er besonders deutlich heraus nr. 20; D 3v. – Im Unterschied zur Angabe der Titelseite findet sich in der Widmung die Schreibweise „Hagemann", die übernommen wurde.

[65] Zu Johannes Musaeus s.o.

[66] B. Hagemann, Disputatio, nr. 4; A 2vf: Die fünf Artikel Herberts lauten in der Zitation Hagemanns: „(1) Esse Deum summum (2) coli debere (3) Virtutem pietatemque esse praecipuas partes cultus divini (4) Dolendum esse ob peccata, ab iisque resipiscendum (5) dari ex bonitate justitiaque divina praemium vel poenam, tum in hac vita, tum post hanc vitam."

[67] Vgl. außer Johannes Musaeus die Zitation bei Christophorus Schomerus und David Hollaz.

[68] Ebd. nr. 5; A [4]v; vgl. nr. 7; B 2r.

[69] Ebd. nr. 6; B 1rff.

[70] Ebd. nr. 13; C 1r.

[71] Hagemann zitiert dessen „Disputatio de Veritate Christianae Religionis § V".

[72] Ebd. nr. 16; C [4]v, „revelata Religio" nr. 17; D 1r.

[73] Ebd. nr. 15; C 3v.

[74] Ebd.; C 2v.

dessen Hinweis auf Orakel oder spezielle Anreden Gottes, aufzuweisen[75]. Es bleibt somit dabei, daß dessen „Religio ... philosophica" ungenügend ist[76]. Hier verwendet Hagemann anscheinend völlig selbstverständlich diesen sonst nicht gängigen Terminus, dessen nähere Bestimmung uns wiederum interessieren würde. Denn seinerzeit war nur die Aufteilung der Theologie in drei Arten geläufig, in der die „Theologia naturalis" die Theologie der Philosophen bezeichnet. Demgegenüber stellt diese Disputation Hagemanns die bislang ausdrücklichste Behandlung unseres Themas unter dem Stichwort der „Religio mere naturalis" dar.

Der Vergleich dieser Disputation mit derjenigen von Johannes Musaeus als Präses und Wolfgang Gangius als Respondens[77] erweist sich als aufschlußreich. Denn ein und dasselbe Anliegen, nämlich der Nachweis der Insuffizienz natürlicher Gegebenheiten und Kräfte für das Heil, kann einmal wie in dieser Disputation unter dem Thema der „Theologia naturalis" behandelt werden, zum anderen aber wie hier bei Hagemann unter dem Leitbegriff der „Religio naturalis", und dies jeweils in Opposition zu Edward Lord Herbert von Cherbury.

Wenn der Lutheraner Christian Kortholt (1633–1694) sein Buch „De Tribus Impostoribus Magnis" überschreibt, spielt er damit auf jenes sagenumwobene Buch an, das Mose, Jesus und Mohammed als Betrüger dingfest macht[78]. Er polemisiert aber nicht einfach gegen diesen vor allem auf Jesus gerichteten Vorwurf, sondern gegen Herbert von Cherbury, Hobbes und Spinoza. Die Hintergründigkeit seines Titels war seinen Zeitgenossen durchaus vertraut[79]. Gegen Herbert von Cherbury wendet er ein, daß er nicht die „Religio Naturalis" festigen, sondern die „Revelata Religio" erschüttern will[80]. Hobbes wirft er vor, daß dieser die „religio" völlig der Diktatur der höchsten Gewalt im Gemeinwesen unterworfen wissen will[81]. Er zitiert dafür einen Text von Hobbes, nach dem die

---

[75] Ebd. nr. 21; D [4]v – E 2r.
[76] Ebd. nr. 18; D 2v.
[77] Vgl. die o. bei Johannes Musaeus mit Anmerkung 22ff genannte Disputation: Introductio In Theologiam De Distinctione Theologiae in Naturalem et Revelatam deque Natura Theologiae revelatae, Anno MDCLXIV. – Die Formulierung einer „theologia seu religio naturalis" etwa durch Calixt war noch keineswegs Allgemeingut geworden!
[78] Christianus Kortholtus, De Tribus Impostoribus Magnis Liber, Kiloni 1680.
[79] Vgl. dazu die instruktive Studie von Friedrich Niewöhner, Veritas sive Varietas. Lessings Toleranzparabel und das Buch von den drei Betrügern, Heidelberg 1988; vgl. dazu Ernst Feil, Toleranz, Glaube und Vernunft, in: Stimmen der Zeit 116 (1991) 425–428. – Vgl. bei Chr. Kortholt, aaO. 215, den Hinweis auf eine lange Reihe, die in der Diskussion immer wieder als Betrüger hingestellt werden, so Mose, die Propheten, die Apostel und Christus selbst.
[80] Ebd. 59: „Apparet autem vel ex hac Herberti vacillatione, non principaliter in suis Commentariis id ipsum agere, ut Religionem Naturalem stabiliat; sed, ut his actis cuniculis impium suum de labefactanda et opprimenda Revelata Religione consilium pertegat."
[81] Ebd. 120: „Ostensum est supra, quod secundum Hobbii doctrinam, in religionis negotio intellectus humanus absolute submitti debeat summae potestatis civilis dictaturae." Im Zusammenhang mit Hobbes weist Kortholt, 113, auch darauf hin, daß im antiken Rom, wie Livius, Lib. 25 cap. 1, gesagt hat, in Kriegszeiten eine „externa religio" in die Stadt eindrang und die „ritus Romani" der Ver-

"Religio" nicht von Privatleuten abhängt, sondern von den Gesetzen des Staates, ist sie doch keine Philosophie, sondern Gesetz im Staat und somit nicht zu disputieren, sondern zu erfüllen[82]. In der Argumentation gegen Spinoza verwendet er allerdings vornehmlich nicht „religio", sondern „fides". An dessen Position kritisiert er, daß Theologie und „Ratio" getrennte (Be)Reiche darstellen[83]. Lediglich in Fragen des Magistrats dominiert auch in diesem Abschnitt „Religio"[84]. In der Zusammenfassung stellt Kortholt dann gegen Salvianus von Marseille (ca. 400–468/70) fest, daß sich den Zorn Gottes zuzieht, wer immer Christus und dessen „religio" zum Gespött macht, und er fügt eigens hinzu, daß dies ebenso unter den „Gentiles", den „Judaei", den „Muhammedani" und schließlich unter den „Christiani" geschieht[85]. Er wendet sich folglich gegen alle Feinde der „Christiana pietas" seiner Zeit, die die „CHRISTI religio et doctrina" bekämpfen[86].

Die umfangreiche Auseinandersetzung, die August Pfeiffer (1640–1698) mit der *„Mataeologia Judaica et Muhummedica"* geführt hat[87], steht unter der Antithese von „Theologia" und „Mataeologia"[88]. Die „Religio" spielt dabei keine theologische Rolle; Pfeiffer spricht ganz unbefangen von der *„Religio Moham-*

---

achtung anheimfielen. Hier handelt es sich also nicht um eine äußere, sondern um eine von außen hineingetragene „religio".

[82] Ebd. 107f unter Hinweis auf Hobbes, Elementorum Philosophiae sect. II cap. 14, 3, 4; der Hobbes-Text lautet nach Kortholt: „Si Religio (praeter eam quae consistit in Pietate naturali) ab hominibus privatis non dependeat, tunc necessarium est (cessantibus jamdudum miraculis) ut dependeat a Legibus civitatis. Religio itaque Philosophia non est, sed in omni civitate Lex; et propterea non disputanda est, sed implenda."

[83] Ebd. 167 unter Verweis auf Spinoza, Tractatus Theologico-Politicus cap. 15; das Spinoza-Zitat lautet: „Pro inconcusso statuimus, quod nec Theologia Rationi, nec Ratio Theologiae ancillari teneantur, sed unaquaeque suum regnum obtineat: nempe, uti diximus, Ratio regnum Veritatis et Sapientiae; Theologia autem Pietatis et Obedientiae. Nam Rationis potentia, non eo usque se extendit, ut determinare possit, quod homines sola obedientia, absque rerum intelligentia, possint esse beati: Theologia vero nihil praeter hoc dictat, nihilque praeter obedientiam imperat et contra Rationem nihil vult, neque potest. Fidei enim dogmata ... eatenus tantum determinat, quatenus obedientiae sufficit; quomodo autem praecise ratione veritatis intelligenda sint, Rationi determinandum relinquit." Im folgenden geht es dann um die „fides" bzw. die „Catholica fides" im Sinn des allgemeinen Glaubens.

[84] Ebd. 208, wo auch von Hobbes die Rede ist, unter Zitation von Spinoza, Tractatus Theologico-Politicus, cap. 16; vgl. auch bei Kortholt, 210.

[85] Ebd. 219.

[86] Ebd. 221f.

[87] Augustus Pfeifferus, Theologiae, Sive potius Ματαιολογίας Judaicae atque Mohammedicae Seu Turcico-Persicae Principia sublesta et Fructus pestilentes, Hoc est: Exercitationes de Judaeorum libris, qvibus praeter Scripturam S.V.T. religio ipsorum nititur, sc. Talmude, Targumim, etc. itemque de eorundem sectis et virulentis in Christianam religionem calumniis; porro de Alkorano Mohammedico et Turcarum atque Persarum in religione dissidiis etc., Lipsiae MDCLXXXVII, so in der Widmung, (0) 3r. Pfeiffer verwendet auch „Mohammedica", so im Titel, ferner sagt er ebenso „Mohammedani", (0) 3r, oder „Musulmanni", 263. – Biographische Angaben ließen sich nicht ermitteln.

[88] Vgl. die Korrektur von „Theologia" in „Mataeologia", wenn es um den Koran geht, etwa ebd. 294.

medica" als einer „nova Religio"[89] und ebenso von den Unterschieden zwischen den Persern und Türken „circa Religionem"[90]. Er verwendet offensichtlich diesen Terminus in einem neutralen Sinn, ohne ihn mit der Wahrheitsfrage zu verbinden, und bezeichnet mit ihm die Vollzüge, die manifest in Erscheinung treten.

Von unserem Thema her erweckt auch die Disputation von Christoph Franck (1642–1707) ein spezielles Interesse. Zu Beginn seiner Argumentation unterscheidet er einen engen und einen weiten Gebrauch von „Religio"[91]. Dabei hält er sich grundsätzlich im Rahmen der Tradition[92]. Wenn er *„Religio naturalis"* und *„Religio revelata"*[93] von einander abhebt, so hält er doch beide „religiones", wie er in einem unüblichen Plural sagt, für wahr, weil sie Gott zum Urheber haben[94]. Grundsätzlich führt nur die letztere zum Heil[95], wie er gegen seine Kontrahenten nachweist[96]. Gleichwohl schließt er mit der vorsichtigen Annahme, daß Gott in seiner unerschöpflichen Liebe alle selig machen will und somit seiner gerade nicht entbehrt, wer die ihm gegebenen Kräfte nützt[97].

Interessant ist auch die Dissertation von Samuel Strimes (1648–1730). In der hier vorgelegten Erörterung über den kirchlichen Frieden bringt er nämlich einen ausführlicheren Abschnitt über die „Religio Communis"[98]. Dabei verwendet er diesen Terminus nicht mehr wie François Turrettini nur im negativen Sinn, sondern auch in einem positiven[99]. Vielmehr nimmt er für sich die positive

---

[89] So in der Widmung, ebd. (0) 2v.
[90] Vgl. den Appendix II, ebd. 390–446.
[91] [Christophorus Franck,] Disputatio Inauguralis De Religione Naturali, Contra Naturalistas et Remonstrantes, Quam ... Praeside ... Christiano Kortholt ... Publico Eruditorum Examini submittit ... XXIIX. Augusti, A. MDCLXVI ... Christophorus Franck, Metaphysicae et Logicae Professor Ordinarius, Kiloni, §2: „Acceptiones ejus (sc. religionis) duae hic potissimum considerandae veniunt. *Prima* sumitur Religio pro peculiari virtute morali, qua debitum Deo cultum honoremque praestamus. *Altera*, (quae hodie communissima et hujus est loci) accipitur latius, pro credendorum faciendorumque omnium complexu."
[92] Ebd. §2 mit Hinweis auf Thomas von Aquin, STh II–II 81; auch verweist Franck auf die Etymologie von Laktanz, §1.
[93] Ebd. §3.
[94] Ebd. §4.
[95] Ebd. §6.
[96] Vgl. ebd. bes. §8f, 10, gegen Herbert von Cherbury; §15, gegen die Remonstranten.
[97] Ebd. §26, hier mit einem Hinweis auf den Tod Christi für alle.
[98] Samuel Strimesius, Dissertatio Theologica de Pace Ecclesiastica, Francofurti ad Viadrum MDCLXXXIX.
[99] Die in diesem Kapitel über die „Religio cummunis", cap. V; 29–38, angegebene Definition lautet, 29ff: „Religionem Communem cum exterminio orthodoxiae suaderi, dum sola Sacra Scriptura in Fidei Articulis standum seu acquiescendum contenditur, praesertim, cum nemo non haereticorum ad Sacram Scripturam provocare, eaque pestilentes errores suos palliare non minus consueverit, quam Orthodoxi veritates suas Sacrae Scripturae prasidio tuentur.
Ad quod *Respondeo* (I.) Religionem Communem, per quam istum modum Cognoscendi et Colendi Deum intelligimus, in quem plures, authoritate Sacrae Scripturae inducti, consenserunt, Natu-

Version in Anspruch, die auf Christus und den Aposteln beruht und einen Glauben, eine Hoffnung, eine Taufe, einen Herrn Christus und einen allen gemeinsamen Gott und Vater annimmt[100]. Hiervon setzt er die andere Version ab, die einmal durch Reduktion der biblischen Inhalte zustande kommt wie bei den Sozinianern und zum anderen durch Weiterführungen wie bei den „Pontificii"[101]. Mit dieser Fassung erweitert Strimes also den bisher bekannten Sprachgebrauch.

Unter zahlreichen Dissertationen verdient diejenige von Otto von Bielefeldt hervorgehoben zu werden. Bielefeldt widmet sich der Konversion des Nicolai Steno[102]. Die gegebenen Verhältnisse beschreibt er damit, daß sich die Anhänger und Gelehrten aller „Sectae Christianae religionis" gleichermaßen auf die Schrift berufen[103]. Doch selbst wenn sich aus ihr kein Wahrheitskriterium entwickeln läßt, das die wahre „Religio" zu erweisen vermag, hält er an der Wahrheit der eigenen fest. Folglich sieht er Steno nach dem Verlassen der „orthodoxa doctrina" in Irrtum fallen, so daß dieser über die „vera fides et religio" zwischen so vielen „sectae dissidentes" nicht mehr zur Wahrheit zu finden vermag[104]. Insgesamt dient „religio" hier einmal als Bezeichnung für alle Christen, sodann

---

rali Religioni, quae toti generi humano Communis existit, et sola sana hominum ratione fulcitur, oppositum, bifariam accipi; *Vel sensu synonymico* et legitimo, quo cum *Religione* vere Catholica, Sacra Scriptura unice superstructa, eadem est; vel *Aequivoco* et abusivo, quo Religionem Heterodoxam, hoc est, humanis insuper figmentis, eodem necessitatis gradu, quam ipsis Divinis revelationibus, addictam, complectitur."

[100] Ebd. 31; eingeleitet wird diese Charakterisierung mit der Formulierung: „Priori sensu non simplici vice a Christo ejusque Apostolis commendatur".

[101] Ebd 31 f: „Christo ejusque Apostolis infensa infestaque, jure exploditur, perque nostram sententiam usque adeo non statuminatur, ut ex adverso nihil illi inimicum magis atque perniciosum immineat. Cum Sacram Scripturaem solam pacis Ecclesiasticae fundamentum adaequatum constituere, nihil aliud sit, quam omnes, qui vel contra, vel praeter eandem quicquam, *ceu* creditu aut factu necessarium Christianis animis atque conscientiis obtrusum, eunt, Communione Sacra, interdicere, eosque excludere."

[102] Dn. Nicolai Stenonis, Ex Medico Lutherano Episcopi Pontificii ... Argumenta praecipua pro deserenda Religione, Luthero-Evangelica et amplectenda Pontificia, in diversis schedis allata discutiuntur. Hanc Deo Juvante Praeside Joh. Guilelmo Bajero ... publicae ventilationi submittit Otto a Bielefeldt, o.O. o.J. [Jena 1698]. – Niels Stensen (1638–1686) hat nach medizinischen und theologischen Studien längere Aufenthalte in Deutschland und Frankreich verbracht, unternahm dann weitere Reisen nach Österreich und Ungarn und ist nach Aufenthalten in Italien 1669 zur katholischen Kirche übergetreten; seit 1672 war er Professor für Anatomie in Kopenhagen, nach 1677 wurde er Priester und Bischof, lebte in Hannover, später in Münster und dann in Hamburg und Schwerin. Aufgrund seines Übertritts und seiner Bemühungen um die Verbreitung des katholischen Glaubens ist er bis heute umstritten geblieben. – Biographische Angaben von Bielefeldt ließen sich nicht ermitteln.

[103] Vgl. ebd. 13: „Neque obstat certitudini viae hujus, investigandi veram doctrinam coelestem, quod omnium Sectarum Christianae religionis assertores ac Doctores aeque ad Scripturas provocant."

[104] Ebd. 18: „DN. Stenonem vero non mirum est, deserta orthodoxa doctrina, in errorem fuisse lapsum et ad Pontificiorum castra descivisse; quippe qui dubitatione sibi forte oborta de vera fide et religione inter tot sectas dissidentes secure tenenda, non ad veram normam controversiarum fidei accessit".

aber für die verschiedenen Konfessionen[105], die auch als „secta" bezeichnet werden. Woher sich freilich die Wahrheit und Rechtgläubigkeit der eigenen Überzeugung ableiten läßt, sagt Bielefeldt nicht des näheren.

Deutlicher noch als andere hat Abraham Heinrich Grosse in seiner These zur Frage, ob der Atheismus notwendig zur Sittenverderbnis führt, auf die verlogene *„religio Eruditorum* vel *Politicorum"* abgehoben[106]; er führt dazu ein ausführliches Zitat von Veit Ludwig von Seckendorff an[107]. Dieses Zitat stammt allerdings wiederum von den Opponenten der Atheisten und nicht von den Atheisten selbst und beruht somit nicht auf einer Selbstmitteilung über die eigene Überzeugung. Immerhin zeigt es, was bald nach der Jahrhundertwende an Mißbrauch der „Religion" für möglich gehalten wird, insbesondere, was man auch den herrschenden Kreisen zutraut, die die „Religion" nur gebrauchen, um die einfachen Schichten im Zaum zu halten – alles in allem ein Text, der Voltaire alle Ehre machen würde[108].

Zur Ergänzung und Abrundung des Bildes soll noch auf einige Dissertationen verwiesen werden, die in der zweiten Hälfte des 16. Jahrhunderts in beträchtlicher Zahl entstanden sind. In der großen Vielfalt ihrer Themen betreffen auffällig viele auch unseren Fragenkreis, ob sie sich nun mit Häresien[109], Enthusiasten[110], Atheisten[111] oder aber Kontroversen innerhalb des christlichen Glaubens

---

[105] Ebd. 29: „Steno inter diversas religiones fluctuans".

[106] Controversiam Recentissimam: An Atheismus Necessario Ducat ad Corruptionem Morum, Inter Cl. DN. Jurieu et Cl. DN. Bayle Nuper in Belgio agitatam, Praeside M. Zachario Grapio ... Auctor-Respondens Abraham Heinrich Grosse publice placideqve examinandam proponit, Rostochii 1709, § IV. – Biographische Angaben ließen sich nicht ermitteln.

[107] Veit Ludwig von Seckendorff (1626–1692) war nach Studien der Philosophie, Geschichte und Rechtswissenschaft vornehmlich als Jurist im Kirchendienst tätig; er hat von Luther her das Verhältnis von kirchlicher und politischer Obrigkeit zu reflektieren versucht.

[108] Das Zitat lautet, ebd.: „Dahero siehet man / wie offtmahl hohe Standes Persohnen / usw. oder auch solche / die sich durch Gunst oder andere Mittel dem Oberkeitlichen Einsehen entziehen können / so gar frey ihren Lüsten nachhangen / auch wohl die Larve gar abziehen / und ohne Scheu bekennen / daß sie von GOtt und der Religion nichts halten / sondern / ihrer Meinung nach / sich von solchen Zwang sehr weißlich und muthig / und / wie sie zu reden pflegen / *generose* oder *cavallierement*, und aus galanterie, frey gemacht und *emancipiret*; daher sol man es ihrer sonderbahren guten Natur / nicht aber der GOttesfurcht / oder / wie sie es nennen / dem Aberglauben / der Pfafferey und der *Bigotterie* zu schreiben / wann sie etwan noch zu weilen Treu und Glauben halten / oder jemanden Hülffe erweisen / oder sonst einige Tugend-Wercke spüren lassen; Man soll es vor ein Klugheit / und nicht vor eine Verbündlichkeit achten / wann sie noch einen eusserlichen Schein eines Gottesdienstes von sich geben / und der von ihnen also judicirten Einfalt und Schwachheit andere Leute in so weit nachgeben / damit nicht etwan / wenn man diese Freyheit und Abschaffung des Gewissens (mit einem Wort den *Atheismum*) zu gemein werden liesse / nachmahls kein Bauer mehr zu zwingen sey / daß er nicht auch / so bald er nur könte oder möchte / thäte und liesse / was er wolte / dazu die allermeisten so frech und frisch / als irgends ein solcher *Cavalier* seyn würden."

[109] Dissertatio Historico-Theologica De Ambitione, Haeresium Causa, ... Ad d. 13. Aug. A. MDCXCII. Publicae Disquisitioni submittet Albertus Felix Gärtner, Jenae.

[110] Synopseos et Examinis Theologiae Enthusiastarum recentiorum seu Quakerorum praecipue Roberti Barclaji Scoto-Britanni, Dissertatio prima De Principio Theologiae Revelatae, et verae suffi-

angesichts der Spaltungen[112] befassen. Eine erste Überraschung bedeutet, daß sie sich insgesamt trotz dieser Themen vielfach die „Religio" nur eine untergeordnete oder keine Bedeutung hat[113].

Zusammenfassung

War bereits in der frühen Schultheologie bei Leonhard Hütter und Johann Gerhard nachhaltiger als zuvor die „religio" im Zusammenhang mit politischen Überlegungen zur Sprache gekommen[1], so findet sich zu ihr bislang erstmals bei Georg Calixt auch in der theologischen Grundlegung ein eigener Abschnitt. In ihm sucht er die „religio Christiana" durch eine Gegenüberstellung zu den „religiones" der Heiden als die eine und wahre zu erweisen, wofür er auch die Offenbarung in Anspruch nimmt. In einer späteren Weiterführung hebt er hervor, daß die „religio", die aufgrund der übernatürlichen Ausstattung des Menschen bei der Schöpfung grundgelegt war, durch die Schuld des Menschen beschädigt wurde, so daß es die zuvor von ihm formulierte „Religio rationis sive naturae" faktisch nicht gibt. Wenn Calixt im weiteren Verlauf seiner theologischen Über-

---

cientis ac salutaris Cognitionis DEI. Speciatim de quaestione: Anne Principium illud in Revelationibus divinis immediatis quaerendum aut constituendum sit? Hanc sub Praesidio Johannis Guilelmi Bajeri ... publice defendit M. Wolfgangus Murrerus, Jenae MDCCI. (Es folgen Disputationen von Johannes Lange, Georg Kauffmann, Clemens van Byleveld, Johannes Michael sowie „De Theologia Systematica" zur Auseinandersetzung mit den Quäkern von verschiedenen theologischen Disziplinen aus; nirgends spielt ‚Religio' eine Rolle.)

Hemingius Johannes Gerdesius, De Enthusiasmo Schediasma inaugurale ... XXIX. Nov. A. 1694 Contra Fanaticos Nov-Antiquos Publice Propositum, Wittenbergae MDCCVIII.

[111] Vgl. die zuvor genannte Dissertation von Abraham Heinrich Grosse.

[112] Johannes Guilelmus Bajerus, Dissertatio Theologica Qua Dialogi Erbermanniani, Inter Lutherum et Arium, fictitiis ejus Trophaeis inserti, excutiuntur, Jenae o. J. (in der Widmung datiert 1673); Dissertatio Academica De Quaestione: Utrum Pontificii? An Nostrates, in Religionis negotio, conscientiae suae rectius consulant? ... Hanc ... sub Praesidio Joh. Guilelmi Bajeri, ... publice difendit Johannes Oppenrieder, o.O. o. J. [Jena 1698]; De Officio Theologi circa Fidei Controversias Tractandas, Dissertatio, Quam Praeside D. Adamo Rechenbergio Petrus Rieper XIV. Mart. A. MDCCII ... submittet, Lipsiae o.J.

[113] Vgl. etwa Justus Christophorus Schomerus, Collegium Novissimarum Controversiarum in Universam Theologiam, Quod Postqvam A. 1682, in lectionibus privatis ab auditoribus exceptum fuit, ... Rostochii 1711. In den hier einschlägigen cap. 1 §10–12, 17, sowie cap. 3 §1; cap. 11 §3f; cap. 19 spielt „religio" keine Rolle. Zwar spricht Schomerus cap. 1 §11; 95, von „religio", wo er die fünf „Notae" Edward Lord Herbert von Cherburys zitiert; vgl. die dritte „Nota": „Virtutem cum pietate cunjunctam, esse praecipuam partem cultus divini."

Auch Zacharias Grapius (1671–1713), Systema Novissimarum Controversiarum seu Theologia, Recens Controversa ..., Rostochii MDCCXIX, verwendet „Religio" nicht des weiteren. Übrigens beginnt er ohne eine Grundlegung. Dies verwundert, weil er sich ausführlich mit den „Athei" auseinandersetzt, vgl. ders., Theologia Recens Controversa, Rostochii MDCCX, 26ff, wo er der Frage nachgeht, ob der Atheismus zur Zerstörung der Sitten führt, 36ff; die Antwort lautet, daß dem so sei, 38. Zuvor hatte er gefragt, ob die „Notitia naturalis" Gottes zum Heil genügt, mit negativem Ergebnis, 20ff.

[1] Vgl. dazu die Darstellung in: E. Feil, Religio II, 95–111.

legungen die „religio" nicht mehr des näheren reflektiert, so hat er doch durch ihre Berücksichtigung in der theologischen Grundlegung einen wichtigen Beitrag zu ihrer Förderung geleistet.

Zur gleichen Zeit findet sich bei Autoren wie Simon Episcopius und Stephanus Curcellaeus die voll ausgeführte Antithese „Religio Naturalis" und „Revelata". Besonders bedacht ist sie in der Disputatio von Georg Reiser als Respondenten, in der es speziell um die Insuffizienz der „Religio Naturalis" im Unterschied zur „Religio salvifica" und d. h. „Revelata" geht. Vor allem in der zweiten Hälfte dieses Jahrhunderts spielt dieses Thema eine nicht geringe Rolle, so etwa bei Immanuel Proeleus, aber auch bei Bernhard Hagemann, Christian Kortholt oder Christoph Franck.

Dabei bleibt mindestens bei Stephanus Curcellaeus, Johann Friedrich König und dann bei Johannes Hoornbeek die „Religio Naturalis" temporal bestimmt, wie dies grundsätzlich ja auch im „Colloquium Heptaplomeres" von Jean Bodin der Fall war. Bei Abraham Calov ist die „Antiquitas" der „religio" ein nennenswertes Kriterium.

Angesichts dieses Vorkommens überrascht es, daß verschiedene Autoren von ‚religio naturalis' nicht sprechen, so etwa Johannes Musaeus, Johann Andreas Quenstedt oder David Hollaz.

Selten, nämlich bei Johannes Hoornbeek sowie Philipp van Limborch, findet sich auch „religio supernaturalis".

Lediglich Hermann Alexander Roëll hebt nachhaltig auf „religio rationalis" ab.

Im Modus der Negation bringt François Turretini die Formulierung einer „Religio communis", wobei er deren Heilsbedeutsamkeit im Zusammenhang mit ihrer Interpretation als „Religio Naturalis" zurückweist. Unbeschadet einer positiven Verwendung bei Samuel Strimes bleibt dieser Terminus aber selten. Eine „idea universalis" der „religio" lehnt David Hollaz ab. Sowohl in der negativen Fassung der „religio communis" wie auch der Ablehnung dieser universalen Idee der „religio" liegt eine gewisse Parallele zu der bislang nirgends ausdrücklich vertretenen und gleichfalls nur im negativen Modus nachgewiesenen Vorstellung einer allen Menschen gemeinsamen „Religion" bei Philipp Melanchthon.

Somit bleibt das Gesamtergebnis ambivalent. Denn einmal hält sich die Vorstellung der „religio" grundsätzlich im Rahmen der klassischen Tradition. Dies belegt nicht zuletzt deren Bekanntheit etwa bei Johannes Hoornbeeck und speziell der Etymologie vor allem bei Alexander Roëll. Zum anderen aber gibt es eine Innovation, insofern die „religio" theologisch an Bedeutung gewinnt, in deren Folge ausdrücklich eine „religio revelata" formuliert wird. Daß auch die ursprüngliche „religio naturalis" auf Gott zurückgeht in einer – gleichsam schöpfungsmäßigen – Offenbarung, spielt dann keine besondere Rolle. Im Hintergrund ist die Konzeption eines Verfalls wirksam, der sich im Ablauf der Geschlechter gesteigert hat, nachdem er durch den Sündenfall in die Wege geleitet worden ist. Diesem entgegen mußte also Gott eingreifen, damit die Menschen die ihm gebührende „religio" realisieren konnten. Und um diese „religio vera" geht es allenthalben.

Verschiedentlich, bei Johannes Hoornbeeck, Johann Andreas Quenstedt, Philipp van Limborch, Johann Wilhelm Baier sowie Immanuel Proeleus findet der „cultus internus" Beachtung. Aber nirgends ist von hierher auf eine ‚religio interna' geschlossen worden. In diesem Fehlen liegt keinesfalls ein Zufall. Auch diesbezüglich bleiben die Autoren in den Grenzen, die durch die Tradition gegeben sind. So spielt auch keine Rolle, daß die theologischen Tugenden zuweilen mit der „religio" in Verbindung gebracht werden. „Religio" bleibt wesentlich jene Sorge für die rechte Verehrung Gottes, realisiert faktisch allein in der „Religio Christiana", zu der dann all die Einstellungen und Vollzüge gehören, die in ihr praktiziert werden. Erhalten bleibt somit der spezifische Bezug der „religio" auf den öffentlichen Bereich, wie er sich vor allem bei Johannes Coccejus findet.

Hinzuzufügen bleibt lediglich, daß die genannten Autoren teilweise im heftigen Streit miteinander lagen. Wenn sie hier friedlich in einer Reihe aufgeführt erscheinen, so liegt dies daran, daß die „Religio" nicht der Grund des Streites gewesen ist.

2. Juristische Beiträge auf dem Weg zur „pax religionis" im Gemeinwesen

Schon im vorhergehenden Band waren Beiträge zur „Politica" enthalten, die vornehmlich von Juristen stammen. Im folgenden soll die Reihe mit einigen Autoren fortgesetzt werden, die ihrerseits zu den Kompetenzen über die „sacra" bzw. die „religio" von juristischer Seite Stellung genommen haben. Dabei mußte die Auswahl im besonderen Maße begrenzt bleiben[1], nachdem die Zahl der thematischen Stellungnahmen inzwischen unüberschaubar geworden ist.

---

[1] Welche Autoren für eine Untersuchung in Frage kommen, zeigt nach wie vor Martin Heckel, Staat und Kirche nach den Lehren der evangelischen Juristen Deutschlands in der 1. Hälfte des 17. Jahrhunderts, in: Zeitschrift der Savigny-Stiftung für Rechtsgeschichte Kan. Abt. 42 (1956) 117–247; 43 (1957) 202–308; inzwischen auch als Buch: Staat und Kirche nach den Lehren der evangelischen Juristen in der 1. Hälfte des 17. Jahrhunderts, München 1968. Zitiert wird nach der Zs. der Savigny-Stiftung.

Vgl. zuvor Johannes Heckel, Cura Religionis, Ius in sacra, in: Kirchenrechtliche Abhandlungen 117–118 (= FS Ulrich Stutz), Stuttgart 1938, 224–298.

Vgl. auch Martin Honecker, Cura religionis Magistratus Christiani. Studien zum kirchenrechtlichen Luthertum des 17. Jahrhunderts insbesondere bei Johann Gerhard (= Jus Ecclesiasticum 7), München 1968; vgl. schließlich Michael Stolleis, Staat und Staatsräson in der frühen Neuzeit. Studien zur Geschichte des öffentlichen Rechts (= stw 878), Frankfurt 1990, besonders die Aufsätze: Arcana Imperii und Ratio Status, 37–72; Machiavellismus und Staatsräson. Ein Beitrag zu Conrings politischem Denken, 72–105. Interessant ist, daß Stolleis in dem für unseren Zusammenhang besonders aufschlußreichen Aufsatz: Glaubensspaltung und öffentliches Recht in Deutschland, 268–297, nicht des näheren auf das Thema ‚Religion' Bezug genommen hat.

Paulus Buis

In Verbindung mit den Politici des 16. Jahrhunderts steht Paulus Buis (ca. 1570–1617)[1]. In einem für Studenten bestimmten kurzen Abriß über die „respublica"[2] kommt er auch kurz auf unser Thema zu sprechen. Dies geschieht bei der Erörterung der „disciplina" der Bürger, die diese als „publica" oder „privata" üben[3]. Zur ersteren „disciplina" rechnet er die „religio" und den Krieg; dabei läßt er die „religio" weniger durch Zwang als vielmehr durch Zuraten gegründet sein, gemäß dem immer wieder zitierten Ausspruch von Theodosius[4]. Aufschlußreich ist auch, daß er in der grundlegenden Bestimmung als persönliche Tugend „pietas" nennt[5].

Heinrich-Andreas Cranius

Wegen seiner Abhandlung zur „Pax Religionis" wird Heinrich-Andreas Cranius (um 1575–1626)[1] in die Reihe der Autoren aufgenommen. Dieses Buch[2]

---

[1] Geboren wurde Paulus Buis in Zwolle, er studierte in Franeker und Köln und war nach seinem Lizentiat in Basel 1597 dann in Zwolle zuletzt als Bürgermeister tätig. Seit 1610 war er Professor des Rechts in Franeker. Wichtig war er, weil er das einheimische Recht als Gewohnheitsrecht im Zweifelsfall über das römische Recht dominieren ließ. Er hat damit einen Beitrag zur allgemeinen Staatsrechtslehre geleistet. Zur Biographie vgl. M. Ahsmann, Buis, Paulus, in: Juristen. Ein biographisches Lexikon, hg. von Michael Stolleis, München 1995, 106.

[2] Paulus Busius, De Republica Libri Tres. Quibus tota Politicae Ratio nova et succincta methodo ingenuae ejusdem Praxi applicatur. Praemißa brevis exegesis, et subjunctae illustres Disputationes Politicae septemdecim, quibus pleraeque controversiae ejusdem doctrinae explicantur, Franekerae 1613.

[3] Ebd. Lib. III cap. 7 nr. 3 f.; 94 f.

[4] Ebd.

[5] Der Text lautet: „Publicam dicimus qua cives publico nomine exercentur, ut religione et bello. Quod si quaeratur qua religione civitatem imbui oporteat, eam consulemus, quae ducat ad cognitionem immortalis Dei, et gloriam ejus summa pietate celebrandam. Religionem tamen non tam cogendam quam suadendam putamus, itemque populum ad eam premijs invitandum, poenis vero non nisi levibus constringendum. Sic enim Theodosius a religione Christiana devios levem mulctam indixit. Iustinianus eos tantum ab officijs publicis submovit. Sed Princeps ipsos plurimum exemplo suo in eam rem posse, sciendum est." Ebd. – Die laut Inhaltsangabe in cap. 9 behandelte „religio" erwähnt Busius aber in den Ausführungen nicht, sondern verwendet statt dessen „pietas", 98. Beigegeben sind diesem Band 17 Disputationen unter Leitung von Buis: Illustrium Disquisitionum Politicarum Liber, Quo Quaestiones Politica seu ejus quae est de gerendae reipublicae ratione, ... ductu Pauli Busii, Franekerae 1613; in ihnen ist von „religio" in völlig tradierter Weise die Rede in: Disquisitio politica XII: De Ortu et Incremento Rerumpublicarum, Studiis Civium, Publica et Privata Disciplina. Respondente Suffriedo de Beyem.

[1] Geboren wurde Heinrich-Andreas Cranius (Cranig) in Warstein/Westfalen. Nach seiner Immatrikulation 1597 in Helmstedt hielt er bald privat juristische Kollegien ab, wurde 1605 ao. und nach seiner Promotion 1605 dann 1606 o. Prof. in Helmstedt. Vgl. dazu Biographisches Repertorium der Juristen im Alten Reich. 16. bis 18. Jahrhundert, hg. von Philippo Ranieri (= Vgl. Ius Commune. Veröffentlichungen des Max-Planck-Instituts für Europäische Rechtsgeschichte Frankfurt am Main, Sonderhefte, Studien zur Europäischen Rechtsgeschichte 55), Frankfurt am Main 1991, 176.

[2] Henricus-Andreas Cranius, De Pace Religionis in Romano Imperio servanda, Dissertatio Juri-

kann als Beispiel für die Verwendung gerade dieser Bezeichnung dienen. In seiner Widmung hat er einen weiten Rahmen abgesteckt, nämlich „De Pace Religionis ac Libertate conscientiae"[3]. Seine Ausführungen sprechen freilich die Gewissensfreiheit im Rahmen juristischer Ausführungen und somit eher indirekt an.

Die eingehenden Argumentationen kreisen zunächst um die Zuständigkeit des Kaisers, etwa, ob ein „Status" oder „Nobilis" trotz der unmittelbaren Zuordnung zum „Imperium" die „Religio" ändern kann, ob ein „priuatum ac domesticum religionis Exercitium" zulässig ist, wie es sich mit dem gregorianischen Kalender verhält oder ob ein Bischof mit Zustimmung des Kapitels die „religio" ändern kann. Im zweiten Teil geht es um einzelne Rechte der jeweils Betroffenen, etwa, ob es ein „ius ... emigrandi" gibt, ob ein „priuatum Religionis Exercitium" gilt, ob die „de pace Religiosa Constitutio" vom Kaiser wieder aufgehoben werden kann. Der dritte Teil enthält Erörterungen über die „Controuersiae religiosae" und die für sie zuständigen Richter. Als aufschlußreich erweisen sich die im Anhang abgedruckten Texte von Verträgen, Resolutionen und Reskripten[4].

Cranius beginnt mit eindringlichen Worten über die gegenwärtigen turbulentesten Zeiten, obwohl schon lange die „sacratissima ... constitutio" über die „pacificatio Religionis religiosissima" erlassen war[5]. Sodann nennt er die „*Constitutio ... de profana siue Politica*", nämlich den „Landtfried" durch Maximilian II. von 1495 und vor allem die „Constitutio *sacra siue Religiosa*", vom **Religionsfriede**"[6]. Als besondere Grundlage seiner Argumentation verweist er auf die verschiedenen Verträge, den Passauer Vertrag von 1552[7] und vor allem auf den als „constitutio" bezeichneten „Recessus summus" von Augsburg 1555[8]. Genannt ist hier auch das als „colloquium religiosum" bezeichnete Gespräch zu Worms 1545 und die prekäre Lage des Reichs nicht zuletzt durch die Bedrohung seitens der Türken[9]. Als besonderes Thema hebt Cranius die „Vergleichung der Reli-

---

dico-Politica, Helmaestadi MDCXIX. – Im folgenden wird zunächst der Teil in römischer, das einzelne Problema mit der Sigle Pr. in arabischer sowie nach einem Semikolon die Seite wiederum in arabischer Ziffer angegeben. Die sehr häufig in den Spalten wiedergegebenen Darlegungen enthalten Alternativen oder entgegengesetzte Positionen; diese Partien werden mit den zur Seitenangabe hinzugefügten a und b angegeben.

[3] Ebd. [a 2 v]; in den zu Beginn aufgeführten „Carmina ... encomiastica" von Freunden finden sich „Relligio et Regio" als die beiden festen Bande der „sacri ... fasces Imperii" [b 1 r]; im gleichen Text findet sich die kritische Aufnahme der politischen Hilfsmittel „Vras ergo, Seces, Tollas", die Bodin zulassen wollte; das Lied ist von Caspar Klock Ic., b [1] r f.

[4] Vgl. dazu das ausführliche Inhaltsverzeichnis, ebd. c [1] r bis e [1] v.

[5] Ebd., Prooemium, 1.

[6] Ebd. 2ff.; für die zuerst genannte „constitutio" nennt er als Jahre ihrer Bestätigung verschiedene Daten von 1521 bis 1594; für die letztere nennt er eine Reihe von wichtigen Vereinbarungen in den Jahren 1531–1566, unter denen die von Passau 1552 und die von Augsburg 1555 herausragen.

[7] Ebd. 3; vgl. den Abdruck im Anhang, 405–408.

[8] Ebd.; vgl. den Abdruck im Anhang, 408–417.

[9] Ebd. 5f.

gion und Glaubenssachen" hervor[10], die Abwehr der „Spaltung der Religion", die Schaffung des „Friedens / in beyder der Religion vnd Profan, oder Weltlichen Sachen" sowie die Regelung des Verhältnisses in „beyderseits Religionen"[11]. Schon das Prooemium enthält als zentrale Stichworte die Formulierungen „Pacificatio Religionis"[12], „Pacificatio Religiosa"[13], „Pax Religionis"[14] und „pax Religiosa"[15] sowie als Übersetzung „Religionfriede"[16].

Trotz der schier unübersehbaren Fülle von Aussagen zur „Religio" wird sie nirgends des näheren erörtert oder definiert. Vielmehr kommt sie in den eigenen Ausführungen von Cranius, in seinen Referaten oder Zitationen gemäß dem politisch-juristischen Ansatz und Interesse stets als Gegebenheit vor, die von öffentlichem Belang ist. So findet sich denn auch häufiger die Formulierung vom „publicum Religionis exercitium"[17]. Und wenn deutlich weniger vom „priuatum Religionis exercitium" die Rede ist[18], so steht auch dieses natürlich mit öffentlichen Interessen im Zusammenhang, weil dessen Gewährleistung oder Zulässigkeit in die Kompetenz öffentlicher Instanzen fällt. Dasselbe gilt für die verschiedentliche Verwendung von „antiqua Religio"[19], „vetus Religio"[20], „pristina Religio"[21] oder auch „prisca Religio"[22] sowie „alte Religion"[23], womit immer wieder die „antiqua Religio Catholica-pontificia" gemeint ist[24]. Viel weniger wird dagegen von „noua Religio"[25] oder von „Newe Religion"[26] gesprochen. Durchgängig handelt es sich bei diesen Charakterisierungen um den öffentlichen Bereich. Ebenso öffentlichkeitsbezogen sind die in gleicher Funktion gebrauchten Termini „Religio" und „Confessio", die Cranius gern abwechselnd verwendet. So gibt es das Nebeneinander von „Augustana Confessio, et antiqua Religio Catholica-pontificia"[27]. Ihre Äquivalenz macht die Formulierung „Reli-

---

[10] Ebd. 6, so mit einer bemerkenswerten Doppelformulierung im Zitat der Augsburger „Constitutio" von 1555, vgl im Dokument selbst, 414.
[11] Ebd. 4, vgl. im Dokument selbst, 408f.
[12] Ebd. 1,15.
[13] Ebd. 6.
[14] Ebd. 8,13.
[15] Ebd. 2, 6, 14f.
[16] Ebd. 2; vgl. über die zit. Formulierung ebd. 4, auch „Fried in Religion und Profansachen", 7.
[17] Ebd. I Pr. 2; 30 a, Pr. 3; 36 a b, 40 b, II Pr. 1; 175 b, Pr. 2; 204 a b, vgl. auch ausführlich „publicum Augustanae Confessionis vel etiam Catholicae Religionis exercitium", I Pr. 3; 35.
[18] Etwa ebd. I Pr. 2; 30 a, II Pr. 1; 196 a, 201, Pr. 3; 212, vgl. auch „actus priuatae religiosae", I Pr. 1; 184 a.
[19] Vgl. etwa ebd. I Pr. 10; 106 b, Pr. 13; 151 a, II Pr.1; 180 b, II Pr. 3; 209 a.
[20] Vgl. etwa ebd. I Pr. 12; 116, hier ausführlich „vetus Religio Catholica-Romana", vgl. auch Pr. 12; 118 b, ferner I Pr. 3; 42, Pr. 10; 102 a.
[21] Ebd. II Pr. 7; 274 b.
[22] Ebd. III Pr. 8; 399a.
[23] Vgl. etwa ebd. I Pr. 4; 51, Pr. 10; 102 a, Pr. 11; 112 b, Pr. 12; 117 a, Pr. 13; 154 a, II Pr. 3; 211 a, Pr. 8; 284 a; die Rede ist aber auch vom „alten Glauben", etwa II Pr. 1; 195 a, Pr. 3; 210 a.
[24] Ebd. I Pr. 13; 151 a.
[25] Vgl. ebd. II Pr. 1; 183 b.
[26] Vgl. ebd. I Pr. 10; 107 b, vgl. auch Pr. 13; 136 b, „newen Religionsverwandten".
[27] Ebd. I Pr. 13; 151 a, vgl. Pr. 4; 45 b, Pr. 13; 156 a, vgl. 157 b „alte Religion / vnd Augspurgische

gio seu Confessio Augustana" deutlich[28]. Für beide Seiten kann es auch „Religio, tam Augustana siue Lutherana quam Pontificia"[29] und ebenso „Catholica vel Augustana Confessio" heißen[30]. Selbstverständlich fehlt nicht „Religio Caluiniana"[31]. Und wenn von „reformata Religio" die Rede ist[32], so dürfte hiermit schlicht diejenige der Reformation gemeint sein.

„Religio" dient also durchweg als Oberbegriff für beide Seiten, wie die Formulierung „utraque religio" zum Ausdruck bringt[33]. Es gibt somit „diuersae religiones"[34]. Konsequent dazu tritt die Formulierung „religio Christiana" nur im extremen Ausnahmefall in Erscheinung, wobei es kein Zufall sein dürfte, daß dies im Zusammenhang mit den „Iudaei" bzw. mit dem „Iudaismus" geschieht[35]. Es findet sich gleichfalls, wenn auch wiederum sehr selten, „Christiana pietas"[36] und „Christiana fides"[37]. Immer wieder werden somit als „Religio" die drei im Reich existierenden „Religiones" bzw. „Confessiones" bezeichnet. Daraus läßt sich ersehen, daß beide Termini als generelle Bezeichnungen verwandt werden für alles, was die einzelnen institutionell und manifest in Erscheinung treten läßt.

Notiert werden soll die Verwendung von „secta", die sich bei Cranius findet. Einmal erscheint dieser Terminus nämlich eher neutral gebraucht, wenn er von verschiedenen „sectae" unter den „Augustani-Lutherani" spricht[38] oder aber die „Catholica secta" den „Lutherani" gegenüberstellt[39]. Es gibt aber auch einen dezidiert negativen Gebrauch, nämlich in der Bezeichnung „horrendae sectae, et abominandae haereses"[40], oder auch, wenn die Protestanten zustimmen sollten, zu einer „verdampten Secten" zu gehören[41].

Confession", vgl. schließlich II Pr. 6; 265. Es kann auch umgekehrt „Religio ... vel Augustana vel Catholica Confessio" heißen, I Pr. 1; 20 a.

[28] Vgl. ebd. I Pr. 2; 32 a.

[29] Ebd. II Pr. 6; 265, vgl. I Pr. 1; 20 b, Pr. 2; 34, Pr. 13; 125 a, vgl. 169.

[30] Vgl. etwa ebd. I Pr. 1; 22 a.

[31] Vgl. etwa ebd. I Pr. 13; 124, 125 a, 134 b „Religio Caluinistica", ferner 144 a „Caluinische Religion", vgl. 153 b.

[32] Ebd. I Pr. 6; 78.

[33] Ebd. I Pr. 9; 96 b, Pr. 10; 106 a, II Pr. 7; 274 b. Als Negation findet sich „neutra ... Religionum", I Pr. 13; 126 a.

[34] Vgl. etwa ebd. Pr. 13; 130 b, 162, vgl. Prooemium, 13 im Zitat „diuersa fides et religio". Vgl. auch ebd. I Pr. 13; 147 a, 149 a „Caluinianorum Confessio et Religio, non tantum a Catholica-Romana; sed etiam a Lutherana alia, diuersa et contraria"; vgl. auch ebd. 147 a „diuersa est Caluinianorum a Lutheranorum Augustana, Religio", vgl. schließlich 148 a.

[35] Vgl. ebd. II Pr. 3, 214.

[36] Ebd. II; 171, vgl. Pr. 2; 207. „Pietas" findet sich verschiedentlich vgl. etwa I Pr. 9; 95 b, II Pr. 1; 191 b, 197 b; sie wird auch definiert als „rectus de Deo sensus, et verus non simulatus in eum cultus" mit Verweis auf Justus Lipsius, bei dem gerade sie eine besondere Rolle spielte.

[37] Ebd. Pr. 6; 255 a.

[38] Ebd. I Pr. 13; 130 b, hier in Absetzung von den „Caluiniani".

[39] Ebd., Prooemium, 1.

[40] Ebd. II Pr. 1; 189 b.

[41] Ebd. I Pr. 10; 10 b; „Secten und jrrige opinionen", Pr. 13; 132 b, 157 b. Vgl. auch die völlig deutliche Verwendung 152 a, 154 a mit 155 a. Eindeutig ist die Nebenordnung „haeretici et sectae" II Pr. 6; 256 b, sowie „haeresis aut secta Caluiniana", I Pr. 13; 137 b.

Doch wenn auch die „Spaltung der Religion" ernstgenommen werden muß[42], wenn es die „spaltige Religion" gibt[43], so ist darüber keinesfalls das Anliegen der „vna Religio"[44] als der „vera Religio" außer Acht gelassen[45], genauer der „vna et vera Religio", auch wenn sie im gegebenen Fall nicht zu erreichen ist[46]. Diese „vnitas Religionis" erweist sich als bedeutsam für das Heil des Gemeinwesens[47], denn als größtes Fundament der Herrschaft kann der Konsens der Kirche über die „religio" gelten[48]. Verschiedentlich wird diesbezüglich einschränkend das Argument aufgenommen, hier nicht mit Zwang vorgehen zu dürfen[49]. Referiert wird auch eine Frage, die sich nicht auf die „veritas alterutrius Religionis", sondern auf die „libertas ... interior mentis" und die „tranquillitas" bezieht, welche die Gewalt nicht fürchtet; auf diese Weise erübrige sich die Diskussion zwischen der „Augustana et Pontificia Religio", welche die wahrere sei[50].

Nicht von ungefähr spricht Cranius die „tolerantia" an[51]. Dabei dürfte er eine Art salomonischer Auffassung vertreten haben, der Magistrat müsse mit den höchsten Kräften bestrebt sein, daß nur eine „Religio" in einem Gemeinwesen das „dominium" innehat, und zwar die „vera Religio"; aber wie der Schiffspatron den Kurs bei Sturm ändern und einen anderen Hafen ansteuern muß, will er nicht einen Schiffbruch riskieren, so sollen in einem Gemeinwesen zwar nicht verschiedene „Religiones et Sectae" zugelassen werden, wenn aber die Einheit

---

[42] Ebd., Prooemium, 4.
[43] So im Passauer Vertrag, ebd. 405.
[44] Ebd. I Pr. 1; 26 b, vgl. Prooemium 5, den Hinweis auf „vna ... pax, vna fides, vna religio".
[45] Ebd. I Pr. 1; 27f, II Pr. 6; 265, mit Hinweis auf die „politia ... Christiana, quae vnica eaque vera constet religione".
[46] So ebd. Prooemium, 13; hier auch ein Zitat über Sultan Soleiman, der Christen und Juden nicht zwingen wollte, „vt musulmanizarent".
[47] Ebd. II; Pr. 1; 194b.
[48] Ebd.; 194 b, vgl. I Pr. 13; 162, hier im Zusammenhang mit dem Dissens über die Frage, „an diuersae Religiones in vna Republica tolerari possint aut debeant". Vgl. auch das Folgende sowie II Pr. 1; 202, ferner Pr. 6; 265, daß nicht zwei „sectae" in einer Herrschaft sein sollen. Vgl. den Hinweis auf katholische Autoren hinsichtlich der wahren „Religio", daß der „neruus Reipublicae et pax Ecclesiae" die „Religionis vnitas" sei, Pr. 1; 188 b.
[49] Ebd. I Pr. 1; 27f, hier übrigens mit der Differenzierung von „ipsa religio" und „media externa a Deo ordinata", zu denen der Besuch des Tempels oder das Hören des öffentlich verkündigten Wortes gehört. Doch ist deswegen die „Religio" noch nicht als ‚interna' bezeichnet. Vgl. auch II Pr. 2; 206, „solte Friede werden in Teuschland / so müste man glauben lassen ein Jeden was er will".
[50] Ebd. II Pr. 1; 192 b; nach dem Hinweis auf die zuvor angestellten Überlegungen des einen Argumentationsstranges zur Verteidigung der „Religio" gegen Gegner heißt es, diese Überlegungen paßten schlecht zur gegenwärtigen „quaestio, quae non de veritate alterutrius Religionis, sed de libertate tantum interiore mentis, et tranquillitate vim externam non metuente, extra excitatae seditionis politicae culpam, concepta est. Nec enim hic disputamus, vtra inter Augustanam et Pontificiam Religionem verior sit, vtra magis acceptanda: eius enim cognitio et decisio ad amicabilem Imperatoris cum Statibus Imperij compositionem, dilata est et suspensa." Die Delegation auf den Herrscher ist freilich letztlich indiskutabel. Cranius führt dieses Argument lediglich als Beitrag für die eine Seite der hier verhandelten Frage auf.
[51] Vgl. etwa ebd. 194 b, vgl. 174 b.

nur durch eine „totalis internecio aut sanguinis effusio" erreicht werden kann, soll man Ruhe geben[52].

Nicht recht zu dem bisher eruierten Verständnis von „Religio" paßt die häufige Aufnahme jener Aufzählung, die sich in der Augsburger Konstitution von 1555 findet, nämlich mit der „Augspurgischen Confessions Religions / Glauben, Kirchengebreuchen / Ordnungen vnd Ceremonien"[53]. Denn hiermit wird die „religio" anderen Gegebenheiten zugeordnet und damit auch eingeordnet, wenn auch mit ihr normalerweise die Reihe eröffnet wird. Ähnliches gilt auch für die geläufige Nebenordnung von „fides, et religio"[54]. Doch wird man aus dieser Beobachtung keine schwerwiegenden inhaltlichen Folgerungen ziehen können, da es in allem überhaupt nicht um eine nähere Bestimmung der „religio" geht.

Grundsätzlich billigt Cranius zu, der „Princeps et Status Imperij" besitze in einem Territorium die „potestas", die „Religio" zu ändern, freilich ohne ein „imperium" über die Gewissen zu haben; denn nichts ist, wie er wiederum mit Verweis auf Laktanz sagt, so freiwillig wie die „Religio"[55]. Diesem „ius mutandi Religionem" korrespondiert freilich auf seiten der Untertanen eine grundlegende „*libertas conscientiae et Religionis*" sowie das „beneficium emigrandi"[56].

Wurde im vorhergehenden der Sprachgebrauch dokumentiert, wie er von Cranius aufgenommen oder auch selbst formuliert wurde, so gilt es nun, sein zentrales Anliegen noch einmal hervorzuheben, nämlich die „Pacificatio Religionis"[57], für die er eine ausführliche Zuständigkeit des Landesherrn hervorhebt[58], und als

---

[52] Ebd. I Pr. 13; 163f. Dieses Bild findet sich schon in der Tradition.Vgl. die Aussage II Pr. 6; 254, daß man nicht „ad fidem" zwingen kann, sosehr die „externa disciplina" zu wahren ist; vgl. aber auch zum schlimmsten Fall, dem „supplicium", 260, gegebenenfalls durch das Schwert zu handeln, 262.

In der Zitation der traditionellen Definition mit Hinweis auf Laktanz dürfte ein Irrtum unterlaufen sein, wenn es heißt: „Defendenda enim est Religio, non occidendo, sed moriendo, non saeuitia, sed patientia, non scelere, sed fide." Statt „moriendo" dürfte es ‚mouendo' heißen, II Pr. 1; 197 b.

[53] Vgl. etwa ebd. I Pr. 1; 26 a, Pr. 6; 71 b, hier mit geringfügigen Abweichungen, vgl. ferner II Pr. 5; 247 a, Pr. 9; 293 b, III Pr. 7; 392 a.

[54] Vgl. etwa ebd., Prooemium, 13 (im Zitat); hier, 6, auch „Religion vnd Glaubenssachen". Diese Nebenordnung findet sich nachhaltig in den Dokumenten vom Passauer Vertrag, von dem noch zu reden sein wird.

[55] Ebd. I Pr. 1; 26f: „Nihil est, ait [Lactantius], tam voluntarium, quam Religio, in qua si animus Sacrificantis auersus est, iam sublata, iam nulla est." Dasselbe Zitat findet sich auch II Pr. 1; 197 b.

[56] So in der Einleitung zu ebd. II, 169; dieser ganzer Teil gilt Argumentationen hierzu; unter diesen referiert Cranius auch die interessante Unterscheidung einer „mutatio Religionis publica siue generalis, et priuata, siue specialis", I Pr. 1; 178 b.

Auf die Probleme, die aus diesen grundlegenden Annahmen resultieren, geht Cranius auch in III nach, nämlich über den „Iudex controuersiarum religiosarum"; sie können hier nicht im einzelnen behandelt werden, brauchen es aber auch nicht, da es nicht um juristische Fragen geht.

[57] Vgl. dazu ebd., Prooemium, 15, I Pr. 13; 133 b, 169; auch „pacificatio religiosa", I Pr. 13; 125 b, 127 a, II Pr. 4; 228 b, 235 b; es findet sich schließlich „Pax et Pacificatio Religiosa", II Pr. 4 218 b, 219 a; vgl. auch „constitutio seu pacificatio religiosa", I Pr. 13; 125 b, 130 b. Diesbezüglich findet sich also eine variable Terminologie.

[58] Ebd. I Prooemium; 17f.: „Pacificationem Religionis definimus: Imperatoris ac omnium S. Imperij Rom. Ordinum COMTIALE EDICTVM, de libero AVGVSTANAE et CATHOLICAE ROMANAE RELIGIONIS tum publico, tum priuato competente exercitio, inuiolabiliter concessu PERSONIS tum publicis, tum priuatis in constitutione comprehensis. Et PRIMO, quidem

deren Ergebnis die „pax Religionis"[59]. In den unzähligen Wendungen zur „mutatio religionis" und zum „ius mutande Religionis" finden sich bezüglich dieser „pax" eine Reihe differenter Formulierungen. Es scheint, daß der Sprachgebrauch im Deutschen noch nicht einheitlich geworden ist, wenn nebeneinander von „ReligionFrieden"[60] „Religionfrieden"[61], oder auch „Religionfried"[62] die Rede ist. Allerdings gilt die Aufmerksamkeit im Grunde dem „Fried in Religion vnd Profansachen"[63].

Dokumente zum „Religionsfriede" 1552–1576

Beachtung verdienen speziell zehn Dokumente, die Cranius seinen Ausführungen beigegeben hat[1]. Die Dokumente beginnen mit dem Passauer Vertrag vom 2. 8. 1552[2]; danach wird als wichtigstes der – allgemein so bezeichnete – Augsburger Religionsfriede von 1555[3] wiedergegeben. Es folgen dann Reskripte, Dekrete und eine Resolution Ferdinands I. (1503–1564), der römischer König und

---

IMMEDIATIS Imperij membris, Electoribus caeterique Imperij Principibus atque Ordinibus, hac Constitutione tributum est, ut ex iure ipsorum territoriali, liberrimam habeant alterutrius Religionis permissae mutandae atque introducendae facultatem, et si ea ipsius vel constringatur, vel auferatur, promptum et acceptum in Camera Imperiali auxilium. Sed hic biuium video, et dubium casum saepius in Camera practicatum: Status vel Nobilis quidam Lutheranus immediate Imperio subiectus, feudum quodam tenet recognoscitque ab alio statu Ecclesiastico. Hic vasallus, sicuti in terris proprijs et hereditarijs, ita quoque in isto feudo, liberum ius atque potestatem mutandae ac reformandae Religionis Pontificiae, sibi competere arbitratur: iurene id fecit an iniuria?"

[59] Ebd. Pr. 4; 51.
[60] Vgl. dazu etwa ebd. I Pr. 4; 48 b, vgl. (hier wie öfter getrennt geschrieben) 47 b, 52, Pr. 10; 106 b, III Pr. 2; 362.
[61] Vgl. etwa ebd. Pr. 4; 49 a, 51, Pr. 10; 102 b, Pr. 13; 134 b, u.o., bes. III Pr. I; 332ff, 338–345.
[62] Vgl. ebd. II Pr. I; 190 a, III Pr. I; 324 a.
[63] Vgl. ebd., Prooemium, 7; vgl. „Frieden in Religion und Weltlichen Sachen", III Pr. 1; 331 a; ferner „*Religion-* vnd *Prophan*frieden", 345; vgl. auch „Religion vnnd gemeinen Frieden", 334 a, Pr. 2, 367 b.

[1] Ebd. 442–455; am Ende des ersten, 449, verweist Cranius darauf, daß er diese Texte entnommen hat aus Franciscus Burkhardus, Autonomia, auf die er auch selbst häufig verwiesen hat, vgl. etwa I Pr. 1; 18 b, hier mit dem Titel „De Autonomia, von Freystellung mehrerley Religion vnd Glauben", erschienen in München 1586; der Autorenname ist ein Pseudonym für Andreas Erstenberger, einen katholischen Juristen des 16. Jahrhunderts; vgl. dazu M. Heckel, Staat und Kirche nach der Lehre der evangelischen Juristen, in: Zeitschrift der Savigny-Stiftung für Rechtsgeschichte, Kan. Abt. 42 (1956) 132 Anm. 72. Die beiden von einem Anonymus stammenden Diskurse beziehen sich auf das „Ius sive Beneficium emigrandi".
[2] Ebd. 405–408: Passawischer Vertrag. Wie / vnd welcher Gestalt / der Articul vnd die Religion / auch Fried vnd Recht belangende / durch die Röm. Kön. Majest. Churfürstl. Gesandten / Erscheinenden Fürsten / vnd der Abwesenden Bottschafften / zu PASSAW allenthalben bedacht vnd gestellt worden / Anno 1552. die 2. Augusti.
[3] Ebd. 408–417: Pragmatica Constitutio De Pace Religionis sub Regimine Caroli V. Imp. unanimi Procerum consensu A.C. 1555. in Comitijs Augustanis solemniter promulgata. – Diese Überschrift stammt nicht von 1555, vgl. Religionsvergleiche des 16. Jahrhunderts I, hg. von Ernst Walder (= Quellen zur neueren Geschichte VI), Bern ³1974, 41, wo als Titel angegeben ist: „(Artikel des Religionsfriedens im Abschied des Reichstags von Augsburg, 25. September 1555)".

in der Nachfolge seines Vaters Karl V. seit 1556 auch Kaiser war[4]. Schließlich findet sich noch eine Antwort der Protestanten von 1566[5] sowie ein Reskript und eine Erklärung Kaiser Maximilians II. (1527–1576) von 1576[6]. Auf diese Dokumente muß deswegen eingegangen werden, weil bisher der Terminus ‚Religionsfrieden' bis in den Beginn des 17. Jahrhunderts so gut wie nicht nachgewiesen werden konnte[7]. An diesem Ergebnis bleibt richtig, daß die Dokumente zum Passauer Vertrag sowie zum Augsburger Religionsfrieden diesen Terminus nicht enthalten, auch nicht die lateinische Version in der Überschrift. Sie sprechen vielmehr von „Religion" oder auch „Religion vnd Glauben" sowie in einer Aufzählung von „Religion / Kirchengebreuch / Ordnung vnd Ceremonien"[8]. Cranius selbst sagt verschiedentlich „constitutio siue pacificatio Religionis"[9].

Nun aber stellt sich heraus, daß manche der bei Cranius nachgewiesenen Termini bereits in den viel früheren Dokumenten vorkommen, die im Anhang seines Buches wiedergegeben sind. So findet sich im ersten Reskript Ferdinands I. vom August 1555 „Religionsfrieden"[10]. Dies gilt erst recht für die späteren Dokumente Ferdinands I.[11], aber auch für die Antwort der Protestanten von 1566[12] sowie für die Texte Maximilians II.[13]. In der Annahme, daß die Dokumente hier im originalen Wortlaut wiedergegeben sind[14], bleibt also der deutliche Befund,

---

[4] Vgl. Rescriptum Regis Ferdinandi; Von den Erzbischöffen / Bischöffen / Praelaten / Capiteln / Orden / und andern Geistliches Standes / ob die so sie zur Augspurgischen Confession treten / bey ihrer Administration bleiben: Den Ständen auff dem Reichstag zu Augspurg eröffnet / und in Schrifften zugestellet / Die 30. Aug. Anno Christi 1555; in: H. – E. Cranius, De Pace, 417–420; Decretum ... den 24. Sept. 1555; 420–422; Decretum Regis Ferdinandi Von freystellung der Religion / ... auff dem Reichstag zu Regenspurg, den 5. Februarij, Anno 1557; 423–426; Rescriptum ... zu Regenspurg gegeben / den 27. Februarij 1557; 427–429; Resolutio ... auf dem Reichstag zu Augspurg / den 13. Junij, Anno 1559; 430–432.

[5] Responsio Protestantium, In Commitiis Augustanis Anno 1556. Caesareae Maiestati oblatum ...; ebd. 433–435.

[6] Rescriptum Imp. Maximiliani II., Von freystellung der Religion auff den Stifften / Der Grauen und Herrn der Augspurgischen Confeßion verwandt / auf dem Reichstag zu Regenspurg vberantwortet / den 25. August. Anno Christi 1576; ebd. 438–442; Imp. Maximiliani II., Erklärung / Von Freystellung und Religionsfrieden ... / in Comit. Ratisbon. die 24. Septembr. Anno Christi 1576; 438–442.

[7] Vgl. E. Feil, Religio I, 266–271: Der „Religionsfriede"; E. Feil, Religio II, 205, mit einem Beleg zu Bartholomäus Keckermann.

[8] Vgl. H.-E. Cranius, De Pace, 406, 410 (3 x), 415. Überdies heißt es verschiedentlich „streitige Religion" 408, vgl. 405, 410, „spaltige Religion" 406, 409, „Vergleichung der Religion", der „spaltigen Religion" bzw. der „Religion" bzw. der „Religion vnd Glaubenssachen", so 405, 412, 414; hinzukommen verschiedene Verwendungen von „Religion", so daß insgesamt dieser Terminus vor allem im Augsburger Religionsfrieden recht häufig genannt wird.

[9] Vgl. etwa ebd. II Pr. 9; 294 b.

[10] Ebd. 417; im nächsten Dokument heißt es ebenso, aber auch „Religions-Frieden", 421.

[11] „Religionsfried(en)" findet sich ebd. 425f, 427ff, 430, 432.

[12] Ebd. 434.

[13] Ebd. 437f, 440ff; hier, 439, auch „Religion vnd Prophanfrieden".

[14] Verglichen wurde die Wiedergabe des Textes nach der o. Anm. 63 zit. Quelle, vgl. E. Feil, Religio I, 267 Anm. 9, mit der Fassung des Augsburger Religionsfriedens bei Cranius nr. 2 und nr. 7; aaO. 409f, 412.

daß dieser Terminus noch zur Zeit des Augsburger Reichstags gebräuchlich geworden ist und sich somit als früh erweist. Cranius kann folglich auf einen bereits bekannten Sprachgebrauch zurückgreifen, wenn er seine Ausführungen mit „de pace religionis" beschreibt[15].

THEODOR REINKINGK

Schon wegen seiner Bekanntheit und wegen seiner weitreichenden Wirksamkeit findet Theodor Reinkingk (1590–1664)[1] die ihm gebührende Beachtung. In seinem Hauptwerk über das weltliche und kirchliche „Regimen"[2] ergibt sich für unsere Fragestellung[3] gleich zu Beginn eine besondere Bevorzugung der „pietas". Ihr widmet er nämlich eines der Epigramme, die er zwischen Widmung und Einführung eingefügt hat[4]. In der Grundlegung des weltlichen „Regimen" nennt er sie zuerst und dann die Gerechtigkeit als Basis des legitimen „imperium"[5]. Wo diese beiden nicht Fundament des Reichs und zugleich nicht Zierde der Herrschenden sind, kann das Reich nicht lange bestehen[6].

---

[15] Cranius zitiert verschiedene Bücher, so von Benbellona, ebd. I Pr. 1; 27, u.ö.; von P. Danais, Pr. 4; 51; von Iustus Springer, Pr. 9; 95 a; von P. Syring, II Pr. 7; 270 a; von Bernhard Bertram, 270 b, in deren abgekürzt zit. Titeln von „Pax Religionis" die Rede ist; es konnte nicht überprüft werden, ob es sich jeweils um Originaltitel handelt.
Vgl. auch den ausführlichen Titel von Christian Liebenthal, Collegium Politicum. In: Quo de Societatibus, Magistratibus, Juribus Majestatis, Et Legibus Fundamentalibus. Item De Universa Ac Summa Republica Romana ...: Ut Et De Nobilitate ...: Nec Non De Pace Religiosa, Jure Episcopali Et patronatus ..., Giessae Hessorum MDCXIX. – Nicht identifizierbar war der bei Cranius häufig zitierte Adrian. Gylm. oder Gilman mit einer Arbeit wiederum über die „pax religionis", 355, auf den sich auch Cranius oft bezieht, vgl. etwa 35f. Es gibt also eine Vielzahl von thematisch einschlägigen Arbeiten zu diesem Thema.
Die eben zit. Arbeit von Chr. Liebenthal hält sich im gängigen Rahmen, vgl. Exercitatio I über die „Politica", so qu. 11 über „religio"; 14, ferner bes. XIII über die „Administratio religiosa", qu. 1; 362f, qu. 4; 368ff.

[1] Theodor Reinkingk (auch Diet(e)rich sowie Reinking) war seit 1617 Professor des Rechts und später als Kanzler Hessens, Mecklenburgs, Bremens und Dänemarks tätig. 1646–46 war er Gesandter Bremens bei den Verhandlungen zum Westfälischen Frieden.

[2] Theodor Reinkingk, Tractatus de Regimine Seculari et Ecclesiastico, Editio sexta, omnibus prioribus emendatior et purior: cui accesserunt nonnulla, quae circa publicum Imperij statum, durantibus belli motibus, ac per novam Pacis compositionem vel innovata; vel confirmata: Nec non pauca alia, Francofurti ad Moenum MDCLIX. – Im folgenden wird zunächst das Buch in römischer, dann jeweils in arabischer Ziffer die classis sowie nach einem Punkt das capitulum und mit der Sigle nr. der betreffende Abschnitt angegeben.

[3] Auf die wünschenswerte Darlegung des Rahmens und einzelner Fragestellungen, insbesondere auf eine historisch wichtige Klärung, in welchem Maße Reinkingk eine Säkularisierung des Rechts vorgenommen hat, muß hier verzichtet werden.

[4] Ebd. Epigramma V; *** r; schon in der vorausgegangenen Dedicatio, **r, nennt er „pietas".

[5] Ebd. II 1.1 nr. 1.

[6] Ebd.; vgl. auch nr. 4f, 7, hier mit der Bemerkung, daß die „pietas" die Gewalttätigkeit hemmt. Vgl. auch als Gegensatz zu ihr „superstitio", 20.

Als „pietas" bestimmt Reinkingk die „vera Dei Notitia et Cultus"[7], Bestimmungen, die ebenso auf die ‚religio' passen würden. Der „cultus" aber muß durch gewisse Gesetze und „ceremoniae" bestimmt sein[8]. Als „cultus verus" sollte er jedoch der „fides" entsprechen, denn es gilt, die Regel der rechten „fides" zu bewahren; und wo diese „fides" nicht existiert, kann auch keine Gerechtigkeit bestehen[9]. Offensichtlich also spielt die „pietas" eine wichtige Rolle, selbst wenn er im Rahmen seiner Erörterungen nicht mehr des näheren auf sie eingeht[10].

Von „religio" spricht Reinkingk somit eher in begrenzten Kontexten. Zunächst wendet er sich ihr zu anläßlich der Frage nach der Verminderung des „imperium Romanum"; hier stellt er gegen Machiavelli heraus, in welchem Maße die „religio" politisch mißbraucht werden kann[11]. Natürlich ist ihm bekannt, daß die „religio" bei den Römern politisch gebraucht wurde[12]. Er ist sich auch im klaren darüber, daß mit „superstitio" und dem Schleier der „religio" die „recta ratio" beeinträchtigt wurde[13] und daß man durch den Anschein der „religio" einfache Untertanen gefügig machen konnte[14]. All diese Überlegungen stehen im Rahmen einer Beschränkung des Imperiums des Papstes zugunsten des „Imperator"; aber weder dieser noch sonst irgend jemand, der die „pietas" beachtet, darf etwas gegen die göttlichen Mandate tun[15]. Hier wiederholt sich noch einmal die Akzentuierung eben dieser Tugend.

Bei der Frage nach der Zuständigkeit in einem Territorium konstatiert Reinkingk sodann mit einem Wortspiel, das an Joachim Stephani (1544–1623) erinnert, diesen aber nicht aufnimmt, dem „Dominus regionis" sei Ehre zu zollen und zu gehorchen, was immer dieser gebietet und vorschreibt, soweit es nicht dem „Dominus Religionis" entgegengesetzt ist[16]. Jedenfalls weist er die Sorge nicht nur für die „regio", sondern eben auch für die „religio" dem Herrn des Territoriums zu[17].

---

[7] Ebd. nr. 10; hier mit der tradierten Terminologie von „Sapientia" und dem Verweis auf Laktanz, der gerade diese hervorgehoben hat; auch findet sich hier die Aussage, daß die „Sapientia" vorausgeht, und daß der „cultus" folgt, vgl. auch 20.

[8] Ebd. nr. 18.

[9] Ebd. nr. 21. Daß aus der „pietas" aber auch mitmenschliche Konsequenzen folgen, sagt Reinkingk anläßlich seiner Feststellung, mit kirchlichen Mitteln Gefangene freizukaufen um dieser Tugend willen, vgl. III 1.3 nr. 5.
Im Anschluß an die eben zit. Aussage II 1.1 handelt Reinkingk über die „Ratio status", nr. 35–51, hier wieder im Zusammenhang mit „pietas et justitia" 35.

[10] Vgl. noch ebd. I 3.9 nr. 63; ferner II 3.2 nr. 57, daß in Sachen der „fides" ein Zwang nichts vermag, mit einem Zitat von Cranius, „Pietatis ara armis inimica".

[11] Ebd. I 2.8 nr. 20f; hier, 20, auch „sanctitas, pietas et religio" nebeneinander.

[12] Ebd. nr. 22.

[13] Ebd. nr. 19.

[14] Ebd. nr. 23.

[15] Ebd. nr. 70.

[16] Ebd. I 1.4 nr. 13, mit Hinweis auf Ernest Cothmann und dessen Beschäftigung mit der Kirchengeschichte des Eusebius; übrigens findet sich auch hier wieder „pietas" zusammen mit „honestas".

[17] Ebd. 5.4 nr. 227; diese Aussage steht unter den Überschrift „Religionis Cura", 227–253.

Wie in der Tradition vorgegeben, spricht Reinkingk die „religio" vornehmlich im Rahmen seiner Überlegungen zur weltlichen Herrschaft an, und zwar im Zusammenhang mit der Erörterung des gerechten Krieges. Er beginnt hier mit der befremdenden Auskunft, daß ein solcher gerechter Krieg der Ehre Gottes dienen müsse[18]. Unter den Gründen für einen gerechten Krieg, der der Verteidigung dient[19], nennt er die Verteidigung im Hinblick auf „religio, regio, et persona"; es scheint ihm mit einer Reihe von anderen Autoren offenkundig, daß die „religio" gegen äußere und innere Unterdrückung mit Waffen verteidigt werden kann[20]. Wenn auch die „religio" ein „quasi spirituale bonum" darstellt und somit im Grunde nicht mit Waffen verteidigt werden kann, so befürwortet Reinkingk dies doch im Interesse eines „exercitium et cultus liber" der „religio vera"[21]. Gegen die „religio" vorzugehen, bedeutet, ein Unrecht gegen alle zu üben[22]. Eine Verteidigung darf auch erfolgen zur Hilfeleistung für „religio, sive regio" anderer, denen man mit einem Bund der Gemeinschaft nahesteht[23]. Unter den Gründen für einen „offensionis Bellum"[24] nennt Reinkingk Widerspenstigkeit[25], Aufruhr und Rebellion[26] sowie Unrecht[27]. Doch lehnt er Unglauben und „religionis diversitas" als Kriegsgrund ab[28]. In Sachen der „religio" vermag menschliche Autorität nämlich nichts; niemand kann gezwungen werden, gegen seinen Willen zu glauben, und Waffen sind hier gegen die Natur der Sache[29]. Denn das „religionis jus" besteht nicht zwischen den Menschen, sondern zwischen Gott und Mensch[30].

Sodann spielt die „religio" beim Eid eine Rolle[31]. Auch stellt sie eine Grundlage für die Freundschaft dar, wie sie den ungläubigen Türken gegenüber nicht gege-

---

[18] Ebd. II 3.2 nr. 5: „Justa belli causa in genere est, quae refertur ad gloriam Dei", mit folgenden Hinweis auf den Reichsabschied zu Regensburg 1532 und zu Nürnberg 1541 sowie auf theologische Gewährsleute wie Ernest Cothmann. Reinkingk sagt nicht ausdrücklich, daß diese Argumentation völlig seiner Meinung entspricht.

[19] Ebd. nr. 6.

[20] Ebd. nr. 7; auch hier findet sich wieder „pietas".

[21] Ebd. nr. 9; doch die „Religionis Defensio", soll sie „justa et pia" sein, darf nicht von schlechtem Affekt begleitet sein, 13f.

[22] Ebd. nr. 10; „privati" dürfen allerdings den „religionis cultus" nicht mit Waffen verteidigen; sie haben nur Gebete und Tränen, 12.

[23] Ebd. nr. 21 mit Hinweis auf die Hilfe für die Ungarn gegen die Türken aufgrund des Nürnberger Reichsabschieds von 1522.

[24] Ebd. nr. 35.

[25] Ebd. nr. 37.

[26] Ebd. nr. 38.

[27] Ebd. nr. 40.

[28] Ebd. nr. 52.

[29] Ebd. nr. 53.

[30] Ebd. nr. 54; vgl. 59 den Hinweis auf Laktanz, daß die „religio" „non occidendo sed monendo, non saevitia sed patientia, non scelere sed fide" eingeführt werden kann. Hier, 60, weist Reinkingk auch die These zurück, es gäbe keine solche „libertas conscientiae", daß zur Verteidigung der „Religio et Ecclesia" Krieg geführt werden könnte. An anderer Stelle, III 1.6 nr. 9, findet sich die sonst übliche Ausdrucksweise „non jubendo sed suadendo religio cordibus hominum imprimatur."

[31] Ebd. II 3.3 nr. 78, daß die Bündnisse durch die „jurisiurandi religio" zu bekräftigen sind; vgl. auch I 3.9 nr. 64; ebd. 36 auch die Bezeichnung des Eides als „religiosa adsertio".

ben ist[32]. Es wundert, daß Reinkingk dem „jus mutandae religionis" nur eine geringe Aufmerksamkeit widmet, insofern er ein ursprüngliches „jus Episcopale" nur den „civitates" zubilligt[33].

Anläßlich der Erörterungen über eine Vakanz der Herrschaft konstatiert Reinkingk, daß diese auch bei einem „religionis ingressus", dem Einritt des Herrschenden in einen Orden erfolgt, womit er das Verständnis von „religio" als Orden dokumentiert[34].

Einige Aussagen zur „religio" finden sich, wie nicht anders zu erwarten, im Zusammenhang mit der Erörterung des „Regimen Ecclesiasticum". Erst hier bringt Reinkingk eine nähere Bestimmung der „religio" als „fides Christiana", genauer als „cura ceremoniarum" und, wie er für sich sagt, als „cultus divinus in genere"[35]. Diese Bedeutung belegt er mit einem Hinweis auf die Römer und besonders auf Numa, der das Volk durch „religiones et jus divinum" verpflichtete[36]. Der Plural „religiones" ist insofern bemerkenswert, als es sich hier nur um solche bei den Römern handeln kann, bei denen jeder Gott oder Göttin die jeweils eigene „religio", nämlich die Sorgfalt für die eigene Verehrung erfordert. In ihrer Funktion aber gilt die „religio", ob wahr oder falsch, als Hilfsmittel für die Gemeinwesen[37], während ihr Fehlen entsprechenden Schaden bewirkt, nämlich Zerstörung von Gerechtigkeit, Ehrbarkeit und Ordnung[38]. Dabei dient die „Religio", wie Reinkingk über die römische Konzeption hinausgehend feststellt, nicht primär dem Gemeinwesen, sondern dem ewigen Heil der Seelen[39]; doch hängt davon eben auch das zeitliche Glück ab[40]. Unter diesen Prämissen weist Reinkingk dem Magistrat die Vollmacht über die Kirchenangelegenheiten zu, wobei die „Religio" den höchsten Rang besitzt[41]. Diese Kompetenz beruht darauf, daß sich die Kirche im Gemeinwesen und nicht das Gemeinwesen in der Kirche befindet[42]. So stellt die „religio" Stütze und Fundament der „Respublica Christiana" dar[43]. Christus und die Apostel haben denn auch die Kirche der politischen Vollmacht unterworfen[44]. Welche Probleme es diesbezüglich geben kann, vernachlässigt Reinkingk; sein Hinweis auf andere Autoren bezüglich der

---

[32] Ebd. II 3.3 nr. 71.
[33] Ebd. I 5.5 nr. 12f.
[34] Ebd. 3.2 nr. 24; vgl. auch III 2.3 nr. 40.
[35] Ebd. III 1.1. nr. 2; hier heißt es: „Religio aliquando sumitur pro fide Christiana, ubi sumitur in l. I. Cod. De summ. Trinit. aliquando strictius pro cura ceremoniarum, Bart. add. l. I. nu 5. [Hic autem pro cultu divino in genere usurpamus.]"
[36] Ebd. nr. 3.
[37] Ebd. nr. 4.
[38] Ebd. nr. 5; umgekehrt bedarf auch die „religio" der „disciplina", sonst droht ihr ein Schiffbruch, vgl. 7 nr. 2.
[39] Ebd. 1. nr. 6.
[40] Ebd. nr. 7.
[41] Ebd. nr. 9.
[42] Ebd. nr. 10; dieses Recht haben Herrscher und Magistrate nicht durch ein Privileg des Papstes, sondern durch das Recht königlicher Vollmacht, das ihnen von Gott gegeben ist, ebd. nr. 14.
[43] Ebd. nr. 15; im folgenden, 16ff, belegt Reinkingk diese Feststellung mit historischen Beispielen.
[44] Ebd. nr. 19.

Frage, ob der weltliche Magistrat viele und entgegengesetzte „Religiones" tolerieren soll[45], reicht ebensowenig aus wie das Beispiel katholischer Fürsten, welche Menschen verschiedener „religio" zuweilen in ihren Provinzen leben lassen; die Begründung, die Reinkingk hierfür nennt, erweist sich somit als nicht stichhaltig, nämlich, die Fürsten beließen solche Bürger in ihrem Reich, wenn sie ohne Gefahr nicht ausgewiesen werden können[46]. Allerdings schränkt Reinkingk die Kompetenz von Magistrat und Fürsten insofern ein, als diese nicht die ganze Kirche, sondern Glieder der Kirche sind[47]. So hat der Fürst allein weder das Recht, die Diener der Kirche zu berufen[48] noch das „jus ... reformandi religionem"; dazu bedarf er der Zustimmung der Kirche[49]. Er besitzt die Kompetenz zwar nicht über die „reformatio" selbst, wohl aber über die Sorge und die „directio externa" für die Kirche[50].

Überblickt man den „Tractatus" in der hier zugrunde gelegten Auflage, die Reinkingk vier Jahrzehnte nach der Erstauflage vorgelegt hat[51], so enthält er auch jetzt noch keine detaillierte Aussagen über die „religio" als solche[52]. Somit bleibt Reinkingk im wesentlichen bei Aussagen, die er zu Beginn seiner Wirksamkeit über die weltliche und kirchliche Gewalt in kurzen Merksätzen formuliert hatte[53].

Von hierher gewinnt die Arbeit über die „Biblische Policey"[54] besonderes In-

---

[45] Ebd. nr. 29.
[46] Ebd. nr. 30; im folgenden, 31, überläßt er denn auch dem Leser die Entscheidung.
[47] Ebd. 6 nr. 5f..
[48] Ebd. nr. 4.
[49] Ebd. nr. 6.
[50] Ebd. nr. 9; hier findet sich der Hinweis, daß man nicht zur „fides" zwingen darf, und daß, wie schon zuvor zitiert, die „religio" den Herzen der Menschen „non jubendo sed suadendo" nahegebracht werden soll.
[51] Erschienen: Giessae Hessorum MDCXIX.
[52] Dies gilt, obwohl Reinkingk in der hier zugrunde gelegten „Editio sexta" auf die Ereignisse während des Dreißigjährigen Krieges Bezug genommen hat.
[53] [Theodorus Reinkingk,] Conclusiones CCXC. De Brachio Seculari et Ecclesiastico, seu Potestate utraque; Quas Decreto et Authoritate Nobilis atque amplissimae Facultatis Juridicae in illustri Ludoviciana, quae est Giessae, celebris Cattorum Academia; Pro consequendis in utroque Jure Honoribus et summis Privilegiis, Publicae disquisitioni et censurae subjicit Theodorus Reinkingk Giessae Hessorum MDCXVI; hier finden sich in kurzen Merksätzen Ausführungen (im folgenden mit der Seite dieser Ausgabe angegeben) zur „Pietas", 15f., zur Erlaubtheit der Verteidigung der „religio" und der „regio", 35, zur „infidelitas et relligionis diversitas", die keinen Kriegsgrund darstellen, 37. Besonders betont zu werden verdient, daß grundlegend wiederum „Pietas et Justitia" sind, vgl. 15f.
Keine Hinweise fanden sich in [Dietrich Reinkingk,] Assertio Jurium Archiepiscopalium et superioritatis. o.O. 1639 (über Bremen als freie Reichsstadt).
[54] Dieterich Reinkingk, Biblische Policey / Das ist: gewisse / auß Heiliger Göttlicher Schrifft zusammen gebrachte, auff die drey Haupt-Stände / Als Geistlichen / Weltlichen und Häußlichen / gerichtete Axiomata oder Schlußreden / Sonderlich mit Biblischen Sprüchen und Exempeln / auch andern bestärcket / in allen Ständen nützlich / dienlich und anmuthig zu lesen: ... Franckfurt am Mayn MDCLXIII. – Auf dem Kupferstich vor dem Schmutztitel ist als Autor angegeben: „Herrn Theodori Reinkingk I.C. Biblische Policeij". Reinkingk hat also mit verschiedenen Vornamen publiziert. – Im folgenden wird für die Paginierung der Dedicatio das dort übliche) mit * sowie die Angabe der

teresse, die Reinkingk einige Jahre nach der 6. Auflage des „Tractatus" und kurz vor seinem Tod veröffentlicht hat. Auch hier läßt sich der bisherige Befund im wesentlichen bestätigen. Wiederum nennt Reinkingk früh die „Pietas" als Stütze der Herrschaft und hält sie für wichtig im Hinblick auf eine angemessene „Status ... ratio"[55]. Diese Aussage ist insofern bemerkenswert, als er die „Ratio Status, oder Raison de Estat", für die er kein deutsches Wort weiß, sehr skeptisch beurteilt[56]. Als negatives Beispiel ihrer Realisierung nennt er Machiavelli[57]. So kann Reinkingk eine solche „Ratio Status" als „unartige Stiefschwester" der „Justitia"[58] bezeichnen und sie dem Atheismus benachbart sehen[59]. Demgegenüber bleibt das Gesetzbuch Gottes die beste „Ratio Status"[60].

Von „Religion" spricht Reinkingk bei den entsprechenden Themen, so zunächst und am häufigsten in seinen Ausführungen über den geistlichen Stand[61]. Dabei erwähnt er die „Wissenschafft" Gottes, die „von Natur in aller Menschen Hertze gepflantzet" ist, daß nämlich ein göttliches Wesen existiert[62]. Unter Berufung auf Plutarch nennt er als ihre beiden Aspekte, die rechte Auffassung von Gott zu haben und ihm zu gehorchen[63], daß „die Religion eine Verwandtnuß vnd Pflicht eines jeden Menschen gegen GOtt" und „Bonum Commune aller Menschen" ist[64]. Sie erweist sich daher als eine „gewaltige Säule vnd Grundveste guter beständiger Policey in allen Ständen"[65].

Eigens erwähnt Reinkingk den für seinen Zusammenhang freilich nicht sehr wichtigen Unterschied, daß die „Religion" einmal auf dem „vnfehlbaren Wort GOttes" beruht und zum anderen die „von Natur in der Menschen Hertzen eingepflantzete allgemeine Wissenschafft Gottes" darstellt[66]. Natürlich weiß Reinkingk um die Möglichkeit des Mißbrauchs der „religion"[67]. Einige Aufmerk-

---

jeweiligen Zahlen, wie im Band, mit i bzw. j angegeben; sodann werden die einzelnen Teile in römischer und die Axiome in arabischer sowie nach einem Semikolon die Seite in arabischer Ziffer angegeben.

[55] Ebd. Dedicatio *** iijr, hier mit der Feststellung „Regna firmat Pietas".
[56] Ebd. ** [1] r; vgl. II 31; 221, wovon der „Gottseligkeit", der gängigen Übersetzung für pietas, des Regenten die Rede ist. Es findet sich auch verschiedentlich „gottselig", üblicherweise als Übersetzung von pius, so bei der Ablehnung des Schminkens „gottseliger Frauen", III 11; 742, ferner 42; 824 über die Notwendigkeit, daß ein „gottseliger" Hausvater zuweilen auswandern muß.
[57] Ebd., Dedicatio ** [1] rf.
[58] Ebd. II 36; 232.
[59] Ebd. 38; 271.
[60] Ebd. 39; 274.
[61] Ebd. I 5; 13; auch in den folgenden Axiomen findet sich „Religion".
[62] Ebd. 4; 9.
[63] Ebd. 10: „Religionis erga Deos immortales praecipuum illud est, rectas de iis habere opiniones: ut sentias et esse Deos, et bene justoque administrare universa: parendum esse iis".
[64] Ebd. 5; 13.
[65] Ebd. 7; 15, hier mit der Bemerkung, ohne „Religion" gäbe es keine „Gottesforcht / kein Gewissen / kein dicrimen turpium et honestorum, ohne Vnterscheid der Laster vnnd Tugenden/ sondern lebet man /wie das vnvernünfftige Viehe / da ist auch keine beständige Policey oder Regiment".
[66] Ebd. 16.
[67] Daß die „Religion" im Interesse der „ratio Status" oft vorgeschützt, mißbraucht und geändert wird und zuweilen auch dazu zwingt, sie zu formulieren, vgl. 7; 17; vgl. 10; 32, daß Heuchler und

samkeit widmet er der „wahren Christlichen Religion"⁶⁸. Schließlich spricht er noch einmal von der „religion" bei der Erörterung zum gerechten Krieg⁶⁹, beim Bündnis mit Ungläubigen⁷⁰ sowie bei der Frage der Zulässigkeit der Heirat bei Verschiedenheit der „Religion"⁷¹.

Aber nur einmal findet sich eine inhaltlich weiterführende und bemerkenswerte Aussage, nämlich anläßlich der Frage nach der Berechtigung, die „Religion" durch Waffen schützen zu dürfen, ohne sie anderen aufzuzwingen⁷². Hier bestimmt er „religion" als „Dienst Gottes" und situiert sie „in deß Menschen Hertz / Opinion vnd Gemüthe"⁷³. Zur rechten Auffassung der „Religion" gehört zweifellos die rechte Erkenntnis von Gott. Und die „Religion" mit der Einstellung im Herzen in Verbindung zu bringen, kann sich auf alttestamentliche Tradition der Propheten berufen, selbst wenn die „Religion" damit nicht schon in den Bereich des Inneren verlegt wird. Doch sie direkt ins Herz und verstärkend ins „Gemüthe" zu verlegen, erweist sich als sehr ungewöhnlich. Diese Ausdrucksweise paßt auch nicht recht zum generellen Verständnis Reinkingks, denn er verwendet, wie sich zusammenfassend feststellen läßt, „Religion" durchgängig an den Verbindungsstellen zwischen weltlichem und kirchlichem Bereich. Die persönliche Einstellung im Verhältnis des Menschen zu Gott bezeichnet er hingegen in grundlegenden und wichtigen Aussagen mit „Pietas". Nicht recht vereinbaren läßt sich hiermit freilich, daß gleichwohl die „Religion" zwar von öffentlichem Belang ist, aber nicht erzwungen werden kann. Daraus resultieren dann die Konfliktfälle, die sich im 17. Jahrhundert mit seinen Auseinandersetzungen gezeigt haben. Sie konnten eben nicht durch die Regel „Cujus est Regio, illius etiam est Religio" gelöst werden, die Reinkingk ausdrücklich im juristischen Sinn aufgenommen hat⁷⁴.

Abtrünnige zuweilen Eiferer in der „Religion" sein wollen; 11; 35, daß die Menschen von Natur aus zu Abgötterei und Aberglauben mehr geneigt sind als zur wahren „Religion".

⁶⁸ So in der Überschrift vor 12; 36. Er spezifiziert sie als gegründet auf die „Prophetischen vnnd Apostolischen Schrifften", die die „wahre seeligmachende Lehr" enthalten, den wahren Gott und seinen Willen zu erkennen, zu ehren und damit die ewige Seligkeit zu erlangen, 12; 36. Es folgen Ausführungen, daß die „Religion" die „Gemüther der Vnterthanen" verbindet und deswegen nur eine in einem Gemeinwesen sein soll, 13; 42. Zur Problematik der Spaltung in der „Religion" vgl. 13; 45, zur Zurückweisung äußeren Zwangs, 17f.; 51, mit Hinweis auf II 136; 506.
Hinzuweisen bleibt darauf, daß es außer der Kirche keine wahre „Religion" gibt, I 28; 73, und daß die Schrift die grundfeste Richtschnur der wahren „Religion" darstellt, vgl. 20; 55, 21f; 58, 60.
⁶⁹ Ebd. II 128; 496f,
⁷⁰ Ebd. 205; 683–697.
⁷¹ Ebd. III 5; 721–723.
⁷² Ebd. II 136; 507–511.
⁷³ Ebd. 508: „Die Religion begreifft in sich den Dienst Gottes / vnd nicht der Menschen / ruhet in deß Menschen Hertz / Opinion vnd Gemüthe / welches je kein Mensch ergründen / erkennen noch darüber richten / sondern GOTT der einige Hertzenkündiger allein erforschen kann. Actor. 15. Jerm. c. 17. v. 9. und 10. 1.Chron. 28, v. g. Psalm 7. v. 20. vnd bestehet in keinem eusserlichen thun / so der eusserlichen Gewalt vnterworfen / kan derowegen durch keine Waffen das Hertz / das Gemüthe vnd Gewissen einen Menschen gezwungen werden / einander zu glauben / als es thut."
⁷⁴ Ebd. I 45; 107: „Cujus est Regio, illius etiam est Religio. Hoc est: Qui Jura Regia vel territorialia in sua Regione usurpat, ad illum etiam pertinet cura et inspectio Religionis."

Hermann Conring

Die Bedeutung der „religio" aus juristischer Perspektive soll auch bei Hermann Conring (1606–1681)[1] untersucht werden. Es darf erwartet werden, von diesem vielseitigen Denker einige wichtige Anhaltspunkte für das Verständnis dieses Terminus im politisch-juristischen Bereich während des 17. Jahrhunderts zu erhalten.

Eine eigene Abhandlung zu unserem Thema hat er nicht verfaßt. Am ausführlichsten hat er zu ihm Stellung genommen in verschiedenen Abhandlungen oder Abschnitten „circa sacra". Insbesondere diese gilt es nun zu berücksichtigen.

Vorangeschickt werden soll lediglich eine Beobachtung, derzufolge Conring die „religio" bestimmt als „observatio" der „leges", die sich auf den „cultus divinus" beziehen, und der „ceremoniae"[2]. Als sorgfältige Beachtung läßt sich aber die „religio" seit der Antike bestimmen. Eine Bestätigung für diese Interpretation dürfte in der kaum anders zu verstehenden Formulierung „sacrorum religio ac disciplina" gegeben sein; denn auch hier kann Conring nur die sorgfältige Beachtung und die Übung der „sacra" aussagen wollen[3]. Schon hiermit dürfte sich eine tradierte Konzeption der „religio" bei Conring abzeichnen.

---

[1] Hermann Conring entstammte einem evangelischen Pfarrhaus und war nach seinen Studien in Helmstedt und Leiden seit 1632 Professor der Naturphilosophie, seit 1636 der Medizin und seit 1650 der Politik in Helmstedt. Überdies wirkte er als Ratgeber verschiedener Herrscher. Wichtig war er für die Formulierung der Rechte des Territorialstaats sowie für die Überlegungen zu „Ratio Status". Vgl. dazu Michael Stolleis, Machiavellismus und Staatsräson. Ein Beitrag zu Conrings politischem Denken (1983), in: ders., Staat und Staatsräson in der frühen Neuzeit, 73–105.

[2] [Hermannus Conringius,] De Republica Romano-Germanica, Auctore Jacobo Lampadio. Cum annotatis Hermanni Conringii; in: Hermannus Conringius, Opera, Curante Johanne Wilhelmo Goebelio, Brunsvigae MDCCXXX, ND Aalen 1970, II, 22–223, 166 b f; diese Bestimmung findet sich in der Erläuterung Conrings zum Terminus „ordinatio", den Lampadius gebraucht hat, vgl. den Kommentar: „Autor (sc. Lampadius) recte docet, institutionem cultus divini consistere in *ordinatione* ... illius et ceremoniarum, secundum quas institui debeat cultus divinus. Et vero religio consistit in talium legum et ceremoniarum observatione". – Der Herausgeber J.W. Goebel fügt seinerseits zur „ordinatio" hinzu, 166 a: „Et utile est, quoad religionem externa, ut publica exstet formula (statt des Druckfehlers: formult), quam omnes sequi debent, nisi emigrare volint." Und er fügt den Zusatz an: „Sunt tamen hodie, qui somniant in omni religione homines salvos fieri, modo Christi mores imitentur."

Hier und im folgenden werden Texte, die ausführlicher besprochen sind, mit jeweiligem Titel und, soweit möglich, auch mit der Jahresangabe ihrer Entstehung angegeben. Sodann wird auf die Opera verwiesen, die Bände werden jeweils in römischer, die Seiten in arabischer Ziffer und, soweit Texte in Spalten abgedruckt sind, diese mit der Sigle a und b wiedergegeben. Soweit nötig, werden die Unterabteilungen der einzelnen Arbeiten Conrings mit den jeweiligen Siglen angegeben, die dann eigens notiert werden; sie werden durch Semikolon von der Angabe der Opera getrennt. Bei „Dissertationes" oder „Exercitationes" werden jeweils, soweit angegeben, auch die Respondenten genannt. Gemäß damaliger Gepflogenheiten stammen die Texte häufig von letzteren, sie werden aber dann vielfach den Praesides zugerechnet. Man darf davon ausgehen, daß diese tatsächlich weitgehend für die Ausführungen verantwortlich sind; vgl. dazu auch M. Stolleis im Hinblick auf die Disputatio De Ratione Status (1651), aaO. 74.

[3] Vgl. Hermannus Conringius, De Republica,. cap. XI; 166–176: De jure sacrorum et jure religionis. Vgl. auch u. bes. mit Anm. 45–50.

In seiner „Exercitatio Politica" über Autorität und Pflicht der Majestät „circa sacra" aus einer früheren Phase seiner Beschäftigung mit politischen Fragen[4] ergibt sich ein aufschlußreicher Befund in folgender Hinsicht: Auch hier ist von „religio" die Rede, aber noch in einer gewissen begrenzten Weise[5]. Hier bestimmt er nämlich die „sacra" nicht als ‚religio', sondern als „cultus divinus", zu dem die entsprechenden Personen und schließlich die beweglichen und unbeweglichen Dinge hinzugehören[6]. Er stellt sodann heraus, wie verschieden die Art dieses „cultus" zu allen Zeiten war und eben auch heute ist; folglich gilt es für ihn, diesen „cultus" im Hinblick auf die bürgerliche „majestas" zu untersuchen, wobei er als durchgängiges Prinzip die Erkenntnis Gottes und dessen Belohnung für seine Verehrer darstellt[7]. Mit Cicero und Laktanz bringt er zum Ausdruck, daß Gott zu ehren ist und daß dieser „divinus cultus" bei allen Völkern gleichsam von Natur bekannt ist[8]. Eine solche göttliche Verehrung gibt es bei allen Völkern, wie niemand abstreiten wird; und ohne sie kann keine menschliche Gemeinschaft entstehen[9]. Erst dann spricht Conring, wiederum anhand von Zitationen, einmal mit Cicero von der „pietas" und sodann ausgerechnet mit Platon von „religio", daß sie nämlich ein Schutz der „potestas" sowie ein Band der Gesetze und der Disziplin sei[10]. Was hinsichtlich der „religio" wichtig ist, befiehlt oder verbietet die „naturae lex", wie allen leicht einsichtig ist[11]. Conring spricht förmlich, wenn auch in einer zögerlichen Formulierung, von „naturalis religio", der, wie er hervorhebt, Gott selbst vieles hinzugefügt hat[12]. Wie sich später zeigen wird, verdient diese Formulierung eine genauere Beachtung. Conring spricht nämlich von einer einzigen religio, die er als „naturalis" qualifiziert, d.h. als eine solche, die allen Menschen von Natur aus bekannt ist, die Gott dann durch eine Offenbarung ergänzt hat. Doch diese Ergänzungen

---

[4] Hermannus Conringius, Exercitatio politica de majestatis civilis autoritate et officio circa sacra. Respondente Martino ab Heimburg. MDCXLV, IV 615–643.

[5] Vgl. dazu die später zu referierende Dissertatio de majestate civili.

[6] Ebd. thes. 10; IV 617: „Sunt autem ejusmodi tria potissimum. Prima ipsa divini cultus ratio in se spectata. Alterum personae illi cultui singulatim dicatae. Etsi enim in omnium sit officio Deum colere, quidam tamen peculiariter providere debent, ut omnia rite ac decenter exerceantur, quique adeo sacrorum sunt antistites, et administri. Tertii ordinis, sunt res aut bona, sive mobilia, sive immobilia, ad religiosum cultum necessaria."

[7] Ebd. thes. 11; IV 617: „Fuit autem omnibus temporibus cultus illius ratio, et est hodieque pervaria. Itaque nonnihil distinctius consideranda illa est, quo rectius pateat circa haec, quid possit, aut debeat civilis quaelibet majestas. Primum ergo principium religionis est: Deum colere tanquam summum gubernatorem, ut aliarum, ita et humanarum rerum. Nititur utrumque duabus illis notitiis, nempe et *esse Deum et ab eo praemia dari se colentibus*".

[8] Ebd.; anschließend bringt Conring ein Zitat von Cicero mit der „pietas", die hier äquivalent zu ‚religio' erscheint.

[9] So ebd., mit Bezug auf Aristoteles und Sokrates nach Xenophon.

[10] Ebd.; es folgt dann noch ein Zitat von Plutarch, wiederum in lateinischer Übersetzung, die „religio" sei ein Band der Gemeinschaft und ein Fundament der Gesetzgebung.

[11] Ebd. thes. 13; 617.

[12] Ebd.: „Ad illam vero naturalem (uti ita dixerim) religionem, multa adjecit ipse Deus Opt. Max. quae veteris novique foederis voluminibus continentur."

zur „naturalis religio" beziehen sich nicht auf die „felicitas" dieses Lebens, die im zivilen Bereich zu erreichen ist[13]. Somit unterscheidet Conring an dieser Stelle die „christiana religio" mit ihren „additamenta" von jener „primaevae et naturaliter cognita religio"[14]. Nur erstere führt zur ewigen „felicitas"[15]; doch liegt eben diese nicht im vorrangigen Interesse dieser Exercitatio. In ihr geht es um den „cultus divinus" abgesehen von irgendeiner neuen „coelestis doctrina"[16]. Während hinsichtlich des ewigen Heils keinem Menschen irgendeine Autorität für diesbezügliche Vorschriften zu eigen ist[17], verhält es sich bezüglich jener „religio" anders, die Gott am Anfang der Welt unserem Geist eingepflanzt hat, wenn auch sie kein Mensch ändern darf, wie es auch nicht erlaubt ist, göttliche Gesetze oder Gesetze der Natur zu ändern[18]. Hier wird also unser Wissen von der „religio" als von Gott eingepflanzt charakterisiert.

Eine besondere Bedeutung hat das Problem, wie mit der Zuständigkeit der „majestas" zu vereinbaren ist, daß sich die „religio" nicht erzwingen läßt, daß sie, wie es in einem unübersetzbaren Wortspiel heißt, eher durch Worte als durch Schläge zu vermitteln ist, da nichts so freiwillig ist wie sie[19]. Diese Schwierigkeit soll auf eine bemerkenswerte Weise gelöst werden: Insofern die „religio" vom „intellectus" abhängt, unterliegt sie keinem Befehl; denn der Verstand als solcher ist nicht frei, so daß seine Handlungen auch nicht durch Gesetze, Belohnungen oder Strafen bestimmt werden[20]. Wohl aber gibt es Gesetze in allen Gemeinwesen zum „cultus divinus"; im Gemeinwesen der Hebräer hat Gott sie erlassen; obwohl ihm aber nur ein „cultus voluntarius" gefällt, ist die „religio" menschlichem Befehl nicht entzogen[21]. Nicht also als Werk des „intellectus" unterliegt sie dem Gesetz, wohl aber, wie es in einer waghalsigen Argumentation heißt, als Werk des Willens[22]. Auf diese Weise soll sichergestellt werden, daß die

---

[13] Ebd. „Verum nec illa (in quantum sane superaddit quaedam naturali religione) ad felicitatem hujus vitae, civilemque obtinendam pertinet."

[14] Ebd. thes. 14; 618.

[15] Ebd.

[16] Ebd. thes. 15; 618.

[17] Ebd.

[18] Ebd. thes. 16; 618: „Quae Deus vel ab initio usque mundi intellectui nostro de religione insevit, vel posthac jussit, illa nemini hominum mutare fas est, non minus atque nefas fuerit, alia naturae et divina jura immutare."

[19] So ebd. thes. 22; 619, mit Tertullian: *„Sed nec religionis est, cogere religionem..."*, mit Laktanz: *„quia religio cogi non potest, verbis potius, quam verberibus res agenda est..."*, und: *„Nihil tam voluntarium est, quam religio."*

[20] Ebd. thes. 23; 619. Anschließend sagt Conring: „Quoniam itaque religio constat scientia seu credulitate aliqua, quae intellectus potius, quam voluntarius actio est, quidni dixeris fidei et religionis negotia nequaquam legibus humanis, adeoque nequi majestati jure posse subjici?"

[21] Ebd. thes. 24; 619.

[22] Ebd. heißt es nach einem Hinweis auf die einschlägigen Gesetze in allen Gemeinwesen und bei den Hebräern sowie sowie auf die Relevanz dessen, was Menschen verehren, für ein Gemeinwesen folgendermaßen: „Neque enim virtuosa actio est, nisi quae libenti animo suscipitur, et tamen virtus ac vitium civilibus legibus astringenda sunt. Itaque nec ex eo, quod cultus voluntarius demum Deo placeat, colligere est, religionem imperio humano exemtam esse. Fatemur vero et nos, religionem ex parte opus esse intellectus, et hactenus legem non audire. Est autem et virtutis moralis eadem ratio."

„majestas" über „jura ... ἀρχιτεκτονικὰ circa sacra" verfügt"[23], ohne daß die Freiheit der „religio" aufgehoben wird. Hiergegen ergeben sich von Christus her keine Probleme, da er kein „Imperium ausüben wollte"[24] und sein „regnum" in der Kirche als „spirituale" zu bezeichnen ist[25]. Somit läßt sich an allem festhalten, was in dieser „Dissertatio" über die „religio naturalis" gesagt wird, die in der „civilis societas" zu pflegen ist, während „impietas, seu ἀθεότης" und „superstitio" zu eliminieren sind[26].

Interessanterweise wird dann in einem Vergleich der verschiedenen Überzeugungen festgestellt, daß der „*Paganismus*" zur „naturalis ... religio" nichts hinzugefügt hat, wobei das so bezeichnete Heidentum als eine der vier üblichen großen Überzeugungen an dieser Stelle von Machiavelli her als „religio" bezeichnet wird, während es in Wirklichkeit eine „pagana superstitio" darstellt[27]. Demgegenüber erscheint die „religio *Muhammedana*" deutlich positiver, wenn auch sie verständlicherweise noch recht kritisch behandelt wird[28]; immerhin wird sie ausdrücklich als „religio" bezeichnet; überdies hat sie viel weniger der „naturalis religio" entgegengesetzt als die zunächst und grundsätzlich abgelehnte heidnische[29]. Noch einmal und wesentlich positiver wird von der „*judaica*" gesprochen[30], die dann auch ausdrücklich als „judaica religio" bezeichnet wird[31]. Doch kommt es nicht auf die „additamenta" zur „religio naturalis" an, sondern, wie Christus verkündet hat, auf die Liebe Gottes[32]. Einen besonderen, nämlich den höchsten Stellenwert erhält die „*religio christiana*"[33]; diese kann in einem guten Gemeinwesen toleriert werden, wie sich leicht zeigen läßt, und ist sogar einzuführen[34]. Denn nichts an Tugend und „pietas naturalis" – wie es hier be-

---

Nach einer Bemerkung zum Irrtum und zur Unkenntnis, die auch freiwillig sein können und Strafe verdienen, heißt es weiter: „Porro in arbitrio est humano, suum quem quis concepit de colendo Deo, sensum vel tegere, vel aperte profiteri, adeoque saltem hactenus cultus divinus est voluntarius. Ut igitur verum est, religionem, in quantum est opus intellectus, imperio non subjici: Ita in quantum est opus voluntatis, omnino legibus vinciri potest. Est autem potissima religionis pars prorsus ejusmodi, si non omnis. Imo in sese omnis religio talis est."

[23] Ebd. thes. 26, 28; 620.
[24] Ebd. thes. 39; 622, vgl. 40f; 622, über die Konsequenz für die Kirche.
[25] Ebd. thes. 47; 623.
[26] Ebd. thes. 68; 627. Zur Notwendigkeit der „religio" für das Gemeinwesen vgl. ferner thes. 62f; 626; zur Kompetenz der „integra majestas" auch „circa sacra" vgl. etwa thes. 55; 625; zur „religio naturalis" vgl. auch thes. 70f; 628, thes. 80f; 630f.
[27] Ebd. thes. 81; 631. Vgl. dann noch einmal indirekt thes. 83 und 85; 631.
[28] Ebd. thes. 82–85; 631 mit dem Hinweis, daß die „religio Muhammedana" weit besser ist als die „pagana".
[29] Ebd. thes. 83; 631.
[30] Ebd. thes. 85, 631.
[31] Ebd. thes 87; 632.
[32] Ebd. thes. 86; 632.
[33] Ebd. von thes. 91; 633 an; zu ihr heißt es, thes. 94; 633: „Igitur tota prorsus religio christiana in bona republica uti locum inveniat, opera esse dandam, dubitari minime debet. Quum alia vero illius religionis pars eadem sit cum naturali, alia huic sit superaddita, videndum accurate, quomodo posterior illa portio a majestate civili curari debeat".
[34] Ebd. thes. 92; 633.

merkenswerterweise heißt – steht zu ihr im Widerspruch[35]. Soweit sich die „fides christiana" – wie es wiederum nicht von ungefähr heißt – von der „naturalis religio" unterscheidet, kommt der „majestas civilis" über erstere kein „imperium" mehr zu, weil sie dieses nur besitzt im Hinblick auf die „felicitas civilis"[36].

In einer späteren „Exercitatio politica" über die Rechte der „majestas" „circa sacra et profana"[37] finden sich ebenfalls entsprechende Aussagen. Auch hier werden wiederum die drei Dinge des „cultus divinus" bestimmt, nämlich dieser „cultus" selbst, die Personen und die Güter, die zu ihm gehören. Anschließend aber wird eine Gleichsetzung mit der „religio" vorgenommen und diese unterschieden in die „natura nota" und die irgendwie durch Gottes Offenbarung eröffnete[38]. Dabei kommt der „majestas civilis" eine besondere Aufgabe zu. Denn sie kann die „religio, naturaliter de colendo Deo Opt. Max. nota" zwar auch nicht verändern, aber sie kann sie befehlen als Mittel, die „civilis beatitudo" zu erlangen, und verbieten, was ihr entgegengesetzt ist[39]. Gegen diejenigen aber, die gegen die erste Tafel (des Mose) verstoßen, muß sie vorgehen und Sorge dafür tragen, daß niemand gegen das verstößt, was aufgrund des Lichts der „ratio" in unseren Herzen eingeschrieben ist[40]. Auch hier findet sich also diese Version einer ins Herz geschriebenen Kenntnis Gottes. Und für diese besitzt die „majestas" eben die bürgerliche Vollmacht. Sie muß nämlich jegliche „superstitio" zurückweisen, die zugleich die „religio naturalis" wie die Fundamente der Gemeinwesen gefährdet[41]. Hier findet sich auch die Formulierung von der „naturalis religio sarta tecta", also der wieder ausgebesserten und bedachten, also wohlerhaltenen natürlichen „religio". Es fällt auf, daß auch in dieser „exercitatio" recht umständlich von Dingen gesprochen wird, die über die „religio naturalis" hinausgehen, die sich auf den „cultus divinus" beziehen[42]. Erst dann wird von „pure revelata religio" gesprochen, die nur noch der Sorge und Unterstützung der höchsten „potestas" bedarf, nicht aber mehr deren „imperii vis atque coac-

---

[35] Ebd. thes. 93; 633.

[36] Ebd. thes. 95; 633. – Auf die folgenden innerchristlichen, mit historischen Beispielen versehenen Probleme braucht hier nicht weiter eingegangen zu werden. Hier geht es denn auch ebenso um die „fides christiana", vgl. etwa thes. 95; 633, thes. 123; 639, wie um die „christiana religio", etwa thes. 134; 642, thes. 138; 643, aber nicht mehr eigentlich um die „religio" als solche.

[37] Hermanni Conringii Exercitatio politica De majestate ejusque juribus circa sacra et profana potissimis. Respondente Sigismundo Johann. Tenneman, MDCLXIX, IV 605–615.

[38] Ebd. thes. 32; 609: „Caeterum ut civilis imperii circa sacrorum constitutionem limites eo magis intelligamus, curationem politicam, (1) in eam, quae circa cultum divinum ipsum, (2) quae circa personas, et (3) quae circa bona, cultui divino inservientia, versatur, dispecere lubet. Cultum divinum ipsum seu religionem oportet iterum distinguamus: In religionem videlicet natura notam, et deinde revelatione quapiam divinitus patefactam."

[39] Ebd. thes. 33; 609f.

[40] Ebd. 610.

[41] Ebd. thes. 34; 610.

[42] Ebd. thes. 35; 610: „Praeter illa, quae naturae lumine de colendo Numine nobis innotuerunt, adhuc sunt plura alia, pariter ad divinum cultum pertinentia. De quibus notandum, quod eorum alia sint merae revelationis, alia vero non sint merae revelationis, sed ante revelationem jam tum naturaliter nota."

tio" unterliegt[43]. In diesem Sinne kommt der „suprema potestas" auch zu, dafür Sorge zu tragen, daß es in der Kirche geordnet zugeht, daß Spaltungen und unnütze Disputationen verhindert werden und über das „publicum religionis exercitium" Sicheres bestimmt wird[44]. Erst in dieser Disputation findet sich also als Alternative zur „religio naturalis" der andernorts vermiedene Terminus „religio revelata". Der bürgerlichen Gewalt kommt für sie keine Kompetenz zu, doch muß sie auch im Hinblick auf diese für Ordnung sorgen. Welche Konflikte sich daraus zwangsläufig ergeben, wird nicht des näheren erörtert.

Einige Jahre später findet sich in einer weiteren Disputation ein Abschnitt „circa sacra", der die bisherige Dreiteilung des „cultus divinus" von Anfang an mit der „religio" erläutert und damit direkt zu unserem Thema führt[45]. Die höchste Gewalt wird hier als „custos religionis et ecclesiae" gesehen im Dienst eines ruhigen Lebens in Ehre und „pietas"[46]. Doch soll sie sich nicht in die „functiones sacras" einmischen, etwa in die Verkündigung des Wortes Gottes oder die Verwaltung der Sakramente[47]. Wohl kommt dieser Gewalt die Kompetenz für alles zu, was das Zusammenleben der Menschen betrifft, und damit auch für den Schutz der „religio" vor Beeinträchtigungen[48]. Dies gilt nicht zuletzt hinsichtlich der „christiana religio", die die „civilis majestas" einführen soll, deren „ministri" sie bestätigen soll, während sie die „Athei" und Ungläubigen, die „Impii" und Unwürdigen, die Häretiker und Schismatiker zurückzuweisen, zu korrigieren und zu bestrafen hat[49]. Dabei wird die „christiana religio" wieder sehr aufschlußreich beschrieben als „religio naturalis cum additamentis revelatis"[50]. Damit zeigt sich noch einmal die besondere Konzeption der „religio", die in ihrer Grundlage wesentlich die „religio naturalis" ist. Über die Konkretisierungen in den einzelnen Überzeugungen sowie sich möglicherweise hieraus ergebende Gemeinsamkeiten wird nicht reflektiert.

Nach diesen Disputationen interessieren in besonderem Maße Texte, die ausdrücklich und direkt von Conring selbst formuliert sind. Ehe aber Conring selbst zu Wort kommt, soll kurz der Befund bei Lampadius berichtet werden[51]. Lampa-

---

[43] Ebd. thes. 36; 610; es folgt, thes. 37f; 610f, die Betrachtung der „religio christiana".
[44] Ebd. thes. 39; 611.
[45] Hermanni Conringii Dissertatio de majestate civili, respondente Hans Ludolff von Werder, 1677, IV 580–604, §57–64, §58; 593f: De jure sacrorum: „Sacrorum nomine tria potissimum designantur: (1) ipsa religio et quae religioni accidunt, ritus, ceremoniae et varia instituta, sacrorum religionem ac disciplinam promoventia. (2) Personae sacris peculiariter ministrantes ... (3) Bona ecclesiastica, tam mobilia, quam immobilia. Ad ista omnia se extendit summa potestas, ita ut quicquid est vel esse potest regiminis imperii aut dominii in sacra, id omne primo majestati competat, et jure Sacrorum nobis appellatur."
[46] Ebd. §60; 593. Auch in diesem §64; 594 wird wieder der „Magnificus Domimus praeses" genannt. Damit ist deutlich, daß auch dieser Text nicht direkt von Conring stammt.
[47] Ebd. §61f; 593f.
[48] Ebd. §63; 594.
[49] Ebd. §64; 594.
[50] Ebd.
[51] Vgl. die bereits o. Anm. 2 genannte Abhandlung von Jacobus Lampadius, De Republica Roma-

dius stellt das einschlägige Kapitel unter die Überschrift „De jure sacrorum et jure religionis"[52]. Bereits er beginnt mit der Bestimmung der „sacra", nennt hier aber nur „cultus" sowie die Personen, die diesem dienen[53]. Erst bei der Bestimmung der „potestas" verwendet er „religio"[54] und spezifiziert sie dann als „utraque religio"[55]. Diese Differenzierung verwendet er bei der Frage, ob in „civitates" nur der Rat oder das ganze Volk über den „religionis cultus" bestimmen kann mit der Maßgabe, daß die Antwort von der jeweiligen Verfassung abhängt[56]. „Religio" meint also die beiden seit 1555 im Reich zugelassenen „catholici Status" und „Protestantes"[57]. Doch kann es sein, daß in einer „regio" der Patron einen „minister" für den dort eingerichteten „cultus" präsentiert, auch wenn er selbst einer anderen „religio" folgt[58]. Hier wird man an die Formel ‚Cujus regio ejus religio' erinnert, doch dürfte sie gerade in diesem Zusammenhang nicht passen[59]. Auch fehlt bei Lampadius ein ausdrücklicher Beleg für ‚religio naturalis'[60].

Zu dieser Abhandlung von Lampadius hat Conring doppelt Stellung genommen, einmal in Anmerkungen zum Text, sodann in einer eigenen ausführlichen Darlegung[61]. Er beginnt wiederum mit der Dreiteilung der „res sacrae", nämlich in „ipse cultus divinus", „personae" und „bona"[62]. Er fügt sogleich die Aussage an, daß kein Gemeinwesen ohne „cultus divinus et religio" bestehen kann; folg-

---

no-Germanica, II, 22–223. Datiert ist die Herausgabe dieser Schrift in der Praefatio von Conring auf MDCLXXI, vgl. ebd. 27. – Die Anm. Conrings sind jeweils in Spalten gesetzt.

[52] Ebd. Pars. III cap. 11; II 166–176; auf unser Thema nimmt auch das folgende cap. 12; 176–178, Bezug: De conservatione sacrorum et conciliis.

[53] Ebd. nr. 3 (im Text Druckfehler „5."); 166; hier fehlt der 3. Punkt, nämlich die ‚bona', über die Lampadius im weiteren Verlauf dann sehr wohl handelt, vgl. nr. 43ff; 173f; Lampadius verwendet auch in diesem Zusammenhang nicht ‚religio'.

[54] Ebd. nr. 6; 167f.

[55] Ebd. nr. 6f; 168.

[56] Ebd. nr. 12; 168f: „Si Status cujuslibet civitatis est popularis, totius populi est religionis definitio: si aristocraticus, tum ut jurium gerendae reipublicae, ita nec religionis constituendae compos est. Subditis scilicet non competit potentia, sed patientia".

[57] So die Bezeichnung ebd. nr. 13; 169.

[58] Ebd. nr. 37; 172; der juristisch komplizierte Sachverhalt lautet: „Sed in ecclesiis reformatis, videndum est de statutis cujusque ecclesiae propriis. Et inprimis sciendum est, confirmationem ministrorum totam pendere a Principibus cujusque territorji, *recess. Imp. 1555. §. und damit etc.* unde et omnis cultus moderatio, ut supra. Quocirca patroni talem praesentent necesse est, qui instituto in regione cultui sit deditus, etiamsi aliam religionem patronus sectetur: nam praesentatio est idonei Episcopo exhibitio."

[59] Soweit die Texte von Lampadius eingesehen werden konnten, fehlt sie auch anderwärts, wo man sie erwarten kann, etwa in dem schon zit. cap. 12; 176–178.

[60] Hinzuweisen bleibt darauf, daß „ritus", die in den verschiedenen „Status" öffentlich eingerichtet sind, je nach dem, welche in dieser „regio" rezipiert worden sind, als solche gleichwohl „indifferentes" sind, ebd. nr. 38; 172.

[61] Hermannus Conringius, Discursus Ad Lampadium posterior ex manuscriptis editus: Tractatus de Republica Romano-Germanica, II 238–461, hier speziell entsprechend der Kapiteleinteilung von Lampadius cap. 11: De jure sacrorum; 371–396; cap. 12: De conservatione sacrorum et conciliis; 396–400.

[62] Ebd. cap. 11; 371; geht er mit der Dreiteilung über Lampadius hinaus, so bleibt er in der Kapitelüberschrift hinter ihm zurück, da dieser noch das „jus religionis" hinzugefügt hat.

lich können diejenigen, die ein bzw. das „Numen" nicht anerkennen, nicht toleriert werden; so müssen die „Athei" gezwungen werden zu bekennen, daß sie „Athei" sind, während das Volk zu überzeugen ist, es gebe das „Numen", welches zu ehren sei[63]. Die Frage Conrings bezieht sich sodann auf die „religionis cura in republica"; sie zu beantworten, nennt er wiederum die Unterscheidung des „cultus divinus" in einen, der von „natura", und einen anderen, der durch „revelatio" bekannt ist[64]. Darauf wendet er sich dem Aufweis der Existenz Gottes zu, wie er sich von Natur her ergibt, und weist jene zurück, die Gott in Abrede stellen[65]. Gegen verschiedene Infragestellungen[66] nicht zuletzt durch Machiavelli hält Conring selbstverständlich an der fundamentalen Bedeutung der „religio" für ein Gemeinwesen fest[67]. Für dieses ist aber nur die „religio ... naturaliter nota" erforderlich[68]. Freilich stützen sich die „religio israelitica" und die „religio christiana" wesentlich auf die Offenbarung; auch genügt die „religio natura nota" nicht zum Heil, wie Conring hier gegen Edward Lord Herbert von Cherburys Auffassung mit einem Hinweis auf die „insufficientia religionis mere naturalis" hervorhebt[69]. Während die „religio ... naturaliter nota" menschlichem Befehl unterliegt[70], trifft dies für die „religio revelata" eben nicht zu[71]. Aber diese „vera revelata religio" steht nicht im Gegensatz zum Gemeinwesen[72].

---

[63] Ebd., der aufschlußreiche Text lautet: „Et deinde versatur vel ad constituendas, vel ad tuendas res sacras, et impossibile est, ut respublica aliqua salva esse possit, absque cultu divino et religione; impossibile enim est, ut homines, qui Numen non agnoscunt, possint recte sese gerere in civili societate. Hinc illi etiam non tolerandi sunt in illa. Hoc adeo verum est, ut ipsi etiam Athei quam maxime cogantur fateri, se quidem esse Atheos, sed tamen populo semper esse persuadendum, esse Numen, illudque colendum esse."

[64] Ebd.: „De cultu divino alia sunt natura nota, alia per revelationem."

[65] Ebd.

[66] Vgl. ebd. die in diesem Zusammenhang genannten „religio paganorum" und „religio pontificia".

[67] Ebd.: „Apparet itaque facile, absque posita divina providentia nullam civitatem posse esse salvam. Hac posita, ponitur cultus divinus. Nullum itaque majus vinculum est, quo homines in officio contineri possint, quam religio. Nulla enim civitas potest consistere absque studio virtutis, nisi ad breve tempus, at vero nemo virtuosus est, nisi credat providentiam Dei. Religio ergo est necessaria ad rempublicam ejusque salutem." Hier findet sich auch der Hinweis, daß viele Völker über den von „natura" bekannten „cultus divinus" hinaus sich auf „revelationes" stützen, ob sie wahr sind oder falsch, so etwa die Inder, 372, die ihre „religio" als „revelata" ansehen. Das Kriterium der Offenbarung bleibt also nicht auf den christlichen Bereich beschränkt, wenn man dann auch mit falschen Offenbarungen rechnen muß. Zu bemerken bleibt, daß Conring hier eine zu pauschale Interpretation von Machiavelli gibt, den er schlicht als „atheus" bezeichnet; dieser aber hielt die „religio" für unerläßlich für das Gemeinwesen, auch wenn man sie nur fingiert.

[68] Ebd. 371.

[69] Ebd. 372.

[70] Ebd.: „Religio enim naturaliter nota ita necessaria est reipublicae, ut non possit abesse salva republica. Hinc etiam potest imperari, et qui refragatur, puniri debet; qui igitur negant providentiam divinam, non sunt tolerandi, subruunt enim totam civilem societatem." Vgl. auch den Hinweis 211a, daß die „religio christiana" niemanden vom Befehl der höchsten Gewalt ausnimmt.

[71] So ebd. 372f., hier mit ausführlichen Argumentationen, etwa, 373, daß Christus keine „evangelica doctrina" befehlen wollte.

[72] Ebd. 373; hier spricht Conring auch von „religiones revelatae non tantum divinae, sed dae-

Conring spricht hier verschiedentlich von „religio revelata" im Unterschied zur „naturaliter nota". Doch in differenzierteren Aussagen sagt er sowohl von der „religio israelitica" wie von der „religio christiana", daß, so bei ersterer, diese zu einem guten Teil durch Offenbarung besteht oder, wie bei letzterer, zu einem Teil von Natur bekannt ist, wenn sie auch weit darüber hinausgeht[73]. Damit insinuiert Conring eine Vorstellung, als ob die – grundlegende – „religio naturalis" sich durchhält und einen Teil der jüdischen wie christlichen ausmacht, wozu dann jeweils andere Teile aus der Offenbarung hinzukommen. Im Grund formuliert er also keine systematische Antithese von „religio naturalis" und „revelata", wenn er auch im übrigen Sprachgebrauch nicht mehr so genau formuliert wie anderwärts, wo er nur von „religio naturalis" und ihren „additamenta" spricht. Eher scheint er die „religio natura nota, et revelata" voneinander abzusetzen, um differenzieren zu können hinsichtlich der Kompetenz des Gemeinwesens, über sie zu befehlen mit der Konsequenz, daß nicht allen Untergebenen die „libertas religionis" zukommt[74].

Insgesamt aber bestätigt Conring seine Konzeption in der Kommentierung des Lampadius[75]. Faktisch verwendet er den Begriff „religio" auch als Bezeichnung der Konfessionen, wie seine Bemerkung zu den „tres religiones" zeigt[76]. Und wenn er von „pontificia et augustanae confessionis religio" spricht[77], so zeigt sich gerade hier noch einmal Conrings Verständnis von „religio" als einer manifesten, institutionell faßbaren Ehrung Gottes mit den ihn interessierenden fundamentalen Folgen für das Gemeinwesen[78]. In den durchgesehenen Texten

---

monicae" der „pagani", die ebensowenig wie vieles in der Lehre Muhammeds toleriert werden dürfen.

[73] Ebd. 372: „Caeterum nobis notum, quod religio israelitica bonam partem constiterit revelationibus, uti ex sacris apparet, Moses enim multa revelavit, ut et Prophetae. Par ratio est religionis christianae, verum quidem est, partem illius esse natura notam, sed longe tamen ulterius etiam illa extensa est; omne enim, quod pertinet ad redemtionem generis humani, nil nisi mysterium et relevatio est, quae angelos etiam fugit, et talis est tota doctrina evangelica. Hinc cum potissima pars hujus religionis ita sese habeat, apparet, minimam esse partem, quae nota nobis natura est, multa quoque latent nos in hac vita, quae nondum revelata sunt, huc pertinet conditio vitae aeternae, et similia. Apparet jam, quam impie fallantur, qui non dubitant profiteri, religionem natura notam, sufficere hominibus ad salutem, quae sententia funditus tollit omnem revelatam christianam religionem." Es folgt dann der schon genannte Hinweis auf Edward Herbert von Cherbury mit seinem Buch „De religione gentilium".

[74] Ebd. 381.

[75] Interessanterweise hat Conring keine Erläuterungen angeführt zu der kleinen Abhandlung von Jacobus Lampadius, De maiestatis civilis auctoritate et officio circa religionem opusculum posthumum, ebd. 230–237; dieser Text enthält keine weiteren Hinweise zu unserem Thema, wohl aber hat der Herausgeber J.W. Göbel, ebd. 230 b, darauf hingewiesen, daß die „religio" ein „animorum coagulum" darstellt und das Gemeinwesen durch Furcht und Rechtschaffenheit der Sitten fördert, mit Hinweis auf verschiedene Autoren wie Hugo Grotius und Daniel Clasen.

[76] H. Conring, Discursus ad Lampadium, 385.

[77] Ebd. § 6; 382.

[78] Vgl. dazu cap. 12; 396, die Aussage, daß manches, was zum „exercitium religionis" gehört, von den Menschen eingerichtet sein kann; hier findet sich noch einmal die Formulierung der „naturalis religio" als eine, die „ex parte est naturalis". Aber auch gerade dieses bedeutet keine Verinnerlichung. Es bleibt anzumerken, daß Lampadius die „ritus" als „indifferentes" bezeichnet im Hinblick auf

fand sich denn auch nur einmal „cultus exterior"[79] aber nirgends ‚interior' oder gar ‚religio interior'.

Das Interesse Conrings an der „religio" bleibt abschließend zu würdigen auf dem Hintergrund seiner Bemühungen um Frieden angesichts der „religione dissidentes"[80]. Aufgrund der Tatsache, daß um der „religio" willen Krieg geführt worden ist[81], ist es nur verständlich, daß die „Pax religionis" eine besondere Rolle spielt[82].

Welche herausragende Bedeutung die „religio" besitzt, läßt sich auch daran ersehen, daß sie eine wichtige Maxime der „Ratio Status" darstellt[83].

---

die Praxis der Handauflegung, welche die Apostel übten, ohne daß Christus selbst sie bei den Aposteln angewandt hat, vgl. aaO. 172, wozu Conring des näheren Stellung nimmt, aaO. 388f. Gegen die Meinung der „pontificii", welche die „ritus ordinationis" nicht für „indifferentes" halten, bleibt Conring dabei, daß sie nicht durch das „jus divinum" festgelegt sind, 388. Auch in der Frage der „ritus" zeigt sich der manifeste Charakter der „religio".

[79] So bei Jacobus Lampadius, De Republica Romano-Germanica, I § 20; 37; im Kommentar Conrings zu dieser Stelle findet sich der Hinweis, daß nicht alle „ritus" dem „civile jus" unterliegen, sondern daß es sehr wohl solche göttlichen Rechts gibt. – Verwiesen sei auf die an dieser Stelle genannte „resignata religio", auf die Lampadius sowie kommentierend Conring Bezug nehmen; es handelt sich hier um die Zuständigkeit des Papstes für die „cura religionis", durch die die „religio naturalis" und die Fundamente des Gemeinwesens erschüttert werden, wogegen sich etwa Karl der Große und Ludwig der Fromme zur Wehr setzten, so die Kommentierung von Conring, 37 b f.

[80] Hermannus Conringius, De Pace civili inter Imperii Ordines Religione Dissidentes perpetuo conservanda. Libri duo, II, 467–517. – Als erstes ist hier wiedergegeben: Pro Pace perpetua protestantibus danda Consultatio catholica: Auctore Irenaeo Eubulo, ebd. 472–490; es folgt: Judicium Theologicum super Questione, An Pax, qualem desiderant protestantes, sit secundum se illicita? … Opera ac Studio Ernesti de Eusebiis, ebd. 491–517. Es handelt sich hier um Pseudonyme, hinter denen Hermann Conring steht, vgl. dazu den Hinweis des Herausgebers J. W. Göbel, zu Beginn des Bandes in der Praefatio (unpaginiert S. 2).

Diese Schrift ist auch selbständig erschienen: Pro Pace perpetua Protestantibus danda Consultatio Catholica, Frideburgum 1643; in ihr ist sehr häufig von „religio" sowie insbesondere von „pax religionis" die Rede. Im einzelnen kann auf den Befund hier nicht mehr eingegangen werden.

[81] So Hermann Conring in seinem Kommentar zu J. Lampadius, De Republica Romano-Germanica, Pars III cap. 11; 167 b.

[82] Vgl. dazu auch die eben zit. Schrift: Judicium Theologicum, ebd. 492f.

[83] Hermanni Conringii Dissertatio de ratione status, IV, 549–580, 571f.: „Primus igitur et praecipuus limitum est religio sive pietas. Religionem et pietatem basin et fundamentum omnis regiminis nostro sane judicio quis rectissime dixerit". Nach einer Reihe von Zeugnissen aus der Tradition heißt es weiter: „Certe utrinque religio hoc praestat, ut si non firmamentum saltim fulcrum nominari mereatur. Sine ea enim nec imperantes officium suum, nec subditi facient: ideoque sine ea nec societas erit. Tolle pietatem et religionem, nec justitiam nec virtutem ullam reliquam facies; sed fraus, licentia, protervia, et confusio dominabitur … Nulla autem res magis animos et mores componit quam religio, in imperante enim si eam considares, amorem provocat et venerationem erga ipsos principes". Abschließend heißt es: „Itaque quamvis omnibus aliis juribus *ratio status* sit praestantior, omni tamen ut religioni adeoque juri divino sit inferior, eique credat, est necessarium. In quam sententiam scribit Clapmar. *lib. 4. de arcan. rerump. c. 21. Haec*, ait, *dominandi jura, tantum abest, ut religionem depravent, vel pietati adversentur, ut potius ei inserviant*. Neque mehercule juris nomine dignum est, quod divinae legi, aut religioni contrarium. Et ut paucis absolvamus, quotiescunque *ratio status* religionis terminos excedit, eam non amplius *rationem status* sed impiam fraudandi rationem appellandam statuimus, quicquid etiam ogganniant statistae, illi numinis et honesti omnis contemtores, quos solide perstrinxit Ampl. Dn. Praeses *dict. loc.*"

Daniel Clasen

In die Reihe der hier verhandelten Juristen gehört nicht zuletzt Daniel Clasen (1622–1678)[1]. Mehr als andere hat er sich mit der politischen Bedeutung der „religio" beschäftigt. Nicht zufällig hat er seine Abhandlung auch mit „De Religione Politica" überschrieben[2]. Damit stellt dieses Buch die erste bislang bekannte ausführliche Erörterung zu diesem Terminus dar, der sich zuvor wohl erstmals bei Tommaso Campanella fand, von dort her aber keine erkennbare Wirkung erlangt hat. Theophilus Spizel hat auf Clasens Buch hingewiesen. Es stellt zugleich ein auch für die gegenwärtigen Diskussionen herausragendes Beispiel dar, in welchem Maße und Sinn der Streit um die Bedeutung der „religio" für den politischen Bereich geführt wird.

Clasen beginnt seine Darlegungen mit einer Worterklärung anhand verschiedener Belege zur Etymologie. Danach unterscheidet er innere und äußere Akte der „religio"[3], wobei er letztere und d.h. die Zeremonien nicht als konstitutiv ansieht[4]. Doch richtet er sein Augenmerk im weiteren Verlauf kaum auf die inneren Akte, die zunächst wesentlich scheinen. Seiner Thematik entsprechend hält er sich vielmehr an die Bedeutung, die gewisse „Politici" der „religio" widmen, die den Begriff für den „cultus divinus externus" verwenden und die Meinung über Gott für das Fundament des Gemeinwesens halten[5]. Demgegenüber kritisiert er, daß die „religio" zu seiner Zeit zwar allgemein in ihrem Rang gewürdigt wird, faktisch aber nur noch ein Schattendasein führt, nachdem „pietas" und „justitia" in den Himmel emigriert sind[6]. Dabei lehrt die „religio" nicht nur zu glauben, sondern auch zu handeln[7]. Doch gerade deswegen dient sie unter den gegebenen Umständen nur mehr politischen Interessen. So wird sie für alle möglichen Maßnahmen einschließlich des Krieges gebraucht[8] und folglich mißbraucht. Hier findet sich auch die Formulierung vom „bellum religionis"[9].

---

[1] Daniel Clasen war nach Studien zu Helmstedt Konrektor und Rektor der Schule zu Magdeburg, dann Professor für Ethik, Politik und Recht am Gymnasium in Lüneburg, wurde 1661 Doktor zu Helmstedt und war dort seit 1669 Professor des Rechts; vgl. dazu J. H. Zedler, Grosses vollständiges Universal-Lexicon VI, 235.

[2] Daniel Clasen, De Religione Politica Liber Unus secundum editus, Servestae MDCXXCI.

[3] Ebd. 5f; innere Akte sind „Devotio et Oratio", die äußeren „Adoratio, Sacrificium, Votum, Juramentum, Adjuratio, Laus".

[4] Ebd. 3: „ceremoniae religionem non constituunt, nec ad eam adeo sunt necessariae, interim eam comitantur".

[5] Ebd. 6.

[6] Ebd. 11: „At hoc nostra, in quo vivimus, exulcerato seculo, ubi pietas et justitia, relicta impiis terra, coelum versus emigrarunt, Religio similis est nudae umbrae, et qui rem penitus introspicient, non nisi meram istius deprehendent imaginem."

[7] Ebd. 14: „Religio non tantum credere, sed et agere docet." Auch diese Bestimmung beinhaltet mit der Aufnahme des „credere" eine freilich hier nicht weitergeführte Vertiefung.

[8] So das cap. 3; 36–50: „Religione luditur, eaque bello, nequitiae, et publicis sceleribus praetenditur."

[9] Ebd. 41; der Plural ebd. 46.

In diesem Rahmen formuliert Clasen ein Kapitel zur Definition der „Religio Politica", wobei er es nicht an sehr kritischer Beurteilung und d.h. Verurteilung der betroffenen „Politici" fehlen läßt[10]. So führt er zwar Aussagen auf, daß die „religio" als Fundament des Gemeinwesens von den Politikern unversehrt bewahrt werden muß, aber meist machen diese die „Religio Politica" zu einem „monstrum" des Verbrechens und Betrugs[11].

Somit ergibt sich, daß die „Religio Politica" ein „cultus sacer" ist, den der Magistrat zur Bewahrung des Gemeinwesens eingeführt hat[12]. Hier finden sich dann die später auch von Spizel aufgenommenen Definitionen bis hin zu jener, nach der die „religio" ein lediglich fingierter und simulierter „cultus divinus" ist[13].

Die folgenden Erläuterungen unterstreichen die radikale Negativität dieser „religio", die sehr wohl in Einklang steht mit den Kriegen der „Clerici", die diese erbittert führen[14], aber auch denen des Magistrats. Demgegenüber insistiert Clasen darauf, daß der Zweck der „religio" kein „bonum temporale, sed Spirituale" darstellt; wenn sie auch zum zeitlichen Gut beiträgt, so dient sie ihm doch keineswegs als Instrument[15].

Die folgenden Überlegungen, ob man einer „religio" folgen soll, in der man gut lebt, wenn man auch in einer anderen erzogen wurde[16], ob man in Gefahr die „religio" wechseln[17] oder simulieren darf[18], sowie die sehr ausführlichen Überlegungen über die Verhaltensweise des Fürsten zur „religio"[19] können hier nicht

---

[10] Ebd. 50–64; in Zitaten, 54, heißt es: „Uti regnare nescit, qui nescit simulare ..." bzw. „Nescit regnare, qui nescit simulare."

[11] Ebd. 55: „At plurimi [Politici] aliter religionem Politicam concipiunt, qui ex ea *monstrum iniquitatis, fraudum, nequitiae ac versutiae* efficiunt".

[12] Ebd. 55f: „Nunc quidem definitionem religionis politicae, prout a politicis quibusdam consignata est diversimode apponemus, et quodammodo examinabimus: A quibusdam definitur: *Quod sit cultus sacer in coetum subditorum a Magistratu introductus ad servandum reipublicae statum.*"

[13] Ebd.: „*Religio Politica est fictus vel simulatus cultus divinus, qui mascule a Clericis ore, fortiter a Magistratu defenditur, ad hoc, ut bonum publicum et privatum conservari, vel etiam augeri poßit.*" Daß die „Religio" eine Erfindung der „Politici" darstellt, findet sich noch öfter, vgl. 65f, 84, hier mit dem Widerspruch Clasens.

[14] Ebd. 59.

[15] Ebd. 64: „Male etiam finis religionis in hac definitione ponitur: quia finis religionis non est bonum temporale, sed Spirituale, ut propterea, qui religionem adhibent, unice ad conservandum et augendum bonum publicum et privatum, ea maxime abutantur. Et si religio conservationi et augmento boni publici et privati unice inservit? jam bonum temporale erit praestantius religione, quod tum se religio habeatur medium, bonum verum publicum ut et privatum tanquam finis. *Omnis autem finis est nobilior iis, quae faciunt ad finem.* Quod tamen aliis displicet, qui alioquin non adeo dextre de religione judicare solent. Quamvis ergo religio et bonum temporale conservet, tamen istius non est instrumentum, ad illud unice ordinatum, sed principaliter intendit bonum aeternum". Vgl. auch die Wiederholung dieser Argumentation 84; hier, 85f, auch eine Widerlegung des Einflusses der Sterne, ohne dabei speziell auf die „religio" zu sprechen zu kommen.

[16] So ebd. cap. 6; 90–111.

[17] Ebd. cap. 7; 111–131.

[18] Ebd. cap. 8; 132–159.

[19] Ebd. cap. 9–18; 160–515. Clasen erörtert folgende Fragen: cap. 9; 160–222, ob Fürst und Magistrat sich mühen sollen, als „pius" zu erscheinen, ohne es zu sein, was er in heftigen Auseinanderset-

detailliert berücksichtigt werden. Für die „religio" schärfen sie ein, daß es auf die „Religio vera" ankommt, die nicht nur in dieses Leben hineinwirkt, sondern den Weg zum Heil weist[20]. Folglich darf sie nicht als „medium civile" zur Einführung des Guten in das Gemeinwesen mißbraucht werden[21]. Schließlich hängt sie an der Offenbarung Gottes, so daß einem falschen Glauben – „vera abnegata fide" – anzuhängen, verheerende Folgen für das Heil nach sich zieht[22]. Die „religio" nämlich intendiert ein höheres als ein bürgerliches Ziel[23]. Und daß sie durch Luther wiederhergestellt worden ist, steht für Clasen außer Zweifel[24].

Obwohl Clasen keinen Rigorismus vertritt und den Weg zum Heil auch Irrenden, sofern sie guten Glaubens sind, mindestens im christlichen Bereich nicht verbaut sieht[25], läßt er doch keine „Neutralitas" zu, wie er im vorletzten

---

zungen mit Machiavelli und den Machiavellisten verneint; cap. 10; 222–268, ob der Fürst die „religio" befolgen soll, die er „ad Status Rationem" machen und ob er die Untertanen zu ihr mit Gewalt zwingen soll – hier also auch terminologisch die Rede von der Staatsraison –, was Clasen wiederum verneint, da doch der „Princeps" nichts gegen die „vera religio" tun darf, 250, wobei um der Ruhe willen die Untergebenen eher auch dem schlechten und tyrannischen Magistrat gehorchen sollen, 262ff; cap. 11; 268–283, ob der „Princeps" etwas Falsches in der „Religio" akzeptieren kann, wenn er dies als Nutzen für den Staat erkennt; cap. 12; 283–324, ob der Fürst etwas von der „religio Turcica, vel Judaica, vel pagana" rezipieren kann, wobei Clasen die Überlegenheit der „Christiana" als „vera religio" nachweist, bes. 294ff; cap. 13; 324–344, ob der „Princeps" die „religio" wechseln kann; cap. 14; 344–389, ob er in den heiligen Dingen etwas ändern kann, wovon Clasen abrät, da er es für gefährlich hält, die „religionis ceremoniae" zu ändern, 356ff; cap. 15; 389–416, ob der „Princeps" nichts besseres für das Volk machen kann als die gängige „religio" zu verteidigen und die Kinder in ihr zu erziehen; cap. 16; 416–432, ob er gut daran tut, über die „religio" in den „Comitia" zu handeln, wozu Clasen mahnt, verbunden mit dem Rat an den Fürsten, alles selbst zu besorgen, 418, und mit dem Widerspruch gegen die Annahme, die „religio" sei „figmentum Politicorum: ancilla rei publice, et fabula Rationis status" 422; er beschließt diese Überlegungen mit cap. 17; 433–452, ob der „Princeps" über die „religio" disputieren lassen, und cap. 18; 452–515, ob er mehrere „religiones" zulassen soll, wenn es die „Ratio status" erfordert, wozu Clasen überall eine negative Antwort formuliert, zu letzterem, weil Gott nur eine „Religio" wollte, 458ff.

[20] Ebd. 337f: „Religio vera autem non tantum docet morum integritatem, vitae puritatem, et honestorum operum studium, sed et hominibus viam ostendit, per quam ad aeternam beatitudinem pervenire aliquando possunt."

[21] Ebd. 343.

[22] Ebd. 403f; vgl. auch 103f.

[23] Ebd. 426: „Ergo non ob finem secularem aut civilem, sed ob superiorem et Spiritualem religio data est."

[24] Ebd. 506f unter Hinweis auf „Germania": „religionum, praecipue tamen Pontificiae et Evangelicae libertas: quam Evangelicam Religionem B. Lutherus singulari Dei gratia et altiore spiritu prae coeteris instructus nobis restituit."

[25] Vgl. die Zusammenfassung des cap. 6; 111; zuvor hatte Clasen ausgeführt, 94: „Religio potissimum in eo consistit, ut pie et dextre Dei Verbum instituamus vitam, diligenter oremus, sanctique hominis officium abunde impleamus. At nemo erit, qui possit negare, ista omnia non minus rite in una, quam in altera religione praestari posse." Es folgen Zitate von Bernhard und Radulphus Ardens, und dann heißt es: „Quod si ergo deserta una religione ad alteram se conferat, postea secundum virtutem vivat, peccata pro viribus fugiat, frequenter aedes sacras intret, inque iis devota mente et humili spiritu Deum invocet: volumus ne illum condemnare, et propterea, quod alii sectae, sed Christianae tamen, se addixerit, aeternis suppliciis dignum judicare? o crudele judicium! Cum nobis de Dei voluntate non constet, an talem, qui e Lutherano verbi gratia Pontificius, aut ex Pontificio Lutheranus factus est, propterea quod sectae nomen mutaverit ob praegnantes causas, velit indesinentibus poenis

Kapitel mit diesem Terminus darlegt, der sich zuvor nicht so nachdrücklich hat finden lassen[26]. Diese „Neutralitas" beschreibt er als Distanz zu beiden entgegengesetzten Parteien[27]. Er führt dann eine mehr als aufschlußreiche Sammlung von Aussagen an, welche diese Position der Neutralität „in fide et religione" befürworten[28], in die er schon kritische Interjektionen wie „Hinc illae Lacrymae!" einfügt[29]. In dieser Sammlung zur Förderung der Neutralität findet sich bereits die Aussage, daß die Neutralen sich friedlich und maßvoll halten[30], woraus sich also schließen läßt, daß diejenigen gegen den Frieden verstoßen, die an ihrer Überzeugung als der allein wahren festhalten.

Danach geht Clasen zur Widerlegung dieser Position über, wozu er wiederum eine Sammlung von Zitaten vorlegt, gleich zu Anfang mit der Aussage, man dürfe in Sachen der „Religion" nicht „neutral" sein[31]. Gott wird diejenigen, wie Clasen eigens sagt, welche „Neutralistae in religione et fide" sein wollen, mit ewigen Strafen belegen, so daß sie Verbannte aus dem himmlischen Vaterland sein werden[32]. Diesbezüglich schließt er also aus, neutral zu sein, da es hier um das Heil, genauer, um das ewige Heil der Menschen geht[33]. Und wenn es in dieser Hinsicht Auseinandersetzungen gibt, kann und darf der Fürst nicht neutral bleiben, da er die „vera religio" verteidigen und fördern muß[34].

Im Schlußkapitel unterstreicht Clasen die Notwendigkeit der „religio" für das Gemeinwesen, die er als so groß ansetzt, daß es ohne „religio" nicht angemessen regiert werden kann: Das Verlangen nach dem ewigen Heil und die Furcht vor ewigen Strafen bewahrt nicht nur vor Sünden gegen das göttliche Gesetz, sondern auch vor zivilen Delikten, vor der Überschreitung der Gesetze und öffentlichem Zwiespalt[35]. Diese Kraft der „religio" haben natürlich die Gesetzgeber gesehen[36]. Der Magistrat soll sich also um die „religio" mühen und

---

afficere. *In eo igitur excedimus quod cum statim condemnemus, qui nostrarum non est partium, velut verus Dei cultus, veraque religio certo hominum coetui esset annexa.*"

[26] Ebd. cap. 19; 515–526.

[27] Ebd. 515: „Est autem Neutralis, *qui neutri dißidentium parti adhaeret, verum se subtrahit, et neque re neque auxilio ei succurrit*"; oder: „quod neque *amicus neque inimicus sit utrique litigantium parti, sed media via incedit, et ad neutram partem suo assensu vel dissensu inclinat.*" Im folgenden definiert er die „Neutralitas" auch als „*cohibitio judicii Intellectus inclinativi…*" oder, 516, im weiteren Sinne als „*suspensio Intellectus practici…*"

[28] So ebd., vgl. 516ff.

[29] Ebd. 518.

[30] Ebd. 519f: „*Hi neutrales sunt pacifici, modesti, mansuetique viri, qui superbiae non indulgent nec litigiis istis scandalosis delectantur: ratum namque habent, et media via incedere tutum esse, et disputationes istas interdum ex intempestivo Zelo, interdum ex privatis opinionibus proficisci, et eum sapere, cui cum tali dißidio nihil, negoti est, qvoa (?), si uni parti faveat, ab altera certißime pro haeretico aut schismatico habeatur.*" Und er fährt fort: „*Egregium si Dijs placet, consilium!*"

[31] Ebd. als Zitat von Petrus Brederodius, 520: „Es gebühret keinem waren Christen in GOtt seinen Höchsten Herrn Sache *Neutral* zu seyn."

[32] Ebd. 521.

[33] Ebd. 522, hier, 522f, wieder mit einer Reihe einschlägiger Zitate.

[34] Ebd. 523.

[35] Ebd. 526.

[36] Ebd. 527.

folglich den „Atheismus" bekämpfen[37]. Aber die Bedeutung der „religio" darf für das Gemeinwesen doch nicht so absolut angesetzt werden, daß sie ausnahmslos unverzichtbar erscheint. Hiergegen wendet sich Clasen, weil dann nämlich eine politische Instrumentalisierung unvermeidlich erfolgt. Die gewisse Relativierung begründet er mit einem Hinweis auf Diagoras und einen anderen Athener, deren Beispiel zeigt, daß ein Gemeinwesen nicht auf „religio aut cultus divinus", sondern auf Gesetze gegründet sein muß[38]. Die Gemeinschaft kann also auch ohne „religio", wenn auch nur, wie Clasen sagt, „difficulter" regiert werden; besser geht es nämlich mit der „religio", selbst wenn ihr Ziel nicht „civilis", sondern höher, ewig ist[39].

Clasen beschließt seine Ausführungen mit einem Plädoyer, die „Religio Christiana" im Gemeinwesen zu tolerieren und, wenn möglich, in sie einzuführen[40]. So sehr nämlich der Magistrat dafür Sorge zu tragen hat, daß die Bürger glücklich leben, so darf er doch darüber hinaus auf das höchste Ziel hinweisen, den wahren Gott aus ganzem Herzen zu ehren, wie dieser sich in seinem Wort geoffenbart hat; denn dessen Wahrheit läßt unzählig viele Menschen in der Hoffnung auf das selige Leben die Leiden dieser Zeit tragen[41].

Da aber die „religio Christiana" alle anderen übertrifft, soll gerade sie dem Gemeinwesen nicht fehlen, zu dessen Ziel sie zwar nicht „directe", wohl aber in vielerlei Hinsicht beiträgt[42]. Schließlich stellt sie die „vera" dar, was Clasen mit der Offenbarung etwa an Propheten und Apostel, mit ihrem Alter – schließlich ist sie keine „nova", sondern in ihrem Wesen immer dieselbe, so daß sie schon existierte, bevor sie von Christus ihren Namen erhielt – und schließlich mit ihrer immerwährenden Dauer begründet, die ihr verheißen ist[43].

Insgesamt verfolgt Clasen also einen differenzierten Kurs: Einmal hält er dezidiert daran fest, daß man in der „religio" nicht „neutralis" sein kann und darf und daß sie nicht zu einer unmittelbaren und direkten politischen Verwendung mißbraucht werden darf; für besonders fatal hält er die Annahme, daß die „Politici" sie fingiert haben und selbst überhaupt nicht verwirklichen; entschieden lehnt er ab, daß die „religio" als „ancilla reipublicae et famula Rationis Status" fungiert[44]. Schließlich hält er an der „religio vera" fest[45], die an der Offenbarung Gottes hängt[46].

Zum anderen aber vertritt Clasen eine gemäßigte Position, insofern er nicht mehr ein atheistisch regiertes Gemeinwesen für in jedem Falle ablehnenswert

---

[37] Ebd. 527f.
[38] Ebd. 529.
[39] Ebd.
[40] Ebd. 430.
[41] Ebd. 531.
[42] Ebd. 534.
[43] Ebd. 535f.
[44] Ebd. 422, vgl. auch die besonders deutliche Ablehnung, 245.
[45] Vgl. außer den zuvor genannten Belegen bes., daß der „Princeps" nicht gegen die „religio vera" handeln darf, 250, vgl. auch 104.
[46] Vgl. schon ebd. 403.

hält. Wenn auch die „religio" dem Ziel des Gemeinwesens nicht untergeordnet werden darf und ihm nicht „directe" zu dienen hat, so trägt sie doch zum Gelingen des Lebens im Gemeinwesen nicht wenig bei. Somit kann er dabei bleiben, die „Religio Politica" als Mißbrauch abzulehnen[47].

Nirgends bestimmt Clasen die „religio" als ‚innere' oder gar ‚innerliche', obwohl er sie von den manifesten Vollzügen in gewisser Weise trennt[48]. Diese vorsichtige Loslösung hindert ihn gleichfalls nicht, wie gesagt, an der Diagnostizierbarkeit der einen wahren „religio" festzuhalten.

Ein wenig überraschen mag, daß Clasen nirgends auf die in der Tradition gängige ‚theologia politice' Bezug nimmt. Es bleibt unklar, warum er diesen Terminus überhaupt nicht verwendet, wenn er seinerzeit sehr wohl bekannt war.

Der Rückblick auf Clasens Darlegungen zeigt, daß seine Charakterisierung der „religio Politica" ziemlich genau auf jene ‚civil religion' hinausläuft, wie sie inzwischen fröhliche Urstände feiert. Er nimmt überdies Argumentationen vorweg, die wir erst später, nach der Aufklärung ansetzen und die heute noch in Geltung sind. Erinnert sei hier vor allem an das Argument gegen ein Festhalten an einer letzten und letztverbindlichen Wahrheit; denn eine Wahrheit in dieser letzten Entschiedenheit zu vertreten, so der Vorwurf, lasse sich mit Toleranz und Frieden nicht vereinbaren, da nur jene friedlich und d.h. tolerant zu sein vermögen, die in Glaubensfragen neutral bleiben und keiner der verschiedenen Überzeugungen angehören. Man wundert sich nur, welche Tradition solche Positionen haben. Nicht ungesagt bleiben soll, daß auch in diesem Falle Clasen als Gegner solche Positionen formuliert, ohne hinreichend deutlich zu machen, wer denn nun solche faktisch in dieser Entschiedenheit vertreten hat. Es mag eine deutliche Kennzeichnung einer solchen Position durch den, der sie tatsächlich vertritt, wohl auch besonderen Schwierigkeiten unterliegen, darf sich doch ein Heuchler gerade nicht zu erkennen geben, will er sich nicht um den Erfolg seiner Heuchelei bringen. Jedenfalls stellt die Arbeit von Clasen einen wichtigen Beitrag zu unserem Thema dar.

SAMUEL PUFENDORF

Unter den Juristen des 17. Jahrhunderts nimmt Samuel Pufendorf (1632–1694)[1] eine herrausragende Stellung ein, Grund genug, ihn auch im Zusammenhang

---

[47] Der Terminus ‚Religio civilis', der dann später auftaucht, findet sich bei Clasen nicht.
[48] Vgl. auch 224, wo Clasen gleichwohl vor der Änderung der „ceremoniae" nachhaltig warnt.

[1] Als Sohn eines Pfarrers war Samuel Pufendorf zunächst zum Theologiestudium bestimmt, doch wandte er sich bald juristischen, philosophischen und auch medizinischen Studien vor allem in Jena zu; hier wurde er besonders von Ehrhard Weigel (1625–1699) beeinflußt, einem Schüler von Descartes, der auch Lehrer von Gottfried Wilhelm Leibniz und Johann Salomo Semler war. Seit 1661 lehrte Pufendorf als erster Inhaber eines Lehrstuhls für Natur- und Völkerrecht in Deutschland zunächst in Heidelberg, seit 1670 war er Professor in Lund und seit 1677 Historiograph und Staatssekretär des schwedischen Königs; in gleicher Funktion war er dann seit 1686 in Berlin tätig. Vgl. dazu Horst

unserer Fragestellung zu berücksichtigen. Sein Bemühen gilt der Grundlegung des Gemeinwesens auf der Basis der Natur bzw. des Naturrechts, wofür er in umfangreichem Maße Autoren nicht zuletzt der Antike herangezogen hat.

Seine Konzeption hat Pufendorf vor allem in dem umfangreichen Hauptwerk „De Jure Naturae et Gentium" entwickelt[2]. Eine erste Durchsicht führt jedoch zu dem einigermaßen überraschenden Ergebnis, daß unser Thema in den Ausführungen faktisch keine Rolle spielt. In Kapitelüberschriften findet es sich gar nicht, und in den jedem Kapitel vorangestellten Themen der einzelnen Paragraphen stoßen wir nur ausnahmsweise auf „religio"[3] und kaum häufiger auf einen Bezug zu Gott[4]. Pufendorf beginnt und bleibt bei der „Hominis natura"[5] und dem „status hominis naturalis"[6]. Dabei verkennt er nicht, daß das „vniversum" in seinen „principia" vom „Creator optimus maximus" bestimmt ist – Pufendorf spricht hier nicht von ‚creare' –, daß aber die Dinge nicht nur bestimmte Handlungen aus solchen Kräften vollziehen, die vom „Creator" eingegeben sind; dann läßt er eine Definition der „natura" folgen, die ohne weiteren Verweis auf Gott und seine Schöpfung auskommt[7]. Die Existenz Gottes nimmt Pufendorf freilich so grundsätzlich, daß er die bekannte Aussage, wir müßten in der Welt leben, „etiamsi daremus ... non esse Deum", uneingeschränkt zurückweist; gefunden hatte er sie bei Grotius, der seinerseits diese Formulierung – wie übrigens auch die von ihm übernommene Tradition – spezifisch eingeschränkt hatte[8]. Erst in diesem Zusammenhang stellt Pufendorf dann auch fest, daß die Ver-

---

Denzer, Pufendorf, in: Klassiker des politischen Denkens, hg. von Hans Maier, Heinz Rausch, Horst Denzer, II, München 1968, 27–52.

[2] Samuel L.B.A. Pufendorf, De Jure Naturae et Gentium (1672): Recensuit Gottfridus Mascovius, Francofurti et Lipsiae MDCCLIX, ND Frankfurt a.M. 1967.

[3] Ebd. II 4,3; I 225 bei den Pflichten des Menschen gegen sich selbst, sowie 5,14; 254 bei der Selbstverteidigung; vgl. IV 2,4; 467 beim Eid, sowie V 4,2; 714 bei Verträgen. – Hier wie im folgenden wird zunächst, soweit nötig, das Buch in römischer und dann das Kapitel sowie nach einem Komma der Paragraph in arabischen Ziffern, nach einem Semikolon, soweit nötig, der Band in römischer und dann die Seite in arabischer Ziffer angegeben.

[4] So ebd. II 1,4; 141 bei der „Libertas in Deo", 3,5f. und 20; 174 beim Naturrecht; IV 2,3; 467 beim Eid, VI 1,12; II 3 bei der Ehe, VII 3,2f.; 157 beim „Summum imperium"; vgl. auch IV 3,2; 503, ferner 5,5; 537.

[5] So die Überschrift ebd. II 1; I 141.

[6] So in der Überschrift ebd. 2; 150.

[7] Ebd. I 1,2; 4f.: „Res igitur omnes, quarum complexu hoc vniuersum componitur, vti suis constant principiis, quae cuiusque essentiae constituendae assignauit, et attemperauit Creator optimus maximus, ita earum quaelibet suas habere affectiones, ex dispositione ac habilitate substantiae redundantes, nec non in certas sese actiones pro modulo virium a Creatore inditarum effundere deprehenditur. Illas naturales solemus vocare; postquam naturae vocabulo designari fuerit tum ipsa rerum creatarum vniuersitas, tum modus ille et actus rerum, ex congenitis ipsarum viribus fluens: per quas producuntur infinitae illae motuum varietates, quibus omnia in hocce vniuerso agitari cernimus. Ac caetera quidem, quae operationes suas vel citra omnem sensum, vel cum sensu tantum directo, aut parum exquisite reflexo, exercent, solo naturae instinctu aguntur, suasque actiones modis quibusdam a se ipsis inuentis temperare haut quidquam norunt."

[8] Ebd. 3,19; 210: „...*etiamsi daremus, quod sine summo scelere dari nequit, non esse Deum, aut non curari ab eo negotia humana*. Nam si vel maxime quis impiam istam, et absurdam hypothesin

Samuel Pufendorf

pflichtung der „lex naturalis" vom „ipse Deus creator, ac summus generis humani moderator" stammt; und daß Gott der Gründer und Lenker des Universums ist, hält er als eine mit dem (natürlichen) Licht der „ratio" erwiesene Annahme fest[9].

Zu unserem Thema aber findet sich nur ausnahmsweise ein Bezug. In den Erörterungen über die Pflichten des Menschen gegen sich weist Pufendorf zu Beginn darauf hin, daß der Mensch einer „cultura" bedarf[10] und daß hierzu die Annahme der Existenz Gottes gehört, aus der die Rechtschaffenheit gegen andere resultiert[11]. Wenn sich aus den Beschlüssen der „religio Christiana" erweist, daß nicht jeder „cultus" angemessen ist, so führt doch jede ernsthafte „persuasio de Numine" zu der Auswirkung, daß die Menschen ihre Pflichten verrichten[12]. Daß dagegen nicht nur eine „religio" wie die „Muhammedana" oder „Ethnica" verstößt, sondern auch die „Christiana religio", liegt nach Pufendorf daran, daß viele Christen diese mehr mit den Lippen als mit dem Herzen praktizieren; sie müßten sich aber wenigstens bemühen, ihrer „professio" würdig zu leben[13].

Eine aufschlußreiche Erwähnung findet unser Thema bei der Erörterung der „servanda fides", nämlich der Treue speziell bei Verträgen. Hier stellt Pufendorf die Frage nach der Verläßlichkeit des Atheismus, da für diesen die Verpflichtung entfällt, die alle Menschen Gott gegenüber haben, seinem Befehl und seinen Gesetzen zu gehorchen[14]. Dabei macht er keinen Unterschied, ob jemand die Existenz Gottes oder aber nur dessen Sorge für die menschlichen Belange leugnet, da beide Male dieselbe Wirkung erzielt und jede „religio" aufgehoben wird[15].

Gegen Thomas Hobbes, der den Atheismus unter die Sünden der Unklugheit oder der Unkenntnis zählen will, fragt Pufendorf, ob nicht derjenige, der Gott das „ius imperandi" bestreitet, damit gleichwohl (wenn auch wider Willen) dessen „imperium" zustimmt – dies nach der offenkundigen Voraussetzung, daß im Widerspruch noch eine Anerkennung liegt – und folglich die „athei" nicht, wie

---

fingeret, ac genus humanum ex se scilicet ortum conciperet; ista tamen rationis dictata tunc nullo modo possent habere vim legis, quippe quae necessario superiorem ponit."

[9] Ebd. 3,20; 212.
[10] Ebd. 4,1; 225f.
[11] Ebd. 4,3; 227.
[12] Ebd. 227f.
[13] Ebd. 228: „Argumento est, quod et olim et nunc dentur religioni pro salute animarum pestiferae addicti, puta Muhammedanae, aut Ethnicae, quos propter suam de providentia Numinis persuasionem non spernenda honesti et officii cura agitat, ut saltem quoad exteriores actus plurimis Christianorum non videantur concedere. Imo sunt, qui ex longinquis peregrinationibus observasse se ferant, Christianam religionem peculiares populorum versus certa vitia inclinationes non mutasse, nec veritatem religionis moribus et actionibus externis discerni. Cuius rei tamen causam ego putaverim, quod religio Christiana, quam plerique non tam proprio iudicio, quam adsuetudine, et ex usu civitatis, in qua nati sunt, amplectuntur, plurimis magis in primoribus labiis, quam in animo haereat, quodque adeo tam paucis cordi est iuxta scita eiusdem animum suum emendare. Quin enim saltem externos actus etiam vitiorum velut nationalium inhibere possint, siquidem professione sua dignos sese gerere serio laborarent, mihi dubium non est."
[14] Ebd. III 4,4; 359–362.
[15] Ebd. 359f.;

Hobbes will, „hostes Dei" sind, sondern „rebelles subditi"; daher können diese auch nicht nach dem Kriegsrecht bestraft werden, demzufolge nicht eigentlich Strafen verhängt werden können[16]. Denn Gott kann mit der natürlichen „ratio" aufgespürt werden, wie mathematische Verhältnisse aufgefunden werden können[17]. Nachdem das ganze Menschengeschlecht diese „persuasio" von der Existenz Gottes besitzt und überdies glaubt, daß in dieser Überzeugung das Heil liegt – Pufendorf verwendet hier „credere" –, verfehlen sich die „athei" nicht nur gegen Gott, sondern auch gegen das Menschengeschlecht[18].

Pufendorf lehnt dann speziell Spinozas Annahme ab, daß der „status naturalis" früher sei als die „religio", was wenigstens hinsichtlich der „religio naturalis" das Falscheste ist; deswegen muß man auch die These ablehnen, daß vor der Offenbarung niemand „iure diuino" verpflichtet sei; also kann auch die These Spinozas nicht gelten, nach der es im „status naturalis" ohne „religio, et lex" auch keine Sünde geben kann[19]. Schließlich weist Pufendorf das Argument zurück, im Naturzustand könnte der Mensch nicht nur aus Unkenntnis, sondern aus Freiheit ohne „religio" sein, da sonst, wären die Menschen bereits in dieser Phase durch göttliches Recht gebunden gewesen, Gott keinen Vertrag mit ihnen hätte schließen können[20]. Pufendorf rechnet dagegen die Verträge zwischen Gott und den Menschen zur „religio revelata"; so folgert er, daß die Menschen aus Gehorsam gegen Gott eine Verpflichtung gegenüber anderen Menschen besitzen und d.h. als Menschen von Natur aus aufgrund göttlichen Rechts eine „vita socialis" führen[21]. Implizit wiederholt Pufendorf hier also den Vorwurf mangelnder Verläßlichkeit gegen den Atheismus, der sich schon früher fand.

Die gleiche Bekräftigung durch den Rekurs auf Gott formuliert Pufendorf dann in Übereinstimmung mit der Tradition beim Eid[22] gemäß der Auffassung, daß der Eid eine „assertio religiosa" hat[23] und mit einer entsprechenden Furcht versehen ist, da er vor Gott geleistet ist[24]. Diese Bekräftigung gilt auch noch für den Eid bei falschen Göttern[25]. Besonders fällt in diesem Abschnitt auf, daß Pufendorf einmal im Zitat „sacramenti religio"[26] und dann verschiedentlich „jurisjurandi religio"[27] sowie einmal auch „jurantis religio" sagt[28]. Hier kommt die

---

[16] Ebd. 360. – Man sieht, wie alt das Bestreben ist, das Kriegsrecht für sich in Anspruch zu nehmen und d.h. als politisch Verfolgter, nicht aber als Krimineller zu gelten!

[17] Ebd.; 361: „Deinde non ita difficile est, naturali ratione Deum inuestigare, quemadmodum est inuenire proportionem sphaerae ad cylindrum; quo exemplo vtitur Hobbesius."

[18] Ebd. 361.

[19] Ebd.

[20] Ebd.

[21] Ebd. 362.

[22] Ebd. IV 2,3f.; 467, mit der Überschrift: „III. Iuratur tantum per Numen. IV. Et quidem iuxta religionem iurantis." Vgl. die Ausführung dazu 471–476.

[23] So ebd. 2,2; 468–471.

[24] Ebd. 2,8; 480f. Das ganze Kapitel 2; 468–503, nennt daher immer wieder die „religio".

[25] Ebd. 2,4; 475f.

[26] Ebd. 2,5; 477, in einem Zitat von Petrus Svavis über das Konzil von Trient.

[27] Ebd. 2,13; 488 und 490, 2,17; 495, vgl. VII 2,5; II 132.

[28] Ebd. IV 2,18; I 497.

Grundbedeutung der Tradition deutlich zum Ausdruck, kann „religio" doch hier nur feierliche, (ängstlich) scheue Beachtung der Formel des Eides im Sinn einer besonders nachdrücklichen Verpflichtung meinen, ohne daß hiermit ein direkter Bezug zu Gott zum Ausdruck gebracht wäre.

Nach diesen Bezugnahmen zu „religio" an klassischen Stellen kann man nur zur Kenntnis nehmen, daß Pufendorf an anderen gleichfalls einschlägigen Stellen nicht auf sie eingeht. Dies gilt einmal für die Darlegungen über das Gemeinwesen[29] und hier speziell über das „summum imperium" und seine „majestas"[30], seine „sanctitas"[31] und die Pflichten der obersten Befehlenden[32]. Zum anderen betrifft dies die gesamten Ausführungen des letzten Buches über die Bürger[33]. Eine Begründung hierfür dürfte sich nicht finden lassen.

Damit bestätigen gerade die späten Passagen dieser Abhandlung, daß und in welchem Maße Pufendorf in dieser Arbeit das Thema „religio" nur marginal berücksichtigt. Es geht ihm also um eine rein naturale Begründung ethischen Verhaltens, und hier zunächst, soweit sie den einzelnen Menschen und allenfalls die Familien als natürliche Gemeinschaften betrifft, ehe er dann erst gegen Ende dem Gemeinwesen und dessen Bürgern seine Aufmerksamkeit widmet.

In seiner nur wenig später vorgelegten Arbeit über das Verhältnis von „Religio Christiana" und politischem Bereich hat Pufendorf dann in wichtigen Abschnitten unser Thema behandelt[34]. Dies ist nicht selbstverständlich, da vielfach die Wahl des Terminus „religio" im Titel noch nicht darauf schließen läßt, daß es auch tatsächlich und speziell um sie geht. Ihr widmet Pufendorf vor allem die einleitenden und abschließenden Abschnitte. Einleitend stellt er die Beziehung zwischen „Religio" und „Vita civilis" heraus und wendet sich speziell der „Religio Judaica" und der „Religio Christiana" zu. Am Ende behandelt er Fragen der Amtsgewalt der Fürsten in kirchlichen Belangen einschließlich des „jus reformandi". Zwischen diesen Abschnitten erörtert er in einer insgesamt nicht sehr umfangreichen Schrift zunächst kurz die Bedeutung des Mose und dann die Christi, der Apostel, der Kirche und der Konzilien im Hinblick auf den politischen Bereich; sodann widmet er sich in wenigen Abschnitten den Aufgaben der Könige bzw. Fürsten hinsichtlich der Kirchen.

Seine Abhandlung beginnt Pufendorf mit der Feststellung, daß es ein „supremum Numen" gibt, das die „universa mundi machina" und im besonderen das Menschengeschlecht geschaffen hat; hieraus resultiert ein „cultus" Gottes einmal aufgrund des natürlichen Lichts menschlicher Vernunft, das die Christen mit den „saniores Philosophi" teilen, und zum anderen aufgrund einer Eröff-

---

[29] So ebd. VII; II 101–282. „Religio" findet sich etwa 2,14; II 144, und 2, 21; 154, sowie 8,5; 262.
[30] Ebd. 3; 157–166; hier wird, 2,3; 157, gefragt, ob die „majestas" unmittelbar von Gott kommt, worauf eingangs schon hingewiesen wurde.
[31] Ebd. 8; 257–270.
[32] Ebd. 9; 271–282.
[33] Ebd. VIII; 283–500.
[34] Samuel Pufendorf, De Habitu Religionis Christianae ad Vitam Civilem, Bremae MDCLXXXVII, ND Stuttgart-Bad Cannstatt 1972.

nung Gottes über diese Verehrung, die der Mensch mit dem ihm zur Verfügung gebliebenen Licht der Vernunft nicht erreicht; beide Arten gilt es zu bedenken, weil sie nicht nur im Hinblick auf andere Menschen, sondern auch auf die „societas civilis" bedeutsam sind[35].

Von diesem Ausgangspunkt her beschreibt Pufendorf „religio, cultusque divinus" – wie er in einer aufschlußreichen Doppelformulierung sagt – als Pflicht jedes Menschen, die er nicht stellvertretend jemand anderem überlassen und auf diesen übertragen kann, um dadurch der Frucht des „cultus" teilhaftig zu werden[36]. Die Sorge für den Leib können wir nämlich anderen anvertrauen, wie etwa bei einer Seefahrt den Seeleuten, nicht aber die Sorge für die Seele, die in der Übung der „vera religio" besteht[37].

Aus der eigenen Verantwortung für die „religio", durch die (der Mensch) auf Gott zurückgeführt wird, folgert Pufendorf, daß sie nicht in einer Gemeinschaft vieler Menschen geübt werden muß; schließlich genügte am Anfang des Menschengeschlechts die kleine Zahl derer, die Gott verehren konnten[38]. Die Menschen existierten ursprünglich in einer „libertas naturalis" ohne Befehle oder Zwang und wurden nur durch das Band der Ehrfurcht gegen Gott umfaßt[39]. Entsprechend muß jeder aufgrund seines eigenen Urteils auch vor Gott für seine „fides ac religio" Rechenschaft geben und kann sich diesbezüglich nicht an jemand anderen halten[40]. Pufendorf bestimmt somit die „religio" als eine Gegebenheit des Menschen von Anfang an und aufgrund seines eigenen Urteils, so daß er von niemandem eines Irrtums überführt werden kann, der selbst in der Wahrheit zu stehen meint, sowie auch nicht zu einem Standpunkt gezwungen werden kann, weil nämlich nur die „rationes mentis" zu einer Zustimmung führen können[41]. Die darüber hinausgehenden „mysteria religionis Christianae" bedürften der Gnade Gottes, nicht aber gewaltsamer Mittel; denn man kann eine

---

[35] So ebd. § 1; 7f. – Hier und im folgenden werden zunächst die Paragraphen und dann nach einem Semikolon die Seiten der zitierten Ausgabe angegeben.

[36] Ebd. § 2; 8f.

[37] Ebd. 9, so mit einem Hinweis auf Röm 14,10, daß jeder über sich selbst Rechenschaft vor Gott geben muß; in den eingefügten Schriftworten heißt es verschiedentlich „fides", die Pufendorf also ohne Probleme offensichtlich äquivalent zu „religio" verwendet.

[38] Ebd. 10f.: „Ex hoc autem, et quia religio ad Deum refertur, consequitur; ad hanc exercendam non necessariam esse per se conjunctionem plurium hominum: nec ejusdem efficaciae salutari in uno quopiam homine aliquid inde accedere, quod plures in eandem conspirent. Unde primos mortalium in paucitate sua genuino religionis usu perfungi potuisse ac rite perfunctos fuisse constat: ac si unum aut paucissimos in solitudine agere contingat, non ideo religionis expertes censendi sunt, quia in coetu non agunt."

[39] Ebd. 11.

[40] Ebd.: „Quo et in statu quilibet suo e judicio disponit circa ea, quae religionem extrinsecus circumstant. Sicut eo in statu constitutus super sua fide ac religione soli Deo teneatur rationem reddere; ac nemo ibidem velut suo jure a me postulare queat, ut ad ipsius potius, quam ad proprium judicium Deum colam."

[41] Ebd. 12.

Geste und Worte erzwingen, nicht aber zu glauben[42]. Die Aufgabe, die wahren Aussagen über Gott und die göttlichen Dinge weiterzugeben, obliegt den Eltern, die aufgrund der ihnen „naturaliter" eigenen Sorge ihre Kinder zum „debitus dei cultus" führen, und dies nicht dadurch, daß sie auf Gewalt hinweisen, sondern daß sie mahnen, ermuntern, beschwören und allenfalls den Zorn Gottes ankündigen, da ihre Kinder ohne diesen „cultus" zur Rohheit degenerieren[43].

Eigens stellt Pufendorf dann heraus, daß die Gemeinwesen nicht wegen der „Religio" und des „divinus cultus" eingerichtet worden sind[44], wie auch die „religio" keine Erfindung ihrer Gründer darstellt, ist sie doch viel älter als diese; so ist ihr Gebrauch auch nicht dem „imperium civile" untergeordnet[45]. Von hier ergibt sich, daß die „religio" nur in dem Sinn als „vinculum societatis civilis" dient, als ohne „reverentia divini Numinis" böse Gewalt die Menschen ergreift, jene Verträge abzustreifen, durch die die Ordnung der Gemeinwesen errichtet ist[46]. Folglich brauchen sich die Bürger auch bezüglich der „religio" nicht den Herrschern unterzuordnen, wie sie es im Hinblick auf die Sicherheit zu tun haben, geht doch die „religio" von einem Ursprung aus, der über jeden menschlichen Befehl hinausgeht[47]. Gleichwohl verbleibt den Herrschenden eine gewisse Vollmacht und Sorge „circa sacra", da sie in Entsprechung zu den Familienvätern ihrerseits für die öffentliche Ordnung zu sorgen haben; deren bevorzugter Teil aber besteht in der Förderung der „reverentia erga Deum", da nämlich die „pietas erga Deum" – wie es merkwürdigerweise heißt – das Fundament der Sitten und der Tugend gegen den anderen Menschen darstellt[48]. Die Herrschenden sollen die „religio" bzw., wie Pufendorf in einer seltenen Formulierung verstärkend sagt, die „religio naturalis" und d.h. deren „actus externi" fördern; denn während die „actus interni", zu denen schwerwiegende Irrtümer bis hin zu Blasphemien und Dämonenverehrung gehören können, unbehelligt bleiben sollen, obliegt den Herrschenden die Sorge für den äußeren Bereich, damit die Beschädigungen nicht die „religio" überhaupt aufheben und nicht zu Zwietracht und Kämpfen unter den Bürgern führen[49]. Diese Aussage erweist sich als beson-

---

[42] Ebd.; als Beleg hierfür verweist Pufendorf auf Röm 10,17, das die „fides" vom Hören kommt, also wieder mit einer Parallelisierung beider Termini.

[43] Ebd. § 4; 13f.; hier wiederum mit einem Hinweis auf ein biblisches Zeugnis, nämlich auf Abraham, der seine Kinder zu „pietas" führt, wie es hier heißt.

[44] Ebd. § 5; 15f.

[45] Ebd. 16.

[46] Ebd.

[47] Ebd. § 6; 17: „Praesertim cum neque securitatis illius causa religio sit humano generi injuncta, neque; ejusdem exercitium per se ad istum finem quid conserat: Ac religio a principio, quod longe eminentius est imperio civili, oriatur, eoque validius hominem stringat, quam imperium humanum, nec ab hoc alterationem recipiat."

[48] Ebd. § 7; 20f.

[49] Ebd.; der gesamte aufschlußreiche Text lautet, 20ff.: „Quippe cum pietas erga Deum fundamentum sit probitatis morum, et virtutis erga homines, quam in civitate florere summorum imperantium quam maxime interest; et vinculo inter imperantes et cives maxima firmitas e religione proveniat, quia Deus est Fidius, id est, cui fidem et pacta inter homines servari curae sit. Sic igitur non solum officium summorum imperantium est, ut religio naturalis a civibus probe excolatur: Sed et iidem

ders aufschlußreich, weil Pufendorf in ihr nicht nur ein weites Spektrum der Terminologie verwendet, sondern auch den äußeren Bereich beträchtlich einengt, in dem Unruhen für das Gemeinwesen entstehen können[50].

Pufendorf nennt also, was von seinem Ansatz her konsequent ist, ausdrücklich die „religio naturalis"; er setzt ihr aber nur in der Überschrift des Inhaltsverzeichnisses, die im Text als Randglosse erscheint, nicht aber in seinen Ausführungen selbst eine „religio revelata" gegenüber, sofern diese Bezeichnungen nicht im Druck hinzugefügt sind; sachlich hat er eine solche schon eingangs zum Ausdruck gebracht, wenn er dem Menschen eine Offenbarung Gottes zuteil werden läßt, die das natürliche Licht der Vernunft überschreitet; doch dadurch wird, wie Pufendorf ausdrücklich hervorhebt, die Übung der „religio" nicht verändert[51]. Durch die spezifische Intervention Gottes wird also nicht die „religio" als solche qualifiziert, sondern nur die Unzulänglichkeit des Menschengeschlechts überwunden, das sein Ziel nicht durch den „cultus" erreichen kann, den die „naturalis ratio" eingibt[52].

---

poenis sancire possunt, ne quis committat actus externos, quibus illa in universum, aut praecipua ejus capita subvertantur. Nam actus interni, quantum in exteriores actus non erumpunt, a poena humana sunt immunes. Et qui actus in motu animi interno per intrinsecum impulsum eliciendo consistunt, coactionem externam adspernantur. Ex isto genere sunt, palam Numen, ejusque providentiam negare, plures uno Deos comminisci, ficta Numina aut creaturas in vicem Dei colere, Deum blasphemare, daemones colere, et cum iis pacta inire, et similia. Sed quod externos attinet ritus, quibus mature religionem homines vestire coeperunt, et si ut circa istos uniformitas sit in civitate, ad decus et bonum ordinem non parum valere videtur; circa hanc tamen non adeo anxie ut satagant summi imperantes, opus habent, quod istorum discrepantia religionem non tollat, nec per se animos civium ad discordiam et pugnas inter se disponat. Quodque adeo summorum imperantium non intersit, discrepantes a civibus ritus circa sacra adhiberi, quod citra aliorum fraudem fiat; non magis quam si in diversas sententias circa dogmata physica iidem scindantur. Id autem dubium non habet, quin si qui obtentu religionis periculosas reipublicae factiones excitent, aut occulta scelera patrent, ab imperantibus, civilibus coerceri possint, haut obstante vocabulo religionis, quae scelera uti non producit, ita nec excusare, aut clam fovere debet."

[50] Im offenkundigen Widerspruch zu dieser Aussage stellt Pufendorf später, ebd. § 48; 160, fest, daß bei Götzendienst, Blasphemie oder Verletzung des Sabbats doch seitens der Herrschenden Strafen verhängt werden dürfen, weil hier gemeinsam die „religio christiana cum naturali" und d.h. der „cultus Numinis in genere" involviert ist.

[51] Ebd. § 8; 23ff.; die zentrale Aussage lautet, 23f: „Ubi quidem nemo sanus dubitaverit, quinsi quae circa religionem, suique cultum Deus sublimiore, quam per lumen rationis, modo insinuaverit, ab hominibus reverenter acceptanda, promptoque obsequio exprimenda sint." Nach einem Hinweis auf die zunächst blutigen Opfer und das – nicht expressis verbis genannte – Kreuzesopfer heißt es weiter 24f.: „Vetustissimus ille sacrificandi ritus, et praecipuum cultus divini symbolum, antequam superstitione aut inscitia temeraretur, superaddidit quidem aliquid religioni naturali: sed ipsum religionis exercitium in se non alteravit. Nam ritum istum sacrificandi in naturali libertate quilibet pro se exercendi ius habuit: etsi ut illud quilibet pro se exerceret necessum non fuit, quippe cum sacrificium esset duntaxat symbolum, futuram generis humani redemptionem repraesentans, et ad eam fide amplectendam velut ansam praebens, sic ut una victima apud multos adstantes eundem finem producere posset."

[52] Ebd. 23; von Sünde ist hier nicht die Rede, sondern nur von „labes" bzw. „mala", 24. Auch § 9; 26, bei der Begründung dafür, daß der Messias nicht am Anfang, sondern in der Fülle der Zeit kam, bleibt das Thema Sünde ausgespart. Wie schon zuvor, § 8; 24, ist dann bei der Darlegung der Überle-

Diesen Überlegungen zur „religio" schließt Pufendorf noch zwei weitere an, die aufschlußreich sind: Einmal spricht er von der „religio Judaica"[53]. Damit die Erinnerung an den verheißenen und erwarteten Messias nicht verlorenging, hat Gott der „natio Israëlitica" Verheißungen verliehen und dieses Volk mit sich verbunden, wofür die Beschneidung das Symbol ist, und mit besonderen Gesetzen einen „status" zugleich mit der „religio" eingerichtet, so daß beide wechselseitig miteinander verbunden sind[54]. Deswegen konnte dieses Volk sich mit anderen verbinden, deswegen ging mit der Zerstörung des Tempels und des „status" auch die „religio Judaica" unter, obwohl es sich um das heilige Volk handelte, das der „vera religio" oblag[55].

Zum anderen und demgegenüber weist Pufendorf auf die „Christiana (sc. religio)" hin, die alle Zeiten, alle Völker und auch die Geschlechter überschreitet[56] und deswegen die „religio universalis" darstellt, wie die exzeptionelle Bezeichnung lautet[57]. Als wesentlich hebt er hervor, daß die „religio Christiana" nicht einem „status" zugeordnet ist und folglich auch die Kirche vom „status civilis" unterschieden ist[58] – ein Zeichen für die eben genannte Universalität.

In den folgenden Ausführungen erörtert Pufendorf des längeren, daß Jesus nicht politisch gewirkt hat und folglich kein „Princeps", sondern ein „Doctor" war[59], und leitet daraus ab, daß ihm hierin die Apostel gefolgt sind und auch die Kirche zu folgen hat; denn das „Regnum Christi" schließt keinerlei „imperium humanum" und folglich keinerlei Zwang ein[60], wie auch die Kirche keinen „status" darstellt[61].

Dementsprechend stellt Pufendorf auch eine grundsätzliche Trennung von Kirche und bürgerlichem Bereich heraus, wie sie zu Beginn unter heidnischer Herrschaft selbstverständlich war, und folgert daraus für die Kirche eine Ge-

---

genheit der „Christiana" über die „religio Judaica" vom „Salvator" und von Opfern die Rede, §11; 31, aber wiederum ohne nähere Berücksichtigung der Schuldthematik.

[53] Ebd. §9f.; 26–31. Wenn hier, 26, vom Messias die Rede ist, wird nicht deutlich, daß dieser nicht der von den Juden erwartete ist.

[54] Ebd. §9; 27: „Quo fine et peculiari foedere sibi eam gentem Deus innexuit, cujus Symbolum erat circumcisio, ac cum post in numerosum populum eadem excrevisset, et hic servitio Aegyptiaco liberatus sui juris factus esset, peculiaribus legibus statum ejusdem simulque religionem, quae usque ad Messiae adventum duratura erat, formavit. Et ita quidem, ut et status religioni, et religio statui innexa esset."

[55] Ebd. 28.

[56] Ebd. §11; 31–33, hier 32; hier findet sich auch als Äquivalent „cultus Christianus".

[57] Ebd. 31; als einzige Einschränkung weist Pufendorf auf 1 Tim 2,12 hin, daß die Frauen kein öffentliches Amt zur Lehre haben.

[58] Ebd. 33; hier gibt Pufendorf auch eine Definition des „status": „Per statum autem intelligimus ejusmodi conjunctionem plurium hominum, quae imperio per homines administrato sibi proprio, et aliunde non dependente continetur". Er legt also Wert darauf, daß durch die „religio introducta" eben kein „novus status" entstanden ist, ebd.

[59] So die Themen ebd. §16f.; 40–47.

[60] Ebd. §29; 82.

[61] Ebd. §30; 85–94, §34; 108–111. Hierfür werden dann Beispiele aus der Kirchengeschichte sowie einige Sachthemen, etwa die Exkommunikation, erörtert, vgl. §39; 137.

stalt, wie sie „Collegia" oder „societates" besitzen; diese und damit auch „collegia religionis" waren im Römischen Reich zulässig und erlaubt, da sie diesem nicht ins Gehege kamen, wie Pufendorf reichlich optimistisch konstatiert[62].

Angesichts dieser „libertas religionis"[63] bedurfte es auch nicht der Zustimmung des Magistrats, Kirchen zu gründen[64]. Diese problemlose Gründung und Existenz der Kirche bestand also auch unter christlicher Herrschaft[65], da das Gemeinwesen, wie es in einer aufschlußreichen Argumentation heißt, nicht für die „religio Christiana" von Nutzen ist, wie auch diese nicht dem Gemeinwesen, da beide in ihrer Zielsetzung weit auseinandergehen[66]. Der christliche Fürst erhält also in der Kirche kein größeres Recht als der „gregarius miles", da jeder, ohne Verwirrung (der Zuständigkeiten) mehrere Personen, wir würden sagen, mehrere Rollen entsprechend seinen Aufgaben und seinen verschiedenen Verpflichtungen darstellen kann[67]. Doch hält Pufendorf diese reinliche Trennung nicht korrekt durch, sondern höhlt sie weitgehend aus, etwa durch das Argument, daß die christlichen Könige Verteidiger der Kirche sein und ihr Schutz gewähren[68] und dafür Sorge tragen sollen, daß niemand in der Kirche nach eigenem Gutdünken handelt oder ungeeignete Amtsträger zum Zuge kommen[69]. Diese weitgehenden Rechte heben die Selbständigkeit des kirchlichen Bereichs im gleichen Maße auf. Der Widerspruch besteht darin, daß Pufendorf anfangs die Kirche wie andere Gemeinschaften aus dem freien Zusammenschluß von Bürgern entstehen läßt und sie aus diesem Grund als der „democratia" ähnlich charakterisiert[70] und dennoch die „Principes" als ihre „primaria membra" ansieht[71]. Faktisch ergibt sich daraus aber eine solche Kompetenz für die Fürsten, wie sie jene Autoren ihnen und d.h. auch den Magistraten zubilligen, die ihnen eine unmittelbare Amtsgewalt „circa sacra" zuweisen.

Bemerkenswerterweise nimmt Pufendorf erst in diesen letzten Abschnitten über die Kompetenz der Fürsten wieder verschiedentlich zur „religio" Stellung.

---

[62] Ebd. § 39; 130 f.; die Kirche wird auch als „coitio" bezeichnet, 132.
[63] Ebd. 131.
[64] Ebd. 132.
[65] Ebd. § 40; 138.
[66] Ebd.: „Ubi observandum, nihil essentialis perfectionis eo ipso Ecclesiis accessisse; cum neque ad religionem Christianam opus sit civitate, nec ad civitatem religione Christiana; finisque adeo religionis Christianae a fine civitatum longe discrepet. Nam πολίτευμα nostrum ac vera patria est in coelis. Philipp. III. 20.2 Corinth. V. 2.8." Vgl. die Bekräftigung § 41; 141: „Etsi maxime velis dicere, Ecclesiam et Rempublicam diversos habere fines, et circa diversa objecta occupari, sibi invicem non repugnantia: inde tamen haudquidquam consequitur, Ecclesiam in statum convertendam, aut modum propagandi, conservandi, et colendi religionem Christianam in civile regimen transmutandum."
[67] Ebd. 142; dieses auch heute noch aktuelle Argument lautet: „Nemini autem ignotum est, unum et eundem hominem citra confusionem plures personas gerere posse, prout diversa munia, aut diversas obligationes sustinet."
[68] Ebd. § 43; 144–147.
[69] Vgl. die weiteren § 43–53, 144–189; erst der letzte § 54; 189–195, wendet sich primär den Bürgern zu.
[70] Ebd. § 39; 132, vgl. 133.
[71] Vgl. Ebd. § 45; 152.

Zunächst konstatiert er das Recht der Herrschenden zur Aufsicht über Statuten, Einfluß zu nehmen auf die Dinge, die die äußere Ordnung der „religio" betreffen[72]. Zwar dürfen sie nicht mit Zwang etwa auf die Einhaltung bestimmter „dogmata" einwirken, damit sie nicht einen Gehorsam lediglich der Worte, nicht aber der Seele erreichen[73]. Was aber die „religio Christiana" mit der „naturalis" gemeinsam hat und allgemein den „cultus Numinis" betrifft, können sie wohl gegen diese gerichtete Vergehen mit bürgerlichen Strafen belegen[74]. Wenn auch die Bürger nicht gezwungen werden können, ihre „fides" (!) der „fides" der Herrschenden zu unterwerfen, so können sie doch Heuchlern das Handwerk legen – wie diese von überzeugten Anhängern einer anderen Einstellung unterschieden werden können, sagt Pufendorf nicht –. Folglich läuft auch seine hier anschließende nachdrückliche Aussage ins Leere, daß in der „religio" Seele und Worte übereinstimmen müssen[75]. Dabei fällt auf, daß er in diesem Abschnitt nur zu Beginn die Ordnung der „religio" als „externa" charakterisiert, der er aber nicht einfach eine ‚interna' gegenüberstellt, sondern statt dessen von „animus", „cor" oder „mens" sowie von „internus animi habitus" oder „intrinsecus assensus" spricht[76]. Die spätere Terminologie bereitet er hiermit zwar vor, doch formuliert er noch keine direkte Antithese von ‚innen' und ‚außen'.

Die besondere Problematik zeigt sich dann, wenn Pufendorf sich den Andersdenkenden bezüglich der „religio" in einem Gemeinwesen zuwendet[77]. Er folgt hier der gängigen Ansicht, daß es als höchstes Glück des Gemeinwesens gelten muß, wenn alle Bürger über die „religio" dasselbe denken[78]. Doch scheint es ihm für die Ruhe eines Gemeinwesens noch nicht absolut notwendig, daß alle Bürger über die „singula religionis capita" dasselbe denken[79]; denn nicht diesbezügliche Meinungsverschiedenheiten, sondern menschliche Gründe wie Ehrgeiz, Ruhmsucht oder Machtgier stören diese Ruhe[80]. Obwohl die Magistrate über die

---

[72] Ebd. § 48; 159.
[73] Ebd. 159f.
[74] Ebd. 160, hier dann die o. mit Anm. 50 genannte Aussage über den Götzendienst usw.
[75] Ebd. 161f.; abschließend heißt es: „Nam quia in religione animus et verba conspirare debent, non possunt non in perpetuis conscientiae angoribus versari, qui qvocumque respectu profitentur, qvae animo non probant, quod ista cordis et lingvae discrepantia Deo se illudere sentiant."
[76] Ebd. 161: „De caetero per vim, poenasque humanas intentatas illuminatio mentis, et intrinsecus assensus dogmatum rationis sibi relictae captum exsuperantium haud quidqvam produci potest. Sensa autem animi dissimulare, et aliud animo tectum, aliud lingva promptum habere, ac vocabulorum in summis labiis natorum recitatione defungi, adhibitis quibusdam ritibus et motibus corporis, nihil minus, quam religio est, ubi internus ac debitus animi habitus, motusque abfuerit." Pufendorf beschließt auch diesen Abschnitt, 162, mit einem nochmaligen Hinweis darauf, daß in der „religio" „animus et verba" übereinstimmen müssen, daß eine Diskrepanz von „cor et lingva" bedeutet, Gott zu beleidigen.
[77] Ebd. § 50; 168 findet sich als Randglosse, wie auch gleichlautend im Inhaltsverzeichnis, der Plural „diversae Religiones"; doch im Text verwendet Pufendorf immer nur den Singular.
[78] Ebd. § 49; 163; im folgenden, 165, auch der Hinweis auf die Bedeutung nur einer „fides et religio".
[79] Ebd. 164.
[80] Ebd. 164f.

Schwertgewalt verfügen, dürfen sie Auseinandersetzungen nicht wie Alexander der Große lösen, der den gordischen Knoten mit dem Schwert durchtrennt hat[81]. Allerdings darf nicht unbegrenzte Freizügigkeit gegenüber Häresien herrschen, wenn auch nicht jede „religionis unitas" empfehlenswert ist, etwa nicht mit der heidnischen, mohammedanischen und anderen Häresien, sondern die Einheit der wahren, alten, nämlich in der Schrift enthaltenen[82]. Um der öffentlichen Ruhe willen sollen nicht nur von einzelnen, sondern von allen Sachverständigen die öffentlich rezipierten Kompendien, Katechesen, Symbola und Bekenntnisse geprüft werden und an diese die „publica, privataque doctrina" angeglichen werden[83]. Wer sich dem nicht fügen kann, soll im ernsten Fall aus dem Gemeinwesen vertrieben werden[84]. Grundsätzlich aber empfiehlt Pufendorf, die Andersdenkenden zu tolerieren, sofern sie als Bürger in einem Gemeinwesen sich wohlverhalten; und wenn man selbst seiner „religio" und seinen Sitten vertraut, besteht mehr Hoffnung, andere zur eigenen – wahren – Überzeugung zu bewegen als von dieser durch die anderen weggeführt zu werden[85]. Die Erörterung über die Auseinandersetzungen zwischen den – verständlicherweise heftig kritisierten – „Pontificii" und den „Protestantes"[86], ausnahmsweise auch als „religio Pontificia"[87] und „Protestantium religio" bezeichnet[88], und über die hierdurch auftretenden „bella civilia" beschließt Pufendorf damit, daß gegen die unrecht Handelnden Gewalt anzuwenden nicht verboten sein kann, um die „religio" zu schützen[89].

Die wichtigste Frage erörtert Pufendorf in den beiden letzten Abschnitten, nämlich bei wem das „jus reformandi" liegt[90]. Einleitend konstatiert er, daß sich eine „reformatio" erübrigt, wenn der Klerus, auf seinen Irrtum und Mißbrauch angesprochen, sich korrigiert[91]. Der Terminus „Reformatio" sowie die verbale

---

[81] Ebd. 165.
[82] Ebd. 165f.: „Nam non cujusvis religionis unitas in civitate commendationem meretur, v. g. paganae, Muhammedicae, Arianae, Anabaptisticae, Antichristicae, sed verae, sed antiquae, id est, sacris scripturis contentae."
[83] Ebd. 166.
[84] Ebd. 167. Eine schärfere Strafe, ohne daß Pufendorf sagt, um welche es sich handelt, kann erfolgen, wenn der Irrtum mit Blasphemie verbunden ist, 168.
[85] Ebd. § 50; 168–171, 171. Statt der in der katholischen Tradition, etwa im Tridentinum verwandten Formulierung der Kompetenz über „fides et mores" (letzteres hier im Sinne von kirchlicher Disziplin, nicht von persönlicher Sittlichkeit) heißt es bei Pufendorf „religio moresque"! – Merkwürdig ist das Argument Pufendorfs, in Zeiten zu geringer oder gar keiner differierenden Meinungen könnten die Priester zu Schlaffheit und Rohheit degenerieren, 171.
[86] Vgl. ebd. § 51f.; 171–182, etwa 173.
[87] Ebd. § 52; 179.
[88] Ebd. 181.
[89] Die widersprüchliche Aussage, ebd. 182: „Uti autem nefas est innoxiam ob religionem alteri vim intentare, ita religionis tuendae causa vim opponere illis non nefas est, qvorum alias injuriam armis arcere inter vetita non habetur."
[90] Ebd. 53; 182–189, hier laut der in der Randglosse beigegebenen Inhaltsangabe für die Befehlenden, und § 54; 189–195, hier für die Bürger, obwohl sich in diesem letzteren Kapitel noch wichtige Ausführungen für die Befehlenden finden.
[91] Ebd. 182.

Formulierung „reformare"[92] haben hier anscheinend noch keine spezielle Bedeutung; es handelt sich wohl nicht um einen Terminus technicus, sondern um eine schlichte umgangssprachliche Verwendung dieses Wortes. Pufendorf fährt fort, daß ein Widerstand gegen den Klerus, der an seinen falschen Auffassungen und Sitten festhält[93], noch nicht eine „rebellio" darstellt[94]. Dann wendet er sich gegen einen „coetus" wie den „Romanus", nämlich gegen die „Ecclesia Romana" und deren Anspruch, die „universalis Ecclesia" zu sein[95], da sie nur eine „particularis Ecclesia" zu sein vermag, ganz abgesehen davon, daß sie einen „status" darstellt, der seine Herrschaft durch die „religo" (schön)färbt[96]. Für Pufendorf steht also fest, wie er eher nebenbei bemerkt, daß für die höchsten Befehlenden aus der „libertas naturalis" heraus das legitime Recht besteht, die Beschneidung ihrer Kompetenz (durch diese römische Kirche) zu korrigieren und zu reformieren[97]. Bringt eine solche „reformatio" keine Schwierigkeiten mit sich, wenn Befehlende und Volk einer Meinung sind, so verhält es sich anders, wenn die Befehlenden und der gesamte bzw. der größte Teil des Klerus übereinstimmen und Irrtum und Mißbrauch nicht erkennen wollen[98]. Wenn es um das „fundamentum fidei" (nicht ‚religionis'!) geht[99], dürfen diejenigen, die die Irrtümer erkennen, sich sehr wohl von den übrigen trennen[100]; denn jeder muß seinen „cultus" Gott gegenüber selbst annehmen[101]. In diesem Zusammenhang verwendet Pufendorf bevorzugt „fides", auch „fides orthodoxa", um deren Einheit es geht, oder „vera fides"[102]. Erst im Hinblick auf die Gemeinwesen sagt er wieder, daß diese nicht der „religio"(!) wegen eingerichtet sind und daß man sich bei einem Hauptfehler von der „Principis religio et communio" trennen soll trotz dessen Autorität; denn man darf für den Fürsten sein Leben aufs Spiel setzen oder gar hingeben, nicht aber seine Seele[103]. Das zuvor gewährte Recht des „Princeps" zur Verbannung[104] wird nun vorsichtiger formuliert: Kann dieser jemandem, der hinsichtlich der „religio" Irrtümer fördert, das Bürgerrecht verweigern[105], so soll er denjenigen, der das Bürgerrecht erlangt hat, wegen eines

---

[92] Etwa ebd. 183.
[93] Ebd. 183.
[94] Ebd. 184.
[95] Ebd. 185.
[96] Ebd. 186.
[97] Ebd. 183; über diese „reformatio" sollen die Befehlenden das Volk informieren, woraufhin das Volk diese „reformatio" bereitwillig annimmt – in diesem Zusammenhang sagt Pufendorf auch „Catholicismus", 186, sowie „Romana secta", 187, die zu ihrem Anspruch, „Romana Ecclesia Catholica" zu sein, erst zeigen müßte, daß sie schriftgemäß ist, 188.
[98] Ebd. §54; 189.
[99] Ebd.
[100] Ebd. mit der merkwürdigen Einschränkung: „non obstante contraria summorum imperantium, aut cleri sententia".
[101] Ebd.
[102] Ebd. 190, vgl. 189, 191.
[103] Ebd. 191f.
[104] S. die o. mit Anm. 83f referierte Aussage, a.a.O. 166f.
[105] Ebd. 192.

solchen Irrtums in der „religio" nicht verbannen, sofern dieser nicht legitim seines Irrtums überführt worden ist – wiederum eine sehr offene Formulierung! –; doch darf demjenigen nicht abgeschlagen werden zu gehen, der hierdurch der negativen Einstellung des Fürsten, der Priester und des Volkes sowie der Störung seines eigenen „Cultus"[106] ausweichen kann.

Unvermittelt schließt Pufendorf die ebenso überraschende wie bemerkenswerte Aussage an, daß jenes in Deutschland geläufige sarkastische Wort, das jemand warnend entgegenrufen könnte, nicht gilt: „Cujus est regio, illius et est religio."[107] Zwar paßt dieses Wort nicht für die „dogmata Pontificiorum", die den Fürsten jede Amtsgewalt „circa Sacra" absprechen. Aber Pufendorf mag es auch nicht für die protestantischen Fürsten gelten lassen, die auf Kosten der Autorität des Kaisers ihre eigene „reformatio" fördern wollten. Und hätten sie nicht die „veritas religionis" voraussetzen können, hätte das „jus territoriale" sie veranlaßt, ihre Untertanen zur Annahme von „falsa dogmata" zu treiben. Pufendorf hält es für Sünde, wenn ein „Princeps" es unternimmt, einen Bürger mit einer von seiner eigenen abweichenden „religio" zu belästigen oder irgendeine „religio" mit Gewalt zu fördern, wenn dieser Bürger die Gesetze nicht verletzt. Gleichwohl haben die Fürsten Unmenschlichkeiten begangen, so daß es nachhaltigen Grund zur Verwunderung gibt, woher solche Raserei diese beschleichen könnte, wenn nicht die heiligen Schriften der Kirche solche Schicksale vorhergesagt hätten. Pufendorf schließt mit einem Hinweis auf die Apokalypse (18,3) und hier auf die Geduld, mit der solche Schrecken des Tieres zu erwarten seien, nachdem Gott durch die Propheten dessen Ende vorausgesagt hätte[108].

Selbst wenn Pufendorf in der Schlußbemerkung noch einmal gegen die „secta Romana" angeht, so hat er doch unverkennbar auch protestantische Fürsten vor Augen, derentwegen die Maxime „Cujus est regio, illius et est religio" seiner massiven Kritik verfällt. Welche innerprotestantischen Differenzen er meint, läßt sich nicht klären. Jedenfalls sind die negativen Erfahrungen so verbreitet, daß er diese Devise ablehnt. Der kurze, zwischendurch zu findende Satz mit

---

[106] Ebd. 192f.
[107] Ebd. 193; hier auch das Folgende im Text.
[108] Ebd. 194f. – Der umständlich formulierte Text lautet, 193f.: „Nec est, qvodqvis nobis occinat illud in Germania tritum dicterium: ,Cujus est regio, illius et est religio'. Nam id primo non quadrat ad dogmata Pontificiorum, quae omnem circa sacra disponendi potestatem Principibus abjudicant. Deinde a Protestantibus Principibus id fuit arreptum, ut eo plausibilius Caesaris autoritatem reformationi ipsorum intercessuri protelare possent, velut ad Caesarem nihil spectaret, qvid ipsi in sua ditione agerent. Alias nisi veritatem religionis iidem praesupponere potuissent, jus territoriale non efficiebat, ut ipsis fas foret subjectos ad amplectenda falsa dogmata compellere. Sicuti et constat, id dicterium ab heterodoxis Principibus in orthodoxos fuisse retortum, non sine gravi praejudicio verae religionis. Igitur peccat Princeps, qui civem ab ipsius religione dissentientem, erroris non convictum, molestia afficit, modo his de caetero in leges obseqvii civilis nihil delinqvat. Cum autem neqve Principibus id officium injunctum sit, ut qvalemcunque religionem vi propagent, nec ipsorum intersit, qvid qvisqve credat, dummodo boni civis officio satisfaciat; et nihilominus eo nomine in cives tot immanitates a Principibus ingenio caetera non adeo feroci patratas fuisse, et adhuc patrari adpareat, magna mirandi causa foret, unde tanta hosce vesania subire posset, ni ista Ecclesiae fata divinae Scripturae praedixissent."

dem Hinweis auf das „jus territoriale" bedeutet schließlich doch auch nur, daß dieses Recht mißbraucht worden ist, zu falschen „dogmata" zu treiben.

Allerdings bleibt problematisch, daß Pufendorf zuvor den Fürsten doch recht beträchtliche Kompetenzen eingeräumt hat. Diese bleiben freilich immer wieder in der Schwebe, da es verschiedene Verhaltensweisen gibt, einmal, Andersdenkende in der „religio" in einem Gemeinwesen leben zu lassen, zum anderen aber sogleich die Einschränkung hinzuzufügen, die Fürsten sollten sich so verhalten, solange der Betreffende nicht legitim über die wahre „religio" überzeugt worden ist. Alles im allem findet sich also in dieser Abhandlung Pufendorfs keine konsequente Position. Wohl aber finden sich hier interessante Einblicke in unser Thema.[109]

CHRISTIAN THOMASIUS

In seinen wichtigen und weithin wirksamen „Institutiones Jurisprudentiae divinae" hat Christian Thomasius (1655–1728)[1] einige auch für unseren Zusammenhang bedeutsame Passagen formuliert[2]. Zunächst gilt dies für den Titel. Denn an sich will Thomasius die „Fundamenta Juris naturalis" darlegen. Aber hierfür nimmt er in seinem ersten allgemeinen Teil über die „Jurisprudentia" als Grundlage den Imperativ „Deo pare"[3] auf und fundiert diesen mit dem Nachweis, daß

---

[109] Untersucht wurde auch: Samuel Lib. Bar. de Pufendorf, Ius feciale divinum Sive De Consensu et Dissensu Protestantium exercitatio posthuma, Lubecae MDCXCV; ders, De officio Hominis et Civis. Juxta Legem naturalem, Ed. septima, Holmiae 1701. In diesen und einigen weiteren Schriften ergaben sich keine weiterführenden Befunde.

[1] Nach seinem Studium in seiner Heimatstadt Leipzig und in Frankfurt/Oder lehrte Christian Thomasius seit 1684 in Leipzig, seit 1687 in deutscher Sprache. Aufgrund seiner Kritik an orthodoxen Theologen etwa durch Unterstützung von August Hermann Franke sowie durch seine Auseinandersetzungen mit Juristen über die Souveränität und sein Eintreten für Samuel Pufendorf erhielt er 1690 Rede- und Schreibverbot. Daher wandte er sich zunächst nach Berlin und dann nach Halle, wo er an der Gründung der Universität 1694 beteiligt war. Er vertrat nachhaltig das Naturrecht, förderte die Kompetenz der Fürsten und trug wesentlich zur Entwicklung des Staates und des Beamtentums bei.

[2] Christianus Thomasius, Institutiones Jurisprudentiae Divinae, In Positiones succincte contractae, In quibus Hypotheses Illustris Pufendorfii circa Doctrinam Juris Naturalis apodictice demonstrantur et corroborantur, praecepta, vero Juris divini positivi universalis primum a Jure Naturali distincte secernuntur et perspicue explicantur ..., Francofurti et Lipsiae MDCLXXXVIII. – Im folgenden werden die Bücher in römischer, sodann die Kapitel und die Paragraphen in arabischer, nach einem Semikolon die Seite der benutzten Ausgabe angegeben; wegen der besonderen Verbreitung werden sodann in Klammern die Seitenzahlen der 7. Auflage hinzugefügt: Christianus Thomasius, Institutionum Jurisprudentiae Divinae Libri tres. In quibus Fundamenta Juris Naturalis secundum Hypotheses Illustris Pufendorfii perspicue demonstrantur, Halae Magdeburgicae 1720, ND Aalen 1963.

[3] Ebd. I cap. 3 § 41–46, bes. 43; 101.

Gott existiert[4]. Zwar gehört der „cultus Dei externus" zur Theologie[5], aber den Imperativ, Gott zu gehorchen, versteht Thomasius nicht als Gebot, sondern als Voraussetzung des „jus naturale"[6]. Daraus ergibt sich für ihn die Konsequenz, ein eigenes kurzes Kapitel über die Pflichten des Menschen gegen Gott den ausführlichen Darlegungen über die anderen Pflichten voranzustellen[7].

Dieses Kapitel erweist sich als sehr aufschlußreich: Die Verehrung Gottes soll erfolgen gemäß der von ihm geoffenbarten Weise[8], wobei sie sich weniger in inneren als vielmehr in äußeren Akten vollzieht[9]. Als wesentlichen Terminus verwendet Thomasius hier „cultus"[10] und konzentriert sich dabei auf den „cultus externus", den er auch als *„cultus Dei simpliciter, aut cultus Dei religiosus"* charakterisiert[11]. Er differenziert diesen in den *„generalis"*, nämlich die *„invocatio Dei, laudatio ejus, et gratiarum actio"*, sowie in den *„specialis"*, wobei letzterer die verschiedenen Weisen bezeichnet, in der verschiedene Völker die allgemeinen Vollzüge zum Ausdruck bringen[12].

Dann aber folgt die entschiedene Einschränkung, insofern Thomasius die allgemeine Auffassung anführt, daß der *„cultus externus"* von dem „dictamen rectae rationis" abgeleitet wird[13], daß aber fraglich ist, ob die Vernunft des Menschen, die sich selbst überlassen bleibt, diesen „cultus" hervorrufen kann[14]. Dazu stellt Thomasius fest, daß Gott der äußeren Verehrung nicht bedarf[15] und daß ihr Fehlen auch noch nicht die „socialitas" des Menschen, sein ruhiges Leben oder seine zeitliche Glückseligkeit beeinträchtigt, sofern der „cultus internus"

---

[4] Ebd. §47–49; 102 (63f.); es folgen weitere Ausführungen über Gottes Vollkommenheit, bestimmte Eigenschaften und Wirksamkeit, §65–92; S. 109–116 (68–72). In diesem Rahmen ist wie in den gesamten vorausgegangenen Überlegungen nur ausnahmsweise von „religio" die Rede, vgl. etwa cap. 5 §35; 151 (79).

[5] Ebd. cap. 4 §74; 140 (86).

[6] Ebd. §75; 141 (86).

[7] Ebd. cap. 5 §1–45; 144–152 – In der 7. Auflage ist dieses Kapitel an den Anfang des 2. Buches gestellt, II cap. 1; §1–45; (87–93). Diese Seitenzahlen werden auch hier in Klammern angegeben.

[8] Ebd. §2; 144 (87): „DEUM COLE SECUNDUM MODUM AB IPSO REVELATUM."

[9] Ebd. §1; 144 (87); vgl. §4; 144f. (88): „Quamvis enim nonnunquam cultus divinus soleat dividi in *internum* et *externum*, revera tamen cultus *internus* non est cultus absolutus et propriissime dictus, sed cultus saltem *externi* praesuppositum." Nach §5; 145 (88), besteht ersterer darin, „ut homo Deum *honoret* et *veneretur*, seu opinionem habeat de ejus summa potentia cum bonitate conjuncta, ut eum *amet* ..., ut in eum *speret* ..., ut in divina voluntate *acquiescat*, ... ut eum *timeat* ..., denique ut in omnibus humillime *obsequatur* ..."

[10] Ebd. §3; 144 (88): „per *cultum* denotamus actionem humanam oris, operis aut gestus, declarantem observantiam et honorem alii debitum."

[11] Ebd. §6; 145 (88).

[12] Ebd. §6 und vor allem §7; 145f. (88).

[13] Ebd. §8; 146 (88) ferner §9; 146 (89), hier mit dem Hinweis, daß die Verehrung Gottes auf das Würdigste aus dem „lumen naturae" abgeleitet wird. Vgl. schließlich §10; 146 (89): „Quin et justissimum esse, ut homo Deum colat, Deus cultum ab homine exigat, prompte ex principio primo Jurisprudentiae divinae: Deo pare: sequitur."

[14] Ebd. §11; 146 (89).

[15] Ebd. §12; 146 (89) mit Hinweis auf Minerva; der „cultus" fügt auch der göttlichen Majestät nichts hinzu, §17; 148 (90).

dadurch nicht aufgehoben wird[16]. Doch betont er, daß der „cultus externus" der „ratio luminis naturalis" nicht widerspricht; deswegen empfiehlt es sich weitaus mehr, ihn auszuführen, statt ihn zu unterlassen[17]. Seine Notwendigkeit leitet er von der Konstitution des Menschen her, weil die Menschen ohne „*signa ... externa*" ihre Gedanken untereinander nicht kennen[18]. Folglich erscheint der „cultus externus" wegen der Menschen und der Gemeinwesen erforderlich, wie sich auch darin zeigt, daß er in letzteren seine Kraft entfaltet[19]. Gleichwohl liegt hier lediglich sein „finis secundarius" vor[20]. Nach diesen Klarstellungen über den „cultus ... religiosus", wendet Thomasius sich dem „specialis cultus" zu[21], der aufgrund der Verdunkelung der menschlichen Vernunft durch den Sündenfall nicht ohne das Licht der Offenbarung auskommt, so daß Gott gemäß der von ihm geoffenbarten Weise verehrt werden muß[22]. Nach Thomasius gab es eine „vera Ecclesia" vor den „falsae religiones"[23]. Und in diesem Zusammenhang kommt er – endlich, könnte man sagen – auf die „*religio*" und ihre Unterscheidung in „*naturalis* et *revelata*" zu sprechen[24], wobei er bei beiden jeweils Akte sowohl des Verstandes wie des Willens für konstitutiv hält[25]. Die von ihm vorgenommene Unterscheidung der „religio *vera naturalis* et *revelata*" liegt darin, daß diese (letztere) sich auf das ewige und jene erstere sich auf das zeitliche Heil erstreckt[26]. Dann aber sagt er in einem nicht ganz zu klärenden Sinne, daß jede „*religio*" eine „*revelata*" darstellt[27], wie sich auch auf dem Erdkreis keine „reli-

---

[16] Ebd. § 13; 147 (89); hier, § 14, folgt dann die Feststellung, daß Blasphemie, Verachtung Gottes und alles, was dem „cultus internus" entgegen ist, zugleich dem Gebot „Deo pare" widerspricht, ob dieser Widerspruch in der Seele zurückgehalten oder aber durch äußere Handlungen deklariert wird.

[17] Ebd. § 15; 147 (89).

[18] Ebd. § 19; 148 (90).

[19] Ebd. § 19; 148 (90).

[20] Ebd. § 22; 149 (90f.); der „cultus religiosi finis verus" besteht in der ewigen Seligkeit des Menschen, § 24; 149 (91); der „secundarius" behält seine Bedeutung, nämlich die „reverentia interna" gegen Gott als Fundament jeder Verpflichtung zu stützen und die „fiducia" der Menschen untereinander zu fördern, § 22; 149 (90).

[21] Ebd. § 25; 149f. (91).

[22] Ebd. § 26; 150 (91).

[23] Ebd. § 28; 150 (91f.).

[24] Ebd.

[25] Ebd. § 30; 150f. (92): „Modo homonymiam *religionis* praenotaverimus, quae vel accipitur pro actibus *intellectus* circa Deum et res divinas, seu *notitia* Dei, vel pro actibus *voluntatis* et quidam aut pro cultu *interno*, aut pro *externo*, vel *conjunctim* aut pro notitia Dei et cultu interno, aut pro utroque cultu, aut pro notitia et cultu utroque. Tot enim modis fere a diversis scriptoribus religionis terminus supponitur."

[26] Ebd. § 35; 151 (92); selbstverständlich ist erstere weitaus unvollkommener, § 36; 151 (92).

[27] Ebd. § 37; 151 (92): „Sed qui per religionem naturalem intellexerunt cultum aliquem *externum* divinum natura cognitum, illi aberrarunt a vero. Nam hoc sensu *omnis religio est revelata*." Die Unklarheit besteht darin, daß sich nicht eindeutig klären läßt, ob das „a vero" sich auf den „cultus" bezieht oder aber auf das „verum" im Sinne „von dem Wahren". Doch kann diese Unklarheit hier auf sich beruhen bleiben.

gio" benennen läßt, die nicht auf einer Offenbarung aufbaut[28]. In dieser Hinsicht kann Thomasius auch im Hinblick auf die „religio revelata" von „vera et falsa" sprechen, und im Hinblick auf letztere die „naturalis" als „figmentum" und „falsae religionis species" charakterisieren[29].

Aus diesen mit scholastischen Distinktionen versehenen und auf verschiedene Positionen eingehenden Aussagen läßt sich als Meinung des Thomasius wenigstens eruieren, daß faktisch nur die „religio revelata" der Christen und in gewissem Sinn der Juden[30] ernsthaft in Betracht kommt, weil die „naturalis" unzureichend bleibt aufgrund der Schwäche des Verstandes, von sich aus eine hinlängliche Gotteserkenntnis zu erreichen. Dieser „religio" setzt er die „revelata" entgegen, die aber auch falsch werden bzw. sein kann, wobei er die Offenbarung in einem weiten Sinne faßt; denn es gibt sie schon vor Christus, wie die Gebote nicht erst der „religio *Christiana*", sondern schon diejenigen zu Zeiten Adams oder Noahs zeigen[31]. Darüber hinaus bestätigt sich bei Thomasius, daß die Differenzierung „internus" und „externus" als solche allein auf den „cultus" bezogen bleibt, daß aber von „religio" allenfalls dort die Rede ist, wo beide zusammen erörtert werden. Daß der „cultus internus" eine Präferenz erfährt, bedeutet nicht die Belanglosigkeit des „externus". Die „religio" bezeichnet einmal intellektuell die Gotteserkenntnis sowie voluntativ eben jenen „cultus", der aus dieser Erkenntnis resultiert. Als eine „religio" kann sie „naturalis" oder aber „revelata" sein, wobei auf beide die Frage nach der Unterscheidung in „vera et falsa" bezogen wird.

Überraschenderweise tritt dieser Aspekt nicht an den anderen klassischen Themen auf, bei denen sich immer wieder „religio" findet, nämlich einmal beim Eid[32] sowie bei der „respublica"[33].

Alles in allem aber zeigt sich, daß Thomasius in diesen „institutiones" der „religio" eine außerordentlich geringe Aufmerksamkeit widmet[34].

---

[28] Ebd. §38; 151f. (92f.), hier mit der Präzisierung, daß selbstverständlich viele Offenbarungen von Pseudopropheten stammen oder aber „revelationis diabolicae cum divinis" gemischt sind.
[29] Ebd. §39; 152 (93).
[30] Ebd. §38; 151f (92).
[31] Vgl. ebd. §41; 152 (93).
[32] Ebd. II cap. 8 §112; 186f. (180).
[33] Ebd. III cap. 6 §150–153; 279f. (406f.).
[34] Durchgesehen wurden auch Christianus Thomasius, Introductio ad Philosophiam Aulicam, seu Lineae primae Libri de Prudentia Cogitandi et Ratiocinandi, Ubi ostenditur media inter praejudicia Cartesianorum, et ineptias Peripateticorum, veritatem inveniendi via, Lipsiae 1688; ders., Einleitung zu der Vernunfft-Lehre / Worinnen durch eine leichte / und allen vernünfftigen Menschen / Waserley Standes oder Geschlechts sie seyn / verstaendliche Manier der Weg gezeiget wird / ohne die Syllogistica das wahre / wahrscheinliche und falsche von einander zu entscheiden / und neue Wahrheitenzu erfinden, Halle in Magdeburg 1699; ders., Versuch Von Wesen des Geistes oder Grund-Lehren / So wohl zur natürlichen Wissenschafft als der Sitten-Lehre ..., Halle 1699; ders., Kurtzer Entwurff der Politischen Klugheit/ sich selbst und andern in allen Menschlichen Gesellschafften wohl zu rathen / und zu einer gescheiden Conduite zu gelangen ..., Frankfurt 1710; ders., Fundamenta Juris Naturae et Gentium, ex Sensu Communi deducta, in quibus ubique Principia ho-

Das „Instrumentum Pacis" von Osnabrück und Münster 1648

Die unter diesem Titel „Instrumentum Pacis" genannten Verträge zwischen dem Kaiser und dem König von Schweden zu Osnabrück sowie zwischen dem Kaiser und dem König von Frankreich zu Münster[1] beginnen mit „Pax sit Christiana"[2]. Wenn in diesem Vertrag die „religio" eine besondere Rolle spielt, so nicht von Anfang an; vielmehr beschäftigen sich erst die Abschnitte V und VII des Osnabrücker Vertrages mit ihr, die dann mit einem Verweis im Münsterischen Vertrag als dessen uneingeschränkter Teil aufgenommen werden, ohne noch einmal im Wortlaut wiedergegeben zu werden.

Diese Artikel beginnen mit der Feststellung, daß zum großen Teil die „gravamina" zwischen den Fürsten und Reichsständen der „utraque religio" Ursache und Anlaß zum Krieg gegeben haben[3]. Wegen dieser im Lateinischen möglichen Bezeichnung „utraque religio" erscheint der Plural „religiones" dementsprechend sehr selten, etwa, wo von der Aufrechterhaltung des gegenwärtigen Standes die Rede ist bis zur freundschaftlichen Einigung der „religiones"[4], oder wo es heißt, daß bis zur Einheit nur die beiden vorgenannten „religiones" angenommen und geduldet werden sollten[5]. Dabei wird „religio" in gleicher Funktion wie „confessio" verwandt. Es fällt aber auf, daß „Augustana confessio" und „catholica religio" gegenübergestellt werden[6] oder, wie es in aller Regel heißt „ca-

---

nesti, justi, ac decori, cum adjuncta Emendatione ad ista Fundamenta Institutionum Jurisprudentiae Divinae, Editio quarta, Halae et Lipsiae MDCCXVIII, ND Aalen 1963.

In diesen Werken ließen sich keine weiterführenden Überlegungen nachweisen.

Vermerkt zu werden verdient aber, daß Thomasius „Secta" völlig neutral gebraucht im Sinne von „(Philosophen)Schulen", vgl. ders., Introductio ad Philosophiam Aulicam, cap. 1: De Sectis Philosophorum; eindeutig läßt sich diese Bedeutung ersehen in der ihn selbst umfassenden Bezeichnung „unserer Secten", vgl. ders., Ausübung der Vernunft-Lehre, Halle 1691, ND Hildesheim 1968, 257.

[1] Instrumentum Pacis Caesareo-Suecicum Osnabrugense, in: Instrumenta Pacis Westphalicae. Die Westfälischen Friedensverträge 1648, bearbeitet von Konrad Müller (= Quelle zur Neueren Geschichte 12/13), Bern 1949, 11–78; deutsch: 101–152 (z.T. gekürzt); Instrumentum Pacis Caesareo-Gallicum Monasteriense in: ebd. 81–97; deutsch: 155–166. – Im folgenden wird der Osnabrücker Vertrag berücksichtigt; die einzelnen Abschnitte werden in römischer Ziffer und dann die Paragraphen mit der Sigle § angegeben.

[2] Ebd. I; die Anfangszeile lautet: „Pax sit Christiana, universalis perpetua veraque et sincera amicitia ..."

[3] Instrumentum...Osnabrugense, V; im Lateinischen heißt es hier „utraque religio", wobei die „religio" singularisch gedacht wird gemäß lateinischer Sprachauffassung. Ständig heißt es dann in den einzelnen einschlägigen Aussagen „utraque religio", vgl. § 1, 2, 4, 11, 18, 20, 23, 50, 54ff, vgl. darüber hinaus etwa auch XI, § 11.

[4] Ebd. § 29.

[5] Ebd. VII § 2.

[6] Ebd. V § 4; hier übrigens bei Sonderregelungen in Augsburg; vgl. auch 5 und bes. 29; „catholica religio" findet sich häufiger, etwa 26, 29, 48 auch 31f.

tholici" und die „Augustanae confessionis addicti"[7] bzw. „Augustanae confessionis status"[8]. Eine besondere Rolle spielt natürlich das „exercitium religionis"[9] und hier besonders das „publicum vel etiam privatum exercitium religionis"[10]. Inhaltlich fallen ins Gewicht die Aussagen über die gegenseitige Respektierung, jedem seine „religio" und deren Übung zu lassen und sich nicht gegenseitig abzuwerben[11] oder zu verachten[12]. Besondere Bedeutung kommt dem „jus reformandi" zu, das zwar nicht grundsätzlich aufgehoben, wohl aber gemäßigt werden soll auf einen faktischen Zustand, die jeweilige „religio" zu belassen; als Stichdatum wird verschiedentlich das Jahr 1624 genannt[13].

Der Zustand zur Zeit des Friedensschlusses sollte beibehalten werden bis zu einer „amicabilis religionum compositio"[14]. Dies gilt auch für die Städte, in der eine „religio mixta" praktiziert wurde[15], womit wohl das Nebeneinander der beiderlei „religio" gemeint sein dürfte. Immer wieder geht es aber gerade in diesen Texten um die „pax religionis"[16] bzw. „pax religiosa"[17].

---

[7] So etwa ebd. § 4–6, 8, 11, 23, 31. Beide Bezeichnungen finden sich auch separat, letztere etwa 18, 38, 48, 51; es findet sich auch „Augustanae confessionis subditi" 35. „Confessio" findet sich nicht für die katholische Seite; die deutsche Übersetzung zu 8 „Beamte katholischer Konfession" ist unzutreffend.

[8] Ebd. § 14, 31, 43, 51f u.ö.

[9] Ebd. § 3, 26f, 29f.

[10] So ebd. § 31f, vgl. 33f, 36f; die auch diesbezüglich nicht eben exakte deutsche Übersetzung bringt verschiedentlich „Glauben", so 34, auch „Glaubensspaltung", so 14, 21, 25f, wo es im Lateinischen nicht ‚fides', sondern „religio" bzw. „controversiae" oder „dissidia religionis" heißt. Auch die Übersetzung „private Kultusfreiheit", 36, ist unzutreffend.

[11] So besonders § 29: „Neutrique partium alteram de religionis suae exercitio, ecclesiae ritibus et caeremoniis deturbare fas sit, sed cives pacifice et comiter invicem cohabitent liberumque religionis suae et bonorum usum ultro citroque habeant". Vgl. auch 30.

[12] Ebd. § 35.

[13] Ebd. § 29f, 31f, 34, 49; auf dieses Jahr einigte man sich als Normaljahr, das in etwa in der Mitte liegt zwischen 1618, dem Jahr des Kriegsbeginns, das von protestantischer Seite vorgeschlagen wurde, und 1627, das als Normaljahr im Prager Frieden von 1635 vorgeschlagen war, vgl. dazu Armin Reese, Pax Sit Christiana. Die Westfälischen Friedensverhandlungen als europäisches Ereignis (= Historisches Seminar 9), Düsseldorf, 1988, 42.

[14] Instrumentum Pacis, § 29; vgl. die Wahrung des gegebenen Zustandes bis zur Einigung über die „religio Christiana vel universaliter vel inter status immediatos", 31.

[15] Ebd. § 49, 53.

[16] Ebd. § 1, 29, 50f.

[17] Ebd. § 10, 28f, 50. – Zur ganzen Thematik vgl. insbesondere Heinz Schilling, Der Westfälische Friede und das neuzeitliche Profil Europas, in; Der Westfälische Friede. Diplomatie – Politische Zäsur – Kulturelles Umfeld – Rezeptionsgeschichte, hg. von Heinz Duchhardt (= Historische Zeitschrift. Beihefte NF 26), München 1998, 3–32; ferner Winfried Schulze, Pluralisierung als Bedrohung: Toleranz als Lösung, in: ebd. 115–140. Wenn H. Schilling in unserem Zusammenhang verschiedentlich von „Glaubens-oder Konfessionskrieg" spricht, etwa a.a.O. 12, vgl. 21, vgl. auch ähnliche Formulierungen passim, so handelt es sich hier um eine nachträgliche Klassifikation.

Zusammenfassung

Ein Rückblick auf die juristischen Beiträge zeigt, daß in ihnen die „Religio" grundsätzlich als Gegebenheit des öffentlichen Bereichs behandelt wird. Die für diesen zuständigen Fürsten oder Magistrate besitzen keine direkte Kompetenz über das „privatum religionis exercitium". Daß dieses aber für den öffentlichen Bereich nicht belanglos ist, zeigt schon die Betonung des „ius emigrandi" in solchen Gemeinwesen, in denen eine Toleranz für mehrere Überzeugungen nicht gewährleistet werden soll oder kann. Dabei bleibt die „Religio" etwas, das man nach dem meist auf Theodosius zurückgeführten Wort nicht durch Zwang, sondern nur durch Ermahnen fördern kann. Allgemein bleibt die Ansicht der Römer gültig, die „religio" sei für das Gemeinwesen unentbehrlich, weswegen eigentlich auch nur eine vorhanden sein sollte. Daß diese eine „religio" unter christlichen Bedingungen anders aussieht als bei den Römern, die für vielerlei Götter jeweils deren „religio" zuließen, bleibt außer Betracht. Wohl aber tritt bei den erwähnten Juristen immer wieder als Folge der „religio" das politische Wohlverhalten zutage, das die ihr verpflichteten Bürger leisten. Dieser Aspekt findet selbst dann Berücksichtigung, wenn als erster Zweck der „religio" nicht der politische Bereich, sondern die Gottesverehrung herausgestellt wird. Nicht von ungefähr gelten Atheisten als politisch unzuverlässig oder mindestens als unzuverlässiger und werden allenfalls zögerlich in die Toleranz einbezogen. Eine „Neutralitas" hinsichtlich der „religio" wird, wenn sie überhaupt zur Sprache kommt, nicht befürwortet. Überraschend selten bleibt die Verwendung von „Religio politica". Ebenso findet sich das uns so geläufige „Cujus regio eius religio" nur selten und kann, wenn es denn überhaupt aufgenommen wird, auch einschränkend interpretiert werden. Vielleicht fehlt es dort, wo wir es erwarten würden, weil es immer wieder und nicht zuletzt um die Gewährleistung der Rechte von Anhängern der „Confessio Augustana" im katholischen Reich bzw. in katholischen Ländern geht. Die Unterscheidung der „Religio naturalis" und „Religio revelata" ist zwar gängig, spielt aber keine besondere Rolle, wohl, weil es primär um den politischen Bereich geht, für den nur erstere in Frage kommt, sofern nicht auch sie eingeschränkt auf eine Offenbarung zurückgeführt wird und dann auch „falsa" sein kann. Für die „Religio" überwiegt also generell der öffentliche Aspekt, wie sich nicht zuletzt darin zeigt, daß dieser Terminus auch die Bedeutung Konfession haben kann, sind doch im Reich „tres religiones" zugelassen. Nicht im Vordergrund steht die alte Zuordnung der „religio" zur Tugend der „iustitia"; freilich ist sie nach wie vor bekannt[1].

---

[1] Vgl. dazu auch Giovanni Battista Comazzi, Politica e Religione Trovate insieme Nella Persona, Parole, ed'Azioni di Gesu Cristo, Secondo l'Evangelio di San Giovanni, Nicopoli 1706, vgl. 3 sowie 5ff. – Die Lebensdaten von G.B. Comazzi ließen sich nicht eruieren; zu finden war lediglich die Angabe, er sei Literat und Philosoph gewesen; vgl. Indice Biographico Italiano, ²II, München 1997, 750.

Initiativen zur Begründung des Erkennens und Handelns

3. Philosophische Positionen im Übergang zur Neuzeit

Nach den vorausgegangenen Darlegungen zu Theologen und Juristen, die eher an traditionelle Positionen angeknüpft haben, sollen die Untersuchungen mit Autoren fortgesetzt werden, die sich insbesondere seit Ende des 16. bis in die Mitte des 17. Jahrhunderts um die Grundlegung gesicherter Erkenntnis und angemessenen menschlichen Handelns bemüht haben. Schon aus dem Erscheinen verschiedener Arbeiten, die sich vorwiegend aus philosophischer Orientierung diesem Anliegen widmeten, läßt sich die Notwendigkeit solcher Versuche ersehen. Offensichtlich reichten die Überlegungen des vorausgegangenen Jahrhunderts nicht mehr aus. Zur Fundierung der Erkenntnis und des Handelns erfolgt nun ein entschiedener Rückgriff auf die Vernunft, der dieser Epoche die Bezeichnung „Rationalismus" in einem spezifischen Sinn eintrug.

In diesem Kontext gilt es nun zu prüfen, welche Konsequenzen sich für das Verständnis der „Religio" entdecken lassen.

Francis Bacon

Schon von seiner Stellung her, die er in der Geschichte neuzeitlicher Philosophie einnimmt, verdient Francis Bacon (1561–1626)[1] unsere Aufmerksamkeit. Er zieht sie aber deswegen in besonderem Maße auf sich, weil die Enzyklopädisten ihn verdächtigt, genauer, als unphilosophisch angesehen haben mit der Begründung, er habe sich der Fesseln der „Religion" nicht hinlänglich entledigt[2]. Dieser Eindruck berührt unser Thema, weil es hier nicht nur um die „Religion", sondern zugleich um ihr Verhältnis zur Vernunft geht.

Bacon steht in der Tradition jener humanistischen Autoren, die sich als Politiker zugleich philosophischen und literarischen Interessen gewidmet haben. Sein philosophisch meistbeachtetes Werk, das „Novum Organum", konnte er auf

---

[1] Nach juristischen Studien gelang Francis Bacon, seinen ursprünglichen Interessen gemäß, der Weg in politische Ämter, seit 1617 als Großsiegelbewahrer und seit 1618 als Lordkanzler unter Jakob I., bis er 1621 wegen einer nicht völlig geklärten Bestechungsaffäre, aber wohl auch wegen seiner nachhaltigen Unterstützung des Königs vom Parlament gestürzt wurde.

[2] Anton Theobald Brück, Einleitung, in: Franz Bacon, Neues Organ der Wissenschaften, übers. und hg. von Anton Theobald Brück, Leipzig 1830, ND Darmstadt 1962, 6.

der Höhe seiner politischen Laufbahn 1620 erscheinen lassen. Auch andere für uns wichtige Aussagen hat er noch während seiner öffentlichen Tätigkeit formuliert. In der nach seinem Sturz verfaßten utopischen Schrift „Nova Atlantis" von 1624 erscheint unsere Fragestellung hingegen nicht mehr; dabei ist freilich anzumerken, daß es sich hierbei um ein Fragment handelt, so daß wir nicht wissen, wie die gesamte Abhandlung ausgesehen hätte.

Für Bacons Philosophie im allgemeinen wie für unser spezielles Thema muß als grundlegende Voraussetzung die ungebrochene Annahme der Existenz Gottes und seiner Schöpfungstätigkeit gelten. Gerade wenn sich Bacon so nachhaltig der Erkenntnis der Welt widmet, weswegen er als einer der maßgeblichen Anreger und Begründer neuzeitlicher Philosophie gilt, so läßt er doch den Bezug der Natur zu Gott nicht außer acht. Sein literarisch recht frühes Glaubensbekenntnis – wohl vor 1603 verfaßt[3] – gibt dies deutlich zu erkennen. Das Festhalten an Trinität, Schöpfung und Menschwerdung kann bei ihm somit nicht übersehen werden[4]. Und bei allem Interesse an der Natur und deren Gesetzen stellen für ihn die konstanten Gesetze der Natur Gesetze der Schöpfung dar[5].

Um an Gott zu glauben, bedarf es freilich streng genommen keiner Offenbarung. Nur eine unbedeutende Philosophie verweist den Menschen nach Bacon auf den Atheismus; die tiefe Philosophie aber verweist ihn auf die „religion"; so kann, wie Bacon mit dem Alten Testament hervorhebt, nur der Tor sagen, es gebe keinen Gott[6]. Gott zerstört die „nobility" des Menschen nicht; vielmehr liegt der Rang des Menschen darin, daß er nicht nur einen Körper hat – in diesem Falle bliebe er den Tieren verwandt –, sondern auch einen Geist; und wenn der Mensch sich des göttlichen Schutzes sicher weiß, wachsen ihm Kraft und Glaube zu, die seine Natur nicht besitzt; demgegenüber beraubt der Atheismus die

---

[3] Francis Bacon, A Confession of Faith, in: The Works of Francis Bacon, hg. von James Spedding, Robert Leslie Ellis and Douglas Denon Heath, I–XIV, London 1858–1861, ND Stuttgart-Bad Cannstatt 1963, VII 217–226, vgl. die Angaben der Herausgeber, 216. – Vgl. dazu die abschließende Formulierung der Einführung Bacons in seiner „Historia naturalis et experimentalis ad condandam philosophiam" (1622), in: ebd. II 16, wo Bacon sich an den „Deus universi Conditor, Conservator, Instaurator" wendet, verbunden mit der Bitte, „hoc opus, et in ascensione ad gloriam suam, et in descensione ad bonum humanum, pro sua erga homines benevolentia et misericordia, protegat et regat, per Filium suum unicum, nobiscum Deum". – Im folgenden werden die einzelnen Schriften Bacons, ausgenommen bei Sammelverweisen, jeweils mit Kurztiteln genannt, sodann, soweit nötig, in römischer Ziffer das Buch, in arabischer Ziffer das Kapitel bzw. der Abschnitt und dann nach einem Semikolon, soweit erforderlich, in römischer Ziffer der Band und in arabischer Ziffer die Seite der benutzten Ausgabe zitiert.

[4] F. Bacon, A Confession; VII 219f.

[5] Ebd. 220f: Gott „created heaven and earth, and all their armies and generations, and gave unto them constant and everlasting laws, which we call *Nature*, which is nothing but the laws of the creation".

[6] Francis Bacon, Essays or Counsels, 16: Of Atheism; VI 413. – Die erste Ausgabe der „Essays" von 1597 enthält diesen Text ebensowenig wie den im folgenden behandelten über „Religion" und „Superstition", vgl. VI 524; die erweiterte Ausgabe von 1612 enthält die drei Texte in einer noch recht kurzen Fassung, vgl. VI 543f und 559–561; hier wird die dritte Ausgabe von 1625 verwandt, vgl. VI 371–518.

menschliche Natur der Möglichkeit, sich über die menschliche Schwäche zu erheben[7]. Bacon hält also an der Existenz Gottes aufgrund menschlicher Erkenntnis fest, die sich in einer adäquaten Philosophie niederschlägt. Er akzeptiert denn auch die beiden Erkenntnisquellen, die er mit dem tradierten Bild als die beiden Bücher der Offenbarung und der Natur bezeichnet, die uns zur Erkenntnis Gottes und seiner Welt führen, wobei zwischen diesen beiden kein Widerspruch besteht[8]. Konsequent dazu gibt es für Bacon eine dreifache Gliederung der Philosophie in „Divine philosophy, Natural philosophy, and Human philosophy", wobei die erste identisch ist mit der „Natural Theology"[9].

Grundsätzlich hält Bacon sich aus der Theologie heraus[10]. Ihm geht es um die Erkenntnis dieser Welt, um die Grundlegung verläßlicher Erkenntnis, wobei er besonders auf die Erkenntnis der Natur abhebt, wie sich allenthalben zeigt[11]. Entsprechend dazu konzentriert er sich durchgängig auf die „Philosophia Naturalis"[12], der wir uns im folgenden nicht zuwenden können; Berücksichtigung kann lediglich die „Theologia Naturalis" finden.

Die Trennung von „philosophia" und „religio"

Die Grundlegung der Erkenntnis sowie die hiermit zusammenhängende Relationsbestimmung von „philosophia" und „religio" läßt sich am besten in Bacons hierfür einschlägigem „Novum Organum" ersehen. Hatte Bacon den für uns nicht wichtigen Teil bereits sehr lange in Arbeit, so verfaßte er in der letzten Zeit vor der Veröffentlichung 1620 das erste Buch. Hier finden sich einleitend Aussagen über seine Gründe, die ganze Arbeit des Geistes wieder von vorne anfangen zu müssen[13]; denn er will eine „inveniendi ratio" entwickeln, genügt es ihm doch

---

[7] Ebd. 414f. Daß „a little or superficial knowledge of philosophy" den Menschen zum Atheismus bringen kann, vgl. auch bei Francis Bacon, Proficience and Advancement of Learning Divine and Humane (1605), I; III 267.
[8] Francis Bacon, Interpretation of Nature, 1; III 221.
[9] F. Bacon, Advancement of Learning, II; III 346f.
[10] Ausgenommen etwa die Passagen gegen Ende, ebd. 478ff, wovon noch zu sprechen ist; daß Bacon sich aus ihr heraushalten will, vgl. auch sein Novum Organum, s. dazu u. Vgl. auch die Schlußpassagen von Francis Bacon, De Augmentis Scientiarum (1622), IX 1; I 829ff. Dieses Buch stellt die überarbeitete Übersetzung von „Advancement of Learning" dar.
[11] Francis Bacon, Novum Organum (1620), I 149–365, durchgängig. – Im folgenden zitiert mit Angabe, wie üblich, des Buches in römischer und der einzelnen Aphorismen in arabischer sowie nach dem Semikolon des Bandes in römischer und der Seitenangabe in arabischer Ziffer. – Ausgeführt ist Bacons Interesse an der Erforschung der Natur in zahlreichen einschlägigen Schriften, vgl. bes. The Works of Francis Bacon II: Sylva Sylvarum: or A Natural History, in ten centuries, III: De Interpretatione naturae Prooemium; Cogita et visa de interpretatione naturae; De interpretatione naturae sententiae XII.
[12] Vgl. statt vieler Belege die Darlegungen hierzu bei F. Bacon, De Augmentis Scientiarum, III 3–6; I 547–578; hier, 547, bestimmt als „Inquisitio Causarum" und „Productio Effectuum", d.h. als „Speculativa" und „Operativa", wobei erstere noch einmal unterteilt ist, 548, in „Physica specialis" und „Metaphysica", und letztere, 571, in „Mechanica" et „Magia".
[13] F. Bacon, Novum Organum, Praefatio; I 152.

nicht, bei bereits Bekanntem stehenzubleiben[14]. Dabei wählt er eigentlich noch nicht einmal einen neuen Ansatz, nämlich den der Erfahrung, so sehr er diese herausstellt; vielmehr will er die Fehlerquellen ausschalten, die dadurch entstehen, daß man bislang von der Erfahrung sozusagen mit einem Sprung und d.h. viel zu schnell zu höchsten allgemeinen Grundsätzen übergeleitet hat[15]. Erfahrung, mit Vernunft gepaart, begründet seine Zuversicht, eine neue Grundlegung der Erkenntnis zu erreichen[16].

Von der Erfahrung, d.h. von der Wahrnehmung auszugehen, bedeutet für Bacon nicht, einfachhin dem „Sensus", der sinnlichen Wahrnehmung zu trauen; denn nicht Sinn und Wahrnehmung des Menschen können als Maßstab der Dinge dienen, vielmehr hängen die Wahrnehmungen sowohl des Sinns als auch des Geistes von der Analogie, der Entsprechung des Menschen, nicht des Universums ab[17]. Ausführlich widmet sich Bacon den Ursachen, welche die menschliche Erkenntnis behindern. Von den hier genannten Vorurteilen – solchen (der Verengung) des (subjektiven) Blickpunktes, des (öffentlichen) Marktes (und d.h. der öffentlichen Meinung) und des Theaters[18] – beschäftigen uns die letzten, nämlich die „Idola Theatri"; zu diesen gehören jene Täuschungen, die aus der Beschäftigung des Menschen mit „religio et theologia" resultieren[19].

Die folgende Erörterung hält sich nicht exakt an diese Fehlerquelle. Denn die drei genannten Differenzierungen der Philosophie in sophistische, empirische und abergläubische („superstitiosa") gehen nicht einfach auf eine Blockade durch „religio et theologia" zurück; die erste Gruppe, in der etwa aus Phänomenen des Äthers der Himmel erklärt sowie überhaupt nach der Art der Dichter Theaterfabeln vorgelegt werden, unterscheidet sich von der zweiten Gruppe dadurch, daß deren Vertreter aus der Erfahrung oder wenigen Experimenten rasch ein Gedankengebäude aufbauen, während allein die Mitglieder der dritten Gruppe Theologie und Tradition aus „fides et veneratio" vermischen[20], womit

---

[14] Ebd. 153f.
[15] Ebd. 19; 159, und bes. 70; 179f.
[16] Vgl. die emphatische Aussage ebd. 95; 201.
[17] Ebd. 41; 163f: „Falso enim asseritur, sensum humanum esse mensuram rerum; quin contra, omnes perceptiones tam sensus quam mentis sunt ex analogia hominis, non ex analogia universi. Estque intellectus humanus instar speculi inaequalis ad radios rerum, qui suam naturam naturae rerum immiscet, eamque distorquet et inficit." – Während der Verweis auf das menschliche Wahrnehmungsvermögen als „Maßstab" die entsprechende Aussage des Gorgias aufnimmt, steht hinter der folgenden Aussage der Grundsatz mittelalterlicher Philosophie „Quidquid recipitur, secundum modum recipientis recipitur." Letzteres Axiom ist hier nicht mehr eingebunden in ein Wahrheitsverständnis als „adaequatio rei et intellectus"; hier zeigt sich, daß Bacon sich von dieser Auffassung bereits wesentlich entfernt und auf Kant hin bewegt.
[18] Ebd. 39; 163.
[19] Ebd. 62; 173.
[20] Ebd.; der Aphorismus lautet: „Est et tertium genus eorum, qui theologiam et traditiones ex fide et veneratione immiscent; inter quos vanitas nonnullorum ad petendas et derivandas scientias a Spiritibus scilicet et Geniis deflexit; ita ut stirps errorum, et philosophia falsa, genere triplex sit: Sophistica, Empirica, et Superstitiosa." – Inwieweit diese Gliederung die wohl auf Panaitios zurückgehende Dreiteilung der Theologie Varros aufnimmt, braucht hier nicht weiter untersucht zu werden.

sie also eine von der Vernunft her entwickelte Philosophie verhindern. Denn der Rekurs auf die Tradition gilt Bacon als Verzicht auf die Vernunft. Daß die hier genannte Charakterisierung der dritten Stelle tatsächlich in dem explizierten Sinn zu verstehen ist, zeigt sich dann bei Bacons anschließender genauerer Beschreibung der drei Gruppen; die dritte charakterisiert er als eine Philosophie, in der aufgrund der Beimischung von „Superstitio et theologia" eine Korrumpierung entsteht[21]. Als Vertreter solcher „superstitio" nennt er Pythagoras oder noch mehr Platon. Am schlimmsten erscheint ihm jene „Apotheosis", wenn zur Krankheit des Geistes noch eine leere Verehrung hinzutritt. Solchem Unsinn erliegen seiner Meinung nach jene, die aus dem ersten Kapitel der Genesis oder dem Buch Ijob und anderen Schriften eine „philosophia naturalis" zu begründen versuchen. Statt zu dieser führt ein solcher Versuch nur zu einer „philosophia phantastica" und zu einer „religio haeretica"; demgegenüber rät Bacon, nüchternen Sinns der „fides" zu geben, was ihr gebührt[22]. Als Kriterium empfiehlt er wie für „religio" bzw. „fides", so auch für die Philosophie, daß sie aus ihren Früchten bewertet und die unfruchtbare abgelehnt werden soll[23].

Die „Philosophia Naturalis" wurde, wie Bacon wenig später noch einmal unterstreicht, jahrhundertelang durch Aberglauben sowie blinden und maßlosen Religionseifer bekämpft; etwa bei den Griechen traf denjenigen der Vorwurf der „impietas" und der Asebie, der Blitz und Donner auf natürliche Weise zu erklären suchte; manche alten Väter der „religio Christiana" verhielten sich entsprechend, wenn sie gegen diejenigen angingen, welche die Kugelgestalt der Erde und die Existenz von Antipoden annahmen[24]. Zu seiner Zeit scheint Bacon die Lage noch schlimmer durch die scholastischen Autoren, die für ihre theologischen Summen mehr auf die aristotelische Philosophie, die Bacon hier drastisch abwertet, als auf die „religio" zurückgreifen[25]. Die Schlimmsten aber nennt Bacon jene, die die Wahrheit der „Christiana religio" aus philosophischen Prinzipien und Autoritäten ableiten und ein „Coniugium" von „fides" und sinnlicher Wahrnehmung vornehmen mit der Folge, daß nur, was schon rezipiert ist, auch akzeptiert, Neues aber abgelehnt wird[26].

---

[21] Ebd. 65; 175.
[22] Ebd. 175f.
[23] Ebd. 73; 183.
[24] Ebd. 89; 196f.
[25] Ebd. 196: „qui cum theologiam (satis pro potestate) in ordinem redegerint et in artis formam effinxerint, hoc insuper effecerunt, ut pugnax et spinosa Aristotelis philosophia corpori religionis plus quam par erat immisceretur."
[26] Ebd. 196f; im Anschluß an den soeben zitierten Text heißt es: „Eodem etiam spectant (licet diverso modo) eorum commentationes, qui veritatem christianae religionis ex principiis et authoritatibus philosophorum deducere et confirmare haud veriti sunt; fidei et sensus conjugium tanquam legitimum multa pompa et solennitate celebrantes, et grata rerum varietate animos hominum permulcentes; sed interim divina humanis impari conditione permiscentes. At in hujusmodi misturis theologiae cum philosophia, ea tantum quae nunc in philosophia recepta sunt comprehenduntur; sed nova, licet in melius mutata, tantum non summoventur et exterminantur."

Daß Theologen keinen Zugang zur Philosophie gewinnen können, liegt nach Bacon einmal an ihrem Bestreben, die Grenzen der Erkenntnis deutlich im Bewußtsein zu halten und vor allem die Geheimnisse Gottes sowie die verborgenen Dinge der Natur zu respektieren; zum andern aber verweist er auf jene verschlagenen Theologen, die durch Unkenntnis natürlicher Zwischenursachen alles gleich als Wirken Gottes ausgeben, durch Bewegung und Veränderung in der Philosophie auch die „religio" gefährdet sehen und schließlich durch die Erforschung der Natur ein Ergebnis befürchten, welches die „religio" umstürzt oder wenigstens wankend macht[27]. Als Wurzel dieser Haltungen vermutet Bacon jedoch eine Ungewißheit, als ob die Festigkeit der „religio" und die Herrschaft der „fides" gegenüber der sinnlichen Wahrnehmung in Mißkredit geraten und in Zweifel gezogen werden können. Dem sucht er durch die dezidierte Überzeugung zu wehren, daß die „Philosophia Naturalis" nach dem Worte Gottes die sicherste Medizin gegen Aberglauben und die sicherste Unterstützung des Glaubens ist; daher kann sie der Theologie als treueste Magd dienen. So wird nach Bacon verständlich, warum durch die Behinderung dieser „Philosophia Naturalis" die „religio" Schaden genommen hat[28].

Bacon lehnt an dieser wichtigen Stelle jede Vermischung von „religio" bzw. „theologia" mit der „Philosophia", die (eheliche) Verbindung von „fides" und „sensus", aber auch die Unterdrückung der „philosophia" wegen möglicher oder befürchteter Minderung der „religio" und schließlich die Vermeidung der Erforschung der „natura" zugunsten der „religio" ab. Er vermutet, daß all diese Fehler aus einer letzten Unsicherheit und Bezweiflung am Vermögen der „religio" und der Wirkung der „fides" resultieren. Um den Weg für die „Philosophia Naturalis" offen zu halten, deklariert er sie als Heilmittel gegen „superstitio", als treueste Magd der „religio"; diese bleibt nur dann uneingeschränkt, wenn sie die „Naturalis Philosophia" nicht behindert.

Aufschlußreich erscheint, daß Bacon hier nebeneinander einmal die gegenseitige Unabhängigkeit von „religio" bzw. „theologia" und „philosophia" fordert und doch ein Dienstverhältnis der „philosophia" gegenüber „religio" und „fides" formuliert. Als Fundierung wählt er nun nicht letztere, sondern Gott: Der Anfang bzw. das Prinzip ist von Gott her zu nehmen, von dem das, was Bacon untersuchen will, seine Güte besitzt, erweist sich doch Gott als dessen Urhe-

---

[27] Ebd. 197.
[28] Ebd.; der ganze Text lautet: „At isti duo posteriores metus nobis videntur omnino sapientiam animalem sapere; ac si homines, in mentis suae recessibus et secretis cogitationibus, de firmitudine religionis et fidei in sensum imperio diffiderent ac dubitarent; et propterea ab inquisitione veritatis in naturalibus periculum illis impendere metuerent. At vere rem reputanti Philosophia Naturalis, post verbum Dei, certissima superstitionis medicina est; eademque probatissimum fidei alimentum. Itaque merito religioni donatur tanquam fidissima ancilla: cum altera voluntatem Dei, altera potestatem manifestet. Neque enim erravit ille qui dixit, *Erratis, nescientes scripturas et potestatem Dei*: informationem de voluntate et meditationem de potestate nexu individuo commiscens et copulans. Interim minus mirum est si Naturalis Philosophiae incrementa cohibita sint, cum religio, quae plurimum apud animos hominum pollet, per quorundam imperitiam et zelum incautum in partem contrariam transierit et abrepta fuerit."

ber[29]. Gott allein also erscheint als die Klammer, insofern alle Wirklichkeit von ihm stammt; doch gibt es von „religio" und „fides" keine Verbindung zur Natur, aber auch keine zur Vernunft, soweit die Ausführungen Bacons erkennen lassen. Wie die Schlußbemerkung des gesamten „Novum Organum" zeigt, macht er den Sündenfall dafür verantwortlich, daß der Mensch seine Unschuld und die Herrschaft über die Natur verloren hat; beide im Leben wenigstens in etwa wiederzugewinnen, ermöglichen hinsichtlich der verlorenen Unschuld „religio et fides", hinsichtlich der verlorenen Herrschaft „artes et scientiae"[30]. Noch hier, bei der Überwindung der Folgen des Sündenfalles, erscheinen beide Bereiche also getrennt voneinander.

Dabei kann die Herrschaft der Natur zu erwerben nur bedeuten, ihr zu gehorchen[31], eine Haltung, die traditionellerweise gerade im Glauben Gott gegenüber geboten ist. Daß aber die Entdeckung der Natur das für Bacon schlechthin Wesentliche leistet, zeigen die drei wichtigsten Entdeckungen, die Buchdruckerkunst, das Schießpulver und die Magnetnadel; sie haben die Welt mehr gefördert als irgendeine Herrschaft, eine Philosophenschule oder eine Sternkonstellation[32]. Am Unterschied zwischen einer entfalteten Provinz Europas und einer äußerst wilden und barbarischen Region des neuentdeckten Indien – Bacon meint hiermit Südamerika – demonstriert er, daß nur in ersterer das Wort ‚Der Mensch ist für den Menschen Gott' gelten kann[33], nicht aber in letzterer. Mit einer merkwürdigen und nicht ganz durchsichtigen Feststellung schließt Bacon diesen Abschnitt des ersten Teils des „Novum Organum": Das Menschengeschlecht, so der Aufruf Bacons, soll sein Recht auf die „natura", das ihm aus göttlicher Schenkung zusteht, wiedergewinnen, und es wird ihm Fülle gegeben; den (rechten) Gebrauch aber werden die „recta ratio" und die „sana religio" lenken[34]. In etwa verständlich wird diese Nebenordnung von „ratio" und „religio" wohl nur aus dem unmittelbaren Kontext, in dem Bacon auf den Einwand antwortet, statt positiver Ergebnisse sei eine Depravierung von Wissenschaften und Künsten zu Bosheit und Luxus zu befürchten; darauf wendet er kritisch ein, daß alle irdischen Güter, Geist, Tapferkeit u.a.m. und selbst das Licht mißbraucht werden können. Um dies zu vermeiden, scheint er sich nicht auf die „recta ratio" beschränken zu wollen und fügt die hier ausdrücklich so genannte „sana religio" hinzu. Wie letztere den Effekt erzielen kann, der Pervertierung der Wissenschaften und der Künste zu wehren, sagt er nicht. Somit wiederholt sich auch hier das

---

[29] Ebd. 93; 200: „Principium autem sumendum a Deo: hoc nimirum quod agitur, propter excellentem in ipso boni naturam, manifeste a Deo esse, qui author boni et pater luminum est."
[30] Ebd. II 52; 365.
[31] Ebd. I 129; 222: „Naturae enim non imperatur, nisi parendo."
[32] Ebd.; das sich hier findende „secta" wird in der eingangs genannten deutschen Übersetzung von Anton Theobald Brück, aaO. 96, mit „Religion" wiedergegeben.
[33] F. Bacon, Novum Organum, 222: „*hominem homini Deum esse*".
[34] Ebd. 223: „Recuperet modo genus humanum jus suum in naturam quod ei ex dotatione divina competit, et detur ei copia: usum vero recta ratio et sana religio gubernabit."

Problem, daß Bacon einerseits beide Bereiche trennt, andererseits aber auch Beziehungen zwischen ihnen konstatiert.

Über den legitimen Gebrauch der „ratio" angesichts der Theologie

Eine willkommene Präzisierung unserer Erkenntnis über die Einschätzung der „ratio" im Hinblick auf die bzw. im Gefolge der Offenbarung Gottes vermittelt Bacon uns in seinem früh erschienenen Werk über die Erforschung der göttlichen und menschlichen Wirklichkeit, das er fast zwei Jahrzehnte später in einer teilweise erweiterten und überarbeiteten lateinischen Fassung wieder erscheinen ließ[35]. In den ausführlichen Darlegungen beschäftigt er sich mit der gesamten menschlichen Wissenschaft, der Geschichte, der Poesie und der Philosophie gemäß den drei Befähigungen des menschlichen Geistes, Gedächtnis, Phantasie und Vernunft. Nach einer allgemeinen Einführung widmet er sich der Geschichte, der Theologie sowie der Philosophie und hier in einem kurzen Kapitel auch der „Theologia Naturalis", ehe er dann die „Naturalis Philosophia" behandelt. Darauf läßt er die „Philosophia Humanitatis et Civilis" mit weiteren speziellen Themen wie Logik, Rhetorik und Ethik sowie einigen Fragen der Politik folgen. Im abschließenden Buch geht er auf die uns eigentlich interessierende Frage „De legitimo usu Rationis Humanae in Divinis" ein.

In dieser Abhandlung unterstreicht Bacon, wie einleitend schon einmal gesagt, nachhaltig, daß er sich aus der Theologie heraushalten will[36]. Auch behält er selbstverständlich seine Einschätzung bei, daß durch die Betrachtung der Natur nicht die göttlichen Geheimnisse selbst erreicht werden können[37]. Denn man kann aus der Betrachtung der Natur nur zu den sinnlich wahrnehmbaren und materiellen Dinge gelangen; aus der Betrachtung der Schöpfung kann man lediglich im Hinblick auf sie zu einer „scientia", einem Wissen bzw. einer Wissenschaft kommen; im Hinblick auf Gott aber läßt sich allein eine Bewunderung erreichen, die gleichsam eine „abrupta scientia" darstellt[38]. Manche, die sich aus der sinnlichen Erkenntnis zu derjenigen Gottes erheben wollten, fielen statt dessen in Häresie[39]. Doch denen, die aus einem zu großen Wissen eine Neigung zum Atheismus folgen sehen und die Unkenntnis der Zweitursachen für eine Förderung der „pietas" gegenüber der Erstursache und d.h. gegenüber Gott ansehen, tritt Bacon mit der Frage Ijobs entgegen, ob es nötig ist, für Gott zu lügen.

---

[35] F. Bacon, The Proficience and Advancement of Learning Divine and Humane (1605), III 261–491; die erweiterte lateinische Fassung De Dignitate et Augmentis Scientiarum (1623), I 425–837. – Im folgenden wird die lateinische Fassung zugrunde gelegt, die Zitate werden bei einem Wechsel zwischen den beiden Fassungen jeweils nur mit der Kennzeichnung des Bandes I bzw. III angezeigt; bei der lateinischen Fassung wird auch, soweit erforderlich, jeweils das Buch in römischer und das Kapitel in arabischer sowie nach einem Semikolon die Seitenangabe des betreffenden Bandes III genannt.
[36] Vgl. die Inhaltsangabe zu IX 1; I 829.
[37] Ebd. I; 435.
[38] Ebd. 436.
[39] Ebd. in Anspielung auf den Mythos von Ikaros.

Er resümiert, daß in der Philosophie allenfalls die oberflächliche Beschäftigung zum Atheismus, doch das tiefere Durchdringen zur „religio" zu führen vermag[40]. Wohl konzediert er, daß jemand möglicherweise über den Zweitursachen die Erstursache vergessen, daß aber niemand in der Lektüre der Bücher der Schrift wie der Schöpfung, in der Theologie wie der Philosophie zu intensiv voranschreiten kann; man soll sich jedoch hüten, die Wissenschaft zum Schaden statt zur Liebe zu verwenden sowie die getrennten Lehren der Theologie und der Philosophie zu vermischen[41].

Bacon erläutert und präzisiert diese grundlegenden Aussagen bei der Behandlung der „scientia"; er teilt diese auf in Theologie und Philosophie, wobei er erstere noch einmal unterteilt in „Inspirata sive Sacra" und „Naturalis"; nur der Philosophie wendet er sich des näheren zu gemäß dem dreifachen Objekt der Philosophie, nämlich Gott, Natur und Mensch, wobei für Gott neben „Deus" auch „numen" stehen kann[42]. Die Axiome der „Theologia Naturalis", z.B. ‚Etwas aus Nichts machen' oder ‚In Ewigkeit erhalten, was Gott gemacht hat'[43], gehören für Bacon noch in den Bereich natürlicher Erkenntnis; in dem speziellen Kapitel hierzu qualifiziert er die „Theologia Naturalis", die er auch „Philosophia Divina" nennt, als „scientia" bzw. deren Funken, den man durch das Licht der Natur und die Betrachtung der geschaffenen Dinge erhalten kann: Diese Wissenschaft kann also allein deswegen „divina" genannt werden, weil sie sich auf Gott bezieht, während ihr Zustandekommen dem Menschen natürlich ist, weswegen sie auch in den Bereich der Philosophie gehört. Ihre Bedeutung liegt darin, den Atheismus abzuwehren, nicht aber, die „religio" zu begründen[44]. Da-

---

[40] Ebd.; die ganze Stelle zu dieser dritten Regel lautet: „Tertia regula accuratiorem paulo disquisitionem postulat, neque sicco pede praetereunda est. Si quis enim ex rerum sensibilium et materiatarum intuitu tantum luminis assequi speret quantum ad patefaciendam divinam naturam aut voluntatem sufficiet, *nae iste decipitur per inaniam philosophiam*. Etenim contemplatio creaturarum, quantum ad creaturas ipsas, producit scientiam; quantam ad Deum, admirationem tantum, quae est quasi abrupta scientia. Ideoque scitissime dixit quidam Platonicus; *Sensus humanos solem referre, qui quidem revelat terrestrem globum, coelestem vero et stellas obsignat*: sic sensus reserant naturalia, divina occludunt. Atque hinc evenit, nonnullos e doctiorum manipulo in haeresim lapsos esse, quum ceratis sensuum alis innixi ad divina evolare contenderent. Namque eos qui autumant nimiam scientiam inclinare mentem in atheismum, ignorantiamque secundarum causarum pietati erga primam obstetricari, libenter compellarem Jobi quaestione, *An oporteat mentiri pro Deo, et ejus gratia dolum loqui conveniat, ut ipsi gratificemur?* Liquet enim Deum nihil operari ordinarie in natura nisi per secundas causas, cujus diversum credi si vellent, impostura mera esset, quasi in gratiam Dei, et nihil aliud quam authori veritatis immundam mendaci hostiam immolare. Quin potius certissimum est, atque experientia comprobatum, leves gustus in philosophia movere fortasse ad atheismum, sed pleniores haustus ad religionem reducere." Laut Herausgeberanmerkung zu dieser Ausführung liegt hier ein Gedanke vor, den auch Leibniz aufgenommen hat.
[41] Ebd. 436f.
[42] Ebd. III 1; I 539f.
[43] Ebd. 541. Bacon will hier eher bestimmte Überschneidungen von Glaubens- und Wissenssätzen zum Ausdruck bringen, was für uns leichter bei ethisch-politischen Sätzen einzusehen ist, wie etwa bei der Tugend der Caritas.
[44] Ebd. 2; 544: „Diffinitur autem haec, ut sit talis scientia, seu potius scientiae scintilla, qualis de Deo haberi potest per lumen naturae et contemplationem rerum creatarum; et ratione objecti, sane

mit formuliert Bacon eine grundlegende neue Aussage, daß nämlich die „religio" anscheinend nicht mehr auf die Seite der Philosophie (bzw. der Natur), sondern auf die der Offenbarung gehört. Eine solche Zuordnung fand sich bis jetzt in dieser Weise weder bei Bacon noch in der von ihm aufgenommenen Tradition. Bacon stimmt dieser zwar darin zu, es lasse sich mit der natürlichen Vernunft aus der Welt erkennen, daß Gott existiert, daß er allmächtig, weise, gut, daß er anzubeten ist, aber nichts über die Geheimnisse des Glaubens; er fügt auch hier lediglich hinzu, dem Glauben zu geben, was des Glaubens ist; aber die „religionis arcana" lassen sich von der „ratio" nicht adaptieren[45]. Die „Theologia Naturalis" dient lediglich dazu, einen Defekt oder Exzeß zu vermeiden, woraus der „religio" ebenso wie der Philosophie Schaden entsteht, so daß sie eine „religio haeretica" und eine „philosophia phantastica et superstitiosa" hervorbringen.

Im abschließenden Buch dieser Darlegungen, in dem die englische und lateinische Version mehr als sonst im Hinblick auf unser Thema variieren, bestätigt und entfaltet Bacon die vorausgegangenen Aussagen. Er vermeidet auch hier die „Theologia Sacra, sive Inspirata", weil zu ihr zu kommen erfordern würde, aus dem Schiffchen menschlicher Vernunft in das der Kirche umzusteigen, welches allein durch den göttlichen Kompaß auf rechtem Kurs gehalten wird, wie Bacon hier im Bilde sagt: demgegenüber hält er es mit den Sternen der Philosophie[46].

Dieser Trennung von Philosophie und inspirierter Theologie entspricht beim Menschen nach Bacon eine Zuordnung der „fides" zum Willen und der „ratio" zur Vernunft. Somit kann sich der Glaube nicht auf Einsicht, nicht auf die Vernunft stützen. Folglich wächst mit der Größe des Geheimnisses Gottes auch die Größe des Glaubensaktes und der Sieg der „fides"; während die menschliche Vernunft im Wissen von ihrem sinnlichen Wahrnehmungsvermögen einen Impuls erfährt, erhält die Seele im Glauben einen solchen Impuls von der Seele, wie es tautologisch bzw. vielleicht irrtümlich – statt ‚a Deo' – heißt; dabei weist Bacon dem Glauben wohl einen Vorrang zu[47]. Doch darauf einzugehen, fällt unter die Kompetenz der Theologen. Bacon resümiert lediglich, daß die Theologie aus dem Wort und den Orakeln (!) Gottes, nicht aus dem Licht der Natur[48] oder den

---

divina, ratione informationis, naturalis censeri potest. Hujus scientiae limites ita vere signantur, ut ad atheismum confutandum et convincendum, et ad legem naturae informandam, se extendant; ad religionem autem astruendam non proferantur."

[45] Ebd. 545f.

[46] Ebd. IX 1; I 829–838, 829; die Stelle fehlt in der englischen Fassung, III 477.

[47] Ebd. IX 1; I 830; die wichtigsten Passagen dieser Stelle lauten: „Praerogativa Dei totum hominem complectitur; nec minus ad Rationem quam ad Voluntatem Humanam extenditur; ut homo scilicet in universum se abneget, et accedat Deo. Quare, sicut Legi Divinae obedire tenemur, licet reluctetur Voluntas; ita et Verbo Dei fidem habere, licet reluctetur Ratio. Etenim, si ea duntaxat credamus quae sunt rationi nostrae consentanea, rebus assentimur, non authori; quod etiam suspectae fidei testibus praestare solemus ... Quanto igitur mysterium aliquod divinum fuerit magis absonum et incredibile, tanto plus in credendo exhibetur honoris Deo, et fit victoria Fidei nobilior ... Quinetiam, si attente rem perpendamus, dignius quiddam est credere quam scire, qualiter nunc scimus. In scientia enim mens humana patitur a sensu, qui a rebus materiatis resilit; in fide autem anima patitur ab anima; quae est agens dignius."

[48] Das „Lumen Naturae" bestimmt Bacon, ebd. 831, zweifach, erstens „ex sensu, inductione, ra-

Befehlen der „ratio" geschöpft werden muß. Weil aber dieses Licht der Natur nicht klar genug ist, führt es auch nicht zu einer genügenden Erkenntnis. Dazu bedarf es vielmehr nach Bacon auch eines „internus ... instinctus" gemäß dem Gesetz des Gewissens (und nicht nur der Natur)[49]. Bacon folgert, daß die „Religio" sowohl im Hinblick auf die Geheimnisse wie auf die Sitten, d.h. sowohl im Hinblick auf Gott als der Vernunft unzugängliches Geheimnis wie auch im Hinblick auf das Leben des Christen, in dieser Welt gemäß neutestamentlicher Aussagen von der göttlichen Offenbarung abhängt[50].

Doch nach der paulinischen Aussage vom „Rationalis Cultus", die Bacon zitiert[51], gibt es einen vielfältigen Gebrauch der „Ratio Humana" in geistlichen Dingen. Dies demonstriert er am Alten Testament, das sich von den Zeremonien des Götzendienstes und der Magie nachhaltig unterscheidet, und dann an der „Christiana Fides", die sich in der Mitte zwischen den beiden Extremen, den „leges" der Heiden und Mohammeds – wie es hier wohl nicht zufällig heißt – befindet[52]. Die „religio" der Heiden besitzt keinerlei konstante „fides aut confessio", und die Mohammeds läßt keine Disputation, d.h. keine Reflexion zu, während die „Fides Christiana" den Gebrauch der Vernunft und die Disputation sowohl zuläßt als auch zurückweist[53]. Die letzte Feststellung erläutert Bacon nicht mehr; sie spielt darauf an, daß diese „fides" über die Vernunft hinausgeht, ohne daß sie damit das Nachdenken über sich ausschließt[54].

---

tione, argumentis, secundum leges coeli ac terrae" und zweitens „quatenus animae humanae interno affulget instinctu, secundum legem conscientiae; quae scintilla quaedam est, et tanquam reliquiae, pristinae et primitivae puritatis".

[49] Ebd. 831; dieses „secundum legem conscientiae" interpretiert Bacon in einer merkwürdigen Weise als „scintilla quaedam".

[50] Ebd.: „Quare Religio, sive mysteria spectes sive mores, pendet ex Revelatione Divina."

[51] Ebd. 831f mit Verweis auf Röm 12,1, wo es „λογικὴ λατρεία" heißt.

[52] Ebd. 832, s. den Text in der folgenden Anm.; die englische Fassung III 479 stellt hier in singulärer Formulierung „the law of the Heathen and the law of Mahumet" gegenüber und nimmt damit noch deutlicher den alten Sprachgebrauch auf, in dem „lex" allein eine übergeordnete Funktion übernehmen konnte.

[53] Ebd. IX 1; I 832; die ganze Stelle, 831f, lautet: „Attamen usus Rationis Humanae in spiritualibus multiplex sane existit, ac late admodum patet. Neque enim sine causa est, quod Apostolus Religionem appellaverit *Rationalem Cultum Dei.* Recordetur quis caeremonias et typos veteris legis; fuerunt illae rationales et significativae, longe discrepantes a caeremoniis idolatriae et magiae; quae tanquam surdae et mutae erant, nihil docentes plerunque, imo ne innuentes quidem. Praecipue Christiana Fides, ut in omnibus, sic in hoc ipso eminet; quod auream servet mediocritatem circa usum Rationis et Disputationis (quae Rationis proles est) inter leges Ethnicorum et Mahometi, quae extrema sectantur. Religio siquidem Ethnicorum fidei aut confessionis constantis nihil habebat; contra, in religione Mahometi, omnis disputatio interdicta est; ita ut altera erroris vagi et multiplicis, altera vafrae cujusdam et cautae imposturae, faciem prae se ferat; cum sancta Fides Christiana Rationis usum et Disputationem (sed secundum debitos fines) et recipiat et rejiciat." – Die „fides" bleibt also für die Christen reserviert.

[54] Vgl. dazu im folgenden die Aufnahme der Nicodemus-Frage, wie ein alter Mensch noch einmal wiedergeboren werden kann, ebd. 833, die im Anschluß an den in der folgenden Anmerkung zitierten Text erwähnt wird.

Nachdem Bacon zuvor von einem vielfältigen Gebrauch der Vernunft in geistlichen Dingen gesprochen hatte, nennt und expliziert er nun zwei Weisen dieses Gebrauchs im Hinblick auf die „Religio", einmal die Darstellung des Geheimnisses, damit es möglichst gut aufgenommen werden kann, und dann die Schlüsse, die aus ihm abgeleitet werden. Vor allem hierzu fügt Bacon Erläuterungen an: Die Artikel und Prinzipien der „religio" liegen bereits vor und sind einer Prüfung der Vernunft enthoben, was in den natürlichen Dingen nicht der Fall ist; doch dann weicht Bacon von dieser Aussage ab, indem er zwar weiterhin die ersten Prinzipien der „Religio" in sich selbst begründet sein läßt, nun aber nicht nur Regeln von Spielen, sondern auch menschliche Gesetze, Maximen, wie er mit der Tradition sagt, auf Autorität und nicht auf die eigene Vernunft gegründet sieht. Diesen Sachverhalt bezeichnet Bacon mit dem höchst überraschenden Terminus „Secundaria ... Ratio", die zu einer „Divina quaedam Dialectica" führt[55].

Die folgenden Hinweise über die Einheit, die sich in der „pax Ecclesiae" (und nicht etwa ‚pax religionis') zeigen müssen, können hier auf sich beruhen bleiben; für uns ist von Bedeutung, daß Bacon an dieser Stelle Paulus zitiert (Eph 4,5): „Una Fides, Unum Baptisma", und dagegen absetzt, was dort nicht steht, nämlich „Unus Ritus, una Opinio"[56].

Die frühere englische Fassung geht besonders in folgendem über die lateinische hinaus[57]: Schon bei Reflexionen über die Schrift unterscheidet Bacon diese

---

[55] Ebd. 832f; entsprechend kennt Bacon einen „usus rationis et ratiocinationis (quoad mysteria) secundarius quidam et respectivus, non primitivus et absolutus". Die wichtigste Aussage hier lautet: „Postquam enim Articuli et Principia Religionis jam in sedibus suis fuerint locata, ita ut a rationis examine penitus eximantur, tum demum conceditur ab illis Illationes derivare ac deducere, secundum analogiam ipsorum. In rebus quidem naturalibus hoc non tenet. Nam et ipsa principia examini subjiciuntur; per Inductionem (inquam) licet minime per Syllogismum ... Aliter fit in Religione; ubi et primae propositiones authypostatae sunt, atque per se subsistentes; et rursus non reguntur ab illa Ratione quae propositiones consequentes deducit. Neque tamen hoc fit in Religione sola, sed etiam in aliis scientiis, tam gravioribus quam levioribus; ubi scilicet propositiones primariae Placita sint, non Posita; siquidem et in illis rationis usus absolutus esse non potest. Videmus enim in ludis, puta schaccorum, aut similibus, primas ludi normas et leges mere positivas esse et ad placitum; quas recipi, non in disputationem vocari, prorsus oporteat; ut vero vincas, et perite lusum instituas, id artificiosum est et rationale. Eodem modo fit et in legibus humanis; in quibus haud paucae sunt *Maximae* (ut loquuntur), hoc est, Placita mera Juris, quae authoritate magis quam ratione nituntur, neque in disceptationem veniunt. Quid vero sit justissimum, non absolute, sed relative (hoc est, ex analogia illarum Maximarum), id demum rationale est, et latum disputationi campum praebet. Talis igitur est Secundaria illa Ratio, quae in Theologia Sacra locum habet; quae scilicet fundata est super Placita Dei."

[56] Ebd. 834, mit anschließenden Hinweisen auf die Schrift. Anläßlich der Aussagen über die verschiedenen Arten, die Schrift zu erklären, weist Bacon jene zurück, die in der Schrift eine Vollkommenheit gegeben sieht, so daß aus ihrer Fülle jede Philosophie schöpfen muß; diesen Fehler sieht er in der Schule des Paracelsus sowie der Rabbinen und Kabbalisten gegeben; dazu kommentiert Bacon, 835: „Quemadmodum enim Theologiam in Philosophia quaerere, perinde est ac si vivos quaeras inter mortuos; ita e contra Philosophiam in Theologia quaerere, non aliud est quam mortuos quaerere inter vivos."

[57] Nur zu verweisen ist zudem darauf, daß Bacon vor Kontroversen warnt, die oft nicht auf dem Geoffenbarten beruhen, sondern auf dessen Ableitungen, vgl. III 481; sodann nennt er Punkte der „religion", die für sie fundamental sind, 482: „Unto the sufficiency of the information belong two

von allen anderen Büchern, weil sie die Geheimnisse des Herzens und den Verlauf der Zeit, der Geschichte berührt[58].

In diesem Zusammenhang differenziert Bacon noch einmal eine zweifache Weise der Bestimmung durch die Gottheit, nämlich einmal die Wirklichkeit des Glaubens und der Wahrheit der Überzeugungen sowie zum anderen die Wirklichkeit des Dienstes und der Verehrung; erstere nennt er dann „the internal soul of religion" und letztere „the external body thereof"[59]. Hiermit findet sich in unseren Untersuchungen im Zusammenhang mit der „religion" ein früher Beleg für eine so ausdrückliche Verbindung und Unterscheidung von Innerem und Äußerem, von Seele und Körper. Dieser Konzeption gebührt folglich besondere Aufmerksamkeit. Es liegt auf der Hand, daß sie der klassisch-lateinischen Bedeutung von „religio", die bis zur Zeit Bacons Wirksamkeit besitzt[60], nicht entspricht. Dies gilt selbst dann, wenn in der christlichen Rezeption der „religio" natürlich nicht unbekannt war, daß die Überzeugung hinzukommen muß, sollen Vollzüge der Gottesverehrung nicht umsonst sein; daß dem so ist, wurde aber nicht mit einer solchen Unterscheidung eines doppelten Aspekts der „religio" selbst zum Ausdruck gebracht, sondern mit einem Verweis auf die Prophetenaussage im Alten Testament über das neue Herz, das Gott statt des steinernen geben will. Sachlich nimmt Bacon diese Vorstellung auf, wenn er im gleichen Zusammenhang die heidnische „religio" nicht nur als Verehrung von Götzenbildern, sondern selbst als Götzendienst bezeichnet, da sie keine Seele besitzt, während die Götter keine Götter sind, so daß sie folglich auch nicht auf die Reinheit des Herzens achten, sondern zufrieden sind, wenn ihnen nur äußere Ehren und Riten zuteil werden[61].

Wenn Bacon dann vier Zweige der „divinity" folgen läßt – „Faith, Manners, Liturgy, and Government"[62] –, so interessiert uns speziell der Glaube. Bacon rechnet zu seinen Inhalten die Trinität sowie die Schöpfung und Erlösung, die sich sowohl auf die Trinität wie auf jede einzelne göttliche Person beziehen. Einen Zusammenhang zwischen „faith" und „religion" stellt er jedoch nicht her.

---

considerations; what points of religion are fundamental, and what perfective, being matter of further building and perfection upon one and the same foundation; and again, how the gradations of light according to the dispensation of times are material to the sufficiency of belief." – Hier heißt es schließlich „belief", nicht ‚religion'.

[58] Ebd. 486: *„the secrets of the heart, and the successions of time"*.
[59] Ebd. 488.
[60] Vgl. bes. Francisco de Suárez.
[61] F. Bacon, The Proficience and Advancement of Learning Divine and Humane; III 488: „The matter informed by divinity is of two kinds; matter of belief and truth of opinion, and matter of service and adoration; which is also judged and directed by the former; the one being as the internal soul of religion, and the other as the external body thereof. And therefore the heathen religion was not only a worship of idols, but the whole religion was an idol in itself; for it had no soul, that is, no certainty of belief or confession; as a man may well think, considering the chief doctors of their church were the poets; and the reason was, because the heathen gods were no jealous gods, but were glad to be admitted into part, as they had reason. Neither did they respect the pureness of heart, so they might have external honour and rites."
[62] Ebd. 488–490.

Es läßt sich lediglich erschließen, daß er „religion" für umfassend hält, da der Glaube von ihr miteingeschlossen wird. Überdies behandelt er noch ihre Fehlformen, nämlich „atheism" mit seinen drei Spielarten „Heresis, Idolatry, and Witchcraft". Als Häresie bezeichnet er, dem wahren Gott mit einer falschen Verehrung zu dienen, als Götzendienst, falsche Götter zu verehren in der irrigen Annahme, sie seien die wahren, und als Hexerei, falsche Götter anzubeten im Wissen, daß sie falsch sind. Da auch diese Destruktionen jeweils das Ganze umfassen, darf geschlossen werden, daß mit „religion" auch alles, was zum Christlichen gehört, umfaßt wird.

Die „Religio" nennt Bacon dann noch einmal am Schluß der lateinischen Fassung: Während er in der englischen nur kurz sagt, der Wert seines Buches, sofern es ihn gebe, liege darin, daß er es zur Ehre zunächst Gottes und dann des Königs verfaßt habe[63], wendet er sich in der lateinischen Fassung nur an Gott, den er inständig bittet, daß diese und ähnliche Opfergaben des menschlichen Geistes, durch die „Religio" wie durch Salz besprengt und seiner Ehre geopfert, gnädige Annahme finden[64]. In dieser für die europäischen Gebildeten bestimmten Version bezieht sich Bacon also noch einmal auf die „religio", die seinen Überlegungen gleichsam wie das Salz Würze und wohl auch Haltbarkeit[65] geben soll.

Das Verständnis von „religio" bei Bacon

Die bisher dargelegten Ausführungen Bacons sowie ein Blick in andere Werke ergibt, daß er uneingeschränkt an der Existenz Gottes festhält, so daß ihn der diesbezügliche Tadel der Enzyklopädisten nicht zu Unrecht trifft. Wie in seinen „Essays" noch einmal deutlich wird, bleibt er nämlich nicht nur bei der Annahme Gottes, insofern eine unbedeutende Philosophie zum Atheismus, eine tiefe aber zur „religion" führt[66], vielmehr sieht er durch Gott die Würde des Menschen nicht beeinträchtigt, sondern gesteigert; wäre der Mensch ohne Gott doch eher dem Tier verwandt, so wird er durch Gott mit einer Kraft und einem Glauben ausgestattet, den die menschliche Natur aus sich nicht erreichen kann[67]. Als Funktion billigt er hier der „religion" zu, das hauptsächliche Band der menschlichen Gesellschaft zu sein; er differenziert dann, daß es hierüber bei den Heiden keine Schwierigkeit gibt, weil bei ihnen die „religion" mehr in Riten und Zeremonien statt in einem konstanten Glauben besteht[68]. Aber da der treue Gott zu-

---

[63] Ebd. 491.
[64] Ebd. IX 1; I 837.
[65] Dies läßt sich aus dem Vorausgegangenen schließen.
[66] F. Bacon, Essays, 16; VI 413.
[67] Ebd. 414f: „They that deny a God destroy man's nobility; for certainly man is of kin to the beasts by his body; and, if he be not of kin to God by his spirit, he is a base and ignoble creature. It destroys likewise magnanimity, and the raising of human nature ... So man, when he resteth and assureth himself upon divine protection and favour, gathereth a force and faith which human nature in itself could not obtain."
[68] Ebd. 3; VI 381: „The reason was, because the religion of the heathen consisted rather in rites and ceremonies, than in a constant belief."

gleich ein eifernder Gott ist, läßt dessen Verehrung und „religion" keine Mischung zu[69].

An dieser Stelle zeigt sich ein wichtiger Hinweis für das Verständnis von „religion". Denn wenn Bacon verschiedentlich ihr eine besondere Bedeutung zumißt, wenn er diesen Terminus vielfach als Oberbegriff für alle Haltungen und Handlungen Gott gegenüber verwendet, so gibt es doch auch die Nebenordnung zu anderen, hier zu „Worship". Anderwärts stellt er „fides et religio"[70] nebeneinander; auch kann er zwischen „pietas" und „religio" wechseln[71]. Nicht von ungefähr nimmt er beide mit dem bekannten Cicero-Zitat auf, in dem dieser die Überlegenheit der Römer über die anderen Völker an ihrer „pietas, ac religio" festgemacht hat[72].

Daß daneben auch andere Ausdrücke Verwendung finden, zeigt die Nebenordnung von „piety" und „wisdom"[73] bzw. „devotion"[74].

Nur extrem selten verwendet Bacon merkwürdigerweise den präzisierten Ausdruck „religio christiana"[75]. Freilich, wenn auch gleichfalls extrem selten, kann er auch „religion of the Turk"[76] oder „religion of Mahumet"[77] sagen; daß es sich aber hier nicht um eine solche handelt, zeigt schon die Formulierung „su-

---

[69] Ebd.: „But the true God hath this attribute, that he is a *jealous God*; and therefore his worship and religion will endure no mixture nor partner."

[70] Hier und im folgenden werden nur noch die Bände und Seiten notiert; I 197, 469, englisch III 300, 382, 442.

[71] Ebd. I 436.

[72] Ebd. VI 415; das Cicero-Zitat lautet: „*Quam volumus licet, patres conscripti, nos amemus, tamen nec numero Hispanos, nec robore Gallos, nec calliditate Poenos, nec artibus Graecos, nec denique hoc ipso hujus gentis et terrae domestico nativoque sensu Italos ipsos et Latinos; sed pietate, ac religione, atque hac una sapientia, quod Deorum immortalium numine omnia regi gubernarique perspeximus, omnes gentes nationesque superavimus*".

[73] Ebd. III 482.

[74] Ebd. III 300.

[75] Ebd. I 196, siehe auch oben; gelegentlich auch „fides Christiana", I 468, englisch III 300, 419.

[76] F. Bacon, Of the Interpretation of Nature, 25; III 251; die instruktive Stelle lautet: „Of the impediments which have been in the state of heathen religion and other superstitions and errors of religion. And that in the true religion there hath not nor is any impediment, except it be by accident or intermixture of humour. That a religion which consisteth in rites and forms of adoration, and not in confessions and beliefs, is adverse to knowledge; because men having liberty to inquire and discourse of Theology at pleasure, it cometh to pass that all inquisition of nature endeth and limiteth itself in such metaphysical or theological discourse; whereas if men's wits be shut out of that port, it turneth them again to discover, and so to seek reason of reason more deeply. And that such was the religion of the Heathen. That a religion that is jealous of the variety of learning, discourse, opinions, and sects, (as misdoubting it may shake the foundations,) or that cherisheth devotion upon simplicity and ignorance, as ascribing ordinary effects to the immediate working of God, is adverse to knowledge. That such is the religion of the Turk, and such hath been the abuse of Christian religion at some several times, and in some several factions. And of the singular advantage which the Christian religion hath towards the furtherance of true knowledge, in that it excludeth and interdicteth human reason, whether by interpretation or anticipation, from examining or discussing of the mysteries and principles of faith."

[77] Ebd. III 479.

perstitio Mahumeti"[78]. Ein für frühere Zeiten nicht gängiger Terminus zeigt den gleichen Sachverhalt, nämlich „religio haeretica"[79].

Besondere Aufmerksamkeit verdient aber, was in den umfangreichen Texten, die geprüft werden konnten, fehlt. Nirgends war der Plural ‚religiones' bzw. ‚religions' zu finden. Noch dort, wo er als Ursachen für den Atheismus die Teilungen nennt, spricht er nur von „divisions in religion"[80]. Hier also wird die jeweils eine Verehrung Gottes getrennt, aber sprachlich mindestens nicht so, daß dadurch verschiedene entstehen, sondern letztlich nichts anderes als eben Atheismus.

Sodann muß verwundern, daß in den umfangreichen geprüften Partien nirgendwo von ‚religio naturalis' die Rede war. Einzig ein Beleg ließ sich finden für „natural piety"[81]. Dieses Fehlen erscheint besonders beachtenswert angesichts des Sachverhalts, daß Bacon außerordentlichen Wert auf die „Philosophia Naturalis" legt, daß er sehr wohl eine „Theologia Naturalis" anspricht und auf diesen Bereich sein überwiegendes, ja fast ausschließliches Interesse richtet. Wenn gleichwohl nirgends ‚religio naturalis' steht, so ist auch dies ein Beleg dafür, daß Bacon eben nur eine einzige „religio" kennt als den einen Grundvollzug sorgfältiger Beachtung dessen, was Gott erwiesen werden muß, und dies sehr wohl auch schon aufgrund menschlicher Vernunft. Was also unsere besondere Fragestellung angeht, erweist sich Bacon noch nicht als ein Wegbereiter einer neuzeitlichen Konzeption.

Das Augenmerk Bacons liegt aber in einer anderen Richtung, nämlich auf der Erkenntnis der Natur. Doch schon bei ihm impliziert diese eine besondere Auszeichnung des Menschen selbst; nicht umsonst findet sich bei Bacon jenes später so berühmte *„hominem homini Deum esse"*[82], das dann von Thomas Hobbes in seiner gegenteiligen Version konterkariert und bei Ludwig Feuerbach in seiner anthropologischen gewendeten Bedeutung wiederaufgenommen worden ist.

Für unser Thema stellt Bacon nach gegenwärtigem Wissen insofern einen wichtigen Wendepunkt dar, als er die „religio" in der Offenbarung verwurzelt sein läßt. Ob als Konsequenz daraus oder als Voraussetzung dazu die scharfe Trennung von inspirierter Theologie und Philosophie erfolgt, bleibt unerheblich. Beides mag der Fall sein, beides läuft schließlich auf dasselbe hinaus. Gerade deswegen aber müssen jene Aspekte nachdenklich stimmen, die Bacons Trennung bei ihm selbst mißlingen lassen. So sehr er nämlich beide auseinanderzuhalten versucht, so wenig bleibt die „religio" strikt getrennt vom gesamtmenschlichen Bereich und hiermit auch von dem der „ratio". Man würde Bacon Unrecht tun, dies nur für einen Mangel oder nur für eine Konsequenz der Tatsa-

---

[78] Ebd. III 18, 602.
[79] Ebd. I 176 u.o., VI 675.
[80] Ebd. VI 414.
[81] Ebd. VI 415. Angemerkt sei nur, daß Bacon verschiedentlich von „secta" spricht, den Terminus aber kaum eindeutig negativ verwendet, wenn er beteuert, er wolle keine ganz neue „secta" gründen, so in: Novum Organum, I 117; 212; vgl. auch I 44; 164, 61f; 172f, sowie 129; 222, s. dazu o. Anm. 32.
[82] F. Bacon, Novum Organum, I 129; I 222.

che halten, daß er sich noch mit einer solchen Trennung am Anfang befindet. Vielmehr dürfte hier zum Tragen kommen, daß sich eine solche Trennung letztlich nicht realisieren läßt. Nicht von ungefähr wechselt Bacon an entscheidenden Abschnitten von „religion" zu „belief". Und schließlich lassen sich „belief" und „faith" nicht einfach von der Vernunft, dem Denken, und sei es ein Nachdenken über den Glauben, trennen.

Tommaso Campanella

Mit Tommaso Campanella (1568–1639)[1] wenden wir uns wieder einem Autor zu, der in besonderer Weise durch die Wirren und Probleme des ausgehenden 16. und beginnenden 17. Jahrhunderts betroffen wurde. Da er wesentlich durch den Einfluß der Naturphilosophie die tradierten Grenzen der Theologie überschritt, geriet er nämlich wie wenige sonst in die Mühlen damaliger Justiz, und dies nicht nur aus theologischen, sondern auch aus politischen Anschuldigungen. Wohl gelang es ihm im Unterschied etwa zu seinem Ordensbruder Giordano Bruno (1548–1600), sein Leben zu retten.

Früh durch einige, meist verlorene Schriften bekannt geworden, erreicht Campanella eine gewisse Bedeutung durch sein prophetisch-chiliastisches Bemühen in den Wirren um eine Befreiung Süditaliens von der spanischen Herrschaft. Hierzu hat er eher historisch ausgerichtete und vielleicht mit politischem Kalkül den Spaniern gegenüber verfaßte Arbeiten vorgelegt, die in unserem Zusammenhang außer acht bleiben müssen. In die Nähe dieser Schriften gehört auch die 1602 konzipierte Schrift „La Città del Sole", die später umgearbeitet, ins Lateinische übertragen und 1623 erstmals veröffentlicht wurde. Sie spricht abschließend kurz auch „religio" und „fides" der Bewohner des Sonnenstaates an, ohne jedoch spezifische Aussagen zu formulieren[2].

---

[1] Tommaso Campanella aus Kalabrien, seit 1583 Dominikaner, wurde während seiner Studien nachhaltig von Bernardino Telesio (1508–1588) beeinflußt; in der Folge verhielt er sich kritisch zum gängigen Aristotelismus. In mehrere Prozesse verwickelt, wurde er 1599 gefangen genommen und 1602 zu lebenslänglicher Haft verurteilt. Nach zunächst schweren Folterungen befand er sich später in mildem Gewahrsam. 1626 kam er durch Papst Urban VIII. frei. Weiteren Schwierigkeiten entzog er sich 1634 durch die Flucht nach Frankreich, zuerst nach Aix und später nach Paris, wo er die Gunst des Hofes erlangte. – Vgl. dazu Klaus J. Heinisch, in: Der utopische Staat. Morus, Utopia; Campanella, Sonnenstaat; Bacon, Neu-Atlantis, hg. von dems. (= Rowohlts Klassiker der Literatur und der Wissenschaft, Philosophie des Humanismus und der Renaissance 3), Reinbek 1966, 224–226.

[2] Vgl. Thomas Campanella, Appendix Politica Civitas Solis Idea Reipublicae Philosophicae; in: Realis Philosophiae epilogisticae Partes quatuor, Francofurti MDCXXIII, 415–464, wo Campanella parallel „Religio" und „fides" sagt, 451, also nicht alle Ausführungen unter ersteren Terminus subsumiert; er beschreibt dann zunächst das Beichten, anschließend das Opfer zur Entsühnung der Schuld, sodann Aspekte des Glaubens, insbesondere der Verehrung von Sonne und Sternen, weist dann auf astronomische Sachverhalte hin, auf physische und metaphysische, unter denen er Gott als Herrn sowie die erstaunliche Anbetung Gottes als den Dreifaltigen nennt, bis er dann über den Menschen sagt, er müsse sich ganz der „Religio" hingeben, 460; hier findet sich auch „Religio Christia-

Einschlägige Beiträge zu unserem Thema finden sich hingegen in Campanellas Werken „Atheismus Triumphatus" und „Metaphysica". Es hat den Anschein, daß er beide Bücher nebeneinander bearbeitet hat, jedenfalls weist er in dem 1636 erstmals gedruckten apologetischen „Atheismus Triumphatus" häufig auf seine Metaphysik hin, die dann aber erst 1638 erschien. Im folgenden soll zunächst die früher erschienene Arbeit behandelt werden, die zugleich den wichtigsten Beitrag zu unserem Thema enthält.

Mit dem Titel dieser apologetischen Schrift „Atheismus Triumphatus" drückt Campanella ebenso einen hohen Anspruch wie eine entsprechende Überzeugung von der Überlegenheit des Glaubens an Gott aus, wenn er einen solchen Sieg über den Atheismus annimmt, der zu einem Triumphzug berechtigt. Für seine Argumentationen geht er von den „scientiae" und damit von der allen Menschen gemeinsamen Vernunft aus. Von hierher sucht er nach der „Religio", die allen Nationen „communißima" ist[3]. Fundament seiner Argumentation ist die Annahme der Existenz Gottes; die allenthalben im „universum" zu findende Vernunft führt zu dem sicheren Schluß auf die „prima Ratio"[4]. Auch die Schöpfung gehört in den Bereich dessen, was menschliche Erkenntnis erreichen kann[5]. Wie schon bei früheren Autoren, so nimmt auch bei Campanella die Unsterblichkeit der Seele einen wichtigen Platz ein[6].

Nach diesen grundlegenden Ausführungen wendet Campanella sich der „Religio communis" zu, als deren Realisierung er die „Christiana lex" erweisen will[7]. Diese Position gilt es dann insbesondere gegen die „Mahometti lex"[8], die „lex Haebraica"[9] sowie die „Religio Gentilium"[10] zu verteidigen. Schließlich erweist Campanella den äußeren „Cultus" der Christen als den rechten nach[11] sowie Christus als den von Gott Gesandten[12], wofür nicht zuletzt die Wunder sprechen[13]. Umfangreiche Argumentationen gegen Machiavelli beschließen dann seine Ausführungen[14]. Bemerkenswert bleibt hier die Verwendung von „lex".

---

na". Insgesamt sind die inhaltlichen Ausführungen zwar aufschlußreich, nicht aber für den Terminus „religio".

[3] Tommaso Campanella, Atheismus Triumphatus, Seu Reductio ad Religionem per Scientiarum veritates. Contra Antichristianismum Achitophellisticum, Parisiis MDCXXXVI, cap. 3; 23. – Im folgenden werden zunächst, soweit erforderlich, die Kapitel und nach einem Semikolon die Seitenzahlen in arabischen Ziffern angegeben.

[4] Ebd. 2; 33.
[5] Vgl. bes. 4; 38ff.
[6] Ebd. 7; 57ff.
[7] Ebd. 9; 94ff bzw. 10; 104ff.
[8] Ebd. 11; 149ff.
[9] Ebd. 152ff.
[10] Ebd. 154ff.
[11] Ebd. 12; 171ff.
[12] Ebd. 13; 182ff.
[13] Ebd. 16; 210ff.
[14] Bes. ebd. 18; 226ff.

Mit seinen Themen bleibt Campanella durchaus im Rahmen bisheriger Apologien; man hat nicht den Eindruck besonderer Neuerungen. Zu Beginn dieses Buches nimmt er denn auch den üblichen Sprachgebrauch auf: Er nennt viele „religiones", die er alle untersucht hat[15], eine wohl etwas reichlich verallgemeinerte Aussage. Bei dieser Unternehmung hat er festgestellt, daß aus verschiedenen Gründen – etwa auf das Zeugnis falscher Propheten hin – eine große Menge verschiedener Überzeugungen entstanden ist, daß angesichts dieses Sachverhalts viele ihrer „natiua Religio" anhängen, was an den jeweiligen Verhältnissen liegt[16], und daß andere aus dieser Vielfalt den entgegengesetzten Schluß ziehen, es gebe keine „Religio secundum naturam", sondern nur eine solche, die Interessen der Herrschaft, der Übereinkunft oder listiger bzw. weiser Erfindung entstammt[17]. Gibt es somit „Religiones" im Plural, so hält Campanella sie gleichwohl nicht durchgängig für berechtigt; es gibt vielmehr Fehlformen, bei denen es sich nicht um „Religio" bzw. „Amor", sondern um „Hyprocrisis et Impietas" handelt[18]. So kann es nicht überraschen, daß auch er sehr wohl von einer „Religio" im Singular als der „vera" spricht[19] und diese selbstverständlich in der „Christiana Religio"[20] gegeben sieht. Daß dabei der Sprachgebrauch nicht sehr präzise bleibt, zeigt Campanella in Formulierungen wie „Religio Jouis, et Apollinis"[21]. Doch gerade in der Kritik hierzu will er zeigen, daß seit Anbeginn der Welt eine „vera Religio" besteht, dergegenüber die anderen „superstitiones" darstellen[22]. Gegen den Einwand, vielfach handle es sich um eine erfundene „Religio", setzt er die Auffassung von jener „Religio", die bei allen Völkern „de iure naturae, et diuino instinctu" existiert[23]. In der Exposition seines Themas bleibt er somit in der Terminologie seiner Zeit, wenn er zwar nicht völlig konsequent, wohl aber grundsätzlich nur von einer einzigen „Religio" spricht und diese nur

---

[15] Ebd. 1; 1: „Ego Intellectus humanus omnes examinaui Religiones in rerum vniuersitate, et proprias et rationales, et improprias et naturales apud homines, et belluas et plantas et apud Angelos, et stellas, et mundum, communi praeeunte ratione, sensatisque experimentis". Diese aufschlußreiche Nennung der verschiedenen untersuchten Bereiche, nämlich auch Pflanzen und Tiere, hat für das Verständnis von „Religio" eine spezifische Bedeutung, wie sich noch zeigen wird.

[16] Ebd. 2.

[17] Ebd. 3: „Alij autem nullam credunt esse Religionem secundum naturam, sed secundum artem tantum regnandi, et conuiuendi; atque inuentionem astutorum, et prudentum; ac vere Deum non esse, vel res humanas nil curare; vel mundi partem aliam casu, aliam vero ratione regi; et vnumquemque debere seipsum exaltare quod potest perfas et nefas, sicuti et bestiis accidit". Vgl. noch einmal, 5, den Hinweis auf das Interesse an der „Religio" im Hinblick auf den politischen Bereich.

[18] Ebd. 2; 7, vgl. 8.

[19] Ebd. 9b; vgl. dazu vor allem auch u.mit Anm. 33 und 62–68; aufschlußreich erscheint, daß Campanella, 8b, von „Sectarum et Religionis varietas" spricht, wobei er auch hier „Religio" nur im Singular verwendet.

[20] Ebd. 9b, vgl. 17a.

[21] Ebd. 10a, hier schließt er dann einfach adjektivisch auch noch „Mahomettana" und „Hebraica" an.

[22] Ebd. 10b: „Ostendo etiam vnam esse ab initio Mundi veram Religionem, minus magisue pro temporibus explicitam. caeteras vero superstitiones, in quo diuinae Rationi, quae Christus est aduersantur." Vgl. auch 21 den 20. Einwand.

[23] Ebd. 17a–18b.

bei den Christen verwirklicht sieht; dazu paßt, daß er in der Eröffnung seines Themas „fides" vor allem für die Christen verwendet[24].

Es war schon die Rede davon, daß Campanella die Existenz der „prima sapientia"[25], d. h. Gottes nachweist[26], dessen Weisheit mit der „ratio" unbezweifelbar erkannt werden kann, welche das „Universum" durchmustert hat[27]. Wenn er jedoch in der Überschrift des diesbezüglichen Kapitels die „religio" als allen Völkern „communißima ... ideoque naturalis" bezeichnet[28], so spielt diese in den Ausführungen keine Rolle. Dies gilt auch für die weiteren Erörterungen über Gott, der für alle Seienden sorgt[29], wodurch Zufall oder Schicksal ausgeschlossen wird, und der nur einer ist,[30] auf den das Böse nicht zurückgeführt werden kann[31].

Erst bei der Behandlung der Unsterblichkeit der Seele kommt Campanella des näheren auf unser Thema zu sprechen. Hier nimmt er den eingangs schon angedeuteten Einwand wieder auf, auch die Tiere hätten eine „Religio"[32]. Er differenziert diese Annahme dahingehend, daß die Tiere in Entsprechung zu einem schattenhaften sinnlichen, freilich noch nicht geistigen „discursus" auch gleichsam eine „Religio naturalis" besäßen; es kann sich, wie die Randglosse ausdrücklich besagt, nur um eine metaphorische Verwendung des Terminus „religio" gegenüber der „vera Religio" handeln[33]. Als wesentliche Differenz hebt er hervor, daß dem Menschen nicht ein sterbliches, sondern unsterbliches Leben eignet. Deswegen gibt es auch Menschen, die ihr ganzes Leben der „Religio, et

---

[24] Ebd. 6f, 9b, 10a und b, hier auch ausdrücklich „fides Christiana", 17b auch „fides Catholica"; hier findet sich allerdings auch „Fidei falsitas" im Zusammenhang mit den „Macchiavellistae".

[25] Ebd. 3; 24.

[26] Ebd. 27.

[27] Vgl. ebd. 33.

[28] Ebd. 23; die ganze Kapitelüberschrift lautet: „Tutißima via perueniendi ad primam Rationem diuinam; eiusque mirabilem prouidentiam, dignißimam honore: Quae est Religio, communißima cunctis Nationibus, ideoque naturalis; quoniam de iure naturae, et secundum naturam: vtque confestim increduli Politici conuincantur".

[29] Ebd. 4; 38ff.

[30] Ebd. 5; 42ff.

[31] Ebd. 6; 47ff.

[32] Ebd. 2; 16; hier auch das Folgende im Text.

[33] Ebd. 6, 62; vgl. 63 die Redeweise von einer „Religio, vmbratilis" im Hinblick auf die Bienen und die ausdrückliche Begrenzung dieser „vmbratilis religio" auf dieses gegenwärtige Leben; vgl. auch die Rede von einer „Religionis elephanticae analogia", 64. Hierzu sagt Campanella, 65: „Religio analogica ergo bestiarum est seruire creaturis, melioribus se, a quibus mortalia consequuntur bona. Hominis vero Creatori, a quo etiam immortalem sperat faelicitatem..." (Der Text bringt hier irrtümlich „aualogica"; die Verwechslung von „u" und „n" ist in diesem Druck häufig). Verschiedentlich findet sich die aus damaligen Vorstellungen resultierende Aussage, daß die Elefanten in ihrer nur analogen „Religio" die „Luna" lieben bzw. vor ihr niederknien und die Bienen für das „Solis beneficium" danken, vgl. etwa 63 u. ö. - Vgl. jedoch die Aussage „Elephanto beluarum nulla prudentior" bei Cicero, De natura deorum I 97, vgl. 35, ähnlich Plinius, Naturalis Historia, VIII 1, 1–3; 5, 13; ferner Plutarch und Aelian sowie die Feststellung, daß kein Wesen größere Verehrung für die Gottheit hegt als die Elefanten, die also eine Kenntnis der Gottheit haben müssen, bei Origenes, Contra Celsum IV 88. Diesen Hinweis verdanke ich Dr. Paul Kübel, München.

contemplatio" widmen. Dem entspricht, daß als „Religionis praemia" nicht zeitliche, sondern nur ewige Güter genügen[34].

„Religio quadruplex"

Gegen die These, angesichts der Menge falscher „Religiones" könnten überhaupt alle falsch sein[35], verteidigt Campanella die „Religio", die er in der Kapitelüberschrift wiederum „Religio communis" nennt[36]. Mit diesem Terminus, der sich bereits bei Marsilio Ficino findet[37], nimmt er ebenso ein tradiertes Moment auf wie mit der in ihr genannten Spezifikation, daß sie die „potißima iustitiae pars" darstellt[38]. Es kann nicht verwundern, daß Campanella auch dieses Tugendschema kennt und hier ausdrücklich nennt, freilich, ohne daß es noch einmal eine besondere Bedeutung bekommt. Es wird sich sofort zeigen, daß er sachlich diese tradierte Zuordnung der „Religio" auch nicht mehr aufrechterhält.

Doch dann führt Campanella eine völlig neue Unterscheidung einer „Religio quadruplex" ein, nämlich „Naturalis, Animalis, Rationalis, et Supernaturalis"[39]. Eine solche Unterscheidung fand sich zuvor nirgends. Allenfalls gab es die Annahme einer „religio naturalis" und vor ihr sehr lange die Aussage, daß die „religio" dem Menschen „naturalis" ist. Diese Formulierung kommt auch bei Campanella immer wieder vor. Daß hieraus erst spät die Formulierung einer „religio naturalis" resultiert, zeigt nur, daß eine solche Bezeichnung durch Jahrhunderte nicht erforderlich war; denn die „religio" gehörte zu den natürlichen Tugenden und nur zu ihnen und bedurfte keiner weiteren Präzisierung als jener, daß allein die „Christiana" auch die einzig wahre sein konnte.

Um so mehr gilt es, die hier neu formulierte vierfache „Religio" in ihrer von Campanella gegebenen Spezifizierung genau zu analysieren.

Campanella beginnt mit einer allgemeinen Feststellung, daß der „cultus" aller Dinge, d.h. der materiellen wie der geistigen Wesen, „naturalis" ist; der Unterschied besteht darin, daß nur letztere, nämlich Menschen und Engel, das Ziel und den Weg zum Ziel kennen, die ersteren ihr Ziel ohne „ratio", „naturaliter" anstreben[40]. Hier wie im folgenden beruft Campanella sich für diese Aussage wiederholt auf Thomas von Aquin, ehe er eine ganze Reihe von weiteren Ge-

---

[34] Zu den Orden vgl. T. Campanella, Atheismus, 10; 117.
[35] Ebd. 9; 95.
[36] Ebd. 94.
[37] M. Ficino, De Christiana religione, 1, 2, vgl. E. Feil, Religio I, 196.
[38] T. Campanella, Atheismus, 9; 94.
[39] Ebd. 95.
[40] Ebd. 95: „Naturalis est cultus ille cunctarum rerum, quorum alia cognoscunt finem, et rationem finis, ut homo, et Angelus: aliae appetunt finem, licet non cognoscant rationem finis, ad quem naturaliter feruntur, et cui volunt assimilari, vt Divus Thomas exposuit, tamen Creatori obediunt, eiusque verbum faciunt secundum scripturas Dei". – Die Formulierung „naturalis est cultus" kann, wie für die „Religio" im folgenden ersichtlich wird, keineswegs als ‚naturalis cultus' aufgefaßt werden.

währsleuten nennt[41]. Diese Verweise zeigen, in welchem Maße sich Campanella für seine Ausführungen hierzu in einer langen Tradition weiß. In ihr bewegt er sich auch mit seinem Sprachgebrauch, wenn er im folgenden zwischen „religio" und „lex" wechseln kann. Geboten ist dieser „cultus", diese „lex" bzw. „religio" dadurch, daß Gott die Welt geschaffen hat und lenkt, wofür alle ihn ehren („colere").

Campanella wiederholt sodann, daß alle existierenden Wesen Gott „naturaliter" ehren; er unterscheidet wiederum in solche, die durch „actus interni", d.h. geistig und in eigener Aktivität, „in rationalibus", Gott erkennen und lieben können, und in jene, die nur durch „actus ... analogi" und „exteriores" zu ersteren, nämlich nicht mehr in eigener Erkenntnis Gott ehren[42]. Campanella verwendet hier „naturalis" in zwei Bedeutungen und Ebenen, wenn er zunächst alle Verehrung Gottes, sei es durch die materielle, sei es durch die geistige Kreatur, so qualifiziert, dann aber die Verehrung der geistigen Wesen als „in rationalibus" von derjenigen der materiellen Wirklichkeit als „in naturalibus" unterscheidet. Von hierher kommt er dann zur Formulierung einer „Religio ... rationalis", der es – was er nicht eigens sagt – ‚naturalis' ist, Gott zu ehren, im Unterschied zur „religio naturalis" im Sinne einer Gottesverehrung der materiellen Kreatur. Beide verehren Gott als Schöpfer und Lenker der Welt, und eben dies ist „religio"[43].

Gegenüber der „religio" der geistigen Wesen charakterisiert Campanella die „Religio naturalis" als eine nur analoge, gibt es doch für die rein natürlichen und noch nicht geistbegabten Dinge Akte nicht im strikten Sinn, insofern die rein materielle Kreatur allein aufgrund ihrer Wirklichkeit Gott verehrt. Diesen Sachverhalt belegt Campanella nicht nur mit theologischen, sondern auch mit biblischen Zitaten wie ‚Lobt, alle Werke des Herrn, den Herrn' oder ‚Lobt den Herrn, Himmel, und lobe ihn, Erde'[44]. Alle materielle Wirklichkeit lobt also auf ihre Weise Gott und gehorcht seiner Herrschaft, nicht nur die Menschen, wie Campanella noch einmal mit Thomas hervorhebt. Es gibt also so etwas wie eine

---

[41] Vgl. ebd. die im Anschluß an den eben zitierten Text genannten Autoren Plato, Trimegistus, Seneca, Pythagoras, Anaxagoras, Parmenides und alle anderen Philosophen mit Ausnahme der Epikureer.

[42] Ebd.: „Omnia autem entia sunt et gubernantur a Deo, ergo colunt Deum naturaliter plusquam se. At colere Deum est coniungi illi ... per actus internos, id est intelligere, et amare in rationalibus; in naturalibus vero per aliquos actus, his analogos, quia supremum inferioris attingit infimum superioris; vnde propter amorem, et obedientiam erga Creatorem Sacri Scriptores, et Philosophi tribuunt omnibus creaturis exteriores etiam, vt laudare et facere verbum eius, licet rationem finis, et facti non cognoscant, vt Divus Thomas aduertit." Es folgen dann einige Schrift- bzw. Väterzitate, dann fährt Campanella fort: „Religionis quidem rationalis externi actus, internorum signa sunt adoratio, sacrificatio, laudatio, votum, iuramentum, consultatio: sed in naturali haec non insunt, nisi iuxta suum modum (vt Diuus Thomas 1.p.q.60)."

[43] Ebd.: „Religio est cultus Dei, ut principium est essendi, et gubernandi" (Thomas von Aquin, STh II–II 81).

[44] Ebd. 96, so auch im folgenden, noch einmal unter Berufung auf Thomas von Aquin: „Ecce quam subtiliter probat S. Thomas, quod in cunctis rebus, nedum in homine est insitus amor Dei, qui et cultus metaphorice dici potest ... Praeterea ... demonstrat ex eo quod naturalis dilectio non potest esse peruersa, sicut electiua".

„naturalis dilectio"[45], ein „naturaliter colere"[46]. Campanella zitiert dafür ausführlich Ficino[47]. Wie aus dem gesamten Kontext hervorgeht, läßt sich „naturaliter" nicht mit ‚rationaliter' und, wie sich gleich zeigen wird, noch nicht einmal mit ‚animaliter' gleichsetzen. Dies bestätigt auch die abschließende Formulierung, in der Campanella diese Art der „Religio" ausdrücklich als „analogica" bezeichnet[48].

Als zweite Weise nennt Campanella dann die „Religio animalis". Diese geht über die „Religio naturalis" durch eine spezifische eigene Aktivität hinaus, fügt sie doch zum „naturalis cultus" jenen Gehorsam hinzu, den Tiere wegen der erhaltenen Wohltaten ihrem Herrn erweisen; so lieben sie „naturaliter" Gott, aber ehren ihn „animaliter" als wohltätigen Urheber[49].

Erst danach läßt Campanella als dritte Weise die „Religio rationalis" folgen, mit der die geistbegabte Kreatur Gottes Weisheit und Vernunft und ihn selbst erkennt und zugleich in der Erkenntnis Gottes als Ziel sowie des Weges zum Ziel ehrt; diese Stufe bestimmt Campanella mit einem Bibelzitat als „timor Domini"; sachlich setzt er sie mit jener von Natur aus der Welt eingegebenen „Religio Christiana" gleich, die er bei Laktanz und Augustinus vorgefunden hat[50].

Zuletzt nennt Campanella die „Religio supernaturalis" und damit diejenige, die Gott in Gesetz und Propheten sowie im Evangelium geoffenbart hat und die die „naturalis"(!) vollendet und erhöht zur göttlichen Ordnung[51]. In welchem

---

[45] Ebd.
[46] Ebd. 97.
[47] Ebd. 97: „Vnde Ficinus super Tim. probat *ex causalitate, et prouidentia, quam habet Deus super omnes creaturas, non solum Religionem, sed etiam actus Religionis: qui sunt adorare, orare, vouere, per quos coniunguntur primo principio, Vni, et Bono, esse naturales pro suo modulo cunctis rebus: quemadmodum naturale est helitropio herbae conuerti ad Solem: et seliniti ad Lunam*". Hier findet sich also schon die gleichsam naturale Verehrung Gottes durch die Kreatur.
[48] Ebd.: „Sed haec Religio dicitur analogica, sicut hoc nomen Deus de vero per essentiam, et per participationem de analogicis, apud Divum Thomam."
[49] Ebd.: „Religio animalis addit supra naturalem cultum, illud obsequium, quod Bruta praestant superioribus sibi beneficis causis; Deum enim naturaliter diligunt, vt ait S. Thomas, sed animaliter omne beneficum principium, propterea Elephas Lunae genuflectit; et se baptizat a coitu: et Solem aues praecinunt in mane, venientemque vocibus laetis excipiunt, ut S. Ambrosius, et experientia testatur." – Hier noch einmal der Hinweis auf den Elefanten, der vor dem Mond die Knie beugt, oder die Vögel, die die Sonne preisen, s. o. Anm. 33 und u. 61.
[50] T. Campanella, Atheismus, 97f; während es in einem Zitat aus Jamblichos heißt: „Ante omnem vsum rationis, inest naturaliter insita Deorum notio", eine sachlich auch bei Cicero zu findende Aussage, aus der freilich nicht klar hervorgeht, ob es sich um vernunftbegabte Wesen handelt, denen schon vor Gebrauch ihrer Vernunft diese „notio" eignet, oder um Tiere. In den folgenden Zitaten wird diese Frage freilich eindeutig beantwortet: So zitiert Campanella Laktanz, der sagt, daß die „cultus Dei, idest, Religio" dem Menschen „naturales" sind, gemäß der differenzierten Definition *„Animal Rationale Religiosum"*. Und er verweist mit Kardinal Hosius auf den Unterschied zwischen Mensch und Tier, *„Homo ... in cunctis cum brutis conuenit sed religione sola secernitur"*, eine Aussage des Hosius, die sich ähnlich bei Laktanz und dann wieder bei Augustinus findet, dessen Aussage Campanella zitiert: *„Religionem Christianam fuisse ante legem scriptam semper eandem in Mundo naturaliter inditam, exceptis caeremonialibus"*.
[51] Ebd. 98: „Religio supernaturalis est id, quod reuelat Deus in lege, et Prophetis, et in Evangelio: quae perficit naturalem, et eleuat ad diuiniorem ordinem."

Sinn er hier „naturalis" meint, hebt er nicht eigens hervor; da er jedoch vermutlich auf das scholastische Axiom von der Gnade anspielt, die die Natur voraussetzt und vollendet[52], stellt das Adjektiv hier wohl eine Bestimmung des Menschen und nicht wie zuvor eine der nichtgeistigen Schöpfung dar, da nur die geistige Kreatur Gottes Gnade im strikten Sinn empfangen kann. Diese Interpretation wird anschließend mit einer Reihe von Belegen erhärtet. Campanella zitiert Ficino[53] mit der Aussage über die „Religio", die allen Völkern „communis, naturalisque" ist, beläßt hiermit die „religio" jedoch in einem merkwürdigen Oszillieren zwischen „supernaturalis" und „naturalis". Er bringt dazu eine Auskunft des Thomas, nach der der Mensch nur Gott erkennen, anrufen und lieben kann, wenn er gleichsam der Gottheit teilhaftig ist, und Gott nur mit einem göttlichen und eingeborenen Licht sehen kann, wie er nur mithilfe der Sonne die Sonne sehen kann. Dieses Licht ist gleichsam „legis aeternae" und gehört doch zur „lex naturalis"[54]. Campanella zitiert dafür wiederum Thomas, daß wir „naturaliter" Gott durch äußere Akte zu ehren streben, was man „Religio" nennt, und wir durch diese Akte an ihn zurückgebunden werden; mit diesem „religamur" nimmt Campanella die überkommene Etymologie auf. Gott zu ehren, resultiert also aus einem „Instinctus naturalis", wie Campanella mit Thomas betont[55]. Diese wesentlich aus Zitaten bestehenden Aussagen folgen bemerkenswerterweise unmittelbar auf die Bestimmung der „Religio supernaturalis". Campanella leitet sie ein mit Ficino, daß wir die „Religio", die allen gemeinsam und natürlich ist, durch Scharfsinn, philosophische Begründungen, prophetische Aussagen und die Wunder erkennen[56]. Diese differenzierend gemeinte Aussage[57] läßt freilich keine Charakterisierung dieser „Religio" als „supernaturalis" erkennen. Campanella kommt nämlich sofort wieder auf die „inclinatio" zurück, die dem Menschen „naturalis" ist, in Gerechtigkeit und „Religio" zu leben, während es lediglich bezüglich der „supernaturales, et positivae leges" sowie der „ritus" in der „Religio" Verschiedenheiten gibt[58]. Hier tritt zugleich das Problem auf, wel-

---

[52] Vgl. z.B. Thomas von Aquin, STh I 2, 2 ad 1.
[53] T. Campanella, Atheismus, aaO. mit einem Zitat von Ficino: *„Religionem ... intelligo instinctum ipsum omnibus gentibus communem, naturalemque: quo ubique, et semper prouidentia quaedam Regina Mundi cogitatur, et colitur. Quam primo cognoscimus naturali sagacitate; deinde Philosophicis rationibus; postremo Propheticis verbis, atque miraculis".* Hierfür wird auf die Tradition in Antike und Patristik verwiesen.
[54] Ebd.
[55] Ebd. 99; die Zitate aus Thomas, CG III 51 über das „naturale desiderium", sowie 119 bzw. 113 über die „actus"; hier, 119, wird der „Dei cultus" „Religio" genannt, weil der Mensch sich durch ihn an Gott zurückbindet; und weiter heißt es bei Campanella: *„Instinctu enim naturali homo non solum cognoscit se obligatum colere Deum, sed etiam colere suo modo, idest per actus exteriores, et sacra; ergo et cultus in Divo Thoma et modus colendi est ex instinctu naturali, et de iure naturae."*
[56] Ebd. 98.
[57] Ebd. mit der Bemerkung „distinguit Ficinus".
[58] Ebd. 99: „Naturalis est homini inclinatio in iustitia, et in Religione viuere, vt omnis Schola, et Natio profitetur; dissident autem circa supernaturales, et positiuas leges, et ritus in Religione. Item circa obiecta cultus, et modum colendi, non circa cultum conceptum inclinationemque; in qua conueniunt."

che „Religio positiua" die wahre ist, was der Mensch nach der „fides" entscheidet; es folgt die erläuternde Aussage, daß diese „fides" auch bei den Philosophen – und also nicht nur bei den Theologen – grundsätzlich von Bedeutung ist und mehr vermag als die „ratio"[59]. Diese Aussage belegt Campanella wiederum mit einer Serie von Namen. Und er resümiert, daß alle Völker durch die „Religio" leben, die folglich dem Völker- und Naturrecht gemäß ist; doch welche einzelne nun als wahre gelten kann, beurteilt jeder nach der „fides" seines Volkes[60].

Es bleibt der Eindruck, daß diese als vierte und letzte der „Religio quadruplex" genannte „religio supernaturalis" sich also nicht als im strikten Sinne übernatürlich erweist, da sie dann direkt auf Gottes Gnade zurückgeführt sein müßte. Sie verbleibt vielmehr grundsätzlich auf der Ebene einer „Religio", die dem Menschen natürlich ist, wenn auch eine gewisse Aktivität Gottes unerläßlich ist, damit diese zugleich die „vera" ist. Vielleicht aus diesem Sachverhalt heraus unterscheidet Campanella auch nicht vier voneinander abgehobene ‚Religiones', sondern die eine vierfache „Religio". Damit legt sich auch nahe, daß die jeweils höhere Ebene, wenn man so sagen darf, die Verehrung Gottes der niedrigeren Ebene mit umschließt. Wenn nicht alles täuscht, beläßt Campanella diese auf der naturalen Ebene. Nicht konsequent in dieses Ergebnis paßt, daß nicht nur die „Religio", sondern auch die „lex" danach unterschieden wird, ob sie zum Heil führt oder nicht. Der Weg zum Heil ist aber eben nicht ‚naturaliter' möglich, das Heil ist dem Menschen nicht von Natur aus erreichbar.

In seiner Zusammenfassung der Charakterisierung dieser vierfachen „Religio" wiederholt Campanella noch einmal das zweifache Verständnis von „naturalis", wiederum ohne darauf einzugehen, insofern er mit diesem Terminus einmal jenen Schatten der „Religio" bei Pflanzen oder Tieren und zum anderen die Ausstattung des Menschen bezeichnet. Es fällt auf, daß er hier die eingangs genannte Formulierung „religio naturalis" nicht mehr aufnimmt. Doch sachlich kommt er auf sie zurück, wenn er unterstreicht, daß die ganze Welt „Religio" besitzt, preisen doch die Himmel die Herrlichkeit Gottes. Von ihr unterscheidet er die Qualifikation des Menschen, der wegen seiner Geistigkeit Gott mehr ehrt, was ihm „naturale" ist. Während man also bei den Tieren nur von einer Spur des „cultus" sprechen kann, so für den Menschen von „ipsa religio"[61]. Auch hier verwendet er den Terminus „Religio naturalis".

---

[59] Ebd.: „Religionem ergo esse de iure naturae nos discursu cognoscimus, et sensu experimur naturaliter. Quod autem sua Religio positiua vera sit, haec, aut illa, sicut quilibet opinatur, habent homines per fidem, quam quaelibet natio suo Legislatori, ac Praeceptori praestat. Quin etiam in Philosophis plus valet fides, quam ratio, si recte introspicias." Bezüglich der Mediziner heißt es gar, 100: „Medici vero Galeno, et Hippocrati fidem adhibent plerumque sine ratione."

[60] Ebd. 100.

[61] Ebd. sagt Campanella zunächst gleichsam in Weiterführung der zuvor Anm. 58f zitierten Texte: „Ex his palam innotescit, quod omnes Gentes per Religionem viuunt, ergo est de iure Gentium, et Naturae. Sed quod haec, aut illa, sit vera, vnusquisque iudicat secundum suam fidem tantum cuiusque Gentis."

Sodann fährt er fort: „Amplius esse de iure Naturae vidi, quoniam, et animalibus extat quaedam Religionis vmbra, et in plantis sicut monuimus in prioribus sermonibus. Et ex hoc bene percepi, to-

Wohl greift Camapanella das Problem der Vielzahl verschiedener Weisen auf, Gott zu ehren: Wie Menschen verschiedener Klimazonen auf verschiedene Weise ihre Herren ehren, so auch Gott, ohne daß dies schon eine Verschlechterung oder gar Götzendienst bedeutet[62]. Aber nicht alle Verschiedenheit hält er für legitim, suchen doch auch die Teufel göttliche Verehrung zu usurpieren, ebenso wie Menschen sich Götter und damit verschiedene „Religiones falsae" bilden, um ihre Herrschaft zu unterstützen[63]. Ein solches Verhalten lehnt er ab; jedes Gemeinwesen erfordert die eine „Religio", die Gott wohlgefällig ist und die von ihm deklariert worden ist[64]. Und da Gott alles aufs Beste geordnet hat, wie wir in der Gesamtheit der „natura" sehen, müssen wir dies auch für die „Religio" annehmen. Folglich gilt es, alle „sectae, ac Religiones Mundi" durch die „ratio communis naturalis" dahingehend zu prüfen, die „vera Religio" herauszufinden, die von Gott vorgeschrieben ist; hierfür bedarf der Mensch freilich eines „supernaturale donum"[65]. Die einzelnen Kriterien zum Erweis dieser „vera Religio" brauchen hier nicht des näheren erörtert zu werden – etwa, ob ihre moralischen Gebote nützlich sind, ob die „fides" übernatürlich zu glauben ist, ob deren Gesandte glaubwürdig sind, ob Gott sie beglaubigt, ob die „Legislatores" einen entsprechenden Lebenswandel führen oder die „Religio" durch Waffen oder durch Tugend und Wunder einpflanzen –. Es genügt festzuhalten, daß Campanella eine einzige „Religio" annimmt, die sich von den „Religiones falsae" sehr wohl unterscheidet, doch läßt sich diese Unterscheidung letztlich nur mit Gottes Hilfe erkennen[66]. Freilich berühren sich „fides" und von Natur gege-

---

tum Mundum Religionem habere erga suum Creatorem: eique cuncta seruire: et Caelum enarrare gloriam eius ... Procul dubio naturale est diligere eum, qui tibi benefacit: et timere, qui malefacit; ergo causae potentes, ac bonae honorantur, et timentur naturaliter. Hic autem est actus Religionis, si causae illae sunt diuinitatis participes ... in quibus Deus bonum ipsorum, et timorem locauit, vt beneficium Elephanti in Luna: Et Stellarum in Sole. Sed homo, cognoscens seipsum nobliorem creaturis inferioribus: et Caelum, et Stellas, limitata pollere diuinitatis participatione, cognouit, extare queque aliam causam longe maiorem, et illimitatam: eique praestitere tanquam magnanimi obsequium proprium, ac seruitutem ... Qui autem magis illam cognoscit, honorat magis, colitque: ergo naturale est homini diuinitatem colere, quando et in belluis aliquale vestigium eius cultus est, Hoc autem est ipsa Religio."
Ebd. 101, fügt Campanella – wiederum unter Hinweis auf Thomas von Aquin, CG III 119 – hinzu: „Id quoque Religionem sic esse naturalem ostendit maxime, quod homo inueniens aliquod ingens bonum, vel malum, repente attolit vultum in Caelum, gratias agens, aut auxilium petens, eodem plane instinctu, quo vltro manus capiti auxilium parat ob naturalem Animae consensionem; et ideo Religionem, et actus exteriores Religionis, vt orare, adorare, sacrum facere ..."
[62] Ebd. 101.
[63] Ebd. 102.
[64] Ebd. 102: „Vidimus iam in tota rerum natura, Deum curare omnia, etiam minutissima; ergo multo magis artem principalem vitae humanae, quae est Religio, vita Reipublicae. Si enim praebet spinas, ac frondes arboribus, et animalibus organa in magnos vsus, etc. Religio casu, ac sine auctore esse nullatenus potest." Dieses Argument, daß die „Religio" nicht ohne ihren Urheber sein kann, hat bereits eine lange Tradition, vgl. schon ebd. 101.
[65] Ebd. 102.
[66] Ebd.; der hier wichtige, teils schon zuvor genannte Text lautet: „Igitur multa illi homini examinanda sunt in cunctis sectis bus (sic!), ac Religionibus Mundi per rationem communem naturalem,

bene Erkenntnis so sehr, daß die Unterscheidung faktisch aufgehoben zu sein scheint[67]. Die „Religio" kann also durchaus nicht – gleichsam beliebig – vom Menschen festgelegt werden, sondern geht auf Gott selbst zurück[68].

Mit diesen Überlegungen schließen die grundlegenden Erwägungen. Die weiteren vorwiegend apologetischen Ausführungen kommen auf die „Religio" nicht mehr ex professo zu sprechen. Campanella verwendet diesen Begriff verschiedentlich generell entweder als „Religiones"[69] oder präzise für andere Überzeugungen, hier zugleich mit der Frage, welche die „verior Religio" ist, die „Iudaica", „Mahometana" oder „Christiana"[70]. Auch heißt es vom König von Frankreich, daß er sich als „Defensor vtriusque Religionis, scilicet Catholicae, et Haereticae" bezeichnete[71].

„Lex" und bzw. statt „Religio"

In auffälliger Häufigkeit verwendet Campanella in übergreifenden Aussagen gerade nicht „Religio", sondern „lex" bzw. „leges"[72]. Es findet sich denn auch häufig der Terminus „lex Christiana"[73] sowie in den speziellen Abschnitten der Verteidigung gegenüber Juden und Mohammedanern „lex Hebraica"[74] bzw. „Moysis"[75] oder „Mahumetti"[76] bzw. „Mahometana lex"[77], aber auch eine lange Folge anderer, so der „Lex Cinghi" bzw. „Tartarorum", „lex Americanorum", „Iaponensium lex", „Indorum lex" bzw. „Bracmani leges"[78]. Zuvor hatte Campanella zusammenfassend von den „Leges Romanae, et Grecae, et Aegyptiae, et Babylonicae, et Medae, et Persae" gesprochen[79]. Diese Aufzählung findet sich im Kapitel über den Vergleich der „Christiana lex" mit den übrigen „Nationes" hinsichtlich ihres Fundaments mit der Zielsetzung, die Welt auf eine einzige „lex" zurückzuführen[80]. Hier erscheinen also „Religio" und „lex" in identischer

---

qui volet per hanc viam inter omnes veram Religionem, et a Deo praescriptam, inuenire; quandiu per supernaturale donum plene non adiuuatur, et vt falsarum detegat imposturas; et verae Religionis animaduertat euidentem, et rationabilem credibilitatem."

[67] Ebd. 99, s.o. Anm. 58.
[68] T. Campanella, Atheismus, 102.
[69] Ebd. 10; 105.
[70] Ebd. 16; 215; das Lateinische kann aufgrund der Fragepartikel die erwartete Antwort angeben: „Ex quo infert, haud posse internosci quae sit verior Religio, Iudaica ne, an Mahomettana, an Christiana: quoniam eadem signa habent." Dieses stellt Campanella im Zusammenhang mit Boccaccios Fabel von den drei Ringen fest.
[71] Ebd. 18; 231.
[72] Ebd. (in den folgenden Zusammenstellungen nur die Angabe der Seitenzahlen) 109, bes. 128, vgl. 139, 146.
[73] Ebd. 105, 115, 128 u.ö.
[74] Ebd. 152, gleich unter der Überschrift „Examen Iudaicae".
[75] Ebd. 131, 153; vgl. 133.
[76] Ebd. 149.
[77] Ebd. 174, vgl. die Randglosse 129.
[78] Ebd. 130f, z.T. in Randglossen; hinsichtlich der Japaner findet sich auch „propria lex", 130.
[79] Ebd. 10; 128, in der Randglosse „Leges Gentium".
[80] So in der Überschrift 10; 104: „Examen Christianae legis caeterarumque Nationum: quo de-

Funktion; denn während Campanella in der eben erwähnten Überschrift die verschiedenen Ausprägungen auf eine einzige „lex" zurückführen will, verwendet er im ersten Abschnitt die Formulierung, „Religionem solam Christianam esse veram", wobei die Randglosse wiederum „Christiana lex" sagt, ergänzt durch die Feststellung, daß sie eine für die ganze Welt sein soll[81]. Die zuvor genannte Aufzählung steht darüberhinaus in jenem Abschnitt des Kapitels, der sich mit den anderen „leges" speziell „in moralibus, et cermonialibus" befaßt[82]. Mit diesen sind aber „Praecepta", nicht „leges" gemeint, wie aus der Kapitelüberschrift erschlossen werden muß. Dafür spricht auch, daß Campanella in diesem besonders wichtigen Abschnitt durchweg „lex" im Singular verwendet, während er „moralia et ceremonialia" im Plural nennt und diese Termini auch in anderen Kontexten verwendet.

Daß Campanella aber auch sonst an herausgehobenen Stellen zwischen „lex" und „Religio" wechseln kann, zeigt die Verteidigung gegenüber den drei wichtigsten Überzeugungen, der „Mahometti lex", der „lex Haebraica" und der „Religio Gentilium"[83].

Damit zeichnet sich ein bemerkenswertes Ergebnis ab: Ganz offenkundig findet sich der frühere Sprachgebrauch mit der Bevorzugung von „lex" auch noch bei Campanella, wenn es darum geht, andere Überzeugungen mit der christlichen zu vergleichen und den besonderen, ja einzigartigen Rang der letzteren zu eruieren. Aber wie schon Giovanni Pico della Mirandola, so verwendet auch Campanella diesen Terminus im Unterschied zu Cardano nicht mehr ausschließlich[84]. Aber in den apologetischen Ausführungen dominiert der Begriff „lex" eindeutig. Daß dessen konkrete Bedeutung präsent ist, zeigt sich allenthalben. Campanella spricht denn auch von „diversae leges" und ihren „sectarii", zu denen er auch jene zählt, die sich auf Christus beziehen[85]. Selbstverständlich erscheint, daß Mose eine „lex" begründet hat[86]. Wie weit dieser Sprachgebrauch geht, zeigt die Formulierung „lex philosophica"[87]. Campanella verwendet „lex" also in weitem Umfang, offensichtlich, weil dieser Begriff neutral und deswegen

---

monstratur, illam pro fundamento habere Charitatem, et Rationem primam; caeteras vero leges bonas, Philosophicas, iustitiam humanam, et rationes secundas: at solius Christianae solum praecepta moralia, et ceremonialia cum natura, quam perficiunt, prorsus congruere. Et quo pacto obligent. Inde necessario futurum, vt si totus Mundus ad vnam legem reducendus est (quod nos firmißime probabimus) aliam praeter istam esse non posse."

[81] Ebd.; gleich zu Beginn dieses Kapitels heißt es: „Deinde ... omnium mortalium leges percurri, examinando eas in indicio contradictorio ab omni passione remotissimus: et comperi, Religionem solum Christianam esse veram, vndequaque, nec vnquam naturae repugnantem; Eandemque caeteris cunctis fore anteponendam."
[82] Ebd. 128, s. die eben genannte Kapitelüberschrift, 104.
[83] Ebd. 11; 149, 152, 154.
[84] Zu Giovanni Pico della Mirandola vgl. E. Feil, Religio I, 208–213, und zu Geronimo Cardano vgl. E. Feil, Religio II, 49–69.
[85] T. Campanella, Atheismus, 10; 109.
[86] Ebd. 133, „condidit".
[87] Ebd. 115, Randglosse.

als Sammelbezeichnung sowie als Oberbegriff verschiedener Überzeugungen sehr geeignet ist.

Daß Campanella „Religio" und „lex" in gleicher Funktion und gleichbedeutend verwendet, zeigt sich auch darin, daß gegenüber den anderen die „lex Christi" einen eindeutigen und einzigartigen Vorzug genießt; denn während die „lex philosophica" auf den natürlichen Tugenden beruht, so die christliche auf den übernatürlichen[88]. Campanella nennt tatsächlich hier die „Virtutes diuinae", nämlich Glaube, Hoffnung und Liebe als Fundament der christlichen „lex". Damit verläßt er die tradierte Zuordnung der „religio" zu den natürlichen Tugenden zwar nicht ausdrücklich, wohl aber faktisch[89]. Wie eng beide Termini zusammengehören, zeigt die Aussage, daß man nicht in jeder „lex" gerettet werden kann[90].

Zu ergänzen bleibt lediglich, daß wir bei Campanella auch den Terminus „secta" finden, den er nicht nur für andere, etwa für die „secta ... Mahometana"[91], sondern auch für die „secta Christiana" verwenden kann, wenngleich sich diese Formulierung nur von gegnerischer Seite auf die Christen angewandt findet[92].

Schließlich muß darauf hingewiesen werden, daß Campanella auf die politische Bedeutung der „religio" nicht des näheren eingeht[93].

Die Bestimmung der „religio" in der Metaphysik

Zur Überprüfung des bisherigen Ergebnisses soll auch die Metaphysik behandelt werden. In ihr erörtert Campanella die Prinzipien des Wissens, des Seins und des Handelns[94]. Der erste Teil widmet sich also Fragen der Erkenntnis insbesondere unter dem Aspekt der Begrenztheit des Wissens durch das Nichtwissen bzw. den Irrtum sowie einer Darlegung der Erkenntnisregeln. Der zweite Teil handelt über Sein und Nichtsein, über deren erste Konstitutionsprinzipien und von daher über Themen wie Weisheit, Liebe, Schicksal, Notwendigkeit oder Harmonie sowie deren Opposita und schließlich über den einen Gott. Im dritten Teil erörtert Campanella Entstehung und Ziel der Welt, die Engel, Ideen

---

[88] Ebd. Randglosse.
[89] Ebd. 115: „Proptereaque lex Christiana fundatur super Fide, Spe, et Charitate, Virtutibus diuinis, altissimis, vt Metaphysice ostendimus: Leges vero Philosophicae, quantumlibet rationi conformes, super virtutibus humanis inferioribus, quae non ligant nos valde cum Deo, sed cum rebus a nobis tractabilibus; sicuti Prudentia Iustitia, Temperantia, et Fortitudo".
[90] Ebd. 11; 146, Randglosse.
[91] Ebd., Randglosse.
[92] Ebd. 14; 201.
[93] Vgl. dazu ebd. 9; 101.
[94] Thomas Campanella, Vniuersalis Philosophiae, Seu Metaphysicarum Rerum, Iuxta propria Dogmata, Partes tres, Parisiis MDCXXXVIII, Prooemium; 6b; gekürzt: Tommaso Campanella, Metafisica, hg. von Giovanni di Napoli (= Collana di Filosofi Moderni), Bologna 1967, I, 98. – Im folgenden werden zunächst das Buch in römischer, sodann das Kapitel und nach einem Komma der Artikel in arabischer Ziffer angegeben; sodann wird für die Ausgabe von 1638, soweit erforderlich, zunächst der Teil in römischer und dann die Seite in arabischer sowie nach einem Schrägstrich die Seite der Ausgabe von 1967 wiederum in arabischer Ziffer angegeben.

und Systeme, die Verbindung der göttlichen Physik und Mathematik mit der Konstruktion der Systeme, ehe er dann über die menschliche Seele, ihre Unsterblichkeit, über das Exil und die Gesetzgeber sowie über die Rückkehr zum ersten Seienden durch die „Religio" spricht[95].

Schon dieser Aufriß läßt einen speziell umgrenzten Stellenwert der „Religio" im Rahmen einer Metaphysik erkennen, nämlich bei der Behandlung der Seele und ihrer Rückbindung an Gott. Damit überragt ihre Bedeutung freilich grundsätzlich jede Einordnung in ein Tugendschema.

Zu Beginn seiner Metaphysik spricht Campanella dann in einer bezeichnenden Weise von „Religio": Mit feierlicher Nennung des eigenen Namens konstatiert er, wegen der Notwendigkeit, die Prinzipien und Ziele aller Dinge und die Fundamente des Wissens zu erforschen, alle „sectae" der Philosophen und Weisen und die „Religiones et leges" erforscht zu haben, die von Gott und den Menschen überliefert bzw. auch von einem bösen Geist eingegeben sind, und nun seine Überlegungen dazu niederschreiben zu wollen[96]. Hiermit hat er den anderen Aspekt von „Religio" wiedergegeben, nämlich jene konkreten Verhaltensweisen der Menschen, die sich in bekannter Verschiedenheit präsentieren. Es fragt sich, wie er in seinen systematisch auf die „Religio" eingehenden Reflexionen diese des näheren bestimmt.

Das für unser Thema zentrale 16. Buch spricht zugleich „de Religione, et Virtute et Lege et Propheta et Legislatore", also nicht über die „Religio" allein. Als Ausgangspunkt nennt Campanella die Konstitution des menschlichen Geistes, der zur Rückkehr in die Heimat der göttlichen Hilfe bedarf. Dafür genügen nicht die „lex ... positiva et naturalis" und die Tugenden, es muß die „Religio" hinzukommen, und zwar jene, die Gott selbst uns aufleuchten läßt[97]. So sind wir auf „doctores legum et virtutum et Religionis" angewiesen[98]. Campanella bestimmt die „Religio" mit dem Buch Ecclesiasticus (1,16) als „timor Domini", nimmt aber auch die vorangegangene Charakterisierung auf, daß sie aus unserem Herzen emportaucht[99], und weist ihr Heilsbedeutsamkeit zu[100]. Dann aber

---

[95] So nach der Inhaltsangabe, ebd. 5bff/96, 98.
[96] Ebd. 4a/88: „At et haec signa examinare dificillimum, nisi principia et fines omnium rerum, et fundamenta scientiarum pernoscamus. Propterea ego THOMAS CAMPANELLA postquam omnes sectas Philosophorum, et Sophistarum, et religiones, et leges diuinitus, et humanitus traditas, et ab impuro daemone hominibus prauis insinuatas, et scientias et artes cunctas rite percurri, statui de vera sapientia sermones scribere, vnde quilibet posset, et scientias examinare ex libro Dei, et connexiones earum per Encyclopaediam introspicere, et falsitates et veritates deprehendere. Idcirco de principiis rerum primis et finibus atque de scientiarum fundamentis erit doctrina haec, quam Metaphysicam appellamus."
[97] So die Überschrift XVI 1, 2; III 197/180, 182.
[98] Ebd.
[99] Ebd. 198/184: „Haec autem diuinitus tradita e cordibus emergens nostris religio, nos diuinitus docens, ac diuino cultui mancipans, vt gustaremus, Deo adhaerentes, omnes veritates; nec cultu rerum aliarum affecti affectiones nouas nos alienantes a Deo induemur. Ostensa autem religione, quae Natura, quae diuina Ars est, in mentibus nostris latebat: nam et cum fidelibus, inquit Eccl., in vulua concreatus est timor Domini, id est Religio". Vgl. auch ebd. 2, 4; 203/212.
[100] Vgl. den Art. 3, daß die „Religio" wahrhaft befreit, 198/186.

nennt er als „religionis actus" alle tradierten Vollzüge wie Anbetung, Opfer, Eid[101]. Über die Tradition hinaus setzt er als prinzipiellen Teil der „religio" Offenbarung und Prophetie an[102] und fundiert sie in der „fides"[103].

Es scheint jedoch für Campanella keinen Widerspruch hierzu darzustellen, wenn er die „Religio" mit der Tradition auch in der Metaphysik charakterisiert als dem Menschen „naturaliter" eingegeben, dessen Seele zu ihrem Ziel zurückkehren will; folglich richtet die „perfecta Religio" den Menschen zu Gott auf[104]. Dabei nennt Campanella die Bestimmung des Marsilio Ficino, die *„Religio"* sei ein *„instinctus ipse omnibus gentibus communis naturalisque"*[105]. Campanella bezeichnet sie dann als „naturalis Religio"[106]. Aus dem Kontext läßt sich der Bezug nicht eindeutig erkennen, ob nun speziell vom Menschen oder von der Kreatur insgesamt gesprochen wird. Campanella nimmt seinen Ausgangspunkt für diese adjektive Qualifikation „naturalis" bei Gott, der für alle Wirklichkeit sorgt, also besonders für den Menschen; denn dieser stellt unter den „animalia et entia corporea" wegen seiner Seele das Ausgezeichnetste dar, auf ihn sind denn auch die Lebewesen, Pflanzen und Steine hingeordnet. Wenn der Mensch nun etwas Schlechtes erleidet oder Freude erfährt, erhebt er sofort Augen und Hände zum Himmel, um Hilfe zu erbitten oder Dank zu sagen, was Campanella als „naturalis Religio" ansieht; und er erläutert dies sofort dadurch, daß alle „entia" zu ihrem Ursprung zurückkehren[107]. Es scheint also, daß die neutrische Qualifi-

---

[101] Ebd. 4; 200/194: „Quoniam autem Religionis actus sunt Adoratio, Sacrificatio, Consultatio Prophetalis, Benedictio, Iuramentum, Oratio, quae omnia fiunt, vt reuertatur per haec mens ad suam originem, et ad Mundum nempe Archetypum; et quia corpori est alligata, necessario habet haec corporaliter facere: tum ad exprimendum foris, quod intus facit mentaliter: tum ad significandum omnia haec bona sua ab Archetypo esse".

[102] Ebd. 200/196.

[103] Ebd.: „Idcirco disputandum quomodo agnoscantur boni ac mali Angeli, et Prophetiae verae a falsis: quod est fundamentum Fidei, in qua fundatur Religio sicut in basi".

[104] Ebd. 4; 203/210; zurück zum Ursprung führt die Religio auch in Aussagen, vgl. 202/204: „et de finibus mentis humanae, et reversione, unde agnoscitur eius origo, et reversio per religionem", 202/206: „Ergo res omnes revertuntur ad suum principium, ..." mit Wiederaufnahme der Etymologie „Deo religans", 200/194.

[105] Ebd. 204/212.

[106] Ebd. 204/214; hier auch das Folgende.

[107] Ebd.: „Praeterea ostendimus Deum esse, curam gerere omnium rerum, praecipue vero nobilium. Ergo maxime hominis, qui est inter animalia, et entia corporea nobilissimum saltem secundum animam. Ergo a nobis colendum esse: non modo quia est summum bonum, ac principium Entis, cui coniungi appetimus, amore innato, vt calor soli, a quo aeternemur, sed etiam quoniam est nobilissimum super omnia. ergo honorabilissimum; et tertio, quoniam nostri tantam curam gerit; et quarto, quoniam dedit nobis esse, et operari, et fecit tot Entia ad vsum nostrum. Neque enim animalia, et plantae et lapides, et aquae propter se, sed propter nos praecipue esse videntur: et quodam modo finis omnium est homo, quod scientia confirmat humana, quae de cunctis rebus tanquam ad se pertinentibus tractat. Item innatam per sapientiam homo quando quid mali ingentis patitur, aut gaudium magnum adest, statim in Caelum oculos et palmas tendit petens auxilium, aut gratias agens. Hoc autem est naturalis religio. Omnia enim Entia ad suum principium in his recurrunt, vt filij ad parentes naturaliter, et ad benefactores. et quia spiritus, cui mens primalitatum symbolo coniungitur, est caelestis, ipsaque mens eius notitia afficitur passionibusque, propterea in Caelum respicit, quo et vultum ha-

kation der „entia" maßgeblich ist für die Bestimmung der in diesem Sinne als „naturalis" qualifizierten „Religio". Jedenfalls läßt sich durch den Textzusammenhang gerade nicht eindeutig klären, daß es sich hier um eine spezifisch menschliche oder gar, wie vor allem in der Renaissance, auf den Menschen allein zutreffende und ihn somit vom Tier unterscheidende „Religio" handelt. Dies gilt selbst dann, wenn Campanella im unmittelbaren Anschluß an die Nennung aller „entia" sofort wieder vom Menschen spricht.

Ebensowenig läßt sich aus dem folgenden Kapitel eine eindeutige Interpretation erkennen, taucht „naturalis Religio" hier doch nur in der Überschrift auf mit dem Hinweis, daß zu ihr eine „superaddita", also eine darüberhinaus dazugegebene „religio" kommen muß; Campanella fügt noch hinzu, daß Irrtümer und Unterschiede nicht in ersterer, sondern nur in letzterer zutage treten können[108]. Die Ausführungen hierzu verwenden dann lediglich die Entgegensetzung von „naturalis" und „artificialis", ohne eine präzise Bedeutung erkennen zu lassen. Campanella erläutert nur die „superaddita", im Text des Kapitels „addita" genannt, daß diese „Religio" als von uns gesetzte unvollkommen und zuweilen falsch ist, die „indita" aber vollkommen und wahr[109]. Diese besteht in der Verehrung des eigenen Ursprungs, nämlich Gottes, und in der korrespondierenden Abwendung von den geschaffenen Dingen. Campanella präzisiert, daß dieser Vollzug den übrigen (nicht-geistigen) Dingen und den Menschen auf verschiedene Weise zukommt[110]. Daraus resultiert dann eine doppelte „Religio", die er überraschenderweise „contemplativa" und „activa" nennt[111]. Die Ausführungen hierzu hält er wiederum allgemein, indem er als „Religio naturalis" die jedem Seienden eigene Verehrung bezeichnet; dann unterscheidet er, daß die unmittelbar aus Gott stammenden „entia" ihn unmittelbar ehren, die aber vermittelt von Gott stammen, wie die Wärme, die von der Sonne ausgeht, Gott nur vermittelt ehren[112]. Soviel also die „entia" und d.h.

---

bet erectum, non tanquam Caelum sit Deus mentium, sed quasi confitens autorem tantorum systematum, et caelestium Dominum, esse implorandum, ipsumque esse Deum."

[108] Ebd. 3, 1; 204/216: „Naturali Religioni accedere super additam, et non in illa, sed in hac errores, et varietates contingere: proptereaque ad Deum pertinere veritatis reuelationem intentare."

[109] Ebd.: „Sed non modo naturalis est religio hominibus; verum et posita secundum legem et artem inuenitur, quoniam a naturali esse dependet artificiale, sicut ab amore sui innato amor aliorum, et notitia indita per extensionem fit addita ... Et quoniam in hac addita caecutimus. Propterea quod quidquid potens est, aut magnum, aut bonum nobis, eo quod repraesentat diuinitatis particulam, putamus esse Deum, vltra non discurrentes: Ideo religio posita a nobis est imperfecta, et falsa interdum. Indita vero perfecta, et vera. et quia contingit, homines errare ob additas, idcirco ad Deum spectat si nostri curam gerit, religionem, et iter ad se propalare."

[110] Ebd. 205/216.

[111] So die Überschrift 3, 2; 205/218.

[112] Ebd.: „Religio naturalis vnicuique Enti, est cultus proprij principij: et quae immediate a Deo emanant, immediate colunt Deum; quae vero non nisi per aliud, sicut calor solaris procedit a sole immediate, sed tamen a Deo processit sol, non subito ad Deum per cultum reuertuntur, sed prius ad principium proximum, se conferunt."

auch die „materialia" am Sein Anteil haben, soviel eignet ihnen auch an „religio"[113].

Diese Aussagen – im weiteren Verlauf des Buches kommt der uns hier interessierende Terminus nicht mehr vor – veranlassen zu dem Schluß, daß Campanella die genaue Bestimmung der „Religio naturalis" aus seinem „Atheismus Triumphatus" nicht aufnimmt. Allem Anschein nach meint er in seiner Metaphysik mit der „Religio naturalis" also nicht die unterste Stufe der vierfachen „Religio". Überall, wo er von ihr spricht, stellt er einen Kontext her, in dem die jeweilige Wirklichkeit aufgrund ihrer Existenz Gott ehrt, was natürlich auch für den Menschen gilt; Grund für sie ist das Abhängigsein von Gott und die hieraus resultierende Hinordnung auf ihn, und dies beim Menschen auch schon allein aufgrund seiner Existenz. Die Beispiele zeigen, daß diese Hinordnung auf Gott als allen „entia" bzw. jedem „ens" eigen nichts spezifisch Menschliches darstellt.

Darüber hinaus aber unterscheidet Campanella die dem Menschen zukommende „Religio" in dreifacher Weise, als „mentalis, animalis, et coexistentialis"[114]. Die „animalis" unterscheidet er merkwürdigerweise noch einmal in eine zarte, luzide von der Sonne her, die zur Sonne tendiert, und eine massive von der Erde her, die sich auf diese richtet[115]. Weil aber der menschliche Verstand, der gleichfalls von Gott ausgeht, mit Wissen und Wollen ausgestattet ist, wendet er sich auf doppelte, nämlich auf eine einfache und eine zusammengesetzte Weise Gott zu. Besteht erstere in der (direkten) Erhebung zu Gott, der „vita contemplativa", so letztere in einem Schaffen des Menschen, der „vita activa". Dem entspricht eine doppelte „Religio"[116].

Danach erläutert Campanella die „Religio mentis", nach der der Mensch durch die Liebe wahrhaft an Gott zurückgebunden wird[117]. Diese Hinwendung zu Gott erfolgt nicht spontan, so daß es eine große Leistung der Seele bedeutet, auch ihren animalischen Teil zum Dienst für Gott zu zwingen und alle äußeren Dinge einzubeziehen, welches dann die „Religio composita ex mentali et ani-

---

[113] Ebd., wo Campanella nach weiteren Beispielen das Wasser anführt, das wie alle „entia", die „materialia" sind, zu seinem Ursprung zurückstrebt; die Formulierung lautet: „et quidem entia haec recedunt loco et situ a principio suo, quoniam materialia sunt; et quantum habent de esse, ... et tantum de religione".

[114] Ebd.

[115] Ebd.: „Animalis vero duplex est pars: nam alia tenuis, calida, lucidaque a sole est, et ad solem tendit: crassa vero a terra, et in ipsam vergit." Vgl. auch ebd. /220.

[116] Ebd. 205/218, 220, im Anschluß an das vorausgegangene Zitat: „Quoniam vero mens, licet a Deo recesserit, non tamen ipso inscio et nolente, sed volente, sed permittente, propter opus Dei aliquod insigne: propterea reuersionem habet ad Deum duplicem. Alteram simplicem, qua se ad Deum eleuat, alteram compositam, qua operatur opus, ad quod emissa est iuxta Dei ordinationem, et non iuxta voluptatem additam. Idcirco vita hominis est duplex, contemplatiua, et actiua: et Religio est duplex. Etenim ex his duobus integratur."

[117] Ebd. /220: „Religio mentis est reuerti in Deum, Potentia, Sapientia, et Amore, ex totis viribus, ex tota mente, ex toto corde." Hier folgt dann die Bemerkung: „tunc vere Deo religatur".

mali" ergibt[118]. Die drei Teile der „Religio" bestehen also darin, alle Fähigkeiten zur Verehrung Gottes einzusetzen und die Seele von den äußeren auf die inneren Dinge zu lenken, sodann innen Gott zu ehren, da die Weisheit den Anfang der Gottesfurcht, der „Religio" darstellt – folglich nennt er die Philosophen „religiosi" –, um schließlich durch die Liebe die „Religio" zu vollenden[119].

Nach dieser Grundlegung geht Campanella zu den verschiedenen „religiones" über: Während die „Religio" als „vnio" des Geistes mit Gott eine ist, entsteht durch die Unzulänglichkeit unserer Erkenntnis eine „diversitas religionum"[120]. Denn Gott reicht über unsere Erkenntnis hinaus, so daß jeder den Gott verehrt, den er erkennen kann. So ergibt sich, daß alle Nationen trotz der „innata scientia" Gottes [121], deren sie bedürfen, sich rühmen, die „Religio" von Gott erhalten zu haben, die Hebräer, Christen, Mohammedaner und Heiden, von denen Campanella noch eigens die Japaner nennt[122]. Sodann unterscheidet er die „Religio interna", nämlich jene, die ein „homo privatus" übt (und also noch keine ‚innerliche'), und eine „externa", die der „civilis (sc. homo)" praktiziert[123]. Letztere nennt er auch „Religio communis"[124] oder – und das verdient unterstrichen zu werden – „Religio politica"[125]. Zu dieser gemeinsamen „Religio" gehört alles, was seitens der Tradition genannt wird, Priester, Gebet u.a.m. bis hin zu Eid und Gelübde[126]. Sie stellt für das Gemeinwesen die „mens" dar[127]. Campanella nennt sie auch „artificialis": Wie die „Religio naturalis" in allen dieselbe ist, so existiert die „artificialis" vielfältig; die „Religio naturalis" kann durch die „religiones superadditae" so verdunkelt werden, daß sie zu „superstitiones ... et sectae" werden[128].

Als Resümee ergibt sich, daß Campanella einmal die „religio vera" von den „falsae religiones" unterscheidet und dafür häufig auf die Tradition und hier ins-

---

[118] Wenig später heißt es dann: „Propterea magna virtus animae est, si partem quoque animalem cogit seruire Deo, et cultui eius dedicat omnia exteriora, ne interior cultus incommodetur, et haec est Religio composita ex mentali et animali."
[119] Ebd. 205f/220, 222.
[120] Ebd. 206/224: „Quoniam essentialiter religio est vnio mentis cum Deo, vnde erat IESVS, vt omnes in eo vnum sint: vniri autem non possumus ignoto; oportet praecedere notitiam. Cognoscere autem non possumus quod supra nos est perfecte, neque pro tali cognitione acquirenda operari, orta est in Mundo diuersitas Religionum. Vnusquisque enim talem coluit Deum, qualem cognouit per se, vel alter sibi proposuit; sunt enim homines, sicut filij Dei, qui educati extra patris Regnum, non norunt eum, sed vocant Tatam (= Vater in lallender Kindersprache) quemcunque obuium, et quem sibi proponunt nutritij patrem."
[121] Ebd.; vgl. auch die Kapitelüberschrift 4; 206/222.
[122] Ebd. 206/224, 226.
[123] Ebd. 205/226.
[124] Ebd. 205/226, 228.
[125] Ebd. – Letzterer Terminus wurde im „Atheismus" nicht nachgewiesen, vgl. o. mit Anm. 93.
[126] T. Campanella, Metaphysica, aaO.: „In hac autem religione communi requiritur sacerdos, sacrificium, oratio, laudatio, devotio, adoratio, consultatio Dei de occultis et futuris, iuramentum, adiuratio, votum, consecratio, benedictio, et unio cum Deo exterior."
[127] Ebd.
[128] Ebd. 205/232.

besondere auf Thomas von Aquin zurückgreift. So behält er die Bedeutung der „religio" als sorgfältige Beachtung der Verhaltensweise Gott gegenüber bei, die dem Menschen „naturalis" ist.

Zum anderen formuliert er innovativ zunächst eine vierfache „religio", wobei er in bislang singulärer Weise als „religio naturalis" die reine Existenz der nichtgeistigen, unbelebten Wirklichkeit ansieht, die natürlich auch der Mensch aufgrund seines rein materiellen Seins realisiert. Im Unterschied zu den anderen Ebenen nennt Campanella allerdings diese „religio" eine „analogica". Darüber hinaus aber bezeichnet er als „religio animalis" die der belebten Wirklichkeit speziell bei Tieren, daß nämlich durch animalische Vollzüge Gott geehrt wird. Dann kommt die gleichfalls erstmals hier so konzipierte „religio rationalis" der geistbegabten Kreatur. Diese wird zugleich aufgrund der Gnade Gottes zur „religio supernaturalis" und kommt mit letzterer erst zu ihrer eigenen Vollendung. Doch scheinen „supernaturalis" und „naturalis religio" nicht deutlich voneinander unterschieden, insofern Campanella zwar die göttliche Gnade berücksichtigt, zugleich aber beide in einer wesentlichen Kombination oder gar unscharfen Identifikation sieht, derzufolge sie vom Menschen zu realisieren sind.

Unter den gegebenen Realisierungen fragt dann Campanella, welche „religio positiva" im Sinne einer tatsächlich vorhandenen „religio" denn die wahre ist. Zudem formuliert er im Hinblick auf den Menschen nicht nur eine „naturalis", sondern auch eine „superaddita", eine „naturalis" und „artificialis", eine „contemplativa" und „activa", und schließlich eine „mentalis, animalis, et coexistentialis religio", wobei letztere offensichtlich die Verbindung der beiden ersteren darstellt. Schließlich unterscheidet er eine „religio interna", die der Mensch privat, und eine „externa", als Bürger und d.h. öffentlich praktiziert, die auch „religio politica" heißt.

Wie weit gefächert der Sprachgebrauch bei Campanella bleibt, zeigt sich auch und nicht zuletzt in der alternativen Verwendung von „religio" und „lex". Daß er letztere als „Christiana lex" für heilswirksam ansieht, stellt eine zuvor so nicht beobachtete Weiterführung dar. Jedenfalls zeigt der Terminus „lex" noch einmal Campanellas tiefe Verwurzelung in der Tradition.

Alles in allem ergibt sich also bei Campanella ein ebenso vielfältiger wie wesentlicher Beitrag zum Thema, wenn auch zentrale Fragen in den analysierten Texten offen bleiben. Sicher kehren zahlreiche Termini Campanellas später wieder. Die Frage wird sein, ob und gegebenenfalls in welchem Maße sie von ihm beeinflußt sind.

Edward Lord Herbert von Cherbury

Weithin gilt Edward Lord Herbert von Cherbury (1582–1648)[1] gleichsam als Wegbereiter und Kronzeuge der „Religion" zu Beginn der Neuzeit[2]. Entsprechend häufig wird er als maßgeblicher Begründer der „natürlichen Religion" angesehen[3], die als besondere Auszeichnung des Deismus genannt wird[4]. In dessen Genealogie nimmt er aufgrund der Bestimmung der „Religio" durch fünf „Notae" einen herausragenden Platz ein, wie die Bezeichnung „Vater des englischen Deismus" sagt[5]. So kann von ihm auch als dem Urheber einer „Lehre von der universalen Vernunftreligion" gesprochen werden[6].

Ursprünglich und primär geht es Herbert von Cherbury freilich um die Wahrheitsfindung. Hinter diesen Bemühungen stehen jedoch schwerwiegende Erfahrungen seiner Zeit. Nach der Herrschaft Elisabeths I. (1533–1603) über-

---

[1] Aus altem Landadel stammend, eignete sich Edward Herbert von Cherbury eine umfassende humanistische sowie medizinische und pharmazeutische Bildung an und erwarb sich die Fähigkeiten eines Edelmanns. Nach der Teilnahme an kriegerischen Auseinandersetzungen mit den Niederlanden und Reisen bes. durch Italien war er englischer Gesandter am französischen Hof (1619–1624), eine delikate Aufgabe angesichts der Spannungen zwischen Katholiken und Protestanten. Nachdem er in Ungnade gefallen war, suchte er ohne rechten Erfolg, eine Entschädigung für seine Gesandtschaftstätigkeiten zu erhalten. Er lebte die letzten Jahrzehnte zurückgezogen in England, beschäftigt mit verschiedenen Publikationen. Versuche, Anerkennung zu finden, so über Marin Mersenne bei René Descartes, führten nicht zum Erfolg. Verbindung hielt er vor allem zu vielen Autoren, so zu Hugo Grotius. Interessant zu wissen wäre, welche persönlichen Kontakte sich in Paris ergeben haben, da während seiner Gesandtschaftstätigkeit ebenso Hugo Grotius wie auch Thomas Hobbes in Paris waren.

[2] Vgl. dazu Günter Gawlick, Einleitung, in: Edward Lord Herbert of Cherbury, De Veritate, Prout distinguitur a Revelatione, a Verisimili, a Possibili, et a Falso, Londini 1645, ND, hg. von Günter Gawlick, Stuttgart-Bad Cannstatt 1966; Mario M. Rossi, La vita, le opere, i Tempi di Eduardo Herbert di Chirbury, I–III, Firenze 1947; Henning Graf Reventlow, Bibelautorität und Geist der Moderne. Die Bedeutung des Bibelverständnisses für die geistesgeschichtliche und politische Entwicklung in England von der Reformation bis zur Aufklärung (= Forschungen zur Kirchen- und Dogmengeschichte 30), Göttingen 1980, 313–327.

[3] Vgl. Martin Schmidt, Herbert von Cherbury, Edward, in: RGG³ III, 232f, 233; Christof Gestrich, Deismus, in: TRE VIII (1981), 392–406.

[4] Vgl. Günter Gawlick, Deismus, in: Historisches Wörterbuch der Philosophie, hg. von Joachim Ritter, II, Basel 1972, 44–47, 45.

[5] Günter Gawlick, Einleitung, VII, schon hier in Anführungszeichen; vgl. die Differenzierungen zum Deismus, ebd. XV, XXVIII. – Daß Herbert von Cherbury den Deismus in England eingeführt habe, gilt weithin als ausgemacht, vgl. Brockhaus Enzyklopädie IV, Wiesbaden 1968, 379 s.v. Deismus; daß er faktisch selbst Deist ist, vgl. bei Günter Gawlick, Vorwort, in: Gotthard Victor Lecler, Geschichte des Deismus, 1841, ND Hildesheim 1965, XVIII. Vorsichtiger sind Einschätzungen, daß sein Gedankengut im Deismus weiterwirkt oder er ein „Vorläufer des Deismus" war, vgl. Brockhaus Enzyklopädie VIII, 388 s.v. E. Herbert von Cherbury, ferner Clementius Schoonbrood, Herbert v. Cherbury, Edward, in: LThK² V, 241. Diese Artikel zu Herbert von Cherbury formulieren also differenzierter als die zum Deismus.

[6] Wilhelm Dilthey, Die Autonomie des Denkens, der konstruktive Rationalismus und der pantheistische Monismus nach ihrem Zusammenhang im 17. Jahrhundert (1893), in: ders., Weltanschauung und Analyse des Menschen seit Renaissance und Reformation, Gesammelte Schriften, II, Göttingen ¹⁰1977, 246–296, 256f.

nahm der schottische König als Jakob I. (1566–1625) die englische Krone; doch dieser Sohn Maria Stuarts (1542–1587), die auf Veranlassung Elisabeths I.hingerichtet worden war, zeigte sich den ständigen innenpolitischen, innerprotestantischen und interkonfessionellen Auseinandersetzungen wenig gewachsen. Erst recht konnte bei noch einmal immens gestiegenen Spannungen sein Sohn Karl I. (1600–1649) der Konflikte nicht Herr werden, in deren Folge er selbst zum Entsetzen Europas hingerichtet wurde. Auf ihn folgte die Herrschaft Oliver Cromwells (1599–1658), die ihrerseits keineswegs friedlicher verlief. Dabei wurden die politischen und gesellschaftlichen Probleme nicht zuletzt motiviert und stimuliert durch den heftigen Antagonismus zwischen Anglikanern und Puritanern mit ihren doch entschieden widerstreitenden Konzepten über den wahren Glauben.

Die Findung der „Veritas"

Die frühe Schrift „De Veritate" hat Herbert von Cherbury vor allen anderen bis heute in lebendiger Erinnerung gehalten, und dies speziell wegen seiner Aussagen über die „Religio". Dabei fragt sich, ob gerade dieser Abschnitt zum Grundbestand des Textes gehört hat[7]. Sicher kann man nicht sagen, daß die gesamte Argumentation des Buches zwingend auf ihn zuläuft.

Vom Thema und der umfangreichen Ausführung her bemüht Herbert von Cherbury sich um eine sichere Begründung bzw. Findung der Wahrheit angesichts der vielfältigen „sectae" und „schismata" und des „Chaos" der Meinungen; demgegenüber will er „animo et pietate" über die Wahrheit handeln[8]. Um diese zu finden, unternimmt er seine ausführliche „Zetetica"[9]. Sicher kann man bei der Wahrheitssuche nicht die „Fides" der „Ratio" vorordnen; vielmehr gilt es, von den *„Notitiae illae Communes"* auszugehen, weil das, was in aller Munde bzw. was allen als *„Instinctus Naturalis"* gegeben ist, allein eine gesicherte Basis für die Erkenntnis der Wahrheit bieten kann[10]. Auf das allen Menschen gemeinsame Ziel, die ewige Seligkeit, richtet sich eine „Facultas" in allen Menschen, die nicht vergeblich gegeben sein kann; und wir erwarten, diesem Ziel durch die „vera ... *Religio*" gleichgestaltet zu werden[11]. Herbert von Cherbury nimmt mit

---

[7] Erarbeitet hat Herbert von Cherbury den Text „De veritate" 1617–1619, dann nach eigenen Aussagen in Paris überarbeitet, vgl. dazu G. Gawlick, Einleitung, XI; doch dürfte diese Überarbeitung, wie Gawlick betont, nicht so einschneidend gewesen sein, wie die Bemerkung Herbert von Cherburys insinuiert. – Von den drei handschriftlichen Texten von 1619, 1622 und 1623 fehlt dieses Stück über die „Religio" in der mittleren Fassung, vgl. bei G. Gawlick, XI–XIII. Wohl aus diesem Befund schließt man, daß diese Passage nicht zum ursprünglichen Bestand gehört hat.
[8] E. Herbert von Cherbury, De Veritate, 1.
[9] Ebd. 32, vgl. bes. 198–208.
[10] Ebd. 2f.
[11] Ebd. 4: „Denique et legibus et Analogia veritatum expensis, omnem facultatem cum objecto suo proprio conformari posse, sub quibusdam conditionibus deprehendimus; proinde et Facultatem illam quae Beatitudinem aeternam appetit, cum omni homini insit, frustra dari non posse; sed ex medio, sive conditionibus suis, vera nimirum *Religione*, conformari posse advertimus. Neque enim sine medio finem, vel Deus proposuit, vel ipsa rerum natura patitur."

der „*Beatitudo aeterna*"[12] zugleich die Bestimmung der Tradition auf, daß das Ziel des Menschen von Natur aus die ewige Seligkeit ist, auf die sich der ganze „animus", die ganze Liebe und der ganze Glaube des Menschen bezieht[13]. Die ewige Seligkeit nicht als Objekt des „*Instinctus Naturalis*" anzusehen, ist für Herbert von Cherbury unklug und widersprüchlich[14]. Da sie identisch ist mit dem „*summum bonum*"[15], d.h. mit Gott, wird von Herbert von Cherbury im philosophischen Zusammenhang eine theologische Bestimmung des Menschen ausgesagt, als ob der Mensch von Natur aus Gott auch erreichen könnte, wenn er ihn schon mit der natürlichen Vernunft erkennen kann. Mit der Bestimmung der ewigen Seligkeit als Ziel des Menschen (von Natur aus) intendiert Herbert von Cherbury faktisch eine Einheit intellektueller und gesamtmenschlicher Erfüllung. Diese bestimmt im Grunde auch seine ganze Abhandlung, selbst wenn zunächst und auf weite Strecken der Akzent mehr auf der intellektuellen Ebene zu liegen scheint.

Die Argumentationen zur Begründung der Wahrheit, die Herbert von Cherbury vorlegt, stellen ein ziemlich kompliziertes Geflecht dar. Sie können und brauchen hier nicht im einzelnen nachgezeichnet zu werden. Es genügt ein Hinweis auf die grundlegende Annahme „*Est Veritas*"[16] und einer „*veritas quaedam harum veritatum*", nämlich der „*Veritas intellectus*", die Herbert von Cherbury weiter differenziert bzw. unterteilt in die „*veritas rei, veritas apparentiae et veritas conceptus*"[17]. Zunächst erörtert er diese letzteren drei, die er als „*Veritates incomplexae*"[18] charakterisiert. Sodann widmet er sich der „*intellectus veritas*"[19] und mit ihr der „*Veritas Complexa*"[20]. Allgemein beschreibt er diese und andere zu dieser Stufe gehörende „veritates" als „*Notitiae quaedam Communes*", die in allen gesunden und unversehrten Menschen existieren[21]. Durch diese werden die dem Menschen eigenen „*Facultates*" mit den Objekten konform[22].

Unvermittelt führt Herbert von Cherbury darüber hinaus den „*Consensus Universalis*"[23] ein, der die höchste Norm der Wahrheit darstellt[24]. Zugleich ist

---

[12] Ebd. bes. 63ff., vgl. 109.
[13] Ebd. 64.
[14] Ebd. 65.
[15] Ebd. 207.
[16] Ebd. 8.
[17] Ebd. 11.
[18] Ebd. 11–26, 26.
[19] Ebd. 27.
[20] Ebd. 29; hier auch „Veritates intellectus".
[21] Ebd. 27: „Sunt autem veritates istae, *Notitiae quaedam Communes in omni homine sano et integro existentes, quibus tanquam coelitus imbuta mens nostra de objectis hoc in theatro prodeuntibus decernit.*" Vgl. 29: „*Sunt igitur Veritates intellectus, Communes quaedam notitiae in omni homine sano et integro existentes, quae (tanquam partes scientiarum) ab ipsa Universali Sapientia depromptae, in foro interiore ex dictamine Naturae describuntur.*"
[22] Ebd. 29; als „Facultas" bezeichnet Herbert von Cherbury jede innere Kraft, „*quae diversum sensum ad objectum diversum explicat*"; 30.
[23] Ebd. 38.
[24] Ebd. 39.

dieser eine „doctrina *Instinctus Naturalis*", aber auch, wie es merkwürdigerweise heißt, ein notwendiges Werk der universalen göttlichen Vorsehung[25]. Der wesentliche Akzent liegt jedoch darauf, daß der „*Consensus Universalis*" aus dem Verstand resultiert[26]. Ebenso heißt es, daß Gott die „*Notiones Communes*" den Menschen in jedem Jahrhundert zugeteilt hat[27]. Zu diesen „*Communes Notitae*" – wie er auch sagt – gehören Gott und die Tugend[28].

Die Wahrheit beruht also für Herbert von Cherbury auf „*Facultates*"[29], auf einem der menschlichen Vernunft eigenen, von der göttlichen Vernunft gegebenen „*Instinctus Naturalis*"[30] sowie auf einem „*Consensus Universalis*", der als höchste Norm der Wahrheit zugleich auf die „*Communes illae Notitiae*" hinweist, die der Prüfung und Ordnung bedürfen[31]. Solche in Ordnung gebrachten „*Notitiae ... Communes*" und d.h. eine solche „lex" fordern alle Völker, so daß trotz vielfältiger Verschiedenheiten ein höchster „*Consensus*" sei es in der „religio", sei es im „jus civile et Politicum" besteht; jede noch so barbarische „*Religio*" oder „*Philosophia*" enthält also eine gewisse Wahrheit[32]. Aus der Vernunft resultiert der Konsens ebenso wie die erste und höchste Theologie und Philosophie; die „*Leges, Religiones, Philosophiae*" lassen sich also nicht allein aus den schriftlichen Zeugnissen ableiten, sondern aus den inneren „*Facultates*"[33]. Seine Tendenz macht Herbert von Cherbury gleichfalls bereits hier deutlich, nämlich, überlieferte Offenbarungslehren zu kritisieren; er mahnt, sich durch das Schick-

---

[25] Ebd. 39.
[26] Ebd. 40.
[27] Ebd. 40.
[28] Ebd. 41: „Nos enim intrepide dicimus, omni saeculo fuisse et esse Homines, Ecclesias, Scholas nugivendulas, quae ex historiis verisimilibus, et *discursu* nescio quo putido, in subsequente aliquo saeculo imposturas, et figmenta etiam illepida (quibus tamen fidem adhiberi postulant) invexere, quod certe ex methodo nostra nunquam contigisset. Neque tandem vos in angustias cogi isto pacto existimetis. *Deus enim et Virtus sunt Communes Notitiae ubique;* a quibus qui recessit, nisi expiato scelere salutem sperare interdicitur. Restat ut nulla scripturientis sive ignorantia, sive ementita authoritas vobis suggerat *Deum in necessariis, vel ad hanc vitam, vel ad aeternam, ullo saeculo vel homini defuisse, vel quidem deesse posse.* Est enim *Providentia Divina Universalis* supra omnem fida *historiam.*"
[29] Von ihnen unterscheidet er noch einmal „*Facultates divinae*" bzw. „Facultates Divinae noëticae", ebd. 37 bzw. 63, vgl. 63–66, 124–127.
[30] Er spricht auch im Plural von „*Instinctus naturales*", ebd. 44.
[31] Ebd. 38f: „Cum ea quae ex *Consensu Universali* fidem obtinent, et vera esse oportet, et ab aliqua *Facultate interna conformari,* (neque enim falsa esse ulla ratio suadebit unquam;) nulla cum sit in homine facultas, cui ista potius debeatur veritas, facultatem conformantem *Instinctum Naturalem* facimus, ea lege, ut cui obsoletum videatur, aliud per me quaerat *vocabulum,* integrae tamen ut stent (quae a *consensu universali* petuntur) *Veritates.* Summa igitur veritatis norma, erit *Consensus Universalis.* Ut interea maximum sit operae pretium, *Communes illas Notitias seligere, et suo loco (tanquam veritates indubias) reponere;* quod certe hac tempestate (si unquam) necessarium."
[32] Ebd. 39.
[33] Ebd. 40: „Unicam Veritatis normam in necessariis, facimus *Consensum istum Universalem* (qui sine providentia divina non instituitur.) Hanc interea provinciam eo lubentius capessimus, quod in istis Dei Opt. Max. causam agamus, qui *Notiones Communes tanquam media providentiae suae divinae universalis,* nullo non saeculo hominibus impertivit."

sal (ungetaufter) Kinder und Embryonen nicht schrecken zu lassen[34]. Ihm liegt demgegenüber daran, von der Vernunft her die Existenz Gottes und seiner gerechten Vorsehung anzunehmen, sich auch zu einem frommen sowie Wohltätern und besonders Gott gegenüber dankbaren Leben führen zu lassen[35]. Zugleich aber gilt es, dem *„Instinctus Naturalis"* möglicherweise „irrationaliter", d.h. ohne „discursus", und der „ratio" als *„quaedam deductio notitiarum communium"* zu folgen[36]. In diesem Zusammenhang stellt er auch fest, daß die *„Religio"* eine *„Notitia Communis"* ist[37]. Nur bleibt zu berücksichtigen, daß, je höher die Wahrheiten sind, um so größer die Beimischung des Irrtums sein kann, was besonders für den *„Cultus Divinus"* gilt[38], wie Herbert hier – statt ‚Religio' – sagt. Zu vermerken bleibt, daß die *„Notitiae Communes"* als jene Prinzipien gelten, gegen die man nicht disputieren kann bzw. darf[39].

Diese Hinweise mögen genügen, die komplizierte Begründung der Wahrheit bei Herbert von Cherbury und den nicht minder komplizierten Weg zu ihrer Findung wenigstens anzudeuten. In den folgenden umfangreichen Ausführungen erläutert er dann den *„instinctus naturalis"*[40], die *„Sensus Interni"*[41], die *„Sensus Externi"*[42], den *„Discursus"*[43] sowie die einzelnen *„Facultates"*, die zu den verschiedenen Fragen – etwa „Quale", „Quantum", „Ad-quid" oder „Unde" und schließlich „cujus gratia"[44] – motivieren. Überraschend ist, daß in all diesen Ausführungen die *„Religio"* sozusagen keine Rolle spielt[45].

Näher qualifiziert wird die *„Religio"* somit nur durch den erst dann folgenden und relativ kurzen Abschnitt über die *„Notitiae communes circa Religionem"*. Deutlich setzt Herbert von Cherbury sie ab von der Offenbarung[46] und

---

[34] Ebd. 41.
[35] Ebd. Auch findet sich der Hinweis auf eine solche Kenntnis Gottes und des Schöpfers, 48.
[36] Ebd. 42f.
[37] Ebd. 43: „*Religio* est *Notitia Communis*; nulla enim sine Religione natio, saeculum. Videndum igitur est, quaenam in *Religione* ex consensu universali sint agnita: universa conferantur: quae autem ab omnibus tanquam vera in *Religione* agnoscuntur, *Communes Notitiae* habendae sunt. Sed dices esse laboris improbi: At alia ad veritates *Notitiarum Communium* non superest via; quas tamen ita magni facimus, ut in illis solis *sapientiae Divinae universalis* arcana deprehendi possint. Nihilo segnius ista adsecutus progredieris. Insuper *Lex* est *Notitia Communis*; iisdem passibus igitur insiste, et quae ab omnibus comprobantur *leges*, tanquam sanae habendae sunt." Vgl. 61, daß der *„Cultus Dei"* aus einer *„mendosa Religio"* urgiert werden kann.
[38] Ebd. 52.
[39] Ebd. 42.
[40] Ebd. 37–66.
[41] Ebd. 66–127. Zu diesen gehört bes. das Gewissen, vgl. 104–108.
[42] Ebd. 128–151. Zur Überwindung der Differenz von Innen und Außen bei der Begründung wahrer Erkenntnis rekurriert Herbert von Cherbury durchgängig auf die Analogie, insgesamt erscheint diese Analogie ebenso wie die *„Facultates ... analogae"*, 11 u.ö., nicht hinreichend geklärt, vgl. dazu 13, 31 u.ö., bes. 115, 125f, bis hin zur *„Analogia fidei",* 234.
[43] Ebd. 151–176.
[44] Ebd. 176–207.
[45] Hingewiesen wird auf sie ebd. 113, 185, 207.
[46] Ebd. 207f.

betont, daß nicht jede „*Religio*", die eine Offenbarung enthält, schon gut ist[47]. Damit hebt er hervor, daß die „*Religio*" in den Bereich der Vernunft gehört und überdies von ihr her als offenbarungskritischer Maßstab bestimmt werden kann.

Die „Notitiae communes circa Religionem"

Mit diesen „*Notitiae Communes*", die Herbert von Cherbury eigens „solenniores" nennt[48], sucht er eine Unabhängigkeit von der Offenbarung zu erreichen; denn er bestreitet nicht, daß es Offenbarung gibt[49], doch scheint ihm deren Verläßlichkeit nicht zuletzt angesichts der vielfältigen Weisen ihres Zustandekommens fraglich[50]. Folglich kann er auch nicht jede „*Religio*", die sich auf eine Offenbarung stützt, schon als gut ansehen, als ob sie eine notwendige oder nützliche Lehre enthielte[51]. Daraus folgt für ihn die Wertschätzung der „*Religio*"; denn sie basiert nicht darauf, daß die „*Ratio*" verabschiedet und die „*Fides*" an deren Stelle gesetzt wird[52]. Deswegen kann auch nur die aufgrund der „*Sapientia Universalis*" bekannte „*Religio*" den Rahmen dafür abgeben, was an Inhalten durch eine „*fides*" hinzukommt[53]. Es kann dabei freilich nicht um irgendeine „*Religio*" gehen, sondern nur um jene, die durch die „*Notitiae Communes*" bestimmt ist[54]. Angesichts der Vielzahl von Riten und Zeremonien kann man sich auf eine „*fides*" nur verlassen, wenn die fünf „*Notitiae Communes*" sie stützen[55]. Diese behandelt Herbert von Cherbury dann ausführlich; anhand der Überschriften lauten sie, daß es ein höchstes „*Numen*" gibt, daß dieses verehrt werden muß, daß die Tugend den vornehmlichen Teil des „*Cultus Divinus*" darstellt, daß für die Verbrechen Buße geübt werden muß und daß nach diesem Leben Lohn und Strafe folgen[56].

---

[47] Ebd. 208.
[48] Ebd. 207.
[49] Vgl. dazu bes. den an die Charakterisierung der „*Religio*" anschließenden Abschnitt „*De Revelatione*", ebd. 226–231.
[50] Vgl. ebd. 227 und immer wieder den Hinweis auf die „*Revelationes*", die Priester erhalten zu haben behaupten.
[51] Ebd. 208.
[52] Ebd.
[53] Ebd. 209.
[54] Ebd.: „Neque enim ex aliena, sed propria uniuscujusque *fide* rationem factorum suorum exiget suprema die Judex. Quapropter ex Sapientia Universali praecognita *Religionis* sancienda sunt, ut quicquid deinde ex vero *fidei* dictamine adjectum fuerit, tanquam *superliminare et fastigiatum* aliquid substructione ista fulciatur. Ex quibus patet, haud ita temere *Religionem* quamlibet recipiendam esse, adeoque a primo exquirenda esse, unde suus illi constiterit Honos; quae omnia *Notitiis Communibus* inniti comperies Lector."
[55] Ebd. 209, wo die aus der ersten folgenden weiteren vier „Notitiae" mit „*cultus Dei, pietas, resipiscentia, praemium et poena*" angegeben werden.
[56] Die Überschriften lauten, ebd. 210: „*Esse Supremum aliquod Numen*"; 212: „SUPREMUM ISTUD NUMEN DEBERE COLI"; 215: „*Virtutem cum pietate conjunctam ... praecipuam partem Cultus Divini habitam esse et semper fuisse*"; 217: „*Horrorem scelerum Hominum animis semper insedisse; Adeoque illos non latuisse Vitia et scelera quaecunque expiari debere ex poenitentia*"; 220: „*Esse praemium, vel poenam post hanc vitam*".

Die erste „*Notitia*" enthält faktisch eine traditionelle Gotteslehre (der Theologia naturalis), daß Gott selig, Ziel und Ursache aller Dinge ist, sie mit seiner Vorsehung auch lenkt und daß er die bekannten Eigenschaften besitzt – ewig, gut bis hin zu allmächtig und frei –[57]. Den vielfältig verbreiteten Polytheismus erklärt Herbert von Cherbury damit, daß diese verschiedenen Eigenschaften Gottes zu jeweils anderen Göttern ausgestaltet worden sind[58]. So bleibt es dabei, daß es im Grunde nur einen Gott gibt. Diese Überzeugung sieht Herbert von Cherbury in langer Tradition selbstverständlich durch die Vernunft begründet[59].

Aus dieser grundlegenden Annahme der Existenz Gottes folgt als zweite „*Communis Notitia*" der Vernunft bzw., wie Herbert von Cherbury ausdrücklich parallel sagt, als „*Consensus Vniversalis*" die Anbetung allein des „*unus Deus*", der hier wie schon zuvor gern „*Deus Optimus Maximus*" genannt wird[60]. Daß diese Verehrung verschiedene Vollzüge einschließt – etwa Gebete, Gelübde – und sich in verschiedenen Einrichtungen vollzieht – etwa an geweihten Orten, in Tempeln –, stellt für Herbert von Cherbury weniger ein Problem dar als die Tatsache, daß seiner Meinung nach Priester und andere interessierte Kreise unter dem Namen der „*Religio*" alles mögliche vertreten haben, was mit ihr sehr wenig zu tun hat[61]. Gerade deswegen liegt ihm daran, daß die Menschen jene „*facultates ad Religionem*" haben – nämlich eben jene „*Communis Notitia*" –, die aus der Vernunft resultieren und die Fehlformen der „*Religio*" erkennen lassen[62]. Daß es dann auch Atheisten gibt, begründet Herbert von Cherbury einmal damit, daß diese nur ein durch Verzerrungen entstelltes „*Numen*" ablehnen oder aber daß sie „*irreligiosi*" und „*Athei*" sind, wie es ungesunde und unvernünftige Menschen gibt, obwohl sie von Natur aus und d.h. in aller Regel geistbegabt und vernünftig sind[63]. Die Vernunftbegabung stellt für Herbert von Cherbury wie die „*Religio*" die „*ultima Hominis differentia*" dar[64], also das, was den Menschen vor aller anderen Wirklichkeit auszeichnet.

Dann aber kommt Herbert von Cherbury zu der eigentlichen überraschenden „Nota", nämlich zur ethischen Komponente der „*Religio*", derzufolge die mit der „*pietas*" (!) verbundene Tugend den bevorzugten Teil des „*Cultus Divinus*" darstellt[65]. Besteht hinsichtlich der Riten und Zeremonien sowie der Tradition der größte Dissens, so diesbezüglich ein Konsens: Aus dem Gewissen heraus, durch „*notitiae communes*" bestimmt, entsteht die mit der „*pietas*" verbun-

---

[57] Ebd. 210–212.
[58] Ebd. 212.
[59] Ähnlich heißt es bei Philippe Duplessis-Mornay: „QVOD Deus est", vgl. E. Feil, Religio II, 231.
[60] E. Herbert von Cherbury, De Veritate, 212 und 213.
[61] Ebd. 213.
[62] Ebd. 214.
[63] Ebd.
[64] Ebd.
[65] Ebd. 215.

dene Tugend, auf der sich in einer stufenweise Klimax Hoffnung, Glaube, Liebe, Freude und als letzte Stufe die ewige Seligkeit ergibt[66].

Die ewige Seligkeit hatte Herbert von Cherbury schon zuvor als spezifisches Objekt des Menschen, genauer als das adäquate[67] bzw. als das notwendige Objekt des *„Instinctus Nauralis"* herausgestellt[68]. Bei der Qualifizierung der *„Religio"* in ethischer Hinsicht verweist Herbert von Cherbury auch auf das Gewissen, das durch die *„notitiae communes"* instruiert ist[69]. Bereits früher hatte er, worauf er hier auch zurückverweist, klargestellt, daß *„Religio, Lex, Conscientia"* lehren, nicht zu sündigen[70].

Die Tatsache aber, daß wie im kultischen Bereich Götzendienst, so im ethischen Bereich Laster und Verbrechen um sich greifen können, führt Herbert von Cherbury zu seiner vierten *„Notitia"*, nämlich der Notwendigkeit der Buße für begangenes Unrecht[71]. Wenn auch zur Entsühnung eine Fülle von Riten eingerichtet worden sind, so gibt es doch einen „Religionum *consensus universalis"*, daß nicht durch diese Vollzüge, sondern nur durch wahre Buße und den Glauben an Gott die Verbrechen gesühnt werden können[72].

Die freien Entscheidungen des Menschen sind so gravierend, daß es, wie die fünfte *„Notitia"* besagt, nach diesem Leben Lohn oder Strafe für sie gibt, wie jede *„Religio, Lex, Philosophia"*[73] und am meisten die *„Conscientia"* lehrt[74].

Mit diesen fünf *„Notitiae"* hält Herbert von Cherbury die *„Religio"* für hinreichend bestimmt[75]. Das ethische Moment hatte bereits Bodin in dem ihm zugeschriebenen „Colloquium Heptaplomeres" nachhaltig für die „Religio naturalis" hervorgehoben. Herbert von Cherbury beschreitet also keine völlig neuen Wege, wenn er diesen Aspekt so grundlegend in der Bestimmung der *„Religio"* verankert. Konsequent charakterisiert er auch die Zehn Gebote als *„Notitiae*

---

[66] Ebd.: „De *ritibus, ceremoniis, traditionibus sive scriptis, sive non scriptis, Revelationibus etc.* minime conventum est; sed de *proba facultatum conformatione* summus datur ubique consensus. Qua lege, *proba illa facultatum conformatio* instituenda sit, supra edisseruimus, quae idcirco repetat Lector. Ubi, ex Conscientia *notitiis communibus instructa Virtutem cum pietate conjunctam, ex ea veram spem, ex vera spe fidem, ex vera fide amorem, ex vero amore gaudium, ex vero gaudio Beatitudinem insurgere docetur.*"

[67] Ebd. 64, vgl. 33–66.

[68] Ebd. 110, vgl. 109–119; in diesem Zusammenhang gehören auch die Ausführungen 75–85; im Hintergrund der Argumentation steht das scholastische Axiom vom „Desiderium naturale visionis beatificae", vgl. Thomas von Aquin, Sth I 12, 1; ders., CG III 62.

[69] E. Herbert von Cherbury, De Veritate, 215.

[70] Ebd. 113.

[71] Ebd. 217–219.

[72] Ebd. 217f.

[73] Diese drei finden sich verschiedentlich zusammen, vgl. die eben zitierte Stelle 113, der Zusammenhang von „Religio" und „Lex" vgl. etwa 230, auch 43, hier beide als *„Notitia Communis"*; vgl. dazu den o. Anm. 37 zitierten Text 43; vgl. auch im negativen Kontext 185.

[74] Ebd. 220.

[75] Vgl. ebd. 230f.; vgl. auch die Zusammenfassung, 221: „Ex quibus patet, Dogmata unde *Supremum Numen agnoscitur, cultus ejus jubetur, vitae sanctitas praecipitur, poenitentia scelerum indicitur, et praemium vel poena post hanc vitam denunciatur,* esse a Deo profectas et in nobis descriptas *Notitias Communes.*"

Communes", da sie in jeder „*Religio*" und „*Lex*" enthalten sind[76], was auch schon Toralba in „Colloquium Heptaplomeres" vertreten hatte. Über dieses geht Herbert von Cherbury insofern hinaus, als er nicht verschiedene Positionen akzeptiert, sondern eine generelle Präferenz der „*Religio*" der Vernunft vertreten hat. Freilich wählte er für sie nicht die Bezeichnung ‚Religio naturalis'; daß er diesen Terminus kannte, zeigt eine Aussage in einem frühen Manuskript zu „De Veritate", in der er ihn verwandt, dann aber für den Druck gestrichen hat[77]. Ob Herbert von Cherbury diesen Terminus von Bodin her kannte, ließ sich nicht klären.

Zu vermerken ist Herbert von Cherburys Auffassung, daß nicht jede „*Religio*" gut ist und daß man nicht in jeder gerettet werden kann, freilich ohne Angabe genauer Kriterien, wie eine gute von einer schlechten unterschieden werden kann[78]. Dann aber relativiert er diese Aussage durch die Annahme, daß in jeder „*Religio*" und erst recht in jedem Gewissen, sei es aus der Natur, sei es aus der Gnade, hinreichende Mittel zum Heil vorhanden sind[79]. Freilich gehört seine Präferenz eindeutig den naturgegebenen Heilmitteln entsprechend seiner grundlegenden Annahme einer natürlichen Gotteserkenntnis. Nicht also die „*Ceremoniae*", die die Vorsteher festgelegt haben, sondern die „*Religio casta*" steht im Zentrum seines Interesses[80], die er zur Kennzeichnung ihrer Vollkommenheit zusammenfassend als *„rotunda Dei Religio"* bezeichnet[81].

Mit Nachdruck konstatiert er die Bedeutung von Frieden und Eintracht[82] angesichts der Tatsache, daß es speziell über die Dogmen der „*fides*" – wie es hier bezeichnenderweise heißt! – soviel Streit gibt[83]. Und diesem Frieden dienen die fünf Artikel, die er auch „*Articuli hi Catholici*" nennt[84], auf denen die von ihm sogenannte (und so auch für sich in Anspruch genommene) „*Ecclesia vere Catholica*" basiert, außerhalb derer es kein Heil gibt[85].

Insgesamt hat Herbert von Cherbury also in diesem Buch ein grundlegend geschichtsloses Konzept der „*Religio*" entwickelt. Er spricht nicht von Phasen einer Entwicklung, auch geht es nicht um Erneuerung oder Rückgriff auf einen Ursprung[86], sondern um den Rekurs auf die *„Notitiae Communes"* bzw. den *„Consensus Vniversalis"*. Selbst wenn er die Offenbarung bzw. Offenbarungen

---

[76] Ebd. 230.
[77] Vgl. M.M. Rossi, La Vita, I, 510f.
[78] E. Herbert von Cherbury, De Veritate, 221.
[79] Ebd.
[80] Ebd. 222, 225 u.ö.
[81] Ebd. 224, ferner 225; 224 auch mit der Präzisierung, daß sie der „*Communis... Rationis norma*" entspricht.
[82] Ebd. 223.
[83] Ebd. 225; von ‚pax religionis' ist also nicht die Rede.
[84] Ebd.
[85] Ebd. 222.
[86] In einem Text über die Mittel zum Heil, die Gott allen in ausreichendem Maß gegeben hat, sei es von Natur – und also generell –, sei es aus Gnade – und also speziell, vgl. die Begriffsbestimmung hierzu bei E. Herbert von Cherbury, De Veritate, im Anschluß an den einführenden Brief [a 4v] –, heißt es, 221: „Sed in omni *Religione*, imo et *Conscientia*, sive ex *Natura* sive ex *Gratia* media sufficientia dari unde Deo accepti esse possint, ultro credimus: modo nova et particularia quocunque sae-

nicht oder nicht ausdrücklich ablehnt, so rekurriert er doch allein auf die vernunftgegebene, durch die fünf Artikel bestimmte „*Religio*". Sie allein stellt die „*vera Religio*" dar[87]. Und sie ist stets identisch, wofür er verschiedentlich die tradierten Kriterien für solche Identität anführt, nämlich daß etwas an allen Orten und zu allen Zeiten gleichermaßen vorhanden ist[88].

Nachhaltig bestätigt wird dieses Ergebnis durch spätere Schriften Herbert von Cherburys. Von besonderem Interesse ist dabei seine Analyse der heidnischen „Religio", in der er sich auf Guillaume du Choul (1547–1581) sowie vor allem auf Gerardus Joannes Vossius (1577–1649) stützt. Gleich zu Beginn und immer wieder nennt er hier die fünf Artikel[89].

In den umfangreichen Darlegungen dieser Abhandlung beschäftigt sich Herbert von Cherbury zunächst mit der Verehrung der Himmelserscheinungen Sonne, Mond und Sterne sowie der vier Elemente und sodann mit der Verehrung der verschiedensten Götter und Heroen. Zu Beginn handelt er über die Gottesverehrung und am Ende ausführlicher über den höchsten Gott sowie über die brauchbaren Teile der heidnischen „Religio" und schließt mit kritischen Bemerkungen zu dieser „Religio Gentilium". Es fällt auf, daß er besonders gern die römische Bezeichnung des Jupiter „Deus Optimus Maximus" aufnimmt und sie auch eigens erläutert[90]. Sie ist für ihn deswegen von Wert, da er ohnehin auf die Annahme eines Gottes hinter allen Polytheismen hinauswill, wofür der gesamte Tenor des Buches spricht. Daß sich die Annahme nur eines Gottes nahelegt, ver-

---

culo fuerit, suis Authoribus vendicentur. Neque enim satis fuerit, vetusta ut sint, si aliquando nova; tam *innovari* enim quam *antiquari* possunt, quae supervacanea, vel falsa; necessaria demum in universum esse nequeunt, quae paucorum captui solummodo subjiciuntur."

[87] Ebd. 61, selbst wenn er nicht oft von ihr ausdrücklich spricht.

[88] Vgl. etwa ebd. 224; vgl. auch die in der folgenden Anm. genannten Schrift „De Religione Gentilium", 210.

[89] Edward Lord Herbert of Cherbury, De Religione Gentilium, errorumque apud eos causis, Amstelaedami MDCLXIII, ND, hg. von Günter Gawlick, Stuttgart-Bad Cannstatt 1967, 2, hier in einer Kurzform: „(I.) Esse Deum summum, (II.) *Coli debere*, (III.), *Virtutem, Pietatemque esse praecipuas partes Cultus divini*, (IV.), *Dolendum esse ob peccata, ab iisque resipiscendum*, (V.) *Dari ex Bonitate Iustitiaque divina praemium vel poenam, tum in hac vita; tum post hanc vitam*". Vgl. ähnlich 210. Eine etwas abweichende Fassung findet sich ebd. 199: „1 Deum summum esse Patrem communem, adeoque in filium poenitentem haut graviter animadversurum: 2 Homines natura sua fragiles, peccatoque obnoxios esse: 3 Peccata hominum non tam in Dei contumeliam, quam in propriam utilitatem sub boni alicujus apparentis obtentu, fieri plerumque; ac licet in eo homines fallerentur, nihil tamen infenso in Deum animo patratum fuisse: 4 Poenam in hac vita satis gravem ob peccata hujusmodi infligi posse: 5 Si ulterior aliqua irrogari debeat poena, Deum summum post hanc vitam ad tempus aliquod breve, vel etiam diuturnum supplicum, de peccatoribus sumere posse ." Eine noch andere Aufzählung findet sich 180, wo zunächst der Glaube an Gott, die Hoffnung, die Liebe, dann die Tugend mit der Charakterisierung als „optima cultus divini norma" die gewissesten Artikel der göttlichen „Religio" darstellen. – Vgl. auch die weiteren Hinweise auf die fünf Artikel ebd. 186, ferner 218, 231 sowie schließlich 221, 224. – Es findet sich 210 auch die Begründung für den fünften Artikel, der besonders von wahrscheinlichen, möglichen oder gar falschen Aussagen belastet ist.

Vgl. ebenso Edward Lord Herbert of Cherbury, Religio Laici, in: ders., De Causis Errorum: una Cum tractatu de Religione Laici, Londini 1645, (neu paginiert), angebunden an: ders., De Veritate, 152, 156, hier in der entsprechenden Form, wie sie sich auch am Schluß von „De Veritate" findet.

[90] E. Herbert von Cherbury, De Religione Gentilium, 160ff, bes. 161.

deutlicht Herbert von Cherbury anhand einer Überprüfung der verschiedenen Überzeugungen zur Entstehung der Welt – etwa als Emanation aus Gott, als Gleichewigkeit von Gott und Welt oder als Schöpfung[91] – mit dem Ergebnis, daß nur ein der Welt höchst überlegener Urheber sie geschaffen haben kann; Herbert von Cherbury verweist dafür auf die Harmonie in Analogie zu einem Musikinstrument[92], so daß er von hierher eine arithmetische, geometrische oder harmonische Proportion auch für die Welt annehmen kann[93]. Die Existenz des Bösen widerspricht dieser Annahme nicht, da es nicht auf Gott, sondern auf die Menschen zurückgeht[94]. So bleibt ihm nur noch der Nachweis, daß der Gott der Heiden identisch ist mit dem christlichen Gott, wofür er sich auf die Predigt des Paulus in Athen beruft[95]. Unzweifelhaft haben die Heiden den höchsten Gott aus dem Buch der Natur erkannt[96].

Auch in dieser Schrift lastet Herbert von Cherbury die vielfältigen Unterschiede in der Verehrung Gottes wie den Polytheismus überhaupt den Priestern an, die aus eigenem Interesse mit List all dies eingeführt haben, um so größeren Gewinn für sich zu erzielen[97]. Auch an der Kirche im Sinne verfaßter Kirche übt er ebenso Kritik[98] wie an der Tradition[99].

In diesen Überlegungen über die „Religio Gentilium" sind zwei Beobachtungen zu notieren: Einmal gibt Herbert von Cherbury in den sehr ausführlichen Darlegungen über die Verehrung von Sonne, Mond und Sternen nirgendwo mehr zu erkennen, daß er von jener astrologischen Tradition weiß, die ‚lex' als gemeinsame Bezeichnung der verschiedenen Überzeugungen verwandt hat und mindestens ursprünglich und für lange Zeit ‚religio' strikt vermieden hat. Wohl ist verschiedentlich von „lex" die Rede[100]. Auch im Zusammenhang mit der Astrologie spricht er von „leges"[101]. Schließlich stellen diese neben „religio" und „Philosophiae" eine Instanz dar[102].

---

[91] Vgl. das Referat der verschiedensten Positionen, ebd. 158ff.
[92] Vgl. ebd. 163.
[93] Ebd. 162.
[94] Ebd. 165, vgl. 164; die Frage der Erbschuld überläßt Herbert von Cherbury den Theologen.
[95] Ebd. 166.
[96] Ebd.: „Neque dubium mihi est, quin e libro naturae edocti, Deum summum tum agnoverint, tum coluerint Gentiles: quemadmodum enim in operibus suis sese omnibus patefacit, ita etiam in illis colitur Deus; quapropter ex seipsis etiam edoctos ad Dei summi cognitionem pervenisse olim Gentiles, et etiam nunc pervenire Indos, reliquosque orbis terrarum incolas, tanquam indubiam veritatem statuo. Potius quippe ambigerem, num Solis lumen remotissimas regiones collustraverit, quam quod Dei summi notitia illos latuerit; quum in sphaera tantum sua Sol, Deus summus in rebus omnibus sit conspicuus."
[97] Ebd. 168, vgl. 2, 10, 19, 180ff, 218, 227; vgl. ebenso De Veritate, 208, 222, ferner Religio Laici, 139, 148.
[98] Ders., Religio Laici, 145. S. dazu o., daß er für die „*Ecclesia vere Catholica*" rein auf die fünf Artikel der „*Religio*" gegründet sieht, vgl. etwa ders., De Veritate, 222.
[99] Ders., Religio Laici, 147.
[100] Vgl. z.B. ders., De Religione Gentilium 6, 49, auch 168.
[101] Ebd. 219, 221.
[102] Ebd. 13; diese Trias findet sich auch in: ders., De Veritate, s.o. mit Anm. 73.

Zum anderen aber fällt auf, daß Herbert von Cherbury sich nur mit den „Gentiles" beschäftigt, die er gelegentlich auch als „Pagani" bezeichnet[103]. Von hierher kann es auch nicht überraschen, daß er nicht nur ständig von der „Religio Gentilium" spricht, sondern auch von der „Ethnica religio"[104]. Doch spielen in all den Überlegungen die „Iudaei" so gut wie keine Rolle; es bleibt die Ausnahme, wenn er die „superstitio Iudaica" bzw. die „Iudaeorum religio" nennt[105]. Angesichts dieses Tatbestandes kann es weniger verwundern, daß er auch die „Mahumedana religio" fast nicht erwähnt[106]. Ebenfalls selten ist die Rede von sonstigen zeitgenössischen Völkern wie den „Indi Occidentales" sowie den „Indi Orientales"[107]. Sein Interesse bleibt also beschränkt auf die klassische Antike, und wenn er in seinen Darlegungen über den Bereich der Griechen und Römer hinausgehen, so hält er sich an klassische Zeugnisse. Dabei hätte der bei Juden und den Anhängern Mohammeds praktizierte Monotheismus seine These stützen können, daß es nur einen Gott gibt.

„Fides" im Hinblick auf Offenbarung und Geschichte

Wenn verläßliche „*Veritas*" und mit ihr die „*Religio*" allein in der Vernunft gründen, vermag demgegenüber die „*veritas... revelata*", wie Herbert von Cherbury in „De Veritate" erörtert, nur zu einer bedingten Weise von Verläßlichkeit zu führen, da sie eben nicht auf eigener Einsicht, sondern auf der Autorität dessen beruht, der offenbart[108]. Hier hat die „fides" ihren Ort, mit der allein wir die Offenbarung annehmen können; damit wir ihr aber Glauben, Vertrauen schenken können, müssen eine Reihe von Bedingungen erfüllt sein, um nicht falschen Offenbarungen zu erliegen[109]. Aber selbst wenn Herbert von Cherbury von „*Sensus ... Interni*" über die „*fides*" spricht, die das „Numen" wirkt, selbst wenn er einen „*sensus* quidam *supernaturalis*" annimmt[110], so handelt es sich doch immer um eine „fides", mit der wir eine wie immer geartete Offenbarung annehmen können, zu der alles gehört, was der Vernunft von Natur aus nicht zugänglich ist[111].

So bestätigt sich hier, was Herbert von Cherbury gleich zu Beginn seiner Darlegungen über die Wahrheit konstatiert[112] und im Verlauf der Argumentationen unterstrichen hat, daß die „*Fides*" der „*ratio*" nicht vorangestellt werden

---

[103] Vgl. ders., De Religione Gentilium, z.B. 3.
[104] Vgl. etwa ebd. 2.
[105] Ebd. 228; die Rede des Paulus in Athen bezieht sich ebenso auf den Gott der Juden wie auf den der Heiden, vgl. 166.
[106] Ebd. 12, hier mit der Bezeichnung „recens".
[107] Ebd.
[108] Zur geoffenbarten „veritas" vgl. ders., De Veritate, 226.
[109] Ebd. 226f.
[110] Ebd. 228.
[111] Vgl. die verschiedenen Argumentationen ebd. 228ff; hier, 230f, erörtert Herbert von Cherbury auch, ob die Zehn Gebote „*Notitiae Communes*" oder aber „*Veritates revelatae*" darstellen, mit seinem Fazit, daß sie in den Bereich der Vernunft und nicht der Offenbarung gehören, und zwar deswegen, weil keine „*Religio*" oder „*Lex*" sie nicht befiehlt.
[112] S.o. mit Anm. 10.

darf[113]. Dies gilt selbst dann, wenn er *„Religio* et *Fides"* miteinander zu den letzten Merkmalen des Menschen rechnet, die ihn von den Tieren unterscheiden[114].

Entsprechend verhält es sich mit der gesamten Tradition und Geschichte. Da wir hier gleichfalls nicht durch eigene Einsicht, sondern nur von der Autorität des Erzählenden her Kenntnisse erlangen, können wir ihm gegenüber wiederum nur *„fides"* walten lassen, daß das, was er berichtet, tatsächlich der Wahrheit entspricht; diese „fides" vermag also lediglich auf das Wissen bzw. die Erkenntnis des Urhebers zurückzuführen, von dem die *„historiae fides"* ihren Ursprung hat[115]. Was für den Erzähler *„verum"* ist (bzw. sein kann), kann für uns nur etwas *„verisimile"* darstellen[116] (wobei das ‚veri-simile' unserem ‚wahr-scheinlich' entspricht). Solche *„verisimilia"* entstehen über die *„historia"*[117] hinaus in der Philosophie durch unsichere oder nicht notwendige Prinzipien, bei Voraussagen in der Medizin und manchem anderen[118]. All diesem können wir also lediglich eine mehr oder weniger begründete *„Fides"* entgegenbringen[119].

Herbert von Cherbury hat also eine abgestufte Konzeption von „Fides", je nachdem, ob er sie im Zusammenhang mit der Offenbarung oder aber mit der Geschichte ansetzt. Unabhängig davon aber erläutert er die *„Fides"* in einem doppelten Sinn, nämlich bezogen auf Vergangenes oder auf Zukünftiges[120]. Da die beiden Bedeutungen der *„Fides"* vermischt gebraucht werden können, empfiehlt Herbert von Cherbury, darauf zu achten, ob sie sich auf Vergangenes oder auf Zukünftiges richtet[121]. Während sich aber bezüglich der Vergangenheit doch eine beträchtliche Gewißheit erreichen läßt – niemand wird vernünftigerweise daran zweifeln, daß die Römer bei Cannae durch Hannibal eine schwere Niederlage erlitten haben[122] –, läßt sich bezüglich der Zukunft nur eine noch geringere Gewißheit als die des *„Verisimile"* erreichen, die Herbert von Cherbury als *„Poßibile"* bezeichnet[123]. Doch dürfen alle Offenbarungsinhalte, ob sie sich nun auf die Vergangenheit oder auf die Zukunft beziehen[124], nicht mit den fünf Arti-

---

[113] AaO. 124: „si *Fidem* denique *rationi* praeponitis, nonne totam excutitis structurae Divinae fabricam, donorum quae largitus est Deus Optimus Maximus contemptores miserrimi?"

[114] Ebd. 175.

[115] Ebd. 232.

[116] Ebd, vgl. dazu das Folgende.

[117] Vgl. ebd. 233.

[118] Ebd. 236f.

[119] Vgl. z.B. 236, sowie den ganzen Abschnitt „De Verisimili", 231–240.

[120] Ders., Religio Laici, 129, vgl. 147; ders., De Causis Errorum, 54f, wo bezüglich der Vergangenheit die *„fides"* in einen *„assensus"* gegenüber Wirkungen, die notwendig aus Ursachen folgen, und einen *„assensus"* gegenüber Geschichte und Erscheinungen unterschieden wird, sowie bezüglich der Zukunft ein *„assensus"* bzw. eine *„fides"* an Prophezeiungen von einer *„fides"* an künftige Dinge unterschieden wird, die aus der von Gott gegebenen Ordnung der Dinge folgen.

[121] Ders., Religio Laici, 130.

[122] Ebd. 133.

[123] Vgl. ders., De Veritate, 240–248.

[124] Überraschenderweise formuliert Herbert von Cherbury, daß auch die ewige Seligkeit *„poßibilis"* ist, ebd. 243, im offensichtlichen Widerspruch dazu, daß er als fünften Artikel der „Religio" die Strafe oder Belohnung nach diesem Leben formuliert hat, vgl. dazu auch das Folgende im Text.

keln der „Religio" vermischt werden[125]. So ergibt sich, daß alles, was zur „*Fides*" gehören mag, im Rahmen dessen bleiben muß, was der „*Communis Ratio*" zugerechnet wird[126]. Entgegengesetzte Argumente, etwa, daß durch die Erbsünde die Fähigkeiten der Seele in Mitleidenschaft gezogen sind, wehrt Herbert von Cherbury ab, weil dann die Frage bliebe, warum die „*Fides*" von ihr ausgenommen sein sollte[127]. Nicht von ungefähr formuliert er ausdrücklich eine Kluft zwischen „*Scientia, et Fides*"[128]. Damit hat er weit vor Lessing eine Disjunktion formuliert, die eine ganze Epoche bestimmen sollte.

Die hiermit angeschnittene Problematik des Verhältnisses von „*Fides*" und „*Ratio*" dürfte aber für Herbert von Cherbury nicht die primäre sein. Grundlegender scheint die Problematik, daß alles, was zur Geschichte gehört, aus dem Bereich der „veritas" herausfällt. Denn jede Auskunft über die Geschichte ist der eigenen Überprüfung entzogen. Die gesamte Tradition und d.h. alle Geschichte beruht auf der Autorität des Erzählenden, sei es, daß wir seine Erzählung selbst gehört oder aber durch schriftliche Zeugnisse erhalten haben. Nur der Gebrauch der eigenen Vernunft vermag somit, wie Herbert von Cherbury unterstreicht, die „*veritas rei*" zu gewährleisten, während alles andere nur zum „*verisimile*" zu führen vermag[129] (wenn nicht lediglich zum „*Poßibile*"!). Gott, von dem, durch den und auf den hin alles existiert, wird freilich nicht durch Geschichte, sondern durch Allgemeinbegriffe erkannt; ihn anzuerkennen, gehört somit in den Bereich verläßlicher Wahrheit; Zeit und Art der Erschaffung aber, die von Autoren erzählt werden, fallen unter die „*Fides*"[130]. Denn da sie geschichtlich sind, können sie nicht von der Vernunft erkannt werden. So unterscheidet Herbert von Cherbury konsequent zwischen Erkenntnis als sicherem Wissen einerseits und Glauben andererseits[131]. Diese Disjunktion hindert ihn nicht, für die „*Religio*" sowohl Elemente anzunehmen, die zum Wissen gehören, als auch solche, die in den Bereich des Glaubens fallen, so daß er auch keine Schwierigkeiten für die Annahme der Schrift und der in ihr enthaltenen Geschichte[132] einschließlich der Wundertaten[133] sieht. Wenn er auch einem hervorragenden Historiker „fides" zu schenken bereit ist, so resultiert Wahrheit für ihn

---

[125] So auch ders., Religio Laici, 152.
[126] Ebd. 152.
[127] Ebd. 128.
[128] Ebd. 132.
[129] Vgl. ders., De Veritate, 234: „Tota igitur historiae mole ita constituta, quod vera *veritate rei* ut fuerit, vera *veritate intellectus* (cujus fundamentum in nobis) esse nequeat, et proinde *verisimile* optime dictum existimemus ..."; vgl. auch 232: „Qua ratione quod illa *scire* potuit, te *credere* par est. Fides enim omnis (tametsi per plurima saecula traducatur) in *scientiam* sive *cognitionem* Authoris, a quo *historiae fides* manavit, ultimo transferenda est; Adeo ut heic quoque Scientia Fidem praecedat et stabiliat. Cum tamen quod isto pacto creditur, nullo proprio *Facultatum indicio* constet, quod in narrante *verum*, in accipiente erit solummodo *verisimile*."
[130] Ebd. 233.
[131] Ebd. 233: „Sed *cognitionem* et *certam scientiam* a Fide per auditionem ita distinguo, ut quid *sciri*, quid *credi* possit in omni *Religione* advertam".
[132] Ebd. 234, wo Herbert von Cherbury „Historia ... sive *sacra* sive *prophana*" unterscheidet.
[133] Ebd.

doch nur aus der „*Recta Ratio*"[134]. Und wenn das höchste Geheimnis der Seligkeit Gottes, nämlich seine Liebe, nicht ohne „*Fides*" erfaßt werden kann[135], so darf eben doch die „*Ratio Humana*" nicht durch die „*Fides*" ersetzt werden[136]. Denn da Wissen („scire") ein Aufgrund-von-Ursachen-Wissen bedeutet, ist jene „ratio" unbesonnen, die ohne hinlängliche eigene Nachforschungen etwas für sicher hält; und die „*fides*" ist schwach und schwankend, welche ganz von menschlicher Autorität abhängt und über Vergangenes oder Zukünftiges nichts unbezweifelbar feststellen kann[137]. Nur bezüglich der ewigen Dinge ist die „*fides*" mächtiger als die „*ratio*"[138]. Doch so bestätigt sich nur noch einmal, daß Herbert von Cherbury wesentlich auf die „ratio" setzt, die überlegen bleibt[139]. Immerhin konstatiert er hier, daß es auch eine Verbindung von „fides" und jener rechten „ratio" gibt, die aus den *notitiae communes* und dem *discursus* stammt[140].

Zusammenfassung

Blickt man auf die Ausführungen Herbert von Cherburys zurück, die er zur Grundlegung der Wahrheit vorgelegt hat[141], so wird man nicht sehr überrascht sein, daß sie insgesamt keine besondere Beachtung gefunden haben. Zwar paßten sie in die Zeit großer Verunsicherung. Nicht von ungefähr suchten verschiedene Autoren eine fundierte Antwort auf die Frage nach gewisser Erkenntnis. Sie waren sich auch bewußt, daß sie auf der Suche nach etwas Neuem waren; fast gleichzeitig legten Herbert von Cherbury wie auch Francis Bacon oder Galileo Galilei Studien vor, in deren Titel sich dieses Adjektiv „neu" findet[142]. Aber Herbert von Cherburys Beitrag zu einer solchen Grundlegung war zu voraussetzungsreich und zu kompliziert, um nicht zu sagen, auch zu verworren. So kann es nicht wundern, daß sich vor allem der Vorschlag von René Descartes durchsetzte. Und es war wohl kein Zufall, daß Herbert von Cherbury dessen Anerkennung suchte, und auch nicht, daß dieser sich reserviert verhielt[143]. Selbst hat

---

[134] Ebd. 239.
[135] Ebd. 118.
[136] Ebd. 208.
[137] Ders., De Causis Errorum, 56.
[138] Ebd. 59.
[139] Ebd.
[140] Ebd.
[141] Für seine Konzeption hat Herbert von Cherbury sowohl platonisierende wie scholastische Elemente aufgenommen. So ist – gegen eine aristotelische Tradition – der Verstand für ihn keine „tabula rasa", vgl. ders., De Veritate, 54. Aus der Scholastik stammt das Axiom „nihil esse intellectu, quod non prius fuerit in sensu", ebd. 129.
[142] Vgl. den Hinweis zu Edward Lord Herbert von Cherbury, A New Philosophy of Beauty, bei G. Gawlick, Einleitung, X; Francis Bacon, Novum Organon, mit dem Ziel einer „Restauratio" der Wissenschaften, vgl. Bacons Vorrede; Galileo Galilei, Discorsi e dimostrazioni Matematichi intorno a due nuove scienze (1638).
[143] Vgl. G. Gawlick, Einleitung, XXXII; M.M. Rossi, La vita, le opere, i Tempi di Eduardo Herbert di Chirbury, I, 474ff.

Herbert von Cherbury allerdings dessen Überlegungen auch nicht aufgegriffen[144]. So dürfte es wohl nur ein schwacher Trost für ihn gewesen sein, daß Hugo Grotius und Daniel Tilenus (1563–1633) ihm rieten, „De Veritate" zu publizieren[145]. Wie sehr die Wege seinerzeit auseinandergingen, läßt sich auch daran ersehen, daß er nicht viel von den Argumentationen Bacons hielt[146].

So bleibt Herbert von Cherbury in einer nachgeordneten Linie, die dann vor allem im England des 18. Jahrhunderts aufgenommen und weitergeführt wurde. Heftige Kritik fand er hingegen nicht zuletzt in der altprotestantischen Schultheologie[147]. Bis in die Gegenwart hinein hat allein seine Bestimmung der „Religio" gewirkt. Eine spezifische Konzeption hat er insofern formuliert, als er die natürliche bzw. philosophische Gotteslehre, die in der Hochscholastik noch fest mit der Theologie verbunden war und erst später verselbständigt wurde, mit der „Religio" selbst verband. Dadurch erhielt diese einen anderen Stellenwert. Doch differenzierte Überlegungen, in welcher Weise sie bei den vielen Völkern und zu den verschiedenen Zeiten eine einzige sein konnte, hat er ebensowenig vorgelegt wie detailliertere Analysen zum Verhältnis dieser einen „Religio" bzw. ihrer fünf „Notitiae Communes" zu den ausdifferenzierten Formen. Von ‚innen' und ‚außen' ist insofern bei ihm ausführlicher die Rede, als er die „Sensus Interni" und „Sensus Externi" im einzelnen behandelt hat. Aber damit ist noch keine besondere Akzentuierung dessen vorgenommen, was später ‚Innerlichkeit' genannt werden wird. Auch finden sich keine wirklich geschichtlich orientierten Überlegungen etwa vom Ursprung dieser „Religio" über die vielen geschichtlichen Epochen hinweg bis zu seiner Gegenwart. Noch nicht einmal hat er deutlich zum Ausdruck gebracht, daß es nur eine „Religio" gibt und geben kann; vielleicht erschien ihm diese Auskunft als so selbstverständlich, daß er annahm, sie nicht eigens betonen zu müssen. So hat es auch einen Sinn, daß der Plural ‚religiones' bei ihm keine Rolle spielt.

---

[144] Wohl bemühte er sich um eine Übertragung der Schriften von Descartes ins Englische, vgl. G. Gawlick, Einleitung XXXII.

[145] Edward Herbert von Cherbury, The Autobiography, by Sidney Lee, Westport Connecticut 1970 (originally published London – New York 1906), 132f.

[146] Vgl. G. Gawlick, Einleitung, XLIV, Anm. 26; M.M. Rossi, La vita, le opere, I, 278f. – Daß Herbert von Cherbury den wissenschaftlichen Standard seiner Zeit kennt, zeigt sich darin, daß er auf die Mathematik verweist, die von allen als die gewisseste Wissenschaft angesehen wird, vgl. ders., De Veritate, 181f.: „Cur interea *scientiae Mathematicae* omnium certissimae habeantur, ratio in aperto est; quod nimirum de principiis hujus scientiae *puncto* videlicet et *unitate* summus detur consensus, quemadmodum etiam de *notitiis communibus* sive *postulatis*, unde tota *Matheseos* istius series deducitur. Quapropter *Discursus* majori quam in reliquis Philosophiis certitudine, istius scientiae normam dedolat. Principia vero formalia *odorum, saporum, colorum* etc. ita in recessu abdita ponuntur, ut nihil certi de eorum Natura et statu affirmare possimus". Vgl. ebd. 56, wo von einer „*certitudo... Mathematica*" im Zusammenhang mit den „Notitiae Communes" die Rede. ist. Daß Herbert von Cherbury im Rahmen tradierter Wahrheitsvorstellungen bleibt, ergibt sich aus der Bestimmung der Wahrheit als „*adaequatio*", und zwar in reziproker Hinsicht, nämlich „*rei et intellectus*" sowie „*intellectus et rei*", vgl. ebd. 5, vgl. 12.

[147] Vgl. dazu die Auseinandersetzungen über die Heilsbedeutsamkeit der „Religio naturalis" etwa bei Johannes Musaeus oder Christian Kortholt.

Die „*Religio*" muß sich bei Herbert von Cherbury nicht vor dem ‚Richterstuhl der Vernunft' verantworten, um diese Metapher Kants aufzunehmen, die in Vorformen schon Bacon und dann John Locke formuliert haben[148]. Vielmehr gehört die „*Religio*" von vornherein und uneingeschränkt auf die Seite der Vernunft. Demgegenüber hat die Offenbarung einen schweren Stand. Zu sehr befindet sie sich in Abhängigkeit von Priestern und anderen Amtsträgern, die mit ihren Ausgestaltungen oder auch Erfindungen den eigenen Vorteil zu mehren suchen. Angesichts der exzessiven Kritik an etablierten Kirchen und des Plädoyers für eine ihm selbst und seinesgleichen akzeptablen „*Ecclesia vere Catholica*" wundert man sich nur, daß Herbert von Cherbury „De Veritate" mit der Erlaubnis der anglikanischen Kirche und unter eigenem Namen drucken lassen konnte[149]. Wenn er nämlich sich der „Ecclesia" ein- bzw. unterordnet, bedeutet dies nicht, daß er damit die anglikanische Kirche meint. Seine diesbezügliche Versicherung am Schluß seiner „*Religio Laici*", daß er sich dem Urteil der „*Ecclesia vere Catholica*" unterwirft[150], muß deswegen mit Vorsicht gelesen werden. Er jedenfalls hält es mit einer Kirche, die auf der Basis der Vernunft die allein verläßliche wahre „*Religio*" übt. Daß diese wesentlich ethisch orientiert ist, wird in den Überlegungen nicht weiter ausgeführt.

Ein besonderes Ergebnis der Analysen Herbert von Cherburys dürfte aber darin liegen, daß weniger die „*Fides*" als vielmehr die „*Historia*" einer kritischen Beurteilung unterworfen ist. Ihr gegenüber läßt sich seines Erachtens keine Wahrheit, sondern nur noch Wahr-scheinlichkeit erreichen. Somit zeichnet sich bereits hier jenes Dilemma ab, das dann eine Epoche bestimmt hat. Von diesem aber war eben die „*Religio*" seiner Meinung nach nicht betroffen. Sie erscheint ihm als eine verläßliche, weil vernünftige Gegebenheit, die nicht in Zweifel gezogen werden kann. Und sie gehört so sehr in den Bereich der – natürlichen – „ratio", daß es bei ihm nicht um eine ‚religio naturalis' gehen kann. Da aber dieser Terminus fehlt, erscheint höchste Vorsicht geboten, ihn dem Deismus zuzurechnen, für den die ‚religio naturalis' als Grundbegriff angesehen wird. Auch bleibt höchst fragwürdig, bei ihm von einer „universalen Vernunftreligion" zu sprechen[151].

---

[148] Vgl. Francis Bacon, Neues Organ der Wissenschaften, hg. von Anton Theobald Brück, Darmstadt 1962, 31; zur Vernunft als Richterin auch der Offenbarung vgl. John Locke, Über den menschlichen Verstand (1690) (= Philosophische Bibliothek 75/76), Hamburg ³1976, I, 399f, 415; zur Metapher selbst vgl. Immanuel Kant, Über das Mißlingen aller philosophischen Versuche in der Theodizee (1791), A195, in: Immanuel Kant, Werke, hg. von Wilhelm Weischedel, VI, Frankfurt 1964, 105. Bei Herbert von Cherbury findet sich wohl die Vorstellung von der „ratio" als „Judex", s.o. Anm. 54.
[149] Vgl. G. Gawlick, Einleitung, XVI, XX.
[150] E. Herbert von Cherbury, Religio Laici, 154.
[151] Vgl. dazu Ernst Feil, Die Deisten als Gegner der Trinität. Zur ursprünglichen Bedeutung und speziellen Verwendung des Begriffs „Deistae" für die Sozinianer, in: Archiv für Begriffsgeschichte 33 (1990) (erschienen 1992) 115–124; ders., Déisme, in: Dictionnaire Européen des Lumières, hg. von Michel Delon, Paris 1997, 314–316.

Hugo Grotius

Auch Hugo Grotius (1583–1645)[1] wurde von den religiös-politischen Wirren seiner Zeit in Mitleidenschaft gezogen, die er in verschiedenen Ämtern sowie durch zahlreiche Schriften zu überwinden suchte. Die Verbindung dieser beiden Bereiche teilte er etwa mit Thomas Morus (1478–1535), Philippe Duplessis-Mornay, Jean Bodin, Michel de Montaigne, Johannes Althusius oder auch Francis Bacon. Schon bei wenig jüngeren Autoren wie Thomas Hobbes und René Descartes (1596–1650) findet sich ein solches Miteinander politischer und literarischer Tätigkeit nicht mehr. Politischer Erfolg war Grotius freilich so wenig wie vielen anderen beschieden.

Neben politisch-juristischen Arbeiten, durch die Grotius in der Folge so bekannt geworden ist, hat er auch aufschlußreiche theologische Studien vorgelegt. Im Interesse der Überwindung innenpolitischer Auseinandersetzungen ging es ihm dabei nicht zuletzt um die Kompetenz der Obrigkeiten „circa sacra". Darüber hinaus hat er grundsätzlich apologetisch Stellung bezogen gegenüber Juden und Mohammedanern in seiner auch für uns besonders einschlägigen Schrift „De Veritate Religionis Christianae". Schließlich beteiligte er sich an den Bemühungen, die Spaltung zwischen katholischer Kirche und Reformation möglichst zu überwinden.

„Religio" und die Wahrheit der „religio Christiana"

Die für uns wichtigste Arbeit hat Grotius, wie er einleitend feststellt, in der Tradition von Raimundus von Sabunde, Ludovico Vives und Philippe Duplessis-Mornay verfaßt[2]. Im Titel folgt er nicht Vives, der hier von „fides" spricht, sondern Mornay, woraus sich freilich noch keine weiteren Schlüsse ziehen lassen.

---

[1] Geboren in den Niederlanden, die sich 1581 aus spanischer Herrschaft gelöst hatten, studierte Hugo Grotius in Leiden Rechtswissenschaften (bis 1599). Zunächst literarisch und dann politisch für einige niederländische Staaten tätig, wirkte er an den englisch-niederländischen Verhandlungen über die Kolonien mit und übernahm 1613 das Amt des Ratspensionärs (d.h. des leitenden Beamten) in Rotterdam. Hier wurde er in die heftigen Konfessionsauseinandersetzungen verwickelt. Diese waren durch Jakob Arminius (1560–1609) entstanden, der die calivinistische Prädestinationslehre aufzulokkern suchte, wogegen bes. Franciscus Gomarus (1563–1641) eine heftige Gegenbewegung auslöste; auf der Synode von Dordrecht 1618/19 wurde der Anführer der Arminianer Jan van Oldenbarnevelt (1547–1619) zum Tode verurteilt und hingerichtet und Grotius zu lebenslanger Haft verurteilt. Nach seiner Flucht ging er nach Paris ins Exil (1621–1631) und war hier später schwedischer Gesandter (1635–1645), wo gleichzeitig Edward Lord Herbert von Cherbury englischer Gesandter war (1619–1624), Thomas Hobbes (1629–1631, 1634, 1640–1651) und Tommaso Campanella (1634–1639) ihre Zuflucht gesucht hatten, während René Descartes in den Niederlanden im Exil lebte (1628–1649). Von Christina von Schweden abberufen, suchte er vergeblich in Stockholm die Aufhebung dieser Maßnahme und starb auf der Rückreise in Rostock. Vgl. dazu Günter Hoffmann-Loerzer, Grotius, in: Klassiker des politischen Denkens, I: Von Plato bis Hobbes, hg. von Hans Maier, Heinz Rausch, Horst Denzer, München 1968, 293–320. – Grotius wird in diesem Abschnitt vorgestellt, da er mit seinen hier einschlägigen Überlegungen eher Humanisten als den deutschen Juristen nahesteht.

[2] Hugo Grotius, De Veritate Religionis Christianae. Editio novissima, in: ders., Operum Theologicorum Tomus I–III, Amstelaedami MDCLXXIX, ND Stuttgart-Bad Cannstatt 1972, I 1; III 3a. –

Verfaßt hat er diese Schrift im Gefängnis in niederländischer Sprache, hier mit dem Titel „Bewys van den Waren godsdienst"[3] (1621/22); „godsdienst" entspricht also dem lateinischen „Religio". Im französischen Exil hat Grotius dann diese Arbeit ins Lateinische übertragen und ediert (1627).

Die ersten drei Bücher verwendet Grotius für die Verteidigung der „vera Religio": Zunächst führt er die Gotteslehre an, daß es nur einen Gott gibt, der die Welt geschaffen und sich durch Wunder bestätigt hat; sodann begründet er die Legitimität allein der „Christiana Religio" als der „vera religio", wofür er auf Jesus, sein Wirken und die Überlegenheit der „Christiana Religio" hinweist; und schließlich weist er nach, daß die Bücher des Neuen Bundes verläßlich sind. In den letzten drei Büchern führt er jeweils eine spezielle Auseinandersetzung zunächst mit den Heiden, sodann besonders irenisch mit den Juden und schließlich mit den Mohammedanern.

Grotius stützt seine grundlegende These, daß die „religio" nicht vergeblich ist, mit dem Nachweis der Existenz eines „Numen", wie er hier in humanistischer Formulierungsweise sagt[4]. Er begründet diese Annahme mit der Notwendigkeit einer Ursache für alle Dinge, die sich nicht selbst Ursache sein können, sowie mit dem Konsens aller Völker, daß es ein göttliches Wesen gibt und daß dieser Konsens auf einer Weitergabe vom ersten Elternpaar der Menschheit beruhen muß[5]. Die wenigen Gottesleugner können diese Überzeugung nicht erschüttern. Grotius widerlegt deren Argumente, die sich nicht auf den rechten Gebrauch der allen Menschen gemeinsamen „ratio" stützen können. Es bleibt nur der Schluß, daß die Menschen, die den Tieren überlegen sind, von einer „natura" überragt werden, die ihre Erkenntnismöglichkeit entsprechend übersteigt, wie sie selbst die der Tiere überragen[6]. Im folgenden schließt Grotius gleichsam einen Kurztraktat De Deo uno an, in dem er Gottes Eigenschaften erläutert und mit dem Fazit schließt, daß dieser die Ursache aller Wirklichkeit sein muß, die er in ihrer Existenz erhält und lenkt.

Von „religio" handelt Grotius eher indirekt. Im Vordergrund steht der rationale Erweis der vorhergehenden Aussagen über Gott durch die Wunder. Diese wiederum lassen sich wenigstens in der „Iudaica religio" nachweisen, wenn sie sich in allen anderen „religiones" – ausgenommen in der „Christiana" –, und d.h. in den „Paganicae" ebenso wie im „Mahumetismus" als nichtig erweisen sollten[7]. Grotius verwendet hier unbefangen „religio" über die „Christiana reli-

---

Hier wie im folgenden werden, soweit erforderlich, jeweils das Buch dieser Arbeit in römischer und dann der Abschnitt in arabischer sowie nach einem Semikolon der Band in römischer, die Seite in arabischer Ziffer und die Spalten mit a bzw. b angegeben.

[3] Siehe dazu G. Hoffmann-Loerzer, Grotius, 300 Anm. 17, sowie den Hinweis bei Grotius selbst, De Veritate, aaO. Hier, ebd. 3b, werden als Adressaten Seeleute genannt, die in alle Kontinente kommen und dort mit Heiden, so in China und Guinea, mit Mohammedanern, Juden sowie in allen Teilen des Erdkreises mit „Christianismi professi hostes" zusammentreffen. Einleitend spricht Grotius also nicht von ‚religiones'.

[4] Ebd. 2; 4a.
[5] Ebd.
[6] Ebd. 4b.
[7] Ebd. 14; 8b.

gio"[8] hinaus bis hin zur „Pagana religio", wie er in einem späteren Zusammenhang formuliert[9]. Allerdings bleiben solche Bezeichnungen die Ausnahme. Grotius sagt normalerweise eher „Pagani"[10] bzw. „Paganismus"[11] oder „Mahumetisti"[12] bzw. „Mahumetismus"[13]. In gewisser Häufigkeit findet sich lediglich „Iudaica religio"[14]. Wenn Grotius also von „singula Religionum genera" spricht[15], so macht er mit dieser Formulierung nicht deutlich, daß er die Bezeichnung „religio", wenn auch mit gewissen Einschränkungen, nur den Juden und uneingeschränkt allein den Christen zubilligt. „Christiana religio" findet sich denn auch vergleichsweise sehr häufig durch alle Bücher (mit Ausnahme des fünften) hindurch. Grotius hält sie für die „vera" und „optima"[16], die „verissima" und „certissima"[17]. Damit zeigt er, daß ihm die ausnahmsweise Formulierung „singula Religionum genera" im Sinne gleichberechtigter und gleichwertiger „genera" der „religio" nicht wirklich bedacht ist. Er sieht vielmehr die „Christiana religio" aufgrund der Zeugnisse über Fakten, nämlich die Wunder bis hin zur Auferstehung, sowie aufgrund ihrer inneren Gegebenheiten als die wahre an[18], die alle anderen überragt[19].

[8] So auch ebd. 18; 30a, und 26; 32b.
[9] Ebd. IV 10; 68a, hier auch „religio Paganica".
[10] Ebd. II 2; 33a, 6; 35a, IV 10; 68b u.ö.
[11] Ebd. IV 1; 63a, 10; 68a u.ö.; vgl. auch „Paganorum sacra" II 11; 39a, bzw. „Paganica sacra" 22; 48a, VI 7; 92b.
[12] Ebd. III 1; 50a, und bes. VI 1; 89a u.ö.
[13] Ebd. IV 1; 63a, VI 6; 92a u.ö.
[14] Vgl. etwa ebd. I 14; 8b; II 9; 37a: „religio Iudaica".
[15] Ebd. IV 1; 63a. Der Plural „religiones" findet sich etwa I 14; 8b, II 6; 35b.
[16] Ebd. II 6; 35b; im Zusammenhang mit der Bezeugung der Auferstehung Jesu als Kriterium für die Wahrheit der christlichen „religio" heißt es: „Restat ergo ut religionis suae tuendae causa mentiti dicantur, quod omnino, si res recte expendatur, dici de illis non potest. Nam aut religionem illam veram ex animi sententia crediderunt, aut non crediderunt. Si non credidissent optimam, nunquam hanc elegissent omissis religionibus aliis magis tutis magisque honoratis: imo quamvis veram, professi non essent nisi et professionem ejus credidissent necessariam, praesertim cum et facile praevidere possent, et experimento statim discerent, hanc professionem post se trahere mortem immensi agminis, cui sine justa causa causam dare a latrocinii scelere non abscedebat. Quod si crediderunt religionem suam veram, imo et optimam, et profitendam omnino, et quidem post Magistri sui mortem: sane id fieri non potuit si fefellisset eos Magistri sui de sua resurrectione pollicitatio. Nam id cuivis sano homini satis fuisset ad excutiendam etiam ante conceptam fidem. Rursum religio omnis, praesertim vero Christiana, mendacium ac falsum testimonium maxime in Divinis rebus prohibet: non potuerunt ergo religionis, et quidem talis, amore ad mendacium permoveri." Vgl. ebenso VI 8; 93a: „Necque ulla potest causa adferri, cur post Christianam religionem longe optimam, aliam decuerit proferri."
[17] Ebd. II 1; 33a; „Christiana religio" im Zusammenhang mit anderen Superlativen vgl. II 11; 40, 17; 44b.
[18] Ebd. II 8; 36bf: „Et haec quidem ex factis ipsis veniunt argumenta: veniamus ad ea quae veniunt ex natura dogmatis. Sane aut omnis omnino Dei cultus repudiandus est, quod nunquam ei in mentem veniet qui et Deum esse et curare res conditas credat, et hominem consideret tum intellectu eximio tum vi electrice boni malique moralis praeditum, ac proinde ut praemii ita et poenae in ipso esse materiam; aut haec admittenda religio, non tantum ob factorum testimonia, de quibus jam egimus, verum etiam ob ea quae religioni sunt intrinseca: cum nulla ex omnibus seculis ac nationibus proferri possit aut praemio excellentior, aut praeceptis perfectior, aut modo quo propagati jussa est admirabilior."

Als besonders aufschlußreich erweist sich eine genauere Bestimmung der „religio", die Grotius zur Unterscheidung der christlichen von der jüdischen gibt: Schon die „Iudaica religio" enthält nichts „illicitum aut inhonestum", doch mußte sie vor dem Abgleiten in Götzendienst durch viele Gebote und Vollzüge, durch Opfer, Beschneidung, Sabbatruhe und vieles andere geschützt werden[20]; die „Christiana religio" dagegen lehrt, Gott in reiner Gesinnung zu ehren und besteht wesentlich in den entsprechenden Einstellungen sowie den daraus resultierenden Handlungsweisen[21]. Unmittelbar zuvor hat Grotius die „Christiana religio" von den „Paganorum sacra" und unmittelbar darauf von der „Mahumetis religio" abgesetzt[22].

Der Rang der christlichen „religio" zeigt sich für Grotius schon an ihrer Geschichte; denn diese „religio" hat sich ohne äußere Mittel und Macht durch die Verkündigung einfacher Menschen in aller Welt ausgebreitet[23]. Diejenigen, die den „Christianismus", die „Christi lex" bzw. „Christiana religio" annahmen, haben sich auch durch die schlimmsten Übel hiervon nicht abhalten lassen[24].

Mit diesen Argumentationen bewegt sich Grotius auf zwei Ebenen, einmal auf der Ebene der Wirkung, die als ein bestätigendes Kriterium für die Wahrheit einer „religio" auch bei anderen Autoren zu finden ist[25]. Auf der anderen Ebene aber führt Grotius ein der „religio" immanentes Verständnis an, indem er nämlich auf die in ihr liegende Qualität abhebt. Dafür löst er sie mit erheblich größerem Nachdruck als zuvor von äußeren Vollzügen ab[26]. Gegen die bei den Heiden übliche Verehrung der Sterne und anderer materieller Gegenstände wendet er

---

[19] Vgl. auch ebd. 11; 39a.

[20] Ebd. 39af.

[21] Ebd. 40af: „At Christiana religio Deum, ut mentem purissimam, pura mente colendum docet, et iis operibus quae suapte natura etiam citra praeceptum honestissima sunt. Sic non carnem vult circumcidi, sed cupiditates: non ab omni opere, sed ab illicito nos feriari: non pecudum sanguinem aut adipem Deo sacrare, sed, si opus sit, pro veritate ipsius testanda nostrum offere sanguinem: et quae de bonis nostris egentibus damus, Deo data credere: non certis ciborum potusve generibus abstinere, sed utroque uti cum modo qui sanitati conveniat, interdum et jejuniis subactum corpus animo addicere, quo is alacrior ad sublimia feratur. Praecipua vero pars religionis ubique ostenditur posita in pia fiducia, qua compositi ad fidele obsequium in Deum toti recumbimus, ejusque promissis non dubiam habemus fidem, unde et spes exsurgit et verus amor tum Dei tum proximi, quo sit ut praeceptis ipsius pareamus non serviliter poenae formidine, sed ut ipsi placeamus, ipsumque habeamus pro sua bonitate patrem ac remuneratorem. Precari vero jubemur non ut divitias aut honores nanciscamur, et quae alia multum optata plurimis male cesserunt; sed primum quidem ea quae Deo sunt gloriosa, nobis vero de rebus caducis ea quae natura desiderat, reliquum permittentes Divinae providentiae, utramcunque in partem res ceciderit securi; ea vero quae ad aeterna ducunt omni studio, nempe retro commissorum veniam, in posterum auxilium Spiritus, quo firmati adversus minas omnes atque illecebras in pio cursu perstemus. Hic est Dei cultus in religione Christiana, quo certe nihil excogitari potest Deo dignius."

[22] Ebd. 39a, 12; 40b.

[23] Ebd. 18; 46a–48a.

[24] Ebd. 22; 48af.

[25] Vgl. z.B.H. Cardano, s. E. Feil, Religio II, 49–69.

[26] H. Grotius, De Veritate, II 11; 40a, IV 12; 69bf.

ein, daß die „cultus religiosi" wesentlich in Gebeten bestehen[27]. Gegenüber den Juden weist er darauf hin, daß Vollzüge wie materielle Opfer Gott wohlgefällig sind, soweit etwa Opfer Zeichen einer entsprechenden Gesinnung[28] oder die äußere Beschneidung eine „mystica quaedam et excellentior significatio" darstellen[29]. Im Vergleich mit dem Mohammedanismus konstatiert Grotius, daß bei den Christen zwar anfangs die wahre und einfache „pietas" blühte[30], daß aber dann die „religio" auf Riten verlegt wurde, so daß Mohammed eine „nova ... religio" begründen konnte, nachdem die Christen gleichsam durch eine Rückkehr zum „Iudaismus" sich wieder mehr und viel zu sehr auf äußere Vollzüge verlegt hatten[31]. An sich führt also die „Christi religio" fort von den körperlichen Dingen[32]. Sie besteht nämlich nicht in Riten, sondern vollzieht sich im Geist[33]. Damit hat Grotius eine folgenschwere Veränderung vertreten, indem er nicht nur – mit der schon in der alttestamentlichen Prophetie vertretenen Auffassung – die Gesinnung als unerläßlich für gottesdienstliche Handlungen betont, sondern die materielle Seite zurückgenommen hat zugunsten geistiger Einstellungen und Vollzüge[34]. Doch hat er keine rein ‚innerliche' „religio" vertreten, wie sich noch zeigen wird. Die Veränderung, die Grotius vornimmt, geschieht gleichsam unbemerkt und unreflektiert.

Somit bleibt überhaupt nach dem Stellenwert zu fragen, den die „religio" bei Grotius besitzt. Zwar verwendet er, wie schon gesagt, gelegentlich den Plural „religiones"[35], doch über die eigene Überlieferung hinaus bleiben etwa „Pagana religio"[36] und „Mahumetis religio" eine extreme Ausnahme[37]. So findet sich

---

[27] Ebd. IV 5; 65a.
[28] Ebd. V 8; 75bf.
[29] Ebd. 11; 79bf.
[30] Ebd. VI 1; 89a.
[31] Ebd. 90a: „Religio autem passim non in mentis puritate, sed quasi reducto Iudaismo in ritibus collocari coepit; et in iis quae corporis magis exercitationem quam animi emendationem in se continent, itemque in studio flagrante semel electarum partium: tandemque evenit ut ubique multi essent Christiani nomine, re paucissimi. Non dissimulavit Deus haec populi sui vitia: quin ex ultimo Scythiae ac Germaniae recessu immensa agmina, quasi diluvio, effudit in orbem Christianum: et cum datae ab his strages maximae non satis profecissent ad corrigendos superstites, justo Dei permissu in Arabia Mahumetes novam sevit religionem, pugnantem eam directa fronte cum Christiana religione, sed quae verbis quodammodo exprimeret vitam magnae partis Christianorum."
[32] So im Zusammenhang mit der Widerlegung der Annahme, daß die „religio" mit den Sternkonjunktionen zusammenhängt, ebd. IV 11; 69a.
[33] Ebd. 12; 69bf: „religionem non in ritibus, sed in animo esse positam".
[34] Ebd. VI 8; 92bf: „Hic intus ad animum revocata religio, ut eo bene culta fructus exserat humano generi utiles". Gegen die Mohammedaner, die gewaltsam die „religio" durchgesetzt haben, stellt Grotius, 7; 92b, fest, daß dies „irreligiosum" ist, und fährt fort: „Nam cultus Dei nullus est, nisi ab animo volente procedat. Voluntas autem docendo et suadendo elicitur, non minis, non vi. Coactus qui credit, non credit, sed credere se simulat, ut malum vitet."
[35] Ebd. I 14; 8b, II 4; 34a, 6; 35b.
[36] Ebd. IV 10; 68a, vgl. 8; 66a, 67a.
[37] Ebd. II 12; 40b, III 1; 50a; es findet sich auch „haec religio" VI 2; 90b, vgl. „religio utraque" für Christen und Mohammedaner, 7; 92a, „religio illa" 92b; daß Mohammed eine „nova ... religio" säte, wurde schon gesagt, vgl. 1; 90a.

recht häufig nur noch „religio Iudaica"[38]. Um so auffälliger tritt das Fehlen dieses Terminus gerade im fünften Buch zutage, das sich mit den Juden beschäftigt. Grotius macht deutlich, daß er den Juden eine besondere Bedeutung zumißt; intensiv lädt er sie ein, nicht als „aversi" seine Argumente zu hören, weil sie mit den Christen „concordi pietate" den einen Gott, den Gott Abrahams, Isaaks und Jakobs verehren[39]. Ein Grund, warum gerade hier im abschließenden Abschnitt dieses Buches von den „Religionis Christianae dogmata" die Rede ist[40], für die Juden aber ‚religio' fehlt, läßt sich nicht angeben. An anderer Stelle hat Grotius im Zusammenhang mit den „religiones aliae omnes" die „Christiana" ausgenommen und sie gleichsam als „perfectio" der „Iudaica" qualifiziert[41].

In diesem Zusammenhang erscheint die Wahl des Terminus „pietas" an einigen zentralen Stellen nicht zufällig. Einmal verwendet Grotius ihn in der Einleitung zur Auseinandersetzung mit Juden, die mit den Christen die „vera illa atque simplex pietas" üben, und mit den Mohammedanern, die diese Haltung gerade nicht pflegen[42]. Auch im Hinblick auf die Juden wünscht Grotius, daß sie bei allem, was die Christen mit ihnen teilen oder ihnen verdanken – nicht zuletzt den Messias –, „concordi pietate" den einen Gott verehren[43].

Darüber hinaus verwendet Grotius immer wieder „lex". An vielen Stellen meint er hiermit konkrete Gesetze, sei es die „Christi lex"[44], die „Lex Mosis"[45] oder „lex Mahumetis"[46], häufiger aber verwendet er diese Bezeichnungen ganz offenkundig als Sammelbezeichnung, so daß „lex" zugleich auch als Oberbegriff für die verschiedenen Überzeugungen gilt[47].

Nicht erkennen läßt Grotius, ob er sich den diesbezüglichen Sprachgebrauch der hochmittelalterlichen Astrologie bewußt gemacht hat; jedenfalls weist er den Leser nicht eigens auf ihn hin. Überliefert sind ihm diese Spekulationen aber

---

[38] Ebd. I 14; 8b, 16; 9b, II 9; 37a, 11; 39b, III 16; 56b, vgl. 8; 52b.
[39] Ebd. V 1; 72a.
[40] Ebd. 23; 88b.
[41] Ebd. I 14; 8b.
[42] Ebd. VI 1; 89a; vgl. die Charakterisierung der ersten, die den „Mahumetismus" angenommen haben, als Räuber, als „homines ab humanitate ac pietate alieni", 6; 92a.
[43] Ebd. V 1; 72a. Auch im politischen Zusammenhang verwendet Grotius speziell herausgestellt „pietas", vgl. Hugo Grotius, Ordinum Hollandiae ac Westfrisiae Pietas. Ab Improbissimis Multorum Calumniis, Praesertim vero a nupera SIBRANDI LVBBERTI Epistola quam ad Reverendissimum Archiepiscopum Cantuariensem scripsit (1613), in: ders., Opera III, 97–125, vgl. bes. 99b. Vgl. auch die Charakterisierung der „pietas": „Nulla sane virtus magis regia.", Hugo Grotius, De Imperio Summarum Potestatum circa Sacra (1614, ediert 1647), in: ebd. 201–291, hier V 10; 224b. – Diese Arbeit wird hier und im folgenden zunächst mit dem Kapitel in römischer und dem Abschnitt in arabischer sowie nach einem Semikolon mit der Seite dieses Bandes III in arabischer Ziffer und der Spalte mit a bzw. b angegeben.
[44] H. Grotius, De Veritate, II 12f; 41b, 42b, ebenfalls auch „Christiana lex" II 14; 43a u.ö.
[45] So bes. V, etwa 7; 74a, auch „Lex Hebraea", etwa II 13; 42b.
[46] Vgl. etwa VI 3; 91a, hier deutlich erkennbar durch den folgenden Hinweis auf den Unterschied dieser „lex" zu dem, was Mose und Jesus ihren Schülern aufgetragen haben.
[47] Vgl. etwa V 5, 73 „Lex Iesu" und „Lex Mosis"; so ferner „Mahumetis lex" II 22; 48a, hier im Wechsel mit „Christianismus", „Paganica sacra", „Iudaici ritus" und „Lex Mosis".

zweifellos, wie er in dem einschlägigen Abschnitt zu erkennen gibt; denn er weist die Ansicht der Philosophen zurück, daß die Sterne den Aufgang und Untergang einer „religio" bestimmen, daß es nämlich Wirkungen geben muß, die nicht aus der Natur, sondern aus dem freien Willen des Menschen stammen, sonst wären alle „leges", alle Belohnungen und Strafen überflüssig[48]. Grotius nimmt einen Einfluß der Sterne nur auf die Körper an; da aber die „Christi religio" die Menschen von den körperlichen Dingen wegführt, unterliegen sie folglich nicht einer solchen Wirkung[49]. Nicht in seinen eigenen Worten, wohl aber in einer Textsammlung mit einer ausführlichen Zitation des syrischen Theologen Bardesanes (154–222) dokumentiert er den auch hochmittelalterlich gängigen Sprachgebrauch, nach dem die Sternkonstellationen die verschiedenen „leges" hervorbringen[50].

Im Hinblick auf diese „leges" geht Grotius von ihrer geschichtlichen Begründung aus. Er kennt nämlich eine Zeit „ante Legem", für die er Henoch, Noah und die Patriarchen nennt[51]. Vielleicht liegt hier auch der Grund dafür, daß er stets die Reihenfolge Heiden – Juden – Mohammedaner wählt[52], ohne sie zu be-

---

[48] Ebd. IV 11; 68b.
[49] Ebd. 69af.
[50] Hugo Grotius, Philosophorum Sententiae de Fato, Et de eo quod in nostra est potestate, in: ders., Opera, III 377–453, 446a. Der Text des Bardesanes, der sowohl Abhandlungen über das Schicksal wie über die Sternenkonjunktionen verfaßt hat, lautet: „Verum ajunt Astronomi terram omnem dividi in tractus septem; unicuique autem tractui praesse unam de vagis stellis: neque vero homines ipsos sibi legum istarum differentium auctores, sed in quoque tractu propellere arbitrium regnantis ibi sideris, idque ipsum pro lege habere a subditis ipsi populis. At Bardesanes: non id quod verum est in se habet ista responsio, Philippe; etsi enim terrarum orbis in partes dividatur septem, tamen in una parte videmus multas legum differentias. Neque enim septem tantummodo leges sunt, ut septem sidera: neque duodecim, quot sunt signa in signifero: neque triginta sex pro signis decanis, sed innumerae." Nach Hinweisen über Inder und Persien heißt es weiter: „Sed et multas commemoravimus gentes in Meridie, in Ortu, in Occasu, in Septentrione ac proinde in tam dissitis mundi locis quae expertes sint artium Mercurialium. Quot putatis, viri sapientes mutarunt male positas leges? Quot leges ob difficultatem factae sunt irritae? Quot Reges populorum victores mutarunt receptas prius leges ac suas reposuere? neque tamen stella ulla vim suam amisit. Iam modo Romani domitis Arabum terris instituta ibi mutarunt. Nam voluntas libera voluntatem liberam sequitur." Es folgt eine Argumentation bezüglich der Juden; dann schließt sich die Aussage über die Christen, 446b, an: „Quid vero dicemus de Christianorum secta, cujus nos disciplinae sumus, multi admodum in diversissimis regionibus gentibusque: et cum tam multi ac tam dissiti sumus, uno appellamur nomine. Nec qui in Parthia sunt Christiani plures ducunt uxores, quamvis Parthi sint et ipsi: nec qui in Media vivunt, canibus objiciunt mortuos: nec qui Perside sunt filias ducunt uxores, cum et ipsi sint Persae. Non apud Bactrianos et Gallos aliena matrimonia temerant: non in Aegypto colunt Apim, aut canem, aut hircum, aut felem; sed ubivis sunt locorum non patiuntur a male positis legibus aut institutis se devinci. Non eos a principibus stellis gubernata nativitas compellit quicquam eorum facere, quae magister eorum vetuit. Interim morbis ac paupertati et adversis et ei quae sic dicitur infamiae subjacent." Die Argumentation schließt mit einem Hinweis auf Gottes Handeln: „At Deo favente nihil est quod fieri nequeat, nemo est qui prohibere possit quae ei placent: nihil enim est quod ejus voluntati possit obstare. Nam et quae repugnare ei videntur eo repugnant quod Deus cum sit bonus permittit cuique naturae suas proprietates et voluntati humanae suam libertatem."
[51] H. Grotius, De Veritate, V 10; 79a.
[52] Vgl. ebd. II 11; 39a–40a; 18; 47a, IV 1; 63a.

gründen. Allerdings nennt er in diesen Ausführungen auch keine deutliche Zäsur der Geschichte der Juden.

Ganz selbstverständlich sagt Grotius, wenn auch nur ausnahmsweise, „Christiana fides", hier im Wechsel mit „Christiana doctrina"[53]. Auch „secta" findet sich in verschiedenen Zusammenhängen, und zwar einmal zur Bezeichnung getrennter Gruppen[54], aber ebenso und vielleicht eher noch als Sammelbezeichnung für alles, was zu Christen oder Juden gehört[55]. Diesen Terminus faßt Grotius grundsätzlich neutral, wie die verschiedentlich vorkommende Bezeichnung „sectatores" für diejenigen zeigt, die einer Überzeugung zugehören[56].

Abschließend zu dieser Arbeit muß deutlich herausgestellt werden, daß für Grotius die „religio" der Vernunft zugehört. Seine Argumentation dient der „veri demonstratio"[57]. Daß es bei den Christen so verschiedene Ansichten gibt, kann man, wie er hervorhebt, nicht als Gegenargument verwenden, da es in bestimmten Grenzen auch anderwärts „ambigua argumenta" gibt, in der Mathematik, Physik oder Medizin[58]. Dann differenziert er diese Aussage in gewisser Weise mit dem Einwand, daß man seine historische Argumentation unzureichend finden könnte, die Wahrheit der christlichen „lex" bzw. „religio" durch ihre Standhaftigkeit Repressalien gegenüber bis hin zum Tod nachzuweisen. Demgegenüber verweist er auf verschiedene Arten des Nachweises, je nachdem, ob es sich um Mathematik, Affekte, Historie, Medizin oder die „pietas" zwischen Eltern und Kindern handelt; bei Gott geht es um ein „Credere" und einen Gehorsam, da es hier eine in solchem Maße zwingende Evidenz nicht gibt, wie sie durch sinnliche Wahrnehmung und durch Demonstration erreicht wird, sondern nur eine für den nicht widerspenstigen Menschen genügende „fides"[59]. Diese „fides" wird nicht erreicht durch die Offenbarung, sondern durch die Argumentationen bezüglich der Wunder, die sich manifest ereignet haben. Daß nämlich Gott existiert, belegt der Gebrauch der rechten „ratio", die allen Menschen gemeinsam ist[60]. Nicht nur mit der „ratio", sondern sogar mit dem „sen-

---

[53] Ebd. II 6; 35a.
[54] Vgl. ebd. III 9; 52b „in Christianismo sectae", ähnlich 15; 56a, vgl. II 16; 44a. Im Hinblick auf die Mohammedaner vgl. VI 3; 91b.
[55] Ebd. IV 3; 64a.
[56] Vgl. im Hinblick auf die Christen ebd. II 18; 46a, auf die Mohammedaner VI 3; 91b.
[57] Ebd. IV 1; 63a.
[58] Ebd. II 17; 44b.
[59] Ebd. 22; 48bf: „Si quis allatis hactenus argumentis pro Christiana religione satis sibi factum non putet, sed magis urgentia desideret, scire debet, pro rerum diversitate diversa quoque esse probandi genera; alia in Mathematicis, alia de affectionibus corporum, alia circa deliberationes, alia ubi facti est quaestio; in quo genere sane standum est nulla suspicione laborantibus testimoniis: quod ni admittitur, non modo omnis Historiae usus periit, Medicinae quoque pars magna, sed et omnis quae inter parentes liberosque est pietas, ut quos haud aliter noscamus. Voluit autem Deus id quod credi a nobis vellet, sic ut illud ipsum Credere tanquam obedientiam a nobis acceptaret, non ita evidenter patere ut quae sensu aut demonstratione percipiuntur; sed quantum satis esset ad fidem faciendam, remque persuadendam homini non pertinaci: ut ita sermo Euangelii tanquam lapis esset Lydius, ad quem ingenia sanabilia explorarentur."
[60] Ebd. I 2; 4a. Vgl. hierzu die detailliertere Aussage bei H. Grotius, De Imperio, I 9; 205b, s.o.

sus" läßt sich ersehen, nämlich etwa beim menschlichen Körper, daß es eine „mens excellentissima" als Urheber der Natur geben muß[61]. Dasselbe ergibt sich aus der Beobachtung des Tierreichs und der Gestirne: Die „ratio", die hinter diesen stehen muß, kann nichts anderes sein als das, was Gott genannt wird[62].

Deutlich unterstreicht Grotius auch, daß im Neuen Testament nichts enthalten ist, was der „ratio" zuwiderläuft[63]. Daß es dann viele widersprüchliche Aussagen über die Natur Gottes gibt, ist zurückzuführen auf die Begrenzung menschlicher „ratio"[64]. Wenn also schon bei solcher Begrenzung unserer Erkenntnis über weltliche Gegebenheiten viele verschiedene Meinungen geäußert werden, so kann der menschliche Verstand ungleich weniger jene Art von Dingen zu begreifen hoffen, die Gott frei wollen kann[65]. Doch beruht gerade hierin keine Einschränkung der menschlichen „ratio", die aus der Offenbarung Gottes resultiert.

Die zuvor angesprochene „fides" bezieht sich also nicht auf die von Gott geschenkte und von daher allein heilswirksame Tugend, sondern meint, sich menschlich fest darauf zu verlassen, wie man Erzählungen von Historikern als wahr akzeptiert[66]. In eben diesem Sinne schenken wir der Geschichte Christi Glauben; und von hierher leitet sich die andauernde Kontinuität der „religio Christiana" ab[67].

Zur Zuständigkeit der höchsten Amtsgewalt „circa sacra"

Daß Grotius sich zur Situation in den Gemeinwesen gerade auch in konfessioneller Hinsicht geäußert hat, kann nicht verwundern. Sucht man seine diesbezüglichen Stellungnahmen zu analysieren, stößt man auf eine differenzierte Terminologie. Wohl nicht zufällig hat er im Titel der hier zunächst einschlägigen Abhandlung ‚Religio' vermieden. In der frühen Schrift über die „pietas" der holländischen und westfriesischen Stände und d.h. über die „vera pietas"[68] beschäftigt er sich eingangs mit der Auseinandersetzung um die Prädestination, bis er dann auf die Zuständigkeiten von Synoden, Ständen und Magistraten eingeht. In diesen Zusammenhängen spricht er von den negativen Folgen, wenn man dem obersten Magistrat die Entscheidungsbefugnis („judicium") über die „religio

---

Anm. 43 und u. Anm. 72: „Neque tantum Christiani veteres ac Reformati, sed et Gentes aliae hoc ipsum tanto consensu tradidere, ut apertissimum sit rectae rationis, quae communis est humano generi, hoc esse pronunciatum, aut ante religionis depravationem ab antiquissimis parentibus tradi liberis caeptum longa successione ad posteros manasse." Hier findet sich auch die Vorstellung einer Verfallstheorie der „religio".

[61] H. Grotius, De Veritate, I 7; 5a.
[62] Ebd. 5b.
[63] Ebd. III 12; 53bf.
[64] Ebd.
[65] Ebd.
[66] Ebd. II 22; 49b.
[67] Ebd.
[68] Hugo Grotius, Ordinum Hollandiae ac Westfrisiae Pietas, in: ders., Opera, III, 99b.

publica" nimmt[69]. Interessant ist hier, daß er dieser „religio" keine innere, sondern die „sua religio" gegenüberstellt[70]. Daß er auch erstere als Vollzug versteht, wird in seiner Aussage deutlich, daß der Magistrat mit der „maxima religio", mit der bestens durchschauten „doctrina" und den (besten) Sitten an die Wahl der kirchlichen Oberen gehen muß[71]. Freilich läßt sich die differenzierte Bedeutung von „religio" hier nicht genauer bestimmen.

Detailliert hat Grotius sich dann in der eben schon genannten Abhandlung „De Imperio Summarum Potestatum circa sacra" mit diesem Thema auseinandergesetzt[72]. Es geht ihm dabei um die Zuständigkeit dieser höchsten Amtsgewalt in einem Gemeinwesen über die „profana" hinaus[73]. Der Grund für eine solche Kompetenz liegt darin, daß die „Religio" eine nicht zu unterschätzende Relevanz für das Gemeinwesen besitzt, trägt sie doch am meisten zur äußeren Glückseligkeit und Eintracht bei, und dies aufgrund göttlicher Vorsehung wie aufgrund ihrer eigenen Natur und Kraft; sie macht nämlich die Menschen zu verläßlichen Bürgern[74]. Mit einem Plutarch-Zitat nennt Grotius die „Religio" ein Band jeder Gemeinschaft und ein Fundament der Gesetzgebung[75]. Diesen Effekt erzielt sogar noch die „falsa quoque religio", denn auch sie fördert den äußeren Frieden, so daß man zuweilen auch den Aberglauben in seiner heilsamen Wirkung zur Regierung der Menge beobachten kann[76]. Folglich erschüttert eine Änderung der „Religio" und ihrer „ritus" das Gemeinwesen, wenn sie nicht einvernehmlich geschieht[77].

Das Thema, dem Grotius in dieser Abhandlung nachgeht, hat seinen Ursprung in der Auflösung der lange währenden Identität von „Rex et Sacerdos", die natürlicherweise bestanden hat[78]. Seitdem aber beide Ämter in verschiedenen Händen liegen, was nach der „Lex Mosaica" und der „Euangelica Lex" der Fall ist[79], bleibt das höchste „Imperium" bei den „Summae Potestates", weil sie zu dem politischen auch ein „munus pastorale" wahrzunehmen haben aufgrund

---

[69] Ebd. 115b.
[70] Ebd. 115b: „Videtisne igitur, ut ἀσύστατα male cohaerentia doceatis quum supremum de religione publica judicium summo Magistratui eripitis? publica inquam; nam de sua religione judex est unusquisque; de Ecclesiae fide ipsa Ecclesia statuit: At de fide Ecclesiae qua publica est, nemo jus statuendi habet praeter eum cujus omnia publica sunt in manu ac potestate."
[71] Ebd. 118a.
[72] H. Grotius, De Imperio, in: ebd. 201–291, s.o. Anm. 43. – Im folgenden wird zunächst das Kapitel in römischer, der Abschnitt in arabischer Ziffer und nach einem Semikolon die Seite dieser Ausgabe zitiert.
[73] Ebd. I 2; 203a.
[74] Ebd. 13; 206b: „Altera ratio est ex natura ac vi propria Religionis, quae ejusmodi est, ut homines placidos, obsequiosos, amantes patriae, juris et aequi returientes afficiat. Ita autem animatis civibus non potest non felix esse Respublica."
[75] Ebd. 207a.
[76] Ebd.
[77] Ebd. 207b.
[78] Ebd. II 3; 208b. Dieses ganze Kapitel II; 208a–211a, handelt über dieses Thema.
[79] Vgl. ebd. 5; 209a, und 6; 210b.

der ihnen eigenen „pastorum cura"[80]. Folglich bleibt den höchsten Amtsgewalten nicht nur die Zuständigkeit über die „profana", sondern auch über die „sacra", und dies direkt, sofern letztere sich in äußeren Handlungen manifestieren, und indirekt, soweit die inneren Handlungen mit den äußeren verbunden sind[81]. Rein innere Handlungen unterliegen dieser Amtsgewalt nicht, sind sie doch nur Gott gegenüber offenbar, der als der Kenner der Herzen allein auch die Befehlsgewalt über diese besitzt[82]. Auf diesen Bereich engt Grotius auch die alte Maxime ein, daß die „Religio" nicht befohlen werden kann[83].

Grotius billigt also der Kirche kein „*Imperium Divino jure*" zu[84], denn sie ist nur das Volk der Christen[85] und unterliegt somit der einzigen Befehlsgewalt der höchsten Instanz des Gemeinwesens; und Grotius präzisiert dieses Recht als Zwangsgewalt, symbolisiert durch das Schwert[86]. Hierin dürfte eine Zurückweisung der mittelalterlichen Zwei-Schwerter-Theorie liegen. Der Kirche gebührt folglich nur ein „regimen constitutivum", etwa, daß sie nach der Aufhebung des alttestamentlichen Sabbatgebots ihren eigenen Gedenktag feiern will; ein solches Recht aber ist der Kirche „naturale"[87]. Sie stellt auch eine Gemeinschaft „Divina Lege" dar[88]. Und doch bleibt die höchste Amtsgewalt, die auch ein (letztverbindliches) Urteil zu fällen hat, nur dadurch begrenzt, daß sie nichts gegen das „Ius divinum"[89], gegen die „Lex Dei sive naturalis sive positiva" befehlen kann[90]. Die kirchlichen Amtsträger und die einzelnen Christen unterliegen also nicht der (göttlichen) Vorschrift, dem Urteil der höchsten Gewalt zu folgen, wenn ihnen befohlen wird, etwa die notwendigen Pflichten der „pietas" und der Liebe zu unterlassen[91]. Doch bleiben sie der höchsten Gewalt unterworfen, auch wenn diese sich täuscht und irrt[92]. Und wenn die kirchlichen Amtsträger und die Christen einem solchen Gebot ausgesetzt sind, sollen sie nicht Widerstand leisten[93]. Der höchsten Amtsgewalt aber stehen Urteile über die „res sacrae" zu, weil „*Theologia... et Religio*", wie es in einem patristischen Zitat heißt, eine „res ... *simplex et nuda*" darstellen; denn es geht hier um das „corpus ipsum Fidei Religionisque", nicht um Metaphysik, Geschichte und Grammatik, die von den Theologen in vielen Versammlungen und lautstarken Äußerungen

---

[80] Ebd. 7; 210b.
[81] Ebd. III 1; 211af.
[82] Ebd. 211b, als nicht nachgewiesenes Zitat von Apg 1, 24; 15, 8 unter Aufnahme von 2 Sam 16, 7.
[83] Ebd. 9; 213b, mit einem Hinweis auf Cassiodor.
[84] Ebd. IV 9; 220b.
[85] Ebd. 3; 217b.
[86] Ebd. 9; 220b.
[87] Ebd. 10; 221a.
[88] Ebd. 9; 220b.
[89] Bezüglich des „Imperium" vgl. ebd. III 5; 212b, bezüglich des „Iudicium" vgl. V 3; 222af; hier findet sich eine der wenigen Stellen, an der Grotius der „Summa Potestas" die Charakterisierung „absolute" zubilligt, vgl. dazu die Bezeichnung der „Reges" als „Reges ... *absolutos*", I 1; 203a.
[90] Ebd. V 4; 222b.
[91] Ebd.
[92] Ebd.
[93] Ebd. III 6; 212bf.

behandelt werden⁹⁴. Diese Kompetenz wird auch nicht behindert, wenn die höchsten Amtsträger ungläubig sind⁹⁵. Der Grund für deren Einsicht liegt darin, daß die „Religio" die Weisheit vermehrt und die Weisheit die „Religio"⁹⁶. Freilich bedürfen die Inhaber der höchsten Amtsgewalt sehr wohl eigener „pietas"⁹⁷, auch sollen sie sich bei kirchlichen Amtsträgern Rat holen, die durch „pietas atque eruditio" geeignet sind; aber all das engt ihre Befehlsgewalt nicht ein⁹⁸. Und gibt es hinsichtlich der „Fides salutaris" keine andere Autorität als die Gottes, so sollen doch die höchsten Amtsträger sich auch bei ihr zuratend betätigen⁹⁹. Da die „Religio" überhaupt höchst freiwillig ist, erfordert es generell der Überzeugungstätigkeit für Gesetze „de sacris"¹⁰⁰.

Nachdem die Befehlsgewalt der höchsten Instanzen für Grotius als erwiesen gilt¹⁰¹, folgt die Behandlung der wesentlichen Aufgaben. Das Thema „Religio" tritt hier nur noch zu Beginn in Erscheinung, wo die Befugnis der Gesetzgebung zur Sprache kommt. Daß diese der höchsten Amtsgewalt zukommt, versteht sich nach dem Gesagten von selbst. Zu dieser Kompetenz gehört als erste die Entscheidung, welche „Religio" öffentlich ausgeübt wird, wofür Grotius Beispiele aus verschiedenen Ländern anführt¹⁰². Die Objektion, daß hieraus bei einem Regierungswechsel auch ein solcher in der „Religio" erfolgt, begegnet Grotius damit, daß Mißbrauch bei Menschen generell nicht ausgeschlossen werden kann und somit nur das Vertrauen auf Gottes Vorsehung bleibt, wirkt doch Gott durch gute wie durch schlechte Könige¹⁰³. Schließlich berichtet auch die Schrift

---

[94] Ebd. V 9; 223b.
[95] Ebd. 12; 225af.
[96] Ebd. 8; 223a.
[97] Ebd. 10; 224b, s.o. mit Anm. 43.
[98] Ebd. VI 2; 228a.
[99] Ebd. 6; 229af.
[100] Ebd. 10; 232a unter Verwendung eines Zitats von Laktanz.
[101] Daß sie auch über kirchliche Synoden gilt, vgl. ebd. VII; 233b–242b, braucht hier nicht mehr des näheren erörtert zu werden.
[102] Ebd. VIII 2; 242bf: „Legislationis quae sunt, ea ex supradictis intelligi satis possunt: pleraque enim Imperii per Legislationis exempla tamquam nobiliora explicavimus. Ex iis liquet legem ferri super definitis Lege Divina, aut super indefinitis; quae super definitis feruntur leges, aut totam spectant Religionem, aut ejus partes. Nulla in re magis elucescit vis Summi Imperii, quam quod in ejus arbitrio est, quaenam Religio publice exerceatur, idque praecipuum inter Majestatis jura ponunt omnes qui Politica scripserunt. Docet idem experientia: Si enim quaeras cur in Anglia Maria regnante Romana Religio, Elizabetha vero imperante Euangelica viguerit, causa proxima reddi non poterit, nisi ex arbitrio Reginarum: aut (ut quibusdam videtur) Reginarum et Parlamenti. Quaere cur alia per Hispaniam, alia apud Danos Suedosque sit Religio, ad voluntatem Dominantium recurretur."
[103] Ebd. 243a: „Hinc vero multi objiciunt, si id juris obtineat, jam statum Religionis fore instabilem, praesertim ubi Summum est unius Imperium. Mutato enim Regis animo, et Religio mutabitur: et verum quidem est quod dicunt, neque id periculum in sacris dumtaxat, sed in aliis quoque rebus obtinet: Qualis enim artifex, tale opus: qualis Rex, talis lex. Sed ob periculum abutendi jus suum nemini denegandum est: nam alioqui nullum jus cuiquam salvum erit; Deinde etiamsi a Summa Potestate in alium id jus transferri posset (quod non posse satis ostendimus) non vitaretur tamen idem periculum. Ab hominibus enim ad homines iretur, quorum nemo est qui falli nequeat. Vnicum ergo hic solatium in Divina est providentia ... Deus et per bonos et per malos Reges opus suum operatur."

über die Änderung von „Religiones", sei es zum Guten, sei es zum Schlechten; gleichwohl ist es den Untertanen nicht erlaubt, mit Gewalt den öffentlichen Gebrauch der „Religio" zu erzwingen[104].

Grotius teilt sodann der höchsten Amtsgewalt die Aufgabe zu, die „vera Religio" durch das „publicum jus" zu fördern und die „falsae Religiones" durch Beseitigen oder Bestrafen zu entfernen[105]. Hierzu fügt er Schriftstellen und Väterzitate an sowie alttestamentliche und frühchristliche Geschehnisse, durch die die Einheit der „religio" zerstört wurde[106]. Dazu nennt er Fälle, in denen fromme Herrscher auch falsche „religiones" zuließen, etwa die der Juden, solange diese die „Christiana Lex" nicht tangierten und die Christen nicht zu ihrer eigenen „secta" zu führen versuchten[107].

Hiermit sind die für unser Thema wichtigen Aussagen dieser Schrift zusammengefaßt. Sie zeigen einen merkwürdigen Sachverhalt: Zunächst geht es nicht von ungefähr über die „sacra", für welche die höchsten Amtsgewalten ebenso zuständig sind wie für die „profana". Hiermit zusammenhängend führt Grotius die Differenzierung „actiones internae" und „externae actiones" ein und erreicht somit die Möglichkeit, letztere auch hinsichtlich der „Religio" der höchsten Gewalten zu unterstellen. Diese Unterordnung verfolgt er konsequent.

In diesem Rahmen verwendet Grotius vielfach „Religio", zuweilen auch, wie der eben genannte Abschnitt zeigt, „Lex" und, wenn auch nur ausnahmsweise, „secta" in einem neutralen Sinn. Auch spricht er von „religiones", ohne aber den Anspruch auf die Unterscheidung zwischen der „vera Religio" und den „falsae" aufzugeben. Allerdings nennt er keinerlei hinreichende Kriterien für die Beurteilung, welche denn die wahre ist. Auch nimmt er hier nicht Stellung zu dem vordringlichen Problem, was nun Anhänger einer „Religio", die sie als die „vera" ansehen, tun sollen, wenn die höchsten Gewalten sie zu einer ihrer Meinung nach falschen „Religio" zwingen wollen. Er erörtert nicht, ob sie dann gleichsam intern ihrer wahren nachkommen und äußerlich, wenn es gar nicht anders geht, die „religio publica" praktizieren sollen. Dabei dürfte er eine interne Ausübung einer „religio" noch nicht einfach als eine ‚innerliche', sondern eher als eine ‚nicht-öffentliche' ansehen. Doch auch mit solchen Distinktionen kann die Devise „qualis Rex, talis lex" – „lex" hier offensichtlich als Äquivalent zur unmittelbar zuvor genannten „Religio"[108] – keineswegs zu einer befriedigenden Bewältigung der Probleme in einem Gemeinwesen führen.

Daß den höchsten Amtsgewalten die Kompetenz über die „sacra" und d.h. über die „Religio" von Natur aus zukommt, hat keine Auswirkungen auf die wesentlich anders qualifizierte „Fides" als unmittelbar von Gott gegebene und heilswirksame; diese entzieht sich der Kompetenz der höchsten Amtsgewalten. Doch dürfte damit die Konzeption von Grotius nicht in Frage gestellt werden,

---

[104] Ebd.
[105] Ebd. 3; 243af.
[106] Ebd. 243b.
[107] Ebd. 4; 243bf; es findet sich auch der Plural „sectae", vgl. etwa ebd. 244a, und bes. 9; 224a.
[108] Ebd. 2; 243a, s.o. Anm. 103.

äußert sich doch diese „Fides" seiner These zufolge nicht in externen manifesten Handlungen.

Hervorgehoben zu werden verdient, daß Grotius seine Überlegungen zur „Religio" nicht zu einer ‚Religio naturalis' weiterführt. Der „religio publica" korrespondiert auch keine ‚religio privata'. Von seinem Thema her hat Grotius das Verständnis des Terminus „religio" in dieser Abhandlung nur indirekt erörtert, nämlich, insoweit sie der Kompetenz öffentlicher Instanzen unterliegt.

Zur Bedeutung der „religio" für Krieg und Frieden

Nach den bisherigen Analysen zu Grotius ergibt sich die Frage, welchen Stellenwert die „religio" in dem bekanntesten seiner Bücher „De Iure Belli ac Pacis" einnimmt. Vor allem von diesem Buch leitet sich das Wissen her, daß Grotius – wenn auch in sehr viel größerer Nähe zur Tradition und hier besonders zur spanischen Spätscholastik, als man früher annahm – nach Regelungen suchte, die vielfältigen kriegerischen Auseinandersetzungen zu humanisieren. Verbreitet war auch die Kenntnis, daß er hierfür von der aus dem Naturrecht folgenden Voraussetzung ausging, die er einleitend formuliert hat, daß nämlich solche Rechte Geltung haben müßten „etsi Deus non daretur"[109]. Diese – gleichfalls der Tradition verpflichtete[110] – Formel liest sich im Original freilich differenzierter, weil Grotius hier den Irrealis verstärkt: Die Inexistenz Gottes anzunehmen sei ohne größtes Verbrechen nicht möglich[111]. Es handelt sich also um eine imaginäre Voraussetzung, die in der Folge gleichwohl in eine reale transponiert wurde.

---

[109] So als Zitat bei Dietrich Bonhoeffer, Widerstand und Ergebung. Briefe und Aufzeichnungen aus der Haft, hg. von Christian Gremmels, Eberhard Bethge und Renate Bethge (= Dietrich Bonhoeffer Werke 8), Gütersloh 1998, 533; Brief an E. Bethge vom 16.7.1944. – Es ließ sich bis jetzt nicht nachweisen, woher Bonhoeffer diese Formel übernommen hat, da sie sich bei seinem speziellen Gewährsmann Wilhelm Dilthey nicht hat nachweisen lassen.

[110] James St. Leger, The „Etiamsi daremus" of Hugo Grotius. A study in the Origins of International Law (Diss. ad Lauream in Facultate Iuris Canonici), Pontificium Athenaeum Internationale „Angelicum", Romae 1962.

[111] Hugo Grotius, De Iure Belli ac Pacis Libri Tres, in quibus ius naturae et gentium item iuris publici praecipua explicantur, hg. von B.J.A. de Kanter-van Hettinga Tromp, ND der Ausgabe von 1939, Aalen 1993, Prolegomena 11;10: „Et haec quidem quae iam diximus, locum <aliquem> haberent etiamsi daremus, quod sine summo scelere dari nequit, non esse Deum, aut non curari ab eo negotia humana: cuius contrarium cum nobis partim ratio, partim traditio perpetua, inseverint confirment vero et argumenta multa et miracula ab omnibus saeculis testata, sequitur iam ipsi Deo, ut opifici et cui nos nostraque omnia debeamus, sine exceptione parendum nobis esse, praecipue cum is se multis modis et optimum et potentissimum ostenderit, ita ut sibi obedientibus praemia reddere maxima, etiam aeterna <quippe aeternus ipse,> possit, et voluisse credi debeat, multoque magis si id disertis verbis promiserit: quod Christiani indubitata testimoniorum fide convicti credimus." – Hier wie im folgenden wird zunächst der Text von Grotius, soweit nötig, mit der Angabe des Buches in römischer, des Kapitels, des Abschnitts mit der Sigle § und nach einem Komma der entsprechenden Nummer des Abschnitts sowie nach einem Semikolon die Seitenzahl dieser lateinischen und in Klammer die der nachfolgend zitierten verbreiteten deutschen Ausgabe in arabischen Ziffern mitgeteilt: Hugo Grotius, De Jure Belli ac Pacis Libri Tres. Drei Bücher vom Recht des Krieges und des Friedens, Paris 1625, hg. von Walter Schätzel, Tübingen 1950, hier 33.

Die Durchsicht dieser Schrift über Krieg und Frieden ergibt, daß Grotius diese Voraussetzung, hypothetisch von der Inexistenz Gottes auszugehen, für unser Thema und Interesse durchgehalten hat: Von „religio" spricht er fast nur am Rande; kein Kapitel nennt diesen Terminus in der Überschrift, auf weite Strecken findet er sich nicht. Auch dort, wo man ihn vermuten möchte, etwa bei der Erörterung über die Ursachen für kriegerische Auseinandersetzungen[112], spielt gerade er keine Rolle. Und wenn in einer Kapitelüberschrift „fides" steht, so ist hier nicht von der theologischen Tugend die Rede, sondern von Treue und Verläßlichkeit[113].

Schon dieser Befund gibt eine deutliche Auskunft. Er läßt sich auf weite Passagen auch im Detail bestätigen. So erwähnt Grotius nur nebenbei, daß um der „fides", um des Glaubens willen andere mit Krieg überzogen werden; aber dies sagt er mit einem Hinweis auf alttestamentliche Zeugnisse und mit der Zitation des Hebräerbriefs, in welchem als Beispiele solchen Verhaltens eine Reihe von Gideon über Samson bis hin zu David und Samuel aufgezählt wird[114]. Auch bei jenen Fragen spricht Grotius also nicht von ‚religio', bei denen sich dies hätte vermuten lassen. Und wo es um ein Bündnis mit Ungläubigen[115] oder um den Eid geht – der traditionell zum Bereich der „religio" gehört –[116], findet man diesen Terminus ebensowenig wie bei der Erörterung der Bürgerkriege[117].

Nur gelegentlich spricht Grotius von „religio", von ihrer strengen Beachtung[118], ihrem Schutz[119] oder der Rücksicht auf sie[120]. Er sagt auch, daß die (orthodoxen) Griechen und die Franken dieselbe „religio" hatten[121], wie er selbstverständlich „Christi religio"[122] bzw. „Christiana religio" sagt[123]. Auch unterscheidet er „vera religio"[124] von „falsa ... religio"[125].

---

[112] Ebd. II 22–26; 554–609 (382–415).
[113] Ebd. III 19; 813 (vgl. 549).
[114] Ebd. I 2 § 1, 2; 53 (61), unter Verweis auf 2 Sam 10 und Zitation von Hebr 11,32f (nicht, wie im lateinischen Text angegeben, 33f); vgl. auch § 6, 1; 58 (64), wo es „praecepta credendi" heißt; vgl. § 9, 2; 79f (77), wo sich „fides" wiederum in Zitaten findet.
[115] Ebd. II 15 § 9, 1; 395 (280).
[116] Ebd. 13; 359–378 (257–269).
[117] Ebd. I 4 § 19; 161–163 (128f).
[118] Ebd. II 21 § 5, 3; 540 (372).
[119] Ebd. III 4 § 15, 1; 667 (454); daß aber auch nicht die „religio", sondern die Furcht vor Verleumdung den Tempel vor Zerstörung bewahrt hat, vgl. 5 § 2, 5; 677 (461).
[120] Ebd. 12 § 7, 1; 772 (521).
[121] Ebd. § 6, 3; 771 (521).
[122] Ebd. I 2 § 7, 4; 63 (67).
[123] Ebd. I 2 § 9, 8; 83 (dt. I 2 § 10, 4; 79).
[124] Ebd. III 15 § 2,2; 791 (533).
[125] Ebd. § 11, 2; 796 (537). Vgl. auch III 15 § 11, 1; 796 die Formulierung „avita religio", die die Besiegten weiterpflegen dürfen (537, hier nur mit „Religion" wiedergegeben). – Die in der deutschen Fassung genannte „Religion der Liebe", (484), gibt fälschlich das lateinische „omnis caritas" wieder, vgl. dort III 7 § 9, 1; 712; im selben Abschnitt ist das lateinische „eadem religio" in der deutschen Fassung falsch mit „Glauben" übersetzt.

So bleibt nur ein Thema, innerhalb dessen Grotius ausführlicher auch die „religio" anspricht, nämlich – ausgerechnet, möchte man kommentieren – bei der Erörterung der Strafen; gegen Ende des betreffenden umfangreichen Kapitels geht es darum, ob ein Krieg wegen der Vergehen gegen Gott begonnen werden darf, ob gerechterweise ein Krieg gegen solche geführt werden darf, die die christliche „religio" nicht übernehmen wollen oder die sich als „impii" gegen die Götter erweisen, an die sie sich halten; bei diesen Abschnitten erscheint „religio" verschiedentlich in der Überschrift des lateinischen Textes[126].

Grotius beginnt seine Überlegungen zu den Strafen mit der Annahme, daß Gott in der Lage sei, Vergehen gegen ihn zu strafen. Doch dann relativiert er dieses Argument, da man es auch auf andere Verfehlungen von Menschen anwenden könnte, bei denen niemand anderer zu Schaden kommt wie beim Selbstmord. Sodann betont er die primäre Bedeutung der „religio", Gottes Gnade zu gewinnen, und weist zugleich auf ihre größten Wirkungen für die menschliche Gesellschaft hin; denn sie stellt, wie er mit antiken Zeugen konstatiert, einen Schutz der (legitimen) Amtsgewalt in einem Gemeinwesen und der Gesetze sowie ein Band der Gemeinschaft und die Grundlage der Gesetzgebung dar[127]. Während er wiederum mit der Tradition „impietas" und falsche „persuasio" über die göttlichen Dinge als verhängnisvoll qualifiziert, bestimmt er mit einem pythagoreischen Satz die „γνῶσις" der Götter als Tugend, Weisheit und vollkommene Glückseligkeit[128]. Schon hier finden sich also zwei konstitutive Momente der „religio", einmal die handlungsbezogene Gotteserkenntnis und zum anderen die öffentliche Relevanz für das Gemeinwesen. War die „religio" bei den Juden nach Justinian eng mit der „iustitia" vermischt, so gehört nach Laktanz die „iustitia" zur „religio" hinzu[129] – womit die Zuordnung der klassischen Tugendlehre umgekehrt wird –.

Hat Grotius somit die öffentliche Bedeutung der „religio" für die Gemeinwesen deutlich hervorgehoben, so schätzt er diese noch höher ein für jene Gemein-

---

[126] Es handelt sich um II 20 § 44–51; 513–528 (356–365); im folgenden werden nicht mehr die Abschnitte, sondern nur noch die Seitenzahlen dieser Abschnitte angegeben.

[127] Ebd. 513 (357): „Religio autem quanquam per se ad conciliandam Dei gratiam valet, habet tamen et suos in societate humana effectus maximos. Neque enim immerito Plato religionem propugnaculum potestatis ac legum et honestae disciplinae vinculum vocat. Plutarchus similiter συνεκτικὸν ἁπάσης κοινωνίας καὶ νομοθεσίας ἔρεισμα, *coagulum omnis societatis et fundamentum legislationis.*" – Daß Platon von „religio" gesprochen hat, scheint Grotius selbstverständlich, obwohl es im Griechischen kein adäquates Äquivalent für diesen Terminus gibt.

[128] Ebd. 514 (357). Vgl. 515 (358) eine Aussage von Laktanz, daß die „pietas" in der Erkenntnis Gottes und deren höchste Form darin besteht, Gott zu dienen; hier zeigt sich die Praxisorientierung des Erkennens bei den Griechen.

[129] Ebd. 515 (358); das hier wiedergegebene Zitat des Laktanz heißt: „Si ergo pietas est cognoscere Deum, cuius cognitionis haec summa est ut cum colas, ignorat utique iustitiam, qui religionem Dei non tenet. Quomodo enim potest eam nosse qui unde oriatur ignorat? ... Religioni est propria iustitia."

schaft, die über die Gemeinwesen hinausgeht[130]. Hier, nämlich für Regelungen über die einzelnen Gemeinwesen hinaus, liegt das besondere Interesse von Grotius, wofür ihm die „religio" einen wichtigen Dienst leisten kann[131]. Denn wenn diese in einem Gemeinwesen teils durch Gesetze ersetzt werden kann, die auch durch die Macht des Gemeinwesens urgiert werden können, so gilt dies nicht für jene größere „communitas", in der eigentlich nur durch Waffen, d.h. kriegerisch die „iuris exsecutio" erreicht werden kann; überdies gibt es nur wenige Gesetze, die ihre „sanctimonia", d.h. ihre gegebenenfalls durch Sanktionen geschützte Autorität durch die Furcht vor einem „numen" besitzen[132]. Von hierher gilt nach Grotius die Verfehlung gegen das Völkerrecht als Verletzung göttlichen Rechts; so resümiert er mit einer Aussage von (ungenannten) Herrschern, daß eine beschädigte „religio" ein Unrecht gegen alle darstellt[133].

Nach dieser Argumentation über die Berechtigung von Strafen bei den Vergehen gegen Gott insbesondere wegen der Relevanz solcher Vergehen für das Gemeinwesen widmet Grotius einen grundsätzlichen Abschnitt der „religio", auf den anschließend des näheren einzugehen ist. Zuvor sei nur kurz auf die weitere Darstellung des Themas hingewiesen, um das es Grotius hier geht, nämlich um ein grundsätzliches Plädoyer für milde Strafen: Zwar können diejenigen bestraft werden und dies wegen „ἀσεβεία", „impietas", die gegen die Annahme der Existenz Gottes verstoßen[134]. Verfehlungen gegen die weniger evidenten „notiones", etwa, daß es nicht mehrere Götter gibt, daß die Welt nicht von Ewigkeit besteht oder daß sie von Gott geschaffen ist, sollen nicht bestraft werden, wie Grotius unter Hinweis auf biblische und philosophische Zeugnisse mahnt[135]. Vor allem zitiert er Philon, daß jedem die eigene „religio" als die beste erscheint, da man sie nicht nach der „ratio", sondern nach dem „affectus" – was wir mit ‚Gefühl' übersetzen – beurteilt[136]. Es kann also nicht bestraft werden, wenn das Gesetz Gottes nicht verkündet wurde, zumal dann nicht, wenn jemand der überlieferten Ehrung folgt und den „summi Dei cultus" nicht verlassen hat[137]. Allein, weil Völker die „Christiana religio" nicht annehmen wollten, soll kein Krieg gegen sie geführt werden, da niemand „ad credendum" gezwungen wer-

---

[130] Die in der deutschen Übersetzung gewählte Formulierung „überstaatliche Gemeinschaft" stand für Grotius noch nicht zur Verfügung, so daß er sich mit der umständlichen Beschreibung „in maiori illa quam in civili societate" behelfen mußte, ebd. 515 (358).
[131] Ebd.
[132] Ebd. 515f (358).
[133] Ebd. 516 (358).
[134] Ebd. 520 (361).
[135] Ebd.
[136] Ebd. 521 (361): „Nimirum recte a Philone dictum est, religionem suam cuique videri optimam, ut quae plerumque non ratione sed affectu diiudicetur: unde non longe abit dictum Ciceronis, nemini ullam disciplinam philosophiae probari, praeter eam quam ipse sequatur. Addit plerosque teneri adstrictos antequam quid esset optimum iudicare possent."
[137] Ebd.

den soll angesichts der neutestamentlichen Einladung Jesu, ihm nachzufolgen[138]. Nur gegen diejenigen, die die Christen allein ihrer „religio" wegen grausam behandeln, darf man vorgehen, und dies, weil eine solche gewaltsame Maßnahme mehr zur Verteidigung Unschuldiger dient als der Strafe[139]. Häretikern gegenüber aber soll keine gewaltsame Strafe erfolgen, ist für sie doch – mit Platon – die angemessene Strafe, belehrt zu werden[140]. Gegen diejenigen, die gegen ihre eigenen Götter freveln, darf man mit Gewalt vorgehen[141].

In der Mitte und zugleich als zentrale Aussage dieser insgesamt nicht sehr umfangreichen Passagen nennt Grotius dann vier Grundsätze, „pronuntiata" zur „religio", mit denen er zwar offensichtlich auf die fünf „Notitiae" Edward Lord Herbert von Cherburys anspielt, inhaltlich jedoch eigene Wege geht. Nach seinen Grundsätzen beruht die wahre und allen Zeiten gemeinsame „religio" darauf, daß Gott und d.h. (nur) ein Gott existiert, daß dieser unsichtbar ist, daß er die menschlichen Angelegenheiten leitet und daß er alles erschaffen hat; er fügt hinzu, daß diese Sätze durch die Zehn Gebote erläutert werden[142]. Wenig später faßt er sie noch einmal in einer Kurzform in zwei Sätzen zusammen, daß nämlich ein Gott existiert und daß er für alles sorgt; diese Sätze sieht Grotius als unentbehrlich an für jede „religio", gleich, ob sie nun wahr oder falsch ist[143].

Die Verbindung zu Herbert von Cherbury stellt vor allem die Überschrift dieser Abschnitte heraus, in der es „Notitiae de Deo maxime communes" heißt[144]. Grotius bezeichnet die Grundsätze auch als „notiones contemplativae", denen „activae" folgen, nämlich, Gott zu ehren, zu lieben, zu verehren und ihm zu gehorchen[145]. Sachlich aber bleibt er eher bei Aussagen über Gott und entfaltet die ethischen Sätze nicht des näheren. Nur mit dem Hinweis auf die Zehn Gebote deutet er das Spektrum an, das Herbert von Cherbury ausgeführt hat. Grotius beschließt den Abschnitt – übrigens wiederum abweichend von Herbert von Cherbury – mit verschiedenen antiken Zitaten, daß die „ὑπόληψις", die „persuasio" von Gott teils uns angeboren und teils aus der Tradition erworben, daß eine alte „πίστις", eine „antiqua persuasio" eine sichere gemeinsame

---

[138] Ebd. 522f (362f), mit Belegen aus den Konzilsbeschlüssen von Toledo sowie patristischen Texten und Schriftworten.
[139] So in der Überschrift für den Abschnitt 49, ebd. 462 (363 Randbemerkung).
[140] Ebd. 528 (365), vgl. den ganzen Abschnitt 525–528 (363–365).
[141] Ebd. 528 (365).
[142] Ebd. 516 (358): „Ut rem totam penitius introspiciamus, notandum est religionem veram quae omnium aetatum communis est quatuor praecipue pronuntiatis niti, quorum primum est Deum esse et esse unum. Secundum Deum nihil esse eorum quae videntur, sed his aliquid sublimius: tertium a Deo curari res humanas, et aequissimis arbitriis diiudicari: quartum eundem Deum opificem esse rerum omnium extra se."
[143] Ebd. 518 (360): „Hae notiones, numen aliquod esse (unum an plura sepono) et curari ab eo res hominum, maxime sunt universales et ad religionem sive veram sive falsam constituendam omnino necessariae."
[144] Ebd. 462 (358 Randbemerkung); vgl. „notitiae" sowie „notiones" im Text 520 (360) letztere auch 517 (359) u.ö.
[145] Ebd. 517 (359): „Ex his autem rationibus contemplativis sequuntur activae, ut Deum honorandum, amandum, colendum eique obtemperandum."

Basis der „εὐσεβεία", ein Fundament ergibt, das in einer gemeinsamen „pietas" gelegt ist, und schließlich lapidar, daß alle Menschen eine „ὑπόληψις" über Gott haben[146]. Hiermit verweist er nachdrücklich auf die Bedeutung der Überlieferung, deren Wahrheit er gerade nicht zur Disposition stellt, dies wiederum abweichend von Herbert von Cherbury. Resümierend stellt Grotius noch einmal fest, daß diese „notiones" die „maxime ... universales" für jede „religio" darstellen, die er im Hinblick auf die Hebräer als Zugang zu Gott bezeichnet[147].

Die hier erörterten wenigen Abschnitte zeigen aber noch einen anderen Sachverhalt, auf den kurz hinzuweisen bleibt: Grotius verwendet auf kurzem Raum eine bemerkenswert vielfältige Terminologie, vielleicht auch dadurch bedingt, daß er wie üblich eine große Zahl griechischer und lateinischer Originalzitate bringt. So sagt er nicht nur häufig „religio", sondern in gleicher Funktion „pietas"[148]. Nebeneinander finden sich in einem Cicero-Zitat „pietas", „sanctitas" und „religio"[149]. Darüber hinaus verwendet Grotius eine Reihe anderer Termini wie „dogmata"[150], „disciplina"[151] oder „persuasio"[152] sowie selbstverständlich „cultus"[153]. Ebenso findet sich, allerdings selten, „fides"[154] und schließlich „lex", nämlich „Christi lex" oder „nova lex"[155]. Auffällig ist nur, wie bevorzugt Grotius „persuasio" gebraucht, die wie sonst die „religio" als allen Menschen „necessaria ac naturalis" charakterisiert wird, die ihre Vernunft gebrauchen[156]. Von hierher wundert es dann nicht, daß Grotius wenn auch nur einmal von der „naturalis religio" spricht, eine Formulierung, die er in den späteren Auflagen zur „naturalis ac primaevae religio" erweitert hat[157].

---

[146] Ebd. 518 (359): „Coniunxit ea quae memorata nobis iam sunt de Deo, Dion Prusaeensis cum dixit ὑπόληψιν, id est persuasionem de Deo, aliam esse nobis cognatam, ex argumentis scilicet petitam, aliam ἐπίκτητον acquisitam ex traditione. Plutarchus eandem vocat παλαιὰν πίστιν, ἧς οὐκ ἔστιν εἰπεῖν οὐδ' ἀνευρεῖν τεκμήριον ἐναργέστερον, ἕδραν καὶ βάσιν ὑφεστῶσαν κοινὴν πρὸς εὐσεβείαν: antiquam persuasionem qua nullum haberi possit aut dici argumentum certius, fundamentum in commune pietati positum. Aristoteles πάντες ἄνθρωποι περὶ θεῶν ἔχουσιν ὑπόληψιν. Idem sensus apud Platonem de legibus decimo."

[147] Ebd. 518 (360): „nam religio Hebraeis accessus ad Deum vocatur"; diese Bestimmung ist eingeschoben in ein Zitat aus dem Hebräerbrief 11,6, daß, wer zu Gott kommt, glauben muß, daß dieser ist und daß denen, die ihn verehren, Lohn zuteil wird."

[148] Ebd. 518 (359), hier als Übersetzung zu „εὐσεβεία"; vgl. 514 (357), 515 (358), 526 (364).

[149] Ebd. 519 (360).

[150] Ebd. 525 (363) u.ö., in der Regel als Übersetzung von „δόγματα" – gelegentlich bleibt die Übersetzung ungenau, so, wenn 524 (363) „δόγματα" mit „Glaubenssätze" übersetzt wird.

[151] Ebd. 524 (363), hier „disciplina Christiana".

[152] Ebd. 520 (360), hier als Übersetzung von „δόξα" und „ἐπίνοια"; vgl. 518 (359); es findet sich auch die Qualifizierung der „persuasio" als „falsa", 514 (367), dieser Terminus dient öfter als Übersetzung von „ἐπίνοια".

[153] Ebd. 514 (357), 521 (361); in diesem Rahmen findet sich natürlich auch „ritus", etwa 517 (359).

[154] Ebd. 514 (357). – „Fides" vgl. auch 518 (359), 524 (363), 528 (365).

[155] Vgl. ebd. 525 (363) sowie 523 (362).

[156] Ebd. 520 (360).

[157] Ebd. 522 (362); die Übersetzung „ursprüngliche und primitive Religion" entspricht natürlich nicht der Tendenz von Grotius. Als Übersetzung von „δεισιδαίμων" bzw. „θεουδής" verwendet Grotius „religiosus", 515 (358).

Zusammenfassung und Weiterführung

Die zuletzt behandelten Passagen aus „De Iure Belli ac Pacis" dürfen, wie eingangs hervorgehoben, nicht den Eindruck erwecken, als sei die „religio" für die Begründung des Friedens von herausragender Bedeutung. Somit bleibt allein die thematische Schrift „De Veritate Religionis Christianae" diesem Thema speziell gewidmet. Anderwärts trägt Grotius insgesamt eher am Rande zu diesem Thema bei.

Hervorgehoben zu werden verdient also, was zuvor nicht eigens darzulegen war, daß und in welchem Maße Grotius zur Begründung des „ius civile" und des „ius gentium" auf das „ius naturale" bzw. „ius naturae" zurückgreift. Dieses „ius naturale", das er letztlich auf Gott als den Schöpfer zurückführt, charakterisiert er für die Menschen als „dictatum rectae rationis"[158]. Wenn es gleichwohl Diskussionen um dieses „ius naturale" gibt, so verhält es sich hiermit ebenso wie mit der Mathematik, in der es neben leicht einsichtigen Axiomen und Beweisen andere gibt, die so leicht nicht zu erkennen sind[159]. Jedenfalls sucht Grotius, seine gesamte Begründung des „ius naturae" auf wenige sichere und unbestreitbare „notiones" zurückzuführen[160]. Dieses „ius naturalis" ist also so definitiv, daß es auch Gott, nachdem er die Welt einmal geschaffen hat, nicht mehr ändern kann[161].

Ebenso sind der „ratio" von Natur die Existenz Gottes und damit die vier Grundsätze der „religio" zugänglich. Über diese Grundsätze gibt es natürlich andere, die weniger deutlich sind und folglich göttlicher Unterstützung zu ihrer Erkenntnis bedürfen[162]. Wenn Grotius allerdings der „religio" gerade auch über die einzelnen Gemeinwesen hinaus eine besondere Bedeutung zumißt, so geschieht dies deswegen, weil es hier keine Möglichkeit mehr gibt, mit den erforderlichen Zwangsmitteln für Gerechtigkeit zu sorgen, und somit wesentlich nur die Hoffnung auf die Respektierung Gottes und folglich auf die „religio" bleibt. Doch gerade angesichts dieser hohen Bedeutung der „religio" wundert man sich, wie wenig Grotius sie faktisch berücksichtigt. Wenn er allein am Ende der Überlegungen zu den Strafen ausführlicher über sie spricht, erhöht er damit ihren Rang insgesamt nicht.

Dieser Befund muß deswegen überraschen, weil zu gleicher Zeit der Dreißigjährige Krieg nicht zuletzt Ausdruck der Zerrissenheit in der „religio" war. Wo

---

[158] Ebd. I 1 § 10, 1; 34 (50): „Ius naturale est dictatum rectae rationis indicans, actui alicui, ex ejus convenientia aut disconvenientia cum ipsa natura rationali, inesse moralem turpitudinem aut necessitatem moralem, ac consequenter ab auctore naturae Deo talem actum aut vetari aut praecipi."
[159] Ebd. II 20 § 43, 1; 512 (356).
[160] Ebd. Prolegomena 39; 20 (39).
[161] Ebd. I 1 § 10, 5; 35f (51). – Weitere Differenzierungen, etwa diejenige zwischen dem Naturrecht und willkürlich göttlichem Recht, vgl. etwa ebd. I 2 § 5, 1; 55 (62), bis hin zu Differenzierungen, daß nach dem Völkerrecht verboten sein kann, was es nach dem Naturrecht nicht ist, vgl. etwa II 3 § 6 und § 10; 207 (159), III 14 § 2, 3; 781 (527f) sowie III 4 § 15, 1; 666f (454), können hier nicht weiter verfolgt werden, relativieren aber auch die vorher wiedergegebenen Aussagen nicht.
[162] Ebd. II 20 § 47, 1f; 520 (361).

Grotius aber von den Wurzeln der Kriege im Hinblick auf unser Thema spricht, wählt er „fides" als Terminus.

Wenn Grotius die „religio" wesentlich als von Natur geschuldete Verehrung Gottes bewertet, so steht hinter dieser Charakterisierung noch die überlieferte Konzeption, daß die „religio" es mit Vollzügen zu tun hat. Daß sie freilich auf die Menschen zurückwirkt, indem sie sie zu ruhigen, gehorsamen, vaterlandsliebenden und gesetzestreuen Bürgern macht[163], läßt sich nur aus dem damaligen Bewußtsein verstehen bzw. entschuldigen.

Merkwürdig erscheint, daß Grotius in den Überlegungen über das Recht im Krieg und im Frieden die Aufteilung der „religio" nicht aufgenommen hat, wie er sie besonders in seinen Überlegungen über die Kompetenz der höchsten Gewalten des Gemeinwesens „circa sacra" vorgenommen hat; denn hier hatte er den Obrigkeiten eine sehr weitgehende Zuständigkeit über die äußeren Handlungen der „religio" zugestanden bis hin zu der Devise „qualis Rex, talis lex". Eine solche Zuständigkeit hatte er auch den ungläubigen oder irreligiösen Amtsträgern zugebilligt, haben sich doch Christen immer wieder und offensichtlich zu Recht an solche gewandt, wie er mit Paulus oder Athanasius belegt[164].

Mit all dem möchte Grotius dem Frieden dienen, der durch die konfessionellen Streitigkeiten empfindlich gestört wird; besonders betroffen ist hiervon eine „Politia", deren vornehmliches Band die „Religio" darstellt[165].

Thomas Hobbes

In seinen drei wichtigsten politischen Schriften hat Thomas Hobbes (1588–1679)[1] unser Thema nachhaltig aufgegriffen. So besteht besonderer Anlaß, ihn in

---

[163] H. Grotius, De Imperio, I 13; Opera Omnia III, 206b. Diese Aussage deckt sich völlig mit entsprechenden von Niccolò Machiavelli, Vom Staate oder Betrachtungen über die ersten zehn Bücher des Titus Livius, I 11; in: ders., Sämtliche Werke, übers. von J. Ziegler, I, Karlsruhe 1832, 42; vgl. I, 12; aaO. 46, den Grotius hätte zitieren können, hätte er sich nicht nur auf antike Autoren bezogen.

[164] H. Grotius, De Imperio, V 12; Opera Omnia III 225bf. Von „iudicium infidelium spricht er etwa ebd. 225a, von „irreligiosi Reges" in der Überschrift ebd. X 30; 269a.

[165] Hugo Grotius, Oratio ... Vernacule habita, In Senatu Amstelredamensi; Opera Omnia III 192b.

[1] Thomas Hobbes, als Sohn eines ungebildeten und armen Landpfarrers geboren, wurde in seinen Studien nicht von der üblichen aristotelisch-scholastischen Philosophie angezogen, sondern durch die Anregungen, die er als Erzieher im Hause des Baron Cavendish erhielt, zumal auf ausgedehnten Reisen vor allem nach Frankreich und Italien. Zeitweilig Sekretär von Francis Bacon, lebte er später meist als Erzieher, reiste seit 1630 erneut durch Europa, wo er wichtige Bekanntschaften, so zu Galileo Galilei und Marin Mersenne, anknüpfte. Durch die politischen Unruhen in England seit 1640 sah er sich zur Flucht nach Paris gezwungen, wo er für mehr als ein Jahrzehnt lebte. Sein weiteres Leben verbrachte er, in vielfältige Auseinandersetzungen verwickelt, meist auf den Landgütern der Familie Cavendish. Zu Biographie und Werk vgl. die Einleitung von Iring Fetscher, in: Thomas Hobbes, Leviathan oder Stoff, Form und Gewalt eines bürgerlichen und kirchlichen Staates, hg. und eingeleitet von Iring Fetscher, übers. von Walter Euchner (= Politica 22), Neuwied 1966, IX–LXIV; ferner

unsere Überlegungen einzubeziehen. Auf die heftigen, bereits zu seinen Lebzeiten beginnenden Auseinandersetzungen um sein Werk brauchen wir hier nicht des weiteren einzugehen. Es wird sich im folgenden zeigen, daß es genügend Gründe dafür gibt, wenn Zeitgenossen ihn als Atheisten bekämpften, aber auch, wenn er bis heute wegen seiner Konzeption der Souveränität heftig umstritten blieb.

Über den „status naturae/naturalis" und die „lex naturae/naturalis"

Nach einer frühen, ungedruckt gebliebenen kleinen Abhandlung über die Wahrheit von 1631 äußert sich Hobbes 1640 in seiner gleichfalls lange nicht gedruckten Schrift „The Elements of Law, natural and politic"[2] bereits zu jenem Thema politischer Philosophie, das ihn ein Leben lang vorrangig beschäftigen sollte. Aber erst in dem zwei Jahre später veröffentlichten „De Cive"[3] nimmt er unser Thema „Religio" ausdrücklich auf und räumt ihm einen ebenso umfangreichen wie zentralen Raum ein: Nach dem ersten Teil „Libertas" und dem in der späteren englischen Ausgabe entsprechend mit einer Überschrift versehenen zweiten Teil „Imperium" trägt der dritte Teil, wieder nach der englischen Fassung ergänzt, die Überschrift „Religio"[4].

In diesem Buch hat Hobbes aber auch die Grundlagen dargelegt, von denen her er seine Konzeption entwickelt. Auf dem Hintergrund eines fiktiven und als fiktiv durchschauten Urzustandes[5] entwickelt er jene Konzeption eines Gemeinwesens, die der souveränen Macht alle Kompetenz zuweist. Diese Struktur leitet er jedoch nicht aus der Natur, sondern aus dem Vertrag ab, den alle zuvor

---

Hans Maier, Hobbes, in: Klassiker des politischen Denkens, hg. von Hans Maier, Heinz Rausch, Horst Denzer, München 1968, [6]1986, I, 266–282.

[2] Thomas Hobbes, The Elements of Law, natural and politic, hg. von Ferdinand Toennies, London 1889, ND Cambridge 1928.

[3] Thomas Hobbes, De Cive (Orig.-Titel: „Elementorum Philosophiae Sectio tertia de Cive", Titel der weiteren Auflagen: „Elementa philosophica de Cive") (1642). The Latin Version, A critical Edition by Howard Warrender, Oxford 1983; dt.: Thomas Hobbes, Vom Menschen. Vom Bürger, eingel. und hg. von Günter Gawlick (Philosophische Bibliothek 158), Hamburg 1959.
Dieses Werk stellt den dritten Teil eines größeren Projekts dar, dessen erster Teil „De Corpore" 1655 und dessen zweiter Teil „De Homine" 1658 veröffentlicht wurde. – Im folgenden wird diese Abhandlung zunächst nach der lateinischen Ausgabe zitiert unter Angabe des Kapitels und nach einem Komma des Abschnitts sowie nach einem Semikolon der Seitenangabe und in Klammern der Seiten der deutschen Übersetzung.

[4] Vgl. die Vermerke des Herausgebers der kritischen Ausgabe: De Cive, 5; 130 mit Anm. 1, und 15; 219 mit Anm. 1.

[5] Vgl. den Hinweis von Hobbes in seiner „Praefatio ad Lectores" mit dem Vergleich, daß zur Erkenntnis einer Uhr erforderlich ist, die einzelnen Teile und Räder zu verstehen und sie so auseinanderzunehmen und die einzelnen Teile für sich zu betrachten; ebenso müsse bei der Ermittlung des Rechtes des Staates und der Pflichten der Bürger der Staat zwar nicht aufgelöst, aber doch gleichsam als aufgelöst betrachtet werden, vgl. Praefatio; 79 (67). – Diese „Praefatio" wurde erst der zweiten lateinischen Ausgabe von 1647 beigegeben, vgl. H. Warrender, in: ebd. 40ff. Vgl. auch die Begründung, daß die Menschen von Natur aus nicht zur Gesellschaft neigen, angesichts der Tatsache, daß alle in Gesellschaft leben, ebd. 1, 2 Anm.; 90 (75f).

im Naturzustand Lebenden miteinander geschlossen haben. Er setzt sich damit ab von jener auf Aristoteles zurückgeführten Konzeption, nach welcher der Mensch von Natur her ein ζῷον πολιτικόν darstellt. Somit weist Hobbes dem Vertrag fundamentale Bedeutung für die Konstitution jeglicher menschlichen Gemeinschaft zu[6].

Daraus resultiert eine folgenreiche Bedeutungserweiterung von „naturalis", die statt einer Analogie eher einer Äquivokation gleichkommt. Einmal verwendet Hobbes nämlich diesen Terminus „naturalis" zur Bezeichnung dessen, was im Naturzustand, dem „status naturae"[7] bzw., wie er synonym sagt, dem „status mere naturalis"[8] existiert bzw. sich ereignet. Dieser Zustand beruht auf der „natura", die dem Menschen bereits ein Recht gegeben hat, nämlich zu tun, was immer jeder und jedem gegenüber tun, in Besitz nehmen und genießen will und kann[9]. Bemerkenswert an dieser Aussage erscheint nur, daß Hobbes hier von „ius" spricht, somit einen legitimierenden Terminus verwendet, statt zu sagen, dieser Zustand sei einfach rechtlos, wenn in ihm alle einander schaden wollen[10] und sich folglich in einem Krieg aller gegen alle befinden[11]. Dazu würde passen, daß es nach seiner Meinung in diesem reinen Naturzustand unmöglich ist, gegen irgend jemand Unrecht zu tun[12]. Deswegen, weil alle gegeneinander Gleiches tun können, nämlich den anderen töten, sind sie auch von Natur aus gleich[13]. Und wenn man die Menschen schon böse nennen will, was bereits aus der Heiligen Schrift hervorgeht, wie Hobbes konstatiert, so wehrt er sich doch gegen die Unterstellung, sie seien von Natur und d.h. notwendig böse, was man, wie er wiederum hinzufügt, ohne „impietas" nicht zugestehen kann[14]. Denn was Menschen aus ihren Leidenschaften, die aus der tierischen Natur folgen, begehen, entzieht sich der negativen Beurteilung; hier formuliert Hobbes auch einen Naturzustand, in dem die Menschen nicht von Natur aus die Zucht und den gerechten Gebrauch der Vernunft besitzen[15]. Gleichwohl läßt sich dieser Zustand seiner Meinung nach so beschreiben, daß die Natur allen alles gegeben hat[16].

Wie es um diesen Naturzustand steht, zeigt Hobbes dort, wo er von Gründen für die Auflösung des Vertrages, der Befreiung von den Fesseln des Gehorsams spricht: Hier vollzieht sich die Rückkehr zur natürlichen und tierischen Freiheit; denn Naturzustand und bürgerlicher Zustand, Freiheit und Unterwerfung verhalten sich zueinander wie Begierde und Vernunft, Tier und Mensch[17].

---

[6] Ebd. 1, 2; 90ff (75ff).
[7] So von der Praefatio; 81 (69) an, vgl. 2, 13; 103 (92).
[8] Ebd. 1, 10; 95 (82), vgl. 10; 95f (83).
[9] Ebd. 1, 10; 95 (82f), vgl. auch 7f; 94 (81), s. dazu u.
[10] Ebd. 1, 4; 93 (80).
[11] Ebd. 12; 96 (83), vgl. noch oft, etwa 5, 2; 131 (124), vgl. schon die Praefatio; 81 (69).
[12] Vgl. die ausführliche Anmerkung zu ebd. 1, 10; 95f (82).
[13] Ebd. 1, 3; 93 (80).
[14] Ebd. Praefatio; 80 (68).
[15] Ebd. 81 (69).
[16] Ebd. 1, 10; 95 (83).
[17] Ebd. 7, 18; 159 (160), hier als „status naturae" und „status ciuilis".

Für grundlegend in diesem Naturzustand hält Hobbes also nicht ein natürliches Bedürfnis der Menschen, sich mit anderen zusammenzutun, sondern die Furcht[18]. Sie veranlaßt die Menschen, einen Vertrag miteinander zu schließen, um Frieden untereinander zu gewährleisten. Diesen Frieden zu suchen, bezeichnet Hobbes als ein „dictamen" der rechten Vernunft und zugleich als eine „lex Naturae"[19].

Damit befinden wir uns am Übergang zur zweiten Verwendung von „naturalis", auf die Hobbes dann unmittelbar anschließend an diese Aussage über den Frieden näher eingeht. Hatte er eben von der „lex Naturae" gesprochen, so sagt er jetzt, offensichtlich völlig synonym, „lex naturalis"[20]. Diese kommt dadurch zustande, daß Recht und somit nichts gegen die rechte Vernunft geschieht; folglich bezeichnet Hobbes das Gesetz als die rechte Vernunft, das natürliche Gesetz als das Gebot der rechten Vernunft im Hinblick auf eine möglichst lange Erhaltung des Lebens[21].

Hier zeichnet sich eine Problematik ab: Durch den Gebrauch der rechten Vernunft wird zweifellos jenes Gesetz konstituiert, das maßgeblich ist für den bürgerlichen Zustand, d.h. den durch den Vertrag herbeigeführten Zustand des Zusammenlebens. Diesen Vertrag aufzulösen, bezeichnet Hobbes, wie eben erwähnt, als Rückgang zur natürlichen, tierischen Freiheit und Begierde und somit als das Gegenteil von Vernunft. In seinen grundlegenden Aussagen über den Naturzustand hat er jedoch durchaus auch von rechter Vernunft gesprochen, nämlich mit Recht zu handeln, wobei Recht die Freiheit bezeichnet, die natürlichen Vermögen gemäß der rechten Vernunft zu gebrauchen[22]. Bei der grundlegenden Aussage über das Recht im Naturzustand, dem kein Unrecht korrespondiert, stellt er somit gleichfalls einen Zusammenhang mit der Vernunft her, insofern es vernünftig ist, mit allen nur möglichen Mitteln für die Erhaltung des eigenen Lebens einzutreten. Vom Vertragszustand aus gesehen erscheint dieser Urzustand allerdings dann nicht mehr als ein solcher, in dem Vernunft waltet.

Uns interessiert jedoch jener andere Aspekt, daß Hobbes sowohl für den Naturzustand wie für den bürgerlichen Zustand von „naturalis" spricht. Der wesentliche Unterschied besteht jedoch darin, daß das im Naturzustand geltende

---

[18] Ebd. 1, 2; 92 (79).
[19] Ebd. 15; 97 (85).
[20] Ebd. 2, 1; 98 (85).
[21] Ebd. 99 (86f): „Est igitur *lex naturalis*, vt eam definiam, Dictamen rectae rationis circa ea, quae agenda vel omittenda sunt ad vitae membrorumque conseruationem, quantum fieri potest, diuturnam."
[22] Ebd. 1, 7f; 94 (81): „Quod autem contra rectam rationem non est, id iuste, et *Iure* factum omnes dicunt. Neque enim *Iuris* nomine aliud significatur, quam libertas quam quisque habet facultatibus naturalibus secundum rectam rationem vtendi. Itaque *Iuris* naturalis fundamentum primum est, vt *quisque vitam et membra sua quantum potest tueatur*.
Quoniam autem *ius* ad finem frustra habet, cui *ius* ad media necessaria denegatur, consequens est, cum vnusquisque se conseruandi *ius* habeat, vt vnusquisque *ius* etiam habeat *vtendi omnibus mediis, et agendi omnem actionem, sine qua conseruare se non potest*."

„ius naturale"[23] als ein von der Natur gegebenes Recht auf alles[24] sich fundamental unterscheidet von der „lex naturalis"[25], das lediglich in der Intention mit jenem Recht übereinstimmt, nämlich aufgrund der rechten Vernunft eine möglichst lange Erhaltung des Lebens zu erreichen[26].

An keiner Stelle begründet Hobbes des näheren, warum und inwiefern er den Terminus „naturalis" für geeignet hält, gerade dieses Gesetz, diese „lex" in jenem Zustand zu bezeichnen, der eben nicht von Natur her, sondern vertraglich entsteht, der überdies nicht mehr einen Zustand der Freiheit, sondern einen der Untertänigkeit darstellt. Das „ius naturale" scheint in diesem bürgerlichen Zustand nicht mehr angesiedelt, sondern aufgegeben, genauer, in jenen Vertragszustand überführt, der aus dem Gebot der rechten Vernunft zur Gewinnung des Friedens resultiert. Danach bezeichnet Hobbes die Gebote der rechten Vernunft ausdrücklich als „leges naturales"[27].

In der Folge wendet sich Hobbes den aus dieser „prima ... et fundamentalis *lex naturae*"[28] resultierenden *„Leges ... Naturales"* zu[29]. Als erste „lex" formuliert er, daß das Recht aller auf alles nicht beibehalten werden kann, d.h. daß sich der Krieg nur durch den Verzicht auf das sog. Recht des Naturzustandes, in dem es ein Unrecht nicht geben kann, vermeiden läßt. Eben diesen Verzicht hält er aber für ein natürliches Gesetz bzw. Naturgesetz. Dieses und die weiteren aus der „fundamentalis lex naturae" resultierenden Gesetze, welche die Vernunft gebietet, bezeichnet er als „leges naturales deriuatae"[30].

Erst im Rahmen dieser „leges" gibt es Unrecht, so zunächst und grundlegend durch einen Vertragsbruch[31], sodann durch schuldiges Beginnen eines Krieges; letzteres nennt Hobbes ausdrücklich einen Verstoß gegen die *„lex naturae fundamentalis"*[32]. Nachdrücklich unterstreicht er dann auch, daß diese „leges naturae" nichts anderes darstellen als „dictata rectae rationis"[33], wie die *„lex naturae"* ein „dictamen rationis" bedeutet[34]. Damit dürfte sich eindeutig genug erwiesen haben, daß die „naturae lex fundamentalis" eben nicht mehr dem „status naturae" zugehört. Diese Gesetze der Natur bezeichnet Hobbes als „conclusiones quaedam ratione intellectae", d.h. nicht als „lex" im strikten Sinn, weil sie nicht speziell befohlen sind; für den Terminus „leges", die aus der „natura" erfolgen, macht Hobbes also kenntlich, daß es sich hier nicht um einen strikten

---

[23] Vgl. „ius naturale" ebd. 1, 9; 95 (81f) u.o.
[24] Ebd. 10; 95 (82f), vgl. 14f; 97 (84f).
[25] Ebd. 2, 1; 98 (85f).
[26] So am Ende dieses Abschnitts, ebd. 99 (86f).
[27] Ebd. 2, 2, 100 (87): „ostendimus enim ... praeceptum hoc dictamen esse rectae rationis. Esse autem dictamina rectae rationis leges naturales".
[28] Ebd.
[29] Ebd. 2, 3; 100 (87f).
[30] Ebd. 3, 1; 108 (97).
[31] Ebd. 3, 3; 109 (98).
[32] Ebd. 3, 9; 112 (103).
[33] Ebd. 3, 25; 117 (109).
[34] Ebd. 3, 19; 115 (107).

Wortgebrauch handelt[35]. Mehr Grund zu dieser Präzisierung hätte er hinsichtlich der Bezeichnung „naturalis" bzw. „naturae" gehabt.

Wenn es sich dennoch um „leges" im eigentlichen Sinn handelt, liegt dies nach Hobbes daran, daß Gott selbst als befehlender Gott sie im strikten Sinn erlassen hat[36]. Dafür führt Hobbes einen verbreiteten Sprachgebrauch an, nachdem die *„Naturalis, et Moralis"* zugleich die *„Diuina lex"* genannt zu werden pflegt[37]. Entsprechend weist er in diesem abschließenden Kapitel des ersten Teils von „De Cive" nach, daß die zuvor als von der Vernunft gebotenen Gesetze in der Schrift enthalten und somit von Gott als *„leges Regni coelestis"* erlassen sind[38]. Damit und nur damit erweist sich die *„lex naturae"* zugleich im ganzen als *„Diuina"*[39].

In dem neun Jahre später 1651 erschienenen „Leviathan" unterstreicht und präzisiert Hobbes seinen Ansatz: Aufgrund ihrer Natur sind die Menschen im wesentlichen gleich, weil jeder den anderen töten kann[40]. Nicht also die Schöpfung konstituiert die Gleichheit des Menschen, sondern der grundsätzlich gleiche Machtzustand, insofern der Schwächere gegenüber einem Stärkeren seinen Mangel durch List auszugleichen vermag und so den Stärkeren ebenso töten kann wie dieser ihn selbst. Da die Menschen durch negative Ursachen gesteuert werden, durch Konkurrenz, Mißtrauen und Ruhmsucht, leben sie, solange sie nicht von einer starken Macht im Zaum gehalten werden, im Krieg[41]. Und da zugleich kein Gesetz existiert, und dies, weil niemand berechtigterweise und aufgrund seiner Macht es hätte erlassen können, haben die Begriffe Recht und Unrecht, Gerechtigkeit und Ungerechtigkeit hier keinen Platz[42]. Alle Menschen besitzen nämlich das *„jus naturale"*, die Freiheit, ihre Macht nach ihrem Willen uneingeschränkt zum Schutz ihrer „nature" einzusetzen[43]. „Liberty" definiert Hobbes hier wie anderwärts rein regional und negativ, nämlich als Abwesenheit äußerer Hindernisse. Denn Freiheit bedeutet nach Hobbes das Fehlen von Widerstand, d.h. von äußeren Bewegungshindernissen[44].

„Jus naturale" und „lex naturalis", „right of nature" und „law of nature" stehen für Hobbes somit keineswegs in einem Zusammenhang miteinander, sondern gehören grundlegend getrennten Bereichen zu. Das Recht im Naturzu-

---

[35] Ebd. 3, 33; 121 (114).
[36] Ebd.
[37] Ebd. 4, 1; 122 (114).
[38] Ebd.
[39] Ebd. 4, 24; 129 (122).
[40] Thomas Hobbes, Leviathan, 13, in: ders., The English Works, ed. by William Molesworth, III, London MDCCCXXXIX, ND Aalen 1966, 110; vgl. die deutsche Übersetzung, s.o. Anm. 1, 94. – Im folgenden wird zunächst das Kapitel und nach einem Semikolon die Seite der englischen Ausgabe und in Klammern die der deutschen Ausgabe zitiert.
[41] Ebd. 13; 112f (95f).
[42] Ebd. 115 (98).
[43] Ebd. 14; 116 (99). Vgl. auch 26; 254 (205) die Parallelisierung von natürlichem Recht und natürlicher Freiheit, wobei auch hier wieder für den Urzustand von „law" die Rede ist.
[44] Ebd. 21; 196 (163).

stand meint ein reines Selbstbehauptungsrecht jedes einzelnen, wobei entweder der Mächtigere oder der Listigere siegt, ohne daß dem Recht ein Unrecht entspricht; denn das Gesetz existiert eben nicht im Naturzustand, sondern in jenem Vertrag, mit dem die Menschen den Krieg zu überwinden trachten. Als „law of nature" bezeichnet Hobbes eine von der Vernunft gefundene Vorschrift oder allgemeine Regel zum Schutz des menschlichen Lebens und zum Verbot der (zuvor) hierfür als geeignet geltenden Mittel (d.h. der Gewalt gegen andere); die erste Regel heißt also, Frieden zu suchen und zu halten, und nur, wenn das nicht möglich ist, kann man sich alle Hilfsmittel und Vorteile des Krieges verschaffen und sie benützen[45]. Solange also die Aussicht auf den Frieden besteht, muß sich der Mensch bescheiden, nicht mehr in uneingeschränkter Freiheit zu leben, sondern der Verpflichtung zu unterliegen, dieses Gesetz zu halten[46].

Offenkundig und eindeutig setzt Hobbes also auch im „Leviathan" eine fundamentale Differenz für die Bedeutung von „nature" an[47], je nachdem, ob es sich um den Naturzustand, die „condition of mere nature"[48], die „conditio naturalis"[49] handelt oder aber um den „contract", gelegentlich auch „pact" genannt[50]. Dieser Vertrag wird, und zwar aus Furcht, im Naturzustand geschlossen[51]; aus ihm resultiert das Gesetz der Natur, „law of nature". Erst aus ihm als Quelle und Ursprung folgt die Gerechtigkeit[52]. Obwohl dieses „law of nature", welches den Frieden diktiert, aus einem Vertrag stammt, bescheinigt Hobbes ihm, daß es un-

---

[45] Ebd. 14; 117 (99f).
[46] Dieselbe Differenz wiederholt sich bezüglich *„jus civile"* und *„lex civilis"*; sie entpricht für Hobbes der Entgegensetzung von *„right"*, welches *„liberty"* ist, zu *„civil law"*, das *„obligation"* ist, vgl. ebd. 26; 276 (221). Dabei schließen sich „law of nature" und „civil law" gegenseitig ein, vgl. ebd. 253 (205).
[47] Hobbes bevorzugt mindestens in dem entscheidenden Kapitel 15 des „Leviathan" die Formulierung „law of nature", vgl. 130–147 (110–122); diesem Sprachgebrauch folgt die lateinische Fassung durchweg, vgl. Thomas Hobbes, Leviathan, in: ders., Opera Philosophica, quae latine scripsit, III, Londini MDCCCXLI, ND Aalen 1966, 111–122; vgl. aber 114 die Gegenüberstellung von „lex naturalis" und „lex supernaturalis". – Im folgenden wird diese Ausgabe mit der Sigle L gekennzeichnet. – Merkwürdigerweise sagt die deutsche Fassung durchweg „natürliches Gesetz", 110–122, nur die gerade erwähnte, 113 Anm. 25 übersetzte Stelle sagt „Gesetze der Natur" bzw. – was im Lateinischen erst recht nicht steht – „der Offenbarung". Derselbe Tatbestand zeigt sich im gleichfalls einschlägigen Kapitel 26 über die „civil laws", ebd. 250–277 (203–222), trotz der hier genannten Unterteilung der „laws" in *„natural"* und *„positive"*, 271 (218), die sog. *„natural*, but also *moral* laws". Vgl. ebenso die lateinische Fassung, aaO. 196–222. Diese letztere hält sich freilich nicht so strikt an diesen Sprachgebrauch, vgl. 198 den Wechsel von „lex naturae" und „lex naturalis". So bleibt in der englischen Fassung, 254, „civil, and natural law" wohl eher die Ausnahme. Ein Grund für das Zurücktreten von „natural law" bzw. „lex naturalis" im „Leviathan" gegenüber „De Cive" ist nicht ersichtlich.
[48] Th. Hobbes, Leviathan, 14; 126 (106).
[49] Vgl. ebd. L 118.
[50] Die überprüften Stellen sprechen durchweg nur von „contract", so bes. 14; 120 (102), gelegentlich auch von „pact", 31; 346 (272), aber nicht davon, daß es auch einen Zustand, eine ‚condition' des Vertrags gibt.
[51] So immer wieder, vgl. ebd. 14; 126 (106).
[52] Ebd. 15, 130 (110).

endlich und ewig ist[53]. Diese „dictates of reason", „laws" genannt, stellen Gesetze freilich nur im uneigentlichen Sinn dar, weil nämlich ein Gesetz von jemandem erlassen worden sein muß, der das Recht hat, über andere zu gebieten; dies geschieht jedoch erst durch das Wort Gottes, da Gott dieses Recht besitzt, allen Dingen zu gebieten[54]. Das „right of nature", jenes ursprüngliche Recht Gottes über alle Menschen, stammt nicht aus seiner Schöpfungstätigkeit, sondern aus seiner unwidersprechlichen Gewalt[55]. Dieses Recht der Souveränität Gottes beruht allein auf der Natur, wie Hobbes zusammenfassend feststellt[56]. Damit wird freilich das Verständnis dessen, was „nature" meint, nicht durchsichtiger[57].

Für unseren Zusammenhang genügt es festzuhalten, daß „nature" mit Vorsicht interpretiert werden muß. Man geht wohl nicht fehl, wenn man diesen Terminus nicht unabhängig von der Differenz des Naturzustandes und des Vertrags interpretiert. Wenn Hobbes von „ius" bzw. „right" spricht, so meint er damit, daß dieses stets sowohl Gott als auch den Menschen aufgrund ihrer Natur zukommt, während entsprechend das Gesetz allein von der Allmacht bzw. der Macht, ein solches zu erlassen, abhängt. Die im Rahmen des Vertrages an den Souverän delegierte Macht konstituiert also das Gesetz. Das sog. „law of nature" im Rahmen des Vertrags wird als Gesetz im strikten Sinn dadurch konstituiert, daß es zugleich als „law of God" bzw. „law divine" durch Gottes Allmacht in den Status eines Gesetzes versetzt wird, das diese Bezeichnung tatsächlich verdient[58].

Somit läßt sich das von Hobbes so bezeichnete Grundgesetz der Natur, das „fundamental law of nature"[59] nicht im strikten Sinn als „law" verstehen, sofern es bereits im Naturzustand als von der Vernunft ermittelte Vorschrift oder allgemeine Regel auftritt, nämlich – gegen den Naturzustand – für Frieden einzutreten, wozu der Verzicht auf Freiheit und damit auf das „right of nature" geleistet

---

[53] Ebd. 144 bzw. 145 (120 bzw. 121); daß, wie es hier im Unterschied zum gängigen Sprachgebrauch heißt, alle „natural laws" ewig, universal und göttlich sind, vgl. auch 26; 272 (218); hier, 273 (219f) findet sich übrigens auch als Gegenüberstellung dazu „supernatural law", vgl. auch den hier sich noch einmal findenden Terminus „the laws natural".
[54] Ebd. 15; 147 (122); die Abhängigkeit des „law" vom Befehlen vgl. auch 26; 276 (222).
[55] Ebd. 31; 345 (272); im folgenden, 346 (273), wiederholt Hobbes dieses Argument noch einmal, daß „naturally", d.h. von Natur aus Gott dem Allmächtigen sogar das Recht zusteht, die Menschen nach seinem Belieben anzugehen („the right of afflicting men at his pleasure"), „not as Creator, and gracious; but as omnipotent", s. dazu den Text u. Anm. 65.
[56] AaO. 347 (274): „Having spoken of the right of God's sovereignty, as grounded only on nature".
[57] Dies besonders dann nicht, wenn Hobbes anschließend weiterfährt, nun prüfen zu müssen, „what are the Divine laws (!), or dictates of natural reason", 348 (274).
[58] Vgl. nach den soeben dargelegten Aussagen für die Lehrsätze als im Wort Gottes verkündet und somit zu Gesetzen erhoben, ebd. 15; 147 (122).
[59] Ebd. 14; 117 (100); daß Hobbes diesen Terminus zwar selbst braucht, dann aber, 26; 275 (221), kritisch bemerkt, er habe bei keinem Autor finden können, was es bezeichnet, zeigt die Schwierigkeit der Terminologie. Er fügt denn auch die Bestimmung an, daß das Grundgesetz ein solches ist, nach dessen Beseitigung das Gemeinwesen zusammenbricht.

werden muß, alles gegen alle zu tun[60]. Folglich sind auch das „law of nature" und das „civil law" deckungsgleich[61]. Der springende Punkt liegt jedoch darin, daß „right of nature" und „law of nature" nicht im Zusammenhang miteinander stehen[62]. Es läßt sich lediglich sagen, daß letzteres von der Güte der eigenen „natural reason, and meditation" abhängt[63].

Gott besitzt das „right of nature", über die Menschen zu herrschen, wohingegen für die Menschen das „sovereign right" aus einem Vertrag entsteht, für den die Menschen auf das ihnen von „nature" eigene „right" verzichten müssen, über alle oder genauer gegenüber allen anderen zu herrschen[64]. Es gibt also ein Recht von Natur und ein Recht aufgrund eines Vertrages, eines „pact". Und von einem solchen Recht, nämlich von der Macht, hängen dann die „laws" ab, die auch dadurch Gesetze sind, daß sie aufgrund der Macht durchgesetzt werden können. Die letzte Herrschaft aufgrund der Gewalt, der „power", besitzt von Natur aus Gott, dem damit das Königreich über die Menschen zusteht und das „right", sie nach Belieben heimzusuchen[65]. Hiermit scheint noch einmal die Differenz auf zwischen einem „right of nature" und den „laws of nature". Was sich zwischen dem Naturzustand und dem Vertragszustand durchhält, dürfte einmal das Recht Gottes sein sowie auf seiten des Menschen jene natürliche Vernunft, die ihm gebietet, gegen sein „right" auf dieses zu verzichten, um den Krieg zu überwinden und Frieden zu finden, während Gott selbstverständlich sein „right", das ihm aufgrund der Natur zusteht, uneingeschränkt behält, und dies nicht als Schöpfer, sondern als Allmächtiger[66].

Die Bedeutung von „religio"

Die Erörterung des Verständnisses von „nature" bei Hobbes dient dazu, die uns beschäftigende Frage nach der „religio" präziser stellen zu können, nämlich welche Stelle sie einnimmt angesichts der scharfen Zäsur zwischen dem Naturzustand und dem Vertrag, über die allenfalls die natürliche Vernunft des Menschen hinwegführt, während sein natürliches Recht mitsamt dem Naturzustand, dem es zugehört, zurückgelassen werden muß, um im Rahmen des Vertrages natürliche Gesetze zu befolgen[67].

---

[60] Vgl. ebd. besonders 14; 116f (99f).
[61] Ebd. 26; 253 (205).
[62] S.o. mit den in Anm. 47–57 angeführten Belegen.
[63] Ebd. 269 (216).
[64] Ebd. 31; 345f (272f).
[65] Ebd. 346 (273): „To those therefore whose power is irresistible, the dominion of all men adhereth naturally by their excellence of power; and consequently it is from that power, that the kingdom over men, and the right of afflicting men at his pleasure, belongeth naturally to God Almighty; not as Creator, and gracious; but as omnipotent."
[66] Ebd.
[67] Daß der Mensch dieses sein originäres „right" an den Souverän delegiert und daß dies nur solange dauert, als der Souverän seine Untertanen schützen kann, vgl. 21; 208 (171), scheint insgesamt für Hobbes nur eine theoretische Aussage zu sein; in praxi lehnt er nämlich durchweg eine Auflehnung gegen den Souverän ab; doch diese Fragen können hier auf sich beruhen bleiben.

Suchen wir die Bedeutung der „religio" an der Einordnung abzulesen, die Hobbes ihrer Behandlung in seinen Schriften widmet, so zeigt sich: In „De Cive" behandelt er sie erst in den abschließenden Kapiteln und nach seinen Überlegungen über die Notwendigkeit und Bedeutung des Vertrages; man könnte daraus den Eindruck gewinnen, daß er ihr einen besonderen Stellenwert auch erst dort zumißt, wo der Mensch den Naturzustand bereits verlassen hat. Im „Leviathan" dagegen erörtert er sie bereits im ersten Buch „Of Man", ehe er im zweiten „Of Commonwealth" das Gemeinwesen reflektiert, um im dritten über das christliche Gemeinwesen und im abschließenden vierten „Of the Kingdom of Darkness" zu handeln. Aus dieser Einordnung könnte man schließen, daß die „religion" für den Menschen bereits vor dem alles verändernden Vertrag eine grundlegende Bedeutung besitzt.

Aus dieser ersten Beobachtung heraus soll zunächst der „Leviathan" untersucht werden. Die soeben formulierte Annahme bestätigt sich in dem für unser Thema einschlägigen zwölften Kapitel. Hobbes leitet hier „religion" von Besonderheiten der Natur des Menschen – im Unterschied zum Tier – ab, nämlich von der Fähigkeit, den Ursachen von Dingen oder Ereignissen sowie der Zeit ihrer Entstehung nachzugehen und überdies sich an Vorausgegangenes zu erinnern oder an Kommendes zu denken; die Wahrnehmung der Ursachen aber und der Zeit ihrer Entstehung erwecken Angst[68]. Und wenn der Mensch die Ursachen nicht kennt, bildet er sie sich in seiner Phantasie oder vertraut anderen Menschen, die ihm über sie Auskunft geben. Finden sich keine Ursachen, so schreibt der Mensch Glück oder Unglück einer unsichtbaren Macht zu, den Göttern oder – mit Aristoteles – dem ersten Beweger, den er Gott nennt[69]. Deswegen entwickeln die Menschen den Glauben an Geister, sie suchen die Unkenntnis zweiter Ursachen zu bewältigen, sie verehren, was sie fürchten, und halten schließlich alle möglichen zufälligen Erscheinungen für Vorzeichen; diese vier Dinge stellen nach Hobbes den natürlichen Samen, „the natural seed of *religion*" dar[70].

Pflege erhält dieser Same einmal von Menschen aufgrund eigener Erfindungen, die Untergebenen zur bürgerlichen Gesellschaft und zur Befolgung der für sie notwendigen Maßnahmen zu bewegen[71] (was allerdings nicht mehr strikt in den Naturzustand gehört!). Die Urheber solcher „religion of the Gentiles"[72] benutzen diese „religion" dazu, Frieden und Gehorsam aufrechtzuerhalten und deswegen Unglück des Volkes auf Vernachlässigung oder Irrtum in den gebotenen Zeremonien oder auf Ungehorsam gegen die Gesetze zurückzuführen; für ihre Gründer bedeutet nämlich diese „religion of the Gentiles" nichts als einen Teil der Politik[73].

---

[68] Ebd. 12; 94f (82); Angst hier sowohl „anxiety" als auch „fear".
[69] Ebd. 95f (83).
[70] Ebd. 98 (85).
[71] Ebd. 99 (85).
[72] Ebd. 100 (86), 102 (hier nicht ganz richtig eingeordnet 87).
[73] Ebd. 104f (89). – Die deutsche Übersetzung bringt merkwürdigerweise durchweg „heidnische

Zum anderen aber pflegen solche Menschen den Samen der „religion", die auf göttlichen Befehl handeln, aber auch in der Absicht, die Menschen zur bürgerlichen Gesellschaft zu erziehen, wenn sie auch zu diesem Ziel die Politik unter die Gesetze des göttlichen Reiches unterordnen; als Vertreter nennt Hobbes Abraham, Mose und „our blessed Saviour"[74]. Wenn Gott so durch übernatürliche Offenbarung die „religion" pflanzte, schuf er sich ein spezielles Reich, dessen Bestandteile dann Politik und bürgerliche Gesetze darstellen[75]. Hobbes bezeichnet hier Gott ausdrücklich als König der ganzen Welt durch seine Gewalt, und dies von Natur, sowie als König des auserwählten Volkes, und dies durch Vertrag[76].

In diesen Ausführungen nimmt Hobbes nicht genauer Stellung zu der Frage, ob nun diese „religion" bereits im Naturzustand oder erst im Vertrag existiert. Soweit er sie des näheren charakterisiert, bezeichnet er es als ihre bevorzugte Funktion, die Unwissenden im Gehorsam zu halten[77]. An sich entsteht die „religion" bei Menschen von Natur, nämlich durch die Frage nach den Ursachen, durch die Unmöglichkeit, diese angemessen zu beantworten, durch die daraus folgende Annahme einer unsichtbaren Macht, die für Glück und Unglück verantwortlich ist, und durch die Furcht, die dazu führt, diese unsichtbare Macht als Gott zu verehren[78]. Wo Hobbes dann jedoch die Entfaltung des „natural seed of religion" darlegt, handelt er nur noch von Leuten, die Menschen zu Gehorsam, Befolgung von Gesetzen, Frieden, Nächstenliebe und zur bürgerlichen Gesellschaft erziehen wollen, kurz: er handelt nur noch von solchen Menschen, die die „religion" als Bestandteil menschlicher Politik auffassen, wie es etwa irdische Könige ihren Untertanen gegenüber tun. Für diese Version der „religion" gilt, daß das Unglück der Menschen auf ihre Schuld gegen die Götter zurückgeführt wird, denen sie mehr noch als den Machthabern Gehorsam schulden[79]. Ein solcher Zustand kann jedoch nach Hobbes, wie er an dieser Stelle freilich mit keinem Wort hervorhebt, nur durch Vertrag zustande kommen. Es läßt sich also ersehen, daß die „religion" zwar einen natürlichen Samen hat, daß sie aber erst dort zur Entfaltung kommt, wo sie politisch eingesetzt wird; denn dies geschieht einmal bei jenen Machthabern, die die Religion für ihre Politik gleichsam als eine „divine politics" gebrauchen, während aber auch jene Offenbarungs-

---

Religionen", dabei übrigens „Religionen" im Plural, vgl. 86 (2 mal), gegenüber dem englischen „religion"; den Singular bringt die deutsche Übersetzung dagegen 89.

[74] Ebd. 98f (85f).
[75] Ebd. 105 (90).
[76] Ebd.: „... and thereby in the kingdom of God, the policy, and laws civil, are a part of religion; and therefore the distinction of temporal, and spiritual domination, hath there no place. It is true, that God is king of all the earth; yet may he be king of a peculiar, and chosen nation. For there is no more incongruity therein, than that he hath the general command of the whole army, should have withal a peculiar regiment, or company of his own. God is king of all the earth by his power: but of his chosen people, he is king by covenant."
[77] Ebd. 98 (85), dies für beide Arten der „religion".
[78] So bes. ebd. 94–98 (82–85).
[79] Ebd. 103 (89).

empfänger die „religion" politisch einsetzen, nur daß sie die Politik der „religion" unterordnen[80]. Politisch wird die „religion" beide Male gebraucht, insofern sie grundlegend bedeutsam ist für das Gemeinwesen, sei es Gott, sei es der Obrigkeit gegenüber.

Was es mit der „religion" auf sich hat, kann man nach Hobbes daran sehen, daß es trotz ihrer Verbreitung Gründe für ihre Auflösung in ihre erste Samen oder Prinzipien gibt; denn diese Samen oder Grundsätze bestehen in einer „opinion", einem Glauben an eine Gottheit sowie an unsichtbare und übernatürliche Mächte. Und diese Samen können aus der menschlichen „nature" nicht getilgt werden; daher kann es geschehen, daß eine bisherige „religion" bezweifelt und von neuen „religions" ersetzt wird durch die „culture" solcher Menschen, die Ansehen genießen[81].

Hier wird deutlich, was anfänglich nicht so in Erscheinung trat: Im Naturzustand bestehen lediglich die Samen, „seeds", und die „principles" der „religion". Aus diesen Samen entsteht die „religion" als Folge einer ursprünglichen Furcht. Wenn Hobbes freilich konstatiert, daß diese Keime in der menschlichen Natur liegen, so dürften sie also nicht einfach eine Reaktion auf eine Furcht darstellen, sondern zugleich in dieser Natur selbst liegen. Wie dem auch sei, jegliche tatsächlich existierende „religion" entsteht durch Menschen, die als Herrscher oder als Propheten bzw. als Offenbarungsempfänger ein Gemeinwesen zustande bringen, indem sie entweder die „religion" politisch verwenden, so daß sie ein Teil ihrer „policy" darstellt, oder aber daß die „religion" die höchste Bedeutung hält, so daß die „policy" und die „laws civil" einen Teil der „religion" darstellen[82]. Es kann daraus folglich nur geschlossen werden, daß es „religion" nicht im Naturzustand, sondern nur im Vertrag gibt. Lediglich ihre Samen können nicht aus der Natur des Menschen entfernt werden.

Hobbes geht aber noch weiter: Jede so gebildete „formed religion" beruht auf dem Glauben („faith") der Menge an jemanden, den sie für einen Weisen und für einen Heiligen hält; und wenn diese, die das „government of religion" besitzen, Zweifel an solchen Offenbarungsmittlern aufkommen lassen, regt sich Widerspruch, sofern nicht Furcht vor dem bürgerlichen Schwert, d.h. vor der politischen Macht besteht. Wer eine „religion" formt oder ihr etwas hinzufügt, verliert seinen Ruf der Weisheit, wenn er den Glauben („belief") an Widersprüchliches auferlegt, insbesondere, wenn er selbst nicht nach dem lebt, was er verkündet; dies überzeugt die Menschen deswegen nicht mehr, weil Offenbarungen zwar die natürliche Vernunft des Menschen übersteigen, ihr aber nicht widersprechen können[83].

---

[80] Ebd. 98f (85f).
[81] So ebd. 105 (90); hier auch das Folgende im Text.
[82] Ebd.
[83] Ebd. 106 (90f): „which revelation a man may indeed have of many things above, but of nothing against natural reason". Hier und im folgenden wechselt Hobbes, ohne daß ein näherer Grund ersichtlich ist, zwischen „faith" und „belief".

Bei den folgenden Beispielen für einen solchen Verfall des Glaubens („faith") spricht Hobbes auch von „Christian religion", die sich gegen die Römer durchsetzte, sowie von „religion of the church of Rome", die in England und einigen anderen christlichen Ländern teils wegen der Unglaubwürdigkeit der Priester, teils wegen der Rezeption des Aristoteles abgeschafft wurde[84], wie jeder Wechsel von „religion" nach Meinung von Hobbes auf die unerfreulichen Priester zurückgeführt werden muß[85].

Es zeigt sich damit in diesem wichtigen Kapitel, daß Hobbes „religion" faktisch nicht im Naturzustand gegeben sieht. Im Vertrag aber gibt es sie ebenso bei den „Gentiles" wie bei Mohammedanern, Juden und Christen. Überraschenderweise spricht er grundsätzlich von ihr im Singular[86]. Und er wendet diesen Terminus durchaus über den christlichen Bereich hinaus an, wie er jedoch auch „faith" nicht auf die Christen und allenfalls auf die Juden beschränkt sein läßt[87]. Schwer läßt sich entscheiden, wie er „religion" des näheren verstehen will. Sicher verwendet er diesen Terminus als Oberbegriff, aber ebenso sicher noch nicht im neuzeitlichen Sinne von ‚Religion' als einer wesentlich inneren Gegebenheit. Daß dem nicht so ist, daß es sich vielmehr letztlich doch um einen konkreten Vollzug handelt, zeigt einmal die Formulierung „religion of the church of Rome", aber auch die Bestimmung „formed religion", nämlich gestaltete, ausgeprägte „religion", die also in bestimmten Manifestationen besteht. Die Konkretion zeigt sich auch darin, daß Hobbes zwischen „most lively faith" und „religion" im unmittelbaren Zusammenhang abwechseln kann[88], so daß sie in gleicher Funktion verwendbar erscheinen.

Mit diesem Befund aus dem „Leviathan" gilt es nun, nach dem vorausgegangenen Verständnis in „De Cive" zurückzufragen. In dessen dritten Teil, den Hobbes, wie bereits gesagt, noch nicht in der lateinischen, sondern erst in der englischen Fassung mit dem Titel „Religion" versehen hat, spricht er zunächst von dem natürlichen Reich Gottes, „De Regno Dei per naturam", wie die Überschrift dieses 15. Kapitels im Original lautet. Damit ist aber nicht ein Reich im Naturzustand gemeint, sondern im Vertrag; es geht Hobbes hier darum, zum vollen Verständnis der bürgerlichen Pflichten auch noch von den Gesetzen und Geboten Gottes zu sprechen und näherhin zu überprüfen, ob die Gebote der höchsten Staatsgewalt mit den Gesetzen Gottes übereinstimmen oder nicht[89]. Die Aussagen darüber, wie Gott seine Gesetze verkündet, welches Recht Gott zukommt, welches Recht auf der Natur und welches auf dem Vertrag beruht, in-

---

[84] Ebd. 108 (92).
[85] Ebd. 109 (93).
[86] Nur einmal heißt es „new religions", ebd. 105 (90).
[87] Vgl. z.B. ebd. 103 (88).
[88] Ebd. 109 (93).
[89] Th. Hobbes, De Cive, 15, 1; 217 (235); hier auch die bereits genannten Nachweise zur Überschrift, 217 Anm. 1. Aufschlußreich erscheint, daß Hobbes in der der zweiten lateinischen Auflage beigegebenen „Praefatio" dann für diesen Teil bereits als Überschrift „Religio" beigegeben hat, vgl. die zit. Ausgabe, 82 (70).

wieweit Gott durch die Natur herrscht, was die natürliche Vernunft leistet, sind bereits oben skizziert worden. Hier soll nur noch darauf hingewiesen werden, daß Hobbes in diesem Kapitel vom natürlichen Reich Gottes sehr wohl auch von der Verehrung, dem „*Cultus*" spricht, der Gott, sei es öffentlich oder privat, gebührt[90]. Deutlich wird hier, daß das vorrangige Interesse von Hobbes den Aufgaben der „civitas", näherhin dem Inhaber der Macht in diesem Gemeinwesen gilt und dies nicht zuletzt bezüglich der Handlungen, mit denen Gott zu ehren ist[91]. Zu betonen bleibt lediglich, daß Hobbes höchst bemerkenswerterweise in diesem gesamten Kapitel, das sich nachhaltig auch mit „cultus" bzw. „honor" Gottes befaßt, in dem er gar von dem „cultus Dei mere rationalis" spricht sowie von der Unterscheidung von „cultus … diuinus" und „ciuilis"[92], gleichwohl nicht ein einziges Mal ‚religio' verwendet. So unberechtigt erscheint es also nicht, daß Hobbes dem dritten Teil diesen Terminus nicht als Überschrift gegeben hat.

Erst das nächste Kapitel vom Reich Gottes durch den alten Bund bietet ein etwas anderes Bild. Vorweg bleibt jedoch festzustellen, daß wir hier erst recht auf dem Boden eines Vertrages stehen, den Gott geschlossen hat. Nicht von selbst versteht sich, daß Hobbes einen solchen Vertrag Gottes mit Menschen bereits bei Adam und Eva ansetzt, doch blieb dieser durch die Sünde nicht in Geltung. Daß hier ein solcher Vertrag bestand, begründet Hobbes mit dem Verbot, von der Frucht des Baumes zu essen, weil nämlich das Essen einer Frucht an sich nicht böse sein kann[93]. Auch an dieser Stelle spricht er den aufschlußreichen Sachverhalt an, daß neben dem von der natürlichen Vernunft gebotenen Gehorsam ein solcher aufgrund des Vertrages zu leisten gewesen wäre. Nebeneinander bestehen also das im vorigen Kapitel bereits angesprochene „*Regnum naturale*", in dem Gott kraft seiner Allmacht und d.h. durch „dictamina rectae Rationis" herrscht, und jenes andere Recht zu herrschen, das aus einem „*Pactum*" resultiert[94]. Außer dem natürlichen Wort Gottes gibt es ein zweites, prophetisches Wort, durch das Gott regiert[95]. Letzteres existiert in zwei Arten, nämlich daß Gott seine Gesetze durch unmittelbare Offenbarung, die durch die Sinne wahrgenommen wird, oder durch einen Menschen verkündet, dem Glauben geschenkt werden muß; diese beiden letzteren speziellen Weisen gehen über die zuerst genannte und somit über das natürliche, mit der rechten Vernunft erfaßbare Reich Gottes hinaus[96]. Aber schon diese erste Weise, das der rechten Vernunft zugängliche „*Verbum rationale*" Gottes, gebietet Gehorsam; denn der

---

[90] Ebd. 15, 12; 225 (242), ferner 15; 228f (247).
[91] Ebd. 16f; 229ff (248ff).
[92] Ebd. 18; 232 (252f), hier auch mit den Bezeichnungen „λατρεία" und „δουλεία" für erstere.
[93] Ebd. 16, 2; 235 (254f), vgl. auch 15, 1; 219 (235) „De Regno Dei per naturam".
[94] Ebd. 15, 4f; 221 (237f).
[95] Ebd. 4; 221 (237).
[96] Ebd. 3; 220f (236f); so gibt es drei Weisen des Wortes Gottes, „*Verbum rationale, Verbum sensibile, et Verbum Propheticum*", entsprechend werden sie erkannt durch „*Ratiocinatio recta, Sensus, et Fides*"; hier spricht Hobbes dann auch von „*vox supernaturalis*" für die unmittelbare Offenbarung.

Mensch besitzt in der Erkenntnis der Allmacht Gottes[97] und seiner eigenen Ohnmacht eine natürliche Verbindlichkeit Gott gegenüber, daß er von der Vernunft gesagt bekommt, er könne nicht wider den Stachel löcken; die im Naturzustand vorhandene Freiheit des Menschen wird durch Hoffnung und Furcht des Schwächeren reduziert[98]. Somit führt schon die rechte Vernunft zur Erkenntnis all jener natürlichen Gesetze wie Demut, Gleichheit, Gerechtigkeit und Mitleid, aber auch zur Erkenntnis jener gebotenen *„leges sacrae"*, zu denen auch die *„ratio naturalis"* führt[99]. Von ihr her obliegt also dem Menschen eine Ehrerbietung, „honor" Gottes[100], sowie ein in Worten oder Handlungen bestehender *„Cultus"*, den Hobbes als äußeren Akt, als Zeichen der inneren Ehrerbietung bezeichnet[101].

Den *„cultus Dei"*, den die *„ratio naturalis"* gebietet, begründet Hobbes mit einer ausführlichen Darlegung der Eigenschaften Gottes[102]. Aus der Annahme der Existenz Gottes, die die Vernunft verlangt, folgt schon Gottes Relation zu uns, nämlich König, Herr und Vater zu sein[103]. Ihm gebührt von daher ein durch *„leges naturales"* bestimmter *„cultus diuinus"*[104], der nicht nur im geheimen, sondern offenkundig und öffentlich sein muß[105]; hiermit nimmt Hobbes die Unterscheidung von *„cultus vel publicus, vel priuatus"* wieder auf[106]. Die Zeichen dieser Ehrung können nun von zweierlei Art sein, einmal natürliche und zum anderen vertraglich festgelegte Zeichen[107]. Während man die natürlichen nicht zu ändern vermag, obliegt dem Gemeinwesen die Regelung der vertraglichen Zeichen der Ehrung Gottes. Schon die natürliche Vernunft gebietet die Einheitlichkeit des *„Cultus Publicus"*[108]. Die „ciuitas" muß somit bestimmen, welche Namen bzw. Anrufungen für Gott zu verwenden, welche Lehren und Handlungen öffentlich zu halten und zu bekennen sind[109]. Wenn hinsichtlich eines solchen „cultus Dei mere rationalis", also eines rein vernünftigen Gottesdienstes die Gemeinwesen schon einmal Anordnungen treffen können, die gegen die rechte Vernunft verstoßen und somit für die Befehlenden Sünde sind, so sind sie

---

[97] Ebd. 5; 221 (237f).
[98] Ebd. 7; 223 (240).
[99] Ebd. 8; 223 (240).
[100] Ebd. 9; 224 (240f).
[101] Ebd.: „CVLTVS autem est actus externus, Honoris interni signum." Vgl. auch 10; 224 (241); später, 15; 227ff (246f) auch verbal als „colere".
[102] Ebd. 14; 226f (243ff).
[103] Ebd. 227 (245).
[104] Ebd. 16; 229 (248).
[105] Ebd. 15; 228f (247): „Deum non solum secreto, sed palam et publice in conspectu hominum coli oportere." Vgl. schon 12; 225 (242).
[106] Ebd. 12; 225 (242); vgl. auch den Hinweis, daß der Mensch seine *„ratio priuata"* der *„ratio totius ciuitatis"* unterwerfen kann, 17; 230 (249).
[107] Ebd. 16; 229 (248).
[108] Ebd. 15; 229 (248).
[109] Ebd. 16; 230 (249), vgl. 17; 231 (250); hier schließt Hobbes mit der Konsequenz, daß die *„leges naturales"*, und zwar die *„sacrae"* wie die *„saeculares"*, im natürlichen Reich Gottes von der „authoritas ciuitatis" abhängen.

doch nicht gegen die rechte Vernunft und enthalten keine Sünde für die Untertanen, wie Hobbes in einer merkwürdigen und nur von seinem Ansatz her stimmig scheinenden Aussage konstatiert[110].

Es gibt somit eine Ehrung Gottes in seinem natürlichen „regnum", welches die Überschrift des 15. Kapitels als Reich „per naturam" charakterisiert und welches aufgrund des *„Verbum Dei Rationale"* erkannt wird, in welchem die „dictamina rectae Rationis" gelten[111]. Darüber hinaus aber wird durch einen Vertrag, durch den die einzelnen ihre Rechte delegiert haben, in der Zuständigkeit der „civitas" bezüglich der äußeren Zeichen ein „cultus publicus" eingerichtet[112]. Hobbes hat dabei durchaus klare Vorstellungen von der Bedeutung solcher Zeichen: Nicht der äußere Vollzug solcher Zeichen, die überdies teils und zuweilen auch Menschen gegenüber geübt werden können – etwa ehrfurchtsvolle Haltung –, begründet schon den Gottesdienst, sondern die Gedanken, die durch Zeichen ihren Ausdruck erhalten[113].

Angesichts dieser Aussagen dürfte sich die zuvor schon formulierte Annahme bestätigen, daß es schwerlich ein reiner Zufall sein kann, wenn Hobbes im 15. Kapitel über das natürliche Reich Gottes ‚religio' nicht verwendet. Selbst wenn er sich dessen nicht bewußt gewesen wäre, wird man daraus doch auf einen ihm eigenen Sprachgebrauch schließen müssen. Denn in den beiden folgenden Kapiteln über das Reich Gottes durch den Alten und durch den Neuen Bund verwendet Hobbes, wenn auch sparsam, „religio". Aber nur an einer Stelle, und hier vielleicht zur Abwechslung der Formulierung, spricht er von „religio naturalis"[114]. Sonst verwendet er „religio" hier nur speziell für die durch eine übernatürliche Offenbarung konstituierte Ehrung Gottes. Der Grund für die Notwendigkeit einer über die natürliche Vernunft hinausgehenden Offenbarung liegt nach Hobbes, wie schon die Tradition sagt, in dem unvollkommenen Gebrauch dieser Vernunft und in der Heftigkeit der Affekte, die den Menschen hindern, Gott recht zu ehren[115]. So bedarf der Mensch einer speziellen Hilfe, Aberglauben und Atheismus zu vermeiden; Gott offenbarte sich deswegen dem Abraham in übernatürlicher Weise und schloß mit ihm einen Bund, durch den er zum Haupt der „Religio vera" wurde[116]. Diese stellt für Hobbes insofern einen Neubeginn dar, als der zuzüglich zur Herrschaft Gottes „per naturam" mit Adam

---

[110] Ebd. 18; 232 (252).
[111] Ebd. 15, 4; 221 (237).
[112] Ebd. 17; 231 (250).
[113] Ebd. 18; 232 (253); so unterscheiden sich die Zeichen nicht zwischen „cultus ... diuinus" und „cultus ciuilis"; daß es sich um „λατρεία" und „δουλεία" handelt, die Hobbes hier eigens nennt, liegt also an der Gesinnung.
[114] Ebd. 16, 10; 239 (260): „Sunt enim leges naturales. Praeterea praeceptum *de non assumendo Dei nomine in vanum*; est enim pars cultus naturalis, vt ostensum est capite praecedente articulo 15. Item secundum, *de non adorando per imaginem* a seipsis factam; est enim et hoc religionis naturalis, vt eodem articulo ostenditur."
[115] Ebd. 1; 234 (254), hier „colere".
[116] Ebd. 235 (254), hier „Pactum" genannt, aber auch *„Pactum, et Foedus, et Testamentum Antiquum"*.

und Eva geschlossene Vertrag durch die Sünde hinfällig geworden war. Abraham leistete folglich nicht nur den schon vor einem Vertrag von Natur geschuldeten Gehorsam, sondern folgte Gott auf Offenbarung hin[117]. Damit übte er nicht nur einen „cultus *rationis*", sondern „*religionis et fidei*", d.h., wie Hobbes ausdrücklich hinzufügt, einen solchen, den nicht die Vernunft, sondern Gott übernatürlich geoffenbart hat[118]. Ganz eindeutig wird hier die „religio" auf die Seite der übernatürlichen Offenbarung gestellt im Unterschied zu jenem „cultus", den die Vernunft gebietet. Diese Interpretation findet ihre Bestätigung im folgenden, wo Hobbes im Hinblick auf die Nachkommen Abrahams sagt, daß sie Gott als seine Untertanen Gehorsam und „cultus naturalis" schuldeten, darüber hinaus aber als Untertanen Abrahams, Isaaks und Jakobs als ihren natürlichen Fürsten auch jenen „cultus" zu leisten hatten, den Hobbes als „religiosus" bezeichnet[119]. Gott war also für diese Nachkommen König von Natur und durch Vertrag mit Abraham, so daß sie auf zweifache Weise verpflichtet waren, Gott zu ehren. Später spricht Hobbes dann wiederum von „religio" in speziellem Zusammenhang, nämlich von „Religio a Mose instituta"[120] sowie von den Geheimnissen der „Religio Christiana"[121]. Beide Male basiert also diese „Religio" auf einem speziellen Wort Gottes, dem Glauben geschenkt werden muß, wie auch Mose und Abraham geglaubt haben[122]. Fand schon bei ihnen jeweils ein neuer Vertragsschluß statt, so hatte Jesus, den Hobbes als wahren Christus und den von Gott verheißenen König bezeichnet, den Vertrag zwischen Juden und Gott zu erneuern[123]. In diesem Zusammenhang verwendet Hobbes jedoch nicht ‚religio', sondern „fides"[124].

Jedesmal, wenn Hobbes also in „De Cive" von „religio" spricht, bezieht er sich nicht auf den Naturzustand und noch nicht einmal auf den Vertragszustand, welchen die natürliche Vernunft gebietet; „religio" reserviert er vielmehr grundsätzlich für jene Gemeinwesen, die auf einer übernatürlichen Offenbarung Gottes basieren und d.h. auf einem speziellen Vertrag, in dem nicht mehr irgendeine Ehrung Gottes in den Dienst des Gemeinwesens gestellt wird, sondern die Politik dessen Teil ist.

Schon die Gliederung des „Leviathan" läßt den Schluß zu, daß sich in ihm gegenüber „De Cive" ein Bedeutungswandel von „religio" ereignet hat. Hobbes behandelt nämlich in seinem späteren Hauptwerk, wie bereits dargelegt, die „re-

---

[117] Ebd. 4; 236 (256).
[118] Ebd.
[119] Ebd. 9; 238 (259): „Quamquam enim Deus et per *naturam*, et per *Pactum* cum *Abrahamo* esset ipsorum Rex, debebant tamen ei obedientiam et cultum naturalem tantum, quatenus subditi ipsius, religiosum vero qualem instituit *Abrahamus*, quatenus subditi *Abrahami*, *Isaaci*, vel *Iacobi* suorum Principum naturalium." Die nicht völlig eindeutige Formulierung läßt nur die Interpretation zu, daß das „subditi ipsius" sich auf Gott bezieht.
[120] Ebd. 16; 247 (269).
[121] Ebd. 17, 16; 264 (290), vgl. 18, 8; 288 (319), hier abwechselnd mit „fides Christiana".
[122] Ebd. 16, 11; 240f (261f).
[123] Ebd. 17, 3; 252 (274), hier wieder „*pactum*".
[124] Von ebd. 6ff; 254ff (277ff) an, vgl. wiederum 28; 278f (308ff).

ligion" im ersten Teil „Of Man"[125] noch vor den von der Vernunft vorgelegten natürlichen Gesetzen, auf den Krieg zu verzichten, Frieden zu halten und deswegen einen Vertrag zu schließen[126]. Daraus folgt, daß die „religion" ihren Ort noch vor dem Vertragsschluß hat. Damit ist eine Erweiterung gegenüber „De Cive" eingetreten, wo „religio" auf den Vertrag und hier noch einmal auf den übernatürlich konstituierten Vertrag beschränkt bleibt, eine Beschränkung, die vermutlich weniger grundsätzlicher als faktischer Art ist.

Die Probleme, die sich für die „religio" bei Hobbes ergeben, werden nicht dadurch geringer, daß er in seinem späten Werk „De Homine" ihr noch einmal ein eigenes Kapitel gewidmet hat. Mit dem Vorausgegangenen stimmt noch zusammen, daß „religio" hier als „cultus externus" bestimmt wird, den jene Menschen vollziehen, die Gott rein verehren, d. h. die nicht nur an seine Existenz glauben, sondern auch an seine Wirksamkeit in der Welt[127]. Die „Religio" einfachhin, die Hobbes explikativ als „naturalis" bezeichnet[128] – er sagt nicht einfach ‚religio naturalis' –, unterteilt er in „fides" und „cultus". Inwiefern jedoch „fides" somit auch unter die „religio" fällt, macht er nicht deutlich. Ungewöhnlich ist die unmittelbar folgende Identifizierung dieses Glaubens mit der „pietas"[129]. Anschließend spricht er von Gehorchen, Danken und Beten, die er als die eigentlichen Werke der „pietas" ansieht. Jedenfalls konstatiert er, daß die „religio" einmal in der „pietas naturalis" besteht und zum anderen von den Gesetzen der „civitas" abhängt[130]; sie ist daher nicht Philosophie, sondern in jedem Gemeinwesen Gesetz und folglich nicht zu disputieren, sondern zu befolgen[131]. Als wichtiges Merkmal fügt er noch hinzu, daß es Gott ehrerbietig zu bedenken, zu lieben, zu fürchten und zu ehren gilt und daß dies den „religiones" bei allen Völkern gemeinsam ist[132]. Es muß darauf hingewiesen werden, daß sich hier einer jener sehr

---

[125] Th. Hobbes, Leviathan, 12; 94 (82).

[126] Ebd. 14; 116f (99f).

[127] Thomas Hobbes, De Homine, 14, 1, in: ders., Opera Philosophica quae latine scripsit. Omnia in unum corpus nunc primum collecta, hg. von Guilelmus Molesworth, II, Londini 1839, 118, vgl. die deutsche Übersetzung (s.o. Anm. 3), 43: „RELIGIO *est hominum, qui Deum sincere honorant, cultus externus.*" – Die Zitation von „De Homine" erfolgt entsprechend der bisherigen Zitationsweise, so daß die Seite der deutschen Übersetzung jeweils in Klammern beigefügt ist.

[128] Ebd.: „Itaque religionis simpliciter, id est, naturalis, duae sunt partes; quarum altera est *fides*, sive credere Deum esse et omnia gubernare, altera est *cultus*." Vgl. ebd. 3; 119 (44): „Religionis ergo nostrae pars maxima et Deo gratissima fides ab hominibus privatis, nisi faciant miracula, dependere non debet."

[129] Vgl. anders weiter unten, ebd. 8; 122 (47): „Est ergo cultus divinus illas actiones agere, quae pietatis erga Deum signa sunt." Auf die soeben zitierte Unterteilung der „religio" über deren ersten Teil, die „fides", vgl. 1; 118 (43), folgt die Aussage: „Prior autem pars illa, de fide in Deum, vocari solet *pietas* erga Deum." Vgl. auch 7; 122 (46), die Feststellung, daß die „pietas" in „fides, justitia et charitas" besteht.

[130] Ebd. 4; 119 (44): „Si religio, praeter eam quae consistit in pietate naturali, ab hominibus privatis non dependeat, tunc necessarium est, cessantibus jamdudum miraculis, ut dependeat a legibus civitatis."

[131] Ebd. 119f (44).

[132] Ebd. 120 (44): „Neque enim an honorifice de Deo sentiendum sit, neque an sit amandus, timendus, colendus, dubitari potest. Sunt enim haec religionum per omnes gentes communia."

seltenen Belege dafür findet, in denen Hobbes von „religio" auch im Plural spricht.

Von seinem hier vorwaltenden Interesse am Gemeinwesen her läßt sich verstehen, daß Hobbes wiederum sein Hauptaugenmerk auf den „cultus", und zwar weniger auf den „privatus" als vielmehr auf den „publicus" legt[133], auf die „ceremoniae", ohne die eine öffentliche Verehrung Gottes nicht bestehen kann[134]. Ein solcher „cultus divinus rationalis publicus"[135] ist der natürlichen Vernunft zugänglich, die folglich sehr wohl diesen von einem götzendienerischen oder phantastischen „cultus" unterscheiden kann[136].

In diesen Ausführungen bevorzugt Hobbes „cultus" und spricht nur ausnahmsweise von „religio"[137]. Nur im letzten Abschnitt, bei der Frage nach der Änderung der „religio", nimmt er diesen Terminus wieder auf; als Grund für ihre Änderung gibt er die Schuld der Priester an, ihre widersinnigen Dogmen oder ihren Lebenswandel, welcher der von ihnen gelehrten „religio" zuwiderläuft; so wurde die „religio Romana" und d.h. die der katholischen Kirche durch Luther zum großen Teil beseitigt, nachdem zur Zeit der Apostel die „religio Christiana" im Kontrast zur Unheiligkeit der heidnischen Priester aufgeblüht war[138].

In diesem Kapitel von „De Homine" verwendet Hobbes „religio" ohne Bezug zum Naturzustand oder zum Vertrag. Er bezieht sie auf die natürliche Vernunft, ohne weiter von der Möglichkeit einer geoffenbarten zu sprechen, zudem im Plural, so daß sie als jeweils verschiedene auftritt; er definiert sie, freilich ohne sonderliche Präzision, als äußere Verehrung. Aus all dem wird ersichtlich, daß Hobbes schließlich „religio" so auffaßt, als ob er die Wahrheitsfrage nicht eigens zu behandeln braucht. Die Qualifizierung der „religio" als „naturalis" besagt keineswegs eine ‚religio naturalis' im Unterschied etwa zu einer ‚religio revelata'.

Über die Kirche

Die Absicht, Frieden zu schaffen und zu gewährleisten, verlangt von Hobbes, der Kirche seine Aufmerksamkeit zu widmen. *„Ecclesia"* im Sinn von *„Concio"* bedeutet für ihn nicht eine zusammengelaufene Menge, sondern eine rechtmäßige, d.h. berufene Versammlung[139], der freilich nur sehr bedingt die Bezeichnung *„persona"* zugestanden werden kann[140]. Der springende Punkt liegt für ihn darin, daß die *„materia ciuitatis et Ecclesiae"* identisch ist, weil beide aus einzelnen

---

[133] Ebd. 8; 122f (47).
[134] Ebd. 9; 123f (48).
[135] Ebd. 10; 125 (49).
[136] Ebd. 11; 126 (50), vgl. den ganzen Abschnitt.
[137] Vgl. ebd. den Schlußsatz von 11; 126 (50): „Superstitionem autem hanc facere potuit lex loci ut religio apellaretur, et cultus omnes alios superstitiones."
[138] Ebd. 13; 128f (52f).
[139] Th. Hobbes, De Cive, 17, 19; 265 (292).
[140] Ebd. 20; 266f (293f).

Menschen bestehen[141]; folglich können, wenn es sich um mehrere „*ciuitates Christianae*" handelt, diese nicht als Kirche eine Person sein[142]; denn dazu würde gehören, daß die Kirche auch faktisch eine Einheit wäre, die sie nicht sein kann, wenn sie sich auf verschiedene Gemeinwesen erstreckt. Schon hier zeigt sich, daß für Hobbes das Kirchesein der Kirche wesentlich am Gemeinwesen hängt. Im „Leviathan" heißt es denn auch ausdrücklich, daß die Kirche eine Gesellschaft von Menschen darstellt, die sich zur „*Christian religion*" bekennt, in der Person des Souveräns ihre Einheit besitzt und sich nur auf dessen Befehl versammeln darf[143]. Folglich gibt es keine universale Kirche, wie es auch keine Unterscheidung von temporaler und spiritueller Herrschaft gibt, da in dieser Welt eben nur zeitliche Herrschaft existiert und diese zugleich über „state" und „religion" gebietet[144]. Darum kann auch die Kirche nicht von sich aus exkommunizieren, sondern nur mit Ermächtigung des „Princeps", der konsequenterweise sich nicht selbst exkommunizieren noch exkommuniziert werden kann, da er über die Exkommunikation entscheidet, wie Hobbes schon in „De Cive" zum Ausdruck gebracht hat[145] und im „Leviathan" näher ausführt[146]. Seine Argumentation gipfelt in der Pointe, daß in jedem „Christian commonwealth" der Souverän zugleich auch der „supreme pastor" ist[147], und dies aufgrund göttlichen Rechts[148].

Den Tatbestand eines ungläubigen oder häretischen Königs eliminiert Hobbes dadurch, daß er Häresie als „*private opinion*" qualifiziert[149], die folglich im Gemeinwesen nicht zum Tragen kommen kann. Staatliches und kirchliches Recht stellt er als vereinigt dar, der Souverän hat die Herrschaft über die äußeren Handlungen der Untertanen, genauerhin in „policy and religion", wie denn überhaupt „State" und Kirche aus einzelnen Menschen bestehen[150]. Wie weit Hobbes in seiner Argumentation gehen kann, zeigt seine pauschale Feststellung in „De Cive", daß in einem christlichen Gemeinwesen dem, der die oberste Befehlsgewalt innehat, Gehorsam geleistet werden muß, auch wenn dieser selbst nicht glaubt; dieser Gehorsam muß ihm erwiesen werden in weltlichen und geistlichen Dingen, so daß jeglicher Widerstand illegitim erscheint; wenn man dem Souverän zu gehorchen sich nicht in der Lage sieht, bleibt nach Hobbes nur

---

[141] Ebd. 21; 267 (294); vgl. 26; 274 (303), daß „ciuitas Christiana" und „Ecclesia Christiana" die gleiche Ausdehnung haben.
[142] Ebd. 22; 267f (295).
[143] Th. Hobbes, Leviathan, 39; 459 (357).
[144] Ebd. 460 (357).
[145] Th. Hobbes, De Cive, 17, 26; 275 (305).
[146] Th. Hobbes, Leviathan, 42; 502–509 (387–392).
[147] Ebd. 539 (413), in der deutschen Ausgabe ist „pastor" der lateinischen Fassung mit „Priester" übersetzt, vgl. 541 (414).
[148] Ebd. 567 (434) in langen Auseinandersetzungen mit Kardinal Robert Bellarmins Verteidigung der Rechte des Papstes.
[149] Ebd. 579 (442).
[150] Ebd. 546 (418).

der Ausweg, den Märtyrertod auf sich zu nehmen[151]. Uns mag eine solche Anweisung als blanker Zynismus erscheinen, sie zeigt jedoch, in welcher Ausnahmslosigkeit Hobbes glaubt, an seinem Konzept festhalten zu müssen und zu können, um die Kriege zum Verschwinden zu bringen, die als Kriege zwischen den „sectae" ein und derselben „religio" zu den erbittertsten Kriegen überhaupt gehören.

Glauben und Wissen

In diesem Zusammenhang von Aussagen über die Unterordnung der Kirche unter die Macht des Souveräns und der hieraus resultierenden Abhängigkeit nicht nur der Politik, sondern auch der „religion" von seinen Anweisungen gilt es, auch dem Verhältnis von Wissen und Glauben einige Aufmerksamkeit zu widmen. Diesbezüglich zielt Hobbes auf eine grundsätzliche Relativierung des Glaubens. In den Eingangskapiteln des „Leviathan" hat er diese zwar noch nicht deutlich gemacht. Hier spricht er vom „discourse"[152], der vom Verlangen nach „knowledge" geleitet wird. Diese Geistestätigkeit erreicht nicht Wissen, „knowledge", sondern nur Meinung, „opinion", wenn sie nicht auf Definitionen und richtigen Syllogismen beruht; sie führt jedoch zu „*belief*" bzw. „*faith*", wenn das Denken des Menschen auf der Aussage eines anderen beruht, dessen Ehrlichkeit nicht bezweifelt wird[153]. Hobbes unterscheidet dabei Glauben im Sinn eines Vertrauens *in* bzw. Glauben *an* einen Menschen von einem Glauben an das, was gesagt wurde, wobei der persönliche Aspekt entfällt; es gibt also, wenn auch nur in theologischen Texten, ein „*believing in*" im Sinn des Bekenntnisses und der Anerkenntnis einer Lehre[154].

Im früheren „De Cive" hat Hobbes bereits das Glauben im Ausgang von der Anerkennung eines Satzes als wahr definiert. Uns brauchen die verschiedenen Weisen des Glaubens, nämlich Unterstellen, Bekennen und Zugestehen, hier

---

[151] Thomas Hobbes, De Cive, 18, 13; 291f (323f): „Et mandata Dei in ciuitate Christiana, circa *temporalia* quidem ... leges esse et sententias ciuitatis, prolatas ab iis quibus legum ferendarum, controuersiarumque iudicandarum authoritas a ciuitate commissa est; circa *spiritualia* vero ... leges esse et sententias ciuitatis, hoc est Ecclesiae ... prolatas a Pastoribus rite ordinatis, et qui a ciuitate in eam rem authoritatem acceperunt, sequitur manifeste in ciuitate Christiana, obedientiam deberi summis imperantibus in rebus omnibus tam *spiritualibus* quam *temporalibus*. Imperantibus autem non Christianis in *temporalibus* quidem omnibus eandem deberi obedientiam etiam a ciue Christiano extra controuersiam est; in *spiritualibus* vero, hoc est, in iis quae pertinent ad modum colendi Dei, sequenda est *Ecclesia* aliqua *Christianorum*. Etenim Deum non loqui in rebus supernaturalibus nisi per scripturae sacrae interpretes Christianos, fidei Christianae est Hypothesis. Quid autem? an principibus resistendum est vbi obediendum non est? minime sane; hoc enim contra pactum est ciuile. Quid ergo agendum? Eundum ad Christum per Martyrium. Quod si cui dictu durum videatur, certissimum est eum non credere ex toto corde IESVM ESSE CHRISTVM *Filium Dei viuentis*, (cuperet enim dissolui et esse cum Christo) sed velle simulata fide Christiana Pactam ciuitati obedientiam eludere."
[152] Th. Hobbes, Leviathan, 7; 51 (49, hier mit „Denken" wiedergegeben) in der Überschrift und im Text.
[153] Ebd. 53f (50, letzteres hier mit „Glauben und Vertrauen" wiedergegeben).
[154] Ebd. 54 (50f).

nicht näher zu beschäftigen. Es genügt, die Differenz herauszustellen, die zwischen „*Scire*" und „*credere*" besteht; während ersteres ein Annehmen eines Satzes aufgrund eigener Gründe bedeutet[155], bezeichnet letzteres, auf das Wissen eines Anderen zu vertrauen[156]. „Fides" und „scientia" unterscheiden sich so, daß zum Wissen Definitionen führen, die dem Glauben schädlich sind, weil das, was die Fassungskraft menschlichen Geistes übersteigt, nicht durch die natürliche Vernunft aufgezeigt werden kann[157]. In einer ergänzenden Anmerkung bestimmt Hobbes diesen Glauben ausdrücklich als „*fides interna*", dem die „*professio externa*" entspricht[158]. Sein Interesse richtet er in diesen Passagen jedoch darauf, eine Differenz zu schaffen zwischen Glauben und Gehorsam: Zwar rechtfertigen beide, Glaube und Gehorsam, und sie gehören auch zusammen[159]; aber Gehorsam ist dem Souverän zu leisten, und wo man im Glauben ihm nicht meint folgen zu können, soll man, wie bereits erwähnt, das Martyrium auf sich nehmen[160].

Zu glauben bleibt dem inneren Glauben aber nur ein einziger Satz, daß nämlich Jesus der Christus ist[161], was Hobbes dann in langen Argumentationen zu begründen sucht. Diese Reduktion des Glaubens auf einen inneren Glauben und seines Inhalts auf eine einzige Aussage dient ihm dazu, den Gehorsam, der dem Souverän geschuldet wird, annehmbar zu machen. Beruht somit allein das Wissen auf Schlußfolgerungen, so gibt es aufgrund von Offenbarung kein Wissen im eigentlichen Sinn[162], wie man auch nicht wissen, sondern nur glauben kann, daß sich in der Schrift tatsächlich das Wort Gottes findet[163]. Auch bleibt das Glauben getrennt von Zwang und Befehl[164]. Damit bleibt es aber auch für den bürgerlichen Bereich außer Betracht. Nicht, was man glaubt, steht zur Debatte, sondern ob man gehorcht. Deswegen wendet sich Hobbes gegen das Diskutieren oder gar Streiten in Glaubenssachen[165]. Hier sieht er besonderen Anlaß zu Zwistigkeiten, so daß er sie als irrelevant für den öffentlichen Bereich eines Gemeinwe-

---

[155] Th. Hobbes, De Cive, 18, 4; 283f (314f).
[156] Ebd. 284 (315).
[157] Ebd. 284f (315f): „Prodest ad scientiam explicatio nominum, quibus id quod inquirendum est, proponitur, imo vnica via ad *scientiam* est, *per definitiones*. Ad *fidem* autem nocet hoc. Nam quae supra captum humanum credenda proponuntur, nunquam explicatione euidentiora, sed contra obscuriora et creditu difficiliora fiunt. Acciditque homini qui *mysteria fidei*, ratione naturali conatur demonstrare, idem quod aegroto qui pillulas salubres, sed amaras, vult prius mandere, quam in stomachum demittere; ex quo fit vt statim reuomantur, quae alioqui deuoratae eum sanassent."
[158] Ebd. 18, 6 Anm.; vgl. 287 (317), vgl. 18, 10; 289 (321), ferner 14; 292 (324f).
[159] Ebd. 6; 285 (316), sowie 12; 291 (323).
[160] Ebd. 13; 292 (324). Vgl. dazu ausführlich noch einmal Th. Hobbes, Leviathan, 42; 494ff (382f). Man sieht, wie sehr Hobbes gerade diese Fragen beschäftigt haben.
[161] Th. Hobbes, De Cive 18, 5ff; 285ff (316ff); vgl. die gleich nachdrücklichen Ausführungen im Leviathan, 43; 585ff (450ff) u.ö.
[162] Ebd. 46; 665 (507).
[163] Ebd. 43; 588f (449).
[164] Ebd. 42; 491 (380).
[165] Vgl. die Schlußbemerkung in Th. Hobbes, De Cive, 18, 14; 293f (326f).

sens abweist. Auf diese Weise gelingt es ihm, jenen Frieden zu gewährleisten, um den es ihm geht.

Dazu paßt, daß er den Glauben ausdrücklich als „internal, and invisible" bezeichnet; und wenn sich Menschen um ihres Glaubens willen in Gefahr bringen, so können sie sich nur über ihren Lohn im Himmel freuen, dürfen sich aber nicht über den Souverän beklagen oder gar Krieg gegen ihn führen; wer sich nicht über eine rechte Gelegenheit zum Martyrium freut, hat, wie Hobbes sagt, den Glauben gar nicht, den er bekennt[166]. Ein Problem kann es somit für das Gemeinwesen wie auch für den Souverän nicht geben, weil der Glaube völlig aus dem sichtbaren, öffentlichen Bereich verwiesen wird.

Für uns bleibt nur noch aufschlußreich, daß Hobbes in all den eben genannten Zusammenhängen nicht von ‚religio' spricht.

Abschließende Würdigung

Der Rückblick auf die untersuchten Schriften von Hobbes läßt noch einmal unterstreichen, daß alle Argumentationen davon bestimmt sind, Kriege und insbesondere Bürgerkriege zu verhindern, von denen er hinreichendes Anschauungsmaterial vor Augen hatte. Die Feststellung, daß keine Kriege heftiger geführt werden als die zwischen den verschiedenen „sectae" einer „religio" und den verschiedenen „factiones" einer „respublica"[167], gibt keine theoretische Aussage wieder, sondern eine höchst konkrete Erfahrung. Dem zu wehren, formuliert er seine Konzeption. Und wenn diese problematisch erscheint, darf doch nicht die Problematik übersehen werden, die sie lösen sollte, ohne daß er deren Konsequenzen schon hinreichend hätte absehen können.

Hobbes setzt bei der rechten Vernunft an. Zwar wertet er die Annahme Gottes, den Glauben an ihn nicht grundsätzlich ab. Im Gegenteil, Gott kommt eine herausragende Bedeutung zu, vermögen doch erst durch seine Allmacht die „laws of the nature", die „natural laws" zu Gesetzen im strikten Sinne zu werden. Denn hierzu hält Hobbes den Akt des Erlasses solcher Gesetze für unabdingbar, so daß die in der Natur liegenden Gesetze nicht den gebotenen Rang besitzen können. Diese Annahme darf freilich nicht darüber hinwegtäuschen, daß er schließlich nicht an der Kompetenz Gottes, sondern an der Souveränität des Herrschers interessiert ist, der im Vertrag praktisch die Position Gottes übernimmt; denn der Souverän erläßt die allein maßgeblichen Gesetze, die die Untertanen grundsätzlich erfüllen müssen. Damit verschiebt sich freilich das Gewicht des Glaubens. Faktisch kann Hobbes ihm nicht zutrauen, zum Frieden beizutragen. So neutralisiert er die Verehrung Gottes zwar nicht; er hält sie auch weiterhin für unverzichtbar. Doch kann er gerade sie in seinem Konzept nicht dazu einsetzen, den Frieden zu begründen und zu fördern. Folglich setzt er bei der Vernunft an, die dazu rät, das „right" des Naturzustandes aufzugeben und

---

[166] Th. Hobbes, Leviathan, 43; 601f (458).
[167] Th. Hobbes, De Cive, 1, 5; 94 (80). – „Secta" dürfte hier noch im neutralen Sinn „Gefolgschaft" bedeuten.

den Menschen an den Vertrag zu binden. Dieser legitimiert eine starke Macht des Gemeinwesens, möglichst in der Form der Monarchie, und dient dazu, die Menschen zu befrieden, indem sie der souveränen Gewalt unterworfen bleiben. Es bleibt rein abstrakt, wenn Hobbes feststellt, man dürfe aus dem Vertrag ausscheiden, wenn die durch ihn konstituierte und legitimierte Macht dem Frieden nicht diene[168]; denn in Wirklichkeit kommt dieser Fall nicht vor, oder vielleicht genauer, er darf nicht vorkommen. Der Mensch wird und bleibt dem Souverän untertan, unabhängig vom Willen Gottes.

Um die auch von Hobbes erwarteten Kollisionen zwischen Befolgung des Willens Gottes und Befolgung der Gesetze eines Gemeinwesens durch den Souverän zu lösen, bestimmt er den Glauben nicht nur als privaten, sondern als innerlichen. Damit begrenzt er ihn zugleich auf eine spezifische Weise, so daß dieser Glaube sich faktisch nicht mehr auf jenen Bereich erstrecken kann, in dem der Souverän die Kompetenz besitzt. Damit dürfte Hobbes, schauen wir auf die bislang erarbeiteten Beiträge zur „Politica" zurück, ein früher Vertreter der Annahme sein, der bei allem Wissen darum, daß sich Inneres zwangsläufig in Äußerem ausdrücken muß, gleichwohl hier eine Schranke zieht und faktisch trennt.

Unbetroffen von dieser Trennung bleibt der gesamte Bereich öffentlich angebrachter und erforderlicher Verehrung Gottes. Von ihr spricht Hobbes denn auch ausführlich genug, wobei er die Zuständigkeit für diesen Bereich dem Souverän zuweist. Die leitenden Stichworte seiner Erörterungen sind *„Honor"* und *„Cultus"*, Ehre grundsätzlich im Sinne jener Haltung der Ehrerbietung, die der Mensch Hochgestellten und insbesondere Gott schuldet, und die Verehrung als Vollzug einer solchen Einstellung[169]. Hobbes legt großen Wert auf die (aus der Vernunft) resultierende Annahme, daß Gott die Welt nicht nur geschaffen hat, sondern weiterhin und ständig für sie sorgt. Die Erhaltung der Welt bedeutet ihm nicht weniger als ihre Schöpfung[170].

Berücksichtigt man die genannten Leitbegriffe, die Hobbes für diesen Themenkreis gebraucht, wundert es nicht mehr, daß er „religio" nicht oder nicht eindeutig und ausschließlich an die erste Stelle gerückt hat. Dabei kann freilich kein Zweifel daran bestehen, daß diese „religio" grundsätzlich ebenso wie „cultus" dem manifesten und also nicht dem inneren Bereich zugehört.

Eine detaillierte Betrachtung ergibt, daß Hobbes „religio" in seiner frühesten hier untersuchten Schrift in spezifischer Weise restringiert, insofern er sie nämlich grundsätzlich auf die Offenbarung zurückführt, d.h. auf einen solchen Vertrag, den Gott mit einem bestimmten Offenbarungsempfänger geschlossen hat, wobei Jesus einen solchen Vertrag erneuert hat. Widersprüchlich bleibt hier, daß

---

[168] So in der ersten allgemeinen Regel der Vernunft, die den Menschen veranlaßt, sich seiner Freiheit zu begeben und dem Vertrag zu fügen, um so Frieden zu schaffen, die aber, wenn der Souverän den Frieden nicht herstellen kann, den Menschen berechtigt, sich mit allen Mitteln zu verteidigen, vgl. Th. Hobbes, Leviathan 14; 117 (99f), s.o.

[169] Th. Hobbes, De Cive, 15, 9; 223f (240f), vgl. ausdrücklich 15; 227 (246), 18; 231 (251).

[170] Th. Hobbes, Leviathan, 31; 350f (276) sowie 349 (275). – Nirgends fand sich ein Beleg, daß die Leugnung der Conservatio, Gubernatio und Providentia Gottes ‚Deismus' genannt worden wäre.

Hobbes, was er bei Abraham gegeben sieht, diese *"religio et fides"* jenem Bereich zuweist, der der *"ratio"* gerade nicht offensteht, so daß beide als *"supernaturaliter"* geoffenbart erscheinen[171], während er wenig später im Zusammenhang mit der im zweiten der Zehn Gebote erlassenen Verpflichtung zur Gottesverehrung diese „religio" als „naturalis" qualifiziert[172]. Insgesamt spielt aber eine solche von der natürlichen Vernunft erkannte Gottesverehrung gerade unter dem Terminus „religio" keine Rolle, speziell auch nicht eine irgendwie näher ausgeführte „religio naturalis". Hierzu paßt, daß „Religio" als Überschrift des dritten Teiles von „De Cive" erst später hinzugefügt worden ist, ursprünglich also Hobbes nicht vorschwebte, wohl auch ein Zeichen dafür, daß sie nicht zentral in seinem Interesse stand.

Im „Leviathan" ändert sich das Bild, insofern Hobbes die Restringierung der „religion" auf den Bereich der Offenbarung aufgegeben hat. Zugleich aber tritt sie präziser in Erscheinung, insofern auch hier für den Naturzustand nicht sie selbst, sondern lediglich ihre Samen angenommen werden. Diese entstehen aus (bzw. in) der Furcht vor unsichtbaren Dingen, seien es die tieferen Ursachen unserer Wirklichkeit, sei es die vom Menschen hinter ihr angenommene überlegene Macht. Aus dieser Furcht bilden die Menschen ihre Götter, die Furcht ergibt somit den natürlichen Samen der „religion", der die Menschen in Zeremonien Gestalt geben, wobei diese so verschieden sind, daß sie den jeweils anderen Menschen lächerlich vorkommen[173]. Dieser Same muß Pflege, „culture" empfangen. Hobbes behält das organische Bild bei, wenn er wenig später von der durch übernatürliche Offenbarung eingepflanzten „religion" spricht; und auch im Falle der Auflösung der „religion" treten ihre ersten Keimsamen wieder in Erscheinung, die der Natur des Menschen nie ganz ausgetrieben werden können, so daß immer wieder durch die Pflege „new religions" entstehen können[174]. Daraus resultiert, daß nach Hobbes im Vertrag jeweils eine entwickelte, eine „formed religion" existiert[175].

Gemäß seinem Versuch, eine uneingeschränkt gültige Konstitution des Gemeinwesens vorzulegen, widmet Hobbes auch der Frage der „religion" allgemeine Aufmerksamkeit. Folglich verwundert es nicht, daß er an den freilich nicht eben häufigen Stellen, wo er von ihr spricht, dennoch nicht selten „religion of Gentiles" bzw. „Heathen religion" sagt[176]. Es fällt auf, daß er auch in diesem

---

[171] Th. Hobbes, De Cive, 16, 4; 236 (256).
[172] Ebd. 10; 239 (260); vgl. auch die o. mit Anm. 128 zitierte Aussage in Th. Hobbes, De Homine, 14, 1; 118 (43).
[173] Th. Hobbes, Leviathan, 15; 98 (85). – Zu vermerken bleibt, daß Hobbes auch von „superstitio" spricht, vgl. Th. Hobbes, De Cive, 16; 227 (254); ders., Leviathan, 45; 652;657f (497ff, 501f).
[174] Ebd. 105 (90, L 93); vgl. auch 103 (89) im Hinblick auf Mohammed.
[175] Ebd. 105 (90), L 94 heißt es „religio omnis formata".
[176] „Religion of the Gentiles" findet sich ebd. 2; 9 (17), L 13 „antiquorum Gentilium religio"; ferner 12; 100 (86, hier fälschlich Plural), 102 (87, wieder Plural, L 91 „religiones ethnicae"), ferner 105 (89, jetzt richtig im Singular), hier L 93 „religionem apud ethnicos politiae suae partem fuisse". Vgl. bes. das speziell ihr gewidmete Kapitel 45, wo schon die Überschrift diesen Terminus enthält, 45; 637

Zusammenhang fast immer nur den Singular verwendet, ein Sprachgebrauch, den die lateinische Übersetzung nicht mit gleicher Stringenz beibehält[177]. Nur selten spezifiziert er hier des näheren, etwa dort, wo er Übernahmen aus Prozessionsritualen der „religion of the Greeks, and Romans" in den christlichen und d.h. den katholischen Bereich kritisiert[178]. Gleichermaßen spricht er einmal von den Indern, daß jemand von ihnen käme, die „religio sua" uns, nämlich den Christen, zu verkünden[179]. Nur singulär fand sich in den bearbeiteten Materialien „Mahomedan religion"[180]. Merkwürdigerweise kommt „religion" im Zusammenhang mit den Juden so gut wie nicht vor[181].

Nun ist es aber nicht so, als ob Hobbes diese „religion" der Heiden einfach akzeptierte. Im vierten Teil des „Leviathan" über das Reich der Finsternis widmet er ihr ein ganzes Kapitel[182]; doch geschieht dies nicht mehr ihretwegen, sondern im Interesse einer grundlegenden, biblisch begründeten Kritik an jener „religion", die er hier auch einmal als „Roman religion" bezeichnet, womit er nicht die des antiken, sondern des christlichen Rom meint[183]. Am meisten, aber insgesamt doch nur selten spricht Hobbes in adjektivischer Formulierung von der „Christian religion"[184]. Um sie geht es ihm, und zwar um diejenige, die in einem Gemeinwesen unter einem Souverän existiert; und mit einer solchen setzt er in einer ausdrücklichen Definition die Kirche gleich, ein Zeichen dafür, wie sehr er alles seinem Bemühen um die Konstitution des Gemeinwesens unterordnet[185].

---

(487); vgl. auch die folgenden Anmerkungen. – „Heathen religion" vgl. ebd. 638 (488), L 476 nur „religio".

[177] Ebd. 45; 637, 645 (487, 493), L 475 „religiones Ethnicarum", L 481 „religiones omnes ethnicae".

[178] Ebd. 45; 662 (505 , hier stark gekürzt, fehlt L 489).

[179] Ebd. 27; L 211, anders in der englischen Fassung 279 als Verkündigung einer „new religion" an die Christen.

[180] Ebd. 42; 494 (382, fehlt L 362), vgl. noch 12; 103 im Zusammenhang mit Mohammed die Formulierung „his new religion" (89, L 92 nur „religio sua").

[181] Vgl. als Ausnahme ebd. 104 (89, L 93); im Zusammenhang mit dem Gesetz des Mose vgl. 40; 471 (365, L 346), 473 (367); vgl. dieses ganze Kapitel 40 über das Gottesreich in Israel von Abraham bis zu den Königen; vgl. schließlich die Aussage, daß bei den Römern keine „religion" verboten war mit Ausnahme derjenigen der Juden, 12; 104 (89).

[182] Ebd. 45; 637–663 (487–506, L 475–502).

[183] Ebd. 46; 670 (511, fehlt L 496f).

[184] Vgl. z.B. ebd. 26; 275 (221, L 209), 30; 325 (257, in L 242 nur „religio"), 39; 459 (357, L 336), siehe den Text in der folgenden Anmerkung, 42; 495 (383, fehlt L 364), 42; 517 (398, fehlt L 381), L 370 (in der englischen Ausgabe 503 andere Formulierung; vgl. deutsch 388).

[185] Ebd. 39; 459f: „According to this sense, I define a CHURCH to be, *a company of men professing Christian religion, united in the person of one sovereign, at whose command they ought to assemble, and without whose authority they ought not to assemble.* And because in all commonwealths, that assembly, which is without warrent from the civil sovereign, is unlawful; that Church also, which is assembled in any commonwealth that hath forbidden them to assemble, is an unlawful assembly." Im folgenden wird dann ausdrücklich noch einmal festgestellt, daß in diesem Leben keine andere Herrschaft zulässig ist, weder über „state" noch über „religion", als eine zeitliche Herrschaft; diesen Text gibt die lateinische Fassung, L 337, so wieder: „sed in vita praesente, homines et caduci et crassi sunt, neque patiuntur statum neque religionem ullam, praeter eam quam statuit potestas temporalis".

All diese Hinweise dürfen aber nicht zu dem Eindruck verleiten, als ob nun der uns beschäftigende Terminus auch nur einigermaßen häufig vorkäme. Dies trifft noch nicht einmal in jenen Kapiteln zu, wo Hobbes in besonderer Weise etwa auf die „religion of the Gentiles" zu sprechen kommt. Auch hier findet sich eine nachdrückliche Verwendung etwa von „worship" im Sinne von „cultus"[186].

Angesichts des Tatbestandes, daß es nicht schon im Naturzustand, sondern erst im Vertrag „religion" gibt, kann es nicht verwundern, wenn sich im „Leviathan" kein Beleg für ‚natural religion' oder ‚religion of nature' finden ließ.

Gemäß seiner Intention bedeutet es auch keine Überraschung, wenn Hobbes sich nicht des näheren mit der Frage der „true religion" beschäftigt, so sehr er um diese Fragestellung natürlich weiß[187]. Denn er sorgt sich um die Kompetenz des Souveräns auch über die Kirche. Diese hängt entscheidend daran, daß in einem christlichen Staat auch einer, der sich zur „Mohamedan religion" bekennt, auf Befehl des Souveräns dem Gottesdienst der christlichen Kirche beiwohnt – sich dagegen aufzulehnen, führt lediglich zur Gefahr des Todes und d.h. des Martyriums (von dem Hobbes hier nicht ausdrücklich spricht) –; denn es kann solchen Bürgern nicht gestattet werden, an ihrer „religion, true or false", festzuhalten[188]. Auf die Kompetenz des Souveräns und den Frieden des Gemeinwesens kommt es also an, nicht aber darauf, welche „religion" nun die richtige sein mag.

Wenn Hobbes dann in seiner noch einmal späteren Schrift „De Homine" in dem einschlägigen Kapitel über die „religion" von der „religio simpliciter" spricht und diese ausdrücklich als „naturalis" bestimmt, deren beide Teile „fides" und „cultus" darstellen[189], so bedeutet dies eine Variation, die nur deswegen nicht zum Tragen kommt, weil die ungleich wirkungsvolleren Aussagen im „Leviathan" vorausliegen. Auch diese als natürlich bezeichnete „religio" stellt aber eine solche nicht im Naturzustand, sondern im Vertragszustand dar, der „cultus" ist privat oder öffentlich, so daß die Terminologie keine wesentliche Weiterführung ergibt. Auch bleibt die Qualifizierung „religio ... naturalis" insofern folgenlos, als Hobbes sie nicht wiederholt. Nirgends findet sich denn auch ‚naturalis religio' in unmittelbarer Verbindung. Nicht von ungefähr erscheint die „pietas naturalis"[190], in welcher die „religio" wesentlich besteht, gegenüber der „religio" als wichtiger, bezeichnet Hobbes sie doch hier ausdrücklich als „religionum omnium fundamentum primum"[191].

Besondere Bedeutung mißt Hobbes dem „cultus publicus" bei, sowenig die bei diesem unerläßlichen Zeremonien schon den eigentlichen Gottesdienst dar-

---

[186] Ebd. 45; 647 (494, L 483).
[187] Ebd. 6, 45 (44, L 45); vgl. auch 46; 687 (524); Th. Hobbes, De Cive, 16, 1; 234 (254).
[188] Ebd 42; 494 (382, L 362).
[189] Th. Hobbes, De Homine, 14, 1; 118 (43).
[190] Ebd. 4; 119 (44).
[191] Ebd. 12, 5; 107 (32).

stellen[192]. Nachdrücklich kann er auch vom „cultus externus" sprechen[193]. Die „religio" kann er im gleichen Zusammenhang zunächst kurz und bündig mit diesem „cultus externus" gleichsetzen und dann als Einheit von „fides" und „cultus" charakterisieren[194]. Er differenziert also nirgends die „religio" selbst und formuliert noch viel weniger eine ‚religio interna'. Aber ebensowenig nennt er die Differenzierung einer ‚religio publica' und ‚religio privata'. All diese Unterscheidungen nimmt er nur im Zusammenhang mit dem „cultus" auf.

Eine gewisse Rolle spielt „religion" bzw. „religio" bei Hobbes insofern, als er gerade mit diesem Terminus die Kompetenz des Souveräns wiedergibt, die diesem über „religion and policy" zusteht. Mit beiden Termini bezeichnet Hobbes somit den gesamten Umfang, ein nochmals eindeutiges Zeichen dafür, wie wenig „religion" schon in den privaten oder gar inneren Bereich fällt. Es geht Hobbes um die „supremacy of religion" und die „civil sovereignity"[195], um die, wie „religion and policy" übersetzt wurde, „potestas summa civilis et ecclesiastica"[196]. Und gerade hier operiert Hobbes mit dem Terminus „religion"[197]. Demgegenüber kommt es ihm nicht darauf an, was zwischen den „divers sects of Christian religion" diskutiert wird, wie Hobbes hier mit einem völlig neutralen Begriff von „sect" sagt[198].

---

[192] Th. Hobbes, De Homine, 14, 8; 122f (47); vgl. ders., Leviathan, 31; 348 (275); ders., De Cive, 15, 12; 225 (242).

[193] Vgl. etwa Th. Hobbes, De Homine, 14, 1; 118 (43); ders., De Cive, 15, 17; 231 (250), 10; 224 (241).

[194] Th. Hobbes, De Homine, 14, 1; 118 (43).

[195] Vgl. besonders die letzten Abschnitte von „Leviathan", Kapitel 40; 471–475 (366–368), 366 an der ersten Stelle unzureichend übersetzt mit „Oberhoheit in Glaubensdingen"). Aufschlußreich ist, daß hier durchweg „supremacy in religion" in der lateinischen Fassung mit „suprematus ecclesiasticus" wiedergegeben ist, vgl. 471f, L 346. Vgl. auch 474, wo die Übersetzung L 347f stark gekürzt ist und dabei diese Stelle entfallen ist.

[196] Ebd. L 347.

[197] Ebd. 471–475 (366–368).

[198] Ebd. 33; 377 (298), L 277: „Christianae religionis sectae".Vgl. Appendix ad Leviathan, cap. 2, L 539f, mit der Antwort auf die Frage, was eine „haeresis" sei: „Vox Graeca est, significans cujuscunque sectae dogma"; die folgende Frage, was eine „secta" sei, wird wie folgt beantwortet: „Secta est numerus hominum sequentium unum eundemque in scientiis magistrum, quem pro suo arbitrio sibi eligerunt. Ut autem secta a sequendo, ita haeresis ab eligendo dicitur." Im folgenden werden dann zunächst „sectae" der Philosophen aufgezählt, wobei die Bezeichnung „secta" insofern negativ besetzt scheint, als sich die verschiedenen Gefolgschaften der Philosophen untereinander nicht akzeptieren, sondern abwerten und verurteilen, vgl. 540f; sodann ist von bestimmten „sectae" bei den Juden die Rede, nämlich den Pharisäern, Sadduzäern und Essenern, vgl. 541. Später, 545f, findet sich folgende sehr aufschlußreiche Aussage über die frühe Kirche: „Si ita est, ecclesia Romana de imperatorum ethnicorum antiquis persecutionibus, ut mihi quidem videtur, inique conquerantur. Christiani enim temporum illorum sectae quaedam erant, eandem habentes rationem ad religionem in Romano imperio stabilitam, quam haeresis hodie ad ecclesiam catholicam." Faktisch wird dann für den christlichen Bereich „haeresis" in gewisser Weise mit den „sectae" gleichgesetzt, 550: „Intelligo jam quid sit *haeresis*; nempe, quod, primo, erat opinio tantum sectae; deinde, opinio sectae Christianae; tertio, opinio sectae Christianae ab ecclesia Catholica damnatae." Damit ergibt sich hier der sehr aufschlußreiche Tatbestand, daß die Etymologie von „secta" eindeutig ist, daß dieser grundsätzlich neutrale Ausdruck dann aber nur noch an einer Stelle für die Christen neutral gebraucht wird, näm-

Marin Mersenne

Wegen seiner eigenen philosophischen und naturwissenschaftlichen Interessen, aber auch wegen seiner Bekanntschaft mit zahlreichen führenden Vertretern der Philosophie und der Naturwissenschaften seiner Zeit wird Marin Mersenne (1588–1648)[1] zu Rate gezogen. Uns interessieren hier einmal seine Auseinandersetzung mit Abweichlern, die Deisten, Atheisten und Libertiner genannt werden[2], sowie seine Grundlegung der Wahrheit[3]. Seine Ausführungen müssen vor allem darauf untersucht werden, ob und gegebenenfalls in welchem Sinn Mersenne sich mit dem „Gedanken der natürlichen Religion" auseinandergesetzt hat[4].

In den hier untersuchten Büchern spricht Mersenne anläßlich des Vorwurfs der „impiété" oft von „Religion"[5], häufig spezifiziert als „Religion Chrestienne"[6], „Religion Catholique"[7] sowie „vraye Religion"[8] Von den anderen „religions" stellt er im Gegenzug fest, daß sie alle „fausses" und daher nur „irreligions" sind[9]. Er meint also durchgängig die eigene „Religion", die er in diesem Werk einen Theologen vor allem gegen einen nicht näher genannten „Déiste" verteidigen läßt[10]. Letzterer zeigt sich am Ende überzeugt[11], daß die christliche

---

lich dort, wo sie als „secta" gegenüber der überwiegenden Majorität der Heiden um sie herum erscheinen, d.h. eben als eine kleine „Gefolgschaft", während dann aber der Ausdruck de facto negativ wird, nämlich für verschiedene „sectae" innerhalb des christlichen Bereichs. Es dürfte schwerlich möglich sein, auch den Terminus „secta" hier schon eindeutig negativ besetzt zu sehen im Sinne von ‚Sekte'.

[1] Marin Mersenne war Schüler der Jesuiten in La Flèche, wo auch die lebenslange Bekanntschaft mit René Descartes begann. 1611 trat er bei den Minimen ein, einem Orden gemäß der Franziskanerregel. Nach einigen Jahren der Lehrtätigkeit in Philosophie und Theologie seit 1614 lebte er seit 1619 in Paris. Hier stand er im Zentrum des wissenschaftlichen Gedankenaustausches seiner Zeit, einmal durch den Kreis, den er um sich versammelte, zum anderen durch seine umfangreiche Korrespondenz. Seine Partner waren außer Descartes etwa Tommaso Campanella, Edward Lord Herbert von Cherbury, Hugo Grotius, Thomas Hobbes und Pierre Gassendi. Nicht wenige von ihnen wichen aus ihren Ländern nach Paris aus, während Descartes sich von Paris in die Niederlande begab, wodurch allerdings der Kontakt zu Mersenne nicht abriß.

[2] Marin Mersenne, L'Impiété des Deistes, Athees, et Libertins de ce temps, combatuë, et renuersee de point en point par raisons tirees de la Philosophie, et de la Theologie. Ensemble la refutation du Poème des Deistes, Paris MDCXXIV, ND Stuttgart-Bad Cannstatt 1975.

[3] Marin Mersenne, La Vérité des Sciences. Contre les Septiques ou Pyrrhoniens, Paris MDCXXV, ND Stuttgart-Bad Cannstatt 1969.

[4] So Wolfgang Röd, Die Philosophie der Neuzeit, 1. Von Francis Bacon bis Spinoza (= Geschichte der Philosophie 7), München 1978, 81.

[5] M. Mersenne, L'Impiété, 182 und 220 neben „police", 197 neben „estat", sowie 205, 228 im Zusammenhang mit Pierre Charron (1541–1603), 250 im Zusammenhang mit den Tugenden, 550, 552, 561ff, 658.

[6] Ebd. 170, 173, 220, 227, 241, 244, 246 u.ö., etwa 553, 675f, 730.

[7] Ebd. 203, 235 u.ö., bes. 512.

[8] Ebd. 129, 198, 217, 233 u.ö., bes. 826; vgl. 173.

[9] Ebd. 173, 184, 203, 217, 315, 677. – Auch von „superstition" spricht Mersenne, vgl. ebd. 260.

[10] Nirgends läßt Mersenne erkennen, ob er um die Herkunft dieser Bezeichnung und um die ersten Deisten weiß, die sich ja nur etwa 50 Jahre zuvor in der Gegend von Lyon zusammengefunden hatten.

die wahre „Religion" darstellt. Feierlich kann Mersenne diese auch „religion Catholique, Apostolique, et Romaine" nennen[12]. Dieselben auszeichnenden Adjektive verwendet er aber auch für „foy"[13] und „Eglise"[14]. Nur ausnahmsweise verwendet er verständlicherweise den Plural „Religions"[15], wobei er diesen Terminus dann auch im Sinne von Orden verstehen kann[16].

Über diese Verwendung hinaus findet sich nirgends ein Sprachgebrauch, der nicht im Rahmen der tradierten Bedeutung verbleibt. Nur dürfte sich inzwischen die frühere Verwendung von ‚lex' zugunsten von „Religion" verloren haben. So steht dahin, ob Mersenne sich bei seiner Bezugnahme auf Geronimo Cardano und speziell auf dessen Astrologie noch bewußt ist, die frühere Ausdrucksweise zu verwenden, wenn er in diesem Zusammenhang von „pieté" und „foy" sowie von „loy Chrestienne" spricht[17]. Hinter dieser kaum mehr erkennbaren Formulierung steht die nachhaltige Verwendung von „lex" bei Cardano, der ausschließlich dieses Wort wählte, wenn er eine gemeinsame Bezeichnung für die verschiedenen Überzeugungen gebraucht hat. In seinen eigenen Überlegungen wendet Mersenne grundsätzlich den Terminus „Religion" nur im Zusammenhang mit der „vraye" an, während er bei Nebeneinanderstellungen von „Catholiques", „Lutheriens" und dann von „Gentils", „Iuifs" und „Mahometans" spricht[18].

In seinem Werk über die „Vérité des Sciences" berührt Mersenne unser Thema faktisch nur im ersten Buch, in dem er verschiedene Gesprächspartner, so vor allem einen christlichen Philosophen, einen Skeptiker und einen Alchimisten miteinander diskutieren läßt. Dabei finden sich keine weiteren Hinweise[19].

Zu verzeichnen bleibt lediglich ein offensichtlich neutraler Gebrauch von „secte", wenn Mersenne „nôtre secte" sagt[20].

In nicht weiter ausgefalteter Weise verwendet Mersenne auch „sentiment de la Religion"[21] und „sentiment de pieté"[22], so daß man die nähere Bedeutung von „sentiment" nicht genau ersehen kann.

---

[11] Ebd. bes. 446–454, 494, vgl. aber 500, daß der Deist beeindruckt ist von der Motivation des Menschen nur um der Güte willen; am Ende aber zeigt sich der Deist völlig überzeugt, vgl. 829.
[12] Vgl. ebd. 497, 829f.
[13] Vgl. ebd. 791.
[14] Vgl. ebd. 823.
[15] Etwa ebd. 202.
[16] Ebd. 529.
[17] Ebd. 212; zu „loy" vgl. die Nebenordnung „vne mesme foy, vne mesme loy, et vne mesme religion", Preface o ij r. Diese Nebenordnung findet sich dann wieder bei Gotthold Ephraim Lessing, Nathan der Weise, 3. Aufzug, 5. Auftritt.
[18] AaO. 217, vgl. auch etwa 204, hier im Zusammenhang mit Pierre Charron, Les Trois Veritez.
[19] Von „Religion" spricht M. Mersenne, La Vérité, etwa 36, 62–69 u.ö.
[20] Ebd. 37, vgl. 36 „sectes diuerses dans le Christianisme".
[21] M. Mersenne, L'Impiete 194, vgl. auch 31.
[22] M. Mersenne, La Verite 68, in einer Aufzählung, Gott zu dienen, „auec plus de sincerité, de candeur, et de sentiment de pieté, et de deuotion".

256 Philosophische Positionen

Insgesamt fällt auf, daß Mersenne gerade als guter Kenner früherer Autoren zumal des 16. Jahrhunderts sich auf deren Positionen nicht des näheren einläßt. Dies gilt insbesondere hinsichtlich der uns speziell interessierenden Verwendung von ‚Religion naturelle', die bei Pierre Charron[23] und Tommaso Campanella verhandelt wird und Mersenne folglich nicht unbekannt gewesen sein dürfte[24]. Dieses sein Desinteresse rechtfertigt also nicht, seine Überlegungen ausdrücklich als Auseinandersetzung mit der „natürlichen Religion" zu bezeichnen.

Pierre Gassendi

Unter den Philosophen seiner Zeit vertritt Pierre Gassendi (1592–1655)[1] in besonderem Maße naturwissenschaftliche Interessen. Im zweiten Teil seines philosophischen Hauptwerkes, den er der Physik gewidmet hat, spricht er im Rahmen der Tradition auch von Gott; als Wege zu seiner Erkenntnis nennt er „Fides" und „Ratio"[2]. Wie die Benennung der beiden Quellen der Gotteserkenntnis zeigt, sieht er keinen Anlaß, sich speziell auf die ‚Religio' einzulassen[3].

Ebenso geben die Ausführungen über Himmel und Sterne, die ein besonderes Interesse Gassendis erkennen lassen[4], keinen weiteren Aufschluß für unser Thema. Das zeigt sich vor allem bei der Behandlung der Wirkungen der Sterne, zu denen in der Tradition auch die Entstehung der verschiedenen Überzeugungen

---

[23] Vgl. dazu vor allem das sich auf Charron beziehende 9. Kapitel in M. Mersenne, L'Impiete, 180–210.

[24] Vgl. ebd. 238. Besonders ausführlich beschäftigt sich Mersenne im 10. Kapitel mit Geronimo Cardano und Giordano Bruno, ebd. 211–240. – Keine weiteren Auskünfte zu den Deisten finden sich in der Untersuchung zu dem deistischen Gedicht, das Mersenne behandelt hat, in: Voltaire mourant, enquête faite en 1778 sur les circonstances de sa dernière maladie, publiée sur le manuscrit inédit et annotée. Suivi de: Le Catéchisme des libertins du XVIIIᵉ siècle: Les Quatrains du Déiste ou l'Antibigot, ed. Par Frédéric Lachèvre, Paris 1908, 101–136.

[1] Pierre Gassendi wurde nahe Digne in Südfrankreich geboren. Nach theologischer Promotion 1614 und philosophischer Lehrtätigkeit seit 1616 war er von 1634 an Dompropst in Digne, lehrte aber schon damals zeitweise in Paris, wo er 1645 bis 1648 eine Professur für Astronomie und Mathematik innehatte. Seine umfangreichen Schriften beziehen sich auf philosophische wie naturwissenschaftliche und auch medizinische Themen. Philosophisch wandte er sich gegen Aristoteles und förderte eine empirische Orientierung insbesondere für die Atomistik.

[2] Petrus Gassendi, Syntagma philosophicum, In quo Capita praecipua totius Philosophiae disseruntur, Pars Prima, siue Logica, itemqve Pars Secunda, seu Physica, Pars Tertia, Quae est Ethica, siue de Moribus, in: Opera Omnia, I–II, Lugduni MDCLVIII, ND Stuttgart-Bad Cannstatt 1964, Pars II sect. 1 lib. 4 cap. 2; I 293a. – Hier wie im folgenden werden zunächst die Unterteilungen der jeweiligen Abhandlungen sowie nach einem Semikolon der Band in römischer Ziffer sowie die Spalte in arabischer Ziffer mit den Buchstaben a und b angegeben.

[3] Vgl. ebd. lib. 4: De Principio efficiente seu de Causis Rerum; 283–337; vgl. aber cap. 7; 332b, daß „[Sextus] Empiricus, ad superstitionem vsque religiosus" war, sonst spricht Gassendi hier von „Fides", vgl. etwa 335a.

[4] Diesem Thema widmet Gassendi ebd. die ganze sect. 2; I 497–752.

zählte[5]. Hier findet sich lediglich ein Hinweis auf die „Domus Religionis"[6]. In diesem der Astrologie gegenüber sehr kritischen Abschnitt zitiert Gassendi unter zahlreichen anderen Autoren nicht zuletzt Geronimo Cardano[7]. Aber gerade dort, wo Gassendi verschiedene Wirkungen aufzählt, die von den jeweiligen Planeten abhängen, fehlt jede Erwähnung der ‚Religio'[8].

Eigens thematisiert Gassendi die „Religio" nur in einem kurzen Abschnitt über die Tugenden, der sich im dritten Teil dieses philosophischen Hauptwerks, nämlich der „Ethica", befindet; hier erörtert er im Rahmen der Kardinaltugend der „Iustitia" als ihr angefügte Tugenden die „Religio" neben „Pietas, Amicitia et Gratitudo"[9]. Wenn auch diese Gruppierung nicht als solche in der Tradition enthalten ist, so folgt Gassendi ihr zweifellos in der eindeutigen Zuordnung der „Religio" zur „Iustitia". Damit ist die Wirkung des überlieferten Tugendschemas bis zu ihm eindrucksvoll bestätigt. Er folgt diesem Schema auch in der ausführlichen Zitation verschiedener Gewährsleute, unter denen Cicero und Laktanz den ersten Rang einnehmen. Des näheren bestimmt Gassendi die „Religio" als „Sanctitas" und spezifiziert sie als „Numinis... cultus"[10]. Gott zu ehren hält Gassendi für nichts anderes, als die Eltern zu ehren[11]. Diese Ehrung geschieht, wie er auch unter Berufung auf Epikur feststellt, um der Majestät Gottes willen[12]. Ihm selbst geht es um die „sacra Religio", die wir als wahre bekennen[13]. Mit Laktanz stellt er die Bedeutung „Sapientia" für die „Religio" heraus, die bei den „Ethnici" nicht genügte[14]. Die Erwähnung einer antiken Unterscheidung von Gebeten, die „priuatim" und „publice" vollzogen werden, wendet Gassendi in Übereinstimmung mit seinen Quellen nicht auf die ‚religio' selbst an[15]. Seine Hinweise beschränken sich also grundsätzlich auf die überkommenen Vorstel-

---

[5] Vgl. ebd. lib. 6; 713–752.

[6] Ebd. cap. 2; 723a; vgl. den Hinweis auf „pietas" cap. 3; 731b; auf „superstitio" cap. 1; 715b.

[7] Vgl. ebd. cap. 2; 723a ferner cap. 4; 735b, cap. 5; 742a, hier mit dessen Rückgriff vor allem auch auf die Araber, 745a, 748a, 750b, 751a; vgl. auch den Hinweis auf Giovanni Pico della Mirandola, cap. 3; 730b, cap. 5; 751b.

[8] Ebd. cap. 2; 722b; hier heißt es: „taceo in status singulos; vt dum Saturnum praeficiunt Agriculturae, Iouem Politiae, Martem Militiae, Solem Honoribus, Venerem Amoribus, Mercurium Mercaturae, Lunam Peregrinationi, etc."

[9] Ebd. Pars III, Quae est Ethica; II 659–860, hier lib. II cap. 6; 808–820: De Annexis Iustitiae Virtutibus Religione, Pietate, Amicitia et Gratitudine.

[10] Ebd. 808a: „ATQVE haec quidem de Iustitia; nisi quod videtur praeterea esse attingendum aliquid de adnexis ipsi Virtutis speciebus, quas esse initio diximus Religionem, Pietatem, et alias, Imprimis itaque RELIGIO, quae et Sanctitas saepe dicitur, (nisi quod Sanctitas interdum pro aequitate, quae est ad Maneis a Cicerone vsurpatur) Religio, inquam, Numinisve cultus, vt primum, ac praecipuum, ita et iustissimum est, meritissimumque hominis officium."

[11] Ebd.

[12] Ebd. 808a u. b.

[13] Ebd. 809b, dies im Hinblick auf die Dinge, die die „naturalis ratio" zeigt. Vgl. ebd. auch „Religio caelestis", ferner 811b, „vera, ac sincera Religio".

[14] Ebd. 809b, belegt mit ausführlichen Laktanz-Zitaten. Mit diesen weist er auch die „multiplices Religiones, sed ideo falsae" zurück, zu denen die Heiden wegen der fehlenden „Sapientia" kommen.

[15] Ebd. 811b.

lungen. Nicht schon in ihnen enthalten ist der Hinweis, daß Gott durch unsichtbare Dinge verehrt werden will[16].

Die Tradition überschreitet Gassendi im wesentlichen nur mit der Bestimmung der „Religio" als „Sanctitas", verbunden mit der Begründung der „Religio" in der Majestät Gottes[17]. In die gleiche Richtung weist die Aussage, daß die Fundamente der „Religio" in „fides, spes, amor, poenitentia" bestehen[18]. Diese Aussage formuliert Gassendi in einer Auseinandersetzung mit Edward Lord Herbert von Cherbury über die Unterscheidung der „vera Religio" von der „falsa"; dabei stellt er die Frage, ob nicht ebenso wie in ersterer richtige Meinungen und „pii affectus" hineingetragen werden können, so in der „falsa" das Gegenteil geschieht[19]. Es überrascht, daß er hier von „affectus" spricht, die bislang noch nicht nachweisbar in dieser Ausdrücklichkeit mit der „Religio" in Verbindung gebracht worden sind. Jedenfalls verteidigt er die „germana Religio", nämlich die wahre, richtige, und erörtert, wie der „cultus" als „specialis" ein „generalis" werden kann[20]. Er schließt diese Überlegungen mit einer Frage, ob nicht Anhänger anderer „Religiones" ihre „dogmata" für wahr halten[21]. Gassendi hält

---

[16] Ebd. 810a. – In der Einleitung der letzten dieser angefügten Tugenden, 181b, der „Gratitudo", stellt Gassendi einen Zusammenhang zwischen den vier in diesen Kapiteln behandelten Tugenden fest: „haud abs re inui ipsam vnam, Religionem, et caeteras deinceps deductas virtutes complecti", belegt mit einem ausführlichen Cicero-Zitat.

[17] Vgl. dazu außer der zuvor referierten Aussage Petrus Gassendi, Philosophiae Epicuri Syntagma, cap. 29: De Beneficentia, Gratitudinae, Pietate, Obseruantia; III 92a–93a, 93a: „Spectat porro ad Obseruantiam, quae Religio est, Sanctitasque aduersus Deos: videlicet, quos colere, non aliter, quam Parentes teneamur, non sane vlla spe, pretioue inducti; non quasi aliquo accepto ab iis, aut sperato bono: verum, vt ante diximus, propter illorum maiestatem eximiam, supremamque naturam; vtpote, quia venerationem iustam habet, quidquid excellit, et nullius naturae maior, quam Diuinae est excellentia; quippe cum aeterna, et beatissima sit."

[18] Petrus Gassendi, Ad Librum D. Edoardo Herberti Angli, de Veritate, Epistola; III 411–419, 418a: „Praeclare enim, *quia Christianae Religionis sunt fundamenta fides, spes, amor, poenitentia, concionatores*, et similia ad generalem quandam rationem eniteris pertrahere: Caeterum, vt nos ista vere, religioseque profitemur, ita velim consideres, an nisi inter Christianos fuisses innutritus, ista venissent tibi in mentem? Profecto, quantumuis spuriae Religiones consimilia quaedam habere videantur; aut explicite tamen non agnoscunt, aut in virtutibus non habent."

[19] Ebd.

[20] Ebd. 418af: „Quid de Concionibus, aut potius Concionatoribus dicam, qui vt in vera Religione et opiniones legitimas et pios affectus inducunt, sic in falsa contrarium praestant: cum tamen qui falsa docentur, tam veritatem a se stare putent, quam qui suadentur verissima. Atque haec tantum obiter, vt videas, num fortassis praestet nosmet tueri specialeis quasdam germanae Religionis doteis; quam, dum illas generaleis efficere volumus, suspectas nimis easdem faciamus. Et generosum quidem est generalissima spectare; cum id tamen sit in caeteris verum, nescio vtrum sit etiam in Religionis negotiis tutum. Ea intelligo, quae ad cultum, qui vt specialis est, generalis efficiatur: Verum id donum est optimi Dei, qui specialeis etiam ritus pro varietate temporum probat. Ne in his tamen immorer, hoc solum addo, fore nostrum saeculum foelix, si genteis omneis persuaderi tua principia sic valeant, vt in vnam, eamque germanam Religionem consentiant."

[21] Ebd. b: „Et vide tamen consequenter, an non, qui alliis Religionibus inhaerescunt, credituri sint dogmata illarum eadem esse quoad se, videlicet perinde vera, atque germana, quod eodem modo illis afficiantur."

also an der Unterscheidung der „Religio ... pura" von der „spuria" fest, die eigentlich „superstitio" genannt werden muß[22].

In bislang unbekannter Deutlichkeit weist Gassendi in einer Auseinandersetzung mit Robert Fludd (1574–1631) die Alchimisten zurück, die von „mysteria" der „Religio" sowie vom „arcanum" sprechen und ihr „inuentum" gleichsam mit Merkmalen der „Religiones" beschreiben[23]. Dabei glauben sie, daß sich wohl die Zeiten der „Religio" ändern, nicht aber die „Religio" selbst, weil Gott sich nicht ändert und damit auch der „Dei cultus" nicht[24]. Die Meinung der Alchimisten, daß die „Alchymia" allein „Religio" sei, lehnt er entschieden ab[25]. Demgegenüber bezeichnet er die „Christiana Religio" als „sacro-sancta Religio"[26]. Die Auffassung der Alchimisten von sich selbst bezeichnet er als „impietas"[27], die durch „superstitiones" zustande gekommen ist[28].

Gleichwohl findet sich bei Gassendi eine spezifische Offenheit. Es liegt ihm nämlich daran, auch über den christlichen Bereich hinaus eine Gottesverehrung in einer gewissen Weise für möglich zu halten; eine solche Annahme beruht vor allem auf seinem Interesse an Epikur, von dem er mit Plutarch feststellt, er habe nicht privatim geopfert, wohl aber die „publica Religio" nicht vernachlässigt[29]. Zu denjenigen, die Gott in der „vera Religio" geehrt haben, nämlich nicht so sehr aus Furcht, sondern wegen seiner Majestät, gehört auch Epikur, wie Gassendi in einer rhetorischen Frage formuliert, wozu er als Gewährsleute Cicero und Seneca anführt[30]. Gleichwohl stehen diese Aussagen über Epikur unter einem gewissen Vorbehalt, vermag Gassendi doch solche Verehrer Gottes nicht schon einfach als Gefolgsleute der „germana Religio" anzusehen[31].

Insgesamt bleibt Gassendi also offensichtlich der Tradition eng verbunden mit seiner Zuordnung der Religio zur „Iustitia". Doch gibt es bei ihm, ohne daß er hierüber nähere Erörterungen anstellt, andere Zusammenhänge der „Religio", nämlich mit den theologischen Tugenden Glaube, Hoffnung und Liebe. Innovationen der Terminologie finden sich nicht. Wohl aber spricht er von „pu-

---

[22] Petrus Gassendi, De Vita, et moribus Epicuri; V 173–236, 202a.

[23] Petrus Gassendi, Fluddanae Philosophiae Examen; III 213–268, Pars 3 nr. 13; 259a – Am Ende des Textes, 266, findet sich als Datierung MDCXXIX.

[24] Ebd. 259a.

[25] Ebd. 259b; hier wendet sich Gassendi auch gegen das Selbstverständnis, daß der „Alchymista solus Religiosus" und das „tyrocinium Alchymiae", d.h. die Rekrutenzeit als Zeit, den Felddienst zu lernen, allein der „Catechismus Fidei" sei.

[26] Ebd. 259b.

[27] Ebd.

[28] Ebd. 255a.

[29] Petrus Gassendi, Epistolae: Ludovico Valesio, Principi Optimo; VI 122b–123b, 122b. – Der Brief ist datiert auf MDCXLI.

[30] Ebd.

[31] Ebd.: „Non exspectas sane, vt Epicurum excusem, quasi non spuriae, sed germanae Religionis sectator fuerit. Cum is eadem laborarit seu infoelicitate, seu culpa, qua caeteri Philosophi; satis est, si vt alij pij habentur, quod Deos coluerint, Epicurus quoque haberi, quod Deos coluerit, possit."

blica Religio". Notiert werden soll, daß er häufig „secta" im Sinn von „Philosophenschule" verwendet[32].

René Descartes

Es bedarf keines Nachweises, daß und in welchem Maß René Descartes (1596–1650)[1] im Rahmen seiner Grundlegung verläßlicher Erkenntnis die Existenz Gottes bedacht hat. Seine diesbezüglichen Überlegungen können in unserem Zusammenhang nicht ausführlicher erörtert werden. Es muß der Hinweis genügen, daß er die Annahme Gottes zunächst faktisch als Konsequenz des Kausalprinzips anzugehen suchte[2], dann aber als notwendig[3], nämlich als Konsequenz der Gottesidee angesehen hat, die uns angeboren ist[4].

---

[32] Vgl. P. Gassendi, Syntagma; I 16 u.o.

[1] René Descartes kam 1606 in das Jesuitenkolleg von La Flèche, wo er mit Marin Mersenne bekannt wurde, und studierte ab 1612 oder 1614 Rechtswissenschaften. Danach trat er in den Militärdienst ein, während dessen er zunächst in den Niederlanden war, wo er Isaac Beckmann begegnete, der ihn entscheidend durch die Idee der mathematischen Physik beeinflußt hat. Danach war er im Militärdienst in Süddeutschland stationiert, wo er den Entschluß faßte, sich der Philosophie und der Wissenschaft zu widmen. Vermutlich seit 1620 reiste er durch verschiedene Länder Europas und kehrte 1625 nach Paris zurück, um sich wissenschaftlichen Projekten zu widmen. Hierbei trat er insbesondere mit Marin Mersenne in Verbindung. Diese blieb auch erhalten, als er 1628 in die Niederlande wechselte, wo er eher als in Paris vor gravierenden Schwierigkeiten wegen seiner Positionen geschützt zu sein glaubte. Besonders betroffen war er durch die Maßregelung Galileo Galileis, vgl. dazu die u. zit. Korrespondenz in: René Descartes, Oeuvres, hg. v. Charles Adam u. Paul Tannery, I, Paris 1987, 270f. Durch diese Maßnahme zögerte er immer wieder vor der Publikation seiner Ergebnisse. Nicht von ungefähr beteuert er häufig, nichts gegen die katholische Kirche sagen zu wollen, vgl. 48. Schließlich folgte er 1649 einer Einladung Königin Christines von Schweden nach Stockholm.

[2] So René Descartes, Meditationes de prima philosophia (1641), in: Oeuvres VII, Paris 1983, 40–45, ebenso René Descartes, Meditationes de prima philosophia. Meditationen über die Grundlagen der Philosophie, hg. von Lüder Gäbe, durchgesehen von Hans Günter Zekl (= Philosophische Bibliothek 250a), Hamburg 1977, 73–83; vgl. auch René Descartes, Die Prinzipien der Philosophie, hg. von Artur Buchenau (= Philosophische Bibliothek 28), Hamburg [7]1965, Schreiben an Picot, XXXVIII; ferner 2. Teil Nr. 36; 48.
Im folgenden werden möglichst die Unterteilungen der Originalschriften und nach einem Semikolon zunächst in römischer Ziffer der Band und in arabischer Ziffer die Seite der Oeuvres, sowie nach einem Schrägstrich die Seite des Bandes der Philosophischen Bibliothek angegeben.

[3] Nach einer frühen Formulierung in: René Descartes, Regulae ad directionem ingenii. Regeln zur Ausrichtung der Erkenntniskraft, hg. von Heinrich Springmeyer, Lüder Gäbe, Hans Günter Zekl (= Philosophische Bibliothek 262a), Hamburg 1973 , Regula XII Nr. 16; X 420f/88 u. 90, vgl. auch René Descartes, Discours de la Méthode. Von der Methode des richtigen Vernunftgebrauchs und der wissenschaftlichen Forschung, hg. von Lüder Gäbe (= Philosophische Bibliothek 261), Hamburg 1969, Quatrième Partie, Nr. 5; VI 36/60; hier findet sich die Aussage, daß die Existenz Gottes als des vollkommenden Wesens so gewiß ist, wie irgendein geometrischer Beweis es sein kann.

[4] R. Descartes, Meditationes, VII 51/94, 45/82 mit der Erklärung, daß er unter Gott eine unendliche Substanz versteht. Es kann hier auf sich beruhen bleiben, ob man von zwei Gottesbeweisen, einem a posteriori und einem a priori, sprechen soll oder nicht, vgl. nur die sehr knappen Hinweise

Descartes richtete sein Interesse ausschließlich auf die Philosophie. Dementsprechend hat er sich konsequent aus aller Theologie herausgehalten[5]. Wohl bringt er zum Ausdruck, daß er sie verehrt und wie alle in den Himmel zu kommen trachtet, was aber auch, wie man ihm versichert hat, dem Unwissendsten zuteil werden könne; selbst aber traut er sich nicht, die Theologie zu beurteilen[6].

Freilich glaubt er, die Fragen über Gott und die Seele könnten besser mit den Mitteln der Philosophie als denen der Theologie beurteilt werden[7]. Dabei trennt er zwischen Theologie, die von der Offenbarung abhängt, und Metaphysik, die nach der „raison" vorgeht[8]. Implizit vertritt er damit eine Trennung des Glaubens von der Vernunft. Diese Trennung muß nicht mit der Annahme gegeben sein, Inhalte der Offenbarung allein im Glauben – aber in was für einem Glauben, etwa einem blinden? – zu erfassen, während alles andere eben Erkenntnis zu nennen ist; denn gegenüber der Erkenntnis basiert der Glaube nach Descartes auf dem Willen[9].

Angesichts der Aufmerksamkeit, die Descartes in seiner Philosophie Gott gewidmet hat, verwundert es, daß er für unser Thema nichts beiträgt. Denn umfangreiche Recherchen nicht zuletzt in seiner Korrespondenz haben keine nennenswerten Ergebnisse zutage gefördert. Allein dies kann hier dokumentiert werden. Abgesehen davon, daß er den Terminus nur sehr selten verwendet[10], gibt er ihm keine neue Bedeutung. Wohl spricht er von „les mysteres de la Religion"[11]. Dabei versteht er „Religion" umfassend, wenn er ihr Glaubensinhalte zu- und damit unterordnet[12] und diese somit unterscheidet. Er verwendet also diesen Terminus als Sammel- und Oberbegriff für alles, was zum christlichen Glauben hinzugehört. Dieses Verständnis zeigt auch seine Formulierung, daß Gott die Verfassung der „vraie religion" vorgeschrieben hat[13]. An dieser „reli-

---

bei Wolfgang Röd, Geschichte der Philosophie, VII 64ff, hier 64. Die Differenzierung von ‚a priori' und ‚a posteriori' verwendet Descartes in diesem Zusammenhang nicht, wohl aber in: R. Descartes, Correspondance, I 250f.

[5] Vgl. wiederholte Aussagen, nichts gegen die Kirche tun zu wollen, etwa ebd. 285.

[6] R. Descartes, Discours, Première Partie, VI; VI 8/12 u. 14, Nr. 11; 12f, hier mit dem Hinweis, daß man für die Theologie des himmlischen Beistands bedürfe und mehr als ein Mensch sein müsse, eine Bemerkung, die Descartes auch negativ hätte ausgelegt werden können.

[7] R. Descartes, Meditationes, Epistola; VII 1/2.

[8] R. Descartes, Correspondance; I 144.

[9] R. Descartes, Regulae III Nr. 9; 20: „Atque hae duae viae sunt ad scientiam certissimae, neque plures et parte ingenii debent admitti, sed aliae omnes ut suspectae erroribusque obnoxiae rejiciendae sunt; quod tamen non impedit quominus illa, quae divinitus revelata sunt, omni cognitione certiora credamus, cum illorum fides, quaecumque est de obscuris, non ingenii actio sit, sed voluntatis; et si quae in intellectu habeat fundamenta, illa omnium maxime per alterutram ex viis jam dictis inveniri possint et debeant, ut aliquando fortasse fusius ostendemus."

[10] Vgl. außer den im folgenden genannten Belegen etwa R. Descartes, Correspondance; II 347, 378; III 266, 822; ders., Meditationes, VII 6/12.

[11] R. Descartes, Correspondance; I 456.

[12] Ebd. III 798.

[13] So im Discours, Seconde Partie; VI 12/20: „l'état de la vraie religion, dont Dieu seul a fait les ordonnances".

gion" will er festhalten, in der er durch Gottes Gnade seit seiner Kindheit unterrichtet worden ist[14]. Er ist überzeugt, mit seiner Philosophie weder der „Religion" noch dem Staat zu schaden[15]. Insgesamt aber verwendet er durchgängig „fides". Und er meint, Ungläubige von keiner „religio" überzeugen zu können, wenn man ihnen nicht zuvor Gott und Unsterblichkeit mit natürlichen Gründen bewiesen hat[16]. Jedenfalls will er aber mit seiner Philosophie den Glauben an die Existenz Gottes – hier spricht er also nicht von ‚religion' – fördern[17].

Zusammenfassung

Die zuvor behandelten Autoren geben ein deutliches Zeugnis ihrer nachhaltigen Fundierungsversuche in metaphysischer, ethischer sowie politischer Hinsicht. Nicht von ungefähr haben Francis Bacon und Edward Herbert von Cherbury, aber auch Galileo Galilei (1564–1642) Arbeiten vorgelegt, in deren Titel sich das Adjektiv „neu" findet. Hiermit geben sie ihre Intention zu erkennen, aber auch die Überzeugung, daß sich neue Wege tatsächlich finden lassen. Wie belastet ihre Zeit auch menschlich gewesen ist, lassen die zahlreichen Emigrantenschicksale erkennen; die Hinrichtungen etwa von Giordano Bruno(1548–1600) oder Julius Caesar Vanini (1548–1619) geben genügend Anlaß zur Sorge um das eigene Leben. Nicht vergessen werden dürfen die Wirren des 30jährigen Krieges, die im Westfälischen Frieden von 1648 nur insofern zu einem Ergebnis geführt werden konnten, als die Kräfte für eine Fortsetzung der Feindseligkeiten fehlten und ein status quo als Friedenszustand vereinbart werden konnte.

Die Ergebnisse der hier vorgelegten Untersuchungen lassen sich nicht einfach harmonisieren. Im Vergleich zur vorausgegangenen Phase kann negativ festgestellt werden, daß die damals entwickelten Überlegungen zur „religio naturalis" nur sehr begrenzt aufgenommen worden sind. Wenn etwa Tommaso Campanella diesen Terminus verwendet, so läßt gerade er eine beträchtliche Variationsbreite seiner Bedeutung erkennen. Im Rahmen der „Religio quadruplex" nennt er nämlich die später als solche bezeichnete ‚religio naturalis' viel eher „religio rationalis". Überdies bleibt er denn auch allein mit der Formulierung einer „religio supernaturalis".

Nirgends läßt sich eine nachhaltige Entwicklung zu einer ‚religio interna' erkennen. Wenn sich bei Bacon „internal soul of religion" und bei Campanella „Religio mentis" findet, die aus dem Herzen auftaucht und als „unio mentis cum Deo" beschrieben werden kann, so entsprechen diese Bestimmungen wohl eher dem seit den alttestamentlichen Propheten bekannten und nie vergessenen Sachverhalt, daß Gott nicht Opfer will, sondern das Herz, die Gesinnung. Die bei Campanella einmal genannte „religio interna" aber meint den Vollzug des „ho-

---

[14] Ebd., Troisième Partie; 22f/38.
[15] Ebd., Sixième Partie; 60/99.
[16] R. Descartes, Meditationes, Epistola; VII 2f/1 u. 3.
[17] R. Descartes, Correspondance; I 181.

mo privatus" im Gegenüber zur „externa", die auch „religio communis" heißen kann.

Die fünf „Notitiae communes circa Religionem" bei Herbert bei Cherbury verbleiben im Rahmen einer der menschlichen Vernunft zugänglichen Erkenntnis, wie schon seit je die „Religio" insofern dem Menschen als von Natur aus eigen galt, als sie eine natürliche Tugend darstellt. Mit dem Beginn eines wie immer genauer definierten Deismus im Sinne der Aufklärung haben diese Überlegungen noch keinerlei erkennbaren Zusammenhang.

Bedauerlicherweise verrät kein einziger Hinweis bei Marin Mersenne eine detailliertere Kenntnis darüber, wer die bei ihm und auch schon früher so genannten „Déistes" sind. Darüber kann man sich deswegen wundern, weil diese Bezeichnung erst wenige Jahrzehnte zuvor in Südfrankreich entstanden ist, mit der sich Antitrinitarier benannt haben.

Bekannt bleibt das überkommene Tugendschema, wie sich speziell bei Pierre Gassendi zeigt. Auch halten die Autoren in mehr oder weniger großer Ausdrücklichkeit an der wahren „Religio" fest, dergegenüber andere Überzeugungen lediglich „falsae religiones" darstellen, die gerade die rechte Verehrung Gottes nicht beachten und somit „superstitio" üben. Die „Religio" meint grundsätzlich manifeste Vollzüge, wie sich vor allem bei Thomas Hobbes zeigt. Und ob sie auf einer Offenbarung beruht, wie Bacon animmt, erscheint insgesamt nicht sonderlich bedeutsam.

Hinzuweisen bleibt darauf, daß der frühere Sprachgebrauch von „lex" als Bezeichnung verschiedener Überzeugungen deutlich zurücktritt, wenn er auch noch nicht verschwunden ist, wie sich vor allem bei Campanella zeigt.

Einen besonderen Hinweis wert ist die Konzeption von Hobbes, da in ihr nicht recht deutlich wird, ob die „Religio" von Natur gegeben oder eine Konsequenz des Vertrages ist. Die ihr in der Antike eigene fundamentale Bedeutung für die Begründung und den Zusammenhalt eines Gemeinwesens scheint nicht in gleicher Intensität aufrechterhalten zu sein.

Insgesamt also bleiben die Überlegungen für unsere Themenstellung insofern wichtig, als sich um diese Zeit allenfalls eine indirekte Förderung für die „Religio" ergibt. Eine Überraschung dürfte lediglich sein, wie wenig Interesse gerade René Descartes der „Religio" zuwendet. Nirgends aber tritt sie in einen erkennbaren Konflikt mit der „ratio", um die sich die Autoren so sehr mühen, nirgends lassen sich besondere Schwierigkeiten in der Relation zwischen „Religio" und „fides" erkennen.

Dies dürfte der Fall sein, auch wenn Bacon die „religio" von der Philosophie trennt. In besonderer Weise erwähnenswert ist die Position von Herbert von Cherbury insofern, als er die „Religio" eindeutig auf die Seite der „ratio" stellt und eine grundlegende Vorsicht gegenüber jeglicher „fides" walten läßt; diese nämlich vermag nur zu einem „verisimile", Wahr-scheinlichen zu führen. Mit seinen „notitiae" hat Herbert von Cherbury auch zweifellos Geschichte gemacht. Die vielfältigsten Formulierungen zu unserem Thema liefert hingegen Campanella.

Impulse reformatorischer Alternativen

4. Positionen des Sozinianismus

Fausto Sozzini

Mit Fausto Sozzini (1539–1604)[1] wenden wir uns einem Vertreter jener weithin wirksamen Heterodoxie zu, deren Anhänger die Trinität leugneten und damit den Anspruch verbanden, die allein legitime christliche Auffassung zu realisieren. Wenn er also nachhaltig von „religio" und näherhin von „Religio Christiana" spricht, fragt sich, ob sich hiermit eine Variation auch dieses Themas verbindet.

In einem nur drei Seiten umfassenden Text hat Sozzini die „Religio Christiana" bestimmt als „doctrina caelestis", die den Weg zum ewigen Leben lehrt, der in nichts als im Gehorsam gegen Gott besteht[2]. Gehorchen aber sollen wir dem, was Gott uns aufgetragen hat durch unseren Herrn Jesus Christus, den Sozzini als Gottes geliebten Sohn bezeichnet, der uns Gottes Rat verkündete, den Gott auferweckte, mit aller Gewalt im Himmel und auf Erden ausstattete und der als unser Bruder somit auch die Macht hat, uns aufzuerwecken[3].

Diese kurze Bestimmung der „religio" besagt also lediglich, daß es sich bei ihr um eine Lehre handelt, durch die der sündige Mensch sein Leben auf eine himmlische und geistige Zukunft ausrichten kann[4]. Jesus Christus erscheint als Botschafter, der, auferweckt zum ewigen Leben, einmal Wegweiser, dann aber auch Bevollmächtigter ist, daß die Menschen diesen Weg ihrerseits gehen und zum gleichen Ziel gelangen. Von Kreuz und Erlösung spricht Sozzini hier nicht.

---

[1] Fausto Sozzini aus Siena kam durch seinen Onkel Lelio Sozzini (1525–1562) schon früh mit der Reformation in Berührung, die dieser auf Reisen durch die Schweiz, Deutschland und Polen kennengelernt hatte. Aus dessen Nachlaß entnahm Fausto Sozzini Anregungen für seine eigenen Vorstellungen. Seit 1562 Sekretär des Großherzogs Cosimo I. von Florenz, ging er nach dessen Tod 1574 nach Basel, wo er Theologie studierte. Hier verfaßte er sein Hauptwerk „De Jesu Christo Servatore", das 1594 in Polen gedruckt wurde, aber schon vorher zu heftigen Kontroversen Anlaß gab. Seines Lebens nicht mehr sicher, siedelte er 1579 nach Polen über, wo er von der seit 1590 erfolgenden Gewaltanwendung gegen die Sozinianer 1594 und 1598 selbst betroffen wurde. 1598 zog er sich von Krakau aufs Land zurück, wo er bis zu seinem Tode blieb. Er leistete Vorarbeiten zu dem sog. Rakower Katechismus, der 1605 erschien.

[2] Faustus Socinus, Summa Religionis Christianae, angebunden an: ders., De Sacrae Scripturae Auctoritate Libellus, Racoviae 1611, 85 (so in Weiterführung der Paginierung).

[3] Ebd. 85f.

[4] Ebd. 86.

Auch scheint die tradierte Bestimmung der „religio" als Sorgfalt, die Gott gebührende Ehre zu erweisen, verblaßt zu sein.

Sozzini sagt in seinen Schriften immer wieder „Christiana religio"[5] und „Christi religio"[6] sowie „Evangelicorum religio"[7]. Diese auf den christlichen und genauer auf den eigenen Bereich bezogenen Bezeichnungen schließen ein, daß er selbstverständlich mit „religio" grundsätzlich nur die „religio vera" meint; um sie kreisen seine ausführlichen Argumentationen in seiner Abhandlung über die Autorität der Schrift, auf die er seinen Nachweis stützt[8]. Er legt beträchtlichen Wert auf die „decreta, et axiomata religionis Christianae", die letztlich aus einer Eröffnung durch Gott resultieren[9]. Zunächst behandelt er die Verläßlichkeit der Schrift des Alten und Neuen Testaments im Hinblick auf jene, die von der Wahrheit der „Christiana religio" überzeugt sind, und schließt daran den Nachweis an, daß sie wirklich die wahre ist[10]. Dabei bezeichnet er die „Christiana religio" nicht nur als „vera"[11] oder „bona" und „digna"[12], sondern auch als „verissima"[13] und als „sacratissima sanctissimaque religio"[14]. Daß er auch von der „religio Iudaici populi"[15] oder der „Iudaeorum religio" spricht[16], kann wegen der Bedeutung, die Sozzini dem Mose zumißt, nicht sehr verwundern und bedeutet keinen Widerspruch, handelt es sich doch um dieselben Gebote, die von Mose an in Geltung sind[17].

Nicht mehr zu diesem Sprachgebrauch paßt jedoch die zusammen mit der jüdischen genannte „in Alcorano seu Corano religio", die die Türken und die anderen „Mahometani" von Mahomet her überliefert haben[18], und erst recht nicht

---

[5] Faustus Socinus, Tractatus de Ecclesia, Racoviae 1611, z.B. 5, 11; vgl. die Weiterführung in den beigebundenen „Scrupuli", 55, vgl. auch ständig ders., De Sacrae Scripturae Auctoritate Libellus.

[6] F. Socinus, Tractatus de Ecclesia, 5. Oft heißt es auch „Christi doctrina", vgl. 4, 8f, verschiedentlich präzisiert als „salutaris", ebd.

[7] Vgl. Faustus Socinus, Quod Regni Poloniae et magni Ducatus Lithuaniae homines, vulgo Evangelici dicti, quique solidae pietatis sunt studiosi, omnino deberent se illorum coetui adjungere, qui in iisdem locis falso atque immerito Arriani atque Ebionitae vocantur, Racoviae 1611, bes. cap. 3: In eorundem Evangelicorum religione quaedam concedi, quae cum Christi praeceptis pugnant, 23–27.

[8] F. Socinus, De Sacrae Scripturae Auctoritate Libellus, vgl. 5, 14, 15, 18 u.ö.

[9] Ebd. cap. 1; 15, vgl. ebd. 16: „Quod enim ad rationes attinet, haec nimis fallax via est in re, quae ex divina patefactione pendeat, qualis est Christiana religio." – Hier wie im folgenden wird das Kapitel und nach einem Semikolon die Seite jeweils in arabischer Ziffer angegeben.

[10] Ebd. cap. 2; 37–57: „In quo hoc idem demonstratur iis, qui nondum credunt Christianam religionem esse veram. Primum iis, qui credunt aliquam esse, aut esse posse veram religionem. Deinde iis, qui existimant, nullam veram religionem esse posse."

[11] Ebd. bes. 43.
[12] Ebd. 43.
[13] Ebd. 41.
[14] Ebd. 42.
[15] Ebd. 43.
[16] Ebd. 45.
[17] Ebd. 40; vgl. auch 78 „Iudaica religio".
[18] Ebd. 44, vgl. schon 40: „Mahometes ... iis, qui religionem a se promulgatam coluerint, promisit post hanc vitam gaudia".

die „Ethnicorum religiones"[19], wenn es sich auch bei ihnen um „religiones" handelt, die allemal verschwunden sind; denn mit Fortschreiten der Zeit haben sich keine Spuren dieser „antiquae religiones" mehr erhalten[20]. Von ihnen zu sprechen, stellt somit nur eine Reminiszenz der Vergangenheit dar. In welchem Sinne Sozzini den „Mahumetani" gleichfalls „religio" zubilligt, läßt er hier offen.

Diese Terminologie verwendet Sozzini in den Überlegungen, die er dem Nachweis der Wahrheit der christlichen „religio" widmet unter der Voraussetzung, daß es überhaupt eine wahre gibt oder geben kann[21]. Als Kriterium der Wahrheit gerade dieser „religio" hebt Sozzini die „praecepta" und das „promissum" hervor[22]. Er unterstützt die Argumentation mit dem Hinweis auf die Qualität gerade dieser „religio", aber auch, wie aus den zuvor zitierten Texten ersichtlich, mit ihrem Erfolg. Als herausragende Bestimmung nennt er allerdings, daß die „religio" keine „naturalis res" darstellt[23]. Diese Konsequenz zieht er aus dem Bericht eines Kapuziners, der in Brasilien „nationes" angetroffen hat, denen jegliche „religio" fehlt[24]. Die „religio" beruht vielmehr auf einer göttlichen Eröffnung, „patefactio"; und da die allen verkündigte nur die christliche ist, kann auch nur sie von Gott sein, und wenn nur irgendeine, dann ist sie die „verißima"[25].

Damit vertritt Sozzini nachdrücklich den Standpunkt, daß die „religio" nicht von Natur aus dem Menschen zukommt, sondern nur durch eine spezielle Mitteilung. Die christliche kann somit nur von Gott dem Menschengeschlecht gegeben worden sein[26].

---

[19] Ebd. 45.
[20] Ebd. 45f: „Nec unquam, nisi post aliquot saecula, fuit quisquam minis, metuve aut contra promissis, speve ulla, praeter id quod ipsa religio secum affert, ab iis, quibus hoc cordi erat, ad eam amplectendam et sequendam impulsus. Evanuerunt hac apparente religione, quasi tenebrae exoriente sole, paulatim aliae religiones, adeo ut in plerisque eorum locorum, ubi per aliquod tempus libere ac publice praedicata fuit, tempore procedente vix ullum vestigium antiquarum religionum remanserit, praeter quam religionis Iudaeorum, quam scilicet ipsa concedebat; immo necessario ponebat, verissimam per longißimum temporis spatium fuisse Deoque acceptissimam, a quo, populo illi data fuißet."
[21] So die Überschrift, ebd. 37.
[22] Ebd. 39.
[23] Ebd. 46, hier gleich zweimal, s. u. Anm. 25.
[24] Ebd. 46.
[25] Ebd. 46f: „... cum, inquam, religio nequaquam res naturalis sit, sed, si vera est, patefactio sit quaedam divina; non modo verisimile est, sed prorsus fieri non potest, ut religio illa, quam Deus velit aeternam esse atque omnibus gentibus communem, ipsius certissimo ac singulari jussu et opera, passim in orbe terrarum cujuscumque generis hominibus praedicata non fuerit. Atqui hoc nec vere, nec ut verum videri ullo modo queat, de ulla alia religione dici potest, praeterquam de Christiana: quae sola inter omnes eodem tempore variis in orbis terrae partibus, sine ulla personarum distinctione, omnibus praedicata fuit a multis, qui affirmabant, se adhoc missos huicque rei destinatos certißime ac singulariter a Deo fuisse. Quamobrem concludendum est, si ulla religio in orbe terrarum est, quae numquam defutura sit, quaeque ad omnes cujuscumque generis homines pertineat, hanc Christianam esse; et ob eam causam, si ulla vera religio est, hanc esse verißimam."
[26] Ebd. 47.

Die folgenden Überlegungen, in denen Sozzini sich mit den Leugnern jeglicher wahren „religio" auseinandersetzt[27], laufen lediglich auf den Nachweis hinaus, daß die „Iesu Nazareni religio" die wahre darstellt[28]. Dazu hebt er die Existenz Jesu[29], sein Wirken[30] und schließlich seine Auferweckung besonders hervor[31] und folgert daraus, daß die „Iesu Nazareni religio" eben doch die allein wahre ist, wie sich schon aus dem vorherigen Argumentationsgang ergeben hatte[32].

Im Schlußteil ergänzt Sozzini dann seine Beweisführung, wenn er die historische Wahrheit des Alten und vor allem des Neuen Testaments verteidigt[33] und dabei ausdrücklich unterstreicht, daß beide die „fides" verdienen[34]. Und wenn es Bücher gibt, die eine „doctrina" oder auch „doctrina simul et historia" enthalten, so beruht die Lehre des Alten und des Neuen Testaments nicht auf der „ratio", sondern auf der „auctoritas"[35]. Gerade hierin sieht Sozzini freilich keinen Mangel. Vielmehr entspricht diese Begründung auf der Autorität der Grundlegung der „religio" in einem speziellen Akt Gottes und nicht in der Natur des Menschen.

Von hierher kann Sozzini Rang und Notwendigkeit der „fides" einsichtig machen; dabei erhärtet er diese durch Hinweise auf die neutestamentlichen Briefe und ihre Schreiber, Petrus, Paulus und die übrigen, die, wie die „historia" besagt, Apostel Jesu gewesen sind[36]. Im Sinne dieser Akzentuierung der „historia" wiederholt Sozzini noch einmal, daß die „aliae omnes antiquae religiones", auch wenn sie bedeutend weniger schwierig zu beachten gewesen sein mögen, langsam verschwunden sind und nur die älteste sich bis heute erhalten hat[37]. Insbesondere weist er auf den Untergang der „religio" hin, der die Stadt Rom folgte, obwohl diese doch einen großen Teil des Erdkreises beherrschte[38]. Und dies ge-

---

[27] So die Kapitelüberschrift, ebd. 37.
[28] Ebd. 48f, gleich mehrfach wiederholt.
[29] Ebd. 49.
[30] Ebd. 52.
[31] Ebd. 53ff.
[32] Ebd. 57.
[33] Ebd. cap. 4; 62–78, vgl. die Gegenüberstellung zu Thukydides, 62f, die Betonung des besonderen Rangs des Neuen Testaments, 66.
[34] Ebd. 66.
[35] Ebd.
[36] Ebd. 70.
[37] Ebd. 76; die ganze Stelle lautet: „Vidimus, alias omnes antiquas religiones, quamvis minus multo ad colendum difficiles paulatim evanuisse, adeo ut illarum vix extet memoria. Haec tamen antiquissima conservatur adhuc in hunc usque diem. Cujus rei caussa alia nulla esse potest, quam ipsam initia habuisse gravissima, firmaque fundamenta, post quae consecutae fuerint confirmationes et corroborationes apertae ac manifestae, prout in ipsa ista historia legitur, quibus rebus cum caeterae antiquae religiones modo non prorsus caruerint, necesse fuit, quemadmodum aliis omnibus humanis rebus contingit ut tandem corruerint, et ad nihilum venerint. Huc accedit, quod aliae religiones tunc deficere coeperunt, cum nemo erat, qui cuiquam, quamlibet illarum profitenti molestus esset."
[38] Ebd. 76f.

schah, obwohl die „religio" die Sitten zu schützen und Dauer zu verleihen vermag[39].

Eigens geht Sozzini noch auf die „Iudaica religio" ein, die zwar bewahrt geblieben ist und bleiben wird, die auch im Alten Testament Wahrheit enthält, aber vielfach nur in Spott und Unrecht befolgt wurde, so daß, wie immer wieder betont wird, nur die „Christiana religio" bleibt[40].

Insgesamt geht also Sozzini nicht eben gewöhnliche Wege. Eine so nachhaltige Akzentuierung der Geschichte und mit ihr zugleich eine historische Konzeption der „religio" stellt eine Ausnahme dar. Freilich bleibt Sozzini nicht recht konsequent, wenn er zugleich in nicht sehr betontem Zusammenhang sie für die älteste hält und auch dieses als Argument dafür gebraucht, daß sie die wahre bzw. die wahrste ist.

ANDRZEIJ WISZOWATY

Ein Buch mit dem Titel „Religio rationalis" weckt verständlicherweise besondere Neugier. Denn dieser Terminus hat bislang nirgends eine nachhaltige Würdigung gefunden; seine Verwendung bei Tommaso Campanella hat keine erkennbaren Spuren hinterlassen und dürfte sich auch auf dieses Buch nicht ausgewirkt haben. Der Untertitel verstärkt das Interesse, will Andrzeij Wiszowaty (1608–1678)[1] doch das Urteil des Verstandes besonders in den theologischen Kontroversen erörtern[2]. So beginnt er mit der Feststellung, daß die Kenntnis der göttli-

---

[39] Ebd. 77: „Et tamen scimus, nihil aptius esse ad morem aliquem novum in quemvis populum inducendum, non modo ad veteres in eo mores conservandos, qui per se ipsi, sine ullo alio adminiculo se sustentare queant, maxime vero ii, qui ad religionem spectant, aeternitati enim consecrati videntur".

[40] Ebd. 78.

[1] Andrzeij Wiszowaty, Sohn einer Tochter von Fausto Sozzini und eines polnischen Landadeligen, besuchte die Schule in Rakow, dem Zentrum der Sozinianer, und studierte dann Theologie und Philosophie in Leiden; von dort hielt er sich häufig in Amsterdam bei Simon Episcopius auf. Er unternahm eine ausgedehnte Reise nach England, Frankreich und Hamburg und war nach seiner Rückkehr nach Polen 1640 bis 1642 wiederum im Ausland. Hierbei traf er mit Pierre Gassendi, Thomas Hobbes und vor allem mit dem Hamburger Naturwissenschaftler und Philosophen Joachim Jungius (1571–1657) zusammen. Anschließend war er Pfarrer in Polen; nach dem Erlaß von 1658, der arminianischen und d.h. der sozinianischen „religio" abschwören zu müssen, wandte er sich 1660 nach Schlesien, dann nach Ungarn und Siebenbürgen, später nach Hamburg und nach einem dortigen dreijährigen Aufenthalt wegen der Repressionen nach Amsterdam. Dort lebte er bis zu seinem Tode. In den Kontroversen wandte sich auch Leibniz gegen ihn. Später kritisierte ihn Jacob Carpov. Christian Wolff und Gotthold Ephraim Lessing haben sich mit ihm befaßt, letzterer edierte auch seine Schriften. Vgl. hierzu die ausführliche Einleitung von Zbigniew Ogonowski in der in der folgenden Anmerkung genannten Edition, 9–23.

[2] Andreas Wissowatius, Religio Rationalis Seu De Rationis Judicio, In Controversiis etiam Theologicis, ac Religiosis, adhibendo, tractatus, MDCLXXXV, in: Andreas Wissowatius, Religio Rationalis. Editio trilinguis, hg. von Zbigniew Ogonowski (= Wolfenbütteler Forschungen 20), Wolfenbüttel 1982, 27–120. – Nach Fertigstellung dieses Abschnitts über Wissowatius fand sich in der Bayerischen Staatsbibliothek München die Originalausgabe, die der Edition von Ogonowski zu-

chen Wahrheit, verbunden mit der „pietas", ein großes Gut des Menschengeschlechts darstellt[3]. Aufgrund der Erfahrung, daß Menschen, die hinsichtlich der „religio" irren, Vertreter anderer Überzeugungen als Häretiker ablehnen, und aufgrund der Kontroversen über die „fides divina ac religio" fragt sich, wer ein Urteil fällt; dies kann nur der „Deus quidem Optimus Maximus", wie Wiszowaty mit einer antiken Bezeichnung sagt; denn allein dieser ist der höchste Richter[4]. Hierfür kommt auch der Sohn nicht in Betracht. Schon in dieser Einleitung stellt Wiszowaty „pietas", „fides" und „religio" nebeneinander, wobei erstere, nur hier erwähnt, sich auf die persönliche Haltung bezieht, während die beiden letzteren zusammen[5] vornehmlich Inhalte und Handlungsweisen bezeichnen dürften.

Wiszowaty formuliert drei Positionen: Einmal die vor allem von den „Pontificii" vertretene, die sich auf die Autorität von Papst oder Konzil berufen, sodann die der Protestanten und d.h. der Evangelischen oder Reformierten sowie teils auch der Enthusiasten, der Quäker, die sich auf den Heiligen Geist berufen, und schließlich die anderer, die sich auf die „ratio sana" beziehen[6]. Doch beruht, wie Wiszowaty in der Entgegnung herausstellt, auch die Autorität des Papstes auf der Schrift und resultiert somit schließlich aus der „ratio", wie er unter Verweis auf Bellarmin betont; denn nur durch den menschlichen Verstand läßt sich die wahre Kirche und bei einem Schisma und d.h. bei mehreren Päpsten der wahre und legitime Papst und schließlich der Sinn der Worte des Papstes eruieren[7]. Auch unter dem Zuspruch des Heiligen Geistes müssen Gottes Worte und die Heilige Schrift mit Hilfe des Verstandes geprüft und ihr Sinn entschieden werden[8]. So bleibt nur die schon genannte dritte Möglichkeit, nämlich die „ratio sana".

Wiszowaty nimmt den Vorwurf verschiedener „sectae" der Christen auf, daß diejenigen, die auf die Vernunft setzen, die Verstandesüberlegung, die „ratiocinatio", zur Norm machten, während doch die Mysterien und Dogmen der „religio Christiana" von der Vernunft nicht erdacht und erfunden sind[9]; er konzediert, daß die „naturalis theologia atque religio" derjenigen, die nun „Deistae" genannt werden, aus der menschlichen Vernunft begründet wird, nicht aber die

---

grunde liegt; ein Vergleich ergab, daß die Edition von Ogonowski grundsätzlich originalgetreu ist; Änderungen nahm dieser etwa bezüglich der Zeichensetzung und der Klein- bzw. Großschreibung von „athei" u.a. vor. Im folgenden wird die neue Edition zitiert.

[3] Ebd. 29.
[4] Ebd.
[5] So auch in der Formulierung „controversiae fidei seu religionis", ebd.; ähnliche Formulierungen im Verlauf des Buches immer wieder.
[6] Ebd. 29f.
[7] Ebd. 29; bei Robert Bellarmin heißt es, daß bei Kontroversen über die Wahrheit der *„fides"* *„humano more"* und d.h. *„per ratiocinationem"* vorgegangen werden muß. – Zitate sind bei Wiszowaty nicht durch Anführungszeichen gekennzeichnet, sondern durch Kursivierung, die hier übernommen wird.
[8] Ebd. 30.
[9] Ebd.

„religio Christiana"; jedoch können „fides atque religio", soweit sie geoffenbart sind, allein durch den Gebrauch der „ratio sana" erkannt, eingesehen und beurteilt werden[10]. Hinzuweisen bleibt darauf, daß Wiszowaty vor dieser abschließenden Formulierung seiner These einige Autoren zitiert, unter ihnen Faustus Socinus, Johannes Crellius und Simon Episcopius, die zwar die Unzulänglichkeit der „ratio" gegenüber den Mysterien zum Ausdruck bringen, an ihrer Unerläßlichkeit aber keinen Zweifel lassen[11].

Nach dieser knappen Einleitung, in der Wiszowaty durchweg von „fides" und „religio" einzeln oder auch zusammen spricht, läßt er nun den Hauptteil zur Begründung des Gebrauchs der „ratio" folgen[12]. Er schließt dann eine Reihe von Zitaten aus der Patristik, der katholischen Theologie des 16. und 17. Jahrhunderts wie einiger protestantischer Autoren an, die ihm zur Stützung seiner Argumentation besonders wichtig sind[13]. Abschließend löst er einige Objektionen[14].

Insbesondere in seinen eigenen Überlegungen dominiert nun überraschenderweise „fides". Offensichtlich setzt sich hier überkommener Sprachgebrauch durch, der diesen Terminus als Korrelat zu den verschiedenen Begriffen kennt, mit denen der Verstand bzw. die Vernunft bezeichnet wird. Nicht von ungefähr zitiert Wiszowaty hier Thomas von Aquin mit seiner Feststellung, daß zwar die *„res fidei"* nicht aufgewiesen bzw. bewiesen, wohl aber geprüft werden können und daß einige Dinge auch aufweisbar bzw. beweisbar sind, dem Glauben als Voraussetzung dienen[15]. Zuvor aber hatte Wiszowaty einmal die „ratio sana" als Fähigkeit des Einsichtsvermögens charakterisiert, die, von Affekten und Lastern frei, vom Menschen gebraucht wird, um anhand der Norm und Regel des geschriebenen Wortes Gottes Kontroversen über die „religio" zu beurteilen[16]. Ebenso definiert er die „fides" als feste Zustimmung, die unter dem göttlichen Zeugnis erfolgt, aber nicht ohne „intellectus" oder „ratio" geschehen kann und

---

[10] Ebd. 31: „Certe e principiis naturalibus a ratione humana abservatis ac collectis nonnisi naturalis theologia atque religio, qualis est eorum, qui nunc Deistae nominantur, constitui posset, non autem religio Christiana. Sed interim a fidei atque religionis mysteriis in verbo Dei scripto revelatis, quatenus revelata sunt, cognoscendis, intelligendis ac dijudicandis non est arcendus, immo ad haec adhibendus rationis sanae usus." Unklar bleibt an dieser Stelle, ob sich „naturalis" auch auf „religio" bezieht. – Mit der hier zitierten Aussage setzt sich Wiszowaty von den Deisten ab. Falls sich diese Distanzierung erhärten ließe, würde sie meine These kritisieren, daß die Sozinianer die ersten Deistae wären, vgl. Ernst Feil, Die „Deisten" als Gegner der Trinität. Allerdings würde diese These dadurch gestützt, daß Wiszowaty sich nicht nur auf seinen Großvater Faustus Socinus, sondern auch auf Johannes Crellius bezieht, den Johann Heinrich Zedler, Großes vollständiges Universal-Lexicon VI, s.v. Crellius, ausdrücklich als Deisten bezeichnet hat.
[11] A. Wiszowaty, Religio Rationalis, 30f.
[12] Ebd. 31–45.
[13] Ebd. 45–49.
[14] Ebd. 49–57.
[15] Ebd. 33, unter Verweis auf Thomas von Aquin, Summa theologica II–II 1, 5: *„res fidei non demonstrari quidem, sed tamen probari non esse impossibiles"*.
[16] Ebd. 31.

die Bestimmung des Menschen als „animal rationale" ermöglicht[17]. Ohne den Gebrauch der „ratio" können die ersten und grundlegenden Fundamente der „fides divina" nicht erkannt werden[18]. Besonders prägnant sagt Wiszowaty von der „fides" als „historica", daß sie sich im „intellectus" als ihrem aufnehmenden Subjekt befindet, so daß folglich die „fides" nicht ohne den Gebrauch von „intellectus et ratio" bestehen kann; sie befindet sich also im „intellectus" oder, wie Wiszowaty ausdrücklich hinzufügt, in der „anima rationalis"[19]. Als wichtigstes Argument dient ihm, daß Gott dem Menschen als „animal rationale" eben diese „ratio" gegeben hat, so daß sie gleichsam als Waffe zum Erkämpfen der theologischen Wahrheit und zum Bekämpfen der Falschheit dient[20]. Denn auch die „fides historica", die eben nicht auf eigener „scientia", sondern auf der Autorität dessen beruht, der sie bezeugt, hängt an der Prüfung der Vertrauenswürdigkeit und somit an der „ratio", die über diese urteilt[21]. Schließlich müssen noch die „Enthusiastae", nämlich die „Quakeri", auf sie zurückgreifen; denn ohne „ratio firma" könnten sie sich nicht gegen jene verteidigen, die ihnen widersprechen und sich auf andere Offenbarungen berufen[22]. Von den vernünftigen Menschen soll also die „fides asina, bruta, irrationalis" fernbleiben[23].

Von „religio" spricht Wiszowaty deutlich weniger als von „fides". Wenn er freilich oft „fides et" bzw. „seu religio" sagt, so verwendet er sie allenfalls in gleicher Funktion, ohne jedoch ihre Verschiedenheit zu übersehen. Er sagt nämlich nicht ‚fides Christiana', sondern „religio Christiana"[24]. Freilich definiert er „religio" nirgends des näheren. Aus dem Zusammenhang läßt sich somit lediglich schließen, daß er sie dort nennt, wo es um das Gesamt christlichen Glaubens und um eher manifeste oder institutionelle Aspekte geht. Der Terminus findet sich etwa in der Gegenüberstellung bzw. in der Hervorhebung der „religio Christiana" mit bzw. vor den „aliae religiones", den „Deistae, Ethnici, Judaei, Machu-

---

[17] Ebd. 32. Dominant ist im folgenden „ratio".
[18] Ebd. 34.
[19] Ebd. 32f: „Fidem (quatenus historica est) esse in intellectu ut in subjecto suo recipiente primo negari non potest, quamvis etiam in voluntate eam aliquatenus inesse, quatenus praesertim fiduciam continet, non est negandum. (Quanquam istae animae rationalis potentiae non sunt fortasse re ipsa, sed operatione distinctae, ac ad litem vitandam tutius statuitur fidei subjectum esse animam rationalem). Ita autem fides est in intellectu sive in anima rationali, ut ipse intellectus seu ratio operatione sua conferat aliquid ad res fidei percipiendas, quum fides in homine oriri atque existere nequeat absque praevia rei credendae intelligentia seu notitia, ut ostensum est antea sub fidei definitione, num. 2. Quoniam igitur fidei subjectum inhaerentiae (ut vocant) est intellectus seu anima rationalis, certe sine intellectu et rationis usu fides consistere non potest."
[20] Ebd. 33.
[21] Ebd. 42.
[22] Ebd. 48.
[23] Ebd. 34.
[24] „Fides Christiana" findet sich nur im Zitat, ebd. 31, „fides nostra et religio" in den eigenen Ausführungen von Wiszowaty, ebd. 35; sonst heißt es durchgängig und häufig „religio Christiana", 30, 31, 35, 56, 57, sowie 46 im Buchtitel „De veritate religionis Christianae" von Johann Ludovicus Vives und 47 in einem Zitat.

medani"[25]. Vorausgegangen war die Frage nach den Fundamenten der „fides". Den Atheisten, die die Existenz Gottes bestreiten, läßt sich nämlich nach Wiszowaty nur die Geschichte entgegenhalten, die freilich auch nicht ohne die „ratio" beurteilt werden kann; um das erste und höchste Prinzip der „religio et fides religiosa", daß nämlich Gott existiert, zu prüfen, bedarf es der Vernunftüberlegungen, der „ratiocinatio", und diese schließt bei ihrer Suche nach Argumenten aus den natürlichen Dingen, daß diese letztlich von einer ersten Ursache eines vollkommensten, mächtigsten und weisesten Seins stammen müssen[26]. Von hierher läßt sich dann der eben genannte Vorzug der „religio Christiana" vor den anderen „religiones" durch die „ratiocinatio" erhärten[27]. Wiszowaty will immer wieder darauf hinaus, daß nur durch diese die Wahrheit und Verläßlichkeit der Argumentation zustande kommt, daß Gott existiert und Urheber der Welt sowie der „religio" ist; dies gilt schließlich auch für die Schrift als „religionis nostrae ac fidei norma atque regula"[28]. Wiszowaty kann also nicht nur von „religiones", sondern sogar von „diversis religionum sectis"[29] oder auch von „diversae Christianorum sectae" sprechen[30]. Menschen, die ihnen anhängen, wenn sie nur

---

[25] Ebd. 35.
[26] Ebd. 34: „At si quis illius ipsius axiomatis seu primae propositionis requirat probationem, ea sumenda erit a Dei adjunctis seu attributis, nempe quia Deus est perfectissimus, sapientissimus, optimus, veracissimus. Sed si quispiam porro prodeat, qui de eo ipso dubitet, an ipse Deus existat, vel eum existere non credat, immo neget, ut agunt athei, quomodo si ad id credendum erit adducendus? Apud talem atheum non valebit aliqua authoritas testimonii, ut de historia quapiam (quanquam et sumta ex testimoniis argumentatio, si admittenda esset, non absque ratione deduceretur). Ergo ad hoc ipsum primum ac supremum religionis et fidei religiosae principium, quod Deus sit seu existat, probandum quaerenda sunt ratiocinatione argumenta aliqua, praecipue a rebus naturalibus, ut a mundi hujus partium non solum majorum, sed etiam minorum ordine atque dispositione conveniente ac directione ad certos fines atque usus sapiente, et caeteris ejusmodi rationibus".
[27] Ebd. 35: „Porro religionem Christianam prae aliis religionibus amplectendam esse, Deistis, Ethnicis, Judaeis, Machumedanis si sit persuadendum, nonne id argumentis ab ejus religionis auctore ac tum ipsius auctoris, tum religionis ipsius adjunctis atque effectis erit per ratiocinationem evincendum?"
[28] Ebd.
[29] Vgl. im folgenden, 35: „Nonne etiam in diversis religionum sectis a diversis interpretibus ac commentatoribus, post invocatum Spiritus Divini auxilium (qui Spiritius Divinus et Lumen caeleste rationem in spiritu hominis insitam, quae etiam lumen quoddam est, non e medio tollit, sed extollit), mens dictorum Sacrae Scripturae mente humana inquiritur per considerationem scopi et circumstantiarum, per collationem cum verbis antecedentibus et consequentibus atque dictis alibi prolatis similibus, per observationem phrasium consuetarum ac loquendi modorum et per alia ejus generis media? Haec nisi per rationem ejusque judicium adhibeantur, certe nec quid dicatur nec de quo dicatur nec quid ex quo consequatur, intelligitur; et quaelibet Scripturae expositio, quantumvis inepta et irrationalis, erit pro legitima temere admittenda ac multi errores erunt committendi. Nec solum in intelligendo, verum etiam in agendo poterunt hoc modo saepius homines in varia delabi vitia atque peccata."
[30] So im letzten Abschnitt der Abhandlung, 57, s. die folgende Anm., vgl. schon 30. – Es läßt sich nicht abschließend sagen, ob Wiszowaty trotz des allgemeinen Gebrauchs von „secta", insofern nach ihm alle Christen zu verschiedenen von ihnen gehören, schon im eindeutig negativen Sinne verstanden ist. Immerhin spricht er von „diversi e diversis in Christianitate dissecta sectis authores", 45; die Christenheit ist jedenfalls zerschnitten. Ob Wiszowaty den ursprünglichen Gebrauch von „secta" noch kennt, steht also dahin. Faktisch verwendet er den Terminus im Sinne von „Gefolgschaft".

Menschen, d.h. „rationalia animalia" sind, müssen die Augen ihrer Seele und ihrer „ratio" öffnen und unter ihrer Führung im Licht der wahren und mit der „ratio" übereinstimmenden „religio", der „religio Christiana", dem „rationalis cultus" geziemend wandeln, statt einem infamen Gemisch von „irrationalia absurda" anzuhängen wie die „athei", aber auch die „ethnici", „Deistae", „Judaei" und „Machometani"[31]. Auch Wiszowaty hält also, wie er in diesem Schlußabschnitt, wenn auch nur dieses eine Mal, sagt, an der „religio vera" fest, die für ihn „rationi consentanea" sein muß. Ihr gilt sein ganzes Bemühen. Wo er seinem Anliegen besonderen Nachdruck verleihen will, sagt er „fides et religio"[32] oder auch „fides ac religio Christiana"[33].

Wiszowaty hat mit seiner Studie einen für unser Thema zentralen Text vorgelegt. Bis jetzt ließ sich nirgends eine so frühe und mindestens so nachdrückliche Formulierung einer „religio rationalis" finden.

Bemerkenswerterweise verwendet die französische Übersetzung im Titel „Religion Naturelle"[34], obwohl Wiszowaty einen Unterschied zwischen dieser und seiner „religio rationalis" zum Ausdruck bringt[35]. Die deutsche Übersetzung sagt dem Original gemäß „Vernüfftige Religion"[36]. Im Text selbst erscheint die „religio" aber nicht als etwas, das der „ratio" bzw. der „ratiocinatio" bedarf. Es genügt die Feststellung, daß die „religio Christiana" „rationalis" ist und als solche prüft, was der Wille Gottes ist[37], und daß sie, wie es abschließend heißt, mit der „ratio" übereinstimmen muß[38]. In aller Regel findet sich in Zusammen- oder Gegenüberstellungen von „fides" und „intellectus"[39], „mens"[40] oder meistens „ratio". Letztere präzisiert Wiszowaty gern als „ratio humana".

Schließlich gibt es das Intensivum „sectari" von „sequi", das Wiszowaty, 45, verwendet: „metaphysica sectatur".

[31] Ebd. 57; dieser letzte Abschnitt lautet: „Haec igitur quum ita se habeant, quid restat, nisi ut tandem aliquando in diversis Christianorum sectis homines, si modo vere homines, id est rationalia animalia, esse velint, oculos animi ac rationis aperiant nec eos sibi a quoquam occludi aut obnubilari sinant, quorum ductu usi ipsi in religionis verae ac rationi consentaneae luce, non in errorum ac superstitionum sub mysteriorum titulo latentium caligine ambulent, ne quorundam hominum parum sani cerebri figmenta quasi divina oracula mordicus teneant neve religionem Christianam, rationali cultu decoram, irrationalium absurdorum mistura infamem reddant atque hominibus ab ipsa alienis, non solum atheis, sed tum ethnicis, tum Deistis, tum Judaeis, tum Machometanis, abominandam ac deridendam praebeant eosque ab ea suscipienda scandalo dato avertant."

[32] Vgl. die zuvor angegebenen Stellen.
[33] Ebd. 56.
[34] Ebd. 61 bzw. 68.
[35] Ebd. 31, s.o. Anm. 10; hier setzt Wiszowaty die „naturalis theologia atque religio" ab von der von ihm vertretenen „religio Christiana", die die Qualifizierung „religio rationalis" verdient.
[36] Ebd. 111 bzw. 121.
[37] Ebd. 41.
[38] Ebd. 57, s.o. 29.
[39] Vgl. die besonders wichtige Aussage ebd. 32, s.o. Anm. 19. – Notiert werden soll, daß „intellectus" verschiedentlich mit „Gemüth" übersetzt wird, vgl. 32 und 132, 50 und 155. Vgl. aber auch 57 bzw. 163 die Wiedergabe von „anima et ratio" mit „Gemüth und ... Vernunfft".
[40] Ebd. 50.

Sie dient als „instrumentum" der Wahrheitserkenntnis[41]. Gelegentlich findet sich auch hier eine Doppelformulierung „mens atque intellectus"[42] oder „intellectus seu ratio"[43]. Den Einwand, nach seinem Konzept die „fidei controversiae" durch die „ratio" zu entscheiden, führe nicht zur „fides", sondern zur „scientia", beantwortet Wiszowaty mit einer Distinktion: Im strikten Sinn beruht die „fides" auf der Autorität des Zeugnisses, das sich der „fides" würdig erweist, die „scientia" ergibt sich aus den notwendigen Dingen aufgrund ihrer nächsten und notwendigen Ursachen; aber in einem weiteren Sinn widerstreiten „credere" und „scire" einander nicht, sondern stimmen gut überein und befinden sich an ein und derselben Stelle[44], nämlich der „anima rationalis".

Überraschend oft spricht Wiszowaty von „irrationalis". Da dieser Terminus heute speziell besetzt ist, gilt es, dessen Bedeutung festzuhalten. Wiszowaty meint strikt die „irrationales ... res creatae", die „irrationales bestiae"[45]. Wenn er diese Formulierung im Zusammenhang mit den Enthusiasten, den Quäkern, wählt, so impliziert sie die scharfe Kritik, diese könnten mit ihrem Verzicht auf die Vernunft doch gleich die Tiere anpredigen; in diesem Zusammenhang lehnt er die „fides ... irrationalis" ab[46], wie sie die „irrationales phanatici ac phantastici" pflegen, die verrückt sind[47]. Das Adjektiv „irrationalis" verweist also strikt auf den untermenschlichen Bereich, findet es sich doch nicht im Zusammenhang mit dem Geheimnis bzw. dem Übernatürlichen. Auf diesen Bereich bezieht sich Wiszowaty sehr wohl. Den Einwand, daß die Wunder der Natur und der „ratio" widerstreiten, widerlegt er mit dem Hinweis, daß sie entweder „supra naturam" oder „praeter naturae cursum ordinarium" geschehen[48]. Die in Kontroversen gebrauchten Termini, die die „res non solum naturales, sed etiam supernaturales" bezeichnen, werden oft, wie Wiszowaty hervorhebt, „metaphysici, quasi transnaturales" genannt[49] im Unterschied zu anderen Begriffen, die zur „physica seu naturalis philosophia" oder zur „ethica seu moralis" gehören[50]. Diese höchst seltene Bezeichnung „transnaturalis" wählt Wiszowaty wohl, um die Metaphysik neben Naturphilosophie und Ethik zu qualifizieren, ohne auf die Antithese von ‚naturalis' und ‚supernaturalis' einzugehen. Diese Termini spricht er unvermeidlicherweise verschiedentlich an, vor allem dort, wo es um die „my-

---

[41] Ebd. 33: „... ratio est instrumentum animali rationali homini datum a Deo ad verum, ut lumen intellectuale, videndum atque cernendum et a falso discernendum".
[42] Ebd. 50.
[43] Ebd. 33.
[44] Ebd. 54.
[45] Ebd. 34.
[46] Ebd., s.o. mit Anm. 23.
[47] Ebd. 48, vgl. 57, s.o. Anm. 31.
[48] Ebd. 51.
[49] Ebd. 41; Wiszowaty zählt dazu eine lange Reihe auf: „unum, verum, bonum, perfectum, necessarium, totum, pars, causa ...". Zur Problematik der Metaphysik in theologischen Kontroversen vgl. 45.
[50] Ebd. 41.

steria supernaturalia" im strikten Sinne geht[51]. Auch die „*divina et supernaturalis theologia*", die sich auf ein göttliches Licht und auf von Gott geoffenbarte Prinzipien stützt, wird dennoch durch einen „*humanus discursus*" und die „*ratiocinatio*" vollendet, wie es in einem von Wiszowaty herangezogenen Zitat des Franciscus Suárez heißt[52]. Sich von der „ratio" verabschieden zu wollen, bedeutet einen Widerspruch, kann man doch auch seine eigene Überzeugung nicht ohne Begründung für sich selbst und gegenüber anderen aufrechterhalten[53]. Auf die „notiones communes" läßt sich nicht verzichten[54]. Wiszowaty wehrt sich folglich gegen den Vorwurf der Quäker gegenüber seiner eigenen Position (der Sozinianer), das „lumen naturale rationis" zu übersteigern und das „lumen ... supernaturale Spiritus divini Sancti" herabzudrücken; er verwahrt sich dagegen mit dem Argument, daß er die Herkunft beider von Gott anerkennt[55].

In seinem Rahmen hält Wiszowaty konsequent an der „fides" im Sinn eines Vertrauens auf die „historia" und speziell auf die „historia de Jesu Christo" fest; aber gerade sie kann es nicht geben ohne „visio spiritualis seu intellectio", sonst handelte es sich nur um „caeca credulitas"[56]. Nicht von ungefähr wird in der deutschen Übersetzung in einer ihr beigegebenen Einleitung der „dumme Köhlerglaube" nachdrücklich gerügt, geht es doch um den „Gebrauch der Vernunfft wider den blinden Köhler- und Esels-Glauben"[57]. In seinem Text hat Wiszowaty den Leitbegriff der Überschrift nicht ausdrücklich wiederholt[58]. Doch dient seine Abhandlung allein dieser „religio ... rationalis", die er von der „religio naturalis" unterscheidet[59]. Es muß hier offen bleiben, welche Wirkung er erzielen konnte, wenn nicht über die französische Übersetzung, so doch über die deutsche[60]. Die spezielle Frage lautet, wann im Verlauf der Geschichte eben diese beiden Versionen der „religio" miteinander identisch werden.

---

[51] Ebd. 34, meist „religionis mysteria", 31, 44, 56; gelegentlich auch „mysteria fidei", etwa 51.
[52] Ebd. 46.
[53] So vor allem ebd. 48f.
[54] Ebd. 49.
[55] Ebd. 55.
[56] Ebd. 54.
[57] Ebd. 123 bzw. 126.
[58] Vgl. lediglich die Formulierung ebd. 41: „religionem Christianam debere esse rationalem", also als Prädikatsnomen.
[59] S. dazu o. Anm. 35. – Den Alternativbegriff „*religio revelata*" nimmt Wiszowaty nur in einem Zitat von Stephanus Curcellaeus (1586–1659) auf, 31.
[60] Während die französische Übersetzung erst spät publiziert worden sein dürfte und somit nur geringe Verbreitung fand, vgl. die Einleitung hierzu von Hubert Vandenbossche und Jeroom Vercruysse, 63, dürfte die deutsche Übersetzung zunächst gleichfalls keine sehr große Verbreitung gefunden haben, vgl. das Vorwort zu ihr von Tadeusz Namowicz, 117f. Faktisch aber gingen die Ansätze von Wiszowaty nahtlos in den dann später folgenden sogenannten Rationalismus über, vgl. ebd.

Zusammenfassung

Wenn auch nur zwei Vertreter des Sozinianismus untersucht werden konnten, so dürfte das Ergebnis doch einigermaßen verallgemeinerungsfähig sein. Es bleibt nämlich festzustellen, daß diese beiden „religio" völlig selbstverständlich im Sinne der Tradition verwandt haben. Diese Feststellung trifft selbst dann zu, wenn Wiszowaty den Sprachgebrauch differenziert und insbesondere die „religio rationalis" akzentuiert hat. Aber damit verändert sich nicht die Bedeutung von „religio". Es überrascht, daß er die „religio naturalis", die er kritisiert, von der „religio rationalis" so deutlich abhebt. Denn in der weiteren Entwicklung werden beide Termini miteinander identifiziert, wie zuvor schon in Jean Bodius Colloquium Heptaplomeres kein Unterschied zwischen ihnen gemacht wurde. Es scheint, als ob die Differenzierung von Wiszowaty keine weitere Wirkung nach sich gezogen hat.

5. Anfänge des Pietismus

Nach den bisherigen Ergebnissen muß der Pietismus besondere Aufmerksamkeit finden. Schließlich gilt es als ausgemacht, daß dieser nicht nur die „Erbauung des inneren Menschen" verfolgte, wie es bei Philipp Jacob Spener heißt, sondern im „Zeitalter des weltoffenen Barock ... die asketische Weltferne, im Zeitalter des naturwissenschaftlichen Experiments und der ungebundenen historischen Beobachtung die Selbstgewißheit der Innerlichkeit" verkörperte[1]. Nachdem es schon für Johann Arndt heißt, daß er „das lutherische Wort- und Glaubenschristentum in ein Gefühlschristentum zu verwandeln drohte"[2], fragt sich natürlich, ob und gegebenenfalls in welchem Maß und Sinn diese Charakterisierung zutrifft und welche Relevanz sie für jene Konzeption besitzt, die dann später „Religion" maßgeblich als „Gefühl" bestimmt hat.

Impulse aus der mystischen Tradition seit dem Hochmittelalter

Es versteht sich von selbst, daß der Pietismus nicht eine Neubildung von Grund auf gewesen ist, sondern sich manchen Vorläufern und Einflüssen aus einer langen Tradition verdankt. Somit empfiehlt es sich, hier eine Rückblende in die Geschichte der Mystik vorzunehmen. Dabei sollen freilich nur solche Positionen berücksichtigt werden, die in besonderer Weise Spener beeinflußt haben bzw. ihm unmittelbar vertraut gewesen sind.

---

[1] Vgl. Martin Schmidt, Pietismus, in: RGG³ V, 370–381, 370f; vgl. ders., Spener, Philipp Jakob, in: RGG³ VI, 238f.

[2] Franz Lau, Arnd (Arndt), Johann, in: RGG³ I, 629f.

Als erster ist hier Johannes Tauler (nach 1300–1361)[1] zu nennen. Bei ihm ergibt sich ein wenn auch nicht überraschender, so doch bemerkenswerter Befund. Denn ein rascher Blick in seine Predigten zeigt, daß er zwar nicht für ‚Religion' und ‚Frömmigkeit' oder gar ‚Gottseligkeit' von Bedeutung war, wohl aber für wichtige Charakterisierungen, die später im Zusammenhang mit diesen erscheinen. Bei ihm findet sich nämlich „innec" und besonders dessen Superlativ „innigoste"[2], und dies sowohl substantiviert im Hinblick auf Gott wie auch auf den Menschen, ebenso „inner", speziell den äußeren Menschen zu einem „innern" zu machen[3], und auch hierzu wieder der Superlativ „innerste", der „innerste grunde", in dem Gott der Seele näher, „inwendiger" ist als diese sich selbst[4]. Ebenso findet sich „innerlich" im Zusammenhang mit „grunde"[5], sowie „inwende" bzw. das „inwendigeste"[6] und schließlich „iniklichwendekeit"[7]. Welche Bedeutung diese Begriffe später erlangen sollten, liegt auf der Hand und wird im Laufe unserer Überlegungen noch deutlicher werden. Freilich verlangen diese Termini große Zurückhaltung in der Beurteilung der Frage, welche emotionale Färbung ihnen eigen ist. Wir müssen davon ausgehen, daß sie sehr nüchtern gebraucht sind, wie dies auch noch in der Mystik insbesondere der Teresa von Avila der Fall war. Immerhin liegen bereits bei Tauler terminologische Ausfaltungen vor, die später in einen anderen emotionalen Kontext treten konnten.

Einen erheblichen Einfluß auf die Entfaltung des geistlichen Lebens nach der Reformation und insbesondere für die Entstehung des Pietismus besaß die „Imitatio Christi", die als Werk des Thomas von Kempen (1379/80–1471)[8] gelten darf[9]. Wenige Bücher haben so sehr einen Weg nach innen gewiesen wie die-

---

[1] Nach seinem Eintritt in den Dominikanerorden in Straßburg sowie Studien dort und in Köln wirkte Johannes Tauler als Prediger und Seelsorger vornehmlich in Köln, Straßburg und Basel. Zwar nicht Eckharts (um 1260–1328) Schüler, wohl aber von ihm nachhaltig beeinflußt, suchte er dessen Mystik kirchlich zu interpretieren; seine eigene Mystik war vor allem seelsorgerlich-praktisch ausgerichtet.
[2] Die Predigten Taulers aus der Engelberger und der Freiburger Handschrift sowie aus Schmidts Abschriften der ehemaligen Straßburger Handschriften, hg. von Ferdinand Vetter (= Deutsche Texte des Mittelalters 11), Dublin/Zürich 1968, 149 Z. 33ff: „súllen wir iemer komen in den grunt Gotz und in das innigoste Gotz, so müssen wir zu dem aller minsten zem ersten komen in unsern eigenen grunt und in unser innigostes".
[3] Ebd. 70 Z. 14f, vgl. 71 Z. 16: „der usser mensche werde broht in den innern menschen".
[4] Ebd. 144 Z. 6, in Weiterführung von Augustins „Deus me interior". Vgl. 144 Z. 19; ferner einfach „daz aller innerste", 25 Z. 30, vgl. 216 Z. 19.
[5] Ebd. 73 Z. 8.
[6] Ebd. 293 Z. 31 u. 33, vgl. 329 Z. 6 „inwendigeste" u. 382 Z. 9.
[7] Ebd. 38 Z. 6–9, 61 Z. 4 „innewendikeit". – Weitere Belege zu den zuvor genannten Termini s. im Register 471.
[8] Thomas a Kempis (Thomas Hemerken) besuchte die Schule der Brüder von gemeinsamen Leben in Deventer und wurde hier vom Geist der Devotio moderna geprägt, wie er von Gerhard Groote (1340–1384) begründet worden war. Er schloß sich zunächst auch diesen Brüdern an und trat 1399 in das Augustiner-Chorherrenstift St. Agnietenburg bei Zwolle ein. Er wirkte vor allem durch zahlreiche literarische Arbeiten. Die Autorschaft der „Imitatio Christi" ist nicht völlig gesichert.
[9] Thomas von Kempen, De Imitatione Christi. Nachfolge Christi und vier andere Schriften. La-

ses. Nicht von ungefähr lautet die Überschrift des zweiten Buches „Admonitiones ad interna trahentes" und die des dritten „Liber internae consolationis"[10]. Als Leitmotiv kann die an den Beginn des zweiten Buches gesetzte neutestamentliche Aussage dienen, daß das Reich Gottes „intra vos" ist (Lk 17,20). Nur erhält dieses „intra" doch wohl einen solchen Akzent, wie er der biblischen Aussage noch fremd gewesen sein dürfte.

Diese entschiedene Wende nach innen hat bei Thomas keinerlei Auswirkungen für das Verständnis von „religio", soweit in der „Imitatio" von ihr überhaupt die Rede ist. An einer Stelle formuliert Thomas, daß der Fortschritt der „religio" nicht nur in äußeren Bräuchen bestehen kann, wenn unsere „devotio" nicht rasch zu ihrem Ende kommen soll[11].

In einer anderen Aussage scheint Thomas „religio" eher im Sinn von Frömmigkeit zu meinen; doch steht diese im Zusammenhang mit Ausführungen über die Orden, so daß auch diese Bedeutung durchscheinen dürfte[12]. Recht häufig verwendet er dagegen „religiosus" meist im Sinn von monastisch[13] und nur ausnahmsweise im Sinn von fromm[14]. Vollends deutlich wird die erstere Bedeutung in der Formulierung „sacer status religiosi famulatus"[15].

Wie sehr Thomas aber die Wendung nach innen zum Ausdruck gebracht hat, zeigt die prononcierte Verwendung von „intus"[16] sowie vor allem von „internus homo"[17]. Wer kein Zeugnis von außen, „extrinsecus", sucht, hat sich „totaliter" Gott anheim gegeben[18]. Wichtig sind ihm die „interiora"[19]. Dabei sind die „inte-

---

teinisch und deutsch, hg. von Friedrich Eichler, München 1966. – Im folgenden wird zunächst das Buch in römischer und dann Kapitel in arabischer sowie nach einem Semikolon die Seite des lateinischen Textes angegeben.

[10] Ebd. 128, 182.

[11] Ebd. I 11; 58; nach einer Aussage über den Kampf um Vollkommenheit, der die Hilfe des „Dominus super nos" findet, heißt es hier: „Si tantum in istis exterioribus observantiis profectum religionis ponimus: cito finem habebit devotio nostra."

[12] So im Kapitel „De exemplis sanctorum patrum", I 18; 76: „Intuere sanctorum [patrum] vivida exempla in quibus vera perfectio refulsit et religio."

[13] Ebd. bes. 17; 76, 18; 80, 20; 92.

[14] Ebd. 25; 122f, II 9; 160.

[15] Ebd. III 10; 220. Interessanterweise hat noch die Übersetzung der „Imitatio", die auf Johann Michael Sailer (1751–1832) zurückgeht und folglich aus katholischer Tradition stammt, „religiosus" gern mit dem im folgenden noch näher erläuterten „gottselig" übersetzt, vgl. Thomas von Kempen. Vier Bücher von der Nachfolge Christi, übers. von Bischof Johann Michael Sailer, neu bearbeitet von Hubert Schiel, Freiburg 1949, I 19; 67, wo das lateinische „vita boni religiosi" mit „Leben des Gottseligen" wiedergegeben wird, während die Übersetzung der lateinisch-deutschen Aussage, aaO. 83, besser „Leben eines guten Ordensmannes" sagt; die Überschrift dieses Kapitels „De exercitiis boni religiosi" gibt die auf Sailer zurückgehende Übersetzung wieder mit „Von den Übungen der Gottseligkeit". Vgl. auch I 18; 66 „gottselige Menschen" als Übersetzung für „devoti"; vgl. ferner 19; 69 „gottselige Absichten" als Übersetzung für „pietas". Diese Übersetzung zeigt, wie lange „gottselig" als Terminus üblich geblieben ist.

[16] Thomas von Kempen, Imitatio, II 1; 128, bes. 5; 142, 6; 146 u.ö.

[17] Ebd. 1; 128 sowie 132, 5; 142, 6; 146.

[18] Ebd.; gegen „exteriora" wendet Thomas sich öfter, vgl. 1; 128.

[19] Vgl. ebd.

riora Jesu" maßgeblich, in denen seine brennende Liebe zu spüren ist[20]. Und auf dieser Akzentuierung beruht das große Interesse an der „Imitatio Christi".

Schon diese allzu kurzen Hinweise zeigen, welche Bedeutung die mystische Tradition der Hochmittelalters für die künftige Entwicklung gehabt hat. Dabei hat Martin Luther eine wichtige Rolle als Vermittler gespielt[21]. Es stellt schon eine beachtenswerte Ahnenreihe dar, wenn Tauler auf Luther, über ihn auf Johann Arndt und über diesen auf Spener eingewirkt hat.

Und noch in einer anderen Hinsicht erweist sich Luther als bedeutsam: Wenn es sich bei „Gottseligkeit" um dessen Wortbildung handelt, die durch seine Bibelübersetzung verbreitet wurde[22], so stellt sich die Frage, warum er, der ja aus dem Urtext übersetzte, „Gottseligkeit" für das neutestamentlich nicht eben häufige „εὐσέβεια" wählte, das die Vulgata mit „pietas" wiedergibt[23]. Eine Erklärung dieser keineswegs naheliegenden Übersetzung bietet auch der noch seltenere Gegenbegriff „ἀσέβεια" nicht; diesen übersetzt Luther merkwürdigerweise nicht substantivisch, sondern jeweils adjektivisch mit „gottloses wesen" bzw. „das vngöttliche wesen"[24]. Eine adjektivische Formulierung verwendet er freilich in seiner Bibelübersetzung zuweilen auch für „εὐσέβεια"[25]. Gleichwohl legt sich die Annahme nahe, daß „Gottseligkeit" eine Analogiebildung zu dem im Deutschen gängigen „Gottlosigkeit" als Wiedergabe von „ἀσέβεια" darstellt; auch „gottselig" und „gottlos" wären eine sprachlich korrelierende Antithese. Die Übersetzung von „εὐσέβεια" mit „Gottseligkeit" versteht sich jedenfalls nicht von selbst; häufig findet sich „Frömmigkeit", womit „pietas" immer noch unzureichend wiedergegeben ist, denn dieser Terminus kann sich ebenso wie das griechische „εὐσέβεια" auch auf Menschen, vornehmlich auf die Eltern beziehen.

Wegbereiter

Nicht überschätzt werden kann die Bedeutung, die der wohl wichtigste Vertreter dieser Ahnenreihe für die weitere mystische Theologie gehabt hat, nämlich Johann Arndt (1555–1621)[1].

---

[20] Ebd. 1; 132.

[21] Johannes Wallmann, Philipp Jakob Spener und die Anfänge des Pietismus (= Beiträge zur historischen Theologie 42), Tübingen 1970, ²1986, 256f, vgl. 302.

[22] Ebd. 10; vgl. Jacob und Wilhelm Grimm, Deutsches Wörterbuch, IV 1,5, Leipzig 1958, ND VIII München 1991, 1402 und 1410.

[23] Luther übersetzt „εὐσέβεια" mit „Gottseligkeit" in 1 Tim 2,2; 4,7.8; 6,3.5.11; Tit 1,1; 1 Petr 1,6; 3,11.

[24] Die genauen Übersetzungen sind „gottloses wesen" in Röm 1,18; 11,26 (hier „das Gottlose wesen") und Jud 18, „vngöttliches wesen" in 2 Tim 2,16; Tit 2,12 sowie „Gottloser Wandel" in Jud 15.

[25] So „Gottseliges geheimnis" in 1 Tim 3,16, „Gottseliges wesen" in 2 Tim 3,5, „Göttlicher wandel" in 2 Petr 1,3, aber „Verdienst" in Apg 3,12; diese Übersetzung hat Spener in seinen „Pia Desideria" (s. dazu u.), S. 32, übernommen.

[1] Als Sohn eines Pfarrers geboren, entschied er sich irgendwann für das Pfarramt, studierte aber

Wie sehr Arndt von der mystischen Terminologie Taulers bestimmt ist, läßt sich unschwer zeigen. In seinem „Wahren Christenthum" findet sich die Rede vom „innersten Grunde des Herzens"[2] sowie die Entgegensetzung von „inwendig" und „auswendig"[3] bzw. von „innerlich" und „äußerlich"[4]. Schließlich handelt das dritte Buch insgesamt, wie die Überschrift sagt, „Vom inwendigen Menschen". Arndt geht es hier um das „Reich GOttes", aber dieses ist „nicht ein auswendiges, sondern ein inwendiges Gut", wozu „ein gelassen, GOTT ergeben Herz" und eine „feine stille und ruhende Seele" gehört[5]. Mit Tauler sagt Arndt, daß man Gott und das Reich Gottes im *„innern Grunde"* finden muß; deswegen ist *„das Einkehren zu seinem eigenen Grunde"*, dem „Herzens-Grunde" nötig[6]. Als Mittel, „zu unserm inwendigen Schatz zu kommen", dient der Glaube, der den Menschen *„einkehren in sich selbst"* macht[7]. Dabei ist Gott nicht nur „inwendig" zu finden, vielmehr muß er *„auswendig"* und *„inwendig"* gesucht werden: *„auswendig"*, nämlich durch „Uebung" und christliche Werke wie Fasten, Beten, Sanftmut, und *„inwendig"*, nämlich durch Eingehen des Menschen „in den Grund seines Herzens", in dem er das Reich Gottes wahrnimmt, das in ihm ist. Die Seele „von allen vernünftigen, sinnlichen, creatürlichen Dingen"[8] zu entblößen, die nicht Gott selbst sind, führt zum Seelengrund; das „inwendige Auge" öffnet sich, „damit eine jede Seele sich selbst erkennet"[9]. Demgegenüber wendet Arndt der „Gottseligkeit" keine besondere Aufmerksamkeit zu, und wo er von ihr spricht, erläutert er sie nicht des näheren, woraus sich eine entsprechende Selbstverständlichkeit schließen läßt[10].

---

gleichwohl hauptsächlich Medizin; 1579 ging er nach Straßburg und pflegte hier paracelsische Methoden. Später übte er etwa in Quedlinburg alchimistische Praktiken. Nach einem Diakonat wurde er 1584 Pfarrer in einem anhaltinischen Dorf. Später wirkte er in Quedlinburg, Braunschweig, Eisleben und schließlich seit 1611 als Generalsuperintendent in Celle. Nachhaltig nahm er die mystische Tradition des Mittelalters auf. Seine Wirksamkeit erreichte er vor allem durch seine „Vier Bücher zum Wahren Christenthum" (1610) und das „Paradiesesgärtlein aller Christlichen Tugenden" (1612); vgl. dazu Martin Brecht, Das Aufkommen der neuen Frömmigkeitsbewegung in Deutschland, in: Der Pietismus vom siebzehnten bis zum frühen achtzehnten Jahrhundert, hg. von Martin Brecht (= Geschichte des Pietismus I), Göttingen 1993, 113–203, hier bes.130–151.
[2] Johann Arnd, Vier Bücher vom Wahren Christenthum, das ist von heilsamer Buße, herzlicher Reue und Leid über die Sünde und wahrem Glauben, auch heiligem Leben und Wandel der rechten wahren Christen nebst desselben Paradies-Gärtlein, hg. vom Evangelischen Bücher-Verein, Berlin ³1851, II 4; 182; nur im Positiv III 1; 411. – Hier und im folgenden werden erst die Nummern des Buches in römischer und dann das Kapitel in arabischer Ziffer sowie nach einem Semikolon die Seitenangaben der benützten Ausgabe zitiert. – Eine von Arndt selbst veröffentlichte Ausgabe war mir nicht zugänglich.
[3] Ebd. II 4; 183, vgl. III 4; 421.
[4] Ebd. III 1; 411.
[5] Ebd. 407.
[6] Ebd. 1; 411.
[7] Ebd. 2; 415.
[8] Ebd. 4; 421.
[9] Ebd. 4; 422.
[10] Ebd. II 12; 218.

Wie verbreitet die Kombination von Frömmigkeit und Tugendstreben zu dieser Zeit auftritt, zeigt die nahezu gleichzeitig verfaßte Schrift von Lewis Bayly (1565–1631), die 1610 unter dem Titel „The Practise of Pietie" erschien[11]. Die Wortwahl „Pietie" lag für den englischen Sprachgebrauch insofern nahe, weil hier „pietas" als Lehnwort rezipiert und somit eine Übersetzung nicht benötigt wurde, die Luther zur Wortbildung „Gottseligkeit" veranlaßt hat.

Bayly spricht in seinem einleitenden Brief an den Prinzen Charles von Wales zunächst den Wunsch aus, der Prinz möge in der Gnade, in Glaube und Wissen, in Sorgfalt und Liebe zu „Gods Service and true Religion" bleiben[12]. Erst später kommt Bayly auf sein eigentliches Anliegen zu sprechen, aus dem Durcheinander der vielen Kontroversen die „olde Practise of true PIETIE" herauszuziehen, die vor den Kontroversen geblüht hat[13]. Diese „Pietie" wird das Antlitz eines Fürsten vor den Menschen und seine Seele unter den Engeln erstrahlen lassen[14]. Bayly spricht in diesem Brief dann noch verschiedentlich von dieser „Piety"[15] bzw. „Pietie"[16].

In seinem Buch behandelt Bayly nach einleitenden Ausführungen über Gott und das Elend des Menschen sowie dessen Erlösung die einzelnen Vollzüge dieser „Practise of Pietie": Gebet, Bibellesung, Meditationen, und dies im Hinblick auf jeden Tag, bestimmte Tage wie vor allem den Sabbat, sodann besonders für Zeiten der Krankheit und des bevorstehenden Todes, aber auch für den, der einen Kranken besucht oder ihm in der Todesstunde beisteht. Als Grundlage für die gesamten Darlegungen formuliert Bayly, daß es „no true *Pietie*, without the knowledge of GOD" gibt, allerdings auch keine gute Praxis ohne Erkenntnis des Menschen von sich selbst[17]. So beginnt Bayly mit einer ausführlichen Darstellung der Gotteslehre[18] und einer anschließenden Erörterung über den Menschen, seine Lage im Leben und nach dem Tod, zunächst sein Elend ohne Erlösung[19] und dann die Versöhnung des Christen mit Gott in Christus[20] und den Status der mit Gott versöhnten Menschen nach dem Jüngsten Gericht[21]. Sodann

---

[11] [Lewis Bayly,] The Practise of Pietie, 3rd Ed., London 1613. – Der auf dem Titelblatt fehlende Name des Verfassers findet sich am Ende der „Epistle Dedicatorie". – Vgl. dazu J. Wallmann, Philipp Jakob Spener und die Anfänge des Pietismus, 17. – Lewis Bayly, geboren in Schottland, war Prediger, Pfarrer, dann Hofkaplan in London und seit 1616 Bischof in Bangor (Nordwales). Er wandte sich von einer polemischen Theologie zu einer Erbauungsbewegung mit heftiger Kritik am Diesseits und einer eschatologisch ausgerichteten Predigt, vgl. dazu Wilhelm Maurer, Bayly, Lewis, in: RGG³ I, 947f. – „The Practise of Pietie" erschien in deutscher Übersetzung erstmalig 1629.
[12] Ebd. 3r; vgl. v, wo es „zealous *in their* Religion" heißt; später, A 4r–v, „sinceritie *of* Religion".
[13] Ebd. 6v.
[14] Ebd. A 2r.
[15] Vgl. etwa ebd. v.
[16] Vgl. etwa ebd. A 3r. Warum er die Schreibweise wechselt, läßt sich nicht erkennen.
[17] Ebd. 3.
[18] Ebd. 5–74.
[19] Ebd. 75–131.
[20] Ebd. 131–179.
[21] Ebd. 180–218.

zieht er Konsequenzen aus dieser Erkenntnis Gottes und seiner selbst für den Christen[22].

In den ersten Überlegungen weist Bayly nur einmal auf verschiedene Kronen für Märtyrer, Jungfrauen und Bekenner hin, so auf die *„Crowne* of *Pietie* and *Chastitie"* auf dem Haupt dessen, der Christus treu bekennt[23].

Erst nach diesen langen Ausführungen behandelt Bayly sein eigentliches Thema, zu dem er zunächst sieben Gründe anführt, die einen Sünder von der „practise of Pietie" abhalten[24]. Uns interessiert am meisten der erste Grund, der in der Unkenntnis der wahren Bedeutung der Schrift sowie einiger Hauptgegenstände der „Christian Religion" besteht[25]. Hier erscheint nämlich „Religion" als übergeordneter Terminus, während „Pietie" Frömmigkeit bzw. Frömmigkeitsübung bezeichnet, wie die folgenden Ausführungen zeigen. Zu den Gründen der *„Religion mistaken"*[26] gehören u.a. ein falsches Verständnis der Rechtfertigung aus Glauben allein und der Bedeutung der guten Werke, der Prädestination, des Wohlgefallens Gottes mehr über *„inward mind"* als über *„outward man"*[27], der Sakramente rein als Zeichen und „not a little hinder *Pietie"*[28] und schließlich der Benennung der Untugenden als Tugenden[29].

Beide, „Religion" und „Pietie", können allerdings auch nahe nebeneinander gerückt werden, wenn Bayly bei einem der Gründe, die die „Pietie" behindern, auf Menschen verweist, die Vorbild sein sollten, diese Aufgabe aber nicht wahrnehmen, indem sie dokumentieren, die „Religion" sei nicht nötig[30]; demgegenüber hat Gott wissen lassen (Apk 6,15f), daß Menschen in herausgehobenen Positionen „in *religion* and *piety"* vorangehen sollen[31]. In der Aussage, daß als Probe der *„religion"* eines Menschen seine Gefährten gelten und *„profane companions"* als hauptsächliche Feinde der „Piety" erscheinen[32], macht Bayly keinen Unterschied zwischen beiden Termini. Nicht eben leicht läßt sich von hierher der Ausdruck „religious Pietie"[33] verstehen. Denn eine rein menschliche Verhaltensweise so zu bezeichnen, erscheint bei Bayly nicht mehr üblich.

Zum Abschluß dieser ersten und grundlegenden Überlegungen mit der Hervorhebung des Gewichtes der Sünde spricht Bayly noch einmal von unserem

---

[22] Ebd. 218–222.
[23] Ebd. 149.
[24] Ebd. 222–300.
[25] Ebd. 222f: *„An ignorant mistaking of the true meaning of certaine places of holy Scripture, and some other chiefe grounds of Christian Religion."*
[26] Ebd. 232.
[27] Ebd. 246.
[28] Ebd. 252.
[29] Ebd. 253: „The last and not the least *blocke,* whereat *Pietie* stumbleth in the course of Religion, is by adorning *vices* with the names of *Vertues* ..."
[30] Ebd. 255.
[31] Ebd. 257, vgl. 434 „true *Pietie* and *Religion"*; es ist also auch die umgekehrte Reihenfolge möglich! Vgl. ferner 707 „duties of Religion and practise of Pietie".
[32] Ebd. 268.
[33] Ebd. 279.

Thema, wenn er eine „*formall Religion*" benennt, die keine „*sincere deuotion*" darstellt[34]; demgegenüber rät er dem Christen, in der Wahrheit seines Herzens in allen Geboten Gottes zu wandeln[35]. Nach einer Warnung vor dem Teufel empfiehlt er, für die Rettung der Seele zu sorgen, den richtigen und sicheren Weg zum Heil zu gehen und wie die klugen Jungfrauen das „*Oyle* of *Pietie*" in der Lampe zu haben[36]. Mit dieser Aussage beschließt Bayly die grundlegenden Überlegungen, um dann zu einzelnen Anweisungen überzugehen, die der Christ zu befolgen hat.

Als erste dieser Anweisungen nennt Bayly diejenigen zum Tagesbeginn und zum Verlauf des Tages mit „Pietie"[37]. Von den einzelnen uns zuweilen nicht mehr recht verständlichen Anweisungen insbesondere für den Sabbat[38] braucht hier nicht des weiteren gesprochen zu werden. Es genügt der Hinweis darauf, daß und in welchem Maße der Mensch auf sich selbst und besonders auch auf seinen Körper achten soll. Im Mittelpunkt steht freilich, auf sein Tun zu achten, bei allen möglichen Gelegenheiten zu beten, um das Leben und den Tod bestehen zu können. Bayly schließt mit einem ausführlichen Gespräch zwischen Gott und Seele nach dem Tod sowie mit einem Selbstgespräch der Seele, die die Leiden ihres Herrn betrachtet.

Die „Gottseligkeit" wird auch von Johann Gerhard (1582–1637) wirksam vertreten, der seinerseits in seinem Geburtsort Quedlinburg durch Arndt während dessen dortiger Wirksamkeit beeinflußt worden war[39]. So hat Gerhard 1612 in einer Vorrede zu Arndts „Postilla" pietistisch klingende Ausführungen formuliert und im gleichen Jahr selbst ein „Exercitium pietatis" ediert[40]. Zuvor, 1606, hatte er „Meditationes" erscheinen lassen, um die wahre „pietas" zu wecken und den „inneren Fortschritt" des Menschen zu fördern[41], wobei schon hier

---

[34] Ebd. 295f: Nach einer Mahnung, von der Sünde zu lassen, ein wahrer „Niniuete" zu sein und über die Sünden bitterlich zu weinen, fährt er fort: „Content not thy selfe with that *formall Religion*, which *vnregenerated* men haue framed to themselues, in stead of *sincere deuotion*: for, in the *multitude of opinions* most men haue almost lost the *practise of true religion*. Think not that thou art a Christian good enough, because thou dost as the *most*, and art not so *bad* as the *worst*!"

[35] Ebd. 297.

[36] Ebd. 299.

[37] Ebd. 300.

[38] Ebd. 481–591, vgl. bes. 509ff. Es geht nicht immer eindeutig aus dem Kontext hervor, ob eher der siebte oder der erste Tag der Woche gemeint ist; vgl. 487 „the Christian *Sabbath*", vgl. 498 u.ö.; bes. 493 heißt es, daß der erste Tag der vollendeten Schöpfung der Tag der Erlösung ist. Vgl. 614 „the Lords day".

[39] Franz Lau, Gerhard, Johann, in: RGG³ II, 1412f. Gerhard war nach verschiedenen Tätigkeiten, zuletzt 1615 als Generalsuperintendent in Coburg und seit 1616 Professor in Jena. – S. zu Gerhard E. Feil, Religio II, 102–111.

[40] J. Wallmann, Philipp Jakob Spener und die Anfänge des Pietismus, 12 mit Anm. 44f.

[41] Johann Gerhard, Meditationes sacrae ad veram pietatem excitandam et interiorem hominis profectum promovendum, Coburg 1606. Ihnen ließ Gerhard 1612 das schon genannte „Exercitium pietatis" folgen. – Vgl. J. Wallmann, Philipp Jakob Spener und die Anfänge des Pietismus, 12 mit Anm. 44.

beide Aspekte miteinander verbunden sind, die dann für die weitere Entwicklung zentrale Bedeutung erlangt haben, nämlich Frömmigkeit und Tugendstreben.

Während Gerhards Tätigkeit als Professor in Jena hat Johann Schmidt (1594–1658) 1621/22 bei ihm studiert[42]. Schmidt hatte also Vorläufer, als er 1640 Predigten unter dem Titel „Zelus Pietatis Oder Eiverige ubung wahrer Gottseeligkeit" veröffentlichte[43]. Zudem hat er sich später nachhaltig für die Verbreitung puritanischer Erbauungsliteratur im deutschen Sprachgebiet eingesetzt[44]. Schmidt kannte ebenfalls Johann Arndt, dessen „Postilla" er 1615 mit einem Vorwort versah und edierte. Als Lehrer in Straßburg hat er dann einen nachhaltigen Einfluß auf Spener ausgeübt[45].

Alles in allem erscheint also von der seltenen Verwendung von „pietas" im Neuen Testament her die spätere Verbreitung dieses Terminus keineswegs selbstverständlich. Doch hat die Wende zum 17. Jahrhundert für die „pietas" eine gewisse Konjunktur gebracht.

Außenseiter – Ein Exkurs

Wenn im Rahmen dieser Arbeit auch jenen Außenseitern nicht des näheren nachgegangen werden kann, die mit gewissem Recht als „Spiritualisten" bezeichnet werden[1], so soll doch wenigstens kurz Jacob Böhme erwähnt werden, der sowohl für den späteren Pietismus als auch für radikalere Entwicklungen von großem Einfluß gewesen ist. Von denen, die nachhaltig ihm gefolgt sind, soll Johannes Scheffler erwähnt werden, der katholisch wurde und sich dann kräftig an damaliger konfessioneller Polemik beteiligte. Schließlich gilt Johann Amos Comenius unsere Aufmerksamkeit, auch wenn er nicht direkt auf Spener eingewirkt hat. Denn er hat jene Förderung der Pädagogik maßgeblich in die Wege geleitet, die im Bereich des Pietismus dann August Hermann Francke aufgenommen hat, der seinerseits die pädagogischen Bemühungen im Pietismus wesentlich initiiert hat.

---

[42] Ebd. 5. – Dieser Professor und Kirchenpräsident stand seinerseits in einer langen Tradition, die streng lutherische Theologie mit persönlicher Frömmigkeit zu verbinden suchte. Diesbezüglich dürfte auch sein Englandaufenthalt besondere Bedeutung erlangt haben.

[43] Ebd. 8 mit Anm. 29. – Diese Schrift war mir nicht zugänglich.

[44] Ebd. 4, 23 ff.

[45] Ebd. 4 ff.

[1] Vgl. Martin Brecht, Die deutschen Spiritualisten des 17. Jhs., in: Der Pietismus vom siebzehnten bis zum frühen achtzehnten Jahrhundert, hg. von Martin Brecht (= Geschichte des Pietismus I), Göttingen 1993, 205–240.

Die Recherchen bei Jacob Böhme (1575–1624)[2] lassen sich recht kurz zusammenfassen: zwar heißt es bei ihm, der einzige Grund unserer „Religion" sei, Christus zu lieben[3]; auch soll man seines Erachtens nicht über die „christliche Religion" disputieren, die in der „Wiedergeburt aus Christus" besteht[4]. Doch finden sich keine Hinweise auf eine Verinnerlichung der „Religion" als solcher. Die „wahre Religion" im Sinne „lebendiger, thätiger Kraft" zu verstehen, vom „Grund des Herzens" zu begehren, was man weiß[5], stellt kaum mehr als einen Anflug einer von der Tradition abweichenden Bedeutung des Terminus „Religion" dar.

Untersucht wurde auch Johann Scheffler, bekannt unter dem Namen Angelus Silesius (1624–1677)[6]. Selbstverständlich kennt er „Religion" und unterscheidet

---

[2] Jacob Böhme war zunächst als Schuhmachermeister und dann als Händler in Görlitz tätig. Zugleich hat er aufgrund eines Visionserlebnisses mystische Schriften verfaßt. Das deswegen 1613 erfolgte Schreibverbot beachtete er seit 1618 nicht mehr. Sein Bestreben galt der Wiedergeburt und einem aus ihr resultierenden Leben des Menschen in intensiv erfahrener Verbindung mit Gott bzw. Christus.

[3] Jacob Böhme, De Electione Gratiae, Von der Gnadenwahl oder Von dem Willen Gottes über die Menschen (1623), in: Theosophia Revelata. Oder: Alle Göttliche Schriften, 1730, ND: Sämtliche Schriften. Faksimile-Neudruck der Ausgabe von 1730 in elf Bänden, hg. von Will-Erich Peuckert, Stuttgart 1955–1961, hier Bd. 6 (= XV) Cap. 13 Nr. 23, S. 223. – Die Angabe mit der Sigle Bd. bezieht sich auf den Neudruck, die römische Ziffer in Klammern bezieht sich auf die Bandzahl von 1730, ebenso die Seitenangabe.

[4] Jacob Böhme, Libri Apologetici, oder Schutz-Schriften wieder Balthasar Tilken (1621), in: ebd. Bd. 5 (= X), Vorrede Nr. 65, S. 11.
Auch wendet sich Böhme gegen die „vermeinte Religion", in der man streitet, verbunden mit der irrigen Annahme, man habe bereits die „wahre Religion", Jacob Böhme, Epistolae Theosophicae, oder Theosophische Send-Briefe (1618–1624), in ebd. Bd. 9 (= XXI) Brief 31 Nr. 13, S. 111. Vgl. auch die gleiche Kritik hinsichtlich der „vermeineten Religionen", ebd. Brief 38 Nr. 13, S. 130.

[5] Jacob Böhme, Apologia II: contra Balth. Tilken, oder Die Zweyte Schutzschrift, Wieder Balthasar Tilkens ... über einige Puncte, im Buch von der Menschwerdung JEsu Christi angefochten (1621), in: ebd. Bd. 5 (= X) Nr. 60, S. 118: „Dann die wahre Religion stehet nicht allein in äusserlichen Worten im Schein, sondern in lebendiger, thätiger Kraft, daß einer dasselbe, was er weiß, begehret von Grund des Hertzens, in der Liebe gegen den andern zu vollbringen." Vgl. auch die differenzierte Aussage bei Jacob Böhme, Christosophia oder Der Weg zu Christo verfasset in Neun Büchlein. Das vierte Büchlein. De Regeneratione oder Von der Neuen Wiedergeburt, in: ebd. Bd. 4 (= IX) Cap. 8, S. 139f:
„1. DIe gantze Christliche Religion stehet in deme, daß wir uns lernen erkennen, was wir sind, von wannen wir kommen sind; wie wir aus der Einigung in die Uneinigkeit, Bosheit und Ungerechtigkeit eingegangen, wie wir dieselbe haben in uns erweckt. Zum andern, wo wir in der Einigung sind gewesen, da wir Kinder GOttes waren. Zum dritten, wie wir ietzund in der Uneinigkeit sind, in dem Streit und Wiederwillen. Zum vierten, wo wir hinwallen aus diesem zerbrechlichen Leben (Wesen). Wo wir mit dem Unsterblichen hin wollen, und dann auch mit dem Sterblichen.
2. In diesen vier Puncten stehet unsere gantze Religion zu lernen, aus der Uneinigkeit und Eitelkeit zu kommen, und wieder in Einen Baum, daraus wir in Adam kommen sind, einzugehen, welcher ist Christus in uns. Wir dörfen um nichts streiten, haben auch keinen Streit; Lerne sich nur ein ieder üben, wie er wieder möge in die Liebe GOttes und seines Bruders eingehen."

[6] Johannes Scheffler, geboren in Breslau, studierte u.a. in Leiden Medizin und kam dort mit den Mennoniten zusammen. Seit 1649 war er Leibarzt des Herzogs von Oels. Bedeutsam aber war die Berührung mit Interessenten der Mystik und hier bes. mit einem Freund Böhmes. 1653 trat er zur

„wahre" und „falsche Religion"[7]. Er verwendet, freilich kritisch, sogar „politische Religion"[8]. Aber sein spezielles Anliegen gilt nicht der „Religion".

Die Zurückhaltung gegenüber dem Terminus „Religion" wird also für den hier untersuchten Zeitraum nicht nur durch den Pietismus, sondern auch und vor allem durch Jacob Böhme und zudem durch Johann Scheffler alias Angelius Silesius geübt. Daraus läßt sich der Schluß ziehen, daß die Mystik und auch der Spiritualismus, wie man die an erstere anschließenden Richtungen auch bezeichnen mag, nicht direkt, wohl aber auf nachhaltige Weise indirekt zu einer neuen Konzeption der „Religion" beigetragen haben, indem durch sie die Suche nach dem Weg in die Innerlichkeit wichtige Impulse erhält.

Gerade weil er sich nicht in eine eng umgrenzte Gruppe einreihen läßt, verdient Johann Amos Comenius (1592–1670)[9] unsere Aufmerksamkeit.

Bereits eine erste Einsichtnahme in seine Werke zeigt, daß er eher von „pietas" gesprochen hat[10]. Doch nimmt er verschiedentlich auch zur „religio" Stellung.

---

kath. Kirche über und wurde 1661 Priester. Er wurde besonders bekannt durch Gedichte, die von der Mystik geprägt sind, aber auch durch polemische Schriften.

[7] Johannes Scheffler, Ecclesiologia oder Kirche-Beschreibung, Neyß und Glatz 1677, Ander Theil LIX, zur „ReligionsVergleichung", daß es keine „falsche Religion" geben würde ohne die „Wahre"; vgl. auch 917.

[8] Ebd. 1214f: „Es finden sich Leute / und Leider itziger Zeit gar sehr viel / welche man Politicos oder politischer Religion nennt: Mit recht aber eversores omnis bonae Politiae und die allerschädlichsten Ketzer nennen sollte. Denn es sagen diese Ketzer, es sey gar keine Ketzerey / es sei nur ein unnöthiges Pfaffen-Gezänk und Narrentheidung / daß man umb die Religion streite / wenn man nur im Grunde einig sey / und an Christum glaube / so dürfte man sich des andern nicht annehmen / man könne gleich wolseelig werden: Halten es derowegen nach gelegenheit von aussen bald mit dieser bald mit jener Religion; ins Hertzen aber verlachen sie alle. Solche hat der sogenandte *Moyses Amyraldus* gar tieffsinnig und weitläufig widerlegt".

[9] Johann Amos Comenius, geboren in Mähren, war nach seinem Theologiestudium in Herborn und Heidelberg Pfarrer und Lehrer in seiner Heimat. Durch die Gegenreformation vertrieben, wirkte er von 1627 an in Lissa/Polen und war dort seit 1648 Bischof. Reisen führten ihn nach England und Schweden; der Auftrag, in Siebenbürgen pädagogisch tätig zu sein, führte zu keinem Erfolg. Nach der Zerstörung Lissas 1656 lebte er in Amsterdam. Aufgrund seiner universalen Bildung, seiner Zuneigung zu mystischen Strömungen und seinen pädagogischen Interessen verfaßte er zahlreiche Werke, mit denen er auf die Dauer auch eine beträchtliche, vor allem pädagogischeWirksamkeit erzielte.

[10] Johann Amos Comenius, Didactica Magna Universale Omnes Omnia docendi artificium exhibens, Ad Lectorem, in: Ausgewählte Werke, hg. v. Klaus Schaller, I–III, Hildesheim-New York 1973–1977, I, A 4 r, wo Comenius als besonderes Anliegen hervorstellt, „Literatura vera, Mores svaves, Pietas intima" fördern zu wollen. Vgl. dazu ebd. cap 24; in: ebd, 90–95 (137–148). – Im Folgenden werden zunächst der Band der benutzten Ausgabe in römischer Ziffer und die Unterteilung des zweiten Bandes in arabischer Ziffer, in Klammern die dort beigefügten Seiten der jeweiligen Originalausgabe genannt. Zur Orientierung werden auch, soweit solche vorhanden sind, die einschlägigen Kapitel mit der Sigle cap. und die Abschnitte mit der Sigle nr. angegeben; sie werden durch Semikolon von der Angabe des Bandes und der Seite getrennt.

Zur „Pietas" vgl. auch ders., Schola Infantiae, Sive De provida Juventutis primo sexennio Educatione, cap. 4 nr. 6; I 126 (208/209), cap. 10; 140–143 (236/237–242/243).

Er läßt sie in der Natur des Menschen begründet sein gemäß der Tatsache, daß der Mensch Bild Gottes ist[11].

In seiner als „Weckruf" gedachten „Panegersia" nennt Comenius „*Wissenschaft* (eruditio), *Politik* (politia), *Religion* (religio)" als die drei Dinge, die er besonders hervorheben will[12]. Im Folgenden erläutert er sie des näheren[13]; die „Religion" sieht er in Abhängigkeit von der Annahme der Existenz Gottes, wobei diese Annahme den Menschen ins Herz geschrieben ist[14]. Denen, die sich an den „Pomp äußerlicher Riten" gehängt haben, wirft er vor, die *„Maske einer Religion für die wahre Religion"* gehalten zu haben[15]. Auch beklagt er verschiedene *„Stifter der Religion, der wir getrennt in Sekten folgen"*[16]. Dabei versteht er, und darin liegt seine besondere Konzeption, die „Religion" als „Umgang der Seele mit Gott"[17]. Es gilt daher, die „Relgion", die *„unter den menschlichen Dingen am meisten göttlich ist"*, auch mit der ihr einzig angemessenen Methode zu verbreiten, die *„göttlich"* ist, *„wie sie Gott selbst, auf den sich die Religion richtet, anwendet"*[18]. Gott aber zwingt nicht, er lädt ein, insbesondere, „unsere heftigen Religionskriege" zu überwinden[19].

Eher tradierten Bahnen folgt Comenius in seinen Überlegungen, die er gegen Ende seines Lebens über das „Einige Nothwendige" verfaßt hat[20]. Die „Religion", eigentlich Band der Gemeinschaft[21], wurde durch die Vielheit der Sprachen, die Gott beim Turmbau zu Babel über die Menschen verhängt hat, ihrerseits zu einer Vielheit der „Religionen", „da ein iedes besonders wohnendes Volk seine eigenen Gebräuche, Ceremonien und Meynungen des Gottesdienstes

---

[11] J. A. Comenius, Didactica Magna, cap. 5 nr. 18; I 34 (31/32): „Religionis radices inesse Homini a natura eo demonstratur, qvod *Imago Dei* est. Imago enim similitudinem infert".

[12] Johannes Amos Comenius, Panegersia, Vorrede nr. 6; III 19 (5).

[13] Ebd. cap. 4; 48–56 (39–47).

[14] Ebd. cap. 5 nr. 19–22; 65f (56f).

[15] Ebd. nr. 23; 66 (57).

[16] Ebd. nr. 25; ebd.

[17] Ebd.: „Wenn wir die noch besonders betrachten, *die einer Religion vorstehen oder Stifter der Religion, der wir getrennt in Sekten folgen, gewesen sind, so offenbart sich nur eine Verderbnis*. Niemand kann ohne genaue Kenntnis etwas lehren. Niemand ist geeignet, Religion, d.h. Umgang der Seele mit Gott, zu lehren, wenn ihm nicht Gott vertraulich in engster Verbindung, durch Gespräch und Eingebung, bekannt ist."

[18] Ebd. nr. 27; 67 (58).

[19] Ebd.; diesem Aspekt widmet sich Comenius im folgenden; zur „Religion" vgl. bes. cap. 6 nr. 13–18; 75–77 (66–68), cap. 7 nr. 15–21; 86–88 (77–79), nr. 36; 93 (84).

Zu diesem Terminus vgl. auch Johann Amos Comenius, Liber Librorum ceu Bibliotheca portatilis, hoc est Lexicon Reale Pansophicum, II 2; 22; vgl. auch Johann Amos Comenius, Pansophiae Gradus VII, bes. cap. 4; II 2, 25–33, 43–53.

[20] [Johann Amos Comenius,] Das Einige Nothwendige, Nemlich Wissen, was dem Menschen im Leben, im Tode und nach dem Tode nothwendig sey: Welches Der durch unnöthige Dinge der Welt abgemattete, und nun nach dem einigen Nothwendigen strebende Alte Johann Amos Comenius in seinem 77sten Jahr der Welt zu bedenken vorleget. Aus dem Lateinischen aufs neue übersetzt, Leipzig 1725, II 1, 209ff.

[21] Ebd. cap. 1 nr. 15; 222 (28f).

ausgesonnen hat" mit der Folge der „Viel-Götterey"[22]. Es gilt, die vielen „Religionen" wieder „zu dem Anfang des Weges, davon sie abgewichen sind", zurückzuführen, nämlich „zu jener ersten Religion, welche der erste Mensch von seinem und unserm Schöpfer empfangen hat" und die die „einfältigste" gewesen ist, in welcher der Schöpfer sich geoffenbart hat[23]. So wundert die Feststellung nicht, daß die „Christliche Religion" den einzigen Weg zur Wahrheit führt[24]. Als „Religion" bestimmt Comenius daher, Gott zu glauben[25].

Vermerkt zu werden verdient aber, daß Comenius dort, wo er seine eigene Sicht des Menschen formuliert, nicht von ‚Religion' spricht, nämlich in seiner Erörterung über das „Paradis des Hertzens"[26]. In diesem Buch äußert er sich über die „Vereinigung mit Christo"[27], über die „innere Kirche"[28] sowie über die Ordnung der „innerlichen Christen"[29]. Dabei mahnt er zu einem „Gottesdienst", in dem, wie er Gott sagen läßt, „du mir in der Stille dienst, und dich an keine Ceremonien bindest, denn ich binde dich nicht an dieselben"[30]. Wenn er aber in diesem Text von „Gottseligkeit"[31] spricht, so vermeidet er eben damit ‚Religion'. In seiner besonderen Intention verwendet also Comenius diesen Terminus offensichtlich nicht. Dies bedeutet, daß er seinen Weg zum Inneren noch nicht mit diesem Terminus verbindet[32].

Der frühe Pietismus

Philipp Jacob Spener

Der Pietismus wurde durch private Zusammenkünfte initiiert, die Philipp Jacob Spener (1635–1705)[1] als Pfarrer und Senior in Frankfurt, angeregt freilich durch

---

[22] Ebd. cap. 2 nr. 9; 228 (53f).
[23] Ebd. cap 8 nr. 1f; 277f (239–243).
[24] Ebd. cap. 1 nr. 17; 222f (30f).
[25] Ebd. cap 6 nr. 4; 258 (163), hier, (162f), zusammen mit der Philosophie, die die Dinge betrachten und zu einer vernünftigen Regierung führen soll, und der Politik, die das Beisammenwohnen der Menschen regeln soll. Vgl. diese Dreiheit auch cap. 9 nr. 6; 291 (293ff).
[26] Johann Amos Comenius, Ubergang aus dem Labyrinth der Welt in das Paradis des Hertzens, So ehemals Johann Amos Comenius in Böhmischer Sprache beschrieben; Nun aber von einem Liebhaber ... ins Deutsche übersetzt, Leipzig 1738.
[27] So in der Überschrift zu cap. 3, in: ders., Opera II 1, 108 (12).
[28] So ebd. in der Überschrift cap. 5; 114 (36).
[29] So in der Überschrift 8; 121 (65).
[30] Ebd. cap. 3; 111 (23).
[31] Ebd. 112 (27); hiermit wird üblicherweise ‚pietas' übersetzt.
[32] Die Durchsicht von Johann Amos Comenius, Die Uralte Christliche Catholische Religion, In kurtze Frag und Antwort verfasset. Vor alle Christen-Menschen Alt und Jung, seliglich zu gebrauchen, Amsterdam 1661, ND Hildesheim 1982, ergab keinen Befund; „Religion" im Titel bleibt also eine typische Bezeichnung der Tradition, ohne daß es um sie des Näheren gegangen wäre.

[1] Der Elsässer Philipp Jakob Spener, der sich schon im Elternhaus nachhaltig mit der Erbauungs-

verschiedene Einflüsse und gefragt von Bürgern dieser Stadt, seit 1670 zur Vertiefung des Glaubens veranstaltet hat. Wenn diese auch nicht öffentlich waren, so wollte er sie gleichwohl als kirchliche verstanden wissen, und dies im erklärten Gegensatz zu manchen anderen Unternehmungen. Heftig wehrte er sich gegen Verdächtigungen und Vorwürfe, separatistische Tendenzen zu verfolgen, was etwa bei dem ihm gut bekannten Jean de Labadie (1610–1674) der Fall war; dieser hatte schon Konventikel um sich gesammelt, als er noch katholischer Priester in Frankreich war. Nach dessen Übertritt zur reformierten Kirche besuchte ihn Spener, als er in Genf Prediger wurde. Gerade seinetwegen sah sich Spener gezwungen, sich deutlich abzugrenzen.

Die „Practise of Pietie" von Bayly war in deutscher Übersetzung in Speners Elternhaus vorhanden[2]; sie hat Spener von Jugend an mit am meisten beeinflußt. Ebenso tief reichte der Eindruck, den Spener von dem zweiten, gleichfalls in seinem Elternhaus vorhandenen englischen Erbauungsbuch erhielt, das unter dem Namen Emanuel Sonthomb bekannt war und den Titel „Güldenes Kleinod der Kinder Gottes" trug[3]. Dieses Buch stellt die Übersetzung eines Textes dar, der von dem englischen Jesuiten Robert Persons verfaßt und von dem anglikanischen Theologen und Domherrn zu York Edmund Bunny protestantisch überarbeitet worden war[4]; er fand nach der Übertragung ins Deutsche durch Emanuel Thomson, der als Pseudonym Sonthomb wählte, weiteste Verbreitung[5].

Diese Einflüsse dürften zeitlich vor denjenigen gelegen haben, die Spener von Johann Arndt erhalten hat[6], der dann später von größter Bedeutung war und der auf Speners „Pia desideria" nachhaltig eingewirkt hat.

Über Schmidt und Arndt hat Spener zugleich auch tiefe Einflüsse von der deutschen Mystik und hier besonders von Johann Tauler empfangen. Ohne diesen ist auch Arndt nicht zu denken.

So konnte Luther später zur Entlastung herangezogen werden, wenn Spener diesbezüglich angegriffen wurde[7]. In welchem Maße auch Arndt von Tauler be-

---

literatur vor allem Johann Arndts vertraut gemacht hatte, studierte seit 1651 in Straßburg Theologie, unterbrochen durch eine Hauslehrerzeit, reiste seit 1659 nach Basel, Stuttgart und Tübingen, wurde 1663 Prediger am Straßburger Münster und ging 1666 als Pfarrer und Senior nach Frankfurt, 1686 als Oberhofprediger nach Dresden und 1691 als Propst nach Berlin.

[2] Johannes Wallmann, Philipp Jakob Spener und die Anfänge des Pietismus, 24.
[3] Ebd. 16, 18, zur Bekanntheit in Speners Elternhaus, ebd. 24.
[4] Ebd. 19.
[5] Zur Aufdeckung der Urheberschaft vgl. ebd. 18f.
[6] Vgl. ebd. 48f mit dem Hinweis, daß Arndt bereits in der Bibliothek in Speners Elternhaus vertreten war, Spener selbst aber so früh Arndt gegenüber den englischen Autoren nicht bevorzugt hat, vgl. 53.
[7] Vgl. Philipp Jacob Spener, Natur und Gnade / Oder der Unterscheid der Wercke / So aus natürlichen kräfften und aus den gnaden-würckungen des Heiligen Geistes herkommen / und also eines eusserlich erbarn und wahrhafftig Christlichen gottseligen lebens / nach der regel Göttlichen Worts einfältig aber gründlich untersucht, Franckfurt am Mayn 1687, in: ders., Schriften IV, hg. v. Erich Beyreuther, Hildesheim 1984, Vorrede (c 9v), 464; vgl. (365), 833. – Speners Schriften werden im folgenden zitiert durch Angabe der Bände der Schriften, die seit 1979 erscheinen, in lateinischer und der Teilbände in arabischer Ziffer; sind die Teilbände noch einmal unterteilt, so werden sie durch / und

einflußt wurde, zeigt sich in dessen 1610 erstmals vollständig erschienenen und immer wieder aufgelegten „Vom Wahren Christenthum"[8] deutlich. Immerhin diente der Rekurs auf Luther Spener dazu, sich gegen Angriffe etwa von seiten Lucas Osianders zu verteidigen, er habe es an Orthodoxie fehlen lassen[9].

„Pietas" und „Gottseligkeit"

Schon mit der nicht einfach selbstverständlichen Wahl seines Titels „Pia desideria" schließt sich Spener der Tradition Gerhards, Baylys, aber auch Schmidts an. Allerdings verwendet er das Adjektiv „pius". Wenn er dies im Titel selbst mit „hertzlich" übersetzt, weicht er von der gängigen Wortwahl „gottselig" ab, die er in seinen Ausführungen dann durchgängig verwendet; regelmäßig sagt er nämlich in Zitaten der verschiedensten Autoren so offenkundig „Gottseligkeit" bzw. „gottselig"[10], daß dieses Wort schon von hierher eine herausragende Bedeutung erhält. Hinzu kommt dessen Verwendung in weiteren Zitaten[11] sowie in eigenen Ausführungen[12]; dabei überwiegt eindeutig das Adjektiv „gottselig"[13].

Spener steht also in solchen Traditionen, wenn er selbst wie andere mit ihm der Intensivierung christlichen Lebens Impulse zu geben sucht. Wenn er dabei Anregungen der deutschen Mystik, auf das Innere zu achten, sowie der vornehmlich

---

nochmalige arabische Ziffer kenntlich gemacht (also: 1/1 bis zu 2/3). Dann folgt die Seitenzahl in arabischer Ziffer. Sind die Bände dieses Neudrucks neu paginiert, wird in Klammern zunächst die Originalpaginierung und dann die Seite der Schriften angegeben.

[8] J. Wallmann, Philipp Jakob Spener und die Anfänge des Pietismus, 247f. Zur Verbreitung dieses Werkes von Arndt vgl. ebd. 14f sowie Christian Braw, Bücher im Staube. Die Theologie Johann Arndts in ihrem Verhältnis zur Mystik, Leiden 1986. Auch Spener hat 1674 dieses Buch von Arndt ediert, vgl. Wallmann, ebd. 247. Arndt hat auch andere Bücher Taulers rezipiert, vgl. ebd. 257f.

[9] Ebd. 247f. Wallmann gibt keine genauere Datierung an, seit wann Spener sich insbesondere auch für Tauler interessiert hat.

[10] Philipp Jacob Spener, Pia Desideria: Oder Hertzliches Verlangen / Nach Gottgefälliger Besserung der wahren Evangelischen Kirchen / sampt einigen dahin einfältig abzweckenden Christlichen Vorschlägen / ... Sampt angehengten Zweyer Christlichen Theologorum darüber gestellten / und zu mehrer auferbauung höchstdienlichen Bedencken, Franckfurt am Mayn MDCLXXX, in: ders., Schriften I.

„Pius" ist übersetzt mit „gottselig" im Zitat von Christoph Scheibler (1589–1653), (20) 166, im Zitat von David Chytraeus (1531–1600), (143f) 289f; übersetzt mit „gottfürchtig" im Zitat von Tertullian, (86f) 232f; „pietas" ist übersetzt mit „gottseligkeit" im Zitat von David Chytraeus, (21) 167, im Zitat von Johann Arndt, (22) 168; mit „Gottseligkeit" im Zitat von Georgius Dorscheus (1597–1659), (58) 204 und (60) 206 (hier auch „impius" als „gottlos", im Zitat von Johann Gerhard, (133) 279; vgl. ferner die Nennung von Johann Olearius (wohl der zweite Träger dieses Namens, 1611–1684) mit der Förderung der „praxis der Gottseligkeit" in seinen Schriften, (142) 288, sowie „pietas" in einem Buchtitel von Gottlieb Spizel (1639–1691), (148) 294.

[11] So im Zitat von Balthasar Meisner (1527–1626), dessen „Pia desideria" erst 1679 publiziert wurden, vgl. Franz Lau, Meisner, Balthasar, in: RGG³ IV 832, bei Spener, aaO. (17) 163, sowie im Zitat von Hieronymus Mencelius, (25) 171.

[12] Ph. J. Spener, Pia Desideria, Vorrede ((0) 8 v) 138, (99) 245, (143) 289, (148) 294.

[13] Ebd., Vorrede ((0) 4 r) 129, ((0) 8 r) 137, ((0) 10 r) 141, hier auch „gottlosigkeit" und „gottlos"; „gottselig" ferner (2) 148, (61) 207, (69) 215, (98) 244, (109) 255, (128) 274, (136) 282, (143) 289, (145) 291, (146) 292, (154) 300, (161) 307.

englischen Erbauungsliteratur, die „Gottseligkeit" zu pflegen, aufgenommen hat, bleibt jedoch zu berücksichtigen, daß auch bei ihm nicht schon jene Emotionalität zutage treten dürfte, die sich später entwickelt hat und die nur zu leicht in diese frühe Zeit reprojiziert wird. Der Sprache Speners eignet wohl noch nicht jene spätere Empfindsamkeit, auch wenn er den *„innern oder neuen menschen"*[14] betont, der, wie es häufig bei ihm heißt, eine „wiedergeburt und erneuerung deß H. Geistes"[15] erlebt hat. Über diesen vorsichtshalber anzunehmenden Sprachgebrauch dürfen auch jene zahllosen Ausdrücke nicht hinwegtäuschen, die wir wohl mit einem anderen Pathos verbinden, so, wenn Spener „innigliche liebe"[16] sagt, wenn er von „sanfftmuth"[17], „einfältigem hertzen"[18], „zärtligkeit des gemüthes"[19], „fühlung"[20] bzw. „gefühl" des menschlichen Herzens[21], „inniglichem mitleiden", „brünstigem verlangen" oder „hertzlicherem Gebet"[22] spricht. So bleibt Vorsicht geboten, seine Rede vom „einfältigen hertzen"[23] oder von „from-

---

[14] Ebd. (151) 297, vgl. (152) 298 der „innere mensch" sowie (152) 298, (153) (irrtümlich (135)) 299 „innerlicher mensch" gegenüber dem „äusserlichen menschen", (152) 298.

[15] Ebd. (47) 193.

[16] Ebd. Vorrede ((0) 5 r) 131.

[17] Ph. J. Spener, Natur und Gnade, Anspruch, (b 10v), in: Schriften IV, 442.

[18] Ebd. (c 3) 451.

[19] Ebd. (39) 507; von „gemüth" spricht Spener öfter, vgl. z.B. ders., Der Klagen über das verdorbene Christenthum mißbrauch und rechter gebrauch / Darinnen auch Ob unsere Kirche die wahre Kirche oder Babel / und ob sich von deroselben zu trennen nöhtig / gehandlet wird, Franckfurt am Mayn MDCLXXXV, in: Schriften IV, Zu-Schrifft, (8 r) 117, ferner (6) 128, (28) 150, (91) 213, (185) 307.

[20] Ph. J. Spener, Natur und Gnade, (100) 568; hier geht es um „dieses affects Fühlung", wozu Spener des weiteren ausführt: „Daher sind einige unter rechtschaffnen Christen / welche er (sc. Gott) in sehr tieffe traurigkeit ihrer sünden führt / und etwa lange in solcher hölle hält / daß sie auch darinnen ihrem Heyland ähnlicher werden / und wol auch eine gute zeit kaum etwas von trost schmecken können / sondern lauter zorn fühlen / wodurch sie aber ihr Vater gemeiniglich so vielmehr läutert / und zu höhern graden in seiner erkäntnis und anderem wachsthum ihres innern menschen befördert / worinnen er sich auch manchmal ihres natürlichen temperaments, so zur traurigkeit geneigter / gebrauchet / oder vielmehr ihnen eben deswegen ein solches gegeben hat / so zu dem jenigen beqvemer wäre / was er mit ihnen vor hat."

[21] Vgl. auch ebd. (112) 580. Vgl. auch Philipp Jacob Spener, Die Evangelische Glaubens-Lehre / In einem jahrgang der Predigten Bey den Sonn- und Fest-täglichen ordenlichen Evangelien, auß heiliger Göttlicher schrifft / In der Chur-Fürstlichen Sächsischen schloßcapell zu Dreßden Anno 1687. In der furcht deß HERRN vorgetragen / Und auff mehrer Gottseliger hertzen verlangen in truck gegeben, Franckfurt am Mayn MDCLXXXVIII, in: Schriften III 1, 337, mit der Aussage, daß es manchmal auch bei den wahrhaft Glaubenden an dem **„fühlen des glaubens"** mangelt, „und sie mit solcher unempfindlichkeit geängstiget werden / daß dannoch gottselige hertzen gewiß versichert seyn können / daß sie von wahren glauben haben". Zum Fühlen der Freude in der Seele vgl. ders., Natur und Gnade, (79) 547, sowie im folgenden immer wieder, so bes. (109ff) 577ff. Auch von „betrübnis" ist immer wieder die Rede, vgl. z.B. ebd. (99) 567. Selbst wenn die zitierten Aussagen und verschiedene Partien in „Natur und Gnade" mehr den emotionalen Aspekt zu betonen scheinen, so dürften sie doch wie die in den „Pia Desideria" zur Zeit Speners noch nüchterner geklungen haben.

[22] Die zuletzt genannten Formulierungen vgl. Ph. J. Spener, Der Klagen über das verdorbene Christenthum mißbrauch, (9) 131.

[23] Ph. J. Spener, Pia Desideria, Vorrede, ((0) 10 r) 141.

mer hertzen verlangen"[24] schon mit jenem emotionalen Klang zu hören, den sie dann im 18. Jahrhundert erreicht. Wollte man diesen Klang schon im 17. Jahrhundert gegeben sehen, müßte man ihn eigens nachweisen können.

Eine noch nicht recht gefühlsbetonte Färbung gilt auch dem Leitbegriff „Gottseligkeit" bzw. „gottselig". Im Zusammenhang mit den Verdächtigungen gegen den „Pietismus" weist Spener nämlich jegliche „Enthusiasterei" zurück[25]. Inhaltlich bestimmt er die „Gottseligkeit" als Tun dessen, was Gott fordert und befiehlt, sich dabei auf Gottes Beistand zu verlassen und seinen Zorn zu fürchten[26]. Im Zusammenhang mit Überlegungen zum Gehorsam gegenüber Gott bezeichnet er die „Gottseligkeit" als „regel der wahrheit", wonach nichts göttliche Wahrheit sein kann, was uns nicht zur „Gottseligkeit" führt, so daß sie zugleich den Weg darstellt, auf dem man in der Wahrheit zunimmt[27]. Diese Hinweise ergeben eine gewisse Hinordnung der „Gottseligkeit" auf den kognitiven Bereich[28]. Sie liegt selbst dann vor, wenn natürlich diese „erkantnuß in göttlicher krafft recht tieff in aller euer hertzen getrucket" und auf ein Leben der Tugend ausgerichtet sein soll[29]. Ein „gottseliges leben" stellt somit ein Mittel dar, daß derjenige, der Gott für die empfangene Wohltat der Gotteserkenntnis dankt, ein um so heiligeres Leben führt, wodurch die Erkenntnis wiederum gestärkt wird[30].

Spener weiß überdies noch um die ursprüngliche Verwendungsmöglichkeit dieses Terminus, wenn er die „gottseligkeit" der oberen Stände bzw. der Räte als ein „Gott und den unterthanen treu seyn" beschreibt[31]. „Pius" war ja im Lateinischen eine Haltung der Reverenz gegenüber den Göttern wie auf der menschlichen Ebene besonders gegenüber den Eltern. Bei Spener findet sich diese Bedeutung noch, und dies sogar als Haltung der Obrigkeit gegenüber den Untergebenen.

Bestätigt wird diese Feststellung durch eine Predigt Speners über die Gottesfurcht, wo er die „Gottseligkeit" als Übersetzung von „εὐσέβεια" anführt[32]. In diesem Zusammenhang stellt er auch klar, daß diese Gottesfurcht bzw. „Gottseligkeit" keinen Widerspruch darstellt zu der biblischen Weisung, ohne Furcht, nämlich ohne „knechtische furcht" zu leben; „φόβος θεοῦ" und „ἀφοβία" las-

---

[24] Ebd. (72) 218.
[25] Philipp Jacob Spener, Letzte Theologische Bedencken und andere briefliche Antworten (1667–1705), Halle MDCCI, III, in: Schriften XV 2, 307, vgl. 550. Vgl. auch ebd. I, in: Schriften XV 1, 249.
[26] Philipp Jacob Spener, Einfältige Erklärung Der Christlichen Lehr, Franckfurt 1677, in: Schriften II 1, 320f.
[27] Philipp Jacob Spener, Die Evangelische Lebens-Pflichten In einem Jahrgang der Predigten (1687–1688), Franckfurt MDCXCII, in: Schriften III 2/1, 3.
[28] Vgl. ebd. III 2/2, 237 mit der Aussage, daß „ein **heiliges und gottseliges leben** ein stattliches mittel" ist, „sich vor verführung falscher lehr zu verwahren".
[29] Ebd. III 2/1, 4.
[30] Ebd. 444.
[31] Ph. J. Spener, Natur und Gnade, (310) 778.
[32] Philipp Jacob Spener, Die Evangelische Lebens-Pflichten, in: Schriften III 2/2, 90–109, bes. 90f; vgl. auch 111 die Entgegensetzung von „fromm" bzw. „gottselig" und „gottlos".

sen sich also gleichermaßen üben[33]. Damit ist hier wie immer bei Spener „gottseligkeit" eindeutig bestimmt. Sie ist nicht schon mit der „seeligkeit"[34] als eschatologischer Vollendung des Menschen identisch und darf daher mit ihr nicht einfach gleichgesetzt und verwechselt werden.

Schließlich dürfte sich eine gewisse sachlich-unemotionale Färbung in Speners Sprache an jenen Worten zeigen, die uns in besonderer Weise spezifisch und typisch für den Pietismus erscheinen, nämlich an „erbauung"[35] bzw. „erbaulich"[36]. Denn Spener sagt durchaus, wenn auch nicht eben häufig, noch „auferbauung"[37]; und in einer Randbemerkung wird das lateinische Äquivalent „aedificatio"[38] beigefügt. Es ist also schwerlich die Färbung ‚rührend' oder gar ‚rührselig' anzunehmen, wenn Spener das „erbauliche gespräch"[39] gepflegt wissen will. Sie dienen dem ‚Aufbau', der wesentlich ein ‚innerer Aufbau' zu einem wirklichen Christenleben ist, aber nicht schon einfach der ‚Erbaulichkeit', der Rührung ‚frommer Seelen'.

„Religion"

Keineswegs zufällig blieb unser Thema bislang unerwähnt. Nicht nur bei den behandelten Aspekten, sondern generell widmet Spener ihm keine besondere Aufmerksamkeit. Um so mehr dürfen wir davon ausgehen, daß er den zu seiner Zeit üblichen Sprachgebrauch unreflektiert und unpointiert wiedergibt.

Wo Spener von „Religion" spricht, meint er bevorzugt „Konfession". Er verwendet nämlich diesen Terminus insbesondere im Zusammenhang mit Auseinandersetzungen zwischen Lutheranern und Reformierten. Doch schon hier gilt eine entscheidende Einschränkung: „Religion" bedeutet für Spener grundsätzlich und durchgängig „wahre Religion"[40] nicht nur im Unterschied zu „anderer" bzw. „unterschiedener Religion", sondern zu „falscher Religion" bzw. deren Plural „anderen", genauerhin „falschen Religionen"[41]. „Religion" bedeutet „rechte", „reine", „wahre / unverfälschte Christliche" bzw. „allein-seligmachende Religion"[42] im Unterschied zu „widriger", „irriger", „unrechter Reli-

---

[33] Ph. J. Spener, Pia Desideria, (47f) 193f; vgl. ders., Die Evangelische Lebenspflichten, in: Schriften III 2/1, 240–257 über die „Vorbereitung zum tode", hier auch verschiedentlich über den „seligen tod".

[34] Ph. J. Spener, Natur und Gnade, (336) 804, mit der Aussage, „ob wäre die wahre thätliche gottseligkeit nicht eussert nöthig (ob wol nicht eine ursach unserer seeligkeit)".

[35] Ph. J. Spener, Pia Desideria, etwa (10) 156, (93) 239, (97) 243, (108) 254, (118) 264, (144) 290, (146) 292, (154) 300, (161) 307.

[36] Ebd. (161) 307.

[37] Vgl. etwa ebd., Vorrede, ((0) 5 v) 132; Natur und Gnade, Anspruch, (b 5r) 431. Vgl. „selige aufferbauung" ebd., (b 5r) 431; „erbauet" ders., Pia Desideria (154) 300, ferner „erbauen" (159) 305.

[38] Ph. J. Spener, Die Evangelische Lebens-Pflichten, in: Schriften III 2/1, 529, vgl. 525–529.

[39] Ph. J. Spener, Pia Desideria, (128) 274.

[40] Ebd. (5) 151.

[41] „Falsche Religion", ebd. (5) 151, (19) 165, vgl. (9) 155.

[42] „Rechte und wahre Religion", ebd. (77ff) 223ff, teils in einem Zitat; „reine Religion", ebd. (9) 155; „rechte / unverfälschte Christliche Religion", Philipp Jakob Spener, Christliche Predigt Von

gion"[43]. Die Wahrheitsfrage bleibt für Spener also unerläßlich mit der „Religion" verbunden. Die Annahme, daß ungeachtet der Tatsache, daß sich Menschen „zu einer gewissen Religion äusserlich bekennen", alle „Religion" „in dem innersten Grund alle insgesambt gleich gelten", lehnt Spener ausdrücklich ab; die Vertreter einer solchen Haltung hält er für „indifferentisten" und d.h. für „subtile Atheisten"[44]. Diese Aussage läßt zwar schon die mindestens theoretische Möglichkeit einer solchen Trennung zwischen innen und außen erkennen, doch findet sie gerade keine Zustimmung. Spener lehnt daher ebenso die Auffassung ab, die manche haben mögen, „das gehe ihn nicht an / welcher Religion er beygethan seye"[45].

Für Spener besitzt denn auch die Bemühung und Auseinandersetzung um die „wahre Religion" herausragende Bedeutung. Schließlich geht es um die Seligkeit. Dabei hält er durchaus für möglich, daß Menschen anderer Überzeugungen, die nach Kräften gottgefällig leben, die Seligkeit erlangen können; er stimmt einer solchen Erlangung des Heils außerhalb der eigenen „wahren Religion", wenn auch mit Einschränkungen, zu[46]. Doch weicht er deswegen nicht von der

---

Nothwendiger Vorsehung vor den falschen Propheten durch göttliche Gnade. Auff den 8. Sontag nach Trinitatis den 28. Julii 1667, Franckfurt am Mayn MDCLXVIII, 20; in: Schriften I, 928; „wahre / unverfälschte Christliche Religion", ders., Pia Desideria, (130) 276, im Zitat von Johann Schmidt; „allein-seligmachende Religion", ebd. (213) 359.

[43] „Irrige Religion", ders., Pia Desideria (213) 359; „widrige Religion", „irrige Religion", ders., Christliche Predigt, (21) 929; „unrechte Religion", ebd. (20) 928.

[44] Ph. J. Spener, Christliche Predigt, (81) 989.

[45] Ebd. (20) 928.

[46] Ph. J. Spener, Der Klagen über das verdorbene Christenthum mißbrauch, (48ff) 170ff; nach Ausführungen über die wahrhaftige Bekehrung als Wirkung des Heiligen Geistes, über das Wiedergeborenwerden, fährt Spener fort: „Und ob man sagen wolte / daß dergleichen auch in andern irrigen gemeinden / da noch etwas von Göttlichem wort übrig ist / geschehe / und also aller orten fast einiger heiliger saame durch Gottes gnädige krafft erhalten werde / und doch dieselbe auß solcher ursach nicht vor die wahre sichtbare kirche gehalten werden. So dienet zur antwort / daß der haupt-unterscheid dieser unter beyden seye: In der recht-lehrenden kirchen ist nicht nur das wahre wort Gottes / sondern es wird rein behalten ohne verfälschung und irrthum / welche sonsten der bekehrenden krafft des worts hinderlich seyn könnten / es wird auch niemand zu einer sünde genöthiget / sondern er kan nach den principiis seiner wahren religion Gott gefällig dienen: hingegen was darinnen unterlassen / oder wodurch die seligkeit der derselben zugethanen gehindert wird / ist alles nicht der religion und dero regulen gemäß / sondern ihnen zuwider. Dahero hindert einen solchen menschen seine religion und kirche eigentlich nicht an der seligkeit / noch nöthigt ihn zu etwas / das derselben entgegen wäre / sondern alles / wozu sie ihn eigentlich weiset / ist warhafftig gut und der göttlichen heilsordnung gemäß. In der falsch-glaubigen kirche aber ist zwar das wahre wort Gottes / so fern die Bibel übrig bleibet / es wird aber die lehr auß derselben mit irrthumen so vermischet / daß diese desselben seligmachende krafft hindern können; wer in der kirche ist / der ist verbunden / irrthumen beyzupflichten / und sie zu glauben / und den Gottesdienst auß seiner kirchen anweisung also zuverrichten / wie er nicht noch göttlicher einsetzung gemäß ist / auch einige ding vor Gottesdienst zu halten / die es nicht sind. Also sind viele hindernüssen seiner seligkeit / welche außtrücklich auß seiner religion und kirchen herkommen: wo er aber noch die seligkeit erlangt / geschicht es nit in krafft der religion, welche eigentlich dieselbe kirche wie sie sichtbar ist bekennet / sondern auß sonderlicher Gnade GOttes / der solchen irrthumen bey ihm die krafft nimmet / daß sie das göttliche liecht des glaubens in ihm nicht müssen außlöschen. Also mit wenigem mögen wir die jenige religion eine wahre religion, und die jenige kirche eine wahre sichtbare kirche nennen / in welcher der jenige /

grundlegenden Annahme ab, daß „göttliche (an sich ungebundene) gnade an äusserliches sich bindet"⁴⁷. Diese Bemerkung formuliert er im Hinblick auf die Juden und die, wie er sagen kann, „Jüdische kirche"⁴⁸: Diese war unter den sichtbaren Kirchen zunächst die einzig wahre, besaß sie doch einen „grossen vorzug vor allen Heyden", und dieser ist nach Gottes Wort bis zum Endgericht nicht völlig von ihr gewichen; damit stellt sich das Problem, daß zwar nicht alle Juden „bey solchem ihrem äusserlichen wesen selig" geworden sind, daß aber diejenigen, die „inwendig" und d.h. in einer „beschneidung des hertzens" (nach Röm 2,29) leben, die „rechte wahre und unsichtbare kirche" darstellen⁴⁹. Gleichwohl hält Spener daran fest, daß die „rechtlehrende kirche" nicht aufhört, „die wahre kirche und dero religion die wahre religion zu seyn"⁵⁰.

Diese wichtigen Präzisierungen zeigen, daß Spener „Religion" nicht einfach neutral und umfassend, sondern spezifisch verwendet. Im Grunde bezeichnet er

---

welcher solcher religion und dero kirchen anweisung treulich nachkommet / also glaubet und lebet / gewiß selig wird / hingegen krafft seiner religion und kirchen-anweisung zu keinem irrthum noch abgötterey und anderer sünde angehalten wird; ob es wol geschehen kan / daß sie dem bösen noch nicht gnug steuret / sondern manches vorgehen lässet / so göttlichem willen entgegen und ein mißbrauch ist / daher vielen eine gelegenheit bleibet / ihr heil zuverschertzen / wo sie nemlich sich solcher mißbräuche eigentlich mittheilhafftig machen / und sich zu sünde durch anderer exempel verleiten lassen: welches letztere zwar ein zimlicher gebrechen ist / und machet / daß die kirche nicht so rein und vollkommen ist / als sie seyn solte: es hebet aber ihre warheit nicht auf. Hingegen ist diejenige religion nicht eine wahre religion, und die kirche nicht die wahre sichtbare kirche / deren lehr und Gottesdienst so bewand / daß auß ihrer anweisung selbst ihre glieder zu irrthümen / abgötterey / aberglauben und sünde angehalten werden / und also vermög ihrer kirchen-verordnung nicht anders können / als solche dinge begehen / welche sündlich und der seligkeit entgegen sind. Dahero wer jener (der wahren kirchen) wahres und nach dem innerlichen ihrer erforderung gemäßes glied ist / wird gewiß selig: wer aber der andern (der falschen kirchen) glied ist / ist in so grösserer gefahr seiner seligkeit / als ein eigentlicher und ihren sätzen gemäßeres glied er ist. So meines erachtens den deutlichsten unterscheid der wahren und falschen kirchen / auch den vorzug einer obwol zimlich verderbten / jedoch wahren sichtbaren kirchen / vor der andern / zeigen mag. Worauß ferner folgt / daß / weil gleichwol in solcher wahren kirchen die göttliche mittel und also das hauptwerck übrig bleiben / Gott eine solche kirche noch allezeit vor der andern in seiner sonderbaren hut und vorsorge behalte / weil er durch jene noch in einem genauern bund mit ihr stehet / ja desto mehr langmuth gegen sie übet / biß wo sie allerdings solchen bund verwirfft / das gericht der verstossung darauff kommet."

Vgl. auch Philipp Jacob Spener, Letzte Theologische Bedencken und andere Briefliche Antworten, in: Schriften XV 1, 483: „Daß keiner in der päpstischen religion selig werden könne / ist zu viel, wol aber aus ihrer religion, et ita qua tali, wird keiner selig / sondern einige erhält GOtt durch das wenige gute / so noch von seiner warheit bey ihnen übrig ist."

Demgegenüber sagt er, ebd., für die eigene „Religion": „Wir lehren / unsre Evangelische Religion seye die allein seligmachende Religion: gestehen aber dabey / daß viele / so sich zu derselben nicht bekennen / selig sterben / aus krafft der noch bey ihnen übrigen warheit."

Vgl. schließlich ders., Christliche Predigt, (14) 922, daß „keine Religion ... so böse" ist, „daß sie nicht einige Articul behält, ... die gut geblieben sind". Es zeigt sich, wie nachhaltig Spener gerade dieses Thema der Rettung auch in falschen „Religionen" und „Kirchen" verfolgt hat.

[47] Ph. J. Spener, Der Klagen über das verdorbene Christenthum mißbrauch, (63) 185.
[48] Ebd.
[49] Ebd. (64) 186.
[50] Ebd. (65) (irrtümlich 32) 187.

mit diesem Terminus eine Konfession und hier im vollen Sinne nur die eigene Konfession, nämlich die „Evangelische religion, wie sie in ihrem völligen systemate und einrichtung der articul bestehet"[51]. Bei dieser „unsrer allein seligmachenden wahren Religion"[52] handelt es sich dann nicht schon um eine ‚innere', ‚innerliche Religion', sondern um jene sich in Handlungen und Einrichtungen manifestierende Gemeinschaft bzw. Kirche, die auf der Augsburgischen Konfession beruht, auf die Spener häufig hinweist[53]. Darüber hinaus spricht er einigermaßen häufig und somit gleichsam normal lediglich noch von der „Reformierten Religion"[54]. Deutlich seltener und mit ungleich größeren Vorbehalten spricht er von der „Romana religio"[55], der „päpstischen Religion"[56], der lediglich „ihrem vorgeben nach waren Catholischen religion"[57].

Den Plural „Religionen" spricht Spener grundsätzlich nur so an, daß er von der „wahren" die „anderen" als die „irrigen Religionen" unterscheidet und trennt[58]. Freilich mahnt er, die Vertreter anderer Überzeugungen nicht persönlich zu ächten, weil „der rechtmässige haß der Religion / die der person schuldige liebe weder auffheben noch schwächen" soll[59]. Denn wir sind „ohne Unterscheid der Religion alle Menschen zu lieben schuldig", wobei Spener ausdrücklich „nicht nur die Reformirten oder andere / welche sich zu dem Christlichen Glauben noch bekennen" nennt, „sondern auch gar alle Unglaubige / Juden / Heiden und Türcken"[60]. Hier findet sich eine der extrem seltenen Stellen, daß der Terminus „Religion" faktisch auch über Christen und Juden hinaus auf Hei-

---

[51] Ebd. (30) 152. Vgl. „Evangelische Religion" auch ders., Sendschreiben An Einen Christeyffrigen außländischen Theologum, betreffende die falsche außgesprengte aufflagen / wegen seiner Lehre / und so genanter Collegiorum pietatis, mit treulicher erzehlung dessen / was zu Franckfurth am Mayn in solcher sache gethan oder nicht gethan werde, Franckfurth am Mayn MDCLXXIII, in: Schriften I, (107) 839; aber auch ders., Pia Desideria (177) 323; vgl. auch ders., Letzte Theologische Bedencken, I, in: Schriften XV 1, 483.

[52] Ph. J. Spener, Christliche Predigt, (iiij r) 907; vgl. ders., Pia Desideria, (308) 454, ferner ebd. (213) 359.

[53] Vgl. z.B. Ph. J. Spener, Christliche Predigt, (33) 941.

[54] S. dazu u. mit Anm. 60.

[55] Philipp Jacob Spener, Consilia et Judicia theologica Latina. Opus posthumum, Francofurti MDCCIX, III, 455; „Römische Religion" vgl. ders., Christliche Predigt, (41) 949.

[56] Ph. J. Spener, Letzte Theologische Bedencken I, in: Schriften XV 1, 483.

[57] Besonders kritisch spricht Spener von dieser „Catholischen religion", die aufgrund ihrer Verfassung nach „art eines weltlichen reichs" auch mit Gewalt vorgegangen ist und viel Blut vergossen hat, Ph. J. Spener, Die Evangelische Lebens-Pflichten, in: Schriften III 2/1, 275; daß nicht nur von dieser Seite Blut vergossen worden ist, erwähnt Spener nicht.

[58] Vgl. Ph. J. Spener, Theologischer Bedencken Anderer Theil, 248: „bey andern irrigen religionen, bey Reformirten, Arminianern, Mennoniten und dergleichen", ebenso für die „päpstische", im Unterschied zu ebd. 249 für die „evangelische religion". Vgl. diesbezüglich auch die merkwürdige Formulierung von den „tres Religionum coetus", ebd. III 235.

[59] Ph. J. Spener, Pia Desideria, (117) 263.

[60] Ph. J. Spener, Christliche Predigt, (23) 931. Vgl. auch die Nebeneinanderstellung von Heiden, Türken und indianischen Brahmanen bei Ph. J. Spener, Die Evangelische Lebens-Pflichten, in: Schriften III 2/2, 232, wo er allerdings den Terminus ‚religion' nicht verwendet, wohl aber von „vielen partheyen und religionen" spricht, 238.

den und Mohammedaner bezogen erscheint. Doch stellt auch hier der Zusammenhang klar, daß die Überzeugung dieser Menschen einen legitimen „haß der Religion" finden und folglich nicht ernsthaft als legitime „Religion" angesehen werden kann und darf. Nirgends in den durchgesehenen Texten kommt denn auch eine Formulierung wie ‚heidnische' oder ‚türkische Religion' vor.

Eine gewisse Sonderstellung nehmen lediglich die Juden ein, die wegen des Zusammenhangs mit den Christen gemeinsam mit diesen als „Judische und Christliche Religion" genannt sein können[61]. Im Zusammenhang mit dem Kriterium der Wahrheit, nämlich dem Rekurs auf die Schrift, rät Spener, vom Neuen Testament her auch das Alte Testament einzubeziehen und dagegen „die Symbolische bücher aller Religionen" zu vergleichen[62]. Auch hier bedeutet die plurale Verwendung wiederum nichts anderes als die „unterschiedenen Religionen", die natürlich „falsche Religionen" sind. Nirgends ließ sich in den durchgesehenen Texten die Verwendung von „Religion" als neutraler oder gar positiver Oberbegriff nachweisen, unter dem die „evangelische" und die „anderen" zusammengefaßt sind.

Von diesem Sprachgebrauch her muß also interpretiert werden, wenn Spener in besonderem Zusammenhang feststellt, daß „die wahre Religion etwas innerliches" ist[63]. Im Kontext geht er nämlich der Frage nach, ob man „falsche religion" bzw. „falsche lehr mit gewalt vertreiben will"[64]. Abgesehen davon, daß man bei Anwendung von Gewalt entweder Heuchler oder Märtyrer schafft[65], steht den Predigern wie schon den Aposteln „keine herrschafft uber den glauben und die seelen" zu, und wenn schon diesen nicht, dann noch ungleich weniger den „Obrigkeiten, dero gewalt weltlich ist"[66]. Somit darf in „Religions-sachen" keinesfalls „äusserliche gewalt" gebraucht werden[67]. Unter Berufung auf biblische Texte hebt Spener vielmehr hervor, daß Gott „im geist und in der wahrheit" (Joh 4,24) geehrt werden muß und der wahre Christ sich nicht „in dem äusserlichen" zeigt, „sondern es liget alles an dem innerlichen". Spener fährt nach einigen Hinweisen auf weitere Bibelverse mit der eben zitierten Aussage fort, daß die „wahre Religion etwas innerliches" ist und schließt daran an, daß die Mittel ihrer För-

---

[61] Ph. J. Spener, Christliche Predigt, Widmung, (iijr) 905, s. den o. zit. Zusammenhang.
[62] Ph. J. Spener, Pia Desideria, (222) 368; vgl. auch „andere secten und falsche religionen"; ders., Der Klagen über das verdorbene Christenthum mißbrauch, (84) 206, ferner ebd. (58) 180 u.o.
[63] Ph. J. Spener, Die Evangelische Lebens-Pflichten, in: Schriften III 2/1, 274.
[64] Ebd. 272.
[65] Ebd.
[66] Ebd. 273; ders., Christliche Predigt, (11) 919; vgl. ebd. (21) 929: „Was aber falsche Religionen anlangt / sollen sie [sc. die Obrigkeit als „Säugammen" der Kirchen] dieselbige nicht auff einigerley Weise hegen / oder zu dero Religions-Ubung einige Beförderung thun / vielmehr aber nach aller Müglichkeit sie hindern. Denn ob wir schon sonsten zu einiger Verfolgung widriger Religion niemand anhetzen oder Lärmenbläser werden wolten: So muß doch gleichwol gesagt werden / daß alle der falsche Gottesdienst / der von irrigen Religionen geübet wird / und von der Obrigkeit hätte verhütet werden / ihnen selbst auff dem Gewissen ligt / gleich ob hetten sie gehollfen."
[67] Ph. J. Spener, Die Evangelische Lebens-Pflichten, in: Schriften III 2/1, 274.

derung dementsprechend sein müssen; denn sie sollen in die Herzen eindringen[68].

Man darf diese Aussagen zum „innerlichen"[69] deswegen nicht überziehen, weil Spener sehr unbefangen und durchgängig von der Wiedergeburt und Erneuerung sowie dem hieraus resultierenden „wachsthum" spricht, das sich in Früchten und Nutzen äußert[70]. Auch die biblische Weisung an die Nachfolgenden, „ihre gute wercke sehen" zu lassen (Mt 5,16)[71], greift Spener auf und gibt sie weiter als Mahnung, **„wercke der liebe"** zu üben[72]. Er hat also keineswegs gegen „wercke" einen Vorbehalt, wenn sie aus der Liebe, aus dem Herzen kommen, sondern nur dann, wenn sie heuchlerisch und in diesem Sinne ‚rein äußerlich' sind. Es kann somit nicht verwundern, wenn Spener den Kirchenvater Justin zitiert, wonach „unsere Religion ... nicht in worten / sondern in thaten" besteht[73].

In welchem Maße die „Religion" öffentliche Relevanz besitzt, zeigt Spener mit der näheren Erörterung der Frage, ob die Frankfurter Obrigkeit den Reformierten „ein öffentliches Exercitium ihrer Religion" gestatten muß oder nicht: Mit einer Reihe von Argumenten untermauert er seine Ansicht, daß ihnen „solche öffentliche Religions-Ubung" nicht gestattet werden muß[74]. Denn obwohl sie in Frankfurt bereits einmal „eine freye Religions-Ubung und Kirch" besaßen und obwohl nun der Osnabrücker Friede auch der „Reformirten Religion" offizielle Anerkennung zugebilligt hatte[75], sieht Spener keinen Anlaß, nun für eine erneute Genehmigung in der Stadt Frankfurt zu plädieren. Auch der Hinweis, daß den Juden „zu ihrem Gottlosen Dienst die Freyheit" gegeben wurde, verfängt nach Meinung Speners nicht. Denn diese „Freyheit und Synagogen" besteht schon lange, so daß dieses Recht nunmehr nicht genommen werden soll,

---

[68] Ebd.; der wichtige Text lautet: „Ist die Religion in sich selbs etwas innerliches / das GOTT allein in den hertzen würcken kann / und muß. Man muß GOTT im Geist und in der wahrheit anbeten / soll es ihm anders gefällig seyn / Joh. 4/24. das muß also Gott selbs ins Hertz geben. So wenig ein wahrer Jud nur der äusserliche ist / sondern der es innerlich ist / Rom. 2/28. 29. 5. Mos. 30/6. eben so wenig / ja vielweniger ist ein wahrer Christ in dem äusserlichen / sondern es liget alles an dem innerlichen / Ps. 110/3. es muß heissen: Dein volck muß dir williglich opffern in heiligem schmuck. Psal. 31/33. GOttes gesetz und auch seine erkäntnus muß in das hertz und in den sinn innerlich geschrieben werden. Es liget alles an dem inwendigen menschen / Eph. 3/16. daß wir daran starck werden. Weil dann das gantze Christenthum und die wahre Religion etwas innerliches / und das von Göttlicher würckung dependiret / ist / so folget sobald / daß die mittel / welche zu dessen pflantzung und beförderung sollen angewendet werden / auch der art seyn müssen / daß sie in die hertzen eintringen / wie die art aller Göttlichen geistlichen mittel ist. Was aber so äusserlich ist / daß es nur mit dem äussern menschen allein zu thun hat / welche art dann alle weltliche gewalt ist / ist dazu nicht tüchtig."

[69] Vgl. ebd. 140; 396f.

[70] Ebd. III 2/2, 54f.

[71] Ebd. 54.

[72] Ebd. 417. – Vgl. den Hinweis auf den guten Baum, der gute Früchte bringt, ders., Christliche Predigt, (13f) 921f.

[73] Ph. J. Spener, Pia Desideria, (129) 275.

[74] Ph. J. Spener, Christliche Predigt, (63ff) 971ff, bes. (64) 972.

[75] Ebd. (64) 972, ferner das Folgende, wo einige weitere, hier nicht zu referierende Gründe genannt werden, warum diese Genehmigung nicht gegeben werden muß, vgl. bes. (66ff) 974ff.

solange es nicht durch Mißbrauch verwirkt wird[76]. Die Forderung, den Reformierten diese öffentliche Ausübung ihrer „Religion" zu geben, würde nach Spener bedeuten, „daß aller Orten allen Religionen (sie möchten seyn wie sie wolten) eine freye Ubung müsse gegeben werden"[77], wie denn auch in Holland „fast alle Religionen ihre Ubung" öffentlich vornehmen dürfen[78]. Doch das Bürgerrecht zieht ein solches Recht freier Religionsausübung nicht nach sich[79]. Ebensowenig verlangt der Westfälische Friede, den Spener sehr wohl als „Religion-Frieden" bezeichnet, nun auch die Reformierten öffentlich anzuerkennen, selbst wenn sie im Unterschied zu manchen anderen „jetzt nicht vor eine in dem Reich allerdings verworffene und ausser desselben Schutzes gesetzte Religion (die zum Exempel / Widertäuffer / Photinianer / etc. sind) gehalten werden darff"[80]. Die Anerkennung des besonderen Schutzes aufgrund des Westfälischen Friedens zwingt also gleichfalls nicht zu öffentlicher Anerkennung.

Spener untermauert seine Argumentation schließlich mit ausführlichen Hinweisen darauf, daß die Reformierten die bereits erfolgte Genehmigung unter Vorspiegelung falscher Tatsachen erreicht und zugleich Unzuträglichkeiten in der Stadt verursacht haben[81]. Wenn irgend möglich, setzt Spener also auf die eine „Religion", die in einem Gemeinwesen praktiziert werden soll. Er plädiert schon deswegen für diese Lösung, damit nicht jemand von den Reformierten, der in Frankfurt wohnt, gar keinen Anlaß mehr zu der Frage hat, „ob seine Religion unrecht wäre / und er die Unserige annehmen solte"[82].

In diesem Kontext bringt Spener das auch bereits oben angeführte Argument, die Gewährung der Freiheit für alle „irrigen Religionen" könnte Menschen zu der Meinung veranlassen, „ob sie sich gleich zu einer gewissen Religion äusserlich bekennen / dennoch in dem innersten Grund alle insgesamt gleich gelten"[83]. Hiermit lehnt er die Reduktion der „Religion" auf einen inneren, innerlichen Bereich ab.

Gerade diese Auseinandersetzungen um die öffentliche Zulassung der Reformierten zeigt, daß sich „Religion" nicht nach der bei Spener gleichsam sehr wichtig gewordenen Unterscheidung von „offentlich" und „privat" nur letzterem Bereich zuordnen läßt[84]. Im Gegenteil, in dieser einen, auch öffentlich relevanten „wahren Religion" will Spener jene „privat" genannten Übungen einführen, die zu einer Vertiefung der öffentlichen Ausübung führen sollen. Keinesfalls will er irgendeine Trennung von jener Kirche, die sich auf die Augsbur-

---

[76] Ebd. (65) 973.
[77] Ebd. (66) 974.
[78] Ebd. (67) 975; hier findet sich also auch ein unspezifischer Plural, der sich de facto nur auf Christen und Juden bezieht.
[79] Ebd. (66f) 974f.
[80] Ebd. (73) 981.
[81] Ebd. (74–85) 982–993.
[82] Ebd. (85) 993.
[83] Ebd. (81) 989, s.o. Anm. 74.
[84] Ph. J. Spener, Sendschreiben, (47) 779, vgl. (79) 811 u.o.; ders., Pia Desideria, (97) 243, (100) 246; ders. [Johann Heinrich Horb,] Erfordertes Bedencken, (253ff) 399ff.

gische Konfession bezieht. Ihm liegt sehr an der Billigung dieser privaten „Collegia pietatis", und dies sowohl durch die zuständigen kirchlichen wie auch die städtischen Instanzen[85]. So sehr also Spener private Übungen gefördert hat und damit der späteren Beschränkung auf den privaten Bereich vorgearbeitet hat, so wenig hat für ihn „Religion" schon irgendeine besondere Zuordnung zu diesem privaten Bereich.

Als Ergebnis bleibt die Feststellung, daß Spener keine spezifische und thematische Aufmerksamkeit auf die „Religion" verwendet und sich dementsprechend nicht eigens zu ihr äußert. Sein Leitbegriff ist „pietas" bzw. „Gottseligkeit". Wie jene Theologen, auf die Spener sich stützt, bleibt auch er selbst im tradierten Verständnis von „Religion". Gegenüber humanistischem Sprachgebrauch verhält er sich eher restriktiver, indem er betont die Wahrheitsfrage stellt und „Religion" für ihn nur die eigene „wahre Religion" darstellt. Weder die mystische Orientierung auf das ‚Innere' bzw. ‚Innerliche' noch die Forcierung des „privat" genannten Bereichs färben auf sein Verständnis von „Religion" ab. Seine Stellungnahme gegen die „anderen" als „falsche Religionen" fallen ziemlich harsch aus, sosehr er auch zu persönlichem Respekt denen gegenüber mahnt, die ihnen anhängen. Diese persönliche Einstellung führt also noch keineswegs zu einer generellen Förderung der Toleranz, von der Spener denn auch nicht eigens spricht. Andere Überzeugungen haben, wenn es irgend geht, keinen Anspruch auf öffentliche Anerkennung. Lediglich lehnt Spener deutlich ab, gegen deren Vertreter mit Gewalt vorzugehen, sofern diese nicht öffentlich Schwierigkeiten verursachen. Ihm geht es um die Förderung der eigenen „Religion", „Kirche", nämlich des evangelischen „Christenthums", das in den bisherigen Formen an Intensität freilich sehr zu wünschen übrig läßt. Dem abzuhelfen, will er die wahre „Gottseligkeit" in seinen „Collegia pietatis" fördern. Sosehr diese „privat" durchgeführt werden, beziehen sie sich auf die auch in öffentlichen Formen geübte und gepflegte Überzeugung, die nicht ohne Früchte sein und bleiben kann und darf. Von hierher resultiert natürlich ein nachhaltiger Impuls auf die Gestaltung des praktischen Lebens der Christen. Doch veranlaßt dies Spener keineswegs, ständig von „Religion" zu sprechen. In weiten Passagen seiner Schriften sucht man diesen Terminus denn auch vergebens. Und die nicht immer vorhandenen Indizes weisen ihn nicht eben häufig auf. Erst recht konnte die Formulierung ‚innere Religion' nicht nachgewiesen werden.

August Hermann Francke

Die weitere Entwicklung des Pietismus können wir besonders instruktiv bei August Hermann Francke (1663–1727)[1] studieren. Er erfuhr nämlich nach lan-

---

[85] Ebd. (253f) 399.

[1] August Hermann Francke, Sohn eines Juristen, studierte seit 1679 Theologie in Erfurt, Kiel, Hamburg und Leipzig, wo er mit einer Arbeit über das Hebräische 1685 Magister wurde. Gegen eine zu enge Dogmatik suchte er anzugehen. Doch geriet er mit seinen Collegia biblica in Konflikt

ger Suche eine entscheidende Wende seines Lebens in der Erfahrung einer „Bekehrung", die er als „erwecken" bezeichnete. Diese für die Zukunft wegweisende Erfahrung hat er in autobiographischen Notizen dargestellt, die er zunächst nicht für eine Publikation vorgesehen, wohl aber verschiedenen Lesern zur Verfügung gestellt hat[2].

Wenn Francke in diesen Notizen auf den „guten anfang einer wahren Gottseligkeit" hinweist[3], den er seinen „damahligen anführern" verdankt, so bringt er damit zum Ausdruck, daß er in seinem Leben von früh an in der noch ziemlich jungen Tradition der Erbauungsbewegungen steht. Dabei genügt es nicht, wie er aus seinem Lebensweg weiß, die Jugend „zur wahren Gottseligkeit anzuweisen", man muß sie vielmehr zugleich vor der Verführung der Welt warnen[4]. Letzteres scheint ihm selbst zunächst nicht genügend zuteil geworden zu sein. Vielmehr haben ihn seine ausgezeichneten Kenntnisse auch der lateinischen Sprache, die ihm aufgrund seiner besonderen Begabung möglich waren, „mehr einen heydnischen als christlichen stylum führen" lassen[5]. Diese Zuwendung zu den klassischen Sprachen Latein und Griechisch noch in Gotha gilt ihm inzwischen in reformatorischer Tradition als gefährliche Abwendung von der Theologie, der er sich doch von früh an widmen wollte. Auch das Studium des Hebräischen in Erfurt bewirkt noch keine durchgreifende Änderung[6]. Die Fortsetzung der Studien in Kiel und Hamburg charakterisiert Francke so, daß ihn Gottes Hand „so nachtrücklich zur Bekehrung so mannichmal gereitzet" hat, er aber diesen Impulsen nicht Folge leistete; er blieb lediglich auf der Suche nach Gott, aber wohl „mehr im äusserlichen als im innerlichen"[7]. Rückblickend bewertet er seinen Zustand sehr kritisch, wenn er von seinem „Gemüht" sagt, es sei

---

mit Vertretern der Orthodoxie, wobei er von Christian Thomasius unterstützt wurde. Er wich aber nach Erfurt aus und übernahm, als es dort wiederum Schwierigkeiten gab, durch Vermittlung Speners 1691 ein Pfarramt in Glauchau sowie eine Professur für orientalische Sprachen in Halle. Dort entfaltete er eine reiche Wirksamkeit nicht zuletzt in pädagogischer Hinsicht, seit 1698 auch als Professor der Theologie. Gegenüber der Aufklärung blieb er skeptisch; so befürwortete er die Vertreibung von Christian Wolff aus Halle.

[2] [August Hermann Franckens vormahls Diaconi zu Erffurt, und nach dem er daselbst höchst unrechtmäßigst dimittiret, zu Hall in Sachsen Churf. Brandenburg. Prof. Hebraeae Lingvae, und in der Vorstadt Glaucha Pastoris Lebenslauff], in: ders., Werke in Auswahl, hg. von Erhard Peschke, Berlin MCMLXIX, 5–29. Dieser von Francke ohne Titel verfaßte Lebensbericht dürfte 1690/91, also nur kurze Zeit nach der Bekehrungserfahrung von Ende 1687, verfaßt sein, vgl. A.H. Francke, Werke in Auswahl, 4f. – Da bei Francke viele Materialien bislang unpubliziert und nur in den einschlägigen Archiven, vor allem in Halle, zugänglich sind, bleibt die Textgrundlage für die folgenden Ausführungen besonders beschränkt. Doch dürfte sie für unsere Fragestellung ausreichen.

[3] Ebd. 7. – Der in dieser Ausgabe wiedergegebene Text hält sich an Franckes Konzept, das im Archiv der Franckeschen Stiftungen zu Halle D 66 fol 203^a–233^b, aufbewahrt wird. Zur leichten Auffindbarkeit in anderen Abdrucken wird im folgenden zunächst in arabischer Ziffer die Seite der Werke in Auswahl und sodann in Klammern das Konzept mit den Seiten des Foliobandes wiedergegeben. Hier handelt es sich um (206^a).

[4] Ebd. 7f (206^{a-b}), die Zitate finden sich 7 (206^{a-b}).

[5] Ebd. 9 (208^a).

[6] Ebd. 9f (209^a).

[7] Ebd. 14 (214^a).

"sehr schlecht und mit Liebe der welt durch und durch beflecket"[8]. Entsprechend setzt er seine Bemühungen fort, „ein äusserliches erbares Leben zu führen", und stellt fest, daß sein Herz „nicht zur rechten ruhe" kam, während er nun zu den alten auch die neuen Sprachen Englisch und Französisch erlernte[9].

Weitere Studien in Leipzig insbesondere bei Johann Benedict Carpzov (1639–1699) bewirken keine Veränderung[10]. Gab es schon zuvor (biblische) Collegia, so verteidigt sich Francke nun dagegen, daß wegen solcher und d.h. auch wegen der „collegia ... pietatis" viel Aufhebens gemacht werde, als stellten sie Neuerungen dar[11]. Dieser Hinweis zeigt, daß sich nun Einflüsse Speners auch in Leipzig auszuwirken begannen, zu dem Francke und andere nach dessen Übersiedlung nach Dresden 1686 Kontakt aufnahmen[12]. Daneben wurde Francke in dieser Leipziger Zeit auch mit dem Qietismus bekannt, so besonders durch eine Disputation „De religione Quietistarum", die sich mit Miguel de Molinos (1628–1696) auseinandersetzte[13].

Aber ebensowenig hierdurch wie durch andere Lektüre, etwa von Emanuel Sonthombs „güldnes Kleinod"[14], wird Franckes Bekehrung unmittelbar verursacht, auch fühlt er sich nicht als Parteigänger von Molinos', wohl aber verwahrt er sich dagegen, diesen und geistesverwandte Autoren blindlings zu kritisieren und zu verdammen[15]. Francke vertritt also eine eher mittlere Position, wie seine gelassene Zuwendung zu mystischen Strömungen und seine Verteidigung gegen diesbezügliche Angriffe belegt. Sein eigenes „Christenthum" betrachtet er aber weiterhin, wie er ausdrücklich und ausführlich feststellt, als schlecht[16]. In diesem Zustand, der ihm schließlich als Glaubensverlust und Verleugnung Gottes erscheint und der durchaus depressive Züge annimmt[17], erlebt er seine „Erlösung" bzw. „warhafftige Bekehrung" als Handeln Gottes[18]. Aufgrund dieser Erfah-

---

[8] Ebd. 14 (213^b–214^a).
[9] Ebd. 15 (214^b–215^a).
[10] Ebd. 16 (215^b–216^a). – Johann Benedict Carpzov war seit 1668 Professor für Orientalische Sprachen und seit 1684 der Theologie in Leipzig; zunächst Spener gewogen, hat er sich später als entschiedener Gegner Speners und seines Schülers Francke zu Wort gemeldet.
[11] Ebd. 17f (217^{a-b}).
[12] Ebd. 18 (217^b).
[13] Ebd. 20 mit Anmerkung 118f (220^a); es wäre wichtig zu wissen, ob diese Disputation näheren Aufschluß über die Bedeutung und Verwendung von „religio" ergäbe (nach ebd. Anm. 119 ist sie aufbewahrt in der Hauptbibliothek der Franckeschen Stiftungen 17 D 10).
[14] Ebd. 22 (223^a).
[15] Ebd. 21 (221^b).
[16] Ebd. 23–27 (223^b–228^b); vgl. außer den o. zit. Belegen auch ebd. 15 (215^a), 16 (216^a).
[17] Ebd. 26f (228^a–229^b).
[18] So ebd. 29 (222^b). – Die eigentliche Darstellung der „Bekehrung" lautet ebd. 27f (230^{a-b}): „In solcher großen angst legte ich mich nochmals an erwehntem Sontag abénd nieder auff meine Knie, und rieffe an den Gott, den ich noch nicht kante, noch Glaubte, um Rettung aus solchem Elenden zustande, wenn anders warhafftig ein Gott wäre. Da erhörete mich der Herr, der lebendige Gott, von seinem h. Thron, da ich noch auff meinen Knien lag. So groß war seine Vater-Liebe, daß er mir nicht nach und nach solchen zweiffel und unruhe des Hertzens wieder benehmen wolte, daran mir wol hätte genügen können, sondern damit ich desto mehr überzeugt würde, und meiner verirreten Vernunfft ein zaum angeleget würde, gegen seine Krafft und Treue nichts einzuwenden, so erhörete er

rung hatte sein „Christenthum einen Bestand", der ihm ermöglicht, das „ungöttliche wesen, und die weltliche Lüste" zu verleugnen „und züchtig, gerecht und gottseelig zu leben in dieser welt"[19]. Diesen meist „Bekehrung" genannten Vorgang[20] vergleicht Francke mit einem Aufwachen aus vorherigem Schlaf oder Lebendigwerden aus vorherigem Tod[21]. Als folgenreich erweist sich seine Feststellung, daß seine Vernunft „gleichsam von ferne" stand, „der Sieg war ihr aus den Händen gerissen, denn die Krafft Gottes hatte sie dem Glauben unterthänig gemachet"[22]. Nur verbal fügt Francke hinzu, daß „alle Welt mit aller ihrer Lust und Herrligkeit solche Süssigkeit im menschlichen Hertzen nicht erwecken könte, als diese war"[23].

Mit diesem Erlebnis, dieser „Erfahrung", wie Francke vielfach sagt[24], geht er also über Spener hinaus. Das „Erwecken", von dem er auch anderwärts verbal spricht[25], nimmt nicht nur biblische Vorstellungen von Totenerweckungen auf, die schon dort als Wecken aus dem Schlaf bezeichnet werden; vielmehr führt er auch diesen Vorgang weiter, wenn er die „Süssigkeit" anspricht, die in der Seele „erweckt" wird. Damit verstärkt er den emotionalen Aspekt, den er neben dem

---

mich plötzlich. Denn wie man eine Hand umwendet, so war alle mein Zweiffel hinweg, ich war versichert in meinem Hertzen der Gnade Gottes in Christo Jesu, ich kunte Gott nicht allein Gott sondern meinen Vater nennen, alle Traurigkeit und unruhe des Hertzens ward auff einmahl weggenommen, hingegen ward ich als mit einem Strom der Freuden plötzlich überschüttet, daß ich aus vollem Muth Gott lobete und preisete, der mir solche große Gnade erzeiget hatte."

[19] Ebd. 29 (232ᵇ).
[20] Vgl. schon vorher ebd. 14 (214ᵃ).
[21] Ebd. 28 (231ᵃ).
[22] Ebd. 28 (231ᵇ); vgl. 29 (233ᵃ) die Feststellung, zuvor sich „einen götzen aus der Gelehrsamkeit gemachet" zu haben, während nun „alle zu Füssen Gamalielis erlernete wissenschafft als dreck zu achten sey gegen die überschwengliche Erkentniß Jesu Christi unsers Herrn"; demgegenüber sagt er über den Glauben, daß dieser „wie ein Senffkorn mehr gelte als hundert Säcke voll Gelehrsamkeit".
[23] Ebd. 28 (231ᵇ).
[24] August Hermann Francke, Von der Erziehung der Jugend, Vorrede, 1698, in: ders., Werke in Auswahl, 120, in der hier wiedergegebenen Erstpublikation von 1698 (2ᵇ); vgl. ders., Die wahre Glaubens-Gründung/ Kräftigung / Stärckung / und Vollbereitung / In einer Predigt aus dem Evangelio am XXI. Sonntage nach dem Feste der H. Drey-Einigkeit Joh. IV. v. 47–54. ANNO 1691, 282f (nach dem autorisierten Druck im Anhang zum „Glauchischen Gedenkbüchlein", 516ff).
[25] August Hermann Francke, Die Fußstapffen Des noch lebenden und waltenden liebreichen und getreuen GOTTES / Zur Beschämung des Unglaubens / und Stärckung des Glaubens / Durch den Ausführlichen Bericht Vom Waysen-Hause / Armen-Schulen / und übriger Armen-Verpflegung Zu Glaucha an Halle / Wie selbige fortgesetzet biß Ostern Anno 1701, in: ders., Werke in Auswahl, 36, 42 (nach dem Erstdruck von 1701: 21, 29). „Erwecken" wird hier bezogen auf Gottes Einwirkung auf das „Hertz derjenigen Standes-Person", die dann für die Anstalten von Francke großzügige und dringend erforderliche Spenden vornahmen, 36. – Vgl. ferner August Hermann Francke, Bekenntnis eines Christen (1697), in: ders., Werke in Auswahl, 368 (nach der ersten nachweisbaren Ausgabe von 1699: 55ff): „Seine Gnade aber machet mich nit sicher / sondern erwecket mich täglich / mich in dem Geiste meines Gemüthes mich immer mehr und mehr zu erneuern." Dieses gehört nach Francke zu dem, was er „gesehen und gehöret und in geistlicher Erfahrung gelernet"; August Hermann Francke, Predigt Von den Falschen Propheten / Uber das Evangelium Matth. VII, vers. 15–23. Am 8. Sonntag nach Trinitatis Anno 1698, in: Werke in Auswahl, 333; nach der Paginierung der ersten Auflage von 1698: (121). – Das Substantiv ‚Erweckung' ist mir in den durchgesehenen Texten nicht begegnet.

„Hertzen" eher und verschiedentlich im „Gemüht" situiert[26]. Von ‚Gefühl' in diesem Sinne spricht Francke noch nicht. Wohl aber schlägt seine Erfahrung in einer gewissen Gefühlsbetonung der Sprache durch, wenn man bei ihm von „Seuffzerlein" und „Thränlein" liest[27].

Auch Francke verwendet wie schon Spener vor allen anderen „Gottseligkeit" als Leitbegriff[28]. Gegenüber der vorangegangenen Zeit fällt auf, daß er verschiedentlich auch „Pietät" sagt[29], die er gelegentlich mit „Gottseligkeit" gleichsetzt[30].

Entsprechend wenig Aufmerksamkeit widmet Francke der „Religion". Er bestätigt den überkommenen Sprachgebrauch dieses Terminus als Bezeichnung einer der verschiedenen christlichen Gruppen, so der „Römisch-Catholischen Religion"[31]. Doch insistiert auch er auf der „wahren Religion"[32], genügt es seines Erachtens doch nicht, ihr – nur äußerlich – zugetan und „getauffte Evangelische Christen"[33] zu sein. Er warnt vielmehr vor jenen falschen Propheten in Schafs-

---

[26] [A.H. Franckens ... Lebenslauff], 14 (213ᵇ) u.ö.; ders., Kurtzer und Einfältiger Unterricht / Wie Die Kinder zur wahren Gottseligkeit / und Christlichen Klugheit anzuführen sind / ehemals Zu Behuf Christlicher Informatorum entworffen / und nun auff Begehren zum Druck gegeben (1702), in: ders., Werke in Auswahl, 126 (zit. nach dem Sammelband: Öffentliches Zeugnis von Werk und Wort und Dienst, Halle 1702f, I 116) mit der Feststellung: „Die wahre Gemüths-Pflege gehet auff den Willen und Verstand." Vgl. ebenso ders., Die zwantzigste Lectio Paraenetica über die Epistel an die Römer, worin, wie auch in den fünf folgenden, nach Anleitung der bisher betrachteten Capitel von der Theologia Mystica gehandelt wird, in: ders., Werke in Auswahl, 204 (in den „Lectiones paraeneticae", Halle 1726ff, VI, 152); ders., Aufrichtige und gründliche Beantwortung Eines an ihn (sc. Francke) abgelassenen und hiebey abgedruckten Send-Schreibens, Halle MDCCVI, 41, in: ders., Streitschriften, hg. von Erhard Peschke (= Texte zur Geschichte des Pietismus II 1), Berlin 1981, 247. – Die hier genannten Belege zeigen, wie häufig bei Francke von „Gemüth" die Rede ist und entsprechend wenig schon das ‚Gefühl' herausgestellt wird.

[27] August Hermann Francke, Schrifftmässige Anweisung recht und Gott wolgefällig Zu beten / Nebst hinzugefügten Morgen- u. Abend-Gebetlein und einem Kielischen Responsum Die Gewißheit und Versicherung der Erhörung des Gebets betreffend ... Anno 1695, in: ders., Werke in Auswahl, 378. A.H. Francke, Die wahre Glaubens-Gründung / Kräftigung, (532) 285.

[28] Vgl. statt Belegen aus den verschiedenen Pädagogischen Schriften nur August Hermann Francke, Kurtzer und Einfältiger Unterricht / Wie Die Kinder zur wahren Gottseligkeit / und Christlichen Klugheit anzuführen sind, in: ders., Werke in Auswahl, 125–150.

[29] A.H. Francke, Aufrichtige und gründliche Beantwortung, 8, 27, in: ders., Streitschriften, 237, 243; ders., Gründliche und Gewissenhaffte Verantwortung gegen Hn. D. Johann Friedrich Mayers / ... harte und unwahrhaffte Beschuldigungen ..., Halle 1707, 262; in: ders., Streitschriften, 362.

[30] A.H. Francke, Aufrichtige und gründliche Beantwortung, 68, in: ders., Streitschriften, 255.

[31] A.H. Francke, Von der Erziehung der Jugend, Vorrede, 1698, 3ᵇ, in: ders., Werke in Auswahl, 121 (vgl. die hier wiedergegebene Ausgabe: Öffentliches Zeugnis vom Werk, Wort und Dienst, IV, 3ᵇ).

[32] A.H. Francke, Die wahre Glaubens-Gründung, in: ders., Werke in Auswahl, 285 (die zit. Ausgabe des „Glauchischen Gedenkbüchleins", 532); ders., Abgenöthigte Fürstellung / Der ungegründeten und unerweißlichen Beschuldigungen und Unwarheiten / Welche in dem jüngst zu Leipzig publicirten Pfingst-Patent enthalten sind / Zu Rettung der Ehre GOttes / und zu Abwendung fernerer daraus besorglichen Lästerungen und anderer Sünden Ans Licht gegeben, o.O. 1691, 17, in: Streitschriften, 130.

[33] A.H. Francke, Die wahre Glaubens-Gründung, 532, in: Werke in Auswahl, 285. – Im folgenden wird die ursprüngliche Paginierung in Klammern und sodann die Seitenzahl in den „Werken in Auswahl" angegeben.

kleidern, „welche die reine Lehre / ihren äußerlichen Beruff / ihren Eyfer für die Orthodoxie und Religion, die alten Gewohnheiten / und dergleichen Dinge mehr fürwenden / und doch inwendig reissende Wölffe sind"[34]. Hier gehört „Religion" vornehmlich in jenen Bereich manifester Einstellungen und Haltungen und nicht in den inneren Bereich, der die äußeren Vollzüge erst legitimiert. Gegen die heftigen Anfeindungen, denen auch er ausgesetzt ist, verteidigt er sich, so gegen den Vorwurf, daß durch die Herausgabe von Schriften „die Evangelische Kirche geschändet / ... der Indifferentismus Religionum eingeführet" worden ist[35]. Nachdrücklich stellt er fest, daß er keine „neue Religion" eingeführt hat, und beklagt sich dabei, daß wahre Buße zu tun und sich zu Gott zu bekehren „nun so viel heisen muß / als *eine neue Religion anfangen / einen neuen Glauben annehmen / sich zu einer neuen Secte begeben*"[36].

In diesem Kontext findet sich auch eine frühe offensichtlich negative Qualifikation von „Secte". Denn zu ihr „gehören irrige Lehren und Leute / die sich von andern Religionen absondern / und zu solcher Secte bekennen"[37]. Hiermit wird die altüberlieferte Bedeutung ‚Gefolgschaft' aufgegeben zugunsten einer separatistischen Bedeutung dieses Terminus. Francke zitiert dazu Luthers Übersetzung eines Verses der Apostelgeschichte (24,14), wo Paulus sagt, „nach diesem Wege / den sie eine Secte heisen", dem Gott der Väter gedient zu haben[38]. Im griechischen Original heißt es hier „αἵρεσις", ein im übrigen Neuen Testament seltener[39] und nur in der Apostelgeschichte häufiger verwandter Begriff. Dieser aber kann durchaus eine neutrale Bedeutung haben, so besonders, wenn Paulus darauf hinweist, der strengsten „αἵρεσις" des jüdischen Gottesdienstes angehört zu haben (Apg 26,5)[40]. Auch bei Luther erscheint dieser Terminus nicht grundsätzlich negativ, sonst hätte er ihn an den beiden Stellen, wo er eindeutig negative

---

[34] A.H. Francke, Predigt Von den Falschen Propheten, (121) 331; hier werden übrigens unmittelbar anschließend auch die „Heyden", „Jüden oder Türcken" genannt, ohne daß sie als ‚Religion' bezeichnet werden, ebd.

[35] A.H. Francke, Gründliche und Gewissenhaffte Verantwortung, (228) 352.

[36] A.H. Francke, Abgenöthigte Fürstellung, (27f) 138.

[37] Ebd. (27) 137.

[38] Ebd. (28) 138.

[39] Nur 1 Kor 11,19; Gal 5,20; 2 Petr 2,1. Hier übersetzt Luther die erste Stelle mit „spaltung", die zweite mit „hadder" und nur die dritte mit „secten"; die Übersetzung des Herder-Bibelkommentars, zit. nach: Die Bibel. Die Heiligen Schriften des Alten und Neuen Bundes, Freiburg 1965, 1984, verwendet hier nirgends ‚Sekte', sondern „Spaltungen", „Parteiungen" und „Irrlehren". Die lateinische Fassung im Novum Testamentum Graece et Latine, ed. Nestle, verwendet mehrfach „haeresis", so Apg 5,17; 15,5; 1 Kor 11,19, und sonst „secta", bei Apg 26,5 übrigens „secta nostrae religionis", was Luther mit „die strengste secten vnsers Gottes dienstes" übersetzt.

[40] Vgl. Apg 5,17; 15,5 zur Bezeichnung der Gruppe der Sadduzäer bzw. der Pharisäer; die anderen drei Stellen 24,5.14; 28,22 verwenden diese Bezeichnung für die Christen. Während Luther an allen Stellen mit „secte(n)" übersetzt, sagt die zitierte Übersetzung des Herder-Bibelkommentars „Partei" der Sadduzäer bzw. der Pharisäer (Apg 5,17; 15,5) oder auch „die strengste Richtung unserer Religion", (αἵρεσις τῆς ἡμετέρας θρησκείας) Apg 26,5; an den anderen drei Stellen sagt sie gleichfalls „Sekte".

Bedeutung besitzt, nicht auch entsprechend mit „spaltung" bzw. „hadder" wiedergeben können.

Bei Francke erscheint also „Secte" sehr wohl in eindeutig negativer Bedeutung, wenn er dem besonderen Gegner der Pietisten Johann Friedrich Mayer (1650–1712)[41] erwidert, dieser habe „eine Secte fingiret / die Pietismus heisse / und welche auf falsche Lehren gegründet / so ... von unsern gottseligen Lehrern verworffen werden"[42]. Francke hält dagegen, daß er kein „Schisma oder Trennung in der Religion"[43] betrieben habe, so daß seine Aktivitäten „unserer Evangelischen Religion keine Gefahr bringen"[44]. Auch den Namen „Pietisten" verteidigt er; denn diejenigen, die so bezeichnet werden, „wolten gerne rechte Pietisten / d i. der Gottseeligkeit ergebene seyn"[45]. Er verwahrt sich somit entschieden dagegen, zu einer „neuen Secte" zu gehören[46], zu einer „Secte unter dem Nahmen des Pietismi", die sich etwa 1689 in Leipzig hervorgetan und von dort verbreitet hat[47]. Er unterstreicht, daß er nie „eine Secte anzurichten / Trennungen zu machen / und sectirischer Weise diß oder jenes zu thun" im Sinn hatte und somit sich nicht zu einer „besondern Parthey" gehalten hat; wäre es anders, würde man dies wirklich „eine Sectirerey" nennen können[48].

Aus den Argumentationen gegen Mayer[49] und andere Gegner wie seinen früheren Lehrer Johann Benedict Carpzov[50] geht hervor, daß die eindeutig negative Färbung von „Secte" von außen herangetragen und folglich polemisch von Gegnern formuliert worden ist. Francke weist zurück, daß die Gegner „mit Gewalt

---

[41] Johann Friedrich Mayer war seit 1684 Professor in Wittenberg, seit 1686 Hauptpastor an St. Jacobi in Hamburg und Professor in Kiel, seit 1701 Professor und Generalsuperintendent in Greifswald; er trat durch heftige Angriffe gegen die nicht zuletzt von ihm sog. „Pietisten" hervor.

[42] A.H. Francke, Gründliche und Gewissenhaffte Verantwortung, (208) 346; im folgenden, ebd., ist noch einmal die Rede von einer „fingirten Secte und falschen Lehre".

[43] A.H. Francke, Abgenöthigte Fürstellung, (12) 126.

[44] Ebd. (13) 126.

[45] Ebd. (13) 126.

[46] Ebd. (27f) 138: „So groß ist die Blindheit des grösten Haufens mitten in der Christenheit / daß wahre Busse thun und sich zu GOTT ernstlich bekehren / nun so viel heisen muß / als *eine neue Religion anfangen / einen neuen Glauben annehmen / sich zu einer neuen Secte begeben.* Ich aber verlange keine neue Religion, sondern neue Hertzen / daß man neuen Wein nicht in alte Schläuche fasse ..." Und mit dem Zitat Apg 24,13–17 wehrt er sich, hier übersetzt: „Das bekenne ich aber / daß ich nach diesem Wege / den sie eine Secte heisen / diene ich also dem GOtt meiner Väter ...", (28) 138. – Zu diesem Thema hat Francke immer wieder Stellung genommen, vgl. ders., Streitschriften, 99, 137, 152, 154, 379.

[47] A. H. Francke, Gründliche und gewissenhafte Verantwortung, (3) 119, mit der Hinzufügung, daß „biß anhero auch wol diejenigen / welche gar hart wider den so genannten Pietismum geredet und geprediget / keine definition oder eigentliche Beschreibung davon geben können / wenn sie befraget worden / was der Pietismus sey", (3f) 119.

[48] August Hermann Francke, Entdeckung der Boßheit / So mit einigen jüngst unter seinem Nahmen fälschlich publicirten Brieffen von dreyen so benahmten begeisterten Mägden zu Halberstadt / Quedlinburg und Erffurt begangen, Cölln an der Spree 1692, 8; in: ders., Streitschriften, 151f.

[49] A.H. Francke, Gründliche und Gewissenhaffte Verantwortung, (208) 346.

[50] A.H. Francke, Abgenöthigte Fürstellung, (4–31) 119–140, u.ö. (vgl. das Register).

eine neue Secte schmieden wollen / da keine gewesen"[51], und folglich von einem
„sectirischen Pietismo" sprechen[52], der also „Ketzerey und Sectirerey" betreibe[53]. Gegen diese massiven Vorwürfe betont Francke die Rechtgläubigkeit seiner selbst und seiner Gesinnungsgenossen.

Zusammenfassend läßt sich für Francke feststellen, daß er insgesamt Einflüsse besonders von Spener, aber auch von Arndt und anderen aufgenommen hat, daß er konsequent dazu den Schwerpunkt auf die „Gottseligkeit" legt, die er auch „Pietät" nennen kann. Über Spener hinausgehend akzentuiert er speziell die Erfahrung, basierend auf seiner eigenen Erfahrung, „erweckt" worden zu sein. Wie schon zuvor, geht es ihm „um Erbauung", noch nicht eigentlich um ‚Erweckung'.

Hinsichtlich der „Religion" läßt sich kein wachsendes Interesse feststellen. Dieser Terminus tritt vielmehr ungewöhnlich zurück. In seinen biographischen Notizen spielt er überhaupt keine Rolle. Auch in den ausführlichen pädagogischen Überlegungen hebt Francke ihn nicht hervor[54].

Wohl aber findet sich ein dezidierter und d.h. dezidiert negativer Gebrauch von „Secte", „Sectirerey", „sectirerisch" und „Sectirer". Er schließt sich mit diesem negativen Sprachgebrauch den Opponenten an, wenn er lediglich widerlegt, daß der „Pietismus" und die „Pietisten" mit diesem Terminus in Verbindung gebracht werden dürfen. Dieser Sprachgebrauch von „Secte" hat dann zweifellos Geschichte gemacht.

Zugenommen hat bei Francke eine gewisse Emotionalisierung der Sprache. Die eigene Erfahrung, „erweckt" zu werden und hierdurch zugleich Freude und Glück in höchstem Maße verspürt zu haben, hat sich auf seine Sprache, wenn auch noch in Grenzen, ausgewirkt.

Die Erfahrung, „erweckt" worden zu sein, hat eine nachhaltige und folgenreiche Auswirkung mit sich gebracht, nämlich, wie schon bei Luther, die „vernunfft" kritisch zu be- und d.h. abzuwerten. „Erweckt" zu werden, geht an der „vernunfft" vorbei, ja, macht diese „unterthänig". Beibehalten hat Francke vielfältige Hinweise auf das Miteinander von „innen" und „außen"; keinesfalls hat er einem strikten Quietismus gehuldigt, wie übrigens ja schon der sogenannte französische Quietismus sich nicht weltflüchtig verhielt. Bei Francke ist der Zusammenhang von „innen" und „außen" besonders eklatant; denn für ihn bedeutet „erweckt" zu werden nicht nur tiefe „innere" Freude, sondern „Bekehrung"

---

[51] A.H. Francke, Entdeckung der Boßheit, (12) 154; hier, (11) 154, auch die bei ihm insgesamt häufigere Bezeichnung „Sectirer" in eindeutig negativem Kontext.

[52] A.H. Francke, Gründliche und Gewissenhaffte Verantwortung, (279) 367.

[53] August Hermann Francke, Antwort-Schreiben an einen Freund Zu Regenspurg geschrieben den 25. Febr. 1706. Eine ihm von demselben aus Regenspurg communicirte Relation von einer sich damals zu Schwartzenau befindenden gottlosen Gesellschaft / und Herrn Doct. Mayers zu Greiffswald / Disputation de nova atque abominanda Trinitate Pietistarum betreffend, Halle 1707, 11, in: ders., Streitschriften, 225; vgl. auch ders., Gründliche und Gewissenhaffte Verantwortung, (30) 184, wo vom „Sectirerischen Anhang" die Rede ist.

[54] Vgl. die benutzte Ausgabe „Werke in Auswahl", 117–268; das Register erwähnt diesen Terminus nicht.

und „Wiedergeburt" zu einem „Christenthum", das seine Lebendigkeit im Tun an anderen erweist. In diesem Sinne spielt auch der Begriff „Christenthum" bei Francke eine besondere Rolle. Er dürfte beide Aspekte umgreifen und somit bevorzugt von ihm gewählt sein.

Zusammenfassung

Die nur zu begrenzten Untersuchungen zu den Anfängen des Pietismus dürften doch wichtige Aufschlüsse für unser Thema ergeben: Zunächst bestätigen sie eindrucksvoll die geringe Bedeutung der „Religion" für die dargestellten Autoren und, wie man folgern darf, für den gesamten frühen Pietismus. Wo die genannten Gewährsleute nämlich neue Wege beschreiten, die für sie eine legitime Wiederaufnahme alter Wege der Mystik bedeuten, gehen sie an der „Religion" vorbei. Der wohl wichtigste Fortschritt dieser Richtung besteht in der starken Akzentuierung der Praxis, der Erfahrung, die bald auch eine „Erweckung" umfaßt, und der mit ihr verbundenen Betonung der alleinigen Wirksamkeit Gottes, der „Reinigung, Erleuchtung, Vereinigung" und d.h. schließlich „Vergötterung" schenkt.

Unverkennbar erscheint eine starke Betonung des „Gemüthes", nicht aber schon eine des „Gefühls". Die frühe Phase des Pietismus, nicht zuletzt beeinflußt von reformierten Erbauungsschriften, wie sie vor allem in England entstanden und bald ins Deutsche übersetzt worden sind, erweist sich als noch recht nüchtern und mindestens nicht in dem Maße gefühlsbetont, in dem wir reprojizierend den Pietismus insgesamt zu beurteilen pflegen. Für diese noch nicht sehr akzentuierte Emotionalität spricht auch der Leitbegriff „Gottseligkeit", der als Äquivalent für „pietas" bekannt und bewußt ist. Dafür spricht auch die freilich seltene Übernahme des Lehnworts „Pietät".

Neben vernunftkritischen Aussagen finden sich solche über die Kompatibilität von Vernunft und Einwirkung Gottes, wie sie die „Mystische Theologie" als „practische" gegenüber der „scholastischen" zur Aussage zu bringen und zu fördern sucht. Auch von hierher ergibt sich keine Förderung der „Religion".

Nirgends finden sich weiterführende Überlegungen, nirgends tritt der Terminus ‚natürliche Religion' hervor. Wenn konfessionsüberschreitende Gemeinsamkeiten benannt werden, daß nämlich das Heilswirken Gottes nicht nur den Anhängern der eigenen Überzeugung zuteil wird, so erscheint in diesem Zusammenhang „Religion" eher als „Parthey" unter anderen. Die Sache, von der die „Mystische Theologie" spricht, läßt eine solche Trennung und ihr folgende Verwirrungen nicht zu.

Von hierher ergibt sich wohl auch eine Brücke, über die wichtige Impulse des Pietismus in spätere Reflexionen zur „Religion" herübergekommen sein dürften. Die besondere Relevanz des Pietismus besteht nämlich schon in dieser frühen Zeit zweifellos darin, daß er gegen eine schulmäßige Weitergabe nicht nur der Theologie, sondern auch des Glaubens und des Heils eine praktische und zugleich inwendige Erfahrung hervorgehoben hat. Und diese wurde später gerade für das Thema „Religion" zentral. Doch läßt sich eben dieser Anfang noch nicht im beginnenden Pietismus selbst nachweisen.

6. Radikalpietistische Wege zur Heterodoxie

Gemeinsame Wurzeln sowie Verbindungen zum entstehenden Pietismus, aber auch Impulse aus anderen Ländern haben manche Autoren zu einer Radikalisierung ihrer Positionen geführt, die dann auch seitens der Pietisten keine Anerkennung mehr fanden, sondern als heterodox abgelehnt wurden. Für unser Thema erfordern sie Beachtung, weil der Einfluß gerade aus dem Bereich der Heterodoxie für eine Umprägung der Verständnisse von „Religion" geprüft werden muß.

Pierre Poiret

Pierre Poiret (1646–1719)[1] an den Anfang dieses Abschnitts zu stellen, legt sich nahe wegen seiner besonderen Bedeutung, die er als Autor und vielleicht mehr noch als Vermittler der „Theologia Mystica" besitzt. Sein Wirken beruht freilich wesentlich auf eigenen Erfahrungen, die er als Verehrer und seit 1776 als Hausgenosse von Antoinette Bourignon (1616–1680)[2] in deren letzten Lebensjahren gemacht und weiterzugeben versucht hat. Auch er kann als Beispiel dafür dienen, welchen Weg im Ausgang des 17. und beginnenden 18. Jahrhundert nicht wenige genommen haben, die mit Philosophie und (orthodoxer) Theologie begannen und sich einer radikalisierten Mystik zuwandten, derentwegen sie nachhaltig beargwöhnt oder auch bekämpft wurden.

Für unsere Fragestellung gilt es zunächst, die Position zu kennzeichnen, die Poiret zu Beginn eingenommen hat, nämlich eine Philosophie im Ausgang von Descartes. Sein hierfür einschlägiges philosophisches Hauptwerk ließ Poiret dreimal erscheinen[3]. So sehr aber Ergänzungen die ursprüngliche Fassung verändert haben mögen[4], so beschränken sie sich auf die hier thematisierte Gegen-

---

[1] Der aus hugenottischer Familie stammende Niederländer Pierre Poiret studierte Theologie in Basel und Heidelberg. Seit 1669 war er Pfarrer französischer Gemeinden in der Pfalz. Als Seelsorger schwer verwundeter französischer Soldaten 1674 erkrankte er und wandte sich daraufhin der Mystik zu.

[2] Antoinette Bourignon wurde geboren in einer katholischen Kaufmannsfamilie in Lille und war dort 1653–1662 Leiterin bzw. Oberin eines Waisenhauses. Dann lebte sie an verschiedenen Orten in den Niederlanden, in Norddeutschland und zuletzt bis zu ihrem Tod in Franeker. Sie war wegen ihrer Ansichten heftig umstritten, wozu aber auch ihr problematischer Charakter beitrug. Philipp Jacob Spener lehnte sie wegen ihrer pelagianischen Selbstverleugnung ab. Ihre umfangreichen Schriften hat Pierre Poiret verbreitet.

[3] Petrus Poiret, Cogitationum Rationalium de Deo, Anima, et Malo Libri Quatuor, Amstelodami MDCLXVII – Die späteren Auflagen erschienen 1685 und 1715.

[4] Vgl. dazu die Einleitung von Marjolaine Chevallier.

überstellung von „Fides" und „Ratio"[5]; die „Religio" spielt aber auch in der letzten Ausgabe nur eine völlig marginale Rolle[6].

Eine Einsichtnahme in verschiedene der zahlreichen Publikationen ergab, daß hier gleichfalls die „Religio" nicht gerade als Leitbegriff in Erscheinung tritt. Die wichtigsten Hinweise finden sich in drei Traktaten, die Poiret unter dem gemeinsamen Thema der „Eruditio Solida" zusammengefaßt hat; der erste von diesen widmet sich der Erziehung der Kinder, der zweite der universalen Befriedung speziell der christlichen Gemeinschaften und der dritte der mystischen Theologie[7].

Als aufschlußreich erweist sich die Überschrift des ersten Traktats „Principia Religionis Vitaeque Christianae et Liberorum Educationis". Denn in ihm geht es nicht um die „religio" selbst, sondern im Sinne früherer ‚Institutiones Religionis Christianae' um Unterweisung über die hauptsächlichen Lehrgegenstände. Lediglich in der Einführung konstatiert Poiret, daß die Gottesliebe den vornehmlichen Teil der „Christiana Religio" darstellt und folglich nicht zusammenpaßt mit der Liebe zur Welt[8]. Damit schlägt er bereits hier sein spezifisches Thema an, nämlich die Trennung zwischen Gott und Welt, wobei zu letzterer die „Religio Rationalis" gehört, die er näherhin als „Religio Dominorum ac Dominarum mundanarum" bezeichnet[9]. Ihr gegenüber stellt er die „caelestissima ... ac supranaturalis Religio Christiana" heraus[10]. Inhaltlich handelt er über Gott, die Seele, das Verlangen nach Gott, die Erkenntnis und die Vernunft sowie deren Beeinträchtigung durch den Sündenfall, den Glauben, die Freude und den Willen Gottes sowie die Pflege der Fähigkeiten, ihm zu entsprechen. Schon diese Themen zeigen, daß die „religio" nur nebenbei zur Sprache kommt, und hier am ehesten als umfassende Bezeichnung[11].

Die beiden folgenden Traktate jedoch, das „Irenicum Universale" und die „Theologia Mystica", ergeben ein anderes Bild. In ihnen wird die „Religio" zwar zunächst und immer wieder als „Religio Christiana" im Sinne einer Gesamtbezeichnung verwandt[12]. Dabei hebt er aber häufig auf die „Religionis

---

[5] Deren Relationsbestimmung kann hier nicht im einzelnen aufgewiesen werden. Es wird im folgenden deutlich, inwiefern der Mensch und damit dessen „Ratio" durch Gott erleuchtet ist, vgl. P. Poiret, aaO. 19f, 25f, 28.

[6] Vgl. etwa ebd. 712, sowie in der Dissertatio Nova, der Einleitung zur dritten Auflage, (in eigener Paginierung) 16, sowie in Anmerkungen, die der ersten Auflage hinzugefügt wurden, 306 Anm., 378 Anm.

[7] Petrus Poiretus, De Eruditione solida speciatiora, Tribus Tractatibus, I. De Educatione Liberorum Christiana; II. De Irenico Universali; III. De Theologiae Mysticae ejusque Auctorum Idea generali, Amstelodami MDCCVII. – Der Band enthält die drei Traktate, I: 9–243; II: 245–458; III: 459–780. Dabei sind die eigentlichen Traktate erheblich kürzer; sie werden mit z.T. umfangreichen Auseinandersetzungen über Positionen Poirets, Erläuterungen u.a.m. ergänzt, so nicht zuletzt mit Briefen der Antoinette Bourignon, 429–458, ferner 565–580.

[8] So zu Beginn in dem „Ad Lectorem Monitum", unpaginiert.

[9] Ebd. v.

[10] Ebd. a r.

[11] Vgl. „Religio Christiana", ebd. 9.

[12] So in der einführenden „Epistola", ebd. 256, und dann oft, etwa 266ff.

Christianae essentia" ab[13]. Von ihr unterscheidet er als zweitrangig die „accessoria"[14]. Die „religio" in ihrer eigentlichen Bedeutung bezeichnet er vielfach als „Religio vera"[15], „vera Religio Christiana"[16] oder „vera illa ac coelestissima Religio Christiana"[17]. Als deren wesentlichen Teil bestimmt er *spiritus et vita, veritas ac charitas*[18]. Die „vera Religio" existiert, wenn sie recht eingerichtet ist, im „animae fundus" – wofür die deutsche Mystik ‚Seelengrund' sagt –, den er auch als „thronus" und „habitaculum" bezeichnet[19].

Da jedoch die Seele mit dem Körper vereint ist, können die äußeren Dinge, die Zeremonien u.a.m. als verschiedene Wege und Mittel gebraucht werden, wenn nur das Herz Gott gehört[20]. Die ganze Kraft der „religio" besteht allein im Geist, und dies, weil Gott Geist ist[21]. Der Tempel, in dem Gott sich Gebete und Opfer wünscht, ist also die Seele, der Hirte ist der Geist Gottes, der „cultus" ist der Gebrauch der Tugenden[22]. So sind die „ceremoniae", die zum „externus cultus" gehören, nicht „in se mala"[23]. Sie vermögen als Mittel im Menschen das Gedächtnis Gottes zu stärken, wobei der „cultus Dei verus et proprius" darin besteht, daß

---

[13] Vgl. etwa ebd. 277, 278, 382, 390, vgl. 684; Poiret sagt auch „substantia Religionis Christianae", so etwa 260, 681, ferner „pars essentialis Religionis Christianae", etwa 258, vgl. 275, 283.
[14] Ebd. 283.
[15] Vgl. etwa ebd. 267, 291, 398f, 681 in den Randbemerkungen.
[16] Vgl. etwa ebd. 266.
[17] Vgl. ebd. 731; es findet sich auch „divinissima Religio Christiana", 732.
[18] Ebd. 258.
[19] Ebd. 267: „Quando vera Religio in animae fundo (hic enim thronus ejus est ac habitaculum) recte instructa consistit, anima, quae corpori unita haeret, et intercedente corpore toti mundo corporeo conjungitur; parum interest qua ratione, respectu Dei corpus moveat, rebusque externis utatur, modo cor ipsum Dei sit, aut ad Deum dirigatur. Tunc itaque ceremoniis aliisque quae ejusdem sunt generis, uti poterit veluti viis quibusdam ac mediis quibus ad Dei memoriam in corde celebrandam redeatur, animusque ad ipsum sublevetur: Iisdemque poterit uti quas jam institutas usitatasque videt, atque id animo securo, neque de earundem differentiis adeo sollicito. D. Paulus occasione ita ferente dicebat; *(a) Persuasus sum in se impurum nihil esse; illi vero qui rem impuram eße arbitratur, eadem immunda erit.* Idem ad ceremoniis, ceterisque quae ad externum cultum inter Christianos frequentatum pertinent, dicendum est: *illa in se mala non sunt*; ei tamen qui mala ea esse credit, mala fiunt: ideoque opinionem suam, in qua quippe omne malum inest, ipse corrigat oportet: et res ei bonae erunt."
[20] Ebd.
[21] Ebd. 266f: „Omnis Religionis vis in solo spiritu consistit: (c) *Deus est Spiritus: et veri adoratores ac Religiosi, quales optat, eum in Spiritu ac veritate adorent oportet.* Etiamsi nec Templa ulla, nec ceremoniae, nec corpora, nec mundus corporeus exstarent usquam, vera tamen Religio, ejusque exercitium, ideo non desinerent aut caderent. *Templum* verum, in quo Deus preces sibi ac sacra fieri exoptat, anima est humilitate demissa, fundusque cordis defaecati. *Pastor* qui in eo docebit, Spiritus ejus bonus est, qui per pia saepe desideria, perque bona quae nobis insinuat, cogitata, nos alloquitur; nec non etiam per conscientiae lumen, in ipsius praesentia constituti in nos ipsos descendimus, nos instruit. Pro cultu autem *exercitiisque*, quorum Officia a nobis exspectat, erunt sanctus virtutum, quas modo enarravimus, usus habitusque. Hoc Templum, hunc Pastorem, hunc denique Cultum nemo est qui tollere aut eripere nobis possit, quamdiu divina gratia sublevati a peccato abstinebimus: solius enim peccati is effectus est, ut quod in Religione vera solidum est ac praecipuum, evertat, Templum rerum profane polluat, Pastorem ipsum expellat, verumque Dei Cultum tollat e medio."
[22] Ebd. 266f.
[23] Ebd. 267.

Gott im Herzen verehrt wird[24]. Es entspricht dem durchgängigem Thema, daß „Amor Dei" für Poiret die „VERA RELIGIO" darstellt[25].

So behalten die äußeren Vollzüge bei Poiret eine gewisse, wir würden sagen, relative Bedeutung. Sie vermögen Mittel und Wege zum Heil zu weisen, doch liegt in ihnen zugleich auch der Grund für alle Fehlentwicklungen und Verkehrungen. Poiret läßt keinen Zweifel daran, daß die äußeren Vollzüge nur zu leicht pervertiert werden können, daß nämlich die „ceremoniae et opiniones ac externi ritus" einer Gemeinschaft von dieser für unaufhebbar gehalten werden[26] und somit Grund für Spaltungen und Streit geben.

Die Spaltung der Christen vornehmlich in drei Teile verhindert gleichwohl noch nicht grundsätzlich, daß die verschiedenen Meinungen und Zeremonien jeweils „recte et salutariter" gebraucht und auf Gott hinbewegt werden können[27]. Freilich werden die Menschen nicht wegen der „differentiae Religionum externae" Gott wohlgefällig[28]. Gott wendet nämlich niemandem seine Liebe und das Heil zu, weil dieser zu den „Catholici Romani", den „Reformati" oder den „Lutherani" gehört, wohl aber allen, die sich ihm in ihrem Herzen demütig unterwerfen[29]. Die Trennung in „Sectae aut Religiones" stammt nicht von Gott,

---

[24] Ebd. 268: „Cultus Dei verus et proprius, uti modo dixi, est Dei memoriam in corde amorem, preces, humilitatem, laudes Divinas meditante, praesentem revereri. Verum quia homines et obliviosi, et externis rebus saepissime occupati, Dei memoriam deponunt; ideo Deus actiones quasdam ac gestus motusque aliaque in sensum visumque incurrentia institui voluit, quibus ad illius memoriam possimus revocari. Illa autem qualiacunque sint parum interest; modo corda nostra eorum ope sublevata, Deo sese vere committere, et divina meditari condiscant; quemadmodum parum refert qua quis via ad locum quendam gradiatur modo ad locum ipsum pervenire contingat." Vgl. auch die „externa subsidia", zur Liebe Gottes zu kommen, etwa 284, 290, und immer wieder bes. 360: „Etenim quicquid sit, MEDIA OMNIA EXTERNA QUIBUS HOMINES AD DEUM REVOCANTUR; DIVERSA IN SE, IMO ET CONTRARIA INTER SE ESSE POSSUNT, idque propter diversas animorum praeparationes, ac circumstantias diversas in quibus homines inveniuntur."
[25] Ebd. 398f: „Tandem, quoniam Amor Dei est ipsa VERA RELIGIO, vera autem Religio nullos hostes habet praeterquam solum amorem proprium et quae ex eo pendent; hinc fit ut amor proprius veluti fulmine perculsus videatur si quis ei palam exponat eum crasse nimis errasse, et corticem pro medulla, ac partem accessoriam aut larvam Religionis pro parte solida amplexum fuisse disputationes ejus ac controversias vere esse exercitia Diaboli labores ac tormenta quae pertulit, esse pertinaciam atque operas deperditas; glorias, quas sibi olim suas ob perpessiones ab aliarum partium hominibus inflictas promittit, esse solummodo spes vanas, maleque in eo fundatas quod putat se Amorem Dei esse, qui tamen est ipse amor proprius; si quis denique ei ostendat exercitia pietatis quibus utitur, esse velum hypocriseos; doceatque eum debere se ipsum odisse et mori, una cum omni sua arrogantia omnibusque quibus animo adhaerescit, ut Amore Dei, ceu ipsa et sola essentia Religionis verae (cujus ille membrum nondum est) in eorum locum succedens reviviscat; rebus vero externis interim utendum esse in pace, in humilitate, ac fine disceptatione, quales tunc quidem ad manum sunt, et in quantum ad Deum ducunt: Haec, haec, inquam, totidem ipsi fulmina videntur, quorum ille vim neutiquam ferre potest."
[26] Ebd. 318; dies wird dann in längeren Ausführungen über die Eucharistie in der „Ecclesia Primitiva", der „Ecclesia degenerans" und der „Ecclesia tripartita" – so die Bezeichnungen in den Kopfzeilen – erörtert, 292–360.
[27] Ebd. 258.
[28] Ebd. 264.
[29] Ebd. 264f: „Etiam atque etiam vellem, Charissimi, ut recte intelligeretis semel quod tenendum

sondern vom Feind des Menschengeschlechts[30]. Sie wird freilich dadurch befördert, daß den „accessoria" ein ausschlaggebendes Gewicht zugewiesen wird und folglich Anhänger der verschiedenen Gruppen auf parteiische und kriegerische Weise handeln und so die anderen christlichen „factiones" mit allen Mitteln bekämpfen[31].

Für seine Konzeption einer auf die Seele bzw. das Herz bezogenen „Religio" als einer „Religio" des Geistes verweist Poiret nachdrücklich auf Antoinette Bourignon. In der Überschrift zu ihrer ausführlichen Verteidigung[32] bringt er zum Ausdruck, zugleich vieles zur „RELIGIO ac PIETAS" beitragen zu wollen[33]. Gegen den Angreifer verwahrt er sich mit der Bemerkung, ob er etwa die „Virgo Burignonia" als „Turca, vel Gentilis" dargestellt hätte[34]. Seine Verteidigung bezieht sich einmal auf die „doctrina" der Bourignon[35]; dabei bescheinigt er ihr eine „pietas purissima"[36], wie er bezeichnenderweise sagt. Zum anderen aber nimmt er sie in Schutz hinsichtlich ihrer *„Vita"* und *„Religio"*[37]. Hier verwendet er „Religio" institutionell im Sinne einer Gemeinschaft und konstatiert, daß die „Virgo Burignonia", wie er sie bevorzugt nennt[38], ganz entgegen den Anschuldigungen die vielen „infelicissima schismata" und „inimicae factiones"[39] bekämpfte, daß es schon genügend *„sectae"*[40] gibt und daß sie keine neue begründen wollte[41]. Er unterstreicht, daß sie und ihre Freunde keine neuen *„coetus"* eingerichtet haben, wie dies in den verschiedenen „Religiones" und d.h. Orden der Christen der Fall war; damit wollte sie vermeiden, daß auch nur der

---

est semper, homines videlicet non propter differentias Religionum externas, easque quae in iis receptae sunt, ceremonias, opiniones, aut controversias, Deo acceptos esse vel secus, adeoque nec inde salutem aut interitum suum exspectare debere. Deus enim neminem amore suo ac salute prosequetur eo quod Catholicos Romanos, quos vocant aut Reformatos, aut Lutheranos secutus sit: perinde uti et neminem hanc ob causam, aut propter opinionum ceremoniarumque quibus illi utuntur varietatem, damnaturus est. Ille potius salutem conferet omnibus, qui in cordibus suis humiliter ipsi sese subjiciunt, neque aliis quibusvis meliores se dignioresque censent".

[30] Ebd. 265.
[31] Ebd. 283f.
[32] Ebd. 367–429.
[33] Ebd. 367; er beginnt diesen Abschnitt folgendermaßen: „RESPONSIO ad scriptum praecedens, In qua et vis ac natura multarum rerum qua ad RELIGIONEM ac PIETATEM non parum momenti ferunt, explicantur."
[34] Ebd. 372.
[35] Ebd. 376–385.
[36] Ebd. 382.
[37] Ebd. 385–390 und dann wiederholt, so bes. 402, 404, 407, 416. Zu ihrer Entlastung fügt er auch Briefe der Bourignon an, 429–458.
[38] So auch ebd. 385.
[39] Ebd.
[40] Ebd.
[41] Ebd. 386, mit der Folge, daß sie „nullus cultus novus, nulla ceremonia, nullus coetus, nulla nova exercitia, vel leges aut regulae" will, die eine *„Secta"* ausmachen. Diese faßt Antoinette Bourignon in ihren Briefen über „Tolerantia" und „Religiones", 429, im Sinne von „Sodalitium aut Communitas religiosa" und d.h. institutionell, etwa 432. Vgl. auch 433 bei Bourignon die institutionellen Bezeichnungen „diversae Communitates aut sodalitia religiosa", 430 „Regulae aut Statutae Religionum" sowie „Ordo quidam aut Religio certa".

Schatten der Gründung einer „nova Secta" auf sie fiele[42]. Lediglich lehnte sie den Gebrauch von Zusammenkünften und Zeremonien nicht grundsätzlich ab[43].

Demgegenüber geht es Antoinette Bourignon nach Poirets Meinung darum, die „pars essentialis Christianae Religionis" festzuhalten, nämlich den Geist Gottes und dessen Anrufung sowie die Gottheit Christi und dessen höchste Verehrung herauszustellen, der die Ursache unseres Heils darstellt[44]. Speziell nimmt er sie gegen den Vorwurf in Schutz, eine *„Religio"* zu vertreten, die kein Außen – *„foris"* – beachte[45].

In den langen und langatmigen Ausführungen über Bedeutung und Grenzen der „cultus externi"[46] zitiert Poiret auch Augustins „AMA, ... ET FAC QUOD VIS"[47] und hebt hiervon den *„Amor proprius"* und d.h. Überheblichkeit und Arroganz ab, die mit dem „Cultus externus Religionis" zusammenwohnen[48].

Von hierher verstehen sich zwei Aspekte der Position Poirets: Einmal weist er den Vorwurf zurück, „Religio" und „Theologia Mystica" widersprächen sich; er gesteht lediglich zu, daß letztere in einem spezifischen Sinn, nämlich bei gewissen außerordentlichen Wirkungen Gottes in bestimmten Seelen, sich von ersterer unterscheiden lasse, daß aber die Mitwirkung des Menschen der Wirkung Gottes zur Einigung der Seele mit Gott ebenso dieser Theologie wie der „Religionis substantia et pura vis" zu eigen ist[49]. Denn von Anbeginn der Welt bis zu seiner Zeit existiert die „vera Religio" in einigen in Fülle, in anderen aber in Schwäche[50]. Die erstere, die „Religio in perfectione et pulchritutine sua", unter-

---

[42] Ebd. 389.
[43] Ebd., hier mit dem Hinweis auf jene Zusammenkünfte, die man besuchen könne, je nachdem, in welcher „Religio" man geboren ist. Poiret weist hier für Bourignon darauf hin, daß von ihr sogar die „Romanae Ecclesiae ceremoniae" gelobt werden, doch dürfe man nicht in den Fehler verfallen, die „Christianae Religionis vis et essentia" zu vergessen und den „cortex [= Rinde] externus pro medulla [= Mark]" zu halten, 390, wie es einem plastischen Bild heißt.
[44] Ebd. 387. – Diese Aussage richtet sich gegen die Sozinianer.
[45] Ebd. 388.
[46] Ebd. 394.
[47] Ebd. 396.
[48] Ebd. 397.
[49] Ebd. 478: „Cui respondeo, si per Theologiam Mysticam intellexerit certas quasdam Dei in quibusdam animabus operationes extraordinarias vel transeuntes (quae tamen Theologiam Mysticam minime constituunt,) aut etiam cognitionem actualem vel idealem omnium argumentorum Mysticorum; hoc sensu eandem cum Religione non esse unum et idem: At si per eam Theologiam intelligamus, ut fieri debet, praxin et exercitium eorum quae proposuimus, scilicet cooperationem hominis, et dein Summi Numinis operationem ad eum purificandum, et uniendum ipsamque cum Deo unionem ac Dei ejusdem intellectui, cordi, intimam specialiorem patefactionem, quam promisit; illam esse ipsam Religionis substantiam et puram vim, Dei lumine amoreque splendide insignitam."
[50] Ebd. 478f: „Jam ab ipso mundi initio usque ad hoc tempus, verae Religionis semper respectu hominum duplex fuit status: in nonnullis nempe Religio fuit in statu vigoris ac plenitudinis divinae; in aliis vero, qui maximum et fere totum numerum faciunt, in statu infirmitatis, aegritudinis, et languoris. Pauci sunt qui postquam lumine et amore Dei relictis, ad creaturas et ad malum sese converterunt, denuo viam hanc relinquant, ut Deo iterum sese tradant. Qui hoc exequuntur, maximam partem imperfectissime procedunt, per intervalla, modoque adhuc valde infirmo et summe languido: attamen, dummodo sincere agant, Deus est tam benignus, ut a mortalibus acceptet, illa quae ipsi offerunt; et prout ad recipiendum dispositi sunt, sic bonorum suorum largitione Optimus Maximus ipsis

scheidet sich in nichts von der Praxis der „Theologia Mystica"[51]. Sie gibt daher zu der Hoffnung Anlaß, daß Gott seine Kirche erneuern und der „Religio Christiana" ihr altes, nämlich ursprüngliches Vermögen und Leuchten für Poirets eigene Zeit, die letzten Zeiten, wiedergeben möge[52].

Zum anderen aber hebt Poiret zusammen mit der „Theologia Mystica" seine „Religio Christiana" ab von der „Philosophica haecce Religio"[53] als der *„Religio Philosophica in Ratione fundata"*[54], die er einleitend „Religio Rationalis"[55] und dann „RELIGIO *Philosophica,* sive RATIONALIS atque *idealis et picta"* genannt hatte[56]. Hiermit einher geht seine negative Bewertung der „Ratio"[57], der er

---

respondet; proinde si haec dispsitio exigua est et interrupta, Deus salutarem suam gratiam identidem et frustillatiam quasi confert".

[51] Ebd. 479: „Verumenimvero si quis a creatura animum omnimodo retraxisset, ad cor suum Divino Numini plenissime exhibendum, flagrans ejusdem ardentissimo et unico desiderio, cooperando gratiarum donis pro modo mensuraque omni virium ipsi a Deo communicatarum, ut dein se *duci aut agi sineret* (sicut (a) inquit S. Paulus) et *perfici* (secundum verbum (b) ejusdem Apostoli,) purificari et regi per purissimas boni ejusdem Spiritus motiones, quas non potuissent non insequi omnia dona omnesque divitiae quas Domino placuisset tali animae infundere: talis sane et exercuisset ac commonstrasset veram Religionem, Religionem Christianam, ejusque puram vim ac perfectionem; et simul vere patuisset, hanc Religionem in perfectione et pulchritudine sua, nil quicquam differre a praxi Theologiae Mysticae".

[52] Ebd. 481.
[53] Ebd. 702.
[54] Ebd. 713.
[55] So in dem bereits o. Anm. 8 zitierten „Ad Lectores Monitum", unpaginiert.
[56] Ebd. 681. Daß diese „Religio" auch als „externa" bezeichnet wird, vgl. 427, wird im folgenden noch zu erörtern sein.
[57] Vgl. als paradigmatische Aussage, ebd. 731f.: „Haec, haec est vera illa ac coelestissima RELIGIO CHRISTIANA, in Scripturis sacris atque etiam ab Auctoribus Mysticis, *Parrhasio* invisis, tantopere commendata, qua vero sola in ruborem dari potest misera cordis humani superbia, insana sapientia, stultaque Rationis humanae confidentia et gloriatio in sua impotenti industria, activitate, operationibus, per quas, horribili Satanae fallacia, volunt *redire ad Patrem,* ad vitam aeternam, ad perfectionem summam, studendo, ratiocinando, philosophando, criticando, coacervando infinitas idearum cumulas ac montes de Deo ac de divinis, de operibus naturae et gratiae, de factis ac gestibus hominum, et praeterea de infinitis etiam quisquiliis ac lanis caprinis, dum habeant interim cum suis similibus *bonos mores* philosophicos atque honestos quibus magis magisque sua superbia suusque amor proprius revera nutriuntur et conservantur: quando tamen e Sacris Scripturis debuissent scire, et deberent alta mente reponere, haec ipsissima esse objectum illud Deo invisum et idolum illud odiosum quod Christiana Religio exterminandum suscepit, et ob quod, ut nulla caro glorificet se, sed sola Dei Majestas in omnibus et de omnibus gorificetur et laudetur, placuit Deo, ut modo dictum eam Religionem, solamque ad Patrem, ad vitam, ad perfectionem aeternam redeundi viam statuere unum JESUM CHRISTUM exinanitum, ac humiliatum, simplicem infantulum, propria ratione, propria voluntate, proprio regimine uti nescium, neque se neque propriam gloriam quaerentem, contemtum, patientem, morientem, resurgentem, ac in coelestibus viventem et habitantem, extra cujus Spiritum et status participates per fidem, sive per traditonem facultatum nostrarum passivarum Deo, in nobis incarnando, victuro, operaturo, dominaturo, non datur Religio vera, neque accessus ad Deum; sed omnes in errore et via mortis sunt, atque ad Satanam pertinent et vadunt cum omnibus Rationis suae superbae ratiocinationibus, philosphationibus, criticationibus, nugis, et scientiis falsis, ideis, et argutiis, persuasionibus imaginariis de vita altera sperata, omnibusque Religionis Philosophicae ac Rationalis *bonis moribus* et virtutibus superficiariis, quae omnia sine fundo isto divinissimae Religionis Christianae, vel sine contentione vera ac viva ad illum, ejusque per fidem incoepta

wenig zutraut. Im Zusammenhang mit dieser Einschätzung wehrt er sich gegen den Vorwurf, einen Sozinianismus zu vertreten. Dabei insistiert er darauf, daß Gott in der Seele wirkt, daß er heiligt, erleuchtet und lenkt, während von seiten seiner Gegner dem Menschen der „*fundus*" und die „*facultates* nostrae *passivae atque intimae*" genommen und statt dessen das überhebliche Götzenbild eines „intellectus activus" gegeben wird; dieser aber gehört dem Menschen gar nicht als Eigentum, sondern nur in Erbpacht[58].

Diese grundlegenden Qualifizierungen erweisen sich für Poiret als außerordentlich bedeutsam. Denn nicht von ungefähr stellt er in eben diesem Zusammenhang fest, daß das Heil nicht von Möglichkeiten des Menschen her erlangt werden kann. Folglich vermag auch ein „Judaeus, Turca, Gentilis homo", der sich in der Reinheit seiner „anima" seiner Unzulänglichkeit bewußt ist und zu seinem Schöpfer seine Zuflucht nimmt, aufgrund dieses „verae fidei semen" zum Heil zu kommen[59]. Schon in einer früheren Überlegung hatte er die Frage erörtert, ob angesichts der Relativierung der äußeren Vollzüge Menschen in jeder „religio" Gott dienen können, daß also Menschen nicht nur in allen „Religiones aut partes Christianae gentis", sondern auch jene „vere sancti, verique Dei filii" unter den „gentiles" das Heil zu erreichen vermögen[60]. Er fragt ausdrücklich nach der Bedeutung der Formel „Extra ecclesiam nulla salus" und antwortet damit, daß es außerhalb der „Doctrina", in der das Wesen der „vera Ecclesia" – übrigens unter Einschluß der „Ecclesia Romana" – besteht, nämlich außerhalb der Zurückweisung des Bösen sowie außerhalb der Liebe zu Gott und der Nachahmung Christi kein Heil gibt[61]. Schließlich besteht der wesentliche

---

participatione, sunt duntaxat revera frigidae sterilesque virtutum imagines ab humanae Rationis facultate superficiaria callide et industrie, saepe absurde, sed mortuo semper modo, in tabula imaginationis depictae, nullam vero vim omnino habentes quae faciat nos esse (*a*) *imitatores Dei sicut chari ejus filii;* (*b*) *nos esse in hoc mundo sicut Christus est, ut fiduciam habeamus in die judicii:* nullam vim quae possit nos supra naturam corruptam evehere, nullam quae ad vivos actus in tempore tentationis producendos valeat quibus pravorum affectuum impetus deleantur, ac Amoris proprii principia tenebrosa, falsa et malitiosa supprimantur."

[58] Ebd. 685f.

[59] Ebd. 686: „Judaeus, Turca, Gentilis homo, in sinceritate animi suae impotentiae conscii ad Creatorem sui et omnium recurrant, procul dubio servari poterunt per Omnipotens illud Verbum Dei aeternum quod fecit et sustinet illos, et a quo procedit omnis motus sincerus et humilis animae sibi diffidentis et recurrentis ad Auctorem suum, qui ipsemet est Dei Verbum et Filius, hosce motus tanquam verae fidei semen, in animis ipsi per superbiam voluntariam ac pertinacem non resistentibus excitans et fovens: quibus si respondeant, non dubium est quin ille magis ac magis omnia eis necessaria auxilia ac media, tam in internis quam in externis, sit benigne procuraturus quibus tandem ad salutem pertingant."

Im folgenden finden sich wortgewandte Hinweise, daß das Setzen auf einen solchen „fundus superficiarius" [und d.h. in Erbpacht zugehörig], auf „potentiae activae sui intellectus, sive facultatis Rationis suae" nichts nützt, mag man auch noch so viel an „veritas, virtus, fides, spes, Amor Dei et proximi, bonaeque mores omnes" darüber bauen; all diese bleiben „picturae ... et ideae a se aegro fabricatae, steriles eae et emortuae, imo et deformes rerum ac virtutum verarum imagines larvaeque inanes, et species probitatis politicae ac philosophicae, vento amoris proprii tumidae".

[60] Ebd. 353.

[61] Ebd. 356f, so z.B. in einem nicht nachgewiesenen Zitat.

Teil der „Religio Christiana" in „Timor atque Amor Dei" und damit zusammenhängend in „Amor proximi"; alles Übrige an der „Religio" sind „vestimenta", die in sehr verschiedenen Materialien und Formen bestehen können[62].

Nach allem erweist es sich keineswegs als Zufall, wenn Poiret bislang erstmalig die ausdrückliche Formulierung „RELIGIO INTERNA" verwendet[63]. Nicht als unmittelbare Antithese, wohl aber in der gleichen Abhandlung sagt er dann auch „Religio externa"[64], die er noch einmal gegen Ende dieser Abhandlung als „vana externa et idealis Religio" bezeichnet[65]. Damit ist als Antithese formuliert, was er normalerweise akzentuierend unterscheidet, nämlich die „substantia Religionis Christianae" im Unterschied zu ihren „accessoria". Es kann jedoch kein Zweifel daran bestehen, daß Poiret mit dieser Bezeichnung „RELIGIO INTERNA" seinen Ansatz wesentlich zum Ausdruck gebracht hat, selbst wenn sich diese Formulierung nur an dieser einen Stelle findet. Man darf gespannt sein, wo sie später wieder auftaucht.

Die zuvor erörterten Texte sowie Recherchen in anderen Werken[66] Poirets ha-

---

[62] Ebd. 353; im weiteren, 354, weist Poiret dann speziell auf den „Cucullus", das Habit der Franziskaner hin sowie darauf, daß andere wegen ihres Habits schrecklich verfolgt worden sind. – Das Bild von der Unterschiedlichkeit und Austauschbarkeit der Kleidung fand sich schon früher bei John Selden (1584–1654), s. dazu u. den Rückblick und Ausblick.

[63] Ebd. 391: „Utinam vero Christiani, interque eo ipsi Protestantes, tantisper in se descenderunt, consideraturi, utrum ad ejusmodi *Templum, Pastorem, cultum, exercitia* solida, *Spiritualia*, divina RELIGIONIS INTERNAE cordis et spiritus, cujus vel verbo meminit *Amicum Consilium*, diligenter fuerint revocati."
Daß eindeutig diese Formulierung gebraucht ist, zeigt sich anschließend, 392, in einem nicht nachgewiesenen Zitat: zit: „quid sit RELIGIO CORDIS INTERNA, ubi *Deus Spiritus adoratur in Spiritu et veritate,* prout ipse postulat."

[64] Ebd. 398: „... quoniam Amor proprius Religione externa ita indutus, jam idolum factum est et Deus animae, hinc et quicquid cum ipso hac in causa non consentit, diabolus ejus erit ac hostis."

[65] Ebd. 427. Vgl. dazu die entsprechende Qualifizierung der „Ratio" o. mit Anm. 56.

[66] [Petrus Poiret,] Theologiae Pacificae, itemque Mysticae, ae hujus Auctorum, Idea brevior, Amstelaedami MDCCII; die hier abgedruckten drei Teile „Theologia Mystica", „Epistola de Principiis et Characteribus Mysticorum" und „Catalogus Auctorum Mysticorum", 55–294, stellen eine frühere Ausgabe von „De Eruditione Solida", 459–602, dar; der einleitende erste Teil „Theologia Pacifica sive Comparativa", 5–54, handelt durchgängig von „Religio", bringt aber keine Ausführungen über die späteren in „De Eruditione Solida" hinaus.
Von Pierre Poiret stammen dürfte die Einleitung in: Hertzens-Theologie / Oder einige sehr schöne geistige Tractätgen/ ... Aus der Frantzösischen Edition des Herren Poirets ins Teutsche übersetzet, Franckfurt und Leipzig 1702; hier findet sich nur nebenbei „Christliche Religion", vgl. 5, 13.
Vgl. schließlich: Fides et Ratio Collatae, Ac suo utraque loco redditae, adversus Principia Joannis Lockii ... Edidit et praefatus est Petrus Poiret, Amstelaedami MDCCVII; in der Einführung Poirets findet sich ein Hinweis auf die „omnis divinioris Religionis solida substantia", 9, auf „cultus ac divina Religio a Gentilium sapientibus sive eruditis ac Ratiocinatoribus ... introductae", 10, auf die „Rationabilitas Religionis Christianae" und die „Religio mere Philosophica", 15, eine zitierte Aussage über die „Religio" im Hinblick auf die Unterscheidung der „falsa Religio a vera", wofür nur die „Ratio" zur Verfügung stehe, 19; es geht aber eher um die Verhältnisbestimmung von „Fides" und „Ratio", 12, 23, 29, u.ö., wozu die Auseinandersetzung mit Locke den Anlaß gegeben hat. – Für die von Poiret herausgegebenen Abhandlungen soll hier nur auf jene Aussage verwiesen werden, daß „quivis gens", nämlich „Catholici, Reformatores, Lutherani, Judaei, Turcae, Pagani" und d.h., wer immer Gott fürchtet, die „vera Fides adeoque et vera salutiferaque Religio" besitzt, 444, vgl. 445.

ben ergeben, daß er der „Religio" insgesamt keine besondere Aufmerksamkeit widmet. Bemerkenswert erscheint, daß er trotz der Zuwendung zur Mystik und der Bestimmung der „Religio" als Liebe die Zeremonien nicht ablehnt, sondern als Hilfsmittel zuläßt. Auch fällt seine häufige Betonung der „essentia Religionis" auf. Gehören Geist und Körper und folglich diese wesentliche „Religio" und ihre „accessoria" zusammen, so läßt Poiret doch keinen Zweifel daran, daß er die „Religio" in der „anima" ansiedelt. Von hierher kann er sie, wenn auch nur ausnahmsweise, als „Religio interna" bezeichnen.

JOHANN WILHELM PETERSEN

Wegen seiner besonderen Wirksamkeit, die auch seinen heutigen Bekanntheitsgrad bedingt, wird Johann Wilhelm Petersen (1649–1721)[1] in die Reihe der behandelten Autoren aufgenommen, die für unser Thema zur Sprache kommen sollen. Die Recherchen haben freilich keinen ergiebigen Befund zutage gefördert. Gleichwohl soll Rechenschaft über sie gegeben werden, nicht nur zur Dokumentation, sondern auch, um zu zeigen, wie rasch das Verständnis von „Religion" sich geändert haben muß.

Einen besonderen Stellenwert nimmt in dieser Zusammenfassung die zunächst anonym und erst im dritten und letzten Band namentlich gekennzeichnete Abhandlung „Das Geheimniß Der Wiederbringung aller Dinge"[2] ein. Eine ra-

---

[1] Johann Wilhelm Petersen, Sohn eines Juristen, studierte 1669–1677 Theologie in Gießen und zwischenzeitlich in Rostock; im nahen Frankfurt kam er mit dem Pietismus in Berührung, wo er auch seine Frau Johanna Eleonora, geb. von Merlau (1644–1724), kennenlernte, die wie er strikt pietistisch ausgerichtet war und gleichfalls eine Reihe von Büchern veröffentlicht hat. Nach einer Professur für Poesie in Rostock seit 1676 war er in kirchlichen Ämtern tätig, so bes. seit 1678 als Superintendent und Hofprediger in Lübeck und Eutin und seit 1688 als Superintendent in Lüneburg. Nach seiner Absetzung 1692 lebte er auf seinen Gütern und widmete sich der außerordentlich ausgedehnten Schriftstellerei. Beeinflußt durch die englische Philadelphierin Jane Leade (1624–1704), wandte er sich der Apokatastasis-Lehre zu und vertrat eine radikale pietistische Ausrichtung. Vgl. zu ihm und seiner Frau Hans Schneider, Der radikale Pietismus im 17. Jahrhundert, in: Der Pietismus vom siebzehnten bis zum frühen achtzehnten Jahrhundert, hg. von Martin Brecht (= Geschichte des Pietismus I), Göttingen 1993, 391–437, bes. 401–406, 410; ders., Der radikale Pietismus im 18. Jahrhundert, in: Der Pietismus im achtzehnten Jahrhundert, hg. von Martin Brecht und Klaus Deppermann (= Geschichte des Pietismus II), Göttingen 1995, 107–197, bes. 112–115.

[2] [Johann Wilhelm Petersen,] ΜΥΣΤΗΡΙΟΝ ΑΠΟΚΑΤΑΣΤΑΣΕΩΣ ΠΑΝΤΩΝ, Das ist: Das Geheimniß Der Wiederbringung aller Dinge / Darinnen In einer Unterredung zwischen Philaletham und Agathophilum gelehret wird / Wie das Böse und die Sünde / Die keine Ewige Wurtzel hat / sondern in der Zeit geuhrstaendet ist / wiederum gaentzlich solle aufgehoben / und vernichtet; Hergegen die Creaturen Gottes / Die nach seinem Willen das Wesen haben / doch eine jegliche in ihrer Ordnung / von der Sünde / und Straffe der Sünden / nach Verfliessung derer in der Göttlichen Oeconomie darzu bestimmten Perioden, und nach Außübung der Gerechtigkeit / krafft des ewigen Rath-Schlusses Gottes / durch JESUM CHRISTUM, Den Wiedererbringer aller Dinge / Zum Lobe und Preiß seines herrlichen Namens / sollen befreyet und errettet werden / auff daß da bleibe Das Gute / Und Gott sey Alles in Allen / Offenbahret durch Einen Zeugen Gottes und seiner Warheit, Pamphilia 1700.

sche Durchsicht der Bände ergab nirgends eine ausführlichere Beschäftigung mit der „Religion" oder gar ein ihr gewidmetes Kapitel. Wenn im Titel eines Abschnitts am Ende von Band III „Religiones omnes" genannt werden, dann ohne eine Konsequenz für den Inhalt auch dieser „Apologia" zur Verteidigung der „Majestas Sacrae Scripturae". Es bleibt also eine extreme Ausnahme, wenn sich einmal „Secte und Religion" findet[3]. Ebenso selten verwendet Petersen „wahre Religion"; dabei handelt es sich hier wiederum nicht um sie, sondern um den „Glauben", „der eine Erkäntniß hätte von der Historie da man allen dem glaubete / was in GOttes Wort geschrieben stehet", nämlich um jenen „Glauben", „der ein hertzlich und gewiß Vertrauen und Zuversicht auf GOtt / oder auff GOttes Gnade und Barmhertzigkeit hätte / die in Christo Jesu versprochen und anders geleistet wäre"[4]. Immer wieder ist also von „Glaube" die Rede, ebenso von „Liebe", so daß Petersen vom „Liebes-Hertz meines GOttes" sprechen kann[5]. Unter diesem Aspekt vertritt Petersen entschieden die Apokatastasis, die er mit einem großen Aufwand vor allem an biblischen und dogmengeschichtlichen, aber auch zeitgenössischen Zitaten stützt. Alles in allem bleibt also „Religion" in diesen drei doch umfangreichen Oktavbänden völlig ohne Bedeutung.

Auch im Zusammenhang seiner Darlegungen über die „Rechtfertigung"[6] spricht Petersen immer wieder von „Glaube" und nur in den letzten Passagen auch einmal von „Religion". Dabei stellt er einen Konnex zwischen beiden Termini her und hebt für den „Glauben" hervor, daß dieser wie beim Hauptmann Cornelius der Apostelgeschichte „Vor der eigentlichen Wissenschafft / und vor Wahrhaltung der Historie von Christo" vorhanden ist[7]. Wer aber so den „rechten Glauben" besitzt, der muß auch „in der rechten Religion" sein[8]. Hier wird also „Religion" offensichtlich institutionell gefaßt, worauf auch die gelegentliche Bezeichnung „Religions-Verwandten" hindeutet[9]. Und wenn Petersen auf

---

ΜΥΣΤΗΡΙΟΝ ΑΠΟΚΑΤΑΣΤΑΣΕΩΣ ΠΑΝΤΩΝ, oder Das Geheimniß Der Wiederbringung aller Dinge / Durch JEsum CHristum, Tomus secundus. Worinnen auf verschiedene Schrifften / und Einwürffe gründlich und bescheidentlich geantwortet / und / was etwa im ersten Tomo undeutlich seyn mögte / erläutert wird, Pamphilia 1703.
Die Wiederbringung Aller Dinge Auß der Heiligen Schrifft Für GOTT ausz GOTT In CHRISTO JESU Bezeuget Von Johann Wilhelm Petersen. Dritter Tomus, MDCCX. – Im Band sind die verschiedenen Abschnitte jeweils neu paginiert.

[3] Ebd. [Erstes] Gespräch zwischen Philaletha und Agathophilo, Tom. I, 14a.
[4] „Wahre Religion" findet sich in einem zitiertem Buchtitel, vgl. ebd. im dritten Gespräch, Tom. III, 16 (irrtümlich 6) a; vgl. ebd. 118a die Rede von „allen Christlichen Religionen" zusammen mit „allen Heyden, Geschlechtern / und Zungen".
[5] Ebd. 29b.
[6] Johann Wilhelm Petersen, Das Geheimniß Der Rechtfertigung / Dem Herrn Alethophilo, und seinem so genandten Buche Vollenkommenheit und Rechtfertigung/ Aus GOttes Wort vorgestellet, Franckfurth und Leipzig 1713.
[7] Ebd. 205.
[8] Ebd., vgl. 206 die spezifizierte Parallelisierung: der „rechte Glaube" und „mithin die rechte selig machende Religion"; vgl. auch 175 die Formulierung vom „blossen historischen Glauben". Es überrascht, wie sehr Petersen auf die „Historie" hinweist.
[9] Vgl. ebd. 5, 153. Vgl. auch in einem Zitat die Formulierung **„in seiner Religion bleiben"**, 223,

den „äusserlichen historischen Glauben" hinweist[10] oder auf den „äusserlichen Gottesdienst"[11], so wendet er diese Präzisierung nicht auf die ‚Religion' an, obwohl sie auf diese besonders gepaßt hätte.

Besonders eindrucksvoll wird dieses Ergebnis unterstrichen in der lateinischen Dichtung „Uranias"[12], in der Petersen die ganze Heilsgeschichte ausführlich darstellt, angefangen von der Schöpfung, fortgeführt mit dem Heil, folgend mit wichtigen Phasen der Kirchengeschichte bis hin zur Eschatologie. Hier erscheint „Relligio" ebenfalls selten und läßt keine auch nur irgendwie besondere Innovation erkennen[13].

GOTTFRIED ARNOLD

Als Vertreter der auf Spener folgenden Generation soll Gottfried Arnold (1666–1714)[1] unsere Aufmerksamkeit finden. Er gilt als Vertreter des Pietismus in „radikal-spiritualistischer Richtung"[2]. Folglich darf man gespannt sein, welche Aspekte und gegebenenfalls welche Entwicklungen sich bei ihm erkennen lassen. Im folgenden soll speziell Arnolds „Historie und beschreibung Der Mystischen Theologie"[3] untersucht werden, da dieses Werk mehr noch als die wenig frühere „Kirchen- und Ketzerhistorie" auf unsere Fragestellung bezogen sein dürfte.

„**in was für einer Religion**" man ist, 224 „in allen Geschlechtern und Religionen" sowie „in einer irrigen Religion und Lehre stehen", ähnlich 213.

[10] Ebd. 224, vgl. 213.

[11] Ebd. 224.

[12] Johann Wilhelm Petersen, Uranias qua opera Dei magna omnibus retro seculis et oeconomiis transactis usque ad Apocatastasin seculorum omnium per spiritum primogeniti gloriosissime consummanda Carmine Heroico celebrantur. Accedit eiusdem cyctoixia [= συστοιχία, Reihe (von Säulen oder Ideen), Entsprechung] Christi et belial regnique lucis et Tenebrarum et Carmen in nuptias agni, Francofurti et Lipsiae MDCCXX.

[13] Die Schreibweise dieses Terminus ist bedingt durch die Notwendigkeit der Silbenlänge im Hexameter. Vgl. als Belege (zitiert nach den Büchern in lateinischer und den Versen in arabischen Ziffern) etwa VIII 309, IX 1433, XII 190, 241, 658f., XIII 81ff., 190, 573, 675, 731, 850, XIV 278 „Relligio vera, et pietas", ferner 447, 712, 903.

[1] Gottfried Arnold schloß sich in seiner Studienzeit in Dresden seit 1689 Spener und später in Quedlinburg den dortigen Pietisten an; seit 1697 Professor in Gießen, wandte er sich 1698 von der Universitätstheologie ab und ging zurück nach Quedlinburg, wo er in der Folge zahlreiche Schriften veröffentlichte, so vor allem 1699 die „Unpartheyische Kirchen- und Ketzerhistorie von Anfang des NT bis 1688".

[2] Ernst Walter Zeeden, Arnold, Gottfried, in: LThK[2] I, 896; vgl. bes. H. Schneider, Der radikale Pietismus im 17. Jahrhundert, in: Geschichte des Pietismus, I, 410–416; ders., Der radikale Pietismus im 18. Jahrhundert, in: ebd. II, 116–119, 168f.

[3] Gottfrid Arnold, Historie und beschreibung Der Mystischen Theologie / oder geheimen Gottes Gelehrtheit / wie auch derer alten und neuen Mysticorum, Franckfurt 1703; ND: Gottfried Arnold, Hauptschriften in Einzelausgaben 2, Stuttgart-Bad Cannstatt 1969. – Im folgenden wird zunächst das Kapitel und der betreffende Abschnitt sowie nach einem Semikolon die Seite des benutzten Textes angegeben. Bei Arnold findet sich ein häufiger Wechsel zwischen Groß- und Kleindruck; der Großdruck wird im folgenden durch Kursivierung hervorgehoben.

Arnold berücksichtigt gemäß seinen historischen Interessen besonders die Geschichte der Mystik. Er beginnt aber mit einer Beschreibung dessen, was er unter der „wahren Theologie" versteht. So sehr sie eine *„Rede oder Lehre Gottes selbst / oder auch von Gott"* darstellt[4], so wenig läßt sich aus dieser Feststellung allein ihr Sinn erschließen; erst die nähere Bestimmung des „Theologus" als desjenigen, *„der sein Gespräch mit GOtt oder auch von GOtt"* führt und somit als *„geheimer Lehrer verborgener Dinge"* zugleich *„die Worte GOttes selbst ausspricht"*[5], läßt Arnolds Intention deutlicher werden. Zur Theologie gehört nämlich als ihr Fundament „eine wirckliche Erleuchtung / Lehre und Einfluß von GOtt selbst", aufgrund derer der gute Theologe sich nicht so sehr durch die Wiedergabe der Lehre auszeichnet als vielmehr durch das Halten der Gebote und der Satzungen Gottes[6]. Konsequent dazu finden sich bei Arnold dezidierte Polemiken gegen die *„scholastische Theologie"*, die „wegen ihrer Vernunfft-Schlüsse / Wort-Kriege und unendliche Fragen denen nach GOtt hungernden Seelen keine Krafft darreichte / indem sie nur die leeren Terminos und Formen zu wissen an statt des Wesens übrig behielten"[7]. Gegen solche „Schul-Theologie"[8], die Arnold als *„speculativ"* bezeichnet[9], setzt er auf die „Mystische Theologie" als *„practische Theologie"*[10]. Diese erfordert nicht einen *„guten Kopff"* wie erstere, sondern *„eine reine einfältige Seele / ob sie schon gantz ungelehrt ist"*[11]. Daß ihm eine „Vereinigung oder Vermengung" oder „Vergleichung" der „Schul- und Mystischen Theologie" nicht möglich scheint, folgt aus dem Scheitern diesbezüglicher Versuche[12]. So bleibt also nur ein Plädoyer für die *„Mystische Theologie"*[13], die Arnold näher bestimmt als *„göttliche und geheime Weißheit"*, die *„das Gemüth eines wiedergebohrnen Menschen erleuchtet / der Wille mit göttlichen Tugenden ausgerüstet / und von dem Sünden-Unflath gereiniget wird / damit es mit GOtt auffs innigste vereiniget werde"*[14]. Dem entspricht auf seiten des Menschen seine Ausrichtung auf Gott: Der „Mystische(n) Theologie" korrespondiert *„eine Ausstreckung des Gemuths nach Gott durch das Verlangen der Liebe"*, d.h. eine *„in Erfahrung bestehende Vereinigung der Seelen mit Gott"* und damit *„eine Erfahrung von GOtt / wie er in sich selbst ist"*[15]. Arnold charakterisiert diese Theologie also als *„Erkäntniß Gottes über alle Würckung*

---

[4] Ebd. cap. 1,3; 2.
[5] Ebd. cap. 1,6; 4.
[6] Ebd. 10; 7.
[7] Ebd. cap. 2,9; 28, hier, 10; 29, auch die *„Buchstäbl. (oder gelehrte) Theologie"* genannt im Gegensatz zur *„Mystischen Theologie"*.
[8] Ebd. cap. 2,9; 28 u.ö.
[9] Ebd. 11; 30.
[10] Ebd. 11; 30, vgl. cap. 12,16; 301.
[11] Ebd. cap. 2,12; 31.
[12] Ebd. 13; 32.
[13] Ebd. 15; 34.
[14] Ebd. 16; 34; zur *„Wiedergeburth"* vgl. auch cap. 8,31; 208, zur *„neuen Geburt"* cap. 3,7; 44.
[15] Ebd. cap. 2,18; 36.

des Sinnes und Gemüthes", die als Vereinigung mit Gott zugleich in *"Stillschweigen und Nichts-wissen* vollendet wird"[16].

Als zentral stellt Arnold hier und immer wieder das „Gemüth" heraus[17]. Wenn dieser Terminus zuweilen in besondere Nähe zur Emotionalität gerückt erscheint[18], so darf dieses Verständnis doch nicht einfach vorausgesetzt werden, denn „Gemüth" dient als Übersetzung von „mens" oder auch von „anima"[19]. Diese Korrespondenz zum Lateinischen besitzt für die Zeit Arnolds durchaus noch Verbindlichkeit.

Auch der nach wie vor zentrale Begriff *„Gottseeligkeit"*[20] läßt noch keine Veränderung seiner Bedeutung erkennen. Vom *„Gefühl der GOttseeligkeit"* spricht Arnold im Abschnitt über Katharina von Siena und ihre Mystik, in dem er gegen den Hochmut der Gelehrten auf die Einstellung der Jungfrauen hinweist, alles Heil von Christus zu erwarten[21]. Die „Gottseeligkeit" bedeutet Gemeinschaft mit Gott[22], die Arnold als *„einfältige Gottseeligkeit"* kennzeichnet[23]. Entsprechend dient die *„practische Theologie"* der *„Ubung der GOttseeligkeit"*, die in *„oratione mentali oder inwendigem Hertzens-Gebeth / und in der Betrachtung oder auch in beyderley bestehet"*[24]. Die „Gottseeligkeit" erweist sich somit als „Ubung"[25] und eben nicht als ‚Gefühl'. Arnold übernimmt in einem Zitat von Bonaventura zugleich die Zuordnung der „GOttseligkeit" zum Willen[26]. Sie verbleibt, soweit die Aussagen und Kontexte erkennen lassen, noch völlig im Rahmen der weit in das Hochmittelalter zurückreichenden Mystik und teilt deren durchaus nicht ‚empfindsame' Nüchternheit. Nicht von ungefähr setzt sich Arnold von jeglicher *„Schwärmerey"*[27] und *„falschen Enthusiasterey"*[28] sowie von aller *„Sectirerey"* ab[29].

---

[16] Ebd. 36f. Verwiesen werden soll auf die auch bei Arnold vorliegende Bedeutung der *„Erfahrung"*, vgl. dazu bes. auch cap. 4,19f; 63f, cap. 5,12; 90.

[17] Vgl. (nur mit Angabe der S.) außer ebd. 35–40 z.B. 62, 88, 120, 122, dann 159, 163, 169, 312, 383.

[18] Vgl. ebd. cap. 6,23; 126f, der Hinweis auf die *„Gemüths-Bewegungen / in wundersamen Frieden und Gemüths-Ruhe / in Genuß der geistlichen Freude und einfältiger Beschauung der Gottheit"*; vgl. die Darstellung über den „Dreyeinige(n) Weg der Weißheit", cap. 6; 128–131, und die folgende Nennung der „Zeiger" dieser Wege, 132–142.

[19] So in der Übersetzung der Buchtitel von Bonaventura „Itinerarium mentis in Deum" ebd. cap. 20,5; 387, sowie „De Reformatione mentis", 389, und „Speculum animi", 389; „anima" übersetzt Arnold in dem Buchtitel „Regimen animae" aber auch mit „Seele", 389.

[20] Vgl. außer dem Folgenden im Text auch (nur mit der Angabe der S.) 293, 317, 337, 353, 369, 417, vgl. adjektivisch „gottseelig" etwa 67, 113, 181.

[21] Ebd. cap. 21,4; 402.

[22] Ebd., vgl. cap. 1,10; 7.

[23] Ebd. 20; 17.

[24] Ebd. cap. 12,16; 301.

[25] Ebd. cap. 15; 337, 342.

[26] Ebd. cap. 20,3; 385.

[27] Vgl. der „Mystischen Theologie" beigegeben (neupaginiert) Gottfried Arnold, Verthädigung Der Mystischen Theologie, und hier bes. den Abschnitt „Von Der Nichtigkeit des Urtheils eines Protestanten über der Mystischen Theologie", 67.

[28] G. Arnold, Mystische Theologie, cap. 8,43; 220.

[29] Ebd. cap. 1,21; 18, vgl. 8,39; 216. Von *„Secten"* spricht Arnold cap. 1,20; 16 in einem Zitat von

Die drei Wege mystischer Theologie charakterisiert Arnold als „*Reinigung / Erleuchtung und Vereinigung*"[30]. Demgegenüber nimmt er von Spener her zwar den Vorgang der „*Erweckung*" auf, doch besitzt dieser keine besondere Bedeutung[31]. Verschiedentlich spricht er darüber hinaus von „*Vergöttung*"[32], eine Vorstellung, die aus platonisch-plotinischer Mystik stammen dürfte.

Nachdrücklicher als die vorausgegangenen Autoren verwendet Arnold die Unterscheidung von „natürlich" und „übernatürlich" und charakterisiert die mystische Theologie als „übernatürlich"[33]. Auch diese Bezeichnung versteht er von der Tradition der Mystiker her, die „in ihren Reden den Ausdruck ὑπὲρ oder *über (als übernatürlich / übergut / überschön / u.s.w.)* von göttlichen Dingen / so offt und gern brauchen", wie es in der Bezeichnung „*Auff- und Uberschwingen* in GOTT" erscheint[34]. Mit dieser Formulierung verbindet Arnold noch einmal eine Herabsetzung der Vernunft.

Auf dem Hintergrund dieser für Arnold zentralen Anliegen und Aussagen gilt es nun, sein Verständnis der „Religion" zu charakterisieren. Dazu sind zwei Aspekte zu benennen, die nicht voneinander getrennt werden dürfen: Einmal widmet auch Arnold der „Religion" kein verstärktes Interesse, was besonders nach der weiterhin vorherrschenden Bevorzugung von „Gottseeligkeit" nicht weiter verwundern kann. „Religion" kommt selten vor[35] und steht dann verschiedentlich im Grunde für die spätere Bezeichnung ‚Konfession'[36]. Bemerkenswerterweise übersetzt Arnold einen Buchtitel Bonaventuras „*De Processu*

Johannes Brunnemann (1608–1672), und hier in einer neutralen Bedeutung, daß nämlich „*Europa in verschiedene Secten getrennet worden*" ist. Vgl. auch cap. 12,2; 288 den Hinweis, man hätte „im wesentlichen Grund des Evangelii und Sinnes Christi einträchtig und friedsam bleiben können / wo man nur beyderseits einander wegen der andern Neben-Dinge / Ceremonien und Satzungen getragen / und nicht in der Christenheit so viel Secten und eigene Kirchen auffgerichtet hätte". Auch hier erscheint „Secten" faktisch neutral für alle Teile der Christenheit, wie „Kirchen" nur im Plural negativ sind.

[30] Ebd. cap. 6; 102–131.
[31] Vgl. ebd. cap. 6, Anmerkungen; 148, cap. 8,32; 209, jeweils als Substantiv; vgl. auch cap. 7, 30; 175 ein nicht weiter nachgewiesenes Zitat Speners, durch das auch für Spener das Substantiv „*Erweckung*" belegt ist.
[32] Vgl. ebd. cap. 6, Anmerkungen; 148, (nur mit Angabe der S.) 48, 151, wo sich parallel dazu „*Vergötterung*" findet, und 234, wo nur „*Vergötterung*" steht; „vergöttet" bzw. „vergöttend" findet sich ebd. 42, 48, 238 u. ö.
[33] Ebd. (nur mit Angabe der S.) 40 in einem Zitat von Corderius, vgl. 121, 133, 149, 158.
[34] Ebd. cap. 5,5; 83. „Religion" findet sich in Zitaten von Hugo Grotius cap. 1,20; 17 sowie von Martin Luther cap. 19,3; 369.
[35] Einen eigenen Abschnitt zum Thema bringt Arnold lediglich in seiner unten näher behandelten „Verthädigung", Nr. 8–11; 15–22.
[36] Vgl. z.B. G. Arnold, Mystische Theologie cap. 8,6; 183 „*Lehre einer gewissen Religion und Parthey*", vgl. die Nebeneinanderstellung „Partheyen und Religionen" ebd. cap. 12,21; 306. Vgl. cap. 8,39; 216f die Nebeneinanderstellung von „unter allerley Volck / Religion und GOttesdienst" bzw. „unter allen andern Religionen / Nationen / Zungen / menschlichen Secten und Partheyen", in denen es Menschen gegeben hat, „die den geheimen Weg zur verborgenen Weißheit GOttes" gehen.

religionis" mit „*Von dem Proceß des GOTTesdiensts*"[37]. Damit hält er sich im überlieferten Rahmen.

Zum anderen aber unterscheidet Arnold die „Religion" der „Gelehrten", die „Meister über die Religion" sein wollten[38], und die *„wahre Religion"*; diese ist nicht „der Sectirische Bann / gewisser aus Menschlichen Willen hervorgebrachter Auffsätze und Traditionen", sondern „der wahre gerade Weg zu dem verlohrnen Vaterland"[39]. „Religion" bedeutet für Arnold somit gerade nicht eine Lehre, sondern eine Praxis.

In seiner Schrift „Verthädigung Der Mystischen Theologie"[40] kommt Arnold in der Grundlegung auf die „Religion" zu sprechen. Hier geht es um den Aufweis, daß „die Mystische Theologie in ihrem Wesen nichts anders sey / als die *Christliche Religion* in ihrem Glantz und Krafft"[41]. Zunächst fragt Arnold, ob es nicht „recht und vernunfftmäßig" ist, wenn der Mensch sich gänzlich Gott unterwirft[42]; als Antwort konstatiert er, daß Gott als das reine Licht und die reine Liebe[43] dem Menschen und seinem durch die Sünde verdunkelten Geist „Warhaffte Erkäntnüß" gibt[44]. Arnold legt also Wert auf die Vernunftgemäßheit der Einwirkung Gottes auf den Menschen und dessen Vernunft bei gleichzeitiger Unterwerfung und Ergebung der Seele[45]. Dem entspricht, daß er die Vernunft nicht für einen „rechtmäßigen Richter" und „noch weniger für das würckende principium in Göttlichen Sachen" hält[46].

Sodann nennt Arnold als möglichen Vorwurf, die ganze Welt müsse „Mystisch und geistlich" werden, während man doch bislang „Religion" und „Mystische Theologie" für verschiedene Sachen gehalten habe; in einer Klammer zu dieser Aussage bezeichnet er die „Religion" als das „Mittel", „uns selig zu machen"[47]. Hiermit bringt er eine Heilsbedeutsamkeit der „Religion" zum Ausdruck. Er unterstreicht diese Annahme mit der folgenden Identifizierung von „Mystische(r) Theologie" und „Religion", da nämlich die „Reinigung" und „Vereinigung" der „Mystische(n) Theologie" zugleich „das Wesen selbst der

---

[37] Ebd. cap. 20; 388.
[38] Ebd. cap. 1,20; 17.
[39] Ebd. cap. 1,24; 20f; anschließend folgt als Bestimmung der „wahren Religion" die Formulierung „Erkäntniß seiner selbst so wohl vor als nach dem Fall / und dann GOttes in Christo JEsu durch den Heil. Geist / als unsers höchsten Ursprungs und Ziels / dahin wir wieder als in das Eine aus aller Zertheilung und Streitigkeit kommen sollen". Diese Aussage stammt aus einem nicht belegten Zitat.
[40] Gottfried Arnold, Verthädigung Der Mystischen Theologie (angebunden an: ders., Mystische Theologie). – Im folgenden wird zunächst die Nummer und dann nach einem Semikolon die Seite angegeben.
[41] So als Angabe im Inhaltsverzeichnis der „Verthädigung"; 1.
[42] Ebd. Nr. 2; 4, 7f.
[43] Ebd.; 8.
[44] Ebd.; 10.
[45] Vgl. ebd.; 7.
[46] Ebd. Nr. 7; 14; schon hier also findet sich die Metapher von der Vernunft als „Richter".
[47] Ebd. Nr. 8; 15.

Religion in ihrer höchsten Krafft" darstellt[48]. Arnold unterscheidet dann im Hinblick auf die „wahre Religion", was die Menschen angeht, einen doppelten Zustand, nämlich einmal den „Stand der Blühung und Göttlichen Krafft" und den „der Schwachheit / Kranckheit und Lauligkeit" bei den Menschen[49]. Zu letzterer Gruppe gehören die meisten Menschen, die sich nach ihrer Abkehr von Gott und ihrer Zuwendung zur Kreatur zwar wieder Gott zugewandt haben, aber doch nur so unvollkommen, daß Gott ihnen gemäß ihrer geringen Disposition nur eingeschränkt seine Gnade zuwendet; sie erreichen dann zwar im Augenblick des Todes noch die ewige Seligkeit, aber eben nur eingeschränkt, und dies ist nach Arnold „insgemein der Zustand der Religion / wie sie von den gemeinen Frommen ist gehandelt worden / die ihre Seeligkeit gesuchet haben"[50]. Wer sich aber demgegenüber ganz von der Kreatur ab- und Gott zugewandt hat und ihn mit sich hat handeln und arbeiten lassen, der hat die „wahre Religion" ausgeübt, die mit der „Mystischen Theologie" identisch ist[51]. Wenn Arnold ein-

---

[48] Ebd.; der wichtige Text lautet: „Mich deucht man wird mir vorwerffen / daß wenn alles so gehen solte / so müste die gantze Welt Mystisch und geistlich werden / wo sie wolte selig werden: Und unterdessen hat man doch bißher geglaubet / daß die Religion (welche das Mittel ist uns selig zu machen) und die Mystische Theologie / wären zwey unterschiedliche Sachen. Darauf ich antworte / daß wenn man durch das Wort Mystische Theologie verstehen will einige ausserordentliche und vorbeygehende Würckungen GOttes in etlichen Seelen (welche doch noch keine Mystische Theologie ausmachen) oder auch / daß man dadurch verstehe eine würckliche oder bildliche Erkäntniß aller Mystischen Materien / in diesem Verstande ist sie nicht eben das / was die Religion / aber wenn man sie nimt für die Auswürckung und Ubung derer Sachen / die wir zuvor gemeldet / auch noch ehe der Mensch dazu könne contribuiren durch seine Mitwürckung / und daß GOtt folgends dazu würcke durch seine Reinigung und durch seine Vereinigung / das ist das Wesen selbst der Religion in ihrer höchsten Krafft."

[49] Ebd. Nr. 9; 15f.

[50] Ebd. Nr. 9; 16; der Text, 15f, lautet wörtlich: „Von Anfang der Welt biß hieher hat sich die wahre Religion / was die Menschen anlanget / allezeit in einem doppelten Zustande befunden; in dem einen / im Stand der Blühung und Göttlichen Krafft; Und in dem andern / worinnen die meiste Anzahl und fast alles sich befindet / in dem Stande der Schwachheit / Kranckheit und Lauligkeit. Es sind gar wenig Personen / wenn sie das Licht und die Liebe GOttes verlassen / und sich zu denen Creaturen gewendet haben / die wieder umkehren / und sich von dem Bösen und von den Creaturen wieder zu GOtt wenden: Diejenigen / so es thun / thun es meistentheils sehr unvollkommen / nur bißweilen / und auf eine schwache und elende Arth und Weise: Aber nichts desto weniger / wenn es von Hertzen gehet / so ist GOtt so gut / daß er von den Menschen annimt / das / was sie ihm geben wollen / und antwortet ihnen durch seine heilsame Mittel und Güter nach dem Maaß / welches zu empfangen sie geschickt seyn. Und also wenn diese Disposition klein und unterbrochen ist / so gibt ihnen GOtt seine heilsame Gnade nur denn und wenn / und gleichsam stückweiß; Und wenn sie in diesem guten Augenblick dahin sterben / so bleibet die Gnade allezeit bey ihnen / und machet sie seelig / aber viel schwerer und lange nicht so vortheilhafftig und lieblich / und bey weiten nicht so herrlich / in alle Ewigkeit / als sie würden gewesen seyn / wenn sie sich auff eine andere Art würden erzeiget und gehandelt haben: Und diß ist insgemein der Zustand der Religion / wie sie von den gemeinen Frommen ist gehandelt worden / die ihre Seeligkeit gesuchet haben."

[51] Ebd.; 16f; im Anschluß an das soeben Zitierte heißt es, 16f: „Aber würde man sich gantz und gar von der Creatur abgewandt / sich GOtt gantzlich von gantzem Hertzen ergeben / auch ihm nur eintziglich und inbrünstiglich gesuchet und begehret haben / mitwürckende an der Gnade / welche er giebet / nach gantzem Vermögen und Krafft die er mittheilet / und folgends wie Paulus redet / mit sich handeln / mit sich arbeiten / sich reinigen und führen lassen / durch die gantz reinen Bewegun-

leitend auch die schwache Verwirklichung „wahre Religion" genannt hat[52], so kann er dies nur im eingeschränkten Sinn gemeint haben. Denn der angemessene „Zustand" der „wahre(n) Religion" kann doch nur jene „Christliche Religion / in ihrer reinen Krafft und Vollkommenheit" sein, welche „die Mystische Theologia in der Practica" übt, die von Abel über die Patriarchen und Propheten bis hin zu den Aposteln und ersten Christen vielen zuteil geworden ist[53]. Nicht recht deutlich läßt Arnold werden, ob diese „Christliche Religion" gleichermaßen zur Zeit des Alten wie des Neuen Testaments praktiziert wurde[54]. Deutlicher hebt er hervor, daß er angesichts der „Laulichkeit oder Nachläßigkeit in dieser heiligen Religion" gleichwohl hofft, daß „GOtt seine Kirche erneuren / und die Christliche Religion wieder in ihre Krafft und Glantz in den letzten Zeiten (welche die jetzigen seyn) setzen wird"[55]. Hier erscheint ein endzeitlicher Zug, in dessen Kontext die „Christliche Religion" identisch ist mit der „heiligen Religion von allen Zeiten her".

Diese den Gegnern der „Mystischen Theologie" zugemutete Weiterführung der „Religion" hindert Arnold nicht, auch bezüglich der Gegner von „Religion" zu sprechen, die er „Zäncker / Disputirer und Wort-Streiter" nennt, die „ihre gantze Religion" darin sehen, daß sie Kritik an der römischen Kirche üben und überdies sich gegen die Mystische Theologie wenden, statt zu sehen, daß es sich hier nicht um einen konfessionsspezifischen Gegensatz handelt[56]. Wenn Arnold in solcher Abwehr der Gegner „Religion" neben „Gottesdienst" und „Ceremonien" stellt[57], macht er damit deutlich, daß sie auch in ihrer Identifizierung mit der „Mystischen Theologie" eine sich manifestierende Praxis darstellt. Und um diese geht es ihm gerade auch bei der Rehabilitierung der „wahren Religion" gegen jene, die sie zu einer Lehre oder zu einer lauen Praxis gemacht haben.

Nicht für seine eigenen Überlegungen, sondern in seiner „Ketzerhistorie" nennt Arnold im Zusammenhang mit den Deisten und Naturalisten „die natür-

---

gen seines guten Geistes / würden darauff gefolget seyn / alle Gaben und alle Reichthümer / welche ihm mitzutheilen würden gefallen haben; Alsdenn hätte man die wahre Religion ausgeübet / und sehen lassen; nemlich die Christliche Religion / in ihrer reinen Krafft und Vollkommenheit; und man würde gesehen haben / daß diese Religion in ihrer Schönheit und Vollkommenheit eben das ist / was die Mystische Theologie in der Practica."

[52] Ebd.; 15.
[53] Ebd. Nr. 9f; 16ff.
[54] Vgl. die Zitate aus beiden Testamenten Nr. 10; 18–20, mit dem Resultat, 20, „daß von allen Zeiten her die Seelen / in welchen die Christliche Religion sich in ihrer Krafft und Schönheit befunden / warhafftig geistliche und beschauende Seelen gewesen / und daß sie selbsten hiedurch im Wesen besessen haben / die würckliche Selbstständigkeit der Mystischen Theologie / als eben die Sache seyende mit der Vollkommenheit der Christlichen Religion".
[55] Ebd. Nr. 11; 20.
[56] Vgl. ebd. den zur „Verthädigung" gehörenden Abschnitt „Von Der Nichtigkeit des Urtheils eines Protestanten über der Mystischen Theologie" Nr. 11; 86.
[57] Vgl. ebd. das zur „Verthädigung" gehörende „Sendschreiben Von denen Gründen und Kennzeichnen der vornehmsten Mysticorum aus denen letztern Seculis", Nr. 51; 216.

liche religion oder die erkänntnüß Gottes, so weit sie dem menschen von natur bekannt ist"[58].

Interessant ist, daß sich bis zu ihm die astrologische Tradition in den „religionen" durchgehalten hat. Unter Verweis auf Samuel Parker (1640–1688) erwähnt er in seinen Darlegungen zu Julius Caesar Vanini (1594–1619) auch dessen Annahme, dieser habe „die revolutiones mit den religionen vom Gestirn hergeholt", was ihm als Atheismus ausgelegt worden sei[59]. Daß Vanini diese astrologischen Spekulationen kannte, ihnen aber nicht folgen wollte, steht auf einem anderen Blatt[60]. Immerhin findet sich bis zu Arnold diese Tradition.

Zusammenfassung

Wie schon im Pietismus selbst, so haben auch jene, die von ihm inspiriert wurden und ihn radikalisiert haben, sich zunächst nicht ex professo der „Religion" zugewandt. Wenn sie aber, wie Poiret, von ihr sprechen, wirkt sich ihre generelle Linie aus. So führt gerade er die traditionelle Linie nicht weiter; denn er bestimmt die „vera religio" in ihrer „essentia" nachhaltig als *Amor Dei*. Von dieser Konzeption her glaubt er auch, die innerchristliche Spaltung in drei „Sectae aut Religiones" überwinden zu können. So ist es kein Zufall, daß sich bei ihm ein sehr früher Beleg für die Formulierung „religio interna" findet, ohne daß sie schon als generelle Bezeichnung diente.

Wie wenig aber „Religion" bei diesen radikalen Pietisten insgesamt zur Sprache kommen kann, zeigt sich eindrucksvoll bei Petersen. So bleibt sein Einfluß zwar auf die Dauer wirksam, nicht aber schon dadurch, daß er die ‚Religion' in seine eigenen Überlegungen konstruktiv einbezogen hat.

Doch wie Poiret, so steht auch Arnold deutlich im Zusammenhang mit der Mystischen Theologie, die er faktisch mit der „Religion" identifiziert. Insofern übernimmt er eine wichtige Brückenfunktion von der Mystik zu diesem Terminus. Freilich bleibt auch für ihn die Bezeichnung „Gottseeligkeit" leitend.

---

[58] Gottfried Arnold, Unpartheyische Kirchen- und Ketzer-Historie, Vom Anfang des Neuen Testaments biß auf das Jahr Christi 1688, Franckfurt am Mayn 1729, ND Hildesheim 1967, Theil II, 17 cap. 16 § 20; 1079 a.
[59] Ebd. § 13; 1076b
[60] S. dazu E. Feil, Religio II, 84ff.

Regionale Entwicklungen

7. Theologische Entwicklungen in Frankreich

Schon im Abschnitt über philosophische Fundierungsversuche wurden mit Marin Mersenne, Pierre Gassendi und René Descartes französischeAutoren behandelt. Deren überwiegendes Interesse bestand darin, die Impulse für die Philosophie fruchtbar zu machen, die sich aus einer neuen Naturbetrachtung sowie einer neuen Wertschätzung der Mathematik ergaben. Der „religion" haben sie keine besondere Aufmerksamkeit gewidmet.

Da dieses Ergebnis noch keineswegs als repräsentativ bewertet werden kann, geht es im folgenden Abschnitt darum, wie es sich darüber hinaus im französischen Sprachgebiet des 17. Jhs. verhält. Es wurden also wenigstens einige Positionen daraufhin untersucht, ob sich bei ihnen weiterführende Überlegungen finden. Die Auswahl erfolgte einmal aufgrund der Veröffentlichung solcher Schriften, die „religion" im Titel tragen, und zum anderen aufgrund einer besonderen Nachwirkung, die sie im 18. Jh. erreicht haben gerade bei der Wendung nach innen. So bleibt zu prüfen, ob sich von hierher eine Verbindung zum Thema „religion" ergibt. Schließlich werden wenigstens in kurzen Bemerkungen Autoren dokumentiert, die aufsehenerregende Schriften vorgelegt bzw. in aufsehenerregender Weise über bisherige Grenzen hinausgegangen sind.

Blaise Pascal

Bei Eruierung eines Verständnisses von „religion" im französischen Sprachraum dürfen jene berühmten Fragmente und Aphorismen nicht fehlen, die Blaise Pascal (1623–1662)[1] in seinen letzten Lebensjahren seit etwa 1654 oder vielleicht auch erst seit 1657 verfaßt hat und die 1669 oder 1670 postum unter dem Titel „Pensées sur la Religion" publiziert worden sind[2]. Geht es Pascal in diesen Äu-

---

[1] Blaise Pascal, vom Vater, einem Juristen, erzogen und früh in den Kreis um Marin Mersenne (1588–1648) eingeführt, trat bald mit einer ungewöhnlichen mathematischen und physikalischen Begabung hervor; nach dem Unfalltod des Vaters 1651 kam die Familie in den Einflußbereich von Port Royal. Eine Krise, die ihn in seinem weltzugewandten Leben unsicher werden ließ, fand ihre Lösung 1654 in einer in seinem „Mémorial" niedergelegten Erfahrung. In der Folge setzte er sich mit Port Royal und dem Jansenismus für eine strenge christliche Lebensweise ein. Aus diesem seinem Bemühen heraus verfaßte er verschiedene Schriften, so besonders die literarischen „Lettres à un provincial" (1656/57) und eine großangelegte Apologie christlichen Glaubens, vgl. die folgende Anmerkung.

[2] [Blaise Pascal,] Pensées de M. Pascal sur la Religion et sur quelques autres sujets (MDCLXIX),

ßerungen auch nicht direkt um die „religion", so spricht er doch hinlänglich häufig von ihr. Daher läßt sich ein recht differenziertes Bild seines Verständnisses machen.

Eine erste Durchsicht fördert viele Aussagen Pascals zutage, in denen er „religion" als Oberbegriff für alles verwendet, was zum christlichen Glauben, seinen Inhalten und seinen Ausdrucksweisen gehört. Folglich verwendet er häufig „religion chrétienne"[3] und, wenn auch nicht gar so häufig, „notre religion"[4].

Zuweilen stellt er die eigene „religion" den „autres religions" gegenüber[5]; gelegentlich setzt er die christliche auch ab von namentlich genannten „religions", der „religion païenne", „religion mahométane" und „religion juive"[6] oder der „religion de Mahomet et celle de la Chine et celle des anciens Romains et celle des Egyptiens"[7].

Wenn Pascal aber von „religions" spricht, so nur, um „toutes les religions (et les sectes) du monde"[8] als „fausses religions"[9] abzulehnen und die christliche als die „véritable religion"[10] bzw. als die „vraie religion"[11] herauszustellen und zu verteidigen. Nur einmal spricht er in einem nicht recht interpretierbaren Fragment davon, man müsse bei der „religion" aufrichtig sein, und fügt hinzu: „vrais païens, vrais juifs, vrais chrétiens"[12]. Für die „religions ... et les sectes du monde" konstatiert Pascal, daß sie die „raison naturelle" als Führerin haben[13]. An einer Stelle spezifiziert er die „religion naturelle", derzufolge alle, ausgenommen die Heiden wegen ihrer Verehrung von Tieren, einen einzigen Gott angebetet ha-

---

Introduction de Louis Lafuma, Paris 1951; dt: Blaise Pascal, Gedanken über die Religion und einige andere Themen, hg. von Jean-Robert Armogathe, übers. von Ulrich Kunzmann (= Universal Bibliothek 1622), Leipzig 1987, Stuttgart 1997. – Im folgenden werden die Fragmente zunächst mit der Numerierung von Lafuma angegeben, der auch Kunzmann folgt, und nach einem Schrägstrich mit der von León Brunschvicg, die immer noch sehr verbreitet ist. Wo die Numerierung der deutschen Übersetzung von derjenigen Lafumas abweicht (950–972), wird die deutsche Numerierung in eckigen Klammern hinzugefügt. Als Erscheinungsjahr wird hier das einer Vorausgabe angegeben, vgl. die dt. Übersetzung, 33. Normalerweise wird 1670 als erstes Erscheinungsjahr genannt.

Seit wann Pascal an diesen Texten für eine großangelegte Apologie gearbeitet hat, wird in der Literatur verschieden beurteilt.

[3] Vgl. etwa ebd. 175/563, 208/435, 382/287, 387/241, 421/477, 426/542, 428/195, 454/619, 471/441, 482/289, 747/589, 808/245, 817/615.

[4] Ebd. 173/273, 242/585, 291/587, 381/286, 781/242, 835/564, 842/588, 903/851, 966 [964], 968 [972], vgl. 421/477.

[5] Ebd. 149/430, 203f/595 u. 592, 588/279, 793/737, 859/852. Vgl. auch „plusieurs religions", 198/693, sowie „chaque religion", 366/747b, und „aucune religion", 617/492.

[6] Ebd. 243/601; vgl. die Gegenüberstellung von Heiden und Juden, etwa 289/608. Zu Mohammed nimmt Pascal öfter Stellung, vgl. etwa 207/597.

[7] Ebd. 454/619.

[8] Ebd. 149/430.

[9] Vgl. ebd. bes. 203/595, 204/592, 734/817, 735/818, 815/259, vgl. 198/693, 833/487.

[10] Ebd. 450/494.

[11] Ebd. 205/489, 214/491, 216/493, 393/442, vgl. 404/424, 439/565, 503/675, 735/818, 954 [952].

[12] Ebd. 480/590.

[13] Ebd. 769/903 und 903a. – Hier ist „sectes" völlig korrekt mit „Philosophenschulen" übersetzt, vgl. etwa auch 421a/606; sonst ist dieser Terminus oft durchgängig und wiederum korrekt mit „Schulen" wiedergegeben, vgl. etwa 34/376, 131/434, 281/613.

ben[14]. Entsprechend selten, nämlich wiederum nur einmal, spricht er von „religion ... surnaturelle"[15]. Diese Seltenheit läßt darauf schließen, daß diese Antithese für ihn bedeutungslos geblieben ist. Hinzuzufügen bleibt lediglich, daß er gelegentlich auch „religion sacrée"[16] sagt und sie öfter als „divine"[17] bezeichnet.

Eine Sonderstellung räumt Pascal der „religion juive"[18] bzw. der „religion des juifs" ein[19]. In gewisser Hinsicht haben Juden und Christen dieselbe „religion", insofern erstere nicht, wie es scheint, in der Stammvaterschaft Abrahams und in anderen äußeren Merkmalen wie Zeremonien, Tempel oder Gesetz, sondern in der Liebe Gottes bestand[20]. In diesem Zusammenhang stellt er fest, das Äußere ohne das Innere sei unnütz[21]. In diese Richtung weist auch seine Bemerkung, die jüdische „religion" besitze das älteste und glaubwürdigste Buch der Welt und zudem eine Verwirklichung von Moral und Seligkeit bei ihren Heiligen, freilich nicht beim Volk[22]. Denn nicht die fleischlichen, sondern die wahren Juden und Christen erwarten einen Messias, der sie Gott lieben läßt, worin die christliche wie die jüdische „religion" besteht[23]. Somit kann Pascal die christliche „religion" göttlich nennen, da sie eine andere, nämlich die jüdische „religion divine" zur Grundlage hat[24]. Dementsprechend bewundert er eine „première et auguste religion, toute divine dans son autorité" in ihrem Alter und ihrem Inhalt und führt als Grund hierfür die 4000 Jahre alte Ankündigung des Messias an[25].

Man sieht, wie Pascal die christliche „religion" in einer gewissen Nähe zur jüdischen als alt zu erweisen sucht. Während er auf die Vergänglichkeit der anderen „religions" verweist, die untergegangen sind[26], betont er die Dauerhaftigkeit der wahren „religion" schon bei den Juden[27] und in uneingeschränktem Maße die Beständigkeit der christlichen als der ursprünglichen ehrwürdigen „religion"[28]. Diese „religion", die auf einen Messias wartet, der die Menschen nach dem Verlust der Gottesgemeinschaft wieder erhören wird, hat es nach Pascal immer gegeben[29]. Er hält sie für die einzige „religion" gegen die Natur, den Menschenverstand und unsere Vergnügungen[30].

---

[14] Ebd. 286/609.
[15] Ebd. 903/851.
[16] Ebd. 854/839.
[17] Ebd. 966 [964]/953, vgl. 243/601, 287/546.
[18] Ebd. 243/601.
[19] Ebd. 453/610.
[20] Ebd.
[21] Ebd.: „Que l'extérieur ne sert à rien sans l'intérieur."
[22] Ebd. 243/601.
[23] Ebd. 287/607, vgl. 286/609, 826/673.
[24] Ebd. 243/601.
[25] Ebd. 793/737.
[26] Ebd. 859/852.
[27] Ebd. 503/675; doch gilt dies nur für die Lehre, nicht für ihre Gesetzeslehre.
[28] Vgl. die o. mit Anmerkung 25 genannte Stelle ebd. 793/737.
[29] Ebd. 281/613.
[30] Ebd. 284/605, auch hier mit dem Hinweis, daß sie immer bestanden hat, vgl. 421a/606.

Diese Gegenüberstellung einerseits zu allen anderen „religions" sowie die Gemeinsamkeit und Differenz zur jüdischen ergibt also bereits erste Hinweise für die Charakterisierung der christlichen „religion". Ein wichtiges Kriterium ist die Erwartung des Messias und die mit ihr verbundene Beständigkeit von Anbeginn an.

Wie sehr aber Pascals genuines Verständnis der „religion" geprägt wird von seinem grundlegenden Verständnis des Glaubens an Jesus Christus, zeigt seine Aussage, viel größere Angst zu haben, sich zu irren und zu finden, daß die „religion chrétienne" wahr ist, als sich zu irren, wenn er sie als wahr glaubte[31]. Diese Aussage führt in die Mitte Pascalschen Denkens, nämlich zur Problematik der Erkenntnis Gottes als des unendlichen und der Begründung des Lebens auf ihn. Pascal geht dabei aus von der Suche des Menschen nach einem solchen Glück, das ihn wirklich erfüllt; dieses hat es einmal gegeben, doch ist dem Menschen hiervon nur eine wesenlose Spur geblieben, und dieser unendliche Abgrund – „gouffre infini" – kann nur durch ein „object (éternel et) infini et immuable" gefüllt werden, durch Gott selbst[32]. Der Mensch „dans l'infini"[33] ist nämlich ein Nichts gegenüber dem Unendlichen, ein All gegenüber dem Nichts, die Mitte zwischen beiden Extremen[34].

Unter dem Stichwort „Infini rien" formuliert Pascal dann seine Überlegung über Gott, der, wenn es ihn gibt, unendlich, unbegreiflich ist[35]. Demnach können die Christen ihre „creance" und in der Folge ihre „religion", die sie bekennen, nicht begründen; so bleibt nur noch, und zwar unausweichlich, zu wetten, und d.h. auf Veranlassung der „raison" dieser zu entsagen[36]. Auf diese Weise zu wetten, bezieht sich auf eine „chose certaine, infinie"[37].

Kann aber die Vernunft nicht aus sich selbst eine letzte Entscheidung über die Wahrheit treffen, so gibt es für Pascal darüber hinaus eine Gewißheit, die das Herz bietet. Ihm billigt er „raisons" zu, welche die „raison" nicht kennt[38]. Das Herz liebt denn auch „l'être universel"[39] und nimmt Gott wahr, was Pascal als

---

[31] Ebd. 387/241: „J'aurais bien plus peur de me tromper et de trouver que la religion chrétienne soit vraie que non pas de me tromper en la croyant vraie." – Die obige Wiedergabe folgt der deutschen Übersetzung.

[32] Ebd. 148/425.

[33] Ebd. 199/72; hier finden sich auch Überlegungen zu unendlich vielen Welten, zur „infinité (*des mondes, dans chacun*) d'univers", zu Welt und All („tout") und anschließend zu den oben im Text referierten Aussagen über den Menschen.

[34] Ebd.: „Car enfin qu'est-ce que (*un*) l'homme dans la nature? Un néant à l'égard de l'infini, un tout à l'égard du néant, un milieu entre rien et tout, infiniment éloigné de comprendre les extrêmes; la fin des choses et leurs principes sont pour lui invinciblement cachés dans (*le*) un secret impénétrable."

[35] Ebd. 418/233.

[36] So ausführlich ebd.

[37] So zum Abschluß ebd.

[38] Ebd. 423/277; vgl. 110/228: „Nous connaissons la vérité non seulement par la raison mais encore par le coeur."

[39] Ebd. 423/277.

„foi" bezeichnet[40]. „Foi" und „religion" hängen also für ihn untrennbar zusammen. Die „religion" besteht aus „croire", wie er im Zusammenhang mit der Feststellung sagt, daß dieses Glauben sich auf die Herkunft des Menschen aus einem Zustand der Glückseligkeit und auf das Kommen eines Messias nach diesem Leben bezieht[41]. Pascal führt diese Annahme in einem anderen Fragment weiter zu der Aussage, daß jene glückselig und überzeugt sind, denen Gott die „religion" durch ein „sentiment de coeur" gegeben hat[42]. Denn wenn auch die Schwäche unserer „raison" nicht bestritten werden kann, so führt diese doch nicht in einen Skeptizismus der Pyrrhoniker, die Pascal immer wieder nennt; vielmehr nimmt er eine Gewißheit an aufgrund einer Wahrnehmung, wir würden geneigt sein zu sagen, aufgrund eines Gefühls des Herzens („sentiment" bzw. „connaissance"), das die ersten Prinzipien gewiß sein läßt, ohne daß die „raison" vom Herzen dafür Beweise verlangte[43]. Er spricht vom „sentiment intérieur", welches dem Menschen von seiner vergangenen Größe bleibt[44]. Und so gibt es Menschen, die ohne das Alte und Neue Testament aufgrund einer heiligen Anlage glauben und wahrnehmen, daß ein Gott sie geschaffen hat; aber sie erfahren auch, daß sie von sich aus nicht die Kraft haben, Gott zu lieben, und hören von der christlichen „religion", daß man eben dies tun soll[45]. Der Gott der Christen läßt die Seele merken, daß er ihr einziger Gott ist[46]. Doch führt ein „sentiment naturel" nicht zu einem überzeugenden Beweis für die Wahrheit, sondern nur die „foi"[47]. Von der Erkenntnis des Paradoxen der eigenen Situation

---

[40] Ebd. 424/278: „C'est le coeur qui sent Dieu et non la raison. Violà ce que c'est que la foi. Dieu sensible au coeur, non (la) à la raison."

[41] Ebd. 281/613.

[42] Ebd. 110/282: „Et c'est pourquoi ceux à qui Dieu a donné la religion par sentiment de coeur sont bienheureux et bien légitimement persuadés, mais ceux qui ne l'ont pas nous ne (pous) pouvons la donner que par raisonnement, en attendant que Dieu la leur donne par sentiment de coeur, sans quoi la foi n'est qu'humaine et inutile pour le salut."

[43] Ebd.: „Car (nos) l(es) connaissances (sont) des premiers principes: (sont – qu'il y a – comme qu'il y a: une) espace, (un) temps, mouvement, nombres, sont aussi fermes qu'aucune de celles que nos raisonnements (tirent des suppositions qu'on a faites) nous donnent et c'est sur ces connaissances du coeur et de l'instinct qu'il faut que la raison s'appuie et qu'elle y fonde tout son discours. Le coeur sent qu'il y a trois dimensions dans l'espace et que les nombres sont infinis et la raison démontre ensuite (que le carré de l'hypotenuse) qu'il n'y a point deux nombres carrés (qui soient) dont l'un (soit) soit double de l'autre. Les principes se sentent, les propositions se concluent et le tout avec certitude quoique par différentes voies – (cette impuiss) et il est inutile et aussi ridicule que la raison damande au coeur des preuves de ses premiers principes. (qu'il) Pour (les croire) vouloir y consentir qui'l serait ridicule que le coeur demandât à la raison un sentiment de toutes les propositions qu'elle démontre pour vouloir les recevoir."
Vgl. dazu bes. auch ebd. 131/434, 179/256, ferner 530/274; vgl. 646/95, daß die „raison" die „sentiments" natürlich werden läßt und die „sentiments naturels" von der „raison" erstickt werden; vgl. auch 751/3, 814/6, 821/252, 978/100.

[44] Ebd. 208/435.

[45] Ebd. 381/286.

[46] Ebd. 460/544: „Le Dieu des chrétiens est un Dieu qui fait sentir à l'âme qu'il est son unique bien; que tout son repos est en lui, qu'elle, n'aura de joie qu'à l'aimer".

[47] Ebd. 131/434.

des Menschen her, daß er nämlich unendlich über den Menschen hinausgeht, formuliert Pascal den Imperativ, auf Gott zu hören[48]. Allein dadurch gibt es eine Gewißheit. Die Führung Gottes aber läßt die „religion" in den Geist durch Vernunftgründe und in das Herz durch Gnade ein[49].

Wenn es nur eine „véritable religion" gibt, müssen die Dinge der Welt auf sie zulaufen; alle Dinge aber haben der Förderung der „religion" zu dienen, und die Menschen müssen in sich „sentiments" haben, die mit dem übereinstimmen, was sie lehrt[50]. Freilich wird eben deswegen die „religion chrétienne" gelästert[51]. In diesem Fragment stellt Pascal auch fest, daß die „religion chrétienne" im Mysterium des Erlösers besteht, der in seinen beiden Naturen die Menschen der Sündenverderbnis entrissen hat, um sie mit Gott zu versöhnen[52].

Die wahre „religion" muß uns unbedingt in den beiden Hauptprinzipien im Menschen unterrichten, über seine Größe und sein Elend; und diese vermag nur die christliche „religion" zu lehren[53]. Als Kriterium ihrer Wahrheit gilt für Pascal auch, daß sie als einzige von allen das „extérieur" und das „intérieur" miteinander verbindet[54]. Diese Aussage erweist sich als besonders bedeutsam, da sie einmal den Bezug der „religion" zum Inneren hervorhebt, den Pascal nicht zuletzt durch die nachhaltige Bedeutung des Herzens zum Ausdruck gebracht hat. Er ist sich nämlich bewußt, daß es um die innen von der Gnade erneuerten

---

[48] Ebd.
[49] Ebd. 172/185: „La (*Religion*) conduite de Dieu, qui dispose toutes choses avec douceur, est de mettre la (*Vérité*) religion dans l'esprit par les raisons et dans le coeur par la grâce, mais de la vouloir mettre dans l'esprit et dans le coeur par la force et par les menaces, ce n'est pas y mettre la religion mais la terreur. *Terrorem potius quam religionem.*"
[50] Ebd. 449/556: „Les sages qui ont dit qu'il dit qu'il n'y avait qu'un Dieu ont été persécutés, les Juifs haïs, les chrétiens encore plus. Ils ont vu par lumière naturelle que s'il y a une véritable religion sur la terre, la conduite de toutes choses doit y tendre comme à son centre. Toute la conduite des choses doit avoir pour object l'établissement et la grandeur de la religion; les hommes doivent avoir en eux-mêmes des sentiments conformes à ce qu'elle nous enseigne; et enfin il doit être tellement l'object et le centre où toutes choses tendent, que qui en saura les principes puisse rendre raison et de toute la nature de l'homme en particulier, et de toute la conduite du monde en général."
[51] Ebd.
[52] Ebd.: „Mais qu'ils en concluent ce qu'ils voudront contre le déisme, ils n'en concluront rien contre la religion chrétienne, qui consiste proprement au mystère du Rédempteur, qui unissant en lui les deux natures, humaine et divine, a retiré les hommes de la corruption du péché pour les réconcilier à Dieu en sa personne divine."
[53] Ebd. 149/430.
[54] Ebd. 219/231: „Les autres religions, comme les païennes, sont plus populaires, car elles sont (*ex*) en extérieur, mais elles ne sont pas pour les gens habiles. Une religion purement intellectuelle serait plus proportionnée aux habiles, mais elle ne servirait pas au peuple. La seule religion chrétienne est proportionnée à tous, étant mêlée d'extérieur et d'intérieur. Elle élève le peuple à l'intérieur, et abaisse les superbes à l'extérieur, et n'est pas parfaite sans les deux, car il faut que le peuple entende l'esprit de la lettre et que les habiles soumettent leur esprit à la lettre." – Die deutsche Übersetzung „Das Äußerliche" für „l'extérieur" ist nicht exakt genug. Zur selben Thematik vgl. auch den o. mit Anm. 44 referierten Text über die innere Wahrnehmung, Empfindung oder das innere Gefühl, ebd. 208/435, und den o. mit Anm. 45 genannten Text 381/286.

Menschen geht[55]. Schließlich sieht Gott das „intérieur", während die Kirche nach dem „extérieur" urteilt[56]. Aber Pascal weist auch darauf hin, daß wir weder nach innen noch nach außen gehen sollen, da Gott sowohl außerhalb als auch in uns ist[57]. Die „religion" erweist sich somit als den ganzen Menschen umfassend[58].

Wie angesichts seines apologetischen Interesses nicht anders zu erwarten, setzt Pascal die „religion" in Beziehung zur „raison". Als Motto kann seine Feststellung dienen, wie er im Hinblick auf diejenigen sagt, die die „religion" geringschätzen und hassen, daß diese der „raison" durchaus nicht widerspricht[59]. Man darf die „religion" daher keineswegs der „raison" unterordnen, da sie dann nichts Geheimnisvolles und Übernatürliches mehr hat; man darf aber auch nicht gegen die Prinzipien der „raison" verstoßen, da die „religion" dann absurd und lächerlich wird[60]. Allein aufgrund der Vernunft aber läßt sich keine Entscheidung über die Wahrheit einer bestimmten „religion" treffen[61]. Gleichwohl rechnet Pascal die „raison" neben Gewohnheit und Eingebung zu den drei Mitteln zu glauben, auf die sich allein die „religion chrétienne" stützt, wobei sie vor allem für Eingebungen offen ist[62]. Für die Wahrheit dieser christlichen „religion" führt Pascal nämlich speziell Prophezeiungen und mehr noch Wunder an[63]. Hier stellt er dann auch fest, daß man nicht ohne Vernunft ist, wenn man die christliche „religion" glaubt, was aber die Vernunft nicht entscheiden kann; somit gibt es nur, worauf er Wert legt, im Hinblick auf sie Klarheit und Dunkelheit zusammen[64]. Die Vernunft aber muß anerkennen, daß es unendlich viele Dinge gibt, die über sie hinausgehen, und dies schon bei den natürlichen und folglich erst recht bei den übernatürlichen Dingen[65]. Die Wahrheit hat hier keine Heimat, Gott hat sie mit einem Schleier verhüllt[66]. Darum läßt Gott auch viele „reli-

---

[55] Vgl. den der deutschen Übersetzung beigegebenen, von Jean Mesnard entdeckten Text II, S. 560.
[56] Ebd. 923/905.
[57] Ebd. 407/465: „Les (uns) stoïqués disent: rentrez au dedans de vous même c'est là où vous trouverez votre repos. Et cela n'est pas vrai.
Les autres disent: sortez dehors et cherchez le bonheur en un divertissement. Et cela n'est pas vrai, les maladies viennent.
Le bonheur n'est ni hors de nous ni dans nous; il est en Dieu (ni) et (n'est ni) hors (de) et dans nous."
[58] Die vor allem im Alten Testament befohlenen Zeremonien und Opfer, vgl. ebd. 267/680, sieht Pascal als Bilder für Kommendes.
[59] Ebd. 12/187.
[60] Ebd. 173/273.
[61] Ebd. 454/619, hier mit einem Hinweis auf die o. mit Anm. 7 zit. Aussage über die verschiedenen „religions".
[62] B. Pascal, Pensées, 808/245.
[63] Ebd. 835/564; zu den Wundern vgl. die unter diesem Stichwort zusammengefaßten Fragmente 830/Zusatz XIII-912/781.
[64] Ebd. 835/564.
[65] Ebd. 188/267.
[66] Ebd. 840/843.

gions" zu, denn gäbe es nur eine, wäre Gott ganz offenbar[67]. So hält Pascal an der Wahrheit der christlichen „religion" gerade aufgrund ihrer Dunkelheit und des geringen Wissens von ihr fest[68]. Mit diesen metaphorischen Aussagen betont er die Widersprüche, die unendliche Weisheit und Torheit der christlichen „religion"[69]. Wahr kann somit nur eine „religion" sein, die Gott als verborgenen annimmt[70]. Hier hat auch die Formulierung von der „religion" des gedemütigten Gottes ihren Ort, zu der sich alle bekennen, wenn sie von ihr nie zuvor gehört hätten[71]. Letztlich aber sieht Pascal die „raison" nicht herabgewürdigt dadurch, daß ihr das Herz überlegen ist; denn ihm ist Gott wahrnehmbar[72].

Sucht man den Befund bei Pascal zusammenzufassen, so ergibt sich also zunächst eine selbstverständliche umfassende Bedeutung von „religion" für alles, was zum Christsein hinzugehört; in dieser Bedeutung umfaßt dieser Terminus auch den Glauben selbst[73]. Diese „religion" erhält aber einen wesentlichen Akzent dadurch, daß Pascal sie in Bezug setzt zum „coeur", welches über die „raison" hinausgeht, so sehr diese ihren Rang behält. Auch stellt er in vielerlei Zusammenhängen das „sentiment" heraus. Insgesamt setzt er sie also zum „intérieur" in Verbindung, ohne freilich das „extérieur" einfach abzuwerten oder für unwichtig zu erklären. Doch führt diese Hinwendung zum Inneren nicht schon zu einer inneren oder gar ‚innerlichen Religion'. Selbstverständlich kennt er auch „piété" als Haltung Gott gegenüber[74]. Sein besonderes Augenmerk richtet er aber auf die Wahrheit der „religion chrétienne". Diese Wahrheit wird vermittelt speziell durch Jesus Christus, den Mittler, durch den allein Gott erkannt werden kann[75]. Jesus Christus aber ist für Pascal der Gekreuzigte[76], wodurch sich diese „religion" wesentlich auszeichnet; denn sie läßt den Christen existie-

---

[67] Ebd. 242/585; vgl. auch 236/578: „Si Dieu n'eût permis qu'une seule religion elle eût été trop reconnaissable. Mais qu'on y regarde de près ou discerne bien la vraie dans cette confusion."
[68] Ebd. 439/565.
[69] Ebd. 458/588a.
[70] Ebd. 242/585: „Que Dieu s'est voulu cacher.
S'il n'y avait qu'une religion Dieu y serait bien manifeste.
S'il n'y avait des martyrs qu'en notre religion de même.
Dieu étant ainsi caché toute religion qui ne dit pas que Dieu est caché (*et qui n'en*) n'est pas véritable, et toute religion qui n'en rend pas la raison n'est pas instruisante. La nôtre fait tout cela. *Vere tu es deus absconditus.*"
[71] Ebd. 220/468: „Nulle autre religion n'a proposé de se haïr, nulle autre religion ne peut donc plaire à ceux qui se haïssent (*et qui cherchent hors d'eux*) et qui cherchent un être véritablement aimable (*ma – no*). Et ceux-là (*n'ayant*) s'ils n'avaient jamais ouï parler de la religion d'un Dieu humilié l'embrasseraient incontinent."
[72] Vgl. schon den o. Anm. 40 zit. Text ebd. 424/278.
[73] In Dokumenten über Schenkungen zwischen Blaise und Jacqueline Pascal findet sich konsequent auch das Verständnis von „religion" als Orden, ein weiteres Zeichen für die grundsätzlich tradierte Bedeutung dieses Terminus, vgl. Blaise Pascal, Oeuvres complètes, hg. von Jean Mesnard, II, Paris 1970, 870, 873.
[74] Vgl. B. Pascal, Pensèes, 179/256, 181/255, 884/860, bes. 909/924, 924/498, 950/951 u.ö.
[75] Ebd. 189/547.
[76] Ebd. 808/245, vgl. 291/587.

ren als jenen, der zwischen Nichts und Allem lebt, ohne in Verzweiflung oder Hochmut zu fallen[77].

JACQUES-BÉNIGNE BOSSUET

Verständlicherweise weckt auch Jacques-Bénigne Bossuet (1627–1704)[1] das Interesse, ob er als entschiedener Gegner des sogenannten Quietismus und besonders François Fénelons in seinem außerordentlich umfangreichen Schrifttum unser Thema „Religion" aufgegriffen hat. Die Untersuchungen beziehen sich auf einige Schriften, die herangezogen wurden, um zu klären, ob weitere Recherchen angebracht sind. Die hierbei erzielten Ergebnisse sollen hier dokumentiert werden.

Die Durchsicht einer frühen Kritik an einem Katechismus eines Vertreters der „Religion pretendüe reformée" führt zu keinem nennenswerten Ergebnis[2].

In einer Darstellung über die wahre Kirche finden sich gelegentlich allgemeine Belege zur „Religion"[3]. Zu vermerken bleibt lediglich die Formulierung „sentimens de sa Religion" neben „temperamens"[4]. Freilich läßt sich hier die genaue Bedeutung von „sentiment" nicht eruieren[5]. Wohl spricht Bossuet von „sentimens intérieurs"[6] ebenso wie von „Adoration interieure"[7]. Auch verwendet er „Sacrifice spirituel"[8]. Doch insgesamt können diese Belege für unser Thema nur als bedeutungslos angesehen werden. Es bleibt lediglich ein gelegentlicher Verweis auf innere Vollzüge.

---

[77] Ebd. 192/527. – Eine Durchsicht einschlägiger Texte in Blaise Pascal, Oeuvres complètes, hg. von Jean Mesnard, I–IV, Paris 1964–1992, förderte keine Belege zutage, die weiterführende Aussagen zu unserem Thema enthielten.

[1] Nach Studien bei den Jesuiten war Jacques-Bénigne Bossuet in der Seelsorge tätig und betrieb vor allem patristische Studien. Seit 1659 war er in Paris, wo er zugleich durch seine Predigten sowie durch kirchenpolitisches Engagement hervortrat. Von 1669 bis 1671 Bischof von Condom, wurde er 1670 Erzieher des Dauphin Ludwig (1661–1711), des Sohns von Ludwig XIV., freilich ohne besonderen Erfolg. 1681 übernahm er das Bistum Meaux. Auf der Seite Ludwig XIV. wurde er zum Wortführer des Gallikanismus. Neben seinen Unionsbemühungen mit den Protestanten, so mit Gottfried Wilhelm Leibniz, bekämpfte er besonders die Jesuiten sowie die Quietisten; zur neuen Exegese Richard Simons (1638–1712) fand er keinen Zugang.

[2] Iacques Benigne Bossuet, Refutation du Catechisme du Sr. Paul Ferry, Ministre de la Religion pretendüe reformée, Metz 1655; „Religion" findet sich etwa 12, „Religion Chrétienne" 179, „nostre Religion" 209, 211, „Religion Catholique" 229.

[3] Jacques Benigne Bossuet, Exposition de la Doctrine de l'Eglise Catholique sur les Matieres de Controverse, Septiéme Édition, Paris MDCLXXXVI. Es findet sich „gens de la Religion", Partie I, 4, „Defenseur de la Religion", 6; ansonsten finden sich Belege etwa 8f, 33f, Partie II, etwa 167, 193f.

[4] Ebd. Partie I, 7.

[5] Vgl. ebd. Partie II, 96f, daß die Gegner die Worte Jesu über sein Leib und sein Blut nicht im selben „sentiment" brauchen wie wir.

[6] Ebd. 33, hier auch „culte extérieur".

[7] Ebd. 14.

[8] Ebd. 149.

Doch ändert sich das Bild in Bossuets Diskurs über die „Histoire Universelle", dessen mittleren Teil er der historischen Abfolge der „Religion" widmet[9]. Wohl geht es auch in ihm nicht um die „Religion" als solche, sondern um die Schöpfung der Welt und die dann folgende Geschichte, um Abraham, Mose, David, um Jesus Christus und seine Auferstehung, um die Kirche besonders in Auseinandersetzung mit den Juden und schließlich um spezielle Überlegungen zur Bekehrung der Heiden sowie zur „Idolatrie"; doch dann wendet sich Bossuet thematisch der „Religion" und den Büchern der Schrift zu. Dabei verweist er auf die ewige Dauer der „Religion" und die Ursache der großen Wechsel der Reiche[10]. Die „Religion" bleibt immer die gleiche, wie Gott als der gleiche verehrt wird[11]. Überdies hebt Bossuet die anfängliche „religion" bis hin zu Abraham hervor; diese zu erkennen, griffen die Menschen auf ihre „raison" und ihr Gedächtnis zurück[12]. Doch wurde die „raison" korrumpiert[13]. Wenig später stellt Bossuet daher fest, daß die „sainte Antiquité" in der „Religion" bei Abraham, Isaak und Jakob wieder aufgelebt ist[14]. Begleitet wird diese Einschätzung von der Annahme, daß die „Religion Payenne" durch sich selbst zusammengestürzt ist[15]. Als Ziel der „Religion" sieht Bossuet die Liebe der Tugenden und die Überwindung des Gesetzes und d.h. die „charité" an[16].

Über die bisher erörterten Arbeiten hinaus wurde noch die Auseinandersetzung Bossuets mit dem Quietismus einbezogen[17], da diese Strömung auf unser Thema im besonderen Maße zu überprüfen ist; denn schließlich dürfte sie eine sehr nachhaltige Beachtung des ‚Inneren' und ‚Innerlichen' gefördert haben. Doch das Ergebnis auch dieser Arbeit bleibt enttäuschend. „Religion" kommt

---

[9] Jacques Benigne Bossuet, Discours sur l'Histoire Universelle a Monseigneur Le Dauphin: Pour expliquer la suite de la Religion et les changemens des Empires, Paris MDCLXXXI, 156–429.
Der erste Teil dieser Abhandlung ist den „Epoques" gewidmet, angefangen von Adam bis Salomon, von Romulus, Cyrus und Scipio bis zu Jesus Christus, Konstantin und Karl dem Großen; der dritte Teil enthält Darlegungen über die „Empires", nämlich die „révolutions" im Hinblick auf die „Princes" mit abschließenden Beispielen, nämlich Überlegungen zu den Skythen, Äthiopiern und Ägyptern, den Assyrern, Medern, Persern und Griechen sowie schließlich zum Römischen Reich.
[10] Ebd. 7, vgl. 4.
[11] Ebd. 157: „Violà donc la Religion toûjours uniforme, ou plûtost toûjours la mesme dés l'origine du monde: on y a toûjours reconnu le mesme Dieu, comme auteur, et le mesme Christ, comme Sauveur du genre humaine. Ainsi vous verrez qu'il n'y a rien de plus ancien parmi les hommes que la Religion que vous professez, et que ce n'est pas sans raison que vos Ancestres ont mis leur plus grande gloire à en estre les protecteurs."
[12] Ebd. 178: „Traditon d'ailleurs si conforme aux lumieres de la raison, qu'il sembloit qu'une verité si claire et si importante ne pust jamais être obscurie, ni oubliée parmi les hommes. Tel est le premier estat de la religion qui dure jusqu'à Abraham, où pour connoistre les grandeurs de Dieu, les hommes n'avoient à consulter que leur raison et leur memoire." Vgl. ebd. 179: „Mais la raison estoit foible et corrompuë; et à mesure qu'on s'eloignoit de l'origine des choses, les hommes brouïlloient les idée qu'ils avoient receuës de leur ancestres."
[13] Ebd. 179.
[14] Ebd. 185, vgl. auch 158.
[15] Ebd. 384, vgl. auch 259 „Religion des superstitions", 371 „fausse Religion", vgl. auch 421.
[16] Ebd. 283.
[17] Jacques Benigne Bossuet, Relation sur le Quiétisme, Paris MDCXCVIII.

so gut wie nicht vor[18]. Und wenn sich in einem Zitat „science de la Religion" findet, so kann hier noch keine ‚Religionswissenschaft'" gemeint sein. Somit darf aufgrund der insgesamt geringen Textgrundlage doch geschlossen werden, daß „Religion" für Bossuet kein Thema war[19].

Pierre Daniel Huet

In Pierre Daniel Huet (1630–1721)[1] begegnen wir einem Theologen, der anfangs von René Descartes angeregt wurde, sich dann aber zu dessen entschiedenem Kritiker entwickelte.

Zunächst geht es um eine Schrift zur Erziehung des Dauphin, in der Huet ausführlich die Schriften des Alten Testaments und dann Jesus als den in diesen angekündigten Messias darstellt[2]. Gegen Ende seines Werks charakterisiert Huet Jesus als „servator", dessen Typus in einer langen Reihe alttestamentlicher Gestalten vorgeprägt ist.

Bereits in der „Praefatio" weist eine Randglosse darauf hin, daß die Wahrheit der christlichen „Religio" in der Art einer geometrischen „Demonstratio" aufgewiesen werden kann[3]. Angesichts der Tatsache, daß auch die grundlegenden Prinzipien der Geometrie in Zweifel gezogen werden, argumentiert Huet, daß auch moralischen Prinzipien eine „fides" und d.h. eine Gewißheit ihrer Wahrheit entgegengebracht werden kann, die der geometrischen entspricht[4]. Als Kriterium nennt er die große Zahl der Zustimmenden[5]. Daher begründet sich die

---

[18] Vgl. etwa 144 „principes de la religion", 145 „disputes de religion", 147 „religion" neben „piété".

[19] Ebd. 55; so in einem Zitat von dem immer wieder in der Abhandlung angesprochenen Erzbischof von Cambray, vgl. schon 1f, der aber nicht namentlich genannt ist; gemeint ist François Fénelon.

In der meditativen Schrift von Jacques-Benigne Bossuet, Evelations a Dieu sur tous les Mysteres de la Religion Chrétienne. Ouvrage posthume, I–II, Paris MDCCXXVII, kommt „Religion" faktisch nur im Titel vor.

[1] Der in Caen geborene Pierre Daniel Huet war nach seiner Konversion Mitarbeiter bei Jacques-Bénigne Bossuet und wurde 1760 von Ludwig XIV. (1643–1715) zum Erzieher für seinen Sohn, den Dauphin Ludwig (1661–1711) bestimmt. Seit 1776 Priester, erhielt er vom König 1678 die Abtei Aulnay, 1685 das Bistum Soissons, 1689 das Bistum Avranches und schließlich 1699 die Abtei von Fontenay. Zuletzt lebte er in Paris und widmete sich hier wissenschaftlichen Arbeiten. Für seine Erziehungstätigkeit verwandte er von ihm purifizierte Klassikertexte für den Gebrauch des Dauphin, lateinisch „ad usum delphini".

[2] Petrus Daniel Huetius, Demonstratio Euangelica, ad Serenissimum Delphinum. Editio altera emendatior, Amstelodami MDCLXXX. – Im folgenden werden zunächst die jeweilige Definitio bzw. Propositio in römischer, dann, soweit sie weiter unterteilt ist, die einzelnen Kapitel mit der Sigle cap. und die Abschnitte mit der Sigle nr. sowie jeweils nach einem Semikolon wiederum die Seite in arabischen Ziffern angegeben.

[3] Ebd., Praefatio nr. 3; 4, hier mit einem Hinweis auf Aristoteles; faktisch aber findet sich die gleiche Aussage bei René Descartes.

[4] Ebd. 6.

[5] Ebd. 5 und 6.

Wahrheit der „Religio Christiana" aus moralischen Prinzipien, denen die „experientia" als „magistra" die „fides" verschafft[6]. Freilich fügt Huet hinzu, daß für die „fides" im christlichen Sinn die Gnade Gottes erforderlich ist[7].

In den für die ganzen Überlegungen maßgeblichen Definitionen, die Huet am Anfang nennt, bestimmt er, was ein Buch, was Geschichte und Prophetie ist[8]. Dann nennt er die Definition der „Religio"; zunächst nimmt er die tradierte eigentliche Bedeutung von ihr als Tugend auf, durch die wir Gott den gebührenden „cultus" erweisen[9]. Unmittelbar daran schließt er aber Bestimmung im weiteren Sinn an, nach der alles zu den Pflichten dieser Tugend gehört, wodurch wir uns Gott versöhnen; so umfaßt sie auch die theologischen – nach der Tradition allein heilsrelevanten – Tugenden Glaube, Hoffnung und Liebe, was schon die Überschrift dieser Definition anzeigt[10]. Mit dieser Erweiterung zeigt Huet einmal seine genaue Kenntnis der überlieferten Tugend der „Religio". Er geht aber über sie hinaus und führt als Beleg dafür Augustinus an, der freilich in der genannten Aussage nicht von ‚Religio' spricht. Im Anschluß an die erweiterte Charakterisierung grenzt Huet die christliche „Religio vera" von denen der Heiden ab, die er ausnahmslos als „falsae" qualifiziert einschließlich der „Judaica"[11].

Nach einer weiteren Definition über den Messias als „homo Deus" fügt Huet als letzte an, daß die „Religio Christiana" Jesus von Nazaret als Messias an-

---

[6] Ebd. 6: „Atqui Religionis Christianae veritatem demonstrari posse ajo ex iis principiis moralibus, quibus fidem experientia magistra conciliat, quaeque nemine adhuc contradicente, et tritissimo ac pervulgatissimo omnium usu et consensu recepta sunt." Im folgenden wird von hierher Platons Menon angeführt als Beispiel, daß die Tugend so wie die Geometrie durch „principia", „postulata" und „hypotheses" überliefert zu werden pflegt, wie Huet in einer rhetorischen Frage zum Ausdruck bringt.
[7] Ebd. nr. 4; 7f.
[8] Ebd., Definitiones, 9ff.
[9] Ebd., Definitio 5; 11.
[10] Ebd.
[11] Ebd.; der gesamte Text der Definition lautet:
„Definitio V.
Religio vera ea est, quae res solum veras ad credendum propositas habet.
I. SCio Religionem proprie dictam definiri a Theologis, Virtutem per quam Deo debitum cultum exhibemus. Hic autem latius Religionis nomen patere volo, et ad omnia virtutis officia pertinere, quibus Deum nobis conciliamus; adeo ut virtutes quoque theologicas, fidem, spem, et charitatem complectatur. Quo sensu dixit Augustinus Deum coli fide, spe, et charitate. Ex nostra autem Definitione sequitur falsas esse Ethnicorum Religiones, ut pote quae res falsas ad credendum habent propositas; et falsam itidem Judaicam, ut pote quae rebus veris detrahat fidem; quod tantumdem est, ac falsis fidem adjungere: perinde enim fallitur, qui vera habet pro falsis, ut qui falsa pro veris. Sive autem pertinacia, sive ignoratione occaecatus aliquibus rebus fidei obsequium meritis id praebere detrectet, in falsa aeque Religione haerebit." (Eine Fortführung in II gibt es nicht; es schließt gleich die sechste Definition an).

nimmt und alles für wahr hält, was in den Schriften des Alten und Neuen Testaments über ihn geschrieben ist[12].

Eine Durchsicht des umfangreichen Werks kann zu der Frage veranlassen, warum Huet einen weiten Religionsbegriff definiert hat. Er kommt nämlich des näheren nicht auf ihn zurück. Vielmehr verwendet er „Religio" durchweg als Sammel- und Oberbegriff und hier vor allem im Sinn der „Christiana Religio"[13]. Darüber hinaus spricht er von „Judaica religio"[14], „Israelitica religio"[15] oder von „religio Hebraica"[16], dann aber auch von „Ethnicorum Religiones", die freilich „falsae" sind[17]. Huet kann gleichwohl die „Christiana religio" neben die „Ethnica" stellen[18]. Spezifizierend nennt er die „Persarum religio" und die „Indorum religio", die er beide von den Büchern Mose ableitet[19]. Überhaupt vertritt er die Ansicht, daß alle Völker Mose kennen und ehren bzw. verehren[20]. Dabei setzt er Mose mit allen möglichen Personen bzw. Göttern oder Halbgöttern bei den verschiedensten Völkern gleich[21]. Es gibt also einen Zusammenhang von Mose her zu allen anderen Völkern, die in einem historischen Zusammenhang mit ihm gesehen werden. So dürfte es kein Zufall sein, wenn sich bei Huet die Formulierung einer „Historia universalis" findet[22]. Doch sieht er diese Genealogie nicht als gleichrangig an; vielmehr vertritt er eine Verfallsgeschichte der „Religio", da die „pura Religio" durch Götzendienste erschüttert bzw. zu Fall gebracht ist[23]. Diese Verfallsformen kann er dann nicht nur „vanissimae religiones"[24], sondern auch bezeichnenderweise „profana religio"[25] nennen. Aus der „pristina pietas" haben sich also die „nefariae religiones" entwickelt, während die „vera religio" bei den „Ebraei" blieb, die sie von Noah und Abraham konstant erhalten haben[26].

Eine grundsätzlich sachliche und umfassende Verwendung von „Religio" zeigt sich bei Huet darin, daß er ebenso „Christianorum secta" bzw. „Christiana

---

[12] Ebd., Definitio VII; 12; im Anschluß an diese Definition, 12–16, kommt Huet noch einmal auf die Charakterisierung dieser Definitionen im Vergleich mit mathematischen Überlegungen zurück, nicht aber auf die ‚Religio'.

[13] Vgl. statt vieler Beispiele etwa Praefatio nr. 2; 4 hier auch nr. 3; 4 als Randglosse der Hinweis auf die Prüfung der „Religionis Christianae veritas" vgl. dann Definitio VII; 12, Propositio III nr. 4; 41, nr. 21; 63.

[14] Ebd. Propositio III nr. 21; 62.

[15] Vgl. etwa ebd. Propositio IV cap. 3 nr. 1; 100.

[16] Vgl. etwa ebd. Propositio IV cap. 11 nr. 1; 225.

[17] So etwa ebd. Definitio V; 11.

[18] Ebd. Propositio III, nr. 23; 65.

[19] Ebd. über die Perser, Propositio IV cap. 5; 128–139; über die „vetustissima … Indorum … religio" cap. 6; 139–144; vgl. hier speziell nr. 2; 141.

[20] Vgl. ebd. cap. 7; 144–155.

[21] Vgl. etwa für die Griechen ebd. cap. 8; 151–194.

[22] Ebd. Propositio IV cap. 2 nr. 38; 92.

[23] Ebd. Propositio IV cap. 2 nr. 40; 93.

[24] Ebd. Propositio IX cap. 158 nr. 1; 1025.

[25] Ebd. Propositio IX cap. 107 nr. 3; 863, hier in unmittelbaren Zusammenhang mit „superstitiones"; es wird dieser Terminus also „profana religio" offensichtlich pejorativ und nicht einfach neutral gebraucht.

[26] Ebd. Propositio IV cap. 6 nr. 3; 144.

secta" in einem allen Anschein nach neutralen Sinn sagen kann[27]. Überdies verwendet er recht allgemein „Christiana disciplina"[28] und selbstverständlich ebenso „Christi fides" bzw. „Christiana fides"[29]. Auch „Christianorum pietas" fehlt nicht[30].

Über die zuvor erörterten Aspekte hinaus hat Huet offensichtlich die klassisch-antike Bedeutung von „Religio" präzise beibehalten. Dies zeigen Aussagen, aus denen der Bezug der „Religio" zu jeweils einer bestimmten Gottheit hervorgeht. Nur so gewinnt die Aussage Huets einen Sinn, daß Prometheus und Vulcanus durch dieselben „religiones" versöhnt gewesen sind[31]. Huet fährt fort mit einem Hinweis auf einen Altar für beide. Dieser Plural läßt sich sinnvoll nur interpretieren, wenn er mit ihm die verschiedene Sorgfalt für die Verehrung jeweils eines bestimmten Gottes bezeichnet. Andererseits lassen sich nach der Methode Huets die Götter verschiedener Völker, also etwa Zeus und Jupiter, identifizieren und überdies, wie es hier auch geschieht, auf Mose beziehen, was er durch übereinstimmende Erfahrungen mit dem Feuer bei den verschiedensten Göttern und eben auch bei Mose begründet.[32] Ebenso spricht Huet von „religiones", die von den Arkadern, den Vorfahren der Römer und Lateiner, nach Italien gebracht wurden; hier parallelisiert er „patrii ... ritus et religiones"[33]. Auch an dieser Stelle erscheint der Bezug der „religiones" auf verschiedene Völker und Stämme ausgeschlossen, so daß nur die strikte antike Konzeption dieses Terminus übrigbleibt.

Huet beschließt seine umfangreichen Darlegungen mit der knappen Feststellung der „Christiana Religio" als der „vera" und aller anderen Religiones als „falsae et impiae"[34]. Er nimmt auch hier die eingangs erweiterte Definition der „Religio" nicht auf. Allenthalben bleibt er also dabei, sie als „virtus" zu verstehen, die darauf gerichtet ist, Gott angemessen zu verehren.

In seinem zweiten hier untersuchten Werk geht Huet dem ihm wichtigen Verhältnis von „Fides" und „Ratio" nach[35]. Die einzelnen Argumentationen bedürfen keiner näheren Behandlung, da Huet die Frage nach dem Verhältnis dieser beiden Termini nicht mit der „Religio" in Verbindung bringt. Insgesamt hält er denn auch den bisher erhobenen Sprachgebrauch bei, nach dem er mit „Religio" alles Christ-

---

[27] Vgl. etwa ebd. Propositio III nr. 12; 49, vgl. nr. 13; 50, nr. 21; 62, ferner Propositio IV cap. 4 nr. 2; 108.
[28] Vgl. etwa ebd. Propositio III nr. 21; 63.
[29] Vgl. etwa ebd. Propositio I nr. 17; 38.
[30] Vgl. etwa ebd. Propositio III nr. 20; 59.
[31] Ebd. Propositio IV cap. 8 nr. 7, 164: „Quid quod Prometheum ac Vulcanum iisdem religionibus placatos fuisse, simulque cultos, ex Sophoclis Scholiaste discimus."
[32] Ebd., hier mit dem Hinweis, daß Mose einen Stab verbrannt hat oder den brennenden Dornbusch wahrgenommen hat.
[33] Ebd. Propositio IV cap. 9 nr. 1; 195.
[34] Ebd. Propositio X; 1091 f.
[35] Petrus Daniel Huetius, Alnetanae Quaestiones de Concordia Rationis et Fidei, Quarum Libro Primo Lex Concordiae Rationis et Fidei, Secundo Dogmatum Christianorum et Ethnicorum Comparatio, Tertio Praeceptorum Christianorum et Ethnicorum ad Vitam pie recteque instituendam pertinentium comparatio continetur, Lipsiae MDCXCII.

liche bezeichnet[36]. Hier verwendet er ganz eindeutig den Terminus „Religio" im weiteren Sinn. Dabei meint er mit ihm vornehmlich manifeste Bezüge, wie er in der besonders häufigen Verwendung im Kapitel über die Sakramente erkennen läßt[37]. Darüber hinaus aber findet sich wiederholt der Plural „Religiones" im Sinn der Sorgfalt für die Verehrung jeweils bestimmter einzelner Götter[38].

Doch gibt es überraschenderweise über diese Verwendung hinaus wichtige innovative Aspekte. Einmal nennt Huet ein dreifaches „instrumentum" des Menschen, nämlich „Sensus, Ratio atque Fides", wobei er die beiden ersten in dem „unicum Rationis vocabulum" zusammenfaßt; er fügt hinzu, daß alle drei zur „Religio Christiana" gehören, wobei „Religio" wieder als umfassende Kategorie in Erscheinung tritt[39]. Damit nimmt er grundsätzlich eine dreifache Potenz des Menschen an, die etwa auf Friedrich Daniel Ernst Schleiermacher vorausweist.

Sodann bestimmt Huet ausdrücklich die „Fides" als „Christianae Religionis fundamentum"[40].

Schließlich findet sich die deutliche, freilich in den langen Ausführungen sonst faktisch nicht in Erscheinung tretende Bestimmung der „Religio" als „Charitas divina", die sich nach Huet realisiert in „opera, vel interna ... vel externa"[41]. Diese Differenzierung wendet er also auf die „opera" an, die er durch Beispiele verdeutlicht, etwa Verehrung und Gebet für erstere, Anbetung und Opfer für letztere[42]. Entsprechend dieser Unterscheidung nennt er einmal für die „Religio" „interni animi actus et effectus" sowie „cerimonia ... externa"[43]. Offen-

---

[36] Vgl. die Überschrift von Lib. I cap. 8; 78–90: Res ad Religionem Christianam pertinentes cognoscuntur, vel per Rationem solam, vel per Rationem atque Fidem, vel per solam Fidem: et de iis sigillatim agitur.

[37] Ebd. Lib. II cap. 20; 264–286.

[38] Vgl. Lib. I cap. 4 nr. 10; 53: „quod cum nihil certo possit mens humana percipere, tenenda sit majorum disciplina, et sequendae religiones parentum". In die gleiche Richtung verweist die Formulierung „Romanorum religiones", Lib. II cap. 4 nr. 1; 133. Vermutlich weist auch die Aussage von einem „Pontifex" in die gleiche Richtung, der den japanischen Bonzen voransteht, die höchste Autorität besitzt und die „Religiones" interpretiert, Lib. II cap. 20 nr. 6, 281. Ganz eindeutig ist der Hinweis über die „Isidis Religiones", Lib. III cap. 13; 375: „Ad festum Isidis se jejunio praeparabant mulieres perinde ut viri, et quicunque per orbem Isidis religiones susceperant". Vgl. ebd. Lib. II cap. 1; 98, cap. 4 nr. 1; 131f. den Hinweis auf die guten und bösen Engel bei den „Indi", „Siamenses", „Sinae" und „Japonenses", die diese durch „magnae Religiones" ehren.

Darüber hinaus verwendet Huet auch einen Plural „religiones", der als Sammel- und Oberbegriff interpretiert werden kann, vgl. etwa Lib. I cap. 4 nr. 11; 56: „Atque hic legitimus est verae ac divinae Fidei assensus: cujus modi non est assensus profanarum Religionum, qui nec incorruptae Rationis gaudet suffragio, nec a gratia divina proficiscitur." Vgl. ähnlich Lib. II Antecessio nr. 1; 92, nr. 2,2; 94, hier „religiones Gentium nobilissimarum praecipue et antiquissimarum, Phoenicum, Aegyptiorum, Graecorum, et Romanorum."

[39] Ebd. Lib. I cap. 8 nr. 1; 79.

[40] Ebd. Lib. III cap. 1; 314.

[41] Ebd. Lib. III Antecessio nr. 3; 313.

[42] Ebd.: „In Charitate divina, sive amore Dei, continetur Religio: cujus opera, vel interna sunt, ut devotio et oratio; vel externa, ut adoratio, sacrificia, decimarum persolutio, vota, juramenta, Dei laudatio".

[43] Ebd. III cap. 2; 322: „religio, per quam cultum erga Deum pietatemque vel internis animi actibus et affectibus, vel cerimoniis quibusdam externis significamus."

kundig differenziert er aber nicht die „Religio" selbst im Sinne einer ‚Religio interna' und ‚Religio externa'.

In diesem Zusammenhang findet sich aber noch eine weitere und erst recht ungewohnte Formulierung, wenn Huet nämlich im unmittelbaren Anschluß an die soeben besprochene Stelle von der „religio" spricht, die jeder „natio" und jeder Zeit eigen ist, die er also, wenn auch sehr vorsichtig, als eine „humanitatis pars" charakterisiert[44]. Die zögernde Formulierung läßt vermuten, daß Huet sich des problematischen Charakters dieser Aussage bewußt ist; denn nicht von ungefähr spricht er in doppelter Vorsicht davon, die „religio" scheine gleichsam ein Teil der „humanitas" zu sein. Zudem ist sein Verständnis dieses Begriffs nicht eindeutig, da dieser ebenso Menschennatur wie Menschlichkeit bedeuten kann. Es spricht alles für die erstere Fassung. Eine solche Aussage ließ sich bislang nicht nachweisen. Es läßt sich nicht entscheiden, ob Huet mit ihr über traditionelle Formulierungen hinausgehen will, die die ‚religio' als ‚naturalis' bezeichnen, oder ob er sie als Grundausstattung des Menschen von Natur aus im Sinne eines anthropologischen Existentials ansehen will. Die Frage, ob sich die wie immer verstandene „Religio" bei allen Menschen findet, die aus der zeitgenössischen Reise- bzw. Missionsliteratur stammt, läßt Huet offen und entscheidet sie lediglich in der Hinsicht, daß es vielleicht Wilde gibt, die eigentlich nicht im Ernst als Menschen im vollen Sinne bezeichnet werden können. Aber auch von daher läßt sich nicht exakt begründen, daß eine solche „Religio" zur Grundausstattung des Menschen von Natur aus gehört; sie könnte immer noch eine Tugend sein, die alle Menschen von Natur aus entwickeln und pflegen, sofern sie nur Menschen und eben nicht Unmenschen sind. Aber immerhin erscheint nicht ausgeschlossen, daß „pars humanitatis" eine Naturgegebenheit besagen soll, wofür die zögerliche Ausdrucksweise spricht. Über den Zusammenhang der „Christiana Religio" mit einer Offenbarung Gottes, den er in seiner ersten Abhandlung zum Ausdruck gebracht hatte, denkt Huet in diesem Werk nicht nach. Auch findet sich nirgendwo die Formulierung einer ‚religio revelata', aber ebensowenig die einer ‚religio naturalis'.

Zusammenfassend läßt sich sagen: Huet erweist sich als ein bedeutsamer Autor für unsere Fragestellung. Er nimmt nämlich einmal eine grundsätzliche Erweiterung des tradierten Sprachgebrauchs auf, wenn er die „Religio" als eine auch Glaube, Hoffnung und Liebe umfassende Tugend darstellt. Er nimmt zum anderen eine gewisse Erweiterung auf, wenn er diesen Terminus, den er durchweg als Sammel- und Oberbegriff verwendet, als „humanitatis pars" charakterisiert. Eben diese aber paßt schwerlich zur Integration von Glaube, Hoffnung und Liebe in die „Religio"; denn die theologischen Tugenden sind Gnade und

---

[44] Ebd.: „Nulla autem prope natio, nullum tempus religione caruit, ut quasi humanitatis pars aliqua videatur esse Religio. Etsi enim memorantur aliquae gentes, quae omni religione, omnique Deorum cultu carere dicuntur; tamen neque de eo satis constat, et saepe id falso creditum fuisse, commercio deinde et lapsu temporis compertum est; et gentium illarum, si quae sunt, tam immanis est feritas, ut vix homines haberi possint. Praetereo internos illos actus Religionis, devotionem et orationem, et externos, adorationem, vota, laudationem."

Gabe Gottes, aber nicht ein Erwerb des Menschen aufgrund natürlicher Gegebenheiten. Aber diesen Widerspruch hat Huet nicht erkennbar reflektiert[45].

Jeanne-Marie Guyon du Chesnoy

Der Befund bei Jeanne-Marie Guyon du Chesnoy (1648–1717)[1] soll wegen deren herausragender Bedeutung dokumentiert werden, die sie für die Entwicklung einer nach innen gerichteten Spiritualität weit über Frankreich und weit über ihre Zeit hinaus gewonnen hat. Insbesondere wurden ihre Gedanken verbreitet durch die große Gesamtausgabe, die Pierre Poiret in einer Vielzahl von Bänden veröffentlicht hat. Ihre direkte Wirkung reichte bis spät in das 18. Jahrhundert hinein etwa zu Karl Philipp Moritz (1756–1793).

Die Durchsicht ihrer frühen Schriften ergab keinerlei aufschlußreichen Befund; man muß lange suchen, ehe man in ihnen überhaupt „religion" findet[2].

---

[45] Keine besonderen Aufschlüsse ergaben sich in: Pierre Daniel Huet, Huetiana, ou Pensées diverses, Paris MDCCXXII; hier findet sich speziell der Beitrag: Conciliation des diverses Religions qui partagent les Chrétiens, 46–48; ders., Censura Philosophiae Cartesianae, Campis MDCXC, ND Hildesheim 1971; ders., Traité Philosophique de la Foiblesse de l'esprit humain, Amsterdam MDCCXXIII, ND Hildesheim 1974.

[1] Jeanne-Marie Guyon du Chesnoy, geborene Bouvière de la Mothe, heiratete fast 16jährig einen gut zwanzig Jahre älteren Mann, bekam mehrere Kinder und war noch nicht 30jährig bereits Witwe. Einige Jahre später widmete sie sich nach vergeblichen Versuchen zur Bekehrung calvinistischer Frauen ganz dem geistlichen Leben. Inspiriert von Jeanne Françoise Frémyot de Chantal (1572–1641) und gefördert von ihren Beichtvätern ging es ihr um die „amour pur" und „foi nue". Seit 1688 wurde sie mit François Fénelon bekannt. Von Jacques-Bénigne Bossuet wurde sie bekämpft, woraus dann auch die heftige Kontroverse zwischen diesem und Fénelon entstand. Nach mehrmaliger Verhaftung Ende der 80er Jahre und der Indizierung einiger ihrer Thesen wurde sie 1702 völlig rehabilitiert.

[2] Durchgesehen wurden Jeanne-Marie de la Mothe Guyon, Moyen court et très-facile pour l'oraison (1685), in: Patrick D. Laud, Approches du quiétisme. Deux études suivies du Moyen court et très-facile pour l'oraison de Mme Guyon. Texte de l'Edition de 1685 (= Biblio 17; 68), Paris 1991, 97–142. – Nach der Angabe des Herausgebers, ebd. 98, stammt die erste Publikation von 1683.

Mme. Guyon, Les Torrents et Commentaire au Cantiques des Cantiques de Salomon. Texte établi, présenté et annoté de par Claude Morali (= collection atopia), Grenoble 1992. – Auf dem Umschlag dieses Bandes sind als Jahre angegeben 1683–1684. Der „Commentaire" wurde zunächst 1688 veröffentlicht, so der Hinweis C. Morali, ebd. 60; es findet sich aber auch wiederholt die Jahresangabe 1685. „Les Torrents" wurde zunächst 1703 gedruckt, vgl. ebd. 62 und 63, dürfte aber schon Ende der 70er oder Anfang der 80er Jahre konzipiert und dann in handschriftlicher Fassung verbreitet worden sein, vgl. ebd. Während im „Moyen court" sich ein Hinweis auf das „Sacrifice essentiel à la religion chrétienne" fand, aaO. 122, ergab eine Durchsicht der beiden anderen Texte keinen weiteren Aufschluß zu unserem Thema. Lediglich in der letzten fand sich gelegentlich „piété".

Vgl. dieselben Texte in: Jeanne Marie Bouvièr de la Mothe Guion, Opuscules spirituels. Nouvelle edition Augmentée de son rare Traité des Torrents, qui n'avoit pas encore vû le jour, et d'une Préface Generale touchant Sa personne, sa doctrine, et les oppositions qu'on leur a suscitées, Cologne 1704 (mit neuer Paginierung): Moyen court et tres-facile de faire Raison, „Religion" 38; „Religion Chrétienne" 54; ferner: Les Torrents, hier cap. 2 nr. 3; 165 „Religion"; schließlich: Le cantique des Cantiques de Salomon, interpreté selon le Sens Mistique et la vraie representation des États interieurs, Lion 1688; hier cap. 5 v. 14; 466 „religion".

Nennenswert aus diesen frühen Werken erscheint lediglich eine Aussage zum Hohen Lied, in der Mme. Guyon zunächst „operations interieurs" nennt und diese spezifiziert in „religion envers son Pere", nämlich Gott, und „misericorde à l'égard des hommes", ehe sie auf nicht näher ausgeführte „operations exterieurs" hinweist[3]. Diese Parallelisierung von „religion" Gott gegenüber und von Mitleid den Menschen gegenüber erinnert an die Zuweisung dieser beiden Tugenden zur Kardinaltugend der Gerechtigkeit, wie sie besonders Thomas von Aquin vorgenommen hat. Zur weiteren Prüfung wurden sodann die „Lettres Chrétiennes et spirituelles"[4] herangezogen. Sie ergeben einen instruktiven Einblick in die Anliegen Mme. Guyons. Immer wieder ist hier von „sentimens" die Rede[5], die wesentlich „sentimens intérieurs" sowie „goût de Dieu" darstellen[6], wobei Mme. Guyon auch von „goût du sentiment" sprechen kann[7]. Ihre Intention richtet sich also auf das „l'intime du coeur"[8], auf „pur amour et ... foi nue"[9] und im Gegenzug dazu auf „Mortification de l'amour propre"[10]. Für Mme. Guyon ist das Reich Gottes eben in uns[11]. Diese grundlegenden Stichworte lassen sich in einer unübersehbaren Fülle nachweisen.

Doch nur im Ausnahmefall kommt Mme. Guyon auf „culte" zu sprechen und hier speziell auf „culte extérieur"[12]. Dieser hängt für sie selbstverständlich ab vom „intérieur"[13]. Im Zusammenhang mit „extérieur" behandelt sie auch „cérémonies"[14]. Aber in solchen Zusammenhängen spricht sie nur ausnahmsweise von „religion", nämlich bei der Feststellung, daß „cérémonies" für diese essentiell sind[15]. Darüber hinaus gibt es abgesehen von Erwähnungen, die keine weitere Bedeutung haben[16], eine Stelle im Zusammenhang mit „foi"[17].

---

[3] So Cantique, nach Lettres, 466.

[4] [Jeanne Marie Guyon,] Lettres Chrétiennes et spirituelles Sur divers Sujets qui regardent la Vie intérieure, ou l'Esprit du vrai Christianisme, I–III, Cologne 1717, IV–V, Cologne 1718. – Hier wie im folgenden werden die Briefe mit ihren jeweiligen Nummern nach der Angabe des Bandes in römischer sowie nach einem Semikolon mit der Seite in arabischer Ziffer angegeben. Die Bände I und II sind durchpaginiert.

[5] Vgl. etwa I 24; 52, 40; 83f, 99; 199; 160; 303f, 162; 307f, u.o.; vgl. „sentiment du coeur", 106; 225 „sentiments divins", 155; 294,158; 294, 300 „sentimens naturels" und „sentimens corporels".

[6] Ebd. I 195; 358.

[7] Ebd. II 111; 658.

[8] Ebd.

[9] Ebd. I 271; vgl. auch 352 „cette pur simple et nue foi".

[10] Vgl. etwa II 34; 506.

[11] Ebd. II 41; 529, III 9; 30.

[12] Ebd. III 45; 129, IV 106; 228. Zum „culte extérieur" vgl. auch III 45; 123–130, bes. 129f, auch hier ohne ‚religion'.

[13] Ebd. IV 106; 229.

[14] Ebd. III 3; 9–16, hier als Titel dieses Briefes: „Usage et raison de l'extérieure ou de cérémonies et de leur multiplicité. Préparation pour l'interieur par le regard de Dieu au dedans de nous, comment éviter le péril du fanatisme ...".

[15] Ebd. 9.

[16] Ebd. I 87; 97, II 16; 483, hier der einzige Hinweis in einer Überschrift eines Briefes, nur noch in einem Zusammenhang ein wenig näher von „Vraie Religion".

[17] Ebd. IV 152; 375: „Cette foi dans sa simplicité embrasse la vraie Religion telle qu'elle est en soi,

Um die Basis zu verbreitern, wurde sodann die wiederum recht umfangreiche Autobiographie der Mme. Guyon zu Rate gezogen[18]. Auch hier findet sich allenfalls der Hinweis auf „PIÉTÉ"[19], es geht wiederum um „Roiaume Intériéur"[20], aber von „religion" hören wir nur in Ausnahmefällen[21].

Insgesamt also darf auf der Basis der Texte, die durchgesehen werden konnten, der Schluß gezogen werden, daß Mme. Guyon für unser Thema keinen direkten Beitrag geleistet hat. Was sie wegweisend gefördert hat, nämlich die Beachtung von „intérieur", „amour" und speziell „amour pur", „foi" und speziell „foi nue", besitzt für sie noch keinen irgendwie greifbaren Zusammenhang mit ‚religion'.

François de Salignac de la Mothe Fénelon

In besonderem Maße interessiert François de Salignac de la Mothe Fénelon (1651–1715)[1]. Denn nachdem sich bei Mme. Guyon und Jacques-Bénigne Bossuet keine nachhaltigen Überlegungen zur „religion" fanden, fragt sich, ob das Eintreten für den Quietismus wenn schon nicht bei Mme. Guyon, so bei Fénelon Folgen für unser Thema hatte. Seine besondere Bedeutung liegt auch darin, daß er durch sein umfangreiches Schrifttum eine beträchtliche Wirkung weit in das 18. Jahrhundert erzielt hat. Noch um 1800 hat Matthias Claudius eine Übersetzung wichtiger Schriften von Fénelon vorgelegt.

---

sans se donner la liberté de rien discuter. L'ame n'en a pas besoin, sa foi étant sans bornes, comme son amour." Im folgenden, 376, heißt es dann: „Il n'en est pas de l'ouvrage de l'homme comme de celui de Dieu: la tout se commence par l'esprit, tout gît en raisonnements; et allant de raisonnement en raisonnement ils se gâtent dans cette multitude et font des Religions de toutes leur idées." Es folgt dann das Zitat des Propheten Jes 57,10.

[18] [Jeanne Marie Guyon,] La vie de Madame Jeanne-Marie Bouvières de la Mothe Guion. Ecrite Par Elle-Mème, Cologne 1720.
[19] Ebd. XVIII.
[20] Ebd. XXXII.
[21] Ebd. Partie I 16, 30, 52 Partie II 156,187, Partie III 20, 97, 234; hier heißt es: „J'ai crû le devoir à la Religion, à la piété, à mes amis, à ma famille et à moi-même. Mais pour les mauvais traitemens personels, j'ai crû les devoir sacrifier et santifier par un profond silence, ainsi que je l'ai marqué ci devant."

[1] Nach seinen theologischen Studien war François de Salignac de la Mothe Fénelon zunächst Leiter eines Heimes für reformierte Konvertitinnen in Paris und seit 1689 auf Veranlassung Ludwigs XIV. als Erzieher dessen Enkels, des Kleindauphin Ludwig (1682–1712), in Paris tätig. 1695 wurde er von Jacques Bénigne Bossuet zum Erzbischof von Cambrai geweiht. Doch durch die sich seit 1688 anbahnende Freundschaft mit Mme. Guyon und der Gegnerschaft Bossuets zu dieser entwickelte sich auch eine heftige Kontroverse zwischen diesem und Fénelon. In ihrer Folge wurden 23 Sätze Fénelons von Papst Innozenz XII. verworfen. Nach dem Tod des Dauphin 1711 hoffte er auf Besserung der politischen Verhältnisse in der Nachfolge von Ludwig XIV. durch seinen Zögling Ludwig, der aber seinen Vater Ludwig (1661–1711) als Dauphin nur um ein Jahr überlebte und selbst drei Jahre vor seinem Großvater Ludwig XIV. verstarb, wodurch Fénelons Hoffnungen zunichte wurden. Ob Fénelons Eintreten für den sog. Quietismus direkt durch Mme. Guyon oder durch altchristliche Impulse verursacht war, ist gegenwärtig noch offen.

Eine Einsichtnahme in frühe pädagogische Arbeiten Fénelons hat zu keinem besonderen Ergebnis geführt. In ihnen finden sich nämlich keine weiteren Hinweise zur „religion"[2]. Aber auch in den „Aventures de Télémaque" gibt es überraschenderweise keine näheren Überlegungen zu diesem Terminus[3], der nur sporadisch vorkommt[4]. Schließlich wendet Fénelon sich unserem Thema nicht eingehend zu in seinen Erörterungen zu Nicole Malebranche[5] sowie in der Darlegung über die Existenz Gottes[6]. Es stellt daher eine beträchtliche Überraschung dar, wenn Fénelon sich in einigen Texten so ausführlich mit der „religion" beschäftigt hat, daß sie postum als Briefe über verschiedene Themen der „Religion" und „Métaphysique" veröffentlicht werden konnten[7]. In ihnen findet sich die fundamentale Bestimmung der „religion" als Liebe zum gemeinsamen Vater, die nicht in irgendeiner „cérémonie extérieure" besteht, sondern in „sentiments intérieurs", die freilich nicht rein sein können ohne ihren gemeinschaftlichen Ausdruck durch sichtbare wahrnehmbare Zeichen[8]. Beides gehört

---

[2] Vgl. [François] Fénelon, Oeuvres, Édition par Jacques Le Brun, I, Paris 1983; durchgesehen wurden: Dialogues sur l'éloquence en général, et sur celle de la chaire en particulier, 13–87, nach der editorischen Angabe, 1233f, ein Frühwerk; zur „religion" vgl. 13f, 36, 52, 70, 76f u.ö; De L'éducation des filles, 91–171; geschrieben 1681, erstmalig publiziert 1687; zur „religion" vgl. 92, 93, 123, bes. 124 in der Kapitelüberschrift, wo von den „premiers principes de la religion" die Rede ist, ohne daß des näheren auf sie eingegangen wird; vgl. die vereinzelten Belege 128–137, ferner 140, 143 mit der Formulierung „sentiment de religion" u.ö. Rasch durchgesehen wurden auch: Fables et opuscules pédagogiques, 173–175; Dialogues des morts composés pour l'éducation d'un Prince, 277–510.

[3] Vgl. zum Überblick Franciskus Salignac de la Mothe Fenelon, Die wunderbaren Begebenheiten Telemachs Sohns des Ulysses, ein Heldengedicht, Neue Auflage, Nürnberg und Altdorf 1806; vgl. hier Buch V; 146–153, mit Hinweisen, frei zu sein von Furcht und nur den Göttern sowie der Vernunft unterworfen zu sein; Buch VIII; 234–247, über das gelobte Land und die Einrichtung des Gemeinwesens, wo die Hinweise über die Götter gänzlich fehlen; vgl. Buch XXI; 613, über die Kardinaltugenden Gerechtigkeit, Frömmigkeit und Tapferkeit. Auch die Darstellungen über die Verehrung der Götter, etwa Buch XI; 304–324, Buch XIV; 398–423, bleiben ohne Hinweise auf unser Thema. Gleichfalls findet sich im Buch XVIII; 509–536, bei den Hinweisen über die schlechten Könige sowie in Buch XIX; 537–564, über die Glückseligkeit der Gerechten und insbesondere der gerechten Könige keine Ausführungen zur ‚religion'. Es steht dahin, ob dieser Sachverhalt wesentlich durch eine griechisch orientierte Darstellungsweise mitbedingt sein kann.

[4] Vgl.: Fénelon, Oeuvres, Édition par Jacques Le Brun, II, Paris 1997, 1–326: Les Aventures de Télémaque, livre I–XVIII; „religion" findet sich II; II 17, V; II 63, XII; II 207.

[5] Fénelon, Oeuvres, II, 327–505: Réfutation du système du Père Malebranche sur la nature et la grace.

[6] Ebd. 507–682: Démonstration de l' existence de Dieu.

[7] Ebd. 691–830: Lettres sur divers sujets concernant la Religion et la Métaphysique. – Von diesen sieben Briefen wurden fünf bereits 1718 veröffentlicht, wobei diese mit dem Entstehungsdatum 1713 versehen sind; in der späteren Ausgabe von 1787 wurde der jetzt als vierter und als siebter Brief gezählte Text hinzugefügt, jeweils ohne Jahresangabe, vgl. den Hinweis ebd. 1605.

[8] Ebd. Lettre I cap. 4 nr. 4; 710f; nach Aussagen über Gott als den gemeinsamen Vater und der daraus folgenden „société de culte de Dieu" heißt es ebd.: „c'est ce qu'on nomme *Religion*; c'est-à-dire que tous ces hommes doivent s'instruire, s'édifier, s'aimer les uns les autres, pour aimer et servir le père commun. Le fond de cette religion ne consiste dans aucune cérémonie extérieure; car elle consiste toute entière dans l'intelligence du vrai, et dans l'amour du bien souverain; mais ces sentiments intérieurs ne peuvent être sincères, sans être mis comme en société parmi les hommes par des signes certains et sensibles. Il ne suffit pas de connaître Dieu, il faut montrer qu'on le connaît, et faire en sor-

also zusammen, wobei die wesentliche Bedeutung der Erkenntnis und Liebe Gottes als „sentiments" zukommt. Die „cérémonies" sind Zeichen der Menschen, durch die sie sich gegenseitig aufbauen und zum „culte" anregen und sich so an die Gegenwart des unsichtbaren Gottes erinnern, den sie zu lieben schulden[9]. Diese Zeichen, die die Größe des himmlischen Vaters repräsentieren, kann man, wie Fénelon sagt, „religion, cérémonie sacrée, culte public du Dieu"[10] nennen. Die so bestimmte „religion" bezeichnet er dann als untrennbar von der „croyance" des Schöpfers[11].

Im Gegensatz zur verbreiteten Verehrung von materiellen Dingen, Tieren oder Menschengestalten wie Jupiter insistiert Fénelon auf der Verehrung des wahren Gottes, des Schöpfers des Universums, und lehnt folglich jede „religion" ab, die die Gottheit entehrt und die Verderbnis der Menschen autorisiert[12]. Ein wenig günstiger urteilt er lediglich über die „religion" der Juden[13], bei denen die Weisen einen „culte d'amour" pflegen[14], ohne daß sie insgesamt die „vraie religion" üben[15]. Gleichwohl hält er den „culte d'amour" für von Anfang an gegeben; er hat sich nach Adams Sünde über Abraham und Mose zu Jesus fortgesetzt, der in Vollkommenheit uns mit Gott vertraut macht und uns die Uneigennützigkeit des „vrai culte" lehrt[16]. In der angemessenen „religion", in der Liebe zum wahren Gott werden die Tugenden hervorgebracht, die gegen die Eigenliebe, gegen „amour-propre" – wie das von Fénelon häufig verwandte Stichwort lautet – gerichtet sind[17].

Für Fénelon ist also die „religion" ganz im Herzen entwickelt[18]; es geht um

---

te qu'aucun de nos frères n'ait le malheur de l'ignorer, de l'oublier. Ces signes sensibles du culte sont ce qu'on appelle *les céremonies de la Religion.*"

[9] Ebd. 711.

[10] Ebd.

[11] Ebd.: „Voilà donc ce qu'on nomme religion, cérémonie sacrée, culte public du Dieu qui nous a créés. Le genre humain ne saurait reconnaître et aimer son créateur, sans montrer qu'il l'aime, sans vouloir le faire aimer, sans exprimer cet amour avec une magnificence proportionnée à celui qu'il aime, enfin sans s'exciter à l'amour par les signes de l'amour même. Voilà la religion qui est inséparable de la croyance du Créateur."

[12] Ebd. cap. 5; 712f.

[13] Ihr widmet er dieses cap. 5, 711–716: „De la religion du peuple juif, et du Messie"; auf sie kommt er dann Lettre VI nr. 5; 820ff, noch einmal ausführlich zurück. Vgl. auch Lettre III; 752–761: Au Duc d' Orléans sur le culte intérieur et extérieur et sur la religion juive.

[14] Ebd. 714.

[15] Ebd. 715, vgl. auch 820: „La religion judaïque n'était que le commencement imparfait de cette adoration en esprit et en vérité, qui est l'unique culte digne de Dieu. Retranchez de la religion judaïque les bénédictions temporelles, les figures mystérieuses, les cérémonies accordées pour préserver le peuple du culte idolâtre, enfin les polices légales, il ne reste que l'amour; ensuite développez et perfectionnez cet amour, violà le christianisme, dont le judaïsme n'était que le germe et la préparation."

[16] Ebd. 716. Auch hier weist Fénelon darauf hin, daß die Juden von diesem „culte" nur einen Keim und Schatten pflegen.

[17] Ebd.; vgl. auch Lettre V 2. Partie; 801.

[18] Ebd. Lettre II cap. 1 nr. 2; 721: „la religion se trouvera toute développée dans notre coeur. Il n'y a qu'à laisser l'homme à son propre coeur, s'il est vrai qu'il ne s'aime que de l'amour de Dieu, et que l'amour-propre n'est plus écouté."

den „culte d'amour" mit Augustins Wort „nec colitur nisi amando"[19]. Diesen „culte d'amour" bezeichnet Fénelon ausdrücklich als „culte intérieur"[20] und noch genauer als „culte intérieur de l'amour"[21]. Aber es muß „demonstrations extérieurs" geben, nämlich „cérémonies", um das „intérieur" in der „société" mitzuteilen[22]. Beide Aspekte gehören somit für Fénelon untrennbar zusammen. Nicht von ungefähr kann er vom „culte commun" sprechen[23].

Diese Verbindung von innerer Einstellung des einzelnen und leiblich vermitteltem Leben in der Gemeinschaft erweist sich als konstitutiv für das Verständnis der „religion" bei Fénelon. Denn selbst wenn er das Innere für vorrangig hält, wenn die Zeichen – nur, wie man einfügen möchte – „signes extérieurs et corporels de ce culte tout intérieur" darstellen, so kann dieser „culte" im eigentlichen Sinn des Wortes eben nicht allein vollzogen werden; auch wenn er nämlich in der Übereinstimmung unseres Willens mit dem Willen Gottes besteht, so muß er eben doch in der Gemeinschaft gepflegt werden[24]. Denn in diesem Bereich erbauen, instruieren, korrigieren und ermuntern sich die Menschen und bilden eine Sammlung des gemeinsamen Vaters; die hierzu gehörigen Handlungen folgen im „extérieur de la religion"[25]. Schließlich bedeutet „religion" gemäß der Etymologie *religare*, auf die Fénelon hier ausdrücklich zurückgreift, ein Binden; die „religion" bzw. der „culte divin" eint nämlich die Menschen, deren wilde Leidenschaften durch ein heiliges Band gebändigt werden[26]; ohne die

---

[19] Ebd. nr. 4; 721f.; vorher, nr. 3; 721, findet sich als Gegensatz „irreligion"; das Augustinus-Wort zitiert Fénelon auch Lettre IV nr. 5; 819.

[20] Ebd. Lettre II nr. 4; 721 mit anschließender Gegenüberstellung zum „culte extérieur".

[21] Ebd. nr. 5; 722; vgl. auch den Hinweis, daß die „cérémonies" nicht „l'essentiel de la religion" darstellen, sondern Liebe und Tugenden. Daß äußere Zeichen gleichwohl erforderlich sind, wie Fénelon hier, 722f, noch einmal unterstreicht, entfaltet er dann ausführlich in Lettre III bes. 762–782: „… sur le culte intérieur et extérieur".

[22] Ebd. nr. 6; 723.

[23] Ebd. nr. 7; 724.

[24] Ebd. Lettre III; 754f: „ Il est vrai que ce qu'on nomme religion demande des signes extérieurs qui accompagnent le culte intérieur. En voici les raisons. Dieu a fait les hommes pour vivre en société. Il ne faut pas que leur société altère leur culte intérieur; au contraire, il faut que leur société soit une communication réciproque de leur culte; il faut que leur société soit un culte continuel: il faut donc que ce culte ait des signes sensibles qui soient le principal lien de la société humaine."

[25] Ebd. 755.

[26] Ebd.: „Voilà donc un culte extérieur qui est essentiel, et qui doit réunir les hommes. Dieu a sans doute voulu qu'ils s'aimassent, qu'ils vécussent tous ensemble comme frères dans une même famille, et comme enfants d'un même père. Il faut donc qu'ils puissent s'édifier, s'instruire, se corriger, s'exhorter, s'encourager les uns les autres, louer ensemble le père commun, et s'enflammer de son amour. Ces choses si nécessaires renferment tout l'extérieur de la religion. Ces choses demandent des assemblées, des pasteurs qui y président, une subordination, des prières communes, des signes communs pour exprimer les mêmes sentiments. Rien n'est plus digne de Dieu et ne porte plus son caractère que cette unanimité intérieure de ses vrais enfants, qui produit une espèce d'uniformité dans leur culte extérieur. Violà ce qu'on appelle *religion*, qui vient du mot latin *religare*, parce que le culte divin rallie et unit ensemble les hommes, que leurs passions farouches rendraient sauvages et incompatibles sans ce lien sacré. De là vient que les peuples qui n'ont point eu de vraie et pure religion ont été obligés d'en inventer de fausses et d'impures, plutôt que de manquer d'un principe supérieur à l'homme, pour dompter l'homme et pour le rendre docile dans la société."

„vraie et pure religion" aber erfinden Menschen falsche und unreine „religions"[27]. Wie der „vrai culte" darin besteht, dem wahren und guten Souverän zu glauben und ihn zu lieben, so wird jede „religion" falsch, die Irrtümer über Gott enthält und gegen seine Liebe verstößt[28]. Wenn auch der „vrai culte" darin besteht, Gott mit ganzen Herzen, ganzer Seele, allen Gedanken und Kräften zu lieben, lehnt Fénelon gleichwohl eine „religion cachée dans le coeur" ab, da ohne „cérémonies extérieures" der „culte intérieur" nicht zum Ausdruck gebracht werden kann[29]. Nur unter der Voraussetzung dieser Verbindung spricht er vom „culte public unanime et invariable"[30]. Wesentlich aber ist für ihn die Gleichsetzung von „religion chrétienne" mit der Liebe Gottes und der Liebe Gottes mit dieser „religion"[31]. So kann er eben auch von der „religion toute entière" sprechen, die sich allein im „vrai culte" des „christianisme"[32] verwirklicht.

Über die bisherigen Aussagen Fénelons bleibt nur seine Verhältnisbestimmung von „religion" und „raison" zu ergänzen. Selbst wenn nach wie vor der Bezug der „religion" zur Liebe vorrangig bleibt, weil Gott unser Vater ist und wir seine Kinder sind[33], so stellt aber Gott zugleich die „raison suprême" dar; folglich gehören Erkenntnis der Wahrheit und Liebe der unendlichen Güte untrennbar zusammen[34]. Die „religion" kann aufgrund dieses Zusammenhangs nichts vorstellen, was der „raison" nicht konform ist[35]. Ebenso bestätigt die „raison" die fundamentalen Wahrheiten der „religion"[36]. Diese aber besteht darin, wie Fénelon bekräftigend sagt, Gott zu ehren, zu glauben und zu lieben[37].

Insgesamt ergibt sich bei Fénelon ein außerordentlich aufschlußreicher Befund. Auf weiten Strecken und in vielen Zusammenhängen kommt „religion" nur nebenbei vor. Dies gilt über die eingangs erwähnten spirituellen Schriften[38]

---

[27] Ebd.
[28] Ebd. 756.
[29] Ebd. 759; diese Argumentation führt Fénelon dann weiter im Hinblick auf die Israeliten bzw. das jüdische Volk, daß diesen Zusammenhang nicht genügend realisiert. Kurz zuvor, 758, hat er den Gott würdigen „culte" auch von den „religions des Gentils" abgesetzt.
[30] Ebd. 760; im folgenden noch einmal „culte extérieur et public", hier im Zusammenhang mit Mose, den Noachiten und Hiob. Vgl. auch die Formulierung von der „religion publique et invariable" bei den Juden, 761.
[31] Ebd. Lettre VI nr. 5; 819: „En quoi consiste cette religion? Elle n'est que l'amour de Dieu, et l'amour de Dieu est précisément cette religion. Dieu ne veut point d'autre culte intérieur que son amour." Vgl. auch Lettre V 2. Partie; 800, hier mit einer Kritik an den anderen „religions".
[32] Ebd. 801.
[33] Ebd. Lettres VII nr. 1; 824.
[34] Ebd.
[35] Ebd. 825: „D'ailleurs la religion ne nous présente rien que de conforme à la raison, que d'aimable, que de touchant, que de digne d'être admiré, dans tout ce qui regarde les sentiments qu'elle nous inspire, et les moeurs qu'elle exige de nous."
[36] Ebd. 824: „Voilà les vérités fondamentales de la religion que la raison même confirme."
[37] Ebd. 825: „Encore une fois, violà la religion: connaître, craindre, aimer Dieu". Hier wiederum im Gegensatz zu „amour-propre" und „irreligion".
[38] Vgl. hier die verschiedenen einschlägigen Texte in Fénelon, Oeuvres I, 551–996; „religion" vgl. etwa 561, 640, 740–750, passim 766.

sowie für die Auseinandersetzung über den Quietismus[39]. Es wundert auch die nur ausnahmsweise verwandte Formulierung eines „sentiment de religion"[40] bzw. eines der „sentiments intérieurs" auch der „religion" und der „amour de Dieu"[41]. Singulär und ohne weitere Bedeutung steht in den durchgesehenen Texten die Verwendung von „religion intérieure"[42].

So bleiben die ausdrücklichen Bezugnahmen in den „Lettres sur religion et Métaphysique" im Gesamtwerk eher begrenzt. Gleichwohl erweisen sie sich als sehr bedeutsam. Freilich erscheint in ihnen „religion" grundsätzlich der Differenzierung von „intérieur" und „extérieur" vorgeordnet; diese Differenzierung bleibt bezogen auf den „culte". Es findet sich nur einmal ein ausdrücklicher Beleg für „religion public" und für „religion intérieure", aber keiner für ‚religion extérieure'. Diese Antithese bleibt auf den „culte" beschränkt, selbst wenn auch für diesen die Zusammengehörigkeit von innen und außen nicht außer acht gelassen wird. Doch bleibt Fénelon ein wichtiger Wegbereiter des 18. Jhs. Welche Bedeutung man seinen Überlegungen zumessen muß, läßt sich auch daran ersehen, daß die wichtigsten Passagen über die „religion" in den „Lettres" 1800 von Matthias Claudius (1740–1815) übersetzt und veröffentlicht worden sind[43].

Ergänzende Hinweise

Die bisherigen Ergebnisse sollen durch einige kurze Hinweise ergänzt werden. Diese gelten zunächst zwei Autoren, die wegen ihrer Grenzüberschreitungen Beachtung verdienen. Hinzu kommt ein Theologe, der im 18. Jahrhundert ins Deutsche übersetzt wurde und deswegen hier vorgestellt werden soll.

Isaac de La Peyrère (um 1600–1676)[1] wird hier wegen seiner Arbeit über die Präadamiten erwähnt[2]. Das Interesse an diesem Buch besteht darin zu prüfen, ob schon im Zusammenhang mit der Annahme, es habe vor Adam Menschen gegeben, unser Thema zur Sprache gekommen ist.

---

[39] Vgl. die u. mit Anm. 42 zit. Arbeit.
[40] Vgl. Fénelon, Ouevres, I, 145, 740.
[41] So im Nachtrag zu Fénelon, De l'Éducation des Filles, in: ders. Oeuvres, I, 1226; die Aufreihung lautet „les sentiments intérieurs de désintéressement, de modération, de sincérité, d'humilité, de religion et d'amour de Dieu".
[42] Vgl. Fénelon, Oeuvres, I, 1097–1199: Réponse de Monseigneur l'Archevêque de Cambrai à l'écrit de Monseigneur l'Évêque de Meaux intitulé Relation sur le Quiétisme, cap. 2 nr. 38, 1135.
[43] Fénelon's Werke religiösen Inhalts. Aus dem Französischen übersetzt von Matthias Claudius, I, Hamburg 1800, hier vor allem 1–46.

[1] Isaac de La Peyrère, zunächst Anhänger Calvins, war Bibliothekar des Fürsten von Condé. Er förderte die biblische Exegese. Nach seinem Buch über die Präadamiten mußte er widerrufen; er trat dann zur katholischen Kirche über und wurde Oratorianer.
[2] [Isaac La Peyrerius,] Praeadamitae. Sive Exercitatio super Versibus duodecimo, decimotertio, et decimoquarto, capitis quinti Epistolae D. Pauli ad Romanos Quibus inducuntur Primi Homines ante Adamum conditi, MDCLV.

Wenn auch Peyrère bei einer Interpretation von Versen des Römerbriefs einsetzt, so beschäftigt er sich doch in umfangreichem Maße mit den Schöpfungswerken der Genesis. Insgesamt vertritt er die These, Gott habe die Welt zu Beginn vollkommen geschaffen. Wenn dem aber so ist, muß Gott gleich zu Beginn eine Vielzahl von Menschen geschaffen, weil nämlich „omnes terrae" die Vollendung in den Menschen finden und ohne diese die Schöpfung unvollkommen geblieben wäre[3]. Auch nimmt er an, daß Gott sich zu Beginn der Welt „obscure" zu erkennen gegeben hat[4]. Und verständlicherweise spricht Peyrère von „religio" wie auch von „cultus"[5], von „ceremoniae" durch Mose[6] oder von „Sacerdotes" gemäß der Ordnung des Melchisedech und Christi[7]. Aber wichtige Fragen stellt er nicht, so etwa diejenigen, ob es eine ‚religio' schon bei Adam gab, wie sie zustande kam und worin sie bestand.

Sodann soll François Bernier (etwa 1625–1688)[8] mit seinen Reiseberichten zu Rate gezogen werden[9]. Er widmet sich unserem Thema erstaunlich wenig. Möglicherweise kann die Nebenordnung von „Loi de Mahomed" und „Loi Chrétienne"[10] eine Aufnahme des tradierten Sprachgebrauchs bedeuten, „Lex" als Oberbegriff der verschiedenen Überzeugungen anzusetzen. Ausführlich widmet er sich dagegen den „Superstitions" der Inder und der Heiden Hindustans[11]. Doch verwendet er auch „Religion" über den christlichen Bereich hinaus, etwa „Religion des Persans"[12]. Damit bleibt er freilich insgesamt im gängigen Sprachgebrauch[13].

---

[3] Ebd. 111: „Creatus fuerat Mundus in principio, undecunque perfecte ornatus, undecunque perfecte bonus, atque adeo undecunque perfecte pulcher. Creatus vero mundus fuisset in principio, undecunque inornatus, undecunque imperfecte pulcher, atque adeo imperfecte bonus, quod nefas esset cogitavisse; si quotquot sunt terrae in mundo caruissent in principio, suis hominibus. Deformes nempe fuissent terrae omnes, si caruissent in principio sui gramine, suis arboribus, et suis animantibus: sed informes omnino evasissent, si caruissent in principio, decore et ornatu suo praecipuo, et suis hominibus; propter quos terrae ipsae omnes creatae erant, et quicquid in terris nascitur."

[4] Ebd. 178f

[5] Ebd. 60

[6] Ebd. 181

[7] Ebd. 184

[8] François Bernier war Arzt in Montpellier. 1654 ging er ins Heilige Land, nach Syrien und Ägypten; anschließend war er 10 Jahre in Indien beim dortigen Großmogul. 1670 kehrte er nach Frankreich zurück und hielt sich dann für einige Zeit noch in England auf. Gestorben ist er in Paris.

[9] François Bernier, Voyages Contenant la Description des Etats au Grand Mogol, De l'Hindoustan, du Royaume de Kachemite, etc., Tome premier, Amsterdam MDCCX, Tome Second, Amsterdam MDCCIX.

[10] Ebd. II, 82 hier heißt es auch „Des deux loix".

[11] Ebd. 97–168

[12] Ebd. I, 13.

[13] Der u. im Nachwort S. 479 genannte Reisebericht von Sigismund Freiherr von Herberstain enthält immerhin einen eigenen Abschnitt über die „Religio", unser Thema hätte also bei Bernier durchaus mehr Aufmerksamkeit erfahren können.

Der reformierte Theologe Jacques Abbadie (1654–1727)[14] hat in seiner Abhandlung über die „Religion Chrétienne" eine Apologie vorgelegt[15]. In deren erstem Teil behandelt er zunächst die Existenz Gottes, verbunden mit einer Zurückweisung des Atheismus, dann die Wahrheit und Notwendigkeit der „Religion" als Verteidigung gegen diejenigen, die sich „Deïstes" nennen, sodann die Wahrheit der „Religion Judaique" und schließlich die „Religion Chrétienne", zu der die jüdische Offenbarung hinführt. Unser Thema berührt er aber dabei nicht des näheren. Lediglich in dem Abschnitt über die „Deïstes"[16] wendet er sich der „religion naturelle" zu[17], zu der aber die Offenbarung hinzukommen muß[18]. Schließlich genügt sie nicht, weil sie „corrumpus et abandonnés à leurs propres égaremens" ist[19].

Im zweiten Teil untermauert Abbadie die Wahrheit der christlichen „Religion" einmal durch Zeugnisse etwa der Märtyrer, sodann ausführlich durch das Neue Testament und schließlich durch die Überlegung zu Natur und Eigenschaft der „Religion Chrétienne". Hier verteidigt er diese gegenüber den „autres Religions[20]. Er schließt mit einer Gegenüberstellung zur „Religion Judaique"[21] und zur „Religion naturelle"[22]. Für unser Thema bleibt lediglich darauf hinzuweisen, daß die Geheimnisse der „Religion Chrétienne" nicht gegen die „raison" verstoßen[23], obwohl ein grundlegender Unterschied zwischen Theologie und Philosophie besteht[24]. Im Verlauf dieses Kapitels stellt Abbadie dann aber die „foi" und „raison" gegenüber[25], aber nicht ‚religion' und „raison"[26].

---

[14] Nach seinem Theologiestudium kam Jacques Abbadie 1680 als Seelsorger nach Berlin, wo er am Aufbau der französischen Gemeinde beteiligt war. Von 1689 an lebte er in London und Irland, seit 1725 in Amsterdam und dann wieder in England. Er war wesentlich apologetisch orientiert in Auseinandersetzung mit der katholischen Kirche.

[15] [Jacques, Abbadie,] Traité de la Vérité de la Religion Chrétienne, I–II, Rotterdam MDCLXXXIV.

[16] Leider nimmt Abbadie in diesem Abschnitt, I 152–228, nicht näher zu den „Deïstes" Stellung, erst recht nicht zur Herkunft dieser Bezeichnung.

[17] Ebd. 179–188; hier, 179, nennt er auch die Kenntnis Gottes als ihr Fundament.

[18] Ebd. 187–198.

[19] Ebd. 244.

[20] Ebd. II, vgl. etwa 263–280.

[21] Ebd. 401–415.

[22] Ebd. 415–418.

[23] Ebd. 374–401, vgl. bes. im Hinblick auf die Inkarnation, 397.

[24] Vgl. etwa 374.

[25] Ebd. 387.

[26] Keine weiteren Aufschlüsse ergab die Arbeit von Jacques Abbadie, La Vérité de la Religion Chrétienne Réformée, I–II, Rotterdam MDCCXVIII. In der deutschen Übersetzung von Jacques Abbadie, Gründlicher Traktat von der Wahrheit und Gewißheit der christlichen Religion, Leipzig 1739, gibt es im Zusammenhang mit „Religion" den Terminus „Gefühl". Hierauf wird im nächsten Band Religio IV zurückzukommen sein.
Wegen ihres Titels wurde überprüft: „Dissertations sur diverses matières de religion", par Pierre D. Huet et Jean M. Tilladet (Hg.), La Haye MDCCXIV. Es ergab sich aber kein einschlägiger Befund.

Zusammenfassung

Die hier vorgestellten Autoren des französischen Sprachgebiets ergeben ein ambivalentes Bild. Daher bleibt besonders in diesem Abschnitt zu bedauern, daß es bei einer begrenzten Auswahl bleiben muß. Sehr wäre eine Weiterführung zu wünschen, durch die der bisherige Befund ergänzt und überprüft werden könnte.

Bemerkenswert an diesen Autoren erscheint, wie sehr sie sich im Gebrauch und Verständnis von „religion" unterscheiden. Dies gilt insbesondere bei verwandten Positionen wie zwischen Mme. Guyon und François Fénelon.

Die tradierte Bedeutung der „religion" bleibt erhalten bei Pierre Daniel Huet. Auch bei den besonders interessierenden Autoren, die über gängige Fragestellungen hinausgegangen sind, nämlich Isaac de La Peyrère mit seinen Überlegungen zu den Präadamiten oder bei François Bernier mit seinem Reisebericht finden sich keine Innovationen.

Besonders überrascht, wenn sich bei Mme. Guyon kein weiteres Interesse an der „religion" hat nachweisen lassen; dies gilt besonders deswegen, weil sich bei ihr ein in der Literatur immer wieder hervorgehobenes nachhaltiges Interesse an dem Weg nach Innen bestätigt hat.

So bleiben Blaise Pascal und François Fénelon. Pascal hat der „religion" beträchtliche Aufmerksamkeit gewidmet gerade bei seinem Bemühen, die Wahrnehmung des Herzens bei aller Kompatibilität mit der Vernunft hervorzuheben, die „religion" aber durch eine „sentiment de coeur" gegeben zu sehen.

Als sehr aufschlußreich erweisen sich die Ergebnisse bei Fénelon, soweit sie erhoben werden konnten. Einmal nämlich scheint er der „religion" nur sehr wenig Aufmerksamkeit zuzuwenden. Zum anderen aber gibt es Schriften, in denen er die „sentiments intérieurs" und den „culte intérieur de l'amour" in einen Zusammenhang mit der „religion" gebracht hat. Aber auch bei ihm findet sich bislang nur einmal eine Verbindung dieses Innen mit der „religion" in der Formulierung einer „religion intérieure". Insgesamt aber weist er auf die Entwicklung des 18. Jhs. voraus, aus dessen Beginn diese Formulierung stammt.

8. Theologische Entwicklung in England

Schon zuvor sind auch englische Autoren zur Sprache gekommen, so Francis Bacon, Edward Lord Herbert von Cherbury und Thomas Hobbes im Kontext philosophischer Konzepte oder Lewis Bayly unter den Wegbereitern des Pietismus.

Über diese hinaus sollen wenigstens eine Reihe englischer Autoren recht verschiedener Richtungen untersucht werden, die sich nicht thematisch den anderen Gruppierungen zuordnen lassen. Damit soll des näheren überprüft werden, ob sich Wurzeln eines veränderten Verständnisses von „religio/religion" bereits zu dieser Zeit und in England entdecken lassen.

William Chillingworth

An den Beginn der Untersuchungen zur „Religion" in England soll William Chillingworth (1602–1644)[1] wegen seiner ausführlichen Verteidigung der „Religion of Protestants" gestellt werden[2]. Wie der Titel sagt, will er nicht der „Religion" als solcher nachgehen, sondern die protestantische als den sicheren Weg zum Heil nachweisen. Zugleich polemisiert er gegen die „Roman Religion" bzw. die „Catholique Church" zugunsten der eigenen „Church and Religion", wie sie auch der König vertritt, dem er sein Buch gewidmet hat[3].

Seinem namentlich nicht genannten Kontrahenten[4] hält Chillingworth vor, dieser rechne alle zu „Atheisme" und „irreligion", die nicht dessen eigener „Religion" zugehören, während er selbst glaubt, den Nachweis erbracht zu haben, daß ganz im Gegenteil einige „Principles of irreligion and Atheisme" in der „Religion" seines Kontrahenten enthalten sind; hierfür beruft er sich auf viele in allen „Religions"[5], die die Weisheit erlangt haben.

Schon diese wenigen Belege machen deutlich, wie selbstverständlich Chillingworth „Religion" als Oberbegriff verwendet für alles, was zu einer solchen gehört, etwa „Ceremonies" und „observances"[6]. Folglich kann es auch eine Vielzahl von „Religions" geben[7].

In den eigentlichen Ausführungen kann Chillingworth dann „Faith and Religion"[8] oder gar „Faiths, and Religions" nebeneinanderstellen[9], ein Zeichen dafür, daß es diesbezüglich nicht auf eine präzise Terminologie ankommt. Sehr wohl aber geht es ihm um die „true Religion"[10], die an der Schrift hängt[11], enthält

---

[1] William Chillingworth studierte in seinem Geburtsort Oxford Theologie. War er ursprünglich von William Laud (1573–1645), dem späteren Erzbischof von Canterbury, bestimmt, ließ er sich durch den Jesuiten John Fisher zur Römischen Kirche bekehren. Bald darauf trennte er sich von dieser und vertrat nun ein auf die Bibel gestütztes evangelisches Christentum. Wirksam wurde er durch seinen Rückgriff auf die Schrift bei gleichzeitiger Inanspruchnahme eines freien eigenen Standpunkts. Er verband ein Plädoyer zur Toleranz mit entschiedener Polemik gegen die katholische Kirche.

[2] William Chillingworth, The Religion of Protestants a safe VVay to Salvation. Or an Answer to a Booke entitled Mercy and Truth Or, Charity maintain'd by Catholiques, Which pretends to prove the Contrary, Oxford MDCXXXVIII. – Im folgenden werden zunächst die beiden Teile jeweils in römischer Ziffer, das Kapitel mit der Sigle chap. sowie der Abschnitt mit der Sigle nr. in arabischen Ziffern sowie nach einem Semikolon die Seite dieser Ausgabe angegeben. Die Ausgabe London MDCXXXVIII weicht in den Seiten geringfügig von der zuvor zitierten Ausgabe ab.

[3] Ebd., Epistle Dedicatory", § 3 r (die Sigle § gibt hier die Seiten der sonst nicht numerierten einleitenden Texte wieder).

[4] Es steht dahin, ob hiermit ein im Text immer wieder angesprochener D. Potter gemeint ist.

[5] Ebd. §§ 3r.

[6] Ebd.

[7] Ebd. v.

[8] Vgl. die Überschrift von I chap. 2; 42, sowie die zugehörige Answer; 51; vgl. auch etwa chap. 1 nr. 7; 35.

[9] Ebd., Preface nr. 2;1.

[10] Vgl. etwa I chap. 2 nr. 16; 59 S. 1, nr. 139; 106, nr. 2 u.o.

[11] Vgl. bes. ebd. chap. 2; 51–120. Daß sie die „rule" zur Entscheidung von Kontroversen darstellt, vgl. bes. ebd. chap. 2, nr. 27; 62f.

sie doch die „revealed Thruths of God"[12]. In dieser Linie kann er seine Argumentation dahin zuspitzen, daß die Bibel allein die „Religion of Protestants" darstellt[13]. Mit dieser These glaubt er zugleich, wie er an dieser Stelle zum Ausdruck bringt, den Vorrang seiner „Religion" vor der katholischen seines Kontrahenten genügend nachgewiesen zu haben.

Zugleich aber vertritt er dezidiert die Auffassung, daß alles, was er theologisch entwickelt hat und was zum geoffenbarten Wort Gottes gehört, nicht unwahrscheinlich oder unbegreiflich ist für die „Naturall Reason"[14]. Dabei geht er von dem Vorzug seiner „Religion of Protestants" aus, auch wenn dafür eine absolute „evidence of sense or demonstration" nicht in Anspruch genommen wird[15]. Chillingworths Anliegen läßt sich also dahingehend zusammenfassen, daß er in Beachtung der Schrift eine „Religion of admirable simplicity" vertritt[16], die zugleich die einzig angemessene „Vniversality" realisiert, die eben nicht eine der Zeit oder des Ortes oder der Sichtbarkeit ist[17]. Wäre dem so, daß etwa die Ausdehnung ein Indiz wäre für die richtige „Vniversality", so würde der „Mahumetisme" den Sieg davontragen[18]. Ist also „the saver way" sein eigener[19], so stellt Chillingworth dann doch die Frage, ob Differenzen bezüglich der „Religion" auch die „matters of faith" betreffen[20]. Hier zeigt sich also noch einmal, daß über alle „Religion" hinaus die zentrale Kategorie für Chillingworth „Faith" lautet.

Für seine Fragestellung kann Chillingworth die grundsätzliche Unterscheidung von „points fundamentall and not fundamentall" verwenden[21]. Ihn inter-

---

[12] Vgl. die Überschrift chap. 2 Answer; 51.

[13] Ebd. II chap. 6, nr.56; 375; diese aufschlußreiche Stelle lautet: „Know then Sir that when I say, The Religion of Protestants, is in prudence to be preferr'd before yours: as on the one side I doe not understand by your Religion, the doctrine of *Bellarmine* or *Baronius*, or any other privat man amongst you, nor the Doctrine of the *Sorbon*, or of the *Iesuits*, or of the *Dominicans*, or of any other paricular Company among you, but that wherein you all agree, or professe to agree, *the Doctrine of the Councell of Trent*: so accordingly on the other side, by the *Religion of Protestants*, I doe not understand the Doctrine of *Luther*, or *Calvin*, or *Melancthon*; nor the Confession of *Augusta*, or *Geneva*, nor the Catechisme of *Heidelberg*, nor the Articles of the Church of England, no nor the *Harmony* of Protestant Confessions; but that wherin they all agree, and which they all subscribe, with a greater Harmony, as a perfect rule of their Faith and Actions, that is, The BIBLE. The BIBLE, I say, The BIBLE only is Religion of Protestants!"

[14] Ebd. 410: „I professe syncerely that I doe not know nor believe, that any ground laid by me in my whole Book, is any way inconsistent with any one such Doctrine, or with any verity revealed in the word of God, though neuer so improbable or incomprehensible to Naturall Reason ..."

[15] Ebd. 329: „Now seeing the Religion of Protestants, though it be much more credible than yours, yet is not pretended to haue the absolute evidence of sense or demonstration." – Die oben genannte Übersetzung von „pretended" dürfte wahrscheinlicher sein als die andere mögliche, es sei nicht vorgetäuscht, diese „evidence" zu haben.

[16] Ebd. 378.

[17] Ebd. 374.

[18] Ebd. 363.

[19] Ebd. 394.

[20] Ebd. 382.

[21] So die Überschrift von chap. 3; 120–184.

essiert dabei vor allem die grundlegende Widerlegung des Anspruchs, die Römische Kirche sei „infallible"[22]. Und wenn auch die Römische Kirche sowie die Protestanten, wenn die sichtbare Kirche in den „Fundamentalls" und d. h. in den grundlegendsten Annahmen nicht irren, so mag der „private man" der Wahrheit der Schrift glauben, aus der er Gottes Willen erkennen kann[23]. Aber auch für die Protestanten ist die Schrift nicht schon in dem Sinn eine perfekte „Rule of Faith", daß Gott existiert und die Schrift Gottes Wort darstellt[24]. Die Schrift kann auch nicht einfachhin Richter in „Controversies in Religion" sein[25]. In einem Vergleich dieser „Controversies" mit „Civill cases" stellt Chillingworth heraus, daß alle entscheiden können – oder müssen – und nicht etwa nur der Bischof von Rom[26]. Der einzelne, der anderwärts so genannte „private man", erscheint also als der letztlich verantwortliche Richter über die Kontroversen über die „Religion". Denn man muß nicht die Schrift kennen, um gerettet zu werden[27]. Es bleibt als Fazit, daß jeder selbst in Sachen der „Religion" entscheiden muß[28].

Chillingworth vertritt also eine herausragende Bedeutung der Bibel, nicht nur gegen die Seite der römischen „Religion", sondern ebenso auch für die „Religion of Protestants", besteht doch gerade für sie die „Religion" in der Bibel[29].

Thomas Browne

Die häufige Zitation der „Religio Medici" läßt es geraten erscheinen, sich mit dieser Arbeit von Thomas Browne (1605–1682)[1] zu befassen, auch wenn dieser

---

[22] Vgl. statt vieler Belege nur das Endergebnis dieses Kapitels, nr. 89; 183f.

[23] So ebd. chap. 5 nr. 63f; 279f.

[24] Ebd. chap. 2 nr. 8; 55: „Now when Protestants affirme against Papists, that *Scripture is a Perfect Rule of Faith*, their meaning is not, that by Scripture all things absolutely may be proved, which are to be believed: For it can never be prov'd by Scripture to a gainsayer, that there is a God, or that the book called Scripture is the word of God".

[25] Ebd. nr. 11; 57.

[26] Ebd. nr. 13–23; 59–61.

[27] Ebd. nr. 159; 116f. – Zum hierfür notwendigen „Morall assent", vgl. etwa ebd. nr. 154; 113.

[28] Ebd. nr. 153; 112: „We doe make our selves Iudges of controversies: that is, we doe make use of our own understandig in the choice of our Religion."

[29] Vgl. dazu auch [William] Chillingworth, Judgment of the Religion of Protestants, London 1680; hier, 1, setzt er sich ausdrücklich ab von der „Religion" der Gegenseite, sei sie von Robert Bellarmin oder anderen privaten Personen, der Sorbonne oder Jesuiten oder auf dem Konzil von Trient vertreten, sondern auch von der „Religion of Protestants", wenn man unter dieser die „Doctrine" Luthers versteht. – Hier, 6, nimmt er auch die Annahme auf, daß Gewalt in Sachen der „Religion" unangebracht ist. Ansonsten gibt diese nur sieben Seiten umfassende Schrift keine weiteren Aufschlüsse.

[1] Nach seinem Studium vor allem in Oxford war Thomas Browne als Arzt in Norwich tätig. Gleichzeitig betrieb er naturwissenschaftliche Studien. Besonders bemühte er sich, die auf diesem Gebiet vorhandenen und gewonnenen Erkenntnisse sowie christliche Glaubensinhalte speziell in der anglikanischen Ausprägung gelten zu lassen.

eher ein Außenseiter ist. Doch muß dies kein Nachteil sein, da gerade die Einsichtnahme in eine solche Arbeit Aufschluß darüber geben kann, wie das Verständnis von „Religio" sich von der Peripherie her ausnimmt.

Die „Religio Medici" fand eine ungewöhnliche Verbreitung. Diese hat zweifellos darin ihren Grund, daß ihretwegen Browne als „Atheist" galt; nicht von ungefähr müht sich Johann Franz Buddeus (1667–1729), ihn von diesem Vorwurf freizusprechen und lediglich als Vertreter des Indifferentismus vorzustellen[2].

Eine erste Durchsicht dieses Buches[3] läßt erkennen, daß es Browne nicht speziell um die „Religio" geht. Diesen Terminus hat er somit offensichtlich aus der Tradition entnommen, die ihn vielfach in Buchtiteln nennt, ohne sich schon speziell mit der „Religio" zu beschäftigen. Der Autor entfaltet vielmehr grundlegende Themen christlichen Glaubens aus seiner Sicht, aufgegliedert in die beiden Teile „De Fide" und „De Charitate". Dabei tritt eine besondere Sicht des Mediziners nicht zutage.

Browne beginnt zwar mit der „Religio", der er nachgehen will[4] und weiß sich der „Religio illa Reformata", die er bekennt, nämlich der anglikanischen Ausprägung verbunden[5]. Doch sofort präzisiert er, jene „Fides" zu bekennen, die Christus gelehrt hat, die die Apostel ausgesät haben und die von den Vätern und Märtyrern bestätigt worden ist[6]. Er weiß sich aber dieser „Fides" besonders verpflichtet, die über die Möglichkeiten der Nachprüfung und der Wahrnehmung durch die Sinne hinausgeht[7]. Alles in allem bevorzugt er, soweit es um die persönliche Einstellung geht, „pietas" oder eben „Fides"[8]. Hierzu führt er aber aus, daß er sich an die wesentlichen Dinge hält, weniger an die „adiaphora", die er entsprechend dem „privatum pietatis meae ingenium" annimmt oder aber zurückweist[9]. In diesen Zusammenhang gehören eben auch jene Zeichen, die ei-

---

[2] Joannes Franciscus Buddeus, Theses Theologicae de Atheismo et Superstitione ... Suas quoque Observationes ... adjecit Hadrianus Buurt, Trajecti ad Rhenum MDCCXXXVII, 135–137, hier mit einem Verweis auf Tobias Wagnerus, der Browne als Atheisten ansieht.

[3] [Thomas Brovvne,] Religio Medici, Lugduni Batavorum 1644. Der Name des Autors findet sich am Ende des einführenden Briefes an den Leser, A 3 v.
Vgl. die Ausgabe: Argentorati MDCLII; diese ist mit ausführlichen Annotata versehen; die Aufteilung ist identisch. Im folgenden wird die frühere Ausgabe zitiert mit Angabe des ersten oder zweiten Teils in römischen und der einzelnen Abschnitte mit der Sigle Sect. sowie nach einem Semikolon der Seite jeweils in arabischen Ziffern. Anhand dieser Zitation läßt sich die angegebene Stelle leicht in der späteren Ausgabe auffinden. Ein Beleg aus dieser späteren Ausgabe wird jeweils gekennzeichnet.

[4] Ebd. I Sect. 1; 9

[5] Ebd. Sect 2; 11; in der späteren Ausgabe wird in der Erläuterung die „Religio illa Reformata" als die durch „tempore Elisabethae in Anglia restabilita" gekennzeichnet, vgl. aaO. 5.

[6] Ebd. Sect. 2; 11.

[7] Ausdrücklich formuliert er, Sect. 8; 30: „In difficillimis quibusque fidem exercere studeo: ea enim credere, quae explorata sunt et sensibus constant, non Fidei est, sed Persuasionis."

[8] Vgl. Sect. 5; 17: „Non alia est Ecclesia, quae aeque per omnia cum Iudicio meo quadrat nec cujus articuli, constitutiones, et Consuetudines, aeque rectae rationi consentaneae, aeque ad pietatis meae sensum accomodatae videantur, ac ea, cujus Fidei nomen dedi, Ecclesia Anglicana."

[9] Ebd.; 18.

nen Ausdruck der „pietas interna" darstellen, wie Browne in einer extrem seltenen Formulierung sagt[10]. Keineswegs zufällig heißt es hier beide Male nicht ‚religio'.

Dieser Terminus erscheint also ausnahmslos in jenem Bereich, in dem es auch manifeste Verhaltensweisen und Zugehörigkeiten gibt. Dabei hat Browne sehr wohl ein Bewußtsein von der grundsätzlichen Gemeinsamkeit aller Christen[11]. Diese Gemeinsamkeit hindert nicht, auf die Differenzen untereinander hinzuweisen[12]. Daß Christus die Einheit aller auch über den „Christianismus" hinaus etwa mit dem „Judaismus et Turcismus" vorausgesagt hat, notiert Browne ebenso wie die Unkenntnis über den Zeitpunkt[13]. In diesem Zusammenhang spricht er auch von der „Iudaica autem Religio", die der „Christiana" diametral gegenüber gesetzt ist, während diesen beiden die „Turcica" entgegensteht[14]. Hier ist aber zugleich eine der wenigen Aussagen, die überhaupt über den christlichen Bereich hinausgehen.

Dringlicher ist nämlich für Browne das innerchristliche Problem der Pervertierung der „Religio" in Atheismus. Diese Verfälschung führt er auf eine Widersprüchlichkeit im Menschen und genauer bei dessen drei Potenzen zurück, daß nämlich Affekte, Glaube und Vernunft nicht miteinander übereinstimmen[15]. In dieser ungewöhnlich aufschlußreichen Aussage wird nicht der Konflikt zwischen diesen drei Instanzen als unausweichlich angesehen, es gibt für Browne keinen grundsätzlichen Zwiespalt zwischen „Fides" und „Ratio"; wenn es ihn aber gibt auf Veranlassung der Affekte, wird die „Religio" betroffen durch ihre

---

[10] Ebd. Sect. 3; 14, vgl. auch den Hinweis auf die „pietas mea", Sect. 12; 40. Vgl. auch Sect. 6; 26.
[11] Ebd. Sect. 3; 13: „Christiani enim omnes sumus". In diesem Zusammenhang einer Abgrenzung speziell innerhalb der verschiedenen Gruppierungen durch die Reformation verwendet er „Religio" allem Anschein nach in der klassisch-lateinischen Grundbedeutung und zudem in einem profanen Sinn: „Mihi itaque Religio non est, eorum familiaritate et consuetudine uti, illorum Ecclesias adire, quoties nostrae praesto non sunt, adeoque una, aut cum illis, aut pro illis, vota facere." Es folgt ein Hinweis auf das israelitische Volk mit der ihm geltenden Warnung, sich durch den Besuch von Tempeln der Götzen zu beflecken; „Religio" verwendet Browne in diesem Zusammenhang offensichtlich als „sorgfältige Scheu".
[12] Vgl. etwa ebd. Sect. 5; 17f.
[13] Ebd. Sect. 24; 82f.
[14] Ebd.; 83. Zur Kritik am Koran vgl. ebd. Sect. 22; 78.
[15] Ebd. Sect. 18; 63f.: „NOn paucorum Religio in Atheismum conversa est, dum duas istas secundarias causas, Dei quasi visibiles manus, sinistre et praepostere interpretarentur: Qui salubrium Fidei monitorum immemores Affectuum et Rationis Conjurationi aures praebent. Ideoque semper, quod potui, ad inimicas istas tetricasque Affectuum, Fidei, et Rationis iras componendas operam dedi: Haec enim ita in anima nostra imperium affectant, non minus paci ipsius et tranquillitati inimica, quam olim Triumviratus ille alter Reipublicae Romanae.
Ratio Fidei rebellat, Affectus Rationi; quae Fides censuit, Ratio improbat; quae Ratio statuit, aversatur Affectus, et tum hujus, tum illius sententiae refragatur Ratio, si tamen prudens et placidum iudicium accesserit, ita res haec tota componi poterit, ut omnia simul regnent, nec tamen nisi unicam Monarchiam constituant, cum unumquodque jus suum et authoritatem, et loci, temporis ratione habita legitime exerceat."

Konvertierung und d.h. Pervertierung zum Atheismus[16]. Die „Religio" selbst liegt demnach nicht auf dieser inneren Ebene des Menschen, der die „Fides" zugehört.

Ausdrücklich verteidigt Browne sich dagegen, daß irgendwelche Gründe ihn zu einer „infidelitas" oder gar zu „Atheismi dogmata" herübergezogen hätten[17]. In diesem Text äußert er, daß noch nicht einmal der Autor des näherhin als „nefarius" charakterisierten „tractatus de tribus Impostoribus" ein „Atheus" war; Browne bezeichnet ihn lediglich als „ab omni religione alienus" und näherhin als „nec Iudaeus, nec Turca, nec Christianus"[18].

---

[16] Im folgenden, Sect. 19; 66f., nennt Browne dann keine Namen, sondern nimmt Epikur aus. – Zur Einschätzung von „Fides" und „ratio" vgl. auch Sect. 47; 143: „Possibila tantum credere non Fidei est, sed Philosophiae. Multa sunt in Theologia verissima, quae nec ratione probari, nec sensu confirmari possunt: multa itidem in Philosophia ex sensu constant, quae ratione demonstrari nequeunt." Es folgen dann nach Hinweisen zur Erkenntnis der Natur Überlegungen zum „Infernum", vgl. Sect. 47–52; 143–160, und hier speziell zum Sonderstatus von Philosophen und Heroen vor der Zeit der Inkarnation, die uns ein Beispiel von „virtus et pietas" gegeben haben und somit bei der Aufteilung des Infernums in viele Regionen einen speziellen „Limbus" erhalten, Sect. 53; 160.

[17] Ebd. Sect. 19; 66.

[18] Ebd.; 67f. In der Anmerkung hierzu wird Bernardinus Ochinus (1487–1564) als Autor angegeben. In der späteren kommentierten Ausgabe, vgl. o. Anm. 3, wird diese Autorschaft in Frage gestellt, verbunden mit der Angabe einer Reihe weiterer möglicher Verfasser; die aufschlußreiche Stelle über den „De tribus Impostoribus author" lautet, 126f.: „Nescio an Bernhardinus Ochinus, (qui fuit Italus, et scripsit etiam pestilentißimum librum de Polygamia, quem, nisi fallor, Beza refutavit) an alius huius auctor sit. Idem quod hic scripsit, saepius Friderico II. Imper. in ore fuisse meminit Lips[ius] l. 1. Monit. Polit. c. 4. Iulius Caesar Vaninus scripsit Amphitheatrum divinae aeternae providentiae divino magicum, et dialogos: quibus idem recte in hominum animos insinuare nititur. Ille tamen debitum supplicium Tholosae igne exsolvit. Levißimis sane argumentis homines ad eiusmodi plusquam nefaria adducuntur. Vide Helmont. in libro de immort. animae. Illis opponimus Arnobij libros contra gentes, Iustini Martyris Orat. ad Graec. Cyrilli Libros adversus Iulianum Clementis Alexand. Libros Stromat. et eiusd. libros adversus Gent. August. de Civit. Dei, Lactant. institut. Minutij Felic. dialogos. Origen. contra Celsum. Plessaei Mornaei, Hugon. Grotij et Campanellae libros de veritate religion. Christian. Savonarol. libr. de Triumpho crucis. adde et omnes antiquos Philosophos; et ita facile erit, paucorum hominum prave sentientum redarguere mendacia, testimonio atque auctoritate omnium Philosophorum in hac una re non dißidentium. Et insuper lubrica illa fundamenta, quibus innituntur, destruit experientia, spectra ac spiritus esse, miraculisque interdum divinam providentiam probari".

JOHN WILKINS

Als naturwissenschaftlich ausgewiesener Theologe hat John Wilkins (1614–1672)[1] eine Abhandlung über die „Natural Religion" verfaßt[2]. Gemäß den Erfordernissen seiner Zeit versucht er, angesichts der naturwissenschaftlichen Erkenntnisse die natürliche Gotteserkenntnis und die aus ihr resultierenden Aufgaben und Pflichten zu verteidigen.

Bezüglich unseres Themas beginnt Wilkins denn auch, Vorurteile in der Debatte über die „Religion" zurückzuweisen[3]. Gegenüber der Annahme einer Wahrheit der Geschichte oder der Geographie sowie der Mathematik[4] postuliert Wilkins eine *„Moral Certainty"* aufgrund der Prüfung durch die Vernunft[5]. Obwohl diese Evidenz nicht als „infallible certainty" qualifiziert werden kann, muß sie doch als „indubitable certainty" gelten[6], die auch für *„Faith and Religion"* ihre Gültigkeit hat[7], wie er in einer bezeichnenden Doppelformulierung sagt. Es muß also in dieser Hinsicht genügen, sich im Bereich dessen zu bewegen, was *„morally certain"* ist[8]. Nach Argumentationen für die Existenz Gottes, angefangen von der universalen Übereinstimmung der Menschen hinsichtlich der Existenz Gottes und der zeitlichen Entstehung der Welt bis hin zur Überzeugung von der Vorsehung und Leitung der Welt sowie der Erörterung der Eigenschaften Gottes wendet sich Wilkins dann der Konsequenz zu, die sich aus der Existenz Gottes, seiner Güte und Gerechtigkeit sowie seines Handelns ergibt[9]. Es handelt sich um die Pflichten der „Religion", die sich schon „naturally" ableiten lassen[10]. Hier wiederholt er die beiden ersten grundlegende Bestandteile der „Religion", nämlich einmal „belief" und „acknowledgment" der göttlichen Natur und Existenz sowie zum anderen „due apprehensions" seiner Vorzüg-

---

[1] Nach seinen Studien in Oxford war John Wilkins zunächst in der Seelsorge und dann an einem Oxforder College tätig, bis er 1659 als Präses eines College nach Cambridge wechselte. Ein Jahr später verlor er aber seine Stelle nach der Restauration unter Karl II. (1630–1685). Daraufhin hatte er mehrere kirchliche Ämter und wurde 1668 Bischof von Chester. Er war Mitbegründer der Royal Society (1662). Sein besonderes Bemühen galt der Zurückweisung des Atheismus und der Förderung der „Religion" angesichts der neuen naturwissenschaftlichen Erkenntnisse. Vgl. Henry G. van Leeuwen, Introduction, zu der in der folgenden Anm. genannten Ausgabe von Wilkins.
[2] John Late Lord Bishop of Chester [John Wilkins], Of the Principles and Duties of Natural Religion, London MDCXCIII; ND with a New Introduction by Henry G. van Leeuwen (= Texts in Early Modern Philosophy), New York – London 1969.
Diese in den letzten Lebensjahren angefertigte und nicht mehr vollendete Arbeit wurde postum 1675 publiziert von John Tillotson, der auch familiär mit Wilkins, dem Stiefvater seiner Frau, verbunden war. – Im folgenden werden jeweils das Buch in römischer und das Kapitel mit der Sigle chap. in arabischer sowie nach einem Semikolon die Seite wiederum in arabischer Ziffer angegeben.
[3] Ebd. I chap. 3; 22.
[4] Ebd. 22–25.
[5] Ebd. 29.
[6] Ebd. 27.
[7] Ebd. 30; vgl. auch chap. 11; 168 „Religion and Belief" nebeneinander.
[8] Ebd. chap. 3; 31; es folgen Ausführungen darüber, daß nicht alle Menschen *„Faith"* haben.
[9] So ebd. chap. 4–11; 39–175.
[10] Ebd. chap. 12; 176–188.

lichkeit und Vollkommenheit[11] und fügt als drittes die hieraus folgenden „affections" Gott gegenüber hinzu[12]. Bemerkenswerterweise beschreibt er die „Religion" an erster Stelle als „Glaube"[13], und dies von Natur aus. Hervorzuheben bleibt aber auch die dritte Bestimmung, nämlich, daß „the serious belief" nicht in der Spekulation belassen werden darf, sondern „an influence upon the heart and affections" haben muß[14]. Er geht also ausdrücklich über den intellektuellen Bereich hinaus und bezieht den affektiven mit ein. Dann stellt er „affections and Duties" nebeneinander und nennt zuerst „Adoration and Worship"[15]. Die Angemessenheit von „Worship" zeigt sich für ihn in ihrem Vorkommen zu allen Zeiten und bei allen Nationen[16]. Er bestimmt sie inhaltlich als höchste Wertschätzung und Anrufung Gottes, wobei „external services" und „inward veneration" zusammengehören[17]. Es gibt, wie er hervorhebt, eine allgemeine Praxis bei allen Nationen, bestimmte Menschen für „their publick Worship" zu haben[18]. „Civil Societies" versammeln sich zu „Religious Worship"[19] als „natural Worship"[20]. Wenn es aber eine Weise von „worship" durch „Sacrifice" gibt, und dies von ältesten Zeiten an, so könnte diese Verbreitung auf deren Begründung durch das Licht der Natur schließen lassen; doch kann Wilkins sich nicht vorstellen, daß Gott an Opfern mit der Tötung und Verbrennung von Tieren als Zeichen unserer Unterwerfung oder Entsühnung Gefallen findet[21]. So nimmt er eine ursprüngliche Begründung dieser Opfer durch *„Institution"* und eine besondere Offenbarung der Ureltern an, die sie mündlich weitergegeben haben; dabei ergab sich eine Korrumpierung der Opfer durch vielerlei menschliche

---

[11] Ebd. 176, vgl. schon chap. 7f; 99 und 100.
[12] Ebd. chap. 12; 176; der Text lautet: „Having dispatched the two first things I proposed as the principal Ingredients to a state of Religion, namely, 1. A belief and an acknowledgment of the Divine Nature and Existence. 2. Due apprehensions of his Excellencies and Perfections. I proceed now to the third, namely, Suitable affections and demeanour towards him. Which must naturally follow from the former."
[13] Von „Belief" spricht Wilkins schon chap. 4; 40, im Zusammenhang mit den Römern und dem „Deorum Cultus", den er als „Deos credere" interpretiert, was für die Römer freilich nicht zutrifft.
[14] Ebd. chap. 12; 176.
[15] Ebd. 177.
[16] Ebd. 178.
[17] Ebd. 179f: „By *Worship* I mean in the general, the highest esteem and admiration of him in our minds, whereby we do continually bow down our souls before him, in the acknowledgment of his Excellencies; depending upon him, invoking of him in our necessities, making our acknowledgments to him, as being the Author of all the mercies we enjoy; together with such external services, as may be fit to testifie unto others that inward veneration which we have for him, whether by the humblest gestures, of prostration or bowing our selves before him, kneeling, lifting up our hands and eyes unto him; being always ready to *speak good of his Name*, to *make his praise glorious.*" Es kommen „particular actions and services" hinzu, von Natur aus Gott die Ehre zu erweisen, und dies durch Personen, Plätze und Zeiten für dessen „Worship", 180.
[18] Ebd.
[19] Ebd. 181.
[20] Ebd. 182.
[21] Ebd. 182f.

Hinzufügungen[22]. Dem leistet erst das Opfer Christi Hilfe[23]. In frühen Zeiten, als die Menschen noch ungebildet waren, gab es viel „external pomp", als die Menschen aber vernünftiger und damit besser vorbereitet waren, die „Christian Religion" anzunehmen, hat Gott in der Fülle der Zeit „a more rational and spiritual way of worship" eingeführt mit Geboten, die höchst zustimmungsfähig sind für eine „purest and sublimest reason", mit positiven Folgen für die Gemeinschaft[24]. Wenn nämlich „true Worship" in kostspieligen Opfern bestünde, könnte nur der Reiche „Religious" sein; nun aber nimmt Gott lieber die Gabe aus einer gerechten und großzügigen Gesinnung, die ihn wahrhaft liebt, statt pompöser Opfer von anderen[25].

Aus dieser grundlegenden Beschreibung von „Worship" als eines vernünftigen und geistigen Gottesdienstes, wie ihn vor allem die „Christian Religion" realisiert, leitet Wilkins dann „naturally" die folgenden „Affections" ab, nämlich Vertrauen, Liebe, Ehrerbietung und Furcht sowie Gehorsam gegenüber den Geboten Gottes und Unterwerfung unter seinen Willen[26]. Mit ihnen hat er, wie er unterstreicht, Vernünftigkeit und Glaubwürdigkeit der „Principles of Natural Religion" herausgestellt und *„the belief of Gods being"* zu begründen versucht[27]. Er bewertet die „Religion" so hoch, daß er sie mit dem Wesen des Menschen gleichsetzt, und dies sowohl im Hinblick auf den einzelnen Menschen als auch auf die Gemeinschaft[28]. Der Mensch, durch seine Vernunft unterschieden von den Tieren[29], läßt sich von daher bestimmen durch die Charakterisierung

---

[22] Ebd. 183.
[23] Ebd.
[24] Ebd. 185: „In this *fulness of time* (as the Scripture styles it) did the Providence of God think fit to introduce Christian Religion, a more rational and spiritual way of worship, whose *Precepts* are most agreeable to the purest and sublimest reason; consisting chiefly in a regulation of the mind and spirit, and such kind of practices as may promote the good of humane society, and most effectually conduce to the perfecting of our Natures, and the rendring of them happy."
[25] Ebd. 187f.
[26] So ebd. chap. 13–17; 189–284.
[27] Ebd. cap. 17; 283f: „I have now done with the *First* thing I proposed to treat of, namely, *The Reasonableness and Credibility of the Principles of Natural Religon*; in which I have endeavoured to establish the *belief* of *Gods being*, to clear the *natural notions* of his *Excellencies* and *Perfections*, and to deduce the *obligation* of *Moral Duties*, from the belief and acknowledgment of the Divine Nature and Perfections."
[28] Ebd. II chap. 1; 288: „Religion is of so great importance, that the *Essence* of man may be said to consist in it. Man may be considered under a twofold notion: 1. In his *single capacity*, according to that principle whereby he is constituted in such a rank of creatures. 2. In *Society*, for which man seems to be naturally designed, and whithout which he could not well subsist. Now Religion will appear to be *Essential* to him, in both these respects."
Vgl. auch 300: „So that upon all these accounts, it is very evident, That Religion is *totum hominis* in this first sense, as it refers to the *Essence* of Man, considered either in this *single capacity*, or as a Member of *Society*."
[29] Ebd. 289.

des „*Religiosum*" als „*Rationale*"³⁰. Sodann aber läßt sich der Mensch als „*sociable* Creature" beschreiben, dem wiederum „religion" wesentlich ist³¹. Mit dieser Gleichsetzung von „Religion" und Wesen des Menschen ist eine neue Weise der Bestimmung erreicht.

In der Folge stellt die Verpflichtung der „Religion" eine allgemeine Angelegenheit für den Menschen dar, ohne daß er ständig an sie denken muß³². Als „totum hominis" ist die „Religion" ausgerichtet auf das Glück und das Wohlbefinden des Menschen³³. Das „*external* well-fare"³⁴, etwa Gesundheit, Freiheit, Reichtum oder Ehre, sowie das „*internal* well-fare", etwa Frieden und Freude, wendet sich Wilkins in den weiteren Ausführungen zu³⁵ und stellt dann abschließend die besondere Bedeutung der „Christian Religion" heraus³⁶. Hier unterstreicht er die Angemessenheit einer Offenbarung angesichts des degenerierten Status, in den die Menschheit gesunken ist³⁷. Doch nennt er keine inhaltlichen Aspekte, die über die „*natural* Religion" hinausgehen. Die Menschheit sieht er aufgrund des dem Menschen ins Herz geschriebenen Gesetzes (Röm 2,14f) zur Erfüllung der „*moral duties*" verpflichtet³⁸. Dazu gibt Gott, der die Gemeinschaften der Menschheit liebt, seinen Segen und Erfolg, wobei wir über deren ewiges Heil keine Sicherheit gewinnen können³⁹. Immerhin weist Wilkins auf vereinzelte apostolische Väter hin, die ein solches Heil aufgrund des Lichtes der Natur auch im Bereich dieser natürlichen „Religion" annehmen⁴⁰. Dabei beschränkt er sich auf die Güte und das Erbarmen Gottes⁴¹. Dann nimmt er noch einmal auf, daß, wie alle Nationen meinen, Gott selbst die Weise seiner eigenen „Worship" vorschreibt und daß die für das menschliche Leben nützlichen Gesetze der Gottheit zugeschrieben werden⁴². Die christliche „Religion" aber ist in der Welt erfolgreich verkündet worden, und zwar in solcher Einfachheit und Schwachheit ohne Waffen, allein durch die „naked proposal of plain evident Truth"⁴³. Sie ist so ausgezeichnet in sich und passend für ein vernünftiges Wesen

---

[30] Ebd. 292: „So that, by what hath been said, it may appear, that the Definition of *Man* may be rendered as well by the Difference of *Religiosum* as *Rationale*". Es folgt die Zurückweisung der atheistischen Position, die unter Berufung auf die „Reason" die „Religion" in Abrede stellt.

[31] Ebd. 293; im folgenden wird Wilkins die in Fragestellung durch „*Prophaneness* and *Superstition*" ab, 295, die er differenziert in „*Infidelity*", „*Fanaticalness*" und „*Idolatry*", 297.

[32] Ebd. 300f.

[33] Ebd. 304.

[34] Ebd. 312.

[35] Ebd. chap. 2–8; 314–393.

[36] Ebd. chap. 9; 394–410.

[37] Ebd. 395.

[38] Ebd. 395 und 396.

[39] Ebd.

[40] Ebd. 396f.

[41] Ebd. 397, mit einer nicht nachgewiesenen Zitation von 2 Mos 33,19 „Wem ich gnädig bin, bin ich gnädig".

[42] Ebd. 398; dann stellt Wilkins auch die besondere Bedeutung des Alten Testaments heraus als des ältesten Buches in der ältesten Sprache und mit den ältesten Buchstaben, 400.

[43] Ebd. 403.

wie keine andere „Religion or Profession"⁴⁴. Sowohl im Hinblick auf die Pflichten zur *„Divine worship"*⁴⁵ als auch hinsichtlich der Pflichten der zweiten Tafel (des Mose) erweist sich die „Doctrine of *Christianity"*⁴⁶ als überlegen gegenüber allen anderen, und dies, weil sie „transcendently excellent" ist und zur höchsten, reinsten „Reason" paßt⁴⁷.

Insgesamt wendet sich Wilkins also der „Natural Religion" zu, wenn er auch die besondere Qualität der „Christian Religion" abschließend nennt. Allerdings bleibt er im Hinblick auf beide recht unkonkret. Er kritisiert die hohe Wertschätzung der äußeren Akte und besonders der blutigen Tieropfer; und folglich bleibt der Hinweis auf die Angemessenheit einer natürlichen Ehrung Gottes recht abstrakt. Es fällt auch auf, daß er stets von „Christian Religion" spricht aber nirgends von ‚revealed Religion'. Und wenn er die inneren und äußeren Aspekte der Gottesverehrung zur Sprache bringt und ebenso innere und äußere Wirkungen der „Natural Religion", so differenziert er doch diese selbst noch nicht in eine innere und äußere „Religion". Wichtig ist ihm der Hinweis, daß die „Christian Religion" in besonderer Weise als „rational and spiritual way of worship" zu qualifizieren ist. Allerdings wendet er auch diese Adjektive nicht direkt auf die „Religion" selbst an.

Ralph Cudworth

Als herausragender Vertreter der Cambridge Platonists soll Ralph Cudworth (1617–1688)¹ wenigstens mit seiner großen Widerlegung der Atheisten in die Untersuchung einbezogen werden². Bereits in den einleitenden Texten verweist

---

⁴⁴ Ebd.; vgl. auch 405, hier in Abgrenzung von „all the pompous solemnities of other Religions, in their costly sacrifices, their dark wild mysteries, and external observances."

⁴⁵ Ebd. 405.

⁴⁶ Ebd.

⁴⁷ Ebd. 406f: „Whatever any Philosophers have prescribed concerning their moral virtues of *Temperance*, and *Prudence*, and *Patience*, and the duties of several relations, is here enjoyned in a far more eminent, sublime and comprehensive manner. Besides such Examples and Incitations to Piety as are not to be parallel'd else where. The whole System of its Doctrine being transcendently excellent, and so exactly conformable to the highest, purest Reason, that in those very things wherein it goes beyond the Rules of Moral Philosophy, we cannot in our best judgment but consent and submit to it." Im folgenden, 407f, lehnt Wilkins skeptische Positionen dann ebenso ab wie diejenige, welche die „Religion" nur für eine politische Erfindung hält.

¹ Ralph Cudworth war nach theologischen und philosophischen Studien in Cambridge dort seit 1645 als Professor zunächst für Hebräisch und dann für Philosophie tätig. Seine Position entfaltete er gegen Thomas Hobbes und in kritischer Rezeption von René Descartes, gestützt auf eine reiche Kenntnis antiker Autoren und hierbei vor allem auf Platon. Er war besonders interessiert an einem philosophischen Nachweis der Existenz Gottes. Die Annahme Gottes dient ihm als Fundierung seiner ethischen Bemühung.

² Ralph Cudworth, The True Intellectual System of the Universe: The First Part; Wherein, All the Reason and Philosophy of Atheism is Confuted; And Its Impossibility Demonstrated, London MDCLXXVIII, ND Stuttgart-Bad Cannstatt 1964. – Da nur dieser erste Teil vorgelegt wurde, nicht

er auf unser Thema. In der Widmung spricht er von einer „Hearty Affection to Religion, and Zeal for it"[3]. In einer solchen Weise von „Religion" zu sprechen, versteht sich nicht von selbst.

Im Vorwort bezieht Cudworth sich auf die drei *„Fundamentals of Religion"*, daß alle Dinge der Welt nicht ohne Lenker vonstatten gehen, daß dieser, nämlich Gott, gut und gerecht ist und daß unsere Handlungen zu verantworten sind[4]. Sein Anliegen besteht darin, der *„Idolatry* and *Religion* of the *Gentiles"* zu wehren, vor allem aber die „*Modern Atheists"* zurückzuweisen, die „all *Religion*, and *Theism"* zerstören[5]. In besonders deutlicher Weise sieht er in diesen einleitenden Bemerkungen den Atheismus als sittlich bedenklich an, wenn er in ihm den Umsturz der „Religion" und „die Beseitigung von Strafe und Belohnung" gegeben sieht[6]. Daher erscheint die *„Pagan Religion"* nicht so unsinnig, wie die Atheisten sie darstellen[7]. Diese Aussage erinnert an die traditionelle Auffassung, als sei irgendeine „Religion" immer noch besser als der Atheismus selbst.

Sieht man dann allerdings die ausführliche Abhandlung von Cudworth durch[8], so braucht man ziemlich lange, bis man auf den einen oder anderen Beleg zu „Religion" stößt[9]. Vielleicht liegt diese Seltenheit in der Bevorzugung anderer Termini; es fällt nämlich auf, daß Cudworth häufig „Theology" verwendet, näherhin auch „Pagan Theology"[10]. Zuweilen findet sich nebeneinander „Reli-

---

aber die geplanten beiden weiteren, werden im folgenden nur das Kapitel und, soweit sie numeriert sind, die Abschnitte mit der Sigle nr. sowie nach einem Semikolon die Seite jeweils in arabischer Ziffer angegeben. Bei mehreren Belegen wird nur die Seite angegeben. Im folgenden werden Kursivierungen übernommen, soweit sie im normalen Text stehen. Da aber Vorwort und Inhaltsangaben umgekehrt kursiv und die wenigen Hervorhebungen steil gesetzt sind, werden der Eindeutigkeit wegen die Zitate hieraus im folgenden an den Haupttext angeglichen, so daß auch hier der Text steil und die Hervorhebungen kursiv gesetzt werden.

[3] Ebd. Preface A 2 r.

[4] Ebd. 3 v: „Whereas these *Three Things* are, (as we conceive) the *Fundamentals* or *Essentials* of *True Religion*. First, That all things in the World, do not Float without a *Head* and *Governour*; but that there is a *God*, an *Omnipotent Understanding Being, Presiding over all*. Secondly, That this *God* being *Essentially Good* and *Just*, there is φύσει καλὸν καὶ δίκαιον, Something in its own *Nature*, *Immutably* and *Eternally Just*, and *Unjust*; and not by *Arbitrary Will*, Law, and *Command* onely. And lastly, That there is Something ἐφ' ἡμῖν, or, That we are so far forth *Principles* or *Masters* of our own *Actions*, as to be *Accountable* to *Justice* for them, or to make us *Guilty* and *Blame worthy* for what we doe Amiss, and to Deserve *Punishment* accordingly."

[5] Ebd. * [1]r; die *„Theists"* bezeichnet Cudworth hier als *„Natural Religionists"*.

[6] Ebd. v.

[7] Ebd. ** 2 r. – Daß auch Cudworth in einen antiken Text seine Vorstellung einträgt, zeigt seine Übersetzung eines philosophischen Zitats, in dem es heißt, alles werde „ἐξ οὐρανοῦ καὶ τοῦ ἀοράτου" auf die Erde gezogen, was Cudworth mit *„from Heaven and the Invisible Region"* übersetzt, 1 nr. 19; 18.

[8] Die Nachweise für „Religion" in diesen umfangreichen Ausführungen erfolgen hier im wesentlichen nach dem mehr als 80 Seiten umfassenden doppelspaltigen Inhaltsverzeichnis im Anhang, dessen für uns ausreichende Verläßlichkeit eine Durchsicht der Abhandlung bestätigte.

[9] Vgl. etwa 2 nr. 20; 83.

[10] Vgl. statt verschiedenster Beispiele 4; 506, hier auch *„Egyptian Theology"*; vgl. auch *„Platonick* and *Pythagorick Theology"*, 584.

gion und Theology"[11]. In diesem Zusammenhang bleibt auch hinzuweisen auf die beträchtliche Bedeutung, die die dreigeteilte Theologie Varros spielt[12]. Dabei behält Cudworth den antiken Sprachgebrauch bei; eine Anwendung dieser Dreiteilung auf ‚Religion' findet sich nicht.

Ein weiterer Grund für die Seltenheit des Terminus „Religion" dürfte die häufige Verwendung von *„Religious Worship"*[13] sein; natürlich sind beide Bezeichnungen nicht einfach deckungsgleich.

Wenn somit von „Religion" auf weite Strecken nur am Rande gesprochen wird, interessiert natürlich besonders eine Angabe im Inhaltsverzeichnis am Ende des vierten Kapitels auf die „Three Forms of Religion, the *Jewish*, *Christian* and the *Pagan*" und die „Fourth the *Mahomethan*"[14]. Doch wird man recht enttäuscht; denn es gibt keine Ausführungen zu dieser Angabe.

So geht Cudworth nur ausnahmsweise näher auf unser Thema ein. Einmal verweist er auf die Annahme des Peripatetikers Themistius (4. Jh. n. Chr.), derselbe höchste Gott werde von Heiden, Christen und allen Nationen auf verschiedene Weise verehrt, und er fügt als Mahnung des antiken Philosophen hinzu, Gott freue sich über diese „Variety of Religions"[15]. In dem folgenden Originalzitat ist freilich nur davon die Rede, daß sich der Lenker (nämlich Gott) über die Buntheit des Alls freut und will, daß Syrer, Griechen und Ägypter auf verschiedene Weise als Bürger leben[16]. Es fehlt also jeder Anhaltspunkt für „Religions". In dem nachfolgend übersetzten Text heißt es dann freilich „Variety of worship", wovon im Originaltext gleichfalls nicht die Rede ist. Umso aufschlußreicher ist, daß Cudworth diese Termini in ein griechisches Zitat einträgt. Offensichtlich liegt ihm an dieser Verschiedenheit der „Religions". In diesem Zusammenhang spricht Cudworth problemlos auch von „Pagan Religion"[17], wobei er für die meisten ungebildeten Menschen angibt, sie hätten das „Mystery of the Pagan Theology" nicht verstanden[18]. Die „great diversity of Religious Rites and Ceremonies among the Pagans"[19] interpretiert Cudworth dann als „external differences in Religion", die durch die jeweils verschiedene Beachtung der

---

[11] Ebd. 337.

[12] Vgl. ebd. 4; 438, hier wiedergegeben als „the First *Mythical* or *Faboulous*, the Second *Physical* or *Natural*, and the Last *Civil* or *Popular*", vgl. auch das Folgende, bes. 440, 450 und die folgenden Überlegungen. Vgl. auch ebd. 477, 527 u.ö.

[13] Vgl. etwa ebd. 232, 466, 473, 544, 630, vgl. 426; es findet sich auch „Religiously Worshipped", vgl. etwa 233. Hinzu kommt die häufige Verwendung nur von „worship", vgl. etwa 477 u.ö.

[14] Ebd. 4; 192

[15] Ebd. nr. 26; 447: „And *Themistius* the Peripatetick, (who was so far from being a Christian, that as *Petavius* probably conjectures, he perstringes our Saviour Christ under the Name of *Empedocles*, for making himself a God) doth not only affirm, that one and the same *Supreme God*, was worshipped by Pagans, and the Christians, and all Nations, though in different manners; but also, that God was delighted with this Variety of Religions".

[16] Ebd.; es heißt hier nur „ποικιλία", also Buntheit; es fehlt also ein Äquivalent für „worship"; außerdem fällt die Variation zwischen diesem Terminus und „Religions" auf.

[17] Vgl. etwa nr. 27; 448.

[18] Ebd. 447.

[19] Ebd. nr. 28; 460, vgl. 461.

„Religion of his own Country" zustandekommt[20]. Auch für die „Pagans" nimmt er zwei wesentliche Punkte ihrer Theologie an, nämlich einmal die *„One Self-Originated Deity"*, die der „δημιουργὸς" der Welt ist, und zum anderen die *„Other Gods"*, die „Religiously" zu verehren sind und die der Demiurgos zusammen mit der Welt geschaffen hat.[21].

Noch an einer anderen Stelle greift Cudworth unser Thema auf, nämlich mit einem Zitat eines Anonymus, „that *Religio non est Philosophia sed Lex"*[22]. Wenig später behandelt er die Auffassung der Atheisten, welche die *„General Perswasion of the Existence of God"* und die *„Propensity to Religion"* der Menschen aus deren Furcht angesichts der Unkenntnis über die Ursachen ableiten und die „Religion" als Erfindung der Gesetzgeber ansehen[23]. Besonders dem letzten Aspekt widmet er dann einige Aufmerksamkeit[24]. Demnach besteht ein atheistisches Interesse an den *„Religions"*, um Gehorsam, Unterwerfung, Frieden und hierdurch eine *„Civil Society"* zu erreichen[25]. Ausdrücklich bezieht er sich auf die Aussage des Kritias, eines der dreißig Tyrannen in Athen, der als Autor einer ausführlichen Darstellung der Erfindung der Götter gilt, in der die Götter zur Aufrechterhaltung politischer Ordnung dort dienen, wo jemand im Verborgenen Unrecht tun will[26]. Von dieser falschen Vorstellung der Atheisten hebt Cudworth die „True Religion" ab[27], die selbstverständlich die christliche ist; diese empfiehlt uns *„Faith"*, womit sie in „True and Ingenuous Piety" einführt[28]; damit wird hier *„Religious Fear"* weitergeführt zu den drei theologischen Tugenden Glaube, Hoffnung und Liebe[29]. Interessant ist, daß Cudworth in diesen Ausführungen „Religion and the *Belief of a God"* nebeneinanderstellen kann[30]. Jedenfalls nimmt er mit dem Thema „Religion" im Rahmen des Politischen eine durchaus traditionelle Reflexion auf[31].

Als innovativ hat sich Cudworth mit diesen Überlegungen nicht erwiesen[32]. Über den gewohnten Rahmen geht er nur eingangs mit der Formulierung einer „hearty Affection to Religion" hinaus.

---

[20] Ebd. 462.
[21] Ebd., hier wiederum „worship".
[22] Ebd. 5; 651.
[23] Ebd. 654.
[24] Ebd. 655–665.
[25] Ebd. 656.
[26] Ebd. 657; man sieht, wie genau die Kenntnis der Antike in dieser Zeit gewesen ist. Das meist dem Kritias zugewiesene, möglicherweise auch von Euripides stammende Zitat findet sich in: Hermann Diels, Die Fragmente der Vorsokratiker, hg. von Walther Kranz, II, Berlin ¹⁰1960, 386–389.
[27] R. Cudworth, aaO. 663.
[28] Ebd. 661.
[29] Ebd.
[30] Ebd. 664, vgl. 655, 656.
[31] Vgl. auch 691f, 697–700, hier auch *„Larva of Religion"*, 698, 898f.
[32] Durchgesehen wurde auch Ralph Cudworth, A Treatise Concerning Eternal and Immutable Morality with A Treatise of Freewill, ed. by Sarah Hutton (= Cambridge Texts in the History of Philosophy), Cambridge University Press, Cambridge 1996; in dieser postum publizierten Skizze findet sich kein Rückgriff auf unser Thema.

JOHN SPENCER

Wenn einem Autor attestiert wird, mit der „religionsgeschichtlichen Betrachtung der Bibel des Alten Testaments" begonnen zu haben"[1], wie dies für John Spencer (1630–1693) zutrifft[2], kann man gespannt sein, ob sich eine solche Beurteilung in seinem Verständnis der „religio" begründen läßt.

Der Einblick in seine Arbeit über Urim und Thummim[3] zeigt, daß Spencer sich in ihr höchst wenig für die „religio" als solche interessiert hat. Er verwendet den Terminus insgesamt eher selten und dann grundsätzlich als allgemeine Bezeichnung. So kann er von einem Erstarken der „RELIGIO" sprechen und meint damit ein Eingreifen Gottes, der die „Consuetudo" der Völker der Welt, die nicht Verehrer des wahren „Numen" waren, für die Israeliten reformiert und gleichsam beschnitten hat[4]. Schon für die ersten Väter der entstandenen Welt nimmt er an, sie hätten in „fides et religio" die Fackel der Cherubime vom Paradies weitergegeben[5]. Diese These belegt den Beginn auch der „religio" vom Anfang der Welt an durch die Geschichte hindurch.

In diesen Ausführungen nimmt Spencer eine „Religio" aus wirksamen und mystischen „Ceremoniae et ritus" an, die den „vetus Patriarcharum cultus" verdunkelt hat; dabei spricht er vom Ursprung der Priester aus der Verehrung der „pia Mater"[6]. Hierbei entstand dann auch die Fabel von ihrer „religio"[7]. Diese „Gentium religio" bestand aus grausamen und obszönen „ritus"[8]. Nachdem die Israeliten in Ägypten manche übernommen hatten[9], hat Gott sich bemüht, sie von den „sacerrima gentium sacra" behutsam wegzuführen[10]. Er ließ ihnen aber „ritus", die kein Verbrechen enthielten, damit sie durch die leichtere Übung der

---

[1] Vgl. Emanuel Hirsch, Geschichte der neuern evangelischen Theologie im Zusammenhang mit den allgemeinen Bewegungen des europäischen Denkens, I, Gütersloh ⁵1949, 253. Noch deutlicher wird Spencer als „Bahnbrecher in der vergleichenden Religionswissenschaft" bezeichnet, Douglas Carter, Spencer, John, in: RGG³ VI 238.

[2] John Spencer wurde nach seinen Studien 1655 Fellow und 1667 Master des Corpus Christi College in Cambridge. Seit 1677 war er dann Dean von Ely. Sein besonderes Interesse galt dem Verständnis des Alten Testaments auf dem Hintergrund der orientalischen Umwelt vor allem Ägyptens.

[3] Joannes Spencerus, Dissertatio de Urim et Thummim. In Deuteron. c. 33 v. 8. In qua Eorum natura et origo, Non paucorum rituum Mosaicorum rationes, Et Obscuriora quaedam Scripturae loca, probabiliter explicantur, Cantabrigiae 1670 (zuerst erschienen 1669). Im folgenden werden das Kapitel mit der Sigle cap. und der Abschnitt mit der Sigle sect. und nach einem Semikolon die Seite dieser Ausgabe jeweils in arabischen Ziffern angegeben.

[4] Ebd. cap. 4 sect. 7; 113.

[5] Ebd. sect. 9; 159: „Sat constat primos mundi nascentis Patres, ea fide et religione historiae sacrae lampada posteris suis continua serie tradidisse", mit anschließender Nennung des „Anglicus CHERUBIM". – Der Bezug „historiae sacrae" geht aus dieser Stelle nicht eindeutig hervor.

[6] Ebd. sect. 7; 113f.

[7] Ebd. 114.

[8] Ebd.

[9] Ebd. 115–118 u.ö.

[10] Ebd. 120.

„religio" zum Besseren kämen[11]. Spencer kann so von der „Gentium olim religio"[12] und der „Levitae religio" sprechen[13] und den Leviten trotz aller Vorbehalte zubilligen, daß sie in Ägypten „summa cum religione" die unversehrte und unverletzte „fides" bewahrten[14]. Es geht freilich um eine „religio simplex" auch für die Israeliten gegenüber dem Prunk der Ägypter[15]. Denn die letztlich Gott geschuldeten „religio et officium" bestehen darin, Gott zu gehorchen[16].

Notiert werden soll ein anscheinend anderer Gebrauch von „religio", nämlich im Sinne von Sorgfalt für etwas, das getan werden muß. Dem Propheten Micha, der verschiedentlich genannt wird, war es „religio", Urim und Theraphim, Bilder derselben allgemeinen Sache und ihres Gebrauchs, nicht zwei verschiedene Namen beizulegen[17]. Zu „Urim" fügt Spencer einmal hinzu, ob wir das Geheimnis des Namens oder „religio et usus" der Sache selbst betrachten[18]. Hier kann „religio" nicht in dem allgemeinen Sinn von Gottesverehrung gemeint sein[19].

Insgesamt gilt für diese Arbeit Spencers, daß es zwischen den vorliegenden „ritus" der „religio" und deren Gebrauch bei Juden und orientalischen Heiden einen Zusammenhang gibt, aber auch, daß sowohl die „ratio" wie die „religio" dazu rät zu glauben, daß Gott die besten Botschaften (oder: Boten) seines Geistes gebraucht haben will[20].

In seiner umfangreichen Arbeit über die Ritualgesetze der Hebräer[21] beschäftigt sich Spencer vorrangig mit den „ritus" und „cultus", wie sie im Gesetz des Mose bestimmt sind. Dabei haben diese Gesetze und Riten, die von Gott eingesetzt sind, die besondere Funktion, die allenthalben vorhandene „superstitio" abzuwehren[22]. Mehrmals und damit nachdrücklich weist Spencer bereits in seinem einleitenden Brief an den Leser „Superstitio" und „Atheismus" zurück[23] und macht damit eine dezidiert apologetische Tendenz deutlich. Wenn er die jüdischen Riten vor allem in ihrem Zusammenhang mit denen der Ägypter her-

---

[11] Ebd. 122; vgl. sachlich auch etwa sect. 10; 181f.
[12] Ebd. 183.
[13] Ebd. sect. 11; 195.
[14] Ebd. cap. 6; 278.
[15] Ebd. cap. 4 sect. 12; 214; damit die Israeliten diese „religio" nicht verlassen, hat Gott eine besonders festliche Kleidung des Hohenpriesters zugelassen, 213f.
[16] Ebd. cap. 5 sect. 3; 263.
[17] Ebd. cap. 4 sect. 4; 85: „*URIM* autem et *Theraphim* semper ejusdem generalis naturae et usus simulachra, nonnumquam duo ejusdem rei sacrae nomina asserere ei religio fuerit".
[18] Ebd. sect. 9; 153.
[19] Vgl. auch den Hinweis, Mose habe „*magna religione*" die heiligen Kleider beschrieben, cap. 4 sect. 8; 137.
[20] Ebd. cap. 4 sect. 10; 177: „Deinde, cum verba communia, quae sensum suum quasi in fronte ferunt, magis fidi et certi sint mentis indices et rerum notae; suadet ratio, suadet religio ut credamus *DEUM* non nisi optimis mentis suae nunciis uti voluisse."
[21] Joannes Spencerus, De Legibus Hebraeorum Ritualibus et earum Rationibus Libri Tres, Cantabrigiae MDCLXXXV.
[22] So bereits ab ebd. cap. 1–3; 21 – 37.
[23] Ebd. Ad Lectorem A3 rf.

ausstellt, so geschieht dies im Interesse an den Vollzügen der Christen[24]. Um die Eigenart der hebräischen Ritualgesetze aufzuweisen, stützt Spencer sich vor allem auf Maimonides (1135–1204)[25]. Als Methode rechtfertigt er die Einbeziehung der Philologie, wobei es ihm jedoch vor allem um die Theologie geht[26]. Wenn er den „ritus" und „cultus" seine besondere Aufmerksamkeit zuwendet, so wird ein deutliches Zurücktreten der „religio" nicht verwundern. Diesen Terminus verwendet er ganz selbstverständlich in dem überkommenen Sprachgebrauch, wie sich zu Beginn in der gängigen Gegenüberstellung von „Religio Christiana" und „Religio Judaica" zeigt[27], wobei er die letztere meist als „ritus Judaicorum" bzw. „Mosaicorum" oder auch deren „leges" bezeichnet[28]. Insgesamt werden seine Ausführungen bestimmt durch eine gewisse Zwischenstellung der Juden, die noch den Ägyptern nahestehen und selbst als ein rohes und halbheidnisches Volk begegnen[29], dann aber von Gott Gesetze erhielten[30]. Diese brachten die Juden auf einen in vielen Schriften und Zeugnissen dokumentierten Weg, auf dem Gott zwar noch ihre bisher geübten „cultus" und „ritus" tolerierte, bis sie in ein Alter der „religio virilis" gekommen wären[31]. Freilich haben die Israeliten nicht von allem Anfang an in einem solch depraviertem Zustand gelebt. Vielmehr haben sie noch in den ersten Zeiten als Einwohner Ägyptens die Fackel des göttlichen Wissens von ihren Vätern empfangen, die „religio avita" unversehrt und unbeschädigt gehalten, ehe sie von der „fides" ihrer Väter abwichen und der „superstitio" der Ägypter anheimfielen[32]. An dieser Stelle zeigt sich auch der für Spencer mögliche Wechsel zwischen „religio" und „fides".

Um die Israeliten aus dieser Krankheit der „Idololatria" zu befreien, hat Gott ihnen mit dem Zeremonialgesetz das wirksamste Mittel gegeben, nämlich ein Instrument der „θεογνωσία", um so das Volk innerhalb gewisser Grenzen der „pietas" und des Gehorsams zu halten[33]. Es geht um mehr als die „Religio ubique olim recepta", die nur auf zeitliche Güter achtet[34]. Gott gab dem Volk be-

---

[24] Ebd. A 3 r; vgl. auch Prolegomena cap. 3; 7–15.
[25] Vgl. schon ebd. Prolegomena cap. 1; 1; vgl. 3 „Magnus Maimonides", hier neben „Aquinas".
[26] Ebd. Ad Lectorem [A 49] r.
[27] Ebd. Prolegomena cap. 3 sect. 4; 14; vgl. auch für erstere cap. 1; 2, cap. 3 sect. 2; 9, 11; für letztere sect. 2; 8, um nur diese Belege hier aufzuführen.
[28] Vgl. beispielsweise ebd. Prolegomena, passim.
[29] Ebd. cap. 1; 1.
[30] Ebd. 3.
[31] Ebd. cap. 3 sect. 2; 12; hier findet sich der Hinweis auf die „Pontificii", die noch zu viele „ritus" pflegen und die „religio Christiana" noch nicht in ihrer ursprünglichen Einfachheit wiederhergestellt haben.
[32] Ebd I cap. 1 sect. 1; 22.
[33] Ebd. sect. 2; 25; hier wie öfter nennt Spencer die eher persönlich gefärbte Einstellung „pietas", vgl. 27 „Viri pietate celebres"; vgl. aber auch cap. 4 sect. 10; 75 „pietatis officia".
[34] Ebd. cap. 3; 34; hier heißt es auch: „Cum itaque religio, ritus tantum carnales pro materia, et bona solummodo carnalia pro scopo, habens, ubique Gentium obtineret; et proculdubio, e magno usu qui Israelitis cum Aegyptiis intercessit, intimis eorum animis infigeretur, consentaneum erat, ut Deus Legem ritus tantum carnales continentem et bona solummodo carnalia pollicentem traderet".

stimmte „signa" und d.h. bestimmte „ritus", um die „Idololatria" auszurotten[35]. Hierzu zählt zunächst die Beschneidung, die Spencer als bereits bei Abraham eingesetztes „primarium religionis Judaicae sacramentum" bezeichnen kann[36]. An zweiter Stelle steht der Sabbat, an dem Muße, Gebete und andere Pflichten der „pietas" geübt werden sollen[37], so daß Spencer von einer „Sabbati religio" sprechen kann[38]. Die „LEX MOSAICA" aber ist den Israeliten gegeben, um Gott „honos et reverentia singularis" zu erweisen[39]. Mose hat sich bemüht, die beiden der „Religio" entgegengesetzten „Atheismus aeque ac Idololatria" zu überwältigen, damit nicht die Israeliten in die Verachtung aller Dinge hineinglitten, die der „Religio" heilig sind[40].

In den Ausführungen zur Übernahme bestimmter „Ritus" in die „Instituta Mosaica"[41] stellt Spencer zunächst heraus, daß in dieser Zeit die „religio", die aus gewissen „ceremoniae, et ritus" bestand, überall die Oberhand gewonnen hatte und daß von diesen „ritus" der Patriarchen viele in die „religio" der Nachfahren übergegangen sind[42]. Die sehr erfahrenen Patriarchen wußten nämlich, daß die Menge der Sterblichen den unsichtbaren Gott nur schwer „sola mente" verehren kann, und richteten deswegen „externa quaedam religioni propria" ein, welche die „mentes" der stumpfen Menge übten und sie im „sensus cultusque" des wahren Gottes hielten[43]. Dann aber entstanden aus den wenigen und leichten „ritus" der Patriarchen eine ungeheure Vielzahl, und dies nicht zuletzt durch den Betrug der heidnischen Priester, die ihre „fabula" über die „religio" mit einer großen Vielfalt von „ritus" ausschmückten[44]. Daher griff Gott allem Anschein nach ein; er führte die „Religio" in ihren alten Stand und rief die Israeliten

---

[35] Ebd. cap. 4; 37.
[36] Ebd. sect. 2; 40.
[37] Ebd. sect. 7; 59; hier findet sich auch die Übersteigerung, daß manche den Sabbat als „religionis summa" ansehen und denjenigen für einen Atheisten halten, der „*Sabbati ... otium et religio*" durch eine weltliche Beschäftigung verletzt.
[38] Ebd. sect. 9; 65.
[39] Ebd. cap. 7 sect. 1; 144.
[40] Ebd. sect. 6; 160. Spencer kann auch von der „Ecclesia Judaica simul et Christiana" sprechen, cap. 11 sect. 5; 193.
Am Ende von Buch I ist die Dissertatio De Theocratia Judaica angefügt, 200–232. In ihr findet sich etwa ein Hinweis auf die „Religionis verae subversio" durch die „mutatio regiminis", cap. 4 sect. 3; 221. Vgl. auch die umfangreichen Darlegungen des Buches II über die „Zabii", 237–515, mit dem Hinweis auf die „Zabiorum religio", etwa cap. 1 sect. 2; 240, sowie auf die „Zabiorum Ritus", so vgl. etwa 237, ferner auf die Behandlung der „Gentilium RELIGIO et CONVERSATIO", cap. 3 sect. 4; 501 f.
[41] Diesem Thema ist das ganze Buch III; 517–1045, gewidmet.
[42] Ebd. III Praefatio; 519; der umständlich formulierte Text lautet nach einem Hinweis auf das „seculum Mosaicum": „Eo nempe seculo ... religio ex operosis quibusdam ceremoniis, et *ritibus* (e Lactantio loquor) *ad solos digitos pertinentibus*, constans ubique gentium invaluerat. Quantum autem de rebus a praesenti memoria remotissimis conjectura judicemus, E ritibus illis ... non pauci e Patriarcharum moribus in posterorum religionem transierunt." Es folgt dann eine Aufzählung der verschiedensten Vollzüge wie die Konsekration von Altären, Opfern, Mahlzeiten usw.
[43] Ebd.
[44] Ebd.

zur „pietas" der Väter zurück[45]. Gott hatte nämlich an „ritus" den geringsten Gefallen[46] und wollte einen „cultus" in Einfachheit[47]. Wenn die „ritus" der Ägypter und der Hebräer eine große Affinität besaßen, so nahm Gott sie in die Ordnung seiner „sacra" auf[48]. Die Einrichtungen der „Judaica religio" gehen über die „ceremoniae" der anderen „Gentes" – was ebenso Völker wie Heiden bedeuten kann – nicht durch Neuigkeit und Einzigartigkeit, sondern durch Heiligkeit und Angemessenheit hinaus[49].

Gibt es also den „cultus ritualis", der der geistigen Natur Gottes nur sehr wenig entspricht, so kann Spencer auch von einer „religio ritualis" sprechen[50]. Während es sich aber um „ritus" handelt, die nur äußerlich zu vollziehen waren, in denen sich auch der Teufel betätigte, um unter dem Anschein der „religio" von der „vera pietas" wegzuführen, haben die Patriarchen mit größerer Einfachheit Gott verehrt; folglich findet auch ihr „cultus magis pietatis" mehr Gefallen bei Gott[51]. Die kritische Einschätzung trifft also jene „religio", die Spencer dann in einer beigefügten Klammer spezifiziert als „Naturalis, Legalis aut Paganica"[52]. Für alle drei, die „religio naturalis", die „religio Mosaica" und die „religio Paganica" nennt er dann Gaben, so den Zehnten Abrahams, Denare für die Söhne des Mose oder auch Abgaben etwa bei den griechischen Mysterien[53]. Es findet sich also auch die ausnahmsweise Verwendung von „religio naturalis". Wenn aber einmal von „religionis genus" die Rede ist, meint Spencer damit eine bestimmte Weise zu opfern[54], nicht aber ein „genus", von dem es verschiedene ‚species' gäbe. So verwendet Spencer den Plural „religiones" nur extrem selten[55], und dann eher in der Doppelformulierung „ritus et religiones"[56].

Die beiden hier vorgestellten Arbeiten zeigen, in welchem Maße Spencer Zusammenhänge zwischen der „religio Hebraeorum" und den „ritus" oder „cultus" anderer Völker als gegeben angesehen hat. Doch wirkt sich dieses sein genuines Interesse nicht nachhaltig auf sein Verständnis von „religio" aus. Wohl

---

[45] Ebd. 520: „Cum itaque Religio pessum iret, et rituum externorum numerus in immensum exiret, Deo visum est hanc rationem inire, cum Religionem in integrum restituere, et Israelitas ad patrum pietatem revocare, statuisset".
[46] Ebd. cap. 2 sect. 1; 528
[47] Ebd. 531: „... ut cultus Deo praestitus quandam ἰδιότητα retineret".
[48] Ebd. sect. 2; 533.
[49] Ebd. cap. 1 sect. 2; 524
[50] Diss. 1. cap. 2 sect. 5; 546; vgl. ebd. 547: „Cultus inter gentes antiquas obtinens, *externus* erat".
[51] Ebd.; daß der Teufel die „religio sua" fördert, vgl. cap. 11; 627.
[52] Ebd. cap. 10 sect. 2; 624f.
[53] Ebd. 625. – Auch in dieser Arbeit Spencers findet sich wieder der merkwürdige Sprachgebrauch, es könne für ihn „religio" sein, wie er im Zusammenhang mit der Verehrung des Moloch sagt, hier Verwirrung zu stiften oder eine neue Ordnung anzukündigen, wörtlich: „mihi religio erit fontem turbare, vel ordinem novum his verbis assignare", Diss. 1 cap. 3 sect. 1; 556. Ebenso heißt es, daß Gott eine „sacrificiorum religio" eingeführt hat, Diss. 2 cap. 1 sect. 3; 650, 651, ferner sect. 4; 653. Hier kann „religio" nur ‚sorgfältige Beachtung' heißen.
[54] Ebd. Diss. 2 cap. 4 sect. 1; 670.
[55] Ebd. cap. 2 sect. 2; 663.
[56] Ebd. cap. 4 sect. 2; 674, in einem Zitat des Hieronymus, vgl. cap. 1 sect. 2; 648.

stellt er nachdrücklich die Einfachheit der „religio" heraus, mit der Gott von Anfang an und aufgrund der Wiederherstellung insbesondere durch Christus verehrt sein will.

Ob man ihn wegen der Verbindungslinien, die er zwischen orientalischen Völkern, Israeliten und dann auch, wenn auch nicht sehr ausführlich, den Christen herstellt, als einen Begründer einer ‚vergleichenden Religionswissenschaft' bezeichnen will, steht dahin. Er hat weniger verglichen als Zusammenhänge herausgestellt und gleichwohl eine Trennung schon der Juden und erst recht der Christen von aller „Idololatria" eingeschärft. Sucht man eine entschiedene Zusammenstellung der verschiedenen „Religions", so zieht man besser die Arbeit von William Turner heran, der nun wirklich die „History of all Religions" geschrieben hat[57].

John Tillotson

Als markanter Vertreter moralischer Förderung im christlichen Namen soll John Tillotson (1630–1694)[1] in die Untersuchungen einbezogen werden. Er übte als Prediger einige nachhaltige Wirksamkeit aus, wie nicht zuletzt die zahlreichen Veröffentlichungen seiner „Sermons" belegen[2].

Tillotson spricht wohl recht häufig von „religion" und näherhin von „the Christian religion"; auch enthalten eine beträchtliche Anzahl der publizierten

---

[57] Vgl. dazu William Turner, The History of all Religions In the World: From the Creation down to this Present Time. In Two Parts, London 1695.

[1] John Tillotson studierte in Cambridge, als dort die Cambridge Platonists wirkten, so als Begründer Benjamin Whichcote (1609–1663, seit 1633 Fellow in Cambridge), Ralph Cudworth (1617–1688, seit 1645 Professor in Cambridge) und Henry More (1614–1667, in Cambridge von Beginn seiner Studien an). Wohl folgte Tillotson ihnen in der hohen Bewertung der Vernunft und der Vereinbarkeit von Glauben und Vernunft, aber nicht eigentlich in deren Annahme einer Vereinigung mit Gott. Daher wird er den Latitudinarien zugerechnet wie etwa der ihm befreundete Edward Stillingfleet (1635–1699). Seit 1662 im Pfarramt, besonders in London, wurde Tillotson 1691 Erzbischof von Canterbury. Vgl. dazu H. Graf Reventlow, Bibelautorität und Geist der Moderne, 370ff. und 387–398.

[2] John Tillotson, The Works, In ten Volumes, Edinburgh MDCCLXXII. – Im folgenden werden die Predigten bei der ersten Zitation mit ihrer Nummer, ihrem Titel sowie dem Schriftwort angegeben, das der Predigt als Thema dient. Auf diese Weise läßt sich die betreffende Predigt in anderen Ausgaben finden. Dann werden nach einem Semikolon der Band in römischer und die Seiten in arabischer Ziffer angegeben. Bei weiteren Zitationen wird dann nur noch die Predigt mit ihrer Nummer sowie nach einem Semikolon der Band und die Seite angegeben. Die römische Numerierung der Predigten sowie der biblischen Kapitel wurde zugunsten der besseren Lesbarkeit in arabische Ziffern umgewandelt.

Die bei H. Graf Reventlow, Bibelautorität und Geist der Moderne, 388 Anm. 68, genannte Ausgabe der Works von Birch, 1620, stimmt mit der von mir benutzten Ausgabe nicht völlig überein. Die ebd. genannte weitere Ausgabe von R. Barker, I–II, ²1717, war mir nicht zugänglich. Auf einige hier enthaltene Predigten bezieht sich Reventlow. Die von ihm angeführten Auskünfte finden sich aber im wesentlichen auch in den von mir eingesehenen Predigten, mindestens soweit sie Aussagen zum Thema „religion" enthalten.

Predigten diesen Terminus in der Überschrift[3]. Doch wendet er sich nirgends ihr direkt zu. Eine ausführliche Abhandlung trägt nicht von ungefähr den Titel „The Rule of Faith"[4]. Nicht selten kann er auch zwischen „religion" und „faith" wechseln, ohne daß sich ein Grund hierfür sehen läßt, so in einer Reihe wichtiger Predigten, die mit „profession of true religion" überschrieben sind, während die Ausführungen ständig dem behandelten Schriftwort gemäß von *„profession of faith"* sprechen[5]. In einer wohl als Hendiadyoin zu verstehenden Doppelformulierung sagt Tillotson „profession of the true faith and religion"[6]. Er kann aber auch von *„profession* or *confession of our faith,* or *hope"*[7] ebenso sprechen wie von „profession of religion"[8]. Auch andere Doppelformulierungen finden sich, so vor allem „true church and religion"[9]. Alles im allen verwendet Tillotson also „religion" recht allgemein und nicht weiter präzisiert.Nun gibt es aber noch Doppelformulierungen anderer Art, nämlich die Nebenordnung von „religion und virtue"[10]. Neben dieser sehr häufigen Formulierung, von der noch zu sprechen sein wird, kann Tillotson „piety und virtue" sagen[11].

Sucht man nun ein genaueres Verständnis von „religion" bei Tillotson zu eruieren, so müssen einmal jene Aspekte genannt werden, die sich auf die innere Befindlichkeit des Menschen beziehen. Die „religion" gibt Frieden und Ruhe unseren „minds"; sie reinigt die „minds", läutert die „spirits" durch Unterdrückung der Begierden[12] und macht frei[13]. Tillotson kann von „its virtues", nämlich

---

[3] Es ließ sich nicht klären, ob diese Überschriften von Tillotson selber stammen oder aber für die Publikation hinzugefügt wurden.
Es ist bedauerlich, daß die Predigten nur zum geringsten Teil datiert sind. Für unsere Untersuchungen konnten Recherchen über die Entstehungszeit der einzelnen Predigten nicht angestellt werden. So läßt sich auch nicht sagen, ob sich im Sprachgebrauch eine Entwicklung vollzogen hat. Insbesondere läßt sich nicht feststellen, ob die Formulierung „natural religion" sich von Anfang an bei Tillotson finden läßt.

[4] John Tillotson, The Rule of Faith: Or, An Answer to the treatise of Mr. I.S. intitled, *Sure footing* [etc.], III 249–416.

[5] Vgl. John Tillotson, Sermon 58: Of constancy in the profession of the true religion. Heb. 10, 23 (so auch die folgenden Predigten); IV 54–66; Sermon 59: 67–79; Sermon 60: 79–92; Sermon 61: 93–107; Sermon 62: 107–122; Sermon 63: 122–137.

[6] Sermon 59; 68, vgl. 74: „profession of *our faith* and religion"; es finden sich zahlreiche weitere Beispiele für eine Doppelformulierung „faith and religion", vgl. statt vieler Belege etwa 69, 71, 74.

[7] Ebd. 69.

[8] Vgl. Sermon 65: The danger of apostasy from the true religion. Heb. 10, 38; 150–165, 152.

[9] Sermon 62; 108, vgl. auch Sermon 61; 100, 101.

[10] Vgl. etwa Sermon 4: The advantages of religion to particular persons. Psalm 19, 11; I 81–95, 89, 91.

[11] Vgl. Sermon 63; IV 129.

[12] Sermon 4; 84: „Religion tends to the ease and pleasure, the peace and tranquility of our minds"; 83: „Now, religion doth purify our minds, and refine our spirits, by quenching the fire of lust, and suppressing the fumes and vapours of it, and by scattering the clouds and mists of passion." Im folgenden, 85, heißt es ebenso „peace and quiet".

[13] Sermon 95: Religion our first and great concernment. Matth. 6,33; V 117–131, 124.

solchen der „religion" sprechen, die den natürlichen Stand der menschlichen Seele darstellen[14]. In der Folge gibt sie Hoffnung auf das ewige Leben[15].

Dazu gehört dann auch die Mahnung, zuerst das Reich Gottes zu suchen[16]; es versteht sich freilich für Tillotson von selbst, diese Meinung sofort wieder auf die Pflichten in dieser Welt zu beziehen, die wir „public and private" ausüben sollen[17]. In diesem Zusammenhang charakterisiert er die „religion" als Prinzip menschlicher Weisheit, ist sie doch Anfang und Vollendung der Weisheit als Furcht vor Gott[18]. Unsere „duty natural and revealed", nämlich „religion", die in der Kenntnis und in der Praxis des Gesetzes Gottes besteht, weist uns also hin auf unser Tun in dieser Welt und führt so zur „Happiness" des Körpers und der Seele[19]. Die wahre Weisheit beginnt und ist fundiert in der „religion" als der Gottesfurcht[20]; so führt sie zum Heil[21]. Die aus diesem Ansatz resultierenden ethischen Aspekte werden uns im folgenden noch beschäftigen.

Zum anderen aber gibt es Pflichten der „religion", nämlich Gebet, Lesen und Hören des Wortes Gottes, Vorbereitung auf das Sakrament, selbst wenn die Ausübung dieser Pflichten uns wiederum dazu veranlassen sollen, Gutes zu tun[22]. Denn entsprechend der Orientierung der eigentlich für unser Verständnis zur „religion" im engeren Sinne gehörenden Vollzüge relativiert Tillotson sie dann auch als „some external piece of religion and devotion" anhand des Prophetenwortes, Gott wolle nicht Opfer, sondern recht zu tun, in Güte zu leben und in Demut zu wandeln „with thy God"[23]. Die verschiedenen „parts of reli-

---

[14] Sermon 12: Of the inward peace and pleasure which attends religion. Psal. 119, 165; I, 207–223, 214: „Now religion, and the practice of its virtues, is the natural state of the soul, the condition to which God designed it. As God made man a reasonable creature, so all the acts of religion are reasonable, and suitable to our nature; and our souls are then in health, when we are what the laws of religion require us to be, and do what they command us to do." Die Menschen müssen also tun, was „the laws of religion" uns gebieten.

[15] Ebd. 215, vgl. auch verschiedene andere Predigten, so Sermon 34: The care of our souls, the one thing needful. Preached before the King and Queen ... April 14. 1689. Luke 10, 42; II, 259–275, 261: „First, I shall show wherein this care of religion and of our souls doth consist. And this I shall endeavour to do with all the plainness I can, and so as every one that hears me may understand, and be sufficiently directed what is necessary for him to do in order to his eternal salvation."

[16] Vgl. Sermon 95; V 117–131.

[17] Sermon 94: Religion our first and great concernment. Matth. 6,33 (wie Sermon 95); 107; in diesem Zusammenhang, 108, stellt Tillotson fest, daß all unsere Tätigkeiten „under the government of religion, and directed by the laws and rules of it" geschehen sollen.

[18] Sermon 96: The wisdom of religion. Psal. 119, 96; 131–147, 134 und 138.

[19] Ebd. 132.

[20] Ebd. 133.

[21] Ebd. 138.

[22] Sermon 18: The example of Jesus in doing good. Acts. 10,38; I 303–319, 312; auch diese Pflichten und „parts of religion" werden interpretiert als Übungen der „piety and devotion in private and public". Im Zusammenhang der Nennung dieser Pflichten wie Gebet etc. stellt Tillotson fest, 312: „But they ought to consider, that when these two parts of religion come in competition, devotion is to give way of charity, mercy being better than sacrifice".

[23] Sermon 102: Of the great duties of natural religion, with the ways and means of knowing them. Micah 6,6–8; V 221–241, 222f. In dieser Predigt finden sich dann auch weitere Prophetenworte so-

gion"[24], näherhin „any instrumental part of religion"[25] oder auch ausdrücklich „ritual and instrumental parts of religion"[26] treten hinter den Erfordernissen für den Menschen selbst zurück, wie unser „Saviour" die Jünger am Sabbat Ähren rupfen ließ[27].

Tillotson erörtert diesen Aspekt unter dem Thema der „natural religion", von der er in den soeben zitierten Predigten nachhaltig gesprochen hat. Anderwärts hat er sie eher selten und beiläufig erwähnt, so, wenn er die „principles of natural religion" als etwas bezeichnet, in dem alle „religions" übereinstimmen[28]. Auch hatte er bereits die Differenzierung der *„natural religion"* als „belief of a God" und der daraus folgenden Konsequenzen im Unterschied zur *„revealed religion"* als Wiederbeleben und Verbessern der „natural notions" von Gott angegeben[29]. Aber auch diese Darlegungen zwecken ab auf die moralischen Pflichten. Besonders aufschlußreich ist an dieser Stelle die Aussage, daß jeder Mensch fühlt, in Gott zu sein, eine höchst bemerkenswerte Qualifizierung, die sonst so nicht vertraut ist. Interessant ist auch, daß die *„revealed Religion"* hier wesentlich auf den ethischen Bereich bezogen bleibt.

Man wundert sich also, wenn Tillotson in einer Predigt eigens darauf hinweist, daß die „piety towards God" der „natural religion" überlegen ist, wenn nämlich die „Christian Religion" zwei Sakramente aufweist und zu Gott durch die Vermittlung Jesu Christi betet[30].

Diese Aussage wird nur verständlich auf der weiteren Annahme einer besonderen Bedeutung unseres „blessed Saviour", den Tillotson als „most infallible

---

wie viele ntl. Stellen. Vgl. dazu auch Sermon 103: Instituted religion not intended to undermine natural. Matth. 9,13; 241–260. Auch hier kehren die einschlägigen Belege der Propheten wieder.

[24] Sermon 18: The example of Jesus in doing good. Acts10,38; I 303–319, 312.

[25] Sermon 103; V 244.

[26] Ebd. 246; vgl. auch 251 „positive part of religion" sowie 256 „positive rites and institutions of revealed religion".

[27] Ebd. 244; aus diesem Grund wurde auch die „Jewish religion", 248, relativiert, nämlich speziell „the ritual and ceremonial part of the Jewish law", Sermon 104: Christianity doth not destroy, but perfect the law of Moses. Matth. 5,17; 261–274, 265; vgl. auch Sermon 105 mit demselben Thema wiederum über Matth. 5,17; 274–285. Vgl. auch Sermon 103; 249, daß unser „Saviour" nicht mehr von dem „the judicial or ceremonial law of the Jews" spricht.

[28] Sermon 11: The hazard of being saved in the church of Rome. I. Cor. 3,15; I 189–207, 200.

[29] Sermon 87: Honesty the best preservative against dangerous mistakes in religion. John 7,17; V 15–27, 19f.: „All religion is either *natural* or *revealed*. *Natural religion* consists in the belief of a God, and in right conceptions and apprehensions concerning him, and in a due reverence and observance of him, and in a ready and chearful obedience to those laws which he hath imprinted upon our nature; and the sum of our obedience consists in our conformity to God, and an endeavour to be like him."

Ohne eine Offenbarung hätten wir nur Gottes Natur betrachten können und seine Vollkommenheiten; da aber eine sichere „notion of things" aus „practice and experience" stammt, hätte ein guter Mensch nur als *„partaker of a divine nature"* in sich gefühlt, wörtlich: he „feels that in himself which he conceives to be in God".

Und dann folgt: „And as for *revealed religion*, the only design of that is, to revive and improve the natural notions which we have of God."

[30] Sermon 5: The excellency of the Christian Religion. Phil. 3,8; I 95–113, 101.

person" darstellt[31]. Aber er hebt nicht deutlich hervor, wie denn nun die „infallible rule" zustande kommt, durch die es möglich ist, Irrtümer in der „religion" zu vermeiden[32]. Auch hält er sich nicht mit der Begründung seiner Aussage auf, daß eine „rule" vollkommen und vollständig sein muß und daß die Schrift eine in diesem Sinn „perfect rule" darstellt, weil ihre Schreiber göttlich inspiriert und folglich „infallible" sind[33]. Daß aber Tillotson gleichwohl sich nicht letztlich auf die Schrift und damit auf ein historisches Faktum stützt, wird im folgenden noch zu besprechen sein.

Zu ergänzen bleibt die Differenzierung zwischen der „natural religion" und der „revealed or instituted religion", wobei er die beiden letzteren miteinander gleichsetzt[34]. Als besonders wichtig stellt er die Relation beider dar, derzufolge die „instituted religion" keinesfalls die „natural" aushöhlen darf, sondern sie fördern soll[35]. Denn die „parts of religion", die sich auf die „moral and natural obligation" beziehen, sind durch Gott mit dem höchsten Wert ausgestattet; ihnen gegenüber treten „ritual observances", hier exemplifiziert am Opfer, zurück[36]. Man kann Tillotson dahingehend zusammenfassen, daß „any instrumen-

---

[31] Sermon 58; IV 65.
[32] Sermon 88; V 31.
[33] Ebd. 32.
[34] Vgl. Sermon 59; IV 71f: „All religion is either natural or instituted. The rule of natural religion is the common reason of mankind: the rule of instituted religion is divine revelation, or the word of God; which all Christians before the council of Trent did agree to be contained in the holy scriptures. So that nothing can pretend to be religion, but what can be proved to be so one or both of those ways; either by scripture, or by reason, or by both."
[35] Sermon 103; V 241; mit der „God's assistance" will Tillotson folgendes klarstellen: „1. That natural religion is the foundation of all instituted and revealed religion.
2. That no revealed or instituted religion was ever designed to take away the obligation of natural duties, but to confirm and establish them."
Er erläutert wenig später, 247, die „two propositions":
„1. That natural religion is the foundation of instituted and revealed religion.
2. That no instituted religion was ever designed to take away the obligation of the natural duties; but is intended to establish and confirm them.
And both these are sufficiently grounded in the reason of our Saviour's discourse, from this rule, *I will have mercy, and not sacrifice*."
Dazu gibt Tillotson die Präzisierung:
„That natural religion is the foundation of instituted and revealed religion. And all revealed religion does suppose, and take for granted, the clear and undoubted principles and precepts of natural religion, and builds upon them. By natural religion, I mean obedience to the natural law, and the performance of such duties as natural light, without any express and supernatural revelation, doth dictate to men. These lie at the bottom of all religion, and are the great and fundamental duties which God requires of all mankind".
Es folgen längere Begründungen dieses ersten Punktes, unter dem für uns die Aussage am aufschlußreichsten ist, 248: „That the great design of the Christian religion, was to restore and reinforce the practice of the natural law."
Es folgt schließlich, 251:
„2. No instituted service of God, no positive part of religion whatsoever, was ever acceptable to God, when moral duties were neglected."
Es schließen sich noch einmal eigene Erläuterungen zur „revealed religion"an, 255f.
[36] Ebd. 243.

tal part of religion" dazu dient, „piety and goodness" zu fördern[37]. Wie schon gesagt, dient die „Christian religion" dazu, das beeinträchtigte „natural law" wiederherzustellen[38].

In der schon genannten wichtigen Predigt über das Wort des Micha, nicht mit Brand- oder gar Menschenopfer vor Gott zu treten, sondern recht zu tun, die Güte zu lieben und in Demut mit Gott zu wandeln, hat Tillotson auch die verschiedenen „duties of natural religion" auf drei grundlegende Pflichten zurückgeführt, nämlich „justice, mercy and piety"[39]. Für unser Thema erweist sich die letzte als besonders bedeutungsvoll, ergeben sich doch von ihr aus Rückschlüsse auf das Verständnis der „religion". Denn „piety" läßt sich umschreiben als demütig mit Gott und d.h. in der Furcht Gottes wandeln und umfaßt damit alle „acts of religion", die sich direkt auf Gott beziehen[40]. Gerade die zentrale Ausrichtung unmittelbar auf Gott wird mit dieser spezifischen Tugend der „piety" verbunden, die der „religion" zugehört, zu der dann die unmittelbare Zuordnung auf Gott nicht gehört. Sie bleibt somit zwar umfassende Bezeichnung, aber noch ohne jene Akzentuierung, die sie später erhalten wird. Und wenn Tillotson von „exercises of piety and devotion in privat and public" sprechen kann[41], so gehört doch „the outward profession of religion"[42] vor allem zur „religion" in dem ihr bei Tillotson eigenen umfassenden Sinn. Demgegenüber weist er der „piety" zu, uns Gott zum Freund zu machen[43]. Sie bezieht sich auf Gott, während sich „justice and charity" auf den Menschen richten[44]. So kann Tillotson schließlich von „an airy and fantastical piety" sprechen[45].

Im Zusammenhang mit diesen bedeutsamen Differenzierungen geht Tillotson auch der nicht weniger wichtigen Frage nach, wie wir diese drei wesentlichen Pflichten erkennen können. Er beantwortet sie durch die Formulierung von fünf Weisen, nämlich durch eine Art „natural instinct", „natural reason",

---

[37] Ebd. 244.
[38] Ebd. 248, siehe den zuvor zitierten Text in Anm. 34f.
[39] Sermon 102; V 225; vgl. die detaillierten Ausführungen dazu, 225–228.
[40] Ebd. 226: „Piety; *to walk humble with thy God* [so Micha]. *To walk humbly in the fear of the Lord*; so the Chaldee paraphrase renders theses words. And this phrase may comprehend all those acts of religion which refer immediately to God; a firm belief of his being and perfections; an awful sense of him as the dread Sovereign and righteous Judge of the world; a due regard to his service, and a reverent behaviour of ourselves towards him in all acts of worship and religion; in opposition to atheism, and a profane neglect and contempt of God and religion; a new and monstrous kind of impiety!" Tillotson fügt eine Bemerkung an über diese in den letzten Jahren hervorgebrochene Verhaltensweise im Gegensatz zu früher vorhandenen „very genius and temper of the nation, which is naturally devout and zealous in religion".
Nicht von ungefähr hat Tillotson verschiedentlich die „piety" herausgestellt, vgl. bes. Sermon 4; I 84; Sermon 5; 101; Sermon 18; 312; Sermon 34; II 263. Eigens ihr gewidmet hat er Sermon 54: Of the advantage of an early piety. 1662. Eccles. 12,1; III 230–248.
[41] Sermon 18; I 312.
[42] Sermon 102; V 239.
[43] Ebd. 231.
[44] Ebd. 237.
[45] Ebd. 239.

eine allgemeine Übereinstimmung der Menschheit, äußere Offenbarung und schließlich innere „dictates and motions" des Geistes Gottes[46]. Den „natural instinct" formuliert Tillotson ein wenig unbestimmt[47]. In besonders aufschlußreicher Weise hebt er hervor, daß die drei zentralen Pflichten der „religion" nicht so sehr durch die Tätigkeit „of our reason", sondern eher durch eine „natural propension and inclination" zustandekommen[48]. Nach der in sich klaren zweiten und dritten Weise der Vermittlung durch „natural reason" und „general vote and consent of mankind"[49] scheint die vierte Weise eine Sonderstellung einzunehmen. Denn Tillotson nennt ihnen entgegen die „revelation", unter der er allgemein ein außerordentliches Offenbaren Gottes gegenüber bestimmten Personen versteht, wie es selbstverständlich auch die „public revelation" seines Willens durch seinen Sohn darstellt, nämlich Liebe zu Gott und unseren Nächsten zu üben[50]. Tillotson konstatiert dann hinsichtlich dessen, was auch die Apostel lehrten, daß es sich um die gleichen Dinge handelt, die auch die „nature" die Menschen zuvor gelehrt hat[51]. Von speziellen Inhalten christlicher Offenbarung spricht er nicht. Schließlich findet unser Interesse die fünfte Weise der Vermittlung, nämlich eine Einwirkung des Geistes auf die „minds" der Menschen, von denen gute Menschen eine „experience more especially" haben, die Tillotson durch das Wehen des Windes verdeutlicht, von dem wir nicht wissen, woher er kommt und wohin er geht[52].

Jedenfalls kann Tillotson in diesen gesamten Darlegungen über die Pflichten des Menschen ohne Hinweis auf eine (übernatürliche) Begnadigung und Offenbarung auskommen. Es hat schon eine fundamentale Bedeutung, daß er in den hier behandelten Texten von „supernatural" so gut wie nicht zu sprechen braucht[53].

---

[46] Ebd. 228: „I shall mention five ways whereby God hath discovered this to us:
1. By a kind of natural instinct.
2. By natural reason.
3. By the general vote and consent of mankind.
4. By external revelation.
5. By the inward dictates and motiones of God's Spirit upon the minds of men."
[47] Im Hintergrund dürfte sich die Vorstellung vom „instinctus naturalis" befinden, vgl. dazu o. den Abschnitt zu Edward Lord Herbert von Cherbury mit Anm. 30–47.
[48] Zu dieser ersten Weise konstatiert Tillotson, aaO.: „By a kind of natural instinct, by which I mean a secret impression upon the minds of men, whereby they are naturally carried to approve some things as good and fit, and to dislike other things, as having a native evil and deformity in them. And this I call *a natural instinct*, because it does not seem to proceed so much from the exercise of our reason, as from natural propension and inclination, like those instincts which are in brute creatures, of natural affection and care toward their young ones. And that these inclinations are precedent to all reason and discourse about them". Es folgen dann weitere Erläuterungen, 228ff.
[49] Diese Weisen erläutert Tillotson des näheren, 230–236, bes. 230.232.
[50] Ebd. 236.
[51] Ebd.
[52] Ebd.; Tillotson stellt dazu fest, 236f: „so [as the wind blows] are the operations of the Spirit of God upon the minds of men, secret and unperceptible."
[53] Vgl. die ausnahmsweise Charakterisierung der Schrift durch inspirierte Autoren, aber auch

Deutlich hebt er allerdings auch diese „natural religion" von der „reason" ab. Diese „religion" kommt nicht durch die Vernunft zustande, sondern geht ihr voraus; sie verliert dadurch freilich ganz und gar nicht ihre „reasonableness"[54]. Erst recht hält er die „Christian religion" für „the wisest and most reasonable religion in the world"[55].

Daß die „religion" ihre Bedeutung „private and public" hat, versteht sich nach allem Gesagten von selbst. Tillotson weist denn auch verschiedentlich auf diesen Sachverhalt hin. Für ihn stimmt „our religion" mit dem „civil government" überein[56]. Von hierher folgert er auch eine Pflicht, für die „governors" zu beten[57]. Im Gegenzug bestimmt er als Aufgabe des „government", die „civil rights and interests" sowie das Eigentum zu sichern und „the free practice and exercise of religion and virtue" zu schützen[58]. Diesmal in Übereinstimmung mit gängigen Aussagen der Tradition nimmt er in einer eigenen Predigt zum Eid und seiner Bedeutung für den öffentlichen Bereich Stellung[59]. Verschiedentlich spricht er die Bedeutung der „religion" nicht nur für „private persons" an, sondern auch für „the public prosperity of a nation"[60]. In der Folge gibt es „exercises of piety and devotion in private and public"[61]. Aber selbstverständlich sind auch die allgemeinen Pflichten „public and private" zu versehen[62].

In Hinsicht auf „the public" spricht Tillotson die Kindererziehung an, denn „Families are the first seminaries of religion"[63]. Den Kindern muß man die „true principles of religion" vermitteln[64].

Tillotsons Überlegungen zur „religion" lassen sich nicht leicht auf einen Nenner bringen. Man könnte versucht sein, von einem doppelten Begriff zu sprechen, einmal, daß „religion" sich auf den (inneren) Frieden des Menschen bezieht, wozu man vielleicht den Beitrag zum Frieden im öffentlichen Bereich

---

hier wieder allgemein formuliert: „All inspiration is supernatural and miraculous". In diesem Zusammenhang wendet er sich gegen den Anspruch der „church of Rome", Sermon 88; 36.

[54] Vgl. z.B. Sermon 96; 132.

[55] Sermon 5; I 112.

[56] Sermon 63; IV 130: „Our religion, and all the doctrines of it, are perfectly consistent with the peace of civil government, and the welfare of human society."

[57] Sermon 84: The duty and reason of praying for governors. 1693. 1 Tim. 1,1f; 401–415.

[58] Ebd. 404.

[59] Sermon 22: The lawfulness and obligation of oathes. 1681. Hebr. 6,16; II 1–21.

[60] Sermon 3: The advantages of religion to societies. Prov. 14,34; I 70–81, 70f. In dieser Predigt wendet er sich auch gegen den „Leviathan", 77. Ferner spricht er die „reason of state" an, 78.

[61] Vgl. Sermon 18; I 312; vgl. auch Sermon 34; II 263.

[62] Sermon 94: Religion our first and great concernment. Matth. 6,33; V 103–116, 107.

[63] Sermon 50: Concerning family-religion. 1684. Joshua 24,15; III 163–177, 175; vgl. auch Sermon 49: Concerning resolution and stedfastness in religion. 1684. Joshua 24,15; 144–163.

[64] Sermon 52: Of the education of children. Prov. 22,6; 196–211, 209: „Therefore, when the minds of children are once thoroughly possessed with the true principles of religion, we should bend all our endeavours to put them upon the practice of what they know. Let them rather be thaught to do well than to talk well: rather to avoid what is evil, in all its shapes and appearances, and to practise their duty in the several instances of it, Man to *speak with tongues of men and angels.*" Vgl. auch den vorausgegangenen Sermon 51 und den folgenden Sermon 53: Of the education of children. Prov. 22,6; 177–195 und 212–230.

zählen kann, und zum anderen, daß sie sich manifestiert etwa im Gebet und Sakrament. Doch gibt er keinerlei Hinweis auf eine solche Unterscheidung.

So scheint es geraten, von einer „religion" auszugehen, die die eben genannten Aspekte in sich enthält. Als eine Gegebenheit, die durch eine Art „natural instinct" im Menschen noch vor aller Verstandestätigkeit grundgelegt ist, läßt Tillotson sie zugleich auf die moralischen Pflichten des Menschen orientiert sein. Dabei nimmt er eine Umorientierung vor, die sich wesentlich von der klassischen Tradition unterscheidet. Tillotson läßt freilich nicht erkennen, ob er diese Tradition überhaupt zur Kenntnis genommen hat. Er faßt nämlich nicht wie diese die ‚religio' als eine ‚virtus specialis' der ‚iustitia', sondern nimmt eine umgekehrte Relation an, derzufolge „Justice" als eine von drei Hauptpflichten des Menschen aus der „religion" resultiert. Diese konzipiert Tillotson grundsätzlich und in einem solchen Umfang als „natural", daß er nirgends von ‚supernatural religion' spricht, sondern allenfalls von einer „revealed religion". Offenbarung faßt er freilich wiederum eher nach Art einer natürlichen Mitteilung Gottes an bestimmte Menschen auf, wobei er eine besondere Rolle unseres „Saviours" durchaus annimmt. Auch der „revealed religion" im Sinne einer „instituted religion" weist er die Rolle zu, die „natural religion", gegen die erstere ohnehin nicht verstoßen darf, zu stützen und zu fördern. „Religion" bleibt daher in der Konzeption von Tillotson ein umfassender Terminus. Dabei ist die „Christian religion" für ihn zweifelsfrei die beste, die wahre[65]. Aber irgendein Indiz läßt sich nicht ersehen, daß er sich schon auf dem Weg zu einer ‚inneren Religion' befände.

Ausnahmsweise findet sich die Aussage, daß es im Menschen etwas gibt, was Gott fühlt. Doch ist eine ausdrückliche Verbindung dieses Aspekts mit der „religion" noch nicht nachweisbar.

Durch sämtliche Predigten hindurch findet sich das herausragende Interesse Tillotsons an dem Wohlverhalten des Menschen, das ihm selbst zum Heil gereicht, übrigens auch zum ewigen, das aber auch für das Gemeinwesen von entsprechender Bedeutung ist.

Eigens zu vermerken bleibt, daß Tillotson in einer ausführlichen Predigtreihe die Bedeutung des Glaubens nach dem Hebräerbrief behandelt[66]. Er bestimmt hier das Verhältnis von „religion" und „faith" in einer so bislang nicht bekannten Weise. „Faith" hält er nämlich für unerläßlich für jede „religion" als deren Fundament und Quelle[67]. Damit weist Tillotson „faith" als grundlegendste

---

[65] Zu diesem Thema hat er insgesamt neun Predigten verfaßt, Sermon 234–242: The evidence of the truth of the Christian religion; with the cause and the danger of infidelity. 2 Cor. 4,3f; IX 386–418, X 1–80.

[66] Sermon 219–224; IX 190–272, zu Hebr. 11,6.
Auch die Sermons 225–227; 272–309 beziehen sich auf „faith" zu John 20,31 als Schriftwort.

[67] Sermon 219: Of the nature of faith in general. Hebr. 11,6; 190–202, 194; Tillotson stellt hier zum Verhältnis des Menschen Gott gegenüber fest: *„without faith it is impossible to please him.* Which proposition doth not only signify that faith is necessary to religion, and a condition without which it cannot be; but implies likewise, that it is a cause or principle of it; not only the foundation upon which all religion must be built, but the fountain from whence it springs."

Wirklichkeit aus, von der auch die „religion" ausgeht und lebendig erhalten wird. Allerdings versteht er „faith" in einem völlig generellen Sinn, der weit über ein christliches Verständnis hinaus geht und jedes Glauben umfaßt[68]. Immerhin erscheint hier völlig eindeutig „faith" der „religion" vorgeordnet. Doch ergeben sich daraus für das Verständnis der „religion" als solcher keine entscheidenden Erweiterungen.

EDWARD STILLINGFLEET

Wegen seiner Bemühungen um die Überwindung der Differenzen zwischen verschiedenen christlichen Gruppierungen soll Edward Stillingfleet (1635–1699)[1] in die Untersuchungen einbezogen werden. Es stellt sich die Frage, ob sich aus diesem seinem Ansatz heraus Konsequenzen für unser Thema ergeben.

Tatsächlich steuert er bereits zu Beginn seines frühen Werkes „Irenicum"[2] eine differenzierte Bestimmung der „Religion" bei. Im Vorwort hebt er die Kontroversen über die „Religion" hervor, die zu Unklarheiten über die „Religion" selbst[3] und zu einem Zeitalter *fertile religionis*, aber *sterile pietatis* geführt haben[4]; die Menschen haben meist über *Religion* geredet, ihr aber im Leben nur den letzten Stellenwert eingeräumt[5]. Viele haben die „Religion" in Streit und

---

[68] Ebd. 202; Tillotson unterscheidet folgende Stufen von „faith":
„1. Faith is either civil or human ..."
„2. Divine and religious ..."
Zur ersterer rechnet er „persuasion of things moral, and natural, and political"; letztere umfaßt:
„1. A persuasion of the principles of natural religion, which are known by the light of nature, as the existence of a God, the immortality of the soul, and a future state.
2. A persuasion of things supernatural, and revealed.
3. A persuasion of supernatural revelation."

[1] Edward Stillingfleet war nach Studien in Cambridge zunächst Pfarrer und wurde 1677 Archidiakon, 1678 Dekan an St. Paul in London und 1689 Bischof von Worcester. Stand er zunächst den Cambridge Platonists nahe, so entwickelte er später die Grundlinien des sog. Latitudinarismus, durch den auch Nichtanglikaner der Zugang zur anglikanischen Kirche geebnet werden sollte. Sein wichtigstes Werk hierfür stellt das „Irenicum" dar, das in seiner 2. Auflage (1662) einmal als gemildert angesehen wird, so Brockhaus Enzyklopädie, XVIII, Wiesbaden [17]1973, 141f, zum anderen aber als traditionell anglikanisch gilt, so RGG³ VI, 381. (Auf einen Vergleich beider Auflagen wird im folgenden verzichtet.) Überdies setzte er sich kritisch mit den Jesuiten wie auch mit den Begründern des sog. Deismus sowie schließlich mit John Locke auseinander.

[2] Edward Stillingfleet, Irenicum. A Weapon-Salve for the Churches VVounds. Or the Divine Right of Particular Forms of Church-Government; Discussed and examined according to the Principles of the Law of Nature, the positive Laws of God, the practice of the Apostles and the Primitive Church, and the judgment of Reformed Divines. Whereby a foundation is laid for the Churches peace, and the accomodation of our present differences, Second Edition, London 1662.

[3] Ebd. A 3 r.

[4] Ebd. v. – Die Kursivierung des Preface ist nicht übernommen, wohl aber sind die dort steil gesetzten Worte im folgenden kursiviert, da diese Schrifttype die Hervorhebung des Autors anzeigt.

[5] Ebd.

Parteiungen und d.h. als ein *„sacramentum militiae"* verwirklicht, und dies gegen Mitchristen[6], während Christus nicht Soldaten berufen hat, sondern solche, die ihr Kreuz auf sich zu nehmen bereit sind[7]. Sowohl für die Juden als auch für Heiden und Muhammedaner und schließlich auch für die Papisten haben diese Streitigkeiten, wie Stillingfleet vermerkt, Argumente gegen die eigene „Religion" ergeben, ganz zu schweigen von Atheisten und Ungläubigen[8]. Dabei werden die Auseinandersetzungen vielfach geführt in der Meinung, es handele sich um ein „disguise of Religion", statt zu sehen, daß es um *„distinguishing names"* geht[9]. In der Folge hält Stillingfleet es für dringend geboten, sich um die „essential duties" zu kümmern, in denen das Reich Gottes besteht[10]. Diese Pflichten aber sind keine anderen als diejenigen, die notwendig, sehr gerecht und sehr vernünftig sind[11]. Ihn bedrängt also die Frage, welche Dinge unerläßlich sind für die Gemeinschaft mit der Kirche und für das ewige Heil[12]. Dafür nimmt er an, daß die Kirchen im selben Glauben übereinstimmen, sich aber oft in Riten und Gebräuchen unterscheiden[13]. Als Maßstab nennt er „the greatest correspondency to the Primitive Church"[14].

Zur Förderung seines besonderen Anliegens, nämlich Frieden zu stiften und dafür die Frage des „Government" zu klären, beginnt Stillingfleet mit einer Erörterung über das „divine right"; dabei geht es ihm zunächst und vor allem um das „Law of nature" und die „Positive Laws of God", die unveränderlich sind und somit die Grundlage darstellen[15]. Von ihnen unterscheidet er gerade auch im Hinblick auf die Kirche und ihre Leitung die positiven veränderlichen Gesetze, in denen er den Anlaß zu so viel Unfrieden gegeben sieht. In diesem Zusammenhang spricht er das Zeremonialgesetz an und demonstriert an ihm seine Vorstellung, daß nämlich der „Cultus" von Natur festgelegt ist, seine Weise aber durch Gesetze bestimmt wird, während die Tugend durch die Gnade bewirkt wird[16].

Sodann wendet sich Stillingfleet der Frage nach der Zuständigkeit der höchsten Gewalt hinsichtlich der Dinge zu, die nicht durch das Naturgesetz und

---

[6] Ebd.
[7] Ebd. (a) r.
[8] Ebd. A 3 r.
[9] Ebd. A 3 v.
[10] Ebd. A 3 v f.
[11] Ebd. (a) r f.
[12] Ebd. v.
[13] Ebd. (a 2) v; hierfür beruft er sich auf Sozomenos; die von ihm gebrachte Unterscheidung wendet er im folgenden, (a 3) r, auf die Kirche von England und ihre Übereinstimmung mit der „Primitive [church]" an.
[14] Ebd. [(a 4)] r.
[15] Ebd. Part I chap. 1; 1–26, bes. 5, 13, 20.
[16] Ebd. 17f, vgl. 18: „Therefore a School men say right of the Sabbath day, ‚*Cultus est a natura, modus a lege, virtus a Gratia.*' Nature dictates that God should be worshipped, the Law informs what day and time to spend in his worship, Grace must enable us to perform that worship on that day in a right manner. And because the same reason for Gods worship continues still, therefore it is a precept of the natural Law, that God shoud be worshipped."

durch positive Gesetze Gottes geregelt sind; dabei geht es dann auch um die „matters of Religion"[17]. Dabei unterscheidet er eine „power" über die *„religion in it self"* und eine „power" über die *„publick owned and professed religion of a Nation"*[18]. Dem Magistrat kommt eine Kompetenz nicht über erstere, sondern nur über letztere zu. Er kann also nicht über die „internal acts of worship" und über die „internal liberty" besonders des Gewissens gebieten, sondern nur über „external actions"[19]. Es kommt ihm also die Aufgabe zu, die öffentliche „Religion" vor Umsturz zu bewahren; denn die Berufung auf die Gewissensfreiheit, um die Macht des Magistrats in dieser Hinsicht einzuschränken, hält er für unvernünftig und impertinent[20].

Stillingfleet unterscheidet sodann hinsichtlich der Gewalt des Magistrats über die „Religion" eine *„external* and *objective* power" und eine *„internal formal* power"; die innere Macht kommt nur der Kirche zu, nämlich für die Verkündigung und Sakramentenverwaltung, während die äußere Gewalt und Jurisdiktion zum Schutz und zur Förderung der „Religion" dem höchsten Magistrat zusteht[21]. Der Magistrat hat also sehr wohl Macht über die „Religion", aber er darf nicht den eigentlichen Dienst usurpieren[22]. Mit dieser Unterscheidung glaubt Stillingfleet, die Probleme lösen und Konflikte vermeiden zu können. In diesem Interesse unterscheidet er die Gewalt des Magistrats selbst von deren Trägern

---

[17] Ebd. chap. 2; 27–71, bes. von 38 an.

[18] Ebd. 39.

[19] Ebd.; hier handelt es sich um die erste von drei Unterscheidungen: „First then, we must distinguish between a power *respecting religion in it self*, and a power *concerning religion as it is the publick owned and professed religion of a Nation*. For although the Magistrate hath no proper power over religion in it self, either taking it *abstractly* for the rule of worship, or *concretely* for the internal acts of worship; for he can neither add to that rule nor dissolve the obligation of it; nor yet can he force the consciences of men, (the chief seat of religion) it being both contrary to the nature of religion it self, which is a matter of the greatest freedom and internal liberty, and it being quite out of reach of the Magistrates Laws, which respect only external actions as their proper object; for the obligation of any Law can extend no further than the jurisdiction and authority of the Legislator, which among men is only to the outward actions. But then if we consider religion as it is publickly owned and professed by a Nation, the supreme Magistrate is bound by vertue of his office and authority, not only to defend and protect it, but to restrain men from acting any thing publickly tending to the subversion of it."

[20] Ebd.; die Freiheit darf also nicht mißbraucht werden, den Frieden der Nation zu zerstören, ebd.; unter Berufung auf das Gewissen gegen das vorzugehen, „what is publickly owned as religion", 40, wehrt Stillingfleet ab.

[21] Ebd. 41: „Secondly, we must distinguish between an *external* and *objective* power, about matters of Religion, and an internal *formal power*; which some call an imperative and elicitive power, others a power of order and a power of jurisdiction others *potestas Ecclesiastica*, and *potestas circa Ecclesiastica*, or in the old distinction of *Constantine* [die griechische Unterscheidung wird übersetzt]: a power of things within and without the Church ... The internal, formal, elicitive power of order, concerning things in the Church, lies in authoritative exercise of the Ministerial function, in preaching the word, and administration of Sacraments; but external, objective, imperative power of jurisdiction, concerning the matters of the Church, lies in a due care and provision, for the defence, protection, and propagation of Religion. The former is only proper to the Ministry, the latter to the Supreame Magistracy."

[22] Ebd.

und meint, daß die Gewalt des Magistrats sich nicht derjenigen des „Ministry" unterwerfen muß, wohl aber die Träger der Gewalt des Magistrats, da diese auch Christen sind[23]. Dabei nimmt er eine faire, freundschaftliche gegenseitige Sicht der kirchlichen und der zivilen Gewalt an[24].

Schließlich unterscheidet Stillingfleet eine „Architectonical ... power" und eine „Legislative ... power"; erstere kommt nur Gott zu, während der Magistrat keinerlei Macht hat, irgendein göttliches Gesetz aufzuheben oder zu ändern, wozu die „Religion" gehört[25]. Letztere Gewalt aber, die „Political" genannt wird, bezieht sich auf den höchsten Magistrat[26], der dafür Sorge zu tragen hat, daß das „divine Law" ein „Law of the Land" und d. h. daß die „Religion" in unsere Gesetze inkorporiert und die Bibel die *„Magna Charta"* wird[27]. Daraus ergibt sich eine doppelte Verpflichtung immer dann, wenn die „faith of the Gospel" zu einem Gesetz der Nation geworden ist[28]. Darüber hinaus steht dem Magistrat bei Dingen, die nicht durch Gottes Wort bestimmt sind, eine „external Polity of the Church of God" zu[29].

Stillingfleet differenziert aber nicht die „Religion" als „Religion in it self" und „publick owned and professed Religion"; vielmehr gilt für ihn die grundsätzliche Annahme, daß die „Religion", die von göttlichen Gesetzen abhängt, auch diejenige darstellt, die von der Nation als eigene angenommen und öffentlich praktiziert werden soll. Die Gewalt des Magistrats besteht neben der Sorge für Frieden vor allem hinsichtlich solcher Dinge, die offengelassen sind durch das Wort Gottes[30], nämlich die *„matters of indifferency"*[31] bzw. „indifferent actions"[32]. Wenn in dieser Hinsicht zu viele Festlegungen vorgenommen worden sind, wo an sich christliche Freiheit gilt[33], so kann gegenüber der Vielzahl von „Ceremonies", die nicht mit der „Religion" verbunden sein müssen, eine Ver-

---

[23] Ebd. 42. Daß so Konflikte vorprogrammiert und unlösbar sind, bleibt für Stillingfleet außerhalb seiner Überlegungen.

[24] Ebd. 43; diese dritte Unterscheidung lautet: „Thirdly, we distinguish between an *absolute Architectonical* and *Nomothetical* power, independent upon any other Law, and a *Legislative power*, absolute as to *persons*, but *regulated* by *a higher Law*." Ersteres kommt Gott zu, letzteres dem „Supreame Magistrate"; ersteres sorgt für das „good of the Commonwealth" (im Sinne von Gemeinschaft), letzteres ist „a due execution and administration of those Laws for the common good". Im weiteren stellt Stillingfleet fest, daß der Magistrat göttliches positives Recht nicht ändern oder zurücknehmen kann, daß er aber neue Gesetze für „the worship of God" erlassen kann, 43 f. Und er fährt fort, wie das Zitat in der folgenden Anm. sagt.

[25] Ebd. 44: „Religion is a thing setled by a Divine Law; and as it is taken for the doctrine and worship of God; so it is contained in the word of God, and must be setled wholly from thence."

[26] Ebd. 43.

[27] Ebd. 44.

[28] Ebd., verdeutlicht an der Bedeutung der Zehn Gebote für die Juden oder an der Verpflichtung eines Eides, der in der Gemeinschaft wie auch vor Gott gilt.

[29] Ebd.

[30] Ebd. 49; als Beispiel hierfür dient die Taufe entweder durch Untertauchen oder durch Besprengen, auch, wann die Taufe vorgenommen werden soll.

[31] Ebd. 50.

[32] Ebd. 51.

[33] Vgl. die Ausführung ebd. 56–67.

einfachung erfolgen; denn die „Christian Religion" gilt als eine schlichte, einfache und leichte Sache[34].

Bei der Begründung, daß es auch „societies for worship" schon bei den Heiden braucht, nimmt Stillingfleet Stellung zur Notwendigkeit, diesen Gottesdienst durch Opfer, öffentliche Feste und geheime Mysterien zum Ausdruck zu bringen[35]. Es sind also geeignete Zeichen erforderlich, die aber zur „natural reason" passen müssen[36]. Stillingfleet schlägt also keineswegs vor, auf diese Zeichen zu verzichten, in denen sich menschliche Gemeinschaft zum Ausdruck bringt. Ist aber die menschliche Natur von sich aus „sociable" in allen anderen Dingen, so erst recht in denjenigen, die zur „religion" gehören, wobei diese wiederum die menschliche Gemeinschaft stützt, und zwar auch zur Ordnung von „civil societies"[37].

Die weiteren Darlegungen zur Kompetenz des „Government" können hier übergangen werden, da sie nur noch marginal zur „Religion" Stellung nehmen[38]. Es genügt der Hinweis, daß Stillingfleet zu Frieden und Einheit der Kirche hat beitragen wollen durch seine langen Ausführungen über die verschiedenen Begründungen und Ausfaltungen des „Church-Government".

In seiner „Rational" genannten Begründung der „Protestant Religion"[39] beginnt Stillingfleet mit der Betonung der *Fundamental Verities of Christian Faith*"[40]; er bemüht sich, die „Piety" zu fördern, wobei er sich als Vertreter der „most excellent Religion" versteht, die es gegen die Irrtümer und „Superstitions" der „Roman Church" zu verteidigen gilt[41]. Leitend ist dann aber der Terminus „Faith"[42]. Im Zusammenhang damit steht der Anspruch der römischen Kirche auf „Infallibility"[43]. In diesen Auseinandersetzungen kommt Stillingfleet

---

[34] Ebd. 67, hier mit einem Zitat von Erasmus von Rotterdam, daß die „corporales ceremoniae", hier übersetzt als „external Ceremonies", zu kritisieren sind. ‚Körperlich' wird hier also mit ‚äußerlich' wiedergegeben!

[35] Ebd. chap. 3; 76: „Three things I shall evidence these societies for worship among the heathens by; the solemnity of their sacrifices, their publick Festivals and their secret Mysteries, all which were instituted peculiarly in honour of their gods: It being necessary in such Societies for worship to have some particular Rites, whereby to testifie the end of such societies to before the honour of their Deity, and to distinguish those solemnities from all other."

[36] Ebd. 77.

[37] Ebd. 82; der Bedeutung der „Rites and Ceremonies" geht Stillingfleet dann besonders in chap. 5; 93–103, nach, ohne daß er hier des näheren auf „religion" eingeht, vgl. die Hinweise 96, 100.

[38] Vgl. etwa Part II chap. 5; 201f, oder chap. 6; 256.

[39] Edward Stillingfleet, A Rational Account of the Grounds of Protestant Religion: Being a vindication of the Lord Archbishop of Canterbury's Relation of a Conference ... Wherein the true Grounds of Faith are cleared, and the False discovered; the Church of England Vindicated from the imputation of Schism; and the most important particular Controversies between Us and Those of the Church of Rome throughly examined, London 1665.

[40] So ebd. [A 4] v; vgl. zu den „Fundamentals of Religion" bes. chap. 2 § 12; 66ff.

[41] Ebd. [A 4] v f.

[42] Vgl. vor allem die Überschrift Part I chap. 1: Of the Grounds of Faith.

[43] So bes. ebd. chap 5; 109–160.

auch auf die „*supernatural Faith*" seines Gesprächspartners zu sprechen und gibt seiner Hoffnung Ausdruck, daß sie keine „*irrational Faith*" ist[44].

In diesen langen Ausführungen geht Stillingfleet nur selten auf die „Religion" ein. Dies geschieht etwa bei der Ordnung der „Infallibility" der Tradition und hier im Zusammenhang mit dem Verhältnis von „Faith" und „Reason"; kann letztere einen „*supernatural ground*" für die „Faith" nicht geben, so vermag sie aber wohl die Wahrheit und Vernunftgemäßheit der „*Christian Religion*" zu prüfen[45]. Dabei stellt Stillingfleet fest, daß alle „Religion" auf das Wort Gottes gebaut ist; doch kann man sich nicht „*infallibly*" durch die „*natural reason*" überzeugen, daß sie tatsächlich auf Gottes Wort gründet[46]. Es gilt also nachzuweisen, daß die Bibel Gottes unfehlbares Wort ist, ehe man prüfen kann, daß die „*Christian Religion*" wahr ist[47]. In einem Dialog läßt Stillingfleet dann einen Skeptiker sagen, die „Religion" des fiktiven Gesprächspartners zu verstehen, und läßt ihn fortfahren, daß diejenigen, die ihre „Faith" auf einen rationalen Grund bauen, darangehen, die „Religion" zu zerstören[48]. Dabei bestimmt Stillingfleet „Religion" als „Worship of God"[49]. „Religion" erscheint insgesamt als institutionelle Bezeichnung, wobei Stillingfleet die „Roman Religion" von seiner „Christian" absetzt[50].

In seiner Abhandlung über die Verläßlichkeit der Schrift holt Stillingfleet weit aus[51]. Er beginnt im ersten Buch mit der alten Geschichte der Heiden, Phönizier, Ägypter, Chaldäer und Griechen mit besonderem Interesse an der Chronologie, um anschließend im zweiten Buch sich ausführlich mit Mose und den Propheten, der Ewigkeit des Gesetzes des Mose sowie allgemeinen Hypothesen über die Wahrheit der Lehre Christi und ihrer rationalen Evidenz durch die Wunder zu beschäftigen. Im dritten Buch behandelt er zunächst das Sein Gottes, dann den Ursprung des Universums, des Übels, der Nationen und heidnischen Mythologien und schließt mit der Behandlung der herausragenden Bedeutung der Schrift.

---

[44] Ebd. § 16; 139.

[45] Ebd. chap. 6 § 11; 175; hier, 177, findet sich die seltene Nebenordnung von „Professions, Nations, Religions, Interests".

[46] Ebd. § 12; 178.

[47] Ebd. 179.

[48] Ebd. § 13, 182: „I understand now throughly, to what *intent* it is you say, that *Those who build their Faith on rational grounds, go about to destroy Religion*."

[49] Ebd. Part III chap. 3 § 23; 600, so mit einem Zitat von Augustinus; in seinen eigenen Worten heißt es: „all Acts of *Religion* [belong] only to God".

[50] Ebd. chap. 5 § 10; 635; hier heißt es auch: „Our *Religion* is Christianity". – Aus dem Zusammenhang läßt sich nicht erschließen, was die im Zitat aufgenommene Formulierung „Negative Religion" besagt, Part II chap. 4 § 12; 376.

[51] Edward Stillingfleet, Origines Sacrae, Or a Rational Account of the Grounds of Christian Faith, As to the Truth and Divine Authority of the Scriptures, And the matters therein contained, Fourth Edition, London 1675. – Im folgenden werden zunächst das Buch im römischer und dann das Kapitel mit der Sigle chap. sowie der Abschnitt mit der Sigle sect. jeweils in arabischer sowie nach einem Semikolon die Seite dieser Ausgabe angegeben.

Überraschenderweise beschäftigt er sich nur im Zusammenhang mit der Annahme der Existenz Gottes des näheren mit der „religion", obwohl er auch hier zunächst mit „*faith*" beginnt[52]. Aber dann nennt er für die „*religion*" zwei „*foundations*", nämlich daß Gott existiert und daß die Seele unsterblich ist[53]. Wenn diese beiden Annahmen sicher sind, dann sind es auch die „*foundations* of *religion*", wozu auch ihre Annehmbarkeit für die „*humane reason*" gehört[54]. Nach einem Aufweis der „*reasonableneß* of *Religion*"[55] und damit der „great unreasonableness of Atheism"[56] geht Stillingfleet dann bemerkenswerterweise im Zusammenhang mit dem Atheismus der Behauptung nach, die „*religion*" sei eine Erfindung der „*Politicians*", die sich beim Volk Respekt verschaffen, indem sie von Gott und einer anderen Welt erzählen, wie eine Mutter ihre Kinder in die Schule schickt, um sie besser in Ordnung zu bringen[57].

Daß dem nicht so ist, begründet Stillingfleet einmal mit dem Argument, die „Religion" habe einen großen Einfluß auf das „*well-governing*" der Welt – wenn aber Gott nicht existierte, könnte die Welt auch nicht gut geleitet werden –, und zum anderen mit der These, die „Religion" könnte diese Wirkung nicht haben, wenn nicht eine „real *propensity* and *inclination* to *religion imprinted* on the *minds* of men" bestünde[58]. Daraus zieht er dann die Konsequenz, daß der Magistrat die „Religion" für zivile Zwecke gebraucht, daß dies aber nicht möglich wäre, wenn es nicht tatsächlich die „Religion" gäbe; gäbe es sie nicht, würde sie als Erfindung der Politiker durchschaut, käme es zu einer Konfusion und zur Irrelevanz von Eiden und Verpflichtungen, da alle nur noch ihren eigenen Vorteil suchen könnten und schließlich nur noch durch Furcht und Gewalt zum Gehorsam gezwungen werden könnten[59]. Denn nichts kann so gefährlich sein für einen „*state*" wie der „*Atheism*"[60].

Wenn Stillingfleet im folgenden einen universalen Konsens für die Annahme Gottes annimmt, ergibt sich die Frage, wie er diese gleichwohl auf der Stimme

---

[52] Ebd. III chap. 1 sect 1; 360f.
[53] Ebd. 361.
[54] Ebd.
[55] Ebd. sect. 7; 375.
[56] So in der Inhaltsangabe von chap. 1; 360; vgl. auch ihr Ergebnis sect. 7; 375–383, 376 mit der Resümierung der „*unreasonableness* of the *Atheist*".
[57] Ebd. sect. 7; 382.
[58] Ebd.; zu ersterem Argument fügt Stillingfleet hinzu, daß die „Religion" das „most *serviceable* principle" für die Regierung der Welt wäre.
[59] Ebd. 382f.: „So it is in *religion*, the *Magistrate* may make *use* of this *propensity* to *religion* in men for *civil ends*, but his making *use* of it doth *suppose* it and not *instil* it. For were *Religion* nothing else in the *world* but a *design* only of *Politicians*, it would be *impossible* to keep that design from being *discovered* at one time or other, and when once it came to be *known*, it would *hurry* the whole world into *confusion*; and the *people* would make no *scruple* of all *oaths* and *obligations*, but every one would seek to do others what mischief he could if he had *opportunity*, and *obey* no further than *fear* and *force* constrained him."
[60] Ebd. 383; vgl. dazu bes. sect. 7; 375–383.

der Natur aufruhen lassen kann[61]. Hierzu vertritt er nämlich die Auffassung, Gott habe *"imprinted an universal character of himself on the minds of men"*[62].

Anläßlich der Ausführungen zur Annahme Gottes und zur Ablehnung des Atheismus kommt Stillingfleet noch einmal auf den politischen Aspekt der *"Religion"* zu sprechen. Dabei wiederholt er die Argumentationsweise, daß die "civil and *religious Societies"* nicht durch die *"governours"* herbeigeführt werden können ohne eine *"inclination to Society"*, daß aber auch eine *"particular way of Religion"* nicht entstehen könne ohne eine *"natural propensity"* zur "Religion", die den Menschen eingepflanzt ist und die in dem allgemeinen Glauben an die Existenz Gottes gründet[63]. In einer rhetorischen Frage stellt er dann heraus, daß die vielgestaltigen Entstellungen der *"Religions"* nur deswegen zustande kommen können, weil es eine *"natural inclination"* in der Seele der Menschen zur "Religion" gibt, die in Verbindung steht mit der unsterblichen Idee der Gottheit im menschlichen Verstand[64]. So wichtig also die *"Religion"* für die Regierung ist[65], so sehr sie auch mißbraucht werden kann[66], so sehr auch etwa die Meinung entstanden sein kann, die Sterne hätten Einfluß auf die Welt[67], so bleibt Stillingfleet doch entschieden bei der These von dem *"universal consent"* der Menschheit hinsichtlich der Annahme Gottes[68]. Mag es auch Völker geben wie die Bewohner von Peru, die so barbarisch und wild leben, daß sie der *"irreligion"* verdächtig sind, so zeigt sich um so mehr ein *"sense* of Religion", je zivilisierter die "Nations" sind[69]. Daß aber die *"Christian"* zugleich die *"most excellent Religion"* darstellt[70], ist verständlicherweise der Kern aller Argumentationen Stillingfleets.

Abschließend kommt Stillingfleet nur noch einmal ausdrücklicher auf die "Religion" zu sprechen; hier sieht er sie nicht einfach in den Dienst der "reaso-

---

[61] Ebd. sect. 10; 384.
[62] Ebd. sect. 10; 383.
[63] Ebd. sect. 12; 388f; der gesamte Text lautet: "So that the most *politick* way of gaining upon the *apprehensions* of the *vulgar*, is by taking upon one the greatest *appearance* of *simplicity* and *integrity*; and this now could not be done by such *Politicians* which we now speak of, but by *accommodating* themselves to such *things* in the *people* which were so *consonant* to their *Natures*, that they could suspect no *design* at all in the *matters* propounded to them. And thus I assert it to have been in the present *case*, in all those *Politick Governours* who at first brought the *world* into both *civil* and *Religious Societies*, after they were grown *rude* and *barbarous*; for as it had been *impossible* to have brought them into *civil Societies*, unless there had been supposed an *inclination to Society* in them, so it had been equally *impossible* to have brought them to embrace any particular *way* of *Religion*, unless there had been a natural *propensity* to *Religion* implanted in them, and founded in the general *belief* of the *existence* of a *Deity*."
[64] Ebd. 389: "How came the *world* to be so easily abused into *Religions* of all *shapes* and *fashions*, had not there been a *natural inclination* in mens *souls* to *Religions*, and an *Indeleble Idea* of a *Deity* on the *minds* of men?"
[65] Ebd. sect. 12; 390.
[66] Ebd. 389, vgl. 391.
[67] Ebd. 392 mit Hinweis auf "some particular *religions* ... *calculated* by the *stars*" und der Nennung von [Geronimo] Cardano und [Julius Caesar] Vanini.
[68] Ebd.
[69] Ebd. sect. 13; 395.
[70] Ebd. 394.

nable *faculties"* gestellt, sondern hebt auf die Gebote der Schrift, die das Herz berühren, und auf einen *„spiritual service"* ab, der sich in Herz und Sinn vollzieht[71]. Gleichwohl versteht sich aber für Stillingfleet von selbst, daß der Dienst der „Religion" auch *„reasonable"* ist[72].

Bemerkenswert bei diesen Ausführungen erscheint zunächst, daß Stillingfleet so nachhaltig im politischen Kontext von der „Religion" spricht. Dieser Zusammenhang hat eine lange und wirkungsvolle Tradition. Darüber hinaus aber verdient besondere Beachtung, daß er die „Religion" speziell als „inclination" bestimmt, die den „minds" eingeprägt ist.

Angefügt werden soll ein Hinweis auf den literarischen Brief Stillingfleets an einen „Deist", in dem er wiederum sein besonderes Anliegen verfolgt, nämlich die Wahrheit und Autorität der Schriften zu beweisen[73]. Ohne eine nähere Beschreibung davon zu geben, wer denn nun ein Deist ist, meint er offensichtlich Benedictus de Spinoza. Im Vorwort spricht er allerdings nur von einer Schrift, die inzwischen in einer englischen Übersetzung vorliege und sehr en vogue sei, deren Autor zur *„Atheistical side"* gehöre[74]. Gegen ein solches *„Advancement* of *Irreligion"* will er angehen[75]. Freilich weist Stillingfleet hier nur sehr am Rande auf die *„Christian Religion"* hin, die er von einer göttlichen Offenbarung abhängig sein läßt[76]. Im Zusammenhang mit der Frage der Wunder führt er auch die Unterscheidung von *„Natural Religion"* sowie *„Revealed Religion"* an. Doch sucht man weitere Ausführungen hierzu vergebens[77].

---

[71] Ebd. III cap. 6 sect. 10; 617: „*Religion* is not only a service of the reasonable *faculties* which are employed the most in it, the *commands* of the *Scripture* reaching the heart most, and the *service* required being a *spiritual service*, not lying in *meats* and *drinks*, or any *outward observations*, but in a sanctified *temper* of heart and *mind*".

[72] Ebd.

[73] [Edward Stillingfleet,] A Letter to a Deist, In Answer to several Objections against the Truth and Authority of the Scriptures, London 1677.

[74] Ebd., Praeface [a 4 v].

[75] Ebd. Auf Spinoza verweist die Randbemerkung, die nämlich einen Bezug des Autors zu dem Tractatus Theologico-politicus angibt.

[76] Ebd. 60: „That there is nothing in the *Christian Religion,* unbecoming the *Majesty,* or *Holiness,* or *Truth* of a *Divine Revelation.*"

[77] Durchgesehen wurde auch: Edward Stillingfleet, A Discourse concerning the Idolatry practised in the Church of Rome, and The Hazard of *Salvation* in the Communion of it: in Answer to some Papers of a Revolted Protestant. Wherein A particular Account is given of the *Fanaticisms* and *Divisions* of that *Church.* Second Edition, London 1671; ders., An Answer to several late Treatises, Occasioned by a Book entituled a Discourse Concerning the Idolatry Practised in the Church of Rome, and The Hazard of Salvation in the Communion of it, First Part, London 1673; ders., The Jesuits loyality, manifested in Three several Treatises lately written by them against the Oath of Allegiance: with a Preface, shewing The Pernicious Consequence of their Principles as to Civil Government, London 1677; ders., The Doctrines and Practices of the Church of Rome Truly Represented, London 1686; ders., A Discourse In Vindication of the Doctrine of the Trinity: With An Answer to the Late Socinian Objections against it from Scripture, Antiquity and Reason, Second Edition, London 1697. In ihnen fand sich keinerlei Bezugnahme zu unserem Thema.

Joseph Glanvill

In besonders eindrucksvoller Weise hat Joseph Glanvill (1636–1680)[1] die wechselseitig positive Beziehung von „Religion" und „Reason" herauszustellen versucht; als Grundlage hierfür legt er in beträchtlicher Ausführlichkeit sein Verständnis von „Religion" dar[2]. Er bestimmt „Religion" zuletzt als „Binding" und bezieht diese sogleich auf die Pflicht; er unterscheidet als hauptsächliche Pflichten „Worship" gegenüber Gott und „Virtue" gegenüber den Nachbarn und gegen uns selbst[3]. Zur Formulierung der Pflicht aber hält er die Erkenntnis für unabdingbar, ebenso aber einige Prinzipien, die auf die Praxis hinführen; diese nennt er „Principles of Religion"[4]. Als fundamentale Prinzipien formuliert er, daß ein Gott unendlicher Vollkommenheit existiert, daß wir Sünder sind und ihm als solche mißfallen, daß er unser Schöpfer und Urheber all unserer Segnungen ist und daß es Gute und Böse gibt[5]. Somit übernimmt er als grundlegend die wesentlich moralische Akzentuierung der „Religion" als Pflicht[6]. Erst darauf folgt, daß die „Religion" in einem zweiten und d.h. nachgeordneten Sinn sich auf die „Worship of God, and of his Son" bezieht[7]. Auch die „Religion" in dieser zweiten Bestimmung richtet sich auf ein „devout, and virtuous living", dessen „Summary of *belief*" man „the **Apostles Creed**" nennt[8].

Die weiteren Argumentationen dieser Schrift beziehen sich darauf, daß diese „Religion" ihrerseits „reasonable" ist[9], selbst wenn die „Reason" die Offenba-

---

[1] Der anglikanische Theologe und Philosoph Joseph Glanvill war Mitglied der Royal Society. Aus seiner gemäßigt skeptischen Haltung heraus hat er sich gegen jeden Dogmatismus gewandt. Zugleich interessierte er sich für naturwissenschaftliche Forschungen. Neigte er zuerst Oliver Cromwell (1599–1658) zu, so stellte er sich nach ihm auf die Restauration ein und wurde Hofkaplan Karls II. (1630–1685). Schließlich wurde er Rektor in Bath. Philosophisch trat er vor allem hervor durch die Infragestellung des Kausalgesetzes.

[2] Joseph Glanvill, Philosophia Pia, or, A Discourse of the Religious Temper, and Tendencies of the Experimental Philosophy, Which is profest By the Royal Society. To which is annext A Recommendation, and Defence of Reason in the Affairs of Religion, London 1671, ND: ders., Collected Works V, Hildesheim 1970 – Merkwürdigerweise ist die Philosophia Pia von 1671 an den Anfang und die beigegebene Abhandlung über die „Affairs of Religion" von 1670 an die zweite Stelle gesetzt.
Wir wenden uns zunächst der letzteren Schrift zu, deren Originaltitel lautet: Λόγου θρησκεία: Or, A Reasonable Recommendation, and Defence of Reason, In the Affairs of Religion; Against Infidelity, Scepticism, and Fanaticism of all sorts, London 1670, 145–234.

[3] Ebd. 155: „FOR **Religion** First; the *name* signifies *Binding*, and so imports *duty*; and all *duty* is comprised under *these* two *Generals*, *Worship*, and *Virtue*. *Worship* comprehends *all* our *duties* towards God: *Virtue* all those, that relate to our *Neighbour*, or our *selves*."

[4] Ebd.: „And those that discover, and direct men in those actions of duty, are called Principles of Religion."

[5] Ebd. 155f.

[6] Ebd. 159: „*The sum is*, Religion *primarily* is *Duty*."

[7] Ebd.

[8] Ebd.

[9] Ebd. 163, mit nachfolgenden Darlegungen zur Existenz Gottes und der Autorität der Schrift, 163–171.

rung nicht unmittelbar prüfen kann[10]. Auf diesen Vorgaben gründet Glanvill die Verteidigung der Mysterien von „*Faith and Religion*" durch die Vernunft[11] und die wechselseitig positive Beziehung beider aufeinander[12].

Auf dieser – nicht recht schlüssigen – Basis geht es Glanvill in der späteren Schrift „Philosophia pia" um die Verteidigung der positiven Beziehung von „Religion" und „Reason" gegen alle möglichen Gegner und um ein Plädoyer für eine Berücksichtigung der „Nature" gerade auch für die „Religion"; dabei beginnt er mit der Erörterung der Herrlichkeit Gottes in seinen Werken. Von hierher nimmt er die Hilfe der Philosophie für die „Religion" in Anspruch gegen die verschiedensten gegnerischen Positionen, so den Atheismus, den Götzendienst oder die Schwärmerei[13]. Damit bezweckt er, den „Professors of Religion" die Kenntnis der „Nature" nahezulegen, um diese in ihre Überlegungen einzubeziehen[14]. Er beendet seine Argumentationen mit der Feststellung der „most *reasonable*, and *excellent Religion* in the World"[15].

Da Glanvill insgesamt ein apologetisches Interesse verfolgt, bleibt die Bestimmung der „Religion" als „Binding" und damit als „Duty" eher formelhaft. Jedenfalls aber vernachlässigt er „Worship of God" und läßt es bei einer ethischen Ausprägung. Die Aussage, die „Essentials" seien „in the Decalogue and the creed" enthalten[16], findet keine nähere Interpretation. Und die inhaltliche Seite, inwiefern die „Religion" ethisch aufgefaßt wird, läßt er eher außer acht. „Religion" erscheint als umfassende Bezeichnung, die auch die „Faith" umschließt. Es stört Glanvill auch nicht, daß die *„essentials of Religion"* geoffenbart sind[17]. Sein Interesse liegt auf der Anerkennung der „Nature", die hierdurch mögliche Förderung der „Religion", die ihrerseits wieder die Vernunft stützt.

---

[10] Ebd. 175f.
[11] Ebd. 176.
[12] Ebd. 181 mit der Feststellung: „**That Religion befriends it** (sc. Reason)". Trotz der Korrumpierung der „Reason", 196–203, ist sie sicher und „infallible", 203–205, und kann „*the Word of God*" genannt werden, 205. Da aber „*the belief of our Reasons*" eine Übung der „Faith" ist und diese ein Akt der „Reason", 206, stellen „*Reason*" und „*Faith*" keinen Gegensatz dar, 207. Daß hier ein Zirkelschluß vorliegen dürfte, braucht hier nicht weiter verfolgt zu werden.
[13] Aufschlußreich ist die Reihe der hier behandelten Gegner: „*Atheism*", ebd. 5–16; „*Sadducism*", der die Existenz von Geistern und die Unsterblichkeit der Seele leugnet, 25–40, „*Superstition*", 41–54, „*Enthusiasm*", 55–85, „*Humour* of *Disputing*", 86–101.
[14] Ebd. 102–137.
[15] Ebd. 143.
[16] Ebd. 215.
[17] Ebd. 214.

Henry Scougal

Henry Scougal (1650–1678)[1] hat einen unerwartet veränderten Begriff der „Religion" vorgelegt. Aus dem Titel seiner Schrift „Life of God in the Soul of Man"[2] kann man freilich noch nicht ersehen, in welchem Maße die mit diesem Titel angedeutete Vorstellung einer in die mystische Tradition gehörenden Verbindung von Gott und Seele sich auf das Verständnis „Religion" ausgewirkt hat.

Gleich zu Beginn seiner Studie bestimmt Scougal die „true Religion" als „Union of the Soul with God" und stellt damit jene Verbindung her, die zuvor bei mystischen Autoren vergeblich gesucht wurden. Konsequent zu seinem Ansatz versteht er „Religion" auch nicht mehr als Tugend, erst recht nicht als Untertugend zur Kardinaltugend der Gerechtigkeit, sondern als „real participation of the Divine Nature" und folglich als *Divine Life*"[3]. Mit dieser Bestimmung will er die Kontinuität der Vereinigung der menschlichen Seele mit Gott zum Ausdruck bringen[4]. So bezeichnet er die „Religion" als Leben, da dieses „an inward: free, and self-moving principle" darstellt und eben nicht nur durch „external Motives" geleitet wird[5]. Konsequent hierzu charakterisiert er die „Religion" als „love" zu Gott, zugleich aber als „goodness" im Sinne eines dieser Liebe entsprechenden, nämlich aus dem göttlichen Leben hervorgehenden Lebens[6]. Da-

---

[1] Henry Scougal, ein anglikanisch orientierter Theologe, war bereits seit 1627 Professor in Aberdeen. Seine anonym publizierte Schrift hatte eine nachhaltige Wirkung als Erbauungsbuch.

[2] [Henry Scougal,] The Life of God in the Soul of Man: Or, the Nature and Excellency of the Christian Religion: With The *Methods* of attaining the *Happiness* it proposes; Also an Account of the *Beginnings* and *Advances* of a *Spiritual Life* ... By the Reverend Father in God Gilbert Lord Bishop of *Sarum*, Second Edition, London MDCXCI – Die Nennung von Gilbert Lord Bishop von Sarum (= Salisbury) im Titel führt in die Irre. Vgl. die Zuweisung der Schrift vgl. etwa bei Martin Schmidt, Scougal, Henry in: RGG³ V, 1625.

[3] H. Scougal, The Life, 4; der wichtige Text lautet „But certainly Religion is quite another thing, and they who are acquainted with it, will entertain far different thoughts, and disdain all those shadows and false imitations of it: They know by experience that true Religion is an Union of the Soul with God, a real participation of the Divine Nature, the very Image of God drawn upon the Soul, or in the Apostle's phrase, *it is Christ formed within us*. Briefly, know not how the nature of Religion can be more fully expressed than by calling it *a Divine Life*; and under these terms I shall discourse of it, shewing first how it is called *a Life*, and then how it is termed *Divine*.

I choose to express it by the name of *life*; first because of its permanency and stability: Religion is not a sudden start, or passion of the Mind, not though it should rise to the height of a rapture, and seem to transport a man to extraordinary performances."

[4] Ebd.

[5] Ebd. 5.

[6] Ebd. 5f: „Again, Religion may be designed by the name of Life, because it is an inward, free, and self-moving principle, and those who have made progress in it, are not acted only by external Motives, driven meerly by threatnings, nor bribed by promises, nor constrain'd by Laws; but are powerfully inclined to that which is good, and delight in the performance of it: The love which a Pious man carries to God, and goodness, is not so much by vertue of a Command enjoyning him so to do, as by a new Nature instructing and prompting him to it; nor doth he pay his devotions, as an unavoidable tribute only to appease the Divine Justice, or quiet his clamorous Conscience; but those Religious exercises are the proper emanations of the divine life, the natural employments of the new born Soul".

her achten „holy and religious persons" zwar auf Gottes Gesetz, aber sie folgen weniger der Strafandrohung dieses Gesetzes als vielmehr seiner „reasonableness, and purity and goodness"[7]. So wird eine solche Person auch nicht durch Erziehung, Gewohnheit oder die Furcht vor der Hölle bestimmt[8]. Während Scougal eine „forced and artificial religion" zugleich als „heavy and languid" kritisiert, qualifiziert er den Geist der „true Religon" als „frank and liberal"[9]. Als Basis der Überlegungen hält er fest, daß die „Religion" ein „vital principle" und ein „*divine* Life" darstellt[10]. Somit ist sie etwas völlig anderes als ein Gehorsam, der von „external causes" abhängt[11]. Die „Religion" ist also nicht nur Bild, sondern eine „real participation" der göttlichen Natur in der Seele[12].

Hatte Scougal zuvor „Religion" mit diesem göttlichen Leben gleichgesetzt, so bestimmt er dieses Leben nun im Unterschied zum „animal life" als ein Leben, dessen Wurzel „Faith" ist, aus der als Zweige die Liebe zu Gott sowie die Liebe zum Menschen, Reinheit und Demut resultieren, wie die dann im folgenden des näheren erläuterten Aspekte benannt sind[13]. Die hiermit angedeuteten Verhaltensweisen formuliert Scougal in der Aussage, die „Religion" lasse sich in dem, was sie eigentlich ausmacht, besser in Taten als in Worten verdeutlichen; er nimmt dies an, weil das „inward principle" sich so leichter äußert[14]. Als Beispiel für diese Lebensweise dient der „Saviour", der die Welt gelehrt hat durch sein Tun[15]. Die Auszeichnungen und Vorteile der „Religion"[16] sowie die aus ihr resultierenden Pflichten[17] zeigen insbesondere, daß „Charity" bzw. „Love" Gott

---

[7] Ebd. 6.

[8] Ebd. 8, hier wieder mit der Unterscheidung von „external motives" und „inward principle"; vgl. auch schon 7. Scougal überträgt diese Antithese freilich nicht auf die „Religion" selbst.

[9] Ebd. 8.

[10] Ebd. 9.

[11] Ebd.

[12] Ebd.: „but also in regard of its nature, Religion being a resemblance of the Divine perfections, the Image of the Almighty shining in the Soul of Man: nay, it is a real participation of his Nature, it is a beam of the Eternal Light, a drop of that Infinite Ocean of goodness ..."

[13] Ebd. 14f; die grundliegende Aussage lautet: „So the Divine Life stands in an universal and unbounded affection, and in the mastery over our natural inclinations, that they may never be able to betray us to those things which we know to be blamable. The root of the divine life is Faith, the chief branches are Love to God, Charity to Man, Purity, and Humility". Im folgenden handelt Scougal zunächst ausführlich über „Divine Love", 32–38, vgl. auch 77–84, über „Charity", 40–42, 84ff, mit der Bezeichnung „love" für die Liebe auch zu den Mitmenschen, 130 – 132; anschließend behandelt er „Purity", 42ff, 86ff, sowie „Humility", 44ff, 88ff.

[14] Ebd. 18.

[15] Ebd.: „The power and life of Religion may be better expressed in actions than in words, because actions are more lively things, and do better represent the inward principle whence they proceed, and therefore we may take the best measure of those gracious indowments, from the deportment of those in whom they reside, especially as they are perfectly exemplified in the holy life of our Blessed Saviour, a main part of whose business in this world was to teach by his practice what he did require of others, and to make his own conversation an exact resemblance of those unparallel'd Rules which he prescribed: So that if ever true Goodness was visible to mortal eyes, it was then when his presence did beautifie and illustrate this lower world".

[16] Vgl. 28–38.

[17] Ebd. 38–49.

sowie allen Menschen entgegengebracht werden muß; Scougal spezifiziert, daß diese sich also nicht nur auf eine Familie, ein Land oder eine „Form of Religion" beziehen können[18]. Angesichts der Schwäche des Menschen[19] bleibt nur die von Gott in der Seele gewirkte „Religion"[20], von der her auch der Kampf gegen die Sünde geführt werden muß[21]. Scougal empfiehlt Gebet und Sakramentenempfang, stellen sie doch für ihn „Instruments of Religion" dar[22].

Auch in diesen Ausführungen unterstreicht Scougal die „Faith" als „Foundation of Religion"[23]. Er kennt zwar einen „natural State" des Menschen, den dieser aufgrund der „Conscience of Natural Religion" erreicht[24]. Doch sieht er als wesentlich an die darüber hinausgehenden „saving Truths" und die Ausgießung des Geistes[25]. Seine Aufmerksamkeit richtet er dabei auf die Christen und die für sie bestehenden Hilfen für ein „Spiritual Life"[26]. Von ihnen setzt er voraus, daß sie in einer „strict and religious Instruction" aufgewachsen sind und die „Excellency of true Religion" kennengelernt haben; da aber die jungen Menschen leicht gegen die „Religion" eingestellt sind, empfiehlt er besondere Sorgfalt für die Erziehung[27]. In allem aber lehnt er den Verzicht auf die „reason" im Zusammenhang mit der „Religion" entschieden ab[28].

Scougal kann bei den praktischen Anweisungen nicht nur, wie schon gesagt, von „instructions" sprechen, sondern auch davon, daß man die „Religion" ehren muß[29]. Diese Aussage befindet sich bezeichnenderweise im Zusammenhang mit der Feststellung notwendiger „submission to the Powers set over him by God"; durch sie wird ausgeschlossen, eine „Faction" seiner „profession of Religion" zu bilden, wie auch die Fürsten nicht gegen „Religious Professions and Practices" vorgehen dürfen[30]. Hier spricht Scougal denn auch von „Religious Worship"[31], wozu Versammlungen gehören, in denen vor allem das Sakrament als Leib und Blut des Herrn gefeiert wird[32].

---

[18] Ebd. 130.
[19] Ebd. 49–55.
[20] Ebd. 55; hier findet sich auch der Hinweis auf die Notwendigkeit des Heiligen Geistes, auf die Scougal später ausführlich eingeht, und dann unter dem Leitmotiv, daß der Geist „inwardly" wirkt, 98 Randbemerkung.
[21] Ebd. 58–61; es folgen Ausführungen über den Widerstand gegen Versuchungen, von 61 an.
[22] Ebd. 92.
[23] Ebd. 77.
[24] Ebd. 102.
[25] Ebd. 103.
[26] So das Thema des zweiten Teils, ebd. 97.
[27] Ebd. 104. In der Folge empfiehlt er die verschiedensten Übungen, Gebet, Fasten u.a. m.
[28] Vgl. bes. ebd. 124f. ferner bereits 123; hier, 123 findet sich die Kritik am Enthusiasten, der sich auf Gott beruft und dann tut, was er will.
[29] Ebd. 132.
[30] Ebd.
[31] Ebd. 133.
[32] Ebd. 134; daß die „Religion" nicht leichtgenommen werden darf, konstatiert Scougal, 136, und daß sie nicht einfach zu Vergnügen auffordert, 142.

Es überrascht, wenn man Scougals Position zusammenfassen will, in welchem Maße er einleitend die „Religion" als göttliches Leben in der Seele und als Vereinigung mit Gott beschreibt, woraus er dann die allgemeinen Praxen christlichen Lebens folgen läßt. Seine Regel, daß man die „Religion" besser durch Handlungen als durch Worte verdeutlichen kann, läßt bei aller Betonung des „inward principle" dann doch den untrennbaren Zusammenhang von Innen und Außen nirgends außer Betracht. Gleichwohl hat Scougal mit seinen Ausführungen einen wichtigen Beitrag für die weitere Entwicklung gelegt.

Charles Blount

Seine Überlegungen zur Unsterblichkeit der Seele stellt Charles Blount (1654–1693)[1] unter das nicht eigentlich im Zentrum stehende Stichwort „Anima Mundi"[2]. Es geht ihm nämlich in diesen Überlegungen um die Vorstellungen vom Status der Seele nach dem Tod. So beginnt er mit einer Vergewisserung, kein Atheist zu sein; als solchen bestimmt er denjenigen, der die Existenz Gottes in Abrede stellt und die Vorsehung leugnet[3]. Demgegenüber hält das ungebildete Volk den für einen Atheisten, der ihm in seiner Meinung widerspricht, während es selbst freilich der „Superstition" verfallen ist, die in der Angleichung Gottes an es selbst besteht[4]. Wer Blount vorwirft, *„Christianity* with *Paganism"* zu vergleichen, zeigt damit seines Erachtens nur die Unzulänglichkeit der eigenen „Religion", die dieser bekennt[5]. Demgegenüber verurteilt er die „Fanatics" und andere, die sich mit einem Ruf Gottes entschuldigen, das Werk des Teufels zu tun, etwa das Haupt des Souveräns abzuschlagen, und bezeichnet sie als Heuchler, die die „true Religion" verfälschen[6]. Für sich nimmt er sehr wohl in Anspruch, daß es eine wahre „Religion" gibt, und will keineswegs den Atheisten zugerechnet werden. Folglich wendet er sich in seiner Argumentation über die Seele nach dem Tod gegen die *„Heathens"*[7]. Er beruft sich dabei auf die Apostolischen Väter von Arnobius bis zu Tertullian, die ihre „Religion" gegen die Hei-

---

[1] Charles Blount trat bereits früh mit kritischen Schriften in Erscheinung, so etwa über die Vorstellungen des Zustands nach dem Tod. Im Gefolge von Thomas Hobbes übte er vor allem Kritik an den kirchlichen Verhältnissen seiner Zeit. Ob und in welchem Maße er als „Deist" bezeichnet werden kann, so Henning Graf Reventlow, Bibelautorität und Geist der Moderne, 471, steht dahin, wie Reventlow selbst, ebd. Anmerkung 6, notiert, da sich zu dieser Zeit kaum Umrisse des später sog. Deismus abzeichneten.

[2] Charles Blount, Anima Mundi: or, An Historical Narration of the Opinions of the Ancients concerning Man's Soul After this Life: According to Unenlightened Nature, London 1679; in: ders., The Miscellaneous Works, [London] 1695. – Zur leichteren Orientierung werden die Abschnitte mit der Sigle nr. in arabischer und dann nach einem Semikolon die Seiten dieser Ausgabe angegeben. Es gibt gleichfalls von 1679 noch eine andere Ausgabe mit abweichender Paginierung.

[3] Ebd. To the Reader A 2 r.

[4] Ebd. v.

[5] Ebd. A 3 r.

[6] Ebd. A 5 r.

[7] So die Überschrift der Abhandlung, ebd. 11.

den verteidigten, in deren Tradition er also stehen will; und wer etwas anderes annimmt, verrät damit nur seine eigene „Irreligion"[8]. So gestaltet Blount seine Abhandlung als Kritik an „Superstition"[9] oder „Impiety"[10].

Begründet sieht er die der Kritik bedürfenden Auffassungen von einem zukünftigen Sein speziell durch Gesetzgeber, die dem Volk eine solche Auffassung ins Herz pflanzten unter Berufung auf eine unsichtbare Macht, wodurch sie dieses ihren Anweisungen gefügig machten[11]. Auf solche Weise sind, wie er annimmt, die Vorstellungen von Göttern wie auch von der Existenz der Seele nach dem Tod entstanden, wobei im Laufe der Zeit die Begründung wechselte, insofern man diese Vorstellung nun nicht mehr durch „Faith" und Schriften, sondern durch das Licht der „Natural Reason" gegeben sah[12]. Als Devise für solches Argumentieren nennt er die Aussage eines antiken Schriftstellers *Credibile quia Impossibile*, die zu dem alten Spruch paßt: „*Quanto absurdius, tanto melius*"[13]. Die „Religion" mag nützlich für das Volk sein, aber Blount sieht Anlaß für die Annahme, daß (auch) die „Religion of Nature" den jeweiligen Interessen dient[14].

Im Streit über das Fortleben der Seele zieht er auch Desiderius Erasmus (1469 [1466?]-1536) heran, der diese Annahme nicht durch die „*humana Ratio*", sondern durch die „*Fides*" begründet sah[15]. Ebenso stützt er sich auf Pietro Pomponazzi (1462-1525)[16].

Angesichts der widersprüchlichen Positionen zwischen Glauben an die Gottheit und Atheismus hält Blount eine Lösung für schwierig; Philosophie und „Religion" vergleicht er mit zwei Rädern einer Uhr, die in entgegengesetzter Richtung laufen[17]. In die entgegengesetzte Richtung zu politisch motivierten Einrichtungen, die nichts als „Superstitions" darstellen, wendet sich die „true

---

[8] Ebd. nr. 1; 12.
[9] Vgl. etwa nr. 2; 13.
[10] Ebd. 16.
[11] Ebd. 14, vgl. 14–16 mit zahlreichen Beispielen der alten Geschichte. Daß der Mensch nach Meinung solcher Autoren ein „Ape cultivated" ist, vgl. nr. 12; 45.

Ausführlich begründet wird diese Auffassung noch einmal nr. 38; 120 „These are the chief Arguments that I find any where recorded by the Heathens, in defence of their wicked Opinions, which are answered by the impulses of every Man's own Heart; for the belief of a future state is implanted in every ones Nature, and this appears as well by the progress of Idolatry and Superstition, as of the true Religion: For no Religion of what kind soever, whether false or true, could have gotten so general a possession in the Hearts of Men, or have been so long entertained in the World, had there not been in Nature some sense of a future Being, which hath from the beginning made the Generality of Men so apt to receive Religious Instructions of any kind whatsoever, without which Foundation to work on, even *Sollon*, *Lycurguss*, and *Numa* might soon have abrogated their own Laws in despair."

Vgl. auch nr. 42; 126, daß Numa für die Römer „Ceremonies" einrichtete und dem rohen, barbarischen Volk, welches das Königtum durch Gewalt erhalten hatte, die „love of Piety, Justice and Religion" zu vermitteln.

[12] Ebd. nr. 9; 31
[13] Ebd. nr. 26; 89.
[14] Ebd. nr. 19; 64f.
[15] Ebd. nr. 28; 92.
[16] Ebd. 94; natürlich führt Blount auch die Epikureer an, etwa nr. 31; 96–100.
[17] Ebd. nr. 34; 107.

Religion", die sich schlicht gibt, wie dies bei der „Christianity" und speziell bei der „Reformed Religion" der Fall ist und was „Heathenism and Mahometanism" nicht vermögen[18]. „Devotion" besteht demnach weniger in Gebeten als in dem „Thy will be done" des Vaterunsers[19].

Die Frage nach der Unsterblichkeit aber verschleiert Blount mit Hinweisen auf Cicero[20] oder Pythagoras, den er ausführlich zitiert mit den beiden Schlußversen, daß der sterbende Pythagoras dem „Pater almus" glaubend folgt und dorthin geht, wohin dieser ihn führt[21]. Wer die Unkenntnis über den Status der Seele nach dem Tod nicht hinnehmen will, wird irregeführt zwischen Philosophie und, wie Blount nun sagt, „Superstition"[22].

Schwerlich läßt sich entscheiden, ob Blount nun tatsächlich die Unsterblichkeit der Seele als solche bezweifelt. Eindeutig tritt nur seine Polemik gegen alle Vorstellungen zutage, die hiermit verbunden sind. Grundsätzlich dürfte er auch eine Verehrung eines göttlichen Wesens nicht in Frage stellen, wohl aber hebt er ihre Akzentuierung deutlich hervor, nämlich mit der These von der „Religion" als Erfüllung des göttlichen Willens. Die Zurückweisung des Atheismus im Vorwort dürfte nicht einfach rhetorisch und verschleiernd gemeint sein. Die Kritik an Zuständen der „Christianity" in seiner Zeit bleibt insgesamt recht implizit.

In seiner ein Jahr später veröffentlichten Abhandlung über den Götzendienst und die Opfer der Heiden[23] beginnt Blount mit der Feststellung, die „Religion" mache eine gute „Nature" besser und eine schlechte schlechter; dabei will er aber nicht gegen die „true Religion", sondern nur gegen die „ill Constitutions" vorgehen[24]. Im Zusammenhang mit der Zurückweisung von Atheismus und „Superstition" vermerkt er dann, daß sich die Philosophie an „Reason" und die „Religion" an die „Passion" richtet[25]. In dieser Aussage darf man freilich eine noch zurückhaltende Verbindung von „Religion" und Emotionalität sehen.

Hier weist Blount auch auf die Unbegreiflichkeit des unsterblichen Gottes hin, von dem sich alle „Religions" herleiten wollen; aus dieser Annahme leitet er ab, daß jemand, der die exzellenteste „Faith" haben möchte, alles prüfen muß mit der Konsequenz, das Gute zu wählen und das Schlechte zu lassen[26]. Aber alle „Religions" mit Ausnahme der eigenen sieht Blount durch die Interessen des Klerus verdorben[27]. Vordergründig kritisiert er hier speziell die „misteries of the

---

[18] Ebd. nr. 42; 126f.
[19] Ebd. nr. 43; 128.
[20] Ebd. nr. 43; 130.
[21] Ebd. 131f.
[22] Ebd. 133.
[23] Charles Blount, Great is Diana of the Ephesians: Or, The Original of Idolatry. Together with the Politick Institution of the Gentiles Sacrifices, London 1695, angebunden an: ders., Miscellaneous Works; die Arbeit wurde erstmals veröffentlicht 1680. – Im Folgenden werden wiederum die Abschnitte mit der Sigle nr. und nach einem Semikolon die Seiten in arabischen Ziffern angegeben.
[24] Ebd., The Preface F 3 r f.
[25] Ebd. v.
[26] Ebd. 4 r.
[27] Ebd.

ancient Heathenish Religions"[28]. Er will diese „Heathen Religions in general" kritisieren[29], die er durchweg als „Idolatry" bzw. als „Superstition" bezeichnet[30]. Dabei versteht er „Religion" als „Sacrifices, Rites, Ceremonies" und, wie er präzisierend hinzufügt, als „pretended Revelations"[31]. Während nun die Philosophen von Platon bis Epiktet um eine Kenntnis Gottes und eine „rational way", ihm zu dienen, bemüht waren, haben die Priester Lehren über Gott und die „Religion" vorgelegt und dabei möglichst von der „Reason" und dem Studium der Wahrheit weggeführt[32]. Demgegenüber fordert er die Christen auf, ihre „Religion" höher zu schätzen, da sie der Prüfung der „Reason" standhält[33].

Auch für die „Religion" vertritt Blount eine Verfallstheorie; daher nimmt er für sie wie für die Opfer ein gleich hohes Alter an und lokalisiert ihre Entstehung im Osten, näherhin in Ägypten; bald aber haben die Priester alles verdorben[34]. Die Christen ließen selbst so viel „impiety" zu, daß auch der Atheismus toleriert wurde[35]. Mit dieser Aussage macht Blount deutlich, in welchem Maße er mit der Kritik antiker „Religions" seine eigene Zeit meint.

War die ursprüngliche Verehrung Gottes einfach – sie vollzog sich vorrangig in dichten Hainen –, so wurden später Tempel errichtet und höchst feierliche Opfer dargebracht, zugleich aus Interesse an der „Religion" wie am „State"[36]. Hierin sieht Blount „the most prevalent way of Naturalizing a Religion to the People", und er fügt hinzu: „how false soever"[37]. Solche „Vulgar Religions" lehnt er ab[38] ebenso wie die „vulgar Faith", die er als die falscheste bezeichnet[39]. Er schließt mit dem bemerkenswerten Hinweis auf eine „inward Devotion"[40]. Doch kann es kein Zufall sein, wenn er nicht von ‚inward religion' spricht.

In seiner Abhandlung „Religio Laici"[41] nimmt Blount wesentlich auf die gleichnamige Schrift von Edward Lord Herbert von Cherbury Bezug, dessen

---

[28] Ebd. v.
[29] Ebd. Prooemium 1.
[30] Ebd. 2.
[31] Ebd. sect. 1; 3.
[32] Ebd. 6.
[33] Ebd. sect. 11; 26.
[34] Ebd. sect. 7; 14: „The Original of Sacrifices, seems to be as ancient as Religion it self; for no sooner had Men found out that there was a God, but Priests stept up and said, that this God had taught them in what manner he would be worshipped." Es folgt der Hinweis: „As Religion therefore seems to have began most anciently in the Eastern parts, or, as some will have it, in *Aegypt*". Vgl. aber auch sect. 15; 36f, mit einer noch vorsichtigen Bemerkung über die „ancient Religion of the Heathens", aber einer Ablehnung der Opfer, nun gekennzeichnet als Erfindung der Priester.
[35] Ebd. sect. 11; 28.
[36] Ebd. sect. 17; 40f, auch hier mit der Betonung der prachtvollen Kleider der Priester.
[37] Ebd. 42.
[38] Ebd. sect. 12; 29.
[39] Ebd. sect. 19; 44.
[40] Ebd. 45.
[41] [Charles Blount,] Religio Laici. Written in a Letter to John Dryden, London 1683. – Martin Schmidt, Blount, Charles, in: RGG³ I, 1324f, datiert diese Schrift auf 1682.

fünf Notae er auch wiedergibt und anschließend ausführlich interpretiert[42]. Einleitend stellt Blount zur Methode fest, eine unparteiische Untersuchung der „Religion" müsse entweder „all the several Religions" mitsamt ihren Kontroversen in den verschiedenen Zeiten, Sprachen und Ländern studieren oder aber die „Fundamental Articles" erörtern, die überall Zustimmung finden[43]. Da das mit der ersten Möglichkeit angedeutete Programm einer vergleichenden Untersuchung in einem exakten Sinn zu umfassend ist, hat sich Blount nun verständlicherweise für die letztere Möglichkeit entschieden. Er weist lediglich hin auf die Schwierigkeiten, aus der Kenntnis nur einer „Religion"[44] alle anderen „Religions" als „erroneous and false" beurteilen zu müssen[45]. Doch auch die Kenntnis, die als „*Supernatural* or Divine" gilt, führt nicht weiter[46]. So bleibt am Ende nur der Rekurs auf die „*Common Principles* of *Religion*"[47] und d.h. auf die fünf „*Articles*", die er mit einer nachdrücklichen Einleitung versieht und dann im Wortlaut wiedergibt[48]. Bemerkenswert erscheint speziell die Übersetzung des 3. Artikels, den Blount nämlich gegenüber der Vorlage um „Faith in, and Love to God" erweitert. In der ausführlichen Erläuterung dieses Artikels weist er auch ausdrücklich auf „*Love, Faith*, and *Hope* in *God*" hin[49]. An die fünf Punkte, die er noch einmal als „*Fundamental*" bezeichnet, fügt er einen ergänzenden Punkt hinzu, der aber den ersten Platz „in our Religion" einnehmen soll, nämlich die

---

[42] Nach H. von Reventlow, Bibelautorität und der Geist der Moderne, 472 Anmerkung 9, stellt diese Schrift eine Wiedergabe einer englischen Vorstufe der gleichnamigen Schrift Herbert von Cherburys dar, die dann mit dem gleichen Titel „Religio Laici" lateinisch gedruckt wurde. Insgesamt handelt es sich aber wohl weniger um eine direkte Wiedergabe als vielmehr um eine sich wesentlich auf Herbert von Cherburys stützende Schrift Blounts, vgl. die entsprechende Bemerkung Reventlows, ebd. 323, Anmerkung 53, hier unter Verweis auf G. Gawlick, Einleitung, in: E. Herbert von Cherbury, De Religione Gentilium. Zu den fünf Notae vgl. im folgenden mit Anmerkung 48.

[43] Ch. Blount, Religio, 3ff.

[44] Ebd. 6.

[45] Ebd. 7; im folgenden 8f, nennt Blount die griechischsprachigen Gebiete als Beispiele für die dort gelehrte „Religion (being *Ethnick* and *Pagan*)", die auf Schwächen und unsicheren Prinzipien beruhen muß. Dasselbe gilt, wenn man die „different Sects of Christian Religion" betrachtet, 11.

[46] Ebd. 13; im folgenden untersucht Blount Offenbarung und ihre verschiedenen Arten, etwa Visionen und Wunder, 14–47.

[47] Ebd. 47.

[48] Ebd. 48ff: „The *Articles* which I propose are *Five* in number; and the same which the great Oracle and Commander of his Time, for Wit, Learning, and Courage, *tam Marti quam Mercurio*, the Lord Herbert, Baron of Cherburys, delivered; and which (I am confident) are so *Catholique* or *Universal*, that all the *Religions* that ever were, are, or (I believe) ever shall be, did, do, and will embrace them. The *Articles* are these.
The Five Catholick or Universal Articles of Religion.
I. That true is One onely Supreme God.
II. That He chiefly is to be Worshipped.
III. That Vertue, Goodness, and Piety, accompanied with Faith in, and Love to God, are the best ways of Worshipping Him.
IV. That we should repent of our Sins from the bottom of our Hearts, and turn to the Right Way.
V. *And lastly*, That there is a Reward and Punishment after this Life." (Die Kursivierung der fünf Artikel im Original wurde nicht übernommen).

[49] Ebd. 53.

„Faith"[50], genauer, die „*Christian Faith*", wie sie in der Bibel enthalten ist[51]. Auf sie hebt er ab, nachdem er die auf Offenbarung beruhenden „Faiths" zurückgewiesen hat, ausgenommen jene, die auf einer Basis der „*Common Reason*" beruhen[52]. Hier führt er die christliche Kirche an, in der er geboren und in den „*Holy Doctrines*" erzogen wurde[53]. Da aber aufgrund der Differenzen zwischen den christlichen Kirchen keine Möglichkeit besteht, eine solide Begründung seiner „Faith" zu finden, erklärt er, als Laie die hieraus resultierenden Zweifel hinter sich lassen und sich auf den zweifelsfreien, allen Christen gemeinsamen Grund seiner „Faith" stützen zu wollen[54]. Damit sieht er aber auch die Hoffnung als begründet an, daß die „*Principal Sects* of the *Christian Religion*" in der Schrift einen Richter für ihre Kontroversen finden[55]. Er schließt dann mit einem Zitat von Justin, der als Christen bezeichnet, wer der „Rule of Reason" folgt[56]. Als Beispiele hierfür nennt er unter den Griechen Sokrates – der schon im Humanismus so gesehen wurde – und Heraklit sowie unter den Barbaren Abraham und Azarias; dann wiederholt er die Aussage Justins mit der Hinzufügung, daß sie für seine, Blounts Zeit ebenfalls gilt[57].

Aus der Sammlung von Texten mit dem Titel „The Oracles of Reason"[58] interessiert uns besonders die kurze Arbeit Blounts über die „Deists Religion"[59]. Aufschlußreich ist zu Beginn die Aussage von einem höchsten, unendlichen und vollkommenen Sein als „Deists Opinion"[60]. Es wird also noch nicht auf die Erschaffung der Welt und ihre selbsttätige Geschichte oder auf die Vernunft als besonderes Kennzeichen für die Deisten hingewiesen. Weiterhin findet sich die Aussage, daß es bei der „Deists Religion" nicht um Opfer geht, nicht um die Wiederherstellung der Kreatur nach der Sünde etwa durch einen „External Rite", sondern um Reue und Gehorsam; daher irren alle „particular Religions", als ob äußere Dinge oder bloße „Opinions of the Mind" Gott nach der Sünde versöhnen könnten[61]. Schließlich bedarf es keines Mittlers[62]. Es genügt vielmehr, Gott in all seinen Vollkommenheiten, die nachahmbar sind, tatsächlich nachzu-

---

[50] Ebd. 83.
[51] Ebd. 85.
[52] Ebd. 84f; hier 85, heißt es: „for all *Faiths* have been shaken, but those only which stand upon the *Basis* of *Common Reason*."
[53] Ebd. 85f.
[54] Ebd. 86f.
[55] Ebd. 89.
[56] Ebd. 95: „*That all those who lived according to the Rule of Reason, were Christians*".
[57] Ebd.: „*For all these who lived, or do now live, according to the Rule of Reason, are Christians, and in an assured quiet condition.*"
[58] Charles Blount, [Charles] Gildon and others, The Oracles of Reason, London 1693. – In dieser im Todesjahr Blounts erschienenen Sammlung befinden sich einige Texte von ihm, einige seines Freundes und Mitherausgebers Gildon und anderer.
[59] A Summary Account of the Deists Religion, ebd. 88–96. – Diese namentlich nicht gekennzeichnete Arbeit gilt als Text Blounts.
[60] Ebd. 88.
[61] Ebd. 88f.
[62] Ebd. 89.

ahmen[63]. Wenn dies geschieht, braucht der Mensch nicht zu fürchten, seine Seele nach dem Tod Gott anzuvertrauen[64]. Mit diesen Aussagen will Blount offensichtlich die Grundüberzeugung der „Deist's" benennen. Wo es heißt, alle verschiedenen Überzeugungen, von den Juden angefangen über die Mohammedaner bis hin zu den Sozinianern einschließlich der Deisten, zögen sich den Vorwurf der „Idolatry" zu, bedarf es nach Blount einer Spezifikation; denn gegen die Deisten erweist sich eine solche Klassifikation als gegenstandslos, weil sie nur einen höchsten immerwährenden Gott anerkennen[65]. Es folgt dann die wichtige Präzisierung, die „Morality in Religion is above the Mystery", verbunden mit der lateinischen Bestimmung der *„Religio"* als *„cum Deo amicitia"*[66]. In den folgenden kurzen Erläuterungen mit Argumenten aus der Geschichte[67] wird nur noch auf die Liebe abgehoben[68] sowie auf die Konsequenz, daß „our Religion" den Kreaturen Gutes tun muß, da dies dem Willen Gottes entspricht[69]. Wenn dann noch einmal vom „Deist" gesprochen wird[70], so kann daraus eine gewisse Identifizierung des Verfassers gefolgert werden, der unmittelbar zuvor von unserer „Religion" gesprochen hatte.

Ganz besondere Aufmerksamkeit verdient ein kurzer Text eines unbekannten Verfassers, den Blount und Gildon in ihre Sammlung aufgenommen haben[71]. In ihm wird mit besonderem Nachdruck die „Natural Religion" vertreten in Gegenüberstellung zur „Revealed Religion"[72] bzw. „Supernatural Religion"[73]. Zu Beginn wird die „Natural Religion" bestimmt als „Belief" eines ewigen geistigen Seins und als Pflicht, die wir diesem schulden, die die „Reason" ohne „Religion", ohne „Revelation" oder positives Gesetz aufweist[74]. Aus diesem Grundsatz folgen sieben Punkte, die an die fünf Notae der „Religio" bei Herbert von Cherbury erinnern, aber deutlicher die Pflichten der Gottesverehrung durch Gebet und Lobpreis sowie die Reue für Schuld in diesem Leben benennen[75]. Als

---

[63] Ebd.
[64] Ebd. 90.
[65] Ebd. 91.
[66] Ebd.
[67] Ebd. 92–96; hier, 92, wird z.B. die „Popish Religion" charakterisiert als „accommodated to the Sentiments of Mankind from precedent Religions".
[68] Ebd. 94f.
[69] Ebd. 95.
[70] Ebd.
[71] [A.W.,] To Charls Blount Esq.; Of Natural Religion, as opposed to Divine Revelation, ebd. 197–211. – Die Initialen finden sich am Ende des Textes, 211.
[72] Ebd. bes. 198ff, 204f.
[73] Ebd. 205f, 210.
[74] Ebd. 197.
[75] Ebd. 197f; der ganze Text lautet (die Kursivierung der ersten 6 Punkte wurde nicht übernommen): „Natural Religion is the Belief we have on an eternal intellectual Being, and of the Duty which we owe him, manifested to us by our Reason, without Revelation or positive Law: The chief Heads whereof seem contain'd in these few Particulars.
1. That there is one infinite eternal God, Creator of all Things.
2. That he governs the World by Providence.

interessant erweist sich auch die Explikation der Unsterblichkeit der Seele, von der Herbert von Cherbury selbstverständlich auch ausgeht, wenn er nämlich von Lohn und Strafe nach diesem Leben spricht. Immerhin dürften sich hieraus auch Rückschlüsse für Blount ergeben, der eher Jenseitsvorstellungen kritisiert haben dürfte, als daß er die Annahme eines Jenseits völlig abgelehnt hätte.

In dem Text über die „Natural Religion" wird dann entschieden die Ausrichtung dieser sieben Punkte und d.h. der „Natural Religion" auf unsere „future Happiness" betont, die von unserem Gehorsam gegen Gott abhängt und nicht von einer „Religion", die „supernatural" der ganzen Welt vermittelt worden ist[76]. Die Regeln der „Natural Religion or Morality", wie der Verfasser beide Aspekte miteinander verbindet, genügen für unsere „Happiness"[77]. Wenn dem nicht so wäre, gäbe es keinen „future state of Blessedness"; man würde folglich Gottes unendliche Güte leugnen, der für all seine Kreaturen die Seligkeit vorsieht, die ihre Naturen erfassen können[78]. Auch wird das Argument zurückgewiesen, eine „Natural Religion" sei zwar ausreichend, sie könne aber nicht entsprechend gelebt werden, weil dann nämlich der größere Teil der Menschheit nicht „happy" werden könne[79].

In diesen Überlegungen nennt der Verfasser zwei Aspekte, die zu notieren sind. Einmal charakterisiert er die „Natural Religion" als „innated", sodann rechnet er keineswegs nur mit einer einzigen „revealed"[80], vielmehr spricht er von „all Reveal'd Religion" und stellt von diesen fest, sie seien untereinander verschieden[81]. So kann er von einer „Natural and unreveal'd Religion" sprechen[82]. Ausdrücklich verteidigt er ihre Gültigkeit für die „Eternal Happiness"[83]. Diese „sufficency" gilt für „all Religions" abgesehen von ihren „outward Ceremonies" in den jeweiligen Ländern[84] und folglich auch für „new Religions", die

---

3. That 'tis our Duty worship and obey him as our Creator and Governour.
4. That our Worship consists in Prayer to him, and Praise of him.
5. That our Obedience consists in the Rules of Right Reason, the Practice whereof is Moral Virtue.
6. That we are to expect Rewards and Punishments hereafter, according to our Actions in this Life; which includes the Soul's Immortality, and is proved by our admitting Providence.
Seventhly, That when we err from the Rules of our Duty, we ought to Repent, and trust in God's mercy for Pardon."

[76] Ebd. 198; als Begründung nennt der Autor Amerika vor seiner erst 200 Jahre zurückliegenden Entdeckung, und wenn es dort eine „Revealed Religion" gab, so war es nicht die *„Christian"*.
[77] Ebd. 199.
[78] Ebd.
[79] Ebd.; der Verfasser unterstreicht: „for we hold that a Natural Religion will suffice for our Happiness; because it is the only general means proposed".
[80] Ebd. 200.
[81] Ebd. 201 (fälschlich 221); vgl. auch die eben zitierte Aussage, 198, von einer möglichen „Revealed Religion" in Amerika vor der christlichen.
[82] Ebd. 201.
[83] Ebd. 202: vgl. auch die ausführliche Zurückweisung von Objektionen gegen diese Annahme, 202–211.
[84] Ebd. 202f.

sich bilden können[85]. Die „different Worships" stimmen in ihren wesentlichen Vollzügen überein, in Gebet, Lobpreis, Übungen der Tugend und Buße, so daß die „Foundation" dieselbe ist[86]. Der Verfasser spricht also im Hinblick auf die „Religion" nicht von einer Identität ihres Wesens, die hinter den Formen (als Akzidentien) liegt, sondern beläßt es eher bei der Äquivalenz verschiedener Weisen der Gottesverehrung. Es geht darum, daß alle Menschen dasselbe wollen[87].

Wenn auch bei Blount und dem von ihm angeführten Anonymus nicht sämtliche Merkmale expliziert sind, die inzwischen für die Deisten als grundlegend angenommen werden, so findet sich doch als wesentlichste Annahme der Rekurs auf die Vernunft. Interessant ist, daß im Text des anonymen Verfassers sehr viel deutlicher von „Natural Religion" die Rede ist als bei Blount selbst. Überraschend ist aber darüber hinaus, daß Blount immerhin noch die Schrift als gemeinsames Fundament ansieht, auf das sich alle Christen gemeinsam beziehen, wobei er allerdings auch hier den Rekurs auf die Vernunft hinzufügt.

JOHN TOLAND

Selbstverständlich verdient John Toland (1670–1722)[1] Beachtung. In unserem Zusammenhang interessiert die Frage, ob seine Vorstellung von der „Religion" hiervon betroffen wird. Sein frühes und bekanntes kleines Werk „Christianity not Mysterious" stellt den ersten Teil eines Gesamtkonzepts dar, in dem das Christentum als mit der Vernunft kompatibel nachgewiesen werden sollte; Toland wollte als zweiten Teil eine „rational Explanation" der vermeintlichen Geheimnisse des Evangeliums und schließlich als dritten Teil den Aufweis der Wahrheit göttlicher Offenbarung gegen Atheisten und alle Feinde der „reveal'd

---

[85] Ebd. 203.

[86] Ebd.: „God may be pleas'd with different Worships, because we say that all Worships are included in Prayer, Praise, exercise of Vertue and Penitence, when we have done amiss: So that the foundation being the same, we labour not in the Superstructures, which are only Modes and Circumstances of Religion."

[87] Ebd. 206; es bedarf keiner „Supernatural Religion", denn die „Reasons" sind evident. Es braucht keinen Streit über „Religion", denn: „All men would embrace the same, and acquiesce in it".

[1] John Toland entstammte einer katholischen Familie; sein Vater war vermutlich katholischer Geistlicher, seine Mutter möglicherweise Französin, vgl. Gesine Palmer, Ein Freispruch für Paulus. John Tolands Theorie des Judenchristentums. Mit einer Neuausgabe von Tolands ‚Nazarenus' von Claus-Michael Palmer (= Arbeiten zur neutestamentlichen Theologie und Zeitgeschichte 7), Berlin 1996, 14. Er konvertierte mit 16 Jahren zum Protestantismus und wandte sich den Dissentern zu. Seit 1687 studierte er in Schottland Theologie und ging später nach England und Holland, wo er sich den Arminianern annäherte. 1693 kehrte er nach England zurück. Hier stand er den Latitudinariern nahe, von ihnen durch den Einfluß von John Locke getrennt. Durch sein einschlägiges Buch geriet er allerdings in heftige Kontroversen, die ihn nach Irland ausweichen ließen. Er starb völlig verarmt in London. Vgl. dazu Günter Gawlick, Einleitung, 6*–10*, in: John Toland, Christianity not Mysterious, London 1696, ND, mit einer Einleitung von Günter Gawlick, Stuttgart-Bad Cannstatt 1964; H. Graf Reventlow, Bibelautorität und Geist der Moderne, 480–503.

Religion" folgen lassen². Diese beiden nie verfaßten Teile hätten uns nicht minder interessiert.

In dem allein ausgeführten ersten Teil verfolgt Toland ein ausgesprochen apologetisches Ziel. Er will besonders gegen Atheisten oder Ungläubige[3] die Vernunft ebenso zur Geltung bringen wie die Offenbarung und zeigen, daß der Gebrauch der Vernunft in der „Religion" nicht so gefährlich ist, wie man gemeinhin meint[4]. Hier wie im folgenden erscheint „Religion" als selbstverständliche Bezeichnung, wobei Toland natürlich die „true Religion" annimmt, die er verteidigen will[5]. Er will dies mit Aufrichtigkeit und Einfachheit tun[6]. Wenn es dennoch Differenzen oder Unterschiede zu anderen gibt, so deswegen, weil auch viele Gesellschaften den Klang bestimmter Worte zu deren Erklärung für das Wesen der „Religion" halten[7]. An dieser selbst liegen aber solche – im Grunde also vermeintlichen – Unterschiede nicht, weil sie nicht von unseren Vorstellungen her modelliert wird, sondern immer dieselbe ist, und dies, weil sie Gott zum Urheber hat[8].

Für einfache Leute[9] will Toland nachweisen, daß die wahre „Religion" notwendig „reasonable and intelligible" ist[10]. Natürlich meint er die eigene christliche, die er als „most blessed, pure and practicable Religion" versteht[11].

Die eigentlichen Ausführungen des Buches stehen im Dienst des Nachweises, daß im Evangelium nichts gegen den Verstand[12] und vor allem nichts über den Verstand hinaus zu finden ist[13]. Es gibt also im Christentum keine Geheimnisse.

Erstaunlich wenig kommt Toland auf die „Religion" zu sprechen. Wo er eher theologische Fragen berücksichtigt, stellt er sie unter das Thema „the Nature of *Faith*"[14]. Es bleibt also dabei, daß „Religion" nur als generelle Bezeichnung vorkommt[15]. Einmal nennt Toland die „Substance of *Religion*", die sich in der Chri-

---

[2] Ebd. Preface XXVI; nach dem Hinweis, XXVIII, wollte Toland im dritten Teil prüfen, daß die „Christian Religion" göttlich geoffenbart ist.

[3] Ebd. VII.

[4] Ebd. VIII.

[5] Ebd. X.

[6] Ebd.

[7] Ebd. XII, vgl. auch die nähere Bestimmung XIVf.

[8] Ebd. XIII: „*Religion* is not to be modell'd according to our Fancies, nor to be judg'd of as it relates to our private Designs ... Religion is always the same, like God is Author, *with whom there is so Variableness, nor Shadow of changing.*"

[9] Vgl. etwa XIX, mit deutlicher Kritik an den verschiedenen „Doctrines", XIV, vgl. XIXff., sowie an „Systems", XXIV; vgl. XXI die Verwendung von „Sects" in neutralem Sinn, nämlich für „Jewish Rabbies, divided at that Time into Stoick, Platonick, and Pythagorean Sects", nämlich für Philosophenschulen; vgl. auch XXIX.

[10] Ebd. XXVII; vgl. XV, daß die „Religion is calculated for reasonable Creatures".

[11] Ebd. XXIII.

[12] So Section II, ebd. 23–66.

[13] So Section III, 67–173.

[14] So besonders im letzten Teil, Kap. IV, ebd. 124–158; hier findet sich auch „Belief" etwa 144, ohne besondere Differenzierung zu „Faith".

[15] So „Christian Religion" etwa ebd. 1, 97, 99; „our Religion" vgl. etwa 48, 88; vgl. 142, daß man in der „Religion" bleibt, in der man zuerst erzogen worden ist.

stenheit als „Religion naked to all the World" darstellt gegenüber der Fülle von „Ceremonies", die er als „mystical Representations of a merely arbitrary Signification" abtut[16], die für ihn nichts als Narrheiten sind[17]. Er resümiert, daß im Christentum als der „most perfect Religion" kein Geheimnis enthalten ist[18].

Anderweitige Recherchen vermögen dieses Ergebnis zu bestätigen. In wenig später edierten literarischen Briefen hat Toland unser Thema nur einmal des näheren berührt, nämlich in jenem Text, in dem er dem Ursprung und den Gründen des Heidentums nachgeht[19]. So sehr er hier durchaus wertend von „Idolatry" sowie von „Superstitions" spricht[20], so verwendet er doch auch die Bezeichnungen „Heathen Religions"[21] bzw. „peculiar Religions" einzelner Familien[22] oder verschiedener Völker[23]. An sich aber stellen „Religion and Reason" die verhaßten (weil sie kritisierenden) Hindernisse zu Götzendienst und Irrtum dar[24].

Besondere Aufmerksamkeit widmet Toland dem Ursprung des Götzendienstes, den er nämlich in falschen Vorstellungen der Heiden vom Tod gegeben sieht[25]. Herausragende Personen wie Könige und Gesetzgeber, aber auch Privatpersonen erfuhren nach ihrem Tod ein ehrendes Gedenken[26]. Seines Erachtens nahm der Götzendienst seinen Anfang nicht bei der Schönheit und Ordnung in der Welt oder beim Einfluß der Sterne auf sie, sondern beim Menschen[27]. Dann wurden auch die Sterne verehrt[28] oder andere Gegebenheiten zu Göttern erhoben wie Furcht und Hoffnung oder das Fieber[29] sowie schließlich Tiere[30]. Diese „Heathen Rites" lehnt Toland selbstverständlich als töricht ab[31].

---

[16] Ebd. 171f.
[17] Ebd. 173.
[18] So in der Zusammenfassung, ebd. 174. Er fügt hinzu, 176: „But it is visible to every one that they are the *Contradictions* and *Mysteries* unjustly charg'd upon *Religion*, which occasion so many to become *Deists* and *Atheists*. And it should be consider'd likewise, that when any, not acquainted with it, are dazl'd by the sudden Splendor of the *Truth*, their Number is not comparable to theirs who see clearly by its Light." – Hier findet sich dann auch eine Distanzierung zu Atheisten und Deisten, ein nicht unwichtiger Grund dafür, Toland nicht einfach den letzteren zuzurechnen.
[19] John Toland, Letters to Serena, London 1704, ND mit einer Einleitung von Günter Gawlick, Stuttgart-Bad Cannstatt 1964, 69–130: Letter III: The Origin of Idolatry, and Reasons of Heathenism.
[20] Ebd. 69.
[21] Ebd. 92, vgl. 119 „Religion of the Gentiles".
[22] Ebd. 74.
[23] Ebd. 71.
[24] Ebd. 100.
[25] Ebd. 87; vgl. 72f. die Feststellung, „that all Superstition originally related to the Worship of the Dead, being principally deriv'd from Funeral Rites".
[26] Ebd. 73; zur Verehrung etwa bei den Römern und Ägyptern vgl. 98–100.
[27] Ebd. 74; dies exemplifiziert Toland besonders auf Sokrates, vgl. 94–97.
[28] Ebd. 76, mit folgenden Hinweisen 76–81.
[29] Ebd. 90f.
[30] Ebd. 92f.
[31] So besonders ebd. 100–104; vgl. 119f. Ebenso setzt sich Toland kritisch von den zugehörigen Jenseitsvorstellungen ab, 105–112.

Am Ende seiner Ausführungen gibt Toland seinem Bedauern Ausdruck, daß es auch unter Christen einen neuen Götzendienst gibt[32], ganz abgesehen von den Heiden in den anderen Erdteilen[33]. Und wo der Götzendienst bei den Christen wieder aufgelebt ist, dürfen sie sich keineswegs auf Jesus Christus berufen[34]. Toland sieht seine Ausführungen als fälligen Tribut für „Religion and Truth"[35]; er richtet sie gegen den Götzendienst, der – wie er eingangs zur „Religion" sagte – zu allen Zeiten derselbe ist und in den überall „Religion und Truth" verwandelt werden können[36]. Und er fügt an, daß die „natural Religion" zuerst leicht und einfach war, daß aber Geschichten sie zum Geheimnis gemacht haben[37].

Ganz am Ende weist Toland auf diese „natural Religion" hin, die er also sehr wohl kennt, aber hier keineswegs näherhin erläutert. Sie liegt nicht in seinem besonderen Interesse[38].

---

[32] Ebd. 123.
[33] Ebd. 124–127.
[34] Ebd. 127f.
[35] Ebd. 128.
[36] Ebd. 129: „And indeed this whole Dissertation ... is a memorable Proof and Instance to what an astonishing degree of Extravagance human Nature is capable of arriving; and that in all times Superstition is the same, however the Names of it may vary, or that it may have different Objects, or be greater or less in degrees, as any Country has more or less Liberty of Conscience and free Speech. But if any shou'd wonder how Men cou'd leave the direct and easy Path of Reason to wander in such inextricable Mazes, let him but consider how in very many and considerable Regions the plain Institution of JESUS CHRIST cou'd degenerate into the most absurd Doctrins, unintelligible Jargon, ridiculous Practices, and inexplicable Mysterys: and how almost in every corner of the world Religion and Truth cou'd be chang'd into Superstition and Priestcraft."
[37] So in einem vierzeiligen Text, der, wie Toland 129, sagt, in aller Munde ist, 130: „*Natural Religion was easy first and plain, / Tales made it Mystery, Offrings made it Gain / Sacrifices und Shows were at length prepar'd / The Priests ate Roast-meat, and the People star'd.*" – Nicht mit „Religion" vermischt Toland die dreigeteilte Theologie Varros, „Poetical, Political, and Philosophical Theology", ebd. 120; letztere korrekt für die antike ‚philosophia naturalis'; vgl. auch [b 8 v].
[38] Derselbe Befund bestätigt sich in: John Toland, Nazarenus: Or, Jewish, Gentile, and Mohamedan Christianity, London 1718, in: Gesine Palmer, Ein Freispruch für Paulus, mit einer Neuausgabe von Tolands ‚Nazarenus' von Claus-Michael Palmer, (zweite Paginierung dieses Bandes) 8–145; zur „natural Religion" vgl. 81; zur „Religion" allgemein vgl. 19, 79, 85 f., 104; zur „true Religion" 88, zur „mechanical and artificial Religion" vgl. 19. Thematisiert wird im Anhang „The Jewish Nation and Religion", 133–139, aber auch hier ohne nähere Behandlung der „Religion".

Auch in der Behandlung von G. Palmer, Ein Freispruch, gibt es keine Anhaltspunkte für eine ausführlichere Erörterung der „Religion" bei Toland, vgl. hier 27 Anm. 29, 76 Anm. 180, 137 mit Anm. 347 sowie 141, hier „National Religion".

Keine weiteren Aufschlüsse ergab außer dem kurzen Brief von John Toland, An Apology for Mr. Toland, In a Letter from Himself to a Member of the House of Commons in Ireland; written the day before his Book was resolv'd to be burnt by ther Commitee of Religion. London MDCXCVII, 27–41, vor allem John Toland, Pantheisticon: Or, The Form of Celebrating the Socratic Society, London 1751.

Zusammenfassung

Auch für diese englischen Autoren ergibt sich ein uneinheitliches Bild. Durchgängig verwenden sie zwar „Religion" in selbstverständlicher Weise. Zudem akzentuieren sie im allgemeinen den sichtbaren Bereich, wie man besonders deutlich bei Thomas Browne oder bei Edward Stillingfleet sehen kann, der die Kompetenz des Magistrates erörtert. Zugleich aber gibt es nachhaltige Reserven gegen äußere Riten, verschiedentlich verbunden mit der Annahme eines Priesterbetrugs, wie sich bei John Spencer zeigt. Mit dieser Kritik an äußeren Vollzügen geht einher die Akzentuierung ethischer Einstellungen, die aus der „Religion" resultieren. Besonders John Wilkins, John Tillotson und Charles Blount haben diesen Aspekt herausgestellt. Durchgängig findet sich die Ansicht, daß diese „religion" selbstverständlich vernünftig ist. Überhaupt erscheint sie durchweg als natürliche „religion", selbst wenn sie bei vielen nicht eigens als solche herausgestellt wird. Doch ausdrücklich wenden sich ihr John Wilkins, John Tillotson sowie der von Charles Blount in seine Sammlung aufgenommene Anonymus zu.

Demgegenüber ist die Akzentuierung einer „affection" oder von „affections" selten. Eigentlich haben nur John Wilkins und Ralph Cudworth auf sie abgehoben.

Von tradierten Wegen hat sich am meisten Henry Scougal entfernt, wenn er die wahre „religion" als Vereinigung der Seele mit Gott als Liebe bestimmt. Lediglich im Ergebnis kommt er dann mit anderen englischen Autoren überein, daß es sich nämlich in der Folge der Liebe Gottes auch um Nächstenliebe handeln muß. Nahe kommt ihm allenfalls Charles Blount, wenn er die ethisch gewendete „religion" zugleich als Freundschaft mit Gott bestimmt.

Grundlegende Innovationen insbesondere aufgrund einer „religion", die wesentlich im Inneren situiert ist, haben sich nicht ergeben. Auch mit verschiedentlicher Betonung der „Faith", wie sie sich bei William Chillingworth, Ralph Cudworth, Edward Stillingfleet oder schließlich Henry Scougal findet, so verschieden deren Konzeptionen untereinander sein mögen, läßt von deren Ablösung und Ersetzung durch die „religion" noch nicht einmal einen Anschein erkennen. Der Tenor liegt insgesamt eher darauf, die Vernünftigkeit herauszustellen, derzufolge es keine Geheimnisse mehr gibt, wie dann ausdrücklich John Toland formuliert hat.

Am Beginn der Aufklärung

9. Loslösung der „religio" von Konfessionen

URIEL DA COSTA

Spätestens seit Pierre Bayles „Dictionnaire"[1] wird Uriel da Costa (um 1585–1640)[2] erwähnt, wenn es um die Bestreitung des Glaubens an Gott in einer der Traditionen geht, die ihre Überzeugung für die allein wahre halten und die anderen entsprechend ablehnen. Zweifellos stellt das Schicksal dieses Marranen besonders drastisch die außerordentlichen Belastungen dar, welche die konfessionellen Auseinandersetzungen mit sich brachten. War sein Vater nämlich gläubiger Christ[3] und er selbst katholisch herangewachsen, so kamen ihm während seiner juristischen Studien Glaubenszweifel; in deren Folge las er die Bücher Mose und fand sie so überzeugend, daß er insgeheim zum Glauben seiner Väter zurückkehrte, deswegen emigrierte und nun in seiner neuen Heimat Amsterdam in um so größeren Schwierigkeiten mit der Synagoge geriet, die ihn schließlich zum Suizid führten[4].

---

[1] Vgl. den diesbezüglichen Hinweis von Carl Gebhardt, in: Die Schriften des Uriel da Costa. Mit Einleitung / Übertragung und Regesten hg. von Carl Gebhardt (= Bibliotheca Spinozana 2), Amsterdam, Heidelberg und London MCMXXII, 227. – Die Autobiographie „Exemplar humanae vitae" findet sich 105–123, deren deutsche Übersetzung 124–146. Im folgenden wird die lateinische Fassung zitiert.

[2] Dieser Name dürfte ursprünglich sein, vgl. dazu ebd. 260 mit Hinweis auf Philipp van Limborch, der die ursprünglich portugiesische Version des Namens Gabriel à Costa in Gabriel Acosta änderte, vgl. Philippus a Limborch, De Veritate Religionis Christianae (s. o. zu Limborch sowie u. Anm. 6)), 354. Am Ende seiner Autobiographie, aaO. 123, nennt da Costa sich selbst „Gabriel à Costa". Dieser christliche Name wurde von den Juden, zu denen er ging, geringfügig geändert, so daß er, wie er selbst schreibt, „Vriël" (bei Limborch „Uriel" geschrieben) genannt wurde.

[3] Uriel da Costa, Exemplar humanae vitae, 105.

[4] Die zwangsweise Christianisierung der Juden erfolgte in Spanien seit 1492 und in Portugal seit 1496, in deren Folge sehr viele Juden emigrierten und einmal rund um das Mittelmeer, sodann besonders in Städten wie Amsterdam eine neue Heimat fanden. Die in ihrer alten Heimat blieben, assimilierten sich teils, teils praktizierten sie in ihren Familien weiter ihre jüdische Tradition. Uriel da Costa erzählt in seiner Autobiographie, daß er zunächst in Coimbra Rechtswissenschaften studiert und dort eine Anstellung als Schatzmeister eines Klosters gefunden hatte, daß er und durch ihn auch seine Brüder und seine Mutter sich wieder zum Judentum zurückwandten und sie alle nach Amsterdam emigrierten. Zwischenzeitlich hielt er sich dann in Hamburg auf, ging anschließend aber wieder nach Amsterdam zurück, wo er ein erstes Mal und aufgrund einer Anzeige ein zweites Mal exkommuniziert wurde. In der Folge versuchte er, aus Rache seinen Denunzianten zu töten und sich durch eine Selbsttötung allen weiteren Nöten zu entziehen. Als die Rache mißlang, blieb ihm nur die

Unter den wenigen erhaltenen Schriften da Costas bleibt seine portugiesische Schrift „Sobre a mortalidate da alma do homen" von 1523 ohne Befund[5]; hatte gerade seine Überzeugung von der Sterblichkeit der Seele ihm in besonderer Weise Schwierigkeiten bereitet, so bezog sie sich jedoch nicht auf irgendetwas, was mit der ‚religion' zu tun hatte.

Demgegenüber besitzt die Autobiographie eine außerordentliche Bedeutung. Sie liegt uns nur in lateinischer Fassung vor, die als Anhang in einer Schrift von Philipp van Limborch „De Veritate Religionis Christianae" von 1687 erschien[6]. Dieser hatte das Manuskript aus dem Nachlaß seines Großonkels Simon Episcopius (1583–1643) erhalten, der als Arminianer die gemäßigte Richtung auf der Dordrechter Synode von 1619 vertreten hatte[7]. Wie dieser in den Besitz der Autobiographie da Costas gekommen ist, konnte m.W. bislang noch nicht aufgeklärt werden. Jedenfalls hat sich die Druckvorlage Limborchs erhalten, die mit ihren verschiedenen Korrekturen den Schluß nahelegt, daß es sich hier um eine Übersetzung handelt[8]. Ein portugiesisches Original hat sich nicht erhalten, doch dürfte es einigermaßen überzeugend sein, daß da Costa seine Autobiographie portugiesisch geschrieben hat[9]. Wenn also auch kein Original existiert und wenn manche Unzulänglichkeiten der Übersetzung nicht ausgeschlossen werden können, so dürfte doch die wesentliche Argumentation da Costas erkennbar und zutreffend überliefert sein.

Einleitend stellt da Costa fest, daß er einer Familie entstammt, die zur „Christiana relligio (sic!)" gezwungen worden war und daß er selbst in dieser „religio Christiana Pontificia" aufwuchs, um derentwillen er Unglaubliches erlitt[10]. Als er am Glauben und am ewigen Heil zu zweifeln begann, lernte er die Schwierigkeit kennen, eine „religio" aufzugeben, die er von Beginn seines Lebens an gewohnt war und die sich durch die „fides" tief verwurzelt hatte[11]. Eine solche Relation von „religio" und „fides", wie sie da Costa hier vornimmt, versteht sich nicht von selbst. Sie entstammt auch nicht einfach der Tradition. Im Zusammenhang mit dieser Aussage, daß also durch letztere erstere sich tief einwurzeln kann, trifft da Costa eine Relationsbestimmung von Glaube und Vernunft, daß

Selbsttötung. Die besondere Problematik lag wohl darin, daß die noch relativ junge Amsterdamer Synagoge sich gegenüber anderen Synagogen und hier wohl vor allem gegenüber derjenigen von Venedig als wahre jüdische Synagoge erweisen mußte und folglich um so empfindlicher und rigoroser auf Infragestellungen der jüdischen Tradition reagierte. Vgl. dazu die ausführliche Einleitung von C. Gebhardt, ebd., bes. XXVI–XXXIII, unter Verwendung von Mitteilungen Limborchs.

[5] Ob weitere Schriften von den Juden vernichtet wurden, so Jesus Cantera, Acosta, Gabriel, in: LThK² I, 113, kann hier auf sich beruhen bleiben.

[6] Philippus a Limborch, De Veritate Religionis Christianae Amica Collatio Cum Erudito Judaeo, Goudae MDCLXXVII, vgl. die Angabe bei C. Gebhardt, aaO. 259f.

[7] Ebd.

[8] So C. Gebhardt, aaO. Anm. 260f. Daß diese Autobiographie christlich und antijüdisch überarbeitet wurde, findet sich bei Jan Nicolaas Bakhuizen van den Brink, Da Costa, Uriël, in: RGG³ II, 1f; in der genauen Kommentierung von Gebhardt findet sich keine derartige Bemerkung.

[9] C. Gebhardt, aaO. 260f.

[10] U. da Costa, Exemplar humanae vitae, aaO. 105.

[11] Ebd. 106.

nämlich angesichts der möglichen Unsicherheiten der Vernunft der Glaube an das jenseitige Heil unverläßlich erscheint[12]. Nachdem da Costa in seiner Heimat keine Möglichkeit sah, frei das Gesetz des Mose zu befolgen und diese „religio" zu bekennen[13], emigrierte er mit der Folge, daß er damit seinen Zweifeln nicht entrinnen konnte, die sich nun am Gesetz des Mose einstellten; denn angesichts der Fülle von Gesetzesvorschriften stieß er auf Widersprüche im Gesetz des Mose[14] sowie darauf, daß in ihnen nirgends die Unsterblichkeit der Seele verzeichnet ist[15]. Deswegen erhob der Synagogenvorstand beim (christlichen) Magistrat Anklage, weil da Costa sich hiermit auch gegen die „Christiana religio" verfehlte[16]. Nach gebührender Bestrafung und Verlust der Bücher griffen die Zweifel bei da Costa auf das Gesetz des Mose überhaupt über, daß es gar nicht von Mose stamme, sondern später erlassen worden sei. So kam er zur Annahme einer hinter Mose zurückliegenden „lex naturae", die sich nicht mit Gott als Urheber der Natur im Widerspruch befinden kann[17]. Sein Versuch, sich dennoch wieder in die Gemeinschaft seines Volkes einzugliedern, scheiterte neben einer Denunziation vor allem durch die Hinterhältigkeit zweier Ankömmlinge aus London, denen da Costa auf ihre Frage davon abgeraten hatte, als Nichtjuden zur „religio" der Juden überzutreten[18]. Wegen dieser Vorkommnisse sah er sich heftigen Verfolgungen ausgesetzt. Das Bußverfahren, das er nach längeren Jahren erneuter Exkommunikation auf sich nahm[19], brachte keine Aussöhnung, sondern vertiefte die Überzeugung, von einer „vana religio" getäuscht worden zu sein, die zu bekämpfen ihm besser schien als die Wahrheit zu unterdrücken[20]. Es überrascht, in welchem Maße da Costa die „religio" beachtete und an ihr scheiterte.

Im Ergebnis muß da Costa sich sagen lassen, keine „religio" zu haben, nämlich kein Jude, Christ oder Mohammedaner zu sein[21]. Dem hält er entgegen, eine „religio" zu kennen, die wahrhaft eine solche ist; diese aber besteht darin, daß alle Menschen mit Ausnahme der Juden[22] die sieben Gebote des Noah und

---

[12] Ebd. 106: „Quia vero difficile religio poterat deseri, cui a primis incunabilis assuetus fueram, et quae per fidem altas jam radices egerat, in dubium vocavi (accidit hoc mihi circa vigesimum secundum aetatis annum), possetne fieri, ut ea, quae de altera vita dicebantur, minus vera essent, et utrum fides talibus data bene cum ratione conveniret; siquidem ipsa ratio multa dictabat, et perpetuo insinuabat in aurem, quae valde erant contraria."
[13] Ebd.
[14] Ebd. 107f.
[15] Ebd. 108f.
[16] Ebd. 109.
[17] Ebd. 110.
[18] Ebd. 111.
[19] Ebd. 113ff.
[20] Ebd. 116.
[21] Ebd. 117.
[22] Ebd. 117, hier mit der Feststellung, daß die Juden das ganze, später erfundene Gesetz des Mose halten.

anderer vor Abraham halten, was zur Erlangung des Heils genügt. Gegenüber dieser von da Costa in Übereinstimmung mit dem (fiktiven) Gesprächspartner nicht näher bestimmten „religio"[23] hat der Pharisäer, den da Costa dann gleichfalls anspricht, jene erste „lex" vergessen, die von Anfang an besteht und immer sein wird, so daß dieser nur noch von den später entstandenen „leges" spricht, jedoch allein seine eigene „lex" anerkennt; dabei geht es um die von der „recta ratio" als Norm der „naturalis lex" eröffnete Möglichkeit, ein Urteil über diese jüdische „lex" zu fällen[24]. Somit nimmt da Costa eine „lex ... primaria" an, die allen Menschen gemeinsam und eingeboren ist aufgrund der Tatsache, daß sie Menschen sind[25]. Was immer sich als das Beste im Gesetz des Mose und in allen anderen Gesetzen findet, enthält bereits die „lex naturae" als die „naturalis norma"[26]. Der Objektion, daß die „lex Mosis vel Evangelica" höher stehe[27], hält da Costa die Praxis beider Traditionen entgegen; denn durch das Abweichen von dieser „naturalis lex" etwa im Verhältnis zwischen Eltern und Kindern sind schwerwiegende Störungen entstanden, wie sie das mosaische Gesetz, das schließlich nur eine „lex positiva" darstellt, bzw. die von den Menschen schlecht erfundene „falsa religio" befiehlt[28]. Wie wenig die Angst vor ewigen Strafen vermag, zeigen gerade jene, die um der „Religio" willen töten[29]. Wenn die Gegner auch nur einen Schatten der „Religio vera" besäßen[30], hätten sie da Costa nicht antun können, was er erleiden mußte. Statt aber gerechte und vernünftige Gesetze aufzustellen, der rechten Vernunft zu folgen und gemäß der menschlichen Natur zu leben, verstoßen seine Gegner gegen diese Natur, erfinden Gesetze, die von ihr abweichen, und mißbrauchen dazu den Deckmantel der „Religio"[31]. Seine Anklage läßt da Costa in die Aussage münden, daß Jesus von Nazaret, soll-

---

[23] Ebd. 117: „Jam audio te fatentem, unam te adhuc noscere religionem, quae vere religio est, et cujus medio homines possunt Deo placere. Si enim gentes omnes, exceptis Judaeis (oportet, ut vos semper ab aliis separemini, nec cum plebeis et ignobilibus conjungamini) servent praecepta septem, quae vos dicitis Noam servasse, et alios, qui ante Abrahamum fuerunt, hoc illis satis est ad salutem. Iam ergo est aliqua religio per vos ipsos, cui ego possum inniti, etiamsi a Judaeis originem ducam".
[24] Ebd. 118: „O! caece Pharizaee, qui oblitus illius legis, quae primaria est, et a principio fuit, et erit semper, tantummodo mentionem facis aliarum legum, quae postea esse caeperunt, et quas tu ipse damnas, tua excepta, de qua etiam, velis nolis, alii judicant secundum rectam rationem, quae vera norma est illius naturalis legis, quam tu oblitus fuisti, et quam libenter vis sepelire, ut gravissimum, et detestandum jugum tuum super cervices hominum imponas, et eos a sana mente deturbes, ac insanientibus similes reddas."
[25] Ebd.: „Dico igitur hanc legem omnibus hominibus esse communem et innatam, eo ipso quod homines sunt. Haec omnes inter se mutuo amore colligat, inscia divisionis, quae totius odii, et maximorum malorum causa et origo est. Haec magistra est bene vivendi, discernit inter justum et injustum, inter foedum et pulchrum."
[26] Ebd.
[27] Ebd. 119.
[28] Ebd. 119f.
[29] Ebd. 120.
[30] Ebd. 121.
[31] Ebd. 122.

te er gegenwärtig in Amsterdam predigen, abermals gegeißelt würde, wenn es den Pharisäern gefiele[32].

Die Autobiographie da Costas mag in ihrer antijüdischen Tendenz von späterer Hand gefärbt sein. Doch wird man davon ausgehen dürfen, daß sie seine Konzeption unverfälscht genug wiedergibt. Demnach hat er ein dem Gesetz des Mose vorausgehendes noachitisches Gesetz angenommen, das er mit der „lex naturalis" identifiziert; nicht eindeutig kennzeichnet er, ob die „religio" eher diesem Gesetz folgt oder ob umgekehrt dieses Gesetz die „religio" beachtet. Immerhin läßt er den gegnerischen Gesprächspartner zugestehen, daß dieser (irgend)eine und d.h. die wahre „religio" kennt, um von dieser entscheidenden Stelle an von „lex" zu sprechen[33].

Diese vor 1640 entstandene und seit der Publikation durch Limborch 1687 auch öffentlich bekannte Konzeption stellt eine höchst bedeutsame These dar: An dieser eben genannten entscheidenden Stelle sagt da Costa neben „religio" auch „lex" bzw., wenn auch nur einmal, „leges"[34]. Demgegenüber verwendet er nicht ausdrücklich den Plural ‚religiones'; einmal sagt er lediglich „illae", ohne das Substantiv im Plural hinzuzufügen[35], und von „religiones" spricht er nur in einer Negation[36]. In der Vermeidung dieses Plurals nimmt er im Grunde die auch bei ihm ausdrücklich formulierte Antithese von „Religio vera" und „falsa religio" auf[37], kann es doch nur eine einzige wahre „religio" geben. Wenn nicht alles täuscht, führt er mit dem Wechsel von „religio" zu „lex" den mittelalterlichen und bis ins 16. Jahrhundert hinein gängigen Sprachgebrauch weiter, nach dem als gemeinsamer Oberbegriff für verschiedene Überzeugungen am ehesten „lex" in Frage kommt. Freilich werden auch diese anderen „leges" von dem Pharisäer, den da Costa anspricht, nicht anerkannt. Die demgegenüber von da Costa genannte „lex naturalis" gibt es denn auch nur im Singular. Daher wird man die Formulierung von der „lex Mosis vel Evangelica"[38] nicht unbedingt als Argument für den überkommenen Sprachgebrauch anführen können. Daß da Costa die Terminologie nicht zufällig gewählt hat, zeigt die Bezeichnung der sieben Gebote des Noah nicht als „leges", sondern als „praecepta".

Verzeichnet zu werden verdient, daß da Costa mit diesem Rückgriff auf Gebote, die Noah und, wie er eigens hinzufügt, andere vor Abraham beachtet haben, eine Tradition des Talmud aufnimmt, an die auch Maimonides erinnert hat[39]. Damit relativiert da Costa nicht nur das Gesetz des Mose, er formuliert

---

[32] Ebd. 123.
[33] Ebd. 117f, s.o. Anm. 25.
[34] Ebd. 118, mit der hier besonders wichtigen Einschränkung „mentionem facis aliarum legum".
[35] Ebd. 117; dagegen verwendet da Costa den Plural sehr wohl bei den „falsae superstitiones et ritus vanissimi" ebd. 116.
[36] Ebd. 117 mit der Aussage „non tam religiones vocas, quam a religione recessum".
[37] „Religio vera", ebd. 121; „falsa religio", 120, vgl. auch „vana religio", 116.
[38] Ebd. 119.
[39] Vgl. die Belege bei C. Gebhardt, ebd. 270, mit Verweis auf den Talmud Sanhedrin 56a, mit folgender Aussage: *„Sieben Gebote wurden den Noachiden befohlen, 1. das des Gehorsams gegen die Obrigkeit, ihre Gesetze und Organe, 2. das Verbot der Gotteslästerung, 3. das des Götzendienstes, 4.*

auch ein allen Menschen gemeinsames Fundament. Offensichtlich genügt es ihm, bis zu Noah statt bis zu Adam zurückzugehen. Den Grund dafür wird man in der alttestamentlichen Überlieferung suchen dürfen, nach der Gott zuerst mit Noah einen Bund geschlossen hat. Da Costa verwendet dieses Argument dann freilich nicht historisch, sondern systematisch: Die Gebote, die Noah und viele andere vor Abraham gehalten haben, stellen nicht nur den Beginn einer Reihe von Gesetzen, sondern den Anfang und damit sogleich die unüberbietbare Norm dar. Diese „lex", welche die „primaria" ist und die von Anfang an war und immer sein wird, hat der Pharisäer verlassen und verraten[40]. Die Argumentation mit der hier nicht ausdrücklich so genannten ‚lex antiquissima' wendet da Costa dann auch gegen den Pharisäer mit dem Vorwurf an, dieser erwähne Gesetze, die später entstanden seien[41].

Schließlich und vor allem aber identifiziert da Costa diese „norma" mit der Vernunft: Die „recta ratio" ist die „vera norma" dieser „naturalis lex"[42]. Damit macht er nicht nur jegliche Offenbarung überflüssig, sondern begründet zugleich die Möglichkeit einer allen Menschen zugänglichen „lex". Wenn das Gesetz des Mose und auch das evangelische Gesetz als überlegen gilt, weil es vorschreibt, die Feinde zu lieben, so erweist sich dies zwar von Natur aus als nicht einfach, aber auch nicht als unmöglich[43]. Was aber immer die „lex Mosis" an Bestem enthält, die Gemeinschaft zu berücksichtigen und dafür zu sorgen, daß die Menschen gut leben[44], dieses enthält die „lex naturae et norma recta", die dem Geist eigen ist[45]. Gut leben wir nicht, wenn wir allen möglichen Hirngespinsten nachjagen, sondern nur dann, wenn wir vernünftig leben[46]. Und eben dies heißt, Gott zu gefallen[47]. „Religio" aber bedeutet, diese sieben Gebote zu halten, auf die sich da Costa doch auch mit Zustimmung der Juden stützen darf, weil die Ju-

---

das der Blutschande, Unzucht, 5. das des Mordes, 6. das des Raubes, 7. das des Fleischgenusses von noch lebenden, nicht toten Tieren". Gebhardt weist auch auf Maimonides, Mischneh Thora, 14, hin: „*Jeder, der die sieben Gebote annimmt und gewissenhaft beachtet, gehört zu den Frommen der Völker und ist ein Erbe der zukünftigen Welt, und zwar sofern er sie annimmt und beobachtet, weil Gott sie im Gesetze vorgeschrieben und uns durch Moses offenbart hat, daß sie schon vorher den Söhnen des Noah vorgeschrieben waren"*.

[40] U. da Costa, Exemplar humanae vitae, 118.
[41] Ebd.
[42] Ebd.
[43] Ebd. 119.
[44] Ebd. 118.
[45] Ebd. 118f, in eine rhetorische Frage gekleidet: „Quid, quaeso, horum in se non continet lex naturae et norma recta mentibus inhaerens? Naturaliter filios diligimus, et parentes filii, frater fratrem, amicus amicum. Naturaliter volumus omnia nostra salva esse, et odio habemus illos, qui pacem nostram turbant, qui ea, quae nostra sunt, a nobis aut vi aut fraudibus auferre volunt. Ex hac voluntate nostra naturali sequitur apertum judicium, scilicet non debere nos ea committere, quae in aliis damnamus. Si enim alios damnamus, qui nostra invadunt, jam nos ipsos damnamus, si aliena invaserimus. Et ecce, jam facile habemus, quidquid praecipuum est in quacumque lege."
[46] Ebd. 119: „Non bene vivimus, quando multas vanitates observamus, sed vivimus bene, quando rationabiliter vivimus."
[47] Ebd. 117.

den die Tradition des Noah nicht ausblenden können⁴⁸. Zugunsten dieser „naturalis lex" bewertet da Costa jegliche „lex positiva" negativ, da sie sich von dem, was wir von Natur tun, entfernt⁴⁹.

Stellt da Costa also keine ausdrückliche Identifizierung von „religio" und „lex naturalis" bzw. „lex naturae" her, wie sie die „recta ratio" bietet, so darf doch als wahrscheinlich angesehen werden, daß er mit der Tradition als „religio" ansieht, diese „lex" recht zu beachten; speziellere Aufgaben und Verpflichtungen gegenüber Gott nennt da Costa nicht. Darin liegt eine ethisierende Wendung der „religio", die sich freilich erst später auswirkt. Ebenfalls kommt seine Konzeption der „religio" nicht unmittelbar zur Geltung. Aber da Costa hat eine solche „religio", die in der Befolgung des Gesetzes der Natur besteht, und damit eine vernunftgegebene und folglich allen Völkern gemeinsame „religio" formuliert. Qualifiziert wird sie dadurch, daß sie die erste ist und immer existent bleiben wird. Damit läßt sich die historische Vielfalt verschiedener und insbesondere sich gegenseitig bekämpfender Überzeugungen überwinden. Die schon zuvor bei Juan Luis Vives oder im Colloquium Heptaplomeres⁵⁰ zu findende besondere Würdigung einer solchen „religio" des Noah hat da Costa aus einer historischen und damit zeitlich begrenzten Bedeutung befreit und systematisch zur einzigen „religio" gemacht. Darin hat er auf Dauer wegweisend gewirkt.

BENEDICTUS DE SPINOZA

Selbstverständlich können Untersuchungen zur „religio" nicht an Benedictus de Spinoza (1632–1677) vorbeigehen[1]. Sein Lebensweg erinnert in wichtigen Aspekten an denjenigen Uriel da Costas, nur verliefen die Auseinandersetzungen nicht mehr so dramatisch; dies kann einmal daran liegen, daß Spinoza der nächsten Generation angehörte, zum anderen aber an seiner Zurückgezogenheit. Immerhin gab es noch genügend Anlaß für einen schwerwiegenden Konflikt.

---

[48] Ebd.

[49] Ebd. 119f: „Illud nunc videamus, nempe quae mala oriantur, quando a naturali lege plurimum declinatur. Diximus inter parentes et filios, fratres et amicos, naturale esse amoris vinculum. Tale vinculum dissolvit et dissipat lex positiva, sive illa sit Mosis, sive cujuscumque alterius, quando praecipit, ut pater, frater, conjux, amicus, filium, fratrem, conjugem, amicum, occidat vel prodat Religionis ergo, et aliquid vult talis lex majus et superius, quam ut possibile sit per homines impleri; et si impleretur, summum esset contra naturam scelus: illa enim talia horret."

[50] Vgl. E. Feil, Religio II, 38ff, 291f.

[1] Baruch Benedictus de Spinoza lebte in Amsterdam und erhielt von 1637 an eine jüdische Schulausbildung mit Hebräisch- und Talmudunterricht. 1649 trat er in das Geschäft seines Vaters ein und führte es nach dessen Tod 1654 mit seinem Bruder weiter. Nebenher betrieb er philosophische und naturwissenschaftliche Studien. 1656 wandte er sich vom Judentum ab und verfiel der Exkommunikation aus der Synagoge. Daher verließ er auch das väterliche Geschäft und seine Familie. Seinen späteren Lebensunterhalt verdiente er mit dem Schleifen von Linsen, zunächst in Amsterdam, dann in Den Haag, bis er einer Tuberkulose erlag. Ein Angebot von 1673, eine philosophische Professur in Heidelberg anzunehmen, schlug er aus, um unabhängig zu bleiben.

Als Sohn eines portugiesischen Marranen, der sich der Verfolgung durch Emigration entzogen hatte, lernte Spinoza in Amsterdam einmal die genuin jüdisch-rabbinische Tradition der Synagoge, zum anderen aber die relativ freizügige Mentalität dieser Stadt kennen. Nach der Trennung vom Judentum suchte er um so intensiver, klassische und philosophische Studien insbesondere auch zur Renaissance und zur Spätscholastik zu betreiben. Zugleich aber setzte er sich mit der zeitgenössischen Philosophie auseinander, wie sie vor allem Thomas Hobbes und René Descartes formuliert haben.

Von seinen Schriften hat Spinoza zu Lebzeiten nur den „Tractatus theologico-politicus", wenn auch anonym, 1670 erscheinen lassen; doch wurde die Autorschaft ziemlich rasch bekannt[2]. Die vor dem „Tractatus" verfaßte „Ethica" erschien erst postum 1677. Auch früher abgefaßte Schriften blieben entweder lange verschollen oder aber erschienen erst nach Spinozas Tod.

Da der „Tractatus" noch am ehesten für unser Thema von Bedeutung ist, soll er zunächst behandelt werden. Er entstammt und dient aktuellen Anlässen, nämlich den heftigen innen- und außenpolitischen Auseinandersetzungen, in denen sich die Niederlande seinerzeit befanden. Es ging darum, Frieden zu schaffen. Getragen wurden diese Bemühungen nicht zuletzt von Spinozas Freund Jan de Witt (1625–1672), der als Ratspensionär Hollands seit 1653 faktisch Leiter der nicht mehr unter der Statthalterschaft der Oranier stehenden Republik war, bis er bei einem Aufstand erschlagen wurde. Spinoza ging es darum, die Zuständigkeit der höchsten Gewalt zu erläutern insbesondere hinsichtlich jener sich heftig bekämpfenden Gruppen, die nicht zuletzt Glaubensgründe für ihre Feindschaft anführten. Daß mit diesem Problem auch sein persönliches Schicksal verknüpft war, zeigen gerade die detaillierten Auseinandersetzungen mit den rechtgläubigen Juden, die seine Überzeugung glaubten ablehnen zu müssen.

Es handelt sich um einen theologisch-politischen Traktat, wie der Titel zu Recht sagt. In ihm setzt Spinoza sich bevorzugt mit alttestamentlichen Themen auseinander und hierbei des näheren mit hermeneutischen und historischen Argumentationen, denen die Schrift als unmittelbares Wort Gottes a limine entzogen schien.

Unsere Fragestellung berührt Spinoza zunächst in Ausführungen über die „caeremoniae" im 5. und über die „fides" im 14. Kapitel sowie über das Verhältnis von „fides" und „ratio" unter der Überschrift von „Theologia" und „Ratio" im 15. Kapitel. Die abschließenden Kapitel wenden sich dann dem zentralen Anliegen zu, nämlich der politischen Kompetenz für die geistlichen Dinge.

---

[2] Baruch de Spinoza, Theologisch-politischer Traktat. Übertragen und eingeleitet nebst Anmerkungen und Registern von Carl Gebhardt (= Philosophische Bibliothek Bd. 93), Hamburg 1955, VI. – Die Arbeit von Alexander Samely, Spinozas Theorie der Religion (= Schriftenreihe der Spinoza-Gesellschaft 2), Würzburg 1993, war für unseren Abschnitt (der 1991 erarbeitet wurde) kein Anlaß zu nachträglichen Korrekturen. Insgesamt bleibt sie nicht präzise genug an den Texten, in denen ich eine „Theorie der Religion", so die Überschrift des zentralen Abschnitts II, nicht finden kann.

Mit „religio" befaßt sich Spinoza also nur im Interesse übergeordneter Fragestellungen. Mehr Aufmerksamkeit verwendet er auf die „fides". Diese besteht wesentlich im Gehorchen[3], so daß sie ohne Dogmen auskommt; folglich kann es über sie auch keinen Streit geben[4]; sie zielt nämlich nicht auf „veritas", sondern auf „pietas", wie Spinoza eigens sagt[5]. Noch nicht einmal hier verwendet Spinoza ‚religio'. Dazu paßt die Hinzufügung zum Titel des Traktats, derzufolge die „libertas philosophandi" nicht nur ohne Schaden für „pietas" und „Reipublicae pax", sondern nur mit ihnen zusammen gewährleistet werden kann[6]. Entsprechend schließt der Traktat mit einer letzten Bemerkung, die nun nicht mehr im Stil der Renaissance-Autoren der Kirche, sondern der höchsten Gewalt seines Vaterlandes gegenüber herausstellt, daß der Autor sich deren Prüfung und Urteil unterwirft, wenn er sich geirrt hätte, und er bekräftigt sein Bemühen, was er geschrieben hat, den Gesetzen des Vaterlandes, der „pietas" und den guten Sitten entsprechend zu formulieren[7]. Auch hier heißt es wie an anderen Stellen[8] wieder „pietas".

Aufschlußreich für die Bedeutung und Verwendung von „religio" bei Spinoza erscheint nicht weniger, daß er überraschend häufig „pietas et religio" bzw. „religio et pietas" gleichberechtigt nebeneinander verwendet. Diese Doppelung ergibt ein sicheres Zeichen dafür, daß „religio" die „pietas" noch nicht umfaßt[9], sowenig sie sich einfach als Hendiadyoin darstellt; denn die beiden Termini dürften auch bei Spinoza nicht deckungsgleich sein, wie sich noch ergeben wird.

„Religio" in der Kompetenz der obersten Gewalt

Die vorausgegangenen Einschränkungen gilt es zu berücksichtigen, wenn nun die verschiedenen Aussagen über die „religio" zusammengestellt werden. Dabei verdichtet sich natürlich der Eindruck dieser Aussagen allein schon aufgrund ihrer Konzentration. Es darf gerade hier nicht übersehen werden, daß Spinoza kein direktes Interesse an der „religio" zeigt.

Es dürfte schon an Hobbes gemahnen, wenn für Spinoza die „religio" nicht von Natur aus zum Menschen gehört, sondern eigens erlassen worden ist. Dies läßt sich bei Mose ersehen, der sie durch göttliche Kraft und Beauftragung in das

---

[3] Baruch de Spinoza, Tractatus theologico-politicus (= Spinoza Opera Bd. III), im Auftrag der Heidelberger Akademie der Wissenschaften hg. von Carl Gebhardt, Heidelberg 1972, XIV, 174. – Deutsche Ausgabe siehe vorige Fußnote, 251. – Im folgenden wird zunächst in römischen Ziffern das Kapitel und nach einem Komma in arabischen Ziffern die Seite der lateinischen Ausgabe (Außenpaginierung) zitiert, sodann folgt in Klammern die Seitenangabe der deutschen Ausgabe.
[4] Ebd. XIV, 177 (254).
[5] Ebd. 179 (257).
[6] Ebd. 3 (1).
[7] Ebd. XX, 247 (362).
[8] Vgl. ebd. 9 (10); VII, 111 (153), hier „vera pietas", ferner XIV, 179 (257f); XV, 180 (260); 184 (266), hier „vera pietas et fides"; XVII, 215f (314f); XIX, 232 (339), 235 (343); 236 (345); XX, 240 (351); 241f (354); bes. 233 (361f); ferner XVII, 215 (315) „devotio seu pietas".
[9] Vgl. ebd. XII, 160 (231); XV, 182 (263); XVI, 197 (285); XIX, 232f (339f); 236 (345); 237 (347).

Gemeinwesen einführte[10]. Im vorausgehenden „status naturalis" gab es sie also nicht, lebte in ihm doch jeder noch ohne „rationis usus" nach den Gesetzen des „appetitus", und dies nach dem höchsten „jus naturae"; von diesem „status naturalis" heißt es ausdrücklich, daß er von Natur und Zeit früher als die „religio" und d.h. vor dem „status religionis" bestand; er existierte somit ebensowohl ohne „religio" und Gesetz und ohne Sünde und Unrecht[11].

Demgegenüber sind die Menschen von Natur dem Aberglauben unterworfen[12], wie ihn die Furcht hervorbringt[13], die im Naturzustand herrscht[14]. Diese „superstitio" kann Spinoza auch „vana religio" nennen[15].

Aus diesem Ansatz folgt, daß die Menschen, die zunächst nach Recht und Einrichtung der Natur leben[16], es für nützlich halten, ihr Leben nach Gesetzen der Vernunft zu gestalten; dadurch erreichen sie, daß sie nicht mehr in Angst und Furcht leben müssen, sondern in Frieden aufgrund jenes Vertrags, in dem sie auf die Verwirklichung ihrer natürlichen Strebungen verzichten[17]. Auch das göttliche Recht datiert von jenem Zeitpunkt, an dem die Menschen durch einen ausdrücklichen Bund versprochen haben, Gott zu gehorchen[18].

Leben die Menschen dann im Vertrag, so hören sie damit grundsätzlich nicht auf, frei zu sein[19]. Doch unterstehen sie der von ihnen akzeptierten, auf ihrer freien Zustimmung beruhenden Regierung. Besonders exemplarisch sieht Spinoza dies im Staat der Hebräer realisiert. Denn auf den Rat des Mose übertrugen sie ihr Recht auf Gott[20]. Deswegen war in diesem Gemeinwesen Recht der Regierung zugleich Recht und Befehl Gottes, da in ihm bürgerliches Recht und „religio" identisch waren; „religio" bestimmt Spinoza hier als Gehorsam gegen Gott[21]. Daher waren die Lehrsätze, die „dogmata" der „religio", zugleich Rechtssätze, und wer von der „religio" abfiel, hörte auf, Bürger zu sein. Überra-

---

[10] Vgl. ebd. V, 75 (102).
[11] Vgl. ebd. XVI, 194 (286–288): „Et ideo status naturalis cum statu religionis minime confundendus, sed absque religione et lege, et consequenter absque peccato et injuria concipiendus". Vgl. dazu die Grundlegung XVI, bes. 189ff (273ff).
[12] Ebd. Praef. 6 (5).
[13] Ebd. 5 (4).
[14] Vgl. ebd. bes. XVI, 191 (276), auch V, 75 (102) u.ö.
[15] Ebd. Praef. 6 (5).
[16] Ebd. XVI, 190f (275).
[17] Vgl. ebd. 191 (276ff), vgl. auch die Weiterführung 192ff (277ff); XVII, 221 (323).
[18] Ebd. XVI, 198 (288). – In gewisser Spannung hierzu nimmt Spinoza, 189 (273), in seiner Grundlegung dieses Kapitels als Recht der Natur an, alles zu tun, was sie vermag, oder identifiziert diese Macht mit derjenigen Gottes: „naturae enim potentia ipsa Dei potentia est, qui summum jus ad omnia habet". Dann hebt er hiervon ein weiteres göttliches Gesetz ab.
[19] Ebd. 194ff (281ff); aufgehoben wird die Freiheit, wenn nicht nur der Zweck der Handlung, sondern auch ihr Grund erzwungen ist, 194 (281).
[20] Ebd. XVII, 205 (298).
[21] Ebd. 206 (299): „Imperium ergo Hebraeorum Deus solus tenuit, quodque adeo solum ex vi pacti Regnum Dei jure vocabatur, et Deus jure etiam Rex Hebraeorum: et consequenter hujus imperii hostes, hostes Dei, et cives, quid id usurpare vellent, rei laesae divinae Majestatis, et jura denique imperii, jura et mandata Dei. Quare in hoc imperio jus civile et Religio, quae, ut ostendimus, in sola obedientia erga Deum consistit, unum et idem erant."

schenderweise kann Spinoza hier zugleich von „pietas" sprechen, die in diesem Gemeinwesen als Gerechtigkeit gilt. Der Wechsel der Termini dürfte schwerlich schon ihre Identität bedeuten[22]. Denn letztere drückt den eher personalen Aspekt aus. So war die Liebe der Hebräer zu ihrem Vaterland zugleich „pietas", der der Haß gegen die übrigen Völker korrespondierte; und beide pflegten sie durch den täglichen „cultus"; Spinoza bescheinigt ihnen einen aus tiefer „devotio seu pietas" resultierenden, einen durch „pietas" geweihten Haß[23].

Demgegenüber bezieht Spinoza die „religio" eher auf die Beachtung von (äußeren) Vollzügen. Er konstatiert, daß die Hebräer die „summa templi reverentia" pflegten und alles, was zu beachten war, wenn man in den Tempel hineingehen durfte, „religiosissime" befolgten[24]. Hier scheint sehr deutlich die Grundbedeutung dieses Wortes durch, nämlich sorgfältig die gebührenden Handlungen und Bräuche zu vollziehen. So konnte Mose auch die „religio" im Sinn einer solchen Sorgfalt einführen[25], so konnte der spanische König die Juden zwingen, die „Regni Religio", und der portugiesische König, die „religio sui imperii" anzunehmen; in Befolgung dieses Befehls nahmen dann viele Juden die „pontificiorum Religio" an[26]. Und wenn in Japan die „Christiana religio" verboten war, konnte die „Societas Indiae Orientalis" den dort wohnenden „Belgae" gebieten, sich jedes äußeren „cultus" zu enthalten[27]. Dies bedeutet keinen einschneidenden Verzicht, da die christlichen „caeremoniae" nur „signa externa" darstellen, die nicht zur Seligkeit beitragen, sondern um der Gemeinschaft willen eingesetzt werden; wer also allein lebt, unterliegt keiner Verpflichtung zu ihrer Einhaltung, und wer in einem Gemeinwesen lebt, in dem die „Christiana religio" verboten ist, muß sich dieser „caeremoniae" enthalten[28]. Auch hier macht Spinoza deutlich, daß „externi cultus", „signa externa", „caeremoniae" und „religio" auf derselben Ebene liegen.

Spinoza dürfte somit seine Wortwahl nicht zufällig getroffen haben, wenn er für den Staat der Hebräer bürgerliches Recht und „religio" einerseits und „pietas" und Gerechtigkeit andererseits parallelisiert und daraus folgert, daß der aufhörte, bürgerlich zu sein, wer von der „religio" abfiel, und der als für das Vater-

---

[22] Ebd. 206 (299f): „Videlicet Religionis dogmata non documenta, sed jura et mandata erant, pietas justitia, impietas crimen et injustitia aestimabatur: Qui a Religione deficiebat, civis esse desinebat, et eo solo hostis habebatur, et qui pro Religione moriebatur, pro Patria mori reputabatur, et absolute jus civile et Religio nullo prorsus discrimine habebantur."
[23] Ebd. 215 (314f).
[24] Ebd. 217 (317), „religiosissime" in der deutschen Übersetzung mit „aufs gewissenhafteste" wiedergegeben.
[25] Ebd. V, 75 (102); diese Aussage findet sich im Kapitel und im Kontext ausführlicher Behandlung der „caeremoniae", die eingerichtet, „institutae", worden sind, 69–80 (93–109), und die der zeitlichen Wohlfahrt des Gemeinwesens dienen, 70 (94).
[26] Ebd. III, 56 (75), vgl. XIX, 236 (345) die Aussage, daß Könige und mit ihnen fast das ganze Volk schon oft von der „religio" abgefallen sind.
[27] Ebd. V, 76 (103).
[28] Ebd.

land gestorben galt, wer für die „religio" starb[29]. „Religio" liegt nach diesen Aussagen auf der Ebene von Recht, Institution, während Gerechtigkeit eine Tugend, eine Haltung bezeichnet, auf deren Ebene auch die „pietas" liegt.

Offenkundig wird dieser Befund dort bestätigt, wo Spinoza zeigen will, daß die „religio" Rechtskraft erlangte durch den Beschluß derer, denen das Recht zum Befehlen eigen ist, und daß „Religionis cultus, et pietatis exercitium" dem Frieden und der Nützlichkeit des Gemeinwesens angepaßt und deswegen von der höchsten Gewalt bestimmt werden müssen[30]. Er spezifiziert sodann sein Anliegen, nämlich nur von „pietatis exercitium et externi Religionis cultus" sprechen zu wollen, nicht aber von der „pietas" und dem „Dei internus cultus" oder den Mitteln, mit denen der Verstand „interne" disponiert wird zur Verehrung Gottes mit der „integritas animi"; denn der innere „cultus" und die „pietas" selbst gehören zum Recht jedes einzelnen, das nicht übertragen werden kann[31].

Hier findet sich die bedeutsame Antithese „internus" und „externus", freilich bezogen nur auf „cultus", nicht jedoch auf die uns speziell interessierende ‚religio'. Diese verbleibt demgegenüber auf der Seite äußerer Handlungen. Die wichtigste Formulierung „cultus religionis externus, et omne pietatis exercitium" wiederholt Spinoza wenig später[32]. Daß die „religio" nicht selbst als innerlich gelten soll, die durch den „cultus externus" ihr äußeres Zeichen erhält, darf aus der verschiedentlich wiederkehrenden Aussage abgeleitet werden, daß sie Rechtskraft erlangen kann[33]. In dieser speziellen Hinsicht heißt es nicht einfach ‚pietas'. Selbst wenn dieser Terminus mit „religio" auch im weiteren Umfeld eng miteinander verbunden und mehrfach zusammen erscheint[34], wenn es auch „religionis exercitium" heißen kann[35], beide gelernt werden können[36] und beide der allgemeinen Nützlichkeit entsprechen müssen[37], so dürfte sich doch der Unterschied deutlich genug ergeben: Grundsätzlich steht die „religio" institutionellen Gegebenheiten nahe, ist sie es, die Rechtskraft erlangen und im günstigsten Falle identisch mit Rechtssätzen sein kann. Nicht von ungefähr greift Spinoza auch hier wieder auf Mose zurück, der das Gemeinwesen insgesamt

---

[29] Ebd. XVII, 206 (299), s.o.
[30] Ebd. XIX, 228f (335).
[31] Dieser wichtigste Text lautet, ebd. 229 (335): „Loquor expresse de pietatis exercitio, et externo Religionis cultu; non autem de ipsa pietate, et Dei interno cultu, sive mediis, quibus mens interne disponitur ad Deum integritate animi colendum; internus enim Dei cultus, et ipsa pietas uniuscujusque juris est …, quod in alium transferri non potest."
[32] Ebd. 232 (339).
[33] Vgl. ebd. 228 (334); 229 (335); 230 (337); 231 (338); 231 (339).
[34] Die Doppelformulierung vgl. 232 (339); 233 (340); 236 (345); 237 (347).
[35] Ebd. 238 (348).
[36] Ebd. 237 (346f) hier 237 (347), auch beide Termini zusammen.
[37] Ebd. 233 (340) unter Nennung beider Termini: „neminem posse proximum pietate colere secundum Dei mandatum, nisi pietatem, et religionem publicae utilitati accomodet"; vgl. 233 (341): „religionem reipublicae utilitati accommodatam semper fuisse"; vgl. 236 (346): „qui populum ex authoritate summarum potestatum pietatem docent, prout ipsa ex earum decreto publicae utilitati accommodata est".

eingerichtet hat und mit ihm die „religio", die nach dessen Zerstörung nicht mehr auf Befehl einer einzelnen Herrschaft Bestand hatte, sondern nur noch als allgemeine Lehre der Vernunft[38]. Die „religio" kann also ihre Rechtskraft wieder verlieren[39]. Dies gilt auch bei den Hebräern für die „Religio revelata"[40]. Dabei kommt es für Spinoza auf dasselbe heraus, ob die „religio" offenbart ist oder nicht; denn die offenbarte steht der „religio" vor der Offenbarung nicht nach, gibt es doch keinen Unterschied zwischen einer durch natürliche und einer durch prophetische Erleuchtung offenbarten „religio"[41], und schon erstere nennt Spinoza „Catholica Religio"[42] im Sinne von allgemeiner „religio"[43]. Daraus folgert er, daß die „divina documenta" im Sinne von göttlichen Lehren, die durch natürliche oder prophetische Offenbarung mitgeteilt sind, nicht durch Gott selbst, sondern durch die Inhaber des Rechts, zu befehlen und zu beschließen, Gesetzeskraft erlangen[44]. Spinozas gesamte Argumentation läuft denn auch darauf hinaus, daß den höchsten Gewalten in einem Gemeinwesen das „jus circa sacra" zukommt, daß folglich der „Religionis cultus externus" dem Frieden im Gemeinwesen angeglichen werden muß, wollen wir Gott recht gehorchen[45], und daß gleichwohl in einem freien Gemeinwesen jeder denken und sagen kann, was er will[46], wobei dann die Ausführungen zu dieser Kapitelüberschrift eher von „pietas" sprechen[47].

Damit ergibt sich eine Schwierigkeit für die „religio", insofern hier widersprüchliche Aussagen vorzuliegen scheinen. Im Gegensatz nämlich zu der Feststellung, daß es einen Zustand ohne „religio" vor der Einrichtung von Gemeinwesen gegeben hat, spricht Spinoza nun von einem Stand nach Auflösung eines, des hebräischen Gemeinwesens, dessen Auflösung die „religio" überdauert, nämlich als „catholicum rationis documentum"[48]. An der wichtigsten Stelle über den „externus Religionis cultus" und den „Dei internus cultus"[49] verweist

---

[38] Ebd. 231 (338): „Ex quibus omnibus evidentissime sequitur, Religionem apud Hebraeos vim juris a solo imperii jure accepisse, et eo destructo, non amplius tanquam jussum singularis imperii, sed catholicum rationis documentum haberi potuisse".

[39] Vgl. ebd. 230 (337).
Vgl. auch 231 (338): „nam Catholica Religio nondum ex revelatione innotuerat. Absolute igitur concludimus religionem, sive ea lumine naturali, sive Prophetico revelata sit, vim mandati accipere ex solo deorum decreto, qui jus imperandi habent, et Deum nullum singulare regnum in homines habere, nisi per eos, qui imperium tenent."

[40] Ebd.
[41] Ebd.
[42] Ebd.
[43] Vgl. ebd. XII, 163 (236), wo es „ religio catholica, quae maxime naturalis est" heißt.
[44] Ebd. XIX, 231 (388f).
[45] Ebd. 228 (334), so die Überschrift zum Kapitel XIX.
[46] Ebd. XX, 239 (350), so die Überschrift des XX. und letzten Kapitels.
[47] Vgl. ebd. 240 (351), 242 (354), 244 (361) und die Schlußbemerkung 247 (362); „religio" nur 246 (360) im Kontext von „religio" und „secta" sowie 247 (361) in der Doppelformulierung „pietas, et Religio".
[48] Ebd. 231 (338).
[49] Ebd. 229 (335).

Spinoza auf seine Bermerkungen in Kapitel 7 über den inneren „cultus" und die „pietas". Dort finden sich freilich eher Gedanken über die rechte Schriftauslegung, über Versuche von Theologen und anderen, dem einfachen Volk in der „religio" ihre Meinung aufzwingen zu wollen[50], oder über den Ehrgeiz und die Rücksichtslosigkeit, als deren Wirkung Hirngespinste als „religio" gelten; in der Folge dient diese nicht mehr der Liebe, sondern der Saat von Zwietracht und dem Verbreiten von Haß[51]. Am Ende dieses 7. Kapitels findet sich überraschenderweise an pointierter Stelle wieder „religio", daß sie nicht so sehr in äußeren Handlungen als vielmehr in der Einfalt und Wahrhaftigkeit des Herzens besteht; daher fällt sie nicht unter die Herrschaft der Gesetze oder eine öffentliche Autorität, sondern partizipiert an dem Recht jedes einzelnen auf völlige Gedankenfreiheit, so daß jeder über sie frei urteilen kann und diesbezüglich die höchste Autorität besitzt[52].

Diese Aussage findet sich in einer Polemik gegen die römischen Päpste, deren Autorität Spinoza bestreitet; dabei verwahrt er sich dagegen, daß die „religio Catholica" – hier wohl speziell im Sinne von ‚römischer' „religio"[53] – einen Hohenpriester wie bei den Hebräern brauche, wo sie freilich öffentliche Autorität besessen haben[54]. Als Antithese verwendet Spinoza hier „jus publicum" und „privatum"; letzteres ergibt sich daraus, daß jeder für sich die Freiheit beansprucht, öffentliches Recht nach seinem Gutdünken zu interpretieren. In diesem Zusammenhang fügt Spinoza jene Bestimmung von „religio" ein, die nicht so sehr – und d.h. nicht: keineswegs – in äußeren Handlungen, als vielmehr in der Einfachheit und Wahrhaftigkeit des Gemüts besteht[55]. Demnach wird auch hier nicht schon die „religio" selbst weder ‚privata' noch ‚interna' genannt, wohl aber als unter der Kompetenz des Papstes befindliche aus dem Anspruch herausgenommen, zugleich auch öffentlich verbindlich zu sein. Immerhin besteht hier ein Widerspruch gegenüber den schon angesprochenen Aussagen über die Zuständigkeit der höchsten Gewalt über die „religio", die Spinoza in den abschließenden Kapiteln seines Traktats entfaltet hat. Hiermit kann er also nur gemeint haben, daß die „religio", weil und sofern sie in öffentliche Belange hineinreicht, nicht unter die Kompetenz ihrer eigenen Vertreter, sondern nur unter die der höchsten Gewalten eines Gemeinwesens fällt.

Dieser Tatbestand kehrt an einer anderen Stelle wieder: Spinoza unterstreicht anläßlich seiner Interpretation der Zuständigkeit der höchsten Gewalt über „religio et pietas", daß die Propheten nur „privati viri" waren[56]. Selbst wenn die

---

[50] Ebd. VII, 97 (133).
[51] Ebd. 97 (134).
[52] Ebd. 116f (160f).
[53] Vgl. auch V, 76 (103) „Christiana religio".
[54] Ebd. VII 116 (160); „religio Catholica".
[55] Ebd.; der wichtige Text lautet: „At Religionis longe alia est ratio. Nam quandoquidem ipsa non tam in actionibus externis, quam in animi simplicitate et veracitate consistit, nullius juris neque authoritatis publicae est."
[56] Ebd. XIX, 236 (345).

Inhaber der Herrschaft „impii" sind, dürfen „Ecclesiastici" nicht an ihrer statt die „pietas" in Schutz nehmen, wobei die „Ecclesiastici" hier eigens als „viri privati" charakterisiert werden[57]. Insonderheit spricht Spinoza von der „Christiana religio", die nicht von Königen, sondern von Privatleuten gelehrt worden ist[58]. Hierher gehört auch, daß er es für das Gemeinwesen angeraten sein läßt, „pietas, et Religionis cultus" nur in Werken bestehen zu lassen, d.h. in der Übung von Liebe und Gerechtigkeit, in allem übrigen jedoch jedem sein eigenes Urteil zu lassen[59].

Somit ergibt sich: Wenn immer „religio" im Gemeinwesen öffentliche Geltung, d.h. Rechtskraft besitzt, erhält sie diese ausschließlich durch die höchste Gewalt des Gemeinwesens. Sonst kann sie als von Privatleuten verkündete nicht rechtskräftig und somit öffentlich verbindlich sein. Überdies verfügen diese trotz der Verkündigung über keine Rechte, so daß jeder selbst über die „religio" bestimmen kann. Betont hat Spinoza diesen Sachverhalt speziell gegenüber dem Papst. Hat sich keine höchste Gewalt geäußert, so steht es jedem frei zu denken, wie er am besten „Dei cultus, et religio" üben kann[60]. Damit entfällt auch ein Unterschied, ob die „religio" durch natürliche oder prophetische Erleuchtung offenbart ist, denn die „vera religio", von der Spinoza also sehr wohl spricht[61], ist trotz verschiedener möglicher Offenbarungsweisen dieselbe[62]. Vor der Offenbarung wie durch diese existiert die „catholica religio" im Sinn der allgemeinen „religio" als allgemeine Lehre der Vernunft, als „catholicum rationis documentum"[63], aber nicht von Natur aus, wie wir aus anderen Zusammenhängen ergänzend hinzufügen müssen[64]. Von ‚religio naturalis' spricht Spinoza hier nirgends und auch nur ausnahmsweise, dann aber in wichtigem Zusammenhang, von der „religio catholica, quae maxime naturalis est"[65].

---

[57] Ebd. 236f (345), hier auch „qui etiam homines sunt et privati".
[58] Ebd. 237 (346), vgl. 237 (347).
[59] Ebd. XVIII, 226 (330); diese Scheidung nimmt Spinoza dann wieder auf in dem zuvor genannten Text, XIX, 229 (335).
[60] So schon ebd. VI, 96 (132), ausführlich wieder aufgenommen im abschließenden Kapitel, XXII, 246f (360ff), hier besonders bezogen auf „pietas", nur singulär „pietas et religio".
[61] Ebd. XIX, 230 (336), vgl. 162f (235f).
[62] Ebd. 230 (336f): „et perinde, inquam, est, sive Religionem lumine naturali, sive Prophetico revelatam concipiamus; demonstratio enim universalis est, quandoquidem religio eadem est, et a Deo aeque revelata". Vgl. auch XI, 156 (225), daß die Apostel keine übernatürliche Erleuchtung brauchten, um die „religio" der allgemeinen Fassungskraft der Menschen anzugleichen. Vgl. aber auch XIX, 163 (236).
[63] Ebd. 217 (338), s.o.; daß Spinoza die Offenbarung gleichwohl hoch einschätzt, beteuert er XV, 188 (272), ob bedacht oder nur rhetorisch, steht dahin.
[64] Ebd. XVI, 198 (287f), s.o.
[65] Ebd. XII, 163 (236) s.o.

Trennung von „Theologie" und „Vernunft"

Die bisherigen Ausführungen müssen durch einen wesentlichen Aspekt weitergeführt werden, der sich freilich nicht primär auf „religio", sondern auf „fides" bzw. „theologia" bezieht und diese von „philosophia" bzw. „ratio" trennt. Bemerkenswert erscheint zunächst, daß die Terminologie hier sehr differiert und daß sich nicht einfach und durchgängig „fides" und „ratio" gegenüberstehen. Wohl nicht von ungefähr hat Spinoza die beiden diesbezüglichen Kapitel 14 und 15 chiastisch überschrieben, wenn er einmal „fides" und „philosophia"[66] und dann „theologia" und „ratio"[67] als Korrelate nennt. Er kann aber auch „philosophia" und „theologia"[68] oder, wenn auch selten, „religio" und etwa „speculationes philosophicae"[69] bzw. „Religionis dogmata" und „scientiae"[70] gegenüberstellen.

Dem hiermit umrissenen Sachverhalt widmet Spinoza die beiden genannten wichtigen und für den gesamten „Tractatus" zentralen Kapitel. Sie stehen nicht von ungefähr zwischen den vorausgegangenen Kapiteln über die Schrift und den nachfolgenden über die Kompetenz des Staates. Ihre Bedeutung unterstreicht er wiederum in der Mitte beider Kapitel, nämlich am Ende des 14., mit der Mahnung, dieses und das nächste aufmerksam zu lesen, bildeten sie doch die Hauptgedanken seines Traktats[71].

Spinoza formuliert durchgängig nicht nominal – er sagt nicht ‚Trennung' –, sondern verbal: Gegen die Versuche, die „fides" und „philosophia" bzw. „theologia" und „philosophia" o.ä. genannten Seiten zu vermengen, „confundi"[72], fordert er, sie zu trennen, „separare"[73], genauer, sie zu unterscheiden und zu trennen[74]. Dezidiert schließt er aus, daß „Ratio" und „Philosophia" der „Theologia" als „ancilla" untergeordnet werden[75]. Dasselbe sagt er auch für die „fides", so daß beide Seiten anderen nicht dienstbar sein sollen[76]. Nachdrücklich weist er diesen, „Religio et fides" bzw. „Religio et pietas" einerseits und „ratio" andererseits[77], jeweils ihr eigenes „regnum" zu[78]. Er betont aber, daß sie dies in höchster „concordia" innehaben können[79].

---

[66] So die Überschrift XIV ebd. 173 (249).
[67] So die Überschrift XV ebd. 180 (260).
[68] Ebd. 180 (260), vgl. 185 (267), 187 (270f), XVI, 189 (273); vgl. sodann II, 44 (57), XIV, 179 (258) „fides, sive Theologia, et Philosophia".
[69] Ebd. XI, 158 (228).
[70] Ebd. XIX, 238 (349).
[71] Ebd. XIV, 180 (259), vgl. auch 174 (250).
[72] Ebd. XIX, 238 (349), vgl. 237 (347).
[73] Vgl. ebd. II, 44 (57); XI, 158 (228); XIV, 173 (249), 174 (250), XV, 180 (260), 185 (267), 188 (271).
[74] Ebd. XV, 188 (271) „distinguere" und „separare".
[75] Ebd. 180 (260), hier in der Kapitelüberschrift, und 182 (263), 184 (266), 188 (271) auch „ancillari", an letzter Stelle für beide Seiten zurückgewiesen.
[76] Ebd. Praef. 10f (12).
[77] Ebd. XV, 182 (263).
[78] Ebd. Praef. 10 (12), XV, 184 (266).
[79] Ebd. 182 (263).

Diese Übereinstimmung besteht aber nur aufgrund einer vollständigen Trennung beider: Es gibt zwischen ihnen kein „commercium" und keine „affinitas", sie sind „toto coelo" verschieden in Ausrichtung und Grundlage; denn die „Philosophia" richtet sich auf die Wahrheit, die „fides" auf „obedientia" bzw. „obedientia, et pietas", es beruht erstere auf Allgemeinbegriffen, letztere aber auf Geschichte und Sprache, es leitet sich schließlich erstere aus der Natur, letztere aus der Offenbarung her[80].

Entsprechend bestimmt Spinoza „fides" als rein praxisbezogen. Zu ihr gehören denn auch keine Dogmen, es sei denn solche, die der Gehorsam gegen Gott voraussetzt[81], nämlich die folgenden sieben Sätze, daß es Gott und nur ihn als einzigen, allgegenwärtigen, die höchste Herrschaft Ausübenden gibt, daß ihm Verehrung und Gehorsam zu leisten ist von dem, der selig werden will, und daß, wer bereut, Verzeihung erlangt[82]. Die „fides" fordert somit nicht so sehr „veritas" als vielmehr „pietas"[83]; sie impliziert Denken nur so weit, wie dies der Gehorsam verlangt[84], der mit „pietas" zusammen das Ziel des Glaubens darstellt[85]. Dieser Glaube besteht in und wird beurteilt nach den Werken, wobei im Gehorchen zugleich Gerechtigkeit und Liebe hochgehalten werden[86]. Das Evangelium enthält die „simplex fides", nämlich Gott zu glauben und ihn zu verehren, was ausdrücklich gleichgesetzt wird mit Gott gehorchen[87].

Während Spinoza in den hier einschlägigen Kapiteln im Grund durchgängig von „fides" und Gehorsam spricht, sagt er im Zusammenhang mit der Kompetenz der höchsten Gewalten im Gemeinwesen auch „religio", die hier mit dem bürgerlichen Recht identisch ist, da sie im Gehorsam gegen Gott besteht[88]. Somit muß das Gemeinwesen um des Friedens willen „pietas, et Religionis cultus" in der Übung von Liebe und Gerechtigkeit und nur hierin bestehen lassen, alles andere kann es freigeben[89]. Hier hat denn auch Spinozas Feststellung ihren Ort, daß der ganze „cultus religionis externus, et omne pietatis exercitium" der Erhaltung des Staates entsprechen muß[90]. In diesem Zusammenhang findet sich auch die Mahnung, „dogmata Religionis" und „Philosophia" nicht zu ver-

---

[80] Ebd. XIV, 179 (258): „Superest jam, ut tandem ostendam, inter fidem, sive Theologiam, et Philosophiam nullum esse commercium, nullamve affinitatem, quod jam nemo potest ignorare, qui harum duarum facultatem, et scopum, et fundamentum novit, quae sane toto coelo discrepant: Philosophiae enim scopus nihil est, praeter veritatem: Fidei autem, ut abunde ostendimus, nihil praeter obedientiam, et pietatem. Deinde Philosophiae fundamenta notiones communes sunt, et ipsa ex sola natura peti debet. Fidei autem: historiae, et lingua, et ex sola Scriptura, et revelatione petenda."
[81] Ebd. 177 (254), vgl. 177 (255).
[82] Ebd. 177f (255f).
[83] Ebd. 179 (257).
[84] Ebd. 175 (252), vgl. 174 (250f), 176f (254).
[85] Ebd. 179 (258).
[86] Ebd. Praef. 11 (12), vgl. neben den eben genannten Belegen auch bes. XIII, 172 (248), XV, 186 (269).
[87] Ebd. XIV, 174 (251).
[88] Ebd. XVII, 206 (299).
[89] Ebd. XVIII, 226 (330), vgl. XIX, 229 (335), 229 (336).
[90] Ebd. XIX, 232 (339).

mengen[91]. Ihre Trennung dient also dem Frieden. Als Resümee darf jedenfalls gelten, daß für Spinoza „pietas, et Religio" in der Übung von „Charitas, et Aequitas" bestehen, über die die höchste Gewalt befindet, wenn und insoweit sie sich auf Handlungen bezieht; im „sentire" steht dagegen jedem völlige Freiheit zu[92].

Damit weist Spinoza gerade die „religio" nicht in die Innerlichkeit und Privatheit, sondern eher, wenn man will, das Denken, die Philosophie, in der jeder vollständig frei seinen eigenen Annahmen folgen kann. Diese Möglichkeit gewinnt Spinoza, indem er sie auf das Denken beschränkt und das Handeln davon abkoppelt. Zu letzterem aber zählt er die „religio".

Diese Trennung erhärtet Spinoza mit Überlegungen zur Abwegigkeit, die Theologie im Sinn von Offenbarung[93] sowie die Schrift mit mathematischen Beweisen in Verbindung zu bringen[94]. Wer solche Beweise für die Theologie verwenden will, unterwirft sie damit der Herrschaft der „ratio", weil er meint, durch das „lumen naturale rationis" der Theologie aufhelfen zu müssen[95]. Das „regnum" der Wahrheit gehört jedoch allein der „ratio", und wer es ihr gleichtun will unter Berufung auf einen anderen (den Heiligen) Geist, gibt sich höchstens dem Gelächter preis; solches zu tun bedeutet, die Majestät der „ratio" zu verletzen[96]. Nur in einer solchen scheinbar nebenbei formulierten Bemerkung, die wohl an das crimen laesae majestatis anklingt, wird der Rang der „ratio" deutlich, dergegenüber die Theologie – hoffnungslos – unterlegen erscheint, so gleichrangig sie in den anderen Bemerkungen bewertet wird. Daß diese Auszeichnung der Vernunft zugleich mit außerordentlichen Problemen erkauft wird, zeigt sich in der Charakterisierung des Denkens als problemlos und folglich als irrelevant für das Gemeinwesen, das über das Denken keine Kompetenz in Anspruch zu nehmen braucht, weil dieses das Gemeinwesen nicht betrifft.

Hervorgehoben zu werden verdient auch, daß Spinoza eine „intellectualis Dei cognitio" annimmt, die nicht zu „fides, et religio revelata" gehört[97]. Die Existenz Gottes ist nicht an sich bekannt, sondern muß aus Begriffen geschlossen wer-

---

[91] Ebd. 237 (347), vgl. 238 (349).
[92] So die Schlußbemerkung, XX, 247 (362): „Quapropter hic ... concludimus nihil reipublicae tutius, quam ut pietas, et Religio in solo Charitatis, et Aequitatis exercitio comprehendatur, et jus summarum potestatum tam circa sacra, quam profana ad actiones tantum referatur, caeterum unicuique et sentive, quae velit, et quae sentiat, dicere concedatur."
[93] Ebd. XV, 184 (266).
[94] Ebd. 185–187 (268f).
[95] Ebd. 187 (270).
[96] Ebd. 188 (271): „De veritate autem et certitudine rerum, quae solius sunt speculationis, nullus Spiritus testimonium dat, praeter rationem, quae sola ... veritatis regnum sibi vindicavit. Si quem ergo praeter hunc Spiritum contendunt habere, qui ipsos de veritate certos reddit, id falso jactant, et non nisi ex affectuum praejudicio loquuntur, vel prae magno timore, ne a Philosophis vincantur et publice risui exponantur, ad sacra confugiunt; sed frustra, nam quam aram sibi parare potest, qui rationis majestatem laedit?"
[97] Ebd. XIII, 171 (247).

den; die Natur Gottes läßt sich aber klar und deutlich aus einfachsten Gemeinbegriffen erkennen, wozu Spinoza ausdrücklich auf Descartes verweist[98]. Diese im Kapitel über die Wunder zu findende Aussage wird unterstrichen durch eine später folgende Feststellung, daß die Wunder keine wahre Gotteserkenntnis geben[99]. Was jedermann von Gott hält, ob er Feuer, Geist, Licht, Gedanke oder anderes ist, gehört nicht zur „fides"[100]. Spinoza nimmt somit eine grundlegende Gotteserkenntnis an, die nicht zum Glauben gehört. Dieser vermag zu ihr im Grunde auch nichts beizutragen, denn er wie die Schrift überhaupt intendieren Gehorsam. Schließlich lehrt die Schrift nur ganz Einfaches[101], auch ist sie an das Volk gerichtet, so daß man sie in Einfalt lesen kann[102]. Die Meinungen etwa über Gott ohne Rücksicht auf die Handlungen bleiben somit irrelevant, lediglich im Verein mit ihnen kann die „fides" des Menschen „pietas" oder „impietas" einschließen, kann von „pie, aut impie credere" die Rede sein, und wer Wahres zu glauben vorgibt, aber nicht dementsprechend handelt, besitzt nur einen unfrommen Glauben, wer aber Falsches glaubt, jedoch Gott gehorcht, hat eine „pia ... fides"[103]. Man sieht, daß Spinoza ein irgendwie geartetes Glaubensverständnis für irrelevant hält, wenn nur Gerechtigkeit und Liebe realisiert werden, die im Gehorsam gegen Gott und seine Gerechtigkeit und Liebe geleistet werden[104]. Jedenfalls kann die Schrift keine eigene, andere „scientia" als die allen Menschen notwendige enthalten, um Gott gehorchen zu können; alle übrigen „speculationes", die sich nicht unmittelbar hierauf beziehen, ob sie nun die Erkenntnis Gottes oder der natürlichen Dinge betreffen, gehören nicht zur Schrift und sind von der „Religio revelata" zu trennen[105]. Es darf also weder die Schrift der „ratio" noch die „ratio" der Schrift angepaßt werden[106].

Der Trennung von „fides" und „Philosophia" entspricht die grundlegende Trennung von „historiae, et lingua" und „natura"[107], wie es in dem schon genannten zentralen Text heißt, oder die von „historia" der Schrift und „historia

---

[98] Ebd. VI, 84 (115), vgl. auch die „notiones simplicissimae, quas communes vocant"; vgl. dazu auch Edward Lord Herbert von Cherbury.
[99] Ebd. 88 (120).
[100] Ebd. XIV, 178 (256).
[101] So die Überschrift, ebd. XIII 167 (241), vgl. ausdrücklich 168 (243), daß die Schrift nichts lehren will, was zu den „speculationes" gehört.
[102] Ebd. 172 (248).
[103] Ebd.: „adeoque minime credendum opiniones absolute consideratas, absque respectu ad opera, aliquid pietatis, aut impietas habere, sed ea tantum de causa hominem aliquid pie, aut impie credere dicendum, quatenus ex suis opinionibus ad obedientiam movetur, vel ex iisdem licentiam ad peccandum, aut rebellandum sumit, ita ut, siquis vera credendo fiat contumax, is revera impiam, et si contra falsa credendo obediens, piam habet fidem."
[104] Ebd., s.o. mit Anm. 86.
[105] Ebd. XIII, 168 (243).
[106] Ebd. XV, 185 (267): „accomodanda".
[107] Ebd. XIV, 179 (258); Spinoza benutzt hier auch den üblichen Plural „historiae", auf dessen Bedeutung Reinhart Koselleck hingewiesen hat, vgl. ders., Historiae Magistra Vitae. Über die Auflösung des Topos im Horizont neuzeitlich bewegter Geschichte (1967), in: ders., Vergangene Zukunft. Zur Semantik geschichtlicher Zeiten (= Theorie), Frankfurt 1979, 38–66, 50ff.

Naturae"[108]. Die hier klar durchgeführte Trennung besitzt eine außerordentliche Tragweite. Diese läßt sich schon daraus erkennen, daß „ratio" und „natura" gemeinsam in eine Gegenüberstellung zur „religio" bzw. zur Schrift, aber auch zu den „historiae" geraten[109]. Gegen den damit entstehenden Wirrwarr plädiert Spinoza für eine Methode der Schrifterklärung in Analogie zur Naturerklärung, nämlich eine „historia naturae" zu erarbeiten und daraus die Definitionen der Naturdinge abzuleiten[110]. In diesem Sinn kann er dann einmal sagen, daß in der Schrift nur einfache Dinge stehen[111], die bezüglich des Sittengesetzes nichts anderes enthalten als das, was auch die Gemeinbegriffe enthalten[112]. Generell stellt er fest, daß die Schrift nichts lehrt, was nicht mit der „ratio" in Einklang stünde, daß aber die Schrift die „ratio" absolut frei läßt[113]. Die Trennung von „historiae" und „ratio" führt ihn zu der Feststellung, daß die Natur der „lex divina naturalis" als allgemeine und allen Menschen gemeinsame „lex" keine „fides historiarum" erfordert; diese göttliche „lex" läßt sich vielmehr durch die Betrachtung der menschlichen Natur einsehen, wie ein Glaube an Geschichte(n) keine Gotteserkenntnis ergibt[114]. Geschichte(n) bleiben also von Nutzen nur durch die Belehrung, die man aus ihnen ziehen kann[115]. Die Vernunft aber geht anders vor. In diesem Zusammenhang setzt Spinoza sich kritisch von Maimonides ab[116], indem er an der wechselseitigen Unabhängigkeit von Theologie und Vernunft festhält[117]. Hier präzisiert Spinoza dann auch die zuvor genannte Trennung von Geschichte(n) und Natur[118], daß nämlich die Methode, die Schrift aus ihrer Geschichte zu erklären, nicht alle Schwierigkeiten löst[119]. Er bleibt bei seiner Trennung der „historia" der Schrift von der „universalis historia Naturae", die allein der Philosophie als Fundament dient[120]. Spinoza kann sein Trennungsmodell sogar so weit vorantreiben, daß er

---

[108] B. Spinoza, Tractatus, XV, 185 (267).
[109] Ebd. VII, 97f (134).
[110] Ebd. 98 (135); hier zeigt sich der merkwürdig widersprüchliche Befund, daß Spinoza Natur und Geschichte, die an sich unterschieden und getrennt sind, wieder parallelisiert, insofern sich beide durch dieselbe Methode erforschen lassen. Im weiteren konstatiert er, daß sich die Geschichte der Schrift eben nicht genau und zweifelsfrei eruieren läßt, vgl. 102 (140) und dagegen 106ff (145ff) u.ö. im Verlauf des Kapitels.
[111] Siehe oben mit Anm. 101.
[112] B. Spinoza, Tractatus, VII 99 (136).
[113] So beides in der Vorrede, 10 (11).
[114] Ebd. IV, 61 (82).
[115] Ebd. 61f (83), vgl. V, 78 (106f).
[116] Ebd. III, 80 (108), vgl. auch VII, 114 (158f), XV, 181f (261f), bes. 184 (266).
[117] Ebd. XV, 184 (266).
[118] Ebd. VII, 94f (134f).
[119] Ebd. 111 (152).
[120] Ebd. XV, 185 (267). – Spinoza hat herausgestellt, daß die „natura" auch der „ratio" vorgeordnet sein kann und zwischen beiden keine nahtlose Konvergenz besteht, vielmehr das Leben der Menschen aufgrund ihrer Natur von den Begierden gesteuert wird und daß dies nur mit Angst als Preis bezahlt werden muß, weswegen die Menschen vorziehen, nach der Vernunft zu leben; vgl. dazu das eingangs angegebene Zitat Kapitel 16, vgl. bes. 189ff (271ff), 198ff (286ff).

der Theologie bezüglich der „fidei dogmata" nur eine solche Reichweite zubilligt, als sie für den Gehorsam ausreicht, diese „dogmata" bezüglich ihrer Wahrheit aber der Vernunft zuweist[121]. Der Skopus der Schrift zielt darauf, daß sich Gehorsam bzw. „verae pietatis et fidei dogmata" und d.h. Theologie als Vorschriften und Lehren für das Leben mit der Vernunft in Übereinstimmung befinden und nicht der Vernunft widerstreiten[122]. Zugleich aber hält Spinoza an seiner These fest, Vernunft und Theologie ihr jeweils eigenes „regnum" zuzuweisen, das sie behaupten, so daß sie sich gegenseitig nicht als Dienstmagd untertan sind[123], wohl aber übereinstimmen, so wenig sie aneinander angepaßt werden dürfen[124].

Die verschiedenen, miteinander zusammenhängenden Trennungen, die von Theologie und Vernunft, von Natur und Geschichte(n), genauer von Geschichte der Natur und Geschichte der Schrift, die von Wahrheit und Frömmigkeit schließt Spinoza in seinem 15. Kapitel mit der bemerkenswerten Aussage ab, daß er Schrift bzw. Offenbarung sehr hochschätze[125]. Als Grund hierfür gibt er an, es gebe nur wenige, die allein durch die Leitung der Vernunft ein tugendhaftes Leben zu führen vermöchten. Wer mag entscheiden, ob diese Bemerkung Spinozas eine salvatorische Klausel darstellt, vielleicht sogar, wenn man milde interpretiert, mit gewisser Ironie verbunden, oder ob es sich um ehrliche Überzeugung handelt?

Als Resümee ergibt sich, daß Spinoza eine merkwürdig zwiespältige Konzeption vertritt. Denn sie enthält in einer merkwürdigen Kombination die Annahme grundlegender Trennung und zu ihr nicht recht passender Übereinstimmung. Als grundlegendste Trennung dürfte die von Denken und Handeln anzusehen sein. Aus ihr resultiert die Trennung von „ratio" mit ihrer Zuordnung zur Natur und der Ausrichtung auf die Wahrheit und „fides" bzw. „religio" mit ihrer Zuordnung zur Geschichte und der Ausrichtung auf Liebe und Gerechtigkeit, die es im Gehorsam zu realisieren gilt. Getrennt stehen sie doch zugleich in Übereinstimmung, wohl deswegen, weil sie sich aufgrund der Trennung nicht mehr ins Gehege kommen (können).

Zusammenfassung

Die abschließenden Bemerkungen zu da Costa und Spinoza brauchen hier nicht wiederholt zu werden. So verschieden ihre Interessen und Argumentationen auch sind, für das Verständnis der „religio" als solcher haben sie keine deutli-

---

[121] Ebd. XV, 184 (266).
[122] Ebd.
[123] Ebd. 185 (266f).
[124] Ebd. 185 (267).
[125] Ebd.

chen Innovationen vorgenommen. Es finden sich keine Hinweise auf eine Verinnerlichung, die die „religio" beträfen.

10. Philosophische Positionen

Zum Abschluß des Bandes werden einige Philosophen des ausgehenden 17. und beginnenden 18. Jahrhunderts vorgestellt. Sie gehören einer deutlich anderen Phase an als ihre Vorgänger von Francis Bacon bis hin zu René Descartes, die am Beginn der Neuzeit neue Fundierungsversuche für menschliches Erkennen und Handeln versuchten und mit beträchtlichem Optimismus vorgelegt haben. Inzwischen haben sich die Fragestellungen verschärft, wie sich vor allem durch den Beitrag Benedict de Spinozas einerseits und John Tolands andererseits gezeigt hat. Gerade die Auseinandersetzung zwischen Pierre Bayle und Gottfried Wilhelm Leibniz soll Aufschluß darüber geben, ob sich bei ihnen an der Jahrhundertwende Innovationen für das Verständnis von „Religio/religion" ergeben haben.

Arnold Geulincx

Mit Arnold Geulincx (1624–1669)[1] wird ein Vertreter des Okkasionalismus berücksichtigt. Von daher interessiert die Frage, ob die Zurückweisung einer Kausalität geschaffener Substanzen und die Annahme eines unmittelbaren Wirkens Gottes und einer von Gott geschaffenen Entsprechung zwischen körperlichen und seelischen Vorgängen sich auf das Verständnis der „religio" ausgewirkt haben.

Die Überprüfung verschiedener Quaestiones[2] sowie der Metaphysik ergaben keinen besonderen Befund, obwohl Geulincx in letzterer einen wenn auch kurzen Teil „De Deo" formuliert hat[3].

---

[1] Bereits 1646 wurde der katholische Niederländer Arnold Geulincx Professor für Philosophie in Löwen. Dem Jansenismus zugeneigt, übte er heftige Kritik an der Scholastik und verlor seine Professur. Er konvertierte zum Calvinismus und übernahm 1665 eine philosophische Professur in Leiden. Sein besonderes Interesse galt einer vom Willen Gottes bestimmten Ethik.

[2] Arnoldus Geulincx, Saturnalia Seu Quaestiones Quodlibeticae, Editio secunda, Lugduni 1665; „religio" findet sich etwa 23, 179, 190, 193, 291, 303. Vgl. auch ders., Quaestiones quodlibeticae in utramquae partem disputatae, in: ders., Opera philosophica, ed. J.P.N. Land, I–III, Hagae comitum MDCCCXCI–MDCCCXCIII, ND Stuttgart-Bad Cannstatt 1968, I 81; hier findet sich eine Aussage, die im folgenden nicht mehr bestätigt wird: „obstringimur a Natura religione quadam et reverentia vetustatis, anxii majorum dictis et sensis contrarie, his obsequi et consentire securi." – Im folgenden werden nach den Unterteilungen der Metaphysik und der Ethik nach einem Semikolon die Bände dieser Ausgabe in römischen und die Seiten in arabischen Ziffern angegeben.

[3] Arnoldus Geulincx, Metaphysica vera, Pars III: De Deo, seu θεολογία; II 186–198.

So findet sich nur in seiner „Ethica" eine wiederum kurze, aber deutliche Behandlung der „Religio". Im Traktat über die „Virtutes Particulares"[4], die früher als Kardinaltugenden fungierten[5], behandelt er zwischen „temperantia et fortitudo" sowie „justitia et aequitas" die „Virtutes Particulares circa Deum", nämlich „pietas et religio"[6]. Damit nimmt er diese aus der tradierten Zuordnung zur „justitia" heraus.

Zunächst behandelt Geulincx in diesem Abschnitt die „Pietas", die er merkwürdigerweise als „Virtus *inter res divinas*" charakterisiert[7]. Daß sie normalerweise zunächst als Tugend den Eltern gegenüber beschrieben wird, erwähnt er hier nicht. Dies liegt vielleicht daran, daß er Gott in besonderer Weise als Vater bezeichnet[8]. Vielmehr parallelisiert er sie mit der „Humilitas": wie diese als „particularis" sich auf unsere Angelegenheiten bezieht, so richtet sich die „Pietas generalis" auf die „res divinas"[9]. Er fügt dann einen Paragraphen über die „Adoratio" und d.h. über die „Latria" an, nämlich über den *„cultus divinus"*[10]. Erst am Schluß wendet er sich der „Religio" zu[11]. Er bestimmt sie fern aller vorausgegangener Tradition als Teil der „Pietas", der nicht durch menschliche Vernunft erreicht, sondern nur durch göttliche Offenbarung umfaßt werden kann; aber gerade so stellt er sie als den Gipfel der „Pietas" und zugleich als die Zierde der Tugend dar[12]. Die „Religio" stützt sich also, wie er ausdrücklich sagt, auf jene Einschätzung, die wir über Gott erhalten haben, aber nicht durch unsere „ratio" erreichen können[13]. Somit sind wir auf Gottes Zeugnis und Autorität angewiesen, aber unter Zuhilfenahme gewisser Regeln; sie lauten, daß nichts als geoffenbart angenommen werden kann, was der Würde Gottes widerstreitet, daß nichts Unwichtiges angenommen werden kann, daß Zeichen und Wunder hin-

---

[4] Arnoldus Geulincx, Ethica Tract. II; III 66–91. Diese stellen die Konkretisierung der Kardinaltugenden dar, vgl. 66f, s. dazu die folgende Anm.
[5] Im Unterschied zur Tradition nennt Geulincx als Kardinaltugenden „Diligentia, Obedientia, Justitia, Humilitas", ebd. III 17–65.
[6] So die Übersicht, Tract. II Pars III; III 67 vgl. die Ausführung 81–89.
[7] Ebd. 81.
[8] Ebd. 82, unter Bezugnahme auf die Metaphysik, die o. zitiert wurde.
[9] Ebd. 82; die weiteren Bestimmungen der „Pietas" können hier auf sich beruhen bleiben, so die Aufgliederung in die beiden Teile *„Inspicere Deum"* und *„Suspicere Deum"*.
[10] Ebd. 83ff; merkwürdigerweise nennt Geulincx eine „Adoratio", die „naturaliter" entsteht, als Bewunderung herausragender Dinge, ehe er sie als Tugend Gott gegenüber nennt, 84.
[11] Ebd. 87ff; vor diesem § hatte er einen über *„Impietas et Superstitio"* eingefügt 85ff.
[12] Ebd. 87: *„Religio est ea pars Pietatis*, quae quod humana Ratione attingere non potest, sub divina Revelatione amplectitur. Culmen ergo Pietatis est, et summus apex rerum moralium (nec enim Virtus altius ire potest quam ut supra ducem suum, nempe Rationem, quodammodo ascendat, et se totam in Deo refundat)". „Culmen" bedeutet das Stroh, dann den First eines (strohgedeckten) Daches und von daher den Gipfel; „apex" bedeutet zunächst die Priestermütze, dann die Zierde und gleichfalls Spitze oder Gipfel. – Im Anschluß an dieses Zitat stellt Geulincx die Gefährdung der „Religio" heraus: „periculosis tamen et horribilibus praecipitiis, circumseptus; ut merito dictum sit, *praestare homines nullam habere Religionem, quam talem qualem habent plerique.*"
[13] Ebd.: „Religio innititur existimationi illi, quam de Deo et ejus Ineffabilitate concepimus. Cum enim inspiciendo ipsum clare viderimus, multa ab eo circa nos facta esse, quorum modum nullum cogitatione ac Ratione nostra assequi possumus".

zukommen müssen, und vor allem, daß in Verstand und Gewissen Gott als Redender völlig deutlich wird[14]. Unter diesen Bedingungen glaubt Geulincx also, den Weg zur „vera Religio" schützen können; dabei unterstreicht er, daß diese das höchste Ziel der Ethik und des ganzen menschlichen Lebens darstellt[15]. Und er fügt an, daß sie, wie allgemein die „Pietas", aus den beiden Teilen „Theologia et Theolatria" besteht, nämlich, zu überlegen, was Gott geoffenbart hat, und zu befolgen, was er zu seinem „cultus" eingesetzt hat[16]. Geulincx beschließt die Ausführungen damit, daß die „Pietas" in diesem Rahmen in die „Religio" übergehen kann, wird doch durch Gottes Offenbarung umfaßt, was über die „Ratio naturalis" hinausgeht[17].

Für unser Thema ergeben sich bei Geulincx einmal grundlegende Unterschiede zur Tradition. Er bestimmt nämlich abweichend von dieser die „Religio" als Teil, und zwar als den höchsten Teil der „Pietas". Sie beruht nicht auf der natürlichen Vernunft, sondern auf der Offenbarung Gottes. Aber auch die „Pietas" bezieht er auf Gott selbst. Gewißheit, daß es sich um die „vera Religio" handelt, vermag der Mensch durch Regeln zu erreichen, zu denen vor allem gehört, daß wir „intus in mente ac in conscientia" aufs deutlichste Gott als den Redenden wahrnehmen – „sentiamus" heißt es hier in einer nicht direkt übersetzbaren Formulierung –. Und immerhin stellt Geulincx in diesem Zusammenhang auch fest, daß der beste „cultus" Gottes der „bonus animus" ist. Gleichwohl verlegt er die „Religio" noch nicht einfach nach innen, schließlich erfordert die „Theolatria" jenen „cultus", wie er von Gott eingesetzt worden ist. Die präzise Fassung der „Religio" erfordert weiter keine Differenzierung, es genügt mit der patristischen Konzeption, die „Religio vera" als selbstverständlich gebotene zu üben.

---

[14] Ebd. 88f; die letzte Regel, die auch allein als Bestätigung ausreicht, heißt, 89: „*Quarta* Regula est, ut intus in mente ac in conscientia quam evidentissime sentiamus Deum quasi loquentem nobis, dicentemque haec sua esse, a se proficisci, se eorum esse dictatorem, etiam si Ratione nostra non assequamur ista. Et haec potissima regula est, et sola etiam sufficit; sed infinitis praestigiis, fraudibus, melancholiis, et persuasionibus obnoxia, quae cautissime debent, et adhibitis fusisque ad Deum humilimis precibus, resecari, praesertim vero pure simpliciterque vivendo, nam *optimus Dei cultus bonus animus est*, ut non Senecae, sed Dei ipsius Oraculum esse videatur."

[15] Ebd. 89.

[16] Ebd.: „Habet etiam Religio (sicut in genere Pietas) suam Theologiam et Theolatriam; in Theologia, quae Deus revelavit, considerantur; in Theolatria, quae ad suum cultum facienda instituit, expediuntur."

[17] Ebd. 88. – Die weiteren Verweise auf „Religio", verschiedentlich zusammen mit „Pietas", die sich in den folgenden „Annotata ad Ethicam" finden, vgl. III 167, 174, 215, ergeben keine weiterführenden Hinweise; vgl. lediglich die Einordnung der „Religio" in ein Schema von Gefährdungen und den ihnen entgegenwirkenden Tugenden, 194.

John Locke

Angesichts der Bedeutung, die John Locke (1632–1704)[1] für die Aufklärungsphilosophie besitzt, erhebt sich die Frage nach einem entsprechenden Beitrag für das Verständnis der „Religion".

Eine Durchsicht aufschlußreich erscheinender Werke Lockes ergibt folgenden Befund: In seinen Darlegungen über die Erziehung formuliert er lediglich einen kurzen Abschnitt über Gott[2]; er erwähnt die Zehn Gebote[3] und die Bibel[4], aber von „religion" spricht er praktisch nicht[5].

Auch die eigenen Erörterungen über die Regierung[6] räumen der „religion" keinerlei besonderen Stellenwert ein[7]. Es bedeutet kein einfaches Argumentum e silentio, wenn man in diesen Ausführungen die nur völlig periphere Erwähnung der „religion"[8] als systematisch belangreich interpretiert. Denn gerade im politischen Bereich wird sie in aller Regel angesprochen, da bei Fragen der Kompetenz der Obrigkeit „religion" als Bezeichnung für Angelegenheiten des Glaubens bzw. der Kirche dient. Doch in diesem Traktat genügen ihm gelegentliche

---

[1] John Locke stammt aus einfachen bürgerlichen Verhältnissen mit puritanischer Ausrichtung. Seit 1647 war er Schüler der anglikanisch geprägten Westminster School und studierte seit 1652 in Oxford Philosophie sowie Medizin und Naturwissenschaften. Von 1667 an war er eng verbunden mit der Familie von Anthony Lord Ashley Cooper, dem späteren ersten Earl of Shaftesbury (1621–1683), als Arzt und Erzieher des Sohnes und später des Enkels Anthony Ashley Cooper, dem dritten Earl of Shaftesbury (1671–1713). Zwischenzeitig war er für mehrere Jahre in Frankreich. Er wurde in die Auseinandersetzungen des ersten Earl of Shaftesbury verwickelt und floh 1683, wie dieser bereits 1682, in die Niederlande. Hier entstanden dann wichtige Werke. Seit 1689 wieder in England, bekleidete er mehrere Regierungsämter, bis er sich 1700 auf das Gut der Lady Masham, einer Tochter von Ralph Cudworth (1617–1688), zurückzog. Aus der unübersehbaren Sekundärliteratur sei hier nur verwiesen auf H. Graf Reventlow, Bibelautorität und Geist der Moderne, 401–469; John W. Yolton, Locke. An Introduction, Oxford 1985, 74–91.

[2] John Locke, Some Thoughts Concerning Education (im Einleitungsbrief datiert von 1690, aber wohl schon früher konzipiert; publiziert 1693), in: ders., Works IX, London 1823, ND Aalen 1963, 1–205, 128f., mit dem Hinweis, daß zur Fundierung der Erkenntnis früh „a true notion of God" dem Geist eingeprägt werden sollte. – Im folgenden wird diese Ausgabe The Works of John Locke, I–X, New Edition London 1823, ND Aalen 1963, zugrunde gelegt, weil sie die größte Verbreitung gefunden hat; sie wird zitiert als Works mit Angabe des Bandes in römischer Ziffer.

[3] Ebd. 147.

[4] Ebd., ferner 183.

[5] Vgl. ausnahmsweise ebd. 129; vgl. aber 58 „christian piety", also noch nicht einmal hier ‚religion'.

[6] John Locke, The First Treatise of Government, publiziert 1690, kann als Auseinandersetzung mit Robert Filmer († 1653) hier außer Betracht bleiben.

[7] John Locke, The Second Treatise of Government (1690), in: ders., Works, V, 338–485; vgl. die Nennung cap. 7 nr. 92; 391 anläßlich einiger Überlegungen über die politische oder bürgerliche Gesellschaft. Vgl. cap. 8 nr. 115; 406 „sacred history" (was gerade nicht ‚Religionsgeschichte' bedeutet).

[8] Vgl. ebd. cap. 7 nr. 92; 391.

John Locke 435

Hinweise auf Gott, der dem Menschen das Naturgesetz eingepflanzt hat[9]. Der Mensch aber steht unter dem Gesetz der Vernunft[10].

Ebenso enthalten die grundlegenden Erörterungen über den menschlichen Verstand[11] keine spezifischen Ausführungen zu unserem Thema. An wichtigen Stellen, an denen Locke die uns besonders interessierenden Aussagen formuliert, wählt er vielmehr „faith" und „reason" als Korrelationsbegriffe. In der Grundlegung lehnt er angeborene Prinzipien und Ideen[12] und damit auch und vor allem eine angeborene Gottesidee ab[13]. Hiervon wird freilich die Notwendigkeit der Gottesverehrung nicht betroffen[14]. Speziell gegen die Annahme einer angeborenen Gottesidee führt Locke an, daß sich diese Idee bei Kindern nicht nachweisen läßt[15] und daß es Völker gibt, die keinen Begriff von Gott und „religion" haben[16]. Allerdings will er aus dem Fehlen der Gottesidee keinesfalls ein Argument gegen die Existenz eines Gottes machen, steht doch die Idee Gottes sehr wohl mit dem allgemeinen „light of Reason" im Einklang[17]. In der Folge hält er diese Idee für ebenso sicher wie eine mathematische Aussage[18]. Immerhin erweist sich demnach die Annahme der Existenz Gottes als natürlichste Entdeckung der menschlichen „reason"[19].

Dezidiert lehnt also Locke die „κοιναί ἔννοιαι" ab, und zwar in theoretischer wie in praktischer Hinsicht[20]. In letzterem Zusammenhang nimmt er auch zu Edward Lord Herbert von Cherburys Schrift „De religione laici" Stellung, auf

---

[9] Ebd. cap. 6 nr. 56; 369, vgl. den Hinweis auf Gott, der die Welt allen Menschen gemeinsam gegeben hat, cap. 5 nr. 26; 353, vgl. auch die Gleichsetzung von Naturgesetz und Willen Gottes cap. 11 nr. 135; 417f, ähnlich nr. 142; 423f, vgl. schließlich, daß Gott die Vernunft den Menschen untereinander zum Richtmaß gegeben hat, cap. 15 nr. 172; 441f.

[10] Ebd. cap. 6 nr. 56; 369.

[11] [John Locke,] Essay concerning Human understanding (1690), in: Works, I–III. – Im Folgenden werden die vier Bücher des Essay in römischen und dann die Kapitel und die Paragraphen mit den Siglen cap. bzw. § in arabischen Ziffern angegeben; hiermit sind die Belege auch in der deutschen Übersetzung zu finden: John Locke, Über den menschlichen Verstand. In vier Büchern (= Philosophische Bibliothek 75/76), Hamburg 1976. – In Buch I differieren die Kapitel – in der englischen Version gibt es vier statt drei, da die Einleitung als Kapitel mitgezählt ist – sowie von cap. § 16 an haben die Paragraphen in der englischen Ausgabe eine Ziffer weniger. Wegen der besonderen Verbreitung sind zu den Originalbelegen jeweils nach einem Komma die Seitenangaben der deutschen Ausgabe angegeben.

[12] So ebd. I cap. 1, 29–105.

[13] Ebd. cap. 4 §7–17, 60–72.

[14] Ebd. §7, 60.

[15] Ebd., vgl. schon cap. 3 §, 53f, 75f., daß aufgrund der frühen Unterweisung bei Kindern der Eindruck entsteht, Frömmigkeit, „religion" und Sitten seien angeborene Wahrheiten.

[16] Ebd. cap. 4 §8, vgl. 15, 60; als Beleg führt Locke Darstellungen von Missionaren an, die auch zu seiner Zeit besonderes Interesse fanden; im Hinblick auf China sagt Locke nach der Übersetzung einer französischen Abhandlung in einer paradoxen Formulierung, daß in der betreffenden „Sekte" Literaten und Gelehrte an der „alten Religion Chinas" festhalten, aber gleichwohl Atheisten sind, vgl. die Ergänzung (85).

[17] Ebd. §9, 65.

[18] Ebd. §16, 70f.

[19] Ebd. §17, 71.

[20] So cap. 2f., 13f.

die er aufmerksam gemacht worden war[21]. Von „religio" spricht Locke hier nur im Zitat, nicht aber bei der näheren Erörterung der fünf Bestimmungen Herbert von Cherburys, die er wörtlich aufführt und lediglich als klare Wahrheiten, aber eben nicht als angeborene Ideen gelten läßt[22]. Vielmehr weist er auf die Widersprüchlichkeiten zwischen einzelnen Sätzen hin[23] und kritisiert vor allem den dritten Satz, daß nämlich die „pietas" in Verbindung mit der „virtus" die beste Weise des „cultus divinus" sei; denn vor allem die Tugend läßt sich nicht als ein angeborenes Prinzip erweisen, da sie in ihrer Realisierung erheblich differiert und überdies der in ihr realisierte Gottesdienst nur sehr abstrakt als Erfüllung der göttlichen Gebote verstanden werden kann[24]. Aber in allem geht es eben nicht um „piety", um „religion" und „manners" an sich[25], sondern um die Sicherung der Grundlagen der menschlichen Erkenntnis, die nicht angeboren sein können.

Unser Wissen von der Existenz Gottes hat Locke dann noch einmal in einem eigenen Kapitel nachgewiesen. Er wiederholt hier seine Einschätzung dieser Gewißheit als offenkundigste Wahrheit der Vernunft, die mathematischer Gewißheit gleichkommt – wobei er allerdings in einer Klammer die Bemerkung „if I mistake not" hinzufügt[26] –. Der Gang dieses Nachweises braucht hier nicht im einzelnen nachgezeichnet zu werden. Locke leitet die Gewißheit der Existenz Gottes von der Erfahrung des Menschen hinsichtlich seiner eigenen Existenz und der daraus folgenden Notwendigkeit einer Ursache ab, die ewig, geistig, allwissend und allmächtig sein muß[27]. So gewinnt der Mensch die Idee von einem höchst vollkommenen Wesen[28], die er durch „intuition", nicht wie alle andere Erkenntnis durch „sensation" erlangt[29]. Aus der Erkenntnis Gottes, der auch als Urheber erkannt wird bzw. erkannt werden kann[30], resultiert für die Menschen, daß sie Gott zu fürchten und zu gehorchen sowie zu ehren haben[31]. All dies gehört für Locke in den Bereich des Wissens. Die Annahme der Existenz Gottes ist demnach der Vernunft gemäß. Überdies ist die Annahme nur *eines* Gottes der Vernunft würdig[32].

---

[21] Ebd. cap. 3 § 15, 47.
[22] Ebd. § 15–19, 47–51.
[23] Ebd. § 17, 49; freilich geht er nicht darauf ein, worin diese Widersprüche genauerhin bestehen.
[24] Ebd. § 18, 49; im folgenden, § 19, 50, weist Locke den vierten Satz Herberts von Cherburys über die Sünden als zu abstrakt zurück, da dieser nicht sagt, welche Handlungen denn Sünde sind.
[25] So ebd. § 22, 53.
[26] Ebd. IV cap. 10 § 1, 55.
[27] Ebd. § 3–6, 296–298.
[28] Ebd. § 7, 298f.
[29] Ebd. cap. 11 § 1, 310. – In diesem Kapitel geht Locke nicht näher darauf ein, daß er II cap. 23 § 32f, 391f. die „Idee Gottes" als komplexe Idee charakterisiert hat.
[30] Ebd. IV cap. 12 § 12, 333.
[31] Ebd. cap. 13 § 3, 339, vgl. auch cap. 11 § 13, 321; an ersterer Stelle findet sich der Terminus „natural religion" als Randbemerkung, während er im ausgeführten Text fehlt.
[32] Ebd. cap. 17 §. 23, 390f.

Gegenüber dem Wissen erscheint „faith" in einem inferioren Status, man glaubt, was man nicht weiß, was also sich nicht sicher so verhält, wie man annimmt, sondern nur wahrscheinlich ist[33]. „Faith" liegt jenseits der Grenzen von „human knowledge and certainty"[34] und hängt an der Glaubwürdigkeit eines anderen[35]. Weil aber für den Glauben keine – letzte – Gewißheit zu erlangen ist, soll man hier keinen Zwang ausüben[36]. Wenn aber die Bezeugung eines Sachverhalts verläßlich verbürgt ist, kann man sich dem Glauben an dessen Wahrheit nicht entziehen[37].

Auf diesem Grund beruht auch die Verläßlichkeit des Zeugnisses Gottes, der gemäß der alten Charakterisierung weder täuschen noch getäuscht werden kann[38]. Hier verweist Locke auf die Mitteilung von Sätzen, die „revelation" genannt wird und die eine „faith" als feststehendes, zuverlässiges Prinzip begründet, das keinen Raum für Zweifel und Bedenken läßt, nur muß man des gewiß sein, daß es sich um göttliche Offenbarung handelt[39]. Unter diesen Voraussetzungen hält er den Glauben, der meist als Gegensatz zu „reason" aufgefaßt wird, für eine Zustimmung, die auf die „highest reason" gegründet" ist[40]. In Anschluß an die schon genannte Dreiteilung „According to reason", „Above reason" und „Contrary to reason"[41] verweist er auf einen anderen Sprachgebrauch von „reason", nämlich im Sinn einer Gegenüberstellung zu „faith"; doch fügt er eine interessante Präzisierung hinzu, daß hier eine gänzlich unkorrekte Ausdrucksweise vorliegt[42]. Da sie sich aber durchgesetzt hat, kann er sich ihr nicht entziehen. Doch hält er selbst nun „faith" für einen festen „assent of Mind" des Geistes, der nur auf stichhaltige Vernunftgründe hin erfolgen darf, so daß diese „faith" der „reason" nicht widersprechen kann[43]. Folglich kann auch keine Offenbarung

---

[33] Ebd. cap. 15, hier bes. § 2 und 3, 344f.

[34] Ebd. § 2, 344.

[35] Ebd. § 5 und 6, 346f.; aber gerade hier ist Vorsicht geboten, § 6, 100: „There is another, I confess, which though by itself it to be no true ground of probability, yet is often made use of for one, by which men most commonly regulate their assent, and upon which they pin their faith more than anything else, and that is the opinion of others: though there cannot be a more dangerous thing to rely on, nor more likely to mislead one; since there is much more falsehood and error among men than truth and knowledge. And if the opinions and persuasions of others, whom we know and think well of, be a ground of assent, men have reason to be Heathens in Japan, Mahometans in Turkey, Papists in Spain, Protestants in England, and Lutherans in Sweden." Locke nennt dies „wrong ground of assent".

[36] Ebd. cap. 16, 100–113.

[37] Ebd. § 8, 106f; als Beispiel wählt Locke die Existenz der Stadt Rom und das Wirken Caesars samt seinem Sieg über Pompeius.

[38] Ebd. cap. 16 § 14, 112f.

[39] Ebd.

[40] Ebd.

[41] Ebd. cap 17 § 23, 136.

[42] Ebd. § 24, 391.

[43] Ebd. 392; Locke stellt dazu fest, daß er dieses Thema nun behandeln will, weil „reason" und „faith" von manchen in einen Gegensatz zueinander gebracht werden, den er selbst also nicht annimmt.

der „reason" widersprechen[44]. Auch kann sie keine einfachen Ideen vermitteln, die nur durch „sensation and reflection" zustande kommen[45]. Schließlich muß die „reason" die ihr als Offenbarung mitgeteilten Wahrheiten prüfen, wenn sie in den ihr ohnehin zugehörigen Bereich fallen[46]. Sie muß „the proper judge" sein in allen Bereichen, die ihr zugänglich sind[47]. Locke nimmt also an, daß es auch durch die Offenbarung vermittelte Wahrheiten gibt, die durch die Vernunft bzw. durch Ideen, die auf natürlichen Wege erlangt sind, entdeckt werden können[48].

Verständlicherweise nimmt Locke sodann Dinge an, die die Vernunft strikt übersteigen und somit den eigentlichen Gegenstand der „faith" darstellen[49]. Aber auch dann steht der Vernunft noch zu, ein Urteil darüber zu fällen, ob es sich tatsächlich um eine solche Offenbarung Gottes handelt[50]. Wo aber die Vernunft nur zu einer Wahrscheinlichkeit finden kann, gibt der Glaube den Ausschlag[51]. In diesem Zusammenhang kann Locke von „dominion of faith" sprechen, das keine Einengung der „reason" bedeutet[52]. Und wenn diese „provinces of faith and reason" durch die entsprechenden Schranken nicht auseinander gehalten werden, so gibt es die vielfältigen Unzuträglichkeiten und Absurditäten, die nahezu sämtliche „religions" erfüllen, die die Menschheit beherrschen und trennen[53]. Gibt es für Locke also keinen Gegensatz oder Widerspruch zwischen „faith" und „reason", so nimmt er doch eine deutliche Trennung ihrer Gebiete an, wobei auch dann noch die „religion" als wesentliches Unterscheidungsmerkmal der Menschen von den Tieren nur eine solche sein kann, wie sie sich für

---

[44] Ebd. cap. 18 passim, 137 ff.
[45] Ebd. § 3, 329 f. – Hierauf hat Locke bes. II cap. 2f, I 126–131 aufmerksam gemacht.
[46] Ebd. cap 18 § 3–6, 138–143.
[47] Ebd. § 6, 143, vgl. cap. 19 § 14, 156 f.
[48] Ebd. cap. 18 § 4, 140. Es überrascht, daß Locke auch für diesen Bereich die Unterscheidung einer „traditional revelation" und einer „original revelation" formuliert, wobei die erstere auf der Bezeugung anderer beruht und letztere von Gott direkt im Geist des Menschen hervorgerufen wird, so § 3, 139.
[49] Ebd. § 7 ff., 144 f.
[50] Ebd. bes. § 8, 144 f.
[51] Ebd. § 9, 145.
[52] Ebd. § 10, 145 f.
[53] Ebd. § 11, 146: „If the provinces of faith and reason are not kept distinct by these boundaries, there will, in matters of religion, be no room for reason at all; and those extravagant opinions and ceremonies that are to be found in the several religions of the world will not deserve to be blamed. For to this crying up of faith, in oppositon to reason, we may, I think, in good measure ascribe those absurdities that fill almost all the religions which possess and divide mankind. For men having been principled with an opinion, that they must not consult reason in things of religion, however apparently contradictory to common sense, and the very principles of their knowledge, have let loose their fancies and natural superstition; and have been by them led into so strange opinions, and extravagant practices in religion, that a considerate man cannot but stand amazed at their follies, and judge them so far from being acceptable to the great and wise God, that he cannot avoid thinking them ridiculous, and offensive to a sober man."
Hier zeigt sich, daß „faith" und „reason" voneinander abgegrenzt werden, während „religion" offensichtlich auch der „reason" zugänglich ist und sein muß, wenn die „religion" nicht entarten soll.

vernünftige Geschöpfe ziemt[54]. Kann Locke die „reason" als natürliche Offenbarung bezeichnen, so kann die Offenbarung für ihn nur die natürliche „reason" erweitern[55].

„Religion" im Kontext der Toleranz

In allen bislang referierten Zusammenhängen kam „religion" nur selten und dann selbstverständlich im Sinn einer generellen Bezeichnung vor, ohne daß Locke einen Anlaß zu einer näheren Auskunft über sie gesehen hätte. Grundsätzlich bleibt dies auch so im Zusammenhang mit seinen Ausführungen zur Toleranz, mit der er sich in den verschiedenen Phasen seines Wirkens eingehend beschäftigt hat[56]. Immerhin finden sich in der nun zu berücksichtigenden „Epistola de Tolerantia" eine Reihe aufschlußreicher Hinweise zum Verständnis der „religio"[57].

Zur Toleranzkonzeption Lockes bleibt zu vermerken, daß er von der grundlegenden Regel der Freiheit von jeglichem Zwang hinsichtlich der persönlichen Überzeugung des Menschen ausgeht; denn alle haben das Recht, Gott nach ihrer Weise zu verehren, selbst wenn der Zweck der „societas Religiosa" der „cultus

---

[54] Ebd. § 11, 147. Im Anschluß an den soeben zitierten Text heißt es: „So that, in effect, religion, which should most distinguish us from beasts, and ought most pecularialy to elevate us, as rational creatures, above brutes, is that wherein men often appear most irrational and more senseless than beasts themselves. ‚Credo, quia impossibile est'; I believe, because it is impossibile, might in a good man pass for a sally of zeal; but would prove a very ill rule for men to choose their opinions or religion by."

[55] Ebd. cap. 19 § 4, 149: „Reason is natural revelation, whereby the eternal Father of light, and fountain of all knowledge, communicates to mankind that portion of truth which he has laid within the reach of their natural faculties: revelation is natural reason enlarged by a new set of discoveries communicated by God immediately, which reason vouches the truth of, by the testimony and proofs it gives that they come from God. So that he that takes away reason, to make way for revelation, puts out the light of God, and does much – what the same as if he would persuade a man to put out his eyes, the better to receive the remote light of an invisible star by a telescope."

[56] Begonnen hatte Locke mit zwei nicht veröffentlichten Abhandlungen von 1660: „Whether the Civil Magistrate may lawfully impose and determine the use of indifferent things in reference to Religious Worship" und „An Magistratus Civilis possit res adiaphoras in divini cultus ritus asciscere, easque populo imponere? Affirmatur"; diese beiden Arbeiten bleiben hier außer Betracht; es genügt der Hinweis, daß Locke in ihnen dem Magistrat eine sehr weitgehende Kompetenz über sog. „res adiaphorae" zugebilligt hat; vgl. dazu Walter Euchner, Locke, in: Klassiker des politischen Denkens, hg. von Hans Maier, Heinz Rausch, Horst Denzer, II, München 1968, 1–26, 2.

Es folgt Lockes „Essay Concerning Toleration" von 1667, mit einer gewissen Revision seiner früheren Anschauung; auch diese Schrift kann hier außer Betracht bleiben, vgl. ebd.

[57] [Joannes Lockius,] Epistola de Tolerantia, Goudae MDCLXXXIX; vgl. die nicht völlig mit diesem Brief übereinstimmende englische Fassung in: ders., Works, VI, 1–58; leicht greifbar ist die deutsche Fassung: John Locke, Ein Brief über Toleranz, übers. und erläutert von Julius Ebbinghaus, Englisch-deutsch (= Philosophische Bibliothek 289), Hamburg 1957 – Im Folgenden werden Seiten der lateinischen Originalfassung und in Klammern die Seiten der deutschen Übersetzung angegeben; bei einer größeren Zahl von Belegen werden nur die deutschen Seitenzahlen genannt, die englischen Texte, die die Fassung der Works von 1823 wiedergeben, befinden sich jeweils auf der vorhergehenden Seite.

Dei publicus" ist[58]. Weicht jemand in seiner Zugehörigkeit zu einer „ecclesia" oder „religio" von den anderen ab, so darf er deswegen keine bürgerlichen Rechte verlieren[59]. Jedoch hat die Obrigkeit für Frieden im Gemeinwesen zu sorgen mit der Folge, daß ihr bezüglich der indifferenten Angelegenheiten Gesetzeskompetenz zukommt[60]. Auch kann eine Kirche, die im Dienst eines anderen Fürsten steht, nicht geduldet werden[61]. Daß und in welchem Maße hierdurch Schwierigkeiten entstehen können, führt Locke nirgends des näheren aus. Denn die Gewährung persönlicher Rechte sowie die Zuständigkeit der Obrigkeit in sogenannten indifferenten Angelegenheiten lassen sich schwer miteinander vereinbaren, wie sich im folgenden noch zeigen wird. Hier muß nur noch vermerkt werden, daß von der Toleranz grundsätzlich Atheisten ausgenommen sind[62].

Eine Durchsicht dieser „Epistola" zeigt, daß Locke in ihr normalerweise nicht „religio", sondern „fides"[63] oder „cultus"[64] verwendet. Häufig spricht er aber auch von „ecclesia"[65] sowie verschiedentlich von „secta", ohne daß sich schon ein konsequent negativer Gebrauch dieses Terminus nachweisen ließe[66]. Nur ausnahmsweise findet sich „pietas"[67].

Locke scheidet strikt zwischen den Aufgaben der „civitas" und der „religio"[68] und bestimmt als Zweck der „vera religio", das Leben „recte pieque (sic!)" einzurichten[69]. Die „vera et salutifera religio" besteht in der „interna animi fides"[70] angesichts der Tatsache, daß das Urteilsvermögen nicht durch Gewalt zu dieser

---

[58] Ebd. 22f. (26).
[59] Ebd. 24 (30).
[60] Ebd. 46–65 (57–65).
[61] Ebd. 76f (93f). – Hier dürfte die katholische Kirche gemeint sein, vgl. J. Ebbinghaus, Einleitung, ebd. (LX); ausdrücklich wendet Locke diesen Grundsatz auf die Moslems an, daß weder Heiden noch Mohammedaner noch Juden wegen ihrer „religio" von bürgerlichen Rechten ausgeschlossen werden dürfen, 76f. (93f.) vgl. aber auch 90 (113f.). Doch nennt er gegenüber den ersteren spezielle Restriktionen, vgl. 76f. (95): „Frustra aliquis se religione solum Mahumedanum esse, caetera magistratus Christiani fidelem subditum dicet, si fateatur se caecam obedientiam Mufti Constantinopolitano debere, qui et ipse Imperatori Ottomano obsequentissimus, ad illius voluntatem conficta promit religionis suae oracula. Quanquam aliquanto apertius reipublicae Christianae renunciaret ille inter Christianos Turca, si eundem agnosceret esse ecclesiae suae qui et imperii caput."
[62] Ebd. 77 (95f.).
[63] Ebd. (3,15f, 12, 13, 21, 28, 39) u.ö.
[64] Vgl. bes. (29 sowie 15f, 19, 21, 27, 28, 29, 30, 31, 33, hier „religious worship") u.ö.
[65] Vgl. (3, 13, 34, neben „religio" 8, 17).
[66] Die deutsche Übersetzung „Sekten" läßt nicht deutlich werden, daß der lateinische Terminus in der Regel mit „Gefolgschaften" wiedergegeben werden dürfte, vgl. 17 (13), 34 (23) 42 (27), 94 (57) u.ö.; eher negativ findet er sich wohl 7 (7), 73 (45).
[67] Vgl. etwa 66 (41).
[68] Ebd. 10 (10).
[69] Ebd. 4 (6); die englische Version ist ausführlicher: „to the regulating of men' lives according to the rules of virtue and piety".
[70] Ebd. 13 (11): „Cum autem vera et salutifera religio consistit in interna animi fide, sine qua nihil apud Deum valet; ea est humani intellectus natura, ut nulla vi externa cogi possit." Vgl. 12 (11): „in fide autem consistit verae et salutiferae religionis vis et efficacia"; vgl. 15 (fehlt 17), daß es nur die „unica vera ... religio" gibt.

„fides" gezwungen werden kann[71]. Entsprechend geißelt er die Entwicklung, derzufolge die Christen nach dem Erstarken der „Christiana religio" verleitet wurden, mit dem Eifer für die Kirche den Wunsch nach Herrschaft zu kaschieren[72]. Christus hat seinen Jüngern überhaupt keine Weisung für eine Regierungsform gegeben und dadurch deutlich gemacht, daß er sich auf diesen Bereich nicht hat beziehen wollen, wie er auch den Juden gegenüber keine Weisung gab, daß sie ihrer „aliena religio" zu entsagen hätten[73]. Die „Christiana Religio" wäre die schlechteste, wenn sie den bürgerlichen Frieden zerstörte[74]. Locke bestimmt einen guten Lebenswandel als nicht geringsten Teil der „religio et sincera pietas"[75].

Trotz der Beziehung der „religio" auf die „interna animi fides" bezeichnet Locke mit diesem Terminus grundsätzlich den manifesten Bereich. Schließlich will Gott in einem „cultus publicus" verehrt werden[76]. Alle Menschen wissen dies und zwingen sich deswegen gegenseitig, wie Locke bemerkenswerterweise annimmt, zu öffentlichen Versammlungen und treten in der Freiheit hierfür in eine „societas ecclesiastica" ein, nicht nur zur wechselseitigen Erbauung, sondern um ihre Gottesverehrung der Welt zu zeigen und zu tun, was niemand „privatim" tun kann[77]. Es gehören also, wie allerdings nur die englische Version sagt, die „outward form and rites of worship", kurz, der „cultus externus" unerläßlich dazu[78].

Wohl hebt Locke hervor, daß kein Fürst und keine Obrigkeit eine „religio" als die wahre gebieten kann[79]. Durch einen Befehl könnte keine „religio" für irrig

---

[71] Ebd. 13 (11), vgl. 30 (20) u.ö.; folglich kann die Sorge für das Seelenheil nicht bei der Obrigkeit liegen, der also auch die „principum de religione opiniones" (engl.: „religion of the court") nicht durchsetzen kann, 15f. (20f.). Vgl. auch 5 (6) den Hinweis, daß unter dem Vorwand der „religio" vielfach Gewalt ausgeübt wird, daß also nicht diese selbst die Ursache für die Gewaltanwendung ist – so implizit gegen die These, daß sehr oft die „religio" der Grund für (bürger)kriegerische Auseinandersetzungen sei.

[72] Ebd. 57, vgl. 59 (35, vgl. 37).

[73] Ebd. 61 (38); engl. „former religion".

[74] Ebd. 86f. (52f.): „Anne religionis Christianae hoc vitium (sc. zu „bella civilia" u.a. zu führen)? Si ita, pessima certe omnium est religio Christiana, et digna quam nec tu profitearis, nec respublica omnino toleret. Nam si hic genius haec natura ipsius religionis Christianae, ut turbulenta sit et paci inimica; ipsa illa quam fovet magistratus ecclesia aliquando non erit innocens."

[75] Ebd. 66 (41).

[76] Vgl. 22 (15f); vgl. dazu 6 (7) und bes. 47–64 (29–39) zum „cultus .... externus sive ritus" (letztes ist Plural).

[77] Ebd. 46 (29); die aufschlußreiche Stelle, 45f. (29) lautet: „Sic tandem homines habemus in rebus religionis ab alieno dominio liberos: quid jam facient? Deum publice colendum et sciunt et agnoscunt omnes, quorsum alias ad coetus publicos cogimur? Hominibus itaque in ea libertate constitutis ineunda est societas ecclesiastica, ut coetus celebrent, non solum ad mutuam aedificationem, sed etiam ut se coram populo testentur cultores esse Dei, eumque se divino numini cultum offerre, cujus ipsos non pudet, nec Deo credunt aut indignum aut ingratum; ut doctrinae puritate, vitae sanctimonia et rituum modesto decore, alios ad religionis veritatisque amorem pelliceant, aliaque praestent quae a singulis privatim fieri non possunt." Vgl. 79f. (48) den Hinweis auf Zusammenkünfte, die „privatim" abgehalten werden.

[78] Ebd. 46 (29).

[79] Ebd. 38f. (25); als differenzierende Begründung fügt er an, daß diese zwar von Geburt anderen Menschen an Macht überlegen, aber von Natur ihnen gleich sind.

und falsch gehalten werden[80]. Vor allem aber ist eine „religio" unnütz, wenn man nicht an sie glaubt[81]. Es gehört also die Überzeugung dazu, daß die „religio", der jemand anhängt, (für ihn) die wahre ist. Über Kriterien, die wahre zu finden, äußert sich Locke hier nicht. Aber auch abgesehen davon bedeutet diese innere Einstellung zur „religio" noch nicht, daß sie selbst eine ‚innere' ist.

Dann aber widmet Locke beträchtliche Aufmerksamkeit den „res indifferentes", für die er eine Kompetenz der Obrigkeit annimmt[82]. Er bleibt aber dabei, daß die beiden höchst verschiedenen Dinge, die Kirche und das Gemeinwesen – hier spricht er nicht von ‚religio' – nicht vermischt werden dürfen[83]. Nicht von ungefähr beklagt er die „concordia" zwischen Kirche und Gemeinwesen[84].

Unzulänglich bleibt Lockes Versuch, die hiermit vorprogrammierten Probleme dadurch zu lösen, daß diese Angelegenheiten nicht alle sogleich gesetzlich geregelt sein müssen und, wenn sie in den Bereich der Gottesverehrung integriert sind, der „magistratus jurisdictio" entzogen sind und der Kirche sowie dem „cultus divinus" zugehören[85]. So einfach aber liegen die Dinge nicht, als daß sich mit einem schlichten Trennungsmodell zwischen dem Bereich der Kirche und dem des Gemeinwesens die auftretenden Probleme lösen ließen, wenn der „cultus" öffentlich geübt werden kann und muß und dieser grundsätzlich auch oder nicht zuletzt in die Kompetenz der „societates religiosae" fällt.

Allem Anschein nach wiederholt sich hier das Problem, daß „faith" und „reason" getrennten Bereichen zugehören und dennoch letztere entscheiden muß, ob eine über sie hinausgehende Offenbarung im strikten Sinne vorliegt[86].

Insgesamt darf man die Argumentationen Lockes zur Toleranz[87] dahingehend zusammenfassen, daß sich faktisch eine Verinnerlichung der „religion" nicht abzeichnet. Vielmehr steht jene im Vordergrund, die als die „christian religion" zu-

---

[80] Ebd. 42 (26f).
[81] Ebd. 44f. (28): „Quicquid de religione in dubium vocari potest, hoc demum certum est, quod nulla religio, quam ego non credo esse veram, mihi vera aut utilis esse potest."
[82] So ebd. bes. 47f. (29ff.).
[83] Ebd. 87 (53).
[84] Ebd. 89 (54); die deutsche Übersetzung sagt hier „der unselige Bund". Vgl. auch 87 (53) über die Leiter der Kirche, sie veranlaßten die Obrigkeit dazu, Häretiker und Schismatiker um ihren Besitz zu bringen, und machten sich damit schuldig, „ecclesia" und „respublica" zu vermischen.
[85] Ebd. (30); die im folgenden 49–64 (31–39) angeführten Beispiele, daß etwa das Opfer von Kindern nicht als angemessen angesehen werden darf, 53 (33), umgehen die Problematik, weil es sich hier offensichtlich um einen Verstoß gegen das Recht auf Leben handelt, welches also auch um der Frömmigkeit willen nicht durchbrochen werden darf, da „ritus sacrae et cultus" eben nicht verbrecherisch sein dürfen.
[86] Die These von der Trennung zwischen Religion und Staat, so Mark Adrian Goldie, John Locke, in: Die Aufklärung, hg. von Martin Greschat (Gestalten der Kirchengeschichte 8), Stuttgart 1983, 105–119, 115, läßt sich also exakt bestätigen.
[87] Zu dem ersten „Letter concerning Toleration" hat John Locke drei weitere verfaßt: John Locke, A second Letter concerning Toleration, in: ders., Works, VII, 59–137 (datiert 1690, 137); ders., A third Letter for Toleration, in: ebd. 139–546 (datiert 1692, 546); ders., A forth Letter for Toleration, in: ebd. 547–574 (unabgeschlossen).

gleich die „true religion" darstellt[88]. Aufgrund der „truth of the christian religion"[89] spricht Locke konsequent sehr wohl auch von der „false religion"[90]. Dabei sieht er verständlicherweise die „true" in der Kirche von England gegeben[91]. Doch darf gleichwohl in „matters of religion"[92] keine Gewalt angewandt werden[93]. Wie sehr er an eine manifeste „religion" denkt, läßt seine häufige Formulierung einer „national religion"[94] bzw., wenn auch selten, „national religions"[95] ersehen. Dabei verwendet er „religion" normalerweise nur für den christlichen Bereich[96]. Ausnahmsweise dehnt er diesen Terminus auch aus, etwa, wenn er Türken und Christen miteinander vergleicht[97]. Doch scheint er für die anderen generell zu bevorzugen, sie als „judaism, mahometanism, or papism" zu bezeichnen[98]. Aber auch hier geht es immer wieder darum, dem Magistrat Macht über die „true religion" zu versagen[99].

Zu vermerken bleibt lediglich, daß Locke, wenn auch extrem selten, von „revealed religion"[100] spricht und nur an einer bis jetzt nachgewiesenen Stelle auch die „natural religion" anspricht[101]. Doch diese Unterscheidung bleibt völlig bedeutungslos.

---

[88] Ebd. 63ff., 67, 76, und immer wieder.
[89] Ebd. 63 und u.ö.
[90] Ebd. 63 u.o.; etwa hier findet sich auch „false religions"; vgl. 330f.: „True and false religions are names that easily engagemen's affections on the hearing of them; the one being the aversion, the other the desire, at least as they persuade themselves, of all mankind. This makes men forwardly give into these names, wherever they meet with them; and when mention is made of bringing men from a false to the true religion, very often without knowing what is meant by those names, they think nothing can be done too much in such a business, to which they entitle God's honour, and the salvation of men's souls."
[91] Ebd. 326; vgl. 170.
[92] So in einer Kapitelüberschrift, ebd. 370, 435.
[93] Vgl. nur diesen dritten Brief in den langen abschließenden Passagen von ebd. 370 an.
[94] Vgl. 64f., 71, 78 und immer wieder, bes. 180f., 195, 229–233, 317, 429; zuweilen findet sich auch „magistrats religion", 93, 123; „religion of the court" 140; „religion of the church of England", 65; „religion of dissenters" 531, 535.
[95] Vgl. etwa ebd. 78, 96, 148.
[96] Vgl. hierfür auch den ersten Brief zur Toleranz, ebd. 55 (27), für die „papists" und „lutherans" sowie für die „Christians of Geneva".
[97] Ebd. (113); hier wie auch sonst verwendet Locke „religions"; er sagt aber auch, daß beide nicht derselben „religion" zugehören; „religions" findet sich auch sonst, vgl. in den anderen Toleranz-Briefen etwa ebd. 91, 147.
[98] Ebd. etwa 229, 231, 232, vgl. 170; nur ausnahmsweise heißt es etwa „pagan religion" und dann, ohne Wiederholung des Substantivs, „jewish and mahometan", 236.
[99] Vgl. etwa 127, 185, 262, u.o.
[100] Vgl. etwa ebd. 98, 144; 98 auch „a religion revealed from heaven".
[101] Ebd. 156f: „I judge no man in the use of the cross in baptism. The imposition of that, or any other ceremony not instituted by Christ himself, is what argue against, and say, is more than you upon your principles can make good.
Common sense has satisfied all mankind, that it is above their reach of determine what things, in their own nature indifferent, were fit to be made use of us religion, and would be acceptable to the superiour beings in their worship, and therefore they have every where thought it necessary to derive that knowledge from the immediate will and dictates of the gods themselves, and have taught that their forms of religion and outward modes of worship were founded upon revelation: nobody da-

444   Philosophische Positionen

Das dominante Interesse an der Toleranz führt also nicht zu irgendeiner Vertiefung des Verständnisses von „religion".

Zum Verhältnis von „Religion" und „Reason"

Spät hat Locke dann das Verhältnis von „Reason and Religion" thematisiert[102]. In diesen Überlegungen geht es um die „Fundamentals of Religion"[103]. Er sieht es als seine Aufgabe an, die „Reasons of our Faith" zu verdeutlichen[104]. Schon mit dieser Spezifikation gibt er zu erkennen, daß nicht „Religion" als solche im Zentrum seiner Aufmerksamkeit steht. Zwar spricht er häufiger von „Religion", aber kaum seltener von „Irreligion"[105]. Sehr häufig verwendet er „Faith"[106] oder „Belief"[107]. Auch „Piety"[108] oder „Impiety" fehlen nicht[109].

Nur in einer kurzen Aussage konstatiert er die Verbindung[110] und die Vereinbarkeit von „Reason und Religion"[111] unter der Voraussetzung, daß die – dem Menschen zugängliche – Erkenntnis Gottes das Fundament der „Religion" darstellt[112]. Für ihn erscheint die „Reasonableness of Religion" über jeden Zweifel erhaben trotz möglicher Differenzen in ihr[113]. Ohne näher sein Verständnis der

---

ring to do so absurd and insolent a thing, as to take upon him to presume with himself, or to prescribe to others by his own authority, which should in these indifferent and mean things be worthy of the Deity, and make an acceptable part of his worship. Indeed, they all agreed in the duties of natural religion, and we find them by common consent owning that piety and virtue, clean hands, and a pure heart not polluted with the breaches of the law of nature, was the best worship of the gods. Reason discovered to them that a good life was the most acceptable thing to the Deity; this the common light of nature put past doubt. But for their ceremonies and outward performances, for them they appeal always to a rule received from the immediate direction of the superior powers themselves, where they made use of, and had need of revelation."

[102] [John Locke,] Reason and Religion: In some Useful Reflections On the Most Eminent Hypotheses Concerning The First Principles, and Nature of Things, With Advice suitable to' the Subject, and Seasonable for these Times, London 1694.

[103] Ebd. A 3.

[104] Ebd.

[105] Ebd. etwa 57, 68, 107 u.ö.

[106] Ebd. etwa 43, 76, 107, 135.

[107] Ebd. etwa 16, 31, 43, 111, 119.

[108] Ebd. 8.

[109] Ebd. 130.

[110] Ebd. 108, vgl. den ganzen folgenden Text bis zum Schluß, 108–135, „The evident Connexion of Reason and Religion."

[111] Ebd. 110; hier führt er zu den „Excellencies of Religion" aus: „If Reason and Religion go hand in hand, then you may safely be advised not to condemn or ridicule Religion, till you have carefully examined the Grounds and Reasons on which it is built.
Religion is not a Matter of so mean Importance, as to justifie any trifling with it, or the Author of it ... 'Tis an insufferable piece of Arrogance, for Men to talk against Religion, without inquiring into the Grounds on which its Reputation is supported."

[112] Ebd. 107, vgl. 90: „The Existence of God is proved by the admirable Order and Beauty of the World; its visible Glories declaring his invisible Power and Godhead."

[113] Ebd. 118; vgl. 108, 119, wo Locke Ps 14 zitiert, daß nur der Tor sagt, es gebe Gott nicht; dabei kommt es nicht darauf an, ob Menschen einen Gott oder viele Götter annehmen, vgl. 54: „That the Unity of the God-head tho' a certain Truth, is not absolutely necessary to the Enforcement of Reli-

„Religion" zu entwickeln, weist er in diesen Ausführungen nachhaltig auf die Bedeutung hin, nach dem Gesetz Gottes zu leben[114] im Hinblick auf Himmel und Hölle[115]. Er nennt aber auch die Bedeutung der „Religious Care" der „Governers"[116] mit der entsprechenden Folge für den „State"[117].

Lockes Intention bezüglich der „Religion" besteht wesentlich darin, sie im Hinblick auf die „Religious Duty" zu behandeln[118].

Daß und wie sehr Locke die „Reasonableness" der Christenheit vertritt, hat er in wiederum sehr umfangreichen Texten ausgeführt[119]. Über die bisherigen Aspekte seines Verständnisses der „religion" hinaus bleibt lediglich zu verzeichnen, daß er hier, wenn freilich wiederum nur sehr selten, auf die „natural religion" hinweist[120] und dabei in einer bislang bei ihm singulären Formulierung Jesus als „restorer and preacher of pure natural religion" charakterisiert[121]. Aber gerade diese Ausführungen bestätigen, daß „religion" keineswegs eine besondere Aufmerksamkeit Lockes gefunden hat[122].

NICOLAS DE MALEBRANCHE

Nach dem Befund bei Arnold Geulincx interessiert die Bedeutung von „Religion" bei Nicolas de Malebranche (1638–1715)[1]. Da sich nämlich bei Geulincx kein deutlicher Einfluß seiner okkasionalistischen Position auf das Verständnis

---

gion; for the most ignorant Heathen, whose Faith and Reason could not carry them beyond a Multitude of Gods, were nevertheless very Devout and Religious in their Way: So that whether there be one God or more, you cannot but be under a Divine Influence to a Religious Life." Und es folgt eine Aussage über „Belief of a Supreme Being."

[114] Ebd. 119ff.
[115] Ebd. 116.
[116] Ebd. 129, mit nachfolgender Warnung vor einem „Triumphant Atheism".
[117] Ebd. 128.
[118] Ebd. 107: „And tho' the Knowledge of God, as it is the Foundation of all Religion, may have a general Reference to every Religious Duty."
[119] John Locke, The Reasonableness of Christianity, as dilivered in the Scripture, in: ders., Works, VII, 1–158; ders., A Vindication of the Reasonableness of Christianity, etc. From Mr. Edward's Reflections, in: ebd. 159–190; ders., A second Vindication of the Reasonableness of Christianity, etc., in: ebd. 191–424.
[120] Vgl. 139, im Zitat auch 199, 200, 201.
[121] Ebd. 5.
[122] Die Untersuchung von John Locke „An Examination of P. Malebranche's Opinion of Seeing all Things in God, in: ders., Works, IX, 211–255 hat keine Hinweise zu unserem Thema ergeben. Aufschlußreich sind hier lediglich die Hinweise zum „Sentiment", 232–238.

[1] Der Oratorianer Nicolas de Malebranche wandte sich unter dem Einfluß von René Descartes der Philosophie zu. Dabei setzte er sich besonders mit Jacques-Bénigne Bossuet (1627–1704) und Antoine Arnauld (1612–1694) auseinander. Bei der Lösung des von Descartes offengelassenen Problems der Kausalität zwischen Geist und Körper entwickelte er den Begriff der „causes occasionelles", von dem sich die Bezeichnung „Okkasionalismus" herleitet. Er vertrat eine unmittelbare Wirkung Gottes auf die Dinge.

dieses Terminus hat nachweisen lassen, stellt sich nun die Frage, ob Malebranche diesbezüglich einen Schritt weitergegangen ist.

Für die Überprüfung bieten sich Schriften an, die „Religion" in ihrem Titel enthalten, einmal zusammen mit Metaphysik, sodann mit Metaphysik und Tod und schließlich mit Moral[2]. In diesen Schriften findet sich freilich keine detaillierte Erörterung speziell zur „Religion" selbst. Vielmehr verwendet Malebranche diesen Terminus völlig selbstverständlich im Sinne einer Gesamtbezeichnung vornehmlich für den christlichen Bereich, nämlich als „Religion Chrétienne", wie er immer wieder sagt[3]. Nicht selten nennt er nebeneinander „Religion" und „Morale"[4] offensichtlich als grundlegende Kategorien für das Leben des Menschen, verschiedentlich auch „Religion Chrétienne" und „Morale Chrétienne"[5].

Seine besondere Konzeption läßt Malebranche deutlicher hervortreten in verschiedenen Aussagen, in denen er das „fondement de la Religion Chrétienne" anspricht, nämlich die Annahme eines „Réparateur de la Nature", eines „Législateur", der den Geist aufklärt, das Herz lenkt und der Seele neue Kraft gibt, als „Médiateur" zwischen Gott und Menschen[6]. So findet sich die „verité de la Religion" nur bei der „Chrétienne", weil sie sich als fähig erweist, die Ordnung wiederherzustellen und die Sünde umzukehren und sich mit Gott zu versöhnen[7].

Sein Verständnis der „Religion" macht Malebranche in der Konsequenz dieser grundlegenden Bestimmung deutlich, nämlich in dem „culte digne de Dieu",

---

[2] Nicolas Malebranche, Entretiens sur la Metaphysique et, sur la Religion, Rotterdam, 1688, in: ders., Oeuvres complêtes, ed. par André Robinet, XII, Paris 1976.
Nicolas Malebranche, Entretiens sur la Metaphysique, sur la Religion, et sur la Mort, Nouvelle Edition, Paris 1696, in: ebd. XIII (beigebunden zu Tome XII).
Nicolas Malebranche, Conversations chrétiennes, dans lesquelles on justifie la vérité de la Religion et de la Moral de Jésus Christ, Paris MDCCII, in: ebd. IV, Paris 1972.
Belege aus diesen Bänden werden im folgenden nur, soweit erforderlich, mit der Angabe des Bandes in römischer und der Seite in arabischer Ziffer angegeben.

[3] Vgl. IV 3, 87, 89, 112, u.a. In dieser Abhandlung wie auch in allen einschlägigen Schriften. Gelegentlich heißt es auch „Religion des Chrétiens", etwa 64.

[4] Vgl. etwa ebd. IV 3, 78. – Es findet sich auch „véritable Religion", „véritable Morale", IV 59.

[5] Vgl. etwa 112, 151, 212, XII 337. Selbstverständlich findet sich auch „Morale Chrétienne" allein, vgl. etwa ebd. IV 135, 155, 167, 184, XII 307.

[6] Ebd. IV 87; diese zuvor schon referierte wichtige Aussage lautet, 87f: „Je veux présentement vous faire voire que ce principe est le fondement de la Religion Chrétienne, laquelle reconnaît la nécessité d'un Réparateur de la Nature, d'un Législateur qui éclaire l'esprit, qui règle le coeur, et qui donne à l'ame de nouvelles forces; d'un Médiateur entre Dieu et les hommes, qui puisse établir un culte digne de Dieu, et lui offrir une victime capable de satisfaire à sa Justice".
Vgl. auch XII 343: „Tout est profane par rapport à Dieu, et doit être consacré par la Divinité du Fils pour être digne de la sainteté du Père, pour meriter sa complaisance et sa bienveillance. Voilà le fondement inébranlable de nôtre sainte Religion."
Zu weiteren Aussagen über das „fondement" vgl. X 101, 163, XII 211, XIV 83, zum „fondement de la Morale et Religion" vgl. VI 268f, 543, vgl. XVI 147; „fondemens de la foi" vgl. XI 332. Vgl. sodann „vérité fondementale" XII 374, XVI 159, ferner „véritéz essentielles à la Religion" X 151.
Vgl. schließlich „principes de la Religion" V 65, 182, VI 607.

[7] Ebd. IV 155.

Gott eine angemessene Opfergabe darzubringen, die seiner Gerechtigkeit Genugtuung leistet[8]. Der „culte" der Christen bringt nämlich zum Ausdruck, daß Gott unendlich und der Mensch vor ihm nichts ist[9]. Diesen „culte" qualifiziert Malebranche als „culte spirituel"[10]. Da Gott Geist ist, will er im Geist und in der Wahrheit verehrt werden, wie Malebranche verschiedentlich hervorhebt[11]. Der „culte" bleibt „profane", wenn er nicht durch die Gottheit geheiligt ist[12]. Der „vrai culte" besteht nicht im „extérieur", nämlich, wie Malebranche spezifiziert, nicht in einer bestimmten Lage des Leibes, sondern der Seele in der Präsenz Gottes, in Verbindungen und Bewegungen der Seele[13]. Nach einem Hinweis auf das Miteinander von Geist und Leib und dem Leben in einer Gemeinschaft weist Malebranche auf den „culte extérieur de Religion" mit bestimmten „cérémonies" hin[14]. Diesen „culte" lehnt er nicht einfach ab, er weiß, daß jeder Mensch durch seine „manières" Zeugnis von seiner „foi" gibt, die gleichwohl „superstitieuses" sein können, weil durch sie Gott eben nicht (wirklich) geehrt wird[15]. In diesem Zusammenhang unterstreicht Malebranche, daß der „culte spirituel" in „jugemens" und „mouvemens" der Seele besteht; keine andere „Religion" als die „Chrêtienne" vermag diesen recht zu leisten[16]. Er fährt fort, daß die Mehrheit der Christen jüdischen Geist hat; ihre „Religion" ist nicht „spirituelle" und, worauf noch einzugehen ist, nicht „raisonnable"[17]. Indirekt spricht er also davon, daß auch die „Religion", die angemessen ist, „spirituelle" sein muß; die Pflichten der „Religion" bezeichnet er denn auch als „intérieurs et spirituels"[18]. Dementsprechend verwendet er die Formulierung „culte intérieur"[19] sowie „culte intérieur et spirituel"[20]. Ebenso kennt er eine „adoration intérieur"[21]. Darüber hinaus aber weist er dem „culte extérieur de la Religion" die Aufgabe zu, unseren Geist zu Gott zu erheben und zur Liebe des wahren Wohls anzuregen[22]. Hier zeigt sich, daß Malebranche „Religion" im Vergleich zu „culte"

---

[8] Ebd. 88.
[9] Ebd. 133.
[10] Ebd. XII 170, 341.
[11] Vgl. etwa ebd. IV 135, XI 111, 188, XII 170, 341.
[12] Ebd. XII 387; „culte profane" vgl. auch XVI 109, 118, hier auch als Entgegensetzung „culte divin"; vgl. XII 345 auch „culte faux".
[13] Ebd. 341.
[14] Ebd. XI 189; vgl. auch „culte extérieur de la Religion" XVII 1, 546.
[15] Ebd. XI 190.
[16] Ebd. 191; jede andere „Religion" gibt folglich „impie", hier mit Hinweis auf den „Deiste", „Mahometan" und „Socinien".
[17] Ebd.; vgl. XVII–1, 548 „culte *legitime raisonnable* spirituel".
[18] Ebd. XI 196. „Il y a cette différence entre les devoirs que la Religion nous oblige à rendre à Dieu, et ceux que la societé demande que nous rendions aux autres hommes, que les principaux devoirs de la Religion sont intérieurs et spitituels: parce que Dieu pénétre les coeurs, et qu'absolument parlant il n'a nul besoin de ses créatures; et que les devoirs de la societé sont presque tous extérieurs."
[19] Ebd. XVII–1 424.
[20] Ebd. XVI 111.
[21] Ebd. XI 197.
[22] Ebd. XVII–1 546. „Le culte exterieur de la Religion ne doit etre etabli que pour elever notre

übergeordnet verwendet[23]. Sonst könnte er nicht von einem „culte" der „Religion" sprechen, der also zur „Religion" hinzugehört. Nähere Bestimmungen führt er allerdings nicht an.

Diese „Religion", die Malebranche auch als „vraie Religion" bezeichnen kann[24], charakterisiert er zugleich als „raisonnable", im Vergleich zu derjenigen der Juden sogar als „Religion la plus raisonnable"[25]. Demgegenüber stellt er hinsichtlich der „Religion des Turcs" fest, sie sei „indigne des hommes raisonnables"[26]. Denn unsere „sainte Religion" ist gegründet durch die „Souveraine Raison"[27], nämlich die „Raison divine"[28]. Unsere „raison" dient auch dazu, unter allen „Religions" diejenige herauszufinden, die Gott eingerichtet hat[29]. Und wenn „foi" und „raison" übereinstimmen[30], so paßt dazu, daß sich nirgends eine Entgegensetzung beider finden ließ. Die christliche „Religion" ist also für Malebranche „raisonnable" schlechthin. Dies hindert ihn nicht, verschiedentlich von „mystère" bzw. „mystères da la Religion" zu sprechen[31]. Gleichwohl handelt es sich hier nicht um eine der Vernunft schlechthin unzugängliche „Religion", vielmehr spricht Malebranche sehr wohl von der Bemühung um eine *„Preuve Metaphysique de la Religion Chrêtienne"*[32]. Für ihn stellt es keine Beeinträchtigung dar, daß die „Raison" und damit auch die Philosophie eingeschränkt ist; deswegen kann er die „Religion" als die „vraie philosophie" bezeichnen[33]. Denn die „Religion", die Gott gegründet hat[34], der doch die „Souveraine Raison" ist[35], kann nicht gegen die Vernunft sein[36]. Es besteht also eine Konformität zur „Rai-

---

esprit à Dieu, nous detourner des objets sensibles, nous exciter à l'amour des vrais biens, en un mot faire en sorte que toutes les idees de notre esprit et tous les sentiments et les mouvements de notre ame se rapportent à celui qui les produits en nous."

[23] Vgl. auch die zuvor mit Anm. 14 zitierte Aussage XI 189.

[24] Vgl. etwa ebd. VI 261, XVII–1, 439; diese Bezeichnung tritt allerdings hinter der anderen „Religion veritable" zurück.

[25] Ebd. XII 340. Ebd. IV 138; vgl. hier auch „culte extérieur".

[26] Ebd. 145.

[27] Ebd. XII 354; öfter behandelt Malebranche die positive Beziehung zwischen „foi" und „raison", etwa ebd. 336; diesem Thema, dem er sich immer wieder zuwendet, vgl. auch etwa X 27, können wir hier nicht des näheren nachgehen.

[28] Vgl. etwa XII 403.

[29] Ebd. 340.

[30] Etwa ebd. XVI 132.

[31] Vgl. ersteres etwa ebd. IV 127, XVI 139, letzteres etwa IV 154.

[32] Ebd. 132, auch hier wieder mit dem Hinweis darauf, daß Gott als Geist im Geist und in der Wahrheit angebetet werden will; vgl. auch die Kapitelüberschrift, 130, derzufolge Malebranche die „vérité de la Religion Chrétienne" prüfen will in zweierlei Hinsicht („Raisons"), nämlich „la premiere est metaphysique et la seconde est dépendante des faits". Vgl. überhaupt seine Abhandlung „Entretiens sur la Metaphysique et sur la Religion", Oeuvres complètes XII.

[33] Ebd. XI 34.

[34] Ebd. IV 185.

[35] Ebd. XII 354, vgl. auch XI 33f. u.ö.

[36] Vgl. die Nebenordnung von „Raison" und „Religion" ebd. XIII 416f. – Auf die hierher gehörende Auseinandersetzung mit Antoine Arnauld (1612–1694) (Malebranche schreibt Arnaud), vgl. VI 405, kann hier nicht weiter eingegangen werden. Dasselbe gilt für die umfangreichen Antworten an Arnauld, Oeuvres complètes, VI–IX.

son" im Sinne des „Etre infiniment parfait", worin das Fundament unserer „Religion" besteht[37]. Daß Malebranche bei aller Wertschätzung der „Raison" und der Qualifizierung der „Religion" als „raisonnable" auch um die Liebe weiß, versteht sich von selbst[38].

Überblickt man diese Aussagen, so ergibt sich für die „Religion" sicherlich eine beträchtliche Wertschätzung. Zentraler und auch wesentlich häufiger spricht Malebranche aber von „foi". Im Hinblick auf beide behält die „Raison" eine zentrale Bedeutung. Wenn Malebranche aber nachhaltig den Bereich des Geistes bzw. vor allem der Seele herausstellt, so wirkt sich diese Akzentuierung wohl auf den „culte", nicht aber auf die „Religion" aus; findet sich nämlich „cultes spirituels", „culte intérieur" oder auch „culte intérieur et spirituel", so gibt es keine vergleichbaren Formulierungen für die „Religion". Malebranche sagt eben nirgends in den überprüften Texten ‚Religion spirituelle' oder gar ‚Religion intérieure'. Dies kann kein Zufall sein. Bei aller Akzentuierung der Seele und der wahren Gottesverehrung im Geist des Menschen bleibt „Religion" für ihn offensichtlich eine auf den ganzen Menschen bezogene Kategorie und d.h. auf die Einheit von Leib und Seele und damit von Innen und Außen ausgerichtet. „Religion" und „culte" liegen denn auch für ihn nicht auf der gleichen Ebene; vielmehr gehört letzterer zu ersterer hinzu. Verständlich erscheint daher auch, daß die Formulierung ‚Religion extérieure' nicht zu finden ist. Es kann folglich keine Rede davon sein, die „Religion" im Verständnis von Malebranche primär im äußeren Bereich des Menschen anzusiedeln oder zu differenzieren in eine äußere und eine innere. Wegen dieser umfassenden Bedeutung eignet sie sich als Sammelbezeichnung für alles Christliche, darüber hinaus aber auch als Kategorie für andere Überzeugungen insgesamt. Läßt sich angesichts einer solchen Bedeutung die Formulierung „Amour pour la Religion" verstehen[39], so wundert die freilich wiederum extrem seltene Aussage „sentiment de Religion"[40]. Wo Malebranche von „sentiment intérieur" spricht, geschieht dies neben „Raison" und „conscience", aber er spricht nicht ebenso von ‚Religion'[41].

Daß Malebranche somit in der Folge einer grundsätzlich traditionellen Konzeption von „Religion" steht, läßt sich über alle vorhergehend referierten Zusammenhänge auch in einem Wechsel zwischen „religion" und „loi" ersehen; er wechselt nämlich an einer Stelle zwischen „religion des Deïstes" und „loi de Mahomet" bzw. „loi de Moïse" ab[42]. Ganz deutlich verwendet er hier „loi" in der-

---

[37] Ebd. XII 211; vgl. 391 den Hinweis, daß sich „Raison" und „Religion" nicht durch die Einheit von Leib und Seele ändern. Zum Zusammenhang von Leib und Seele, auf den hier nicht des näheren eingegangen werden kann, im Zusammenhang mit der „Religion" vgl. auch 148.
[38] Vgl. etwa X 151.
[39] Ebd. VI 27, vgl. X 149, 204.
[40] Ebd. VII 477.
[41] Ebd. X 14; vgl. auch XVI 95: „Le fondement de la pieté, c'est d'avoir de Dieu des sentimens dignes de lui." – Die Aussagen zu „intérieur", so zu „témoignage intérieur de la conscience", hier neben „raison" und „Religion", VI 405, können hier nicht weiter verfolgt werden.
[42] Ebd. VI 11.

selben Funktion als Oberbegriff für die verschiedenen Überzeugungen. Damit greift er die ursprüngliche Version eines gemeinsamen Oberbegriffs auf, wie sie sich im hohen Mittelalter entfaltet hat, wo „lex" als solche Bezeichnung diente, während „religio" hierfür erst im Humanismus dienen konnte[43].

Pierre Bayle

Da Pierre Bayle (1647–1706)[1] zum Problem von Glaube und Vernunft dezidiert Stellung genommen hat, interessiert es besonders, ob und gegebenenfalls in welcher Hinsicht sein Verständnis von „Religion" hierdurch betroffen ist. Dabei spielt die bislang offene Frage allenfalls eine nachgeordnete Rolle, ob Bayle tatsächlich ein überzeugter Christ war[2], wenn er sich seiner reformierten Konfession gegenüber distanziert verhielt, oder ob er im Grunde jener Skeptiker oder gar Atheist war[3], für den er schon zu Lebzeiten gehalten wurde. Sein Lebensweg verlief jedenfalls nicht unangefochten.

Die Schwierigkeit, Bayles eigene Überzeugung festzustellen, wiederholt sich bei dem Versuch, seine Einschätzung der „Religion" wiederzugeben. Weder im „Dictionnaire" noch in anderen Schriften hat er eingehend über sie gehandelt. Nur einmal findet sich eine etwas nähere Bestimmung, die noch eigens zu erörtern ist. Eine Schrift, die von „Religiones" im Titel spricht, widmet sich nicht diesem Thema, sondern der Möglichkeit, in den verschiedensten „Religiones", Kirchen, Gemeinschaften, Gefolgschaften das Heil zu gewinnen[4]. Ehe von dieser gleichsam resümierend gesprochen werden soll, gilt es also, aus einer Vielzahl über die meisten Schriften verstreuter Belege die Bedeutung dieses Terminus genauer zu erfassen.

---

[43] Nur der Vollständigkeit halber sei vermerkt, daß Malebranche häufig auch von „pieté" spricht, vgl. etwa VI 460, daß er aber auch von „pieté Chrétienne" sprechen kann, etwa VI 398, 400, 402f.

[1] Aus einem reformierten Pfarrhaus stammend, begann Pierre Bayle ein Theologiestudium zunächst bei den Jesuiten in Toulouse; da er sich hier dem Katholizismus zuwandte, konnte er nach seinem Wechsel nach Genf nicht mehr auf ein reformiertes Pfarramt hoffen und widmete sich der Philosophie, während er seinen Lebensunterhalt als Privatlehrer verdiente. Nach einigen Jahren als Erzieher beim Grafen Friedrich von Dohna erhielt Bayle 1675 eine Professur für Philosophie in Sedan und nach deren Schließung 1681 die gleiche Position in Rotterdam. In heftige Auseinandersetzungen verwickelt, wurde er 1693 aus seiner Professur entlassen und widmete sich fortan seinen Publikationen, insbesondere dem berühmten „Dictionnaire".

[2] So Wolfgang Röd, Geschichte der Philosophie VII: Die Philosophie der Neuzeit 1. Von Bacon bis Spinoza, München 1978, 96.

[3] So Klemens Bossong, Bayle, in: Religionskritik von der Aufklärung bis zur Gegenwart. Autoren-Lexikon von Adorno bis Wittgenstein, hg. von Karl-Heinz Weger (= Herderbücherei 716), Freiburg 1979, 34–36, 35.

[4] Vgl. die u. näher besprochene Schrift: Pierre Bayle, Janua Coelorum reserata cunctis Religionibus, ND in: ders., Oeuvres diverses, I–IV, La Haye MDCCXXVII, Hildesheim 1965, II 817–902.

Eigens muß verzeichnet werden, daß „Religion" im „Dictionnaire" völlig marginal bleibt. Schon daraus läßt sich folgern, daß sie offensichtlich nicht Bayles besonderes Interesse gefunden hat.

„Religion"[5] wird allen nur denkbaren Überzeugungen zugebilligt. Dies versteht sich für die „Religion Chretienne", aber auch für ihre verschiedenen Gliederungen wie besonders die „Réligion Protestante", „Religion Reformée" oder „Religion Catholique"[6] von selbst. Es finden sich aber auch speziellere Bezeichnungen wie „Religion Huguenote"[7] oder auch „Religion Romaine"[8] bis hin zur „Religio Sociniana"[9] sowie über den christlichen Bereich hinaus findet sich sodann „Religion Judaïque"[10] bzw. „Juive"[11] oder „Religion Mahometane"[12] bzw. „de Mahomet"[13]. Noch weiter ausgedehnt gibt es den Terminus überdies mit besonderem Nachdruck und Gewicht als „Religion Païenne"[14] oder bzw. „de Payens"[15] sowie „des Gentils"[16]. Hier geht Bayle durchaus ins Detail, wenn er etwa „Religion Chinoise"[17], spezifiziert auch „Religion des Bonzes"[18], ferner „Religion de Persans"[19] oder „Religion des Egyptiens"[20] nennt. Wie selbstverständlich er diesen Terminus verwendet, zeigt sich sodann etwa in der Aufzählung „Religion Juive, Mahometane, Siamoise, Chinoise, etc."[21]. Natürlich findet sich verschiedentlich die Zusammenstellung dreier herausgehobener Überzeugungen „Religio Judaica, Muhammedica, Ethnica"[22], wobei es auffällt, daß eine Zusammenstellung dieser Überzeugungen mit der „Religion Chrétienne" so gut wie nicht vorhanden ist.

---

[5] „Religion" wird normalerweise groß geschrieben, und dies auch in Doppelformulierungen, in denen der zweite Terminus in aller Regel klein geschrieben bleibt wie bei „Religion et piéte", vgl. Pierre Bayle, Oeuvres diverses, II 534a, III 375b, vgl. 379b, vgl. IV 632b; die Großschreibung beider Termini vgl. IV 763b. Warum sich davon abweichend gelegentlich auch die Kleinschreibung „religion" findet, vgl. etwa III 208a, 255a, 277a bleibt unklar. – Bei den Angaben zur Übersicht werden im folgenden nicht die einzelnen Werke Bayles aufgeführt, sondern nur der jeweilige Band in römischer und die Seite in arabischer Ziffer, wobei die Spalten mit a und b angegeben werden. Nur bei der ausführlicheren Behandlung eines Werkes wird dessen Titel speziell angegeben.

[6] Hier erübrigen sich genauere Belege.

[7] So etwa ebd. II 213b.

[8] Vgl. ebd. etwa II 266b, als „Religio Romana" II 825a. – Es findet sich auch „Religion du Pape", vgl. I 62a.

[9] Vgl. ebd. II 852b.

[10] Vgl. ebd. I 52a, 172b, III 278a, IV 783b.

[11] Vgl. ebd. II 526a, III 1076b. Es findet sich auch „Religio Mosaica" II 884b sowie „Religio Mosis, Davidis et Prophetarum" II 900b. Vgl. auch „Religion des Juifs", III 83b.

[12] Vgl. ebd. II 310a, 464b „Religio Muhamedana" II 891 und immer wieder im folgenden.

[13] Vgl. ebd. II 362b, 386b.

[14] Vgl. ebd. III 45a, 121a, 308aff, 363b.

[15] Vgl. ebd. I 434a, 591a.

[16] Vgl. ebd. II 362b.

[17] Vgl. ebd. II 379b.

[18] Vgl. ebd. III 343b.

[19] Vgl. ebd. III 647a in einem Zitat.

[20] Vgl. ebd. IV 606b.

[21] Vgl. ebd. II 526a.

[22] Vgl. ebd. II 886b.

Häufig verwendet Bayle zusammenfassend „toute la Religion"[23] oder „toutes Religions"[24] sowie im Gegensatz zur gerade behandelten „autres Religions"[25].

Es verwundert, daß Bayle, wenn auch nur gelegentlich und nicht auf alle Überzeugungen ausgedehnt, eine „Religion" auch als „Eglise" bezeichnen kann, etwa „Eglise Reformée"[26] bzw. „Protestante"[27] oder auch „Eglise Judaïque"[28] und natürlich „Eglise Catholique" oder „Romaine"[29]. Die Parallelität beider Bezeichnungen läßt sich dadurch belegen, daß Bayle die Heilsbedeutsamkeit der „Religio Pontificia, Sociniana, Judaica, et Mahometica" feststellen kann und unmittelbar darauf von der Lehre spricht, welche die „Ecclesia Romana, Sociniana, Judaica, et Muhammetica" herausstellt, die er kurz zuvor als „religiones" bezeichnet hatte[30].

Ebenso verwendet Bayle „secte" in nicht-pejorativem Sinn[31], was sich besonders in der Formulierung „toutes les Sectes du Christianisme"[32] sowie in der Gegenüberstellung „les Sectes vraies et fausses"[33] zeigt. Für diesen Terminus gibt es also faktisch die gleiche Verwendung wie für „Religion"[34]. Nur gelegentlich verwendet Bayle beide Termini in einer Relation zueinander, so, wenn er „plusieurs Religions générales" unterteilt in „Plusieurs Sectes"[35]. Die traditionelle Bedeutung ‚Schule', ‚Gefolgschaft' läßt sich erhärten aus der Verwendung für die Philosophenschulen[36].

Angesichts dieser Verbreitung des Terminus „Religion" kann der Eindruck entstehen, als besitze er keine recht deutlichen Konturen mehr und diene folglich als neutrale Bezeichnung, die keine Bewertung mehr enthält. Doch spricht Bayle überraschend häufig von „vraie Religion"[37] im Gegensatz zu „fausse Religion" bzw. „fausses Religions"[38]. Weitere wertende Formulierungen wie „bonne

---

[23] Ebd. I 272b.
[24] Vgl. I 25a, 161a, 222a, II 88a, III 329b, auch „toutes sortes de Religions" I 516b; auch in der Überschrift „Universae Religiones", II 821 sowie „cunctae Religiones" 821a.
[25] Vgl. II 87b, 110a, 425b, III 362b.
[26] Vgl. ebd. I 213, 412bff, III 213a, IV 764a. Vgl. hierzu und zu den folgenden Belegen den ständigen Wechsel von „Religio", „Ecclesia", aber auch „Secta" oder schließlich „Communio" in der anschließend zu besprechenden Abhandlung: Janua Coelorum, II 817–902, s. dazu u.
[27] Vgl. ebd. I 591a, II 645b.
[28] Vgl. ebd. IV 335b.
[29] Vgl. ebd. I 430a, II 573b, auch „l'Eglise Romaine" I 591a, II 538a.
[30] Vgl. aus der eben zitierten Abhandlung ebd. II 896a.
[31] Vgl. ebd. II 150af, 175b, 400b, 418a, 541b.
[32] Vgl. ebd. I 387a, 430, II 441b, vgl. 532a, aber auch lateinisch „omnes Sectae" 822a, b; vgl. auch die Einschänkung auf die westlichen I 429b, 431a.
[33] Vgl. ebd. II 426b.
[34] Vgl. ebd. I 510a, ferner 673a, II 254b.
[35] Vgl. ebd. II 441b.
[36] Ebd. II 150af mit ausdrücklichen Hinweis auf die Übertragung auf die „Religion", ferner I 434a, III 333a „toutes les sectes de l'ancienne Philosophie", 334b, 337a.
[37] Vgl. ebd. I 611b, II 36bf, 75a, 189a, 254b, 375a, 420a, 526b, 531b, III 50b, 77b, 141a, 1012a, 1058b, IV 764a, 802b.
[38] Vgl. ebd. II 526b, 77b.

Religion"³⁹ und „notre sainte Religion"⁴⁰ bilden freilich eine rare Ausnahme. Hierher gehören auch Formulierungen wie „Religion des Idolâtres"⁴¹ sowie „Religion idolâtre" gegenüber einer „Religion véritable"⁴².

Es läßt sich feststellen, daß „Religion" eine grundsätzlich positive Konnotation nicht verloren hat. Wenn Bayle keineswegs selten von „irreligion"⁴³ spricht, verliert die zuvor nicht gängige Charakterisierung der „Religion" als „idolâtre" ihren besonderen Klang, läßt sie sich doch in die Nähe der alten ‚religio falsa' rücken, die freilich in der Tradition viel entschiedener als ‚superstitio' abgelehnt wurde. Eine gewisse Abschwächung einer positiven Bedeutung von „Religion" läßt sich aber nicht bestreiten. Sie kehrt wieder in der Antithese von „Religion des Héretiques" und der „[Religion] Orthodoxe" ihres Herrschers⁴⁴. Früher wäre die Antithese als ‚religion' und ‚superstition' formuliert worden.

Faßt man diese Aussagen zusammen, so läßt sich ein weit gefächerter Gebrauch von „Religion" für alle im Blickfeld erscheinenden Völker oder Gruppen feststellen. Grundsätzlich hält Bayle auch an einer „vraie Religion" fest. Die gängige Bezeichnung „Religion Païenne" zeigt freilich eine inhaltliche Entleerung, die einen Gegensatz von „Religion" und Götzendienst nicht mehr bzw. mindestens nicht mehr deutlich in Erscheinung treten läßt. Ihn interessiert denn auch weniger die „Religion" als vielmehr der Nachweis politischer Unbedenklichkeit der Atheisten, wie die langen Ausführungen hierzu zeigen; in Umkehrung früherer Deklassierung besteht er auf der Annahme, daß Atheisten, die als Anhänger der „Religion Paiene" das Zusammenleben ermöglichen, auch eher zum Übertritt zur wahren „Religion" bereit sind⁴⁵ und somit eine Abwertung nicht verdienen. So sehr Bayle hiermit Partei für die Atheisten ergreift, so wenig läßt er sich damit schon mit einem von ihm selbst vertretenen Atheismus behaften. Ihn als Atheisten anzusehen, genügte schon seine These, daß die „Religion" für die „Societéz" nicht erfordert wird⁴⁶.

Zur inhaltlichen Bestimmung der „Religion"

Angesichts der unzählbaren Belege für „Religion" verwundert die Tatsache, daß Bayle nur ausnahmsweise aufschlußreichere Hinweise auf ihre nähere Konzeption erkennen läßt. In der Auseinandersetzung mit der Frage, ob sie zum Wesen des Menschen gehört⁴⁷ bzw. allen gemeinsam ist⁴⁸, kann er schon deswegen nicht

---

[39] Vgl. ebd. 215a, 375b, 395b, 512a.
[40] Vgl. ebd. II 679b.
[41] Vgl. ebd. III 121b; Von „Idolâtres" ist häufig die Rede, vgl. ebd. II 240a, bes. III 70–94, vgl. auch die Belege im Register IV 97f.
[42] Vgl. ebd. II 86b, letzteres auch 94a, 105b, 427a, III 180a.
[43] Vgl. ebd. II 400, III 73, 86a, 306b, 317a, 703a.
[44] Vgl. ebd. II 59a.
[45] Vgl. ebd. III 352ff.
[46] Vgl. ebd.
[47] Ebd. III 693b.
[48] Ebd. II 833b.

einfach positiv antworten, weil er verschiedentlich ihn überzeugende Informationen aus Reiseberichten weitergegeben hat, daß es Menschen ohne „Religion" gibt, so insbesondere in Kanada[49].

Für die „Religion" selbst unterscheidet Bayle, wenn auch nicht eben oft, äußere Übungen[50] bzw. einen öffentlichen Akt der „Religion"[51] sowie innere Akte[52]. Damit ist sie als ein ganzheitlicher Vollzug angesehen, der sowohl die Gesinnung als auch äußere Handlung umfaßt. Dementsprechend ist sie selbst gerade noch nicht als ganze in die Innerlichkeit verlegt.

Auch die Bezeichnung der allgemeinen Vorsehung Gottes als „fondement de la Religion"[53] läßt noch keine Weiterführung erkennen.

Daher erweckt Bayle besondere Aufmerksamkeit, wenn er sich in einer eigenen Schrift der Frage nach dem natürlichen Licht bzw. den allgemeinen Grundregeln menschlicher Erkenntnis und dabei ausführlich der Interpretation der Schrift und immer wieder auch der „Religion" zuwendet[54]. Er differenziert hier zwischen intellektuellem und voluntativem Aspekt, wenn er als Wesen der „Religion" Urteile unseres Geistes über Gott und willentliche Bewegungen der Achtung, der Furcht und der Liebe zu ihm benennt, die an sich schon ohne einen äußeren Akt bestehen könnten; doch sieht er dies nicht als Normalfall an, so daß er eher von einer inneren Disposition sprechen mag, in der dieses innere Wesen der „Religion" besteht, das sich nach außen durch körperliche Erweise der Achtung und Ehrung ausdrückt[55]. Bayle präzisiert noch einmal, daß die „nature de la Religion" in einer sicheren Überzeugung der Liebe zu Gott besteht, die den Willen zu Liebe und Ehrfurcht bewegt und entsprechende Zeichen hervorbringt, während es sich im anderen Fall um Heuchelei, schlechten Glauben oder Unglauben handelt[56]. So vermögen auf legitime Weise nur bestimmte Urteile der

---

[49] Ebd. III 311b, 314b, vgl. aber 357a.

[50] Ebd. III 122b.

[51] Ebd. II 688a in einem Zitat „acte public de Religion", ferner 723b, 726b.

[52] Vgl. ebd. I 353b, vgl. die seltene Formulierung „les actes immédiantes et intérieures de la Religion".

[53] Ebd. III 330a.

[54] Pierre Bayle, Commentaire Philosophique, sur les Paroles de l'Evangile selon S. Luc, Chap. XIV vers 23. Et le Maître dit au Serviteur, va par les chemins et par les haïes, ET CONTRAIN-LES D'ENTRER, afin que ma Maison soit remplie, in: ebd. II 367–392.

[55] Ebd. 371a: „Il s'enfuit clairement de là, que l'essence de la Religion consiste dans les jugemens que notre esprit forme de Dieu, et dans les mouvemens de respect, de crainte et d'amour que notre volonté sent pour lui, en sorte qu'il est possible que par cela seul un homme fasse son devoir envers Dieu, sans aucun acte extérieur; mais comme ces cas ne sont point ordinaires, il vaut mieux dire que la disposition intérieure en quoi consiste l'essence de la Religion, se produit au dehors par des humiliations corporelles, et par des signes qui fassent connoître l'honneur que l'ame rend à la majesté de Dieu."

[56] Ebd. 371b: „La nature de la Religion est d'être une certaine persuasion de l'ame par raport à Dieu, laquelle produise dans la volonté l'amour, le respect et la crainte que mérite cet Etre suprême, et dans les membres du corps les signes convenables à cette persuasion, et à cette disposition de la volonté, de sorte que si les signes externes sont sans un état intérieur de l'ame qui y réponde, ou avec un état intérieur de l'ame qui leur soit contraire, ils sont des actes d'hipocrisie, et de mauvaise foi, ou d'infidélité, et de révolte contre la conscience."

Seele und Bemühungen des Willens zur „Religion" zu führen und also nicht all die Bedrängnisse und Nöte des Lebens, aus denen nur eine schlechte „Religion" resultieren kann[57]. Dies gilt, auch wenn Bedrängnis nach außen dieselben Zeichen ergeben kann wie die Liebe. Bayle hält einen Zusammenhang von einer geistigen Überzeugung und Bewegung des Willens einerseits und äußeren Akten andrerseits für unerläßlich und gegeben, wobei die äußeren Zeichen ambivalent bleiben, da sie die (Vor)Täuschung falscher Tatsachen nicht ausschließen.

Von Belang ist also, daß Bayle in diesem Text einen Zusammenhang von äußeren Bewegungen des Körpers und der „Religion intérieure" herstellt[58], wie er hier ausdrücklich sagt. Aber es wäre zu kurz geschlossen, daraus schon eine rein ‚innere Religion' im spezifisch neuzeitlichen Sinn annehmen zu wollen. Denn er hält nachhaltig an dem Zusammenhang der geistigen und willentlichen Wirklichkeit mit den äußeren Akten fest, nur stellt die innere Disposition die „essence de la Religion" dar[59]. Wo er von der „nature de la Religion" spricht[60], nennt er die inneren Vorzüge und die äußeren Akte zusammen. Er bezieht sich also nirgends auf eine allein wesentliche innere Einstellung oder Haltung, sondern nimmt Innen und Außen zusammen[61], anders wäre es wenig sinnvoll, von „vraie Religion" zu sprechen, wie dies auch in der Fortführung der hier vorgelegten Aussagen der Fall ist[62].

Man fragt sich, warum Bayle gerade an dieser Stelle eine differenzierte Aussage über die „Religion" macht. Begonnen hatte er dieses Kapitel nämlich mit Bemerkungen, daß wir mit dem natürlichen Licht aufgrund sehr distinkter Ideen ein vollkommen souveränes Sein erkennen, das alle Dinge lenkt und vom Menschen verehrt wird[63]. In diesem Zusammenhang behandelt er das Gleichnis des Lukas-Evangeliums (14,23) vom Gastmahl, für das Knechte nach der Ablehnung der zum Gastmahl Eingeladenen auf die Gassen geschickt werden, um Gäste einzuladen. Denn wie hier Gäste zum Mahl gezwungen werden sollen, so wie der Text sagt[64], so würde in Frankreich für eine bestimmte „Religion" Zwang ausgeübt. Deswegen wendet Bayle sich gegen den Literalsinn dieses Schriftworts und nennt als Maßstab der „Religion" das natürliche Licht der Vernunft, dem kein Schriftwort zuwiderlaufen kann, bzw. die allgemeinen Prinzipien unseres Bewußtseins; denn diese stellen die grundlegende Regel zur Interpretation der Schrift besonders hinsichtlich der Sitten dar[65]. Schon hier findet sich die Metapher der „Raison" als dem „tribunal suprême", das in letzter Instanz und ohne Möglichkeit

---

[57] Ebd. 371a.
[58] Ebd.
[59] Vgl. den zuvor zitierten Text ebd. 371a.
[60] Ebd. 371b.
[61] Ebd.
[62] Ebd. 375a.
[63] Ebd. 371a. Bayle spricht von „distinctes idées de la Raison".
[64] Im Französischen heißt es „ET CONTRAIN – LES D'ENTRER".
[65] So in der Überschrift ebd. II 367.

einer Berufung urteilt⁶⁶. Für den Stellenwert des natürlichen Lichts der Vernunft beruft sich Bayle auf Augustinus. Man wird vorsichtig sein müssen, hierin nur einen Vorwand oder eine Schutzbehauptung zu sehen; vielmehr konnte Bayle sich sehr wohl zu Recht auf das auch in der Hochscholastik belangreiche „lumen naturale" insbesondere für die ethischen Probleme berufen, da Gott nichts Widersinniges, Widervernünftiges gebietet. Dieses natürliche Licht wurde nach Bayle auch durch den Fall Adams nicht grundsätzlich beseitigt⁶⁷.

Wenn Bayle in diesem Zusammenhang also bevorzugt von der „Religion" spricht, stellt er sie zugleich in einen engen Bezug zu diesem natürlichen Licht. Zuweilen verwendet er denn auch in dem hier erörterten Text den Terminus „Religion naturelle"⁶⁸, so selten er ihn sonst gebraucht⁶⁹. Hier sagt er, daß das Evangelium eine Erweiterung einer Moral ergibt, deren Grundbestand Gott in der „Religion naturelle" geoffenbart hat⁷⁰; beide stimmen somit wesentlich überein. Die „Religion naturelle" fungiert hier als jene, die vor dem Evangelium liegt, jedoch gleichfalls von Gott offenbart ist. Wie man sich diese Offenbarung zu denken hat, erörtert Bayle nicht. Er beschränkt sich auf die Aussage, daß der moralische Unterricht Jesu sich in einer Balance befindet mit der „Religion naturelle"⁷¹. Ein Zwang zur Moral und zur „profession du Christianisme" würde „notre Raison, notre Religion naturelle" zu großem Mißtrauen führen⁷². Es widerstreitet also der Literalsinn für das zuvor erwähnte Gleichnis des Lukas dem Licht der „Religion naturelle" und damit, wie es unmittelbar anschließend heißt, dem Licht des „Loi primitive" ebenso wie dem des Evangeliums⁷³. Bayle wendet sich gegen die Bekämpfung einer anderen „Religion" durch den König oder gegen die gegenseitige Bekämpfung von König und Untertanen, und dies in ausdrücklicher Ablehnung des Zwangs. Jesus Christus ist nicht Mensch geworden und gekreuzigt worden, um die glaubwürdigen Reste der „Religion naturelle" wegzureißen, die den Fall des ersten Menschen überstanden haben, und folglich auch nicht, um alle Ideen von Laster und Tugend zusammenstürzen zu lassen⁷⁴. Die „Religion naturelle" besteht somit von Anbeginn der Erschaffung des Menschen und konnte auch durch den Sündenfall nicht grundsätzlich zerstört werden. Wenn Bayle hier gelegentlich „Religion naturelle" sagt, so hebt er sie nicht ab von der „Religion" überhaupt. Denn diese steht auf seiten der „Lumiere naturelle", sie ist also mit der „Religion naturelle" identisch. Auch diese Pointierung entspricht alter Tradition. Bayle verwendet denn auch keine Opposita,

---

⁶⁶ Ebd. 368a.
⁶⁷ Ebd. 369b.
⁶⁸ Ebd. 369a, 372b, 373a, 374a, 376a.
⁶⁹ Vgl. bes. I 172f sowie II 324b, 553b, III 964b, „Religion de la nature", vgl. etwa auch I 66b, vgl. auch die im folgenden genannten Belege.
⁷⁰ Ebd. II 372b.
⁷¹ Ebd. 372bf.
⁷² Ebd. 373a.
⁷³ Ebd. 374a.
⁷⁴ Ebd. 376a.

etwa ‚Religion revelée' oder ‚surnaturelle'. Vielmehr kann er sagen, daß auch diese „Religion" offenbart ist, wobei er hier nicht die Offenbarung durch Jesus Christus meint.

Zur Frage nach dem Heil in allen „Religiones"

Als Zusammenfassung und zugleich als nachhaltigste Beschäftigung mit unserem Thema darf die Antwort Bayles an Pierre Jurieu (1637–1713) über die allen „Religiones" offene Himmelstür gelten[75]. Mit diesem reformierten Theologen, der Bayle nach Sedan geholt hatte und ihm später nach Rotterdam gefolgt war, führte Bayle nach anfänglicher Freundschaft eine Reihe heftiger und schließlich haßerfüllter Auseinandersetzungen.

Das Thema erörtert Bayle in drei Teilen, nämlich mit dem Aufweis, daß man in der „Ecclesia Romana", sodann, daß man in allen anderen „Sectae" des Christentums, und schließlich, daß man in allen anderen „Religiones" gerettet werden kann[76]. Mit dieser Prüfung schneidet Bayle selbstverständlich die zentrale Frage an, ob nicht die Möglichkeit, in allen „Religiones" das Heil erlangen zu können, die Annahme der eigenen als „Religio vera" relativiert.

Bayle beginnt mit der „Ecclesia Romana", wie er durchgängig und bevorzugt sagt. Andere Bezeichnungen wie „Religio Romana" oder „Communio Romana" läßt er demgegenüber zurücktreten, wenn er sie auch in gleicher Funktion und ohne einen erkennbaren Unterschied verwendet[77]. Von „Ecclesia" und „Catholica" spricht er in dieser Schrift nur ausnahmsweise und hier wohl nur im Kontext mit häretischen Arianern, die er wegen der von Jurieu besonders attackierten Sozinianer verschiedentlich erwähnt[78]. Als „Catholica" bezeichnet er jene „fides", die man so nennt, die aber in der „Secta Romana" gerade nicht gelebt wird[79].

Die Kritik richtet sich gegen Jurieu, der es für möglich hält, in der „Ecclesia Romana" zum Heil zu kommen, weil diese die „Religionis Fundamenta" nicht zerstört hat[80], wie eben auch die anderen „Sectae Christianae"[81] sowie alle anderen „Religiones" das Heil finden könnten[82]. Wenn sich auch die eigene Position Bayles hierzu nicht recht klären läßt, so sind gleichwohl im Rahmen seiner

---

[75] Pierre Bayle, Janua Coelorum reserata cunctis Religionibus, II 817–902.
[76] Ebd. 822a.
[77] Nebengeordnet finden sich „Communio", „Ecclesia" und „Religio" etwa 833b.
[78] Vgl. 860af, 861a, 881a; dieser Terminus in Gegenüberstellung zur „Ecclesia Graeca" vgl. etwa 847b.
[79] Ebd. 846b. Der Sprachgebrauch zu „Ecclesia Catholica" ist insgesamt different, es kann nämlich auch die „Romano Catholica (sc. Communio)" gemeint sein, wenn Bayle zu „Ecclesia Catholica" eigens hinzufügt: „prout ea phrasis a Pontificiis intelligitur", 900a. Häufiger findet sich die Personalbezeichnung „Romano Catholici", etwa 829a, 832a, bzw. „viri Romano-Catholici", etwa 830a., 832a.
[80] So die Zusammenfassung von Jurieu, ebd. 822a.
[81] Ebd. 853b.
[82] So ebd. 888b.

Analysen eine Reihe von aufschlußreichen Klärungen zum Verständnis von „Religio" formuliert worden, die im folgenden berücksichtigt werden sollen.

Zuvor aber bleibt darauf hinzuweisen, daß Bayle sehr wohl die Klärung der Wahrheitsfrage betreiben will. Zu oft spricht er von „vera Ecclesia"[83] bzw. von der Unterscheidung der „vera et falsa Ecclesia"[84]. Mit dieser Unterscheidung meint er keine zwei (gewissermaßen gleiche, auf gleicher Ebene befindliche) Gestalten eines „genus"[85], wie gute und schlechte Milch nicht mit einer „notio generica" bezeichnet werden können[86]. Folglich weist er auch die Vorstellung zurück, als ob sich die „vera Ecclesia" in verschiedene Teile bzw. „Species" aufteilen ließe[87].

Diese Unterscheidung wendet Bayle auch auf die „Religio" an und referiert über die „omnes Religiones seu verae seu falsae"[88]. Allerdings vermeidet er in dieser Abhandlung ganz offensichtlich ‚Religio vera'; und nur ausnahmsweise sagt er „Religio falsissima"[89]. Die Wertung zeigt sich auch in häufiger Verwendung von „Idololatria", und zwar im Hinblick auf alle möglichen verschiedenen „Communiones" oder „Sectae"; so findet sich „Idololatria Gentilis"[90] ebenso wie „Idololatria Pontificia" und „Idololatria Judaeorum"[91].

Bayle spricht auch von christlichen Glaubensinhalten wie der Trinität oder der Inkarnation[92]. Es wäre freilich wichtig zu wissen, ob Bayle diese Glaubensinhalte auch selbst aufrecht erhält, was sich hier nicht ausdrücklich belegen läßt; denn immer wieder sind die Argumentationen im engen Rahmen bezogen auf die Auseinandersetzung mit Jurieu. Lediglich ist festzustellen, daß er der „Religio Reformata" anhängt.

Im Zusammenhang mit der Annahme, das Heil auch in anderen Überzeugungen erreichen zu können, kritisiert Bayle vor allem die Vorstellung von einer *„Ecclesia Catholica et Universalis"*, die Glieder in allen Gemeinschaften hat, welche die *„Religionis fundamenta"* nicht umstürzen[93]. Doch die Einheit auf innere Übereinstimmung zurückzuführen, würde bedeuten, daß die zerstreuten „Religiones" eine „unica Communio, Ecclesia, Religio" ergeben würden eben

---

[83] Vgl. etwa ebd. 827af, 828af, 852b, 856a, 901a; vgl. auch „vera Catholica Ecclesia" 881a.
[84] Ebd. 827a.
[85] Ebd.
[86] Ebd. 827b.
[87] 827b.
[88] Ebd. 854b.
[89] Ebd. 852b; es findet sich auch „pravae Religiones", 887a.
[90] Vgl. ebd. 898b, bzw. „Ethnica" vgl. etwa 874b, 898a; daß die „veteres Ethnici" „suae Religionis ... idolatria" erkannten, vgl. 845a.
[91] Beides vgl. etwa ebd. 874a, ersteres auch 889a. Häufig ist auch von „Idololatria Romana" die Rede, etwa 845a. – Es scheint, daß „Idololatria" für die Gegenwart und der ansonsten eher vermiedene Terminus „Superstitio" auf die Vergangenheit bezogen ist, vgl. 848a.
[92] Beide sind die „praecipua fundamenta Religionis Christianae", so im kritischen Blick auf den Sozinianismus, 864; auch das „dogma Divinitatis Jesu Christi" kann als „veritas fundamentalis et totius Religionis Christianae columen" bezeichnet werden, 861a.
[93] Ebd. 822a.

wegen der Übereinstimmung in den „dogmata fundamentalia"[94]. Als solche grundlegende gemeinsame Annahmen sieht Bayle bei Jurieu die Vorsehung sowie Belohnungen und Strafen nach dem Tode an[95]. Bayle begründet seine Zurückweisung damit, daß mit der „arbor Porphyriana" nur ein „centrum unitatis idealis" erreicht werden kann, nicht aber *„a parte rei"*[96]. Er hält somit an der Notwendigkeit einer realen und d.h. sich manifestierenden Einheit fest.

Im Zusammenhang hiermit spricht Bayle nachhaltig über dieses „fundamentum", nämlich die schon genannten „dogmata fundamentalia", die „fundamentalis doctrina"[97] bzw. „doctrinae fundamentales"[98], oder die „fundamentales fidei articuli"[99], wobei es immer auch um die „veritas fundamentalis"[100] und näherhin um ein „criterium veritatis fundamentalis" bzw. ein „criterium veritatum fundamentalium et saluti necessariarum" geht[101]. Aber eben mit der Suche einer solchen „regula veritatis fundamentalis" sieht Bayle seinen Opponenten gescheitert[102].

Im Rahmen der Frage, wie die vielfältigen Spaltungen gleichwohl die Annahme einer „unitas Ecclesiarum aut Sectarum"[103] zulassen, setzt Bayle sich auch mit der doppelten Distinktion „visibilis" und „invisibilis" sowie „externa" und „interna" auseinander. Zwar will Jurieu nicht wie die „Theologi Reformati"[104] die Auserwählten „invisibiliter" in der Welt leben lassen, wohl aber in einer „Communio aliqua ingens, diffusa, visibilis", in einer Sammlung aller christlichen Gemeinschaften, in denen die „fundamenta" des Heils nicht zerstört sind[105], nämlich in der „Ecclesia ... externa et visibilis"[106].

---

[94] Ebd. 833b; vgl. 834a.
[95] Ebd. 833b.
[96] Ebd. 834a; damit nimmt Bayle ein Argument aus der Antike auf.
[97] Ebd. 876a, 877a.
[98] Ebd. 877a, b; 876a.
[99] Ebd. 877a, b; vgl. 875a.
[100] Ebd. 877a.
[101] Ebd. 877a und b.
[102] Ebd. 877b. Als solches Kriterium gilt, was die Christen einmütig geglaubt haben und heute überall glauben, vgl. 875a. Bayle führt dabei dieses Argument nicht ausdrücklich bis in die Patristik zu Vinzenz von Lerin zurück. Nehme man dieses Kriterium an, so sein Argument, gehörte nun nicht einmal die Trinität zu diesen grundlegenden Glaubensinhalten, da sie bereits in der alten Kirche keineswegs von allen geglaubt worden ist, 876a. Um „regula", „norma", „notae" sowie „criterium" geht es in diesen Texten verschiedentlich, vgl. bes. 877af.
[103] Ebd. 834b.
[104] Ebd. 853a: „Reformati Theologi considerantes hinc Ecclesiam quae Corpus est mysticum Christi, ejusque sponsa ad quam pertinent promissiones durationes perpetuae, esse Ecclesiam Electorum invisibiliter dispersorum per varias gentes, illiuc vero paternam Providentiam et curam Dei erga suos Electos suppeditare illis posse quocunque in loco et tempore vel poenitentiam in hora mortis."
[105] Ebd. 835a: „Theologi Reformati, Electos invisibiliter viventes in mundo, sed Communionem aliquam ingentem, diffusam, visibilem vel potius aggregationem omnium Communionum Christianorum in quibus fundamenta salutis non sunt destructa."
[106] Ebd. 835a in einem Zitat Jurieus unter Verweis auf den Bischof von Meaux („Meldensis"), d.h. wohl Jacques-Bénigne Bossuet.

Im Zusammenhang mit der These Jurieus von der „visibilitas verae Ecclesiae" erwähnt Bayle kritisch die Möglichkeit, „intrinsice" der von Kindheit an übernommenen „Religio" treu zu bleiben, während man gezwungen wurde, „extrinsece" die „Religio patria" zu verlassen; dabei wendet er sich auch der These zu, daß es nämlich Menschen geben könne, die die Irrtümer der „Religio publica" offenlegten[107]. Hier spricht Bayle also wie auch im folgenden von „Religio publica"[108] oder, wenn auch nur ausnahmsweise, ausdrücklich von „Religio externa"[109], ohne deren exakte Antithesen ‚Religio privata' oder ‚Religio interna' zu formulieren[110]. Lediglich im Zusammenhang mit der „Ecclesia" findet sich die voll ausgeführte Antithese, nämlich, daß sich im Hinblick auf die Kirche zwei Teile unterscheiden ließen, nämlich ein innerer, etwa „fides", und ein äußerer, nämlich die entsprechende „professio fidei"[111].

Nur ausnahmsweise erscheint die Formulierung „Ecclesia illa invisibilis", nämlich dort, wo Bayle gegen seinen Kontrahenten auf die Annahme der eigenen Theologen hinweist, ohne daß er auf sie sachlich eingehen will[112]. Erst abschließend bezeichnet er eindeutig als erste Lüge seines Autors, daß die Kirche, die nach der Verheißung Christi die Pforten der Hölle nicht überwältigen, ein „coetus visibilis" sei[113]. Aber auch diese Aussage steht im Zusammenhang mit der Polemik gegen die Annahme Jurieus bezüglich der „Ecclesia Romana", die sich über die Aussagen Jurieus nur freuen kann[114]. Doch die verschiedenen Argumentationen zu der Frage bzw. der These, daß man der „Idololatria" der „Ec-

---

[107] Ebd. 836a: „Ita esse homines natura sua comparatos dicunt et Christianos haud minus quam caeteros, ut quamcunque doctrinam circa Religionem pueri hauserint, in ea vivant et moriantur, saltem intrinsece, nam fatendum esse persecutionem violentia adduci multos ut extrinsece Religionem patriam deferant. Hanc solum exceptionem admittendam, quosdam esse homines capitaliori ingenio praeditos, vel caeteroquin literis probe instructos et examinandi aut etiam novandi cupidiores qui nonnumquam detegant errores Religionis publicae, aliisque ostendant."

[108] Vgl. ebd. 841b; in diesem Zusammenhang sind auch verschiedene parallele Formulierungen zu berücksichtigen, so „Ministerium publicum" 835b, „Officia publica religionis" 852a, „publica exercitia Religionis" 842a, „congregationes publicae Religionis" 850a, vgl. auch „ritus publicus" 838a.

[109] Ebd. 842a; vgl. auch „Communio externa Religionis" 858b; vgl. auch „cultus exterior Religionis" 846a und b; von Jurieu nimmt er auch die Aussage auf, 825b: „Legantur ... nempe Sacrificia fecisse semper essentiam Religionum quoad exteriora, ideoque constituere differentiam essentialem inter Religiones: inde sequi discrimen intercedere essentiale inter Christianos qui Sacrificia offerunt, et eos qui non offerunt. Addit Judaeos qui olim usum Sacrificiorum damnassent, hoc ipso in alterius Religionis castra fuisse transituros, quamvis in caeteris Religionis Mosaicae articulis nihil immutassent. Non potest ergo negare Vir ille, hoc ipso aliquem alterius esse Religionis quam Romanae, realiter et intrinsece, quod Sacrificium Missae non probat, sit licet quoad caetera bonus Pontificius."

[110] Es findet sich kritisch lediglich „occulta Religio" 842a, vgl. „occulti fideles" 843b.

[111] Ebd. 832b: „duas dicit [Autor, sc. Jurieu] esse partes essentiales Ecclesiae, alteram internam, nempe fidem et charitatem, alteram externam nempe professionem fidei, et exercitium charitatis."

[112] Ebd. 846b.

[113] Ebd. 902b.

[114] Ebd.

clesia Romana" ohne Schaden angehören könne[115], verfällt der durchgängigen Kritik Bayles, der sich hiermit als ein reformierter Theologe erweist[116].

Abschließend muß noch ein besonderer Aspekt dieser Auseinandersetzung mit Jurieu genannt werden, nämlich die „Religio naturalis". Sie tritt in Erscheinung in den Argumentationen über die Sozinianer, die deswegen eine besondere Rolle spielen, weil Jurieu ausgerechnet sie besonders schlecht bewertet hat[117]. Eine solche Abwertung paßt nicht zu der deutlich günstigeren Einschätzung der Arianer[118]. Zunächst nimmt Bayle den Terminus „Religio naturalis" und dessen Bestimmung eher beiläufig auf, wonach dieser Terminus die Verehrung des einen Gottes und die Gewährleistung seines „Religiosus cultus" darstellt[119]. Dann aber kommt er ausführlicher auf sie zurück in den anschließenden Darlegungen zur Möglichkeit des Heils über den christlichen Bereich hinaus. In diesem Diskussionsgang finden sich dann auch eine Reihe von Zitaten Jurieus sowie entsprechende kritische Ausführungen Bayles, in denen „Religio naturalis" sowie der „Deismus" angesprochen werden. Wenn aber Jurieu die „Religio Sociniana" als reinen „DEISMUS"[120] und in der Folge als „Atheismus" und „Paganismus" ablehnt[121], übt Bayle deutliche Kritik an dieser These[122]. Nach Jurieu gehört zur „Religio naturalis", Gott zu kennen und zu ehren als „mundi rector", der Strafen und Lohn zuteilt[123]. Für Bayle entsprechen die „veritates Religionis naturalis" einer „revelatio naturalis"[124], wie Bayle in einer sehr überraschenden Formulierung sagt. Er resümiert, daß man, falls auch die „[Religio] Sociniana" zum Heil führt, dasselbe auch für die „Religio naturalis" zutrifft[125]. Mit diesen Argumentationen will er aber nur seinen Gegner ad absurdum führen[126].

Als Resümee bleibt festzustellen: Je länger die Beschäftigung mit Bayle währt, um so schwieriger wird eine Zusammenfassung. Denn abgesehen von grundlegenden Einstellungen zeigt sich Bayle für seine eigene Anschauung immer weni-

---

[115] Vgl. z.B. ebd. 837b, sowie 852af.
[116] Vgl. auch die Unterscheidung von einer „Idololatria", die nicht nur in einem „cultus internus", sondern auch in einem „externus" besteht, ebd. 854b.
[117] Sie werden noch schlechter bewertet als die Mohammedaner, vgl. etwa ebd. 892b in einer Argumentation Jurieus.
[118] Vgl. etwa ebd. 864a, 866b.
[119] Ebd. 885b.
[120] Ebd. 892bf.
[121] Ebd. 894a. Im Zitat Jurieus, 893b, findet sich auch die personale Bezeichnung „Deistae".
[122] Ebd. 899a–b; der wichtige Text lautet: „Si Socinianismus est merus Deismus quoad aliquam sui partem, sique Deus Socinianorum talis est qualem Ethnici nollent approbare, larva Divinitatis, non multo perfectior homine, valde ridiculus et longe deterior Deo Epicuri, vix Jove Ethnicorum perfectior (hoc est Jove incestis amoribus, mascula venere, stupris, et adulteriis majorem in modum contaminato) si denique Socinianismus est eversio Religionis naturalis, species quaedam Deismi, species Atheismi ex una parte, et altera species Paganismi quae contineat maximum scelus Religionis Ethnicae, et tamen in Socinianismo salus obtineri potest, sequitur salutem obtineri posse in Paganismo."
[123] Ebd. 893b.
[124] Ebd. 896a.
[125] Ebd. 896b: „salutem obtineri in Religione naturali, si possit obtineri in Sociniana."
[126] Vgl. den Schluß ebd. 902b.

ger faßbar. Er widerlegt und attackiert, bezieht aber nicht Position – so läßt sich pointiert seine Argumentationsweise zusammenfassen.

Immerhin aber ergibt sich für den Sprachgebrauch von „Religion" ein sehr breites Spektrum, da er im Für und Wider sich vielfach auf sie bezieht, ohne ihr jemals einen besonderen thematischen Rang einzuräumen. Dies zeigt sich nicht zuletzt darin, daß dieses Stichwort in dem großen „Dictionnaire historique et critique" weder einen eigenen Artikel erhält noch in anderen Artikeln eine nachhaltige Aufmerksamkeit findet. Natürlich kennt Bayle auch hier, so unter dem Stichwort „Acosta", den „Déisme" und im Zusammenhang damit die „Religion naturelle"[127]. Aber insgesamt, so etwa im Stichwort über „Spinoza" sowie über „Eclaircissiment"[128], findet unser Thema keine aufschlußreiche Behandlung.

Nirgends in den bearbeiteten Materialien gibt es eine besondere Relationsbestimmung zwischen „Religion" und „Raison". Wenn also Bayle sich über die Relation von Glaube und Vernunft des näheren geäußert hat[129], so ist davon „Religion" nicht mitbetroffen. Man darf lediglich davon ausgehen, daß Bayle selbst auf der Seite der „Raison" steht, für die er schon die gemeinhin auf Kant zurückgeführte Metaphorik vom „tribunal suprême" verwendet; hier schließt er auch die beiden Möglichkeiten aus, daß die Theologie Königin und die Philosophie Dienerin oder umgekehrt die Theologie Dienerin und die Philosophie Königin ist[130]. Die „Raison" identifiziert Bayle mit der „lumiere naturelle"[131], von der sich die „Religion naturelle"[132] ableitet; dabei bestimmt Bayle „Religion" wesentlich durch ihre äußeren Vollzüge, und wenn er als extreme Aussage auch einmal „Religion intérieure" sagt, so in dem Zusammenhang, daß zu ihr äußere Vollzüge hinzugehören[133]. Doch ob Bayle selbst die in diesem Zusammenhang geäußerte Annahme teilt, daß wir mit der Vernunft ein höchstes Sein erkennen, scheint mir nach allem nicht mehr zweifelsfrei erweisbar; lediglich scheint als sicher, daß er eine „Religion" nicht annimmt ohne äußere Vollzüge[134].

---

[127] Pierre Bayle, Dictionnaire, I 96af.

[128] Vgl. ebd. IV 256b und 617f.

[129] Die in einschlägigen Arbeiten zu findenden Hinweise erweisen sich als nicht besonders aufschlußreich, vgl Jean Delvolve, Religion Critique et Philosophie Positive chez Pierre Bayle, Genf 1970; Gianni Paganini, Analisi della fede e critica della ragione nella filosofia di Pierre Bayle, Florenz 1980.

[130] Vgl. den o. mit Anm. 65f. zitierten Text aaO. II 367 u. 368a.

[131] Vgl. ebd.

[132] Ebd. 369a: „Si donc un Casuïste nous venoit dire qu'il trouve dans l'Ecriture qu'il est bon et saint de maudire ses ennemis, et ceux qui persécutent les Fideles, tournons d'abord la vue sur la Religion naturelle fortifiée et perfectionnée par' l'Evangile, et nous verrons à l'éclat de cette vérité intérieure qui parle très-intelligiblement à eux qui ont de l'attention".

[133] Ebd. 371b.

[134] Vgl. den ausschlaggebenden Text ebd. 371b: „Je ne nie pas que les voies de contrainte, outre les mouvemens extérieurs du corps, qui sont les signes ordinaires de la Religion intérieure, ne produisent aussi dans l'ame des jugemens et des mouvemens de volonté, mais ce n'est pas par raport à Dieu; ce n'est que par raport aux Auteurs de la contrainte. On juge d'eux qu'ils sont à craindre, et on les craint en effet; mais ceux qui auparavant n'avoient pas de la Divinité les idées convenables, ou qui ne sentoient pas pour elle le respect, l'amour et la crainte qui lui sont düés, n'acquierent ni ces idées, ni

Für unser Thema ist noch ein Aspekt zu nennen, der aber, wie hier als negativer Befund festzuhalten ist, keinen erkennbaren Zusammenhang mit „religion" aufweist, nämlich die Akzentuierung einer bei Bayle auftauchenden Empfindsamkeit. Bereits recht allgemeine Darlegungen enthalten Hinweise auf Gemütsbedürfnisse, denen der Glaube dient, so daß Bayle etwas anderes als die Vernunft zulassen möchte[135]. Er kennt also so etwas wie eine „sensibilité" (dt. „Empfindsamkeit"), die wir bei den schmerzlichen Prüfungen zeigen, wenn er auch seinem Bruder gegenüber davor warnt, diesen „grand et universel fond de tendresse" (dt. „großen und alles umfassenden Schatz von Weichheit") überhand nehmen zu lassen[136]. Immerhin stellt Bayle fest, mehr von der „tendresse de coeur" (dt. „Zärtlichkeit des Herzens") als von der Widerstandsfähigkeit des „temperaments" zu erhoffen[137]. Dies sind neue Töne bei einem Autor und in einer Zeit, die im besonderen Maße auf die Vernunft gesetzt haben. Auf eine Rückwirkung dieser Emotionalität auf das Verständnis von „religion" bei Bayle war eben, wie gesagt, nicht festzustellen. Eben diese Empfindlichkeit hat dann Schule gemacht.

Gottfried Wilhelm Leibniz

Daß Gottfried Wilhelm Leibniz (1646–1716)[1] sich nachhaltig um eine verläßliche Fundierung des Erkennens und damit zugleich des Lebens bemüht hat, und

---

ces sentiments, lors que la contrainte leur extorque les signes externes de la Religion. Ceux qui avoient auparavant pour Dieu certains jugemens, et qui croïoient qu'il ne faloit l'honorer que d'une certaine maniere, opposée à celle en faveur de qui se font les violences, ne changent point non plus d'état intérieur à l'égard de Dieu. Leurs nouvelles pensées se terminent toutes à craindre les persécuteurs, et à vouloir conserver les biens temporels qu'ils menacent d'ôter. Ainsi ces contraintes ne sont rien pour Dieu, car les actes intérieurs qu'elles produisent, ne se raportent point à lui; et pour ce qui est des extérieurs, il est notoire qu'ils ne peuvent être por Dieu, qu'entant qu'ils sont acompagnez de ces dispositions intérieures de l'ame, qui font l'essence de la Religion, ce qui donne lieu de recueillir ainsi toute cette preuve."

[135] Die kurzen, hier aber aufschlußreichen Hinweise bei Klemens Bossong, Bayle, in: Religionskritik von der Aufklärung bis zur Gegenwart, 34–36.

[136] Ausführlich hat auf diesen Aspekt verwiesen Paul Hazard, La crise de la conscience européenne 1680–1715, Paris 1961, 352f; dt. Die Krise des europäischen Geistes. 1680–1750 (= Europa-Bibliothek [1]), Hamburg 1939, 443f. Hier findet sich der Hinweis von Bayle auch auf ein in solchem Maße „tempérament tendre" hin, das eine „faiblesse" darstellt, die einem Manne nicht wohl ansteht und die zur Not nur den Frauen verziehen werden kann, 443.

[137] Ebd.

[1] Aus lutherischer Tradition stammend, studierte Gottfried Wilhelm Leibniz zunächst in seiner Heimatstadt Leipzig, dann in Jena 1661–1666 Philosophie und bald auch Rechtswissenschaften. Statt einer angebotenen juristischen Professur nahm er eine Tätigkeit beim Kurfürsten von Mainz an; im politischen Auftrag ging er 1672 nach Paris, wo er seine mathematischen Kenntnisse vervollständigte. Anschließend trat er in den Dienst des Herzogs von Hannover, von wo aus er nicht zuletzt wegen seiner Studien zur Geschichte des Welfenhauses weite Reisen unternahm. Er war bei Einigungsbestrebungen der christlichen Kirchen ebenso beteiligt wie bei Bemühungen um wissenschaftliche Akademien in Europa. Bei aller Irenik war er in Auseinandersetzungen verwickelt, so vor allem

dies im Sinne einer Vermittlung bzw. Versöhnung der Widersprüche und Gegensätze, läßt von vornherein auf sein Bemühen um Überwindung einer Entgegensetzung von „foi" und „raison" schließen. Um so mehr gilt es zu klären, ob überhaupt, und wenn ja, in welchem Sinn er die „religion" in diese Bemühungen einbezogen hat. Um hierüber Klarheit zu gewinnen, empfiehlt es sich, vor allem die beiden grundlegenden Auseinandersetzungen, die mit John Locke und die mit Pierre Bayle, zu Rate zu ziehen.

John Lockes Erörterungen „Essays concerning Human Understanding" (1690) haben Leibniz zu einer Entgegnung veranlaßt, die er wegen dessen Todes 1704 nicht veröffentlichte, so daß sie erst 1765 erschien[2]. In dieser als Dialog gestalteten Widerlegung[3] legt Leibniz seine Konzeption vor, derzufolge er zwischen der Seele als *„tabula rasa"*[4] und den „idées innées"[5] und damit der Wiedererinnerung[6] auch in praktischer Hinsicht zu vermitteln sucht. So schlägt er „principes innés" vor[7], begründet auf der Übereinstimmung der Natur der Dinge und der Natur des Geistes[8] und damit eines *„lumiere naturelle"*[9]. Zu den eingeborenen Ideen gehören auch Gott und zukünftiges Leben[10]. Diese Auskunft vermag Leibniz durch ein ausführliches Locke-Zitat zu stützen, daß nämlich den Menschen eine „idée d'une puissance absolue et irresistible" eigen ist, die man fürchten bzw., wie Leibniz hinzufügt, lieben muß, eine Idee, die mit einfachsten „lumières de la raison" übereinstimmt und sich natürlich aus jedem Teil unserer Erkenntnis ergibt, nämlich die Idee Gottes[11]. Diese kann auch durch den Atheismus-Vorwurf nicht erschüttert werden, da die Menschen allenfalls nicht

---

mit John Locke und Pierre Bayle. Außer einer Fülle von Schriften hat er eine ungewöhnlich umfangreiche Zahl von Briefen hinterlassen. Auch die folgenden Überlegungen zeigen, wie sehr er von der Mathematik her seine Überlegungen zu fundieren suchte.

Da die folgenden Überlegungen von Leibniz wesentlich auf Bayle Bezug nehmen, wird er erst im Anschluß an diesen vorgestellt, obwohl er chronologisch vorangestellt gehört hätte.

[2] Gottfried Wilhelm Leibniz, Nouveaux Essais sur l'Entendement humain, zit. nach: Gottfried Wilhelm Leibniz, Philosophische Schriften III 1–2, hg. und übersetzt von Wolf von Engelhardt und Hans Heinz Holz, Darmstadt ²1985. – Im Folgenden werden zunächst das Buch in römischer, das Kapitel in arabischer sowie der Abschnitt mit der Sigle § und wiederum arabischer Ziffer sowie nach einem Semikolon der Band in römischer Ziffer und die Seitenzahl der benutzten Ausgabe in arabischer Ziffer angegeben. – Die ersten Angaben finden sich ebenso in: Gottfried Wilhelm Leibniz, Die philosophischen Schriften, hg. von C.J. Gerhardt, V, Berlin 1882, ND Hildesheim 1978, ebenso in ders., Sämtliche Werke und Schriften, hg. von der Leibniz-Forschungsstelle Münster, VI 6, Berlin 1962.

[3] Vgl. die gängigen künstlichen Namen der Gesprächspartner „Théophile" und „Philaléthe", mitsamt ihrer Interpretation I [Introd.]; I 1; III 1, 10–12.

[4] Ebd. XVII (Préface), I 3 §20; 90, 1 §2; 98 u.ö.

[5] Ebd. I 3 §20–90.

[6] Ebd. I 3 §20, 90–92.

[7] Ebd. Überschrift wie Kap. 3; 80; vgl. auch IV 7 §1; III 2, 354; vgl. auch die Erläuterung als *„Notions communes"*, „κοιναὶ ἔννοιαι", 1 §2; 16, vgl. IX u. XI (Préface), als „verités innées" §21; 40.

[8] Ebd. 40; daß diese nicht praktische Prinzipien sind, stellt Leibniz dar, 2; 48–80.

[9] Ebd. 40, vgl. 2 §20; 72.

[10] Ebd. 2 §12; 66.

[11] Ebd. 3 §8; 86.

den Namen, sehr wohl aber die Sache wissen – ebenso wie bei dem Wort „*sanctifié*"[12] –. So besteht also auch die Pflicht, Gott zu ehren[13].

Bemerkenswerterweise spricht Leibniz in diesem grundlegenden ersten Teil über die eingeborenen Ideen nirgends von ‚religion'. Das kann kein Zufall sein. Denn bei der Begründung der eingeborenen Prinzipien geht er über das auch von dem kritischeren Gesprächspartner akzeptierte Identitäts- und Widerspruchsprinzip hinaus und führt dabei die von Edward Lord Herbert von Cherbury formulierten fünf Prinzipien an, die er auch zitiert; dabei läßt er jedoch aus, daß Herbert von Cherbury mit diesen fünf Sätzen ausdrücklich die „religio" charakterisieren will: Leibniz hat diesen Terminus schlicht getilgt[14]. So sehr liegt die ‚religion' außerhalb des Interesses, mit dem er seine Prinzipien entfaltet. Auch dort, wo er von der Pflicht spricht, Gott zu ehren[15], fehlt sie. Dabei gilt für Leibniz selbstverständlich die Annahme, daß es Gott gibt, die er für ebenso sicher hält wie diejenige, daß die gegenüberliegenden Winkel zweier sich schneidender Geraden gleich sind[16]. Und wenn Leibniz Anselm von Canterbury und René Descartes in ihren „demonstrations" für die Existenz Gottes nicht einfach folgen will, so deswegen, weil sie eine Argumentationslücke gelassen haben, nicht aber, weil er ihren Ansatz für falsch hält[17]. Über diese Gewährsleute hinausgehend verweist er auf die „harmonie preetablie"[18].

Diese Annahme der Existenz Gottes liegt für Leibniz also der Frage nach der Wahrheit im Unterschied zum Wahrscheinlichen[19] ebenso voraus wie der Frage nach der Vernunft[20] sowie der nach Glauben und Vernunft und ihren Grenzen[21]. Für unseren Zusammenhang braucht nur notiert zu werden, daß Leibniz zwischen dem unterscheidet, was gegen die Vernunft, und dem, was über die Ver-

---

[12] Ebd. 84.
[13] Ebd. §7; 82.
[14] Ebd. 2 §15; 70: „Mylord Herbert a voulû marquer quelques uns de ces Principes, qui sont: 1. Qu'il y a un Dieu suprême. 2. Qu'il doit estre servi 3. Que la vertu jointe avec la Pieté est le meilleur culte. 4. Qu'il faut se repentir de ses pechés. 5. Qu'il y a des peines et des recompenses apres cette vie. Je tombe d'accord que ce sont là des verités evidentes et d'une telle nature qu'estant bien expliquées, une creature raisonnable ne peut gueres eviter d'y donner son consentement."
[15] Ebd. 3 §7; 82: „le devoir d'adorer Dieu".
[16] Ebd. §16; 88.
[17] Ebd. IV 9 §7; III 2, 436–438; vgl. dazu die Differenz der intuitiven Erkenntnis unserer selbst und der demonstrativen Erkenntnis der Existenz Gottes, IV 3 §21; 304.
[18] Ebd. IV 10 §7; 440 und weiter §9; 444, bes. §19; 452. – Daß mit ihr nicht einfach die von Leib und Seele gemeint ist, daß es vielmehr verschiedene Weisen gibt, hat Leibniz bes. in der „Théodicée" herausgestellt, vgl. Essais de Théodicée sur la Bonté de Dieu, la Liberté de l'Homme (die ausführliche Literatur-Angabe der Theodizee s.u. Anm. 46) I §18; II 1, 232, §74; 312; diesem Thema kann hier nicht des näheren nachgegangen werden.
[19] Vgl. bes. G.W. Leibniz, Nouveaux Essais, IV 15; III 2, 490–496 Kap. 15 „De la probabilité". Auf sich beruhen bleiben kann auch die Terminologie, verwendet Leibniz doch ebenso die tradierte Bezeichnung „*vraisemblance*" wie „*probabilité*", vgl. beides nebeneinander 11 §9; 456 und bes. 2 §14; 264–266, wobei der Zusammenhang mit dem Lateinischen noch völlig präsent ist, wie die Bezeichnung „verisimilitude" zeigt, 266.
[20] Ebd. 17; 538–596.
[21] Ebd. 18; 596–614.

nunft hinaus ist[22]. Hieraus folgt, daß die Redeweise als unangemessen qualifiziert werden muß, die die Vernunft dem Glauben entgegensetzt[23]; vielmehr ist durch die Vernunft zu verifizieren, was wir glauben, wobei „foy" als feste Zustimmung charakterisiert wird[24]. Leibniz kann dabei selbstverständlich von „certitude de la *foy*" sprechen, die durch die Offenbarung konstituiert wird[25].

Besonders hervorgehoben zu werden verdient ein bislang so nicht in Erscheinung getretener Terminus, nämlich das „absolu", das Leibniz vom „infini" unterscheidet, wobei er diese Terminologie von der Mathematik her erläutert. So verwendet er „infini" eher noch eingeschränkt mathematisch, während entscheidend das „absolu" ist, denn das „vray infini" gibt es nur im *„absolu"*[26]. „Fini et infini" treten nämlich dort in Erscheinung, wo es Größe und Menge gibt, so daß das „infini veritable" keine Modifikation, sondern das „absolu" ist[27]. So geht Leibniz von der Idee des Absoluten in uns aus, wobei diese „absolus" die Attribute Gottes darstellen[28]. Nicht, daß Leibniz diesen Terminus „absolu" schon dominant hätte werden lassen oder daß sich ein Beleg gefunden hätte, in dem er ihn synonym zu Gott gebraucht hätte, wohl aber, daß er ihn so entfaltet hat,

---

[22] Ebd. 17 §23; 588–590. „Après avoir dit un mot du rapport de nostre Raison aux autres hommes, adjoutons quelque chose de son rapport à Dieu, qui fait que nous distinguons entre ce qui est *contraire à la Raison* et ce qui est *au dessus de la Raison*. De la premiere sorte est tout ce qui est incompatible avec nos idées claires et distinctes; de la seconde est tout sentiment dont nous ne voyons pas que la verité ou la probabilité puisse estre déduite de la Sensation ou de la Reflexion par le secours de la Raison. Ainsi l'existence de plus d'un Dieu est contraire à la Raison, et la resurrection des morts est *au dessus* de la Raison."

[23] Mit dieser Annahme steht Leibniz in klassischer Tradition, vgl. Thomas von Aquin, CG I 9: „quum veritati fidei ratio naturalis contraria esse non possit".

[24] G.W. Leibniz, Nouveaux Essais, IV 17 §23; III 2, 592: „Et cette même consideration me confirme aussi dans l'opinion où je suis, que la maniere de parler, qui oppose la Raison à la foy, quoyqu'elle soit fort autorisée, est impropre; car c'est par la raison que nous verifions ce que nous devons croire. La foy est un ferme assentiment, et et l'assentiment reglé comme il faut ne peut estre donné que sur des bonnes raisons. Ainsi celuy qui croit sans avoir aucune raison de croire peut estre amoureux de ses fantaisies, mais il n'est pas vray, qu'il cherche la verité, ny qu'il rende une obeissance legitime à son divin Maistre, qui voudroit qu'il fit usage des facultés dont il l'a enrichi pour le preserver de l'erreur." – Diese Aussage findet sich in einer Wortmeldung des kritischen Philalethes. Vgl. schon 18 §14; 536–538 die hier gegebene Übersetzung erweist sich als unzureichend: „Denn gerade durch die Vernunft sollen wir glauben."

[25] Ebd. 11 §11; 458; zur Offenbarung vgl. auch 18 §§3–4; 598.

[26] Ebd. II 17 §1; III 1, 210: „Les écoles ont voulu ou dû dire cela, ou admettre un infini syncategorematique, comme elles parlent, et non pas l'infini categorematique. Le vray infini à la rigueur n'est que dans *l'absolu* qui est anterieur à toute composition, et n'est point formé par l'addition des parties." – Das „absolu" besteht also vor jeder Zusammensetzung.

[27] Ebd. §2; 212: „Je ne trouve pas qu'on ait établi cela, la consideration du fini et infini a lieu partout où il y a de la grandeur et de la multitude. Et l'infini veritable n'est pas une *modification*, c'est l'absolu; au contraire, dès qu'on modifie, on se borne ou forme un fini."

[28] Ebd. 212–214: „L'idée de *l'absolu* est en nous interieurement comme celle de l'Estre: ces absolus ne sont autre chose que les attributs de Dieu, et on peut dire qu'ils ne sont pas moins la source des idées, que Dieu est luy même le principe des Estres. L'idée de l'absolu par rapport à l'espace n'est autre que celle de l'immensité de Dieu, et ainsi des autres"; vgl. auch 17 §16; 216 die Charakterisierung des „absolu" als grenzenloses Attribut, exemplifiziert an der Ewigkeit als in der Notwendigkeit der Existenz Gottes beruhender; vgl. auch die Formulierung der Idee Gottes im Zusammenhang mit

dürfte für die weitere Entwicklung bedeutsam gewesen sein. Nicht von ungefähr hat Schleiermacher neben dem „Universum" das „Unendliche" in spezifischem Sinn verwandt[29], ein Sprachgebrauch, der nachhaltig auch von Leibniz her inspiriert sein dürfte, so, wenn dieser vom „Estre infini de Dieu" spricht[30]. Ebensosehr aber kehrt der eigentliche Sprachgebrauch von Leibniz bei Hegel wieder, wenn dieser „Gott als absolute Wahrheit" bzw. als die *„absolute Substanz"* und folglich die „Religion" als das „absolut wahre Wissen" qualifiziert[31].

Nicht von ungefähr war in der vorangegangenen Darlegung nirgends von ‚religion' die Rede, sie findet nämlich in dieser Auseinandersetzung mit Locke nirgends eine nennenswerte Beachtung. Wohl geht er auf sie in den folgenden Teilen ein. So bezeichnet er die Gerechtigkeit Gottes als „fondement de la vraye religion"[32]. Auch stellt er fest, daß die „nostre Religion" auf *„motifs de credibilité"* gegründet ist[33]. Es findet sich gelegentlich die Bezeichnung „sainte Religion"[34]. Doch sonst verwendet er diesen Terminus unspezifisch, nämlich im institutionellen Sinne, etwa, wenn er „Religion du pays" sagt[35] oder wenn er von „Sectes de Philosophie et de Religion" spricht[36]. Dasselbe gilt für die „dogmes de Religion"[37]. Zu vermerken bleibt lediglich, daß „Religion" verschiedentlich in Zusammenstellungen vorkommt, so neben Ehre, Glauben, Gnade und Kirche[38], neben Geschichte[39], Philosophie[40], Recht[41] und vor allem neben Moral[42]. Man

---

„infini" 23 §33; 382. Einen anderen Sprachgebrauch von *„absolu"* als Gegensatz zu *„relatif"* vgl. ebd. 25 §10; 388.

[29] Friedrich Daniel Ernst Schleiermacher, Über die Religion. Reden an die Gebildeten unter ihren Verächtern (= Philosophische Bibliothek 255), Hamburg 1961, bes. 30–41, 132–135.

[30] G.W. Leibniz, Nouveaux essais III 6 §12; III 2, 88.

[31] Georg Wilhelm Friedrich Hegel, Vorlesungen über die Philosophie der Religion, I 1, in: Theorie-Werkausgabe 16, Frankfurt 1969, 1980, 91, 94, 92.

[32] G.W. Leibniz, Nouveaux essais II 21 §37; III 1, 294, wenig später, 296, auch „un grand zele pour sa religion" im Hinblick auf einen Assassinenfürsten.

[33] Ebd. IV 17 §23; III 2, 592.

[34] Ebd. 7 §11; 378.

[35] Ebd. 15 §5; 494; hier und bei den folgenden Stellen im Gegensatz zu den bisherigen findet sich die Großschreibung.

[36] Ebd. III 10 §1; 180; „Sectes" sollte nicht mit „Sekten" übersetzt werden, 181 u.ö., etwa III §6, 186/187, da hier am ehesten „Gefolgschaften" gemeint sind, vgl. „Ecoles de filosofie", IV 7 §11; 382. Im negativen Sinne dürfte „secte" gebraucht sein im Zusammenhang mit dem „Enthousiasme", vgl. 19; §2; 624 und das gesamte Kapitel 19; 614–630.

[37] Ebd. 630, vgl. 20 §17; 658 „en matiere de Religion" und „un homme d'une Religion"; vgl. auch 18 nach §9; 614 „trois Religions".

[38] Ebd. III 9 §9; 168, mit der Feststellung, daß diese Begriffe nicht einsinnig gebraucht werden: „Et dans uns discours ou entretien où l'on parle *d'honneur, de foy, de grace, de Religion, d'Eglise* et surtout dans la controverse, on remarquera d'abord, que les hommes ont des differentes notions, qu'ils appliquent aux mêmes termes." Vgl. auch wenig später, 10 §3; 182, eine entsprechende Aufzählung ohne ‚religion'.

[39] Ebd. 9 §9; 170.

[40] Ebd. 10 §1; 180.

[41] Ebd. 10 §12; 186, vgl. 188 neben „Justice".

[42] Ebd. IV 9, nach 284, IV 16 §4; vgl. bes. 12 §4; 468 sowie schon in der Einleitung III 1, XLIV; es findet sich aber auch „vraye Morale ou pieté", IV 12 §11; III 2, 484.

kann auch an ihr zweifeln[43] oder darum beten, wie Leibniz zur doppelten Bedeutung des englischen Wortes „*but*" erläutert, daß Gott einen, statt ihn zur wahren „religion" zu bringen, in der eigenen bestärkt[44]. Aber alle diese Aussagen beschäftigen sich nicht des Näheren mit ihr.

Von der uns interessierenden „religion naturelle" spricht Leibniz nur im Vorwort, was schon auf den geringen Stellenwert in den gesamten Überlegungen schließen läßt, selbst wenn Leibniz hier ihre Bedeutung betont hat[45].

Das zuvor erreichte Ergebnis gilt es nun an der „Théodicée"[46] zu überprüfen, die sich in mancherlei Hinsicht mit den „Nouveaux Essais" berührt und die besondere Wirkung erreicht hat, weil sie als eine seiner wenigen Abhandlungen von ihm selbst publiziert wurde. In ihr setzt er sich allen voran mit Pierre Bayle auseinander. Nicht von ungefähr hat er deswegen ihren drei Teilen einen vorbereitenden ausführlichen „Discours de la conformité de la foi avec la raison" vorangestellt[47]. Hier erhärtet er, was für seine Konzeption generell maßgeblich ist, daß die geoffenbarte Wahrheit des Glaubens und die Wahrheit der Vernunft einander nicht widerstreiten können. Diesbezüglich konstatiert er, daß die ewigen Wahrheiten (der Welt) unerläßlich sind, so daß Gott von ihnen im Unterschied zu den Naturgesetzen nicht dispensieren kann; ihnen darf auch der Glaube nicht widersprechen[48]. Folglich darf und kann es nichts gegen, wohl aber etwas über die (menschliche) Vernunft hinaus geben[49]. Ein Gegensatz, ein Kampf zwischen Glaube und Vernunft würde zugleich einen Kampf Gottes gegen Gott bedeuten[50]. Leibniz lehnt folglich die tradierte Annahme einer doppelten Wahrheit und eines Gegensatzes zwischen Philosophie und Theologie entschieden ab, der besonders hinsichtlich der Seele in Erscheinung tritt, insofern erstere Wahrheit die Seele als sterblich und letztere als unsterblich ansieht; denn eine solche Un-

---

[43] Ebd. 19 nach § 5; 624.

[44] Ebd. III 7 § 5; 156, so als englisches Zitat mit der anschließenden französischen Übersetzung: „Vous priés Dieu, mais ce n'est pas qu'il veuille vous amener à la connoissance de la vraye Religion, mais qu'il vous confirme dans la vostre ..."

[45] Ebd. III 1; XXXIV, mit der Feststellung, daß ihr durch irrige Annahmen über die Seele schwerer Schaden zugeführt worden ist; vgl. LVI–LVIII mit der Aussage, daß als verdächtig gelten, die sie zerstören und alles auf die Offenbarung zurückführen wollten.

[46] Gottfried Wilhelm Leibniz, Essais de Théodicée sur la Bonté de Dieu, la liberté de l'Homme et l'Origine du Mal, zit. nach: Gottfried Wilhelm Leibniz, Philosophische Schriften, II 1–2, hg. und übersetzt von Herbert Herring, Darmstadt 1985. – Im folgenden werden der vorangestellte „Discours" mit D sowie die drei Teile in römischer und danach die einzelnen Nummern in arabischen Ziffern sowie nach einem Semikolon in römischer Ziffer die beiden Teilbände und arabischer Ziffer die Seiten angegeben.

[47] Ebd. II 1, 68–204.

[48] Ebd. D 3; II 1, 72.

[49] Ebd. 60; 158–160, vgl. 23; 108, 63; 164, 66; 170, 71; 178 u.ö.

[50] Ebd. 39; 132: „Mais M. Bayle y cherche une utilité tout opposée, qui serait de faire voir la puissance de la foi, en montrant que les vérités qu'elle enseigne ne sauraient soutenir les attaques de la raison, et qu'elle ne laisse pas de se maintenir dans le coeur des fidèles. M. Nicole semble appeler cela le *triomphe de l'autorité de Dieu sur la raison humaine*, dans les paroles que M. Bayle rapporte de lui, dans le 3ᵉ tome de sa *Réponse aux questions d'un provincial* ... Mais comme la raison est un don de Dieu contre Dieu aussi bien que la foi, leur combat ferait combattre Dieu contre Dieu".

terscheidung im Sinne einer Trennung kann es nicht geben[51]. Vielmehr hält er den Triumph der erleuchteten Vernunft zugleich für einen Triumph des Glaubens[52], ohne daß der Triumph des Glaubens einen Triumph über die Vernunft darstellt[53].

In all diesen Überlegungen spricht Leibniz in aller Regel von „foi" und „raison"[54]. Manchmal aber sagt er auch, was für unsere Fragestellung von besonderer Bedeutung ist, „religion" und „raison"[55].

---

[51] Ebd. 11; 88: „et je reviens aux averroïstes, qui se persuadaient que leur dogme était démontré suivant la raison, ce qui leur faisait avancer que l'âme de l'homme est mortelle selon la philosophie, pendant qu'ils protestaient de se soumettre à la théologie chrétienne, qui la déclare immortelle. Mais cette distinction passa pour suspecte, et ce divorce de la foi et de la raison fut rejeté hautement par les prélats et par les docteurs de ce temps-là, et condamné dans le dernier concile de Latran sous Léon X, où les savants furent exhortés à travailler pour lever les difficultés qui semblaient commettre ensemble la théologie et la philosophie."

[52] Ebd. 45; 140: „De sorte qu'on peut dire que le triomphe de la véritable raison éclairée par la grâce divine est en même temps le triomphe de la foi et de l'amour." – Auf weitere Differenzierungen, etwa die „foi catholique" und die „foi philosophique", 48; 144, braucht hier nicht weiter eingegangen zu werden. Auch die näheren Bestimmungen des Glaubens, vgl. bes. 43; 138, sowie der Vernunft, vgl. 23; 110, 62; 162, können hier nicht des weiteren aufgenommen werden.

[53] Ebd. 41; 134–136, vgl. 43; 136–138, vgl. auch Préface 40 im Hinblick auf Bayle, der einen Widerstreit beider annimmt und, weil er die Vernunft zum Schweigen bringen will, von einem Triumph der „foi" spricht, wie Leibniz referiert.

[54] Vgl. neben den zuvor genannten Belegen bes. ebd. D 1; 68, 5; 76, 36–46; 128–142 u.o.

[55] Vgl. außer dem zuvor genannten Beleg Préface 38 neben 40; vgl. in einem Zitat von Bayle D 77; 190, in dem sich ebenfalls „foi" findet. Auch stellt er „religion" und „raison" nebeneinander I 17; 230.

Die zentrale Aussage findet sich D 5; 76: „Il paraît, par ce que je viens de dire, qu'il y a souvent un peu de confusion dans les expressions de ceux qui commettent ensemble la philosophie et la théologie, ou la foi et la raison; ils confondent *expliquer, comprendre, prouver, soutenir*. Et je trouve que M. Bayle, tout pénétrant qu'il est, n'est pas toujours exempt de cette confusion. Les mystères se peuvent *expliquer* autant qu'il faut pour les croire; mais on ne les saurait *comprendre* ni faire entendre comment ils arrivent; c'est ainsi que même en physique nous expliquons jusqu'à un certain point plusieurs qualités sensibles, mais d'une manière imparfaite, car nous ne les comprenons pas. Il ne nous est pas possible non plus de prouver les mystères par la raison; car tout ce qui se peut prouver *a priori*, ou par la raison pure, se peut comprendre. Tout ce qui nous reste donc, après avoir ajouté foi aux mystères sur les preuves de la vérité de la religion (qu'on appelle *motifs de crédibilité*), c'est de les pouvoir *soutenir* contre les objections; sans quoi nous ne serions point fondés à les croire, tout ce qui peut être réfuté d'une manière solide et démonstrative ne pouvant manquer d'être faux; et les preuves de la vérité de la religion, qui ne peuvent donner qu'une *certitude morale*, seraient balancées et même surmontées par des objections qui donneraient une *certitude absolue*, si elles étaient convaincantes et tout à fait démonstratives. Ce peu nous pourrait suffire pour lever les difficultés sur l'usage de la raison et de la philosophie par rapport à la religion, si on n'avait pas affaire bien souvent à des personnes prévenues."

Vgl. ebd. 22; 108 die Feststellung, daß die Feinde der „religion" sowohl die „religion" als auch die Mysterien in Verruf bringen; vgl. 46; 142 mit dem Wechsel von „raison" einerseits und „religion" bzw. „foi" andererseits. Vgl. schließlich III 264; II 2, 36 mit der Gegenüberstellung von „raison" und „expérience à la religion" durch Bayle; vgl. schließlich 400; 238: „Ceux qui sont d'un autre sentiment, et qui font Dieu seul acteur, s'embarrassent sans sujet dans des expressions dont ils auront bien de la peine à se tirer sans choquer la religion: outre qu'il choquent absolument la raison."

Vgl. den Wechsel von „foi" und „religion" D 3; II 1, 74 im Zusammenhang mit den „mystères de la religion".

Eine gewisse Differenz zwischen „foi" und „religion" läßt sich erkennen, wenn Leibniz etwa von den „autres articles de notre religion" spricht[56] oder davon, daß die Vernunft, statt dem Christentum entgegengesetzt zu sein, dieser „religion" als Grundlage dient[57]. Selten findet sich „religion chrétienne"[58] – nicht etwa ‚foi chrétienne' –, ausnahmsweise auch als Entgegensetzung etwa „religion païenne"[59].

Von hierher ergibt sich, daß Leibniz den Terminus „religion" auch im Hinblick auf seine öffentliche Relevanz verwendet; so kann er sagen, daß im Römischen Reich die „religion des sages" zu „celle des peuples" geworden ist[60]. Überraschenderweise hat sich die Alternative ‚religion révélée' nicht finden lassen[61]. Alles in allem hält sich Leibniz aber außerordentlich zurück in der Verwendung von „religion", wenn man seine Bezugnahme auf Bayle mit dessen häufiger und vielfältiger Verwendung dieses Terminus zumal mit den zahlreichen adjektivischen Präzisierungen vergleicht.

Zusammenfassung

Das Ergebnis der Untersuchungen zu diesen späten Philosophen im Übergang zur Aufklärung überrascht. Denn es hat sich nirgends eine wichtige Weiterführung des Verständnisses von „religio/religion" entdecken lassen. Dieser Befund erweist sich deswegen als signifikant, weil die Frage nach der Erkenntnis Gottes sehr wohl und sehr intensiv erörtert worden ist. Nicht von ungefähr hat sich gegen Ende des 18. Jahrhunderts eine neue Phase des Atheismus ergeben[62]. Soweit also bislang recht zögerliche Innovationen des Verständnisses der „Religion"

---

[56] Ebd. 43; 138 (die Übersetzung bietet fälschlich „Glaubensartikel unserer Religion", 139).

[57] Ebd. 52; 148 als Wiedergabe bzw. Erläuterung von Origenes; diese Aussage führt Leibniz so fort, daß denen, die zu einer Prüfung nicht in der Lage sind, das himmlische Geschenk der „foi toute nue" zuteil wird.

[58] Ebd. 51; 146, 52; 148, I 93; 346.

[59] Ebd. D 52; 148. Andere adjektivische Formulierungen sind selten, vgl. II 137; 440 „religion des anciens Perses", ebenso ausnahmsweise findet sich auch D 29; 118 „les fausses religions", und ebenso selten Préface 10 „vraie religion".

[60] Ebd. 6. Diese Stelle ist ohnehin aufschlußreich, weil Leibniz hier feststellt, Jesus Christus habe es erreicht, daß die „religion naturelle" zum Gesetz geworden sei und die Autorität des „dogme public" erreicht hat.

Damit ist ein uns besonders interessierender Ausdruck formuliert, den Leibniz darüber hinaus sehr selten verwendet. Vgl. ebd. D 11; 88; vgl. ferner III 294; II 2, 82.

[61] Öfter sagt Leibniz „théologie naturelle", so Préface; II 1, 6, D 81; I 196, bes. II 110; 368, zuweilen auch zusammen mit „théologie révélée" so I 76; 316, vgl. D 43; 138 zusammen mit „notre religion". – Der ursprüngliche Titel der „Théodiceé" sollte lauten: „Eléments de la philosophie générale et de la théologie naturelle", vgl. das Nachwort II 2, 398.

[62] Vgl. die nach Fertigstellung des Manuskripts erschienene Arbeit von Winfried Schröder, Ursprünge des Atheismus. Untersuchungen zur Metaphysik- und Religionskritik des 17. und 18. Jhs. (= Quaestiones. Themen und Gestalten der Philosophie 11), Stuttgart-Bad Cannstatt 1998. Hier wird ein deutlich schärferes Verständnis des „Atheismus" vertreten als bei Hans-Martin Barth.

auftraten, lagen sie schwerlich in der Philosophie. Denn mindestens in dem Sinne dürfen die hier vorgelegten Untersuchungen verallgemeinert werden, als fundamentale und allgemein verhandelte Neukonzeptionen zu unserem Thema bei ihnen nicht ohne Spuren geblieben sein könnten. So läßt sich auch im Hinblick auf die Philosophen bestätigen, was sich zuvor als Ergebnis herauskristallisiert hatte.

Zusammenfassung: Rückblick und Ausblick

Weniger als bei dem vorausgegangenen Band Religio II lassen sich die Untersuchungen dieses dritten Teils auf eine schlichte und kurze Formel bringen. Und noch weniger läßt sich eine kontinuierliche einlinige Entwicklung feststellen.

Die Schwierigkeiten dieses Teils bestanden einmal in einer schon rein quantitativ enormen Zunahme an Autoren, die sich ihrerseits voneinander noch mehr unterscheiden und noch weiter entfernt haben, als dies im vorausgehenden Jahrhundert der Fall war.

Zudem war die Aufgabe dieses Bandes nach den Befunden des vorausgegangenen um so dringender, die Suche nach den Anfängen eines neuzeitlichen Verständnisses von „Religion" in dem Maße zu intensivieren, in dem sich der zeitliche Abstand zu einem solchen bis jetzt nachweisbaren Verständnis gegen Ende des 18. Jahrhunderts verringert hat.

Es lagen aber keine Hinweise vor, welche Wege man hätte beschreiten, welche Positionen man hätte aufsuchen sollen, um mögliche Veränderungen oder Umbrüche im Verständnis von „religio", zumal bei der Umsetzung in landessprachliche Überlegungen und d.h. zur „religion / Religion" aufzufinden. Folglich waren bekannte Autoren ebenso zu Rate zu ziehen wie weniger oder faktisch gar nicht bekannte, auf die ich auf verschiedene Weise gestoßen bin. Manche wurden wegen ihrer Bedeutung berücksichtigt, andere wegen der Themen ihrer Arbeiten, die einen Aufschluß für unsere Fragestellung versprachen.

Hier drängt sich mir noch einmal die Frage auf, ob der Aufwand in dem hier vorgelegten Maße notwendig war oder ob das Ergebnis einfacher zu erreichen gewesen wäre. Schon in den früheren Bänden hatte sich gezeigt, daß Beharrlichkeit und ein beträchtliches Quantum Glück zu den wichtigsten Einsichten geführt haben. So habe ich fast durch Zufall die Texte von Roger Bacon ein zweites Mal eingesehen und erst dabei die besondere Bedeutung von „lex" und „secta" entdeckt. Auch habe ich lange gezögert, die Briefe Luthers mit in meine Untersuchung einzubeziehen, und mich dann doch dazu entschlossen und dabei den außerordentlich wichtigen Brief Philipp Melanchthons gefunden. Ohne diesen Text wäre unbekannt geblieben, daß bereits in der ersten Hälfte des 16. Jahrhunderts die Aussage formuliert werden konnte, „es sey aller Völcker zu allen zeiten ein religion gewesen, allein die namen sind geendert"[1]. Es fehlt freilich immer noch die Verifizierung, ob eine solche Konzeption von französischen Weltweisen und d.h. von Philosophen tatsächlich vertreten worden ist oder ob sie von Melanchthon diesen seinen Gegnern nur unterstellt wurde. Nicht selten scheinen später aufgenommene und vertretene Positionen zunächst von Geg-

---

[1] Vgl. dazu E. Feil, Religio I, 244.

nern denen unterstellt worden zu sein, die sie noch nicht explizit vertreten haben[2]. Dabei wissen wir nicht einmal, wen Melanchthon mit seiner Aussage, ob zu Recht oder zu Unrecht, gemeint haben kann.

Auch bei dem vorliegenden Band habe ich verschiedentlich geschwankt, an welcher Stelle wir die Recherchen hätten abbrechen sollen. Jedenfalls hat die Fortführung der Suche etwa bei Tommaso Campanella den Nachweis eines zweifachen Verständnisses der „religio naturalis" erbracht. Die ausgedehnteren Untersuchungen zu Thomas Hobbes führten zur Entdeckung einer schwankenden Position.

So sehe ich wie bisher auch weiterhin keinen anderen Weg, als möglichst umfassend und zugleich intensiv genug die Autoren zu prüfen, die wegen ihrer allgemeinen Bedeutung oder wegen einer möglichen Veränderung bzw. Abweichung von allgemein vertretenen Positionen auf ihr Verständnis von „religio" untersucht zu werden verdienen. Es bleibt noch unklar, ob sich bei Autoren, die die Landessprache verwenden, eher Aufschlüsse erwarten lassen als bei denen, die als gesamteuropäische Wissenschaftssprache das Lateinische beibehalten.

Viele Leser werden mehr oder weniger große Passagen auch dieses Bandes überfliegen – in einem verhältnismäßig präzisen Sinn dieser Metapher –; manche werden sogar ohne Zwischenhalt bei der einen oder anderen Zusammenfassung gleichsam non-stop zum Endergebnis eilen. Wenn es freilich nur darum gegangen wäre, Anfang und Ziel zu bestimmen, wäre die Arbeit schon längst beendet. Es hätte genügt, die Anfänge zu eruieren und sich dann sofort der zweiten Hälfte des 18. Jahrhunderts zuzuwenden, in dem ein neues Verständnis der „religio" offen zutage tritt. Es galt aber gerade, die Wegstrecke aufzufinden und besondere Positionen freizulegen, die genügend Aufschluß über unser Thema ergeben. Daß schon die Wege naturwissenschaftlicher Erkenntnis höchst aufschlußreich sind, hat nicht zuletzt Thomas S. Kuhn gezeigt. Um so mehr dürfte dies für unsere Fragestellung gelten.

Daher kann ich nur hoffen, wichtige und repräsentative Autoren gefunden zu haben, die sich mit der „religio" als solcher beschäftigt oder aber sie in bezeichnender Weise außer acht gelassen haben. Wenn es zwischen diesen Positionen zuweilen auch unwegsames Gelände gibt, so bin ich sicher, wenigstens insgesamt meinem Ziel erheblich näher gekommen zu sein. Und wenn manche Wege wie Umwege aussehen mögen, so können vielleicht gerade sie sich als die geeigneteren Wege erweisen.

Die vielfältigen Untersuchungen dieses Bandes zeigen wenigstens – negativ –, daß sich im Verlauf dieses 17. Jahrhunderts ein neuzeitliches Verständnis von „Religion" nicht hat nachweisen lassen. Zu ihm gehören nämlich die beiden Aspekte einer einzigen „Religion" bei allen Menschen zu allen Zeiten sowie einer wesentlich „inneren" oder gar „innerlichen", wenn nicht im „Gefühl"

---

[2] Vgl. Amos Funkenstein, Theology and the Scientific Imagination from the Middle Ages to the Seventeenth Century, Princeton 1986, 7 Anm 16, bei dem ich dieselbe Annahme gefunden habe, hier bezogen auf die Formulierung der doppelten Wahrheit.

situierten „Religion". Diese beiden Aspekte können auch unabhängig voneinander gebildet und erst im Lauf der Zeit miteinander verbunden worden sein.

Um es mit Positionen zum Ausdruck zu bringen: Die Ansicht Melanchthons einer hinter allen „Namen" liegenden „Religion", die wohl nicht zuletzt im Gefolge von Friedrich Daniel Ernst Schleiermachers Formulierung einer „Religion der Religionen" gegenwärtig fröhliche Urstände feiert, ließ sich so im 17. Jahrhundert bislang nirgends nachweisen. Erst recht konnte die Bestimmung der „Religion" als Gefühl, die dann bei Schleiermacher wie bei Johann Wolfgang von Goethe im Unterschied zu Melanchthon formuliert worden ist, bei keinem der untersuchten Autoren in entsprechender Ausdrücklichkeit gefunden werden. Sie hat sich also weder affirmativ noch negativ nachweisen lassen, nämlich weder als Überzeugung eines Autors, der dann als heterodox galt, noch als abgelehnte Position von seiten eines Vertreters der Orthodoxie, die dieser seinen Kontrahenten anlastete.

Einer solchen Position scheint lediglich John Selden (1584–1654) nahezukommen, wenn er die „Religion" mit kritisch-ironischem Unterton mit einem Wams vergleicht, das jeder trägt, nur der eine mit Schlitzen, ein anderer mit Borte oder wieder ein anderer schlicht, je nachdem, wie die Mode oder der persönliche Stil es geraten sein lassen[3]. Man könnte in dieser Aussage die Struktur entdecken, jeder trage seine Religion, nur die Formen seien verschieden. Selbst ist Seldon der Meinung, daß es überhaupt keine übereinstimmende „religion" gibt und die Menschen nur eine solche vorgeben, um Ruhe zu haben[4].

Annahmen dieser Art haben sich also besonders als ernsthafte Position nirgends verbreitet, geschweige denn durchgesetzt. „Religio" bleibt im 17. Jahrhundert grundsätzlich der Gottesverehrung zugeordnet und wird, wenn sorgfältig formuliert wird, eben nicht direkt auf Gott bezogen. Allgemein wird sie nicht näher definiert; denn ihre Bedeutung versteht sich, wie man meint, von selbst. Auch die Etymologie bleibt vielfach unerwähnt. Schließlich weisen die meisten Autoren nicht auf ihren Charakter als Tugend und noch weniger auf ihre Zuordnung zur Kardinaltugend der Gerechtigkeit hin. Aber aus diesem Befund darf man keineswegs schließen, diese traditionellen Akzentuierungen seien allgemein in Vergessenheit geraten. Ihre Kenntnis zeigen Autoren wie Johannes Hoornbeek und Alexander Roëll. Die Tradition bleibt also sehr wohl lebendig.

Konsequent dazu behält „religio" durchgängig die Zuordnung zu manifesten Vollzügen. Wenn die Differenzierung „internus" und „externus" aufgenommen wird, dann grundsätzlich bei einem Terminus wie „cultus", der sich freilich in einer engen Zuordnung zur „religio" findet.

---

[3] John Selden, Table Talk, in: Joannes Seldinus, Opera Omnia, collegit David Wilkins, III: The Works of John Selden, London MDCCXXVI, 2067: „Religion is like the fashion, one man wears his doublet slashed, another laced, another plan; but every man has a doublet: So every man has his religion. We differ about trimming."

[4] Ebd.: „Men say they are of the same religion for quietness sake; but if the matter were well examined, you would scarce find three any where of the same religion in all points."

Voll erhalten bleibt die Bedeutung der „pietas", und dies in dem doppelten Sinn, einmal, daß sich der Sinn dieses Terminus als ehrfurchtsvolle Zuneigung zu einer höhergestellten Person nicht geändert hat, und zum anderen, insofern sie eher als „religio" die persönliche Einstellung zum Ausdruck bringt und damit einen Vorrang vor ihr behält. Eine herausragende Stellung gewinnt dieser Terminus in dem nach ihm benannten Pietismus, während „Religion" in ihm nur einen nachgeordneten Rang behält. Es scheint nicht ausgeschlossen, daß die Verwendung von „pietas" in der Bezeichnung bzw. Selbstbezeichnung einer besonderen Gruppierung zu einer Spezialisierung geführt hat, die diesen Terminus in bestimmter Weise besetzt hat und für andere Richtungen ungeeignet werden ließ. Allem Anschein nach hat also der Pietismus dazu geführt, daß man weithin „pietas" nicht über die enge Bedeutung der klassischen Tradition hinaus zu einem zentralen Grundbegriff ausweiten und vertiefen wollte und statt dessen „religio" favorisiert hat. Denn vielfach wollte man mit dem Pietismus nicht in Zusammenhang gebracht werden und wählte somit einen anderen Terminus, obwohl „pietas" viel genauer und naheliegender hätte zum Ausdruck bringen können, was dann später „religio" bedeutete, nämlich eine in der Innerlichkeit situierte Haltung oder gar Befindlichkeit des Menschen selbst, wohingegen „religio" grundsätzlich die Sorgfalt für manifeste Vollzüge bedeutete. Bei einer nicht belasteten Verwendung von „pietas" hätte man mühelos auch den faktisch nicht üblichen Plural ‚pietates' bilden können, um verschiedene Weisen der Reverenz zum Ausdruck zu bringen. Eine weitere Entwicklung, die zu Bezeichnungen wie ‚Pietätswissenschaft' oder ‚Pietätsphilosophie' geführt hätte, wäre ja keineswegs ausgeschlossen gewesen.

„Religio" hätte in einer solchen Geschichte weiterhin die Sorgfalt speziell für manifeste Vollzüge bedeuten können. Für diesen Bereich standen auch die Bezeichnungen „cultus" sowie „ritus" und „ceremoniae" zur Verfügung. Auch von „religiones" hätte man schon der Tradition gemäß sprechen können, da es einer verschiedenen Sorgfalt für jeweils verschiedene Kulte der einzelnen Götter bedurfte. Wenn Nikolaus von Kues von der „una religio in rituum varietate" spricht, so bedeutet dies klassisch lediglich die eine Sorgfalt für die eine Verehrung des einen Gottes in verschiedenen Vollzügen, wie es in der christlichen Welt bereits den lateinischen oder den griechischen Ritus gab, nicht aber schon verschiedene ‚religiones' im antiken, humanistischen und dann im späteren neuzeitlichen Sinn.

Ein besonderes Interesse gilt durch alle Untersuchungen hindurch der Formulierung einer „religio naturalis". Denn sie stellt ein wichtiges Kriterium dar, da sie als neuzeitliche Errungenschaft einer nur auf der natürlichen „ratio" beruhenden Verehrung Gottes gilt, der mit eben dieser „ratio" erkannt wird. Wie weit allerdings die Bedeutungsbreite einer „religio naturalis" gehen kann, hat sich bei Campanella gezeigt, wenn er sie auch als Gottesverehrung durch die unbelebte Kreatur verstehen kann im Unterschied zur „religio animalis" der Tierwelt, der „religio rationalis" der Menschen und schließlich der „religio supernaturalis" aufgrund der Gnade Gottes. Von einer „religio naturalis" zu sprechen, legt sich überhaupt erst bei einer Differenzierung nahe, die es sehr lange nicht gab. Wenn die Christen seit der Antike lediglich die „religio vera" für sich in Anspruch nahmen, so blieb diese deswegen gleichwohl eine natürliche Tugend; eine von ihr unterschiedene, durch die Offenbarung bzw. durch das Einwirken Gottes begründete „religio" kam für sie als Alternative gar nicht in Frage. Erst im Verlauf des 17. Jahrhunderts verbreitete sich die Unterscheidung einer meist durch die „ratio" begründeten „religio naturalis" und einer durch Gott gewirkten „religio revelata" bzw. „religio supernaturalis", wie sie zuweilen auch, wenn auch deutlich seltener genannt wird. Vorbereitet wurde diese Konzeption durch die Formulierung einer „religio naturalis" als temporale Bezeichnung für die „religio" des Anfangs, die dann durch die Schuld der Menschen korrumpiert wurde, bis Gott einen Bund mit den Menschen schloß und damit den Verfall der anfänglichen „religio" überwand. In der Folge eines neuen Verständnisses der „religio naturalis" im Unterschied zur „religio revelata" wird dann die Frage dringlich, ob auch erstere heilsbedeutsam sein kann oder nicht, übrigens mit offenem Ergebnis. Die Schultheologen neigen freilich verständlicherweise dazu, als heilsbedeutsam nur die „religio revelata" zuzulassen.

Man darf aber nach wie vor diese Differenzierung der „religio naturalis" und „revelata" nicht mit der auf Varro zurückgeführten dreigeteilten Theologie als „theologia mythice, politice, physice" in Verbindung bringen, die durch das ganze Jahrhundert hindurch immer wieder erwähnt wird. Denn „theologia" und „religio" sind keineswegs identisch. Überdies bedeutet „theologia naturalis" weniger eine ‚natürliche' als vielmehr eine ‚philosophische Theologie', die nämlich die Philosophen im Unterschied zu Politikern oder Dichtern vertreten.

Immerhin ist auch durch das 17. Jahrhundert hindurch der Sprachgebrauch gängig geblieben, die „religio" als wahre allein bei sich zu sehen, während aus anderen Überzeugungen nur „superstitio" oder „idololatria" resultieren. Welche Problematik darin besteht, die eigene „religio vera" dem Aberglauben der anderen gegenüberzustellen und gleichwohl verbreitet auch über sie unter der Klassifikation von „religiones" zu sprechen, wird nicht reflektiert.

Immer wieder ist von „secta" die Rede. Dieser Terminus, der seit dem Hochmittelalter als Oberbegriff für die verschiedenen Überzeugungen verwandt werden konnte, tritt in dieser Funktion zurück. Wohl findet er sich im Hinblick auf die außerchristlichen Überzeugungen, aber auch für die innerchristlichen Gruppierungen. Die in meinen Untersuchungen immer wieder notierte Auffassung, diese so gut wie nirgends des näheren definierte bzw. etymologisch erläuterte Bezeichnung leite sich von „sequi/folgen" her, hat inzwischen über eine ausnahmsweise Erklärung bei Thomas Hobbes[5] hinaus eine besondere Stütze bei John Milton (1608–1664) gefunden; er bringt zusammen mit einer Bestimmung der „true Religion"[6] eine Definition der „*Sects*", die es sowohl in einer

---

[5] S.o. 3 Thomas Hobbes mit Anm. 198.

[6] John Milton, Of True Religion, Heresie, Schisma, Toleration, And what best Means may be us'd against the Growth of Popery, in: Works, London MDCXCVII, 428–434, 428: „True Religion is the

wahren als auch in einer falschen Kirche geben kann; er interpretiert dann diesen Terminus eindeutig mit „follow", nämlich der „Doctrine" eines Lehrers zu folgen, wobei der negative Aspekt daher rührt, daß dieser Lehrer meist als „infallible" angesehen wird [7]. Aus diesem Zusammenhang geht eindeutig hervor, daß „sect" grundsätzlich nicht negativ verstanden werden muß, ebensowenig wie das griechische Äquivalent „αἵρεσις"; denn beide bezeichnen ursprünglich die von jemandem gewählte philosophische Richtung, die Philosophenschule, eine ihrem Schulhaupt folgende Gruppierung. Der nicht selten negative Beigeschmack rührt daher, daß sich die Schulen untereinander beargwöhnt haben sowie daß man Mitgliedern einer Schule, wenn man zu gar keiner gehörte, wohl reserviert gegenüberstand. Jedenfalls gibt es keine Etymologie für „sect" von ‚secare/schneiden'. Die richtige Ableitung ist, wie diese Aussage Miltons zeigt, im humanistisch gebildeten 17. Jahrhundert also durchaus bekannt.

Der andere Oberbegriff für verschiedene Überzeugungen seit dem hohen Mittelalter, nämlich „lex", fügt sich im Laufe des 17. Jahrhunderts in den allgemeinen Sprachgebrauch von „lex" ein. Es finden sich noch Stellen, an denen etwa die „Lex Christiana" mit der „Lex Mahumetana" verglichen bzw. voneinander abgesetzt werden. Aber als Oberbegriff für die verschiedenen Überzeugungen wie bei Geronimo Cardano läßt sich „lex" immer weniger eindeutig identifizieren.

Nicht sehr verbreitet hat sich „Perswasion" als übergreifender Terminus, obwohl er an sich recht geeignet gewesen wäre. Er kommt aber immerhin vor.

Besonders hervorgehoben zu werden verdient, daß sich trotz vielfacher Nennung der „Déistes", angefangen von Marin Mersenne, nirgends hat klären lassen, wer denn nun präzise mit dieser Bezeichnung gemeint ist. Weder gibt es irgendeinen Rekurs auf die frühen Gruppen vor allem in Südfrankreich noch Verweise auf zeitgenössische Autoren oder Gemeinschaften. Der Terminus taucht nicht selten in einer Aufzählung von Heterodoxen auf, wie sie bereits Mersenne bietet; dabei werden die Gegner in ihren Konturen allgemein nicht näherhin bestimmt. Überraschenderweise nennt unter solchen Gegnern Ralph Cudworth „deists" und „theists" nebeneinander, ein Zeichen dafür, wie wenig derartige Bezeichnungen bis dahin festgelegt sind. So können wir auch mit dem literarischen Text von Edward Stillingfleet „Letter to a Deist" nicht viel für eine präzise Kenntnis dieser Heterodoxie gewinnen.

Ein spezielles Interesse gebührt für die hier untersuchte Zeit der Mystik. Denn wenn der neuzeitliche Begriff von „Religion" einen wesentlichen Bezug zur Innerlichkeit hat, gilt es als selbstverständlich, daß „Religion" und „Mystik" engstens miteinander verbunden sind. So blieb zu überprüfen, ob und gegebe-

---

true Worship and Service of God, learnt and believ'd from the Word of God only. No Man or Angel can know how God would be worship'd and serv'd, unless God reveal it".

[7] Ebd. 429: „Sects may be in a true Church as well as in a false, when Men follow the Doctrine too much for the Teachers sake, whom they think almost infallible; and this becomes, through Infirmity, implicit Faith, and the name Sectary pertains to such a Disciple." Im Folgenden, 430, findet sich dann „Followers".

nenfalls in welchem Maß und Sinn sich Ansätze hierfür bei Mystikern finden lassen, die für das 17. Jahrhundert von besonderer Bedeutung sind.

Erwartungsgemäß hat sich für die Mystik bereits des hohen Mittelalters eine deutliche Zuwendung zum Inneren bzw. Innerlichen etwa in den Schriften von Johannes Tauler und eben auch in der Thomas von Kempen zugeschriebenen „Imitatio Christi" nachweisen lassen, die im Zusammenhang mit dem Pietismus Berücksichtigung gefunden haben. Aber gerade diese Autoren ordnen ihr spezielles Anliegen nicht der „religio" zu, die sie natürlich kennen. Und wenn Thomas von Kempen von ihr spricht, so meint er damit vor allem anderen einen Orden.

Dieser Sprachgebrauch wird für den hier untersuchten Zeitraum nicht nur durch den Pietismus, sondern auch und vor allem durch Jacob Böhme und zudem durch Johann Scheffler (Angelus Silesius) bestätigt. Daraus läßt sich der Schluß ziehen, daß die Mystik und die neuen Frömmigkeitsbewegungen in ihrem Gefolge nicht direkt, wohl aber auf nachhaltige Weise indirekt zu einem neuen Verständnis von „Religion" beigetragen haben, indem die Suche nach Wegen in die Innerlichkeit durch sie wichtige Impulse erhalten hat.

Zu einem solchen Weg in die Innerlichkeit leistete auch der Quietismus einen wesentlichen Beitrag. In diesem Zusammenhang verdient als der wichtigste voraufgegangene Vertreter Miguel de Molinos (1628–1696) Beachtung, zumal er eine so außerordentliche Wirkung erzielt hat. Aber auch er meint mit „Religion" vorrangig Orden[8], während er für seine spezifische Intention, nämlich die Vereinigung mit Gott, diesen Terminus nicht heranzieht. So kann es nicht wundern, daß auch bei Madame Guyon ebenso wie im Pietismus „Religion" völlig peripher bleibt.

Man darf also den Befund bei Jean Bernières-Louvigny (1602–1659) verallgemeinern, der in seinen Ausführungen über den „Chrestien interieur" zwar gelegentlich von „Religion" spricht[9], aber gerade sein Anliegen, nämlich die Innerlichkeit als genuin christlich herauszustellen und zu fördern, nicht mit diesem Terminus bezeichnet.

Besonders interessiert haben mich Grenzüberschreitungen, Autoren, die über die begangenen Wege hinausgegangen sind. Einmal gilt dies für Isaac de La Peyrère mit seinem Gang über den bislang denkbaren Anfang der Geschichte zurück bis in die Vorgeschichte, nämlich zu den Präadamiten. Seine These von deren Existenz hat verständlicherweise erheblich schockierend gewirkt, so daß er sie zurücknehmen mußte. Aber ihn interessierte offensichtlich nicht die Frage nach einer Gottesverehrung vor Adam.

---

[8] Miguel de Molinos, Defensa de la Contemplacion, edición por Eulogio Pacho (= Colección „Espirituales Españoles"), Madrid 1988, 252 – Für die Bestätigung dieses Befundes danke ich Lluis Oviedo, Rom.

[9] [Jean Bernières-Louvigny,] Le Chrestien interieur, Où La Conformité Interieure Que doiuent auoir les Chrestiens auec Jésus-Christ. Par un Solitaire, Paris MDCLXII; 102: „O Religion Chréstienne, que vous estes admirable! Que vous estes ineffable!"

Zum anderen aber habe ich mich gefragt, ob sich bei solchen Verfassern ein Befund für unser Thema ergibt, die über die Grenzen der vertrauten Welt hinausgegangen sind und mit ihren Reiseberichten großes Interesse für andere Kontinente weckten. Dies erschien nicht ausgeschlossen, gibt doch es die instruktive Darstellung von Sigismund von Herberstein (1486–1566) über das Reich der Moscoviter[10]. Dabei formuliert er einen eigenen Abschnitt über die „Religio", in dem er die kirchlichen Verhältnisse darstellt. Damit zeigt er sein Verständnis an, daß die „religio" wesentlich in den Bereich sichtbarer Gegebenheiten gehört, daß aber der Ausgangspunkt in der Feststellung liegt, Rußland sei bis in seine Zeit hinein „in Fide Christi ritu Graeco" geblieben.

Um dieses Aspektes willen habe ich einmal Georg Horn mit seiner Darstellung über den fernen Westen, die „Americani", und François Bernier mit seinem Bericht über den Nahen und vor allem über den fernen Osten einbezogen, den dieser durch seinen langen Aufenthalt am Hof des Großmoguls in Hindustan aus eigener Anschauung kennengelernt hatte. Aber es fand sich bei beiden kein besonderes Interesse an der „Religion".

Vielleicht mag man es als Mangel ansehen, daß ich keine weiteren Berichte zu Rate gezogen habe, die sich auf Amerika beziehen. Es finden sich wiederholt Mitteilungen, daß es dort Völker gegeben habe, etwa in Kanada oder Brasilien, die keine Gottesvorstellungen hatten. Es erscheint freilich unwahrscheinlich, daß sich hier ein neues Verständnis von „religio" abgezeichnet hat.

Die Untersuchungen dieses Bandes ergeben somit insgesamt ein wesentlich im Rahmen der Tradition verbleibendes Verständnis der „religio" bzw. „Religion" als Gottesverehrung, genau, als Sorgfalt für die Gottesverehrung, die allgemein im manifesten Bereich angesiedelt ist. In dieser Hinsicht wird inzwischen mit beträchtlicher Freizügigkeit von „religiones" gesprochen. Wäre die Entwicklung weiter in diesem Rahmen erfolgt, so hätte sich der Vergleich verschiedener „Religions" nahegelegt, wie dies William Turner in seiner „History of all Religions in the World: From the Creation down to this Present Time" getan hat. Und von hierher wäre der Weg auch geebnet gewesen zu einer vergleichenden ‚Religionswissenschaft', sowenig dieser Terminus sich schon im 17. Jahrhundert abgezeichnet hat. Denn damals wie heute geht es speziell um manifeste Vollzüge, um Riten und Zeremonien, wenn sie auch in der christlichen wie jüdischen Tradition immer wieder als wertlos qualifiziert werden, sofern ihnen die entsprechende Gesinnung fehlt. Aber – und dies erweist sich als die Kehrseite der Medaille – von hierher führt gerade kein Weg zu einer ‚Religionsphilosophie'. Es lassen sich bislang also auch keine Stationen auffinden, die zu dieser Ausprägung der Philosophie geführt hätten, die bekanntlich erst am Ende des

---

[10] Sigismundus Liber Baro in Herberstain, Neyperg, et Guettenhag, Rerum Moscovitarum Commentarij: Quibus Russiae ac Metropolis eius Moscouiae descriptio, Chorographicae tabulae, Religionis indicatio, Modus excipiendi et tractandi oratores, Itineraria in Moscouiam duo, et alia quaedam continentur, Basileae 1571. Die im Text genannten Belege finden sich ebd. 27–33, 44. – Den Hinweis auf diesen Reisebericht verdanke ich Markus Loerke, Ikonenmuseum Schloß Hofberg.

18. Jahrhunderts auch unter dieser Bezeichnung entwickelt wurde und als ihr Höhepunkt gedacht war.

Ziemlich unbemerkt vollzieht sich zugleich bei einer Reihe von Autoren eine ethische Radikalisierung und Universalisierung der „religio". War sie auch zuvor schon stets ethisch verstanden, wenn dies auch nicht immer deutlich hervortrat, nämlich als Untertugend der „iustitia", so wird sie nun zunehmend zur grundlegenden und allumfassenden Tugend, aus der dann alle einzelnen sittlich gebotenen Handlungsweisen resultieren. Sie wird demnach weithin bestimmt als ethisch verstandener Gottesdienst, der ein entsprechendes mitmenschliches Verhalten zur Folge haben muß, nämlich als Einheit von Gottes- und Nächstenliebe.

Mit dieser Ausweitung der „religio" auch zur Gottesliebe geht eine über die Ethik hinausgehende Internalisierung Hand in Hand, für die es freilich im 17. Jahrhundert kaum mehr als Vorboten gegeben hat. Wenn schon bei Huldrych Zwingli (1484–1531) für die „religio" und mehr noch für die „pietas" ein „deo haerere" angenommen wurde[11], so hat etwa Christophe de Cheffontaines (1532–1595) dieses „adhaerere" zu einem „uniri" weitergeführt im Zusammenhang mit der Identifizierung der „religio" mit der Liebe[12]. Bei Pierre Charron (1541–1603) findet sich dann die Verbindung von „religio" und Liebe und im Zusammenhang damit ein „sentiment vniuersel de Deïté"[13]. Vergleichbare Formulierungen tauchen dann erst wieder bei Blaise Pascal und bei François Fénelon sowie bei Henry Scougal auf, wobei diese Autoren „religion" als Liebe bestimmen. Aber erst bei Poiret oder Fénelon stößt man auf „Religio interna" bzw. „Religion intérieure". Eine solche Formulierung findet sich also erst spät, wenn man auf die vergangenen zwei Jahrhunderte schaut, früh im Vorausblick auf die folgende Zeit.

Damit bleibt der Ausblick auf den nächsten Teil. Die Zeit für den Übergang bzw. für den Umbruch zu einem neuen Verständnis der „religio" ist kurz geworden. Es kann nicht einmal mehr ein Jahrhundert gedauert haben, bis die Positionen Schleiermachers oder Goethes vertreten werden konnten. So bleibt zu untersuchen, ob sich die von Paul de Lagarde formulierte und von Dietrich Bonhoeffer rezipierte Aussage verifizieren läßt, daß nämlich das Wort „religio" dem „wirklichen Sprachgebrauch des deutschen Volkes" erst seit 1750 angehört, nachdem es in deistischer Kritik in England gegen das „in der lutherischen, reformierten und katholischen Kirche geltende Wort Glauben eingeführt worden ist"[14]. Mit dieser Feststellung ist ein wesentlicher Aspekt des neuzeitlichen Verständnisses von „Religion" angegeben, nämlich die Überordnung der „Religion" über den „Glauben", sofern sie ihn nicht überhaupt ersetzt. Denn vielfach

---

[11] Vgl. E. Feil, Religio I, 255.
[12] Vgl. E. Feil, Religio II, 275.
[13] Vgl. ebd. 317.
[14] Paul de Lagarde, Über das Verhältnis des deutschen Staates zu Theologie, Kirche und Religion (1873), in: ders., Schriften für das deutsche Volk. I: Deutsche Schriften, München 1924, 55.

gilt die Annahme, nur die „Religion" könne, wenn überhaupt, vor dem „Gerichtshof der Vernunft" bestehen.

Darüber hinaus bleibt als zweiter wesentlicher Aspekt des neuzeitlichen Verständnisses von „Religion" deren emotionale Version aufzuspüren, ihre Bestimmung als „Gefühl".

Schließlich wird als dritter und sich schon des längeren abzeichnender Aspekt die Ethisierung der „Religion" zu beachten sein, die gleichfalls mit einer Akzentuierung der Innerlichkeit verbunden ist.

Im nächsten Band wird sich also klären müssen, welche Autoren ein von der klassischen Tradition wesentlich unterschiedenes Verständnis der „Religion" in die Wege geleitet haben sowie ob und im gegebenen Fall in welchem Maß sich ein traditionelles Verständnis erhalten hat.

Literaturverzeichnis

1. Quellen und Primärliteratur

Abbadie, Jacques, Traité de la Vérité de la Religion Chrétienne, I–II, Rotterdam MDCLXXXIV.
- La Vérité de la Religion Chrétienne Réformée, I–II, Rotterdam MDCCXVIII.
- Dissertationes sur metieres de religion et de philologie, Contenues en plusieurs Lettres écrites par des Personnes savantes de ce temps. Recueilles Par Mr. L'Abbé de Tilladet, I–II, La Haye MDCCXIV.
- Gründlicher Traktat von der Wahrheit und Gewißheit der christlichen Religion, Leipzig 1739.

Arnd, Johann, Vier Bücher vom Wahren Christenthum, das ist von heilsamer Buße, herzlicher Reue und Leid über die Sünde und wahrem Glauben, auch heiligem Leben und Wandel der rechten wahren Christen nebst desselben Paradies-Gärtlein, hg. vom Evangelischen Bücher-Verein, Berlin ³1851.

Arnold, Gottfried, Unpartheyische Kirchen- und Ketzer-Historie, Vom Anfang des Neuen Testaments biß auf das Jahr Christi 1688, Franckfurt am Mayn 1729, ND Hildesheim 1967.
- Historie und beschreibung Der Mystischen Theologie / oder geheimen Gottes Gelehrtheit / wie auch derer alten und neuen Mysticorum, Franckfurt 1703; ND: Gottfried Arnold, Hauptschriften in Einzelausgaben, 2, Stuttgart-Bad Cannstatt 1969.

Bacon, Francis, Neues Organ der Wissenschaften, übers. und hg. von Anton Theobald Brück, Leipzig 1830, ND Darmstadt 1962.
- The Works of Francis Bacon, hg. von James Spedding, Robert Leslie Ellis und Douglas Denon Heath, I–XIV, London 1858–1861, ND Stuttgart-Bad Cannstatt 1963.

[Bajerus, Johannes Guilielmus,] Dissertatio Academica De Quaestione: Utrum Pontificii? An Nostrates, in Religionis negotio, conscientiae suae rectius consulant? ... Hanc ... sub Praesidio Joh. Guilelmi Bajeri, ... publice difendit Johannes Oppenrieder, o.O. o. J. [Jena 1698].
- Compendium Theologiae Positivae. Adjectis Notis amplioribus, Qvibus Doctrina Orthodoxa ad Paideian Academicam explicatur, Atqve ex Scriptura Sacra eique innixis Rationibus Theologicis confirmatur: allegatis subinde Scriptis Dictisque B. Johannis Musae et plurium Theologorum orthodoxorum consentientium. Editio qvarta, Jenae MDCXCIIX.
- Dissertatio Theologica Qua Dialogi Erbermanniani, Inter Lutherum et Arium, fictitiis ejus Trophaeis inserti, excutiuntur, Jenae o. J. (in der Widmung datiert 1673).
- Dn. Nicolai Stenonis, Ex Medico Lutherano Episcopi Pontificii ... Argumenta praecipua pro deserenda Religione Luthero-Evangelica et amplectenda Pontificia, in diversis schedis allata discutiuntur. Hanc Deo Juvante Praeside Joh. Guilelmo Bajero ... publicae ventilationi submittit Otto a Bielefeldt, o.O. o.J. [Jena 1698].
- Synopseos et Examinis Theologiae Enthusiastarum recentiorum seu Quakerorum praecipue Roberti Barclaji Scoto-Britanni, Dissertatio prima De Principio Theologiae Revelatae, et verae sufficientis ac salutaris Cognitionis DEI. Speciatim de quaestione:

Anne Principium illud in Revelationibus divinis immediatis quaerendum aut constituendum sit? Hanc sub Praesidio Johannis Guilelmi Bajeri ... publice defendit M. Wolfgangus Murrerus, Jenae MDCCI.
Bayle, Pierre, Oeuvres diverses I–IV, La Haye MDCCXXVII, ND Hildesheim 1965.
Bayly, Lewis, The Practise of Pietie, 3rd Ed., London 1613.
Bellarminus, Robertus, Opera Omnia, ex editione Veneta, pluribus tum additis tum correctis, iterum edidit Justinus Fèvre, I–XII, Paris 1870–1874, ND Frankfurt a.M. [4]1965.
Bernier, François, Voyages Contenant la Description des Etats au Grand Mogol, De l'Hindoustan, du Royaume de Kachemite, etc., Tome premier, Amsterdam MDCCX, Tome Second, Amsterdam MDCCIX.
Bernières-Louvigny, Jean, Le Chrestien interieur, Où La Conformité Interieure Que doiuent auoir les Chrestiens auec Jésus-Christ. Par un Solitaire, Paris MDCLXII.
Blount, Charles, Religio Laici. Written in a Letter to John Dryden, London 1683.
– [Charles] Gildon and others, The Oracles of Reason, London 1693.
– Great is Diana of the Ephesians: Or, The Original of Idolatry. Together with the Politick Institution of the Gentiles Sacrifices, London 1695.
– The Miscellaneous Works, London 1695.
Böhme, Jacob, Theosophia Revelata. Oder: Alte Göttliche Schriften, 1730, ND: Sämtliche Schriften. Faksimile-Neudruck der Ausgabe von 1730 in elf Bänden, hg. von Will-Erich Peuckert, Stuttgart 1955–1961.
Bossuet, Iacques Benigne, Refutation du Catechisme du Sr. Paul Ferry, Ministre de la Religion pretendüe reformée, Metz 1655.
– Discours sur l'Histoire Universelle a Monseigneur Le Dauphin: Pour expliquer la suite de la Religion et les changemens des Empires, Paris MDCLXXXI.
– Exposition de la Doctrine de l'Eglise Catholique sur les Matieres de Controverse, Septième Édition, Paris MDCLXXXVI.
– Relation sur le Quiétisme, Paris MDCXCVIII
– Evelations a Dieu sur tous les Mysteres de la Religion Chrétienne. Ouvrage posthume, I–II, Paris MDCCXXVII.
Browne, Thomas, Religio Medici, Argentorati MDCLII.
– Religio Medici, Lugduni Batavorum 1644.
Buddeus, Joannes Franciscus, Theses Theologicae de Atheismo et Superstitione ... Suas quoque Observationes ... adjecit Hadrianus Buurt, Trajecti ad Rhenum MDCCXXXVII.
Busius, Paulus, De Republica Libri Tres. Quibus tota Politicae Ratio nova et succincta methodo ingenuae ejusdem Praxi applicatur. Praemißa brevis exegesis, et subjunctae illustres Disputationes Politicae septemdecim, quibus pleraeque controversiae ejusdem doctrinae explicantur, Franekerae 1613.
– Illustrium Disquisitionum Politicarum Liber, Quo Quaestiones Politica seu ejus quae est de gerendae reipublicae ratione, ... ductu Pauli Busii, Franekerae 1613, Disquisitio politica XII: De Ortu et Incremento Rerumpublicarum, Studiis Civium, Publica et Privata Disciplina. Respondente Suffriedo de Beyem.
Calixt, Georg, De praecipuis Christianae Religionis capitibus disputationes XV, Anno MDCXI, MDCXIII, MDCLIIX, ed. Fridericus Ulricus G.F. Calixt, Helmestadii o.J.
– Epitome Theologiae, Goslariae 1619, in: ders., Dogmatische Schriften, hg. von Inge Mager (= Werke in Auswahl 2), Göttingen 1982.

- Apparatus sive Introductio in studium et disciplinam Sanctae Theologiae Vna cum fragmento Historiae Ecclesiae occidentalis Opera postuma, ed. Fridricus Ulricus Calixtus, Helmestadii 1656, in: ders., Einleitung in die Theologie, hg. von Inge Mager (= Werke in Auswahl 1), Göttingen 1978.
Calov, Abraham, Isagoges ad SS. Theologiam Libri Duo, De Natura Theologiae, Et Methodo Studii Theologici, pie, dextre, ac feliciter tractandi, Cum examine Methodi Calixtinae, Witebergae MDCLII.
- Systema Locorum Theologicorum, e Sacra potissimum Scriptura, et Antiquitate, nec non adversariorum confessione, Doctrinam, Praxin, et Controversiarum Fidei, Cum Veterum tum imprimis recentiorum pertractationem luculentam exhibens, Witebergae MDCLV.
- Curcellaei Religio Triplex ad Unius fidei Catholicae Simplicitatem, Praeside ... A. Calovio Respondente Georgio Reisero, Wittebergae 1678.
- Theologia positiva, Per Definitiones, Causas, Affectiones, et Distinctiones, Locos theologicos universos, succincte, justoqve ordine proponens, Seu Compendium Systematis Theologici, Wittebergae MDCXXCII.
Campanella, Tommaso, Realis Philosophiae epilogisticae Partes quatuor, Francofurti MDCXXIII.
- Atheismus Triumphatus, Seu Reductio ad Religionem per Scientiarum veritates. Contra Antichristianismum Achitophellisticum, Parisiis MDCXXXVI.
- Vniuersalis Philosophiae, Seu Metaphysicarum Rerum, Iuxta propria Dogmata, Partes tres, Parisiis MDCXXXVIII.
- Metafisica, hg. von Giovanni di Napoli (= Collana di Filosofi Moderni), Bologna 1967.
Chillingworth, William, The Religion of Protestants a safe VVay to Salvation. Or an Answer to a Booke entitled Mercy and Truth Or, Charity maintain'd by Catholiques, Which pretends to prove the Contrary, Oxford MDCXXXVIII.
- Judgment of the Religion of Protestants, London 1680.
Clasen, Daniel, De Religione Politica Liber Unus secundum editus, Servestae MDCXXCI.
Coccejus, Johannes, Opera Omnia theologica. Exegetica. Didactica. Polemica. Philologica, I–VII, VI, Francofurti ad Moenum MDCXXCIX.
Comazzi, Giovanni Battista, Politica e Religione Trovate insieme Nella Persona, Parole, ed'Azioni di Gesu Cristo, Secondo l'Evangelio di San Giovanni, Nicopoli 1706.
Comenius, Johann Amos, Ausgewählte Werke, hg. v. Klaus Schaller, I–III, Hildesheim-New York 1973–1977.
- Die Uralte Christliche Catholische Religion, In kurtze Frag und Antwort verfasset. Vor alle Christen-Menschen Alt und Jung, seliglich zugebrauchen, Amsterdam 1661, ND Hildesheim 1982.
- Das Einige Nothwendige, Nemlich Wissen, was dem Menschen im Leben, im Tode und nach dem Tode nothwendig sey: Welches Der durch unnöthige Dinge der Welt abgemattete, und nun nach dem einigen Nothwendigen strebende Alte Johann Amos Comenius in seinem 77sten Jahr der Welt zu bedencken vorleget. Aus dem Lateinischen aufs neue übersetzt, Leipzig 1725.
- Ubergang aus dem Labyrinth der Welt in das Paradis des Hertzens, So ehemals Johann Amos Comenius in Böhmischer Sprache beschrieben; Nun aber von einem Liebhaber ... ins Deutsche übersetzt, Leipzig 1738.
Conringius, Hermannus, Opera, Curante Johanne Wilhelmo Goebelio, Brunsvigae MDCCXXX, ND Aalen 1970.

Costa, Uriel da, Die Schriften des Uriel da Costa. Mit Einleitung / Übertragung und Regesten hg. von Carl Gebhardt (= Bibliotheca Spinozana 2), Amsterdam, Heidelberg und London MCMXXII.
Cranius, Henricus-Andreas, De Pace Religionis in Romano Imperio servanda, Dissertatio Juridico-Politica, Helmaestadi MDCXIX.
Cudworth, Ralph, The True Intellectual System of the Universe: The First Part; Wherein, All the Reason and Philosophy of Atheism is Confuted; And Its Impossibility Demonstrated, London MDCLXXVIII, ND Stuttgart-Bad Cannstatt 1964.
- A Treatise Concerning Eternal and Immutable Morality with A Treatise of Freewill, ed. by Sarah Hutton (= Cambridge Texts in the History of Philosophy), Cambridge 1996.
Curcellaeus, Stephanus, Opera Theologica, Quorum pars praecipua Institutio Religionis Christianae, Amstelodami MDCLXXV.
Descartes, René, Die Prinzipien der Philosophie, hg. von Artur Buchenau (= Philosophische Bibliothek 28), Hamburg ^{7}1965.
- Discours de la Méthode. Von der Methode des richtigen Vernunftgebrauchs und der wissenschaftlichen Forschung, hg. von Lüder Gäbe (= Philosophische Bibliothek 261), Hamburg 1969.
- Meditationes de prima philosophia. Meditationen über die Grundlagen der Philosophie, hg. von Lüder Gäbe, durchgesehen von Hans Günter Zekl (= Philosophische Bibliothek 250a), Hamburg 1977.
- Oeuvres, hg. v. Charles Adam u. Paul Tannery, Paris 1987.
- Regulae ad directionem ingenii. Regeln zur Ausrichtung der Erkenntniskraft, hg. von Heinrich Springmeyer, Lüder Gäbe, Hans Günter Zekl (= Philosophische Bibliothek 262a), Hamburg 1973.
Episcopius, M. Simon, Opera Theologica, Roterodami MDCLXV, Ed. 2, Londini MDCLXXVIII.
Fénelon, François de Salignac de la Mothe, Fénelons Werke religiösen Inhalts. Aus dem Französischen übersetzt von Matthias Claudius, Hamburg 1800.
- Die wunderbaren Begebenheiten Telemachs Sohns des Ulysses, ein Heldengedicht, Neue Auflage, Nürnberg und Altdorf 1806.
- Oeuvres, Édition par Jacques Le Brun, I–II, Paris 1983–1997.
Francke, August Hermann, Streitschriften, hg. von Erhard Peschke (= Texte zur Geschichte des Pietismus II 1), Berlin 1981.
- Werke in Auswahl, hg. von Erhard Peschke, Berlin MCMLXIX.
Gärtner, Albertus Felix, Dissertatio Historico-Theologica De Ambitione, Haeresium Causa, ... Ad d. 13. Aug. A. MDCXCII. Publicae Disquisitioni submittet ... Jenae.
Gassendi, Pierre, Opera Omnia, I–II, Lugduni MDCLVIII, ND Stuttgart-Bad Cannstatt 1964.
Gerdesius, Hemingius Johannes, De Enthusiasmo Schediasma inaugurale ... XXIX. Nov. A. 1694 Contra Fanaticos Nov-Antiquos Publice Propositum, Wittenbergae MDCCVIII.
Gesner, Salomo, Disputationes XVII. pro Sanctissimo Libro Christianae Concordiae, VVitebergae 1595.
Gerhard, Johannes, Meditationes sacrae ad veram pietatem excitandam et interiorem hominis profectum promovendum, Coburg 1606.
Geulincx, Arnoldus, Saturnalia Seu Quaestiones Quodlibeticae, Editio secunda, Lugduni 1665.

- Opera philosophica, ed. J.P.N. Land, I – III, Hagae comitum MDCCCXCI – MDCCCXCIII, ND Stuttgart – Bad Cannstatt 1968.

Glanvill, Joseph, Λόγου θρησκεία: Or, A Seasonable Recommandation, and Defence of Reason, In the Affairs of Religion; Against Infidelity, Scepticism, and Fanaticism of all sorts, London 1670.

- Collected Works, ND Hildesheim 1970.

Grapius, Zacharias, Theologia Recens Controversa, Rostochii ²MDCCX.

- Systema Novissimarum Controversiarum seu Theologia, Recens Controversa ..., Rostochii MDCCXIX.

[Grosse, Abraham Heinrich,] Controversiam Recentissimam: An Atheismus Necessario Ducat ad Corruptionem Morum, Inter Cl. DN. Jurieu et Cl. DN. Bayle Nuper in Belgio agitatam, Praeside M. Zachario Grapio ... Auctor – Respondens Abraham Heinrich Grosse publice placideqve examinandam proponit, Rostochii 1709.

Grotius, Hugo, De Iure Belli ac Pacis Libri Tres, in quibus ius naturae et gentium item iuris publici praecipua explicantur, hg. von B.J.A. de Kanter-van Hettinga Tromp, ND der Ausgabe von 1939, Aalen 1993.

- De Jure Belli ac Pacis Libri Tres. Drei Bücher vom Recht des Krieges und des Friedens, Paris 1625, hg. von Walter Schätzel, Tübingen 1950.

- Operum Theologicorum Tomus I–III, Amstelaedami MDCLXXIX, ND Stuttgart-Bad Cannstatt 1972.

Guyon, Jeanne-Marie de la Mothe, Moyen court et très-facile pour l'oraison (1685), in: Patrick D. Laud, Approches du quiétisme. Deux études suivies du Moyen court et très-facile pour l'oraison de Mme Guyon. Texte de l'Edition de 1685 (= Biblio 17; 68), Paris 1991, 97–142.

- Le cantique des Cantiques de Salomon, interpreté selon le Sens Mistique et la vraie representation des États interieurs, Lion 1688.

- Opuscules spirituels. Nouvelle edition Augmentée de son rare Traité des Torrents, qui n'avoit pas encore vû le jour, et d'une Préface Generale touchant Sa personne, sa doctrine, et les oppositions qu'on leur a suscitées, Cologne 1704.

- Lettres Chrétiennes et spirituelles Sur divers Sujets qui regardent la Vie intérieure, ou l'Esprit du vrai Christianisme, I–III, Cologne 1717, V, Cologne 1718.

- La vie de Madame Jeanne-Marie Bouvières de la Mothe Guion. Ecrite Par Elle-Mème, Cologne 1720.

- Les Torrents et Commentaire au Cantiques des Cantiques de Salomon. Texte établi présenté et annoté par Claude Morali (collection atopia), Grenoble 1992.

Hageman, Bernhardus, Introductio In Theologiam De Distinctione Theologiae in Naturalem et Revelatam deque Natura Theologiae revelatae, Anno MDCLXIV.

- Disputatio Theologica De Insufficientia Religionis mere naturalis ad consequendam Vitam post hanc meliorem, et, necessitate Revelationum divinarum supernaturalium. Opposita Libro De Religione Gentilium, errorumque apud eos caußis, Authore Eduardo Barone Herbert, ... Praeside Gerhardo Titio, Helmaestadi MDCLXVII.

[Herberstain, Sigismund von,] Sigismundus Liber Baro in Herberstain, Neyperg, et Guetteenhag, Rerum Moscovitarum Commentarij: Quibus Russiae ac Metropolis eius Moscouiae descriptio, Choreographicae tabulae, Religionis indicatio, Modus excipiendi et tractandi oratores, Itineraria in Moscouiam duo, et alia quaedam continentur, Basileae 1571.

Herbert von Cherbury, De Causis Errorum: una Cum tractatu de Religione Laici, Londini 1645.

- De Veritate, Prout distinguitur a Revelatione, a Verisimili, a Possibili, et a Falso, Londini 1645, ND, hg. von Günter Gawlick, Stuttgart-Bad Cannstatt 1966.
- De Religione Gentilium, errorumque apud eos causis, Amstelaedami MDCLXIII, ND, hg. von Günter Gawlick, Stuttgart-Bad Cannstatt 1967.
- The Autobiography, by Sidney Lee, Westport Connecticut 1970 (originally published London-New York 1906).

Hobbes, Thomas, De Cive (Orig.-Titel: „Elementorum Philosophiae Sectio tertia de Cive", Titel der weiteren Auflagen: „Elementa philosophica de Cive") (1642). The Latin Version, A critical Edition by Howard Warrender, Oxford 1983; dt.: Thomas Hobbes, Vom Menschen. Vom Bürger, eingel. und hg. von Günter Gawlick (Philosophische Bibliothek 158), Hamburg 1959.
- Opera Philosophica quae latine scripsit. Omnia in unum corpus nunc primum collecta, hg. von Guilelmus Molesworth, II, Londini 1839.
- The English Works, ed. by William Molesworth, London MDCCCXXXIX, ND Aalen 1966.
- Opera Philosophica, quae latine scripsit, Londini MDCCCXLI, ND Aalen 1966.
- The Elements of Law, natural and politic, hg. von Ferdinand Toennies, London 1889, ND Cambridge 1928.
- Leviathan oder Stoff, Form und Gewalt eines bürgerlichen und kirchlichen Staates, hg. und eingeleitet von Iring Fetscher, übers. von Walter Euchner (= Politica 22), Neuwied 1966, IX–LXIV.

Hollazius, Davidius, Examen theologicum acroamaticum, Universam Theologiam thetico-polemicam complectens, Commodo Candidatorum Theologiae destinatum, Praesentis ope atque auspiciis Numinis Immortalis, Adhibita cura adque industria singulari, Ad normam Sacrae Scripturae concinnatum, lucidoque ordine digestum, Stargardiae MDCCVII, ND Darmstadt 1971.
- Scrutinium Veritatis, Complectens Pentadecada, Quaestionum Theologicarum illustrum, Quibus nonnullae mysticorum Hypotheses perquiruntur, et excutiuntur, Vitembergae MDCCXI.
- Evangelische Gnaden-Ordnung, Nürnberg ³1833.

Hoornbeck, Johannes, De Independentismo, Epistola. Cum Independentium, seu Congregationalium in Anglia, nuper edita confessione, Ultrajecti MDCLXI.
- תשובה יהודה sive, pro Convincendis, et Conventendis Judaeis, Lugduni Batavorum MDCLV.
- Socinianismus confutatus, Tomus I, Ultrajecti MDCL; Tomus Secundus, Amstelodami MDCLXII.
- De Conversione Indorum et Gentilium, Amstelodami MDCLXIX.
- Summa Controversiarum Religionis; cum Infidelibus, Haereticis, Schismaticis: Id Est, Gentilibus Judaeis, Muhammedanis; Papistis, Anabaptistis, Enthusiastis et Libertinis, Socinianis; Remonstrantibus, Lutheranis, Brouvvnistis, Graecis. Editio nova, Colbergae MDCLXXVI.
- Theologia Practica, Pars prior, Editio secunda, Ultrajecti MDCLXXXIX; Pars Altera, Editio secunda, Ultrajecti MDCLXXXIX.

Hornius, Georgius, De Originibus Americanis, Hagae Comitis MDCLII.

Huetius, Petrus Daniel, Censura Philosophiae Cartesianae, Campis MDCXC, ND Hildesheim 1971.
- Alnetanae Quaestiones de Concordia Rationis et Fidei, Quarum Libro Primo Lex Concordiae Rationis et Fidei, Secundo Dogmatum Christianorum et Ethnicorum

Comparatio, Tertio Praeceptorum Christianorum et Ethnicorum ad Vitam pie recteque instituendam pertinentium comparatio continetur, Lipsiae MDCXCII.
- Demonstratio Euangelica, ad Serenissimum Delphinum. Editio altera emendatior, Amstelodami MDCLXXX.
- Huetiana, ou Pensées diverses, Paris MDCCXXII.
- Traité Philosophique de la Foiblesse de l'esprit humain, Amsterdam MDCCXXIII, ND Hildesheim 1974.

Hunnius, Nicolaus, Epitome Credendorum Oder Innhalt Der gantzen Christlichen Lehr / So viel einer davon in seinem Christenthum Zu seiner Seelen Seeligkeit zu wissen / und zu glauben bedürfftig, Franckfurt und Leipzig 1702.

De Tribus Impostoribus Magnis Liber → siehe Kortholtus, Christianus.

Instrumenta Pacis Westphalicae. Die Westfälischen Friedensverträge 1648, bearbeitet von Conrad Müller (= Quelle zur Neueren Geschichte 12/13), Bern 1949.

Kant, Immanuel, Werke, hg. von Wilhelm Weischedel, VI, Frankfurt 1964.

König, Johannes Fridericus, Theologia Positiva Acroamatica, Synoptice tractata, Ed. 14, Rostochii et Lipsiae MDCCXIX.

Kortholtus, Christianus, De Tribus Impostoribus Magnis Liber, Kiloni 1680.
- Disputatio Inauguralis De Religione Naturali, Contra Naturalistas et Remonstrantes, Quam ... Praeside ... Christiano Kortholt ... Publico Eruditorum Examini submittit ... XXIIX. Augusti, A. MDCLXVI ... Christophorus Franck, Metaphysicae et Logicae Professor Ordinarius, Kiloni.

Leibniz, Gottfried Wilhelm, Sämtliche Werke und Schriften, hg. von der Leibnitz-Forschungsstelle Münster, VI 6, Berlin 1962.
- Die philosophischen Schriften, hg. von C.J. Gerhardt, V, Berlin 1882, ND Hildesheim 1978.
- Philosophische Schriften III 1–2, hg. und übersetzt von Wolf von Engelhardt und Hans Heinz Holz, Darmstadt ²1985.
- Philosophische Schriften, II 1 und 2, hg. und übersetzt von Herbert Herring, Darmstadt 1985.

Lessing, Theophil, De Religionum Tolerantia. Über die Duldung der Religionen, hg. von Günter Gawlick und Wolfgang Milde (= Kleine Schriften zur Aufklärung 2), Wolfenbüttel – Göttingen 1991.

Liebenthal, Christian, Collegium Politicum. In: Quo de Societatibus, Magistratibus, Juribus Majestatis, Et Legibus Fundamentalibus. Item De Universa Ac Summa Republica Romana ...: Ut Et De Nobilitate ...: Nec Non De Pace Religiosa, Jure Episcopali Et patronatus ..., Giessae Hessorum MDCXIX.

Limborch, Philippus a, De Veritate Religionis Christianae Amica Collatio cum erudito Judaeo, Goudae MDCLXXXVII.

Locke, John, Epistola de Tolerantia, Goudae MDCLXXXIX.
- Über den menschlichen Verstand. In vier Büchern (1690) (= Philosophische Bibliothek 75/76), Hamburg ³1976.
- Reason and Religion: In some Reflections On the Most Eminent Hypotheses Concerning The First Principles, and Nature of Things, With Advice suitable to' the Subject, and Seasonable for these Times, London 1694.
- Works, I–IX, London ¹⁰1810, New Edition London 1823, ND Aalen 1963.
- Ein Brief über Toleranz, übers. und erläutert von Julius Ebbinghaus, Englisch-deutsch (= Philosophische Bibliothek 289), Hamburg 1957.

[Jean Bernières-Louvigny,] Le Chrestien interieur, Où La Conformité Interieure Que doiuent auoir les Chrestiens auec Jésus-Christ. Par un Soltaire, Paris MDCLXII.

Lugo, Franciscus de, Theologia Scholastica in I. p. D. Thomae, Lugduni MDCXLVII.
Lugo, Ioannes de, Disputationes de Iustitia et Iure, I–II, Lugduni MDCXLVI.
Malebranche, Nicolas, Oeuvres complètes, ed. par André Robinet, Paris 1976.
Mersenne, Marin, L'Impiété des Deistes, Athees, et Libertins de ce temps, combatuë, et renuersee de point en point par raisons tirees de la Philosophie, et de la Theologie. Ensemble la refutation du Poème des Deistes, Paris MDCXXIV, ND Stuttgart-Bad Cannstatt 1975.
– La Vérité des Sciences. Contre les Sceptiques ou Pyrrhoniens, Paris MDCXXV, ND Stuttgart-Bad Cannstatt 1969.
– Voltaire mourant, enquête faite en 1778 sur les circonstances de sa dernière maladie, publiée sur le manuscrit inédit et annotée. Suivi de: Le Catéchisme des libertins du XVIIIe siècle: Les Quatrains du Déiste ou l'Antibigot, ed. Par Fredéric Lachèvre, Paris 1908.
Milton, John, Works, London MDCXCVII.
Molinos, Miguel de, Defensa de la Contemplacion, edición por Eulogio Pacho (= Colección „Espirituales Españoles"), Madrid 1988.
Musaeus, Johannes, Dissertatio de luminis naturae et ei innixae theologia naturalis, 1667.
– Introductio in Theologiam de Distinctione Theologiae in Naturalem et Revelatam deque Natura Theologiae Revelatae Anno MDCLXIV ... Praeside Johanne Musaeo, ... Respondente Wolfgango Gangio, Sveco, examini publico submissa, nunc vero recusa, Jenae MDCLXXIX.
– Praelectiones in Epitomen Formulae Concordiae. Opus multorum votis hactenus expetitum, nunc e collatis inter se pluribus Manuscriptis, editum ... ab Haeredibus Musaeanis, Jenae 1701.
– Examen Cherburianismi Sive De Luminis Naturae Insufficientia Ad Salutem, Meletema, Contra Edoardum Herbertum de Cherbury, Baronem Anglum, Witebergae 1708.
Olearius, Johannes, Doctrina Theologiae Moralis totius, in usum incipientium, certis paediae ac methodi limitibus circumscripta, et tabulis LXXII, Lipsiae MDCLXXXXIV.
Pascal, Blaise, Oeuvres complètes, hg. von Jean Mesnard, I – IV, Paris, 1964–1992.
– Pensées de M. Pascal sur la Religion et sur quelques autres sujets (MDCLXIX), Introduction de Louis Lafuma, Paris 1951.
– Gedanken über die Religion und einige andere Themen, hg. von Jean-Robert Armogathe, übers. von Ulrich Kunzmann (= Universal Bibliothek 1622), Stuttgart 1997.
[Petersen, Johann Wilhelm,] ΜΥΣΤΗΡΙΟΝ ΑΠΟΚΑΤΑΣΤΑΣΕΩΣ ΠΑΝΤΩΝ, Das ist: Das Geheimniß Der Wiederbringung aller Dinge / Darinnen In einer Unterredung zwischen Philaletham und Agathophilum gelehret wird / Wie das Böse und die Sünde / Die keine Ewige Wurtzel hat / sondern in der Zeit geuhrstaendet ist / wiederum gaentzlich solle auffgehoben / und vernichtet; Hergegen die Creaturen Gottes / Die nach seinem Willen das Wesen haben / doch eine jegliche in ihrer Ordnung / von der Sünde / und Straffe der Sünden / nach Verfliessung derer in der Göttlichen Oeconomie darzu bestimmten Perioden, und nach Außübung der Gerechtigkeit / krafft des ewigen Rath-Schlusses Gottes / durch JESUM CHRISTUM, Den Wiedererbringer aller Dinge / Zum Lobe und Preiß seines herrlichen Namens / sollen befreyet und errettet werden / auff daß da bleibe Das Gute / Und Gott sey Alles in Allen / Offenbahret durch Einen Zeugen Gottes und seiner Warheit, Pamphilia 1700.
– ΜΥΣΤΗΡΙΟΝ ΑΠΟΚΑΤΑΣΤΑΣΕΩΣ ΠΑΝΤΩΝ, oder Das Geheimniß Der Wiederbringung aller Dinge / Durch JEsum CHristum, Tomus secundus. Worinnen auf

verschiedene Schrifften / und Einwuerffe gründlich und bescheidentlich geantwortet / und / was etwa im ersten Tomo undeutlich seyn mögte / erläutert wird, Pamphilia 1703.
– Die Wiederbringung Aller Dinge Auß der Heiligen Schrifft Für GOTT ausz GOTT In CHRISTO JESU Bezeuget Von Johann Wilhelm Petersen. Dritter Tomus, MDCCX.
– Uranias qua opera Dei magna omnibus retro seculis et oeconomiis transactis usque ad Apocatastasin seculorum omnium per spiritum primogeniti gloriosissime consummanda Carmine Heroico celebrantur. Accedit eiusdem cyctoixia [= συστοιχία] Christi et belial regnique lucis et Tenebrarum et Carmen in nuptias agni, Francofurti et Lipsiae MDCCXX.

Peyrerius, Isaac la, Praeadamitae. Sive Exercitatio super Versibus duodecimo, decimotertio, et decimoquarto, capitis quinti Epistolae D. Pauli ad Romanos. Quibus inducuntur Primi Homines ante Adamum conditi, MDLCV.

Pfeifferus, Augustus, Theologiae, Sive potius Ματαιολογίας Judaicae atque Mohammedicae Seu Turcico-Persicae Principia sublesta et Fructus pestilentes, Hoc est: Exercitationes de Judaeorum libris, qvibus praeter Scripturam S.V.T. religio ipsorum nititur, sc. Talmude, Targumim, etc. itemque de eorundem sectis et virulentis in Christianam religionem calumniis; porro de Alkorano Mohammedico et Turcarum atque Persarum in religione dissidiis etc., Lipsiae MDCLXXXVII.

Poiret, Petrus, Cogitationum Rationalium de Deo, Anima, et Malo Libri Quatuor, Amstelodami MDCLXVII.
– Theologiae Pacificae, itemque Mysticae, ae hujus Auctorum, Idea brevior, Amstelaedami MDCCII.
– Hertzens-Theologie/Oder einige sehr schöne geistige Tractätgen/ ... Aus der Frantzösischen Edition des Herren Poirets ins Teutsche übersetzet, Franckfurt und Leipzig 1702.
– De Eruditione solida specialiora, Tribus Tractatibus, I. De Educatione Liberorum Christiana; II. De Irenico Universali; III. De Theologiae Mysticae ejusque Auctorum Idea generali, Amstelodami MDCCVII.
– Fides et Ratio Collatae, Ac suo utraque loco redditae, adversus Principia Joannis Lokkii ... Edidit et praefatus est Petrus Poiret, Amstelaedami MDCCVII.

Proeleus, Immanuel, Stolp. Pomer., Religio, hominis et boni Civis, Naturalis geometrice Demonstrata, Bened. Spinosae et. Th. Hobbesio opposita, Dissertatio 17. Januar. MDCCIII, Lipsiae.

Pufendorf, Samuel L.B.A., De Jure Naturae et Gentium (1672): Recensuit Gottfridus Mascovius, Francofurti MDCCLIX.
– De Habitu Religionis Christianae ad Vitam Civilem, Bremae MDCLXXXVII, ND Stuttgart-Bad Cannstatt 1972.
– Ius feciale divinum Sive De Consensu et Dissensu Protestantium exercitatio posthuma, Lubecae MDCXCV.
– De officio Hominis et Civis. Juxta legem naturalem. Ed. septima, Holmiae 1701.

Quenstedt, Johannes Andreas, Theologia Didactico-Polemica, sive Systema Theologicum (1685), Lipsiae 1715.

Rechenberg, Adam, De Officio Theologi circa Fidei Controversias Tractandas, Dissertatio, Quam Praeside D. Adamo Rechenbergio Petrus Rieper XIV. Mart. A. MDCCII ... submittet, Lipsiae o.J.

Reinkingk, Theodor, Conclusiones CCXC. De Brachio Seculari et Ecclesiastico, seu Potestate utraque; Quas Decreto et Authoritate Nobilis atque amplissimae Facultatis Juridicae in illustri Ludoviciana, quae est Giessae, celebris Cattorum Academia; Pro con-

sequendis in utroque Jure Honoribus et summis Privilegiis, Publicae disquisitioni et censurae subjicit Theodorus Reinkingk, Giessae Hessorum MDCXVI.
- Tractatus de Regimine Seculari et Ecclesiastico, Editio sexta, omnibus prioribus emendatior et purior: cui accesserunt nonnulla, quae circa publicum Imperij statum, durantibus belli motibus, ac per novam Pacis compositionem vel innovata; vel confirmata: Nec non pauca alia, Francofurti ad Moenum MDCLIX.
- Assertio Jurium Archiepiscopalium et superioritatis, o.O. 1639.
- Biblische Policey / Das ist: gewisse / auß Heiliger Göttlicher Schrifft zusammen gebrachte, auff die drey Haupt-Stände / Als Geistlichen / Weltlichen und Häußlichen / gerichtete Axiomata oder Schlußreden / Sonderlich mit Biblischen Sprüchen und Exempeln / auch andern bestärcket / in allen Ständen nützlich / dienlich und anmuthig zu lesen: ... Franckfurt am Mayn MDCLXIII.

Rivetus, Andreas, Opera Theologica, quae Latine edidit, I, Roterodami MDCLI; II, Roterodami MDCLII.

Roëll, Hermann Alexander, Dissertatio de Religione Rationali. Editio quinta, Herbornae Nassoviorum MDCCV.
- Judicium Ecclesiasticum, Quo Opiniones quaedam C. Herm. Alex. Röell Synodice damnatae sunt, Laudatum a Professoribus Theologiae In Academia Lugd. Batavo., Lugduni Batavorum 1723.
- Dissertationes Philosophicae de Theologia naturali II. De Ideis innatis una, Cl. Gerardi de Vries, Diatribe opposita, Francofurti et Lipsiae MDCCXXIX.

Scheffler, Johannes, Ecclesiologia oder Kirche-Beschreibung, Neyß und Glatz 1677.

Schomerus, Justus Christophorus, Collegium Novissimarum Controversiarum in Universam Theologiam, Quod Postqvam A. 1682, in lectionibus privatis ab auditoribus exceptum fuit, ... Rostochii 1711.

[Scougal, Henry,] The Life of God in the Soul of Man: Or, the Nature and Excellency of the Christian Religion: With The Methods of attaining the Happiness it proposes; Also an Account of the Beginnings and Advances of a Spiritual Life ... By the Reverend Father in God Gilbert Lord Bishop of Sarum, Second Edition, London MDCXCI.

Seldinus, Joannes, Opera Omnia, collegit David Wilkins, III: The Works of John Selden, London MDCCXXVI.

Socinus, Faustus, Summa Religionis Christianae, angebunden an: ders., De Sacrae Scripturae Auctoritate Libellus, Racoviae 1611.
- Tractatus de Ecclesia, Racoviae 1611.
- Quod Regni Poloniae et magni Ducatus Lithvaniae homines, vulgo Envangelici dicti, quique solidae pietatis sunt studiosi, omnino deberent se illorum coetui adjungere, qui in iisdem locis falso atque immerito Arriani atque Ebionitae vocantur, Racoviae 1611.

Spencerus, Joannes, Dissertatio de Urim et Thummim. In Deuteron. c. 33 v. 8. In qua Eorum natura et origo, Non paucorum rituum Mosaicorum rationes, Et Obscuriora quaedam Scripturae loca, probabiliter explicantur, Cantabrigiae 1670.
- De Legibus Hebraeorum Ritualibus et earum Rationibus, Libri Tres, Cantabrigiae MDCLXXXV.

Spener, Philipp Jacob, Schriften, hg. v. Erich Beyreuther, Hildesheim 1979ff.

Spinoza, Baruch de, Theologisch-politischer Traktat. Übertragen und eingeleitet nebst Anmerkungen und Registern von Carl Gebhardt (= Philosophische Bibliothek 93), Hamburg 1955.
- Tractatus theologico-politicus (= Spinoza, Opera III). Im Auftrag der Heidelberger Akademie der Wissenschaften hg. von Carl Gebhardt, Heidelberg 1972.

Spizelius, Theophilus, Scrutinium Atheismi Historico-Aetiologicum, Augustae Vindelicorum MDCLXIII.
Stillingfleet, Edward, Irenicum. A Weapon-Salve for the Churches VVounds. Or the Divine Right of Particular Forms of Church-Government; Discussed and examined according to the Principles of the Law of Nature, the positive Laws of God, the practice of the Apostles and the Primitive Church, and the judgment of Reformed Divines. Whereby a foundation is laid for the Churches peace, and the accomodation of our present differences, Second Edition, London 1662.
- A Rational Account of the Grounds of Protestant Religion: Being a vindication of the Lord Archbishop of Canterbury's Relation of a Conference ... Wherein the true Grounds of Faith are cleared, and the False discovered; the Church of England Vindicated from the Imputation of Schism; and the most important particular Controversies between Us and Those of the Church of Rome throughly examined, London 1665.
- A Discourse concerning the Idolatry practised in the Church of Rome, and The Hazard of Salvation in the Communion of it: in Answer to some Papers of a Revolted Protestant. Wherein A particular Account is given of the Fanaticisms and Divisions of that Church. Second Edition, London 1671.
- An Answer to several late Treatises, Occasioned by a Book entituled a Discourse Concerning the Idolatry Practised in the Church of Rome, and The Hazard of Salvation in the Communion of it, First Part, London 1673.
- Origines Sacrae, Or a Rational Account of the Grounds of Christian Faith, As to the Truth and Divine Authority of the Scriptures, And the Matters therein contained, Fourth Edition, London 1675.
- The Jesuits Loyalty, manifested in Three several Treatises lately written by them against the Oath of Allegance: with a Preface, shewing The Pernicious Consequence of their Principles as to Civil Government, London 1677.
- A Letter to a Deist, In Answer to several Objections against the Truth and Authority of the Scriptures, London 1677.
- The Doctrines and Practices of the Church of Rome Truly Represented, London 1686.
- A Discourse in Vindication of the Doctrine of the Trinity: With An Answer to the Late Socinian Objections against it from Scripture, Antiquity and Reason, Second Edition, London 1697.
Strimesius, Samuel, Dissertatio Theologica de Pace Ecclesiastica, Francofurti ad Viadrum MDCLXXXIX.
Tauler, Johannes, Die Predigten Taulers aus der Engelberger und der Freiburger Handschrift sowie aus Schmidts Abschriften der ehemaligen Straßburger Handschriften, hg. von Ferdinand Vetter (= Deutsche Texte des Mittelalters 11), Dublin-Zürich 1968.
Thomas von Aquin, Summa Theologica.
- Summa contra Gentiles.
Thomas von Kempen, Vier Bücher von der Nachfolge Christi, übers. von Bischof Johann Michael Sailer, neu bearbeitet von Hubert Schiel, Freiburg 1949.
- De Imitatione Christi. Nachfolge Christi und vier andere Schriften. Lateinisch und deutsch, hg. von Friedrich Eichler, München 1966.
Thomasius, Christianus, Institutiones Jurisprudentiae Divinae, In Positiones succincte contractae, In quibus Hypotheses Illustris Pufendorfii circa Doctrinam Juris Naturalis Apodictice demonstrantur et corroborantur, praecepta, vero Juris Divini positivi Universalis primum a Jure Naturali distincte secernuntur et perspicue explicantur ..., Francofurti et Lipsiae MDCLXXXVIII.

- Introductio ad Philosophiam Aulicam, seu Lineae primae Libri de Prudentia Cogitandi et Ratiocinandi, Ubi ostenditur media inter praejudicia Cartesianorum, et ineptias Peripateticorum, veritatem inveniendi via, Lipsiae 1688.
- Einleitung zu der Vernunfft-Lehre / Worinnen durch eine leichte / und allen vernünfftigen Menschen / Waserley Standes oder Geschlechts sie seyn / verstaendliche Manier der Weg gezeiget wird / ohne die Syllogistica das wahre / wahrscheinliche und falsche von einander zu entscheiden / und neue Wahrheiten zu erfinden, Halle in Magdeburg 1699.
- Versuch Von Wesen des Geistes oder Grund-Lehren / So wohl zur natürlichen Wissenschafft als der Sitten-Lehre ..., Halle 1699.
- Kurtzer Entwurff der Politischen Klugheit / sich selbst und andern in allen Menschlichen Gesellschafften wohl zu rathen / und zu einer gescheiden Conduite zu gelangen ..., Frankfurt 1710.
- Fundamenta Juris Naturae et Gentium, ex Sensu Communi deducta, in quibus ubique Principia honesti, justi, ac decori, cum adjuncta Emendatione ad ista Fundamenta Institutionum Jurisprudentiae Divinae, Editio quarta, Halae et Lipsiae MDCCXVIII, ND Aalen 1963.
- Institutionum Jurisprudentiae Divinae, Libri tres. In quibus Fundamenta Juris Naturalis secundum Hypotheses Illustris Pufendorfii perspicue demonstrantus..., Hallae Magdeburgicae 1720, ND Aalen 1963.

Tillotson, John, The Works, In ten Volumes, Edinburgh MDCCLXXII.

Toland, John, An Apology for Mr. Toland, In a Letter from Himself to a Member of the House of Commons in Ireland; written the day before his Book was resolv'd to be burnt by ther Commitee of Religion, London MDCXCVII.
- Christianity not Mysterious, London 1696, ND, mit einer Einleitung von Günter Gawlick, Stuttgart-Bad Cannstatt 1964.
- Letters to Serena, London 1704, ND, mit einer Einleitung von Günter Gawlick, Stuttgart-Bad Cannstatt 1964.
- Nazarenus: Or, Jewish, Gentile, and Mohamedan Christianity, London 1718, in: Gesine Palmer, Ein Freispruch für Paulus, mit einer Neuausgabe von Tolands ‚Nazarenus' von Claus-Michael Palmer, (zweite Paginierung dieses Bandes) 8–145, Berlin 1996.
- Pantheisticon: Or, The Form of Celebrating the Socratic Society, London 1751.

Turner, William, The History of all Religions In the World: From the Creation down to this Present Time. In Two Parts, London 1695.

Turretinus, Franciscus, Institutio Theologiae elencticae, in qua Status Controversiae perspicue exponitur, Praecipua Orthodoxorum Argumenta proponuntur et vindicantur, et Fontes Solutionum aperiuntur, Pars Prior, Genevae MDCLXXIX.

Voetius, Gisbertus, Specimen Assertionum partim ambiguarum aut lubricatum, partim periculosarum, Ex tractatu nuperrime scripto pro Sodalitatibus B. Mariae inter Reformatos erigendis aut interpolandis, titulo, Defensio pietatis et sinceritatis etc., Ultraiecti MDCXLIII.
- Politicae Ecclesiasticae Partis Primae. Libri duo Priores, Amstelodami MDCLXIII, Libri duo Posteriores, Amstelodami MDCLXVI.
- Pars secunda. Quatuor Libris Adornata, Amstelodami MDCLXIX.

Vossius, Gerardus Joannes, In Epistolam Plinii de Christianis, et Edicta Caesarum Romanorum adversus Christianos, Commentarius, Amstelodami MDCLIV.
- Etymologicon Linguae Latinae, Amstelodami MDCLXII.
- De Vniversae Mathesios Natura et Constitutione Liber, Amstelaedami MDCLX.

[Wilkins, John,] John Late Lord Bishop of Chester, Of the Principles and Duties of Natural Religion, London MDCXCIII; ND with a New Introduction by Henry G. van Leeuwen (= Texts in Early Modern Philosophy), New York – London 1969.

Wissowatius, Andreas, Religio Rationalis Seu De Rationis Judicio, In Controversiis etiam Theologicis, ac Religiosis, adhibendo, tractatus, MDCLXXXV, in: Andreas Wissowatius, Religio Rationalis. Editio trilinguis, hg. von Zbigniew Ogonowski (= Wolfenbütteler Forschungen 20), Wolfenbüttel 1982, 27–120.

2. Sekundärliteratur

Ahsmann, M., Buis, Paulus, in: Juristen. Ein biographisches Lexikon, hg. von Michael Stolleis, München 1995.

Bakhuizen van den Brink, Jan Nicolaas, Da Costa, Uriël, in: RGG³ II, 1f.

Biographisches Repertorium der Juristen im Alten Reich 16. bis 18. Jahrhundert, hg. von Philippo Ranieri (= Ius Commune. Veröffentlichungen des Max-Planck-Instituts für Europäische Rechtsgeschichte Frankfurt am Main, Sonderhefte, Studien zur Europäischen Rechtsgeschichte 55) Frankfurt am Main 1991.

Bonhoeffer, Dietrich, Widerstand und Ergebung. Briefe und Aufzeichnungen aus der Haft, hg. von Christian Gremmels, Eberhard Bethge und Renate Bethge (= Dietrich Bonhoeffer Werke 8), Gütersloh 1998.

Bossong, Clemens, Bayle, in: Religionskritik von der Aufklärung bis zur Gegenwart. Autoren-Lexikon von Adorno bis Wittgenstein, hg. von Carl-Heinz Weger (= Herderbücherei 716), Freiburg 1976.

Braw, Christian, Bücher im Staube. Die Theologie Johann Arndts in ihrem Verhältnis zur Mystik, Leiden 1986.

Brecht, Martin, Das Aufkommen der neuen Frömmigkeitsbewegung in Deutschland, in: Der Pietismus vom siebzehnten bis zum frühen achtzehnten Jahrhundert, hg. von Martin Brecht (= Geschichte des Pietismus I), Göttingen 1993, 113–203.

– Die deutschen Spiritualisten des 17. Jahrhunderts., in: ebd. 205–240.

Cantera, Jesus, Acosta, Gabriel, in: LThK² I, 113.

Douglas, Carter, Spencer, John, in: RGG³ VI, 238.

Delvolve, Jean, Religion Critique et Philosophie Positive chez Pierre Bayle, Genf 1970.

Denzer, Horst, Pufendorf, in: Klassiker des politischen Denkens, hg. von Hans Maier, Heinz Rausch, Horst Denzer, II, München 1968, 27–52.

Deutsches Biographisches Archiv, Microfiche Edition, München 1982.

Diels, Hermann, Die Fragmente der Vorsokratiker, hg. von Walther Kranz, II, Berlin ¹⁰1960.

Dilthey, Wilhelm, Die Autonomie des Denkens, der konstruktive Rationalismus und der pantheistische Monismus nach ihrem Zusammenhang im 17. Jahrhundert (1893), in: ders., Weltanschauung und Analyse des Menschen seit Renaissance und Reformation, Gesammelte Schriften, II, Göttingen ¹⁰1977, 246–296.

Drehsen, Volker, Neuzeitliche Konstitutionsbedingungen der Praktischen Theologie. Aspekte der theologischen Wende zur sozialkulturellen Lebenswelt der christlichen Religion, I, Gütersloh 1988.

Engel, Peter, Die eine Wahrheit in der gespaltenen Christenheit. Untersuchungen zur Theologie Georg Calixts (= Göttinger theologische Arbeiten 4), Göttingen 1976.

Euchner, Walter, Locke, in: Klassiker des Politischen Denkens, II, hg. von Hans Maier, Heinz Rausch, Horst Denzer, München 1968, 1–26.

Feil, Ernst, Religio. Die Geschichte eines neuzeitlichen Grundbegriffs vom Frühchristentum bis zur Reformation, Göttingen 1986.
- Toleranz, Glaube und Vernunft, in: Stimmen der Zeit 116 (1991) 425–428.
- Die Deisten als Gegner der Trinität. Zur ursprünglichen Bedeutung und speziellen Verwendung des Begriffs „Deistae" für die Sozinianer, in: Archiv für Begriffsgeschichte 33 (1990) (erschienen 1992), 115–124.
- Religio II. Die Geschichte eines neuzeitlichen Grundbegriffs zwischen Reformation und Rationalismus (ca. 1540–1620) (= Forschungen zur Kirchen- und Dogmengeschichte 70), Göttingen 1997.
- Déisme, in: Dictionnaire Européen des Lumières, hg. von Michel Delon, Paris 1997, 314–316.
Funkenstein, Amos, Theology and the Scientific Imagination from the Middle Ages to the Seventeenth Century, Princeton 1986.
Gawlick, Günter, Vorwort, in: Gotthard Victor Lecler, Geschichte des Deismus, 1841, ND Hildesheim 1965.
- Deismus, in: Historisches Wörterbuch der Philosophie, hg. von Joachim Ritter, II, Basel 1972, 44–47.
Gestrich, Christof, Deismus, in: Theologische Realenzyklopädie, VIII, Berlin 1981, 392–406.
Goldie, Mark Adrian, John Locke, in: Die Aufklärung, hg. von Martin Greschat (Gestalten der Kirchengeschichte 8), Stuttgart 1983, 105–119.
Grimm, Jacob und Wilhelm, Deutsches Wörterbuch, IV 1,5, Leipzig 1958, ND VIII, München 1991.
Hazard, Paul, Die Krise des europäischen Geistes, 1680–1715 (= Europa-Bibliothek 4), Hamburg 1939.
- La crise de la conscience européene, 1680–1715, Paris 1961.
Heckel, Johannes, Cura religionis, Ius in sacra, Ius circa sacra, in: Kirchenrechtliche Abhandlungen 117/118 (= FS Erich Stutz), Stuttgart 1938, 224–298.
- Cuius regio, eius religio, in: RGG³ I, 1888f.
Heckel, Martin, Staat und Kirche nach der Lehre der evangelischen Juristen, in: Zeitschrift der Savigny-Stiftung für Rechtsgeschichte, Kan. Abt. 42 (1956) 117–247; 43 (1957) 202–308.
- Staat und Kirche nach den Lehren der evangelischen Juristen in der ersten Hälfte des 17. Jahrhunderts, München 1968.
Hegel, Georg Wilhelm Friedrich, Vorlesungen über die Philosophie der Religion, I, in: Theorie-Werkausagabe 16, Frankfurt 1969, 1980.
Heinisch, Klaus J., in: Der utopische Staat, Morus, Utopia; Campanella, Sonnenstaat; Bacon, Neu-Atlantis, hg. von dems. (= Rowohlts Klassiker der Literatur und der Wissenschaft, Philosophie des Humanismus und der Renaissance 3), Reinbek 1966.
Hirsch, Emanuel, Geschichte der neuern evangelischen Theologie im Zusammenhang mit den allgemeinen Bewegungen des europäischen Denkens, I, Gütersloh ⁵1949.
Hoffmann-Loerzer, Günter, Grotius, in: Klassiker des politischen Denkens, I: Von Plato bis Hobbes, hg. von Hans Maier, Heinz Rausch, Horst Denzer, München 1968, 293–320.
Honecker, Martin, Cura religionis Magistratus Christiani. Studien zum kirchenrechtlichen Luthertum des 17. Jahrhunderts insbesondere bei Johann Gerhard (= Jus Ecclesiasticum 7), München 1968.
Indice Biographico Italiano, II, München ²1997.

Jöcher, Christian G., Allgemeines Gelehrten-Lexicon, Leipzig 1750, ND Hildesheim 1960.
Koselleck, Reinhart, Historia Magistra Vitae. Über die Auflösung des Topos im Horizont neuzeitlich bewegter Geschichte (1967), in: ders., Vergangene Zukunft. Zur Semantik geschichtlicher Zeiten (= Theorie), Frankfurt 1979, 38–66.
Lau, Franz, Calixt, Georg, in: RGG³ I, 1586f.
– Arnd (Arndt), Johann, in: RGG³ I, 629f.
– Gerhard, Johann, in: RGG³ II, 1412f.
– Meisner, Balthasar, in: RGG³ IV, 832.
Lagarde, Paul de, Über das Verhältnis des deutschen Staates zu Theologie, Kirche und Religion (1873), in: ders., Schriften für das deutsche Volk. I: Deutsche Schriften, München 1924.
Leger, James St., The „Etiamsi daremus" of Hugo Grotius. A study in the Origins of International Law (Diss. ad Lauream in Facultate Iuris Canonici), Pontificium Athenaeum Internationale „Angelicum", Romae 1962.
Maier, Hans, Hobbes, in: Klassiker des politischen Denkens, hg. von Hans Maier, Heinz Rausch, Horst Denzer, München 1968, ⁶1986, I, 266–282.
Maurer, Wilhelm, Bayly, Lewis, in: RGG³ I, 947f.
Niewöhner, Friedrich Wilhelm, Veritas sive Varietas. Lessings Toleranzparabel und das Buch Von den drei Betrügern (= Bibliothek der Aufklärung 5), Heidelberg 1988.
Paganini, Gianni, Analisi della fede e critica della ragione nella filosofia di Pierre Bayle, Florenz 1980.
Palmer, Gesine, Ein Freispruch für Paulus. John Tolands Theorie des Judenchristentums. Mit einer Neuausgabe von Tolands ‚Nazarenus' von Claus-Michael Palmer (= Arbeiten zur neutestamentlichen Theologie und Zeitgeschichte 7), Berlin 1996.
Reese, Armin, Pax Sit Christiana. Die Westfälischen Friedensverhandlungen als europäisches Ereignis (= Historisches Seminar 9), Düsseldorf 1988.
Religionsvergleiche des 16. Jahrhunderts I, hg. von Ernst Walder (= Quellen zur neueren Geschichte VI), Bern ³1974.
Reventlow, Henning Graf, Bibelautorität und Geist der Moderne. Die Bedeutung des Bibelverständnisses für die geistesgeschichtliche und politische Entwicklung in England von der Reformation bis zur Aufklärung (= Forschungen zur Kirchen- und Dogmengeschichte 30), Göttingen 1980.
Röd, Wolfgang, Die Philosophie der Neuzeit, 1. Von Francis Bacon bis Spinoza (= Geschichte der Philosophie 7), München 1978.
Rossi, Mario M., La vita, le opere, i Tempi di Eduardo Herbert di Chirbury, I–III, Firenze 1947.
Samely, Alexander, Spinozas Theorie der Religion (= Schriftenreihe der Spinoza-Gesellschaft 2), Würzburg 1993.
Schilling, Heinz, Der Westfälische Friede und das neuzeitliche Profil Europas, in: Der Westfälische Friede. Diplomatie – Politische Zäsur – Kulturelles Umfeld – Rezeptionsgeschichte, hg. von Heinz Duchhardt (= Historische Zeitschrift. Beihefte NF 26), München 1998, 3–32.
Schleiermacher, Friedrich Daniel Ernst, Über die Religion. Reden an die Gebildeten unter ihren Verächtern (= Philosophische Bibliothek 255), Hamburg 1961.
Schmidt, Martin, Blount, Charles, in: RGG³ I, 1324f.
– Herbert von Cherbury, Edward, in: RGG³ III, 232f.
– Pietismus, in: RGG³ V, 370–381.

- Scougal, Henry in: RGG³ V, 1625.
- Spener, Philipp Jakob, in: RGG³ VI, 238f.
Schneider, Hans, Der radikale Pietismus im 17. Jahrhundert, in: Der Pietismus vom siebzehnten bis zum frühen achtzehnten Jahrhundert, hg. von Martin Brecht (= Geschichte des Pietismus I), Göttingen 1993, 391–437.
- Der radikale Pietismus im 18. Jahrhundert, in: Der Pietismus im achtzehnten Jahrhundert, hg. von Martin Brecht und Klaus Deppermann (= Geschichte des Pietismus II), Göttingen 1995, 107–197.
Schulze, Winfried, Pluralisierung als Bedrohung: Toleranz als Lösung, in: Der Westfälische Friede, hg. von Heinz Duchhardt, München 1998, 115–140.
Sparn, Walter, Wiederkehr der Metaphysik (= Calwer Theologische Monographien 4), Stuttgart 1976.
Schoonbrood, Clementius, Herbert v. Cherbury, Edward, in: LThK² V, 241.
Stolleis, Michael, Machiavellismus und Staatsräson. Ein Beitrag zu Conrings politischem Denken (1983), in: ders., Staat und Staatsraison in der frühen Neuzeit. Studien zur Geschichte des öffentlichen Rechts (= stw 878), Frankfurt 1990, 73–105.
- Arcana Imperii und ratio status, in: ebd. 37–72.
- Glaubensspaltung und öffentliches Recht in Deutschland, in: ebd. 268–297.
Wallmann, Johannes, Der Theologiebegriff bei Johann Gerhard und Georg Calixt (= Beiträge zur Historischen Theologie 30), Tübingen 1961.
- Philipp Jakob Spener und die Anfänge des Pietismus (= Beiträge zur historischen Theologie 42), Tübingen 1970, ²1986.
- Calov, Abraham, in: TRE VII, 563–568.
Wolf, Ernst, Hollaz (Hollatius), David, in: RGG³ III, 433f.
Yolton, John W., Locke. An Introduction, Oxford 1985.
Zedler, Johann Heinrich, Grosses Vollständiges Universal-Lexicon, Halle-Leipzig 1733–1750, ND Graz 1961–1964.
Zeeden, Ernst Walter, Arnold, Gottfried, in: LThK² I, 896.

Namenregister

Abbadie, Jacques 353
Abel 326
Abraham 13, 23ff., 39, 48, 51, 57, 90, 139, 211, 236, 241f, 250f, 330, 337, 340, 348, 372f, 402, 413ff
Adam 19ff., 39, 41f, 51, 57, 88, 90, 93, 150, 239, 241, 285, 337, 348, 351, 415, 456, 478
Adam, Charles 260
Adorno, Theodor Wiesengrund 450, 463
Aelian 173
Agathophilo 318f
Alexander der Große 144
Althusius, Johannes 206
Amaraldus, Moyses 286
Ambrosius 34, 176
Amos 34
Anaxagoras 175
Anselm von Canterbury 465
Aristoteles 84, 119, 158, 224, 228, 235, 238, 256, 338
Arius 100
Arminius, Jakob 206
Armogathe, Jean-Robert 329
Arnauld, Antoine 445, 448
Arndt, Johann 276, 279f, 283f, 289f, 307
Arnobius 360, 397
Arnold, Gottfried 320–327
Athanasius 226
Augustinus 12, 34, 53, 55, 71, 84f, 176, 277, 314, 339, 349, 360, 388, 456
Azarias 402

Bacon, Francis 13, 154–170, 203ff, 226, 254, 262f, 354, 431, 450
Bacon, Roger 12, 88, 472
Baier, Johannes Wilhelm 69–70, 98, 100, 102
Bakhuizen van den Brink, Jan Nicolaas 411
Balduin 62

Barclajus, Robertus 99
Bardesanes 212
Barker, R. 374
Baronius 356
Barth, Hans-Martin 470
Bayle, Pierre 99, 410, 431, 450–463, 468ff
Bayly, Lewis 281ff, 289f, 354
Beckmann, Isaac 260
Behm, Johannes 33
Bellarmin, Robert 17–19, 35, 245, 269, 356f
Benbellona 111
Bernhard 130
Bernier, François 352, 354, 479
Bernières-Louvigny, Jean 478
Bertram, Bernhard 111
Bethge, Eberhard 219
Bethge, Renate 219
Beyem, Suffriedo de 103
Beyreuther, Erich 289, 491
Bielefeldt, Otto von 70, 98f
Birch, 374
Blount, Charles 397–405, 409
Boccaccio, Giovanni di 180
Bodin, Jean 13, 101, 104, 196f, 206
Böhme, Jacob 284ff, 478
Bonaventura 322f
Bonhoeffer, Dietrich 219, 480
Bossong, Klemens 450, 463
Bossuet, Jacques-Bénigne 336–338, 344, 346, 445, 459
Bourignon, Antoinette 309f, 313f
Braw, Christian 290
Brecht, Martin 14, 280, 284, 318
Brederodius, Petrus 131
Brentius, Joannes 18
Browne, Thomas 357–360, 409
Brück, Anton Theobald 154, 160, 205
Brun, Jacques le 347
Brunnemann, Johannes 323

Namenregister 499

Bruno, Giordano 170, 256, 262
Brunschvicg, Léon 329
Buchenau, Artur 260
Buddeus, Joannes Franciscus 358
Buis, Paulus 103
Bunny, Edmund 289
Burkhardus, Franciscus 109
Byleveld, Clemens van 100

Caesar 437
Calixt, Georg 21–28, 33, 37, 44, 57, 75, 94f, 100
Calov, Abraham 21, 33–44, 43f, 60, 70, 101
Calvin, Johannes 351
Cambyses 26
Campanella, Tommaso 57, 67, 128, 170–189, 206, 254, 256, 262f, 268, 360, 473, 475
Cantera, Jesus 411
Cardano, Geronimo 12, 88, 181, 209, 255ff, 390, 477
Carpov, Jacob 268
Carpzov, Johann Benedict 302, 306
Carter, Douglas 369
Cartesianus 150
Cassiodor 216
Cavendish 226
Chantal, Jeanne Françoise Frémyot de 344
Charles von Wales 281
Charron, Pierre 57, 254ff, 480
Cheffontaines, Christophe de 480
Chevallier, Marjolaine 309
Chillingworth, William 355–357, 409
Choul, Guillaume du 198
Christina, Königin von Schweden 206, 260
Chytraeus, David 290
Cicero 24, 34, 53, 55, 71, 79, 84f, 119, 168, 173, 176, 222, 224, 257ff, 399
Clasen, Daniel 67, 126, 128–133
Claudius, Matthias 346, 351
Clemens von Alexandrien 52, 360
Coccejus, Johannes 28–33, 102
Comazzi, Giovanni Battista 153
Comenius, Johann Amos 284, 286ff
Conring, Hermann 102, 118–127

Cornelius (Hauptmann) 93
Cosimo I. 264
Costa, Uriel da 62, 65f, 410–416, 462
Cothmann, Ernest 112f
Cranius, Heinrich-Andreas 103–109
Crellius, Johannes 48, 270
Cromwell, Oliver 190, 392
Cudworth, Ralph 62, 365–368, 374, 409, 434, 477
Curcellaeus, Stephanus 39, 41, 88ff, 101, 275
Cyrill 360
Cyrus 337

Danais, P. 111
Dannhauer, Gerhard 60
David 220, 337
Delon, Michel 205
Delvolve, Jean 462
Denzer, Horst 134, 206, 227, 439
Deppermann, Klaus 318
Descartes, René 13, 86, 133, 189, 203f, 206, 254, 260–262, 309, 328, 338, 365, 417, 428, 431, 445, 465
Diagoras 132
Diana 399
Diels, Hermann 368
Dilthey, Wilhelm 189, 219
Dohna, Friedrich von 450
Dorscheus, Georgius 290
Drehsen, Volker 14
Dryden, John 400
Duchhardt, Heinz 152
Duplessis-Mornay, Philippe 195, 206

Ebbinghaus, Julius 439f
Eckhart (Meister E.) 277
Eichler, Friedrich 278
Elisabeth I. 189f
Ellis, Robert Leslie 155
Engel, Peter 21
Engelhardt, Wolf von 464
Epiktet 400
Epikur 257, 259, 360, 461
Episcopius, Simon 39, 51, 62, 88f, 101, 268, 270, 411
Erasmus von Rotterdam 387, 398
Ernestus de Eusebiis 127

Erstenberger, Andreas (= Burkhardus, Franciscus) 109
Eubulus, Irenaeus 127
Euchner, Walter 226, 439
Euripides 368
Eusebius 23, 112
Eva 239, 242

Feil, Ernst 57, 76, 84, 88, 95, 100, 110, 174, 181, 195, 205, 209, 270, 283, 327, 416, 472, 480
Fénelon, François de Salignac de la Mothe 336, 338, 344, 346–351, 354, 480
Ferdinand I. 109f
Ferry, Paul 336
Fetscher, Iring 226
Feuerbach, Ludwig 169
Fèvre, Justinus 17
Ficino, Marsilio 84, 174, 176f, 184
Filmer, Robert 434
Fisher, John 355
Fludd, Robert 259
Franck, Christoph 97, 101
Francke, August Hermann 147, 220, 284, 300–308
Friedrich II. 360
Funkenstein, Amos 473

Gäbe, Lüder 260
Galenus 178
Galilei, Galileo 17, 203, 226, 260, 262
Gamaliel 303
Gangius, Wolfgang 46, 95
Gärtner, Albertus Felix 99
Gassendi, Pierre 254, 256–260, 263, 268, 328
Gawlick, Günter 14, 189f, 198, 203ff, 227, 401, 405, 407
Gebhardt, Carl 410f, 414f, 417f
Gellius 34f
Gerdesius, Hemingius Johannes 100
Gerhardt, Carl J. 464
Gesner, Salomo 44
Gestrich, Christof 45, 189
Geulincx, Arnold 431–433, 445
Gideon 220
Gildon, Charles 402f
Giovanni di Napoli 182

Glanvill, Joseph 392–393
Goebelius, Johannes Wilhelmus 118, 126f
Goethe, Johann Wolfgang von 474, 480
Goldie, Mark Adrian 442
Gomarus, Franciscus 206
Gorgias 157
Grapius, Zacharias 99f
Gremmels, Christian 219
Greschat, Martin 442
Grimm, Jacob 279
Grimm, Wilhelm 279
Groote, Gerhard 277
Grosse, Abraham Heinrich 99f
Grotius, Hugo 28, 60, 126, 134, 189, 204, 206–226, 254, 323, 360
Guyon du Chesnoy, Jeanne-Marie 344–346, 354, 478

Hagemann, Bernhard 94f, 101
Hannibal 201
Hazard, Paul 463
Heath, Douglas Denon 155
Heckel, Johannes 102
Heckel, Martin 102, 109
Hegel, Georg Wilhelm Friedrich 467
Heinisch, Klaus J. 170
Henoch 212
Heraklit 402
Herberstain, Sigismund von 352, 479
Herbert von Cherbury, Edward 34, 44ff, 74, 94f, 97, 100, 125f, 189–205, 223f, 254, 258, 262f, 354, 380, 400f, 403f, 428, 435f, 465
Herring, Herbert 468
Hesiod 23
Hieronymus 34, 373
Hiob 93, 161f, 350
Hippokrates 178
Hirsch, Emanuel 369
Hobbes, Thomas 76, 78f, 86, 95f, 135f, 169, 189, 206, 226–253, 263, 268, 354, 365, 397, 417f, 473, 476
Hoffmann-Loerzer, Günter 206f
Hollaz, David 70–76, 94, 101
Holz, Hans-Heinz 464
Homer 23
Honecker, Martin 102
Hoornbeeck, Johannes 46–57, 101f, 474

Horb, Johann Heinrich (= Ph. J. Spener) 299
Horn, Georg 92, 479
Hornejus, Konrad 57
Hosius, Stanislaus 176
Huet, Pierre Daniel 338–344, 353 f
Hunnius, Nicolaus 89
Hütter, Leonhard 20, 100
Hutton, Sarah 368

Ikaros 161
Innozenz XII. 346
Isaak 211, 242, 337
Isidor 53, 71

Jakob 211, 242, 337
Jakob I. 17, 154, 190
Jamblichos 176
Jeremia 377
Jerobeam 64
Jöcher, Christian Gottlieb 76
Johannes Chrysostomus 18
Joris, David 93
Jungius, Joachim 268
Junius, Franciscus 34
Jupiter 198, 341, 348, 461
Jurieu, Pierre 99, 457 ff
Justin 91, 298, 360, 402
Justinian 103, 221

Kant, Immanuel 157, 205, 462
Kanter-van Hettinga Tromp, B.J.A. de 219
Karl I. 190
Karl II. 361, 392
Karl V. 109 f
Katharina von Siena 322
Kauffmann, Georg 100
Keckermann, Bartholomäus 110
Kirchmeyer, Georg Kaspar 70
Klock, Caspar 104
König, Johann Friedrich 92, 101
Konstantin 337, 385
Kortholt, Christian 95 ff, 101, 204
Koselleck, Reinhart 428
Kranz, Walther 368
Kritias 368
Kübel, Paul 173

Kuhn, Thomas S. 473
Kunzmann, Ulrich 329

Labadie, Jean de 289
Lachèvre, Frederic 256
Lafuma, Louis 329
Lagarde, Paul de 480
Laktanz 12, 34 f, 53, 55, 58, 69, 71, 85, 97, 108, 112 f, 119 f, 176, 217, 221, 257, 360, 372
Lampadius, Jacobus 118, 123 f, 126 f
Lau, Franz 21, 276, 283, 290
Laud, Patrick D. 344
Laud, William 355
Leade, Jane 318
Lecler, Gotthard Victor 189
Leeuwen, Henry G. van 361
Leger, James St. 219
Leibniz, Gottfried Wilhelm 133, 162, 268, 336, 431, 463–470
Lessing, Gotthold Ephraim 95, 202, 255, 268
Lessing, Theophil 14
Liebenthal, Christian 111
Limborch, Philipp van 62–66, 89, 101 f, 410 f, 414
Lipsius, Justus 106
Livius 95
Locke, John 62, 205, 317, 383, 405, 434–445, 464, 467
Loerke, Markus 479
Ludwig 336, 338, 346
Ludwig der Fromme 127
Ludwig XIV. 336, 338, 346
Lugo, Francisco de 19
Lugo, Juan de 19
Lukrez 31, 53
Luther, Martin 38, 44, 72, 76, 99 f, 130, 244, 279, 281, 289 f, 305, 307, 323, 357, 472
Lykurg 398

Machiavelli, Niccolò 67 f, 112, 116, 121, 125, 130, 171, 226
Macrobius 34
Mager, Inge 21, 24
Maier, Hans 134, 206, 227, 439
Maimonides, Moses 371, 414 f, 429

Namenregister

Malebranche, Nicolas de 347, 445–450
Mars 401
Martinus ab Heimburg 119
Mascovius, Gottfridus 134
Masham 434
Maximilian II. 104, 110
Maximilian, Herzog von Bayern 55
Mayer, Johann Friedrich 304, 306f
Meisner, Balthasar 290
Melanchthon, Philipp 76, 101, 472, 473f
Melchisedech 42, 93, 352
Mencelius, Hieronymus 290
Menon 339
Merkur 401
Mersenne, Marin 189, 226, 254–256, 260, 263, 328, 477
Mesnard, Jean 334ff
Micha 376, 379
Michael, Johannes 100
Milde, Wolfgang 14
Milton, John 476f
Minerva 148
Minucius Felix 360
Mirandola, Giovanni Pico della 12, 181, 257
Mohammed 32, 95, 126, 164, 200, 210, 250f, 265, 329
Molesworth, William 231, 243
Molinos, Miguel de 302, 478
Moloch 373
Montaigne, Michel de 206
Morali, Claude 344
More, Henry 374
Moritz, Karl Philipp 344
Morus, Thomas 170, 206
Müller, Conrad 151
Murrer, Wolfgang 70, 100
Musaeus, Johannes 44–46, 69, 94f, 101, 204

Namowicz, Tadeusz 275
Natolius, Justus 61
Nero 26
Nicolai, Heinrich 33
Niewöhner, Friedrich 95
Nikolaus von Kues 475
Noah 13, 51, 57, 88, 90, 150, 212, 340, 412ff

Numa 114, 398

Ochinus, Bernardinus 360
Odysseus 347
Ogonowski, Zbigniew 268f
Oldenbarnevelt, Jan van 206
Olearius, Johannes 91, 290
Onnasch, Martin 46
Oppenrieder, Johannes 70, 100
Origenes 173, 360, 470
Orpheus 53
Osiander, Lucas 290
Oviedo, Lluis 478

Paganini, Gianni 462
Palmer, Claus-Michael 405, 408
Palmer, Gesine 405, 408
Panaitios 84, 157
Paracelsus 165
Parker, Samuel 327
Parmenides 175
Pascal, Blaise 328–336, 354, 480
Pascal, Jacqueline 335
Paulus 165, 199f, 226, 267, 305, 315, 325, 405, 408
Persons, Robert 289
Peschke, Erhard 301, 304
Petavius, Dionysius 367
Petersen, Johann Wilhelm 318–320, 327
Petersen, Johanna Eleonora 318
Petrus 18, 267
Peuckert, Will-Erich 285
Peyrère, Isaac de La 351f, 354, 478
Pfeiffer, August 96
Philaletha 318f
Philon 222
Picot 260
Pierre d'Ailly 88
Platon 119, 158, 175, 206, 221, 223f, 339, 365, 400
Plinius 87, 173
Plutarch 116, 119, 173, 215, 221, 224, 259
Poiret, Pierre 309–318, 327, 344
Pomarius, Samuel 39
Pompeius 437
Pomponazzi, Pietro 398
Potter, D. 355
Proeleus, Immanuel 76–78, 101f

Namenregister

Pufendorf, Samuel 133–147
Pythagoras 158, 175, 399

Quenstedt, Johannes Andreas 57–62, 101 f
Quistorp, Johann d. Ä. 33

Raimundus von Sabunde 206
Ranieri, Philippo 103
Rausch, Heinz 134, 206, 227, 439
Rechenbergius, Adamus 100
Reese, Armin 152
Reinkingk, Theodor 111–117
Reiser, Anton 39
Reiser, Georg 39 f, 43, 101
Reventlow, Henning Graf 14, 189, 374, 397, 401, 405, 434
Rieper, Petrus 100
Ritter, Joachim 189
Rivet, André 87
Robinet, André 446
Röd, Wolfgang 254, 261, 450, 474
Roëll, Hermann Alexander 79–86, 101, 474
Romulus 337
Rossi, Mario M. 189, 197, 203 f

Sabinus, Masurius 34
Sailer, Johann Michael 278
Salvianus von Marseille 96
Samely, Alexander 417
Samson 220
Samuel 220
Savonarola, Girolamo 360
Scaevola 84
Schaller, Klaus 286
Schätzel, Walter 219
Scheffler, Johannes (= Angelus Silesius) 284 ff, 478
Scheibler, Christoph 290
Schiel, Hubert 278
Schilling, Heinz 152
Schleiermacher, Friedrich Daniel Ernst 49, 342, 467, 474, 480
Schmidt, 277
Schmidt, Johann 284, 289 f, 294
Schmidt, Martin 189, 276, 394, 400
Schneider, Hans 318, 320

Schomerus, Justus Christophorus 94, 100
Schoonbrood, Clementius 189
Schröder, Winfried 470
Schulze, Winfried 152
Scipio 337
Scougal, Henry 394–397, 409, 480
Seckendorff, Veit Ludwig von 99
Selden, John 317, 474
Semler, Johann Salomo 133
Seneca 26, 175, 259, 433
Shaftesbury, Anthony Ashley Cooper, 1. Earl of 434
Simon, Richard 336
Sokrates 26, 119, 402, 407
Soleiman 107
Sonthomb, Emanuel (= Thomson, Emanuel) 289, 302
Sophokles 341
Sozomenos 384
Sozzini, Fausto 47, 49, 264–268, 270
Sozzini, Lelio 264
Sparn, Walter 20
Spedding, James 155
Spencer, John 62, 369–374, 409
Spener, Philipp Jacob 21, 33, 39, 276, 279, 281, 283 f, 288–300, 307, 309, 320, 323, 491
Spinoza, Benedictus de 76, 78, 86, 95 f, 136, 254, 391, 416–430, 450, 462
Spizel, Theophil 39, 67–68, 128 f, 290
Springer, Iustus 111
Springmeyer, Heinrich 260
Stensen, Niels (= Steno, Nicolai) 98 f
Stephani, Joachim 112
Stillingfleet, Edward 374, 383–391, 409, 477
Stolleis, Michael 102 f, 118
Strimes, Samuel 97 f, 101
Stuart, Maria 190
Stutz, Ulrich 102
Suárez, Franciscus de 17, 166, 275
Sulpitius, Servius 34
Svavis, Petrus 136
Syring, P. 111

Tacitus 63
Tannery, Paul 260
Tauler, Johannes 277, 279 f, 289 f, 478

Telemachus 347
Telesio, Bernardino 170
Tenneman, Sigismundus Johannes 122
Tertullian 47, 53, 120, 290, 397
Themistius 18, 367
Theodosius 103, 153
Theresa von Avila 277
Thomas von Aquin 19, 21, 35, 38, 52, 55, 97, 174ff, 179, 188, 196, 270, 345, 371, 466
Thomas von Kempen 277f, 478
Thomasius, Christian 147–150, 301
Thomson, Emanuel (= Sonthomb, Emanuel) 289
Thukydides 267
Tiberius 18
Tilenus, Daniel 204
Tilken, Balthasar 285
Tilladet, Jean M. 353
Tillotson, John 62, 361, 374–383, 409
Titius, Gerhardus 94
Titus Livius 226
Toennies, Ferdinand 227
Toland, John 405–408, 431
Trimegistus 175
Turner, William 374, 479
Turretini, Franciscus 93, 97, 101

Urban VIII. 170

Valens 18
Valesius, Ludovicus 259
Vandenbossche, Hubert 275
Vanini, Julius Caesar 262, 327, 360, 390
Varro, Marcus 19, 34, 46, 84, 157, 367, 408, 476
Vercruysse, Jeroom 275

Vetter, Ferdinand 277
Vinzenz von Lerin 459
Vives, Juan Luis 57, 84, 206, 271, 416
Voetius, Gisbert 28, 46, 60, 62, 91
Volkelius, Johannes 48, 51
Voltaire, François 99, 256
Vossius, Gerardus Joannes 62, 84, 87f, 198
Vries, Gerardus de 81, 86

Wagnerus, Tobias 358
Walder, Ernst 109
Wallmann, Johannes 21, 33, 279, 281, 283, 289f
Warrender, Howard 227
Weger, Karl-Heinz 450, 463
Weigel, Ehrhard 133
Weischedel, Wilhelm 205
Werder, Hans Ludolff von 123
Whichcote, Benjamin 374
Wilkins, David 474
Wilkins, John 361–365, 409
Wiszowaty, Andrzeij 268–275
Witt, Jan de 417
Wittgenstein, Ludwig 450, 463
Wolf, Ernst 70
Wolff, Christian 268, 301

Xenophon 119

Yolton, John W. 434

Zabius 372
Zeeden, Ernst Walter 320
Zekl, Hans Günter 260
Zeus 341
Ziegler, J. 226
Zwingli, Huldrych 480

Sachregister

Aberglaube 99, 117, 158f, 215, 241, 295, 419, 476
Abgötterei 117, 295
above reason 437
absolu 466f
Absolutes 466
absurditas 26
Achtung 454
acknowledgment 361ff
actio 56
– externa 88, 135, 218
– interna 88, 218
action, external 385
actus 177
– exterior 135, 140, 177
– externus 135, 139f, 175, 240
– internus 139f, 175, 342
actus privatae religiosae 105
adiaphora 358
adiuratio 128
administratio religiosa 111
adorare 68, 176, 179, 241
adoratio 35f, 128, 175, 184, 187, 342f, 432
adoration 166, 168, 348, 362
– intérieure 336, 447
adorer 465
adsertio religiosa 113
aedificatio 293
Aegyptius 342, 371
Ägypten 24, 352, 369ff, 400
Ägypter 56, 337, 367, 370f, 373, 388, 407
affection 362f, 409
–, hearty 366, 368
–, natural 380
affectus 26, 59, 79, 85, 222, 258, 359
– interior 60
– pius 258
Affekt 359
Afrikaner 56
agnitio dei 30
aimer 332, 347f, 350

αἵρεσις 53, 305, 477
Akt, äußerer 89, 128, 148, 177, 240, 365
–, innerer 89, 128, 148
Alchimist 255, 259
alchymia 259
alchymista 259
altchristlich 346
Alter Bund 241
Altertum 60, 92
Altes Testament 25, 28, 33, 36, 51, 59, 69, 155, 164, 166, 265, 267f, 297, 326, 332, 334, 338, 340, 364, 369
alttestamentlich 43, 117, 216, 218, 220, 338, 415, 417
âme 332, 346, 446, 454, 462f, 469
Americanus 479
Amerika 17, 404, 479
Amerikaner 56
amicitia cum deo 403
amor 30, 79ff, 86, 127, 172, 175, 184ff, 196, 208, 257f, 312ff, 316f, 327, 413, 441
– verus 196, 209
amour 345ff, 354, 448, 454, 462, 469
– pur 344ff
Amsterdam 353
Amtsgewalt 137, 142, 146, 216, 221
–, höchste 214ff
Amtsträger 142, 205, 216, 226
– höchster 217
–, kirchlicher 217
Anabaptismus 37
Anabaptistus 52
Anbetung 170, 184, 342
Anglikaner 190
anglikanisch 289, 357f, 383, 434
Angst 419
anima 23, 53, 135, 163f, 179, 184, 187, 273, 309, 311, 314ff, 322, 397
– rationalis 25, 271, 274
animae regimen 322

animal rationale 176, 271, 273f
animalis 57, 159, 176, 178f, 184, 186f
animalisch 186, 188
animus 56, 65, 73, 75f, 85, 108, 120, 126f,
    135, 140, 143, 158f, 190f, 198, 208ff,
    217, 273, 311f, 315f, 322, 421, 433, 440f
anthropologisch 13
antichristianismus 171
antik 55f, 83, 87, 221, 223, 226, 251, 257,
    269, 366f, 475
Antike 21, 29, 85, 87, 118, 134, 177, 200,
    263, 368, 459, 476
antiquitas 32, 36, 38f, 59, 101
Antitrinitarier 263
ἀφοβία 292
Apokalyptiker 93
Apokatastasis 318ff
apologetisch 46, 87, 180f, 206, 334, 353,
    370, 393, 406
apologia 319
Apologie 329, 353
apology 408
apostasy 375
Apostel 114, 127, 132, 137, 141, 358, 380,
    424
apotheosis 158
Araber 257
arcanum 259
Arianer 457, 461
Arianismus 37
Arianus 265
Aristoteliker 21
aristotelisch 84, 203
Aristotelismus 170
Arkader 341
Arminianer 44, 88, 206, 296, 405, 411
arminianisch 89, 268
Arminianismus 37
articulus catholicus 197
ἀσέβεια 222, 279
Asebie 158
assensus 201
– intrinsecus 143
assent 437
– of mind 437
assertio religiosa 136
Assyrer 337
Astrologie 87f, 199, 211, 255, 257

astrologisch 199, 327
Astronomie 256
astronomisch 170
athéé 254
atheism 155, 167, 355, 379, 389, 393
–, triumphant 445
–, unreasonableness of 389
Atheist 31, 68, 77, 99, 153, 195, 227, 254,
    272, 294, 358, 365f, 368, 372, 384, 397,
    405ff, 435, 440, 450, 453
–, modern 366
–, unreasonableness of the 389
atheistical 391
atheistisch 132, 364
Athener 132
ἀθεότης 121
atheus 65, 67f, 100, 123, 125, 135f, 195,
    269, 272f, 360
Äthiopier 337
Atomistik 256
auctoritas 32, 72, 81, 126, 264f,
    267
Auferbauung 293
Auferstehung 337
Aufklärung 14, 133, 189, 263, 301, 410,
    442, 450, 463, 470
Aufklärungsphilosophie 434
Augsburger Religionsfriede 109f
Augsburgische Konfession 106, 108, 110,
    296, 300
Augustanus-Lutheranus 106
außen 143, 193, 204, 278, 294, 307, 334,
    397, 449, 455
Äußeres 166, 249, 330
Äußerliches 295, 297, 301, 333
auswendig 280
authoritas 421
authority, divine 388
autonomia 109
Autonomie 189
Autorität, höchste 423
–, öffentliche 423
averroïste 469

Babel 287
baptism 443
Barock 276
Beachtung, sorgfältige 373

Sachregister

Beamtentum 147
beatitudo 196
– aeterna 190f
– civilis 122
Befehl 120, 125, 135, 138f, 164, 236, 245, 247, 252, 420, 422
– Gottes 419
befehlen 122, 125f, 216, 231, 233, 421
Befehlender 77f, 137, 144f, 240
Befehlsgewalt 216f
–, oberste 245
Begierde 375
bekehren 305
Bekehrung 301ff, 307
bekennen 331, 335, 397, 412
Bekenntnis 246
belief 166ff, 170, 237, 246, 361ff, 368, 377, 379, 390, 392f, 398, 403, 406, 444f
believe 246, 356f, 401, 439
bellum 103, 128, 219
– civile 144, 441
– offensionis 113
beneficium emigrandi 108f
Beschneidung 372
Beweis, geometrischer 260
Bibel 294, 305, 355ff, 386, 388, 402, 434
biblisch 30, 50, 98, 115, 139, 175, 222, 251, 278, 292, 297f, 302f, 319
Bigotterie 99
binding 392f
Blasphemie 32, 139f, 144, 149
bonum aeternum 129
– commune 116
– humanum 155
– privatum 129
– publicum 129
– spirituale 129
– temporale 129
brachium ecclesiasticum 115
– saeculare 115
Brahmane 296
Brasilien 479
Brauch, äußerer 278
Bürger 20, 60f, 78, 103, 115, 132, 137, 139, 142ff, 146, 153, 188, 215, 226f, 367
Bürgerkrieg 220, 248

(bürger)kriegerisch 441
bürgerlich 119, 130, 141, 143, 228f, 247, 420, 434
Bürgerrecht 32, 145, 299
Bund 28, 47, 81

Calvinianer 68
Calvinianus 37, 106
Calvinismus 431
Calvinista 58
calvinistisch 206, 344
Cambridge Platonist 365, 374, 383
care, religious 445
caritas 31, 35, 50, 71, 81, 92, 162, 181f, 220, 243, 311, 339, 427, 460
– divina 342
Cartesiani 150
casuïste 462
catholicismus 145
catholicus 73, 124, 127, 152, 317, 422, 424, 457
Catholicus Romanus 312f
catholique 255, 355
ceremonia 34, 62, 67, 79, 85, 112, 114, 118, 123, 128, 133, 152, 164, 196f, 244, 311ff, 352, 369, 372f, 417, 420, 475
– corporalis 387
– externa 342
cérémonie 345, 348f, 447
– extérieure 347, 350
– sacrée 348
ceremony 167, 355, 367, 386f, 398, 400, 407, 438, 443f
–, external 387
–, outward 404
certain, morally 361
certainty, indubidable 361
–, infallible 361
–, moral 361
certitude absolue 469
– morale 469
Chaldäer 388
charitas 358
charité 337
charity 376, 379, 395
chiliastisch 170
China 207, 435
chrestien interieur 478

chrétien 332f, 344f, 446f, 478
– vrai 329, 447, 450, 459, 476
Christ, getaufter evangelischer 304
–, innerlicher 288
–, wahrer 280, 297f
Christenheit 323
Christentum 24, 89, 291, 294f, 297f, 302f, 308, 405ff, 457, 470
–, evangelisches 300, 355
–, wahres 280, 290
Christian 367, 378, 402
christianisme 255, 348, 350, 456
–, vrai 345
Christianismus 27, 63f, 207, 209, 211, 359
christianity 377, 388, 397, 399, 405
Christianity Jewish, Gentile, and Mohamedan 408
–, reasonableness of 445
Christianus 27, 53, 64, 72f, 87, 96, 135, 151f, 210, 212, 214, 219, 246, 253, 258, 310f, 317, 359f, 440, 460, 478f
Christliches 449
Christologie 47
church 166, 251, 355, 383, 385, 391
–, catholique 355
–, false 477
–, primitive 383f
–, Roman 387
–, true 375, 477
church-government 383, 387
Church of England 387
church of god 386
– – Rome 377, 381, 387, 391
civil 357, 389
civilis 120, 130, 132, 140
civis 103, 139f, 146, 215, 227, 231f, 235, 238, 242ff, 247ff, 252f, 419f
– Christianus 246
civitas 103, 114, 124f, 135, 139f, 142, 144, 239ff, 243f, 246, 440
– Christiana 245f
– solis 170
clericus 129
clerus 145
coactio externa 140
coetus publicus 441
– visibilis 460

coeur 331ff, 335, 348, 446f, 468
cogitatio 30, 159, 432
– rationalis 309
cognitio 50, 55, 77, 107, 187, 202, 221, 261
– dei 30, 81, 86f, 100, 103, 199
– intellectualis dei 427
– practica 50
– in religione 49
– veritatis 29, 50, 71
cognoscere 32, 42, 77, 81, 83, 90, 93, 97, 177ff, 187, 221
coitio 142
colere naturaliter 176
– publice 441
– religiose 82
collegium 142
colloquium religiosum 104
common good 386
– sense 443
commonwealth 386
–, Christian 245
communio 452, 457f
– Christiana 459
– diffusa, visibilis 459
– externa 460
– Romana 457
– unica 458
communitas 222
– religiosa 313
comprendre 469
concio 244, 258
concordia 442
confess 437
confessio 105f, 151f, 164
Confessio Augustana 105f, 151ff
– Calvinianorum 106
confessio Catholica 106
Confessio Helvetica 47
confession 155, 166, 168, 375
–, protestant 356
Confessionis Augustanae subditus 152
congregatio publica 460
connaissance 332
– du coeur 332
connaître 331, 347, 350
connoissance 468
conscience 385, 394, 396, 449, 454, 463

conscientia 31, 36, 38, 67, 77, 98, 100, 143, 164, 196f, 311, 433
conscientiae libertas 104, 108, 113
consensio interna 73
consensus 192
– universalis 191ff, 195, 197
consent, common 444
–, universal 390
constitutio religiosa 108
contemplacion 478
contemplatio 174
contract 232
controversiae 103, 152
– religiosae 104, 108
controversy 357
cor 59, 113, 135, 143, 183, 186, 246, 266, 312
craindre 462f
crainte 454, 462
créance 331
créateur 348
creation 155, 374
creator 134f
credibilis 398
credibilitas 180
credibilité 467, 469
credibility 363
creed 392
criterium 459
croire 332, 346, 466, 469
croyance 348
culte 345, 348ff, 446ff, 465
– commun 349
– de dieu 347f
– divin 349, 447
– d'amour 348f
– extérieur 336, 345, 348ff, 447f
– faux 447
– idolâtre 348
– intérieur 348ff, 354, 447, 449
– légitime 447
– profane 447
– public 350
– public de dieu 348
– raisonnable 447
– spirituel 447, 449
– vrai 348, 350, 447
cultor dei 441

cultura 135
culture 237, 250
cultus absolutus 148
– bonus 29
– ceremonialis 65
– Christi 49
– Christianus 141
– civilis 239, 241
– dei 29, 35f, 41, 52, 56, 59, 69, 86, 89, 92, 139, 148, 176f, 193f, 208ff, 222, 240, 259, 311, 424, 433
– – externus 148
– – generalis 148
– – mere rationalis 239f
– – publicus 81, 440
– – rationalis 79
– – religiosus 148
– – specialis 148
– – specificus 52
– – verus 79, 311f
– deorum 34, 53, 85, 343, 362
– divinus 41, 45, 47, 49, 51f, 59f, 67, 74, 94, 100, 114, 118ff, 129, 132, 138ff, 148, 183, 193ff, 198, 239ff, 243f, 432, 436, 439, 442
– – externus 128, 148f
– – internus 148
– exterior 127, 460
– externus 56, 63, 65, 70, 78, 148ff, 243, 253, 311, 314, 420f, 441, 461
– generalis 258
– interior 127, 187
– internus 56, 60, 63, 65, 70, 77f, 102, 148ff, 421, 461
– internus dei 421f
– Mahometicus 63
– mere naturalis 51
– moralis 65
– naturalis 174, 176, 241f
– numinis 143, 257
– pietatis 373
– pius 67
– – deorum 85
– privatus 70, 240, 244
– publicus 70, 240f, 244, 252, 441
– rationalis 90, 164, 244, 273
– rationis 242
– rectus 90

Sachregister

- religiosae adorationis 87
- religiosus 70, 73, 87, 119, 149, 209, 461
- ritualis 64, 373
- sacer 67, 129
- simulatus 106
- sincerus 75
- specialis 149, 258
- universus 50
- verus 106, 112, 131, 149
- vetus Patriarcharum 369
- voluntarius 120
-, äußerer 171
cultuum confusio 58

decalogus 52, 61
déisme 205, 333, 462
Deismus 45, 65, 189, 205, 249, 263, 383, 397, 461
Deist 65, 189, 205, 254ff, 270, 326, 391, 397, 402f, 405, 407, 477
deista 65, 205, 269ff, 461
déiste 254, 256, 263, 353, 447, 477
deistisch 480
deists opinion 402
- religion 402
déité 480
deity 387, 390, 444
Dekalog 52
democratia 142
Demut 376, 379
devotio 86, 128, 278, 342f, 418, 420
- moderna 277
devotion 168, 255, 283, 376, 379, 381, 399
-, inward 400
devotus 278
Dichter 476
dictamen 229f, 239, 241
- naturale 46
- rationis 230
dictate, inward 380
diligentia 432
directio externa 115
disciplina 103, 114, 118, 123, 221, 224, 342
- Christiana 224, 341
- externa 108
- privata 103
- publica 103

Dissenter 405
Disziplin 119
-, kirchliche 144
divinitas 40, 179, 461
divinité 462
divinity 166
doctrine of the Sorbon 356
doctrina 28ff, 38, 52f, 56, 63f, 91f, 95, 103, 183, 215, 267, 313, 316, 441
- caelestis 264
- Catholica 19
- Christi 96, 265
- Christiana 63, 213
- circa religionem 460
- coelestis 120
- evangelica 125f
- fundamentalis 459
- iuris naturalis 147
- orthodoxa 69, 98
- privata 144
- publica 144
- revelata 43
- sacra 19
- vera 63, 98
doctrine 336, 344, 356f, 365, 386, 391, 406, 408, 477
- of Calvin 356
- of Luther 356
- of Melanchthon 356
- of the Councell of Trent 356
- of the Dominicans 356
- of the Jesuits 356
- of the trinity 391
-, holy 402
dogma 44, 62ff, 69, 73, 96, 143, 147, 211, 224, 253, 258, 269, 418f, 426, 430, 458
- Christianorum 341
- Ethnicorum 341
- falsum 73, 146
- fidei 73
- fundamentalis 459
- impium 93
- Pontificiorum 146
- verum 72
δόγματα 224
Dogmatik 70
-, orthodoxe 70
Dogmatismus 392

dogme 469
– public 470
dogmengeschichtlich 319
dominium in sacra 123
δουλεία 74, 239, 241
Dreißigjähriger Krieg 115, 225, 262
duty 361f, 365, 376, 378f, 381, 384, 392f, 403f
–, moral 363f
–, natural 376, 378
–, religious 445
–, revealed 376

Ebionita 265
ecclesia Anglicana 358
– Catholica 73, 197, 199, 205, 253, 457
– Catholica et Universalis 458
– Christiana 54, 74, 245, 372
– – Catholica 72f
– degenerante 312
– electorum 459
– externa 459
– falsa 458
– Graeca 457
– invisibilis 460
– Israelitica 64
– Iudaica 372, 452
– Lutheranorum 73
– mohammedana 452
– particularis 145
– primitiva 312
– reformata 124
– Romana 145, 253, 314, 316, 452, 457, 460f
– – Catholica 145
– Romano Catholica 457
– sociniana 452
– tripartita 312
– unica 458
– universalis 145
– vera 73, 149, 316, 458
– vera Catholica 458
– visibilis 73, 459
ecclesiae custos 123
– verae visibilitas 460
ecclesiarum unitas 459
ecclesiologia 286
éclaircissement 462

education 434
église 255, 452, 467
– catholique 336, 452
– judaique 452
– protestante 452
– reformée 452
– romaine 452
Ehe 134
Ehrbarkeit 114
Ehre 30, 35, 60, 77, 112f, 123, 167, 249, 265, 362, 364
–, äußere 166
Ehrerbietung 240, 249, 363
–, innere 240
(Ver)Ehrung, natürliche 365
Ehrfurcht 138, 454
Eid 113, 134, 136f, 150, 184, 187, 220, 381, 386, 389
Einstellung, innere 442
–, persönliche 475
electus 459
emigrare 118, 128
emotional 481
Emotionalität 308, 463
empfindsam 322
Empfindsamkeit 291
England 15, 352ff, 437, 480
Engländer 16
englisch 16, 354, 409
ἔννοιαι, κοιναὶ 435, 464
enthousiasme 467
enthusiasm 393
Enthusiast 68, 99, 269, 274
enthusiasta 99, 271
Enthusiasterei 292
Enthusiasterei, falsche 322
Enthusiasticus 52
Enzyklopädist 154, 167
Epicureismus 37
Epikureer 175, 398
erbauen 293
erbaulich 293
Erbaulichkeit 293
Erbauung 293, 307, 441
Erbermannianus 100
Erbsünde 89
Erfahrung 157, 322
Erfahrung, inwendige 309

Erkennen 13, 51, 69, 80, 83f, 90, 117, 163, 175ff, 179, 184f, 187, 191, 221, 225, 285, 431, 436, 463
(er)kennen 335, 337, 342, 352, 461
(Er)Kenntnis 310, 324f, 327, 332, 350, 353, 361, 392, 434, 436, 454, 464f
Erkenntnis Gottes 321, 331, 348, 428, 400, 444, 470
Erkenntnis, natürliche 162
–, naturwissenschaftliche 361, 473
–, wahre 193
–, wahrhafte 324
Erleuchtung 308, 321, 323
Erlösung 166, 281, 283, 302
eruditio 287
erwecken 285, 301, 303, 307
Erweckung 303, 307f, 323
Erziehung 396, 434
Eschatologie 320
Eselsglaube 275
esprit 446
Essener 253
essentia 327
état 254
ethica 432f
Ethik 128, 274, 431ff, 480
ethisch 137, 262, 365, 376f, 393, 409, 456, 480
ethnicus 18, 26, 64, 90, 253, 257, 271ff, 458, 461
Eucharistie 312
Europa 152
evangelisch 19, 62, 91, 102, 109, 118, 292f, 296f
Evangelischer 61, 269
Evangelium 22, 42, 53, 64ff, 93, 176, 323, 405f, 426, 456
évangile 454, 462
exegetisch 87
exercitium 113
exercitium publicum 460
Existential, anthropologisches 343
Exkommunikation 141
extérieur 330, 333ff, 345, 349, 351, 447, 454, 462f
exterior 175, 278, 460
extern 68
external 394f

externe 454, 463
externus 56, 59, 62, 68, 75, 88, 107, 118, 143, 263, 311f, 315f, 373, 420f, 423, 459, 474
extrinsecus 278, 460
εὐσέβεια 29, 52, 59, 61, 71f., 80, 224, 279, 292

ζῷον πολιτικόν 228

facultas 190ff, 196, 202
– ad religionem 195
– analoga 193
– divina 192
– divina noëtica 192
– interna 192
– naturalis 229
faith 155, 166ff, 170, 237f, 246, 355f, 361, 368, 375, 382f, 387ff, 393, 395f, 398f, 401f, 406, 409, 435, 437f, 442, 444f, 477
–, Christian 387f, 402
–, irrational 388
–, nature of 406
–, reason of 444
–, rule of 357
–, supernatural 388
–, true 375
–, vulgar 400
– of the gospel 386
falsch 23, 59, 72, 114, 125, 147, 150, 167, 174, 185, 198, 218, 220f, 223, 350, 407, 442, 455
false 387
falsitas 183
falsus 153, 157, 180, 189, 192, 198, 208, 224, 339, 427f
family-religion 381
fanaticalness 364
fanaticism 392
faux 349
fear 379, 389
–, religious 368
fede 462
Feindesliebe 66
felicitas 81, 120
– civilis 122
fertile religionis 383
Fest, öffentliches 387

festival, public 387
fidei articulus 97
– – fundamentalis 54, 459
– catechismus 259
– controversiae 17, 98, 100, 269, 274
– doctrina 44
– dogma 44, 64, 430
– falsitas 173
– fundamentum 145
– mysteria 247, 275
– principium 50
fidèle 462
fidelis occulti 261ff, 267, 269ff, 310, 460
fides asina, bruta 271
– Catholica 39, 44, 96, 173
– Christi 47, 341, 479
– Christiana 44, 47, 106, 114, 122, 164, 168, 173, 213, 242, 246, 271, 341
– confessionis 164
– diversa 106
– divina 23, 269, 271, 342
– ethnicorum 164
– historiae 201f
– historica 271
– interna 247, 440f
– irrationalis 271, 274
– Muhammedica 55
– naturalis 47
– orthodoxa 145
– pia 428
– practica 41
– pura 41
– religiosa 272
– salutaris 217
– simplex 426
– sincera 71
– theoretica 41
  vera 18, 58f, 71, 73, 98, 145, 196, 316f, 342
– vera abnegata 130
– vetus 19
fiducia 149, 209, 271
filosofia 462
finis civilis 130
– externus 71
– internus 71
– saecularis 130
– spiritualis 130

Florida 56
foi 255, 332, 345f, 353, 447ff, 464, 466ff
– catholique 469
– chrétienne 470
– mauvaise 454
– nue 344ff, 470
– philosophique 469
–, certitude de la 466
–, fondement de la 446
force 389
fortitudo 432
Frankreich 15, 328, 344, 352, 455
Franzose 16
französisch 16, 328, 354, 435
free speech 408
Freiheit 136, 228ff, 240, 249, 385, 419, 427, 441
–, christliche 386
–, natürliche 231
Freude 310
–, geistliche 322
Friede 105, 107, 109, 127, 131, 133, 219f, 225f, 229f, 232ff, 243f, 248f, 252, 322, 364, 368, 375, 381, 384ff, 417, 419, 421f, 426f, 440
–, äußerer 215
–, bürgerlicher 441
–, gemeiner 109
–, kirchlicher 97
–, öffentlicher 18, 60
friedlich 133
fromm 278, 292
Frommer 325
Frömmigkeit 277ff, 281f, 284, 347, 430, 435, 442
Frömmigkeitsbewegung 280, 478
frühchristlich 218
Fühlen 291, 382
Fühlung 291
Fürst 109, 115, 129ff, 137, 142, 145ff, 151, 153, 242, 440f, 467
–, christlicher 142
–, katholischer 115
–, protestantischer 146
fundamentum 459
– salutis 459
Furcht 79, 86, 88, 126, 131, 136, 220, 222, 229, 232, 236f, 240, 250, 259, 291f, 347,

363, 368, 376, 379, 389, 395, 407, 419, 454
–, knechtische 292

Gallikanismus 336
Gallus 212
gaudium 196
Gebet 311, 342, 372, 376, 382, 396, 399, 403, 405
Gebot 35, 47, 49, 66, 75, 77, 88, 90, 148ff, 175, 179, 196, 200, 209, 216, 223, 229f, 238, 250, 283, 321, 363, 391, 412, 414f
–, göttliches 436
Geburt, neue 321
Gefolgschaft 12, 76, 248, 253f, 272, 305, 440, 450, 452, 467
Gefühl 80, 222, 276, 291, 304, 308, 322, 332, 353, 473f, 481
–, inneres 333
gefühlsbetont 308
Gefühlschristentum 276
Gegenreformation 286
Geheimnis 406ff
gehorchen 29, 64, 77f, 112, 116, 130, 135, 148, 160, 175, 223, 243, 245, 247, 264, 370, 418f, 422, 426, 428, 436
Geist 311, 313f, 318, 324, 326, 446ff, 454, 464
Geist, europäischer 463
geistig 455
geistlich 245, 277, 298, 303, 324f, 344, 417
Gemeinde, irrige 294
Gemeinschaft 73, 113, 119, 132, 137f, 142, 215f, 221f, 228, 287, 296, 312f, 322, 386f, 415, 420, 450, 477
–, christliche 310, 459
–, überstaatliche 222
Gemeinwesen, christliches 235, 245
Gemeinwohl 77
Gemüt 117, 273, 291, 301, 303f, 308, 321f, 423
Gemütsbedürfnis 463
Gemüts-Bewegung 322
Gemüts-Ruhe 322
gens Christiana 316
gentil 255
gentile 238, 366

Gentilis 52, 54, 56, 96, 199f, 313, 316f
Genugtuung 47
Geometrie 338f
geometrisch 338
Gerechtigkeit 12, 25, 73, 78, 85, 111f, 114, 177, 225, 231f, 240, 318, 345, 347, 361, 394, 420f, 424, 426, 428, 430, 447, 467, 474
–, irdische 78
Gesellschaft 167, 221, 227, 245
–, bürgerliche 78, 235f
–, gottlose 307
gesellschaftlich 190
Gesetz, bürgerliches 78, 236
–, evangelisches 415
–, gerechtes 413
–, göttliches 63, 65, 120, 131, 386, 419
– Gottes 385, 395, 445
–, mosaisches 35, 65, 413
– des Mose 388, 412ff
– der Nation 386
–, natürliches 63, 77f, 229f, 232, 234, 240, 243
– der Natur 120, 232, 416
–, noachitisches 414
–, vernünftiges 413
Gesetzestafel 75
Gesetzgeber 131, 183, 368, 398, 407
Gesetzgebung 119, 215, 217, 221
Gesinnung 65, 209f, 241, 262, 479
Gestirn 327
gestus externus 62
Gewalt 24, 64, 107, 123, 130, 139, 144, 146, 218, 223, 226, 232ff, 236, 249, 264, 296ff, 300, 306, 357, 385f, 389, 398, 421, 440f, 443
–, äußere 61, 385
–, äußerliche 117, 297
–, böse 139
–, bürgerliche 123
–, höchste 95, 123, 125, 216, 218, 226, 384, 417f, 422ff, 426f
–, kirchliche 115, 386
–, oberste 418
–, weltliche 115
–, zivile 386
Gewaltanwendung 264, 441
Gewalttätigkeit 111

Sachregister 515

Gewissen 31, 60, 77, 99, 108, 116f, 164, 193, 195ff, 297, 385, 433
Gewissensfreiheit 104, 385
Gewissenszwang 20
Gewohnheitsrecht 103, 368, 374, 382ff, 390, 398, 410ff, 426, 428f, 434, 437f, 450, 454, 462f, 465ff, 480
Glaube, alter 105
–, äußerlicher historischer 320
–, bloßer historischer 319
–, christlicher 99, 261, 271, 296, 328f, 358
–, falscher 130
–, innerer 247
–, innerlicher 249
–, katholischer 98
–, neuer 305f
–, privater 249
–, rechter 319
–, wahrer 190, 280, 291
glauben 49, 89, 107, 113, 117, 128, 139, 155, 179, 224, 242f, 245, 247, 288, 295, 319, 332, 350, 357, 370, 426, 428, 442, 459, 466
Glaubender 78, 291
Glaubensakt 163
Glaubensartikel 22, 37, 92
Glaubensbekenntnis 90
Glaubenschristentum 276
Glaubensding 253
Glaubensfrage 133
Glaubens-Gründung 303f
Glaubensinhalt 261
Glaubenskrieg 152
Glaubenslehre 21, 57
Glaubens-Lehre, evangelische 291
Glaubenslicht 18
Glaubenssache 105, 108, 110, 247
Glaubenssatz 162, 224
Glaubensspaltung 102, 152
Glaubenszweifel 410
Glaubwürdigkeit 363
gloria dei 113
Glück, zeitliches 114
glückselig 332
Glückseligkeit 81, 148, 221, 332, 347
–, äußere 215
–, ewige 82
–, zeitliche 76

Gnade 22, 51, 78, 93, 138, 177f, 188, 197, 221, 262, 289, 291ff, 303, 319, 325, 333, 339, 343, 384, 467, 475
godsdienst 207
Gott, wahrer 71, 87, 117
Götter 24, 85, 153, 166, 179, 195, 198, 221ff, 235f, 250, 292, 340ff, 347, 368, 398, 407, 444, 475
–, falsche 136, 167
Gottes Wort 72
Gottesbeweis 260
Gottesdienst 252, 287f, 294f, 305, 323f, 326, 387, 436, 480
–, äußerlicher 320
–, falscher 297
–, jüdischer 305
–, vernünftiger 240, 363
gottesdienstlich 210
Gotteserkenntnis 25f, 34f, 41, 50, 77, 119, 122, 150, 221, 256, 282, 292, 428f
–, natürliche 47f, 73f, 197, 361
–, wahre 75, 428
Gottesfurcht 29, 77, 91, 99, 116, 187, 292, 376
Gottesidee 435f, 464, 466
–, angeborene 435
Gotteslästerung 414
Gotteslehre 21, 37, 47, 207, 281
–, natürliche 204
–, philosophische 204
Gottesleugner 207
Gottesliebe 71, 310, 480
Gottesreich 251
Gottesverehrung 13, 25f, 54f, 60, 72, 77, 153, 166, 175, 198, 250, 259, 365, 370, 403, 405, 435, 441f, 474f, 478f
–, wahre 449
Gottheit 341, 348, 390, 398, 447
gottlos 279, 290, 292, 298
Gottloser 78
Gottlosigkeit 279, 290
gottselig 116, 278f, 289ff, 303, 306, 322
Gottseliger 278
Gottseligkeit 116, 277ff, 283, 288, 290ff, 300, 304, 306ff, 322f, 327
–, einfältige 322
–, Gefühl der 322

–, wahre 284, 300f, 304
gottsfürchtig 290
Götze 24, 303, 359
Götzenbild 166
Götzendiener 39, 77f
götzendienerisch 61, 244
Götzendienst 31, 37, 59, 77, 89, 140, 143, 164, 166f, 179, 196, 209, 340, 393, 399, 407f, 414, 453
government 166, 381, 384, 387, 434
–, civil 381, 391
governor 381, 390, 404, 445
–, political 390
grace 333, 347, 384, 467, 469
Graecus 342
Grammatik 216
gratia 41, 72, 77, 130, 148, 162, 179, 184, 193, 197, 221, 285, 342, 384
Grieche 24, 59, 158, 200, 221, 337, 340, 367, 388, 402
–, orthodoxer 220
griechisch 347
gubernatio externa 74
Guinea 207

habitus 22
– fidei 22
– intellectus 22
– internus animi 143
hadder 305f
haeresis 47, 49, 54, 162, 253, 305
– abominanda 106
– Calviniana 106
haereticus 52, 54, 106
Halbgötter 340
Handlung, äußere 61f, 86, 149, 216, 226, 245
–, innere 216
–, manifeste 59, 62, 75, 219
Häresie 37, 39, 59, 61, 99, 144, 161, 167, 245
–, heidnische 144
–, mohammedanische 144
–, pharisäische 35
Häretiker 54, 91, 123, 223, 269, 442
häretisch 36, 245
heart 398, 401
heathenism 399, 407

Hebräer 23, 120, 187, 224, 370, 373, 419f, 422f
Hebraeus 224, 340, 419, 422
Heide, orientalischer 370
Heidentum 121, 407
heidnisch 121, 141, 166, 198, 301
Heil, ewiges 22, 34, 38, 46, 49, 69, 94, 114, 120, 131, 149, 364, 382, 384, 411
–, zeitliches 149
Heiliger 330
– Geist 58, 93, 269, 289, 294, 324, 396, 427
Heiliges Land 352
Heiligkeit, äußere 73
Heilsgeschichte 320
heresie 476
heresis 167
Herrschaft 107, 114, 116, 141f, 145, 159f, 170, 172, 175, 179, 189f, 206, 234, 241, 245, 251, 422, 424, 427, 441
–, höchste 426
–, weltliche 113
Herrschender 111, 114, 139f, 143
Herrscher 24, 68, 107, 114, 118, 139, 218, 222, 237, 248
Herzens-Theologie 317
heterodox 76, 309, 474
Heterodoxer 477
Heterodoxie 264, 309, 477
Hindustan 352, 479
Hochmittelalter 12, 276, 279, 322, 476ff
hochmittelalterlich 211f
Hochscholastik 37, 204, 456
Hoffnung 12, 25, 31, 50, 53, 55f, 80, 88, 98, 182, 196, 198, 240, 259, 339, 343, 368, 376, 402, 407
homo civilis 187
– privatus 187
– religiosus 48
honestas 112
honor 30f, 55, 79f, 91, 97, 115, 148, 163, 173, 209, 239f, 249, 257
– dei 29
– internus 240
hope 375, 401
hostis dei 136
Humanismus 12, 88, 170, 402, 450

Humanist, französischer 76
humanistisch 154, 189, 207, 300, 475, 477
humilitas 432

idea 80, 82
– innata 13, 81f, 86
Idee 438
–, angeborene 435f, 464f
idées innées 464
idol 166
idolâtre 453
idolatria 164
idolatrie 337
idolatry 167, 364, 366, 391, 398ff, 403, 407
idololatria 26, 53, 56, 64, 80, 88, 371f, 374, 458, 460f, 476
– ethnica 64
– gentilis 458
– Iudaeorum 458
– Pontificia 458
– Romana 458
idololatricus 26, 62f
immuable 331
imperans 139f, 145
imperator 107f, 112, 253
imperium 26, 80, 102, 104, 107ff, 111f, 121f, 127, 135, 141, 159, 211, 213, 215ff, 226f, 419, 422
– civile 122, 139
– humanum 120, 139, 141
– Romanum 103, 112, 253
– summum 134, 137, 217
– Turcicum 91
impie 447
impietas 26, 56, 67, 89, 121, 158, 172, 221f, 228, 259, 420, 428, 432
impiété 254ff
impiety 379, 398, 400, 444
impius 95, 123, 126ff, 134, 221, 290, 424, 428
inclinatio naturalis 177
inclination 391
–, natural 390
incredibilis 163
Inder 56, 125, 212, 251, 352
Indien 160, 352

indifferency 386
indifferens 124, 126f
Indifferentismus 358
– religionum 305
Indifferentist 294
Indifferentista 72
Indus 56, 199, 342
– Occidentalis 200
– Orientalis 200
infallibility 387f
infallible 357, 388, 393, 477
infidelis 52, 54
infidelitas 115, 360
infidélité 454
infidelity 364, 382, 392
infini 331, 466f
– véritable 466
–, vrai 466
infinité 331
ingenium 460
iniklichwendekeit 277
iniuria 144
iniurium 419
iniustitia 420
Inkarnation 353, 360, 458
innec 277
innen 143, 193, 204, 294, 307, 334, 344, 354, 397, 433, 449, 455
Inneres 117, 166, 249, 288, 290, 300, 330, 333, 335, 337, 409, 478
Innerliches 297f, 300f, 337, 478
Innerlichkeit 204, 276, 286, 427, 454, 475, 477f, 481
innerst 277, 280, 294, 299
innewendikeit 277
inniglich 291
innigoste 277
instinct 332, 380
–, natural 379f, 382
instinctus 164
– divinus 172
– internus 164
– naturalis 177, 190ff, 196, 380
institution 362
institutum Mosaicum 372
instruction 396
instrumentum pacis 151
intellectus 25, 73, 86, 95, 120f, 131, 149,

157, 172, 191, 202ff, 208, 261, 270f, 273f, 314, 316, 440
intelligere 79f, 177, 217, 314
intelligible 406
interest, civil 381
intérieur 330, 333ff, 345f, 349, 351, 447, 449, 454, 463
interior 278f, 283
internal 248
internus 56, 74f, 107, 140, 143, 278, 421, 423, 459f, 474
intime du coeur 345
intrinsecus 460
intuition 436
intus 278
invisibilis 459
inward 282, 394f, 397
inwende 277
inwendig 277, 280, 295, 298, 305
inwendigest 277
Irland 353
irrational 439
irrationalis 193, 272ff
irreligion 349f, 355, 390f, 398, 444, 453
irreligions 254
irreligiös 226
irreligiositas 39, 59, 75
irreligiosus 195, 210, 226
irrig 441
Irrlehre 305
Irrtum 407
Islam 91
Islamismus 54
Israelit 350, 369ff, 374
Israelita 371, 373
israelitisch 359
Italien 341
Iudaeus 32, 37, 52ff, 56, 62, 64, 90, 96, 106, 200, 271ff, 316f, 360, 411, 413, 460
iudaicus 180
iudaismus 106, 210
iudex 205
iudicium 127, 130, 135, 138, 214ff, 316, 358, 415
– infidelium 226
– theologicum 127
iuramentum 128
iurisdictio magistratus 442

iurisprudentia 83, 147
– divina 147f, 151
ius 19, 81, 85, 115, 120, 124, 127, 138, 140f, 160, 165, 215, 217, 219, 222, 228f, 233, 359, 419ff, 427
– archiepiscopale 115
– belli 219, 225
– canonicum 219
– circa profana 122
– circa sacra 102, 121f, 422
– civile 127, 225, 232, 419f
– civile et politicum 192
– commune 103
– dei 59
– divinum 114, 120, 127, 136, 147, 216
– dominandi 127
– emigrandi 104, 109, 153
– episcopale 111, 114
– gentilium 82
– gentium 134, 150, 178, 219, 225
– imperandi 135, 422
– imperii 422
– mutandae religionis 109
– mutandi religionem 108
– naturae 134, 150, 172f, 177f, 219, 225, 419
– naturale 53, 76, 147f, 225, 229ff
– naturalis 53
– privatum 423
– publicum 218f, 423
– reformandi 137, 144, 152
– reformandi religionem 115
– regium 117
– sacrorum 118, 123f
– superioritatis 115
– territoriale 117, 146f
iustitia 19, 30f, 52, 57, 81, 85, 91, 112, 115f, 127f, 153, 174, 182, 198, 221, 243, 257, 259, 382, 420, 432, 480
– divina 94
– erga deos 85
– humana 181
iustus 113

Jansenismus 328, 431
Japan 420, 437
Japaner 56, 180, 187

japanisch 342
Japonensis 342
Jesuit 336, 357, 383, 391, 450
jewish 406, 443
judaism 443
judaïsme 348
judaismus 62, 64, 359
Jude, rechtgläubiger 417
–, wahrer 298
Judenchristentum 405
Judentum 37, 410, 416f
jüdisch 43, 63f, 126, 265, 330f, 350, 410f, 413, 416f, 447, 479
jugement 447, 462f
juif 255, 333, 348
–, vrai 329
Jüngstes Gericht 281
Jupiter 198, 341, 348, 461
Jurisprudenz 13, 15
Jurist 99, 102f, 109, 128, 133, 147, 153f, 300, 318, 328
juristisch 102ff, 108, 117f, 124, 133, 153f, 206, 410
justice 379, 382, 398, 446

Kabbalist 165
Kanada 454, 479
Kasseler Religionsgespräch 33
Kasuistik 91
Katholik 20, 28, 189
katholisch 17ff, 28, 91, 107, 109, 144, 152f, 251, 278, 284, 289, 309, 356, 405, 410, 431
Katholizismus 450
Kausalgesetz 392
Ketzer 286
Ketzerei 286, 307
Kirche von England 384, 443
Kirche, Alte 459
–, anglikanische 205, 383
–, christliche 64, 252, 402, 463
–, Einheit der 387
–, evangelische 290, 305
–, falsche 295, 477
–, falschgläubige 294
–, freie 298
–, frühe 253
–, innere 288

–, jüdische 295
–, katholische 98, 206, 244, 260, 286, 351, 353, 355, 440, 480
–, lutherische 480
–, recht lehrende 294f
–, rechte 295
–, reformierte 289, 480
–, römische 145, 326, 355, 357, 387
–, Schweizer Reformierte 93
–, sichtbare 68, 295, 357
–, universale 245
–, unsichtbare 295
–, verderbte 295
–, wahre 269, 291, 295, 336, 477
–, wahre sichtbare 294f
Kirchengeschichte 320
kirchenpolitisch 336
kirchenrechtlich 102
Kirchenväter 24, 27
kirchlich 111f, 117, 137, 142, 216f, 289, 300, 361, 397, 479
klassisch 12, 417, 466, 475, 481
Klerus 144f
knowledge 156, 168, 246, 281, 437ff, 443, 445
Köhlerglaube 275
Konfession 99, 126, 153, 293, 296, 323, 410
–, katholische 152
konfessionell 214, 226, 284, 410
Konfessionskrieg 152
König 137
–, christlicher 18, 142
Kontroverstheologie 17
kontroverstheologisch 17
Konzil 137, 269
– von Toledo 223
– von Trient 17, 136, 144, 357, 378
Koran 96, 359
Körper 166, 311, 318
körperlich 387
Krieg 70, 103, 113, 127ff, 151, 219ff, 226, 228, 230ff, 234, 243, 246, 248
–, gerechter 113, 117
Kulturfreiheit, private 152

Landtfried 104
Lateiner 341

Latitudinarien 374
Latitudinarier 405
Latitudinarismus 383
λατρεία 71, 74, 80, 239, 241
–, λογική 59, 164
latria 432
laudatio 343
law 155, 164, 227, 231ff, 366, 376f, 384ff, 398, 403
– of God 233, 383f
– of Moses 377
– of nature 231ff, 248, 383f, 444
– of the Jews 377
– of the land 386
–, civil 232, 234, 236f
–, divine 233, 386
–, everlasting 155
–, international 219
–, Jewish 377
–, moral 232
–, natural 232f, 248, 378f, 384
–, positive 232
–, supernatural 233
Leben, ewiges 376
leges diversae 181
législateur 446
Lehre 320f, 323f, 326
–, christliche 89, 292
–, falsche 292
–, wahre 117
Leib 447, 449, 465
Levit 370
lex Aegyptiae 180
– aeterna 177
– Americanorum 180
– antiquissima 415
– Babylonica 180
– Bracmani 180
– Christi 182, 209, 211, 224
– Christiana 171, 180ff, 188, 211, 218, 477
– Cinghi 180
– civilis 120, 232
– dei 31, 75, 216
– divina 82, 127, 163, 216f, 231
– divina naturalis 429
– ethnicorum 164
– Evangelica 215, 413f
– gentium 180
– Greca 180
– Hebraea 211
– Hebraica 171, 180f
– humana 120
– Iaponensium 180
– Iesu 211
– Indorum 180
– Mahumetana 477
– Mahumeti 164, 171, 180f, 211
– Medae 180
– Mohammedana 55, 180
– Mosaica 215, 372
– Mosis 66, 180, 211, 413ff
– naturae 25, 66, 88, 119, 163, 227, 229ff, 412f, 415f
– naturae fundamentalis 230
– naturalis 83, 93, 135, 177, 183, 216, 227, 229ff, 240f, 413ff
– nova 224
– Persae 180
– philosophica 181f
– positiva 177, 183, 216, 413, 416
– primaria 413
– propria 180
– regni coelestis 231
– revelata 83
– Romana 180
– sacra 240
– saecularis 240
– scripta 176
– supernaturalis 177, 232
– Tartarorum 180
libertas 60, 107, 212, 227, 229, 441
– credendi 18
– in deo 134
– errandi 18
– naturalis 138, 140, 145
– philosophandi 418
liberté 346
libertin 254, 256
Libertiner 254
Libertinus 52, 72, 93
liberty 231f
– of conscience 408
–, internal 385
Licht der Natur 163f

lieben 81, 83, 88, 173, 175ff, 223, 243, 285, 296, 330, 332, 348, 350
loi 255, 352, 449
– Chrétienne 255, 352
– de Mahomed 352, 449
– de Moïse 449
– primitive 456
love 394f, 401
lumen intellectuale 274
– naturae 44f, 148, 162
– naturale 456
– naturale rationis 275, 427
– naturalis 73, 149, 422, 424
– rationis naturalis 81
– supernaturale 275
lumière naturelle 333, 456, 462, 464
lutheran 437, 443
Lutheraner 20, 44, 68, 74, 76, 89, 92, 95, 293
Lutheranus 52, 106, 109, 312f, 317
luthérien 255
lutherisch 91, 276, 463
Luthertum 102

Macchiavellista 173
Machiavellismus 102, 118
Machiavellist 130
Macht 222, 227, 231, 233ff, 239, 246, 249f, 385f, 441, 443
–, äußere 209
–, innere 385
–, politische 237
–, unsichtbare 398
Machthaber 236
magia 56
Magie 164
magistracy 385
Magistrat 18, 20, 31f, 51, 59ff, 67, 69f, 74f, 87, 91f, 96, 107, 114f, 129ff, 142f, 153, 214f, 385f, 389, 409, 439, 443
–, christlicher 60f, 412
–, heidnischer 69
–, tyrannischer 60
–, ungläubiger 60
magistrate 385f, 389
–, civil 439
–, supreme 385

magistratus 18, 31f, 60, 67, 74, 81, 111, 129, 215, 440f
– Christianus 60f, 102
– civilis 439
– ethnicus 64
mahometan 255, 437, 443, 447
mahometanism 399, 443
Mahometanus 37, 49, 63f, 265f, 272f
Mahumetes 210
Mahumetista 90
Mahumetistus 208
maiestas 119ff, 137
– circa profana 122
– circa sacra 121f
– civilis 119, 121ff, 126
– integra 121
Mandat, göttliches 112
mandatum 420, 422
– dei 419, 421
Marrane 410, 417
Märtyrer 353
mataeologia 58, 71, 96
– ethnica 71
– haeretica 71
– Judaica 71, 96
– Muhammedana 58, 96
– Samaritana 71
– sceptica 71
– schismatica 71
– syncretistica 71
– Turcica 58, 71
Ματαιολογία Judaica 96
Mathematik 183, 204, 213, 225, 256, 328, 361, 464, 466
mathematisch 136, 328, 340, 427, 435f, 463, 466
Meder 337
médiateur 446
Medizin 118, 159, 201, 213, 280, 285, 434
Mediziner 358
medizinisch 98, 133, 189, 256
Meinung 18, 33, 36, 64, 127f, 144, 190, 214, 218, 246, 258f, 287, 312
–, öffentliche 157
Mennonit 296
mens 59, 68, 79, 82, 85f, 130, 143, 157, 159, 162f, 183ff, 191, 208ff, 214, 262,

272ff, 315, 322, 342, 370, 372, 415, 421, 433
– humana 184
– interior 107
Mensch, äußerer 277
–, äußerlicher 291
–, innerer 276f, 291
–, innerlicher 291
–, inwendiger 280
–, neuer 291
Menschenverstand 330
Menschwerdung 22, 155
mentalis 187
mentis reformatio 322
Messias 140f, 330ff, 338f
metaphysica vera 431
metaphysical 168
metaphysice 182
metaphysicus 156, 171, 182f, 187
Metaphysik 21, 24, 76, 171, 182ff, 186, 216, 261, 274, 431f, 446
Metaphysikkritik 470
métaphysique 347, 351, 446, 448
metaphysisch 170, 262
metus 26, 67, 79, 92
– dei 61, 68
Mexiko 56
mind 375, 380f, 389ff, 402
ministerium publicum 460
ministry 385f
Mittelalter 12, 60, 88, 92, 277, 280, 450
mittelalterlich 216, 414
Moderne 189, 374, 397, 401, 434
mohametanisme 356
Mohammedaner 15, 39, 57, 180, 187, 206f, 210ff, 238, 297, 384, 403, 412, 440, 461
mohammedanisch 69
Mohammedanismus 54, 210
Mohammedanus 27, 52, 54f, 96, 440
Mohammedismus 27, 207f, 211
Monarchie 249
monastisch 278
Monismus 189
Monotheismus 200
Moral 330, 383, 446, 456, 467
morale 446
– chrétienne 446

– véritable 446
– vraie 467
–, fondement de la 446
–, vérité de la 446
moralis 231, 339
moralisch 338f, 456
morality 403f
Moraltheologie 91
moraltheologisch 92
mos 139, 144
Moscoviter 479
Moslem 440
motion, inward 380
Münster 151
Münsterischer Vertrag 151
Muslimus 54
musulmanizare 107
Musulmannus 96
mutare 130
mutatio regiminis 372
– religionis generalis 108
– – privata 108
– – specialis 108
mystère 333, 448, 469
mysterious 405
Mysterium 50, 82, 126, 163ff, 259, 269f, 273, 333, 373, 393, 469
– supernaturale 51, 275
–, geheimes 387
mystery 365, 403, 407f
– of faith 168
–, secret 387
Mystik 63, 276f, 285f, 289f, 308f, 311, 318, 321f, 327, 477f
–, platonisch-plotinische 323
Mystiker 323, 478
mystisch 276, 279f, 285f, 300, 302, 324f, 369, 394
Mythologie, heidnische 388

Nächstenliebe 71, 236, 409, 480
natio 343
– Israelitica 141
Natur, göttliche 50, 361
–, menschliche 25, 237, 387
–, tierische 228
natura deorum 85
– divina 162

– hominis 134
– rationalis 82, 225
natural 137, 156, 382f, 396, 439
Naturalist 326
Naturalista 97
naturally 361ff
nature 155f, 167f, 231ff, 237, 331, 333, 347, 363, 366, 376f, 380, 384, 390, 393, 398f, 443, 465
–, common light of 444
–, divine 362f, 377
–, human 408
–, réparateur de la 446
–, unenlightened 397
Naturgegebenheit 343
Naturgesetz 230, 384, 435, 468
Naturphilosophie 118, 170, 274
Naturrecht 133f, 147, 178, 219, 225
Naturwissenschaft 254, 434
Naturwissenschaftler 268
naturwissenschaftlich 254, 256, 276, 361, 392, 416
Naturwunder 21
Naturzustand 228ff, 232ff, 240, 242, 244, 248, 250, 252, 419
néant 331
nefas 35
Neuer Bund 241
Neues Testament 25, 28, 33, 49, 59, 64, 214, 265, 267, 284, 297, 305, 320, 326f, 332, 340, 353
neutestamentlich 164, 223, 267, 278f
neutral 131, 133
neutralis 131f
neutralista 131
neutralitas 130f, 153
Neutralität 131
Neuzeit 12, 92, 102, 118, 154, 189, 254, 431
neuzeitlich 12ff, 152, 169, 238, 428, 472, 475, 477, 480
Nichtchrist 72
nicht-öffentlich 218
Nichts 331
Nikolait 32
Noachit 350, 414
nobilis 104, 109
nobilitas 111

nobility 155
norma 415, 459
– naturalis 413
– recta 415
– vera 413, 415
notio 80, 176, 222ff
– activa 223
– communis 13, 34, 80, 86, 192, 275, 426, 428
– contemplativa 223
– generica 458
notion 363, 377
– commune 464
–, natural 363, 377
–, true 434
notitia 184f, 187, 194ff, 199, 223, 263
– communis 190ff, 200, 203f, 223, 263
– dei 41, 112, 149
– naturalis 100
– naturalis dei 73
Novum Testamentum 29, 53, 66, 73, 305
Nürnberger Reichsabschied 113
numen 31, 40, 45, 67, 70, 74, 122, 125, 135f, 140, 162, 168, 194ff, 200, 207, 222f, 314f, 369
numen divinum 139, 441
– supremum 137

oath 389, 391
obedience 377f, 404
Oberer, kirchlicher 215
obligatio 83
obligation 389
–, moral 378
–, natural 378
oboedientia 18, 81, 96, 175, 213, 242, 246, 419, 426, 428, 432, 440
oboedire 163, 246, 428
Obrigkeit 292, 297f, 414, 434, 440ff
–, kirchliche 99
–, politische 99
obsequium 82, 86, 176, 179, 209
observance 355
observatio 118
Odysseus 347
oeconomia sacrorum interna 75
offenbaren 200, 405f, 415, 422, 424, 426f,

430, 432f, 437ff, 442, 456f, 466, 468, 476
Offenbarung, christliche 380
–, falsche 125, 200
–, jüdische 353
–, natürliche 422, 439
–, prophetische 422
–, übernatürliche 46, 82, 236, 241f, 250
officium publicum 103, 460
– religiosum 83
Okkasionalismus 431, 445
okkasionalistisch 445
opera externa 342
– interna 342
opération extérieure 345
– intérieure 345
Opfer 25, 51, 61, 140f, 170, 184, 209f, 262, 311, 334, 342, 362f, 376, 378, 387, 399f, 402, 442
opfern 373
opinio 67, 85f, 116, 131, 148, 165, 253, 258, 312f, 428, 441
– erronea 37
Opinion 117, 166, 168, 237, 246, 283, 397f, 402, 437ff, 445, 466
–, irrige 106
–, private 245
oratio 128, 342f
Oratorianer 351, 445
Orden 18f, 114, 174, 255, 278, 313, 335, 478
Ordensmann 278
ordinatio 118
Ordnung 108, 110, 114, 123, 139, 143, 176, 192, 201, 288
–, äußere 60, 143
–, öffentliche 61, 139
–, weltliche 31
orthodox 76, 309
Orthodoxie 290, 301, 305, 474
–, lutherische 44
–, protestantische 21, 57
–, reformierte 28, 46
Osnabrück 151
Osnabrücker Friede 298
– Vertrag 151
outward 282

pacificatio religiosa 105, 108
pact 232, 234
pactum 239, 241f, 246
Pädagogik 284
pädagogisch 284, 286, 301, 304, 307, 347
päpstlich 38
Pagan 367f
paganism 397
paganismus 121, 208, 461
paganus 126, 200, 208, 317
paien vrai 329
pantheistisch 189
πανθρησκεία 40
papism 443
Papismus 37, 54
Papist 89, 357, 384, 437, 443
papistisch 55
Papistus 52, 58, 62
Papst 112, 114, 127, 245, 269, 423f
–, legitimer 269
–, wahrer 269
Partei 296, 305f, 308, 323
Parteiung 305
Passauer Vertrag 104, 107ff.
pastor 245f
–, supreme 245
Patriarch 326, 372f
Patristik 177, 270, 459
patristisch 223, 336, 433
pax 107, 109f, 127, 151f, 219, 225, 312, 441
– Christiana 62
– civilis 127
– ecclesiae 107, 165
– ecclesiastica 97f
– reipublicae 418
– religionis 102, 165
– religiosa 70, 104f, 108, 111, 152
peace 375
–, inward 376
Pelagianer 93
pelagianisch 309
Pelagianismus 37
Pelagianus 93
Peripateticus 150
Perser 97, 337, 340
Persien 212

person, private 381
–, religious 395
persona 244
persuasio 135f, 221, 223f
persuasion 368, 437, 477
Peru 390
Pfafferey 99
Pflicht 35, 51f, 55f, 59, 80, 85f, 116, 119, 134f, 137f, 148, 216, 227, 339, 361, 365, 372, 376, 379ff, 384, 392, 395, 403, 447, 465
–, bürgerliche 238
–, moralische 377, 382
Pharisäer 253, 305, 413ff
Pharisaismus 53
pharmazeutisch 189
Philologie 24, 371
philologisch 88
Philosoph 15f, 18, 153, 175, 178, 183, 187, 212, 253, 256, 268, 360, 392, 400, 431, 470f, 472, 476
–, antiker 367
–, christlicher 255
Philosophenschule 151, 160, 260, 329, 406, 452, 477
philosophia 83, 96, 155f, 158f, 162, 165, 182, 192, 196, 199, 222, 227, 256, 258, 260, 360, 368, 425f, 428
– aulica 150f
– Cartesiana 344
– divina 162
– empirica 157
– falsa 157
– Fluddana 259
– humanitatis et civilis 161
– naturalis 156, 158f, 161, 169, 274, 408
– phantastica 158
– – et superstitiosa 163
– physica 274
– pia 392f
– realis 170
– sophistica 157
– superstitiosa 157
– theologica 84
Φιλοσοφία Θεολογική 84
philosophia vera 86
philosophicus 81, 83, 181, 227, 232, 243, 256, 316

philosophie positive 462
– vraie 448
Philosophie, abergläubige 157
–, aristotelische 158
–, aristotelisch-scholastische 226
–, empirische 157
–, mittelalterliche 157
–, neuzeitliche 154f
–, politische 227
–, sophistische 157
philosophisch 13, 23, 84, 133, 154, 158, 177, 191, 205, 222, 254, 256f, 309, 328, 354, 365f, 392, 416f, 431, 477
philosophus 71, 137, 158, 175, 178, 212, 259, 360, 427
philosophy 156, 203
– of atheism 365
–, divine 156
–, experimental 392
–, human 156
–, moral 365
–, natural 156
Phoenicus 342
Phönizier 388
Photinianer 299
Physik 183, 213, 256
–, mathematische 260
physikalisch 328
physiologia Christiana 88
pietas aliena 211
– Christiana 96, 106
– Christianorum 341
– communis 29f, 33
– generalis 432
– interior 94
– interna 63, 359
– intima 286
– naturalis 96, 121, 243, 252
– pristina 340
– purissima 313
– simplex 211
– sincera 441
– vera 29, 31, 51, 211, 214, 283, 373, 418, 430
– vera ethica 51
Pietät 304, 307f
pietatis defensio 91
– exercitium 421, 426

- fundamenta 86
- officia 371
- praxis 14, 46, 50
- zelus 284
Pietätsphilosophie 475
Pietätswissenschaft 475
piété 255, 335, 338, 344, 346, 449ff, 465, 467
- chrétienne 450
pietie 281ff, 289
- religious 282
- true 281f
Pietismus 14, 21, 28, 276f, 279ff, 283f, 286, 288ff, 292f, 300, 304, 306ff, 318, 320, 327, 354, 475, 478
-, radikaler 318, 320
-, sectirerischer 307
Pietist 306f, 309, 320
-, radikaler 327
Pietista 307
pietistisch 69, 283, 318
piety 168, 281f, 365, 375ff, 379, 381, 387, 398, 401, 436, 440, 444
-, Christian 434
-, natural 169
-, true 368
πίστις 223f.
pius 26f, 46, 58, 68, 113, 116, 122, 129f, 259, 290, 292, 311, 341, 428, 440
Planet 257
Platonicus 162
pluralitas 41
Poesie 318
Polemik 321
polemisch 286
police 254
Policey 116
-, biblische 115
policy 236f, 245, 253
politia 67, 226, 250, 257, 286f
- Christiana 107
politica 83
political 383, 386
politician 389f
politics, divine 236
politicus 18, 67, 81, 91, 102ff, 107, 111, 119, 122, 128ff, 132, 153, 170, 173, 217, 249, 286, 316, 418

Politik 118, 128, 161, 235ff, 242, 246, 287f
Politiker 67, 129, 154, 389, 476
Politisches 368
polity, external 386
Polytheismus 80, 195, 198f
Pontificius 37, 68, 72f, 75, 87, 98, 100, 127, 144, 269, 371, 457
Portugal 410
potentia 124
potestas 108, 115, 119, 122, 124, 146, 158f, 212, 215, 221, 421, 427
- circa ecclesiastica 385
- ecclesiastica 385
- summa 123, 211, 215ff
- - civilis 253
- - ecclesiastica 253
- suprema 123
- temporalis 251
power, architectonical 386
-, elicitive 385
-, external 385
-, formal 385
-, imperative 385
-, internal 385
-, internal formal 385
- of jurisdiction 385
-, legislative 386
-, nomothetical 386
-, objective 385
- of order 385
- of things 385
Präadamit 351, 354, 478
Prädestination 214, 282
Prädestinationslehre 206
praeceptum 42, 48ff, 52, 55f, 64, 73, 414
- Christianorum 341
- Ethnicorum 341
Prager Frieden 152
praxis 54f, 58, 92, 315, 324, 326
prayer 404f
preuve métaphysique 448
Priester 144, 146, 238, 244f, 369, 400
-, heidnischer 244, 372
Priesterbetrug 409
princeps 103, 108f, 124, 127, 130, 132, 141f, 145f, 242, 245f, 441
- heterodoxus 146

Sachregister

- orthodoxus 146
- Protestans 146
- inné 464
Prinzip, eingeborenes 465
privat 20, 31, 60, 67, 188, 239, 252f, 299f, 357
private 357, 376, 379, 381
privatim 86, 257
privatus 67, 108, 113, 131, 263, 423f, 441
probabilité 465f
profane 447
Profanfriede 109f
profanus 215f, 218
professio 135
- externa 56, 247
- fidei 460
profession 375
promissio 56
promissum 49f, 55
propension, natural 380
propensity 389
-, natural 390
prophaneness 364
Prophet 117, 132, 146, 176, 237, 326, 377, 388, 423
-, alttestamentlicher 262
-, falscher 172
propheta 126, 176, 183
prophetalis 184
prophetia falsa 184
- vera 184
propheticus 177, 239
Prophetie 184
-, alttestamentliche 210
prophetisch 170, 177, 239, 422, 424
Prophezeiung 334
Protestans 110, 124, 127, 144, 317
Protestant 106, 110, 189, 269, 322, 326, 336, 355, 357, 391, 437
protestantisch 152, 270, 289, 355
Protestantismus 405
providence 363, 403f
providentia 125, 135, 140, 192, 209, 217, 249, 360, 459
- divina 125
Pseudo-Christianus 90
pseudo-politicus 67
Pseudoprophet 150

public 376, 379, 381, 385, 454
publice 86, 217, 240, 257, 266
publicus 67f, 103, 108, 111, 118, 128, 215, 421, 423, 427
Puccianismus 37
Puritaner 190
puritanisch 284, 434
Pyrrhoniker 332
pythagoreisch 221

Quäker 100, 269, 274f
Quakerus 99, 271
quiétisme 337, 344, 351
Quietismus 302, 307, 336f, 346, 351, 478
Quietist 336
Quietista 302

Rabbine 165
radikalpietistisch 309
radikal-spiritualistisch 320
ragione 462
raison 261, 331ff, 337, 344f, 350, 353, 365, 448f, 455f, 462, 464, 466, 468f
- de estat 116
- divine 448
- naturelle 329
- pure 469
- souveraine 448
- suprême 350
- véritable 469
-, lumière de la 464
raisonnable 447ff, 465
ratio carnalis 58
- civitatis 240
- colendi 92
- communis 197, 202
- communis naturalis 179
- dialectica 165
- divina 165, 172f
- humana 164, 203, 398
- incorrupta 342
- mentis 138
- naturalis 80, 136, 140, 240, 247, 257, 433, 466
- philosophica 177
- prima 171, 181
- privata 240

– recta 25 ff, 48, 51, 66, 88 ff, 94, 112, 148, 160, 203, 214, 225, 229 f, 239, 241, 358, 413, 415 f
– sana 90, 269 f
– secunda 181
– secundaria 165
– status 102, 112, 116, 118, 127, 130
– vera 58
ratiocinatio 165, 269, 272 f, 275, 315
– recta 239
rationabilis 415
rational 207, 363, 365, 387 f, 400, 405, 439
rationalis 79 f, 88, 90, 164 f, 172, 175 f, 239, 241, 273, 275, 364
Rationalismus 13, 79, 154, 189, 275
Rationalität 14
rationis iudicium 268, 272
reason 166, 168, 233, 363 ff, 378, 380 f, 388, 391 ff, 396, 399 f, 402 ff, 407 f, 435, 437 ff, 442, 444 f
–, common 402
–, contrary to 437
–, highest 437
–, human 389
–, natural 233 f, 237, 356, 379 f, 387 f, 398, 439
–, rule of 402
– of state 381
reasonable 376, 391 ff, 406
reasonableness 363, 381, 389, 395, 445
rebellio 145
Recht 103 f, 109, 111, 114 f, 118, 122, 128, 142 f, 145, 147, 153, 216, 219, 227 ff, 238 f, 241, 245, 419, 421 ff, 467
– im Frieden 226
– des Friedens 219
– im Krieg 226
– des Krieges 219
– der Natur 419
–, bürgerliches 419 f, 426, 440
–, göttliches 127, 136, 222, 225, 245, 386, 419
–, kirchliches 245
–, natürliches 231, 234
–, öffentliches 102, 423
–, persönliches 440
–, römisches 103
–, staatliches 245

Rechtfertigung 22, 47, 71, 282, 319
Rechtgläubigkeit 307
Rechtsgeschichte 102 f, 109
Rechtssatz 419, 421
Rechtswissenschaft 206, 260, 410, 463
reeligere 53
reflection 438
reformare 145
reformatio 115, 144 ff
Reformation 106, 189, 206, 264, 277, 359
Reformationszeit 12
Reformator 317
reformatorisch 301
Reformatus 91, 214, 312 f
reformiert 308, 346, 353, 450
Reformierter 20, 269, 293, 296, 298 f
Regierung 390, 434
regimen 111, 127
– civile 142
– constitutivum 216
– ecclesiasticum 111, 114
– externum 74
– – ecclesiae 61, 92
– imperii 123
– saeculare 111
Regiment 116
regio 104, 112 f, 115, 117, 124, 146, 153, 212
regionis dominus 112
Regensburger Reichsabschied 113
regnum 26, 96, 116, 121, 187, 241, 427
– Christi 32, 141
– dei 238 f
– naturale 239
– Poloniae 265
regula 459
Reich Gottes 239, 241, 278, 280, 345, 376, 384
– –, natürliches 238 ff
Reichsstand 151
Reichstag von Augsburg 109 ff
– von Regensburg 110
relatif 467
relegere 34, 53, 71, 85
religare 34, 53, 85, 177, 349
reeligere 34, 53, 85
religio Abrahamica 51
– Abrahamitica 39, 42

Sachregister

- activa 185, 188
- Adamitica 39, 42
- , in Alcorano seu Corano 265
- aliena 441
- Anabaptistica 144
- analogica 173, 176, 188
- angelorum 36
- animalis 174, 176, 186ff, 475
- Antichristica 144
- antiqua 105
- Ariana 144
- artificialis 187f
- Augustana 106ff
- Augustanae confessionis 126
- avita 220, 371
- bona 265
- caelestis 257
- Calviniana 106
- Calvinianorum 106
- Calvinistica 36, 106
- casta 197
- Catholica 19, 72f, 76, 98, 151, 180, 422ff
- Catholica-pontificia antiqua 105
- Catholica-Romana 106, 108
- Catholica-Romana vetus 105
- certissima 208
- Christi 51, 64, 96, 210, 212, 220, 265 317, 339ff, 359f, 371, 411f, 420, 423f, 441, 458
- Christiana caelestissima 310f
- Christiana consummatissima 53
- Christiana divinissima 311, 315
- Christiana Lutherana 38
- Christiana perfectissima 51
- Christiana Pontificia 411
- Christiana supranaturalis 310 Christiana vera 311
- civilis 133
- coexistentialis 186, 188
- communis 51, 93, 97, 101, 171, 174, 187, 263
- consummatissima 53
- contemplativa 185, 188
- contraria 106
- cordis interna 317
- dei 221
- digna 265
- diversa 60, 106
- divina 317
- elephantica 173
- erronea 72
- eruditorum 99
- ethnica 58, 72, 135, 200, 340, 451, 461
- Evangelica 48, 72, 130
- Evangelicorum 265
- exempta 120
- externa 56, 61, 95, 187f, 317, 343, 460
- falsa 32, 34, 36, 38, 41, 53, 58, 67, 71f, 75, 90, 150, 185, 215, 220, 223, 258, 317, 339, 413f, 453
- falsissima 458
- formata 250
- gentilis 68, 85
- gentilium 45, 56, 94, 126, 171, 181, 198ff, 250, 372, 401
- gentis 75
- gentium 369f
- germana 258f
- haeretica 36, 72, 158, 163, 169, 180
- Hebraea 64
- Hebraeorum 373
- Hebraica 172, 340
- heterodoxa 98
- idealis 315, 317
- idololatrica 27
- Iesu Nazareni 267
- imperfecta 49, 185
- imperii 420
- Indorum 340
- interior 127
- interna 56, 60, 102, 187f, 253, 262, 317f, 327, 343, 460
- introducta 141
- Iovis et Apollonis 172
- irreligiosa 67
- Israelitica 26, 75, 125f, 340
- Iudaea 36
- Iudaeorum 200, 265
- Iudaica 35, 37, 39, 43, 58, 62, 64ff, 68, 72, 75, 91, 121, 130, 137, 141, 180, 207ff, 211, 265, 268, 339f, 359, 371ff, 451f
- Iudaici populi 265
- iurantis 136
- iurisiurandi 113, 136

- laici 198f, 201f, 205, 400f, 435
- legalis 373
- Levitae 370
- Lutherana 55, 72, 75, 106
- Lutheranorum 72f
- Lutheranorum Augustana 106
- Luthero-Evangelica 98
- Machiavellistarum 67
- Mahometana 36f, 39, 72
- Mahomethana 63
- Mahometica 64
- Mahometis 64
- Mahumedica 91
- Mahumetana 26, 39, 172, 180, 200
- Mahumeti 164
- Mahumetis 209f
- maxima 215
- medici 357f
- melior 79
- mendosa 193
- mentalis 186, 188
- mentis 186, 262
- mere philosophica 317
- mixta 152
- Mohammedana 451f
- Mohammedica 97
- Mosaica 39, 41f, 51, 53, 65, 90, 373, 451
- a Mose instituta 242
- Mosis, Davidis et prophetarum 451
- Muhammedana 69, 121, 135
- Muhammedanica 54
- Muhammedica 144
- Muslimica 54
- mutanda 109
- nativa 172
- naturae 25ff, 100
- naturaliter cognita 120
- naturaliter nota 125
- nova 42, 87, 97, 105, 210
- occulta 460
- opportuna 40
- optima 86, 208, 222
- orthodoxa 19
- pagana 36f, 39, 68f, 121, 130, 144, 208, 210
- paganica 87, 208, 373
- paganorum 125
- pantomimica 40

- Papistica 36, 55
- patria 63, 460
- Patriarchalis 42
- perfecta 184f
- Persarum 340
- pessima 55
- pestifera 72
- philosophica 40, 43, 95, 315
- philosophico pantomimica 40
- politiae 67
- politica 67, 128f, 133, 153, 187f
- politicorum 99
- Pontificia 72f, 98, 106f, 125f, 130, 144, 452
- Pontificia mutanda 109
- Pontificia reformanda 109
- Pontificiorum 420
- positiva 178, 188
- primaeva 51, 224
- principalis 72f, 76
- prisca 105
- pristina 105
- privata 219, 253, 460
- profana 67, 340
- Protestantium 144
- pseudo-politicorum 67
- publica 91, 215, 218f, 253, 259f, 460
- pura 259, 340
- quadruplex 51, 53, 57, 174, 178, 262
- rationalis 79ff, 101, 174ff, 188, 262, 268, 270, 273, 275f, 310, 315, 475
- rationis 25ff, 100
- recta 81
- Reformata 55, 106, 358, 458
- regni 420
- resignata 127
- revelata 38, 41ff, 65f, 76, 78, 83, 88ff, 94f, 97, 101, 122f, 125f, 136, 140, 149f, 153, 244, 275, 343, 422, 427f, 476
- revelata Christiana 126
- revelata falsa 150
- revelata vera 150
- ritualis 373
- Romana 87, 217, 244, 296, 451, 457, 460
- rotunda dei 197
- Sabbati 372
- sacra 257

Sachregister

- sacramenti 136
- sacratissima sanctissimaque 265
- sacrificiorum 373
- sacrorum 118
- sacrosancta 19, 259
- salutifera 317, 440
- salvifica 41, 101
- sana 160
- sancta 19
- secunda 51
- secundum naturam 172
- simplex 370
- simpliciter 252
- sincera 35, 257
- Sociniana 48, 451f, 461
- spuria 259
- superaddita 188
- supernaturalis 48, 66, 83, 94, 101, 174, 176ff, 188, 262, 475f
- supernaturaliter revelata 94
- theoretica 41
- tota 30
- triplex 39, 43, 53
- Turcica 36, 54, 58, 68, 130, 359
- umbratilis 173
- unica 458
- universa 44
- universalis 141
- vana 412, 414, 419

religio vera naturalis 149
– – rationalis 82
– – revelata 149
- verior 180
- verissima 208, 265f
- Veteris Testamenti 49
- vetus 105
- vetustissima Indorum 340
- virilis 371
- Zabiorum 372

Religion, alleinseligmachende 293ff
–, alte 105
–, äußere 365
–, Calvinische 106
- Chinas 435
–, christliche 14, 43, 117, 209, 254, 285, 288, 297, 317, 324, 326, 329, 353, 364, 404
–, christliche katholische 288

–, erste 288
–, evangelische 295ff, 306
–, falsche 286, 293, 297
–, freystellung der 110
–, Friede in 105, 109
–, gelebte 14
–, Glaubensartikel unserer 470
–, Haß der 296f
–, heidnische 297
–, heilige 326
–, innere 296, 365, 382, 455
–, innerliche 187, 296, 335
–, irrige 293f, 320
–, jüdische 209, 297
–, katholische 296
- der Liebe 220
–, mosaische 43
–, natürliche 43, 189, 254, 256, 308, 327, 364
–, negative 388
–, neue 305f
–, newe 105
–, öffentliche 385
- orthodoxe 453
–, päpstische 295f
–, päpstliche 296
–, Philosophie der 467
–, politische 286
–, primitive 224
–, rechte 293, 319
–, rechte seligmachende 319
–, reformierte 296, 298
–, reine 293
- der Religionen 474
–, römische 296, 357
–, römisch-katholische 304
–, schlechte 455
–, spaltige 107, 110
–, Spaltung der 105, 107, 117
–, streitige 110
–, streitt von der 76
–, Trennung in der 306
–, türkische 297
–, unrechte 294
–, unverfälschte christliche 293f
–, ursprüngliche 224
–, Vergleichung der 110
–, vernünftige 273

–, wahre 117, 255, 285ff, 293ff, 304, 319, 324ff, 397, 406, 453
–, widrige 293f, 297
religion, amour pour la 449
- Apostolique 255
- auguste 330
- bonne 453
- des Bonzes 451
- Catholique 254f, 336, 451
–, cérémonies de la 348
- de la Chine 329
- chinoise 451
- Chrétienne 254, 329, 331, 333ff, 338, 344, 350, 353, 446, 448, 451, 470, 478
- chrétienne reformée 353
- des Chrétiens 446
- critique 462
–, culte extérieur de la 447
–, défenseur de la 336
- des déistes 449
–, disputes de 338
- divine 330
–, dogme de 467
- des Égyptiens 329, 451
–, essence de la 454f, 463
- extérieure 351, 449
–, extérieur de la 349
- fausse 337, 452
–, fondement de la 446, 454
- des gentils 350, 451
- hérétique 453
- huguenote 451
- idolâtre 453
- des idolâtres 453
- intellectuelle 333
- intérieur 351
- intérieure 351, 354, 449, 455, 462, 480
- judaique 348, 353, 451
- des juifs 330, 451
- juive 329f, 348, 451
- de Mahomet 329, 451
- mahométane 329, 451
–, mystère de la 261
–, mystères de la 448, 469
- de la nature 454ff
- naturelle 256, 273, 329, 353, 456, 462, 468, 470
- paienne 329, 337, 451, 453, 470

- du pape 451
- des payens 451
- du pays 467
- des Persans 352, 451
- des anciens Perses 470
- première 330
- pretendue reformée 336
–, principes de la 338, 347, 446
- protestante 451
- publique 350f
- pure 349f
- la plus raisonnable 448
- reformée 451
- révélée 457, 470
- Romaine 255, 451
- des anciens Romains 329
- sacrée 330
- des sages 470
- sainte 446, 448, 453, 467
–, science de la 338
–, sentiment de 336, 347, 351, 449
- siamoise 451
- spirituelle 449
–, suite de la 337
- des superstitions 337
- surnaturelle 330, 457
- des Turcs 448
- véritable 329, 333, 446, 448, 453
–, vérité de la 446, 469
- vraie 254f, 261, 329, 335, 345, 348ff, 448, 452f, 455, 467f, 470
religion, act of 379, 388
–, article of 401
–, artificial 395
–, blessed 406
–, chief seat of 385
–, Christian 168, 238, 245, 251, 282, 363ff, 367, 374, 377ff, 381f, 387f, 390f, 401f, 404, 406, 442f
–, civil 133
- of the church of England 443
- of the church of Rome 238
–, controversies in 357
- of his own country 368
- of the court 441, 443
–, defence of 385
–, disguise of 384
- of dissenters 443

Sachregister 533

–, divisions in 169
–, doctrine of 381
–, error of 168
–, essentials of 366, 393
–, ethnic 401
–, excellency of 444
–, external body of 166
–, external differencies in 367
–, false 252, 398, 443
–, forced 395
–, form of 396, 443
–, formal 283
–, formed 237f, 250
–, former 441
–, foundation of 389, 396
–, fundamentals of 366, 387, 444
– of the gentiles 235, 250, 252, 407
–, government of 237, 376
– of the Greeks 251
–, heathen 166, 168, 250f
– of the heathen 168
– of the heathens 400
–, innated 404
–, instituted 377f, 382
–, instruments of 396
–, internal soul of 166, 262
–, inward 400
–, Jewish 367, 377, 408
–, larva of 368
–, laws of 376
–, magistrats 443
–, Mahomethan 367
– of Mahumet 168
–, matter of 443
–, mechanical 408
–, mistaken 282
–, Mohamedan 251f
– of a nation 385
–, national 408, 443
–, natural 252, 361, 363ff, 375ff, 381ff, 391, 396, 403ff, 408, 436, 443ff
–, natural seed of 235f
–, nature of 252, 385, 398
–, new 251
–, pagan 366f, 401, 443
–, part of 376ff
–, partificial 408
–, most perfect 407

–, Popish 403
–, power over 385
–, practicable 406
–, principle of 392
–, common principles of 401
–, professed 385f
–, profession of 379, 396
–, propagation of 385
–, protection of 385
–, Protestant 387
– of Protestants 356f
–, public owned 385f
–, publicly owned 385
–, pure 406, 445
–, most reasonable 381
–, reasonableness of 389, 444
–, reformed 399
–, revealed 365, 377f, 382, 391, 403f, 406, 443
–, Roman 251, 355, 388
– of the Romans 251
–, sense of 390
–, supernatural 382, 403, 405
–, supremacy in 253
–, supremacy of 253
–, true 168, 252, 281, 283, 355, 366, 368, 375, 394ff, 406, 408, 443, 476
– of the Turk 168
–, unrevealed 404
–, wisdom of 376
–, wisest 381
Religionen 105, 236, 285, 287f, 296f, 299, 305, 320, 323, 327
–, christliche 319
–, Duldung der 14
–, falsche 293, 295, 297, 300
–, heidnische 236
–, irrige 296f, 299, 475f, 479
religiones antiquae 266f
– daemonicae 126
– divinae 125
– erroneae 93
– ethnicae 250f
– ethnicarum 251
– Ethnicorum 266, 339f
– falsae 26, 37ff, 45, 59, 64, 81, 93, 149, 179, 187, 218, 257, 263, 339ff, 458
– gentilium 45, 56

- gentium 342
- idololatricae 93
- impiae 93, 341
- Isidis 342
- magnae 342
- nefariae 340
- Paganicae 207
- patrii 341
- profanae 342
- revelatae 125
- Romanorum 342
- superadditae 187
- vanissimae 340
- verae 458

religionis actus 52, 74, 176, 179, 184
- – exterior 179
- affectiones 59
- arcana 163
- articuli 50, 165
- articulus fundamentalis 54
- bellum 128
- catechesis 29
- Catholicae exercitium 105
- ceremonia 130
- Christianae essentia 311, 314
- – essentialis pars 311, 314
- – mysteria 138
- – rationabilitas 317
- – substantia 311, 317
- – veritas 94, 271, 410f
- cognitio 81
- collegia 142
- colloquium 55
- constitutio 110
- controversiae 52, 90, 269
- cultus 113, 124, 421, 424, 426
- – externus 314, 421f, 426
- cura 61, 75, 102, 112, 125, 127
- custos 123
- defensio 113
- depravatio 214
- dissidium 44, 152
- diversitas 113, 115
- doctrina 81, 84
- dogma 50, 63
- dogmata 420, 425f
- dominus 112
- domus 257
- essentia 318
- exercitium 126, 152, 421
- – domesticum 104
- – privatum 104f, 152f
- – publicum 105, 123, 152
- externi actus 343
- finis 129
- fundamenta 86, 457f
- genus 373
- gubernatio externa 75
- ingressus 114
- interni actus 343
- ius 113, 118, 124
- larva 312
- libertas 18, 108, 126, 142
- Mosaicae professio 57
- mutandae ius 114
- mutatio 68, 109
- – publica 108
- mysteria 270, 275
- natura 55
- naturalis veritates 461
- negotium 44
- norma 44
- officium 56f
- opinio 45
- pacificatio 105, 108, 110
- – religiosissima 104
- pax 70, 103ff, 109, 111, 127, 152, 197
- praemia 174
- principia 165, 310
- processus 324
- radix 287
- scientia 84
- secta 305
- sensus 80
- species 28
- status 419
- substantia 314, 317
- summa 372
- triplicitas 41
- unitas 107, 144
- varietas 172
- verae subversio 372
- veritas 31, 62, 107, 135, 146
- virtus 50, 87

religionist, natural 366
religions 57, 169, 237, 254f, 329ff, 333ff,

344, 346, 350, 353, 355, 365, 367f, 374, 377, 388, 390, 399ff, 438, 443, 448, 452, 467, 479
- fausses 254, 329, 452, 470
- générales 452
- paiennes 333
-, erroneous 401
-, false 401, 443
-, heathen 400, 407
-, national 443
-, new 238, 250
-, peculiar 407
-, true 443
-, variety of 367
-, vulgar 400
Religionsausübung, freie 299
Religionseifer 158
Religionsfriede 104f, 109f, 299
Religionsgeschichte 434
religionsgeschichtlich 369
Religionskrieg 14, 287
Religionskritik 450, 463, 470
Religionsmengerei 21, 28
Religionsphilosophie 479
Religionssache 297
Religionsübung 297
-, freie 298
-, öffentliche 298
Religionsvereinigung 33
Religionsvergleich 109
Religions-Vergleichung 286
Religionsverwandte, newe 105
Religions-Verwandter 319
Religionswissenschaft 338, 479
-, vergleichende 369, 374
religionum coetus 296
- compositio 152
  confusio 58
- consensus universalis 196
- differentiae externae 312f
- discrepantia 29
- diversitas 187
- genera 208
- Indifferentismus 305
- libertas 130
- regulae 313
- secta 272
- statutae 313

- tolerantia 14
religiös 351
religiosissimus 420
religiositas 47
religiosum 364
religiosus 74, 85, 176, 187, 224, 242, 256, 258f, 278, 311
religious 363, 367f, 392, 445
- instruction 396, 398
- practice 396
- profession 396
- rite 367
- worship s. worship
Remonstrans 49, 52, 89, 97
Remonstrant 49, 62, 97
res sacra 124f, 216
respect 454, 462
respublica 78, 81, 103, 107, 121, 124f, 129, 132, 140, 142, 150, 179, 215, 248, 421, 427, 441f
- Christiana 114, 440
- philosophica 170
- Romana 111
- Romano-Germanica 118, 124, 127
Restauration 392
Reue 402f
revelare 126
revelatio divina 150
- naturalis 461
- perfectissima 89
- supernaturalis 51, 94
revelation 237, 378, 380, 391, 403, 437, 439, 443f
-, external 380
-, natural 439
-, original 438
-, pretended 400
, public 380
-, supernatural 378, 383
-, traditional 438
revelatus 126
reverentia 139, 420
- dei 52, 81
- interna 149
right of God 233
- of nature 231, 233f
-, civil 381
-, divine 383f

–, souvereign 234
rite 166ff, 377, 387, 400
–, external 402
rites, heathen 407
Ritualgesetz, hebräisches 371
Ritus 25, 27, 123f, 126f, 140, 143, 152, 165ff, 177, 194ff, 210, 215, 224, 258, 369ff, 384, 439, 441, 475, 479
– externus 140, 312
– Graecus 479
– Iudaicorum 371
– Iudaicus 211
– Mosaicorum 371
– ordinationis 127
– patrii 341
– publicus 460
– Romanus 95
– sacra 442
– vanissimus 414
–, äußerer 409
–, äußerlicher 287
–, griechischer 475
–, jüdischer 370
–, lateinischer 475
rituum varietas 475
Romanensis 32
Romano Catholicus 457
Romanus 342
Römer 84, 112, 114, 153, 168, 200f, 238, 251, 341, 362, 398, 407
römisch 109, 114, 423
Römisches Reich 142, 337, 470
royaume intérieur 346
Ruhe, öffentliche 67, 144
rührend 293
rührselig 293
Rührung 293
Rußland 479

Sabbat 140, 372
Sabbatgebot 216
sacerdos 352
Sacrae Scripturae maiestas 319
sacrifice spirituel 336
sacrificium 128, 342, 460
sacrifier 346
sacrum 118f, 123f, 140, 142, 146, 206, 211, 214ff, 226

– Paganicum 208, 211
– Paganorum 208f
sadducism 393
Sadduzäer 253, 305
Sainte Écriture 462
Sakrament 22, 123, 282, 342, 376f, 382, 396
Sakramentenempfang 396
salus 50, 53f, 72, 74, 93, 125f, 135, 192, 313, 316, 413, 461
salut 332
Samaritanismus 37
sanctitas 25, 34, 36, 39, 59, 86, 92, 112, 137, 224, 257f
sapientia 12, 35, 40, 69f, 96, 112, 159, 168, 173, 184, 186, 191, 257
– divina universalis 193
– universalis 194
– vera 183
scepticism 392
schism 387
schisma 54, 190, 269, 306, 313, 476
Scholastik 203, 431
Schismatiker 54, 123, 442
scholastisch 28, 35, 38, 59, 69, 77, 150, 158, 177, 196, 203
Schöpfer 65, 175, 193, 225, 234, 288, 316, 348
Schöpfung 22, 28, 47, 70, 89, 100, 134, 155, 161f, 166, 171, 177, 199, 231, 249, 283, 320, 337, 352
Schöpfungslehre 47
Schulphilosophie 15
Schultheologe 70, 476
Schultheologie 13, 20, 321
–, altprotestantische 20, 204
–, protestantische 86, 100
Schwärmerei 322, 393
Schwert, bürgerliches 237
Schwertgewalt 144
science 254f
scientia 21, 77, 120, 156f, 160ff, 165, 171, 183f, 187, 191, 202, 204, 247, 253, 261, 271, 274, 425, 428
– mathematica 204
– speculativa 84
– theoretica 84
scire 56, 163, 202f, 213, 247, 274

Scripture, Holy 282, 357, 388, 391, 445
scriptura divina 146
– Sacra 23, 38, 43, 45, 47, 69f, 97f, 144, 246, 264f, 272, 315, 426
secare 477
secreto 86
sect 168, 253, 401f, 406, 476f
– of Christian 253
–, Platonick 406
–, Pythagorean 406
–, Stoick 406
secta Calviniana 106
– Christiana 182, 253, 341, 457
– Christianae religionis 98
– Christianorum 212, 272f, 340
– falsa 63
– horrenda 106
– Islimica 54
– Iudaeorum 63
– Iudaismi 63
– Lutherana 72f
– Mahometaea 54
– Mahometana 182
– Mahometica 63
– Muhammedica 54
– Reformata 72f
– religionis Christianae 253
– religiosa 64
– Romana 145f, 457
– Sociniana 72f
– sophistarum 183
–, in christianismo 213
sectari 273
sectarius 181
sectarum unitas 459
– varietas 172
sectator 32, 213, 259
Secte 106, 151, 255, 305ff, 329, 452, 467
– de philosophie 467
– du christianisme 452
– fausse 452
– vraie 452
–, neue 305ff
–, verdampte 106
Sectirer 307
Sectirerey 306f
Sozinianer 28, 30, 39, 47ff, 98, 205, 264, 268, 270, 275, 314, 403, 457, 461

sozinianisch 50, 268
Sozinianismus 37, 47, 62, 264, 276, 316, 458
Spaltung 100, 305f
Spanien 410, 437
Spätscholastik 417
–, spanische 17, 219
spes 50, 182, 209, 258, 316, 339
– vera 196
spirit 375, 380
spiritual 363, 365, 391, 396
spiritualis 91, 121, 246, 317
Spiritualismus 286
Spiritualist 284
Spiritualität 344
spirituel 344f, 447
spirituell 350, 447
Staat 61, 96, 102, 109, 118, 130, 147, 226f, 245, 262, 420, 425f, 442
–, bürgerlicher 226
–, christlicher 252
–, deutscher 480
–, kirchlicher 226
–, utopischer 170
Staatsrechtslehre 103
Staatsräson 102, 118, 130
Stand 115f
–, geistlicher 116
state 245, 251, 389, 400, 445
status 18, 104, 108, 124, 141f, 145, 152
– civilis 78, 141, 228
– naturae 227f
– naturalis 136, 227f, 419
– naturalis hominis 134
– novus 141
– rationis 130, 132
– religionis 419
sterile pietatis 383
Stern 88, 129, 163, 170, 198f, 209, 212, 256, 390, 407
Sternkonjunktion 210, 212
Sternkonstellation 160, 212
Stoiker 84
subditus 124, 129, 136, 242, 440
Substanz, absolute 467
Südamerika 160
Südfrankreich 263, 477
Sünde 140

supernatural 380f, 383, 388, 401, 404
supernaturalis 177, 179f, 239, 246, 250, 274
superstitieux 447
superstitio falsa 414
– Iudaica 200
– Mahumeti 169
– Muhammedana 26
– pagana 121
superstition 155, 168, 254, 352, 364, 387, 393, 397ff, 407f, 453
–, natural 438
superstitiosus 62
suprematus ecclesiasticus 253
syncretismus 70
– Calixtinus 37
synkretistisch 69
Synode 214, 217
– von Dordrecht 411
Syrer 367
Syrien 352

Talmud 414
Tapferkeit 347
Taufe 88, 98, 386
taufen 57
Täufer 76, 93
Tempel 330
tempérament 336, 463
temperantia 182, 432
temporalis 246
Territorialstaat 118
Testamentum Antiquum 241
theist 366, 477
theocratia Iudaica 372
Theodizee 205, 465
Theodosius 103, 153
θεογνωσία 33, 58, 73, 371
theolatria 433
Theologe 28, 62, 71, 87, 93f, 154, 159, 163, 178, 199, 212, 216, 254, 300, 321, 351, 361, 423, 460
–, anglikanischer 289, 392
–, lutherischer 67
–, lutherisch orthodoxer 33
–, orthodoxer 147
–, reformierter 28, 91, 457, 461
theologia 19, 21, 24, 29f, 32f, 35f, 46, 57f, 70f, 73, 81, 84ff, 88, 93, 95f, 99f, 157ff, 165, 216, 360, 417, 425f, 433, 476
θεολογία 58, 431
theologia Christiana 62
– civilis 84
– comparativa 317
– divina 275
– fabulosa 84
– falsa 58, 70
– generalis 71
– gentilis 84f, 88
– inspirata sive sacra 162
– moralis 91
– mystica 304, 309f, 314f, 317
– mythice 476
theologia μυθική, φυσική, καὶ πολιτική 84
– naturalis 26f, 34, 45f, 58, 69f, 75f, 81ff, 93ff, 156, 161ff, 169, 195, 269f, 273, 476
– pacifica 317
– philosophica 34, 84
– physice 476
– politica 84
– politice 133, 476
– positiva 37f, 69, 92
– practica 46, 55f, 326
– rationalis 88
– revelata 46, 58, 69f, 83, 95, 99
– sacra 165
– sacra sive inspirata 163
– scholastica 19
– supernaturalis 58, 83, 275
– syncretistica 58
– systematica 100
– thetico-polemica 70
– tripertita 39
– vera 70, 93
– vulgaris 34
theological 168
theologicus 418
théologie chrétienne 469
– naturelle 470
–, révélée 470
Theologie, buchstäbliche 321
–, dreifache 71
–, dreigeteilte 19, 46, 367, 408, 476
–, ethische 34

–, evangelische 17, 369
–, falsche 33, 58
–, gelehrte 321
–, inspirierte 163, 169
–, katholische 270
–, lutherische 284
–, mystische 71, 279, 308, 310, 320ff, 326
–, mythische 34, 84
–, natürliche 45, 476
–, philosophische 84, 476
– der Philosophen 95
–, physische 34, 84
–, polemische 281
–, politische 84
–, praktische 14, 71, 308, 321f
–, reformierte 79
–, scholastische 71, 308, 321
–, spirituelle 71
–, systematische 58
–, wahre 33, 71, 321
theologus 321
– reformatus 459
theology 168, 366f
–, Egyptian 366
–, natural 156
–, pagan 366f
–, philosophical 408
–, Platonick 366
–, poetical 408
–, political 408
–, Pythagorick 366
θεοπρέπεια 59
theosophia revelata 285
θεοσοφία 33
theosophicus 285
theosophisch 285
thrax 53
θρησκεία 71, 305, 392
timor 30, 179, 317, 427
– dei 29f, 42, 92, 176, 183
tolerant 133
tolerantia 60, 107, 313, 439
Toleranz 32, 60, 95, 133, 152f, 300, 355, 439f, 442ff
tolerare 107, 125, 441
toleration 439, 442, 476
tolerieren 32, 115, 121, 125f, 132, 144, 400

Tradition 388
tranquility 375
tranquillitas 107
transnaturalis 274
Treue 135
Trinität 155, 166, 205, 264, 270, 458f
Troianus 23
true 365, 443
truth 166, 364, 388, 391, 396, 407f, 439, 443f
–, revealed 356
Tugend, göttliche 321
–, natürliche 174, 182, 263, 476
–, theologische 12, 50, 53, 55, 102, 220, 259, 343, 368
–, übernatürliche 182
Tugendlehre 221
Tugendschema 174, 183, 257
Tugendstreben 281, 284
Turca 32, 313, 316f, 360
turcismus 359
Türke 32, 89, 97, 104, 113, 265, 296, 305, 443
Türkei 437

übergut 323
übernatürlich 25, 100, 178f, 237, 242f, 323, 334, 380, 424
Übernatürliches 334
überschön 323
Überzeugung, christliche 50, 68
–, wahre 144
unendlich 331
Unendliches 331, 467
unfehlbar 388
Unfriede 384
Ungar 113
Ungehorsam 235
Ungerechtigkeit 231
Unglaube 113, 303, 454
ungläubig 113, 217, 226, 245
Ungläubiger 23, 117, 123, 220, 262, 296, 384, 406
ungöttlich 279
unreasonableness 389
Unrecht 113, 167, 169, 196, 222, 228ff, 419

Unsterblichkeit 171, 173, 183, 262, 399
– der Seele 393, 397, 399, 404
Untergebener 31, 67, 126, 130, 292
Untertan 108, 112, 117, 130, 146, 218, 236, 241f, 245, 248, 292, 456
Untertänigkeit 230
unterwerfen 324
Unterwerfung 228, 324, 368
Untugend 282
Unvernunft 363
unvernünftig 385
Unwürdiger 123

varietas 95
venerare 85, 148
veneratio 80, 82, 127, 157, 258
veneration 362
–, inward 362
Verachtung Gottes 149
Verbannung 145
verbum divinum 72
Verehrung, animalische 57
–, äußere 148, 244
–, falsche 36, 167
–, öffentliche 244
–, rationale 57
–, supernaturale 57
–, wahre 71
Verfallstheorie 400
vergötten 323
Vergötterung 308, 323
Vergöttung 323
Verheißung 49, 51, 141
Verinnerlichung 126, 285, 442
véritable 335
veritas fidei 466
– fundamentalis 458f
– revelata 200
– vera 202
veritatis fundamentalis criterium 459
– – regula 459
vérité 254f, 348, 350, 353, 446, 448, 465f, 468
– fondamentale 446
– innée 464
– intérieure 462

verity 387
– revealed 356, 427, 429f, 432, 435f, 438, 448, 450, 455f, 462f, 465f, 468ff, 481
Vernunft, erleuchtete 469
–, göttliche 192
–, natürliche 191, 234, 237, 239ff, 244, 247, 250, 433
–, rechte 229f, 239ff, 248
–, verirrte 302
Vernunftgebrauch 260
Vernunftgemäßheit 324, 388
Vernunftgrund 333, 437
vernünftig 150, 205, 229, 288, 364, 384, 439
Vernünftigkeit 363
Vernunft-Lehre 150f
vernunftmäßig 324
Vernunftreligion 205
–, universale 189
Verpflichtung 135ff, 142, 149, 386, 389, 420
Versammlung, öffentliche 441
Verstand 47, 93, 120, 149f, 186, 192, 203, 205, 214, 268ff, 304, 390, 406, 421, 433, 435
Vertrag 104, 134ff, 139, 151, 227ff, 232ff, 241ff, 248ff, 252, 263, 419
vertraglich 240
Vertragsschluß 242f
Vertragszustand 229f, 234, 242, 252
Vertrauen 200, 246, 319
vertue 282
verus 72f, 78, 126, 149, 185, 192, 201f, 208, 212, 258, 265, 274, 311, 315, 339, 428
Vetus Testamentum 53, 73, 96
vir privatus 423f
– Romano-Catholicus 457
virtue 365, 375f, 381, 385, 392, 401, 405, 440, 444
–, moral 404
virtus divina 79, 182
– humana 182
– moralis 120
– naturalis 56
– particularis 432
– specialis 382
vis externa 440

Sachregister

visibilis 459
vita christiana 310
– civilis 137
– socialis 136
Völkerrecht 82, 133, 178, 222, 225
Vollmacht, bürgerliche 122
– königliche 114
– politische 114
Vollzug, äußerer 209f, 241, 305, 409, 420
–, innerer 336
–, manifester 29, 97, 133, 263, 474f, 479
volonté 454, 462
voluntarius 121
voluntas 25, 30, 36, 48, 86, 121, 130, 149, 159, 162f, 210, 212, 217, 261, 315, 440
– divina 79, 148
– libera 212
– naturalis 415
Vorsehung 77, 192f, 195, 215, 217, 294, 361, 397, 454, 459
Vorsokratiker 368
votum 128
vrai 331, 334, 348, 466
vraisemblance 465
Vulgata 279

Wahrheit der Vernunft 468
–, absolute 467
–, angeborene 435
–, doppelte 468, 473
–, ewige 468
–, geoffenbarte 468
–, göttliche 269
–, theologische 271
Wahrheitsfrage 97, 158
Wahrheitskriterium 27, 98
Wahrnehmung 157ff, 213
Weigelianismus 37
Weisheit 173, 176, 182, 187, 217, 221, 237, 376
weltlich 111, 117, 245
Wesen, göttliches 116
Westfälische Friedensverhandlungen 152
Westfälischer Friede 111, 152, 262, 299
– Friedensvertrag 151

Widervernünftiges 456
Wiedergeborenwerden 294
Wiedergeburt 285, 291, 298, 308, 321
Wiedertäufer 68, 299
Wilder 343
Wille 25, 30, 36, 59, 74, 83f, 113, 117, 120, 149, 163, 261, 285, 304, 310, 318, 321f, 324, 349, 357, 363, 380, 431, 435, 454f
– Gottes 249, 403
–, göttlicher 50, 399
Wissen 76, 84, 161, 163, 167, 169, 182f, 186, 201ff, 219, 246f, 249, 281, 321, 335, 436f
Wissen, absolut wahres 467
Wissenschaft 154, 160ff, 170, 203ff, 260, 287, 303
–, natürliche 150
wissenschaftlich 204, 254, 260
Wissenssatz 162
worship 168, 252, 362ff, 367f, 384ff, 388, 392f, 400f, 404f, 407, 443f, 477
– of idols 166
–, act of 379
–, divine 365
–, internal act of 385
–, natural 362
–, outward form of 441
–, – modes of 443
–, public 362
–, religious 362, 367, 396, 439f
–, rites of 441
–, societies for 387
–, true 363, 477
–, variety of 367
Wort Gottes 68, 73, 123
Wortchristentum 276
Wunder 23, 171, 177, 179, 207f, 213, 334, 388, 391, 401, 428, 432

Zehn Gebote 386, 434
Zeremonialgesetz 371, 384
Zeremonie 25, 44, 89, 108, 110, 128, 164, 167, 194f, 235, 250, 252, 287f, 311f, 314, 318, 323, 326, 330, 334, 479
zivil 120, 131, 389
Zwang 59, 103, 107, 112, 138, 141, 143, 153, 247, 437, 439, 455f

–, äußerer 117
Zwangsgewalt 216
Zwei-Schwerter-Theorie 216

zwingen 107f, 113, 115ff, 120, 125, 130, 138f, 143, 186, 218, 222, 441
Zwinglio-Calvinismus 37

Ernst Feil

Religio
Die Geschichte eines neuzeitlichen Grundbegriffs vom Frühchristentum bis zur Reformation.
Forschungen zur Kirchen- und Dogmengeschichte, Band 36. 1986. 290 Seiten, kartoniert
ISBN 3-525-55143-6

Im Hinblick auf die neuzeitliche Bedeutung des Religionsbegriffs wird hier seine vorneuzeitliche Geschichte vom Beginn eines christlichen Sprachgebrauchs bis zur Revolution eruiert. Hier wird nicht nur Neuland der Forschung erschlossen, sondern auch mit schwerwiegenden Irrtümern aufgeräumt.

Religio
Zweiter Band. Die Geschichte eines neuzeitlichen Grundbegriffs zwischen Reformation und Rationalismus (ca. 1540-1620).
Forschungen zur Kirchen- und Dogmengeschichte, Band 70. 1997. 372 Seiten, gebunden
ISBN 3-525-55178-9

In diesem Band geht es um die Frage, ob sich im 16. und beginnenden 17. Jahrhundert, in dem – wie spätere Bezeichnungen besagen – „Religionskriege" sowie „Religionsgespräche" geführt und der Augsburger „Religionsfriede" geschlossen wurden, Innovationen auffinden lassen, etwa, dass die Religio privatisiert, neutralisiert und somit in die Innerlichkeit verlegt wurde. Das Ergebnis dieser Studien zeigt, wie zögerlich die Wege von der Reformation in die Neuzeit hinein verlaufen sind.

Antithetik neuzeitlicher Vernunft
„Autonomie – Heteronomie" und „rational – irrational".
Forschungen zur Kirchen- und Dogmengeschichte, Band 39. 1987. 205 Seiten, kartoniert
ISBN 3-525-55146-0

Als selbstverständlich gilt weithin die Antithetik neuzeitlicher Vernunft, jener Gegensatz von „Vernunft" und „Glaube", der jeden Glauben „irrational" und „heteronom" sein lässt. Zweifel an der Stringenz dieser Antithese führten den Verfasser zur Untersuchung der Begriffsgeschichte von „Autonomie – Heteronomie" und „rational – irrational". Diese erbrachte überraschende Aufschlüsse über eine bislang unbekannte Bedeutungsentwicklung, die zu einer einschneidenden Präzisierung unseres Sprachgebrauchs zwingt. Sie legt eine grundlegende Revision des Gegensatzes „Vernunft – Glaube" nahe.

V&R
Vandenhoeck & Ruprecht

Forschungen zur Kirchen- und Dogmengeschichte

Herausgegeben von Adolf Martin Ritter
Eine Auswahl

78 Wiebke Bähnk
Von der Notwendigkeit des Leidens
Die Theologie des Martyriums bei Tertullian.
2001. 356 Seiten, geb.
ISBN 3-525-55186-X

77 Barbara Müller
Der Weg des Weinens
Die Tradition des „Penthos" in den
Apophthegmata Patrum.
2000. 284 Seiten, geb.
ISBN 3-525-55185-1

**76 Emidio Campi / Leif Grane /
Adolf Martin Ritter (Hg.)**
Oratio
Das Gebet in patristischer und reformatorischer
Sicht. Festschrift zum 65. Geburtstag von
Alfred Schindler.
1999. 260 Seiten mit 6 Abbildungen, geb.
ISBN 3-525-55184-3

75 Angelika Dörfler-Dierken
Luthertum und Demokratie
Deutsche und amerikanische Theologen des
19. Jahrhunderts zu Staat, Gesellschaft und Kirche.
2001. 448 Seiten, geb.
ISBN 3-525-55183-5

74 Wolfgang Sommer
Politik, Theologie und Frömmigkeit im
Luthertum der Frühen Neuzeit
1999. 317 Seiten, geb.
ISBN 3-525-55182-7

73 Uwe Rieske-Braun
Duellum Mirabile
Studien zum Kampfmotiv in Martin Luthers
Theologie. 1999. 287 Seiten, geb.
ISBN 3-525-55181-9

72 Holger Strutwolf
Die Trinitätstheologie und Christologie des
Euseb von Caesarea
Eine dogmengeschichtliche Untersuchung seiner
Platonismusrezeption und Wirkungsgeschichte.
1999. 469 Seiten, geb.
ISBN 3-525-55180-0

71 Klaus Fitschen
Messalianismus und Antimessalianismus
Ein Beispiel ostkirchlicher Ketzergeschichte.
1998. 379 Seiten, geb.
ISBN 3-525-55179-7

70 Ernst Feil
Religio
Zweiter Band. (Siehe vorige Seite)

69 Wolfgang Sommer
Politik, Theologie und Frömmigkeit im
Luthertum der Frühen Neuzeit
Ausgewählte Aufsätze. 1999. 317 Seiten, geb.
ISBN 3-525-55182-7

68 Martin Wallraff
Der Kirchenhistoriker Sokrates
Untersuchungen zu Geschichtsdarstellung,
Methode und Person. 1997. 379 Seiten, geb.
ISBN 3-525-55176-2

67 Matthias Richter
Gesetz und Heil
Eine Untersuchung zur Vorgeschichte und
zum Verlauf des sogenannten Zweiten Antinomistischen Streits. 1996. 470 Seiten, geb.
ISBN 3-525-55175-4

66 Volker Henning Drecoll
Die Entwicklung der Trinitätslehre des
Basilius von Cäsarea
Sein Weg vom Homöusianer zum Neonizäner.
1996. XIV, 417 Seiten mit 1 Landkarte, geb.
ISBN 3-525-55174-6

V&R
Vandenhoeck
& Ruprecht